2. AUFLAGE

Umsatteln auf Linux

2. AUFLAGE

Umsatteln auf Linux

Dieter Thalmayr

Beijing · Cambridge · Farnham · Köln · Paris · Sebastopol · Taipei · Tokyo

Die Informationen in diesem Buch wurden mit größter Sorgfalt erarbeitet. Dennoch können Fehler nicht vollständig ausgeschlossen werden. Verlag, Autoren und Übersetzer übernehmen keine juristische Verantwortung oder irgendeine Haftung für eventuell verbliebene Fehler und deren Folgen.

Alle Warennamen werden ohne Gewährleistung der freien Verwendbarkeit benutzt und sind möglicherweise eingetragene Warenzeichen. Der Verlag richtet sich im wesentlichen nach den Schreibweisen der Hersteller. Das Werk einschließlich aller seiner Teile ist urheberrechtlich geschützt. Alle Rechte vorbehalten einschließlich der Vervielfältigung, Übersetzung, Mikroverfilmung sowie Einspeicherung und Verarbeitung in elektronischen Systemen.

Kommentare und Fragen können Sie gerne an uns richten:
O'Reilly Verlag
Balthasarstr. 81
50670 Köln
Tel.: 0221/9731600
Fax: 0221/9731608
E-Mail: kommentar@oreilly.de

Copyright:
© 2008 by O'Reilly Verlag GmbH & Co. KG
1. Auflage 2005
2. Auflage 2008

Die Darstellung einer Rakete im Zusammenhang mit dem Thema Linux ist ein Warenzeichen des O'Reilly Verlags.

Bibliografische Information Der Deutschen Bibliothek
Die Deutsche Bibliothek verzeichnet diese Publikation in der Deutschen Nationalbibliografie; detaillierte bibliografische Daten sind im Internet über *http://dnb.ddb.de* abrufbar.

Lektorat: Christine Haite, Köln
Korrektorat: Friederike Daenecke, Zülpich
Fachgutachten: Barbara Zengler, Augsburg
Satz: Tim Mergemeier, Reemers Publishing Services GmbH, Krefeld; www.reemers.de
Umschlaggestaltung: Michael Oreal, Köln
Produktion: Andrea Miß, Köln
Belichtung, Druck und buchbinderische Verarbeitung:
Druckerei Kösel, Krugzell; www.koeselbuch.de

ISBN 978-3-89721-472-9

Dieses Buch ist auf 100% chlorfrei gebleichtem Papier gedruckt.

Inhalt

Vorwort XI

Teil I: Der erste Kontakt mit Linux

1 Die Installation 3
    Jeder kann Linux installieren! 3
    Die Installation 11
    Was passiert bei der Installation? 11
    Eine Beispielinstallation 13
    Was muss man beachten? 40
    Was kann schiefgehen? 41
    Nebeneinander von Windows und Linux 44
    Fazit, Tipps und Tricks 52

2 Die ersten Schritte: Anmelden und sich zurechtfinden 53
    Die Anmeldung 53
    Das sieht nicht aus wie Windows – die Linux-Oberflächen 56
    Wo sind die Programme? 64
    Wo bin ich? 65
    Herumstöbern 70

3 Einige grundlegende Linux-Konzepte 77
    Rechte haben und gewähren 77
    Zugriffsrechte ändern 85
    Warum ist das nicht einfacher? – Ein paar Überlegungen zur Sicherheit ... 90
    Links als Datei- und Verzeichniszeiger 91

Teil II: Streifzüge durch die Benutzer-Software

4 Fenster für Linux **95**
    Fenster in die weite Welt: Das X Window-System 95
    Eigenschaften des Linux-Desktops 96
    KDE 101
    GNOME 142
    Weitere Fenstermanager 171

5 OpenOffice.org und andere Bürosoftware **179**
    StarOffice wird OpenOffice.org 180
    Warum umsteigen? 180
    Erste Schritte 181
    Der erste Eindruck 183
    Die Textverarbeitung Writer 190
    Die Tabellenkalkulation Calc 210
    Zeichnen mit Draw 241
    Präsentieren mit Impress 251
    Abiword 257
    TextMaker und PlanMaker 261

6 Mailprogramme **267**
    Wie elektronische Post funktioniert 267
    Mailprogramme unter Linux 271

7 Termine und Adressen **301**
    Organizer 301
    Kontakt-Management oder: Wen kennen wir? 304
    An der Schwelle zur Groupware 306

8 Webbrowser **309**
    Textorientierte Browser 309
    Grafische Browser 310
    Exkurs: Proxy-Einstellungen 312
    Downloadmanager 313

9 Grafiken, Konvertieren, Scannen und Fotobearbeitung **315**
    Grafiksoftware 315

Scannen 327
Digitale Fotografie 341

10 Multimedia – Sound, Video, CDs brennen 347
Hast du Töne? 347
Dschungel Multimedia: Formate, Verschlüsselung und die Rechtslage ... 350
Audio, Video & Co. 356
Brennersoftware 361

Teil III: Die Grundlagen der Systemadministation

11 Die wichtigsten Fingerfertigkeiten 377
Arbeiten mit Dateien – Teil 1 377
root werden 385
Arbeiten mit Dateien – Teil 2 392
Informationen finden 398

12 System-Tools der Distributionen 405
YaST2 405
system-config-* und yum 413
Drak-Tools 416
GNOME- und KDE-Tools 419
Webmin 420

13 Prozesse verwalten 425
Was ist ein Prozess? 425
Prozessliste ansehen und Prozesse beenden 427
Prozesse zu bestimmten Terminen: at und cron 439

14 Drucker einrichten und verwalten 443
Was beim Drucken passiert 443
Drucken aus Benutzersicht 449

15 Benutzer verwalten 489
Das Mehrbenutzersystem 489
Benutzer anlegen 493

16 Software installieren 515
Installationsmanager 516

Software-Pakete 517
Installationsmanager verwenden 520
Installation mit Distributionswerkzeugen 524

17 Dateiverwaltung, Wechseldatenträger, Partitionen pflegen 549
Geräte einbinden und lösen 549
Formatieren – Dateisysteme erstellen 571

18 Ins lokale Netz 581
Netzzugriffe 581
SSH – einloggen auf einem Fremdrechner 590
NFS-Netzwerkfreigaben 596
Windows-Netzwerkfreigaben 605
Grafischer Netzwerkzugriff 622
Was ist wofür geeignet? 653

Teil IV: Ihr Rechner im Internet

19 Den Internetzugang einrichten 657
Ins Internet – aber wie? 657
Wie funktioniert das? 660
Einstiegsdiagnose 666
Neu und gut: DSL 671
Ins Internet per ISDN 677
Alt und gut: Internet per Modem 692
Fehlerdiagnose 713
Wie funktioniert ein Funk-LAN? 717

20 Einfache Sicherheitsüberlegungen 723
An welchen Stellen geht es um Sicherheit? 724
Lokale Sicherheitsmaßnahmen 724
Netzwerksicherheit 727

Teil V: Anhänge

A Informationsquellen 759

B Der Editor vi 765

C OpenOffice-Workshop Geschäftsbrief 773
  Das Kuvertfenster treffen 773
  Der Absenderblock 777
  Zielgenau springen mit Textmarken 780
  Eine Rechnung einfügen 781

D Compiz 787

E WLAN-Treiber selbst übersetzen 793

Index 799

Vorwort

Bei der ersten Auflage dieses Buchs begann ich das Vorwort mit dem Satz: »Linux ist jetzt schon ein Mythos ...« Das hat sich inzwischen deutlich verändert. Linux ist kein Mythos mehr wie noch 2004. Inzwischen arbeitet es diskret und zuverlässig in den meisten der kleinen Internet-Firewall-Kästchen auf dem Markt. Und in den meisten Set-Top-Boxen fürs Bezahlfernsehen ist ebenfalls ein Linux enthalten. Sogar das Kassensystem bei EDEKA – zumindest in Süddeutschland – hat den Pinguin an Bord. Und das beim allgegenwärtigen Diskounter Lidl auch. Wo wir schon dabei sind: Im vergangenen Sommer entdeckte ich an verschiedenen Kassen kroatischer »Konzum«-Supermärkte ebenfalls ein Linux-System. Wir kaufen inzwischen Busfahrkarten, Getränkedosen und andere Dinge von Linux-betriebenen Automaten. Sie werden es nicht glauben: Sogar Ihren wöchentlichen Lottoschein buchen Linux-Systeme ein. Einfach so. Das ist kein Mythos. Das ist Normalität. Normalität ist heute auch, dass die größeren Linux-Distributionen genauso hübsch und leicht zu bedienen sind wie Marktführer Windows XP und Vista.

Linux ist ein freies, leistungsfähiges und sicheres Betriebssystem, das für ein paar Euro im Buch- oder Computerladen an der Ecke als sogenannte *Distribution* erhältlich ist. Diese Distributionspakete (mehrere CDs oder eine DVD) liefern dabei gleich eine unglaubliche Menge an Software mit. Statt sie zu kaufen, können Sie Linux-Distributionen sogar kostenlos aus dem Internet herunterladen, beliebig benutzen und kopieren, ohne sich strafbar zu machen.

Frei heißt dabei frei von Lizenzgebühren, Updatezwang und von tatsächlichen oder auch nur vermuteten Hintertürchen, über die der Betriebssystemhersteller in den heimischen Computer hineinsehen kann. Auch der »Bundestrojaner« müsste da erst einmal beweisen, ob er fähig wäre, ein Linux-System zu knacken. Bis heute gibt es kaum Viren für Linux. Und werden Lücken im System erkannt, stehen Sicherheits-Updates für Linux so schnell im Internet zur Verfügung, dass im Vergleich gerade die großen Firmen meist sehr schlecht aussehen. Die brauchen in der Regel viel länger, bis sie überhaupt einmal zugeben, dass es eine Gefährdung gegeben hat oder gibt, obwohl inzwischen Abertausende ihrer Kunden einen Schaden erlitten haben ...

Leistungsfähig ist es auch: Mit großem Hallo feierte die freie Software-Gemeinschaft im Frühjahr 2002 einen Bericht der Fachpublikationen *PC Magazine* und *IT Week*, nach dem bei einem unabhängigen Test der Windows-Emulator Samba auf einer Linux-Maschine mit derselben Hardware mehr als doppelt so schnell arbeitete wie Windows 2000.[1]

Linux legte einen weiten Weg zurück von einem Spiel- und Entwicklungssystem, das der begabte junge Programmierer Linus Thorvalds im Jahre 1991 startete, bis zu dem vollwertigen Alleskönner von heute. Tausende von engagierten Entwicklern arbeiten mittlerweile an diesem Projekt mit. Ob Sie einen Internetserver aufbauen wollen, einen Büroarbeitsplatz oder einen Multimedia-Heimcomputer – all das können Sie mit Linux machen. Und das Tolle: Sie müssen dazu nicht einmal unterschiedliche Linuxe kaufen. Bei Linux ist in der Regel alles an Bord, was Sie brauchen. Sollte tatsächlich etwas fehlen, dann können Sie es kostenlos aus dem Internet holen und nachinstallieren.

Allerdings: Da die Spielregeln für Software bei einem Unix-artigen System wie Linux anders sind als bei einem Windows-System, läuft Windows-Software nicht unter Linux. Jedenfalls nicht so ohne weiteres. Das ist aber kein Beinbruch, da es für Linux viel mehr als zehntausend Programme gibt, von denen einige nicht nur das Gleiche leisten wie die bekannte Windows-Software, sondern auch noch so ähnlich aussehen. Allerdings können Sie nicht davon ausgehen, dass *alles* genauso aussieht und funktioniert wie unter Windows, nur ohne Microsoft. Das kann es nicht geben, und das wird wohl auch nie so sein.

Über dieses Buch

Dieses Buch will Sie bei Windows abholen, und zwar als Anwender. Und es will Sie dorthin bringen, dass Sie angenehm und flüssig mit Ihrem selbst installierten System arbeiten können. Wenn Sie wollen, mit einer Installation, bei der Sie auf dem gleichen Rechner manchmal Windows, und ein andermal Linux starten. Aber es geht weit über die ersten Schritte hinaus. Sie werden feststellen, dass Sie sehr lange immer wieder etwas Neues finden und mit Hilfe des Buches ausprobieren können. Wenn Sie die hinteren Bereiche des Buches durchgesehen und umgesetzt haben, können Sie immer noch entscheiden, ob Sie nicht doch noch ein Administrationsbuch besorgen werden. Aber Sie werden es dann verstehen können.

---

1 http://www.vnunet.com/itweek/news/2084449/samba-runs-rings-win2000

Sie können mit diesem Buch lernen, selbst ein gut laufendes Linux-System zu installieren. Der vordere Teil des Buchs beschreibt die ersten Schritte mit dem frisch installierten Betriebssystem, und welche Programme Ihnen dabei helfen können, die gängigsten Tätigkeiten auszuführen, die Sie von Windows her gewohnt waren. Zwangsläufig werden Sie von alleine auf die eine oder andere Frage stoßen, für die Sie ein wenig mehr ans »Eingemachte« gehen müssen. Das ist Gegenstand der hinteren Hälfte des Buchs: Wie geht das mit den Dateisystemrechten? Wie bekomme ich Linux ins lokale Netz und ins Internet?

Dieses Buch ist für alle Linuxe. Wir liefern zwar bei diesem Buch zwei Distributionen mit, nämlich openSUSE 10.3 sowie eine kleine, wenig bekannte Distribution, Campus Linux. Warum diese beiden? Weil ich openSUSE für die geeignetste Einsteiger-Distribution halte. Campus Linux ist eine Debian-basierte Distribution, die in dieser exklusiven, an das O'Reilly Design angepassten Edition weltweit zum ersten Mal veröffentlicht wird. Dass der Autor dieses Buchs an den Designs mitgearbeitet hat und die Distribution über *magnum opus* herausgegeben wird, tut ein Übriges. *Aber:* Sie können dieses Buch auch mit einer anderen Distribution benutzen. Das ist eine der Stärken dieses Buches: Es ist eine Hilfe für jemanden, der in *Linux* einsteigen möchte. Egal, in welches.

In diesem Buch stecken viele Tage, Wochen und Monate Schreib- und Ausprobierarbeit. Diese fußen auf vielen Jahren aktiver Trainigsarbeit, denn der Autor ist einer der dienstältesten Linux-Trainer in Deutschland. Bücher über Linux gibt es inzwischen viele. Dieses hier ist dennoch etwas Besonderes: Die meisten Linux-Bücher sind entweder zu dünn, so dass viele Themen nicht behandelt werden – vor allem solche, die ein wenig hakelig zu lösen sind, und für die man weiter ausholen müsste. Oder sie behandeln nur eine einzige Distribution. Andere sind zu technisch. Aber Sie wollen vielleicht am Anfang gar nicht alle Serverdienste in Gang setzen, die so ein ausgewachsenes Administrationshandbuch beschreibt.

Kritiker der ersten Auflage bemängelten bisweilen, dass der Ton in »Umsatteln auf Linux« manchmal recht polemisch und nicht immer ernst genug sei. Ha. Aber genau so wollte ich das doch. Lachen Sie ruhig über eine überzogene Formulierung und erwischen Sie mich oder das Buch dabei, dass wir schon wieder veraltet sind. Oder etwas nicht richtig verstanden haben. Das geschieht mir auch nach mehr als zehn Jahren Linux-Trainings immer noch. Schreiben Sie mir auf der Kontakt-Seite von *www.raketenbuch.de* oder melden Sie Errata unter *www.oreilly.de*, wenn Sie mir auf die Schliche gekommen sind. Ich antworte.

Alle Probleme, die bei der Installation auftreten können, kann kein Buch behandeln. Alle Schliche und Tricks würden Regale füllen, nicht Bücher. Aber ich glaube, dass ich eine gute Auswahl getroffen habe, und meine Lektorin Christine Haite sorgte dafür, dass ich dabei auch noch verständlich blieb. Vielen Dank dafür.

Der Aufbau des Buchs

Linux zu erlernen ist nicht schwer. Aber es ist viel. Deshalb ist das Buch in mehrere Teile mit verschiedenen Schwerpunkten aufgeteilt. Teil 1 soll Ihnen den Einstieg erleichtern und Sie auf Ihren ersten Schritten begleiten:

Am Arbeitsplatz finden Sie vielleicht ein fertig installiertes Linux vor, aber zu Hause müssen Sie wohl selbst Hand anlegen. Da darf ein Kapitel zur Installation nicht fehlen. Dieses Kapitel ist aber mit Absicht kurz gehalten, denn zum einen laufen die Installationen heutzutage meist problemlos durch, zum anderen finden Sie die Detailbeschreibung zu Ihrer Distribution entweder im Handbuch oder einer aktuellen Fachzeitschrift. Kapitel 1, *Die Installation*, zeigt daher im Überblick, was bei der Installation passiert. Meine praktische Erfahrung in vielen Linux-Kursen zeigt: Wenn die Teilnehmer wissen, was das Installationsprogramm tun will, kommen sie mit den Dialogen auf dem Bildschirm viel besser klar, auch ohne eine detaillierte Anweisung. Wenn Ihr Linux-System schon vorinstalliert ist oder Sie schon öfter Linux installiert haben, dann können Sie diesen Teil des Buches auch getrost überspringen.

In Kapitel 2, *Die ersten Schritte: Anmelden und sich zurechtfinden*, geht es um die ersten Schritte auf einem Linux-System: Wie man sich anmelden kann, wie die wichtigsten Elemente (z.B. Dateimanager) der gängigsten Oberflächen aussehen und wie man sie bedient. Warum die Textbefehlsfenster bei Linux kein Rückschritt sind und wie man sie zum eigenen Vorteil nutzt. Wie man sich auf dem System zurechtfindet, obwohl es kein C:-Laufwerk gibt. Woran man ausführbare Dateien (z.B. Programme) erkennt und warum die Endung *.exe* unter Linux nichts bedeutet.

Einige wichtige Linux-Konzepte wie die Dateisystemrechte, die Ihnen als Windows-Umsteiger fremd sind, sind Gegenstand von Kapitel 3, *Einige grundlegende Linux-Konzepte*. Dazu gibt es auch viele Beispiele zum Mitmachen, denn die Rechte sind auf jeder Mehrbenutzermaschine wichtig. Sie schützen damit Ihre Dateien gegen fremden Zugriff. Wie Sie sehen werden, ist das sehr einfach.

Der zweite Teil behandelt die gängigen Benutzeroberflächen und führt Sie auf einem umfangreichen Streifzug durch beliebte Benutzersoftware.

Kapitel 4, *Fenster für Linux*, befasst sich mit den zwei am weitesten verbreiteten grafischen Arbeitsumgebungen unter Linux, KDE und GNOME, außerdem kurz mit ein paar anderen.

Was wäre ein Computer für Anwender wert, wenn es kein Office-Paket gäbe? Das ist das Thema von Kapitel 5, *OpenOffice.org und andere Bürosoftware*. Der Überflieger ist natürlich das kostenlose OpenOffice.org. Auf insgesamt rund 90 Seiten geht es um die Eigenschaften und die Bedienung der vier OpenOffice-Komponenten Writer, Calc, Draw und Impress. Ganz kurz erwähne ich auch Alternativen wie Abiword sowie das kommerzielle Softmaker Office.

Kapitel 6, *Mailprogramme*, behandelt das Thema E-Mail und die gängigen Mail-Clients KMail, Evolution und Thunderbird.

Kapitel 7, *Termine und Adressen*, zeigt Terminkalender, Adressverwaltungen und Aufgabenverwaltungen, wie sie in integrierten Lösungen wie *evolution* und *Kontakt* enthalten sind.

Eine Übersicht einiger wichtiger Browser findet sich in Kapitel 8, *Webbrowser*.

Kapitel 9, *Grafiken, Konvertieren, Scannen und Fotobearbeitung*, stellt wichtige Grafikverarbeitungsprogramme vor.

Multimediaprogramme wie Medienabspieler oder Digitalfotografie-Importsoftware dürfen heutzutage natürlich auch nicht fehlen und werden in Kapitel 10, *Multimedia – Sound, Video, CDs brennen*, behandelt.

Ganz schön dick ist der dritte Teil geworden, der sich mit den Grundlagen der Systemadministration befasst.

Mit Kapitel 11, *Die wichtigsten Fingerfertigkeiten*, geht es los, hier lernen Sie einige grundlegende Techniken, die Sie als Linux-Benutzer unbedingt können müssen, um bequem arbeiten zu können.

Kapitel 12, *System-Tools der Distributionen*, stellt einige der distributionseigenen Systemwerkzeuge vor, bei SUSE ist das der *YaST* (*Yet another Setup Tool*), bei Fedora/Red Hat übernehmen das die *system-config*-Programme, und bei Mandriva heißt das Werkzeug *Mandriva Kontrollzentrum (mcc)*.

Weiter geht es in Kapitel 13, *Prozesse verwalten*, wo Sie lernen, die Prozessliste aufzurufen, und wie man dort Programme oder Hintergrundprozesse erkennt und sie dann mehr oder weniger nachdrücklich zum Beenden auffordert.

Kapitel 14, *Drucker einrichten und verwalten*, behandelt den ganzen Komplex rund um das Drucken mit CUPS, dem momentan besten Drucksystem unter Linux.

Was wäre Drucken ohne Benutzer, die drucken wollen? Kapitel 15, *Benutzer verwalten*, zeigt, wie man seine Linux-Maschine mit Benutzern und Gruppen bevölkert.

Wie Sie Software nachinstallieren und wieder von der Maschine entfernen können, zeigt Kapitel 16, *Software installieren*. Nicht alle Distributionen benutzen das gleiche Installationssystem. SUSE und Fedora setzen das *rpm*-Installationssystem (*Red Hat Package Manager*) ein, alle Debian-artigen das *dpkg*-System.

Das Thema Dateisysteme in Kapitel 17, *Dateiverwaltung, Wechseldatenträger, Partitionen pflegen*, scheint auf den ersten Blick etwas theoretisch, bis man begreift, dass das wirklich die Grundlage des Linux-Systems ist: Schließlich werden alle Partitionen, die unter Windows als separate Laufwerke gehandelt würden, bei Linux zu einem einzigen großen Dateisystem zusammengehängt. Sogar solche, die auf fremden Rechnern liegen. Deshalb bereitet dieses Kapitel gleichzeitig den Einstieg in das Thema Netzwerk unter Linux vor.

Kapitel 18, *Ins lokale Netz*, schließlich zeigt, was Sie tun müssen, um mit anderen Rechnern über TCP/IP in Kontakt zu treten: Sei es, um per *NFS* (*Network File System*) oder mit dem Windows-Netzwerkprotokoll *SMB* (*Server Message Block*) mit der anderen Seite zu kommunizieren. Und damit das nicht zu trocken wird, lernen Sie dabei auch gleich ein paar schöne grafische Werkzeuge kennen, um dies zu tun.

In Teil IV erfahren Sie dann, wie Sie Ihren Rechner ins Netz bringen und wie Sie mit den daraus erwachsenden Gefahren umgehen.

In Kapitel 19, *Den Internetzugang einrichten*, lernen Sie einige grundlegende Netzwerkbegriffe kennen wie Gateway, Router und andere. Dann erfahren Sie, wie Sie Verbindungen ins Internet einrichten, sei es per Modem, ISDN oder DSL.

Sobald Sie eine Verbindung ins Netz offen haben, ergeben sich auch ganz neue Gefahren. Wie Sie mit einigen Handgriffen Ihren Rechner sicherer machen und z.B. eine Firewall einrichten, erfahren Sie in Kapitel 20, *Einfache Sicherheitsüberlegungen*.

Im letzten Teil folgen noch einige Service-Kapitel:

Anhang A enthält eine Liste nützlicher Links und Bücher. Wie Sie dort sehen können, habe ich mein Wissen auch nicht selbst erfunden.

Anhang B gibt eine kurze Einführung in den weit verbreiteten Editor *vi*, an dem Sie nicht vorbeikommen, wenn Sie ab und zu Konfigurationsdateien bearbeiten müssen.

In Kapitel 5 kommt OpenOffice sehr kurz. Ein Workshop zeigt, wie man kurz und knackig einen Geschäftsbrief aufbaut. Den finden Sie in Anhang C.

Anhang D zeigt, wie Sie mit *compiz* wobbelnde Fenster und den 3-D-Würfel als Oberfläche einrichten können – bei Debian, Ubuntu und Campus Linux.

Anhang E schildert, wie man Treiber für Funklan-Karten oder USB-WiFi-Sticks findet, aus dem Internet lädt und frisch übersetzt.

Alle für dieses Buch ausgewählten Themen beruhen auf Fragen und Anforderungen, denen ich in vielen Linux-Kursen über die Jahre begegnete, oder den Problemen, die ich in meinem Heimnetzwerk oder bei Kunden lösen musste. Ich halte diese Auswahl für relevant. Über Tiefe der Problemlösung und Auswahl der beschriebenen Programme lässt sich jedoch naturgemäß streiten. Bewusst weggelassen habe ich den Komplex Serverthemen (bis auf wenige Ausnahmen), und die Netzwerksicherheit konnte ich nur streifen.

Alle hier vorgestellten Übungen und Vorgehensweisen sind auf nicht weniger als fünf verschiedenen Linux-Distributionen getestet worden, so dass ich mir sicher sein konnte, dass sie auch bei Ihnen funktionieren. Sehr bald werden Sie sehen, dass mit dem nächsten Release sowieso wieder vieles anders sein wird; dann wird man sehen, ob Ihnen das Prinzip, nach dem es funktioniert, genügend klar gemacht worden ist.

Weitere Informationen rund um dieses Buch finden Sie auf der Website *www.raketenbuch.de*. Wenn Sie Kontakt mit dem Autor aufnehmen wollen, mailen Sie einfach an *info@raketenbuch.de*.

Typografische Konventionen

In diesem Buch werden die folgenden typografischen Konventionen verwendet:

Kursivschrift
: Wird für Datei- und Verzeichnisnamen, E-Mail-Adressen und URLs, aber auch bei der Definition neuer Fachbegriffe und für Hervorhebungen verwendet.

`Nichtproportionalschrift`
: Wird für Codebeispiele und Befehle verwendet.

`Nichtproportionalschrift kursiv`
: Wird bei der Befehlssyntax für Platzhalter verwendet, für die Sie eigene Namen eingeben.

Kapitälchen
: Verwenden wir für Buttons und Menüeinträge.

Die *Glühbirne* kennzeichnet einen Tipp oder einen generellen Hinweis mit nützlichen Zusatzinformationen zum Thema.

Der *Regenschirm* kennzeichnet eine Warnung oder ein Thema, bei dem man Vorsicht walten lassen sollte.

In Kästen mit einem Mikroskop werden bestimmte Aspekte eines Themas genauer unter die Lupe genommen.

Die DVDs

Auf den beiliegenden DVDs finden Sie zum einen eine komplette openSUSE 10.3 mit unzähligen kostenlosen Programmen. Eine kurze, ausgezeichnete Installationsanleitung dazu finden Sie unter *http://de.opensuse.org/Dokumentation*. Mit dieser Distribution machen Einsteiger wie gesagt sicher nichts falsch.

Wer's exklusiver, individueller und kultiger mag, den erwartet hier eine Weltpremiere: Auf der zweiten DVD ist die O'Reilly-Edition von Campus Linux. Eine kleine, feine deutsche Distribution mit lebendiger Mailingliste und witzigem Design, höchst stabil und leistungsfähig. Wenn Sie beim Starten Ihres Linux von O'Reillys Koboldmakis begrüßt werden möchten, ist das die richtige Distribution für Sie!

Campus Linux basiert auf Debian Linux 4.0 testing (Codename »Lenny«). Die Zusammenstellung der Software unterscheidet sich jedoch von der Original-Debian. Campus Linux enthält gleichzeitig mehr und weniger Software. Debian ist insgesamt mehrere DVDs groß, Campus Linux umfasst dagegen »nur« 2,3 GB. Wir haben nämlich versucht, eine sinnvolle Auswahl der installierten Softwarepakete zu treffen, und vor allem einen schönen Desktop zu schaffen. Campus Linux benutzt in der Standardeinstellung KDE, und unsere O'Reilly-Anpassungen haben wir auch darauf abgestimmt.

Einige Softwarepakete wurden speziell für die Buch-DVD aktualisiert. Sie können sowohl ISO-Images dieser Distribution als auch die aktualisierten Softwarepakete von der Webseite *http://www.campuslinux.org* herunterladen. Wenn es bei der Installation Probleme gibt, können Sie hier auch Hilfe bekommen, genauso auf der Mailingliste *http://lists.campuslinux.de/wws/subscribe/campus-user*.

Die Installation ist allerdings unproblematisch, funktioniert analog zu anderen Debian-Installationen und in diesem Buch beschrieben. In vielen Fällen wird Ihnen auch die Webseite oder die Mailinglisten von Debian auf *http://www.debian.org* weiterhelfen können. Auf *http://www.debian.org/releases/stable/installmanual* finden Sie ein komplettes Installationshandbuch in vielen Sprachen.

Vielen Dank

Bedanken möchte ich mich an dieser Stelle bei meiner Lektorin Christine Haite für ihre Kompetenz, tatkräftige Hilfe und ihre Geduld mit dem Buch und mit mir. Außerdem vielen Dank an viele Hundert Kollegen, Kolleginnen und Seminarteilnehmer(innen), die ich in fast zehn Jahren Arbeit mit Linux getroffen habe, und die mir alle etwas beigebracht haben. Danke auch an meinen Kompagnon Dieter Jäger bei *Magnum Opus GmbH* für seine wertvollen Anmerkungen zum Thema Rechnersicherheit und für die tolle Campus Linux DVD. Und an meine Familie Eva, Simon und Birgit das dickste Danke von allen, denn sie hatten nicht viel von mir in der Zeit, als ich schrieb.

TEIL I
Der erste Kontakt mit Linux

Haben Sie keine Angst: Linux installieren kann heute auch jeder Anfänger und Einsteiger. Die Frage ist eher, ob Ihnen jeder hinterher auch sagen könnte, was sich bei der Installation eigentlich auf dem Rechner getan hat. Das ist der Hauptgegenstand des ersten Kapitels. Da bei der Installation Anfänger (und Umsteiger aus anderen Rechnerwelten) immer wieder über die gleichen Dinge stolpern, macht dieses Kapitel Sie auf solche Schwierigkeiten aufmerksam und nimmt Sie an die Hand. Weil die Installationsvorgänge bei verschiedenen Distributionen aber ein klein wenig oder sogar sehr verschieden aussehen, konzentriere ich mich auf das Wesentliche: Was passiert eigentlich bei diesem oder jenem Installationsschritt? Wenn Sie das wissen, dann können Sie normalerweise ganz leicht verstehen, was der jeweilige Installationsdialog von Ihnen haben will.

Das erste Kapitel klärt außerdem andere Fragen grundlegender Art: Was ist eine *Distribution* überhaupt? Kann man denn jeden Rechner für Linux verwenden? Wieviel Leistung brauche ich, damit das Arbeiten mit Linux Spaß macht?

Im zweiten Kapitel geht es um die ersten Schritte mit Linux: Wie man sich am System an- und abmeldet, warum man das tun muss – und andere einfache, aber wichtige Dinge. Hier finden Sie eine erste Orientierungshilfe in diesem spannenden fremden Land namens Linux. Und Sie begegnen zum ersten Mal den zwei Gesichtern von Linux: Den grafischen Oberflächen und der spartanisch anmutenden, aber umso mächtigeren Befehlszeile. Mit beiden lässt sich trefflich die neue Arbeitsumgebung erkunden.

Kapitel 3 erklärt Ihnen dann einige Konzepte, die Sie aus der Windows-Welt oft nicht oder anders kennen. Ein *Benutzer* unter Linux ist etwas ganz anderes als ein Windows-Nutzer und auch Linux verfügt über ein ausgeklügeltes Rechtesystem, aber ein anderes als Windows. Verschiedene Zugriffsrechte, Eigentum, Gruppen – all das behandelt dieses kurze Kapitel.

Wenn Sie diese drei Kapitel gelesen haben, sollten Sie sich fit genug fühlen, in Teil II dieses Buchs auf große Fahrt durch die Vielzahl der Programme zu gehen.

KAPITEL 1
Die Installation

In diesem Kapitel:
- Jeder kann Linux installieren!
- Die Installation
- Was passiert bei der Installation?
- Eine Beispielinstallation
- Was muss man beachten?
- Was kann schiefgehen?
- Nebeneinander von Windows und Linux
- Fazit, Tipps und Tricks

Machen wir uns nichts vor: Bei einem Marktanteil von Microsoft Windows von mehr als 95% ist die Chance, dass Sie bereits einen installierten Linux-Rechner zu Hause oder am Arbeitsplatz vorfinden, sehr gering – außer Sie arbeiten bei Großinstallateuren wie der Stadt München, der Polizei in Niedersachsen oder dem Siemens-Konzern, die (neben vielen anderen) gerade großflächig auf Linux umstellen oder schon umgestellt haben. Und: Ja, man kann heute Rechner mit vorinstalliertem Linux kaufen. Nicht gerade bei großen Supermarktketten wie Aldi und Lidl, aber z.B. bei HP, IBM und inzwischen sogar bei Dell. Sollten Sie zu dieser privilegierten Minderheit gehören, dann können Sie dieses Kapitel, in dem es um die Installation geht, natürlich getrost überspringen. Allerdings erfahren Sie hier auch einiges über Partitionen und erhalten einen ersten Eindruck vom Linux-Verzeichnissystem – das Überfliegen dieses Kapitels lohnt sich also in jedem Fall.

Jeder kann Linux installieren!

Linux installieren kann jeder[1], dazu muss man kein Spezialist sein. Ein paar Fakten helfen Ihnen, die richtigen Entscheidungen an wenigen Stellen zu treffen, die für den Einsteiger rätselhaft sind. Dann werden Sie sehen, wie leicht das ist.

Linux, Distributionen und Medien

Linux ist im Grunde ein Unix-ähnliches Betriebssystem. Es ist frei und kostenlos erhältlich, es ist ohne weitere Lizenzkosten beliebig installier- und kopierbar. Linux ist genau genommen aber nur der *Betriebssystemkern*, das Grundprogramm, das die Spielregeln auf dem Rechner festlegt. Es besteht aus nur wenigen Dateien. Damit

---

[1] ... und natürlich auch jede. Fühlen Sie sich bitte auch als Frau immer angesprochen, selbst wenn ich nur die männliche Form schreibe. Das ist kein bornierter Maskulinismus, sondern der Versuch, in diesem Buch Platz zu sparen. Ich danke für Ihr Verständnis.

Sie eine bunte und leistungsfähige Arbeitsoberfläche mit Dutzenden coolen Programmen bekommen, müssen noch einige hundert weitere Programme, die mit Linux zusammenarbeiten, auf Ihrem Rechner installiert werden. Linux und (meist einige tausend) solche Programme gemeinsam auf eine Installations-CD oder -DVD gebrannt, nennt man eine *Distribution* (kurz *Distro*). Von so einem Installationsmedium aus können Sie ein Linux-System auf einen Rechner installieren.

Wer stellt nun solche Distributionen her? Zum einen gibt es Firmen, die das tun, und die auch Geld für ihre Arbeit haben wollen. Deren Pakete mit den Installationsmedien darin finden Sie im gut sortierten Fachhandel.

Doch es gibt auch bewusst nicht-kommerzielle Distributionen, und das sind beileibe nicht nur kleine, unbedeutende Veröffentlichungen. Ein paar der größten und software-reichsten Distros sind nicht-kommerziell. Weil mit den nicht-kommerziellen Distributionen auch kein Geld für Werbung und Vertrieb verdient wird, gibt es deren Installationsmedien in der Regel ausschließlich zum (kostenlosen) Download im Internet. Man kann sie auch bestellen. Dann wird eine Bearbeitungsgebühr für das Brennen des Mediums fällig.

Sie müssen Ihr Installationsmedium also weder gekauft haben, noch muss es von einer bestimmten Firma stammen, damit es ein »echtes« Linux ist. Apropos: Wie viele verschiedene Linux-Distributionen es weltweit wirklich gibt, weiß kein Mensch. Aber es gibt eine Webseite, die seit 2001 veröffentlichte Linux-(und BSD-) Distributionen und deren Besonderheiten auflistet sowie eine Download- oder Kontaktadresse publiziert. Sie heißt einfach *http://distrowatch.com*. Im Sommer 2007 waren dort knapp 540 Distributionen aufgelistet, Tendenz steigend. Warum so viele? Weil jede Distro einen anderen Fokus hat: Zwar waren mehr als 250 Distros Desktop-orientiert, aber es gibt auch spezielle Router-Distros, Firewall-Distros oder Cluster-Distros. Die einen sind besonders klein, besonders schnell, besonders bunt, andere richten sich speziell an Einsteiger oder mehr an Fortgeschrittene. Manche Distros unterscheiden sich nur in der Zusammenstellung der mitinstallierten Programme oder der grafischen Gestaltung von bestimmten anderen Distros. Wieder andere verfolgen sehr unterschiedliche oder sogar ungewöhnliche Ansätze bei der Paketverwaltung, bei der Neuheit (der Pakete), der Stabilität oder beim Komfort. »Das Linux« ist dabei überall das gleiche, auch wenn die Kernel-Version sehr unterschiedlich sein mag: Willkommen in der Welt der Freiheit. Die meisten Distros enthalten außerdem viel mehr Pakete, als zunächst automatisch installiert werden. Sie entscheiden also oft erst während der Installation, was Sie aus Ihrem Rechner machen wollen: einen Server einen Router, oder eine hübsche Arbeitsstation.

Wo bekomme ich Linux her?

Ihre Installationsmedien können Sie von vielen Quellen beziehen. Sie finden Linux als Beilagen-CD eines Computer-Magazins, vielleicht hat ein guter Freund ein oder mehrere Rohlinge für Sie kopiert (»Das musst du ausprobieren, das ist gut«), Sie könnten auch iso-Dateien nach einer stundenlangen Download-Session selbst gebrannt haben, oder (ja, das gibt es auch) Sie könnten einfach im Computer- oder Zeitschriftenhandel eine Schachtel mit einer Linux-Distribution gekauft haben. Jede dieser Varianten ist legal, solange Sie nicht das Medium selbst bei jemandem gemopst haben.

Etliche der Distributionen, die in diesem Buch genannt werden, finden Sie hier zum Download:

- *http://de.opensuse.org/*
- *http://www.ubuntu.com/*
- *http://fedora.redhat.com/*
- *http://www.centos.org/*
- *http://www.mandriva.com/en/downloads* bzw. *http://www.mandriva.com/de/downloads*
- *http://www.debian.org/CD/*
- *http://wiki.campuslinux.de/index.php/CD-Download*
- *http://www.knoppix.org/*
- *http://www.kanotix.org/*

Welches Linux ist das Richtige?

Fragen Sie vier Leute, welche Distro für Sie die beste ist, und stellen Sie sich auf fünf Antworten ein. So liebenswürdig diese Linux-Leute auch sein können, wenn sie z.B. Ihnen Hilfe leisten, so vehement verteidigen sie meist die Distribution, die sie selbst verwenden. Das hat manchmal etwas Sektiererisches. Sie könnten auch bei *distrowatch.com* abfragen, welche Distributionen für Anfänger am besten geeignet sein sollen. Weil die Informationen dort aber weltweit aufbereitet sind, bekommen Sie auch etliche Distributionen empfohlen, die hier in Europa eher exotisch sind. Nichts gegen gute Produkte und den Weltmarkt, aber was ist, wenn Sie z.B. mit einer nord- oder südamerikanischen Distribution in Deutschland keine ISDN-Verbindung ins Internet hinkriegen? Da gibt es eventuell in ganz Europa niemanden, den Sie fragen könnten. Mein Rat: Steigen Sie in Linux zunächst mit den großen Namen ein, wie openSUSE, Mandriva, Fedora, Ubuntu ... Später können Sie beruhigt wechseln, wohin Sie wollen.

Welchen Rechner soll ich nehmen?

Eine bombensichere Methode, um vorherzusagen, ob es mit einem Rechner unter Linux Probleme geben wird oder nicht, existiert nicht. Die meisten Rechner laufen einfach damit. Deshalb gibt es hier nur ein paar allgemeine Hinweise, wie Sie Probleme vermeiden können.

Festplatten-Anforderungen

Sie brauchen insgesamt rund fünf GB Festplattenplatz für eine umfangreiche Installation und genügend Platz zum Spielen. Kleinere Installationen wie die Ubuntu-Familie brauchen knapp zwei, opulente SUSE-Installationen schon einmal 3,5 bis 4 GB[2]. Der benötigte Platz für Linux kann auf einer separaten Festplatte liegen oder auf der gleichen Festplatte wie eine Windows-Installation. Sie brauchen jedoch mindestens zwei Extra-Partitionen für Linux; den dafür benötigten Platz müssen Sie bei einer Standard-Windows-Installation erst einmal schaffen. Mehr dazu später.

Anforderungen an CPU und RAM

Die Behauptung, dass man mit Linux »die letzte Krücke« zur High-Speed-Maschine machen kann, verweise ich hier und für alle Zeiten ins Reich der Märchen. Leistung am Desktop braucht auch Leistung unter der Motorhaube. Zwar ist Linux bei gleicher Hardware meist performanter (schneller) als z.B. eine Windows XP-Installation. Für einen unerhört flinken Linux-Dateiserver reichte mir lange ein mickriger 500-MHz-Rechner, auf dem ich Linux rein textorientiert, ohne KDE oder GNOME, laufen ließ. Doch auf den Desktop-Rechner gehört eine grafische Oberfläche, dazu z.B. die Speicherfresser OpenOffice und Firefox. Damit diese schnell laufen, brauchen Sie mehr Power.

Doch schon ab etwa 1 GHz Taktrate und 512 MB Arbeitsspeicher startet Linux auch grafisch annehmbar flink. Heute bekommen Sie schnellere Maschinen natürlich für einen Appel und ein Ei in jedem Supermarkt (ich bevorzuge trotzdem den mittelständischen Fachhandel). Für Bürotätigkeiten sind solche Maschinen eigentlich zu schade. Bei so viel Rechenpower ist klar, was das langsamste Glied der Wirkungskette ist: Es sitzt vor der Tastatur und hat Ihre Kleidung an.

Todesmarsch Rechner-Recycling

Gewarnt sei hier vor dem gern ins Feld geführten Recycling-Gedanken nach dem Motto: »Für Linux tut's das schon noch«. Vermutlich laufen diese Rechner sogar, weil sie bewährte Hardware enthalten, die schon lange genug auf dem Markt ist. Solche Opa-Rechner werden aber keine Rennläufer mehr, im Gegenteil: Diese

---

2 Spezialinstallationen bekommt man sehr viel kleiner. Aber ich spreche hier von einer Standardinstallation, wie ein Neuling sie vornehmen würde.

Hardware ist verbraucht, am Ende, Geschichte. Und unvermittelt finden Sie sich auf dem Todesmarsch wieder: Sie kämpfen mit tausend Problemen, von denen Sie nicht wissen, ob sie von Linux, der Applikationssoftware oder der Hardware herrühren. Jedes Mal, wenn Sie verstanden haben, worum es gerade ging, stirbt Ihnen am anderen Ende dieses Elektroschrotts noch mal schnell z.B. die Festplatte, die Grafikkarte, das Netzteil, das Motherboard ... Das wollen Sie sich doch gar nicht antun. Wenn die Möglichkeit dazu besteht, schaffen Sie sich lieber neue Hardware an, am besten aus deutscher Produktion direkt um die Ecke. Da gibt es in der Regel guten Service, und Sie retten Existenzen. Kurz: Verwenden Sie »zeitgenössische« Hardware.

Ein Linux-Rechner für Ihren Desktop muss beileibe nicht von einer Nobelmarke stammen, »gehobene Hausmeisterklasse« tut es allemal. Übertriebener Geiz ist alles andere als geil: Wenn Sie einen Rechner aus einem Extrem-Sonderangebot kaufen, erwischen Sie bisweilen nur billiges Gerümpel. Billig-Rechner haben immer den Nachteil, dass wenig teure und deshalb oft recht exotische Hardware in ihnen verlötet oder zusammengesteckt wurde. Deshalb heißen sie ja auch Billig-Rechner. Mit Glück und viel nachträglichen Treiberinstallieren läuft so ein Hobel vielleicht stabil unter Windows. Unter Linux läuft er vielleicht auch, aber nicht zwangsläufig.

Beratung und Kauf

Wie findet man die richtige Neu-Hardware? Wenn Sie einen Hardware-Händler um die Ecke haben, dem Sie vertrauen, lassen Sie sich dort beraten. Meist sind Geräte von solchen Händlern nicht viel teurer als Angebotsware bei großen Ketten, und Sie erhalten mit Ihrem Kauf Arbeitsplätze auf deutschem Boden. Was aber am meisten für den Mittelständler-Händler um die Ecke spricht, ist Service bei Problemfällen. Sollte z.B. die Grafikkarte etc. nicht auf Anhieb mit Linux funktionieren, wird man sie dort in der Regel einfach und ohne Mehrkosten gegen ein anderes Produkt austauschen. Sie sollen ja wiederkommen. Diesen Service haben Sie bei Supermarkt-Ware nicht. Am besten nehmen Sie jemanden zum Rechner-Kauf mit, der sich auskennt. Die meisten Techno-Freaks fühlen sich sehr geschmeichelt, wenn man sie darum bittet. Vor allem, wenn die bittende Person ein Mädchen ist ...

Spekulieren Sie dagegen auf Komplettsysteme aus dem Versandhandel oder den großen Supermarktketten, dann blättern Sie doch vorab schon einmal die gängigen und aktuellen Linux-Magazine durch. Dort inserieren Händler, die Ihnen Rechner meist schon mit vorinstalliertem Linux verkaufen und für ihre Hardware auch eine »Das-läuft-mit-Linux«-Garantie übernehmen. Und bisweilen sind in diesen Magazinen auch schon Tests über die aktuellen Discounter-Boliden enthalten. Solche Rechner laufen in letzter Zeit meist ebenfalls sehr gut mit Linux, denn auch in vielen Angebotsrechnern steckt inzwischen Marken-Hardware. Denken Sie praktisch: Je verbreiteter die Komponenten sind, die verbaut wurden, desto wahrscheinlicher ist es, dass der Rechner unter Linux einfach läuft und läuft und läuft.

Kein Hinderungsgrund ist übrigens die Rechnerarchitektur: Kaum ein anderes Betriebssystem läuft auf so vieler verschiedener Hardware, seien es Maschinen mit 32-Bit-, 64-Bit- oder auch DualCore 32- oder 64-Bit-Architektur. Etliche Distributionen geben besondere Editionen für den 64-Bit-AMD (Athlon und Turion) heraus, Dual-Core ist schlichtweg kein Problem. Seltene und kleinere Unterschiede bei Anwendungssoftware werden durch die enorme Arbeitsgeschwindigkeit leicht ausgeglichen. Es gibt auch verschiedene Extra-Ausgaben für den 64-Bit-Intel, und für den PowerPC gibt es sogar einige Extra-Distributionen, wie z.B. YellowDog Linux.

Freak-Hardware und Notebooks

Lassen Sie lieber die Finger von teurer Spezialhardware. Zucken Sie mit den Achseln bei hochpreisigen Scannern, Spezial-Videokarten und anderer seltener Hardware. Wenn der Hersteller solcher Komponenten nicht ausdrücklich auf die Schachtel schreibt, dass diese Geräte (wenigstens eingeschränkt) unter Linux laufen, dann gibt es vermutlich Probleme. Dabei ist es so einfach: Wenn Sie etwas nicht dringend (beruflich) brauchen, dann kaufen Sie das Zeug einfach nicht.

Notebooks sind und bleiben Teufelszeug. Sie stecken bis zum Deckel voller Exoten-Hardware, weil möglichst die raum- und stromsparendste Technologie verwendet werden soll (deren Spezifikation man den Linuxern natürlich nicht mitteilen muss), und die eingebaute Hardware können Sie nicht ohne Lötkolben entfernen, geschweige denn etwas nachrüsten. Über PCMCIA-Hardware will ich hier gar nichts schreiben, außer dass man viele Probleme nicht hätte, wenn sich beim Einstecken der Geräte nicht immer die Pins verbiegen würden, und wenn das nicht passiert, reißen die externen Stecker ab, die man nicht ersetzt bekommt, ja nicht einmal nachkaufen kann[3].

Meine Lieblingserfahrung: Bei einem neu gekauften Acer Travelmate war ein Display eingebaut, das nicht zum Grafikchip (Intel 915) passt. Das heißt, dass bei jedem einzelnen Systemstart die Grafikregister gepatcht werden müssen. Das macht der Windows-Treiber natürlich automatisch – und ohne einen Hinweis darüber, dass er es tut. Und natürlich gibt es längst eine Linux-Software, die das ebenfalls kann. Trotzdem suchte ich drei Tage lang im Internet, um herauszufinden, aus welcher Richtung eigentlich die Kugeln fliegen. Die Installation verlief jeweils tadellos, nur nach dem Neustart blieb das Display immer schwarz ...

Solchen Widernissen zum Trotz funktionieren die meisten Notebooks sofort und tadellos mit Linux, lassen Sie sich nicht abschrecken! HP verkaufte kürzlich Notebooks sogar ohne Windows, nur mit FreeDOS vorinstalliert, und eine Ubuntu-CD wurde kostenlos mitgeliefert. Das spricht doch Bände! Auch darüber natürlich, dass sie offenbar nicht alles zum Laufen gebracht haben, sonst wäre das Linux ja vorinstalliert gewesen ... Bei manchen Geräten ist der Weg zum Ziel in der Tat ein wenig

---

3 Hallo, Firma 3Com! Die 10-MBit-Netzwerkkarten waren ein Alptraum.

länger und steiniger. Rufen Sie auf der Suche nach Hilfe auf keinen Fall den Hersteller an, und wenn Sie es doch tun, lassen Sie sich niemals auf die Bezahl-Hotline verweisen. Die haben keine Ahnung, vor allem nicht von Linux, und verlangen viel Geld dafür, Ihnen das am Telefon zu sagen! 20 Euro für 13 Minuten personifizierte Inkompetenz bei Acer hat mich seinerzeit geheilt.

Sehen Sie stattdessen auf Werner Heusers exzellenter Webseite *www.tuxmobile.org* nach, oder besser vorher noch auf deren deutscher Schwesterseite *www.tuxmobile.de*. Dort berichten Leute, die ihre Notebooks zum Laufen brachten, welche Zaubersprüche es dazu brauchte und was eventuell bis zum Schluss nicht zu machen war. Außerdem gibt es eine Reihe Internet-Foren, wo Sie kostenlos erstklassige Hilfe bekommen. Vielleicht schreiben Sie ja, nachdem Sie Ihr Notebook mit Ihrer Distribution bestückt haben, ebenfalls ein paar Sätze für *tuxmobile*. Andere werden es Ihnen danken.

Arrogante Hersteller

Linux-Unterstützung ist bei manchen Herstellern offenbar immer noch ein Politikum. Einige unterstützen Linux nicht, weil sie keine Leute haben, die sich damit auskennen, etliche haben offenbar Angst davor, dann von Microsoft abgestraft und nicht mehr mit Interna gefüttert zu werden. Doch manche haben begriffen, dass in der Branche der Linux-Markt in den letzten Jahren am stärksten gewachsen ist und inzwischen jedes Jahr Millionen Euro umsetzt. Wie auch immer: Wer Sie und Ihr Linux für eine vernachlässigbare Randgruppe hält, braucht Ihr Geld wohl nicht.

Nicht sehr kooperativ waren in der Vergangenheit z.B. Canon und Lexmark (»Wir sind in 70% der börsennotierten Häuser«). Zwar beginnt Canon jetzt langsam, auch Linux-Treiber für diverse Modelle bereitzustellen (*ftp://download.canon.jp/pub/drivers*), doch bis vor Kurzem bekam man mit Linux-Fragen an der Hotline zur Antwort: »Wir sind ein Windows-Haus«. Okay, Danke und Tschüss. Andere Hersteller sind dagegen sehr kooperativ. Hewlett Packard und Brother und mit Einschränkungen auch Epson liefern z.B. inzwischen für alle Druckermodelle Linux-Treibersoftware mit, wo das nötig ist. Das Problem: Sie können oft vorher nicht wissen, ob der Hersteller Ihres Druckers Linux unterstützt oder nicht. Auf deren Hochglanz-Prospekten oder Webseiten steht ja nicht »Wir hassen Pinguine«. Fragen Sie deshalb beim Kauf nach, ob Linux unterstützt wird! Wenn der Verkäufer dies bestätigt, können Sie das Gerät/die Komponente zurückgeben, sollte es nicht so sein[4].

---

4 Das wäre eine »zugesicherte Eigenschaft« nach §§ 434, 437, 439, 440 BGB (siehe *www.rechtslexikon-online.de/Eigenschaft_zugesicherte*). Normalerweise regelt man solche Dinge ohnehin ganz freundlich auf dem Weg der Kulanz.

Unter dem Strich gibt es aber nur wenig Hardware, die gar nicht unter Linux zum Laufen zu bewegen wäre – sogar solche von wenig kooperativen Häusern[5]. Wenn eine Hardware genügend verbreitet ist, dann gibt es immer einen Studenten oder Hacker, der das Ding auch ohne die technischen Hersteller-Daten »knackt«. Meist finden Sie in der einschlägigen Linux-Fachpresse sogar schon Tests über die einen oder anderen Komponenten. *Googeln* ist ebenfalls immer eine gute Idee: Tippen Sie den Namen der Komponente und »Linux« ein. Wenn es dreihundert Treffer gibt und die ersten zwanzig keine wüsten Flüche sind, dann haben Sie gute Chancen, die Komponente irgendwann einmal in Gang zu bekommen. Und für den Rest gibt es ebay.

Eine freie Lizenz

Wenn man Linux so schön frei und kostenlos herunterladen und weiterverteilen kann, also genau das Gegenteil davon tun kann, was man normalerweise als Auswirkung einer Softwarelizenz kennt, dann wundern Sie sich vermutlich darüber, wieso Linux trotzdem unter einer Softwarelizenz steht und warum die so wichtig ist. Vermutlich kennen Sie Lizenzen bisher nur im Zusammenhang mit einer manchmal schwerlich nachvollziehbaren Benutzungsgebühr für Software und vor allem mit Kopierschutz. Nun, Lizenzen sind allgegenwärtig, es gibt sogar Lizenzen und Gebühren für das Brezelbacken und das Braten von Fleischklopsen. Aber die Wirklichkeit ist leider weder einfach noch witzig. Linux steht unter der *General Public License* (*GPL*, in Deutsch nachzulesen unter *www.gnu.de/gpl-ger.html*). Die GPL und andere Lizenzmodelle schützen die Freiheit der Software in einer knallharten kapitalistischen und kommerziellen Umgebung. Linux ist *Open Source Software*. Ein Merkmal solcher Software ist, dass die Quelldateien mit dem Software-Code darin veröffentlicht sind, damit andere Programmierer (vielleicht auch Sie?) leichter Fehler finden und Verbesserungen anbringen können. Leicht könnte nun ein Softwaregigant oder sonst ein Schlaumeier auf den Gedanken kommen, er bräuchte nur diesen Code nehmen, in Maschinensprache übersetzen und als seinen eigenen ausgeben. Übersetzten (kompilierten) Programmen, deren Quellcode nicht offengelegt ist, sieht man nicht auf den ersten Blick an, ob sie gestohlen sind oder nicht. Leider geriet früher auf diese Art und Weise so manche gute Zeile *Public Domain Software* (die kein Lizenzmodell besaß, das die Rechte des Urhebers schützt) ins Eigentum dubioser Leute[6]. Die Linux-Entwickler sind aber weder versponnene Flower-Power-Freaks noch in erster Linie unverbesserliche Menschenfreunde. Sie schützen ihr gutes Recht: ihr geistiges Eigentum. Die GPL ist sogar »ansteckend«: Wer auch nur Teile des Codes einer unter GPL stehenden Software in seine eigene einbaut, muss diese danach ebenfalls unter die GPL stellen. Und es

---

5 Billige Multifunktionstintenstrahldrucker von Lexmark gehören zu dieser beklagenswerten Produktgruppe. Da ging bis zur Drucklegung dieses Buchs einfach gar nichts.

6 *http://de.wikipedia.org/wiki/Public_domain*

gab vor deutschen Gerichten bereits die ersten Verurteilungen von Leuten, die glaubten, sie könnten einfach Linux als billige Plattform für ihre Produkte verwenden und das Ganze als ihre eigene Arbeit ausgeben. Diese Leute hatten die Entwickler weder darüber informiert noch am Gewinn beteiligt.

Sie als reiner Benutzer von Open Source Software haben von dieser ziemlich rigiden Regel nichts zu befürchten. Im Gegenteil, GPL & Co. sorgen dafür, dass Ihnen immer eine Alternative zum kommerziellen Aderlass bleibt.

Die Installation

Seit Linux in den frühen 90er-Jahren aus dem Ei schlüpfte, arbeiten viele Programmierer und Systemadministratoren daran, dass Linux leicht und fehlerlos installiert werden kann. Linux gab es z.B. schon auf selbstinstallierenden CDs, als sich Microsoft gerade mit seiner Windows-NT4-CD blamierte, die das nicht überall konnte.

Dieses Kapitel gibt einen Überblick darüber, was mit dem Rechner geschieht, wenn Sie Linux installieren, und welche Maßnahmen zu ergreifen sind, wenn Sie Linux und Windows auf der gleichen Maschine installieren möchten. Da wir hier viele Distributionen abdecken, sind diese Informationen oft sehr allgemein gehalten. Die Feinheiten lesen Sie bei Bedarf im Handbuch Ihrer Distribution nach.

Was passiert bei der Installation?

Wenn man kein Handbuch besitzt, kann man mit einer bootfähigen Linux-CD eigentlich immer ein lauffähiges Linux installieren. Schließlich geschieht bei jeder Betriebssystem-Installation das Gleiche. Es sind, vereinfacht gesagt, sechs Schritte:

1. Auf der Festplatte wird Platz geschaffen. Irgendwo muss das Betriebssystem ja »wohnen«. Techniker sprechen vom *Partitionieren* der Festplatte.

2. Der Festplattenplatz muss aufbereitet werden. Bevor man ein Haus baut, ebnet man auch erst einmal das Gelände. Technisch werden auf der (oder den) Partition(en) *Dateisysteme erstellt*. Unter Windows heißt dieser Vorgang »*Formatieren*«.

3. Die formatierten Partitionen werden eingebunden: Wie die Fertigbauteile eines Hauses verbindet (*mountet*) Linux die Partitionen zu einem zusammengehörigen Ganzen, einem einzigen Dateibaum. Dieser Baum erstreckt sich meist über mehrere Partitionen hinweg. Das System kann sogar auf mehreren Festplatten oder teilweise im Netzwerk liegen. So sichert Linux die Wachstumsfähigkeit des Systems: Wenn später mehr Platz gebraucht wird, können Sie noch weitere Partitionen dazumounten.

4. Die eigentliche Software wird installiert. Wenn die Wände und das Dach stehen, können wir an die Inneneinrichtung herangehen. Natürlich gibt es eine Mindestausstattung für ein lauffähiges Linux, die bei jeder Distribution automatisch mitinstalliert wird. Ohne den Kernel und seine Hilfsdateien läuft z.B. gar nichts. Auf jeden Fall kommt auch eine Shell mit, um dem Kernel Befehle zu übermitteln, und üblicherweise gibt es auch den Grafikserver mit irgendeiner grafischen Oberfläche. Meist ist es das Schlaueste, die Installation erst einmal mit den Standardeinstellungen des Distributors durchlaufen zu lassen. Sie können später jederzeit gefahrlos Software hinzufügen und auch wieder entfernen.

5. Schließlich, wenn die dazu nötigen Programme auf dem System installiert sind, versucht Linux, Ihre Hardware automatisch zu erkennen und einzubinden. Dazu ist meist ein Neustart fällig. Ihr Linux läuft dabei wie der neue Hausbewohner durch die Gänge und schaut durch jedes Fenster und in jeden Schrank, um herauszufinden, was man mit dieser Maschine so alles anfangen kann. Es findet eine Soundkarte, einen Joystick, erkennt die passende Grafikkarte, entdeckt womöglich einen angeschlossenen Drucker etc. Oft müssen Sie ein wenig helfen, indem Sie die Hardwarekenndaten nachlesen (oft in den Rechnungen und Beipackheftchen) und eingeben.

6. Etwa zu diesem Zeitpunkt (die Reihenfolge variiert je nach Distro) werden auch (meist zwei) Benutzer angelegt. Einer davon ist der Super-User und heißt immer *root*;[7] Sie müssen nur sein Passwort bestimmen. (Von *root* werden Sie noch öfter hören. Wählen Sie ein gutes Passwort mit wenigstens fünf, besser sechs Zeichen in Klein- und Großschreibung.) Der zweite Benutzer, der angelegt werden muss, sind Sie selbst. Bestimmen Sie auch hier ein gutes Passwort.

Danach können Sie sich anmelden und Linux benutzen: Das Haus steht, und die ersten Mieter inklusive Hausmeister sind bereits eingezogen. Eventuelle Probleme, z.B. bei der Installation der Hardware, bekommen wir später schon noch in den Griff.

Bei Ubuntu wird root zwar erzeugt, aber ohne Passwort, und er kann sich auch nicht anmelden. Zu diesen Besonderheiten erfahren Sie ein wenig später noch mehr. Auch andere besonders »benutzerfreundlich« gemeinte Distributionen gehen hier Sonderwege.

---

7 Zu den verschiedenen Bedeutungen von *root* erfahren Sie mehr auf Seite 28.

Eine Beispielinstallation

Nun ans Gerät: Legen Sie die erste CD oder die DVD (Bootdisketten-Starts sind selten geworden) Ihrer Distribution ins Laufwerk ein, und starten Sie den Rechner neu. Der Rechner sollte dann nicht von der Festplatte booten, sondern die Installationsroutine vom CD/DVD-Laufwerk starten.

Startet der Rechner nicht automatisch von CD/DVD, dann müssen Sie im Rechner-BIOS die Boot-Reihenfolge verändern. Bei den meisten Rechnern finden Sie ein Award- oder Phoenix-BIOS. In dessen Einstellungsmenü kommen Sie, wenn Sie gleich nach dem Einschalten des Rechners die Entfernen-Taste drücken. Konsultieren Sie eventuell das Beschreibungsheftchen zum Motherboard, das mit dem Rechner mitgeliefert wurde.

Beim Start von der CD/DVD sehen Sie zuerst ganz kurz das Wort ISOLINUX auf dem Bildschirm (siehe Abbildung 1-1), danach erscheint der Boot- und Installationsbildschirm der Linux-Distribution. Viele Distributionen haben heute grafische Installationsroutinen, einige beginnen der Einfachheit halber textorientiert und werden dann später erst grafisch. Andere sind rein textorientiert, aber dafür sehr leistungsfähig. Keine Panik, worum es gerade geht, steht immer auf dem Bildschirm. Und lesen können wir ja.

```
ISOLINUX 3.11 Debian-2006-03-16  Copyright (C) 1994-2005 H. Peter Anvin
Loading..._
```

Abbildung 1-1: Der CD-Bootloader startet die Installation

Selten werden heute noch Boot-Disketten verwendet. Sollte Ihr Rechner aber z.B. wirklich nicht von CD/DVD starten können, geht es mit einer Boot-Diskette bestimmt. So eine Diskette mit 1,4 MB kann allerdings unmöglich das ganze Installationssystem enthalten, deshalb werden Sie bald den Installationssilberling nachlegen müssen.

Startbildschirme

Alle Linux-Installationsmedien führen zunächst auf Startbildschirme. Die haben je nach Distribution verschiedene Farben und Aufschriften (siehe Abbildung 1-2), aber es geht immer um das Gleiche: Ein oder mehrere Menüpunkte starten die Installation, meist ist es der erste (außer bei SUSE). Die anderen Menüpunkte oder Startoptionen enthalten meist verschiedene zusätzliche Schalter, mit denen Sie die Bildschirmauflösung und die Installationssprache einstellen können. Weitere Optionen sollen etwas störrische Hardware zähmen, dazu gibt es meist ein Rettungssystem und einen Speichertest.

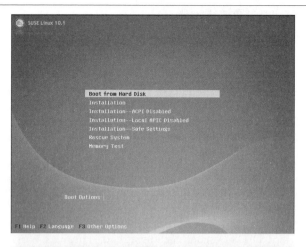

Abbildung 1-2: Verschiedene Installationsbildschirme

Um diese Bildschirme ein wenig benutzerfreundlicher und gleichzeitig leistungsfähiger zu machen, haben die Entwickler in der letzten Zeit eine Menge Arbeit investiert. Zu diesen Finessen zählen folgende:

- Die meisten Optionen im direkten Zugriff bietet der SUSE-Bildschirm. Die Installation startet mit dem gleichnamigen zweiten Menüpunkt. Sollte die Installation damit aber missglücken, können Sie ab Version 10.3 mit der F5-Taste verschiedene Kernel-Optionen ausprobieren. Eine schaltet ACPI[8] ab, eine andere APIC[9], und mit Safe Settings schalten Sie diese beiden gleichzeitig ab und noch ein paar andere bekannte Problemverursacher.

- Der erste Menüpunkt bei SUSE ist »Von Festplatte booten«, weil die Leute beim Neustart nach der Installation immer vergessen, die CD/DVD aus dem Laufwerk zu nehmen. So startet das System nach der Installation nach wenigen Sekunden immer richtig: von der Festplatte in das neue Linux-System.

- Fedora startet nach dem ersten Startbildschirm mit einer erschreckend textorientierten Prozedur. Bereits der zweite Bildschirm wird aber grafisch, und Mäuse am PS/2- oder USB-Anschluss funktionieren sofort.

- Bei Ubuntu können Sie den schokoladenbraunen grafischen Bildschirm verlassen, indem Sie die Esc-Taste drücken. Sie erreichen dann einen Start-Bildschirm, der einige Ähnlichkeit z.B. mit dem von Fedora aufweist. Da können Sie verschiedene Hilfebildschirme (F1 bis F6) mit Tipps für verschiedene Befehlszeilenoptionen erreichen.

Gerade neue Notebooks machen zunächst häufig Probleme mit dem Energiemanagement und Interrupt-Sharing. Die Schalter »noapic« bzw. »acpi=off« machen deshalb auch bei anderen Distros als SUSE Sinn, wenn die Installation misslingt. Hinweise auf diese Schalter finden Sie oft auf den Hilfebildschirmen oder in der gedruckten Dokumentationen. Aber das sind nicht alle Schalter, die es gibt. Ubuntu listet z.B. einen extra Menüpunkt für einen »sicheren Grafikmodus« auf. Fast alle zeigen am unteren Bildschirmrand die Namen der Funktionstasten, mit deren Hilfe Sie die Sprache des Startbildschirms auf Deutsch oder die Bildschirmauflösung auf gängige Werte einstellen und auch weitere Hilfetexte hervorholen können. SUSE listet mit einem dieser Buttons (F4 Quelle) ein halbes Dutzend verschiedene Installationsquellen auf. Probieren Sie ruhig alle Schalter durch, Sie können in dieser Phase der Installation gar nichts kaputt oder falsch machen.

---

[8] *Advanced Configuration and Power Interface* (ACPI) ist ein offener Industriestandard für die Energieverwaltung bei Computern (Wikipedia).

[9] *Advanced Programmable Interrupt Controller* (APIC) ist ein Interrupt-Controller, sorgt also für die Verteilung von Interrupts in Computersystemen (Wikipedia).

Grafische Installation aus dem Live-System

Der Wunsch nach einer grafischen Installationsroutine führte bei Ubuntu zu einem seltsamen Prozedere: Die Installations-CD ist gar nicht »direkt« zur Installation geeignet. Genau wie die Linux-Live-Systeme *Knoppix* oder *Kanotix*[10] startet die normale Ubuntu-Installations-CD ebenfalls zuerst ein Live-System. Auf deren schokobrauner Oberfläche finden Sie ein Icon mit der Aufschrift INSTALL. Wenn Sie das anklicken, startet die grafische Installation. Diese Methode hat den Vorteil, dass Sie schon einmal einen Blick auf das zukünftige System werfen können, noch bevor Sie etwas auf den Festplatten verändert haben. Leider funktioniert diese grafische Installation nicht immer, deshalb gibt es für die i386-PCs (das sind die ganz normalen Computer mit 32-Bit-Architektur und Prozessoren von Intel oder AMD) nicht nur die normale Installations-CD, sondern auch noch eine zweite, *alternate* genannte, die eine textorientierte (Debian-Standard-)Installation durchführt. Die alternate-CD können Sie auf der Download-Seite bei Ubuntu per Mausklick anwählen.

Eine Frage des Geschmacks

Ubuntu wird immer als eine einzelne CD angeboten, damit auch Leute mit einer schwachen Download-Leitung sie in vertretbarer Zeit herunterladen können. Auf eine CD passen aber nicht mehrere Oberflächen. Deshalb gibt es Ubuntu neben der Hauptversion in nicht weniger als vier weiteren verschiedenen »Geschmacksrichtungen« oder Unter-Distributionen. Drei davon unterscheiden sich vorwiegend in der Auswahl der grafischen Oberfläche: *Ubuntu* selbst benutzt die GNOME-Oberfläche, *Kubuntu* die KDE-Oberfläche, *xubuntu* xfce4. Dazu gibt es noch *edubuntu*, die Schulsoftware (bei einem GNOME-Desktop) enthält, und eine Server-Version, die sich textorientiert installiert.

Verschiedene Installationsroutinen

Auch wenn Sie auf dem Startbildschirm schon die Anzeigesprache Deutsch ausgewählt haben, fragen die ersten Einrichtungsdialoge meist noch einmal nach der Systemsprache und Tastaturbelegung. Wählen Sie auch hier in beiden Fällen Deutsch. Die Lokalisierungen (Sprachanpassungen) der meisten Linux-Distributionen sind dank internationaler Entwicklerbesetzung sehr gut bis perfekt (Ausnahmen bestätigen die Regel). Wenn Sie die Auswahl dazu bekommen, wählen Sie bei der Tastaturbelegung ausdrücklich *ohne* »Akzent-« oder »Tote Tasten«, sonst fehlen Ihnen später die Umlaute auf dem Keyboard (siehe Abbildung 1-3, unten).

Bei den gängigen Distributionen können Sie, sobald die grafische Umgebung sich meldet, oft schon direkt mit der Maus arbeiten. Wurde die Maus nicht automatisch

---

[10] ... die man beide ebenfalls aus deren Live-System heraus installieren kann. Das Neue bei Ubuntu ist wirklich nur der Button auf dem Desktop ...

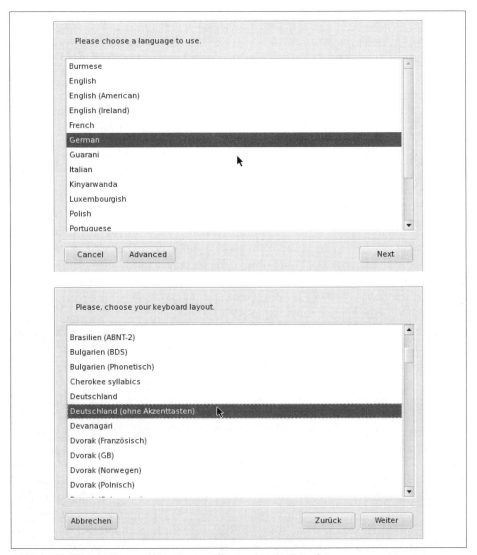

Abbildung 1-3: Sprachauswahl bei der Installation, hier bei Mandriva

erkannt, können Sie in der Regel mit der Tabulator-Taste von einem Menüpunkt zum nächsten springen. Versuchen Sie, grafische Schalter (Checkboxen) mit der Leertaste oder der Return-Taste zu ändern. Und haben Sie keine Sorge, wenn beim ersten Versuch nicht gleich alles perfekt funktioniert: Wenn in einer späteren Phase der Installation die Maus endlich richtig rollt, können Sie in der Regel zu vorherigen Dialogen zurückspringen. Dann können Sie alles anklicken, was Sie zuerst nicht erwischt haben ...

Mäuse mit wenigstens drei Tasten oder eine Radmaus sind für Linux besser geeignet als die früher weit verbreiteten Zweitasten-Nager aus dem Hause Microsoft & Co. Die dritte Maustaste und das Rad werden unter Linux konsequent benutzt. Sollten Sie nur eine Zweitasten-Maus besitzen, dann wählen Sie beim Einrichten die Option »Drei Knöpfe emulieren«. Sie bekommen die Funktionalität des dritten Buttons, indem Sie beide Tasten gleichzeitig drücken. Aber besser kaufen Sie sich recht bald eine ordentliche Maus. PS/2-Mäuse mit Schleifkugel und drei Tasten gibt es schon ab 1,50 Euro. Ob die Radmaus perfekt verstanden wird, sehen Sie am besten in Listenfeldern: Wenn Sie das Mausrad in die eine oder andere Richtung rollen, sollte sich der Text nach unten und oben bewegen. Und natürlich ist Ihre dritte Maustaste das Mausrad: einfach draufdrücken.

Lassen Sie sich ab hier vom Installationssystem Ihrer Distribution führen. Das machen »die Profis« nicht anders. Die genaue Reihenfolge der einzelnen Schritte und das Aussehen der Dialoge sind ohnehin bei jeder Distro ein wenig anders. Doch das ist nicht schlimm. Worum es geht, steht ja immer auf dem Bildschirm. Und wenn Sie z.B. nach der Netzwerkkonfiguration gefragt werden und Sie jetzt noch keine wissen, dann überspringen Sie diesen Punkt eben. Selbst die Partitionierung können Sie im Prinzip der Prozedur überlassen. Sie bekommen dann in vielen Fällen aber nur eine sehr magere Lösung, die Sie beim nächsten Mal sicher schon besser hinkriegen würden, wenn Sie mehr Initiative übernehmen.

Installieren Sie nicht einmal, sondern fünfmal. Schon beim zweiten Mal werden Sie sich wesentlich sicherer fühlen. Vor allem verlieren Sie dabei die sinnlose Angst, Sie könnten etwas falsch machen.

Bei SUSE führt Sie das Installations- und Konfigurationstool *YaST* (*Yet another Setup Tool*) sehr bald auf einen allgemeinen Dialog, in dem Sie per Hyperlink alle wichtigen Einstellungen zur Installation vornehmen können (Abbildung 1-4). Sehen Sie sich dort ruhig alles genau an. Solange Sie diesen Dialog nicht mit dem WEITER-Button verlassen, wird an Ihrem Rechner nichts verändert. So lange könnten Sie den Rechner jederzeit einfach ausschalten, um neu zu beginnen.

Andere Distributionen nehmen Sie wesentlich mehr an die Hand und führen Sie Schritt für Schritt durch die Installation, wobei auf dem Weg Veränderungen am Rechner vorgenommen werden. Aber auch da haben Sie bei jedem Schritt die Möglichkeit, Kontrolle auszuüben – es spielt keine Rolle, ob Sie eine grafische oder textorientierte Dialogfolge haben (wie z.B. bei den *alternate*-CDs von Ubuntu).

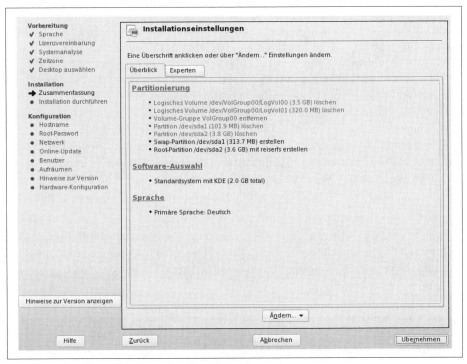

Abbildung 1-4: Übersichtliche Dialoge bei SUSE

Partitionen

Fast immer besteht der zweite Schritt der Installation darin, Partitionen und Dateisysteme auf Ihrer Festplatte zu erzeugen. Das geht am besten, wenn Sie in Ihrem Rechner nur eine oder mehrere »einfache Festplatten« eingebaut haben[11]. Das ist auch der überwiegende Normalfall. Jede der hier genannten Distributionen bietet Ihnen an dieser Stelle des Installationsvorgangs mindestens einen Weg an, bei dem Sie nicht denken müssen. Aber dann haben Sie kein Mitspracherecht, und heraus kommt beileibe nicht die beste Lösung. Selbst wenn Sie sich für den einfachsten Weg entscheiden, gibt es verschiedene Dinge, die Sie hier wissen sollten. Denn nur dann können Sie wirklich entscheiden, ob Sie etwas an den Einstellungen verändern wollen oder nicht.

Worin besteht nun das Partitionen-Problem bei einer Linux-Installation? Der Speicherplatz einer eingebauten Festplatte wird immer in sogenannte Partitionen aufgeteilt, das sind per Software ausgewiesene Speicherbereiche, in denen die Daten aufgehoben werden. Damit man die Daten wiederfindet, werden Partitionen mit

---

[11] RAID-Systeme und andere Profi-(oder Angeber-)Lösungen klammere ich hier bewusst aus. Dazu brauchen Sie mehr Know-how, als hier vermittelt wird.

einem Ordnungssystem formatiert, das ist ein sogenanntes Dateisystem (siehe den nächsten Abschnitt »Was sind Partitionen?«). Linux braucht mindestens zwei Partitionen, um sich darauf zu installieren. Wenn Sie heute einen Rechner preiswert kaufen, ist die Festplatte aber meistens nur in eine einzige Partition »unterteilt«, die den gesamten verfügbaren Plattenplatz einnimmt. Dort sitzt das vorinstallierte Windows und verbraucht zusammen mit Ihren Dateien (wenn es hoch kommt) vielleicht 10 Prozent des verfügbaren Platzes. Bisweilen findet sich noch eine zweite Partition, von wo aus Sie Ihr Windows wiederherstellen können. In diesem Fall (das ist der Normalfall) müssen Sie erst Platz für Linux schaffen. Machen Sie in diesem Fall bitte vorher einen kleinen Ausflug an das Ende dieses Kapitels auf Seite 47, wo das Schrumpfen einer Windows-Partition besprochen wird. Hier soll zuerst von einer leeren Festplatte ausgegangen werden, die Linux für sich alleine haben kann.

Der einfachste Weg besteht natürlich immer darin, auszuwählen, dass die gesamte Festplatte gelöscht und ihr Plattenplatz für Linux verwendet werden soll (siehe Abbildung 1-5). So macht es Windows ja auch. Sie werden nach einer kleinen Einführung in die Wunderwelt der Platten und Partitionen aber noch weitere, bessere Varianten kennenlernen.

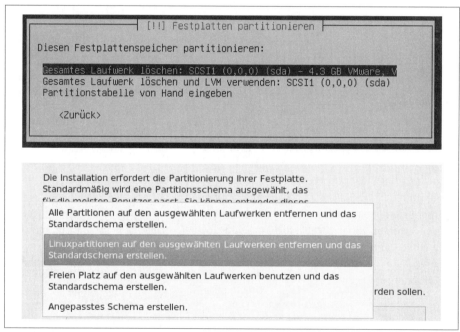

Abbildung 1-5: Partitionierungsdialog bei Ubuntu (oben) und Fedora (unten)

So wie Techniker über Computer reden, könnte man immer glauben, das sei alles sehr schwierig. Die folgenden Seiten werden Ihnen aber zeigen, dass dies zumindest auf Festplatten nicht zutrifft. Wenn Sie diesen kompakt gehaltenen Text nicht lesen wollen, können diese Seiten auch überspringen und gleich beim Punkt »Wie heißen Partitionen?« wieder einsteigen.

Was sind Partitionen?

Eine Festplatte besteht aus (meist) einer oder mehreren Metallplatten aus magnetischem Material, die wie ein Stapel alter Plattenteller übereinander (aber sehr viel schneller) um eine Achse rotieren. Die Daten werden mit einem Plattenhebel eingelesen und geschrieben, an dessen Spitze sich ein kleiner Elektromagnet befindet. Der Magnet auf dem Plattenhebel ist Teil einer Elektronik, die sich auf der Unterseite der Festplatte befindet. Diese ist über ein flaches Kabel mit dem sogenannten *Controller* der Computer-Hauptplatine verbunden. So gelangen die Daten vom Computer auf die Festplatte und zurück. Eine sehr einfache Darstellung davon zeigt Abbildung 1-6.

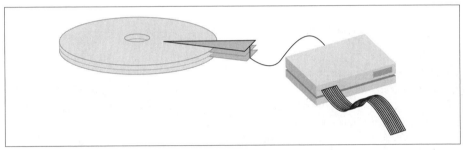

Abbildung 1-6: Magnetplatten mit Plattenhebel, Elektronik und Controllerkabel (von links)

Damit der Plattenhebel sich auf der Magnetscheibe zurechtfindet, wird deren Fläche mit einer Grund-Magnetisierung (Low-Level-Formatierung) in Ringe unterteilt, die sogenannten *Zylinder*. Die einzelnen Zylinder sind noch einmal in kleinere Häppchen unterteilt, die Sektoren (siehe Abbildung 1-7, rechts). Sektoren können immer 512 Byte Daten aufnehmen. Wie viele dieser Sektoren pro Zylinder und wie viele Zylinder pro Magnetscheibe geschrieben werden können, hängt davon ab, wie gut und zuverlässig das magnetische Material ist, aus dem die Festplatten-Scheibe besteht. Die Gesamtmenge aller Sektoren auf allen Zylindern, die sich auf allen Magnetscheiben befinden, das ist die gesamte Speicherkapazität der Festplatte.

Wie schnell die Festplatte ist, d.h., wie schnell sie auf Daten zugreifen oder schreiben kann, hängt davon ab, wie schnell die Magnetscheiben sich drehen und wie schnell die Elektronik und der Magnetisierkopf des Plattenhebels die Daten von der Festplatte oder auf die Festplatte übertragen können. Die Teller moderner Festplatten drehen sich heute mit mehr als 7.000 bis rund 15.000 Umdrehungen pro Minute.

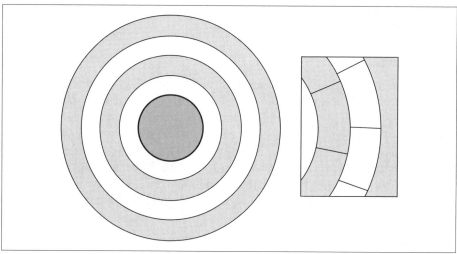

Abbildung 1-7: Zylinder und Sektoren

Im Grunde sind die Partitionen nichts anderes als mehrere (fortlaufende) Festplatten-Zylinder, die als zusammengehörig markiert werden. Das geschieht, indem eine Software jeweils die Nummer des ersten Zylinders der Partition und die Anzahl der fortlaufenden Zylinder, die dazugehören sollen, magnetisch notiert. Diese Angaben stehen dann im allerersten Sektor der Festplatte, dem sogenannten *Master Boot Record* (MBR). Dies geschieht bei der Installation im Hintergrund, während Sie nur die Partitionsdialoge sehen.

Die Art und Weise, wie diese Partitionszahlen magnetisch festgehalten werden, ist in einem Industriestandard festgelegt, an den sich alle Festplattenhersteller halten. Leider hat dieser Standard schon etliche Jährchen auf dem Buckel. Der Teil des Master Boot Records, in dem die Partitionen niedergeschrieben werden, sieht nur maximal vier Partitionsnummern vor – das schien in den 80er-Jahren eine ganze Menge zu sein[12]. Vier Partitionen reichen heute meist nicht mehr aus, deshalb können Sie eine der maximal vier primären Partitionen als eine sogenannte *erweiterte Partition* anlegen oder als Partition für *logische Volumes* markieren. Erweiterte (oder logische Volume-)Partitionen sind wie Container: Sie können weitere Partitionen enthalten, die logische Partitionen oder logische Volumes genannt werden. Abbildung 1-8 zeigt sehr vereinfacht vier primäre Partitionen auf der linken »Festplatte« und auf der rechten eine primäre Partition (der äußere Ring) sowie danach eine erweiterte Partition (zwischen den Pfeilen), die logische Partitionen enthält. Das ist nicht kompliziert, aber man braucht viele Worte dafür.

---

12 Genauso wie 640 KB Arbeitsspeicher für DOS. William Gibson lässt in seinem 1984 erschienen Roman »Neuromancer« Räuber eine Frau bestialisch niedermetzeln, weil sie ihr 3 MB RAM stehlen wollen ...

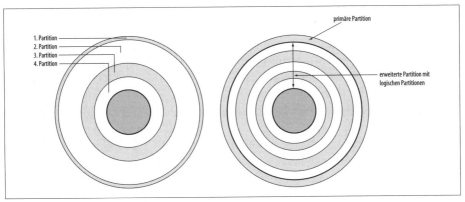

Abbildung 1-8: Primäre (links) und logische Partitionen in einer erweiterten Partition (rechts)

Wie heißen Partitionen?

Diese Regeln haben nur mit der Hardware zu tun und gelten natürlich genauso auch unter DOS und Windows. Der Clou ist aber: Windows zeigt Ihnen einzelne Partitionen immer so, als wären es ganze Festplatten. Deshalb spricht man in diesem Zusammenhang auch von *virtuellen Laufwerken*. Die Partitionen bekommen »Laufwerksbuchstaben« wie C:, D: (und das ganze Alphabet hinunter) als Bezeichnung zugeordnet. Sie könnten im Windows Explorer das halbe Alphabet verbraucht sehen und trotzdem nur eine einzige Festplatte im Rechner eingebaut haben. Lediglich von einem Unterschied bei primären und logischen Partitionen bemerken Sie als Windows-Benutzer lange nichts, weil die Laufwerksbuchstaben hier etliches verdecken.

Spannend wird es allerdings, wenn der Windows-Festplattenmanager automatisch logische Partitionen angelegt hatte und Sie plötzlich eine weitere Festplatte einbauen (lassen). Denn Windows zählt immer sämtliche primären Partitionen aller Festplatten vor den logischen. Nach dem Aufrüsten des Rechners kann aus diesem Grund plötzlich ein Teil der Laufwerksbuchstaben verschoben sein. Das geht bisweilen so weit, dass Software nicht mehr funktioniert, weil sie vom System nicht mehr unter dem gleichen Pfad (inklusive Laufwerksbuchstabe) gefunden werden kann.

Linux bezeichnet die Partitionen auf den Festplatten anders als Windows. Die Bezeichnungen haben mit den elektronischen Geräten zu tun, die tatsächlich in den Rechner eingebaut sind (siehe Abbildung 1-9). Die meisten Computer-Hauptplatinen haben zwei der sogenannten *IDE-Controller* (IDE = Integrated Drive Electronics; Festplatten-Controller, auf der Abbildung rechts) eingebaut. Bei IDE-Controllern nach dem lange gebräuchlichen ATA-Standard (Advanced Technology Attachments[13]) können dort maximal zwei Laufwerke pro Controller eingesteckt werden. Ein solches Laufwerk kann eine Festplatte sein oder z.B. auch ein CD- oder

---

13 http://www.computerbase.de/lexikon/ATA_(Schnittstelle)

DVD-Laufwerk. Bei Linux ist es wichtig, auf welchem Controller die Festplatte eingesteckt ist und ob es dort das erste oder das zweite Laufwerk ist. Die erste Festplatte auf dem ersten Controller heißt dann */dev/hda* (für hard disk a), die zweite Festplatte auf dem ersten Controller */dev/hdb*. Die erste Festplatte auf dem zweiten Controller heißt */dev/hdc*, die zweite */dev/hdd*. Die Partitionen auf den Festplatten werden einfach durchnummeriert. Die erste Partition auf der ersten Platte heißt deshalb */dev/hda1*, die zweite */dev/hda2*, dann */dev/hda3* etc. Das ist nicht weniger einleuchtend als die logischen Laufwerksbuchstaben von Windows, und es verschiebt sich nichts, wenn man noch eine weitere Festplatte einbaut. Haben Sie keine Angst vor der Technik: Die Geräte und Partitionen findet und benennt Linux selbst, siehe z.B. Abbildung 1-10. Sie müssen hier nur die Regeln kennenlernen.

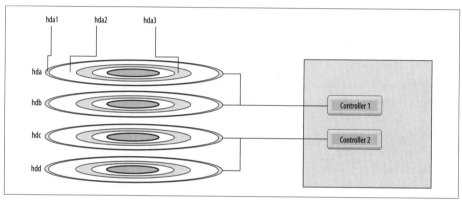

Abbildung 1-9: Festplatten- und Partitionsnamen bei Linux

Logische Partitionen werden unter Linux immer ab der Nummer 5 (und höher) bezeichnet. Angenommen, jemand möchte auf seiner Festplatte nur eine einzige primäre und sonst nur logische Partitionen in einer erweiterten Partition anlegen. Dann gäbe es zwar */dev/hda1* und */dev/hda5* (und aufwärts), aber die Partition */dev/hda2* wäre die erweiterte Partition, und es gäbe keine */dev/hda3* und 4. Das ist nicht nur möglich, sondern tritt sogar recht häufig auf. Es gibt jede Menge Maschinen, die nur Partitionsbezeichnungen von */dev/hda5* bzw. */dev/sda5* und höher haben. Überlegen Sie einmal: Wie werden diese Leute ihre Festplatte partitioniert haben?

 SCSI-Festplatten und die neuen SATA-Festplatten heißen bei Linux nicht */dev/hda*, sondern */dev/sda*. Bei hochwertigen Rechnersystemen waren früher ausschließlich SCSI-(Small Computer System Interface[14]-)Komponenten zu finden. Es gibt SCSI-Festplatten, -Bandlaufwerke, -CD-Laufwerke etc. Wenn Sie SCSI-Festplatten in Ihrem Rechner eingebaut haben, wissen Sie das normalerweise, denn die haben mehr gekostet als die normalen IDE-Festplatten.

---

14 http://de.wikipedia.org/wiki/SCSI

Bei den SATA-(Serial ATA-)Platten steht normalerweise ebenfalls auf der Rechnung für den Computer, dass welche verbaut wurden. In der Handhabung gibt es bei den großen Distributionen außer den SCSI-Gerätenamen sonst keinen Unterschied zu normalen IDE-Geräten[15].

Das Beste zum Schluss: Partitionen sind ebenfalls nur Container. Sie enthalten organisierte Daten, die in einem sogenannten *Dateisystem* abgelegt werden. Das Erstellen eines Dateisystems auf einer Partition kennen Sie schon von Windows, das nennt man dort »ein Laufwerk *formatieren*«. Wenn Sie Partitionen mit einem der gängigen Dialogsysteme wie dem YaST anlegen, werden Sie normalerweise gleich auch nach dem Dateisystem gefragt, das darauf erstellt werden soll, und beides geschieht dann in einem Schritt.

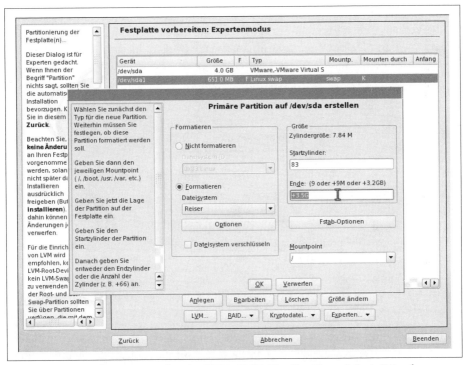

Abbildung 1-10: Partitionen erstellen mit SUSEs YaST. Eine Partition wird mit Reiserfs formatiert.

---

15 Interessante Artikel zu Serial-ATA (SATA) finden Sie unter *http://www.computerbase.de/lexikon/Serial_ATA* und *http://linuxmafia.com/faq/Hardware/sata.html*.

Wie werden Partitionen dargestellt?

Linux kennt keine Laufwerksbuchstaben nach dem Muster C:, D: etc. Dort beginnt das Dateisystem auch nicht auf einer speziellen C:\-Platte, sondern an einem Ort, der / heißt (und manchmal auch *slash* oder *root* genannt wird). Dieser Ort ist ganz einfach der Ursprung des Linux-Verzeichnisbaums. Natürlich muss dieser Ort ebenfalls auf einer Partition »wohnen«, z.B. auf */dev/hda1*. Im Ursprungsdateisystem gibt es genauso Unterverzeichnisse und Dateien wie woanders. Der Unterschied: Wenn Linux sich auf mehrere Partitionen erstreckt (was meistens der Fall ist), dann hängt (mountet) man das Dateisystem der anderen Partitionen einfach in einem Verzeichnis der /-Partition ein (siehe Abbildung 1-11). Äußerlich ändert sich dadurch nicht viel. Vor dem Einhängen war das Verzeichnis (z.B. */home*) leer, danach geht dort einfach der Dateibaum (des Dateisystems auf der eingehängten Partition */dev/hda3*) weiter. Der Linux-Verzeichnisbaum sieht nicht viel anders aus als die Verzeichnisstruktur, die Sie von Windows her kennen. Zunächst fällt nur ein Unterschied auf: Das Zeichen für ein Unterverzeichnis ist der nach vorne gekippte Schrägstrich (Slash) statt dem nach hinten gekippten (Backslash).

Der wesentlichere Unterschied bleibt verborgen, und das soll auch so sein:

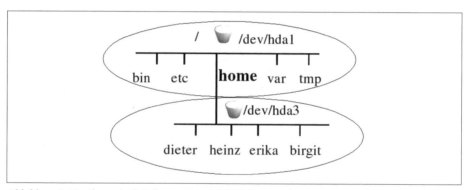

Abbildung 1-11: /home ist bei diesem Beispiel der Mount- oder Einhängepunkt, an dem der Benutzer von einer Partition zur nächsten wechselt.

Wenn Sie in ein solches eingehängtes Verzeichnis wechseln (z.B. mit dem Befehl `cd /home`), dann wechseln Sie von einer Partition auf die andere. Die andere, eingehängte Partition mit ihrem Dateisystem kann auf der gleichen oder einer anderen Festplatte liegen – oder sogar auf einem anderen Rechner (man kann auch Netzwerk-Ressourcen unter ein Verzeichnis hängen). Von so einem Wechsel bemerken Sie als Benutzer überhaupt nichts, das Dateisystem vollzieht Partitions-, Festplatten- oder sogar Rechnerwechsel für Sie vollständig transparent. Bei Windows würde Ihnen wohl in jedem Fall ein geänderter Laufwerksbuchstabe angezeigt werden[16].

---

16 Das ist nicht ganz richtig. Seit Windows 2000 wurden die *Junctions* in Windows eingeführt, da können Sie eine andere Festplatte an ein Verzeichnis hängen. Nagelneu! Microsoft hat's erfunden!

Anders ausgedrückt: Während Windows *virtuelle Laufwerke* erzeugt, verwaltet Linux für Sie *das virtuelle Dateisystem*. Abbildung 1-12 stellt die beiden Konzepte grafisch dar. Verschiedene Partitionen sind (eigentlich falsch) als Tortenstück-Anteile der Festplatte dargestellt und werden vom Betriebssystem auf verschiedene Arten präsentiert. Das Linux-System liegt auf drei Partitionen, die in den Verzeichnissen /, */tmp*, */var* und */home* gemountet sind. Solche Partitionswechsel kann man praktisch an jeder beliebigen Stelle des Dateisystems einfügen. Es gibt lediglich eine Reihe von Verzeichnissen, an denen das häufiger vorkommt. Unter dem Verzeichnis */media* (früher auch häufig */mnt*) sind üblicherweise Wechselmedien wie Floppy-Laufwerke, CD-ROMs, DVDs oder Memory Sticks eingehängt.

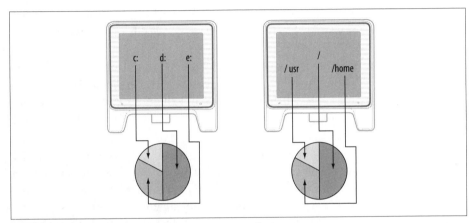

Abbildung 1-12: Virtuelle Laufwerke und das virtuelle Dateisystem

Das Fehlen von Laufwerksbuchstaben, das Windows-Umsteigern am Anfang besonders seltsam vorkommt, erweist sich nach ein wenig Erfahrung mit Linux sogar als eine besonders angenehme Sache. An den Laufwerksbuchstaben selbst kann man nicht sehen, ob der Inhalt eines Laufwerks C: oder H: nun lokal oder auf einem Dateiserver im Netzwerk liegt. Diese Information liefern erst Desktop-Icons mit Kabel-Symbolen drauf. Unter Linux würde man dagegen z.B. ein Hauptverzeichnis *server* erzeugen und alle Netzwerkressourcen darunter mounten, so dass der Benutzer zwar weiß, dass hier die Server-Laufwerke beginnen, aber trotzdem transparent darauf zugreifen könnte.

Wie viele Partitionen braucht man?

Willkommen in der Welt der Glaubensfragen. Windows glaubt z.B., Sie brauchen nur eine Partition. Da liegen dann das Betriebssystem und alle Ihre Daten an einem Ort, durch nichts voneinander getrennt außer Verzeichnisnamen. Auf Notebooks (oder Standard-Rechnern) aus dem Supermarkt mit vorinstalliertem Windows darauf ist häufig noch eine zweite Partition angelegt, auf der sich die Rettungsdateien zur Wiederherstellung befinden. Wenn System und Daten nicht getrennt sind, müssen Sie bei allen Arbeiten am System (Updates etc.) höllisch aufpassen. Allzu leicht können z.B. zwei Dinge passieren:

- Während des Updates werden Sie gefragt, ob die Partition neu formatiert werden soll – und gutgläubig, wie Sie sind, mähen Sie damit Ihren gesamten Datenbestand nieder, weil bei der Formatierung das Dateisystem neu angelegt wird. Damit ist Ihr altes Dateisystem inklusive Inhalt futsch. Wohl dem, der vorher seine Daten gesichert hat.
- Da Ihre Festplatte schon ziemlich gefüllt war, läuft während des Updates (oder des Einspielens von Servicepacks etc.) die Partition voll. Da jetzt auch keine temporären Dateien mehr nach *C:\WINNT\TEMP* und keine Speicher-Auslagerungsseiten mehr in die Auslagerungsdatei *C:\PAGEFILE.SYS* geschrieben werden können, wird das System hoffnungslos träge, was Sie bei der Reparatur des Problems zusätzlich behindert.

Vor allem die erste Variante ist tödlich. Wie wir alle wissen, ist das Erstellen eines Backups eine Arbeit von Schwächlingen und unverbesserlichen Pessimisten. Datenverluste passieren ja grundsätzlich nur anderen Leuten. Außerdem haben wir gerade jetzt, wo wir doch das neue System reinspielen wollen, keine Zeit für solchen Firlefanz ...

Ganz im Ernst: Eine Installation, die die Systemdateien nicht von den Daten der Benutzer trennt, halte ich bestenfalls für ein Spielzeug. Wenn Sie so ein System irgendwann updaten wollen, sind immer die Benutzerdaten mit in Gefahr. Liegen System und Individualdaten aber auf eigenen Partitionen, könnten Sie sogar das ganze System komplett auswechseln, ohne die Benutzerdaten überhaupt anzufassen. Mehr zum Thema Sichern und Brennen finden Sie in Kapitel 10 auf Seite 361.

---

ent-wurzelt

Linux-Einsteiger purzeln immer wieder über die gleiche Wurzel, die aus dem Linux-Boden ragt: Der Begriff *root* wird für drei(einhalb) verschiedene Begriffe verwendet. Neulinge wird es hier nicht einfach gemacht. Der Begriff *root* kann (in exakt dieser Schreibweise) Folgendes bedeuten:

- Der Ursprung des Dateisystems (siehe oben). Dieser Ort wird bedeutungsgleich auch als *slash*-Verzeichnis bezeichnet.
- Der alleinige Super-User, der Allesdürfer, der Polizist, Hausmeister und Richter in Personalunion auf einer Linux-Maschine.
- Das Heimatverzeichnis des Benutzers *root*, */root*.
- Und schließlich bezeichnet man das Ursprungsverzeichnis auf einer x-beliebigen Partition ebenfalls als »das *root*-Verzeichnis«, z.B. von */dev/hda5*. Das ist nur ein wenig anders als die erste Variante.

Außerdem gibt es noch *Ruth*, die Frau von Oskar. Aber die schreibt man ja anders ...

Linux benötigt mindestens zwei Partitionen: eine für den Ursprung des Dateisystems / (*Root-Partition*) und eine Swap-Partition. Wenn modernen Betriebssystemen der Arbeitsspeicher (RAM) knapp wird, lagern sie gerade nicht benutzte Programme und Informationen in sogenannte Speicherseiten aus dem Arbeitsspeicher auf Festplatten aus. Windows benutzt dafür eine Datei namens PAGEFILE.SYS. Linux schreibt dagegen in eine eigens dafür geschaffene und formatierte Festplatten-Partition. Der Grund: In eine Partition zu schreiben geht schneller, weil das Betriebssystem nicht zuerst ein Dateisystem lesen muss. RAM-Daten auf Platte auszulagern bremst das System ohnehin gewaltig, weil Festplatten um ein vielfaches langsamer als RAM-Speicher sind (während Platten Zugriffszeiten im Millisekunden-Bereich aufweisen, rechnet man bei RAM im Nanosekunden-Bereich). Die Swap-Partition sehen Sie nach der Installation praktisch nie wieder. Der Linux-Kernel verwendet diesen Speicher, bindet ihn aber nicht als Verzeichnis in das Dateisystem ein. Vor allem liegt vor er nicht sichtbar und irritierend zwischen den Daten herum wie eine Datei *C:\PAGEFILE.SYS*.

Eine Linux-Installation mit nur zwei Partitionen funktioniert zwar, ist aber noch nicht wirklich gut. Sie entspricht der billigsten Windows-Installation. Sie könnten nun argumentieren: »Ist doch egal, wenn die Partition nur groß genug ist«. Meine Empfehlung: Legen Sie mindestens drei Partitionen an, eine für *swap*, und je eine für / (das ist die Root-Partition) und für */home*. In */home* liegen die Privat-Dateien der Benutzer (das heißt in der Praxis natürlich: Ihre). Diese Dateien sind das eigentlich Wertvolle auf einem Rechner. Sie schmunzeln? Multiplizieren Sie doch einfach einmal die gesamte Zeit, die Sie an jeder einzelnen Datei gearbeitet haben, mit Ihrem normalen Stundenlohn. Dazu zählen Sie, wie lange Sie brauchen würden, um diese Dateien wiederzubekommen oder neu zu erstellen. Dann wissen Sie, was diese Daten wert sind. Ihre Daten sind einzigartig. Software können Sie dagegen jederzeit aus einer Konserve nachinstallieren. Wenn Sie Ihr System mit drei Partitionen anlegen, genießen Sie bereits den Vorteil, dass Sie das Betriebssystem auswechseln oder updaten können, ohne die Benutzerdaten überhaupt anfassen zu müssen. Selbst nach einer kompletten Neuinstallation in der /-Partition können Sie die Partition mit Ihren privaten Benutzerdaten nachträglich in */home* einbinden.

Anfängermaschinen sind mit drei Partitionen für Linux gut und gleichzeitig unkompliziert genug aufgeteilt. Wenn Sie einmal mehrere Installationen auf dem Buckel haben, können Sie auch andere Aufteilungen versuchen. Das Internet ist voll von Empfehlungen, wie Festplatten für Linux aufgeteilt werden sollen oder können. Bei richtigen »Arbeitspferd-Rechnern« empfehle ich z.B., auch für */var* und */tmp* je eine eigene Partition anzulegen.

Was liegt eigentlich wo?

Das wollen Sie gar nicht alles wissen. Bei einer durchschnittlichen SUSE-Installation werden inzwischen deutlich mehr als hunderttausend (100.000!) Dateien auf die Festplatte(n) geschrieben, und es gibt insgesamt mehrere zehntausend (!) Verzeichnisse. Aber Sie wissen schon recht gut Bescheid, wenn Sie nur die wichtigsten ca. zehn Verzeichnisse kennen.

Tabelle 1-1: Verzeichnisse in einem Linux-System

Verzeichnis-name	Inhalt	Partition
/	Verzeichnisse. Normalerweise befinden sich keine Dateien in diesem Verzeichnis.	/
/bin	(Textorientierte) Programme, die das System benötigt, um zu booten, und die jedem Benutzer zur Verfügung stehen; z.B. die Shell oder Programme zum Anzeigen und Verändern der Dateien wie *cat*, less, *chmod*, *chown* usw.	/
/sbin	(Textorientierte) Programme, die das System benötigt, um zu booten, und die nicht jedem Benutzer zur Verfügung stehen (das »s« steht für »Super-User«); z.B. die Partitionier- und Dateisystem-Softwares *fdisk*, *mkfs*, *fsck* und andere.	/
/lib	Zentrale Programmbibliotheken, die von Programmen benutzt werden, die beim Booten des Systems eine Rolle spielen, z.B. die C-Library *glibc*, aber auch alle Treiberdateien für Dateisysteme, Netzwerkkarten usw.	/
/etc	Der Bauplan des Systems. Alle wichtigen Konfigurationsdateien, die beim Booten eine Rolle spielen, z.B. *inittab*, *fstab* usw. Aber auch alle anderen Programme legen ihre Konfigurationsdateien hier ab.	/
/boot	Enthält den Betriebssystem-Kernel und die Hilfsdateien, außerdem die Dateien des Bootloaders GRUB.	/, kann aber auch separat liegen
/usr	»Unix specific Ressources«: Alle klassischen Unix-artigen Programme werden hierher installiert. Unterhalb weiterer Verzeichnisse liegen riesige Mengen von Daten.	/, wird oft auch auf eine eigene Partition gelegt
/usr/share	Hilfs- und Dokumentationsverzeichnisse. In */usr/share/doc* ist die Dokumentation, in */usr/share/cups* unter anderem z.B. alle Druckertreiber von CUPS.	/usr
/usr/X11	Das gesamte grafische System, oft auch die Dateien der grafischen Oberflächen.	/usr
/var	»Große Bewegungsdaten«: Viele Dienste legen hier ihre Daten ab, z.B. Druckjobs, Mails für die Benutzer, die Log-Dateien, den Cache für den Proxy-Server usw.	häufig eine eigene Partition
/tmp	Temporäre Dateien aller möglichen Programme, vom Serverdienst bis hin zur Textverarbeitung und den grafischen Oberflächen.	häufig eine eigene Partition
/home	Heimatverzeichnis des Benutzers. Das ist das »wertvollste« aller Verzeichnisse.	sollte eine eigene Partition haben

Übertreiben Sie es nicht mit den Extra-Partitionen. Zwar gibt es gute Gründe dafür, z.B. das System von den Individualdateien zu trennen oder eigene */tmp*- und */var*-Partitionen anzulegen. Alle Verzeichnisse aus der Tabelle 1-1, die in der dritten Spalte ein alleinstehendes / haben, müssen jedoch auf der Systempartition bleiben. Sie enthalten Dateien, die das System zum Booten benötigt. Lagern Sie diese übereifrig bei der Installation auf eigene Partitionen aus, wird Ihr Linux nicht starten können. In */sbin* befinden sich z.B. die Programme zum Überprüfen der Dateisysteme. Wenn Linux die nicht mehr finden kann, ist Schluss: Dann ist eine Neuinstallation fällig.

Und bevor Sie sich völlig verwirren lassen: Bei den heutigen Plattengrößen nimmt selbst eine umfangreiche Linux-Installation kaum zehn Prozent des verfügbaren Plattenplatzes ein. Für die ersten paar Linux-Installationen Ihres Lebens können Sie sich auch einfach sagen: »Zum ... mit diesem Thalmayr, ich übernehme die Standard-Einstellungen und arbeite erst einmal in einer einzigen großen Partition.« Niemand wird Ihnen deshalb böse sein. Überblättern Sie dann einfach die nächste Seite. Willkommen in der Welt der Freiheit!

Wie groß müssen diese Partitionen sein?

Alle Angaben in der folgenden Liste sind über den Daumen gepeilte Empfehlungswerte, und wenn Sie drei Administratoren fragen, werden Sie wieder mindestens vier kompetente Vorschläge ernten – und zwar pro Administrator. Ich selbst habe schon viele Rechner mit den unten stehenden Werten erfolgreich installiert.

- Die Swap-Partition sollte etwas (ca. 1/3) größer sein als der Arbeitsspeicher, wenn die zu installierende Maschine ein Notebook ist. Die neuen Kernel der Version 2.6.x können den Arbeitsspeicher auf einer Festplatte zwischenlagern (*suspend to disk*), was z.B. bei hektischen Umsteigeaktionen auf dem Bahnhof Gold wert ist. Man schickt das Notebook schlafen und kann es ausschalten. Beim Neustart holt das System sich genau den gleichen Betriebszustand wieder zurück. Den Rechner sauber herunterzufahren dauert viel länger. In Kursen mit Desktop-Workstations empfehle ich weniger Swap-Bereich, nur etwa die Hälfte oder maximal ebenso viel Swap-Speicher wie Arbeitsspeicher. Der Grund: Bürotätigkeiten lasten einen Rechner mit mehr als 256 MB Arbeitsspeicher selten so weit aus, dass er über das Mindestmaß hinaus (wenige kB) auslagern will. Selbst Server-Maschinen brauchen – Datenbank-Server einmal ausgenommen – nicht mehr Swap-Bereich als Arbeitsspeicher. Doch wenn Sie ganz auf einen Swap-Bereich verzichten, bockt Linux gewaltig.

- Die /-Partition (inklusive des Verzeichnisses /usr) muss bei Ubuntu ca. 1,8 GB groß sein, bei SUSE kalkulieren Sie besser zwischen 3 bis 4 GB, je nachdem, ob Sie nur die »einfache« Standardinstallation auswählen oder darüber hinaus weitere Software dazuinstallieren. Lassen Sie eine ordentliche Reserve, um später noch etwas dazu- und nachinstallieren zu können. Sie haben doch gerade erst angefangen, Linux auszuprobieren! Die Arbeitsstation, auf der dieses Buch entstand, kommt übrigens mit weniger als zwei GB aus, und es fehlt ihr an nichts[17]. Die meisten Dateien befinden sich im Verzeichnis /usr. Es enthält

---

17 Eine Fedora Core 3-Distribution wollte sich einmal tatsächlich erst installieren lassen, als man ihr 4 GByte für / gab, aber ich vermute, der Installer hatte sich dabei verrechnet ...

unter anderem das Grafiksystem, viele Programme und die Dokumentation: /usr allein umfasst 1,5 GB dieser knapp 2 GB.

- Das Heimatverzeichnis /home braucht nicht allzu groß zu sein, wenn die Benutzer des Systems den ganzen Inhalt selbst schreiben müssen. Wenn aber Internetzugang besteht, dann rechnen Sie besser mit vielen GByte, die die Download-Dateisammlungen ausmachen werden. Gerade wenn Sie vorhaben, die Installations-CDs verschiedener Distributionen herunterzuladen, kommen schnell etliche GByte zusammen. Sparen Sie hier nicht unnötig.

- Eine Workstation braucht nicht viel Platz im /tmp-Verzeichnis. Wenn Sie dieses Verzeichnis auf eine eigene Partition auslagern wollen, veranschlagen Sie 500 MByte. Wenn Sie allerdings CDs und DVDs brennen wollen, werden Sie feststellen, dass die Brennersoftware das DVD-Image mit seinen mehr als acht GByte unter /tmp zwischenspeichern will. Bei Anfänger-Desktopmaschinen lassen Sie vielleicht sinnvollerweise die Verzeichnisse /tmp und /var ebenfalls in der großen /-Partition.

- /var – wenn Sie es denn auslagern – ist bei einer SUSE-Installation ebenfalls nicht sehr groß; ich habe jahrelang glücklich mit 500-MB-Partitionen gearbeitet. Debian und Ubuntu lagern dort aber vorübergehend oder dauerhaft alle Pakete, die sie aus den Internet-Servern zur Installation holen. Und schon muss das Verzeichnis mindestens ein Gigabyte groß sein, weniger reicht nicht.

Bei Servern sieht diese Rechnung ganz anders aus. Da bei einem Druckserver z.B. alle Druckjobs in /var/spool zwischengespeichert werden und weil bei einem Mailserver alle Mails aller Benutzer in /var/mail (bzw. /var/spool/mail) zusammenlaufen, bevor sie abgeholt werden, beträgt der benötigte Platz dafür schon einmal mehrere GB. Das Gleiche gilt bei Applikationsservern für das /tmp-Verzeichnis, weil dort viele Benutzer gleichzeitig Programme laufen haben, die temporäre Dateien ablegen.

Diese Betrachtungen sollen Ihnen dabei helfen, bei der Installation das (womöglich grafische) Partitionierungs-Tool Ihrer Distribution sinnvoll einzusetzen. Sie wissen jetzt, dass die (Geräte-)Namen der Festplatten-Partitionen /dev/hda1, /dev/hda2 oder /dev/sda1 etc. lauten und dass eine Partition ein Festplatten-Bereich ist, auf dem ein Dateisystem angelegt wird, um darauf Dateien und Verzeichnisse anlegen zu können. Einen Mount- oder Einhängepunkt müssen Sie angeben, damit die Partitionen dort gemountet werden können. Und Sie wissen jetzt auch, warum Sie kein C:\-Laufwerk entdecken können.

Noch einmal: Installieren Sie Linux nicht nur einmal, sondern mehrere Male hintereinander! Nach der vierten oder fünften Installation auf der gleichen Maschine sind Sie viel lockerer als nach der ersten. Das ist ganz natürlich, denn auf diesem Weg haben Sie die Angst verloren, etwas falsch zu machen.

Automatisierter Fortschritt

Linux mit statischen Partitionen zu installieren ist meiner Meinung nach immer noch der beste Weg für Linux-Einsteiger. Doch der Fortschritt lässt sich nicht aufhalten. Die Installierwerkzeuge von Fedora und Ubuntu legen inzwischen statt normaler statischer Partitionen sogenannte *logische Volumes* an. Mit *LVM* (*Logical Volume Manager*) angelegte Volumes heißen nicht z.B. */dev/sda1* bis */dev/sdax*, sondern (nur ein Beispiel) z.B. */dev/VolGroup00/LogVol00* bis */dev/VolGroup00/ LogVol99*. Sie könnten auch in der Schreibweise */dev/mapper/Volgroup00-LogVol00* auftauchen. Doch keine Panik: Die automatische Installation geht mit diesen Volumes nicht anders um, als wären es normale Partitionen. Außer dass Ihre Partitionen seltsame Namen tragen, haben Sie als Einsteiger weder Vor- noch Nachteile.

So viel zur Theorie. Auch bei Windows müssen zuerst Partitionen und darauf je ein Dateisystem erstellt werden, bevor die Installationsdateien dorthin kopiert werden können. Und hier genau wie dort haben Sie eine Routine, die Sie durch diesen Vorgang führt.

Dateisysteme erstellen und mounten

Wenn Sie die Installationswerkzeuge nicht einfach im Autopilot fliegen lassen, sondern eine Wunsch-Partitionierung erstellen wollen, müssen Sie beim Installationsziel »Benutzerdefiniertes Partitions-Setup erstellen« oder einen ähnlich klingenden Menüpunkt auswählen. Dann landen Sie im Partitions-Tool der Distribution. Diese Tools können Ihnen alle mehr oder weniger bequem dabei helfen, bestehende Partitionen zu löschen und neue anzulegen.

Bei jeder angelegten Partition müssen Sie neben deren Größe auch einstellen, welches Dateisystem dort erstellt werden soll und wo im Dateibaum es eingehängt, sprich gemountet, werden wird. Auf Mausklick erledigt das Tool dann alles in einem Schritt. Das Installationsprogramm jammert üblicherweise gewaltig, wenn Sie neben den normalen Partitionen nicht auch eine Swap-Partition angelegt und dafür das Dateisystem *swap* eingestellt haben (siehe Abbildung 1-13). Alle diese Tools können inzwischen auch logische Volumes erzeugen, auch wenn dafür die Benutzerführung meist nicht besonders selbsterklärend ist.

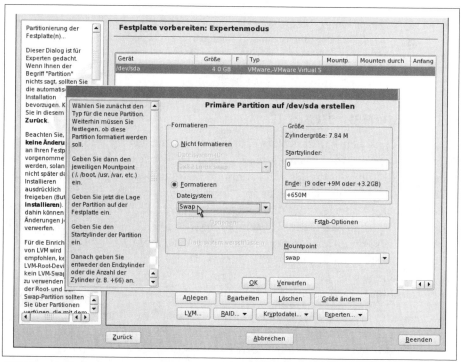

Abbildung 1-13: Swap-Partition anlegen mit YaST (SUSE)

Das Installationsprogramm schlägt Ihnen für die zu formatierenden Partitionen inzwischen meist das *ext3*-Dateisystem vor, SUSE und Debian/Ubuntu bieten daneben auch das *Reiserfs*-Dateisystem an. Akzeptieren Sie die ersten paar Mal ruhig die Voreinstellung Ihrer Distribution. Beide Dateisysteme sind gut und erprobt und auf etlichen Millionen von Linux-Rechnern weltweit zu finden. Und beide Dateisysteme können die UNIX-Dateisystemberechtigungen (siehe Seiten 79 und 84) gleichermaßen abbilden.

Linux kann rund ein halbes Dutzend Dateisysteme lesen und beschreiben, darunter auch FAT und FAT32, das bei den Windows 9x-Rechnern im Einsatz war, und dazu noch eine Reihe von Unix-Dateisystemen wie JFS und XFS. Über diese Themen kann man wochenlang im Internet recherchieren und erstaunliche Dinge erfahren, die man niemals wissen wollte. Dass Linux FAT lesen und schreiben kann, macht uns sehr kompatibel mit Windows. Da FAT aber z.B. kein Datei-Eigentum und auch sonst nur wenige Dateieigenschaften abbilden kann, ist es als reguläres Linux-Dateisystem vollkommen unbrauchbar. In letzter Zeit erschienen die ersten Distributionen, die behaupten, dass sie auch auf das Windows-NTFS-Dateisystem schreiben können. Das empfehle ich im Moment noch nicht. Sollte dabei etwas schiefgehen, kann auch Windows seine Partition nicht mehr lesen, und Ihre Daten wären verloren. Der goldene, völlig gefahrlose Mittelweg: Tauschen Sie die Daten über einen vfat-formatierten USB-Stick oder eine Speicherkarte aus. Da kann nichts schiefgehen.

Nachdem die Partitionen und ihre Dateisystem erstellt worden sind (was nicht schwer ist, wenn man weiß, worum es geht), wartet bei SUSE und ein paar der anderen Distros eine wirklich harte Nuss auf Sie: Hier geht es um die hohe Kunst der Beschränkung und Bescheidenheit. Es gibt Leute, die geraten in einen Kaufrausch, wenn sie ein Kaufhaus betreten. So ähnlich kann es Ihnen auch ergehen, wenn Sie die Auswahl der kostenlos (!) verfügbaren Softwarepakete einer Linux-Distribution vor Augen bekommen. Da ist es in vielerlei Hinsicht schon eine Erleichterung, dass die Ubuntus und Sonderlinge wie Arklinux Ihnen erst einmal keinerlei Auswahl geben, sondern ohne Rückfrage einen Grund-Pack installieren. Aber keine Angst, das Problem ist nur aufgeschoben, nicht aufgehoben: Sobald sie nach erfolgreicher Installation in die Software-Auswahl hineinsehen, sehen die meisten Leute aus wie ein Kind, das zum ersten Mal kurz vor Weihnachten in einen Spielzeugladen gerät.

Paketauswahl oder die Kunst, aus einem Hydranten zu trinken

Linux-Software wird in sogenannten Paketen geliefert. Jede der großen Linux-Distributionen hat ein Software-Installationssystem, das *Paket-Manager* genannt wird. Damit werden die Softwarepakete in das System eingespielt (und bei Bedarf auch wieder restlos entfernt). Das Hauptproblem für Linux-Einsteiger ist kurioserweise nicht etwa, dass es zu wenig, sondern dass es viel zu viel Software gibt. Wie soll man bei einer solchen Anzahl wissen, ob man nicht ein zentrales Paket versehentlich abwählt und das Linux anschießend kaputt ist, wenn man hier viel herumklickt?

Keine Angst: Die Mindestausstattung für die Installation ist bei allen Distributionen zwingend ausgewählt. Da können Sie gar nichts falsch machen, denn die kann man gar nicht abwählen. Die Voreinstellung ist darüber hinaus immer so, dass eine hübsche Arbeitsumgebung herauskommt. Wenn Sie also gar nichts tun, außer die Voreinstellung zu akzeptieren, dann wird Ihre Installation vermutlich problemlos glücken. Eigentlich müssen Sie – gerade bei der Installation – gar keine zusätzlichen Pakete auswählen.

Aber neugierig wie wir Menschen nun einmal sind, suchen wir natürlich in den Paketlisten herum. Da gibt es hier diesen vielversprechenden Extra-Dateimanager, da ein Pinguin-Spiel, dazu vielleicht noch etwas, worunter ich mir jetzt zwar gar nichts vorstellen kann, das aber recht interessant klingt ... Wenn man aus der kommerziell vollständig erschlossenen Welt von Apple Macintosh und Microsoft Windows kommt, erscheint die Auswahl kostenloser Software bei Linux-Distributionen zunächst wie das Schlaraffenland. Trotzdem: Wenn Sie sich schon verführen lassen, dann schreiben Sie sich wenigstens die Namen aller Pakete auf, die Sie zusätzlich angeklickt haben. Wenn Sie das versäumen, werden Sie sie schon wieder vergessen haben, noch bevor die Installation abgeschlossen ist. Sie stolpern später auch nicht zufällig wieder über diese Programme, sondern Sie werden wie alle anderen Leute mit den einfachen Dingen des Lebens völlig ausgelastet sein. Diese Zusatz-Programme haben Sie dann nicht nur kostenlos, sondern in jeder Hinsicht völlig umsonst installiert.

Diese Fülle ist leider ein wenig so, wie wenn jemand versucht, aus einem Hydranten zu trinken: Die Chance, von oben bis unten nass zu werden, ist wesentlich höher als die, seinen Durst zu stillen. Aber wenn es Sie beruhigt: Wenn Sie später ein Paket zusätzlich benötigen, können Sie es jederzeit suchen, wiederfinden und nachträglich installieren. Wie Sie das machen, steht in Kapitel 16, *Software installieren*, auf Seite 515.

Alle in diesem Buch beschriebenen Distributionen verwenden entweder das *rpm-* (*Red Hat Package Manager-*) oder das *deb-* (*Debian-*) Format. Beide sind am ehesten vergleichbar mit einem stark erweiterten InstallShield oder WISE Install Manager.

Reboot tut gut

Kurz nachdem die Installationsroutine alle ausgewählten Softwarepakete auf den Rechner kopiert und eingerichtet hat, werden die Rechner meist neu gebootet. Zwar ist die Installation noch nicht ganz fertig, aber dieser Zeitpunkt ist günstig, weil die Maschine jetzt bereits bootfähig gemacht worden ist. Bei manchen Distributionen müssen Sie Benutzer-Kennwörter und ein paar andere Dinge schon vorher einstellen, bei anderen erst nach dem Neustart.

Zum Überblick: Das Installationssystem, das beim ersten Start noch von der Installations-CD oder -DVD gestartet war, wird jetzt heruntergefahren. Normalerweise sehen Sie dann, wie Ihr Rechner durch das BIOS läuft (schwarz-weiße Systemmeldungen, die gleich nach dem Einschalten der Maschine zu sehen sind). Danach beobachten Sie zum ersten Mal, wie der Linux-Kernel Ihrer Installation auf der Festplatte das System startet. Einzig SUSEs Installationsroutine kam eine gewisse Zeit lang völlig ohne dieses Durchlaufen des Motherboard-BIOS aus. Das war zu Zeiten von Windows NT4, das bei der Installation nicht weniger als drei Reboots benötigte, und ich wurde den Eindruck nicht los, dass die Nürnberger da etwas beweisen wollten ...[18] Heute startet auch SUSE einmal durch, diese Variante ist sicherer: Man kann sehen, ob das System nach einem echten Neustart hochlaufen würde oder nicht.

---

18 Für Nicht-Eingeweihte: Der Sitz von SUSE ist in Nürnberg.

Linux benutzt für seinen Bootvorgang ein wenig freien Platz im Master Boot Record (Sie erinnern sich: Das ist der erste Sektor der Festplatte). Die ersten rund 400 Byte vor den Angaben über die Partitionstabelle sind normalerweise unbenutzt. Dorthin schreibt Linux entweder den Bootloader *LILO* (*Linux Loader*) oder den moderneren *GRUB* (*Grand Unified Bootloader*). Der im MBR hinterlegte Microcode sorgt dafür, dass nach dem Neustart des Rechners Linux startet.

SUSE und Fedora booten nach diesem Installations-Reboot nicht komplett bis zum grafischen Login-Bildschirm durch, sondern starten vorher noch eine zweite Konfigurationsrunde. Hier werden dann die ersten Benutzer angelegt, das Netzwerk konfiguriert, der Bildschirm eingestellt etc. Davon abgesehen ist dies aber schon ein regulärer Systemstart: Sie sehen die Bildschirmausgaben schon genau so, wie sie auch später sein werden – das gilt auch für die Anzeige von grafischen Bildchen beim Start, damit Sie nicht von den Systemmeldungen irritiert werden. Nachdem die grafische Oberfläche erscheint, startet das System bei einer SUSE-Distribution den *YaST* (*Yet Another Setup Tool*), bei RedHat-lastigen Systemen erscheint *Anaconda* (oder ein eigenes Tool). Da die Dialoge bei jeder Distribution ein wenig anders aussehen, kann ich Ihnen hier nur empfehlen, sich von den Dialogen und Bildschirmausgaben leiten zu lassen und bei Bedarf die Dokumentation Ihrer Distribution zurate zu ziehen. Konfiguration, die Sie hier auslassen (mit Ausnahme der Eingabe des Passworts für den Benutzer root), können Sie später auch jederzeit nachholen.

Hardware konfigurieren

Ziemlich zum Schluss der Installation wollen YaST & Co. die angeschlossene Hardware wie Drucker etc. konfigurieren. Das funktioniert am besten, wenn Sie alle Hardware, die Sie benutzen wollen, schon bei der Installation am Rechner angeschlossen und eingeschaltet haben. Dann kann der Rechner bzw. das Betriebssystem sie finden und »mit ihnen sprechen«. Oder Sie überspringen deren Konfiguration einfach, bis die Installation durchgelaufen ist. Alle Geräte können Sie problemlos auch nachträglich einrichten. Lediglich die grafische Oberfläche sollten Sie möglichst gleich einrichten. Eine missglückte Grafik-Konfiguration wäre allerdings kein Beinbruch, so wie bei Windows. Wenn die grafische Einstellung noch nicht stimmt, fährt Linux üblicherweise textorientiert hoch. Alle Distributionen haben Tools, um aus der textorientierten Oberfläche heraus die Grafik einzurichten. Windows-Umsteiger haben lediglich die Tendenz, ein wenig panisch zu reagieren, wenn sie so etwas zum ersten Mal sehen. Bleiben Sie cool. Und im schlimmsten Fall rufen Sie den Freund/die Freundin an, der/die Ihnen diese Linux-Distribution empfohlen hat.

Wenn Sie versäumt haben, alle Hardware schon zur Installation anzuschließen und einzuschalten, keine Panik! USB-Geräte werden ohnehin gleich nach dem Einschalten oder Einstöpseln des Geräts erkannt, und andere Hardware schalten Sie dann eben vor dem nächsten Komplett-Neustart ein.

SUSE, Fedora und Mandriva starten während des Installationsvorgangs verschiedene Programme, um alle Geräte zu konfigurieren, die bis dahin gefunden wurden. Das sind in aller Regel die gleichen Programme, die Sie später selbst aufrufen können, um das System zu administrieren.

SUSEs pompöser, aber äußerst leistungsfähiger YaST (Yet another Setup Tool) verlangt von Ihnen vermutlich nur noch wenige Handgriffe, um die angeschlossene und erkannte Hardware in Gang zu setzen. Die meisten Soundkarten müssen Sie nur noch mit »schneller und automatischer« Konfiguration bestätigen. Bei einer Netzwerkkarte müssen Sie vielleicht eine IP-Adresse eintragen (wenn Sie keine Netzwerkkarte haben, vergessen Sie das einfach), und bei einem Modem oder einer ISDN-Karte müssen Sie eventuell die Provider-Daten eintragen. Wie man diese Dinge korrekt einstellt, wird weiter hinten in Kapitel 19, *Den Internetzugang einrichten*, erklärt. Was Ihnen im Moment aus dem Dialog heraus nicht klar wird, das überspringen Sie einfach und lassen es für diesmal noch aus. Jede einzelne Konfiguration können Sie auch nachträglich vornehmen. Dies gilt auch für den Anaconda-Konfigurator von Fedora Core und Mandrivas Management Center Tools.

Nur noch wenige Grafikkarten werden heute nicht sofort korrekt erkannt. Dennoch: Üben Sie sich während der Installation noch in Bescheidenheit. Sie brauchen jetzt z.B. noch keine 3-D-Hardwarebeschleunigung. Seit die Monitore meist per *DDC (Display Data Channel)* und den daran geknüpften *Extended Display Identification Data (EDID)*-Standard[19] an den Computer übermitteln, welche Auflösungen und Wiederholfrequenzen sie unterstützen, ist alles viel einfacher geworden. Kommen auf Ihrem Einstelldialog keine vernünftigen Werte heraus, dann stellen Sie eben die Werte für den Monitor per Hand auf eine Auflösung und Wiederholfrequenz, die Ihr Monitor ohne Risiko gut darstellen kann. Das Ziel bei der Installation ist eine gute Basisdarstellung des Bildschirms. Später können Sie von da aus weiter experimentieren. Ein paar Tipps:

- Stellen Sie Kathodenstrahl-Monitore auf Werte aus den sogenannten *Standard-VESA-Einstellungen* ein und LCD-Monitore auf Werte aus *LCD-Standardwerte*. Diese beiden Menükategorien gibt es nicht nur im YaST-Dialog, sondern auch bei anderen Distributionen. In diesen Kategorien haben Sie normalerweise die

---

[19] Diese Abkürzungen finden Sie alle in der deutschen Wikipedia, genauso wie die Begriffe DPMS (Display Power Management Signaling) und VESA (Video Electronics Standards Association).

Wahl zwischen mehreren Einstellungen, wobei z.B. »*1024x768@60*« heißt, dass der Monitor bei einer Auflösung von 1024 mal 768 Bildpunkten bei 60 Hz vertikaler Bildfrequenz betrieben wird.

- Wenn Ihr LCD-Bildschirm sich weigert, mit z.B. 1024x768@60 Hz ein gutes Bild anzuzeigen, haben Sie vermutlich eines der Geräte, die nicht wie digitale LCDs, sondern wie *analoge* VESA-Geräte angesprochen werden wollen. Verwenden Sie dann aus der VESA-Kategorie z.B. 1024x768@70 Hz.

- SUSE lässt bei seinem *SaX2* (SUSE *advanced X-Configurator*) die komplette *Component Database* im Hintergrund auswerten. Das ist eine Hardwaredatenbank, die praktisch jedes Gerät der Welt erkennt (siehe im Internet: *http://cdb.suse.de*) – natürlich mit Ausnahme des einen, das Sie gerade angeschlossen haben. Ich habe in vielen Linux-Kursen mit sehr verschiedener Hardware leider noch nicht oft erlebt, dass aus den Daten der Hardwareerkennung im SaX eine vernünftige Konfiguration herausgekommen wäre (selbst bei richtig erkannten Monitoren). Stellen Sie daher aus den Standard-VESA-Werten eine Auflösung von z.B. 1024x768@85 Hz mit 65.000 oder 24 Millionen Farben ein. Mit diesen Kombinationen war ich bei SUSE oft erfolgreich.[20] Später können Sie ja immer noch versuchen, das Ergebnis zu verbessern.

- 15-Zoll-Kathodenstrahlmonitore können in der Regel VESA 800x600@70 Hz darstellen, bei 17-Zoll-Kathodenstrahl oder größer sollten Sie auf 1024x768 bei 70 oder 85 Hz gehen. Auch hier gilt: Wenn Sie später etwas Besseres aus Ihrem Monitor herauskitzeln können, nur zu! Im Moment wollen wir aber installieren und nicht spielen.

Wenn Ihr Kathodenstrahlmonitor beim Test der Grafikeinstellung anfängt, einen hohen, pfeifenden Ton von sich zu geben, schalten Sie ihn *sofort* aus! Sie haben dann einen zu hohen Wert bei der Wiederholfrequenz gewählt. Warten Sie zu lange, kann der Monitor davon zerstört werden. Den Grafiktest können Sie auch sofort abbrechen, indem Sie Strg-Alt-Backspace drücken. Wenn der Monitor noch funktioniert, versuchen Sie es mit einer niedrigeren Bildwiederholfrequenz noch einmal. Zu niedrige Werte für den Kathodenstrahlmonitor sind Wiederholfrequenzen von 60 Hz und weniger. Die beschädigen zwar den Monitor nicht, lassen das Bild aber flackern. Das ist unangenehm und kann zu üblen Kopfschmerzen führen.

Wenn bei der Hardware-Einstellung noch nicht alles perfekt klappt, müssen Sie dennoch nicht verzweifeln. Alles kann später noch einmal und besser eingestellt werden. Dann funktioniert der Drucker gleich nach der Installation eben noch nicht sofort. Die Grafikumgebung zickt noch? Die stellen Sie später genauer ein – wenn es sein muss, von einer textorientierten Umgebung aus. Wenn Sie da angelangt sind,

---

[20] Ich habe schon erfolgreich die Konfigurationsdateien von SUSE-Maschinen mit den richtigen Werten auf andere Linux-Rechner (mit anderen Distributionen) hinüberkopiert, wenn diese nichts Vernünftiges zustande gebracht hatten.

wo Sie jetzt sind, läuft Ihr Linux schon einmal. Das ist kein Misserfolg. Sobald die Installation abgeschlossen ist, haben Sie alle Zeit der Welt, den hinteren Teil dieses Buchs oder die Dokumentation Ihres Linux zu erforschen, um eventuell noch anstehende Probleme zu lösen.

Zwei Benutzer anlegen

Auf jeder Linux-Maschine gibt es einen Benutzer *root*, und bei den meisten Distributionen müssen Sie im Rahmen des Installationsprozesses auch ein Passwort für diesen Benutzer angeben. *root* ist (wie im Kasten *ent-wurzelt* weiter oben erwähnt) der Super-User, als der Sie sich später sporadisch anmelden müssen, um administrative Tätigkeiten auf der Linux-Maschine zu verrichten. Seine Rechte sind allumfassend, deshalb ist ein gutes Passwort für diesen Benutzer extrem wichtig. Ein gutes Passwort besteht aus wenigstens sechs Zeichen, und es sollen Klein- und Großbuchstaben darin vorkommen, am besten auch Zahlen oder Sonderzeichen. Ein Tipp: Wählen Sie Sonderzeichen so, dass Sie sie auch auf der US-Tastatur wiederfinden. Betriebssysteme haben leider die Eigenart, bei Fehlern auf die US-Tastenbelegung zurückzufallen. Da gibt es dann z.B. das Problem mit den vertauschten y- und z-Tasten. Und würden Sie auf einer US-Tastatur blind ein ö oder ü finden? Über Benutzerkennungen und den Super-User gibt es in Kapitel 15 noch weitere interessante Dinge zu lesen.

In der Regel müssen Sie danach noch mindestens einen weiteren Benutzer anlegen. Das ist der, mit dem Sie selbst später arbeiten werden. Geben Sie Ihrem virtuellen Alter Ego einen netten Namen. Bei manchen Distributionen (z.B. Mandriva) können Sie schon in diesem Dialog aus einer Reihe von lustigen Icons das Anmeldebildchen für Ihren Benutzer einstellen. Anders als der Allesdürfer *root* hat Ihr normaler Benutzer keine besonderen Rechte, nur die, die Sie benötigen.

Das wär's, die Kiste sollte jetzt eigentlich laufen.

Beschränken Sie sich bei der Namensgebung auf acht Zeichen, am besten in Kleinbuchstaben. Aus diesem Namen macht Linux Ihr Heimatverzeichnis, und Großbuchstaben sind hier wirklich nur erwünscht, wenn Sie bis ans Ende der Zeit z.B. /home/Horst/daten eintippen wollen. Linux unterscheidet Klein- und Großschreibung konsequent.

Was muss man beachten?

Ein Witz, so alt wie die Arbeit an Computern: Lesen Sie, was auf dem Bildschirm angezeigt wird. Die Zeit, da Linux von Freaks für Freaks gemacht wurde, ist (zumindest bei den großen, hier beschriebenen Distributionen) schon lange vorbei. Außer bei der Vorbereitung für dieses Buch, wo ich es bewusst darauf anlegte, sah ich schon lange keine fehlgeschlagene Linux-Installation mehr. Wenn Sie nicht verstehen, was der aktuelle Dialog auf dem Monitor von Ihnen einfordern will, ist der Königsweg immer der, die Dokumentation Ihrer Linux-Distribution zu konsultieren. Im Zweifelsfall akzeptieren Sie einfach die Voreinstellung, um sich voranzuhangeln. Solange Sie noch keine wichtigen Daten auf der Festplatte haben, kann eigentlich gar nichts schiefgehen. Und wenn Sie sich sehr unwohl fühlen: Schalten Sie den Rechner aus, und fangen Sie von vorne an! Was soll's denn, Rom wurde auch nicht an einem Tag erbaut.

Was kann schiefgehen?

Alles. Als ich die erste Auflage dieses Buches schrieb, klappte mit Ausnahme einer Grafikkonfiguration auf einem Billig-Mainboard praktisch alles auf Anhieb. Bei der Vorbereitung zur zweiten Auflage ging ich dagegen durch ein wahres »Tal der Tränen«. CD-Laufwerke brachen mitten in der Installation ab, weil sie scheinbar zu langsam waren (→ verwenden Sie aktuelle Hardware, keine Reste aus der Grabbelkiste), Rechner mit nagelneuen Mainboards stürzten spektakulär nach zwei Dritteln der Installation ab (→ kaufen Sie Markenware, keine Billig-Boards), Grafische Installationen aus Live-Systemen wollten sich nicht durchführen lassen (mit der alternate-CD von Ubuntu klappte es dann, SUSE machte bei diesem Rechner dagegen keine Probleme; lag es vielleicht an der CD?). Damit will ich Ihnen mitteilen: Im Normalfall werden Sie keine Probleme haben, aber es gibt natürlich bisweilen welche, und kein Mensch kann wirklich vorhersehen, wann sie auftauchen. Lassen Sie sich von einem ersten Rückschlag nicht entmutigen. Alle meine Rechner liefen am Schluss, nur das kaputte Mainboard musste ich wirklich austauschen.

Häufiger schaffen es selbst Profis nicht auf Anhieb, die grafische Umgebung zum Laufen zu bringen, doch das ist kein Beinbruch. Linux installiert sich dann fertig, bleibt aber im Textmodus und fährt beim nächsten Neustart textorientiert hoch. So eine Installation ist nicht wirklich schiefgegangen. »Schiefgegangen«, das wäre z.B. dann der Fall, wenn Sie jetzt wieder die Installationsmedien zücken müssten, um von vorne anzufangen (was Sie unter Windows vermutlich tun müssten). Bei einer Linux-Maschine, die bootet, wenn vielleicht auch zuerst textorientiert, rede ich nicht von einem Misserfolg.

90 Prozent meiner nicht Linux-geübten Bekannten würden in dieser Situation anrufen und einen »Linuxer« als Beistand holen. Das ist ziemlich schlau. Selbst wenn der dann Spritgeld oder gar ein Honorar fordern würde, liefe die Maschine wohl im Handumdrehen. Auch eine Diagnose, die am nächsten Tag auf einen Komponententausch beim Hardwarehändler hinausläuft, spart letztendlich Geld und Nerven. Fünf Prozent würden fluchen und Linux aufgeben. Das sind Weicheier. Johnny Lang singt völlig richtig: »A Quitter Never Wins«. Die letzten fünf Prozent sehen sich den Monitor genau an und werden dadurch »echte« Linuxer, denn sie nehmen die Herausforderung an.

Grundsätzlich können zwei Dinge geschehen: Entweder kommt eine schwarzweiße, textorientierte Umgebung hoch oder irgendein grafischer Murks. Das ginge bis hin zu einem vollständig schwarzen Schirm, und der Rechner scheint zu hängen.

- Bei »Murks« versuchen Sie einmal, mit Strg-F1 (bis F6) auf eine textorientierte Umgebung umzuschalten. Wenn das gelingt, hängt der Rechner jedenfalls nicht, und Sie springen jetzt zwei Absätze weiter.
- Funktioniert das nicht, schalten Sie den Rechner einfach aus und wieder ein. Am Bootloader einer SUSE-Installation geben Sie dann eine 3 als Zusatzparameter ein, dafür gibt es die Eingabezeile ja. Bei Fedora oder sonstigen Red Hat-ähnlichen Distros müssen Sie die 3 in die Befehlszeile des Bootloaders hineinschreiben. Das ist einfach: Halten Sie den Bootloader an, indem Sie rechtzeitig auf eine der Pfeiltasten drücken. Drücken Sie dann (es steht unten auf dem Bildschirm) ein e, und bei der gewünschten Bootzeile noch einmal e. In die Zeile, in der »kernel« steht, tragen Sie die 3 ein, drücken dann zuerst Return und dann b, um die geänderte Bootzeile zu starten. Überspringen Sie den nächsten Absatz.
- Bei Debian und Ubuntu gibt es im Bootloader eine Startzeile mit dem Zusatz (Single User Mode). Wählen Sie die statt der normalen aus.

Nun sollte beim Hochfahren der Maschine keine grafische Umgebung gestartet werden. Stattdessen sollte ein schwarzer Textbildschirm mit weißer Schrift zu sehen sein. Neben dem Wort login: blinkt ein weißer Textcursor. Dort müssen Sie den Benutzernamen *root* eintippen und Return drücken. Danach werden Sie nach dem Passwort von *root* gefragt. Tippen Sie das Passwort ein, und drücken Sie erneut Return. Die Buchstaben des Passworts werden nicht angezeigt. Wenn Sie sich nicht vertippt haben, sind Sie jetzt »drin«.

Das funktioniert nicht bei den Ubuntus und verschiedenen anderen sogenannten besonders benutzerfreundlichen Distributionen. Da kann root sich nicht direkt anmelden und hat oft gar kein Passwort, mit dem man das tun könnte. Bei diesen Systemen melden Sie sich als der normale Benutzer an, dessen Passwort Sie ja kennen. Mit dem Befehl

    sudo bash[Return]

können Sie bei den Ubuntus auf eine ähnliche Art und Weise root werden wie z.B. bei SUSE mit dem *su* - Befehl.

Was Sie auf dem Monitor sehen, ist ein textorientierter Bildschirm-*Prompt*. Als es noch Dinosaurier am Niederrhein gab, musste man so Befehle in Unix-Maschinen eintippen und mit Return abschließen. »Return« ist die *Enter*-Taste, die Sie auch benutzen, um Absätze in Word herzustellen oder den Download von schmutzigen Bildern aus dem Internet zu bestätigen.

Spaß beiseite: Wenn Sie noch nie eine textorientierte Linux-Anmeldung gesehen haben, dann tippen Sie zuerst einmal das Wort exit ein und drücken die Return-Taste – so melden Sie sich wieder ab, nur zur Beruhigung der Nerven. Melden Sie sich erneut als *root* an.

Bei den Debian/Ubuntus läuft bei einem exit aus dem Single User Modus der Bootvorgang sofort weiter in die grafische Umgebung und vermutlich direkt wieder in das alte Problem hinein. Hier sollten Sie vielleicht nicht leichtfertig exit tippen, sondern erst, wenn Sie fertig sind ...

Textorientiert angemeldet, können Sie jetzt mit dem textorientierten Werkzeug der Distribution versuchen, Ihre grafische Oberfläche zu konfigurieren. Haben Sie SUSE installiert, geben Sie den Befehl

```
sax2[Return]
```

ein und drücken Return; bei Mandriva heißt der Befehl

```
Xfdrake[Return]
```

während Red Hat/Fedora ein

```
system-config-xfree86[Return]
```

benötigt. Ubuntu hat einen Befehl

```
dpkg-reconfigure xserver-xorg[Return]
```

um die Grafik textorientiert einzurichten. Die Dialoge sind verschieden benutzerfreundlich und schön, aber sie sind alle durch die Bank in der Lage, eine grafische Umgebung einzurichten. Bei noch mehr Problemen versuchen Sie einmal die Option --help zum jeweiligen Kommando, z.B. sax2 --help. Danach gibt es immer noch Diskussionsgruppen im Internet (die Sie natürlich auch mit Windows besuchen dürfen) oder den Linux-Freak mit Telefon.

Versuchen Sie ruhig Ihr Glück, denn schlimmer kann es ja kaum werden. Wie Sie die Konfigurationssoftware für die grafische Umgebung benutzen müssen, sollte – neben den Meldungen auf dem Bildschirm – auch in der mitgelieferten Dokumentation niedergelegt sein. Allerdings haben Sie ja schon den richtigen Schritt gewählt: Selbst ist die Frau/der Mann! Das wäre doch gelacht, wenn Sie nicht zu einer halbwegs funktionierenden Bildschirmdarstellung kämen. Sie benötigen eine ungefähre Vorstellung davon, welche Grafikkarte in Ihrem Gerät eingebaut ist und welche Wiederholfrequenz Ihr Monitor verträgt. Das eine sollten Sie dem Kaufbeleg der Maschine bzw. der Beschreibung auf der Schachtel entnehmen können, das andere dem kleinen Heftchen, das dem Monitor beigelegt war. Wenn 1024 x 768 bei 85 Hz (für einen Kathodenstrahler) auf Anhieb nicht funktioniert, probieren Sie eben 800 x 600 bei 70 Hz aus. Irgendwann bekommen Sie ein Ergebnis, das immerhin eine Maus über den Bildschirm laufen lässt und nicht sofort wieder abstürzt. Das genügt für den Anfang. Nachdem Sie mit der Konfiguration im jeweiligen Programm fertig sind und das Programm sich beendet hat, kommen Sie zurück auf die textorientierte Umgebung. Jetzt können Sie das Ergebnis auch gleich ausprobieren: Der Befehl

    startx[Return]

startet die grafische Umgebung, wenn Sie textorientiert angemeldet sind. Wenn die grafische Umgebung jetzt wirklich startet, haben Sie gewonnen. Ich habe Ihnen leider keinen Preis anzubieten außer meinem Glückwunsch: Ich denke, das wird was mit Ihnen! Sobald Sie die grafische Oberfläche beendet haben (normalerweise mit ABMELDEN aus dem Hauptmenü, sonst mit der Tastenkombination Strg-Alt-Backspace), landen Sie erneut in der textorientierten Umgebung. Funktioniert die grafische Umgebung endlich einmal, wird sie nach dem nächsten Neustart automatisch zur Verfügung stehen. Nur befinden Sie sich jetzt ja noch in der textorientierten Umgebung: Wie startet man da das Linux neu? Entweder indem Sie reboot am Bildschirm-Prompt eingeben oder indem Sie Strg-Alt-Entfernen drücken, die gute alte »Geierkralle«. Linux führt bei dieser Tastenkombination allerdings einen sanften Reboot durch, nicht wie bei DOS/Windows einen vollständigen Absturz.

 Mutige können bei SUSE oder Redhat-artigen Distros auch den Befehl »init 5« probieren, Benutzer von Debian/Ubuntu melden sich einfach mit exit ab. Das System sollte dann ohne Neustart in den grafischen Modus wechseln. Neu starten hat aber den Vorteil, dass Sie sehen, ob der Bootvorgang aus eigener Kraft in den grafischen Modus kommt. Entscheiden Sie selbst.

Alle anderen Probleme sollten sich meist mit schönen grafischen Tools oder doch wenigstens in einer schönen Desktop-Umgebung lösen lassen.

Nebeneinander von Windows und Linux

Wer keine Brücken hinter sich abbrechen will, möchte in der Regel zuerst einmal Windows und Linux nebeneinander auf der gleichen Maschine laufen lassen – sicher ist sicher. Eine geniale Lösung ist folgende: Ohne Installation auf der Festplatte mit Linux nur ein wenig herumprobieren, das können Sie mit *Knoppix*, *Kanotix* oder der Ubuntu-Installations-CD. Dies sind Live-Distributionen, die direkt von der CD laufen. Live-Distributionen gibt es auch von SUSE, Mandriva und seit Kurzem von Fedora. Die kommen aber auf DVD, denn sie haben mehr Software an Bord. Das Tolle daran ist: Weil Live-Distributionen direkt von der CD/DVD laufen, gerät Ihr Windows auf der eingebauten Festplatte nicht so leicht in Gefahr, einem Fehler zum Opfer zu fallen. Allerdings reagieren diese Distributionen ziemlich langsam (durch das Medium bedingt). Wenn Sie also einmal schnell eine virenfreie Umgebung brauchen oder schon vor einer Linux-Installation herausbekommen wollen, ob die eingebaute Hardware mit diesem Linux mehr oder weniger problemlos laufen wird, ist das die Lösung für Sie.

Dual-Boot-Installationen auf dem Rechner präsentieren beim Hochfahren ein Auswahlmenü, mit dem Sie dann wählen können, ob Windows oder Linux booten soll – beide sind auf der Festplatte installiert. Dieser Wunsch ist vor allem bei Einsteigern so allgegenwärtig, dass alle mir bekannten Linux-Distributionen automatisch diesen Zustand erzeugen, wenn sie bei der Installation ein Windows auf der Festplatte finden. Je nach Distribution baut der *Bootloader* (*GRUB* oder *LiLo*[21]) in das Startmenü sowohl Linux als auch das vorgefundene Windows ein. Meist ist die Standard-Bootmethode dann automatisch Linux, aber das können Sie später ja jederzeit ändern.

Mit anderen Worten: Sie machen sich das Leben erheblich leichter, wenn Sie zuerst Windows installiert haben. Installieren Sie Linux danach. Das sollte sich ohnehin bei fast allen neu gekauften Rechnern so ergeben, da ja meist schon ein vorinstalliertes Windows beim Kauf dabei ist. Geschenkten Fenstern schaut man nicht auf die Vorhänge. Oder so.

Windows anschließend dazu zu bewegen, ein bereits existierendes Linux in seinen Bootloader einzubauen, ist ein wenig schwieriger. Anleitungen dazu gibt es hundertfach im Internet. Ärgerlich ist, dass Windows bei der Installation immer den Master Boot Record (der den Linux-Bootloader enthält) löscht, und viele Linux-Anfänger glauben dann, weil sie zunächst nur Windows booten können, dass nun auch ihr Linux von Windows zerstört worden sei. Das ist aber normalerweise nicht der Fall, außer Sie befehlen es ausdrücklich bei der Installation. Den Linux-Bootloader kann man mit dem Rescue-System ganz leicht wieder hinbiegen, konsultieren Sie dafür auch die Dokumentation Ihrer Distribution.

Windows und Linux auf derselben Festplatte

Windows befindet sich auf vorinstallierten Rechnern normalerweise auf der ersten Partition der Festplatte. Bei herkömmlichen IDE-Systemen ist das */dev/hda1*, bei SCSI-Systemen oder den neuen SATA-IDE-Platten könnte dieser Ort auch als */dev/sda1* in der Partitionsliste des Installationsprogramms auftauchen. Bei vielen vorinstallierten Windows-Rechnern findet sich eine Sicherungs- oder Rettungsinstallation für dieses Windows auf der zweiten Partition, die dann entsprechend */dev/hda2* oder */dev/sda2* heißt. Bei Supermarktrechnern hat mit Sicherheit niemand vorsorglich daran gedacht, dass auf der Festplatte noch ein weiteres Betriebssystem Platz haben soll. Die Windows-Partition(en) ist/sind deshalb so angelegt, dass schon alle Zylinder der Festplatte verbraucht werden. Aus Windows-Sicht ist damit

---

21 *GRand Unified Bootloader* bzw. *LInux LOader*

alles in bester Ordnung, denn es steht der maximale Platz auf der Festplatte für Windows-Daten zur Verfügung. Für unsere Zwecke ist das nicht so gut, denn so, wie die Festplatte partitioniert ist, gibt es für eine (bzw. drei oder mehrere) weitere Partition(en) einfach keinen Platz mehr. Das bedeutet: Windows, das sich vermutlich in etlichen -zig GByte freiem Plattenplatz suhlt, werden ein paar GByte abgezwackt.

Wie bei allen Operationen an einer »lebenden« Festplatte müssen Sie die üblichen Vorsichtsmaßnahmen treffen. Je nach Glaubensrichtung können Sie vorher vierblättrige Kleeblätter im Garten sammeln gehen, eine Eule ans Scheunentor nageln oder Kerzen an verschiedenen heiligen Stätten abbrennen. Ein Hufeisen aufhängen? Ach ja, und eine Datensicherung würde helfen. Erzeugen Sie nicht nur einen »Wiederherstellungspunkt«, sondern schreiben Sie alle Dateien, und Verzeichnisse, die Sie gern wiederhaben würden, z.B. auf eine CD oder DVD. Das nimmt die Verlustängste weg, sollten Sie wider Erwarten versehentlich die ganze Festplatte plattmachen. Dann müssen Sie Ihr Windows behandeln. Zuerst müssen Sie die Daten ordnen und schließlich die Windows-Partition verkleinern. Erst wenn Platz auf der Festplatte ist, können Sie Linux installieren.

Daten ordnen

Um einer Windows-Installation Festplattenplatz wegzunehmen, müssen Sie der einen großen Windows-Partition hinten ein paar Gigabytes wegschneiden. Aber: Auf der Partition gibt es ja bereits ein Windows-Dateisystem. Technisch gesehen wird also zuerst das Windows-Dateisystem verkleinert, um dann die Partition neu (und kleiner) in die Partitionstabelle einzutragen. Der letzte Schritt ist, das Ende des Dateisystems wieder an das Partitionsende anzugleichen. Das allein ist schon keine Kleinigkeit. Wir machen das aber, während auf dem Dateisystem schon Daten vorhanden sind. Wissen Sie jetzt, warum Sie vorher eine Datensicherung durchführen sollen?

Dieser Trick funktioniert nur aus einem einzigen Grund: Dateisysteme schreiben – aus Faulheit – die Fläche der Festplatte normalerweise von vorne nach hinten voll. Wenn Ihr Windows auf einer 40 GB großen Partition erst 10 GB verbraucht hat, dann können wir mit einiger Sicherheit davon ausgehen, dass die Daten dieser 10 GB ziemlich weit vorne stehen, nicht weit vom physikalischen Partitionsbeginn auf der Festplatte entfernt.

Problematisch wird es allerdings, wenn Sie in der Vergangenheit auf dieser Partition viele größere Dateien (z.B. Videofilme etc.) gespeichert und dann wieder gelöscht haben. So können Dateien auch ein gutes Stück weiter innerhalb der Partition liegen und möglicherweise unserem Schnitt zum Opfer fallen, getreu meinem türkischen Lieblingsscherzwort: »Was ist schlimmer als ein Wurm im Apfel? – Ein halber Wurm!«

Um versprengte Daten auf einer Partition zusammenzutragen und sie größtenteils brav an den Anfang der Partition zu transportieren, gibt es sogenannte *Defragmentierungsprogramme*. Windows hat auch eines an Bord. Häufig ist diese Software vorinstalliert, und wenn sie es nicht ist, kann man sie über SYSTEMSTEUERUNG → SOFTWARE von der Windows-Installations-CD nachinstallieren. Wenn die *Defragmentierung* installiert ist, liegt sie unter ZUBEHÖR → SYSTEMPROGRAMME (siehe Abbildung 1-14).

Abbildung 1-14: Defragmentierung in den Windows-Systemprogrammen

Führen Sie in jedem Fall eine Defragmentierung durch, bevor Sie ans Operieren Ihrer Windows-Partition gehen (siehe Abbildung 1-15). Wenn alles in Ordnung war, dauert dies nur wenige Sekunden. Wenn der Durchlauf länger dauert, dann haben Sie jetzt aber richtig Glück gehabt, denn dann war es ohnehin nötig. Geben Sie sich nicht der irrigen Illusion hin, dass die Software zur Partitionsverkleinerung oder sonst irgendwer vorher ausprobiert, ob sich nachher beim »großen Schnitt« vielleicht gerade Ihre Diplomarbeit oder eine sonstige Frucht Ihrer Arbeit verabschiedet hat. Der Benutzer (das sind Sie) hat immer recht ...

Partition verkleinern

Wenn die Defragmentierung durchgelaufen ist, können Sie ans Verkleinern der Windows-Partition gehen. Wenn Sie im Besitz des DOS-basierten Programms *Partition Magic* sind und damit umgehen können, würden Sie es vermutlich bevorzugen, die Partition mit dieser Software zu verkleinern. Das ist eine gute Idee. Die meisten Windows-Administratoren, die ich in Kursen kennenlernte, kannten dieses Programm und zogen es den Linux-Routinen vor, weil sie damit geübt waren. Die Linux-Tools bei dieser riskanten Aktion einzusetzen, wäre für sie eine unnötige Fehlerquelle gewesen. Partition Magic kostet rund 70 Euro im Handel, in vielen Häusern ist aber schon eine Lizenz vorhanden. Seit etlichen Versionen kann Partition Magic nicht nur Windows-Partition verkleinern und vergrößern, sondern sogar auch Linux-Partitionen anlegen und formatieren. Wir brauchen nicht alle Funktionen dieser Software, es genügt, die große Partition zu verkleinern und eine eventuell existierende zweite Windows-Partition an den Beginn des freien Festplattenplatzes zu schieben.

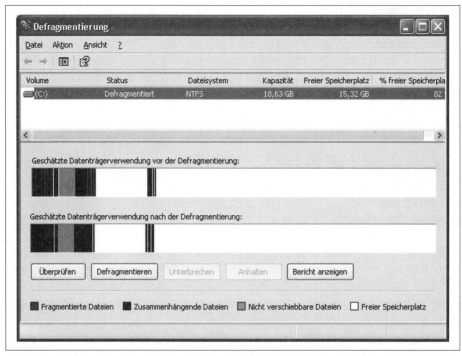

Abbildung 1-15: Selbst nach der Defragmentierung darf die Partition nicht kleiner werden als ca. acht GByte.

 Für alle, die diese Software noch nicht gesehen haben: Partition Magic besteht aus einer bootbaren CD und wahlweise auch Boot-Disketten, die den Rechner mit DOS booten. Die eigentliche Software stellt die Festplatten-Inhalte (nur die Partitionen und die Dateisysteme auf ihnen) als farbige Balken dar. Mit der Maus kann man dort wie mit Schiebereglern z.B. die Partitionsgrenzen verschieben oder (wenn auf der Festplatte Platz dafür ist) ganze Partitionen hin und her schieben bzw. umkopieren. Aus den Mauskommandos erstellt Partition Magic dann eine automatisch ablaufende Batch-Datei, die es auch gleich ausführt. Die Verschiebe-Aktionen können etliche Minuten in Anspruch nehmen, da diese Vorgänge nicht banal sind. Wer solche Sachen (vor allem in einem gemischten Netzwerk-Umfeld) häufiger tun muss, der kann die rund 70 Euro Lizenzgebühr für so eine Software kaum sinnvoller anlegen.

Aber es geht natürlich auch kostenlos. Jede der großen Linux-Distributionen hat mittlerweile Dateisystem-*Resizer* (Schrumpfprogramme) an Bord, die bei der Installation zur Verfügung stehen. *Parted* kann mit Partition Magic mittlerweile recht problemlos mithalten. Einige Distributionen wie Aurox und ArkLinux haben die grafische Version davon, *QTParted* (die auch optisch sehr an Partition Magic erinnert), schon fest im Repertoire. Probleme macht immer noch das Vorhaben, eine zweite Windows-Partition (die z.B. das Rescue-System enthalten könnte) einfach mir nichts, dir nichts auf der Festplatte zu verschieben, nachdem die erste Partition kleiner geworden ist. Das kann nicht nur bei den freien Linux-Partitionierungs-Tools, sondern auch bei Partition Magic zum Datenverlust führen – vor allem dann, wenn die Festplatte allzu voll ist. Wie war das noch mit der Datensicherung? Jetzt wissen Sie, wieso.

WINDOWS-PARTITION VERKLEINERN finden Sie auch bei fast allen Distributionen als Menüpunkt des Partitionierers. Passen Sie genau auf, was auf den Buttons und Menüs der Partitioniersoftware geschrieben steht! Wenn dort »Partition löschen« oder »Windows löschen« steht, könnten Sie das leicht mit »freien Platz auf der Windows-Partition verwenden« verwechseln. Aber der Sinn ist doch grundverschieden. Nur der letzte der drei Befehle startet einen *NTFS-resizer* (NTFS ist der Name des besseren der beiden von Windows verwendeten Dateisysteme), der die Partition möglichst schadlos verkleinert. Die ersten beiden Befehle gehen mit Ihrem Windows so um, wie Windows mit Linux verfahren würde: ratzfatz! Dieser Umstand kann nicht deutlich genug betont werden. Der Mandriva Resizer erkennt sogar, wenn die NTFS-Partition zu voll ist, um sie zu verkleinern. Hatte ich eigentlich auf das vorherige Sichern der Daten vor diesem Schnitt schon hingewiesen?

Führen Sie den Schnitt nicht allzu knapp an Windows heran. Windows kann die Linux-Partitionen nicht lesen. Wenn Sie zu viel Platz wegnehmen, dann haben Sie unter Windows keinen Speicher mehr frei, um Daten abzulegen. Besser ist hier allemal, großzügig zu sein. Wenn der Platz insgesamt zu eng wird, schalten Sie lieber auf das zweite Installationsmodell um (nächstes Kapitel): Gönnen Sie Ihrem Computer eine weitere Festplatte, und installieren Sie Ihr Linux dort.

Wie viel Platz auf einer Festplatte/Partition noch frei ist, bekommen Sie unter Windows heraus, wenn Sie im Explorer mit der rechten Maustaste auf das Laufwerk klicken und dann Eigenschaften (siehe Abbildung 1-16) wählen.

Simple FAT-Partitionen, wie man sie unter Windows 95, 98 und Me finden kann, schrumpft z.B. auch das kleine (DOS-basierte) Programm *fips* ganz prima, das u.a. auf der ersten CD einer SUSE-Distribution (im Verzeichnis *dosutils*) zu finden ist. Um es zu benutzen, müssen Sie mit DOS-Disketten booten. Das ist vielleicht nicht mehr ganz zeitgemäß.

Abbildung 1-16: Freien Plattenplatz unter Windows ermitteln

Frisch installieren

Vermutlich haben Sie sich auch schon gedacht: »Wieso lösche ich das Windows nicht einfach vollständig, lege die Windows-Partitionen bei der Neu-Installation neu (und kleiner) an, und installiere das ganze Windows-System dann frisch?« Weil das der einfachste Weg wäre! Erwägen Sie diesen Schritt vor allem dann, wenn

- auf der Windows-Installation ohnehin noch keine Daten enthalten waren oder
- das Windows schon ein wenig gealtert war, weil im Gegenteil allzu viel Software und Daten auf ihm gewuchert waren.

Sichern Sie vorher und unter Windows Ihre Daten z.B. auf CD oder DVD. Sie sparen sich all den Stress mit Operationen am schlagenden Herzen, wie sie auf den vorherigen Seiten beschrieben sind. Das ist wie bei der Geschichte mit dem Lastwagen, der im Tunnel feststeckte: Alle Ingenieure überlegen, wie sie den Tunnel erweitern oder den Laster verformen können. Und ein kleines Mädchen schlägt vor, einfach unten ein wenig Luft aus den Reifen zu lassen, womit das Problem auf einfachste Weise gelöst ist. Fazit: Oft ist das Leben viel einfacher, wenn man vorher etwas Druck rauslässt ...

Linux installieren

Jetzt haben Sie genügend Platz, um Ihr Linux auf der Festplatte zu installieren. Wenn Sie die Partition mit Partition Magic oder einer anderen DOS- oder Windows-basierten Anwendung angelegt haben, dann legen Sie jetzt einfach die Installations-CD/DVD ins Laufwerk und starten den Rechner neu. Linux wird den freien Platz auf der Festplatte finden und Ihnen ein Angebot machen, wie es sich dort installieren will. Wenn Sie sich unsicher sind, springen Sie ruhig ein paar Seiten in diesem Buch zurück auf Seite 31, und lesen Sie noch einmal den Abschnitt über die Partitionierung und die Installation. Ob die erste Partition Ihres Linux-Systems nun */dev/hda1*, */dev/hda3* oder */dev/hda10* heißt, ist Linux herzlich egal. Legen Sie mit dem Partitionierungswerkzeug Ihrer Distribution mindestens drei Partitionen für *swap*, */* und */home* an. Installieren Sie dann Ihr erstes Linux. Es sollte genau so vonstatten gehen, wie es oben beschrieben wurde.

Wenn Sie die Windows-Partition mit dem Linux-Installationsprogramm verkleinert haben, brauchen Sie nur weiterzumachen: neue Partitionen anlegen, Software auswählen etc. Bootet der Rechner nach der Installation das erste Mal neu, sollte Ihnen der Bootloader Windows als Auswahloption anbieten. Kurioserweise wird es manchmal als »Dos« bezeichnet. Das hat nichts zu bedeuten, wichtig ist nur, dass Windows auch sauber startet.

Windows in eine Bootloader-Konfiguration einzubinden ist eine millionenfach bewährte Sache, die in der Regel automatisch funktioniert. Sollte das wider Erwarten schiefgegangen sein, dann konsultieren Sie die Dokumentation Ihrer Linux-Distribution: Jeder größere Linux-Distributor hat ein Kapitel zu diesem Thema in seinem Handbuch. Der Befehl `info grub` sollte Ihnen ebenfalls passende Hinweise liefern. Oder fragen Sie in Mailinglisten und Linux-Foren. Es gibt auch ein GRUB-HOWTO auf *http://tldp.org*, in dem sich ein Beispiel zum Einbinden von Windows findet. Wie gesagt, das ist eine oft geforderte Funktion.

Getrennte Festplatten

Die »Feigling«-Methode besteht darin, Linux und Windows auf getrennte Festplatten zu installieren. Das eignet sich nicht für Notebooks, aber für Desktop-Rechner, und was soll eigentlich so falsch daran sein, ein Auto im Schatten zu parken? Mein erstes Linux installierte ich ebenfalls auf einer separaten Festplatte meines Heimrechners. Das ist einfach: Alle Schreibvorgänge gehen auf die separate Festplatte (z.B. */dev/hdb* oder */dev/hdc*) und nicht auf die Windows-Platte, wo Datenverluste durch (eigene) Fehler zu befürchten wären. Der Bootloader landet natürlich, separate Festplatte oder nicht, vermutlich doch auf der Windows-Festplatte, wenn das die erste der beiden Festplatten ist. Bevor das System also auf Windows zugreift, findet es im Master Boot Record den Bootloader und kann uns noch vorher fragen, ob wir lieber Linux oder Windows booten wollen. Um allerdings nur ein wenig mit Linux herumzuspielen, ist diese Methode definitiv zu teuer.

Der Windows-Festplattenmanger wird Ihnen allenfalls melden, dass er da noch eine jungfräuliche Festplatte mit unbekannten Dateisystemen gefunden hat. Ignorieren Sie das einfach.

Fazit, Tipps und Tricks

Sie müssen nichts hiervon wirklich tun. Einen guten Rat kann man oft nur weitergeben, aber nicht selbst umsetzen.

- Installieren Sie für eine Dual-Boot-Maschine zuerst Windows und dann Linux.
- Wenn die Möglichkeit dazu besteht, installieren Sie beide Betriebssysteme neu, dann können Sie Ihr Windows schon von Beginn an so klein anlegen, dass Sie nicht mit NTFS-Verkleinerern herumhantieren müssen.
- Lassen Sie sich Zeit, und machen Sie Windows nicht zu klein. Sie werden vielleicht auch dort noch Software nachinstallieren und neue Dateien anlegen wollen (OpenOffice für Windows z.B. braucht fast 300 MByte).
- Legen Sie entweder von Windows oder von Linux aus eine leere »Transfer«-Partition mit FAT-Dateisystem an (vielleicht 200 bis 500 MByte). Eine Alternative wäre es, stattdessen einen USB-Stick einzusetzen, der mit FAT32 (vfat) formatiert ist. Da beide Betriebssysteme FAT lesen können, ist es sehr leicht, über diese Partition Daten von einem Betriebssystem auf das andere zu verschieben. Von Linux aus auf das Windows-Dateisystem NTFS zu schreiben ist im Moment noch nicht so zuverlässig, dass das Risiko eines Datenverlusts auf Windows-Seite ausgeschlossen werden könnte.
- Windows kann Linux normalerweise nicht »sehen«, außer wenn Sie eine erweiterte Partition erzeugt und darin ausschließlich Linux-Partitionen angelegt haben. Windows bemerkt dann nicht die Linux-Dateien und Verzeichnisse, sondern die erweiterte Partition (und eventuell die Linux-Partitionen darin). Im Explorer sehen Sie dann seltsame leere Partitionen, die Sie mit der rechten Maustaste (auch versehentlich) formatieren und für Windows nutzen können – und weg ist das Linux.
- Legen Sie die Transfer-Partition mit FAT-Dateisystem als erstes logisches Laufwerk der erweiterten Partition an. Die Linux-Partitionen befinden sich frühestens auf der zweiten logischen Partition und später. Dann sieht Windows wieder nichts von Linux.
- Installieren Sie nicht einmal, sondern rund ein halbes Dutzend Mal, um Routine zu bekommen. Dabei können Sie auch verschiedene Strategien und Aufteilungen ausprobieren.
- Sie werden sehen, dass es »die optimale Installation« nicht gibt. Aber die fünfte ist sicher schon viel besser, als die erste es war.

In diesem Kapitel:
- Die Anmeldung
- Das sieht nicht aus wie Windows – die Linux-Oberflächen
- Wo sind die Programme?
- Wo bin ich?
- Herumstöbern

KAPITEL 2
Die ersten Schritte: Anmelden und sich zurechtfinden

Die Anmeldung

Endlich: Eingeschaltet, der Linux-Rechner fährt brav hoch, schließlich kommt ein grafischer Login-Bildschirm – oder auch nicht. Schon gibt es Unterschiede. Was Sie bei Ihrer Linux-Distribution zu sehen bekommen, sieht womöglich ein wenig oder sogar ganz anders aus als das Linux Ihres Nachbarn. Das ist nicht verwunderlich, sondern bei Linux aufgrund der vielen Einstellungsmöglichkeiten eher normal. Verabschieden Sie sich also erst einmal von der Uniformität der Windows-Welt. Wir erkennen doch einen Anmeldebildschirm, wenn wir einen sehen. Also keine Panik, nur weil er unter Linux nicht genau so aussieht wie unter Windows. Ein Anmeldebildschirm will ja doch immer das Gleiche: Wir sollen uns mit Benutzernamen und Passwort am System anmelden (siehe Abbildung 2-1).

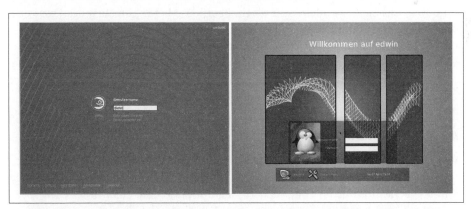

Abbildung 2-1: Verschiedene Distributionen, ein Zweck. SUSEs GDM (links) und eine KDM-Studie von Campus Linux (rechts)

Unterschiede zwischen zwei »Linuxen« können sich schon einmal dadurch ergeben, dass Ihr Nachbar vielleicht eine andere Distribution benutzt als Sie, und da ist womöglich ein anderer Login-Bildschirm (der unter Linux als *Display-Manager* bezeichnet wird) voreingestellt. Es gibt nicht nur mehrere solche Display-Manager-Programme, sondern die sind auch noch recht vielfältig einstellbar. Mit anderen Worten: Nicht einmal der gleiche Display-Manager muss immer gleich aussehen. Vielleicht wird bei Ihnen oder Ihren Bekannten die Anmeldemaske sogar mit einem automatischen Login übersprungen. Das ist zwar sehr gefährlich (siehe Seite 55), trotzdem machen verschiedene Linux-Hersteller dies seit Neuestem sogar zur Voreinstellung.

Schön anzusehen und sehr konfigurierbar sind die beiden am meisten verwendeten Login-Bildschirme: Der von KDE (*K Desktop Environment*) wird *KDM* (*K Display Manager*) genannt, und der von GNOME (*GNU Network Object Model Environment*) heißt *gdm* (*GNOME Display Manager*). Weil die Anmeldebildschirme gewissermaßen das Gesicht der Distribution sind, bemühen sich alle Distributoren darum, sie ansprechend zu gestalten – und zwar bei jeder Ausgabe neu. Das Firmenlogo ist natürlich Pflicht, dazu gibt es neben einem Eingabefeld für den Benutzernamen häufig lustige Bildchen von Blumen oder Pinguinen (Mandriva). Die Bedienung der Anmeldeschirme ist einfach genug: Bei manchen müssen Sie Ihren Anmeldenamen von Hand eintippen, andere haben Köpfe oder lustige Bildchen mit den Benutzernamen neben dem Eingabefeld. Wenn Sie die anklicken, springt der Name neben dem Kopf in das Eingabefeld. Das ist zwar angenehm, gibt einem zufälligen Beobachter aber auch Anhaltspunkte, wie gültige Benutzer auf dieser Maschine heißen könnten. Je nach Display-Manager müsen Sie auf die Tab-Taste oder auf Return drücken, damit der Textcursor in das Eingabefeld für das Passwort springt.

Windows-Umsteiger wundern sich oft darüber, dass beim Eingeben des Passworts (bisweilen) keine Sterne oder Punkte statt der Buchstaben zu sehen sind. Das ist gewollt, ein zufälliger Beobachter soll auch keine Informationen darüber bekommen, aus wie vielen Zeichen das Passwort besteht. Je nach Login-Schirm müssen Sie dann noch einmal Return drücken oder OK oder ANMELDEN anklicken, und Linux baut für Sie die voreingestellte grafische Arbeitsoberfläche auf.

Die automatische Anmeldung

Weil viele Leute anscheinend das Anmelden anstregend finden oder sich keine Passwörter merken wollen, haben mittlerweile die meisten großen Distributionen eine Wahlmöglichkeit eingeführt: Bei der Installation finden Sie einen (bisweilen sogar voreingestellten) Schalter, der »Automatische Anmeldung als User x ...« (oder so ähnlich) heißt. Durch diese Einstellung wird der Anmeldebildschirm automatisch gefüttert. Das ist zwar sehr bequem, weil nun jedermann, der den Rechner einschaltet, sofort (natürlich immer als derselbe Benutzer) angemeldet wird und arbeiten kann. Als Voreinstellung ist das aber so ähnlich, als würden Sie Ihre Scheckkarte

Warum eigentlich anmelden?

Ein gutes Betriebssystem fordert Sie auf, sich anzumelden, bevor Sie arbeiten können. So kann das Betriebssystem die Benutzer voneinander unterscheiden. Jeder Benutzer hat einen eindeutigen Namen und wird anhand einer eindeutigen Benutzerkontennummer (*UID = User ID*) identifiziert.[1] Damit das Betriebssystem Ihnen auch glaubt, dass Sie dieser Benutzer sind, müssen Sie das richtige Passwort am Anmeldebildschirm eingeben. Dann erst gewährt das System Ihnen Zugang zu *Ihren* Daten und einem anderen Benutzer den Zugang zu *seinen*. Jeder Benutzer bekommt seine eigene, vollständig von allen anderen Benutzern getrennte Arbeitsumgebung. Mehr zu Benutzerrechten erfahren Sie in Kapitel 3.

In vielen Haushalten sind auch heute noch Windows-Versionen im Einsatz, die zwar einen Anmeldebildschirm präsentieren, schließlich aber trotzdem alle Benutzer auf den gleichen Desktop führen. Man mag sich sogar daran gewöhnt haben, dass der Bildschirm nach dem Anmelden immer noch in den gleichen mutigen Farbkombinationen erscheint, die der letzte Benutzer zurückgelassen hat. Die Farben sind ein kleines Problem verglichen damit, dass auf solchen Windows-Maschinen jeder Benutzer die Allmacht über den Rechner besitzt. Damit sind Ihre persönlichen Daten jedem schutzlos ausgeliefert, der die Maschine benutzt. Ein richtiges Betriebssystem wie Linux unterscheidet Datei-Eigentümer und hilft so, Ihre Daten zu schützen.

Bei echten Multi-User-Betriebssystemen teilen die Benutzer zwar abwechselnd die gleiche Tastatur, den Monitor und den freigegebenen Drucker. Die Daten und Arbeitsumgebungen aber sind jederzeit strikt voneinander getrennt. Das kommt Ihnen im familiären Umfeld vielleicht übertrieben vor. Aber es geht nicht (nur) darum, Geheimnisse voneinander zu hüten. Wenn die Benutzer eigene Benutzerkonten haben, finden Sie Ihre Daten jedes Mal genau an der gleichen Stelle wieder, wo Sie sie zurückgelassen haben. Niemand konnte versehentlich Ihre Diplomarbeit, die Hausaufgabe, das Kassenbuch, die Rezeptesammlung etc. löschen. Mit anderen Worten: Ihre Daten sind sicher.

mit aufgemalter Geheimzahl im Geldautomaten stecken lassen. Das ist ebenfalls bequem, denn so können alle Leute sofort Geld abheben, ohne sich den Umstand zu machen, Sie vorher noch zu übertölpeln ...

Scherz beiseite: Diese Methode ist gefährlich. Wer auf zentrale Werkzeuge der Rechnersicherheit verzichtet, der kann auch gleich auf ein System ganz ohne Sicherheit à la Windows 98 wechseln. Ein arabisches Sprichwort sagt: »Lieber tausend Feinde vor dem Tor als einer dahinter.« Sicherheitsequipment wirkt eben nur, wenn Sie es auch benutzen, selbst wenn es ein bisschen unbequem ist. Mein Tipp: Schalten Sie die automatische Benutzeranmeldung beim Installieren ab.

Das sieht nicht aus wie Windows – die Linux-Oberflächen

Die großen, marktstarken Linux-Distributionen installieren als Standardoberfläche normalerweise entweder KDE (siehe Abbildung 2-2) oder GNOME. Beide Oberflächen sind leicht und intuitiv für Windows-Benutzer bedienbar, denn dafür wurden sie entwickelt. Bei vielen Distributionen weisen die beiden Oberflächen am unteren Bildschirmrand sogenannte *Kontrollleisten* oder auch *Panels* genannte Schalterleisten auf, die an ihrem linken Rand »Start-Buttons« haben, in denen sich (eventuell in Untermenüs) Programme befinden. GNOME hat öfter auch – Macintosh lässt grüßen – die Funktionsleiste am oberen Bildschirmrand untergebracht. Ob die Leiste oben oder unten angebracht ist oder gar auf beiden Seiten, das ist Einstellungssache des Distributors. Tatsächlich haben KDE und GNOME sich inzwischen so sehr angenähert, dass man schon genau hinsehen muss, um den einen vom anderen zu unterscheiden. Und aus Angst, sich irgendwie vom Markt abzuheben, haben die großen Anbieter auf dem Markt auch weitgehend die gleichen Elemente auf den Desktop gelegt...

Das ist im Übrigen etwas Besonderes (wenn auch nicht für Windows-Umsteiger): Bei beiden Oberflächen ist es möglich, Elemente als Icons auf dem Desktop abzulegen. Außerdem können Sie sich über den Start-Button (oder den SYSTEM-Knopf im Fall von GNOME) auch wieder vom System abmelden. Genau betrachtet, sieht die grafische Oberfläche meistens doch sehr stark wie Windows aus.

Allerdings sehen die Dinge unter der Motorhaube anders aus: Jahrelang wurde den Windows-Benutzern vermittelt, das Tolle an Windows sei, dass die grafische Oberfläche fester Bestandteil des Betriebssystems ist – um den Preis einer gewissen Eintönigkeit. Das ist unter Linux anders. Dort werden für die Darstellung der grafischen Oberfläche Programme gestartet. Die sind dann z.B. für die bunten Rahmen um die Fenster herum zuständig oder dafür, welche Art von Menüleisten es gibt. Diese Programme heißen *Fenstermanager* (neudeutsch: *Windowmanager*). Und weil sie eigenständige Programme sind, können Sie sie prinzipiell auch austauschen. Wenn Sie wollen, haben Sie unter Linux eine wesentlich größere Auswahl und mehr Mitspracherechte, wie Ihre persönliche Arbeitsbühne aussieht.

Welcher Fenstermanager ist der richtige?

Leider gibt es keine Garantie dafür, dass KDE und GNOME die *coolsten* Fenstermanager sind, so verbreitet sie auch sein mögen. Und sie sind definitiv nicht die einzigen: Ein flüchtiger Blick auf die Adresse *http://sourceforge.net* im Frühjahr 2007 listete knapp 270 Projekte für Fenstermanager und Desktopumgebungen auf – fast alle für Linux. Etliche von diesen sind bereits so ausgereift, dass sie sofort eingesetzt werden könnten. Viele dieser Oberflächen haben ebenfalls einen Start-Button, aber

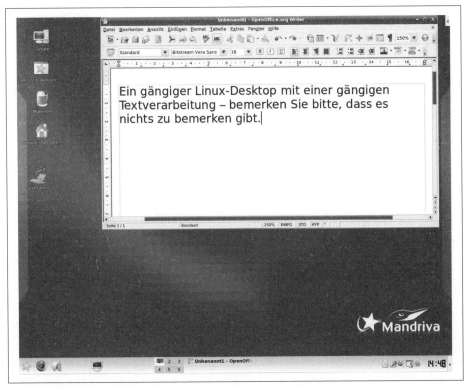

Abbildung 2-2: Das sieht ja doch aus wie Windows: KDE z.B. bei einer Mandriva 2007

es gibt eine Reihe anderer Ansätze, wie man einen Desktop ergonomisch und funktional gut bedienen kann. Von allen Projekten werden freilich die beiden bekanntesten Windows-Rivalen am aktivsten entwickelt: Für KDE wurden im Frühjahr 2007 rund 640 Softwareprojekte aufgelistet, für GNOME sogar mehr als 800. Das mag einer der Gründe sein, warum sie auf jeder gut ausgestatteten Distribution zu finden sind.

Also: Wenn es auch viele andere Windowmanager gibt, lassen Sie sich trotzdem nicht irre machen. Die gleiche Art von Leuten, die Ihnen früher immer schon imponieren wollten, weil sie wieder das Heißeste für Windows aus dem Web heruntergeladen hatten (und Sie nicht), werden Ihnen auch jetzt wie Beschwörungsformeln die Namen obskurer Windowmanager und Tools für Linux aufsagen, um Sie zu beeindrucken. Das ist alles unreifes Gehabe. Der beste Windowmanager ist immer derjenige, mit dem man gut zurechtkommt. Wenn diese Leute wirklich so zufrieden wären mit ihren Exoten, dann hätten sie nicht alle naselang einen anderen.

Lernen Sie zunächst einmal denjenigen Fenstermanager kennen, der automatisch (oder von der EDV-Abteilung) auf Ihrem System installiert wird. Wenn Sie neugierig geworden sind, können Sie ja später jederzeit und problemlos auf andere (schon installierte) Fenstermanager wechseln oder weitere nachinstallieren. Oft wird schon bei der Standardinstallation mehr als ein Fenstermanager auf Ihren Rechner aufgespielt. Achten Sie bei den grafischen Anmeldebildschirmen auf Schalter bzw. Menüpunkte, die mit »Menü« oder »Sitzung« betitelt sind (siehe Abbildung 2-3). Dort sind häufig noch ein oder zwei andere Fenstermanager zu finden, auf die Sie für die aktuelle Sitzung umschalten können.

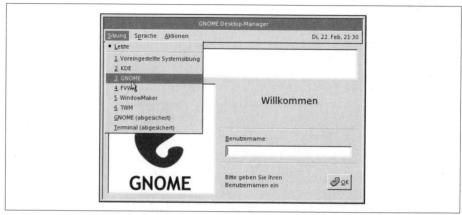

Abbildung 2-3: Kein Widerspruch: KDE und GNOME (außerdem mehrere weitere) auf der gleichen Maschine installiert

Probieren Sie diese anderen Fenstermanager ruhig ebenfalls aus, Sie können nichts kaputt machen. Wenn Sie beim Ausprobieren Probleme bekommen, diese alternativen Fenstermanager wieder zu verlassen, dann versuchen Sie zuerst einmal, über einen Start-Button (wenn es einen gibt) oder über ein Maus-Menü, das sich in der linken, mittleren oder rechten Maustaste verbirgt, wieder »hinaus« zu kommen. Wenn alle Stricke reißen, killen Sie die grafische Umgebung mit der Tastenkombination Strg-Alt-Backspace, das wirkt immer. Keine Angst, danach startet automatisch wieder der grafische Login. Machen Sie das aber nicht zum Spaß, denn diese Art der Beendigung ist nicht besonders freundlich, und nicht gespeicherte Dokumente sind futsch.

Beim nächsten Anmelden müssen Sie dann meist wieder KDE oder GNOME im Anmeldebildschirmschalter auswählen. Das System merkt sich in der Regel, mit welchem Fenstermanager Sie zuletzt gearbeitet haben, und bietet diesen als Voreinstellung an.

Dieses Buch stützt sich in weiten Teilen auf KDE und GNOME. Zum einen gibt es eine Reihe guter und interessanter Software, die extra für diese beiden Fenstermanager geschrieben wurde. Zum anderen sind sie an das Look-and-Feel von Windows angelehnt, das Sie ja schon kennen. Außerdem läuft jede andere Linux-Software natürlich auch, wenn Sie KDE und GNOME benutzen.

Schwarzweiße Kunst: Arbeiten mit Terminals

Gut, eine grafische Arbeitsumgebung hatten Sie ja erwartet. Linux bietet Ihnen – wenn Sie wollen – darüber hinaus sogar noch eine komplette textorientierte Arbeitsumgebung an, und die ist sogar nur wenige Tastenanschläge entfernt. Die textorientierte Oberfläche ist bei Linux aber anders zu verstehen als bei Windows. Wenn Sie unter Windows »auf die Textebene zurückfallen«, dann ist in der Regel irgendetwas kaputt. Bei Linux haben Sie dagegen einfach die Wahl, und kaputt ist deswegen noch lange nichts. Im Gegenteil: Linux startet zunächst vollständig textorientiert und startet dann erst später die grafische Anzeige als Aufsatz.[1] Später können Sie bei einer normalen Linux-Installation auch jederzeit zwischen einer grafischen und (sogar mehreren) textorientierten Oberflächen umschalten. Darüber hinaus sind viele der wirklich mächtigen Befehle bei Linux auch heute noch am bequemsten mit einer Befehlszeile zu bedienen.

Ganz ähnlich: Die DOS-Kommandozeile

Wundert es Sie, dass ein modernes Betriebssystem wie Linux mit einer Befehlseingabe arbeitet? Microsoft veröffentlichte erst kürzlich ein sehr leistungsfähiges Befehlszeilen-Interpreter-Programm unter dem Namen Microsoft Powershell (MSH, siehe auch *http://de.wikipedia.org/wiki/Windows_PowerShell*). Sie löst das Programm *cmd.exe* ab, mit dem ein gut ausgebildeter *Microsoft Certified Systems Engineer* (MCSE) auch früher schon ein paar der mächtigsten Windows-Systemprogramme textorientiert steuerte. Alle Benutzer konnten mit der »DOS-Box« auch immer schon z.B. mit den Kommandos *notepad* oder *paint* das Programm Notepad oder Paint aufrufen. Das aufgerufene Programm startet daraufhin ganz normal in einem grafischen Fenster, als hätten Sie es durch Anklicken gestartet. Das ist bei Linux sehr ähnlich: Es gibt textorientierte Fenster, die Sie öffnen können, um darin Kommandos einzutippen. Doch selbst darüber hinaus gibt es noch eine komplette textorientierte Arbeitsumgebung (fernab von KDE und GNOME), die jederzeit darauf wartet, von Ihnen entdeckt zu werden.

Terminal, Konsole, Befehlszeile und Shell – einige Begriffe

Bis in die 90er-Jahre hinein waren textorientierte Befehlszeilenprogramme, die an sogenannten *Terminals* (oder sogar noch Fernschreibern[2]) eingegeben wurden, das

---

1 Wenn Sie davon nichts mehr sehen können, liegt das an verschiedenen grafischen »Clownsmasken« (inklusive Fortschrittsbalken), die Ihnen die Distributoren beim Booten am Bildschirm anzeigen lassen, um Sie nicht durch zu viele Systemmeldungen zu beunruhigen.

2 Der Name für Text-Terminals ist heute noch *tty*, was sich vom *Tele-Typer* ableitet – Fernschreiber. Wenn Sie selbst dafür schon zu jung sind, fragen Sie Ihre Großeltern, was das ist, oder besuchen Sie das Deutsche Museum in München. Da stehen noch welche. Womöglich direkt neben den Dampflokomotiven ...

wichtigste Werkzeug, um mit Computern zu kommunizieren. Zu dieser Zeit entstanden auch ein paar der leistungsfähigsten Programme für Unix (und Linux). Viele von diesen haben keine grafische Eingabemaske, sondern werden von einer Befehlseingabezeile aus gestartet. Hier geht für den Laien ein Verwirrspiel los, denn die Begriffe *Terminal*, *Konsole*, *Befehlszeile* und *Shell* werden heute praktisch synonym verwendet, obwohl sie ursprünglich sehr verschiedene Dinge bezeichneten. Wenn diese Begriffe fallen, ist hier im Buch immer eine textorientierte Befehlszeilen-Darstellung (*Prompt*) gemeint, an der Sie mit der Tastatur einen Linux-Befehl eingeben.

Ein *Terminal* ist dabei entweder ein separater (textorientierter) Bildschirm oder ein Fenster in einer grafischen Arbeitsumgebung, wo Sie einen Befehl eingeben können. Darin läuft das Befehlsinterpreterprogramm, die *Shell*.

Die *Konsole* ist traditionell genau der eine Bildschirm (und die eine Tastatur), die direkt am Linux/Unix-Rechner angeschlossen sind. Früher waren die Rechner natürlich nur den Systemadministratoren zugänglich und das Allerheiligste (siehe Abbildung 2-4). Bei normalen PCs arbeiten Sie dagegen permanent an der direkt angeschlossenen Tastatur, und der Bildschirm ist ebenfalls der einzige angeschlossene, wenn Sie nicht gerade zwei davon an einer Grafikkarte hängen haben ...

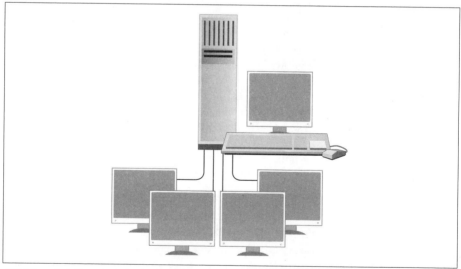

Abbildung 2-4: Dumme Terminals (unten) und Konsole (rechts) im klassischen Sinn

Die *Shell* ist ein mächtiger Befehlsempfänger und -interpreter, aber man sieht fast nichts von ihr, außer einer Befehlszeile mit dem *Prompt*, an dem der Befehl eingegeben wird. Die Shell zeigt am Anfang der Befehlszeile ein paar Zeichen, danach kommt der Textcursor, der je nach Einstellung entweder blinkt oder nicht. Diese Anfangszeichen sind der bereits genannte *Prompt*.

Die Arbeit mit der Kommandozeile kann Spaß machen!

Bei der täglichen Arbeit stoßen Sie heutzutage natürlich nicht mehr auf komplett textorientierte Terminals, außer Sie haben vielleicht einen Server-Rechner installiert und verzichten hier (brachialerweise) auf die grafische Oberfläche. Normale Benutzer arbeiten dagegen mit der Shell, indem sie grafische Terminal*programme* innerhalb grafischer Benutzeroberflächen aufrufen (siehe Abbildung 2-5). Windows-Umsteiger beäugen diese häufig mit Grausen, weil sie so sehr wie »DOS-Boxen« aussehen. Doch selbst die leistungsfähigeren Windows-Kommandozeilen bis XP haben mit Unix- und Linux-Shells ungefähr so viel gemeinsam wie ein Dreirad mit einem Sportwagen. Um aufzuholen, entwickelte Microsoft vor wenigen Jahren auch die Windows™ Power Shell(TM), die sich jetzt in Vista befindet. Manche Windows-Umsteiger in meinen Linux-Kursen versuchen am Anfang, Terminals und Befehle an der Kommandozeile zu vermeiden. Das dürfen sie auch. Mittlerweile wurde ja eine ganze Generation erwachsen, die Computerarbeit quasi grafisch mit dem Windows Explorer und der Maus gelernt hat. Süße Jugend. Haben die Kursteilnehmer dann aber bemerkt, was man mit diesen Terminals so alles machen kann, fangen sie normalerweise an, richtig Spaß daran zu haben. Terminals eignen sich also gerade für die ersten Schritte mit Linux hervorragend.

Abbildung 2-5: Terminal-Programme (hier die »Konsole« in der grafischen Umgebung KDE) sind schlicht, aber mächtig.

Wenn Sie Befehle an einer Eingabezeile generell für »Programmiererzeug« halten, ignorieren Sie ruhig die Kommandozeilenbeispiele in diesem Buch. Vieles funktioniert heute ja schon mit grafischen Dateimanagern. Aber Sie arbeiten zwangsläufig langsamer und umständlicher als mit der Befehlszeile, und manche Dinge werden Ihnen sogar verborgen, weil die Dateimanager sie nicht anzeigen können. Im täglichen Umgang mit Linux mischt man freilich beides. Wo es für die gleiche Arbeit schönere und vergleichbar gute grafische Lösungen gibt, werden Sie bemerken, dass ich Sie nicht zur Befehlszeile hinmanipulieren will. Mein Ziel ist, dass Sie für sich einen möglichst einfachen und eleganten Weg finden.

Anmelden an den textorientierten Login-Konsolen

Eine schöne Übung für diesen Ansatz: Melden Sie sich zur Abwechslung einmal komplett textorientiert am System an. Dabei sehen Sie zweierlei: Ohne grafischen Dateibrowser ist man keineswegs hilflos, und eine textorientierte Umgebung ist wirklich nur einen Tastenanschlag entfernt.

Auch wenn die meisten Distributionen grafische Anmeldebildschirme (Display-Manager) als Standard anbieten, führen sie meist auch ein halbes Dutzend textorientierte Anmeldebildschirme mit. Die laufen ständig im Hintergrund und warten darauf, entdeckt zu werden. Sie kommen an diese textorientierten Konsolen heran, indem Sie die Tastenkombination Strg-Alt-F1 bis Strg-Alt-F6 drücken. Die Strg-Taste ist nur notwendig, wenn Sie aus der grafischen Umgebung heraus zu den Textkonsolen wollen. Sobald Sie die textorientierte Umgebung erreicht haben, genügen Alt-F1, Alt-F2 etc., um umzuschalten (siehe Abbildung 2-6).

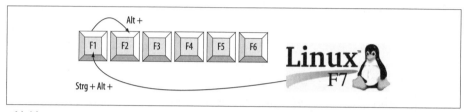

Abbildung 2-6: Mit Strg+Alt+F-Taste springen Sie aus der grafischen Umgebung heraus, mit Alt+F-Taste von einem textorientierten Login zum nächsten.

SUSE hat auch einen textorientierten Diagnosebildschirm, der sich mit Strg-Alt-F10 bzw. Alt-F10 anzeigen lässt. Dessen Ausgaben sagen dem Laien zwar zunächst nichts, aber geübte Benutzer oder Systemadministratoren können aus diesen Meldungen oft Rückschlüsse auf Fehlerquellen in der Maschine ziehen.

Unternehmen Sie einmal einen Ausflug zu den Textkonsolen, indem Sie aus der grafischen Umgebung heraus z.B. Strg-Alt-F2 drücken. Die Anzeige springt um, und Sie sehen einen textorientierten Login-Bildschirm vor sich. Da prangt auf einem schwarzen Bildschirm ein weißer Text wie

```
Debian GNU/Linux 4.0 edwin tty2

edwin login:
```

Dieser Text besagt, dass auf der aktuellen Maschine ein Debian-Linux installiert ist, dass der Rechner *edwin* heißt und dass wir den zweiten (tty2) textorientierten Anmeldebildschirm angezeigt bekommen. Bisweilen steht bei dieser Anzeige auch die aktuelle Kernelversion, aber das ist nicht bei allen Distributoren so. Am Eingabeprompt hinter dem Wort *edwin* erwartet der Cursor von uns, dass wir einen

Benutzernamen eintippen und Return drücken. Danach wird noch das Passwort des Benutzers abgefragt, dann sind wir drin. Die Zeichen bei der Passworteingabe werden natürlich nicht angezeigt.

Und wieso muss man sich da schon wieder anmelden? Hier sehen Sie vielleicht zum ersten Mal live, was es heißt, an einem Multi-User-Betriebssystem zu arbeiten. Obwohl Sie grafisch schon einmal auf dem Rechner angemeldet sind, meldet Linux Sie nicht automatisch überall an, wo es möglich wäre. Jeder Anmeldevorgang wird völlig separat verwaltet und hat nichts mit einer zweiten Anmeldung zu tun. Im Klartext: An jedem dieser weiteren Login-Bildschirme (oft werden die Namen der Terminals oben angegeben, sie heißen *tty1* bis *tty6*) können Sie sich mit einer anderen Benutzerkennung anmelden. Sie könnten tatsächlich gleichzeitig siebenfach (sechsmal textorientiert, einmal grafisch) mit sieben verschiedenen Benutzernamen – oder auch siebenmal mit dem gleichen Namen – am System angemeldet sein.[3]

Wenn Sie sich erfolgreich angemeldet haben, sehen Sie wieder nur einen textorientierten Befehls-Prompt, der ungefähr so aussieht:

```
[dieter@edwin dieter]$
```

Bisweilen fehlen aber auch die eckigen Klammern, und statt des zweiten »Dieter« steht eine Tilde:

```
dieter@edwin~$
```

Das bedeutet nichts anderes als oben. Verschiedene Distributionen haben auch verschiedene Prompts. SUSE hat z.B. eine spitze Klammer statt des Dollar-Zeichens:

```
dieter@edwin~>
```

Die Tilde bedeutet hier, dass der Benutzer Dieter in seinem Heimatverzeichnis (*/home/dieter*) steht. Das tut er gleich nach dem Anmelden immer.

Die Tradition will es, dass Sie jetzt wenigstens einmal ls eintippen, gefolgt von einem Return. Das ist das Gegenstück des Befehls dir unter DOS (bei manchen Linuxen wurde sogar voreingestellt, dass auch dir funktioniert). Sehen Sie sich den Unterschied an, wenn Sie

```
[dieter@raider dieter]$ ls -l
```

eintippen. Die Liste ist jetzt breiter und enthält mehr Details als das simple ls. Der Befehl ls -la schließlich bringt eine breite Liste, die auch noch lang ist. Verzeichnisse werden bei den meisten Distributionen blau dargestellt, normale Dateien weiß auf Schwarz. Vorher »unsichtbare« Dateien und Verzeichnisse werden mit ls -la sichtbar: Sie haben alle einen Punkt am Anfang des Dateinamens. Das soll für den

---

3 Unter KDE können Sie mit der rechten Maustaste auf dem grafischen Desktop sogar noch eine achte Anmeldung hinkriegen. Die zweite grafische Anmeldung kommt aus tty8 heraus. Das ist gut für Leute mit multiplen Persönlichkeiten – und für solche, die gerade lernen wollen, was Linux ist.

Anfang genügen. Ach ja, in welchem Verzeichnis sind wir denn überhaupt? Das zeigt der Befehl pwd:

```
[dieter@raider dieter]$ pwd
/home/dieter
[dieter@raider dieter]$
```

Im Heimatverzeichnis des Benutzers *dieter* also. Tippen Sie jetzt einfach exit oder logout am Prompt ein, und drücken Sie dann Return, um sich wieder abzumelden. Das war bereits eine textorientierte Arbeitssitzung mit Linux. Sie sehen: Das ist nichts, wovor man sich fürchten müsste. Die grafische Umgebung erreichen Sie wieder, indem Sie Alt-F7 drücken.

Was diese textorientierten Login-Konsolen für uns Mausschubser Gutes tun können, erfahren Sie dann, wenn einmal eines oder mehrere der grafischen Programme grässlich klemmen, so dass gar nichts mehr geht – außer der Tastatur. Von der Textkonsole aus können Sie dann die verklemmten Programme bequem abschießen (siehe dazu Kapitel 13, Seite 434) und sofort weiterarbeiten.

Es ist vermutlich unnötig zu sagen, dass die gezeigten textorientierten Befehle auch dann funktionieren, wenn Sie nur ein Terminal-Programm in der grafischen Umgebung aufrufen.

Wo sind die Programme?

Zurück zur grafischen Benutzeroberfläche: Beide großen Desktop-Manager haben eine Art Start-Button. Bei KDE findet er sich links unten, bei GNOME kann er entweder links unten wie bei Windows oder links oben wie beim Apple sein (siehe Abbildung 2-7). Es lohnt sich also, ein wenig in der Gegend herumzuklicken. Als Erstes fällt auf, dass die Menüpunkte der Startknöpfe nach einer erfolgreichen Standardinstallation wohlgefüllt sind. Weil nicht jedes der Softwarepakete für mehr oder weniger Geld einzeln nachgekauft werden muss, haben die Distributoren in der Regel schon einmal die wichtigsten Werkzeuge mitinstalliert. Das sind keine Demo-Softwarepakete, sondern schon »das richtige Zeug«! Typisch ist auch, dass die Software nicht unter dem Namen des Herstellers, sondern nach ihrer Funktion einsortiert ist. Büroprogramme finden Sie also nicht unter »Openoffice« (oder welchem Hersteller auch immer), sondern unter: »Büroprogramme«. Das leuchtet ein, nicht wahr? Lassen Sie sich dazu verführen, alles einmal auszuprobieren. Und wundern Sie sich nicht, wenn Sie mit dem einen oder anderen Programm im Start-Knopf noch nichts anfangen können. Der einzige Wermutstropfen ist, dass die Menüs nicht immer durchgängig übersetzt sind. Doch an »Denglisch« ist man ja auch bei Windows gewöhnt.

Abhängig davon, wie der Fenstermanager eingestellt ist, können Sie oft das gleiche Menü wie im Start-Button auch über eine der drei Maustasten erreichen, indem Sie irgendwo auf dem Desktop klicken oder z.B. die Tastenkombination Alt-F1 drü-

Abbildung 2-7: Wichtige Büroprogramme findet man vorinstalliert in den Start-Buttons links oben oder unten.

cken. Das ändert sich aber so schnell, dass ein Buch sicher nicht mit dem neuesten Trend mithalten kann – das schafft in den meisten Fällen ja nicht einmal die Dokumentation der Fenstermanager. Also: Ausprobieren macht schlau.

Wo bin ich?

Wenn Sie sich am System anmelden (einloggen), starten Sie immer im gleichen Verzeichnis: In ihrem Heimatverzeichnis. Das ist so, egal ob Sie sich nun grafisch oder textorientiert anmelden – und es spielt auch keine Rolle, ob Sie schon ein Mittel kennen, um den Verzeichnisnamen herauszufinden, oder nicht. An diesem Ort haben Sie alle Rechte des »Hausherrn«. Das Heimatverzeichnis befindet sich in dem Verzeichnis */home/Ihrname* (siehe Abbildung 2-8), also z.B. in */home/dieter*. Einige Werkzeuge, um diese neue Welt zu erforschen, lernen Sie auf den folgenden Seiten kennen.

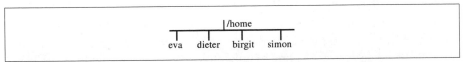

Abbildung 2-8: Die Benutzerverzeichnisse liegen unter /home.

Grafische Dateimanager

Jetzt ist eine gute Gelegenheit, sich ein wenig umzusehen und die ersten Dateimanager kennenzulernen. Die KDE-Oberfläche hat in ihrer *Kontrollleiste* den Dateimanager *Konqueror* untergebracht. Er versteckt sich meist in einem Icon nicht weit vom K-Button (Start-Button), das ein kleines Häuschen zeigt (siehe Abbildung 2-9). Die Start-Knöpfe verändern die Distributoren gerne, indem sie dort ihr Firmenlogo einbinden. Wenn Ihre Oberfläche nicht KDE, sondern der GNOME ist, heißt der Dateimanager *Nautilus*, und die Kontrollleiste heißt dort *Panel*. Nautilus ist der Name eines Unterseeboots aus der Feder von Jules Verne, aber auch von im Meer lebenden Kopffüßlern der Gattung *Perlboote*. Das heißt, Sie finden den Dateimanager meist in einem Icon mit etwas Schneckenhäusigem darauf. Natürlich gibt es oft auch Icons mit der Beschriftung »Dieters Heimatverzeichnis«, die den Nautilus starten – selbst wenn da ein kleines Häuschen oder ein Hängeordner drauf ist.

Abbildung 2-9: K-Button (im Original), Konqueror als Dateimanager und Webbrowser (mit Zahnrad), außerdem ein Konsole-(Terminal-)Icon in der Kontrollleiste

Ob das Häuschen auf dem Konqueror-Icon blau oder rot gedeckt ist oder an ein Hexenhäuschen erinnert, ist Teil des sogenannten *Themes*. Auf dem Desktop liegen meist Icons, die zum Heimatverzeichnis des angemeldeten Benutzers führen. Beschriftet sind sie meist mit Texten wie »Persönlicher Ordner« oder Ähnlichem. In der Regel gibt es das Gleiche auch noch einmal im Hauptmenü, das aus dem Start-Button (K-Knopf) herauskommt. Das ist sehr bequem.

Kaum anders arbeitet die GNOME-Oberfläche, die sich in den letzten Jahren zur echten KDE-Alternative mauserte, ja im Frühjahr 2007 – durch massive Unterstützung verschiedener Distributoren – sogar zum Überholvorgang ansetzte. Die grafischen Dateimanager Nautilus und Konqueror sehen auf den ersten Blick sehr ähnlich aus, nämlich wie der Explorer von Windows (siehe Abbildung 2-10). Das ist gewollt, und bei den einfacheren Aktionen ist auch kaum ein Unterschied zwischen den dreien zu sehen. Sie können Verzeichnisse damit öffnen und Dateien oder Verzeichnisse per Maus hin- und herkopieren oder -verschieben. Die Gemeinsamkeiten werden weniger, wenn Sie die beiden Dateimanager genauer unter die Lupe nehmen.

Beide Dateimanager präsentieren sich zunächst schlicht. Doch dieser Eindruck trügt: Beide verbergen eine enorme Funktionsvielfalt in Menüs und Schaltfeldern. Zu beiden gibt es je ein eigenen Abschnitt in Kapitel 4.

Der Desktop

Auch der Desktop beider Fenstermanager ist sehr ähnlich. Sie können dort Icons ablegen. Eine Reihe Icons mit Titeln wie »Persönliches Verzeichnis« (oder so ähnlich), »System« bzw. »Computer« als zentraler Einstieg in den Rechner und ein Mülleimer sind bereits vorhanden. Ebenfalls sind bei beiden die mittleren und rechten Maustasten konsequent belegt – und es macht einen Unterschied, auf welchem

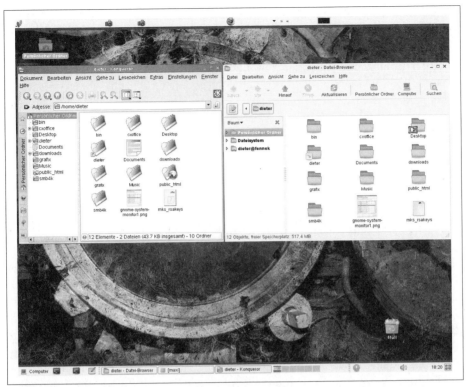

Abbildung 2-10: Auf den ersten Blick sehr ähnlich: Konqueror (links) und Nautilus

Element der Mauszeiger sich gerade befindet, während Sie klicken. Auf dem freien Desktop sind die Maus-Menüs der jeweiligen Tasten anders belegt als über einem Icon. Probieren Sie es aus! Natürlich ist der Desktop auch ein Unterverzeichnis Ihres persönlichen Benutzerprofils, ganz wie Sie es gewohnt sind.

Doch Vorsicht: Beide Desktops werden auch rasant weiterentwickelt. Was ich heute schreibe, kann schon überholt sein, wenn Sie es lesen. GNOME kommt z.B. im Schnitt mit drei bis vier neuen Varianten pro Jahr heraus, und man kann ja nun nicht behaupten, dass etwas jetzt besser sein müsse, wenn man es nicht in weiten Teilen verändert hat. Ein Beispiel: Als ich im Sommer 2004 anfing, an der ersten Auflage dieses Buches zu schreiben, war GNOME Version 2.4 respektabel und weitgehend überall installiert. Bis das Buch veröffentlicht wurde, war die Version 2.12 draußen, und man redete über 2.14 (in Worten: zwo – vier*zehn*). Diese Version hielt sich vergleichsweise lange, jetzt ist 2.20 draußen, aber wer weiß, wie lange die hält? Auch KDE sah in dieser Zeit mehrere Releases.

Seit rein kommerzielle Anbieter im Linux-Markt mitmischen, läuft selbst das auseinander, was früher einmal die einzelne Releasenummer eines Desktops darstellte. Novell zwang inzwischen z.B. seine SUSE auf die GNOME-Oberfläche und veränderte diese Oberfläche darüber hinaus weitreichend gegenüber dem Original – mit dem Hinweis, das sei benutzerfreundlicher. Der Erfolg am Markt wird Novell recht geben – oder nicht.

Es gibt natürlich außer Konqueror und Nautilus noch andere grafische Dateimanager unter KDE und GNOME – und auch noch andere Oberflächen, wenn wir schon dabei sind. Das ist die Krux: Fast alles ist unter Linux mehrfach vorhanden. Die Aufgabe der Linux-Distributoren ist es deshalb in der Regel, mit ihrer Grundeinstellung die Vielfalt zu bändigen, und nicht, den Mangel zu vertuschen.

Überleben auf der Kommandozeile

Ihnen zu erklären, wie Sie sich mit den grafischen Dateimanagern durch den Dateibaum hangeln sollen, würde den vielen Stunden, die Sie mit Windows zugebracht haben, Hohn sprechen. Unter Linux müssen Sie darüber hinaus aber auch mit einem Terminal umgehen können. Teilnehmer meiner Linux-Seminare, die in der Microsoft-Welt kein DOS mehr gesehen haben, kämpfen erfahrungsgemäß sehr damit, sich mit Terminal und Shell in Ihrer Arbeitsumgebung zurechtzufinden. Das Problem scheint dabei darin zu bestehen, dass die Explorer-»Geschädigten« nicht in Verzeichnishierarchien, sondern in »Ordnern« denken. Beides ist zwar im Prinzip das Gleiche, aber dennoch spielt sich das eine direkt vor den Augen ab, das andere mehr im Kopf. Die schlechte Nachricht deshalb zuerst: In den Foren und Mailinglisten selbst der grafikverliebtesten Distributionen wie z.B. Ubuntu finden sich Tausende von Einträgen, wo Leute gnadenlos textorientiert und nur mit einem Texteditor bewaffnet auf obskure Dateien losgelassen werden – weil es nicht anders geht. Wie wollen Sie denn z.B. eine kaputte grafische Umgebung reparieren, wenn nicht textorientiert? Die gute Nachricht gleich darauf: Sie werden es lieben. Nirgends bemerken Sie so sehr die Eleganz und Geschwindigkeit Ihres Linux-Systems, als wenn Sie im Terminal mal eben Dinge regeln, für die Sie unter Windows die Installations-CD zücken müssten.

Um die Vorteile und Leistungsfähigkeit der Terminals zu genießen, brauchen Sie die grafische Arbeitsumgebung nicht einmal zu verlassen. Die mächtigen Befehlszeilen laufen auch in *Terminalprogrammen*, die in einem grafischen Fenster laufen (siehe Abbildung 2-11). Die bekanntesten drei dieser Programme sind wohl *xterm*, die *Konsole* (ein KDE-Programm, daher das K am Anfang) und das *GNOME-Terminal*.

Icons, die die Terminals starten, erkennen Sie in den grafischen Arbeitsumgebungen gleich: Meist sind sie als Computermonitore mit einer Muschel daran dargestellt oder als Monitore mit einem seltsamen >_ darauf oder mit einem Kabelende dabei. Sobald Sie so ein Icon angeklickt haben, erscheint ein schlichter Rahmen, in dem hinter einem *Prompt* ein Cursor blinkt. Der Prompt enthält meist einen Hinweis darauf, als welcher Benutzer Sie gerade angemeldet sind, wie der Rechner heißt, auf dem Sie gerade arbeiten (hier: Benutzer *dieter* auf dem Rechner *raider*), und oft auch, in welchem Verzeichnis Sie sich befinden (*dieter*). Und das alles in nur wenigen Buchstaben.

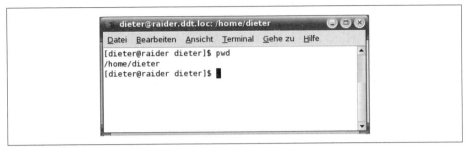

Abbildung 2-11: Ein erster Befehl in der KDE-Konsole

Versuchen Sie es selbst: Für die ersten Schritte brauchen Sie nicht viele Befehle, und den einen oder anderen kennen Sie vielleicht schon von DOS oder Windows. Microsoft hat sich seinerzeit für sein DOS bei den damals schon existierenden Unix-Befehlen kräftig bedient. Ein paar davon habe ich in der folgenden Tabelle aufgelistet, weitere gibt es dann später in Kapitel 11, *Die wichtigsten Fingerfertigkeiten*.

Tabelle 2-1: Shell-Kommandos für den täglichen Hausgebrauch

Befehl	Funktion
pwd	»print working directory«: Gibt das aktuelle Arbeitsverzeichnis aus.
ls	»list«: Liste der Dateien und Verzeichnisse im aktuellen Verzeichnis. ls *txt listet z.B. alle Dateien auf, die auf *txt* enden (beachten Sie, dass ein Punkt vor dem txt keine Rolle spielt).
ls -l	»list long«: Liste der Dateien und Verzeichnisse im aktuellen Verzeichnis, aber mit Zusatzinformationen über Dateien wie Eigentümer etc. (siehe auch nächstes Kapitel).
ls -la	»list long and all«: Lange Datei- und Verzeichnisnamenliste inklusive der »verborgenen« Dateinamen, die mit einem Punkt beginnen (siehe auch nächstes Kapitel).
touch *dateiname*	Ändert die Zugriffszeit der Datei *dateiname* oder erstellt eine leere Datei dieses Namens, wenn es sie noch nicht gibt.
rm *dateiname*	»remove«: Löscht eine Datei mit dem Namen *dateiname*.
mkdir *verzeichnis*	»make directory«: Erzeugt ein Verzeichnis mit dem Namen *verzeichnis*.
rmdir *verzeichnis*	»remove directory«: Löscht ein Verzeichnis mit dem Namen *verzeichnis* (nur, wenn es leer ist).
rm -r *verzeichnis*	Das r steht für rekursiv. Löscht ein Verzeichnis mit dem Namen *verzeichnis* auch dann, wenn es nicht leer ist (gefährlich).
cd *verzeichnis*	»change directory«: Wechselt in das Verzeichnis mit dem Namen *verzeichnis*.
cd ..	Wechselt in das Elternverzeichnis, also eine Ordnerebene höher. Beachten Sie, dass sich zwischen cd und .. ein Leerzeichen befinden muss.

Tabelle 2-1: Shell-Kommandos für den täglichen Hausgebrauch (Fortsetzung)

Befehl	Funktion
`cp `*`dateiname Ziel`*	»copy«: Kopiert eine Datei an den angegebenen Zielort. Der Zielort *muss immer* angegeben werden.
`mv `*`dateiname Ziel`*	»move«: Benennt eine Datei um oder bewegt sie, wenn der angegebene Zielort einen anderen Pfad hat, zu diesem Verzeichnis. Es *muss immer* ein Zielort angegeben werden.
`cat `*`dateiname`*	Gibt den Inhalt der Datei am Bildschirm aus; das ist wie `type `*`dateiname`* unter DOS/Windows.
`more `*`dateiname`*	Gibt den Inhalt der Datei seitenweise am Bildschirm aus (bei längeren Dateien sehr empfehlenswert). Man verlässt `more`, indem man `q` (»quit«) eingibt.
`less `*`dateiname`*	Gibt den Inhalt der Datei seitenweise am Bildschirm aus, aber man kann in der Datei nach oben und unten blättern. Man verlässt `less`, indem man `q` eintippt.
`df -h`	»disk free/full«: Gibt den Füllstand der Festplatte(n) im System aus.

Probieren Sie diese Befehle einfach alle einmal aus. Wenn Sie genug haben, schließen Sie das Terminal mit dem Befehl `exit` oder der Tastenkombination *Strg-D*. Ein Klick auf DATEI → FENSTER SCHLIESSEN oder auf das X an der rechten oberen Fensterecke erreicht das gleiche Ziel. Hier geht es nicht darum, Wunder zu tun, sondern nur darum, Ihre Finger aufzuwärmen. Richtig mit der Shell arbeiten werden Sie im nächsten Kapitel.

Die grafischen Oberflächen hatten früher immer ein Terminal in der Kontrollleiste/dem Panel. Inzwischen geht der Trend dahin, es herauszunehmen. Sie werden normalerweise im Hauptmenü unter Einträgen wie SYSTEM oder TERMINALS fündig, inzwischen bisweilen auch schon unter ZUBEHÖR.

Herumstöbern

Das Dateisystem einer Linux-Maschine enthält seltsame Dinge, die Sie vielleicht nicht erwartet haben, aber bestimmte »sichere Kandidaten« vermissen Sie. Eine ganz zentrale Frage stellt sich gleich zu Beginn.

Wo ist meine C:-Platte geblieben?

Am meisten überrascht Windows-Umsteiger beim Wandern durch das Linux-Dateisystem das Fehlen irgendwelcher Laufwerksbuchstaben, die gefühlsmäßig *C:*, *D:* oder *E:* etc. heißen sollten. Sie haben sich nicht getäuscht: Die gibt es unter Linux nicht. Das Heimatverzeichnis der Benutzer z.B. ist immer »nur« ein Unterverzeichnis, selbst wenn Sie – wie in Kapitel 1 (Seite 32) empfohlen – extra eine Partition dafür angelegt haben. Das seltsame Gefühl legt sich aber rasch, ebenso wie die merkwürdige Anmutung von Dateipfaden, bei denen sich der Schrägstrich irgendwie in die falsche Richtung neigt. Ganz im Ernst: Wer hatte denn jemals so viele Festplatten in seine Windows-Kiste eingebaut, wie Laufwerke angezeigt wurden? Windows zeigt

Festplatten, die in mehrere Partitionen aufgeteilt sind, visuell als mehrere »virtuelle Laufwerke« an. Unter Linux machen wir es genau umgekehrt: Auch wenn unser System auf mehreren Partitionen liegt, die sogar auf verschiedenen echten Festplatten liegen dürfen, oder sogar, wenn sich Teile davon im Netz befinden sollten, binden wir sie alle unter einem einzigen Dateibaum zusammen. Unter Linux gibt es keine erfundenen C:\-Laufwerke, sondern das »virtuelle Dateisystem«. Dieses Konzept hat gewaltige Vorteile, vor allem dann, wenn wir anfangen, im Netzwerk zu arbeiten. Für den Anfang blicken wir in das Heimatverzeichnis, wie ein frisch erzeugter Benutzer es vorfindet.

Bewohner im Heimatverzeichnis

Gleich nach der Installation sind im Heimatverzeichnis nur ein paar spärliche Verzeichnisse zu sehen, die *Dokumente* (oder *Documents*) und *Desktop* heißen. Wenn die Bürosoftware schon einmal aufgerufen wurde, kommt ein Verzeichnis hinzu, das *OpenOffice.org* oder so ähnlich heißt (das ist je nach Distribution und Installation unterschiedlich, manchmal ist der Verzeichnisname auch kleingeschrieben, mit oder ohne Versionsnummer der Software). Bei SUSE kommt außerdem noch ein Verzeichnis *public_html* hinzu. Abbildung 2-12 zeigt mein frisch erstelltes Heimatverzeichnis im Konqueror. Wo Sie sich befinden, zeigt dieser Browser – wie der Windows Explorer auch – in der Adresszeile. Der Unterschied zu Windows liegt hier wieder nur in der Schreibweise der Verzeichnispfade: Verzeichnisse werden durch / voneinander getrennt.

Abbildung 2-12: Der Konqueror ohne ...

Das Verzeichnis bevölkert sich deutlich, wenn Sie im Menüpunkt ANSICHT → VERSTECKTE DATEIEN ANZEIGEN anwählen (siehe Abbildung 2-13). Diese Bezeichnung ist eigentlich nicht ganz richtig: Lesen Sie dazu den Kasten »Versteckte Dateien«.

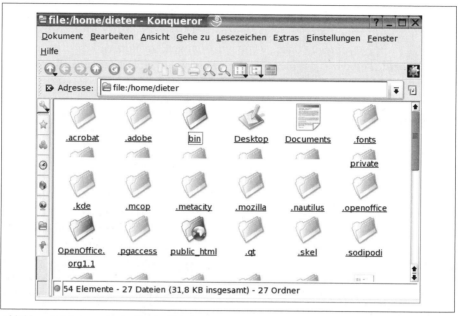

Abbildung 2-13: ... und mit »Punkt-Dateien«

Der Nautilus zeigt an der Navigationszeile eine Besonderheit: Die Verzeichnisnamen werden nicht mit /-Zeichen getrennt, sondern in »Blasen« geschrieben. Dadurch können Sie zwar schöner mit einem Klick auf die Verzeichnisnamen herumnavigieren als mit dem Konqueror, wo Sie den Pfeil-nach-oben-Button brauchen, um z.B. ein Verzeichnis höher zu wechseln (siehe Abbildung 2-14). Wenn Sie aber den Pfad direkt eintippen wollen, müssen Sie zuerst auf die URL-Zeile umschalten. Klicken Sie dazu auf den Button links von den Blasen, der wie ein kleines Notizbuch aussieht. Sie können auch einfach in die Blasen-Zeile klicken und anfangen zu tippen. Die Blasen-Zeile verwandelt sich in eine URL-Zeile. Sie wechseln zur Blasen-Ansicht zurück, wenn Sie das Notizbuch erneut anklicken (siehe Abbildung 2-15).

Die verborgenen Dateien können Sie bei Nautilus anzeigen lassen, wenn Sie dies in einem Dialog erlauben, den Sie aus dem Menüpunkt BEARBEITEN → EINSTELLUNGEN holen können. Dort stellen Sie mit mehreren Karteikartenregistern ein, ob die »versteckten Dateien« angezeigt werden sollen oder nicht (siehe Abbildung 2-16).

Versteckte Dateien

Bei den Linux-Dateisystemen gibt es eigentlich keine »versteckten Dateien« wie bei Windows, das etliche Systemdateien verschwinden lässt. Aber es gibt die Übereinkunft, Datei- und Verzeichnisnamen, die mit einem Punkt beginnen, bei einer Dateiauflistung nicht ohne Weiteres anzuzeigen. Die »Punkt-Dateien« und »-Verzeichnisse« enthalten meist Konfigurationen für irgendwelche Softwarepakete. Deshalb heißen diese Dateien und Verzeichnisse in der Regel auch so wie die Software, deren Einstellungen sie enthalten. KDE z.B. speichert im Verzeichnis *.kde*, GNOME in *.gnome2* etc. Die Inhalte dieser Dateien und Verzeichnisse werden oftmals von den Softwarepaketen selbst gepflegt. Es ist eher selten, dass man als Benutzer dort einmal Hand anlegen müsste.

Wenn Sie im z.B. Konqueror-Menüpunkt ANSICHT → VERSTECKTE DATEIEN ANZEIGEN anwählen, bevölkert sich das Heimatverzeichnis plötzlich (siehe Abbildung 2-13). Etliche Dateien und Verzeichnisse, die vorher nicht zu sehen waren, erscheinen nun in der Dateiliste. Sie haben alle eines gemeinsam: Ihr Datei- oder Verzeichnisname beginnt mit einem Punkt.

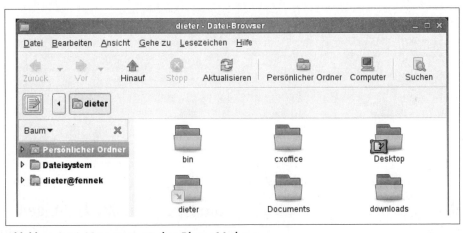

Abbildung 2-14: Navigieren mit dem Blasen-Modus ...

Das erste Register enthält einen Schalter VERBORGENE DATEIEN UND SICHERHEITSKOPIEN ANZEIGEN. Wenn Sie das anhaken, werden solche Dateien in Zukunft angezeigt. Sicherheitskopien haben in der Regel keinen vorangestellten Punkt, sondern Tilde-Zeichen am Ende des Dateinamens.

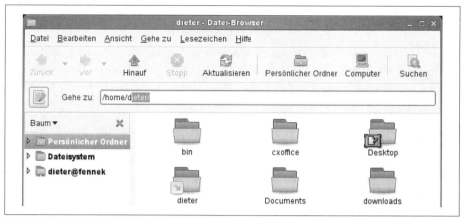

Abbildung 2-15: ... und im editierbaren URL-Modus

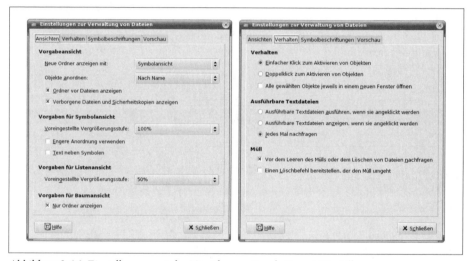

Abbildung 2-16: Einstellungsmenü des Nautilus aus Bearbeiten → Einstellungen

Über .exe-Dateien und »Magie«: Dateitypen und ihre Endungen

Bei Linux müssen die Dateien keine Dateiendung haben. Wenn Sie Dateien unter Windows keine Endung geben, werden Sie auf alle möglichen Probleme stoßen, denn Windows erkennt Datenmaterial ausschließlich über die Dateiendung. Das bemerken z.B. Apple-Benutzer, die die Microsoft-Textverarbeitung Word für Apple benutzen: Obwohl das Dateiformat identisch ist, weigert sich das Windows-Word, die Dateien zu öffnen, wenn sie nicht die *.doc*-Endung haben. Solche Verrenkungen sind unter Linux in aller Regel unbekannt. Zwar kann der Konqueror für ein endungsloses OpenOffice-Dokument kein OpenOffice-Icon erraten, um es hübscher darzustellen. Aber der OpenOffice.org Writer öffnet die Datei tadellos.

Erlaubte Dateinamen etc.

 Dateinamen können bei Linux nicht nur mit einem Punkt anfangen, sie können theoretisch auch beliebig viele Punkte enthalten (dennoch sollten Sie Ihre Datei nicht »...« nennen). Ein schönes Beispiel: In der Befehlszeile eines Terminals funktioniert der von DOS bekannte Befehl *cd..* nicht. Das könnte tatsächlich der Name eines gültigen Linux-Befehls sein! Wenn Sie in der Shell ein Verzeichnis nach oben wechseln wollen, dann müssen Sie brav *cd Leerzeichen PunktPunkt* eingeben. Und um Ihren Kummer noch zu vergrößern: Klein- und Großschreibung wird strikt unterschieden. Die maximale Länge eines Dateinamens beträgt 256 Zeichen, die des Pfades inklusive Dateiname 4096. Leerzeichen und vor allem Umlaute sind in Dateinamen zwar möglich, aber man sollte wirklich die Finger davon lassen. Leerzeichen und Umlaute machen vor allem im Dateiaustausch mit Windows jede Menge Ärger.

Befreien Sie sich auch von der Vorstellung, dass eine Datei allein dadurch ein Programm (oder ausführbar) werden kann, weil sie mit Nachnamen *.exe*, *.com* oder *.bat* heißt. Solche Dinge sind unter Linux völlig bedeutungslos. Unter Linux hängt die Möglichkeit, eine Datei auszuführen, von der Erlaubnis des Dateisystems ab. Es gibt dafür ein spezielles Dateisystemrecht. Natürlich muss auch sinnvoller Code in der Datei enthalten sein ...

Dateitypen können zwar auch unter Linux (genau wie unter Windows) über sogenannte *MIME-Typen* erkannt werden. Eine Datei mit der Endung *.jpg* stellt der Dateimanager z.B. mit einem Foto- oder Grafik-Icon dar. Doch das ist nicht die einzige Methode, auf die Dateien hin geprüft werden. Es gibt auch »Magie«: So nennt man unter Linux die Erkennung einer Datei anhand ihres Inhalts (*magic*).

Probieren Sie es selbst aus: Erzeugen Sie eine leere Textdatei mit dem Dateinamen »probe« ohne Endung. Das geht sowohl im Konqueror als auch im Nautilus mit der rechten Maustaste. Im Maus-Menü gibt es den Menüpunkt NEU... → DATEI bzw. DOKUMENT ANLEGEN → LEERE DATEI. Anschließend können Sie sich ebenfalls mit der rechten Maustaste die Eigenschaften der neuen Datei anzeigen lassen. Sie wird jetzt als *ASCII-Textdatei (leer)* erkannt. Öffnen Sie dann die Datei mit einem Editor wie *Kwrite* oder *gedit*. Er ist im Start-Button zu finden, und Sie bedienen ihn mit den Einträgen in der Menüleiste (z.B. unter DATEI) exakt so wie ähnliche Programme unter Windows. Fügen Sie am Anfang der leeren Datei einen Zeilenvorschub ein (Enter-Taste), und schreiben Sie in die zweite Zeile die drei Buchstaben »WPC« und ein Leerzeichen. Schließen Sie die Datei wieder, indem Sie zuerst DATEI → SPEICHERN und dann DATEI → BEENDEN anklicken. Nun wird der Dateimanager vermuten, *probe* sei eine WordPerfect-Datei! Der Grund: Alle WordPerfect-Dateien enthalten zu Beginn der zweiten Zeile (aus welchem Grund auch immer) die Buchstaben »WPC«. Magic erkennt Dateien also anhand von Mustern im Dateiinneren. Da Linux beide Mechanismen (MIME und magic) benutzt, ist es bei der Erkennung von Dateitypen meist treffsicherer als Windows, das nur nach der Endung geht. Die Datei *probe* können Sie jetzt wieder löschen. Klicken Sie dazu im Konqueror oder Nautilus die rechte Maustaste über dem Datei-Icon.

Sie haben jetzt eine Datei erzeugt und gelöscht und mit einem einfachen Texteditor gearbeitet. Das ist nicht schlecht für den Anfang. Bevor wir richtig einsteigen können, ist aber noch ein wenig Theorie zu den Dateiberechtigungen fällig.

> **In diesem Kapitel:**
> - Rechte haben und gewähren
> - Zugriffsrechte ändern
> - Warum ist das nicht einfacher? – Ein paar Überlegungen zur Sicherheit
> - Links als Datei- und Verzeichniszeiger

KAPITEL 3
Einige grundlegende Linux-Konzepte

Die grafischen Linux-Oberflächen sind mittlerweile so nah am Windows-»Standard«, dass Laien (und sogar Experten) oft schon genau hinsehen müssen, um sich sicher zu sein, was da auf dem Bildschirm arbeitet. Viele X-Oberflächen haben einen Start-Knopf, und auch die Bedienung ist meist sehr ähnlich. Umso größer ist dann die Überraschung, dass unter der Motorhaube eben doch ein ganz anderes Triebwerk arbeitet. Gerade in dieser Ähnlichkeit liegt eine gewisse Gefahr, denn geringe Unterschiede werden häufiger als Defizit gewertet. Wer sich dagegen in etwas ganz Neues einarbeitet, freut sich ja erst einmal, wie viel denn schon möglich ist. Gerade wer den Marktführer gut kennt, weiß, dass Linux sich nicht verstecken muss, nur weil es auf technischer Seite anders gemacht ist als Windows.

Je erbitterteter der Widerstand gegen eine Umstellung von Windows auf Linux ist – scheint mir –, desto länger und mühsamer muss es wohl gewesen sein, sich in Windows endlich einen gangbaren Weg zurechtzuklicken. Wer damals viel gelitten hat, befürchtet nun nicht ohne Grund, unter Linux könne alles noch viel schlimmer werden. Doch keine Panik: Hier wie da geht es ums Gleiche. Wer die Spielregeln kennt, nach denen das Betriebssystem hinter dem Mausklick arbeitet, wird auch nicht Opfer der Technik.

Rechte haben und gewähren

Selbst wenn Sie ganz alleine auf einem Linux-System arbeiten, bleibt Linux trotzdem ein Mehrbenutzersystem. Die Nagelprobe so eines Systems besteht darin, dass man seine Dateien vor dem Zugriff anderer Benutzer schützen kann. Hier kommen automatisch zwei Begriffe ins Spiel: *Eigentum* und *Recht*. Für die meisten Benutzer geht es in der Praxis z.B. nur darum, ob man eine Datei (auch versehentlich) ändern oder überschreiben kann oder nicht. Doch was hilft es, wenn Sie wie in Windows 9x/Me zwar einen Schreibschutz auf eine Datei legen können, aber jeder andere Benutzer der Maschine berechtigt ist, diesen Schreibschutz wieder aufzuheben?

Beim FAT-Dateisystem gibt es zwar *Rechte* für die Dateien, aber keinen definierten *Eigentümer*. Jeder Benutzer des Windows-PCs ist gleichberechtigt, jeder ist König.

Die interessante Frage ist also nicht allein, *ob* eine Datei änderbar ist, sondern vor allem, *wer* das tun darf. Dazu muss das Betriebssystem die Benutzer auseinanderhalten können. Diese Differenzierung ist kein Luxus, sondern Grundlage: Das Dateisystem fordert, dass für jede einzelne Datei, jedes einzelne Verzeichnis ein Benutzer als *Eigentümer* eingetragen ist. Dieser Eigentümer darf die *Zugriffsrechte* seiner Dateien und Verzeichnisse verändern. Dadurch kann er bestimmen, ob auch andere Benutzer diese Datei lesen dürfen oder nicht.

Linux kennt drei Rechte an Dateien und Verzeichnissen: *lesen*, *schreiben* und *ausführen*. Und es kennt drei sogenannte *Zugriffsklassen*: den *Eigentümer*, eine *Gruppe* und *alle anderen*. Das ist simpel. Aber in der Kombination wird es wirklich spannend.

Eigentum und Eigentümer

Eigentümer einer Datei werden Sie dadurch, dass Sie Dateien erzeugen, z.B. in Ihrem Heimatverzeichnis. Auch alle anderen Dateien in Ihrem Heimatverzeichnis gehören schon von Anfang an Ihnen. Wer Eigentümer einer Datei ist, können Sie sich entweder mit den grafischen Dateimanagern oder in der Shell anzeigen lassen.

... grafisch betrachtet

Für das folgende Beispiel können Sie z.B. mit dem Konqueror eine Textdatei mit dem Namen »probe« wie im vorherigen Kapitel erzeugen. Die Datei kann völlig leer sein. Eigentum und Zugriffsrechte an einer Datei haben nichts damit zu tun, ob die Datei einen Inhalt hat oder nicht. Klicken Sie dann mit der rechten Maustaste auf das Datei-Icon, und wählen Sie aus dem Menü die EIGENSCHAFTEN der neuen Datei aus. Wenn der Eigenschaften-Dialog erscheint, wechseln Sie auf das Register BERECHTIGUNGEN. Im unteren Viertel des Dialogs sehen Sie den Eigentümer (siehe Abbildung 3-1). Dort steht aber nicht nur der Benutzer, sondern auch der Name einer *Gruppe*. Bei SUSE heißt die Gruppe für normale Benutzer immer *users*. Wenn Sie ein anderes Linux benutzen, ist die Chance hoch, dass der Name der Gruppe ebenso lautet wie der des Benutzers, dem die Datei gehört. Das wäre in unserem Fall *dieter*.

Damit haben Sie mehrere wichtige Dinge über das Leben mit Linux erfahren: Wer eine Datei erzeugt, wird Eigentümer dieser Datei. Doch alle Benutzer sind gleichzeitig immer auch Mitglied einer Gruppe – und Dateien tragen ebenfalls immer eine Gruppe in der Zugriffsliste.

Das ist genau wie bei verschiedenen anderen Multi-User-Systemen auch. Bei Windows NT und seinen Nachfolgern ist jeder Benutzer automatisch Mitglied in einer sogenannten *Primary Group*. Das ist je nach Installationsart entweder die Gruppe *Benutzer* oder *Domänenbenutzer*. Und raten Sie mal, welchen Gruppen frisch erstellte Dateien unter Windows normalerweise gehören?

Abbildung 3-1: Eigentum und Rechte an einer Datei, angezeigt mit einem Konqueror

Wenn Sie immer noch nicht genug gesehen haben, dann wählen Sie den Button ERWEITERTE BERECHTIGUNGEN.... Dort sind die Rechte detaillierter aufgeführt (siehe Abbildung 3-2). Die Erklärung der Rechte kommt ein wenig später noch genauer. Vorher müssen Sie die Eigentümer und Rechte noch aus einem anderen Blickwinkel mit einem anderen Werkzeug gesehen haben, nämlich mit der Shell.

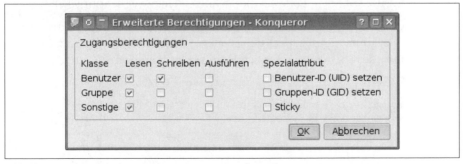

Abbildung 3-2: Dateirechte im Konqueror genauer betrachtet

Immer häufiger besuchen Leute meine Linux-Einsteigerkurse, die ihr erstes Betriebssystem mit einem grafischen Browser kennengelernt haben. Die freuen sich auch regelmäßig darüber, dass die grafischen Dateimanager unter GNOME und KDE inzwischen ziemlich ausgewachsen sind. Dennoch leiden diese grafischen Werkzeuge unter dem gleichen Problem wie der Explorer: Vermutlich, um dem System Last zu sparen, aktualisieren die grafischen Dialoge den Inhalt der Dateirechte nicht ständig. Deshalb können Sie Veränderungen an Rechten und Eigentumsverhältnissen oft erst sehen, wenn Sie den Dialog schließen und wieder neu öffnen, oftmals sogar erst, nachdem Sie außerdem mit F5 (Konqueror) oder Strg-R (Nautilus) die Ansicht aktualisiert haben. Die Shell zeigt dagegen immer den Ist-Zustand an, wenn Sie die Informationen abrufen. Unter anderem deshalb zeige ich Ihnen als Nächstes eine ähnliche Übung wie die gerade gesehene, aber mit der Shell.

... und textbasiert

Wenn Sie eine Shell ohne besondere Parameter aufrufen, dann erscheint sie immer im Heimatverzeichnis des Benutzers, als der Sie gerade angemeldet sind. Aber manchmal braucht man sie auch woanders: Sowohl der Konqueror unter KDE als auch GNOMEs Nautilus haben eine praktische Sonderfunktion, wie man eine Shell aus dem grafischen Dateimanager herauszaubern kann, die sofort in dem Verzeichnis steht, in dem sich auch der Browser befindet. Bei Konqueror ist sie in EXTRAS → TERMINAL AUSFÜHREN untergebracht, beim Nautilus gibt es in der rechten Maustaste eine Option TERMINAL ÖFFNEN...

Diese Übung soll in Ihrem Heimatverzeichnis stattfinden. Mit dem folgenden Befehl gelangen Sie auf dem kürzesten Weg dorthin (wenn Sie sich nicht schon in Ihrem Heimatverzeichnis befinden):

```
[dieter@dingo dieter]$ cd /home/ihrbenutzername
```

Es gibt aber auch zwei Kurzformen dieses Befehls. Probieren Sie einmal `cd ~` oder einfach nur `cd` aus: In beiden Fällen wechseln Sie geradewegs in Ihr Heimatverzeichnis, wo auch immer Sie sich gerade befinden. Angesichts eines Betriebssystems, bei dem sich meist mehr als 100.000 Dateien in etlichen tausend Unterverzeichnissen auf der Festplatte befinden, finde ich diesen kurzen Heimweg sehr tröstlich.

Statt mit dem Konqueror hätten Sie auch mit irgendeiner Anwendungssoftware eine Datei erzeugen können. Am einfachsten geht das mit dem kleinen Programm *touch*, das in der Liste der Shell-Befehle für den Hausgebrauch auf Seite 69 aufgelistet ist.

Versuchen Sie es:

```
[dieter@dingo dieter]$ touch probedatei
[dieter@dingo dieter]$ ls probedatei
probedatei
[dieter@dingo dieter]$ ls -l probedatei
-rw-r--r--  1 dieter users    0   2007-09-15 20:19 probedatei
```

Der Befehl touch erzeugte die Datei *probedatei*. Mit ls (ebenfalls aus der Hausapotheke praktischer Linux-Befehle, die Sie in Kapitel 2 finden) listen wir *probedatei* auf. Das »lange« Listing ls -l probedatei zeigt eine Reihe von zusätzlichen Informationen über die *Datei*: Ganz links stehen (-rw-r--r--) die Dateisystemrechte, die kommen etwas später. Sehr schön ist in der Mitte der Zeile zu sehen, dass die Datei dem Benutzer *dieter* und (in diesem Fall) der Gruppe *users* gehört. Die Dateigröße ist 0 Byte, und das Datum 2007-09-15 zeigt, dass die Datei am 15.9. 2007 entstand, genau gesagt um 20:19 Uhr. Erzeugen Sie mit mkdir auch einmal ein Verzeichnis, dann werden Sie sehen, dass auch Verzeichnisse Eigentümer und Zugriffsrechte besitzen.

Gruppen und andere

Neben dem Benutzernamen des Eigentümers *dieter* steht diesmal der Name *users*. Bei einer SUSE-Distribution (mit der dieses Beispiel erzeugt wurde) ist *users* die *Hauptgruppe* für jeden Benutzer. Sobald Sie eine Datei erzeugen, schreibt Linux Sie als Dateieigentümer und Ihre Hauptgruppe als Dateigruppe ins Dateisystem. Dazu kommen noch »die anderen«. Für jede dieser Zugriffsklassen verteilt das System voreingestellte Zugriffsrechte (dazu später). Die *users* sind nicht bei allen Distributionen die einzige Hauptgruppe für alle Benutzer. Die meisten Distributionen legen für jeden neuen Benutzer eine *Individualgruppe* an: z.B. für *dieter* auch eine Gruppe mit dem Namen *dieter*, und der Benutzer *dieter* ist das einzige Mitglied dieser Gruppe. Legt *dieter* eine neue Datei an, gehört die Datei automatisch den Benutzer *Dieter* und Gruppe *dieter* (siehe oben das Beispiel mit dem grafischen Dateimanager). Individualgruppen und *users* sind aber beileibe nicht alle Gruppen auf so einem Linux-System.

Was sind Gruppen?

Gruppen gehören zur ganz normalen Umgebung in einem Mehrbenutzersystem. Sie werden verwendet, um bestimmte Tätigkeiten und Arbeitsfelder abzubilden. Eine solche Tätigkeit wäre z.B. die Buchhaltung. Die Mitglieder der Buchhaltungsabteilung erzeugen als Teil ihrer Arbeit Dateien, in denen Zahlen, Statistiken, bunte Grafiken für den Chef und vieles mehr enthalten sind. Damit alle Buchhalter auf alle Zahlen der Abteilung zugreifen können, speichern sie ihre Dateien alle in das gleiche Abteilungsunterverzeichnis.

Damit nun nur solche Benutzer auf diese Dateien zugreifen dürfen, die zur gleichen Abteilung gehören, erzeugt der Administrator eine Benutzergruppe für diese Abteilung, und die Benutzerkonten aller Mitglieder der Abteilung werden als Mitglieder dieser Gruppe eingetragen. Hier zeigt sich dann, was die *Gruppenzugehörigkeit* bei Dateien und Verzeichnissen wert ist: Das Verzeichnis wird der Gruppe zugewiesen, und es werden Rechte eingetragen, dass die Gruppenmitglieder dort Dateien lesen oder ändern dürfen. »Alle anderen« bekommen dieses Recht nicht. Ein Beispiel: Für die Buchhalter legen Sie eine Gruppe namens »erbsenzahl« an und fügen alle Benutzerkonten aller Mitarbeiter der Buchhaltungsabteilung dieser Gruppe hinzu. Außerdem erzeugen Sie ein Verzeichnis »erbsen«, das Sie anschließend so abändern, dass es dieser Gruppe *erbsenzahl* gehört. Die Gruppe bekommt Schreibrechte auf das Verzeichnis, und das war's. Wie Sie mit Gruppen und Konten für Leute jonglieren können, steht hinten im Buch in Kapitel 15. In diesem Kapitel geht es nur darum, Ihnen die Zusammenhänge zwischen Benutzern, Gruppen und den Eigenschaften des (Mehrbenutzer-)Dateisystems bei Linux aufzuzeigen. Kurz gesagt: Das eine ist nicht ohne das andere denkbar.

Neben dem Eigentümer und der Gruppe der Datei gibt es noch *die anderen* (*others*). Das sind alle anderen, also jeder, der – wie auch immer – den Weg in diese Maschine gefunden hat und weder der Eigentümer noch Mitglied der Gruppe ist, der die Datei oder das Verzeichnis gehört. Meistens ist das die Mehrzahl der Benutzer. Deswegen gruppieren wir ja – meist, um diese Leute auszusperren.

Um die Hauptbenutzergruppen (*users* wie bei SUSE oder so, wie der Benutzer heißt) brauchen wir uns nicht zu kümmern. Entweder es gibt sie schon, wenn die Benutzer erzeugt werden, oder sie werden beim Erstellen des Benutzers automatisch angelegt. Die anderen Gruppen müssen Sie als Administrator je nach Bedarf selbst anlegen: *Lager, Bilanz, Buero* oder eben *Buchhaltung* sind Behälter, in die Sie Benutzer nach Belieben hineinstecken können.

Das ist auch unter Windows nicht unbekannt. Alle Benutzer auf einer Windows NT- oder 2000-Maschine gehören automatisch den Gruppen »Benutzer« oder »Domänen-Benutzer« an. Davon bemerkt man normalerweise gar nichts, genau wie bei Linux.

Wenn Sie nur eine Einzelplatzmaschine betreiben, werden Sie vermutlich nie in die Verlegenheit kommen, irgendwelche Gruppen anlegen zu müssen. Trotzdem müssen Sie wissen, wie das Dateisystem funktioniert, weil Ihre eigenen Dateien und der Rest des Systems den gleichen Regeln gehorchen.

Der Eigentümer und andere Benutzer

Wenn Sie als normaler Benutzer Eigentum an einer Datei besitzen (z.B. weil Sie sie mit *touch* erstellt haben), besitzen Sie auch bestimmte Rechte an dieser Datei. Sie dürfen diese neu erstellte Dateien *lesen* und *überschreiben*. *Schreiben* sind genau genommen eigentlich zwei Rechte: Wer das Schreibrecht auf eine Datei hat, der darf die Inhalte der Datei *ändern*, sie aber auch *überschreiben*, sprich, die Datei *löschen*.

Wer Eigentümer einer Datei ist, der darf auch bestimmen, was andere Leute (Benutzer des Systems) mit dieser Datei dürfen sollen und was nicht. Wir sollten uns diese Rechte einmal genauer ansehen.

Neben Ihrem Benutzerkonto gibt es noch eine ganze Reihe anderer Benutzer auf einer Linux-Maschine. Die wichtigsten von ihnen sieht man praktisch nie: Die Benutzer *daemon* und *bin* z.B. tauchen – neben *root* und ein paar anderen – als Eigentümer von Systemdiensten auf. Der schon mehrfach genannte *root* ist Hausmeister und oberster Polizist, Helfer und Richter in einem. Wenn Sie sich als *root* anmelden, haben Sie allgemeine Vollmacht über alle Dateien und Verzeichnisse. Deshalb meldet man sich normalerweise nie als *root* an, selbst wenn man das Passwort dazu hat. Die Gefahr, versehentlich etwas kaputtzumachen, wäre zu groß. Die Rechte, die ein normaler Benutzer hat, reichen für das alltägliche Arbeiten aus.

Eigentum und Recht

Die Teilung in Eigentümer, Gruppe und andere erlaubt es Ihnen, genau zu steuern, wer auf Ihre Dateien Zugriffsrechte bekommt. Es gibt drei Arten von Zugriffsrechten und von Benutzern.[1]

Die Benutzer:

1. Der *Eigentümer* der Datei.
2. Die *Hauptgruppe* des Eigentümers (bei SUSE *users*, dort sind alle normalen Benutzer der Benutzerdatenbank enthalten).
3. *Alle anderen*. Alle. Wer auch immer.

Die Rechte:

1. *Lesen* der Datei.
2. *Schreiben* in die Datei, aber auch Überschreiben (= Löschen) der Datei.
3. *Ausführen* der Datei.

Verzeichnisse haben ebenfalls Rechte. Sie bedeuten:

1. *Lesen* – zusammen mit dem *Ausführen*-Recht kann man den Inhalt des Verzeichnisses anzeigen (z.B. mit `ls -l`).
2. *Schreiben* – Dateien erzeugen, aber auch löschen.
3. *Ausführen* – Wer ein Verzeichnis »ausführt«, wechselt in es hinein (z.B. mit `cd Verzeichnisname`).

---

1 Mit Einführung der POSIX-ACLs (Access Control Lists) in seine Distribution hat SUSE diese zugegebenermaßen veraltete Unix-Grundrichtlinie aufgehoben. Aber bevor wir mehr verstehen, belasse ich es bei der »alten« Darstellung. Sie ist besser verständlich als eine neue, die wesentlich ausführlicher erklärt werden müsste.

Dieses Konzept ist wirklich sehr einfach. Das Recht, eine Datei auszuführen, hängt nicht an der Endung der Datei, sondern gehört für jede einzelne Datei dem Dateisystem. Eine Datei kann also ruhig *.exe*, *.bat* oder *.sh* mit »Nachnamen« heißen; solange wir ihr nicht das *executable*-Recht einräumen, geht da nichts.[2]

Eine Datei kann (im Unterschied zum Verzeichnis) aus Sicherheitsgründen nicht sofort als ausführbar (*executable*) erzeugt werden, sondern man muss ihr das Recht erst später bewusst erteilen. Anders ist es bei Verzeichnissen: Sie sind grundsätzlich erst einmal *executable*, schließlich will man auch hineinwechseln können.

Rechte in der Shell betrachtet

Wie Rechte unter einem grafischen Dateimanager, z.B. dem Konqueror, aussehen, haben Sie mit der rechten Maustaste auf Seite 79 schon erforscht. Der Unterschied zu Windows NT und 2000 scheint gering zu sein. Aber wie sehen die Rechte in der Shell aus?

Geben Sie im Terminal in Ihrem Heimatverzeichnis den Befehl

```
ls -l
```

ein. Am linken Zeilenrand steht ganz unscheinbar:

```
-rw-r--r--
```

Das - ganz links bedeutet, dass dies eine reguläre Datei ist. Ein Verzeichnis hätte hier ein »d« für »directory« (Verzeichnis) wie in:

```
drwxr-xr-x    2 dieter dieter    4096 Sep 19  2004 Documents
```

Was bedeuten diese ganzen Buchstaben? r steht für das Leserecht (*read*), w für das Recht zu schreiben (*write*) und x für das Ausführen (*execute*). Die ersten Rechte rw- sind die Rechte für den Eigentümer (*user*). Er darf seine Datei lesen und beschreiben (rw). Es fehlt das *executable*-Recht, das man z.B. für eine OpenOffice-Textdatei auch nicht benötigt.

Bei Verzeichnissen hat das x eine andere Bedeutung als bei Dateien. Was wollte man bei Verzeichnissen schon ausführen? Wer bei einem Verzeichnis das x-Recht hat, darf in dieses Verzeichnis hineinwechseln.

Die mittleren r-- stehen für die Gruppe (*group*). Alle anderen Mitglieder dieser Gruppe dürfen den Dateiinhalt lesen (r), aber nichts verändern. Das ist eine gute Grundeinstellung, die man bei fast jeder Distribution findet. Das zweite r-- gewährt allen anderen Benutzern ebenfalls Leserechte, aber sonst nichts. Zwei andere Beispiele sehen Sie in den Abbildungen 3-3 und 3-4.

---

2 Wenn Windows-Benutzer auf diese Dateien lesend zugreifen könnten, z.B. weil wir einen Samba-Server laufen haben, gilt diese Einschränkung natürlich nicht. Windows würde diese *.exe*-Datei holen und bei sich ausführen. Das ist aber kein Linux-Problem (siehe oben den Abschnitt über *exe*-Dateien).

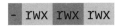

Abbildung 3-3: »Reguläre Datei (-)«, alle Rechte für user, group und others sind gesetzt.

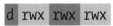

Abbildung 3-4: Ein Verzeichnis mit maximalen Berechtigungen

Das ist graue Theorie. Lassen Sie uns mit Rechten spielen. Wenn Sie das nicht wollen, klicken Sie sich die Rechte in Konqueror und Nautilus zurecht.

Zugriffsrechte ändern

Diese Übung macht in einem Terminal mit der Shell am meisten Spaß, aber sie funktioniert auch mit der Klick-Oberfläche des Konquerors oder von Nautilus. Da können Sie dann öde Kästchen wie auf Seite 79 (Abbildungen 3-1 und 3-2) anklicken, und es sieht dann ganz wie in Windows aus. Gönnen Sie sich die Freude mit der Befehlszeile, indem Sie den Befehl *Change Mode* (*chmod*) erforschen. Damit können Sie beispielsweise auch herrlich vor Kollegen angeben.

chmod

Bei *chmod* können Sie zwischen zwei Arten wählen, wie Sie ausdrücken wollen, welche Rechte Sie bei welchen Dateien ändern möchten. Mit der »ugo«-Methode geben Sie die Zugriffsklassen *user*, *group* und *others* einzeln an, denen Sie einzelne Rechte hinzufügen, direkt zuweisen oder entfernen wollen. In den meisten Linux- und Unix-Büchern finden Sie aber nur die zweite, eine Zahlenmethode, mit der in kürzester Form alle Rechte gleichzeitig gesetzt werden. Fangen wir mit »ugo« an.

Die »ugo«-Schreibweise bei chmod

Die Syntax von *chmod* sieht immer gleich aus:

    chmod Rechte Datei_oder_Verzeichnis

Das »ugo« ist nur eine besondere Schreibweise im *Rechte*-Abschnitt des Befehls. Damit soll eine oder mehrere Klassen von *user*, *group* und *others* ausgedrückt werden. Diesen Klassen kann man ein Recht geben oder wegnehmen.

Zuerst brauchen Sie natürlich eine Datei, mit der Sie das alles anstellen. Wenn es noch keine Datei gibt, dann erzeugen Sie eine. Wenn Sie möchten, nennen Sie sie *opfer*. Und wenn Sie wollen, können Sie das Gleiche natürlich auch mit Verzeichnissen machen. *chmod*-Befehle funktionieren dort genauso.

```
[dieter@raider dieter]$ touch opfer
[dieter@raider dieter]$ ls -l opfer
-rw-r--r--  1 dieter dieter 0 Feb 27 13:28 opfer
```

Jetzt kann es losgehen: Die Datei *opfer* hat die Rechte *rw* für den *user*, *r* für die *group* und ein weiteres *r* für die *others*. Wir beginnen, indem wir der *group* das Schreibrecht auf die Datei gewähren:

```
[dieter@raider dieter]$ chmod g+w opfer
[dieter@raider dieter]$ ls -l opfer
-rw-rw-r--  1 dieter dieter 0 Feb 27 13:28 opfer
```

Die Formel g+w bedeutet, dass die Gruppe das Schreibrecht hinzubekommt. Das Tolle an dieser Schreibweise ist, dass die anderen Rechte nicht berührt werden. Wenn die Gruppe keine Schreibrechte hatte, dann bekommt sie sie jetzt, und wenn sie schon Schreibrechte hatte, dann passiert eben gar nichts. Wir nehmen das eben gewährte Schreibrecht wieder weg:

```
[dieter@raider dieter]$ chmod g-w opfer
[dieter@raider dieter]$ ls -l opfer
-rw-r--r--  1 dieter dieter 0 Feb 27 13:28 opfer
```

Man kann auch zwei Zugriffsklassen auf einmal bedienen: *group* und *others* bekommen gleichzeitig Schreibrechte.

```
[dieter@raider dieter]$ chmod go+w opfer
[dieter@raider dieter]$ ls -l opfer
-rw-rw-rw-  1 dieter dieter 0 Feb 27 13:28 opfer
```

Lässt man die Buchstaben für die Zugriffsklasse ganz weg, dann betrifft es alle Klassen auf einmal: Alle dürfen die Datei ausführen.

```
[dieter@raider dieter]$ chmod +x opfer
[dieter@raider dieter]$ ls -l opfer
-rwxrwxrwx  1 dieter dieter 0 Feb 27 13:28 opfer
```

Außer einem Plus und einem Minus können Sie bei dieser Schreibweise auch noch das Gleichheitszeichen einsetzen. Es ist nicht »additiv« oder »subtraktiv« wie die vorherigen Beispiele, sondern setzt die Werte so, wie Sie sie festlegen. Nennen wir es »direktiv«.

```
[dieter@raider dieter]$ chmod o=r opfer
[dieter@raider dieter]$ ls -l opfer
-rwxrwxr--  1 dieter dieter 0 Feb 27 13:28 opfer
```

Jetzt hat die Klasse *others* nur noch das, was wir ihr explizit zubilligen: Leserechte. Zum Schluss sollen Sie noch ein kombiniertes Beispiel sehen, bei denen mehrere Zugriffsklassen verschiedene Rechte bekommen:

```
[dieter@raider dieter]$ chmod u=rwx,go= opfer
[dieter@raider dieter]$ ls -l opfer
-rwx------  1 dieter dieter 0 Feb 27 13:28 opfer
```

Alle Rechte für den Eigentümer, aber keine für alle anderen. Die beiden Statements werden durch ein Komma getrennt. Und wieder ist es so, dass sich nichts ändert, wenn alle Rechte schon da sind, wie im Fall des Benutzers *dieter*, der ja schon alle Rechte hatte. Bei *group* und *others* waren keine Rechte angegeben, und das ist, was sie dann auch bekommen haben. Dieses Vorgehen ist eine gute Einleitung für die andere (bekanntere) Art, Rechte mit *chmod* zu vergeben. Bevor wir dort einsteigen, können Sie nun ein paar Rechte-Vergaben trainieren, wenn Sie möchten:

Übungen:

Mit welchem chmod-Befehl erreichen Sie, dass

- niemand die Datei *wichtig* verändern kann?
- nur Sie selbst in das Verzeichnis *privat* wechseln können?
- nur Sie und die Gruppe die Datei *nachrichten* lesen dürfen, während alle anderen gar nichts dürfen?

Zahlenmystik

Die »großen« Systemadministratoren arbeiten beim Vergeben von Rechten meist mit Zahlen, die dem unwissenden Zuschauer geradezu magisch vorkommen. Aber dabei handelt es sich nur um eine andere Darstellung der gleichen Rechte wie oben. Das können wir auch. Die Rechte sind mit sogenannten *oktalen* Zahlen dargestellt. Das sind wie bei den binären Zahlen Nullen und Einsen, nur dass diesmal immer drei binäre Stellen maximal zu einer Zahl zusammengehören. Das klingt kompliziert, ist in Wirklichkeit aber sehr einfach. Die Rechte sind ja dieselben.

Eine 4 steht für das Recht Lesen (*r* wie *read*), die 2 für Schreiben (*w* für *write*) und die 1 für Ausführen (*x* wie *executable*). Das Besondere ist nur: Entweder ist die 4 da oder sie ist nicht da, und das gilt auch für die 2 und die 1. Tatsächlich werden diese Stellen mit binären 0- oder 1-Werten dargestellt, und die sind eben auf 1 (die Zahl ist da) oder 0 (diese Zahl fehlt) gesetzt. Danach rechnen wir die Gesamtrechte zusammen, wie wir es in der Grundschule gelernt haben.

Abbildung 3-5 zeigt die drei Stellen mit der 4, der 2 und der 1 jeweils für die drei Benutzerklassen.

Ein simples Rechenbeispiel macht alles klarer. Eine Datei soll folgende Rechte bekommen:

- Lese- und Schreibrechte für den Benutzer
- Leserechte für die Gruppe
- Leserechte für die anderen

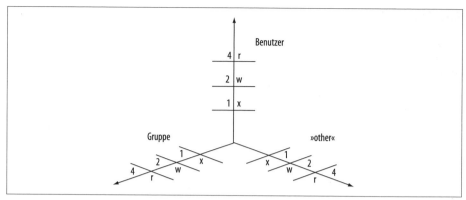

Abbildung 3-5: Rechte in Zahlenwerten ausgedrückt

Für Leserechte steht die 4, für Schreibrechte die 2. Das macht nach Adam Riese 6 (= 4 + 2) für den Benutzer, und je eine 4 für die beiden anderen Klassen. Versuchen Sie das mit Ihrer *opfer*-Datei von vorhin. Wir zeigen zuerst die Rechte vor dem Befehl an, anschließend den Zustand nach dem Eingriff:

```
[dieter@raider dieter]$ ls -l opfer
-rwx------  1 dieter dieter 0 Feb 27 13:28 opfer
[dieter@raider dieter]$ chmod 644 opfer
[dieter@raider dieter]$ ls -l opfer
-rw-r--r--  1 dieter dieter 0 Feb 27 13:28 opfer
[dieter@raider dieter]$
```

Das ist ja einfach: *Keine Rechte* ist eine 0, Vollausstattung eine 7. Der Benutzer soll nun zum *rw-* noch das »executable«-Recht dazu bekommen: read (4) + write (2) + executable (1) = 7. Die anderen Rechte bleiben so, wie sie sind.

```
[dieter@raider dieter]$ chmod 744 opfer
[dieter@raider dieter]$ ls -l opfer
-rwxr--r--  1 dieter dieter 0 Feb 27 13:28 opfer
[dieter@raider dieter]$
```

Diese Zahlenspielereien sind für den unausgebildeten Zuschauer zwar ungeheuer eindrucksvoll, aber Sie müssen, wenn Sie es auf diese Weise tun, leider immer alle Rechte für die Datei oder das Verzeichnis angeben. Auch die Rechte der anderen Spalten für die Gruppe und die anderen müssen jedes Mal neu gesetzt werden, obwohl Sie sie gar nicht anfassen wollen. Die 4 für die Gruppe und die anderen kann das System nun einmal nicht erraten.

Wenn Sie sich jetzt selbst in dieser »Zahlenmystik« versuchen wollen, führen Sie die Übungen von oben einfach noch einmal durch, diesmal mit der neuen Schreibweise.

Grundrechte

Vermutlich haben Sie schon bemerkt, dass die Dateien auch dann schon Rechte besitzen, wenn Sie sie neu anlegen. Wer setzt diese Rechte? Dafür gibt es einen Wert, der beim Einloggen für Sie gesetzt wird: die *umask*. Geben Sie in einem Terminal den Befehl *umask* ein, und beobachten Sie, wie eine seltsame Zahl zum Vorschein kommt:

```
dieter@troll:~$ umask
0022
dieter@troll:~$ touch hallo
dieter@troll:~$ ls -l hallo
-rw-r--r-- 1 dieter dieter 0 2007-06-28 10:57 hallo
dieter@troll:~$
```

Sobald Sie eine Datei erzeugen, wird der numerische Wert der umask von den maximalen Werten der Dateien/Verzeichnisse abgezogen. Merke: Die Maximalrechte einer Datei sind beim Erzeugen nicht 777, sondern nur 666, das ist eine Sicherheitseinstellung des Systems. Wenn Sie eine neue Datei anlegen, bekommt diese in unserem Fall also (6-0, 6-2, 6-2) die Rechte 644. Executable-Rechte bei Verzeichnissen sind dagegen nicht gefährlich, deshalb kommt (7-0, 7-2, 7-2) nach Abzug der umask auch 755 heraus. Probieren Sie es aus! Wenn Sie wollen, können Sie Ihre umask auch nach Bedarf ändern.

```
dieter@troll:~$ umask 000
dieter@troll:~$ umask
0000
dieter@troll:~$ touch goodbye
dieter@troll:~$ ls -l goodbye
-rw-rw-rw- 1 dieter dieter 0 2007-06-28 10:57 hallo
dieter@troll:~$ umask 022
dieter@troll:~$ umask
0022
dieter@troll:~$
```

Die Grundeinstellung ist normalerweise sinnvoll. Möchten Sie die umask aber dauerhaft ändern, so dass sie nach jedem Anmelden geändert zur Verfügung steht, können Sie z.B. die Zeile `umask 002` in eine der beiden Dateien *.bashrc* oder *.profile* in Ihrem Heimatverzeichnis eintragen. Das sind so eine Art »persönliche autoexec.bat-Dateien«. *.profile* wird beim Einloggen einmal ausgewertet, die *.bashrc* immer dann, wenn Sie eine neue Shell starten.

Dateieigentum ändern

Bleibt noch das Eigentum. Das ist sogar noch einfacher: Dateien und Verzeichnisse gehören grundsätzlich denen, die sie erzeugen. Mit dem Befehl chown *neuer_benutzer dateiname* kann man auf der Kommandozeile den Dateieigentümer ändern. Aber nicht Sie als normaler Benutzer können diesen Wechsel veranlassen, sondern nur der Benutzer *root*. Stellen Sie sich vor, was passieren würde, wenn jeder einem anderen Benutzer ohne dessen Wissen Dateien unterschieben könnte. Jemand würde z.B. eine unerledigte Arbeit oder schmutzige Internetbildchen etc. in einen Verzeichnisbereich kopieren, wo Sie sie erreichen könnten. Danach würden Sie mit *chmod* zum Eigentümer gemacht. Und dann wird der Chef angerufen, was Sie da für Schweinereien auf der Platte horten. Das geht natürlich nicht. Nur *root* darf das. Ein Grund mehr, nicht mit dem *root*-Benutzer in Ihrer Firma zu streiten ...

Warum ist das nicht einfacher? – Ein paar Überlegungen zur Sicherheit

Sobald mehrere Leute auf das gleiche Dateisystem zugreifen, muss man die Verzeichnisse und Dateien vor fremden Augen und anderen Zugriffen schützen können. Da geht es nicht um Geheimniskrämerei. Das beste Beispiel für schutzwürdige Dateien ist z.B. der gesamte Programm- und Systembereich von Linux. Wie fatal sich mangelnder Schutz des Systems auswirken kann, kennen wir von Windows 9x und Me ja zur Genüge.

Aber auch, wenn normale Texte und sensible Daten (wie z.B. die Angaben über das Gehalt der Geschäftsleitung) auf ein und demselben Rechner liegen, bedarf es einer Möglichkeit, sie vor allzu neugierigen Augen zu verbergen. Stellen Sie sich doch einmal vor, die anderen wüssten, wie wenig man Ihnen für Ihre Arbeit bezahlt ...

Die Systemdateien und -verzeichnisse sind dadurch geschützt, dass sie dem Super-User *root* gehören. Man kann diese Verzeichnisse meist auch als normaler Benutzer lesen und die Programme darin ausführen, aber sie sind für jedermann schreibgeschützt.

Ein paar einfache Strategien, wie man allzu neugierige Augen aus seinen Daten heraushält:

- Verraten Sie niemandem Ihr Passwort. Kleben oder schreiben Sie es nicht auf den Monitor, unter die Tastatur, die Schreibtischplatte etc.
- Schützen Sie Ihr Heimatverzeichnis, indem Sie dort die Rechte 700 (wenn alle Benutzer in der gleichen Hauptgruppe sind, wie bei SUSE) oder 770 (wenn das System Individualgruppen anlegt) setzen.
- Wenn Sie anderen Daten aus Ihrem Heimatverzeichnis zugänglich machen wollen, erzeugen Sie dafür ein eigenes Verzeichnis, z.B. */home/dieter/export*. Kopieren Sie die Daten dorthin. Dieses Verzeichnis bekommt die Rechte 755, aber das eigentliche Heimatverzeichnis belegen Sie mit den Rechten 701 oder 771 (siehe oben). Derjenigen Person, der Sie die Zugangsberechtigung geben wollen, erklären Sie, dass z.B. unter */home/dieter/export* etwas Interessantes liegt. Fremde können das Verzeichnis erreichen, indem sie den Pfad im Kon-

queror oder Nautilus direkt eintippen; sie können die Daten dort sehen und zu sich herüberkopieren. Der Rest der Daten und Verzeichnisse bleibt aber unsichtbar. Den Versuch einer grafischen Darstellung für die Technik sehen Sie in Abbildung 3-6.

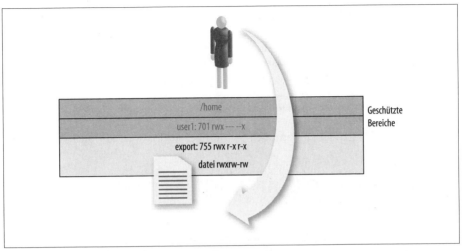

Abbildung 3-6: Zugriff auf ein Exportverzeichnis

Wie funktioniert das? Durch das *x*-Recht des Homeverzeichnisses dürfen Fremde ins Verzeichnis *export* hindurchwechseln. Dort können sie lesen, aber sie können keine Dateien außerhalb sehen, z.B. im Homeverzeichnis selbst.

 Ob Sie die Verzeichnisrechte mit der Shell in einem Terminal vergeben oder lieber grafisch mit einem Dateimanager, ist nur eine Stilfrage. Setzen Sie die Rechte, und probieren Sie aus, wie es funktioniert. Man kann nichts falsch machen, außer man schützt seine Daten gar nicht.

Links als Datei- und Verzeichniszeiger

Verknüpfungen gibt es auch in der Windows-Welt. Unter Linux spricht man hier von *symbolischen Links*. Das Besondere an Links bei Linux ist allerdings, dass sie sowohl auf Dateien als auch auf Verzeichnisse zeigen können. Sie können sich das Leben im Linux-Dateibaum z.B. viel leichter machen, wenn Sie sich Links zu bestimmten, häufig gebrauchten Orten anlegen. Ein Beispiel: Eine Lehrerin gibt Unterricht in Hauswirtschaft, Sozialkunde, Deutsch und Rechtskunde – und das Ganze natürlich für die 9., 10. und 11. Klasse. Die Unterrichtsdateien (und natürlich den Vorrat an Kurztests und anderen Prüfungen) hat sie sinnvoll in Unterverzeichnisse geordnet, die sich nach Jahrgangsstufe oder nach Fach gruppieren, dann aber noch Extra-Unterverzeichnisse für die Halbjahre und Themengruppen haben. Dadurch werden die Pfade zu den Dateien immer länger und unübersichtlicher. Dieses Problem kann die Lehrerin lösen, indem sie Links erzeugt, die von ihrem Heimatverzeichnis aus direkt zu den einzelnen Zielpfaden springen.

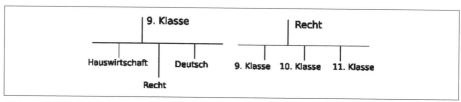

Abbildung 3-7: Sinnvolle Dateistrukturen sind nicht immer übersichtlich

Um solche Links anzulegen, benutzen Sie den Befehl `ln -s zielpfad namedeslinks`. Ein Beispiel:

```
dieter@troll:~$ ln -s recht/jgst9/bgb/kt kurzteste_bgb_9_recht
dieter@troll:~$ ls -l kurzteste_bgb_9_recht
lrwxrwxrwx 1 dieter dieter 18 2007-06-28 12:09 kurzteste_bgb_9_recht -> recht/jgst9/bgb/kt
dieter@troll:~$cd kurzteste_bgb_9_recht
dieter@troll:~/kurzteste_bgb_9_recht$
```

So schaffen Sie sich »Kurzpfade« mit sprechenden Pfadnamen, die aber trotzdem zum richtigen Ziel in einer guten Dateistruktur zeigen – und die im Datei-öffnen-Dialog z.B. Ihrer Textverarbeitung angezeigt werden.

Eine andere Verwendung für solche Verzeichnis-Links ist z.B. ein scheinbares Unterverzeichnis, das aber auf einen recht entfernten oder schwer eintippbaren Pfad zeigt. Angenommen, Sie haben einen Dateiserver unter dem Pfad */mnt/ZAPHOD/* gemountet und wollen häufiger in das Verzeichnis */mnt/ZAPHOD/schule/deutsch/2007/vorlagen* wechseln. Einen Link »deutschvorlagen«, der dorthin zeigt, werden Sie vermutlich leichter und lieber benutzen, als sich jedes Mal wie ein Affe im Urwald von einem Ast des Verzeichnisbaums zum nächsten zu schwingen ...

TEIL II
Streifzüge durch die Benutzer-Software

Jetzt kann die große Entdeckungsreise beginnen. Was finde ich alles in meinem neuen System? Sie werden sehen: Sie müssen auf nichts verzichten.

In Kapitel 4 lernen Sie als erstes die Oberfläche Ihres Arbeitsplatzes ein bisschen besser kennen, unter deren Dach sich die unzähligen Linux-Programme tummeln. Schon hier haben Sie die Qual der Wahl: Lieber KDE oder GNOME? Oder vielleicht doch etwas Exotisches?

Die erste Frage eines Umsteigers ist dann fast immer: Gibt es Bürosoftware, die Microsoft Office ersetzen kann? In Kapitel 5 werden Sie das mächtige Open Source-Werkzeug OpenOffice kennenlernen, mit einer Textverarbeitung, einem Tabellenkalkulationsprogramm, einem Zeichenprogramm und einer Präsentationssoftware. Sie werden erfahren, welche Dokumente Sie importieren können, wo die Unterschiede zur gewohnten kommerziellen Software liegen, und vieles mehr. Am Ende des Kapitels lernen Sie außerdem noch alternative Office-Programme kennen, die alle ihre besonderen Stärken haben.

Und in den folgenden Kapiteln werden Sie sehen, dass man unter Linux prima im Internet browsen, Mails schreiben und empfangen, Musik hören, Bilder einscannen oder Fotos verarbeiten kann – der Alltag ist unter Linux eigentlich gelöst. Und für jeden Zweck gibt es mehrere Lösungen! Die Auswahl hier kann keineswegs komplett sein. Dafür gibt es einfach zu viele Programme. Ich habe lediglich ein paar der gängigen Distributionen geschnappt und mich ein wenig für Sie umgesehen.

KAPITEL 4

Fenster für Linux

In diesem Kapitel:
- Fenster in die weite Welt: Das X Window-System
- Eigenschaften des Linux-Desktops
- KDE
- GNOME
- Weitere Fenstermanager

In diesem Kapitel versuche ich, Ihnen einen groben Überblick über Benutzung und Einstellungsmöglichkeiten der beiden gängigen Arbeitsoberflächen (Fenstermanager) KDE und GNOME zu geben. Am Ende des Kapitels befinden sich noch Hinweise zu weiteren Fenstermanagern. Erwarten Sie bitte keine Vollständigkeit, für beide gibt es Beschreibungen in Buchstärke. Gleichzeitig entwickeln sich praktisch alle Linux-Projekte so schnell weiter, dass hier nur auf ein paar grundlegende Konzepte angemessen eingegangen werden kann. Trotzdem: Ihre Neugierde vorausgesetzt, werden Sie sich leicht zurechtfinden und sicher die eine oder andere interessante Entdeckung machen.

Fenster in die weite Welt: Das X Window-System

Bei Windows ist mehr oder weniger alles eine »Blackbox«, so auch auch die grafische Oberfläche. Weder können Sie sie vom Rest des Betriebssystems trennen, noch können Sie auf sie verzichten oder gar reinschauen, wie sie funktioniert.

Anders bei Linux: Die Maschinerie, die bunte Desktops am Arbeitsplatz erscheinen lässt, heißt *X Window-System* (man beachte das nicht vorhandene »s« am Ende von »Window«). Es besteht aus drei deutlich voneinander unterscheidbaren Teilen (siehe Abbildung 4-1). Sie heißen X-Server, X-Client und Fenstermanager.

Das Herzstück dieses Systems ist der *X-Server*: Das ist eine Software, die einerseits wie ein Grafiktreiber mit der Grafikkarte kommuniziert und andererseits rechteckige »Fenster« auf dem Bildschirm erscheinen lässt.

Dann wird es ungewohnt: Jede Anwendersoftware, die in diesen Fenstern angezeigt wird, ist ein *X-Client*. Sie macht sich die Dienste des X-Servers zunutze, denn sie muss ja irgendwo dargestellt werden. Also verlangt sie vom X-Server ein Fenster. Bis Sie die Programmausgabe in diesem Fenster auf Ihrem Monitor sehen können, durchläuft das Ganze aber noch eine weitere Schicht: Jemand muss festlegen, wo

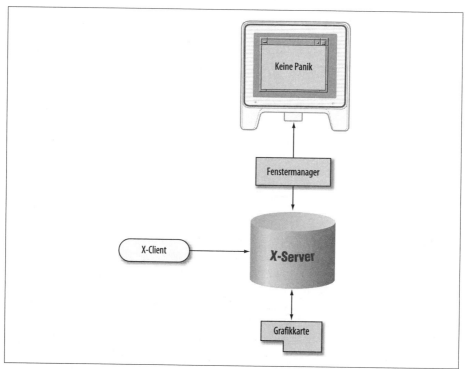

Abbildung 4-1: Das X Window-System

auf dem Bildschirm das Fenster herauskommen darf und wie die Rahmen um das Fenster herum aussehen sollen. Dafür ist der *Fenstermanager* zuständig. Er erzeugt und gestaltet die Rahmen, er regelt z.B. die Anzahl und Anordnung der Bedienknöpfe an den Fensterecken oder verhandelt mit dem X-Server, wenn Sie das Fenster mit der Maus auf dem Bildschirm verschieben. Sie stellen ein anderes Hintergrundbild ein, oder überhaupt den ganzen Rest der Arbeitsoberfläche? Willkommen in der Welt des Fenstermanagers: Er ist »die Oberfläche«.

Ihr Vorteil als Benutzer bei dieser Architektur ist, dass Sie die gesamte Oberfläche leicht gegen eine andere austauschen können, die Ihnen vielleicht besser gefällt, die schneller ist oder mit der man im Büro und vor Freunden besser angeben kann. Sind wir nicht alle nur Menschen?

Eigenschaften des Linux-Desktops

Sie haben vielleicht schon bemerkt, dass bei den Linux-Desktops die Maus stark und vielfältig belegt ist. Konsequent wird dort auch die dritte Maustaste benutzt – viele Umsteiger wissen zunächst gar nicht, dass man auf das Mausrad auch drücken kann. Windows benutzte das ja nicht. Natürlich wird das Rollen des Rades ebenfalls exzessiv verwendet. Wie man mit nur einer Maustaste auskommen kann (was heute noch der Standard bei Apple-Computern ist), war mir ohnehin immer ein Rätsel. Es gibt aber auch einen Wermutstropfen: In der Regel ist die Tastatur nicht so belegt, dass Sie bei der grafischen Linux-Umgebung völlig ohne Maus auskommen können, wie das bei Windows der Fall ist.

Dafür haben X Window-Umgebungen in der Regel auch mehr als nur eine Arbeitsfläche[1], nach der Installation sind es meist zwei oder vier. Ich selbst stocke aber meist gleich auf sechs Flächen auf. Das ist praktisch, denn wer hat sich noch nicht über das fürchterliche Durcheinander geärgert, das auf einem Microsoft Windows-Desktop herrscht? Dabei konnte auch Windows das schon lange – Sie mussten sich nur ein sogenanntes Resource Kit besorgen: »Bitte zahlen Sie hier 60 Euro ein.« Für diese Summe bekommt man ganze Linux-Distributionen!

Mehr Flächen

Wie steuert man das? Keine Panik, eigentlich genau wie unter Windows: Innerhalb einer Arbeitsfläche wechseln Sie die Programme nach wie vor mit *Alt-Tab*. Das ist bei den meisten Linux-Fenstermanagern von vornherein so eingestellt. Um von einer Arbeitsfläche zu einer anderen zu wechseln, gibt es (in der Regel am unteren Bildschirmrand) einen grafischen Arbeitsflächenumschalter. Darüber hinaus pflegt jede Oberfläche verschiedene Tastaturkombinationen (neudeutsch Shortcuts) für den Wechsel. Und dann wird es bequem: Sie können sich eine ganze Arbeitsfläche z.B. für das Mailprogramm (und alles, was damit zusammenhängt) reservieren, eine Arbeitsfläche für den Webbrowser und die Downloads, eine für die Textverarbeitung, eine für die Tabellenkalkulation, und wenn Sie jetzt noch eine für zwei Dateimanager haben wollen, um schnell per Drag-and-Drop Dateien umherzukopieren, dann sind Sie schon bei fünf Arbeitsflächen. Eigentlich ist das gar nicht so luxuriös, wie es zuerst klingt.

Wenn Sie mehrere Arbeitsflächen zur Verfügung haben, können Sie natürlich trotzdem pro Arbeitsfläche mehr als nur ein oder zwei Programme öffnen, wenn Sie das wollen. Aber darüber hinaus können Sie eben auch die Programmfenster von einer Arbeitsfläche zu einer anderen verschieben oder auch nur mit Cut-and-Paste Daten zwischen den Programmen in verschiedenen Arbeitsflächen austauschen. Diese Funktion ist eine Erweiterung der bisherigen Möglichkeiten, nicht mehr.

---

1 SUSE änderte das auf Novells Geheiß gerade bei seinem SLES 10. Hallo Jungs, man kann es auch übertreiben mit der Windows-Kompatibilität. Die haben das bei Vista immerhin gerade frisch kopiert ...

Bocksprünge und sich drehende Würfel

Windows Vista wurde kürzlich ja mit bockspringenden Kleinversionen der Bildschirme ausgestattet, um die Arbeitsflächen zu wechseln. Dagegen konterte die Linux-Welt mit einem 3D-animierten Würfel: Wenn diese Funktion aktiviert ist (die Software heißt Beryl, Compiz oder compiz-fusion[2], können Sie die Arbeitsfläche wechseln, indem Sie den ganzen Desktop (mit gedrückter Strg-Taste) per Maus drehen. Halten Sie mich für ein uncooles, altertümliches Fossil, wenn Sie wollen: Das ist alles Kinderkram. Sie finden aber in vielen Distributionen bereits einen Menüpunkt in den Desktop-Einstellungen oder im Kontrollzentrum. Und Anhang D kümmert sich um die anderen.

Von einer Arbeitsfläche auf die andere

Von einer zur anderen Arbeitsfläche wechseln Sie bei KDE mit Strg-Tab, rückwärts mit Shift-Strg-Tab. Sobald Sie die Strg-Taste gedrückt halten und zum ersten Mal auf die Tab-Taste tippen, erscheint in der Mitte des Bildschirms ein Überblick über alle Arbeitsflächen, zu denen Sie wechseln können. So verlieren Sie nicht die Orientierung, wenn es einmal mehr als zwei Arbeitsflächen geworden sind (siehe Abbildung 4-2).

Eine weitere Navigationshilfe findet sich in der mittleren Maustaste. Dort listet die Standardmauseinstellung alle laufenden Programme aller Arbeitsflächen auf.

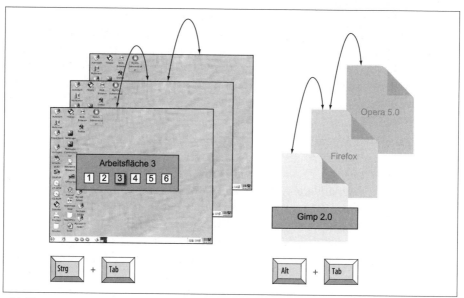

Abbildung 4-2: Arbeitsflächen wechseln Sie mit Strg-Tab (Shift-Strg-Tab), Programme auf dem Desktop mit Alt-Tab, wie hier am Beispiel KDE.

---

2 Informationen finden Sie in der Wikipedia unter den Stichwörtern Beryl bzw. Compiz.

Voreingestellt ist außerdem, dass man mit Strg-F1, Strg-F2, Strg-F3 etc. gezielt eine Arbeitsfläche anspringen kann, ohne die dazwischen liegenden Flächen auswählen zu müssen, also springen Sie von der ersten Arbeitsfläche mit Strg-F4 gleich auf die vierte. Lesen Sie dazu auch das Teilkapitel auf Seite 118, das der Tastaturbelegung bei KDE gewidmet ist.

Bei GNOME wechseln Sie die Arbeitsflächen sogar noch bequemer: Wenn Sie Strg-Alt gleichzeitig gedrückt halten und dann die Pfeiltasten links und rechts drücken, können Sie zur jeweils benachbarten Arbeitsfläche durchschalten.

Mehr Umgebungen

Linux bietet Ihnen eine enorme Auswahl an Oberflächenprogrammen, die zum Teil recht unterschiedliche Bedienungskonzepte haben und darüber hinaus sehr stark konfigurierbar sind. So viel Freiheit schreckt so manchen Umsteiger eher ab. Aber Sie müssen ja nicht jeden Exoten ausprobiert haben. Im Gegenteil: Wie Sie feststellen werden, bieten alleine die Windows-Verfolger GNOME und KDE schon enorme Konfigurationsmöglichkeiten zur Arbeitserleichterung. Wenn Sie bis jetzt zufrieden mit Windows gearbeitet haben, vermissen Sie viele der zusätzlichen Optionen vielleicht gar nicht. Lassen Sie sich also nicht verrückt machen. Aber wenn Sie wollen, wählen Sie bei jeder Anmeldung einen anderen Fenstermanager aus, oft sind ja bei den Standardinstallationen schon mehrere installiert. Es gibt also noch viel zu entdecken.

Zwar werden auch KDE und GNOME laufend auf Geschwindigkeit getrimmt, aber die anderen Fenstermanager sind erheblich schneller als die beiden »Bullen«, denn sie sind kleiner und verbrauchen deshalb auch weniger Speicherplatz. Ob sie dabei wirklich so viel weniger komfortabel sind als die beiden großen, das müssen Sie selbst entscheiden. Meist sind die grafischen Linux-Oberflächen Desktop-Prinzipien nachgebildet, die es schon einmal gab: Der *WindowMaker* z.B. sieht aus wie das Anfang der 90er-Jahre revolutionäre *NextStep*. Es gibt eine ganze Reihe Nachkommen des *CDE* (*Common Desktop Environment*), wie es heute noch z.B. bei Sun Solaris und IBMs AIX eingesetzt wird. Einer davon heißt *XFce*, obwohl der auch wie GNOME aussehen kann. Klein, schnell und startknopfbewehrt ist der *IceWM*, den man häufig auf Laptops findet. Noch kleiner und spartanischer ist die *Fluxbox*, die sogar auf 200-MHz-Rechnern noch annehmbar schnell sein soll.

Ihre Trägheit verdanken die beiden großen Desktops den Hintergrundprogrammen, die bei KDE und GNOME mitlaufen: Bequemlichkeit hat eben ihren Preis. Welcher der Desktops bei der Installation vorausgewählt ist, hängt von der Vorliebe Ihres Linux-Distributors ab. Bei den meisten der größeren Distributionen können Sie bei der Installation aber wählen, welche der beiden großen Oberflächen Sie installieren wollen, oder Sie können sogar beide »ankreuzen«. Ubuntu geht hierbei einen interessanten Sonderweg, denn das Installationsmedium dieser Distribution ist zwar immer nur eine CD, aber Sie können zwischen einer GOME-, einer KDE-

und sogar einer XFce-Variante wählen. Dieser Ansatz macht Schule, das machte z. B. *Campus Linux* lange genauso.

KDE steht für eine stark an Windows angelehnte Start-Button-Oberfläche. Für diese Oberfläche gibt es sehr viel Software.

GNOME wartet ebenfalls mit einer enormen Palette von dafür entwickelter Software auf, erinnert ebenfalls stark an Windows und hat deshalb auch einen Start-Button. Den müssen Sie aber nicht verwenden, Sie können auch mit einer Apple-ähnlichen Leiste am oberen Bildschirmrand arbeiten. Beide Oberflächen sind ausgereift und bieten eine solche Vielfalt an Funktionen, dass bei Windows-Umsteigern kaum ein Wunsch offen bleiben dürfte.

Warum zwei?

Beide Oberflächen sind groß und verbreitet und bedienen sich ähnlich, warum hat die Linux-Gemeinschaft dann mit GNOME und KDE gleich zwei so mächtige Projekte gestartet, anstatt alle Kraft in nur eines zu stecken? Zum einen belebt Konkurrenz natürlich die Entwicklung, aber es gab auch einen gewichtigen Grund für die Teilung. Das Herzstück der KDE-Umgebung ist eine Funktionsbibliothek, die der norwegischen Firma *Trolltech* gehört, sie heißt *Qt*. Eine solche Funktionsbibliothek ist eine Sammlung von Routinen, die in der Programmiersprache C geschrieben ist. Sie ist am ehesten mit der Windows-API vergleichbar. Der Vorteil von Qt ist, dass Programmierer auf der Basis von Qt Software für Linux entwickeln können, die sie dann mit nur wenig Aufwand für Windows übersetzen können, wodurch sie sich eine Menge Programmierarbeit sparen.

Das Problem: Die Qt-Bibliothek steht nicht unter der GPL (GNU General Public License) und ist daher nicht völlig frei verfügbar; auch wenn man sie vor etlichen Jahren frei benutzen durfte, war nicht klar, ob das für immer und ewig so bleiben würde. Unter anderem deshalb startete der Mexikaner Miguel de Icaza das Gegenprojekt GNOME (GNU Network Object Model Environment), das eine andere Bibliothek benutzt, das GIMP ToolKit (GTK und GTK+)[1]. Diese Bibliothek steht unter einer freien Lizenz, der LGPL (Lesser GNU Public License, ein weniger restriktives Open Source-Lizenzmodell). Das gilt als zukunftssicherer.

Trolltech erlaubt die freie Benutzung von Qt-basierter Software, will aber Geld von Entwicklern, die Qt für kommerzielle Software benutzen. Das führte zu einem jahrelangen Siegeszug von KDE. Trotzdem setzten etliche Distributionen auf GNOME als Standard.

2003 kaufte der amerikanische Novell-Konzern nacheinander die Firma des GNOME-Gründers de Icaza (Ximian) und die KDE-»treue« SUSE aus Deutschland auf. Das führte dazu, dass SUSE nun ebenfalls GNOME umarmt – obwohl ihr Konfigurationswerkzeug YaST viele Mannjahre Qt-Entwicklung enthält.

---

3 http://www.galileocomputing.de/glossar/gp/anzeige-8924

KDE

Der erste Eindruck von KDE ist sein ansprechendes Design, das leider bei schwächeren Rechnern mit einer gewissen Trägheit bezahlt wird. Da Qt-basierte Software aber leicht auf Windows portiert werden kann und weil die Programmierergilde eine exzellente Unterstützung liefert, entstand in letzter Zeit sehr viel grafische Software, die explizit für KDE geschrieben wurde.

Die Handhabung von KDE ist bewusst stark an Windows orientiert (siehe Abbildung 4-3), wobei die Vielfalt an Einstellungsmöglichkeiten bei KDE z.B. ein Windows XP weit hinter sich ließ. Zur Drucklegung dieses Buches war KDE 3.5.x aktuell, aber es gibt bereits Schnappschüsse von 4.0, das im Januar 2008 veröffentlicht wird. Auch wenn die Versionsnummern weit davongaloppiert sein sollten, wenn Sie dieses Buch in der Hand halten: Die wesentlichen Arbeitstechniken bleiben ja doch immer die gleichen, und für den Rest gibt es die Hilfefunktion. Das war eigentlich immer schon so.

Folgende kleine Liste fasst die ersten Eindrücke von der KDE-Oberfläche zusammen:

- Links unten befindet sich der Start-Button, der ein Softwareangebot ausklappt und die Möglichkeit anbietet, sich dort entweder abzumelden oder den Rechner auszuschalten. Dieser Knopf trägt oft statt des KDE-Zahnrads (Standard) das Distributions-Logo, z.B. das SUSE-Chamäleon oder den Fedora-Schlapphut. Das Software-Angebot könnte aussehen wie in Abbildung 4-3.
- Am unteren Bildschirmrand liegt eine Kontrollleiste mit eingebundenen Programmicons, ein Arbeitsflächen-Übersichtsfenster (Pager), eine Anzeige der gestarteten Programme mit Schnellwechslerfunktion und ein Systemtray (dazu später).
- Auf dem Desktop gibt es Icons, auch solche, die automatisch erscheinen (wenn man z.B. eine CD oder einen USB-Memory-Stick einbindet).
- Auf verschiedenen Downloadseiten stehen Desktop-Themes (inklusive Soundunterstützung) zur Verfügung. Wichtige Sites: *http://www.kde-look.org* oder *http://themes.freshmeat.net*. Dort gibt es auch Beschreibungen, wie man Themes anwendet und selbst erzeugt.
- Ein allgemeines Clipboard namens Klipper erlaubt es, Daten zwischen Applikationen hin und her zu kopieren.

Die KDE-Gemeinschaft ist vielfältig aufgestellt. Neben etlichen reinen Fachgruppierungen gibt es auf der Webseite *www.kde.org* z.B. sogar eine Frauen-Community, die speziell weibliche Softwareentwickler und -Benutzer ansprechen will: Die Website ist unter *http://women.kde.org* zu finden. Und das Beste: Es gibt sogar ein eigenes Logo für diese Gruppe: einen grünen Drachen mit einem weißen Kleid. Der normale *Konqui* hat – ähnlich wie Tabaluga – nur sein grünes Schuppenkleid an.

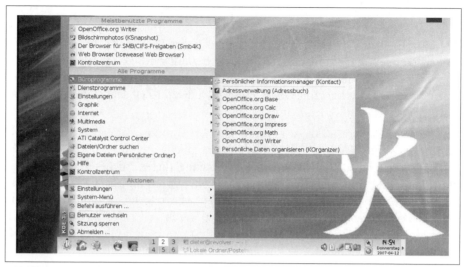

Abbildung 4-3: Das K-Start-Menü einer freien Distribution (Campus Linux)

Was ist im Start-Menü enthalten?

Je nach Distribution ist das K-Menü (auch das Start-Menü oder der Start-Knopf) von KDE anders bestückt. Welche Software es nach der Installation gibt, legt mit seiner Vorauswahl natürlich erst einmal der Distributor fest. Selbst wenn Sie bei der Installation noch ein oder zwei Wunschpakete hinzunehmen, die bei Weitem größte Anzahl der Pakete kommt »aus der Schachtel«. Bei der Vielzahl der installierten Programme ist der Distributor auch gefordert, die Software im Start-Menü sinnvoll einzusortieren und wenn möglich auch die Inhalte der Menüs bei den verschiedenen Fenstermanagern einigermaßen synchron zu halten.

Das Menü im K-Knopf ist in MEISTBENUTZTE PROGRAMME, ALLE PROGRAMME und ganz unten AKTIONEN unterteilt. Die anderen Sektionen bleiben immer gleich, aber die erste Rubrik »merkt« sich, welche Programme zuletzt aufgerufen wurden.

Sollten Sie zu der Mehrheit der Linux-Benutzer in Deutschland gehören, die eine SUSE-Version einsetzen, sei es openSUSE oder das Kaufprodukt, und sollten Sie darüber hinaus lieber die KDE-Oberfläche statt des von Novell verordneten GNOME verwenden, stellen Sie fest, dass das alles nicht stimmt. Dazu kommt später ein Unterkapitel, das sich mit SUSEs Sonderweg befasst.

Alle Programme

ALLE PROGRAMME im KDE-Menü sind im Normalfall bei Weitem nicht alle Programme, die installiert sind. Obwohl grafische Software sich heute in der Regel selbst ins Menü einträgt (wie z.B. eine von der OpenOffice-Website heruntergeladene und nachinstallierte OpenOffice.org-Suite), müssen hier noch nicht einmal alle *grafischen* Programme aufgelistet sein, die installiert sind. Der Distributor hat hier alle gängigen Programme versammelt, die der normale Benutzer ausführen darf. *root* hat noch ein paar (hundert) Spezialwerkzeuge mehr zur Verfügung. Bisweilen trägt sich untypische oder schlecht paketierte Software nicht in die Menüs ein. Aber keine Panik: Alles, was Sie am Anfang brauchen, ist mit Sicherheit vorhanden, und den Rest können Sie später in Ruhe erforschen.

Am häufigsten findet man sich als fleißiger Büromensch im Menüpunkt BÜROPROGRAMME wieder. Dort gibt es bei den meisten Distributionen den allgemeinen Bürofavoriten OpenOffice (siehe Abbildung 4-4 und das Kapitel 5 über OpenOffice), und wenn das nicht der Fall ist (wie z.B. bei Xubuntu), dann gibt es bisweilen doch zumindest das ganz brauchbare Textverarbeitungsprogramm *AbiWord* und das Tabellenkalkulationsprogramm *Gnumeric*. Das hochherzige Projekt *KOffice* ist zwar inzwischen schon bei Version 1.6.2 angekommen, ist aber mit dem Funktionsumfang und der Stabilität von OpenOffice noch nicht vergleichbar. Das Gleiche gilt auch für *Gnumeric*, das als Einzelprogramm zwar viele Rechenprobleme lösen kann, aber nicht in eine Suite integriert ist. Bei den großen Distributionen finden sich nach der Standardinstallation noch viele andere interessante Softwarepakete in der Menüleiste: vom Diagrammeditor *Dia* bis hin zu einem 3-D-fähigen vektororientierten Zeichenprogramm namens *inkscape*.

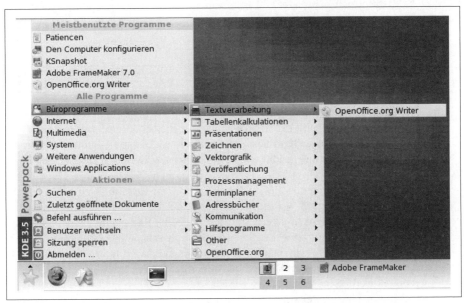

Abbildung 4-4: Je nach Distributor sind die Programme verschieden einsortiert.

Aktionen

Auch die Zusammenstellung der Icons in den *Aktionen* ist je nach Distribution möglicherweise verschieden. Bei fast allen Distributionen finden sich folgende Menüpunkte:

- ABMELDEN..., mit dem man aus KDE wieder herauskommt, und
- BEFEHL AUSFÜHREN..., der genau das Gleiche tut wie der entsprechende Befehl bei Windows.

Oft gibt es den Menüpunkt

- BILDSCHIRM SPERREN, den man jedes Mal auswählen sollte, wenn man den Bildschirm kurz verlässt (Scherzbolde werden daran gehindert, in unserer Abwesenheit Unfug anzustellen).

Bisweilen gibt es hier auch:

- BENUTZER WECHSELN (mit einem grafischen Anmeldebildschirm ein zweites Mal – grafisch – anmelden)
- LESEZEICHEN – sie sind eigentlich eine Funktion des Konquerors. Das ist der KDE-Dateimanager und -Internet-Browser.

Mandriva hat auch eine

- DATEI SUCHEN-Funktion. Schade eigentlich, dass so ein Icon nicht überall zu finden ist ...

Zwei X-Server

Der Menüpunkt BENUTZER WECHSELN im Start-Menü mancher Distributionen (er erscheint bisweilen auch beim Drücken der rechten Maustaste) imitiert auf den ersten Blick eine Funktion, die Sie von Windows XP her kennen: Nach einem Hinweisdialog startet ein zweiter grafischer Login, der den Benutzer auf einen zweiten grafischen Desktop führt. Dann ist aber schon alles deutlich anders: Mit Strg-Alt-F7 können Sie vom zweiten auf den ersten grafischen Bildschirm wechseln und mit Strg-Alt-F8 wieder zurück. Linux kann zwei komplett voneinander getrennte grafische Oberflächen verwalten, indem einfach zwei X-Server gestartet werden. Das bestraft das System allerdings mit gewaltigem Speicherverbrauch, da ja beide Arbeitssitzungen mit X-Server und allem Drum und Dran zweimal – in völlig voneinander getrennten Speicherbereichen – untergebracht werden müssen. Sobald Sie sich aus dem zweiten grafischen Desktop abmelden, landen Sie wieder auf dem ersten.

Keine Beschreibung kann so exakt und hilfreich sein wie Ihr eigenes Erforschen der Oberfläche. Machen Sie sich die Freude, und klicken Sie kräftig im Start-Menü herum, und probieren Sie die rechte, linke und mittlere Maustaste auf den unterschiedlichsten Oberflächenbestandteilen aus. Sie werden feststellen, dass Sie mit der Zeit noch viel mehr Funktionen finden werden. Um sich einen ersten Eindruck zu verschaffen, können Sie gar nicht genug herumklicken.

Suchen Sie einmal im Segment *Alle Programme* das Textverarbeitungsprogramm von OpenOffice, und starten Sie es. Gibt es einen Mail-Client, den Sie erkennen können? Einen Browser? Sind Spiele installiert, und wenn ja, welche? Beobachten Sie bitte, dass aufgerufene Software (bei SUSE) im Segment MEISTBENUTZTE PROGRAMME des Hauptmenüs landet. Dort bleiben die Programme eingetragen, bis Sie genügend andere Programme aufgerufen haben, die die alten Programme vertreiben.

Die Kontrollleiste

Die Bedienleiste am unteren Bildschirmrand heißt bei KDE *Kontrollleiste*. In der Nähe des K-Knopfes (hier auch Start-Knopf und Hauptmenü genannt) finden Sie typischerweise Häuschen-Symbole oder auch halbe Zahnräder mit Weltkugeln. Das sind die Symbole für den *Konqueror*, das All-in-one-Werkzeug von KDE. Sie öffnen entweder den Dateimanager mit der Ansicht des Heimatverzeichnisses oder ebenfalls den Konqueror, aber im Internet-Browser-Modus.

Was sich sonst noch in der Kontrollleiste befindet, entscheiden die Desktop-Teams der jeweiligen Distributoren. Meist gibt es

- rechts außen eine Uhr,
- einen Arbeitsflächenumschalter (*Pager* genannt, siehe Abbildung 4-5),
- eine *Fensterleiste* genannte Anzeige für alle geöffneten Fenster (oder auch nur die Fenster, die auf der aktuellen Arbeitsfläche geöffnet sind; das kann man einstellen), und
- oft ist als Zugang zur Shell auch die *Konsole* (KDE-Terminal) auf der Kontrollleiste untergebracht.

Häufig gibt es am rechten Ende der Kontrollleiste ein nach außen gerichtetes Dreieck. Mit dem können Sie die Kontrollleiste nach außen »wegrollen lassen«.

Der Arbeitsflächenumschalter (Pager)

Probieren Sie doch gleich einmal den Arbeitsflächenumschalter aus. Seine Eigenschaften verändern wir erst später (zusammen mit denen des restlichen Desktops). Aber ein kleiner Klick auf jedes der zwei oder vier Segmente des Umschalters kann ja nicht schaden.

Abbildung 4-5: Der Arbeitsflächenumschalter (Pager)

Solange Sie keine Software gestartet haben, gibt es nichts zu sehen. Welche Arbeitsfläche Sie auch anklicken, sie sehen alle gleich aus, denn Kontrollleiste und Desktop-Icons verändern sich beim Wechsel nicht. Sobald Sie aber ein Programm gestartet haben (starten Sie doch mal so eine Konsole oder einen Konqueror aus der Kontrollleiste oder dem Hauptmenü) und die Arbeitsfläche wechseln, bleibt das Fenster mit der Software auf seinem angestammten Platz zurück. Der Pager zeigt einen Umriss jedes geöffneten Fensters pro Arbeitsfläche an. Wenn Sie die Größe des Fensters verändern, dann verändert sich auch die verkleinerte Darstellung im Pager. Sie können seit etlichen KDE-Versionen auch den Pager-Repräsentanten eines Programms mit der Maus packen und auf eine andere Arbeitsfläche schieben. Versuchen Sie das doch gleich einmal: Verschieben Sie Ihr Konsole- oder Konqueror-Fenster mit der Maus von einem Pager-Feld in ein anderes.

Ein Klick mit der rechten Maustaste auf die Fensterleiste eines Programms klappt ein Menü aus, mit dem Sie ebenfalls einigen Einfluss nehmen können (siehe Abbildung 4-6). Zum Beispiel können Sie dort das Fenster von der aktuellen Arbeitsfläche (die mit dem Häkchen dran) auf eine andere verschieben. Der Menüpunkt ALLE ARBEITSFLÄCHEN macht das Fenster »klebrig«: Wenn Sie diesen Punkt auswählen, wird das Fenster auf allen Arbeitsflächen angezeigt, ähnlich wie die Kontrollleiste oder die Desktop-Icons.

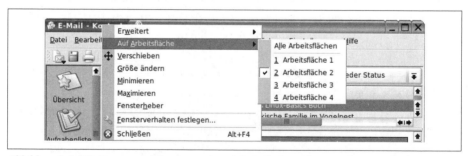

Abbildung 4-6: Ein Programmfenster von einer Arbeitsfläche auf eine andere verschieben

Sie stehen in Arbeitsfläche 1 und wollen den Webbrowser Firefox heranholen, der auf irgendeiner anderen Arbeitsfläche steht? Kein Problem: Die *Fensterleiste* (normalerweise befindet sie sich auf der Kontrollleiste direkt neben dem Pager) zeigt an, welche Programme aktuell in Betrieb sind. Ein Mausklick auf den Eintrag von Firefox in der Fensterleiste lässt ein langes Menü aufklappen, das unter anderem auch das Schließen des Programms anordnen kann. Weit unten in der Liste ist aber der Befehl, den Sie suchen: AUF AKTUELLE ARBEITSFLÄCHE (siehe Abbildung 4-7). Ein Klick, und der Firefox kommt zu Ihnen.

Abbildung 4-7: Ein Softwarefenster per Mausklick von einem anderen auf den aktuellen Desktop holen

Das Systemtray mit Klipper & Co.

Auch bei KDE gibt es in der Kontrollleiste einen *Systemabschnitt*, der bisweilen auch *Systemtray* genannt wird. Dort klinken sich (viele erst, nachdem sie gestartet wurden) solche KDE-Programme ein, die gern im Hintergrund lauern, wie z.B. das KDE Wallet, ein Passwort-Verwaltungsprogramm, oder der Windows-Netzwerk-Client Smb4k. Sie springen erst nach vorne, wenn sie gebraucht werden oder wenn Sie sie anklicken (siehe Abbildung 4-8). Bei praktisch jeder Distribution sind dort auch z.B. die Zwischenablage Klipper, die Lautstärkeregelung und das KOrganizer-Icon mit einem kleinen Kalender verstaut.

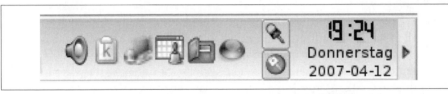

Abbildung 4-8: Systemabschnitt der Kontrollleiste mit Uhr und »Roll-Pfeil«

Die General-Zwischenablage Klipper ist deshalb eine sehr praktische Software, weil sie Ihnen hilft, unspektakulär zwischen KDE-Programmen Daten auszutauschen, und sich dabei mehrere Kopierschritte merkt (wie viele Schritte sie sich merken soll, kann man einstellen). Das Tollste an ihr ist: Obwohl Klipper für KDE-Programme geschrieben ist, können auch andere Programme davon profitieren.

Probieren Sie das doch gleich einmal aus: Markieren Sie ein Wort in einer Konsole, in *KWrite* oder einem anderen KDE-Editor wie *Kate*. Diese Programme können Sie im Hauptmenü leicht finden. Nehmen Sie einfach das erste, das Sie finden. Mit BEARBEITEN → KOPIEREN oder der gleichen Funktion in der rechten Maustaste (vergessen Sie nicht Ihre alten Freunde Strg-C und Strg-X aus der Windows-Welt – sie funktionieren in erstaunlich vielen KDE-Programmen) kopieren Sie den Textschnipsel. Klicken Sie dann auf ein anderes KDE-Programm wie eine Konsole oder Kate. Mit BEARBEITEN → EINFÜGEN (oder mit der rechten Maustaste, häufig auch mit Strg-V) können Sie den Text dort erscheinen lassen.

Wenn Sie auf das Klipper-Programm im Systemabschnitt klicken, können Sie die letzten paar Kopier- und Verschiebeinhalte aufgelistet sehen (siehe Abbildung 4-9). Sie können mit diesem Werkzeug nicht nur den zuletzt kopierten Inhalt einfügen: Indem Sie den gewünschten Inhalt weiter unten in der Liste anklicken, wird dieser Inhalt aktiv, und Sie können nun diesen aktivierten Inhalt einfügen.

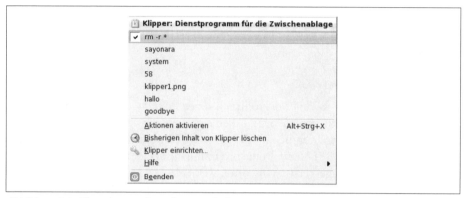

Abbildung 4-9: Klipper mit sieben aktiven Inhalten

KDE-Hilfe

Bei SUSE gibt es einen tollen Rettungsring, der neben der KDE-Hilfe auch das offizielle SUSE-Handbuch aufführt. Er liegt auf dem KDE-Desktop. Woanders ist der Zugang zum KDE-Hilfezentrum im Start-Knopf zu finden. Achten Sie dort auf ein recht unauffälliges Fragezeichen. Auch ein Rechtsklick (irgendwo) auf der Kontrollleiste bringt ein Menü zum Vorschein, das als untersten Menüpunkt immer die KDE-Hilfe enthält. Die ruft unter anderem das KDE-Hilfezentrum auf. Wenn Sie sie gefunden haben, schmökern Sie ruhig ein wenig in der Hilfe herum, selbst wenn die Themenauswahl der KDE-Hilfe manchmal ein wenig willkürlich erscheint.

Kontrollleisten-Elemente anpassen

Der Arbeitsflächenumschalter und das Fensterleistenwerkzeug (das die geöffneten Programme anzeigt) haben wie alle anderen Kontrollleisten-Segmente an der linken Seite einen »geriffelten« Anfasser mit einem kleinen nach oben gerichteten Pfeil. Dieser Anfasser ist mit der Maus bisweilen schwer zu treffen, doch die Maus-Zitterpartie lohnt sich. Mit der linken oder der mittleren Maustaste getroffen, verwandelt sich der Mauszeiger in ein Kreuz. Dann können Sie das Element auf der Kontrollleiste hin- und herschieben. Wenn Sie den kleinen nach oben gerichteten Pfeil treffen und mit der linken Maustaste anklicken (oder rechts auf das Geriffelte), klappt das Konfigurationsmenü für Umschalter bzw. Fensterleiste aus.

Kontrollleisten erstellen und anpassen

Auch bei der Kontrollleiste ist das *Wo* von großer Bedeutung: Wenn Sie nicht einen Anfasser, sondern eine beliebige andere Stelle auf der Kontrollleiste treffen, bringt ein rechter Mausklick das Konfigurationsmenü für die Kontrollleiste zum Vorschein (siehe Abbildung 4-10).

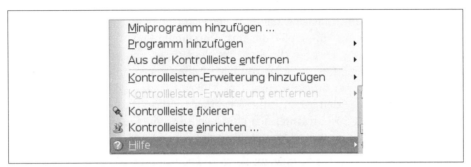

Abbildung 4-10: Das Konfigurationsmenü für die Kontrollleiste

Ein Klick auf den Menüpunkt KONTROLLLEISTE EINRICHTEN führt Sie in einen großen Dialog, der Ihnen im Register ANORDNUNG die Möglichkeit gibt, die Kontrollleiste nicht nur unten, sondern stattdessen auch an den anderen drei Seiten des Bildschirms anzuzeigen. Nun, die Kontrollleiste können Sie auch mit gedrückter linker Maustaste an einen anderen Rand des Bildschirms verschieben. Der Kontrollleistendialog bietet (wie inzwischen fast alle Dialoge bei KDE) so viele Einstellungsmöglichkeiten, dass er im Moment nur verwirren würde.

Klicken Sie jetzt erneut mit der rechten Maustaste auf die Kontrollleiste, und beachten Sie, dass wir nicht weniger als drei HINZUFÜGEN-Einträge im Menü haben:

- MINIPROGRAMM HINZUFÜGEN... lässt Sie kleinere KDE-eigene Werkzeuge zur Kontrollleiste hinzufügen, sogenannte *Applets*. Solche Buttons sind z.B. der Systemmonitor, die Medienkontrolle oder ein Doppelknopf mit Buttons, um den Bildschirm zu sperren bzw. sich aus KDE abzumelden. Auch die Uhr ist dort enthalten.

- PROGRAMM HINZUFÜGEN klappt ein Untermenü aus, das dem gesamten Hauptmenü entspricht. Sie können der Kontrollleiste entweder ein einzelnes Programm daraus oder (indem Sie DIESES MENÜ HINZUFÜGEN anklicken) einen ganzen Ast des KDE-Hauptmenüs als neuen Button hinzufügen.

- Mit KONTROLLLEISTEN-ERWEITERUNG HINZUFÜGEN können Sie den Bildschirmrand oder auch eine freie Fläche um weitere Kontrollleisten bereichern.

Dass man alle Software-Starter aus dem Hauptmenü des Start-Knopfs in die Kontrollleiste einfügen kann, hätten Sie vermutlich an dieser Stelle erwartet. Aber Sie können sogar rund ein halbes Dutzend verschiedene Kontrollleisten-*Typen* erzeugen. Von diesen Typen ist die ABHÄNGIGE KONTROLLLEISTE besonders erwähnenswert. Mit ihr können Sie die Hauptkontrollleiste um eine zweite, dritte, vierte Leiste erweitern, die genau die gleichen (oder eben ganz andere) Elemente enthalten kann wie die erste. Die *Kasbar* und die *Externe Kontrollleiste* sind besondere Darstellungen der Fensterliste aus der Hauptkontrollleiste. Probieren Sie ruhig jede aus, an den vier Bildschirmrändern gibt es ja genug Platz für weitere Leisten.

Alle diese neuen Kontrollleisten haben (eigentlich) einen Randstreifen mit einem kleinen Dreieck. Damit können Sie die Leiste mit einem linken Mausklick vorübergehend »aufrollen«. Wenn Sie die Dreiecksfelder (oder auch die Leiste an einer freien Stelle) mit der Maus packen, können Sie die Leisten an die vier Seiten des Bildschirms ziehen, wo sie dann einrasten. Mit einem rechten Mausklick auf die Kontollleiste rufen Sie den Menüeintrag KONTROLLLEISTEN-ERWEITERUNG ENTFERNEN auf und wählen dort im Untermenü die Leiste aus, die Sie entfernen wollen.

Das ist eigentlich auch die typische Arbeitsweise mit einer Linux-Oberfläche: Anstatt sich hilflos den Desktop zuzupflastern, wie es unter Windows üblich war, legen Sie sich ein Programm, das Sie oft benötigen, einfach auf eine neue Kontrollleiste. Dazu ziehen Sie einfach mit gedrückter linker Maustaste das gewünschte Programm-Icon aus dem Hauptmenü auf die Kontrollleiste und lassen es dort fallen. Das funktioniert natürlich genauso mit dem Desktop, aber die Icons verdecken Ihnen dort doch Ihr tolles Hintergrundbild. Schon während Sie das Icon in die Kontrollleiste ziehen, wird der Cursor zusammen mit einem kleinen Pluszeichen angezeigt, das Ihnen signalisiert: Wenn Sie den Mausknopf loslassen, wird eine Kopie des Programm-Icons abgelegt. Je nachdem, ob Sie die Maus über dem Desktop oder einer Kontrollleiste loslassen, erscheint noch eine kleine Abfrage, ob KDE das Icon AN DIESE STELLE KOPIEREN oder HIERMIT VERKNÜPFEN oder ABBRECHEN soll. Sie sehen schon: Es ist nicht möglich, Icons dadurch zu entfernen, dass Sie sie aus dem Menü ziehen. Sie können so zwar Icons aus einer Kontrollleiste entfernen, das Hauptmenü ist dagegen vor Beschädigungen durch den normalen Benutzer geschützt.

Ziehen und Fallenlassen funktioniert nicht nur zwischen Hauptmenü und Kontrollleisten. So können Sie aus der Kontrollleiste auch Programm-Icons auf den Desktop ziehen – oder von der Hauptkontrollleiste auf eine abhängige Kontrollleiste oder vom Desktop auf eine Kontrollleiste und so weiter und so fort. Die Icons auf dem Desktop werden Sie wieder los, indem Sie sie mit der Maus in den Mülleimer schieben. Das klappt natürlich nicht mit solchen Icons, die dadurch entstanden sind, dass Sie einen USB-Stick eingesteckt oder eine CD ins Laufwerk geschoben haben. Außerdem können Sie jedes Element in einer Kontrollleiste immer noch mit der rechten Maustaste aus der Leiste entfernen (siehe Abbildung 4-11).

Abbildung 4-11: Leistenelemente mit der rechten Maustaste entfernen

Die Oberfläche einstellen

Der Arbeitsplatz ist ein wichtiger Teil des täglichen Benutzerlebens, und viele Menschen wünschen sich eigene Icons auf dem Desktop, besondere eigene Hintergrundbilder und spezielle Farbkombinationen (die sie auch in *Themes* organisieren). Sie denken sich nicht ohne Grund: »Wenn uns einfachen Benutzern vielleicht auch vieles am Computernetzwerk der Firma für immer unbegreiflich bleiben wird, den schönen Desktop auf dem eigenen Bildschirm, den habe ich unter Kontrolle.« Dafür hatte ich immer Verständnis.

Das Kontrollzentrum

Alle Einstellungen bezüglich der Oberfläche und der meisten KDE-Programme befinden sich im KDE-Kontrollzentrum. In dieser Hinsicht ist es wohl am ehesten mit der Windows-Systemsteuerung vergleichbar, und eine gewisse optische Nähe dazu ist ja auch nicht zu leugnen. Je nach Distribution und KDE-Version finden Sie das Kontrollzentrum schon in der Kontrollleiste oder im Hauptmenü des KDE-Start-Menüs. Es kann aber wie z.B. bei Mandriva auch gut versteckt im Start-Knopf unter SYSTEM → EINSTELLUNGEN → DIE ARBEITSUMGEBUNG KONFIGURIEREN liegen. Das Icon ist in aller Regel ein Bildschirm mit einer Computer-Steckkarte (siehe Abbildung 4-12 und Abbildung 4-13). Je nach eingestellem Theme oder Iconsatz kann das aber auch ein ganz anderes Bild sein.

Abbildung 4-12: Das Kontrollzentrum-Icon im KDE-Start-Knopf bei SUSE

Wie und wo auch immer Sie das Kontrollzentrum finden: Es ist die Machtzentrale von KDE. Alle Funktionen, mit denen man Einfluss auf die Arbeitsumgebung nehmen kann, sind dort zu finden (siehe Abbildung 4-14).

Das KDE-Kontrollzentrum ist auch nicht einfach ein Einzelprogramm, sondern eigentlich nur das Dach, unter dem sich andere Programm-Module zusammenfinden. Sie kennen das schon von Windows: Sowohl die Systemsteuerung als auch die Microsoft Management-Konsolen sind so gemacht. Jedes der Module im Kontrollzentrum ist auch einzeln aufrufbar.

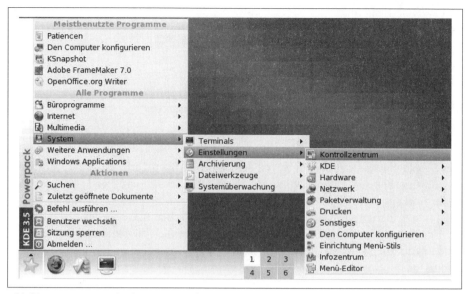

Abbildung 4-13: Das Gleiche gut versteckt bei Mandriva 2007

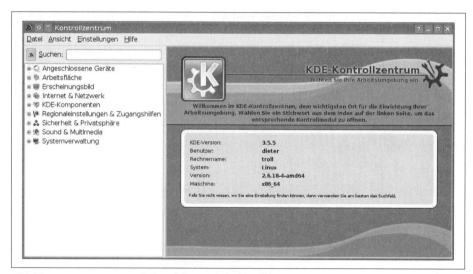

Abbildung 4-14: Der erste Blick auf das KDE-Kontrollzentrum

Wie stellt man die Bildschirmfarben ein?

Was wird besonders gern eingestellt? Farbzusammenstellung und Hintergrundbild! Zum Beispiel schreiend grüne Schrift auf zartrosa Untergrund. Und unzüchtige »Wallpapers« unbekleideter Sonnenuntergänge. Fensterumrahmungen, die verschieden »technisch« oder »seriös« wirken sollen usw. Was immer Sie bei KDE einstellen wollen, Sie finden es im Kontrollzentrum. Kürzer geht es auch: Die meisten Distributionen haben eine passende Teilmenge des Kontrollzentrums im Menü der rechten Maustaste untergebracht. Versuchen Sie es: Klicken Sie mit der rechten Maustaste auf den freien Hintergrund, und finden Sie ARBEITSFLÄCHE EINRICHTEN ... oder einen ähnlich lautenden Menüpunkt aus dem *Arbeitsflächen-Menü*.

Im KDE-Kontrollzentrum liegen verschiedene Farbschemata unter ERSCHEINUNGS-BILD → FARBEN. Der Dialog zeigt einen Menüpunkt AKTUELLES SCHEMA, das sind die aktuellen Einstellungen. Dieses Schema können Sie uneingeschränkt verändern. Der Dialog erinnert sehr an Windows (siehe Abbildung 4-15): Was dort angezeigt wird, ist eine Auswahl der verschiedenen Bedienelemente. Sobald Sie eines von ihnen anklicken, wird dessen Farbe in dem rechteckigen Feld unterhalb der Dropdown-Liste angezeigt.

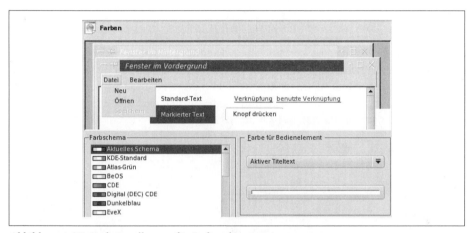

Abbildung 4-15: Farbeinstellungen für Bedienelemente

Auf der rechten Seite, unter der Überschrift FARBE FÜR BEDIENELEMENT, lässt sich das oben dargestellte Bedienelement auch nach Name aus einer Drop-down-Liste auswählen. Direkt unter dem Drop-down-Feld ist der Farbanzeiger angebracht. Klickt man ihn an, öffnet sich ein Menü, das umfangreiche Möglichkeiten zur Farbanpassung anbietet (siehe Abbildung 4-16).

So können Sie sich Ihr eigenes unverwechselbares Profil erstellen und mit SCHEMA SPEICHERN auch dauerhaft – mit einem Namen versehen – abspeichern. Und unter *www.kde-look.org* gibt es auch vorgefertigte Schemata zum Download.

Das Schema ist nur ein Rahmenwerk für die aktuell geltenden Einstellungen. Wenige Menüpunkte darunter, bei ERSCHEINUNGSBILD → STIL, können Sie zum Schema darüber hinaus noch sogenannte *Stile* festlegen; hier geht es um eine weitere Kombination aus Voreinstellungen, die das Aussehen der Ankreuzfelder (Checkboxen), Auswahlfelder (Radio-Buttons), Karteikarten (Register) sowie das

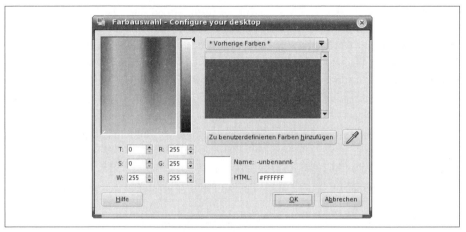

Abbildung 4-16: Einstellungsmöglichkeiten für Farben

Aussehen der Fortschrittsbalken und aller Menühintergründe etc. betreffen. Wählen Sie dort aus einer ganzen Reihe von vorgefertigten Stilen, die das Aussehen von KDE beachtlich verändern (marmorierte Dialoghintergründe, schattierte Buttons etc. (siehe Abbildung 4-17). Selbst ohne externe, nachgeladene Schema-Dateien können Sie hier sehr ansprechende Desktops fabrizieren.

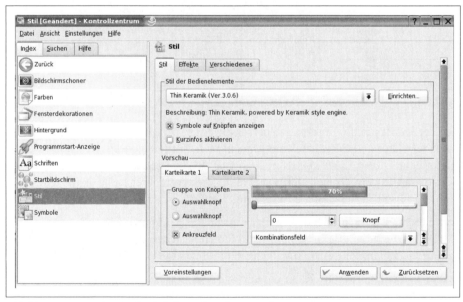

Abbildung 4-17: Farben und Stile beherrschen das Aussehen von KDE.

Was für die Fenster und Bedienelemente recht ist, muss für die Buttons billig sein: Unter ERSCHEINUNGSBILD → SYMBOLE können Sie den Bilders(ch)atz für Icons und Buttons auswählen. Probieren Sie es aus: Wählen Sie einen anderen als den aktuellen Satz aus, und klicken Sie dann auf ANWENDEN. Anschließend sollte sich z.B. der K-Knopf verändern, und je nach Inhalt auch die restlichen Icons. NOIA KDE macht aus dem Haus für den Konqueror eine Art Hundehütte mit blauem Dach, aber es geht auch noch viel verspielter. Wem das Mitgelieferte nicht reicht, der kann von *themes.freshmeat.net* separate Button-Symbol-Dateien für KDE herunterladen und mit dem Button NEUES DESIGN INSTALLIEREN... der Liste hinzufügen. Da wird es dann noch wilder: Wer kann schon Buttons widerstehen, die aussehen, als seien sie flüssig?

Dann wären da noch die Fensterränder unter ERSCHEINUNGSBILD → FENSTERDEKORATIONEN (siehe Abbildung 4-18). Man kann dieses Schmuckwerk Windows-artig haben, dann gibt es z.B. drei oder vier Buttons rechts oben und nur einen links. Es geht aber auch ganz anders: Mögen Sie abgerundete Fensterecken und ellipsoide Fenstertitel, die von einer geschmackvollen weißen Linie umrandet sind? Oder soll die Kopfleiste nur halb von links nach rechts durchgezogen sein, so dass sie eher wie ein Karteikarten-Reiter aussieht? Das ist alles kein Problem. Ach ja: Sie können im Register KNÖPFE auch die Anzahl und Anordnung der Knöpfe auf den Fensterrahmen verändern. Gewissensfrage: Haben Sie dafür wirklich Zeit? Dann viel Spaß!

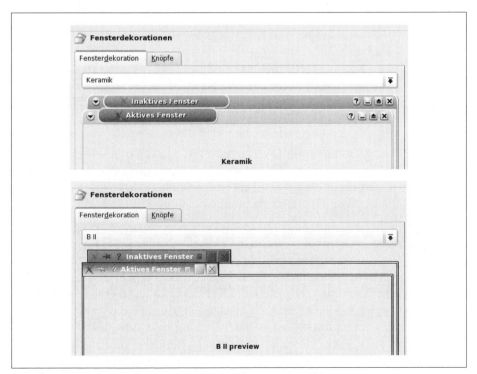

Abbildung 4-18: Verschiedene Fensterrahmen stehen zur Auswahl.

Zum Glück müssen Sie hier gar nichts ändern, wenn Sie nicht wollen. Die Distributoren geben sich in der Regel ja große Mühe, Ihnen ein ausgewogenes, hübsches Design mitzuliefern. Wenn Sie aber einmal durch diese Dialoge geklickt haben, dann wissen Sie, dass die meisten Veränderungen, die beeindruckend auf fremden Bildschirmen prangen, vermutlich nicht so schwer herzustellen waren, wie man Sie glauben machen wollte.

Das Hintergrundbild

Das Hintergrundbild können Sie entweder im KDE-Kontrollzentrum unter EINSTELLUNGEN → HINTERGRUND einstellen oder über einen Rechtsklick der Maus auf der freien Desktop-Fläche. Dort erscheint das ARBEITSFLÄCHEN-Menü mit einer Option ARBEITSFLÄCHE EINRICHTEN... (siehe Abbildung 4-19).

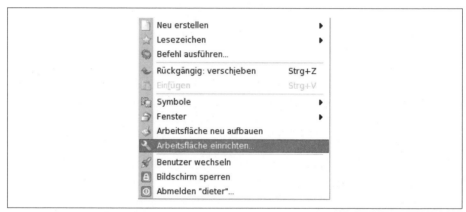

Abbildung 4-19: Das Arbeitsflächen-Menü rufen Sie durch einen Rechtsklick auf den Desktop auf.

Der Menüpunkt ARBEITSFLÄCHE EINRICHTEN führt auf einen besonderen Dialog, der eine Auswahl von Möglichkeiten anbietet, den Desktop zu gestalten. Das Kontrollzentrum ist an dieser Stelle deutlich umfangreicher bestückt – eine weitere Demonstration der Plugin-Technologie (siehe Abbildung 4-20).

Das Hintergrundbild einzustellen ist unter KDE eine anspruchsvolle Tätigkeit. Nicht, dass es kompliziert wäre, aber es gibt viele Optionen. Zum einen versteht KDE viele gängige Pixelformate als Hintergrundbild, auch die komprimierten *.jpg* und *.png*. Sie können sogar für jede Arbeitsfläche ein anderes Bild bestimmen, ja sogar eine automatische Diashow festlegen. Die meisten Distributionen legen einige vorbereitete Grafiken (die meist zufällig auch das Firmenlogo tragen) in das Verzeichnis */usr/share/wallpapers*. Da es einen Dateiauswahl-Button direkt neben der Drop-down-Liste mit den vorbereiteten Dateien gibt, können Sie dort natürlich auch eigene Dateien angeben, die Sie vielleicht in Ihrem Heimatverzeichnis speichern. Um Dateien in */usr/share/wallpapers* abzulegen, brauchen Sie die Rechte von *root*.

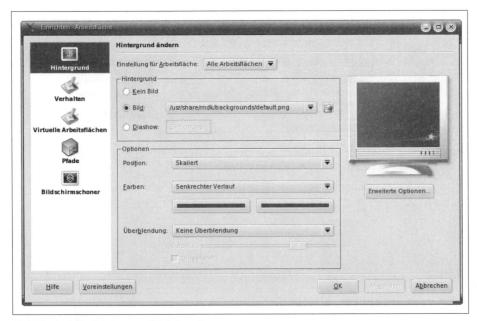

Abbildung 4-20: Hintergrundbild einstellen

Aber selbst ohne Hintergrundbild muss der KDE-Desktop nicht schmucklos daherkommen: Farbverläufe in mehreren Richtungen können auch sehr reizvoll sein. Außerdem spart der Verzicht auf ein Hintergrundbild Arbeitsspeicher. Wenn Sie aber zu denen gehören, die es opulent lieben, gibt es sogar noch die Möglichkeit, Farbverläufe auf Hintergrundbilder zu legen, sogenannte Überblendungen. Wobei wir wieder bei dem Thema wären, dass nicht alles, was möglich ist, auch zwangsläufig schön sein muss.

Bildschirmschoner

Den Dialog für die Wahl des Bildschirmschoners erreicht man, genau wie die Einstellungen für den Hintergrund, über das Kontrollzentrum (ERSCHEINUNGSBILD → BILDSCHIRMSCHONER) oder einen Rechtsklick der Maus auf dem Desktop. Und genau wie bei Windows verlor der Bildschirmschoner auch bei Linux längst seine ursprüngliche Bedeutung, das Einbrennen von Monitoranzeigen zu verhindern, um vorwiegend künstlerischen Wert zu bekommen. Was sonst sollte man von der Kuh auf dem Tampolin halten? Zudem kann der Bildschirmschoner Ihren Bildschirm gegen unbefugte Benutzung verteidigen, wenn er sich nur noch nach Eingabe des Benutzerpassworts abstellen lässt (siehe Abbildung 4-21).

Der Knopf EINRICHTUNG... führt bei vielen Bildschirmschonern zu einem Konfigurationsmenü, in dem etwa bei Uhren die Zeigerfarbe eingestellt werden kann, bei fliegenden Toastern die Anzahl der Toaster etc. Mit einem Klick auf den Button TESTEN können Sie das Ergebnis auch gleich ausprobieren.

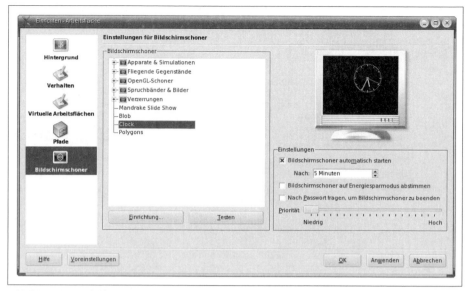

Abbildung 4-21: Bildschirmschoner im KDE-Kontrollzentrum einrichten

Die Anzahl der Arbeitsflächen einstellen

Schon nach wenigen Arbeitssitzungen bemerken die meisten Benutzer, dass sie problemlos mehr als nur eine oder zwei Arbeitsflächen mit geöffneten Programmen füllen können. Um an den passenden Konfigurationsdialog heranzukommen, gibt es die beiden bekannten Möglichkeiten: Eine führt über ARBEITSFLÄCHE → VIRTUELLE ARBEITSFLÄCHEN im Kontrollzentrum, die andere über einen Klick mit der rechten Maustaste auf der freien Desktop-Fläche und den Menüpunkt ARBEITSFLÄCHE EINRICHTEN... Eine dritte Möglichkeit: Klicken Sie mit der rechten Maustaste auf den Arbeitsflächenanzeiger (Pager), und wählen Sie dort VIRTUELLE ARBEITSFLÄCHEN EINRICHTEN... In allen drei Fällen erscheint das grafische Menü zur Anpassung der Arbeitsflächen (siehe Abbildung 4-22). Bis zu 20 solcher virtuellen Arbeitsflächen kann man bei KDE einrichten und mit einem Titel versehen.

Tastenkombinationen

Elegante Maussteuerung hin oder her – mit Tastenkürzeln lässt sich meist wesentlich schneller arbeiten. Eine Liste der gerade eingestellten Tastenkürzel finden Sie im Kontrollzentrum unter REGIONALEINSTELLUNGEN UND ZUGANGSHILFEN → TASTENKÜRZEL (siehe Abbildung 4-23). Da können Sie erfahren, welche Tastenkombinationen aktuell was bewirken. Der Fenstermanager fängt die Tastenanschläge vor den Programmen ab. Deshalb kommt es bisweilen vor, dass eine Tastenkombination, die in einem Programm echte Erleichterung bringen könnte, nicht funktioniert (wie z.B. das absatzweise Verschieben in OpenOffice). Der Grund: KDE schnappt

Abbildung 4-22: Ein Schiebeschalter erhöht die Anzahl der Arbeitsflächen.

sich den Tastenanschlag zuerst und verwandelt ihn in eine Aktion des Fenstermanagers. Wenn Sie in diesem Dialog abstellen, dass der Fenstermanager die gewünschte Tastenkombination für sich beansprucht, oder eine andere Tastenkombination für die spezielle Aktion des Fenstermanagers einstellen, steht Ihnen die Tastenkombination im Anwendungsprogramm zur Verfügung.

Die Liste im Register ALLGEMEINE TASTENKÜRZEL sollten Sie wenigstens einmal durchblättern. Da finden sich z.B. nicht weniger als fünf Tastenkürzel für verschiedene Varianten, sich abzumelden (mit oder ohne Bestätigung, mit reboot oder ohne). Sie ändern eine Kombinationsbelegung, indem Sie auf den umrandeten Button mit der aktuellen Belegung klicken. Dann springt ein Dialog auf, in dem Sie die Tastenkombination einfach eintippen. Der Unterdialog schließt sich, und Sie finden die Tastenkombination dann im Hauptdialog.

Die bestehende Kollektion von Tastenkürzeln in der vorliegenden Kombination ist in einem sogenannten *Schema* abgespeichert. Das kennt man schon, das ist wie *Themes* für Tastaturen. Ein verändertes Schema können Sie in diesem Dialog auch unter einem neuen Namen abspeichern, oder Sie können eines aus einer großen Anzahl von vorgefertigten Tastaturschemata auswählen.

Verwechseln Sie diese Funktion, die nur *zusätzliche* Kombinationen belegt, nicht mit der Grund-Tastaturbelegung, die mit der eingestellen Systemsprache zu tun hat. Die finden Sie in REGIONALEINSTELLUNGEN... → LAND/REGION & SPRACHE. Wenn Sie gerne zwischen den Tastaturbelegungen verschiedener Sprachen wechseln möchten, wäre TASTATURLAYOUT der richtige Ort. Da können Sie einen Tasta-

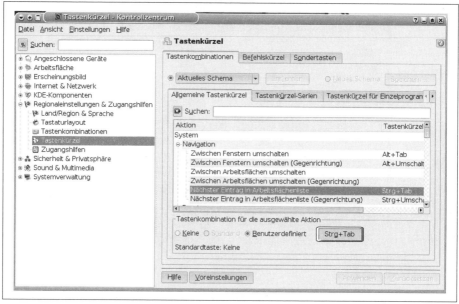

Abbildung 4-23: Tastenkürzel-Konfiguration bei KDE

turumschalter in der Kontrollleiste anzeigen lassen. Das Beste zum Schluss: Normalerweise müssen Sie in diesen Dialogen gar nichts einstellen. Die richtige Tastaturbelegung bekommen Sie in aller Regel durch die Spracheinstellung des X-Servers, nicht erst durch den Fenstermanager.

Ge-Töne

Der berühmte österreichische Autor und Verleger Karl Kraus erklärte einst, er brauche zum Schreiben Ruhe; diese Stille durfte nur von der Spieluhr gestört werden, die in seiner Zigarrenkiste eingebaut war. Was hätte er wohl zu den Computern dieser Tage gesagt, die loshupen, wenn eine Mail ankommt, oder eine Fanfare spielen, wenn sie erfolgreich ihre Arbeit aufgenommen haben?

All so etwas kann natürlich auch KDE, denn seit Microsoft seine »Themes« vorgelegt hat, bei denen das Verkleinern und Vergrößern von Fenstern das Geräusch reißender Seide oder aufeinanderklopfender Holzstückchen auslöst, ist das ein K.O.-Kriterium für eine grafische Oberfläche. Wie alle anderen Einstellungen finden Sie die Soundunterstützung im KDE-Kontrollzentrum, je nach Distribution unter KLÄNGE → SOUND-SYSTEM oder SOUND & MULTIMEDIA → SOUND-SYSTEM (siehe Abbildung 4-24).

Damit KDE tönt, muss ein sogenannter *Soundserver* gestartet sein. Es gibt mehrere solche Soundserver. Welcher davon installiert und welche Soundkarte in Ihrem Rechner vorhanden ist, merken die Linux-Hardwareerkennung und KDE mittler-

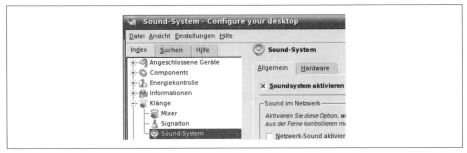

Abbildung 4-24: Sound-System konfigurieren

weile von allein. Sollte wirklich schon auf Betriebssystemebene der falsche Soundtreiber eingestellt sein, konsultieren Sie die Dokumentation Ihrer Distribution oder den Abschnitt über Systemadministration im hinteren Teil dieses Buchs.

Damit zu einem bestimmten Vorgang, z.B. beim Start der KDE-Oberfläche etc., ein Klang abgespielt wird, muss diesem Ereignis im Menü SYSTEMNACHRICHTEN der gewünschte Klang zugewiesen werden (siehe Abbildung 4-25). Der Systemnachrichten-Dialog kann sich je nach Distribution entweder bei den Klängen oder bei den anderen Einstellungen wie FARBEN & CO. befinden.

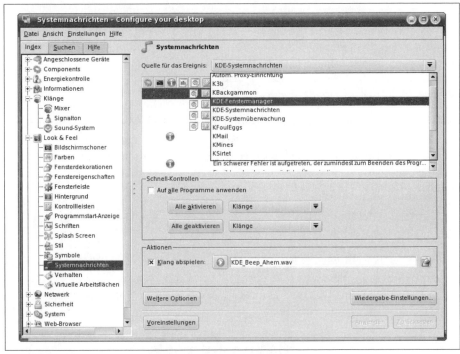

Abbildung 4-25: KDE-Tonereignisse konfigurieren bei Mandriva

Dieser Dialog ist vergleichsweise schwierig aufgebaut: Zuerst gilt es, in der Dropdown-Liste im oberen Bereich des Dialogs die QUELLE FÜR DAS EREIGNIS auszuwählen. Da können Sie für verschiedene Programme festlegen, dass etwas passieren soll, wenn bestimmte Umstände eintreten. Beim KDE-Fenstermanager kann z.B. das Ereignis eintreten, dass sich jemand neu anmeldet. Oder bei einem Online-Spiel taucht ein neuer Spieler im Netz auf. Was soll nun geschehen, wenn dieses Ereignis eintritt? Der Systemnachrichten-Dialog bietet hierzu mehrere Spalten an (siehe Abbildung 4-26).

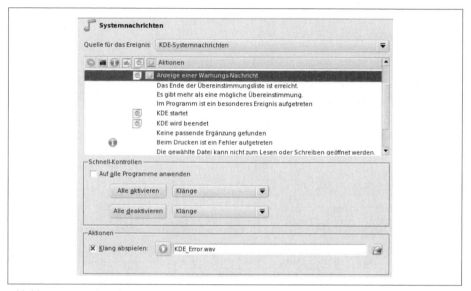

Abbildung 4-26: Klangelemente zuordnen

Auf der linken Seite des Dialogs befinden sich mehrere Spaltenüberschriften, die jeweils mögliche Aktionen für die rechts beschriebenen Vorkommnisse angeben. Sie können folgende Dinge geschehen lassen (siehe Abbildung 4-27, von links nach rechts):

- ein Programm ausführen
- eine Shell-Meldung ausgeben
- eine Dialogbox aufzeigen
- in das Systemlog schreiben
- einen Klang abspielen
- den Eintrag des Programms in der Programmleiste hervorheben lassen

Abbildung 4-27: Mögliche Aktionen

Und Sie können die Aktionen kombinieren. Aber wie weist man eine solche Aktion einem Ereignis zu? Der eigentliche Schalter ist unsichtbar: Klicken Sie mit der Maus in der Zeile des Ereignisses in den Dialog, und zwar exakt unterhalb der richtigen Spaltenüberschrift. Bei einem »!« im blauen Kreis erscheint dann in Zukunft eine Systemmeldung in einer Dialog-Box. Wenn Sie in die zweite Spalte von rechts klicken, wo ein stilisierter Lautsprecher zu sehen ist, springt der Cursor gleich in ein Texteingabefeld im unteren Bereich des Dialogs. Dort können Sie dann entweder den Dateinamen der Klangdatei direkt eintippen oder mit dem Button daneben einen Dateinamen auswählen. Das weiße Dreieck links neben dem Eingabefeld spielt auf Mausklick den Klang ab.

Eine Standardinstallation liefert eine breite Vielzahl an Tönen mit. Sie können aber jede beliebige *.wav*-Datei in das Verzeichnis */usr/share/sounds/* hineinkopieren (wenn Sie *root*-Rechte besitzen).

Icons auf dem Desktop ablegen – oder nicht

Windows-Umsteiger lieben es, Icons auf dem Desktop abzulegen. KDE unterstützt deshalb auch verschiedene Arten von Icons auf dem Desktop. Fenstermanager, die keine Icons auf dem Desktop ablegen lassen, ernten bei der Umsteiger-Klientel oft nur ein Kopfschütteln.

Der Desktop ist, wie bei Windows, in Wirklichkeit nur ein Verzeichnis: das Verzeichnis »Desktop« im Heimatverzeichnis des Benutzers. Deshalb kann im Prinzip jede echte Datei auch auf dem Desktop liegen. Das gilt auch für Verknüpfungen zu beliebigen Orten und Programmen auf der Festplatte. Da fühlt der Windows-Wechsler sich spontan wohl. Darüber hinaus erzeugt das System noch eine Reihe von besonderen Icons, die z.B. alle Laufwerke auf dem Rechner darstellen (wie unter Windows der »Arbeitsplatz«), einen Mülleimer oder alle Netzwerkressourcen.

Icons auf dem Desktop haben leider die unangenehme Eigenschaft, im Laufe der Zeit recht wild und unaufgeräumt auszusehen.[4] Dabei ist es oft schade um den hübschen Bildschirmhintergrund, den man dann vor Icons gar nicht mehr sehen kann. Aus diesem Grund bieten Linux-Desktops mit den verschiedenen Leisten (z.B. der abhängigen Kontrollleiste) eine interessante Alternative an: Sie packen die Icons auf so eine (oder mehrere) Leisten und klappen sie ein, wenn Sie sie nicht benötigen.

---

[4] Auf dem Desktop meines Lieblings-Hardwareverkäufers Klaus Luger liegen so viele Icons, dass er eigentlich dringend einen größeren Bildschirm bräuchte. Und Helga Heumann wählt immer gut strukturierte Hintergrundbilder, um die Icons optisch zu sortieren. Aber das ist und bleibt Bastelei.

Sie können solche Extra-Icons für Dateien oder Programme auf mindestens drei verschiedene Arten erzeugen:

- Programm-Icons ziehen Sie einfach aus dem Menü des Start-Knopfs heraus und lassen sie auf dem Desktop oder der neuen Leiste fallen.

- Dokument-Icons können Sie aus Konqueror-Fenstern auf den Desktop oder auf Leisten ziehen und dort fallen lassen – sowohl als Original als auch als Verknüpfung (bei Weitem der empfehlenswertere Weg). Durch die MIME-Zuordnung (das können sowohl KDE als auch GNOME) werden in der Regel die richtigen Programme zugeordnet. Sie können aber – genau wie unter Windows – auch mit der rechten Maustaste eine Option ÖFFNEN MIT... wählen (es erscheint dann ein Dialog) und dann aus einer langen Liste möglicher Programme eines aussuchen.

- Mit der rechten Maustaste und dem Menüpunkt NEU ERSTELLEN... kann man einen Ordner, eine Datei (und davon sogar verschiedene Arten) oder eine Geräte-Datei erzeugen.

Icons für Programme und Dokumente. Bei den ersten beiden Methoden kommt jedes Mal eine Abfrage: Soll hier das Objekt verschoben, kopiert oder verknüpft (verlinkt) werden (siehe Abbildung 4-28)? Der Unterschied ist leicht erklärt. Alle installierten Programme schreiben sich unter dem Heimatverzeichnis im Verzeichnis *.kde/share/applnk/* ein, indem sie dort Dateien und Verzeichnissse erzeugen. Menüs aus dem Start-Knopf sind also in Wirklichkeit Verzeichnisse, und die Programmeinträge sind gleichnamige Dateien mit *.desktop* als Endung. Auch die Icons auf dem Desktop sind in Wirklichkeit Dateien. Sie liegen im Verzeichnis *Desktop* Ihres Heimatverzeichnisses und heißen ebenfalls *.desktop* mit Nachnamen.

Wenn Sie ein Icon aus dem Start-Menü auf den Desktop ziehen, ist das für Ihr Linux nur ein Verschiebe- oder Kopiervorgang. Deshalb können Sie so ein Icon normalerweise nicht aus dem Start-Menü auf den Desktop ziehen, so dass es anschließend im Start-Knopf fehlen würde. Zum einen wäre das vermutlich auch nicht besonders sinnvoll, andererseits sprechen die Dateisystemrechte dagegen: Die *.desktop*-Dateien für Einträge des zentralen Programmenüs liegen in einem schreibgeschützten Verzeichnis unterhalb von */usr/share*. Da dürfen Sie keine *.desktop*-Dateien löschen. Genau das würden Sie aber tun, wenn Sie ein Icon aus dem Menü herauszögen, so dass es nachher im Menü fehlen würde. Deshalb wählen Sie entweder AN DIESE STELLE KOPIEREN oder HIERMIT VERKNÜPFEN, wenn Sie ein Element aus dem Startmenü ziehen. Der Kopiervorgang legt dann ein Icon auf dem Desktop ab, das das Gleiche kann wie der Eintrag im Start-Menü. VERKNÜPFEN ist vielleicht noch eleganter: Hier wird nur eine Stellvertreterdatei (ein sogenannter *Link*) für den Menüeintrag erzeugt. Wer auf das entstandene Icon klickt, ruft in Wirklichkeit den Menüeintrag des Start-Menüs auf. Dieser wiederum ruft die Software auf, und alles ist so, wie Sie es haben wollen.

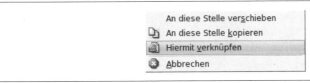

Abbildung 4-28: Was soll mit dem neuen Icon geschehen?

Meist wird Ihnen der Menüpunkt VERSCHIEBEN gar nicht angeboten. Sie würden ja versuchen, den Eintrag einer regulär installierten Software (siehe Kapitel 16, *Software installieren*, über das Installieren von Software) aus dem schreibgeschützten zentralen Startmenü zu entfernen. Aber Sie können natürlich eine Kopie davon erzeugen oder, wie oben gesehen, einen Link.

Nicht mehr gebrauchte Desktop-Icons können Sie einfach mit der Tastenkombination Shift-Entf dauerhaft löschen. Oder Sie ziehen sie über das Mülleimer-Symbol und lassen sie dort fallen, oder Sie markieren sie mit der Maus und drücken dann auf die Entf-Taste – ein Klick mit der rechten Maustaste auf das Icon bietet diese beiden Möglichkeiten (Mülleimer oder dauerhaft löschen) ebenfalls an. Es wäre schade, wenn Sie nun versehentlich das Original einer Datei oder eine Kopie, an der Sie weitergearbeitet haben, auf den Desktop gelegt hätten. Das wäre spätestens dann weg, wenn Sie nach dem Löschen den Mülleimer leeren ...

Icons haben verschiedene Eigenschaften, die Sie in einem Dialog einstellen können. Diesen Dialog können Sie aufrufen, indem Sie mit der rechten Maustaste auf das Icon klicken und den Menüpunkt EIGENSCHAFTEN wählen. Der Dialog hat vier Register: ALLGEMEIN, BERECHTIGUNGEN, PROGRAMM und VORSCHAU (siehe Abbildung 4-29). Der Titel des Dialogs zeigt an, wie die Datei im Verzeichnis *Desktop* heißt. Hier ist es *ooo-writer.desktop*.

Allgemeine Informationen über die Icon-Datei und das System gibt es gleich auf dem ersten Register ALLGEMEIN zu sehen: unter anderem, dass die Datei, deren Eigenschaften angezeigt werden, eine Einrichtungsdatei ist, wo genau sie auf dem Dateisystem zu finden ist, wie groß sie ist[5] und wie viel Plattenplatz auf der aktuellen Partition zur Verfügung steht. Auf der linken Seite des Registers zeigt der Dialog die Grafik des Icons an. Das ist in Wirklichkeit aber ein Button, mit dem Sie einen weiteren Dialog starten, in dem Sie auch ein anderes Bild für das Icon wählen können (siehe Abbildung 4-30). Auf diesem Unter-Dialog werden viele Grafiken angeboten. In einer Drop-down-Liste auf der rechten Seite neben der Kategorie

---

5   Ein Link auf ein Programmsymbol soll wirklich mehr als 2400 Zeichen groß sein? Dann sehen Sie sich die Datei einmal mit einem Texteditor an.

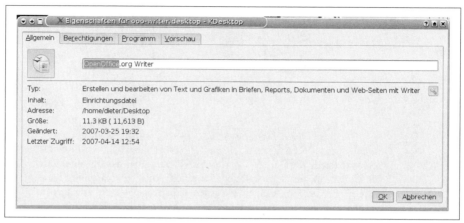

Abbildung 4-29: Allgemeine Icon-Eigenschaften

PROGRAMME stehen darüber hinaus auch noch die Kategorien AKTION und GERÄTE, und wenn Sie auf SONSTIGE SYMBOLE: klicken, können Sie auch eine frei gewählte Grafik angeben.

Abbildung 4-30: Andere Grafik für das Icon einstellen

Zum Schluss müssen wir noch ein wenig technisch werden: Das Register BERECHTIGUNGEN bringt nichts Neues, wohl aber PROGRAMME: Dort ist der MIME-Typ der Dateien aufgelistet, für die dieses Icon sich zuständig fühlt. In der Zeile *Befehl:* steht das eigentlich auszuführende Kommando (siehe Abbildung 4-31).

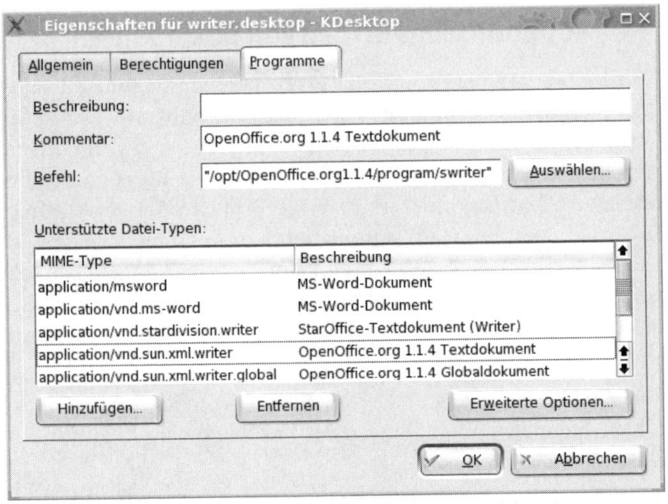

![Abbildung 4-31](Eigenschaften für writer.desktop - KDesktop)

Abbildung 4-31: Welches Programm wird ausgeführt, und welche Dateitypen kann es bearbeiten?

ERWEITERTE OPTIONEN... schließlich gibt uns die Möglichkeit, das auszuführende Programm in einem Terminal ausführen zu lassen oder das Programm *als ein anderer Benutzer* auszuführen. Wenn man dort z.B. den Benutzer *root* einträgt, wird vor dem Programmstart automatisch eine Passwortabfrage eingeschoben (siehe Abbildung 4-32). Ist die Passwortangabe korrekt, läuft das Programm mit den Rechten des Super-Users. So können Sie z.B. auch das Administrations-Tool YaST (oder ein beliebiges anderes, für das Sie root-Berechtigungen brauchen) starten lassen.

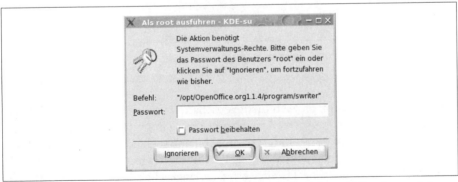

Abbildung 4-32: Ein Programm wird als root ausgeführt. Deshalb fragt KDE vorher nach dem Passwort.

Automatisches Öffnen von Dokumenten

Weil KDE sogenannte *MIME-Typen* erkennen kann, d.h. die richtigen Programme für bestimmte Dokumenttypen anhand deren Endung finden kann (siehe übernächstes Kapitel), müssen Sie bei Dokumenten, die Sie auf dem Desktop ablegen, in der Regel keine Programme angeben, mit denen die Datei geöffnet werden soll. Wollen Sie dagegen von einem Programm-Icon aus ein bestimmtes Dokument öffnen, so können Sie den Dateinamen üblicherweise einfach hinter den Programmnamen in der *Befehl:*-Zeile schreiben. In den meisten Fällen funktioniert es auch, wenn Sie aus dem Konqueror heraus das Dokument-Icon auf ein Programm-Icon fallen lassen. Die Software versucht dann, das Dokument zu öffnen.

Die eigentlichen Zuordnungen und auch die Reihenfolge der zugeordneten Programme können Sie in den Einstellungen des Konquerors im Register DATEIZUORDNUNGEN einstellen.

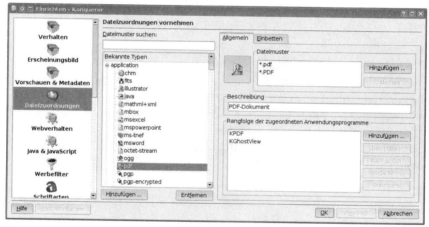

Dateitypen per Endung im Konqueror festlegen

Icons für alles andere. Wenn Sie sich die Eigenschaften der Icons für *Netzwerk-Browser*, *System* oder *Arbeitsplatz* (welche es gibt und wie sie heißen, ändert sich bei jeder KDE-Version aufs Neue und ist darüber hinaus auch noch fast bei jeder Distribution ein klein wenig anders) z.B. auf einem SUSE-Desktop genauer ansehen, stellen Sie fest, dass hier keine Dateien als Ziele angegeben sind, sondern seltsame URL-Namen. Sie heißen z.B. unter anderem *system:/*, *sysinfo:/*, und diese Namen ändern sich auch bei jeder neuen KDE-Version. Diese URLs bieten Dienste an, die Hilfsprogramme von KDE, sogenannte *kioslaves*, bereitstellen. Der Knopf mit der Beschriftung SYSTEM (wenn es ihn in der aktuellen Version noch geben wird) z.B. zeigt verschiedene Unter-Icons (siehe Abbildung 4-33) mit allen Heimatverzeichnissen, dem Heimatverzeichnis des angemeldeten Benutzers (das es bei allen Heimatverzeichnissen ebenfalls gegeben hätte), aber auch allen vorgefundenen Partitionen – also auch eingesteckten Memory-Sticks oder CD/DVDs. In dieser Ansicht kann man zwar nicht den Mountpunkt oder den Namen der Partition sehen, aber das sind wohl Dinge, die den Linux-Einsteiger zunächst nicht interessieren, wenn er mit einem Mausklick auf das Speichermedium zugreifen kann. Außerdem sehen Sie Netzwerkressourcen, soweit sie aus dem Windows-Netzwerk stammen.

Abbildung 4-33: Direkter Zugriff auf Speichermedien

Geräte- und Dienste-Icons können Sie neu erzeugen, indem Sie mit der rechten Maustaste auf einer freien Fläche NEU ERSTELLEN → DATEI → VERKNÜPFUNG ZU ADRESSE (URL) oder NEU ERSTELLEN → GERÄT → ... auswählen. Das müssen Sie aber aller Voraussicht nach niemals tun, denn das System-Icon gibt es schon, und Geräte wie Festplatten, CD-ROMs oder USB-Sticks etc. werden von KDE entweder automatisch als Icon angezeigt oder als Teil des System-Icons. Wollen Sie Einzel-Icons haben, so können Sie dies im Kontrollzentrum unter ARBEITSFLÄCHE → VERHALTEN (und dort im Register GERÄTE-SYMBOLE) einschalten (siehe Abbildung 4-34). Geräte, die Sie nicht angezeigt bekommen wollen, klicken Sie dort einfach aus.

Der Konqueror

KDE hat ein zentrales Werkzeug: den Konqueror. Er ist das, was Sie von Windows her als Explorer (für Dateien und für das Internet) kennen, aber in einer einzigen Software vereint. Das ist in der Unix/Linux-Philosophie eigentlich ungewöhnlich, denn normalerweise sind die »Eier legenden Wollmilchsäue« eher eine Spezialität von Windows. Dort kam aber die Softwareeinheit einerseits aus rechtlichen Gründen nicht zustande, andererseits aber auch, weil Microsoft es nicht schaffte, den Explorer sicher genug für das Internet zu machen.

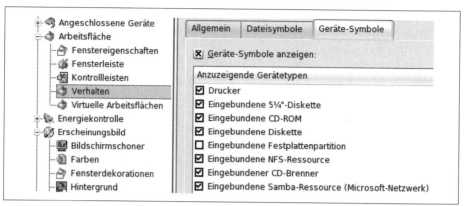

Abbildung 4-34: Welche Geräte sollen automatisch als Icon auf dem Desktop erscheinen?

Das KDE-Team machte da weiter, wo Windows aufhörte: Wie der Explorer (Datei) ist der Konqueror gleichzeitig Lieferant des Desktops, primäres Dateiwerkzeug und Internet-Browser, aber auch Netzwerk-Client und sogar CD-Ripper (Aufzeichnungsgerät). Legt man eine Software nur modular genug an, kann das anscheinend auch ohne größere Sicherheitslücken funktionieren. Und dann hat er noch ein paar Extra-Eigenschaften, die man vielleicht nicht vermutet hätte.

Einfache Bedienung

Anders als viele andere Linux-Software verhält sich der Konqueror weitgehend Windows-konform. Das heißt, Sie können Dateien zwischen Konqueror-Fenstern verschieben, kopieren, Dateien und Verzeichnisse anlegen und vieles andere, ohne sich groß umstellen zu müssen. Allerdings machen Umsteiger aus alter Gewohnheit zuerst alles doppelt. Ein Programm startet KDE nach nur einem einfachen Klick, und Verzeichnisse betritt der Konqueror mit nur einem Klick – und das macht einem schon zu schaffen, wenn man direkt von Windows kommt. Aber keine Sorge, Ihr nervöser Klick-Finger wird bald von allein ruhiger.

Erforschen Sie den Konqueror: Wenn Sie mit der Maus über eine Datei im Konqueror fahren, dann bekommen Sie eine Zusammenfassung der Dateiinformationen, ja sogar deren Inhalte angezeigt (siehe Abbildung 4-35). Das funktioniert nicht mit jedem Format, aber doch erstaunlich oft. Grafikformate, die nicht gleich mit einem Mini-Bild herausrücken, können mit dem häufig mitinstallierten *Kuickshow* oder *Gwenview* (das sich dann im Menü der rechten Maustaste findet) sichtbar gemacht werden. Bei kompliziert komprimierten Formaten wie den Dateien des OpenOffice.org-Pakets kann der Konqueror zwar nicht den Inhalt der Datei anzeigen, verrät aber immerhin deren Dateigröße etc.

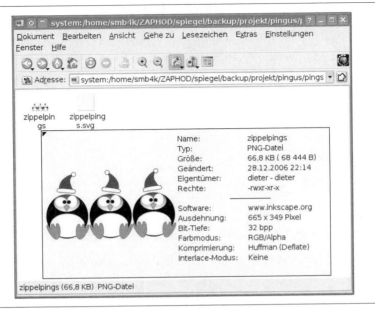

Abbildung 4-35: Dateivorschau beim Überstreichen eines Datei-Icons mit der Maus.

> ## Shell und Konqueror sind kein Widerspruch!
>
>
> Sollten Sie nach all dem Maus-Geschubse langsam Sehnsucht nach einer Shell bekommen haben, versuchen Sie doch einmal EXTRAS → TERMINAL ÖFFNEN... (funktioniert auch mit der F4-Taste): Schon springt eine Konsole auf, und sie zeigt auf das gleiche Verzeichnis wie der aktuelle Konqueror. Es kommt noch besser: Wenn Sie ein Datei- oder Verzeichnis-Icon aus einem Konqueror herausziehen und auf die Konsole bzw. das Terminal fallen lassen, bietet Ihnen KDE verschiedene Möglichkeiten an, wie es damit umgehen soll: Sie können den Datei- oder Verzeichnisnamen dort einfügen (alles ist besser als selbst zu tippen, nicht wahr, liebe Mausologen?), bei Verzeichnissen gleich dorthin wechseln und haben eine Reihe anderer Möglichkeiten. Versuchen Sie es selbst!
>
> Im Menüpunkt FENSTER wartet neben der üblichen Fenster-Teilerei auch noch die Möglichkeit, unten am Konqueror eine Shell anzudocken. Dann haben Sie beides nebeneinander. Wer's mag ...

Fenster unterteilen und kombinieren

Wie unter Windows können Sie praktisch beliebig viele Konqueror-Fenster nebeneinander öffnen. Das kennen Sie: Damit kopiert oder verschiebt man z.B. Dateien von einem Dateimanager-Fenster ins nächste. Konqueror geht hier noch ein Stückchen weiter (alle Schalter für das Folgende finden Sie in der Menüleiste unter FENSTER):

- Ähnlich wie bei einem Tabellenkalkulationsprogramm oder bei Norton Commander für Windows können Sie mit ANSICHT IN LINKE UND RECHTE HÄLFTE TEILEN das Fenster halbieren und zwei verschiedene Verzeichnisse nebeneinander anzeigen lassen – oder auch übereinander mit ANSICHT IN OBERE UND UNTERE HÄLFTE TEILEN (siehe Abbildung 4-36).

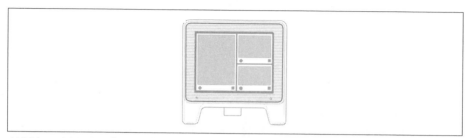

Abbildung 4-36: Geteilte Ansichten legen mehrere Konqueror-Teilfenster nebeneinander.

- Sie können (wie bei einem Tabellenkalkulationsprogramm) zwei Fenster miteinander verketten. Wechseln Sie das Verzeichnis in dem einen Teilfenster, wechselt das andere Fenster mit. Das ist sehr praktisch, wenn man verschiedene Ansichten eines sehr großen Dateibestands im Blick behalten will.
- Ein einmal geteiltes Fenster können Sie auch noch weiter unterteilen.

Das jeweils aktive Teilfenster ist mit einem grünen Punkt in der linken unteren Ecke der Statusleiste gekennzeichnet. Der Schalter zum Verketten von Fenstern ist ein Viereck in der rechten Ecke der Statusleiste.

Anstatt das Fenster zu unterteilen, können Sie auch mit Unterfenstern arbeiten. Die Unterteilungsbeispiele sorgen leider dafür, dass die Fläche eines Konqueror-Fensters halbiert oder sonstwie unterteilt wird. Die Folge davon ist, dass die sichtbare, zur Verfügung stehende Fläche jeweils auch kleiner ist. Unterfenster legen die Fenster dagegen wie eine Schichttorte übereinander. Das kennen Sie womöglich schon von anderen Browsern, dort wird es »Tabbed Browsing« genannt. Jedes geöffnete Konqueror-Fenster bekommt eine Registerlasche, damit man die Browser-Schicht nach oben holen kann (siehe Abbildung 4-37).

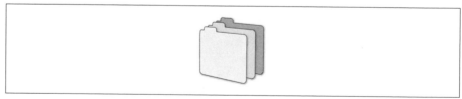

Abbildung 4-37: Unterfenster mit Registern legen die Ansichten hintereinander.

Sobald Unterfenster mit Registern vorhanden sind, zeigt Konqueror links neben den Registern auch noch einen Schalter an, mit dem Sie weitere Register (Unterfenster) erzeugen können (siehe Abbildung 4-38). Ach ja, und man kann auch mischen: Einzelne Unterfenster können auch unterteilt sein, während andere am Stück bleiben.

Abbildung 4-38: Register zeigen zwei Unterfenster an, hier das Verzeichnis /home und einen leeren Webbrowser.

Schließlich wäre da noch die Option FENSTER → NAVIGATIONSBEREICH ANZEIGEN. Dies schaltet einen Anzeigebereich ganz links am Konqueror-Fenster ein und aus, der sich *Navigatorfenster* nennt. Um diesen Anzeigeteil geht es im nächsten Abschnitt.

Erkunden Sie jetzt doch erst einmal eine Reihe von Möglichkeiten mit dem Dateimanager Konqueror:

- Öffnen Sie einen Konqueror in Ihrem Heimatverzeichnis, indem Sie auf das Haus-Icon klicken oder auf das eventuell auf dem Desktop liegende Icon mit dem Titel »Heimatverzeichnis von ...« oder neuerdings auch auf »Eigene Dateien«.
- Unterteilen Sie das Konqueror-Fenster mit FENSTER → ANSICHT IN LINKE UND RECHTE HÄLFTE TEILEN. Klicken Sie einmal in die eine Hälfte, dann in die andere Hälfte des Konquerors. Beobachten Sie, wie die grüne Anzeige das aktive Fenster anzeigt.
- Verketten Sie nun die beiden Fenster miteinander, indem Sie in das kleine Quadrat in der rechten unteren Ecke des Konqueror-Fensters hineinklicken. Wenn Sie in einer der beiden Ansichten das Verzeichnis wechseln, was passiert dann in der zweiten Ansicht?
- Lösen Sie die Verkettung. Wenn Sie jetzt das Verzeichnis wechseln, was passiert dann?
- Schließen Sie eine der beiden Ansichten, indem Sie FENSTER → AKTIVE ANSICHT SCHLIESSEN wählen.
- Öffnen Sie nun ein Unterfenster, indem Sie FENSTER → NEUES UNTERFENSTER anklicken. Wechseln Sie von einem Register zum anderen, und bewegen Sie sich auch im Dateisystem umher.
- Vergessen Sie dabei nicht, auch einmal Dateien von einem Teilfenster in ein anderes zu verschieben und zu kopieren. Und erforschen Sie auch die Optionen KOMPRIMIEREN und ENTPACKEN in der rechten Maustaste. Dort hat Konqueror einen WinZip-ähnlichen Packer namens *Ark* integriert. Den finden Sie natürlich auch im Hauptmenü wieder.

Wenn Sie hartnäckig immer wieder die rechte Maustaste über Dateien, Register-Ohren und sonstigen Bedienelementen ausprobieren, werden Sie bald feststellen, dass die Anzahl der Bedienmöglichkeiten schier überwältigend ist. Das sind aber noch nicht alle, denn die Menüs haben wir noch gar nicht erforscht.

Der Navigationsbereich

Das kennen Sie auch schon aus Windows: Der Browser hat links einen Bereich, der einen Dateibaum usw. anzeigen kann. Bei Konqueror heißt diese Fläche *Navigationsbereich*; Sie können dieses wertvolle Hilfsmittel über den Menüpunkt FENSTER → NAVIGATIONSBEREICH ein- oder ausschalten.

Die Standardeinstellung ist zwar meist, dass der Navigationsbereich eingeschaltet ist, aber Sie sehen noch nichts davon. Aus Platzgründen ist er zusammengefaltet. Das muss auch so sein, denn Sie können auf dieser Fläche ein knappes Dutzend verschiedene Dinge anzeigen lassen. Deshalb gibt es als Antwort auf das Einschalten des Navigationsbereichs nur die *Navigationsleiste* (sie wird oft auch nur *Sidebar* genannt) am linken Rand des Konquerors zu sehen. Erst wenn Sie eine der Tasten anklicken, klappt ein dazugehöriger Bereich aus, der Platz in Ihrem Konqueror-Fenster in Anspruch nimmt (siehe Abbildung 4-39). Auch die angeklickte Taste wird dann breiter, und mit einem weiteren Klick auf die aufgeklappte Taste klappen der Navigator-Bereich und die Taste wieder ein.

Wenn Sie mit der rechten Maustaste auf jeden dieser Knöpfe zeigen, wird Ihnen übrigens vorab erklärt, was es zu sehen geben wird, wenn Sie den Knopf drücken – aber nicht alle Erklärungen sind auf Anhieb wirklich erhellend. Wählen Sie besser den praktischen Ansatz, und probieren Sie ein paar der Knöpfe aus.

Die Konqueror Navigationsleiste

Die folgende Abbildung zeigt eine Auswahl der Ansichten, die die Konqueror Navigationsleiste (siehe Abbildung 4-40) bietet: Ein roter Ordner mit dem Titel BASIS-ORDNER zeigt den Ursprung des Dateisystems (links). Natürlich könnten Sie sich auch immer vom Heimatverzeichnis aus nach oben klicken, um diesen Punkt zu erreichen. Aber es wäre doch sehr lästig, sollte das die einzige Alternative sein. Alle Laufwerke und Partitionen, die Ihr System erkannt hat, können Sie sich im SYSTEM-Knopf ansehen. Diese Navigationsansicht entspricht 1:1 dem System-Icon auf dem KDE-Desktop. Nur weil sie dort angezeigt werden, bedeutet das aber noch nicht, dass diese Partitionen (Laufwerke) auch schon ins System eingebunden (gemountet) sind. Wenn aber alles richtig vorbereitet ist[6] (siehe den Abschnitt über das Mounten), dann können Sie hier mit einem Mausklick auf diese Festplatten zugreifen, denn der Mausklick löst das Einbinden aus. Die Grenze zwischen dem »loka-

---

6   In der Datei */etc/fstab* muss eine Zeile angelegt sein, die einen gültigen Mountpunkt für das Gerät und zugleich die Option *user* enthält. Nur dann darf ein normaler Benutzer das Mounten selbst auslösen.

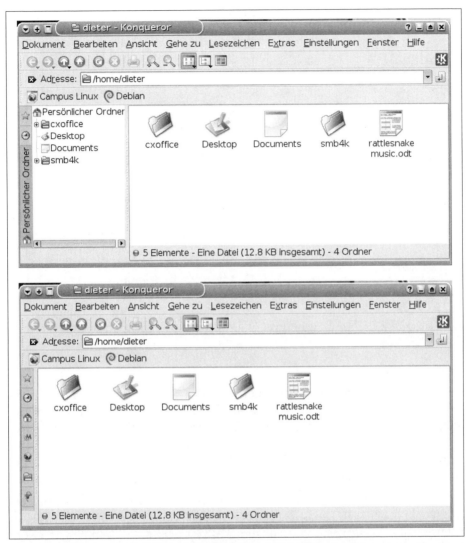

Abbildung 4-39: Heimatverzeichnis mit (oben) und ohne Navigationsbereich

len« Dateimanager und dem Webbrowser Konqueror verschwimmt, wenn Sie auf den gelben Stern (für die Lesezeichen) oder den Button mit der Uhr (eine Anzeige der History-Liste des Webbrowsers) klicken. Konqueror ist nun einmal beides.

 Einzelne Adressen entfernen Sie aus der Browser-History, indem Sie sie im Navigationsbereich mit der rechten Maustaste anklicken und dann EINTRAG ENTFERNEN wählen. In der Konqueror-Konfiguration dagegen können Sie die History-Liste nur komplett löschen.

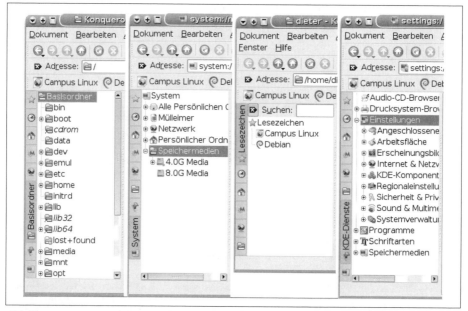

Abbildung 4-40: KDE-Navigationsbereiche (von links): Basisordner, System, Lesezeichen und KDE-Dienste.

Die KDE-Dienste

Leistungsstark und bei jeder Distribution zu finden ist ein Button mit einer kleinen roten Flagge. Der hat es in sich, denn er enthält die KDE-DIENSTE. Einerseits sind das eher langweilige Dinge wie die Schriftenverwaltung (mit einem allerdings beeindruckenden Font-Viewer) und noch einmal die SPEICHERMEDIEN von vorhin. Dann aber stellen Sie fest, dass sich hier eine komplette Druckerverwaltung verbirgt, die Sie später (siehe das Kapitel über das Drucksystem CUPS) noch einmal gut brauchen können.

Ein Schmuckstück ist jedoch der unscheinbar als AUDIO-CD-BROWSER bezeichnete erste Punkt in der KDE-Diensteliste. Legen Sie doch einmal eine Musik-CD ins CD-Laufwerk, und klicken Sie dann den Eintrag AUDIO-CD-BROWSER an. Was der Konqueror Ihnen da anzeigt, ist deutlich mehr als nur der Inhalt Ihrer Musik-CD.

Auf der CD liegen normalerweise nur die *cda*-Dateien (CD Audio[7]), die die Musik enthalten. Konqueror macht daraus aber viel mehr. Erstmal zeigt Konqueror die Namen der Musikstücke an (vorausgesetzt natürlich, die entsprechende Information liegt als Beschreibungsdatei auf der CD, oder ein *cddb-Server* ist erreichbar, der den Namen des Musikalbums liefern kann). Darüber hinaus legt Konqueror aber auch noch Pseudo-Unterverzeichnisse für die gleichen Dateien an, in denen die

---

[7] Eine schöne Gegenüberstellung verschiedener Audio-Formate (auf Englisch) gibt es auf der Seite *http://www.mediamonkey.com/mp3-ogg-wma-audio-faq.htm*.

Musik-Dateien scheinbar bereits konvertiert vorliegen – und das eben nicht nur im ursprünglichen *cda*-Format, sondern auch in den beiden völlig lizenzfreien Internet-Musikformaten *Ogg-Vorbis* (das im Gegensatz zu *wav* oder *cda* komprimiert ist) und *flac*[8] sowie als *mp3* (nicht lizenzfrei; siehe Abbildung 4-41).

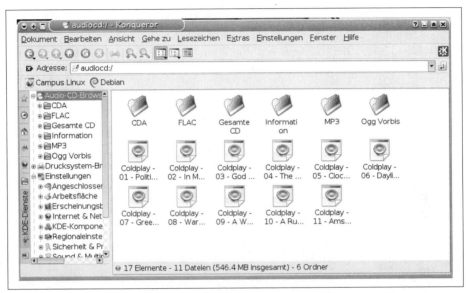

Abbildung 4-41: Musik im Konqueror: nicht nur Anzeige, sondern Kopieren und Konvertieren inklusive

Diese Dateien liegen natürlich nicht wirklich alle auf der CD. Doch in dem Moment, wenn Sie die Dateien aus dem entsprechenden »Unterverzeichnis« z.B. auf die Festplatte kopieren, konvertiert der Konqueror die Musikstücke von der CD auf dem Weg zur Festplatte in das gewünschte Zielformat. Solche Software kostet unter Windows normalerweise zusätzliches Geld, und sie ist nicht so schön integriert wie bei KDE. Diesen Konvertierdienst können Sie auch direkt anwählen, indem Sie am Konqueror die besondere URL *audiocd:/* eintippen.

Pseudo-URLs und Webkurzbefehle

Die »besonderen« URLs sind eine der stärkeren Funktionen des Konqueror Webbrowsers. Klicken Sie einmal in den KDE-Diensten auf die Gruppenursprünge AUDIO-CD-BROWSER, DRUCKSYSTEM-BROWSER, GERÄTE und SCHRIFTEN. Achten Sie dabei auf die Begriffe, die sich in der URL-Zeile des Konquerors zeigen: *drives:/*, *print:/*, *font:/* und *audiocd:/* sind Pseudo-URLs, die der Konqueror benutzt, damit Sie seine KDE-eigenen Dienste ansprechen können.

---

8 *flac* liefert der Konqueror erst ab KDE Version 3.3.0, d.h. bei SUSE ab Version 9.2.

Aber das sind beileibe noch nicht alle Möglichkeiten auf diesem Gebiet. Werfen Sie einen Blick in die Konfiguration des Konquerors unter EINSTELLUNGEN → KONQUEROR EINRICHTEN... (siehe Abbildung 4-42). Dass sich dort Proxy-Einstellungen, Cookie-Listen und anderer Kram verbergen, wundert natürlich wenig. Aber etwas Besonderes sind die WEB-TASTENKÜRZEL. Sie erweitern die Lesezeichenliste um eine genial einfache und praktische Funktion: Webadressen, die Sie häufig für Abfragen etc. gebrauchen, müssen Sie nicht immer aus den (im Laufe der Zeit oft unübersichtlichen) Lesezeichen herausholen. Sie können solche Adressen für Ihren Konqueror als Pseudo-URL definieren.

Abbildung 4-42: Web-Tastenkürzel in der Konqueror-Konfiguration

Wie funktioniert das? Nehmen wir als Beispiel *www.leo.org*: Das Deutsch-Englisch/Englisch-Deutsch-Wörterbuch der Technischen Universität München ist für viele schon unverzichtbar geworden. Anstatt nun den Eintrag *www.leo.org* oder sogar *http://dict.leo.org* in der Lesezeichenverwaltung zu führen und dann erst den Suchbegriff eingeben zu können, fragen Sie einfach den Begriff ab. Nach der Vokabel *stealth* suchen Sie z.B., indem Sie in der Adresse-Zeile *leo:stealth* eingeben – schon erscheint die gesuchte Vokabel (siehe Abbildung 4-43). Das glauben Sie nicht? Versuchen Sie's!

Der Unterschied zwischen diesen beiden Arten von Pseudo-URLs liegt auf der Hand: Das eine ist ein einfacher und sinnvoller Einstieg in KDE-Dienste. Sie können – außer, Sie sind ein KDE-Programmierer – solche URLs auch nicht einfach erfinden. Welche Software da im Hintergrund an welchen Strippen zieht, damit wir die Dienstanzeige im Internetbrowser zu sehen bekommen, das wissen wir als Anwender in der Regel nicht.

Abbildung 4-43: Mit »leo:stealth« gesucht, kommt diese Ausgabe heraus.

Die andere Art von Pseudo-URL dagegen ist eine eigenhändige Definition von frei erfundenen URL-Namen, die in der praktischen Funktion letztendlich aber nur eine etwas andere Schreibweise für eine Art Browser-Lesezeichen sind. Da wir sowohl die URL-Namen weitgehend selbst definieren können als auch das Webkommando selbst eintippen müssen, können wir dort jedenfalls genau wissen, was diese Pseudo-URL tut.

Die KDE-Hilfefunktion

Nachdem Sie nun ein paar der grundlegenden Dinge über KDE gelernt haben, können Sie Ihr Wissen mit der Hilfefunktion von KDE ausbauen. Das ist vermutlich notwendig, denn auf diesen wenigen Seiten auch nur annähernd die wichtigsten KDE-Funktionen zu zeigen, ist schlicht unmöglich. Dieses Buch soll Sie neugierig machen – auch darauf, was in der Hilfe steht.

Die Dokumentation für KDE ist ein sehr großes Handbuch im HTML-Format, das meist recht aktuell die Software beschreibt, mit der Sie gerade kämpfen. Überdies gibt es bei dieser Oberfläche auch die bewährte kontextsensitive »Shift-F1-Hilfefunktion«. Diese Hilfe öffnet eine Sprechblase genau an der Stelle zum Thema z.B. des Buttons, den Sie nach Eingabe der Tastenkombination Shift-F1 angeklickt haben. Nach einem Klick z.B. auf den Einfügen-Button im Konqueror erklärt eine Sprechblase, was die Hilfe zum Thema »Zwischenablage« weiß (siehe Abbildung 4-44).

Zu jedem Einzelthema (und darüber hinaus auch über KDE im Allgemeinen) gibt es Dokumentations- und Hilfetexte in der großen KDE-Hilfe. Wenn die Software, um die es geht, aber noch nicht besonders alt und erprobt ist, kann man durchaus auf halb leere oder noch gar nicht geschriebene Kapitel stoßen. Bisweilen gibt es noch keine deutsche Übersetzung, nur das englischsprachige Original.

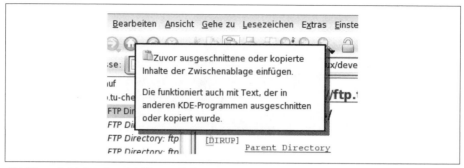

Abbildung 4-44: Die Direkthilfe mit Shift-F1 zeigt eine Erklärung zum angeklickten Button.

Wenn die Dokumentation auf Ihrem Rechner nicht zufriedenstellend ist, können Sie normalerweise auf der Webseite *www.kde.org* einen englischsprachigen Einstieg zum Thema finden. Dort gibt es dann auf jeden Fall die entsprechenden Links zum Hersteller der Software, wo oft noch wesentlich detailliertere Beschreibungen auf Sie warten.

SUSE Sonderbar

In ihrer Einstellung, alles ein klein wenig anders zu machen als die anderen, passen Novell und SUSE in der Tat sehr gut zusammen. Wer sich zwar für SUSE oder openSUSE Version 10.3 entschieden hatte, aber entgegen der Firmenlinie lieber KDE statt den GNOME installierte, konnte das hautnah erleben. Anstatt einen durchaus veränderten K-Knopf vorzufinden, den SUSE immer schon hatte, gab es diesmal eine ausprogrammierte Chamäleon-De-luxe-Variante (siehe Abbildung 4-45). Das SUSE-Chamäleon wechselt beim Überstreichen mit der Maus tatsächlich die Farbe von Grün über Orange nach Rot, außerdem folgt das Auge des Wappentiers der Maus.

Dieses Startmenü bedient sich vollständig anders als der KDE-Standard und ist nach SUSEs Bekunden natürlich viel benutzerfreundlicher. Im Wesentlichen besteht das neue K-Menü aus fünf Registern, in denen Programmstarter untergebracht sind. Wer sich einmal daran gewöhnt hat, den Start-Knopf zum Beenden der KDE-Oberfläche zu brauchen, lernt nun dazu, dass man dazu vorher auf das letzte Register wechseln muss. Was man nicht alles tut, um die Leute auf die Windows Vista-Oberfläche vorzubereiten ...

Viele Einsteiger finden es bestimmt hilfreich, eine Software, die sie sonst nicht gefunden hätten, über die Suchen-Funktion (ganz oben) finden zu können. Im ersten, dem FAVORITEN-Register ist eine Auswahl von Software untergebracht, die SUSE wohl als die am häufigsten benötigte betrachtet. Sie können die Zusammenstellung aber einfach mit der rechten Maustaste ändern: Was zu viel ist, klicken Sie mit der rechten Maustaste an und werfen es mit dem Menüpunkt AUS FAVORITEN ENTFERNEN raus. Was Sie dagegen in Untermenüs an Nützlichem gefunden haben,

Abbildung 4-45: Programmstarter auf verschiedene Register verteilt

können Sie ebenfalls mit der rechten Maustaste ZU FAVORITEN HINZUFÜGEN. Programme, die Sie tatsächlich häufiger aufgerufen haben, finden Sie im zweiten, dem VERLAUFS-Register. Das ist freilich auch ein interessanter Ort zur Rekrutierung von »Favoriten«. An dritter Stelle, mit der Überschrift COMPUTER, finden Sie das wichtigste Administrationswerkzeug, den YaST. Was Sie selbst und direkt aus dem Menü aufrufen wollen, findet sich tatsächlich erst an vorletzter Stelle, gleich vor dem Abmelden-Register: die PROGRAMME. So sinnvoll manche Bereiche dieses Menüknopfes sein mögen – weil sich das Knopf-Fenster nicht vergrößern kann, um sich an das Angebot anzupassen, erscheint eine Laufleiste auf der rechten Seite des Fensters, wenn mehr Einträge da sind, als hineinpassen. Jetzt können Sie die Programmgruppe anklicken, z.B. die BÜROPROGRAMME oder MULTIMEDIA. Dabei rollt die aufgerufene Obergruppe seitlich weg, und Sie befinden sich nun in einer Untergruppe. Eventuell müssen Sie noch in eine zweite Untergruppe hinabsteigen, bis die gewünschte Software auftaucht. Zurück können Sie nur, wenn Sie einen nach links zeigenden Pfeil anklicken, der sich auf der linken Seite des Knopf-Fensters befindet. Dabei verliert man aber leicht den Überblick über das Programmmenü. Ein Stöbern nach dem Motto »Was haben wir denn da?«, wie man es von früher gewohnt war, ist auf diese Weise einfach nicht möglich. Selbst für mich als gewieften SUSE-Benutzer war auf Anhieb die Suchfunktion tatsächlich immer die schnellste Art, an die gesuchte Software zu kommen. Allerdings weiß ein Ein- oder Umsteiger in der Regel einfach noch nicht, wonach er suchen soll.

Jetzt die gute Nachricht: Wenn Sie mit der rechten Maustaste auf das grün/rote Chamäleon klicken und im Mausmenü den Punkt ZU KDE-MENÜSTIL WECHSELN wählen (siehe Abbildung 4-46), können Sie problemlos zum original KDE-Menüstil wechseln – und zurück, wenn Sie wollen.

Abbildung 4-46: Das Menü-Monster abschalten

GNOME

Auch bei GNOME gibt es für den Windows-Umsteiger auf den ersten Blick wenig Überraschungen: Es gibt meist einen Start-Knopf, eine oder mehrere Funktionsleisten am Bildschirmrand, und auf dem Desktop liegen Icons. Was bei KDE Kontrollleisten heißt, sind bei GNOME die *Panels*. Die Icons können installierte Programme repräsentieren oder Darstellungen von CD-ROM-Laufwerken oder auch Netzwerkressourcen sein. Das Ganze wird von einem leistungsfähigen Dateimanager namens Nautilus abgerundet, um den es in einem eigenen Unterkapitel geht.

Zur Zeit der Drucklegung dieses Buches war gerade die Version 2.20 veröffentlicht worden. Sie war noch nicht in den Distributionen enthalten, das sollte aber bald der Fall sein, und danach kommen wieder neue Versionen. GNOME veröffentlicht im Jahr drei bis vier Versionsnummern (es sind immer gerade Zahlen). Blicken Sie also nicht auf die Versionsnummer allein, sondern auf die Funktion. Lassen Sie sich nicht beirren: Bis auf Kleinigkeiten ändert sich in der Bedienung relativ wenig.

KDE und GNOME sind sich in der Bedienung ziemlich ähnlich. Welchem der beiden Sie den Vorzug geben, ist daher eigentlich reine Geschmackssache. Lassen Sie sich ruhig davon leiten, welcher der beiden Oberflächen Ihre Distribution den Vorzug gibt. Mandriva und viele andere Distributionen bevorzugen im Moment KDE. Bei von Red Hat/Fedora Core abstammenden Distributionen – und mittlerweile auch SUSE – ist es GNOME. Aber alle diese Distributionen liefern beide Oberflächen mit, und Sie haben die Wahl, schon bei der Installation die andere jeweils mitzuinstallieren oder später nachzuinstallieren.

Das Spannende an GNOME ist, dass es eigentlich »gesichtslos« ist, es arbeitet auf den gängigen Systemen meist mit einem Window-Manager namens *Metacity* zusammen. Was Sie dann auf der Oberfläche sehen, ist ein Zusammenspiel der Eigenschaften beider Oberflächenprogramme. Metacity kann z.B. Themes darstellen, und das allein kann dafür sorgen, dass das Aussehen der gleichen Kombination bei verschiedenen Distributionen große Unterschiede aufweisen kann. Doch selbst der komplette Window-Manager könnte ein anderer sein. Doch keine Panik, dies soll lediglich Folgendes ausdrücken: GNOME kann auf verschiedenen Distributionen sehr unterschiedlich aussehen. Die Schilderung hier stützt sich auf den Standard-Window-Manager *Metacity* in den beiden gängigen Themes *Bluecurve* für die Red Hat-artigen wie Fedora etc. und *Galaxy* bzw. dessen Nachfolger *la Ora* bei Mandrake/Mandriva und gilt auch für das *Human*-Theme bei Ubuntu.

Ach ja: Novell/Ximian haben auch für diese Oberfläche bei der SUSE einen völlig neuen Startknopf programmieren lassen.

Das Hauptmenü

Links unten befindet sich bei GNOME häufig ein Start-Button (siehe Abbildung 4-47, links). Das erhöht die Akzeptanz bei Windows-Umsteigern, die nicht lange nach der Software herumsuchen wollen. Unkonfiguriert zeigt dieser Start-Knopf den Fußabdruck des Zwergs (Gnome = Zwerg) und mit etwas Fantasie stellt diese Grafik auch ein stilisiertes G dar. Üblicherweise tauschen die Designer der Distributoren diese Grafik aber gegen ein Firmenlogo aus. Wird der Zwergenfuß/der rote Hut/der Stern/der Ubuntu-Ring angeklickt, klappt er wie ein Windows-Start-Knopf das Hauptmenü aus. (Zu den Besonderheiten des SUSE-Knopfs komme ich im Anschluss.)

Bei verschiedenen Distributionen ist jedoch auch ein Haupt-Panel am oberen Bildschirmrand untergebracht, das (ebenfalls links) ein Start-Menü mit Anwendungen und Aktionen besitzt. Ist das eine Verbeugung vor den Apple Macintosh-Benutzern? Linux macht es möglich, und Sie werden sich trotzdem leicht zurechtfinden (siehe Abbildung 4-47, rechts).

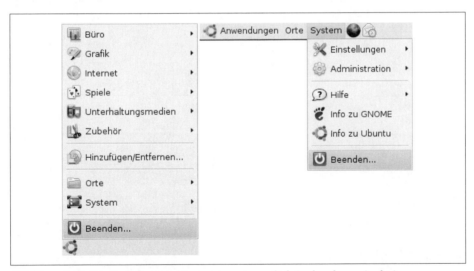

Abbildung 4-47: Die Start-Buttons können am unteren (links) oder oberen (rechts) Bildschirmrand untergebracht sein.

Panels

Start-Knöpfe, Arbeitsflächenumschalter, Fensterliste – die Panels enthalten das Übliche. Rechts außen gibt es vielleicht eine Uhr, einen Lautstärkeregler und Buttons zum Sperren des Bildschirms oder zum Abmelden. Fehlt links unten der Start-Knopf, dann befindet er sich eben im Panel am oberen Bildschirmrand. Seit etlichen Versionen gibt es bei GNOME ein schickes dreiteiliges Hauptmenü, das sich in die drei Begriffe ANWENDUNGEN, ORTE und SYSTEM unterteilt, aber zusammengehört. Das ist recht übersichtlich; das Abmelden befindet sich z.B. unter SYSTEM. Wer das nicht mag, kann sich aus dem Fundus für Panel-Bewohner das traditionelle Hauptmenü aussuchen. Ximian/Novell/SUSE haben sich inzwischen für SLES 10 und OpenSUSE ab Version 10.1 ein neues Hauptmenü ausgedacht, das ein wenig gewöhnungsbedürftig und bisweilen auch recht langsam ist. Aber laut SUSE steigert es die Benutzerfreundlichkeit in ungeahnte Höhen.

Alle Panels können mit der Maus von einer Bildschirmkante zur anderen gezogen werden, wo sie dann einrasten. Das ist einfach. Sie müssen mit der Maus nur einen freien Platz auf dem Panel erwischen, wo Sie nicht versehentlich einen Schalter anklicken. Darin besteht meistens die eigentliche Schwierigkeit. Panels reichen gewöhnlich von einer Bildschirmecke zur gegenüberliegenden, aber man kann sie auch so einstellen, dass sie sich in der Länge an die untergebrachten Programmstart-Icons (die hier *Starter* genannt werden) anpassen. Außerdem können GNOME-Panels (wenn sie nicht die ganze Bildschirmseite ausfüllen) mit der Maus beliebig entlang der Bildschirmkante verschoben oder sogar mitten auf dem Bildschirm abgelegt werden. Das wird in Abbildung 4-48 verdeutlicht.

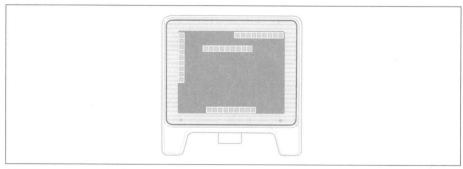

Abbildung 4-48: Möglichkeiten, Panels bei GNOME zu positionieren: von Ecke zu Ecke, zentriert, am Rand oder frei schwebend

Software in Panels einbauen

Obwohl die Distributoren sich Mühe geben, die Ausstattung der Hauptmenüs und Panels für jedermann passend zu machen, können Sie leicht auch eigene Anpassungen vornehmen. Wollen Sie z.B. einen Starter-Button in einem Panel unterbringen, hilft der Start-Knopf sogar mit: Sie suchen sich die gewünschte Software mit der linken Maustaste aus den Menüs des Start-Knopfs aus, als ob Sie die Software starten wollten. Sie drücken jetzt aber nicht die linke Maustaste, sondern die rechte. Solange Sie die Taste gedrückt halten, erscheint ein Auswahlmenü, das unter anderem ALS STARTER ZUM PANEL HINZUFÜGEN anbietet (siehe Abbildung 4-49). Die Software erscheint dann als Starter-Button im Panel.

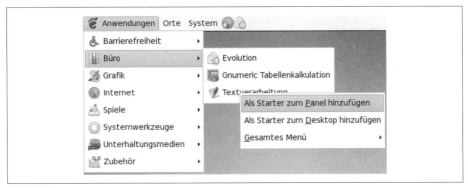

Abbildung 4-49: Einen Starter zum Panel hinzufügen

Es geht sogar noch einfacher: Wenn Sie das gewünschte Programm im Start-Menü nicht anklicken, sondern mit gedrückter Maustaste packen, können Sie es in den Desktop oder auf ein Panel Ihrer Wahl ziehen (im Moment haben wir nur eines, aber das wird sich ändern). Solange Sie das Icon noch ziehend mit der Maus halten, können Sie es beliebig auf dem Panel hin- und herbewegen. Es bleibt dort, wo Sie es fallen lassen. Wenn Sie es nachträglich verschieben wollen, packen Sie es mit der mittleren Maustaste. Der Mauszeiger verwandelt sich sofort in ein Kreuz mit Pfeilspitzen, und das gepackte Element springt – wie beim Bockspringen – über benachbarte Knöpfe hinweg.

 Verschiedene Distributoren haben ihre Icons auch fixiert. Dann müssen Sie die anderen Icons erst befreien. Klicken Sie mit der rechten Maustaste auf die unbeweglichen Icons, und schalten Sie im Mausmenü den letzten Menüpunkt, AUF DEM PANEL SPERREN, aus. Danach können diese Icons ebenfalls hüpfen.

Vom Panel aus können Sie ebenfalls neue Icons und Menüs erstellen: Klicken Sie mit der rechten Maustaste auf ein freies Stück eines Panels, und wählen Sie ZUM PANEL HINZUFÜGEN aus. Dies startet einen Dialog, mithilfe dessen Sie GNOME-Applets oder Programmstarter aus dem Hauptmenü zum Panel hinzufügen können (siehe Abbildung 4-50, oben). Wenn Sie den zweiten Begriff in der Liste, ANWENDUNGSSTARTER..., anwählen und unten WEITER bzw. FORWARD anklicken, zeigt der Dialog alle Menü-Überpunkte des Startmenüs (siehe Abbildung 4-50, unten). Sie können nun einen der Menü-Überpunkte auswählen und unten +ADD anklicken, um das ganze Untermenü des Startmenüs zum Panel hinzuzufügen. Klicken Sie dagegen das Dreieck neben dem Begriff an, dreht das Dreieck sich und klappt die Programmpunkte des Untermenüs aus. So finden Sie alle Einzelprogramme, die sich im Hauptmenü befinden.

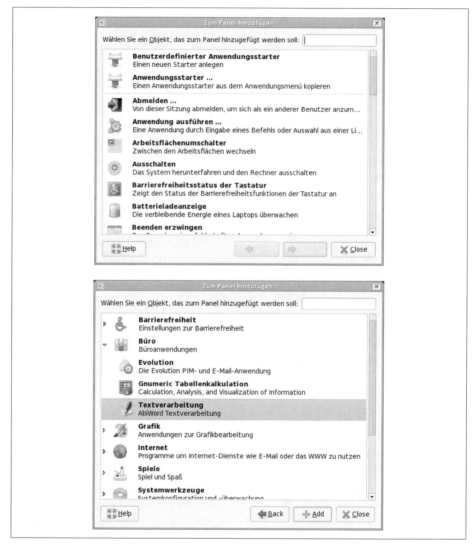

Abbildung 4-50: Panel-Elemente hinzufügen

Spielen Sie ruhig mit dem reichhaltigen Angebot herum. Es gibt z.B. zwei verschiedene *Hauptmenü*s, die Sie den Panels hinzufügen können: Eines startet mit dem traditionellen einzigen GNOME-Knopf, das andere ist das heute weitgehend Standard gewordene dreigeteilte, das als *Menüleiste* bezeichnet wird. Das Angebot der beiden Hauptmenüs ist natürlich sehr ähnlich, aber Sie finden z.B. den Menüpunkt zum Abmelden vom System beim einen im untersten Segment des Hauptknopfes, beim anderen unter SYSTEM in der Menüleiste. Freilich könnten Sie sich auch einen Einzelbutton gönnen, um sich z.B. vom System abzumelden, oder einen Befehl AUSFÜHREN, den Bildschirm SPERREN etc. Darüber hinaus gibt es süße Glotzaugen auszuwählen, die immer in Richtung Maus sehen, oder den berühmten Fisch *Wanda*, der auf Mausklick bisweilen recht »schuppige« Weisheiten von sich gibt.[9] Und wenn Ihnen das alles nicht reicht, bietet der erste Eintrag des Dialogs die Möglichkeit, mit BENUTZERDEFINIERTER ANWENDUNGSSTARTER einen Starter nach Wunsch zu erstellen.

Die meisten Programme in der Liste sind sogenannte *Applets* für GNOME, das sind Kleinprogramme, die das Leben leichter machen können: Es gibt eine Anzeige der Tastatur-Sprachbelegung, einen Arbeitsflächenumschalter, Bildschirm-Sperrer, Systemüberwacher und sogar einen Wetterwächter. Haben Sie Ihr Haupt-Panel über das vernünftige Maß hinaus mit Buttons bestückt, hilft Ihnen wieder die rechte Maustaste. Wenn Sie sie über einem Knopf drücken, der überflüssig ist, dann können Sie im Mausmenü AUS DEM PANEL ENTFERNEN wählen (siehe Abbildung 4-51) – und schon ist er weg.

Abbildung 4-51: Elemente aus einem Panel entfernen: Die Augen blicken sorgenvoll, denn sie sollen gelöscht werden.

Schubladen

Eine interessante Bereicherung der Panels sind die *Schubladen*. Das sind Untermenüs der Panels, die Sie beliebig mit Inhalten versehen können. Zwar können Sie auch aus dem Hauptmenü heraus ganze zusammengehörige Untermenüs in ein Panel aufnehmen (wie gerade gezeigt), aber da können Sie nicht so einfach den Inhalt gestalten. Vielleicht haben Sie ja auch einen ganz raffinierten persönlichen Zauberbutton: Wenn Sie z.B. mit einem einzigen Mausklick Ihre Kundenverwal-

---

9 Ein willkürliches Beispiel: »For a male and female to live continuously together is ... biologically speaking, an extremely unnatural condition.« – Robert Briffault.

tung oder die Jahresbilanz der Firma öffnen wollen, die in einer OpenOffice-Tabelle abgelegt ist, dann wäre dieser Button in einer solchen Schublade besser aufgehoben als für jedermann sichtbar auf dem freien Desktop.

Schubladen können Sie genau so aus dem Menü der rechten Maustaste auf das Panel herausziehen wie die anderen Elemente, die Sie bisher gesehen haben. Klicken Sie die Schublade an, dann klappt sie aus. Eine neue Schublade ist natürlich erst einmal leer; dann aber ziehen Sie andere Knöpfe aus dem Panel (oder auch direkt aus dem Hauptmenü) einfach mit der Maus in die Schublade hinein. Die Buttons reihen sich dann brav aneinander (siehe Abbildung 4-52).

Abbildung 4-52: Schublade leer (links) und mit Icons gefüllt (rechts)

Wenn die Schublade schon gefüllt ist, wird es zunehmend schwerer, mit der Maus eine Lücke zwischen den Schubladen-Elementen zu finden, wo man den neuen Programm-Starter fallen lassen könnte. Da ist es gut, dass man die Schublade auch mit einem Rechtsklick auf das oberste Element (den Einrollknopf mit dem abwärts gerichteten Pfeil) befüllen kann. Die neu eingefügten Elemente werden dabei immer oben angefügt. Wollen Sie einen Knopf innerhalb der Schublade verschieben, so genügt es, ihn mit der mittleren Maustaste zu packen und dort loszulassen, wohin Sie ihn verschieben möchten. Der oberste Knopf mit dem nach unten gerichteten Pfeil rollt die Schublade wieder ein.

Neue Panels erzeugen

Der Menüpunkt PANEL ANLEGEN der rechten Maustaste erzeugt an der nächsten freien Seite des Bildschirms ein neues Panel. Zunächst ist das die obere bzw. die untere Seite, dann links oder rechts. Erscheint Ihr neu erzeugtes Panel nicht an der erwarteten Stelle, dann packen Sie es einfach mit der Maus und ziehen es dorthin, wo es Ihnen passt. Selbst zwei Panels über- oder nebeneinander sind möglich. Eine Ausnahme bildet SUSE: Da ist der Desktop so gesperrt, dass Sie immer zuerst oben, dann rechts und schließlich links Panels erzeugen. Die Panels lassen sich nachträglich auch nicht in allen Punkten verändern, die die Option EIGENSCHAFTEN im Menü der rechten Maustaste anbietet. Normalerweise können Sie für das Panel z.B. einfach die AUSRICHTUNG ändern (siehe Abbildung 4-53), und schon klebt das

Panel an einem anderen Bildschirmrand. GRÖSSE gibt an, wie hoch oder in diesem Fall besser breit (immer vom Bildschirmrand aus gemessen) das Panel wird. Wenn Sie das Panel breiter einstellen, werden die Icons auf ihm ebenfalls breiter.

Ist AUSDEHNEN angekreuzt, nimmt das Panel immer die ganze Breite oder Länge einer Bildschirmkante in Beschlag. Fehlt dieses Kreuz, dann wird das Panel nur so lang wie die Summe aller Icons, die auf ihm untergebracht sind.

Wenn das Panel kürzer ist als die gesamte Bildschirmkantenlänge, können Sie es beliebig mit der Maus entlang der Bildschirmkante verschieben oder es sogar von der Kante wegziehen und frei auf dem Desktop ablegen. AUSRICHTUNG bedeutet bei einem frei schwebenden Panel übrigens, ob die Buttons auf dem Panel horizontal oder vertikal angeordnet sind. Wählen Sie OBEN oder UNTEN, organisiert die Leiste sich horizontal, bei LINKS oder RECHTS richtet sie sich vertikal aus.

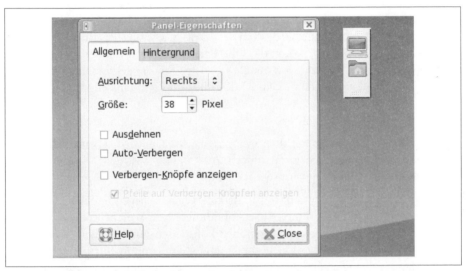
Abbildung 4-53: Ein frei schwebendes Panel und seine Eigenschaften

Ich persönlich mag es ja nicht, wenn eine Buttonleiste (bei Inaktivität) selbsttätig verschwindet und völlig unerwartet wieder hochpoppt, wenn ich mit der Maus zufällig in ihre Nähe komme. Allerdings sieht es für untätige Zuschauer schon sehr beeindruckend aus, wenn so ein Panel sich einfach selbsttätig aufräumt. Wenn Sie auf diesen Effekt nicht verzichten können, dann wählen Sie für Ihr Panel die Eigenschaft AUTO-VERBERGEN.

Sehr hilfreich erscheinen mir dagegen die VERBERGEN-KNÖPFE: Wenn Sie ein Panel gerade nicht benötigen, können Sie es mit den Schaltern am Ende des Panels aufrollen und ordentlich in der Bildschirmecke verstauen lassen. Das Panel erscheint danach nicht mehr unaufgefordert, sondern wartet darauf, dass Sie den pfeilbewehrten Schalter anklicken, damit es sich wieder entrollen kann. Probieren Sie all diese Funktionen aus, um sich damit vertraut zu machen. Farbenfrohe Naturen können (im Register HINTERGRUND) den Panels sogar einen eigenen, z.B. besonders lustigen Hintergrund verpassen. Dabei sind nicht nur die üblichen Farbenspiele möglich, sondern man kann sogar Fotos verwenden. Hat man wirklich so viel Speicher übrig?

Die Oberfläche einstellen

Kommen wir endlich zum Desktop: Auch GNOME hat natürlich eine gewaltige Fülle von Funktionen, die mit rechten, linken und mittleren Mausklicks erreichbar sind. Wie wichtig es ist, dass Sie einfach respektlos herumprobieren, sollte Ihnen ja bis hierher schon deutlich geworden sein ... Darüber hinaus hat GNOME ein browserbasiertes Kontrollzentrum und sogar so etwas wie einen Registry-Editor. Das liegt daran, dass die Konfiguration der Oberfläche in XML-formatierten Konfigurationsdateien hinterlegt ist; der von mir als »Registry-Editor« geschmähte Gconf-Editor ist in Wirklichkeit freilich nur ein XML-Editor für diese Einstellungsdatenbank.

Icons

GNOME unterstützt Icons auf dem Desktop. Das macht ihn – ebenso wie KDE – für Windows-Umsteiger sehr sympathisch. Aufgeräumter ist der Desktop ja, wenn die Icons auf Panels abgelegt sind. Sie haben die Wahl.

Nachdem Sie Ihr Betriebssystem frisch installiert haben, liegen in der Regel bereits mehrere Icons auf dem Desktop (siehe Abbildung 4-54). Welche und wie viele das sind, hat sich über die Jahre und Versionen konsequent und verlässlich verändert. Bei der Version 2.20 waren es links untereinander ein Icon mit einem kleinen Computer, eines für den »Persönlichen Ordner«, (wenn es das gibt) ein weiteres mit dem Bild einer Diskette und/oder eines CD-Laufwerks, und ein Mülleimer. Die Icons habe ich nur nebeneinander angeordnet, damit ich sie besser für das Buch aufnehmen konnte.

Abbildung 4-54: Standard-Icons auf dem GNOME-Desktop

Bisweilen befinden sich auf dem Desktop sogar noch ein zweites Icon mit der Aufschrift »Persönlicher Ordner« und auch ein zweiter Mülleimer, der aber das Icon eines Verzeichnisses hat. Dann haben Sie vermutlich neben GNOME auch noch KDE installiert. Diese beiden Oberflächen benutzen zwar gewisse Dinge (wie das Desktop-Verzeichnis) auf gleiche Weise, aber jede Oberfläche legt ihre eigenen Icons an. Lesen Sie dazu auch den Kasten »Ein grenzüberschreitendes Müll-Thema« auf Seite 153.

Heimwärts. Das Icon *Persönlicher Ordner* ist vermutlich das am wenigsten überraschende, denn das führt Sie natürlich in Ihr Heimatverzeichnis. Ein Doppelklick (je nach Voreinstellung reicht manchmal auch nur einer) auf das Icon öffnet den Dateibrowser für das Verzeichnis. Wenn Sie mit der rechten Maustaste auf das Icon klicken, erscheint ein Menü, das Ihnen mit ÖFFNEN auch noch anbietet, ein einfaches Dateifenster auf das Verzeichnis für Sie zu öffnen. Die Standardeinstellung ist im Moment jedoch MIT DATEI-BROWSER ÖFFNEN (siehe Abbildung 4-55). Wie hieß der damals noch, Explorer? Unserer heißt *Nautilus*, wie das Forschungsschiff des großen Kapitäns Nemo. Weiter unten werden wir uns noch genauer mit ihm befassen.

Abbildung 4-55: Wenn Sie mit der rechten Maustaste auf ein Icon klicken ...

Mit Nautilus an seltsame Orte. Wenn Sie das *Computer*-Icon öffnen, dann sehen Sie immer mehrere automatische Icons. Was es da zu sehen gibt, variiert, denn ein *Floppy*-Icon gibt es nur dann zu sehen, wenn es auch ein Floppy-Laufwerk gibt. Und abhängig davon, ob es ein oder mehrere CD- oder DVD-Laufwerke gibt, die eventuell auch noch Rohlinge brennen können oder nicht, erscheinen hier ein oder mehrere Namen wie *CD-ROM* und *DVD*, außerdem eventuell vielleicht *MP3-Spieler* (allerdings nur dann, wenn Sie an Ihren Rechner z.B. einen USB-Stick, eine externe USB-Festplatte oder Ähnliches angesteckt haben). Immer gibt es das *Dateisystem* (siehe Abbildung 4-56), bisweilen auch *Netzwerk*.

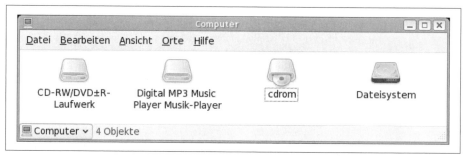

Abbildung 4-56: Das Computer-Icon enthält die verschiedenen Dateisysteme

 Sie sehen hier in gewisser Weise die Gegenstücke der Windows-Laufwerke. Wie genau die Anzeige gestaffelt ist und ob es vielleicht auch Unterverzeichnisse zu sehen gibt (SUSE), hängt von Ihrer Distribution ab. Die Abbildung wurde mit einer Fedora-artigen Distribution und GNOME 2.18 aufgenommen. Unter Debian und SUSE sieht das Pseudo-Verzeichnis wieder anders aus. Mein Tipp: Was Sie nicht sofort zuordnen können, probieren Sie am besten gleich aus. In der Computerwelt ist nichts so beständig wie der Wandel – vor allem im Design.

Das Icon *Dateisystem* steigt immer bei / ein und zeigt Ihnen im Datei-Browser alle Verzeichnisse, die darunter liegen – soweit Sie als normaler Benutzer berechtigt sind, diese zu lesen. Gibt es ein *Floppy*-Icon, dann bindet es eine im Laufwerk befindliche Diskette ins Dateisystem ein und zeigt Ihnen deren Inhalt, wenn Sie mit dem Browser dorthin wechseln. Auch die *MP3-Spieler-* und *CD/DVD*-Laufwerke werden erst in dem Moment herangeholt (*gemountet*), wenn Sie deren Inhalte sehen wollen.

 Allen grafischen Floppy-Mountern zum Trotz: Wenn Sie schnell und sicher die Dateinamen auf einer Diskette sehen wollen, dann öffnen Sie ein Terminal und führen Sie den Befehl `mdir a:` aus (siehe Kapitel 17, Seite 571).

In der Dateimanager-URL wird dieser Ort *computer:///* genannt. Das sieht nun wieder sehr ähnlich aus wie die virtuellen Orte (Pseudo-URLs) unter KDE bzw. dem Konqueror. Sie funktionieren auch genauso. Heute ist es gar nicht mehr so einfach zu sagen, wer mit diesen Spezialorten eigentlich begonnen hat, GNOME oder KDE.

Icons, die nicht während der Laufzeit von der Hardware-Erkennung frisch erzeugt werden, finden Sie im Verzeichnis *Desktop*. Verschiedene Distributionen haben dort Objekte mit freundlichen Namen wie »Welcome« (bzw. »Herzlich Willkommen«) abgelegt. Wenn Sie dann ein Terminal öffnen und die lange Dateiliste (`ls -l`) für dieses Verzeichnis anzeigen lassen, sehen Sie, dass alle diese Dateien die Endung *.desktop* haben. Das ist offenbar bei GNOME genauso wie für Dateien bzw. Programmicons aus der KDE-Welt. Sehen Sie selbst:

Ein grenzüberschreitendes Müll-Thema

Auf GNOME-Oberflächen finden sich oft zwei Mülleimer statt eines einzigen. Einer von beiden sieht aus wie ein »richtiger« Papierkorb, der andere dagegen hat ein Icon, das wie ein Verzeichnis aussieht. Das passiert dann, wenn auf dem gleichen Rechner auch KDE installiert ist.

Der GNOME-Mülleimer ist eigentlich ein Verzeichnis namens *.trash* in Ihrem Heimatverzeichnis. KDE speichert seinen Müll dagegen in dem Verzeichnis *Desktop/Mülleimer* ab. Auch die GNOME-Arbeitsoberfläche »wohnt« in diesem Desktop-Verzeichnis. Wenn Sie KDE nicht brauchen, können Sie den überzähligen Mülleimer (bzw. dessen Verzeichnis) ja löschen; er funktioniert unter GNOME ohnehin nicht richtig. Am besten schieben Sie ihn in den Mülleimer, und ein eventuell vorhandenes überzähliges Icon »Persönliches Verzeichnis« ebenfalls. Wenn Sie KDE brauchen, müssen Sie diese Icons einfach ignorieren.

```
[dieter@raider Desktop]# ls -l
insgesamt 20
-rw-r--r--  1 dieter dieter 4426 Mär  5 11:49 Home.desktop
drwx------  2 dieter dieter 4096 Mär  5 11:49 Mülleimer/
-rw-r--r--  1 dieter dieter 1783 Mär  5 11:49 Welcome.desktop
[dieter@raider Desktop]#
```

Machen Sie sich den Spaß, und erzeugen Sie im Desktop-Verzeichnis einmal eine simple Datei mit der Shell oder Nautilus, indem Sie die rechte Maustaste auf der freien Fläche drücken und aus dem Menü dann DOKUMENT ANLEGEN → LEERE DATEI wählen (siehe Abbildung 4-57).

Abbildung 4-57: Eine Datei auf dem Desktop bzw. im Desktop-Verzeichnis anlegen

Sofort ist die von Ihnen in einem Verzeichnis erzeugte Datei als Icon auf dem Desktop zu sehen (siehe Abbildung 4-58). Wenn Sie die Datei auch noch mit der Endung *.desktop* versehen (indem Sie sie umbenennen), ist die Datei auf den ersten Blick z.B. vom Persönlichen Ordner unter KDE nicht mehr zu unterscheiden.

Abbildung 4-58: Das Verzeichnis »Desktop« und die Arbeitsoberfläche sind dasselbe

Ein Unterschied besteht natürlich trotzdem: Wenn Sie auf das »Herzlich Willkommen« oder ein anderes »richtiges« Icon klicken, dann führt GNOME Aktionen aus. Da wird Software gestartet oder Dateimanager öffnen sich – unser neues Icon dagegen tut gar nichts. Offenbar steckt »Leben« in den anderen Icons, irgendein Code. Sehen Sie sich die mit ls -l erzeugte Dateiliste oben noch einmal genau an: Diese *.desktop*-Dateien sind nicht leer wie unsere *neue Datei*. *Home.desktop* enthält 4426 Zeichen, und *Welcome.desktop* immerhin 1783. Das muss der Schlüssel sein.

Icons auf dem Desktop erstellen

Wenn Sie einen Programmstarter aus dem Startmenü auf den Desktop ziehen, erzeugt GNOME automatisch die neue Starter-Datei inklusive Inhalt. Den Unterschied zu unserer leeren Datei sehen Sie, wenn Sie so eine Datei mit cat dateiname in einem Terminal ausgeben. Die ersten paar Zeilen enthalten tatsächlich Anweisungen für Nautilus (oder Konqueror). Der Rest sind Titel für das Icon in Sprachen aller Herren Länder. Sie können aber auch eines freihändig erzeugen.

Ein Starter-Icon erzeugen. Als Beispiel erzeugen wir ein Starter-Icon für *xeyes*, die freundlichen Kulleraugen, die immer der Maus hinterhersehen.[10] Klicken Sie mit der rechten Maustaste auf die freie Desktop-Fläche. Oberhalb von DOKUMENT ANLEGEN befindet sich STARTER ANLEGEN. Wenn Sie diesen Menüpunkt auswählen, erscheint der »Starter anlegen«-Dialog (siehe Abbildung 4-59).

---

10 Bei Mandriva brauchen Sie für diese Aktion womöglich das Paket *X11R6-contrib*, sonst gibt es da kein *xeyes*. Wenn *xeyes* aus einer Konsole heraus nicht funktioniert, installieren Sie dieses Paket einfach nach oder suchen sich ein anderes Programm aus, das Sie einbinden wollen.

Abbildung 4-59: Ein neuer Programmstarter für den Desktop

Nachdem Sie in die Zeile BEFEHL: das Kommando xeyes eingetragen haben, wählen Sie nach einem Klick auf den Symbol-Button eine schöne Grafik aus. Wenn Sie auf OK klicken, ist der Starter sofort verwendbar (siehe Abbildung 4-60). Mit einem Klick der Maus auf das X am rechten oberen Fensterrand der Kulleraugen können Sie *xeyes* wieder schließen.

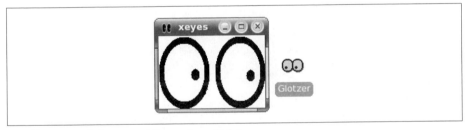

Abbildung 4-60: Software und Starter-Icon (links)

In der Befehlszeile des Starter-Dialogs (den Sie jederzeit wieder aufrufen können, wenn Sie mit der rechten Maustaste auf das Icon klicken und nicht EIGENSCHAFTEN, sondern STARTER BEARBEITEN wählen) können Sie auch Parameter hinterlegen, die die aufgerufene Software dann verwendet. Dadurch werden Ihre selbst erstellten Icons genau zu dem Werkzeug, das Sie brauchen.

 Wenn Sie kein Freund von vielen sinnlos herumliegenden Icons auf dem Desktop sind, können Sie die Starter-Buttons auch auf einen freien Platz in einem Panel ziehen.

Buttons für Dokumente. Starter-Buttons für Software sind eine leicht erklärbare Sache. Wie aber sieht es aus, wenn Sie den Starter nicht für eine Software, sondern nur für ein bestimmtes Dokument haben wollen? Textverarbeitungsdokumente z.B. sind üblicherweise nicht ausführbar, zudem wollen Sie die Dokument-Originale bestimmt nicht im Verzeichnis *Desktop* stehen haben.

Da hilft uns ein *Link* (eine *Verknüpfung*) weiter. Einen Link von einem Dokument auf den Desktop erzeugen Sie, indem Sie mit dem Dateimanager Nautilus zu Ihrem Dokument navigieren und es dann mit der Maus auf den Desktop herausziehen. Aber Vorsicht: Wenn Sie es einfach herausziehen, bewegen Sie auch das Dokument in das Verzeichnis *Desktop* – tun also genau das, was Sie nicht wollten. Sie können das Dokument natürlich auch wieder vom Desktop in den Nautilus zurückziehen. Wenn Sie aber die Strg-Taste gedrückt halten, während Sie das Dokument mit der Maus bewegen, wird aus dieser Aktion ein Kopiervorgang. Das erkennen Sie daran, dass der Mauszeiger sich von einem Pfeil in einem rechteckigen Winkel zu einem Pluszeichen in diesem Winkel verwandelt. Auch das ist schlecht, denn so bekommen wir sogar zwei Dokumente statt nur eines.

Drücken Sie die Alt-Taste, während Sie die Maus bewegen. Im verwandelten Mauszeiger prangt nun ein Fragezeichen. Wenn Sie das Dokument-Icon fallen lassen, fragt GNOME Sie, was Sie mit diesem Dokument vorhaben. Wählen Sie dann VERKNÜPFUNG HIER (siehe Abbildung 4-61).

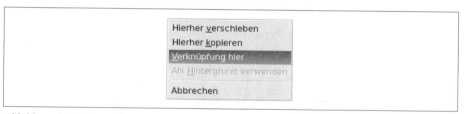

Abbildung 4-61: Eine Dokumentenverknüpfung auf dem Desktop erstellen

 Drücken Sie nicht zu früh die Alt-Taste, sonst verschieben Sie das ganze Nautilus-Fenster: also zuerst das Icon anklicken und packen, dann wegziehen. Auf dem Weg drücken Sie die Alt-Taste.

Sie können eine Verknüpfung auch anlegen, indem Sie im STARTER ERSTELLEN-Dialog als *Typ* einen *Link* angeben. Die Bezeichnung der Befehlszeile verwandelt sich dann in *URL*. Dort tragen Sie den Namen des Dokuments ein, das Sie mit dem Starter aufrufen wollen. Noch einfacher ist es, mit der rechten Maustaste auf das Dokument zu klicken und dann aus dem Mausmenü VERKNÜPFUNG ERSTELLEN auszuwählen. Die Verknüpfung wird an Ort und Stelle erstellt, und Sie müssen sie nur noch ins Verzeichnis *Desktop* (oder auf die Benutzeroberfläche) ziehen.

> ### Pseudo-URLs
>
>
> Analog zu den Pseudo-URLs bei KDE stellt auch GNOME Hintergrunddienste in der Form von »Orten« dar. Sie finden sie entweder über die ORTE im Hautpmenü oder den Menüpunkt GEHE ZU in jedem Nautilus. Nachdem Sie von dort eingestiegen sind, können Sie sie auch über die URL-Zeile erreichen, wenn Sie z.B. *computer:/* eintippen, oder das gleichnamige Desktop-Icon anklicken. Die Schreibweise ist dabei sehr uneinheitlich: Sie können *computer:/* eintippen, kommen dann aber bei *computer:///* raus. Der *Müll* (die Pseudo-URL dazu lautet *trash:*) schreibt sich wieder ganz ohne den letzten Schrägstrich. Weitere solche Orte sind der CD/DVD-Ersteller (*burn:///*) oder *network:///* sowie *smb:///* für die Windows-Welt und *sftp:///* für eine ssh-ähnliche Verbindung. Die Liste wird fortgesetzt ...

Das GNOME-Kontrollzentrum und der Konfigurationseditor

Bei KDE war das Kontrollzentrum schon lange Standard, da vermisste man bei GNOME eine solche zentrale Einstellungseinheit noch lange Zeit. Das liegt nicht nur an fehlenden Entwicklern, sondern auch an einer anderen Philosophie: GNOME macht es dem neugierigen Stöberer manchmal bewusst schwerer, wichtige Einstellungen zu finden. Das Kontrollzentrum ist im unveränderten, dreiteiligen Startmenü direkt unter SYSTEM → EINSTELLUNGEN untergebracht, aber nicht überall: Mandriva versteckt es in seinem Einknopf-Startmenü gut in der dritten Ebene der Systemkonfiguration: SYSTEM → EINSTELLUNGEN → GNOME. SUSE hat ab Version 10.1 einen eigenen Hauptmenü-Eintrag, der zu einem speziellen SUSE-Menü führt. Immerhin ist er leicht zu finden.

Je nach Distribution und Voreinstellung finden Sie alle GNOME-Einstellungen entweder als Icon in einem Fenster oder als Menüpunkt in einer Drop-down-Liste. Wie die Systemsteuerung von Windows bestehen alle diese Einstellungsmöglichkeiten aus einer Sammlung von kleineren Einzelprogrammen. Wenn Sie die einzelnen Starter wie im vorherigen Kapitel mit STARTER BEARBEITEN öffnen, können Sie herausfinden, wie diese Einzelprogramme heißen. Einzelne Aktionen erreichen Sie allerdings schneller, wenn Sie nicht über das Zentralmenü einsteigen, sondern über den rechten Mausklick auf der freien Desktop-Fläche.

Das Hintergrundbild einstellen. Das Hintergrundbild Ihres Desktops ist ein Beispiel hierfür. Klicken Sie einfach mit der rechten Maustaste auf den freien Desktop. Der unterste Eintrag des Mausmenüs ist DESKTOP-HINTERGRUND ÄNDERN (siehe Abbildung 4-62).

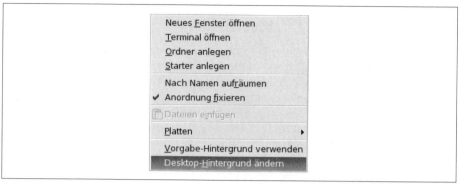

Abbildung 4-62: Ein Rechtsklick auf den GNOME-Desktop öffnet dieses Menü.

Wenn Sie das auswählen, erscheint ein opulentes Dialogfeld. Dort wählen Sie aus einer – je nach Distribution – langen Liste von Bildern aus oder fügen der Liste ein neues hinzu. Der Schalter HINTERGRUND HINZUFÜGEN (siehe Abbildung 4-63) macht das leicht möglich – oder Sie ziehen einfach ein Bild aus einem Nautilus in das Listenfeld hinein.

Wenn Sie sich für ein Bild entschieden haben, stehen Ihnen viele weitere Einstellmöglichkeiten für Ihr Bild zur Verfügung. Sie verstecken sich in einer Drop-down-Liste neben dem Wort STIL. Bei kleineren Bildern lohnt es sich vielleicht, wenn Sie sie *kacheln* oder *zentrieren*. »Kacheln« wiederholt das Bild so oft, bis der Hintergrund gefüllt ist, Zentrieren stellt das Bild in die Mitte, während die Hintergrundfarbe(n) noch zu sehen ist bzw. sind. *Skalieren* oder *strecken* sollten Sie ein Bild nur dann, wenn Auflösung und Größenverhältnisse des Bildes nicht zu verschieden von der des Monitors sind. Wenn Sie es zu stark vergrößern, lässt die Schärfe eines Bildes gewaltig nach.

Doch auch ohne Bild lässt sich ein schöner Desktop zusammenstellen. Zwar stellt der Dialog nicht ganz so viele Übergänge von einer Farbe in die nächste zur Verfügung wie KDE, aber Sie können immerhin zwischen einfarbigem Hintergrund und vertikalen oder horizontalen Farbübergängen wählen. Der Verzicht auf Hintergrundbilder spart Arbeitsspeicher und bringt Geschwindigkeit, während die Icons sogar besser zu sehen sind, weil sie nicht in einem Meer von Farben und Details untergehen.

Themen

Unter *Thema* findet sich im GNOME-Kontrollzentrum der gesamte Komplex der Farbzusammenstellungen, Fensterrahmen usw. Wenn hier vielleicht nicht die gleiche opulente Menügestaltung betrieben wurde wie im Kontrollzentrum von KDE, stellt man dennoch nach ein paar Mausklicks fest, dass nichts fehlt. Die Dialoge wurden nur hintereinander geschaltet statt in die Breite drapiert.

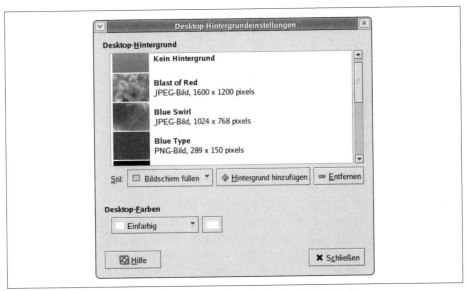

Abbildung 4-63: (Mitgelieferte) Hintergrundbilder für den GNOME-Desktop

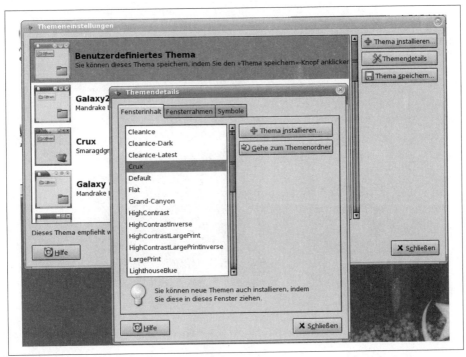

Abbildung 4-64: Themen gestalten für GNOME

Vom Hauptdialog des Themenmanagers führt ein Button THEMENDETAILS auf die Fenstergestaltung. Sobald Sie die ersten Änderungen am Thema vorgenommen haben, erstellt GNOME einen neuen Theme-Eintrag namens *Benutzerdefiniertes Thema* (siehe Abbildung 4-64). Mit dem Button THEMA SPEICHERN können Sie den aktuellen Zustand unter einem neuen Namen ablegen. Die Themen bestehen wie bei KDE aus drei Teilen: aus den Farbkombinationen der Fensterinhalte, denen der Rahmen und denen der Icons, die verwendet werden. Und natürlich gibt es Themen für GNOME zum Herunterladen im Internet. Für die meisten Fälle sollte das mitgelieferte Material jedoch reichen.

Der Bildschirmschoner

Was wäre ein Desktop ohne einen schicken Bildschirmschoner? Auch wenn er doch eigentlich nur beweist, dass man seit soundso vielen Minuten untätig gewesen ist ... Immerhin, bei den meisten Distributionen wurden die berühmten »fliegenden Toaster« aus der Mottenkiste geholt, und so gibt es neben »Matrix« und der »Kuh auf dem Trampolin« einen weiteren standesgemäßen Bildschirmschoner (siehe Abbildung 4-65). Den Einstellungsdialog für den Bildschirmschoner finden Sie nur im Kontrollzentrum, nicht in der rechten Maustaste. Sollte die Auswahl der Bildschirmschoner jämmerlich kurz sein wie bei der Standardinstallation von Fedora Core6, installieren Sie Xscreenlock. Man kann das Konzept »das Arbeitsgerät ist kein Spielzeug« auch übertreiben.

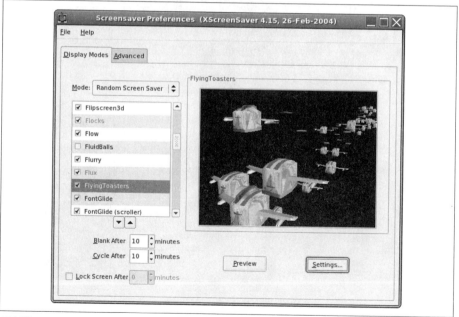

Abbildung 4-65: Immer wieder gerne gesehen: die fliegenden Toaster

Bildschirmschoner können so eingestellt werden, dass gleichzeitig auch der Bildschirm gesperrt werden soll, wenn er anspringt. Dann ist ein Passwort gefragt, wenn wieder jemand am Bildschirm arbeiten möchte.

Der Konfigurationsdialog für den Bildschirmschoner und -sperrer ist weitgehend selbsterklärend. Oben links können Sie einstellen, ob überhaupt Bildschirmschoner angezeigt werden sollen, und wenn ja, ob zwischen ihnen gewechselt werden soll oder ob immer der gleiche kommt. Außerdem können Sie tatsächlich Bildschirm und CPU schonen, indem Sie den Monitor einfach nur schwarz werden lassen. Aber mal ehrlich: Wer will schon »schwarzer Totenschädel auf schwarzer Flagge?«

Arbeitsflächen einstellen

Die Anzahl der Arbeitsflächen stellen Sie am schnellsten mit einem Rechtsklick auf den Arbeitsflächenumschalter (Pager) ein. Dort gibt es den Menüpunkt EINSTELLUNGEN. In dem Dialog können Sie die Anzahl und die Titel der Arbeitsflächen angeben, außerdem können Sie festlegen, ob die Arbeitsflächen in nur einer oder in mehreren Zeilen angeordnet sein sollen. Sie in mehreren Zeilen anzuordnen ist eigentlich nur interessant, wenn die Panels entsprechend hoch eingestellt sind, denn sonst werden die Felder für die Arbeitsflächen zu klein, und man trifft dort nichts mehr ordentlich mit der Maus.

Das ist aber wichtig, denn Sie können die Fenster laufender Programme direkt mit der Maus von einer Arbeitsfläche in eine andere verschieben. Versuchen Sie das: Sie starten ein Programm auf Arbeitsfläche 4. Auf jeder Pager-Seite sehen Sie eine verkleinerte Darstellung der Arbeitsfläche und der gerade darauf laufenden (groß angezeigten) Programme. Packen Sie also die Darstellung Ihres Programms auf dem Pager, und ziehen Sie sie mit der Maus auf Arbeitsfläche 1. Erst wenn Sie dann auf den Pager-Rahmen von Arbeitsfläche 1 geklickt haben, können Sie Ihr Programm wieder sehen.

Diese Funktionalität ist sehr angenehm, denn von Windows (vor Vista) sind Sie ja gewohnt, dass die einzige Oberfläche sich nach einer Weile mit geöffneten Programmen bevölkert, bis der Überblick verloren ist und die einzige Lösung darin besteht, auf den »Alle Fenster verkleinern«-Knopf zu klicken. Diesen Knopf gibt es bei KDE und GNOME natürlich auch. Aber wenn bei Linux einmal alle Arbeitsflächen voll von Programmen sind, können Sie sich überlegen, ob es nun sinnvoller ist, noch einen oder zwei Desktops dazuzunehmen. Oder Sie entscheiden, endlich einmal fertig zu machen, was auf all den Arbeitsflächen schon gleichzeitig köchelt …

In GNOME wechseln Sie mit der Tastatur zwischen den Arbeitsflächen, indem Sie die Kombination Strg-Alt-Pfeiltasten (siehe Abbildung 4-66) drücken. Sind die Arbeitsflächen auf dem Pager zwei- oder mehrreihig angeordnet, können Sie sogar nach oben und unten wechseln.

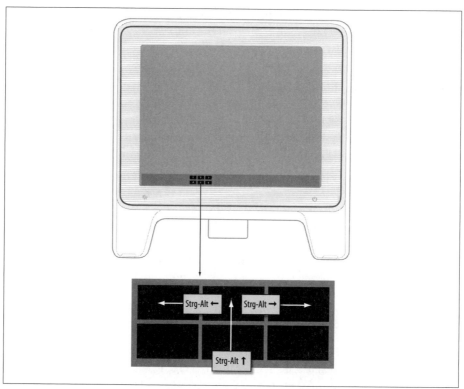

Abbildung 4-66: Wechseln der Arbeitsflächen

Tastaturkürzel

Warum sollten Sie mit der Maus viele Kilometer pro Tag für Funktionen über den Bildschirm fahren, wenn Sie die Hände vielleicht ohnehin schon auf der Tastatur liegen haben? Mit Tastaturkürzeln werden Ihre Hände noch schneller und effizienter. Den passenden Dialog finden Sie im GNOME-Kontrollzentrum unter TASTENKOMBINATIONEN (siehe Abbildung 4-67). Auch hier bot GNOME in der Vergangenheit weniger Einstellungsdialoge an als KDE, und wieder zeigte sich im normalen Betrieb, dass das Gebotene völlig ausreichte.

Die Tastenbelegung ändern Sie, indem Sie neugierig mit der Maus auf den Namen der Aktion klicken (linke Seite des Dialogs). Tippen Sie nun einfach die gewünschte Tastenkombination ein, das war's. Und wenn Sie eine unerwünschte Kombination loswerden wollen, klicken Sie wieder die gewünschte Aktion zuerst an und löschen dann die Tastenbindung mit der Backspace-Taste. Die Belegung springt dann auf »Deaktiviert«.

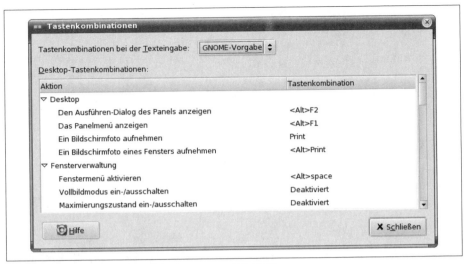

Abbildung 4-67: Tastaturkürzel festlegen unter GNOME

Soundunterstützung für GNOME

Auch GNOME bietet die Möglichkeit, einzelne Programme, das Betriebssystem oder den Fenstermanager mit Tönen zu untermalen. Sollten Sie also allein in einem Büro sitzen oder der nächste Kollege außer Hörweite sein, mag das eine verlockende Aussicht sein. Der Einstieg in die Soundunterstützung ist natürlich wieder im GNOME-Kontrollzentrum (oder SYSTEM → EINSTELLUNGEN → AUDIO im Hauptmenü) untergebracht. Je nach GNOME-Version und den Möglichkeiten der eingebauten Soundkarte bietet der Einstellungsdialog mehr oder weniger Optionen im ersten Register GERÄTE.

Im zweiten Register, KLÄNGE, legen Sie fest, dass der Soundserver (*esd*) laufen soll, erst dann können Sie bestimmten Ereignissen Klänge zuordnen (siehe Abbildung 4-68). Die Möglichkeiten sind im Vergleich zu KDE wenige. Doch meist geht es ja doch nur um eine Fanfare, die beim Start des Fenstermanagers zu hören sein soll, oder um Tonuntermalung, wenn ein Button angeklickt wird.

Wenn nichts anderes eingestellt ist, befinden sich die Tondateien unter */usr/share/sounds*, und *root* könnte dort auch neue *.wav*-Dateien hinterlegen. Dass die Töne dort liegen, ist allerdings nicht zwingend. Sie könnten auch Tondateien aus dem Heimatverzeichnis einbinden. Dafür gibt es den AUSWÄHLEN-Button neben dem Namen der Datei.

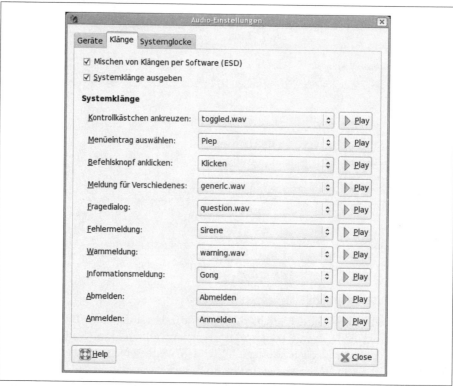

Abbildung 4-68: Ereignissen Klänge zuordnen

Starten von Audio-CDs. Kaum ist eine Audio-CD ins Laufwerk eingelegt, schon legen die Musiker über die Lautsprecher los, dass es eine wahre Freude ist – und wer hat das bestellt? In früheren Zeiten war das undenkbar, aber heute ist es Standard: Sie legen eine Daten-CD ins Laufwerk, und schon fragt jetzt auch bei vielen Linux-Distributionen ein Dialog, ob die Software *yx* gleich installiert werden soll. Das war doch immer eines der Argumente *gegen* Microsofts Windows!

Das Problem daran ist Folgendes: Bis Sie diese Frage auf dem Desktop sehen, könnte sich im Prinzip bereits eine halbe Division Viren um Ihren Rechner »gekümmert« haben. Windows-Umsteiger stellten unbekümmert um die Sicherheit ihres Rechners immer wieder die Forderung nach solchen Automatismen, und die Distributoren reagierten: Heute sind sie allgegenwärtig. Im GNOME-Kontrollzentrum können Sie unter der eindrucksvollen Wortschöpfung WECHSELDATENTRÄGER UND -MEDIENEINSTELLUNGEN einstellen, was geschehen soll (siehe Abbildung 4-69). Unter dem Register DRUCKER & SCANNER finden Sie sogar einen Drucker-Autoerkenner, der allerdings nur mit USB-Druckern funktionieren kann. Parallel- oder serielle Anschlüsse teilen dem Rechner nicht mit, dass ein neues Gerät angeschlossen wurde …

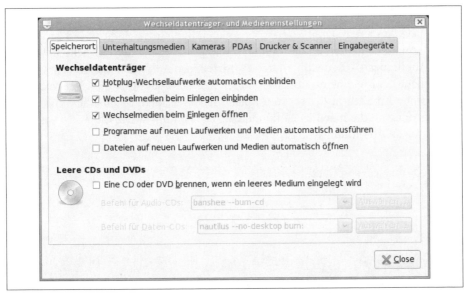

Abbildung 4-69: Programme starten, wenn CD/DVDs eingelegt werden

Sie entscheiden auf dem ersten Register, SPEICHERORT, bei welcher Gelegenheit das Wechselmedium direkt und ohne Nachfrage eingebunden werden soll. Auf dem zweiten Register, UNTERHALTUNGSMEDIEN, legen Sie fest, ob und welche Programme dabei gestartet werden sollen. Welche Programme hier eingetragen sind, unterscheidet sich je nach Distributor. GNOME-Standard wären z.B. die Abspieler *gnome-cd* oder *banshee* für Audio- oder MP3-CDs. Mandriva hinterlegte dagegen Startskripten im Verzeichnis */etc/dynamic/user-scripts*, um dynamischer auf die tatsächlich installierte Software reagieren zu können.

 Viele Leute halten Linux für sicherer als andere Betriebssysteme, und das nicht ohne Grund. Mit solchen automatischen Start-Aktionen und anderen »benutzerfreundlichen« Einstellungen kann man, was die Unsicherheit anbelangt, mit diesen Systemen aber leicht gleichziehen.

Nautilus

In mancher Hinsicht ist der Datei-Browser Nautilus dem Windows Datei-Explorer ähnlicher als der Konqueror. Er ist ebenfalls kein Webbrowser, aber Sie können ihn entweder als Datei-Browser oder als simples Dateifenster aufrufen. Der Desktop ist ebenfalls eine Art Nautilus, der ganz ähnliche Regeln hat wie das einzelne Dateifenster. Öffnen Sie z.B. einmal den *Persönlichen Ordner* mit einem Datei-Browser, und schalten Sie dann unter dem Menüpunkt ANSICHT nacheinander die ADRESSLEISTE und die SEITENLEISTE aus – schon sieht der Dateibrowser zusehends aus wie das Dateifenster.

Grafische Navigation

Wie bei den anderen Dateibrowsern navigieren Sie mit der Maus. Sie können mit der Seitenleiste auf der linken Seite zwischen verschiedenen Ansichten wählen (siehe Abbildung 4-70), die Ihnen unter anderem das Auffinden der Dateien erleichtern sollen. Und wie heute üblich befindet sich der wichtigste Satz Werkzeug für das tägliche Arbeiten in der rechten Maustaste. Mit einem Rechtsklick in ein Verzeichnis oder auf die freie Fläche können Sie Dateien und Verzeichnisse anlegen (in der Mitte von Abbildung 4-70 zu sehen).

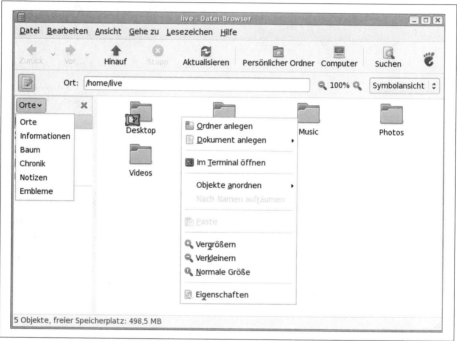

Abbildung 4-70: Anzeigeoptionen im Nautilus

Die Seitenleiste zeigt normalerweise die ORTE, die Sie von der Hauptmenüleiste her schon kennen (und auch in GEHE ZU des aktuellen Nautilus wieder finden). Mit einer Drop-down-Liste können Sie dort aber auch eine Baumansicht ausklappen oder INFORMATIONEN mit Verzeichnisstatistiken aufrufen.

Die CHRONIK der letzten besuchten Verzeichnisse kennen sie ebenfalls schon aus der Menüleiste, mit ihrer Hilfe können Sie schnell einen der letzten besuchten Orte erneut anspringen. Süß: Aus EMBLEME können Sie Dateien oder Ordnern (maximal zwei) Iconbilder zuordnen (siehe Abbildung 4-71). Ziehen Sie sie raus, und lassen Sie sie auf dem Ziel fallen (Icons können Sie in den Datei-Eigenschaften ebenfalls zuordnen). Zu guter Letzt können Sie zu einem Verzeichnis noch NOTIZEN schreiben.

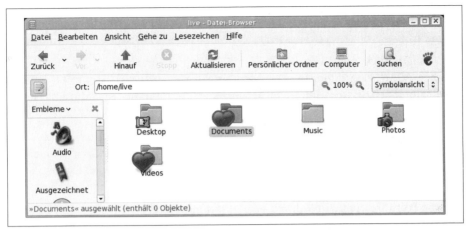

Abbildung 4-71: Icons helfen, sich im Dateibaum besser zurechtzufinden.

Liegt bereits eine Datei im Verzeichnis, steht Ihnen eine Reihe anderer Werkzeuge zur Verfügung, wenn Sie das Datei-Icon mit der rechten Maustaste anklicken (siehe Abbildung 4-72). Hier geht es im harten Tagesgeschäft vor allem um das AUS-SCHNEIDEN, KOPIEREN und EINFÜGEN von Dateien, Sie können eine Datei aber auch UMBENENNEN oder einen Link (eine VERKNÜPFUNGS- oder VERWEIS-Datei) auf eine Datei des aktuellen Verzeichnisses erstellen.

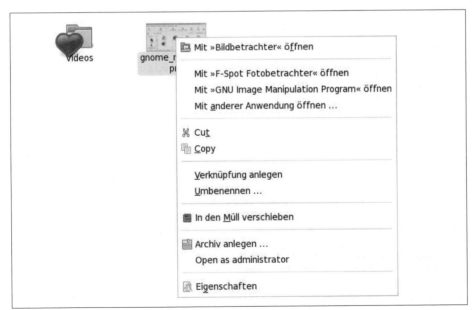

Abbildung 4-72: Belegung der rechten Maustaste über einem Datei-Icon

Wenn es entsprechende *MIME*-Einträge gibt (wie bei Windows), schlägt GNOME Ihnen verschiedene Programme vor, mit denen Sie diese spezielle Datei bearbeiten sollen. Dabei schreckt GNOME durchaus nicht vor KDE-Programmen wie z.B. *Kuickshow* zurück (wenn es installiert ist). Offenbar benutzen beide Oberflächen die gleichen *MIME*-Zuordnungen. Der Menüpunkt MIT ANDERER ANWENDUNG ÖFFNEN... gibt Ihnen darüber hinaus die Möglichkeit, nur für dieses eine Mal eine andere als die vorgeschlagene Software zum Öffnen zu verwenden.

Die Datei-EIGENSCHAFTEN liefern Ihnen alle Informationen über Größe und Dateisystemberechtigungen der ausgewählten Datei oder des ausgewählten Verzeichnisses. Sogar Notizen über die aktuelle Datei kann man über die Eigenschaften hinterlegen (obwohl diese innerhalb der Datei vielleicht besser aufgehoben wären...).

Welche Software benutzt wird, um eine bestimmte Datei zu öffnen, ist im Register ÖFFNEN MIT zu finden. Dort können Sie auch eine neue MIME-Zuordnung festlegen (siehe Abbildung 4-73).

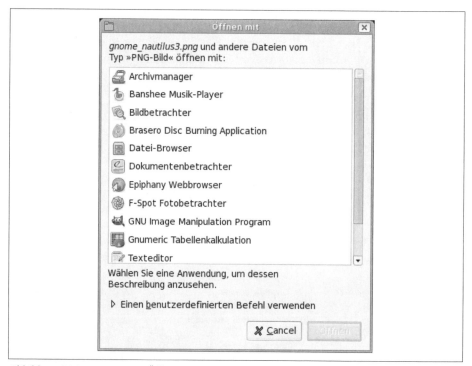

Abbildung 4-73: Einen Datei-Öffner aussuchen

Als kleine Übung können Sie ja einmal nachsehen, welche Softwarepakete auf Ihrem GNOME-Desktop angeboten werden, und eventuell eine Anwendung nachtragen, oder eine herausnehmen. Sie sehen ja, wie einfach es ist, diese Anwendung danach wieder ins Menü aufzunehmen.

Wie weit ist es bis zum nächsten Terminal?

Nicht weit. Sie haben vielleicht schon bemerkt, dass ein Rechtsklick auf den Desktop immer die Möglichkeit bietet, ein Terminal aufzurufen. Dann öffnet sich das *GNOME-Terminal*.

Mit dem Nautilus CDs brennen

Sobald Sie einen Rohling in ein CD- oder DVD-Brenner-Laufwerk legen, springt ein Nautilus auf, der einen Pseudo-Ort *burn:///* zeigt. Das ist das Frontend zu einer bemerkenswert schmucklosen CD-Brenner-Software. Das Nautilus-Fenster ist dort zunächst leer. Sie können nun Dateien und Ordner in dieses freie Fenster hineinziehen und damit zum Brennen vormerken. Je nach GNOME-Version befindet sich entweder links in der Seitenleiste oder auch rechts ein Button mit der Aufschrift INHALT AUF CD SCHREIBEN. Wennn Sie dann auf den Button in der Seitenleiste klicken, erscheint ein Dialog mit ein paar Optionen. Wenn Sie ein ISO-Image heruntergeladen haben, ist es sogar noch einfacher: Sie klicken einfach mit der rechten Maustaste auf das Datei-Icon des ISO-Images und wählen AUF CD/DVD SCHREIBEN (siehe Abbildung 4-74). Wie Sie sehen können, kann man eine solche Datei auch MIT CD/DVD-ERSTELLER ÖFFNEN, dann landen Sie automatisch in *burn:///*. Sie wollen mit dieser Funktion bestimmt keine Musik-CD aufnehmen oder kopieren. Dafür gibt es inzwischen z.B. den hübschen und sehr brauchbaren GNOME-baker. Aber für die Datensicherung ist das sicherlich ein Mittel der Wahl, weil es so einfach zu bedienen ist. Geht es dagegen um Ihr Musikarchiv, sollten Sie auf eines der Brenn- und Ripperprogramme zurückgreifen (siehe das Kapitel über die Multimediaprogramme ab Seite 363).

Hilfe und Dokumentation

GNOME ist hervorragend dokumentiert, auch wenn es praktisch immer an der deutschen Übersetzung der umfangreichen Texte mangelt. Die einzelnen Entwickler schreiben meistens lieber Code als Beschreibungen ihrer Software. Die Doku für die GNOME-Oberfläche stammt dagegen aus dem Hause Sun und ist offenbar mithilfe von Profis geschrieben worden. An die Hilfe kommt man einfach: Im Nautilus bietet der Menüpunkt HILFE einen Einstieg in die lokal installierte Kopie des Beschreibungstextes; das Gleiche leistet aber auch einer der verschiedenen Rettungsring-Buttons, die in Panels oder im Hauptmenü untergebracht sind (siehe Abbildung 4-75). Der Hilfe-Browser namens *Yelp* erinnert irgendwie an einen Webbrowser. Die Urschrift der Hilfetexte (sogar für verschiedene GNOME-Versionen) steht auf *http://www.gnome.org/learn/*.

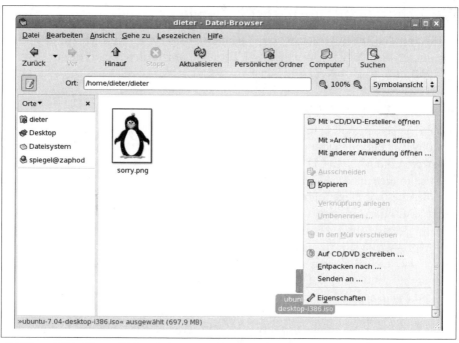

Abbildung 4-74: CDs und DVDs brennen mit dem Nautilus

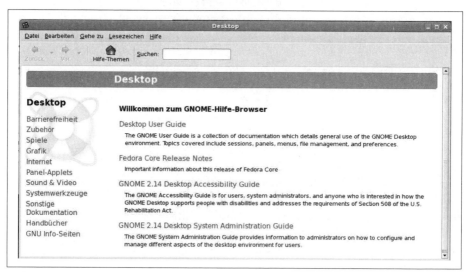

Abbildung 4-75: Denglische Hilfe im Yelp

Weitere Fenstermanager

Fenstermanager gibt es viele unter Linux. Die beiden großen, KDE und GNOME, beherrschen zwar den Markt. Doch plötzlich tauchte ein kleiner, flinker Desktop namens XFCE auf, der den ganzen Laden gründlich auf den Kopf stellte, weil er bei geringer Last für den Rechner leicht zu bedienen ist – und unverschämt hübsch. Auch ein Schmuckstück und schon seit vielen Jahren präsent ist der Windowmaker, der sich an der NeXTSTEP-Oberfläche der frühen 90er-Jahre orientiert. Seine Stärken sind wenig Systemlast, eine selbstwartende *Andockleiste* und Tausende von netten *Themes* im Internet, mit denen man ihn noch hübscher machen kann. Der *IceWM* ist ebenfalls ein einfacher Fenstermanager, der im Wesentlichen das Start-Button-Konzept von Windows nachahmt und mit sehr vielen Themes ausgestattet ist. Diese drei sollen wenigstens im Überblick gezeigt werden.

Windowmaker

Einer der hübschesten ist der Windowmaker. Bei ihm sind alle Einstellungen, die uns interessieren, in der rechten oder der linken Maustaste enthalten. Es gibt zwei sehr leicht zu bedienende Konfigurationsprogramme. Eines davon ist immer in der sogenannten Andockleiste am rechten Bildschirmrand zu finden. Bei SUSE kann man Windowmaker leicht mitinstallieren, und auch auf den CDs der anderen Distributoren ist er normalerweise enthalten, wenn man ihn vielleicht auch später nachinstallieren muss.

Da er keine Menü-, Kontroll- oder sonstige Leiste hat und auch keinen Start-Button, ist beim Windowmaker alles in den drei Maustasten untergebracht. Da die Distributoren diese verschieden belegt haben, heißt das für Sie: Probieren Sie doch einfach mal aus, was in den Maustasten drin ist.

Arbeitsflächen

Links oben gibt es einen Schalter mit dem eleganten Namen *Clip* (deshalb auch die Büroklammer als Bild), der Sie zwischen den Arbeitsflächen umschalten lässt (siehe Abbildung 4-76). Je nach Distribution gibt es schon mehrere Arbeitsflächen oder nicht. Wenn es schon welche gibt, dann können Sie einfach von einer zur anderen Arbeitsfläche wechseln, indem Sie die pfeilbewehrten Ecken des Clips anklicken oder Strg-Alt-Pfeiltaste nach links und rechts drücken. Wenn Sie eine Arbeitsfläche neu betreten, wird – sehr elegant – in der Mitte kurz der Name der Arbeitsfläche angezeigt. Um neue Arbeitsflächen zu erstellen, klicken Sie mit der Maus auf den freien Desktop und suchen im Menü der linken oder rechten Maustaste den Menüpunkt ARBEITSFLÄCHEN → NEU. Wer suchet, der findet.

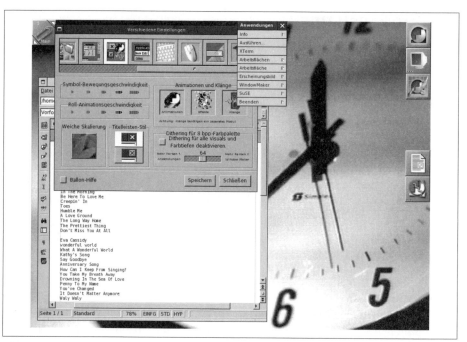

Abbildung 4-76: Windowmaker mit einem Uhren-Theme, geöffnetem OpenOffice, dem Einstellungsprogramm Wpref und einem ausgeklappten Programme-Menü; rechts am Bildschirmrand sieht man »angedockte« Programme.

Menüs

Sie finden die Programme, indem Sie sie – ganz banal – aus dem Mausmenü heraussuchen. Dabei stellen Sie fest, dass manche Distributoren interessante Wege gehen, um die Menüpunkte für Sie leichter auffindbar zu machen. SUSE hat sich z.B. einen eigenen Menüpunkt gegönnt, darunter finden Sie die Software genauso wie bei anderen Oberflächen angeordnet. Andere legen die Software z.B. separat in das Mausmenü.

Angedockte Icons

Windowmaker erzeugt für gestartete und laufende Software einen Button am unteren Bildschirmrand. Der erste Button entsteht meist zuerst an der linken Ecke, weitere Programme werden dann nach rechts angebaut. Was bringt dieser Button? Wenn Sie die Titelzeile eines Softwarefensters mit der rechten Maustaste anklicken, z.B. um das Fenster zu minimieren, verschwindet das Softwarefenster in diesem Button. Ein Doppelklick auf ihn öffnet das Fenster wieder. Wenn Sie das Programm beenden, verschwindet der Button am unteren Bildschirmrand wieder – außer Sie packen ihn schon vorher mit der Maus, ziehen ihn an den rechten Bildschirmrand und lassen ihn da fallen. Jetzt lernen Sie die *Andockleiste* kennen, denn in diesem Fall schnappt der Button am rechten Bildschirmrand ein.

Wenn Windowmaker erraten kann, was die Befehlszeile für dieses Programm ist, bleibt der Button sofort dort kleben. Wenn der Fenstermanager aber im Zweifel ist, bekommen Sie einen Dialog präsentiert, in den Sie das Startkommando für das Programm eintragen können. Wollen Sie später Dinge an diesem Button ändern, müssen Sie nur die rechte Maustaste über dem Button drücken. Ein Dialog mit dem Titel EINSTELLUNGEN... lässt Sie dort ein schöneres Icon wählen, die Befehlszeile anpassen etc. Alles kann man später nachbessern, also keine Panik.

Der Vorteil des angedockten Icons ist, dass Sie nicht mehr in der Menüstruktur der Maustaste nach der Software zu suchen brauchen, denn ein Doppelklick auf das angedockte Icon startet sofort das hinterlegte Programm. Windowmaker zeigt deutlich, dass man einen Desktop auch anders steuern kann als mit Start-Knöpfen links unten oder oben oder mit auf dem Desktop abgelegten Icons. Dieses Einschnappkonzept ist sehr variabel und richtet sich nach unseren Bedürfnissen. Wenn Sie ein angedocktes Icon nicht mehr benötigen, dann packen Sie es mit der Maus und ziehen es ein wenig vom Bildschirmrand weg. Wenn Sie es loslassen, sollte es vor Ihren Augen in viele Trümmer zerplatzen, zumindest wenn die Standardanimationen aktiviert sind.

Wenn Windowmaker zum ersten Mal startet, sind normalerweise am rechten oberen Bildschirmrand bereits ein oder zwei Icons angedockt. Das obere ist das Icon desjenigen Programms, das die (ja unsichtbare) Andockleiste erzeugt: ein sogenanntes *Applet* mit dem Namen *WMDock*. Häufig ist auch schon ein weiteres Applet dort eingehängt, das *Wprefs* heißt. Dies ist gewissermaßen das Kontrollzentrum für den Windowmaker. Wenn es sich nicht dort befindet, müssen Sie es im Menübaum der Maustaste finden; es ist in jedem Fall ein Teil von Windowmaker.

Ebenfalls im Menübaum enthalten ist ein Begriff ERSCHEINUNGSBILD, aus dem Sie Themen und Hintergründe, Icons und Farbzusammenstellungen auswählen können. Windowmaker ist vielleicht der »König der Themen«. Suchen Sie einfach einmal bei *www.themes.org* nach Themen für Windowmaker. Dort gibt es auch eine Erklärung, wie man die Themen einspielt. Es ist ganz einfach.

IceWM

Bei jeder Standarddistribution wird auch der IceWM mitgeliefert. Er ist sehr einfach aufgebaut, und er hat einen Start-Knopf sowie eine Taskbar am unteren Ende des Bildschirms. Im ausklappbaren Menü des Start-Knopfs und in der Taskbar kann man Icons für Software hinterlegen (siehe Abbildung 4-77). Das ist schon fast alles, was man über ihn sagen kann, außer dass er mit sage und schreibe vier kleinen ASCII-Dateien vollständig konfiguriert wird – und das kann ein Administrator sogar über das Netzwerk erledigen. Für größere Netzwerkumgebungen und Notebooks ist der IceWM deshalb sehr beliebt, zumal er trotzdem vielfältig konfigurierbar und sehr schnell ist.

Viele Gesichter

Aufgrund seiner optischen Nähe zu Windows wollen böse Systemadministratoren den IceWM sogar schon Bürokräften als Windows 95 untergeschoben haben, ohne dass die etwas davon bemerkt hätten. Das ist natürlich ein Märchen, auch wenn es immer wieder erzählt wird. IceWM liefert normalerweise sehr viele *Themes* mit, darunter auch solche, die die Windows-Optik nachahmen. Der IceWM allein unterstützt keine Icons auf dem Desktop. Aber er wird bisweilen mit GNOME kombiniert (manche Distributionen bieten das bei der Installation an), und der Zwerg im Hintergrund sorgt dann für die Icons.

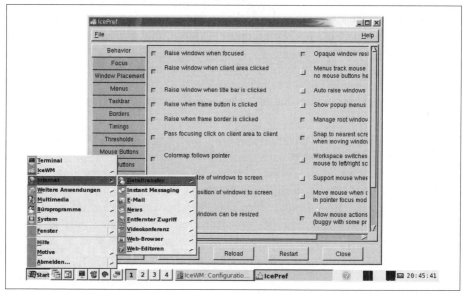

Abbildung 4-77: IceWM mit Start-Menü und IcePref-Konfigurationssoftware

Für die Konfiguration des IceWM gibt es ein kleines Zusatzprogramm, das *IcePref* heißt. Diese praktische Software müssen Sie allerdings bei der Installation zusätzlich auswählen, denn sie ist bei IceWM nicht enthalten. Mit IcePref können Sie das Fensterverhalten festlegen, eine Hintergrundgrafik einstellen und deutlich mehr Dinge ändern, als Sie vielleicht gedacht hätten. Wenn Sie die Einstellungsänderungen in Ice-Pref speichern, schreibt die Software diese Informationen in private Konfigurationsdateien, die im Verzeichnis *.icewm* in Ihrem Heimatverzeichnis angelegt werden. Anschließend müssen Sie den IceWM neu starten. Dazu wählen Sie aus dem Start-Knopf ABMELDEN... und folgen mit gedrückter Maustaste dem kleinen Pfeil, der nach rechts zeigt. Dort finden Sie auch den Menüpunkt ICEWM NEU STARTEN. Wenn Sie ABMELDEN... dagegen nur kurz anklicken, dann beendet IceWM sich.

Eine umfangreiche Dokumentation – sogar auf Deutsch – finden Sie auf *www.icewm.org*.

XFce

Eine kleine flinke Maus ist das Logo von XFce, und das ist gut gewählt. Wenn es in der Standardkonfiguration installiert wird, orientiert sich XFce am früher weit verbreiteten *cde* (*Common Desktop Environment*). So wie Ubuntu ihn aber in seiner Xubuntu-Varinate ausliefert, erinnert er deutlich mehr an den GNOME. Bei den meisten Distributionen hat er zwar einen Installationskandidaten (das heißt, er ist als Installationspaket vorbereitet), wird standardmäßig aber nicht installiert. Sollte er bei Ihrer Distro gar nicht mitgeliefert werden, dann findet sich auf *www.xfce.org* nicht nur das Installationspaket als sogenannter *tarball*[11] (mit einer Installationsanleitung), sondern es gibt auch Links zu Seiten, wo Sie sich für die großen Distributionen vorgefertigte Installationspakete herunterladen können.

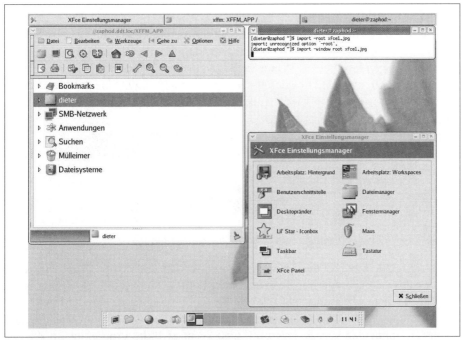

Abbildung 4-78: XFce mit Dateimanager (links) und Einstellungsmanager (rechts)

Der XFce hat eine zentrale Taskleiste, die am unteren oder auch oberen Bildschirmrand abgelegt sein kann. Dort gibt es Arbeitsflächenumschalter, Schubladen oder auch Programmicons. XFce besitzt einen eigenen, kleinen Desktop-Manager. Der kann nicht nur alle anderen installierten Programme aufrufen, sondern bringt sogar

---

11 Installationspaket im Format *.tar.gz. Diese Dateien können ausgepackt und die Software daraus installiert werden. Leider läuft so eine Installation an rpm- und deb-Installationsdatenbanken vorbei, so dass sie nicht vollständig in unsere Installationsumgebung passen. Das ist aber kein Einsteiger-Thema.

eine Reihe eigener Programme mit. Neben einem putzigen Konfigurationsprogramm wäre dort vor allem der gelungene Dateimanager zu nennen (siehe Abbildung 4-78). Das Geheimnis, wofür das Kürzel XFce denn nun steht, wird selbst auf der Homepage von XFce (*www.xfce.org*) nicht gelüftet. Das wird der Grund dafür sein, warum die Wikipedia (*http://de.wikipedia.org/wiki/Xfce*) ihn einmal mehr scherzhaft als *The Cholesterol Free Desktop Environment* bezeichnete.

Einziger, aber wenig dramatischer Wermutstropfen ist folgendes: Da er noch nicht zur Standardausrüstung aller Distributionen gehört, ist Xfce (anders als andere Desktops) praktisch nirgends an eine zentrale Menüstruktur angebunden. Software, die Sie in den XFce eingebunden haben wollen, müssen Sie der Taskbar eben selbst hinzufügen. Nun, dann ist wenigstens kein unerwünschter Müll darin enthalten.

Die Taskleiste bevölkern

Wir werden nun ein Icon für den Browser *Firefox* zur Taskleiste hinzufügen. Finden Sie zunächst die Browser in der Taskbar. Ausklappmenüs verraten sich durch ein nach oben zeigendes Dreieck: Wenn Sie das anklicken, klappt das Menü aus (siehe Abbildung 4-79), und das Dreieck zeigt jetzt nach unten. Indem Sie dorthin klicken, können Sie das Menü auch wieder einklappen lassen.

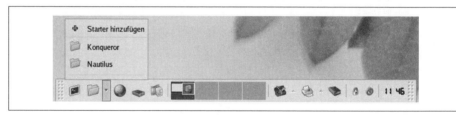

Abbildung 4-79: Einen Programm-Starter in die Xfce-Taskbar hinzufügen

Der oberste Menüpunkt des Browser-Menüs ist STARTER HINZUFÜGEN; ein Klick darauf ruft einen Dialog, den Sie in ähnlicher Form auch schon bei GNOME gesehen haben (siehe Abbildung 4-80). Wenn Sie schon wissen, wo sich der Firefox auf der Festplatte versteckt hat, können Sie den ganzen Pfad dorthin mit einem Dateiwähler zusammenklicken. Ein kleiner Trick: Wenn sich das Programm einfach aus einem Terminal heraus aufrufen lässt, genügt es vermutlich, wenn Sie nur den Namen des Programms angeben. Die nette Feuerfuchs-Grafik habe ich übrigens nicht umständlich gesucht, sondern aus der Installationsdatenbank abgefragt (siehe Kapitel 16). Solange Sie noch nicht wissen, wie das geht, tut es auch eine ganz normale Grafik. Man soll sich schließlich nicht die Freude nehmen, etwas Neues entdecken zu können.

Abbildung 4-80: Einen Starter für den Firefox-Browser einstellen

KAPITEL 5
OpenOffice.org und andere Bürosoftware

In diesem Kapitel:
- StarOffice wird OpenOffice.org
- Warum umsteigen?
- Erste Schritte
- Der erste Eindruck
- Die Textverarbeitung Writer
- Die Tabellenkalkulation Calc
- Zeichnen mit Draw
- Präsentieren mit Impress
- Abiword
- TextMaker und PlanMaker

»Läuft das Word denn unter Linux?« fragen Windows-Umsteiger häufig. Ganz klar: MS Office ist weltweit ein Synonym für Bürosoftware, insbesondere Word und Excel. Microsofts kommerzielle Produkte sind der »*Standard*«. Sollen Linux-Maschinen bürotauglich sein, müssen sie gegen diesen Goliath antreten.

OpenOffice.org[1] kann praktisch alle Ihre alten Text-, Tabellen- und Grafik-Dokumente aus der Windows-Welt direkt unter Linux öffnen. Für die Daten einer ganzen Reihe anderer Programme gibt es bequeme Assistenten, die Ihnen beim Importieren des alten Datenbestandes helfen.

OpenOffice ist nicht nur kostenlos erhältlich und ähnlich leistungsfähig wie MS Office. Es ist auch auf mehreren Betriebssystem-Plattformen vorhanden. Und nicht wenige Firmen steigen jetzt auf OpenOffice um – die meisten sogar erst einmal unter Windows.

Die Funktionen bei MS Office und OpenOffice hier als 1:1-Vergleichstabellen aufzulisten erscheint am schieren Umfang beider Softwarepakete gemessen lächerlich, selbst einzelne Teile direkt einander gegenüberzustellen, macht wenig Sinn. Die Erfahrung zeigt, dass es kaum zwei Benutzer gibt, die mit Ihrer Bürosoftware das Gleiche auf die gleiche Art und Weise tun. Lieber zeige ich hier verschiedene Tätigkeiten, und Sie werden sehen, dass man bei OpenOffice ähnlich an die Aufgaben herangeht. Aber ein Blick zurück auf MS Office lohnt nicht.

---

[1] Der Einfachheit halber schenke ich mir ab jetzt das ».org« am Schluss. Richtig heißt die Software aber OpenOffice.org. Das können Sie im Internet unter *www.openoffice.org* nachlesen.

StarOffice wird OpenOffice.org

Ernst zu nehmende Microsoft-Herausforderer springen nicht einfach aus den Büschen. OpenOffice.org entstand aus der ehemals deutschen Bürosuite *StarOffice*, die einst von der Hamburger Firma *StarDivision* entwickelt wurde. Auch diese Komplettlösung besteht aus den klassischen fünf Elementen: Textverarbeitung, Tabellenkalkulation, Zeichnen, Präsentieren und Datenbank. Die Besonderheit: StarOffice gab es schon seit Mitte der 90er-Jahre nicht nur für Windows, sondern auch für mehrere Unix-Varianten, unter anderem auch Linux. Ende der 90er-Jahre verkaufte StarDivision sein Produkt an die Serverschmiede *Sun*. Nach etlichen Problemen mit der Vermarktung wagte Sun einen radikalen Schritt: Der Quellcode wurde unter eine freie Lizenz gestellt und veröffentlicht. So wurde aus StarOffice OpenOffice.org. Wer kommerziellen Support zu seiner Bürosoftware haben will, kann immer noch die aktuelle OpenOffice-Variante unter einem StarOffice-Titel von Sun kaufen. Die Speerspitze der Entwicklung liegt inzwischen aber nicht mehr bei Sun, sondern bei OpenOffice und damit bei der freien Entwicklergemeinde. Sun packt als Mehrwert kommerzielle Silbentrennungssoftware und Wörterbücher oben drauf, die OpenOffice fehlen, und verlangt für StarOffice Geld. Außerdem durchläuft OpenOffice nicht Suns Qualitätsmanagement. Privatkunden können aber leicht auf all das verzichten. Inzwischen stellen nicht wenige Firmen und Behörden – ein Gutteil von ihnen vorerst noch unter Windows – von MS Office auf OpenOffice um. OpenOffice wurde von »einem unter vielen« zum einzigen echten Konkurrenzprodukt für den Markt-Mogul.

Warum umsteigen?

Keine Lizenzgebühren zahlen zu müssen ist zwar das am häufigsten gehörte, aber gleichzeitig auch das »lauwärmste« Argument für einen Umstieg auf OpenOffice. Das dringlichste Argument ist, dass bei mehr als 90% Marktpräsenz nicht mehr Sie bestimmen, wann Sie oder Ihre Firma die Software gegen Geld updaten muss, sondern der Hersteller. Braucht der Geld, überschwemmt er den Markt mit einer neuen Version, und Sie müssen mitmachen, egal ob Sie gerade einen Etat dafür haben oder nicht. Das gewichtigste Argument ist dagegen rein technischer Natur: Das von OpenOffice verwendete *OpenDocument*-Format ist standardisiert und inzwischen von der *ISO* (*International Organization for Standardization*) anerkannt. Das Microsoft-Dateiformat ist dagegen zwar überall vorhanden, aber bis heute nicht veröffentlicht. Damit besitzt Microsoft einen unschlagbaren Wettbewerbsvorteil: Nur Microsoft-Software kann wirklich »saubere« Dateien im Doc-, Xls- etc.-Format herstellen. Alle anderen werden immer »schlechter« sein als das Original. Vor allem kann MS die Spezifikationen jederzeit ändern, um Konkurrenten auszuschalten, und hat das auch schon getan. Wer also Microsofts Dateiformate benutzt und zukunftssicher sein will, muss immer wieder Microsoft-Produkte kaufen.

Nun kann so ein Zustand der Abhängigkeit zwar ein allgegenwärtiger Status quo sein, ein Standard (im Sinne der ISO) ist das aber nicht. Darum geht es ja bei der gesamten Open Source-Software, wenn sie alle Quellen und Spezifikationen offenlegt: Ein Standard dient dann der Kommunikation und damit der Allgemeinheit. Microsofts marktbeherrschende Position, die durch ihre nicht frei zugänglichen internen Regeln zementiert werden soll, nützt nur Microsoft.

Die Europäische Kommission will diese Art von Abhängigkeit brechen, und das nicht nur aus Eigeninteresse[2]. Ein Beispiel: Da die OpenDocument-Formate von OpenOffice offengelegt sind, können diese Formate z.B. auch als Ausgabe einer Datenbank oder einer beliebigen anderen Software entstehen. Auch das so entstandene Datenformat ist fehlerfrei – wenn keine Programmierfehler vorliegen. Weder Microsoft noch OpenOffice haben zwangsläufig einen Fuß in der Tür, wenn ein standardisiertes Format verwendet wird. Das OpenDocument-Format wird inzwischen von einer ganzen Reihe von Softwareherstellern unterstützt.

Für mich der wichtigste Grund für OpenOffice: Sie sparen Absturz-Nerven und erleben einen ausgesprochenen Coolness-Effekt.

Erste Schritte

Die Starticons für OpenOffice finden Sie normalerweise im Hauptmenü unter BÜROSOFTWARE. Wenn die Software startet, zeigt sie einen Startbildschirm (siehe Abbildung 5-1). In diesen sogenannten *Splashscreen* packen die Distributoren gerne ihr Firmenlogo, deshalb sieht es überall ein wenig anders aus. Aber OpenOffice ist in jeder Standarddistribution enthalten, üblicherweise ist es auch gleich vorinstalliert. Der Grund dafür ist klar: Keine andere Bürosoftware im Linux-Umfeld hat einen vergleichbaren Funktionsumfang.

Von Anfang an besaß OpenOffice immer leistungsstarke Import-Filter für die Formate des Marktführers Microsoft. In OpenOffice können Sie nicht nur Ihre alten Microsoft Office-Dokumente gut einlesen und und dorthin exportieren. Die Microsoft-Formate können sogar als Standardformat eingestellt werden. Ob das für Sie sinnvoll ist, müssen Sie allerdings selbst entscheiden. Seit etlichen Versionen können Sie alle Dokumente auch direkt in PDF exportieren. Einen separaten (eventuell kostenpflichtigen) *Distiller* etc. brauchen Sie dafür nicht.

Sollte OpenOffice wider Erwarten auf Ihrer Linux-Installation fehlen, sehen Sie zuerst einmal nach, ob Sie das Softwarepaket nicht einfach von den Installationsmedien nachinstallieren können. Sollte OpenOffice wirklich nicht vorhanden sein oder

---

2 Näheres finden Sie unter den Webseiten:
 http://de.wikipedia.org/wiki/Organization_for_the_Advancement_of_Structured_Information_Standards,
 http://www.iso.org/iso/en/commcentre/pressreleases/2006/Ref1004.html und
 http://www.oasis-open.org.

Abbildung 5-1: Der Original-Startbildschirm von OpenOffice

wenn Sie Wert auf die allerneueste Version von OpenOffice legen, könnten Sie die aktuellsten Installationspakete von *www.openoffice.org* (bzw. *http://download.openoffice.org*) herunterladen. Dort gibt es im Übrigen auch immer frische Windows-Versionen dieser Software.

Installation und Anforderungen

Als Mindestanforderung an die Hardware nennt der (bei der Download-Version mitgelieferte) Setup-Guide:

- Pentium PC oder besser
- Linux Kernel 2.2.13 oder neuer, glibc2 2.2.0 oder neuer
- mindestens 128 MB RAM
- wenigstens 250 MB freier Festplattenplatz
- X Server mit wenigstens 800×600 Pixel Auflösung bei 256 Farben

Das ist heutzutage nicht mehr viel. Wenn es keinen zwingenden Grund gibt, immer die neueste Version haben zu müssen, sollten Sie die vom Distributor mitgelieferte Version bevorzugen, selbst wenn sie vielleicht eine Release-Nummer hinter der allerneuesten auf *www.openoffice.org* liegt. Diese Versionen sind normalerweise ausgetestet und stabil. Außerdem werden sie auf den Download-Seiten der Distributoren weitergepflegt. Gibt es einen triftigen Grund (z.B. einen Sicherheits-Patch), dann liegen dort auch die verbesserten Versionen zum Download bereit.

Wenn Sie Ihre OpenOffice-Version also nicht von den Download-Servern Ihres Distributors gezogen haben (sondern z.B. von *http://download.openoffice.org*), dann müssen Sie sich selbst um die Aktualität und Sicherheit Ihrer Version kümmern.

Die Bestandteile von OpenOffice.org

Kaum eine andere Software unter Linux ist grafisch so nah an der Windows-Welt angesiedelt wie OpenOffice. Wie bei Office-Produkten aller Betriebssysteme üblich, ist auch OpenOffice in fünf Software-Felder unterteilt:

- die Textverarbeitung OpenOffice Writer
- die Tabellenkalkulation OpenOffice Calc
- das Zeichenprogramm OpenOffice Draw
- das Präsentationsprogramm OpenOffice Impress
- ein Datenbank-Modul namens Base

In Version 2.0 spendierten die Entwickler OpenOffice ein neues Datenbank-Backend namens *hsqldb* (*http://hsqldb.sourceforge.net*). Es ist voll und ganz in Java geschrieben und ein *relationales Datenbanksystem*. Die 1.x-Versionen von Open-Office hatten auch schon ein *Datenbankmodul*, das aber nur einfache dBase-Datentabellen erstellen konnte und schwer zu finden war. Über mehrere Datenbank-Backends mit vollwertigen Datenbankservern als Datenquelle kommunizieren konnte OpenOffice aber früher schon.

Nebenbei besitzt OpenOffice einen leistungsfähigen HTML-Editor, der mehr als nur eine Notlösung ist. Außerdem gibt es einen Formeleditor (OpenOffice Math) und verschiedene Assistenten, die Ihnen dabei helfen, Dinge wie Etikettenblätter, Briefumschläge und Serienbriefe mit dem Writer auszudrucken.

Der erste Eindruck

Wenn Sie OpenOffice nicht explizit als Zeichen-, Präsentations- oder Tabellenkalkulationsprogramm aufrufen, erscheint immer der Writer, das Textverarbeitungsmodul von OpenOffice (siehe Abbildung 5-2), auf dem Bildschirm.

Gemeinsamkeiten

Wer schon eine andere Bürosoftware kennt, wird sich sofort wohlfühlen: Verschiedene Bedienelemente sind inzwischen nicht nur innerhalb von OpenOffice gleich, sondern überall, egal welche Software Sie benutzen. Dazu zählen unter anderem verschiedene Symbolleisten und Hilfsfenster.

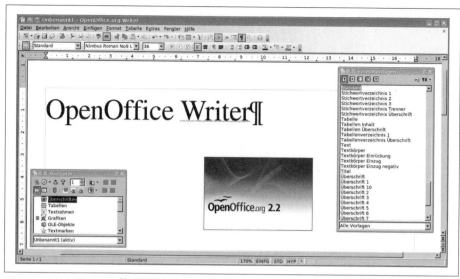

Abbildung 5-2: OpenOffice Writer mit Navigator- und Formatvorlagen-Fenster

Zentrale und besondere Menüleisten

Eine feste *Menüleiste* mit Begriffen von DATEI bis HILFE klebt am oberen Rand des Arbeitsfensters, darunter stehen in Anzahl und Angebot unterschiedliche weitere sogenannte *Symbolleisten*, die mit Buttons und Text verschiedene Funktionen anpreisen, je nachdem, in welcher Arbeitsumgebung Ihr Cursor sich gerade befindet. Wenn Sie den Cursor z.B. in der Textverarbeitung in eine Tabelle stellen, dann öffnet OpenOffice automatisch die *Tabellenobjektleiste*, die sogar frei auf der Seite schwebt, um besser aufzufallen. Sie beginnen eine Nummerierung, und sofort assistiert Ihnen die *Nummerierungsleiste*. Wenn Sie Linien malen, erscheint die Leiste mit den grafischen Werkzeugen. So haben Sie zu jeder Zeit das richtige Werkzeug in einer Knopfleiste zur Verfügung. Die komplette Liste der pro Modul verfügbaren Symbolleisten bekommen Sie, indem Sie im Hauptmenü jeweils ANSICHT → SYMBOLLEISTEN anklicken.

Am unteren Bildschirmrand befindet sich die *Statusleiste*. Sie ist mit verschiedenen Funktionen für die Maus belegt. Alle Leisten, inklusive der Menüleiste, lassen sich vielfältig auf persönliche Wünsche einstellen.

Das Formatvorlagen-Fenster

Für OpenOffice ist ein frei bewegliches zusätzliches Fensterchen typisch, das bisweilen gleich beim Start am rechten Bildschirmrand herumschwimmt und die Überschrift FORMATVORLAGEN trägt (siehe Abbildung 5-3) – das ist das *Formatvorlagen-Fenster*. Mit FORMAT → FORMATVORLAGEN oder der Taste F11 können Sie es erscheinen oder verschwinden lassen.

Wie die meisten Büroprogramme arbeitet auch OpenOffice durchgehend mit Formatbündeln, die hier *Formatvorlagen* genannt werden. Dieses Fenster verwaltet z.B. in der Textverarbeitung Writer Formatvorlagen auf Zeichen-, Absatz- und Seitenebene. Darüber hinaus gibt es auch Vorlagen für Rahmen und sogar Nummerierungen. In der Tabellenkalkulations-, Zeichen- und Präsentationssoftware finden Sie solche Vorlagen ebenfalls (bei Microsoft Office heißen solche Formatbündel *Druckformatvorlagen*). OpenOffice liefert eine große Anzahl von Formatierungsvorlagen mit (angefangen von der Grundformatierung »Standard«, außerdem eine ganze Flotte von Überschriften, Bullets etc.), dazu kommt noch ein Paket Dokumentvorlagen. Eigene Vorlagen zu erzeugen ist ebenfalls sehr leicht. Wie Sie mit Vorlagen und dem Formatvorlagen-Fenster arbeiten können, ist im Writer-Kapitel im Abschnitt »Formatieren mit Formatvorlagen« beschrieben.

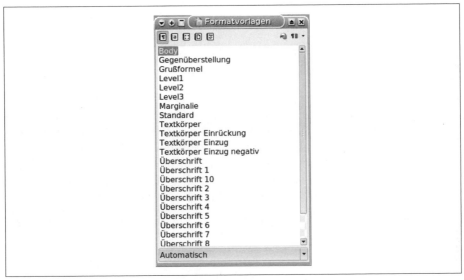

Abbildung 5-3: Formatieren mit Vorlagen ist ein Kinderspiel.

Zu Hilfe ...

Mit der F1-Taste rufen Sie in jedem Modul die *Hilfe* auf. Sie hat eine Browser-Oberfläche mit einem Suchfeld, genau so, wie man es bei moderner Software vermutet. Eine aktivere Variante der Hilfe bekommen Sie nach einem Druck auf Shift-F1, dann verwandelt sich der Mauszeiger in eine Art Fragezeichen. Mit ihm können Sie anklicken, was immer Ihnen rätselhaft ist. Wenn es ein Button auf dem Arbeitsbereich von OpenOffice ist, springt die allgemeine Hilfe mit dem richtigen Hilfetext auf. Da sich aber niemand ausmalen kann, was die Laien oder Experten später einmal alles nicht verstehen werden, ist diese Hilfe zwar gut, aber nicht perfekt. Das ist bei anderen Softwareprodukten nicht anders. In diesem Fall hilft nur: Einfach ausprobieren, Strg-Z (rückgängig machen) wird's schon wieder richten ...

Daneben gibt es die *Tipps*. Das sind gelb hinterlegte Sprechblasen, die immer dann erscheinen, wenn Sie mit der Maus langsam über Elemente von OpenOffice »segeln«. Ganz hilfreich ist auch der *Help Agent*, der – wenn er in der Menüleiste unter HILFE auch aktiviert ist – rechts unten im OpenOffice-Fenster aufspringt. Das macht der Agent nicht immer, sondern nur dann, wenn OpenOffice eine automatische Aktion ausgeführt hat. Wenn OpenOffice also die einfachen Anführungszeichen gegen »typografische« austauscht oder Buchstabendreher laut Ersetzungstabelle berichtigt, weil das in der Autokorrektur so eingestellt ist, springt der Help Agent auf. Das ist ein Fensterchen in der Größe von Microsofts Karl Klammer, aber mit einem Glühlämpchen drin. Wenn Sie das Lämpchen innerhalb von 30 Sekunden anklicken, erzählt OpenOffice im aktiven Hilfefenster, was es gerade für Sie getan hat. Interessiert sich niemand für die Verlautbarung des Help Agents, verschwindet er wieder.

Sollte noch kein Hilfefenster offen sein, öffnet OpenOffice eines. Wenn dagegen schon auf einer der – möglicherweise zahlreichen – Arbeitsflächen ein Fenster mit der OpenOffice-Hilfe existiert, erscheint die Hilfe dort.

Die Hilfe-Maske (siehe Abbildung 5-4) ist im *Navigationsbereich* auf der linken Seite in mehrere Register unterteilt. Sie können die Hilfetexte dort z.B. entweder nach Themengruppen oder Suchbegriffen durchsuchen lassen oder sich durch den Begriffsindex wühlen. Rechts erscheint dann der dazu passende Erläuterungstext. Was Sie gefunden haben und interessant finden, können Sie mit einem Lesezeichen markieren. Besonders bequem ist die Wortsuche per Index, denn sie sucht, während man den gesuchten Begriff noch eintippt, bereits nach den ähnlichsten Treffern.

Auf der rechten Seite führen alle unterstrichenen Begriffe auf weiterführende Seiten. Das Ganze funktioniert sehr intuitiv, jeder sollte eigentlich sofort damit umgehen können.

Dokumentation zu OpenOffice.org

Diese Software ist außerordentlich gut dokumentiert. Auf der Webseite *http://documentation.openoffice.org/manuals/index.html* gibt es buchstäblich Tausende von Seiten Material zum kostenlosen Download. Dort liegen z.B. eine etliche hundert Seiten starke Einführung, eine Installationsanleitung, Anleitungen und Tipps zum Datenaustausch mit Microsoft-Programmen und sogar ein eigenes Dokument, das sich mit den Unterschieden in der Benutzung von OpenOffice-Programmmodulen zu den entsprechenden Produkten der Microsoft Office Suite befasst. Alles, was das Herz begehrt – und das oft nicht nur im OpenOffice-, sondern auch im PDF-Format. Ebenfalls exzellent und in Deutsch ist das OpenOffice Wiki (*http://www.ooowiki.de/*). Schauen Sie da ruhig einmal hinein.

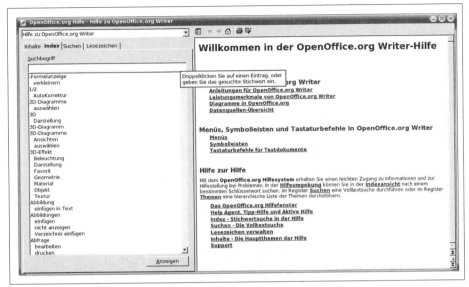

Abbildung 5-4: Einfach zu bedienen: das Hilfe-Fenster mit Hyperlinks

Fremde Formate lesen und speichern

An welchen Endungen erkennt man eigentlich OO-Dateien? Und was mache ich mit meinem Microsoft-Erbe?

OpenOffice-eigene Formate

Tabelle 5-1 listet die gängigen Dateiendungen auf, die die Version 1.x und 2.x verwenden. Beide Versionen sind gegenseitig kompatibel, d.h., auch die späteren 1.1.x-Versionen können die neuen 2.x-Formate lesen. Untereinander können die einzelnen OpenOffice-Module ohnehin direkt Daten austauschen. Text- und Grafikobjekte (z.B. über den KDE-Klipper auch von anderen Programmen aus) werden einfach über die Zwischenablage eingefügt.

Tabelle 5-1: OO-Dateiendungen

Dateiendung		Dateityp	Modul
Version 2	Version 1		
.odt	.sxw	Textdokument	Writer
.ott	.stw	Text-Dokumentvorlage	
.ods	.sxc	Tabellenkalkulation	Calc
.odt	.stc	Tabellendokumentvorlage	
.odg	.sxd	Zeichnungsdokument	Draw

Tabelle 5-1: OO-Dateiendungen (Fortsetzung)

Dateiendung		Dateityp	Modul
Version 2	Version 1		
.otg	.std	Zeichnungsvorlage	
.odp	.sxi	Präsentation	Impress
.otp	.sti	Präsentationsvorlage	

 Eine OpenOffice-Datei besteht im Wesentlichen aus mehreren XML-Dateien, die zu einer Datei zusammenkomprimiert wurden. Diese Dateien beschreiben die Formatierungen und enthalten die Inhalte des Dokuments. Grafiken befinden sich in eigenen Unterverzeichnissen dieses komprimierten Dokuments. Das Verfahren ist bei allen OpenOffice-Modulen gleich, die Dateien unterscheiden sich nur in den Dateiendungen. Dieses Format heißt *Open Standards XML File Format (OASIS OpenDocument)*[3]. Sie können sich ja mal den Spaß gönnen und eine *.odt*-Datei in *.zip* umbenennen, um sie dann mit Ark zu öffnen (oder unter Windows mit WinZip). Das funktioniert übrigens auch mit dem neuen openXML-Format, das die Microsoft-Familie nun verpasst bekam (siehe auch *http://de.wikipedia.org/wiki/Office_Open_XML*).

Fremde Formate importieren und exportieren

Neben den Altformaten der gängigen Microsoft-Programme Word, Excel und Powerpoint (sogar in verschiedenen Versionen) kann OpenOffice auch mehrere andere Dateiformate direkt einlesen. Dazu zählen z.B. das *Rich Text Format (.rtf)*, das Tabellen-Format von *Quattro Pro (.wb2)* und anderen, *dBase (.dbf)*, aber auch eine ganze Latte von Grafikformaten wie *DXF, EPS* etc., und daneben noch annähernd jede gängige Form von ASCII, in der z.B. auch Text-Tabellen (Comma Separated Values, *.csv*) angeliefert werden. Wer Freunde gewinnen will, muss eben mit allen sprechen (können).

Darüber hinaus kann OpenOffice mit DATEI → SPEICHERN UNTER... in diese Formate auch exportieren. Für das PDF-Format gibt es einen Extra-Menüpunkt DATEI → EXPORTIEREN ALS PDF. Seit OpenOffice Version 2.x unterstützen die exportierten PDF-Dateien auch Thumbnails und Hyperlinks.

Der direkte Austausch mit dem openXML-Format, das seit Office 2007 wieder ein neuer Microsoft-Standard ist (siehe *http://www.ooowiki.de/OpenXml*), funktioniert im Moment noch nicht. Die empfohlene Methode ist, mithilfe der Microsoft-Altformate auszutauschen. Für OpenOffice Version 3 sind dann Import- und Exportfilter angekündigt.

---

3 Siehe auch *http://www.kefk.net/Linux/Standards/OASIS/index.asp* und *http://www.openoffice.org/dev_docs/features/2.0/index.html*.

Grenzen der Konvertierung

Wer jemals größere Mengen von Dokumenten importieren oder konvertieren musste, kennt das Problem: Einfache Texte oder Tabellen, selbst Grafiken zu importieren ist leicht. Aber es gibt Grenzen. Je trickreicher das Ausgangsdokument formatiert ist, desto problematischer wird der Import in das neue Format. Vor allem Bastler, die Zeit zum Spielen haben, stellen einem immer wieder unlösbare Aufgaben: Solche Zeitgenossen füllen einen Textrahmen mit einer Tabelle, die um 90 Grad rotierte Grafiken und Text enthält, und das Ganze soll vielleicht auch noch im Inhaltsverzeichnis auftauchen. So eine Formatierung sauber zu interpretieren, würde wohl auch die nächste Version der gleichen Software ordentlich fordern. Überhaupt sind grafische Zeichenobjekte immer wieder Kandidaten für Probleme, weil sie nach der Konvertierung weiß Gott wo auf der Seite stehen. Ein Beispiel aus der Trainingspraxis: Word kann Tabellen »als Grafikobjekte« einbinden. Solche Elemente kann selbst Word nicht mehr umformatieren, geschweige denn Rechenfunktionen darin ausführen. Und wieso sollte OpenOffice das nun können müssen, wenn es das Dokument öffnet? Verknüpfungen können ebenfalls sehr problematisch sein. Eingebettete Excel-Tabellen in Word-Textdokumenten sind z.B. allgegenwärtig, weil Word in Tabellen nicht rechnen konnte. Da haben Sie gleich zwei weitere Fehlerquellen: Die Zahlen zu konvertieren ist sicher kein Problem, aber wie sieht es mit (komplexeren) Berechnungsformeln und Makros im Tabellendokument aus? Fehlanzeige.

Die Stadt München konvertiert im Zuge ihrer Linux-(und OpenOffice-)Migration Millionen von MS-Office-Dokumenten. Dort hörte ich die Faustregel: Wenn in den Ausgangsdokumenten sauber mit Druckformatvorlagen (und anderen Standards) gearbeitet wurde, funktioniert der Import meist recht problemlos. Was dagegen nicht funktioniert, ist die »gehobene Bastelei«.

Wenn bei Ihren MS-Office-Dokumenten nichts Schlimmeres passiert, als dass nach dem fehlerfreien Öffnen ein paar Rahmen oder Tabellen nicht am rechten Ort stehen, die aber mit der Maus leicht an den richtigen Ort verschoben werden können, dann sind Sie fein raus. Das können Sie alles mit ein wenig Liebe wieder hinbügeln. Aber es gibt auch andere Herangehensweisen.

Geschickt exportieren

Bisweilen können Sie den Import ins Zielformat schon auf der Original-Seite unterstützen: Erfahrungsgemäß importieren sich ältere, einfachere Formate meist besser als neuere. Speichern Sie deshalb z.B. in Word Ihr Dokument mit DATEI → SPEICHERN UNTER in einer älteren Version ab, z.B. statt als WinWord/Office200x lieber als Word6. Öffnen Sie das Ergebnis dann in OpenOffice. Sollte sich das Ergebnis immer noch nicht gut genug einlesen, bliebe noch der Export z.B. nach RTF, das ist ein einfaches, aber sehr leistungsfähiges Textformat. Das Gleiche gilt für Excel: Der Import aus Excel4 sollte immer gelingen. Besonders pfiffige Formatierungen der allerneuesten MS-Versionen überleben so einen Export natürlich nicht. Aber wenn Sie beim Export das Ursprungsprogramm vom Microsoft-Programm dahingehend »interpretieren« lassen, was wie dargestellt werden soll, kommt sicher eine bessere Variante heraus, als wenn das ein externes Programm macht.

Neu anfangen

Ein Dokument neu anzulegen ist nicht sexy, aber oft schneller als stundenlanges frustrierendes Ex- und Importieren: Überlegen Sie sich, wie lange es dauern würde, Ihr Dokument völlig neu anzulegen. Selbst wenn der Import aus Word etc. glückt, entstehen dabei z.B. immer seltsame Namen für Druckformatvorlagen, und das ist beileibe nicht alles, was bei diesen Importwaren seltsam wird. Wenn Sie dagegen das Dokument in OpenOffice neu anlegen und sich nur die Textportionen hereinholen (am besten, indem Sie die Texte in einem zweiten OpenOffice-Fenster öffnen, dort den Text kopieren und ihn in Ihrem neuen Dokument mit BEARBEITEN → INHALTE EINFÜGEN als UNFORMATIERTER TEXT einfügen), dann kommen Sie häufig schneller ans Ziel – und Sie befreien sich von Altlasten.

Die Textverarbeitung Writer

Ganze Bücher sind schon allein zum Thema OpenOffice Writer erschienen[4]. Da ist klar, dass hier nur ein Überblick über ein paar der wesentlichen Funktionen dieser Software stehen kann. Wie eine Textverarbeitung funktioniert, wissen Sie vermutlich. Andererseits kenne ich viele Anwender, die eine systematische Anleitung zu ein paar Zeit und Arbeit sparenden, pfiffigen Methoden gut brauchen können. Dabei lernen Sie die grundlegenden Arbeitsmittel von OpenOffice kennen, und Sie verzeihen mir womöglich, wenn es etwas Ähnliches auch unter Word gibt.

Der erste Blick

Wer Word oder eine andere Windows-basierte Textverarbeitung kennt, erlebt auch beim Writer auf den ersten Blick keine großen Überraschungen (siehe Abbildung 5-5). Unterhalb der *Menüleiste* gibt es zwei verschiedene Leisten mit Buttons, die textverarbeitungsspezifische Funktionen beinhalten. Ein *Lineal* schließt sich direkt über dem Textfenster an. Die beiden sogenannten *Symbolleisten* unter der Menüleiste heißen *Standard* und *Format*. Alle Symbolleisten finden Sie unter ANSICHT → SYMBOLLEISTEN.

---

4 Zum Beispiel »OpenOffice.org 2.0« von Tobias Berndt (ISBN 3-89721-381-8) bei O'Reilly.

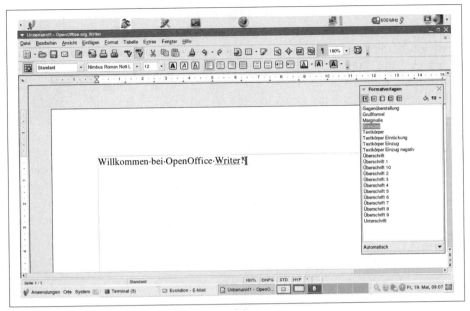

Abbildung 5-5: Ein leeres Writer-Fenster

Die Statusleiste am unteren Rand des Bearbeitungsfensters ist in mehrere Segmente unterteilt, die jeweils verschiedene Mausklick-Funktionen beherbergen. Links ist die Seitenzahl angezeigt, aber das ist nicht alles: Ein Doppelklick lässt den Navigator aufspringen, und ein Rechtsklick lässt Sie direkt an Textmarken springen. Direkt daneben informiert das Wort *Standard* über das aktuelle Seitenformat, noch weiter rechts sehen Sie den Status für Einfügen/Überschreiben, und ganz rechts können Sie mit einem Doppelklick z.B. das aktuelle Datum als Feldbefehl einfügen.

Der OpenOffice Writer mag alles in allem weniger Funktionen haben als Microsofts große Textverarbeitung, aber er ist deutlich größer als z.B. die von MS Works. Kein Problem also, da selbst WordPad, wenn es eine Serienbrieffunktion und vernünftige Exportoptionen hätte, für die meisten Aufgaben des täglichen Bürolebens voll und ganz ausreichen würde.

Einfaches Editieren

OpenOffice folgt dem SAA-Standard (*Systems Application Architecture*, siehe hierzu auch *http://de.wikipedia.org/wiki/Common_User_Access*). Das bedeutet, Sie bedienen es weitgehend wie jede andere Software, die Sie von Windows her kennen – inklusive Microsoft Word und ein paar andere. Rechnen Sie also nicht mit Überraschungen, wenn Sie ein paar Beispielzeilen schreiben.

Tastaturbelegung, Tastenkürzel und die Arbeit mit der Maus

Tippen Sie die ersten paar Worte, und probieren Sie dann Folgendes aus: Die Entf-Taste löscht den Buchstaben rechts vom Cursor, die Backspace-Taste den linken Nachbarn. Die Pfeiltasten nach links und rechts können mit der Strg-Taste beschleunigt werden, so dass sie wortweise springen. Pos1 springt an den Zeilenanfang, *Ende* an das Ende der Zeile. In der Kombination mit Strg springt der Cursor bei Pos1 an den Beginn des Dokuments, Strg-Ende springt hinter den letzten Buchstaben des Dokuments. Die Shift-Taste (Umschalttaste) führt in Kombination mit den Pfeiltasten dazu, dass der Text unter dem Cursor markiert wird. Strg-Shift-Pfeiltasten markieren wortweise. Strg-Shift-Pos1 markiert von der Cursorposition bis zum Anfang des Dokuments, Strg-Shift-Ende von der Cursorposition bis zum Ende des Dokuments. Und wenn man alles markieren will? Drücken Sie Strg-A. Wie bei Word. Eine Zusammenfassung der wichtigsten Tastenbelegungen finden Sie in Tabelle 5-2.

Tabelle 5-2: Tastaturkürzel zum Bewegen im Text

Tastenkombination	Auswirkung
Pfeil nach links	Schreibmarke nach links bewegen
Umschalt-Pfeil nach links	nach links markieren
Strg-Pfeil nach links	an den Wortanfang springen
Strg-Umschalt-Pfeil nach links	wortweise nach links markieren
Pfeil nach rechts	Schreibmarke nach rechts bewegen
Umschalt-Pfeil nach rechts	nach rechts markieren
Strg-Pfeil nach rechts	an das Wortende springen
Strg-Umschalt-Pfeil nach rechts	wortweise nach rechts markieren
Pfeil nach oben	Zeile nach oben
Umschalt-Pfeil nach oben	nach oben markieren
Pfeil nach unten	Zeile nach unten
Umschalt-Pfeil nach unten	nach unten markieren
Pos1	zum Zeilenanfang springen
Umschalt-Pos1	zum Zeilenanfang springen und den dazwischenliegenden Inhalt auswählen
Ende	zum Zeilenende springen
Umschalt-Ende	zum Zeilenende springen und den dazwischenliegenden Inhalt auswählen
Strg-Pos1	zum Dokumentanfang springen
Strg-Umschalt-Pos1	mit Selektion zum Dokumentanfang springen
Strg-Ende	zum Dokumentende springen
Strg-Umschalt-Ende	mit Selektion zum Dokumentende springen
Strg-A	alles auswählen

Funktionstasten

Darüber hinaus gibt es auch noch Funktionstastenkürzel, die Ihnen bei häufig durchgeführten Aufgaben in OpenOffice Writer helfen können. Wenn Sie die Tastaturbelegung unter EXTRAS → ANPASSEN in der Menüleiste nicht verändert haben, finden Sie die folgenden Tastaturbefehle im Writer (die aktuelle, vollständige Liste finden Sie immer in der OpenOffice-Hilfe unter dem Suchbegriff »Tastenkombinationen;allgemeine«).

Tabelle 5-3: Funktionstastenkürzel

Tastenkombination	Auswirkung
(F2)	Rechenleiste
(Strg) (F2)	Feldbefehl einfügen
(F3)	AutoText expandieren
(Strg) (F3)	AutoText bearbeiten
(F4)	Datenquellenansicht öffnen
(F5)	Navigator ein-/ausschalten
(Strg) (Umschalt)(F5)	Navigator einschalten
(F7)	Rechtschreibprüfung
(Strg) (F7)	Thesaurus
(F9)	Felder aktualisieren
(Umschalt)(F9)	Tabelle berechnen
(Strg) (F9)	Feldbefehle anzeigen
(Strg) (Umschalt)(F9)	Eingabefelder aktualisieren
(Strg) (F10)	Steuerzeichen an/aus
(F11)	Formatvorlagen-Fenster ein-/ausschalten
(Umschalt)(F11)	Vorlage erzeugen
(Strg) (Umschalt)(F11)	Vorlage aktualisieren
(F12)	Nummerierung ein
(Strg) (F12)	Tabelle einfügen oder bearbeiten
(Umschalt)(F12)	Aufzählung ein
(Strg) (Umschalt)(F12)	Nummerierung/Aufzählung aus

Allgemeine und ganz besondere Tastaturkürzel

Zu den gerade aufgelisteten gibt es noch allgemeine Tastenkombinationen, die nicht zu einem besonderen Modul gehören, sondern überall in OpenOffice gleich sind. Die Liste finden Sie ebenfalls in der Hilfe. Darüber hinaus gibt es aber auch ganz besondere Tastatur-Kürzel z.B. für die Cursor-Steuerung innerhalb von Tabellen, Arbeitserleichterungen im Zusammenhang mit Grafiken und vieles mehr – das alles aufzulisten sprengt den Rahmen dieses Buches.

Eine angenehme Besonderheit des Writers für Vielschreiber ist die Kombination von Strg-Pfeil-hoch oder Strg-Pfeil-runter. Damit verschiebt der Writer ganze Absätze nach oben bzw. unten. Schriftsteller können z.B. auf diese Weise in Windeseile Text absatzweise umstellen.

Solange eine missglückte Formatierung oder ein versehentliches Löschen noch nicht allzu lange zurückliegt, können Sie versuchen, die Aktion mit der Funktion »Rückgängig« ungeschehen zu machen. Die Tastenkombination Strg-Z (oder in der Menüleiste BEARBEITEN → RÜCKGÄNGIG bzw. einfach den gebogenen Pfeil nach links anklicken) geht hierbei Schritt für Schritt zurück, bis Sie die fehlerhafte Aktion erreicht haben. OpenOffice »merkt« sich in der Standardeinstellung 100 Schritte. Was länger zurückliegt, ist verloren. Allerdings werden durch diese Funktion auch alle korrekten Aktionen rückgängig gemacht, die Sie seit der fehlerhaften Änderung durchgeführt haben. Oft genug erscheint es mir also schlauer zu sein, auf das Rückgängigmachen zu verzichten, weil der Aufwand nicht lohnt. Allerdings ist diese Funktion im Markt eingeführt und allgemein anerkannt. Wenn Sie zu viel gemachte »Rückschritte« wieder rückgängig machen wollen, hilft Ihnen dabei Strg-Y. Dafür gibt es auch einen Mausschalter: den nach rechts weisenden gebogenen Pfeil auf der Standard-Symbolleiste. BEARBEITEN → WIEDERHERSTELLEN in der Menüleiste tut das Gleiche.

Die Maustasten sind ebenfalls so vorbelegt, wie man es von den bekannten Produkten auf dem Markt her kennt. Ein Doppelklick der linken Maustaste auf ein Wort markiert das Wort. Ein Dreifachklick (!) hinterlegt den ganzen Satz, vier (!!) Klicks hinterlegen sogar den ganzen Absatz. Mit der linken Maustaste können Sie durch Ziehen jeden beliebigen Textbereich markieren. Wenn Sie bei gedrückter Shift-Taste in den Text klicken, wird von der Cursorposition bis zur Position des Mausklicks markiert. Bei gedrückter Strg-Taste können Sie »ziehend« mehrere Textpassagen mit der Maus markieren.

Warum markieren? Um Text vorzumerken. Sie können – wie bei Windows – z.B. den markierten Bereich mit Strg-X ausschneiden oder mit Strg-C kopieren. Strg-V fügt den kopierten Text an der Cursorposition ein. Das funktioniert auch unter Linux.

Was Windows nicht bietet: Viele Linux-Benutzer verzichten gern auf die Kombinationen Strg-C und Strg-V, weil sie auf grafischen Linux-Oberflächen markierte Textpassagen mit einem simplen Klick der mittleren Maustaste einfügen können. Und das funktioniert sogar über Programmgrenzen hinweg, ja sogar von grafischen Programmen in Textterminals hinein und umgekehrt.

Natürlich markieren Sie auch Text, um ihn anschließend zu formatieren. Auch hier ist der Writer gut ausgestattet. Strg-Shift-F macht den markierten Text fett, markierter fetter Text wird durch Strg-Shift-F wieder mager. Auf die gleiche Weise wirken Strg-Shift-U für unterstrichen und Strg-Shift-K für kursiv.

Die Maus ist ebenfalls sehr sinnvoll belegt, um Text schnell zu formatieren. Markierten Text können Sie mit der rechten Maustaste anklicken und dann aus dem reich bestückten Menü das Untermenü STIL anwählen, um dort dann die richtige Formatierung zu finden. Wie bei den Tastaturbefehlen gilt: Wenn noch kein Text markiert ist, gilt die eingestellte Formatierung für die nächsten Buchstaben, die Sie schreiben. Mehr zur Formatierung finden Sie im nächsten Abschnitt.

Verschiedene nützliche Helferlein

Die neue Rechtschreibung soll so einfach sein, dass ein Computer sie prüfen kann. Bitte, soll er. OpenOffice enthält eine freie Rechtschreibprüfungssoftware und Silbentrennung. Wörter, die das Rechtschreiblexikon *MySpell* nicht kennt, werden (wenn das in der Menüleiste unter EXTRAS → RECHTSCHREIBPRÜFUNG → AUTOMATISCHE PRÜFUNG eingeschaltet ist) rot unterringelt. Eine Wortergänzung hilft bei oft gleich geschriebenen Wörtern, und der Navigator hat einige sehr interessante Funktionen im Writer.

Automatische Rechtschreibkorrektur. Wenn die automatische Korrektur aktiviert ist, brauchen Sie nur mit der rechten Maustaste auf ein unterringeltes Wort klicken. Sie bekommen meist mehrere verschieden sinnvolle Vorschläge präsentiert, wie das Wort womöglich zu schreiben sei (siehe Abbildung 5-6). Das wurde nach der letzten Rechtschreibreform eine sehr sinnvolle Funktion ...

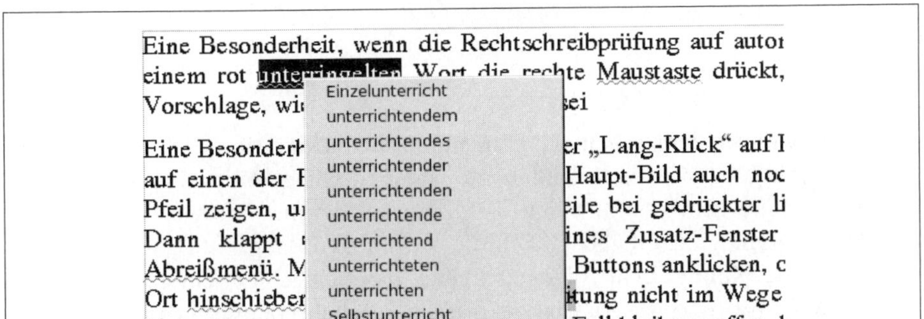

Abbildung 5-6: Vorschläge der Rechtschreibprüfung

Autokorrektur. Typische Tippfehler wie Buchstabendreher können Sie in der Menüleiste in EXTRAS unter dem Begriff AUTOKORREKTUR ausmerzen lassen. Im Register ERSETZUNG tragen Sie Ihre typischsten Tippfehler ein, sie werden in Zukunft automatisch durch die richtige Schreibweise ersetzt (siehe Abbildung 5-7). So eine Funktion hat auch Word.

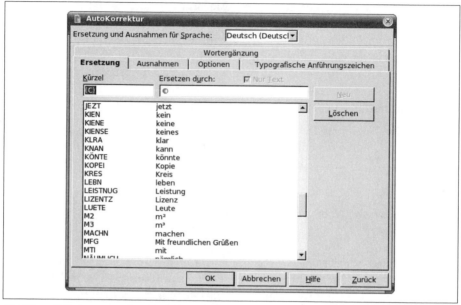

Abbildung 5-7: Automatische Tippfehlerkorrektur

 Im Register TYPOGRAFISCHE ANFÜHRUNGSZEICHEN sitzt die Funktion, die Maschinenschrift-Hochkommata in deutsche Anführungszeichen verwandelt.

Automatische Wortergänzung. Ähnlich gewöhnungsbedürftig, wie sich von einer Automatikschaltung beim Fahren helfen zu lassen, ist die Writer-Funktion *Wortergänzung*. Hier geht es um einen Zwischenspeicher für Wörter. Beim Tippen nimmt OpenOffice alle möglichen Begriffe wie ein Staubsauger auf und packt sie in eine Wortliste. Kommt beim Weiterschreiben das gleiche oder ein genauso beginnendes Wort vor (und ist es länger als drei Buchstaben), dann schlägt OpenOffice das Wort in einer Sprechblase oder schwarz hinterlegt vor. Ein Druck auf die Return-Taste übernimmt das Wort in den Text, und Sie müssen es nicht Buchstabe für Buchstabe eintippen. Der mittelschnelle bis langsame Tipper, der seine Buchstaben im »Adler-Suchsystem« zusammenfindet, profitiert von dieser Funktion womöglich sehr. Der Writer ergänzt nur, wenn im Dialog von EXTRAS → AUTOKORREKTUR ein Haken für WORTERGÄNZUNG VERWENDEN gesetzt ist.

Dieses Werkzeug ist nur so gut, wie Sie es pflegen: Da der Writer die Wörter aus dem normalen Schreibgeschehen in die Ergänzungstabelle aufsaugt, sind zwangsläufig auch immer wieder Exemplare mit Tippfehlern darin enthalten. Diese können Sie einzeln oder (bei gedrückter Strg-Taste) auch im Bündel per Maus markieren und wieder herauslöschen. So bleibt die Liste (die in der Standardeinstellung 500 Einträge vorhält, bevor die ersten automatisch gelöscht werden) immer ein nützliches Helferlein (siehe Abbildung 5-8).

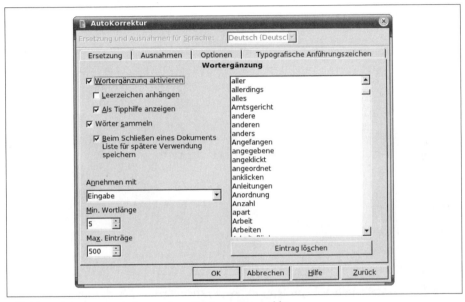

Abbildung 5-8: Automatisch generierte Ergänzungsvorschläge

Textbausteine. Die Möglichkeiten der Textbausteine gehen über die Funktion der vorher beschriebenen Ersetzungstabelle hinaus. In einem Textbaustein kann nicht nur eine simple Formulierung wie »Mit freundlichen Grüßen« stecken, sondern können ganze Dokumentteile inklusive Zeichen- und Absatzformatierung, Textmarken und sogar im Text verankerter Grafiken enthalten sein. Textbausteine sind einfach und schnell erzeugt:

Sie tippen und formatieren den gewünschten Text, bis er perfekt ist. Damit er ein Textbaustein wird, müssen Sie ihn markieren.

Aus der Menüleiste holen Sie den Textbaustein-Dialog, indem Sie BEARBEITEN → AUTOTEXT... anklicken, schneller geht das mit Strg-F3.

Im Dialog stehen auf der linken Seite alle Textbausteine zur Auswahl, die OpenOffice im zentralen Installationsverzeichnis anbietet, und ein leerer Textbaustein-Bereich namens MY AUTOTEXT. Dass dieser leer ist, können Sie daran erkennen, dass das Pluszeichen auf der linken Seite fehlt (siehe Abbildung 5-9).

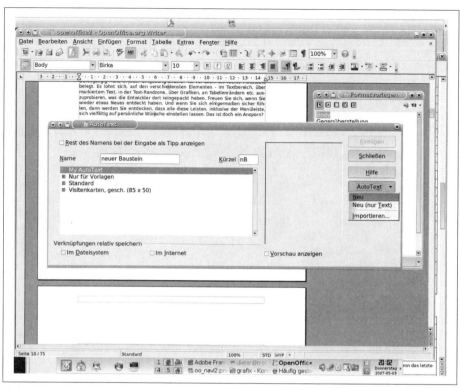

Abbildung 5-9: Einen neuen Textbaustein erstellen

Über den Textbausteinen befinden sich zwei Eingabefelder. In das linke tragen Sie einen griffigen Namen für den Baustein ein – im rechten Eingabefeld direkt daneben entsteht automatisch sogar noch ein Kürzel dafür. Ändern Sie den Kürzel-Titel so ab, wie er Ihnen passt, denn mit diesen Buchstaben werden Sie den Textbaustein in Zukunft abrufen. Dann erzeugen Sie den Baustein, indem Sie auf rechten Seite des Dialogs einen Button mit der Aufschrift AUTOTEXT anklicken. Auf einen langen Mausklick hin klappt dieser auf. Wählen Sie dort NEU für einen formatierten, oder NEU (NUR TEXT) für einen unformatierten Textbaustein. Wenn Sie einen der beiden Begriffe anklicken, wird aus dem vorher markierten Textmaterial ein neuer Textbaustein. Ist der erste Textbaustein in die Kategorie »Eigene Bausteine« aufgenommen worden, erscheint beim nächsten Aufruf des Dialogs auch ein kleines Pluszeichen auf der linken Seite.

Das Erfreulichste an den Textbausteinen von Writer ist, dass sie nicht am Dokument kleben, wie bei anderen Produkten auf dem Markt. Die Bausteine müssen nicht als ewiger Ballast bei jeder Kopie mit herumgetragen werden. Die Textbausteine befinden sich stattdessen in einer oder mehreren Dateien im persönlichen Konfigurationsverzeichnis.

Wo sich das persönliche Konfigurationsverzeichnis befindet, können Sie in der Menüleiste unter EXTRAS → OPTIONEN... → PFADE erfahren (oder am Ende dieses Kapitels). Aber auch der AutoText-Dialog besitzt einen Button BEREICHE..., in dem Sie weitere Textbaustein-Dateien mit zugehörigem Pfad anlegen können – und nebenbei erfahren, wo diese Dateien aktuell liegen. OpenOffice legt sie im Heimatverzeichnis des Benutzers ab, bei SUSE z.B. in */home/benutzername/OpenOfficeversion/user/autotext/*; bei den anderen Distributionen ist der Pfad ähnlich.

Luxus-Navigator. Vielleicht haben Sie ja schon einen Menüpunkt BEARBEITEN → GEHE ZU gesucht, wie es ihn oft bei anderen Programmen gibt. Das wäre zu einfach, hier gibt es den *Navigator*. Sie rufen ihn mit F5 oder BEARBEITEN → NAVIGATOR auf. Er hilft Ihnen auch dabei, bestimmte Seiten anzuspringen, aber das ist bei Weitem nicht der ganze Funktionsumfang. Wenn ein Dokument langsam sehr groß wird, sagt z.B. ein »Gehe zu Seite 25« nicht mehr viel aus, denn wer weiß dann schon noch, was da steht? Viel besser ist, direkt eine bestimmte Tabelle anzuvisieren, eine besondere Grafik aufs Korn zu nehmen oder einfach »Kapitel 4« auszuwählen. Er ist wohl aus der Seiten-Sprungfunktion heraus entstanden, denn wenn Sie einen Doppelklick auf die Seitenzahl in der Statusleiste ausführen, springt er ebenfalls auf (siehe Abbildung 5-10). Und natürlich hat er auch immer noch ein Eingabefeld, mit dem Sie direkt auf eine Seite springen können.

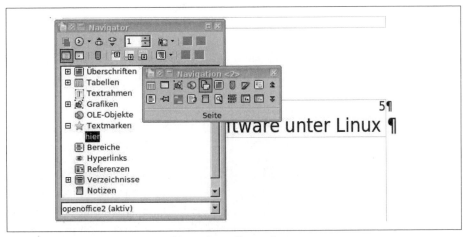

Abbildung 5-10: Der Navigator ist klein, aber voller Funktionen.

Im Hauptfenster listet der Navigator verschiedene Elementgruppen für Objekte auf, die sich im Text befinden können: Überschriften, Tabellen, Grafiken etc. Diese Gruppenliste ist immer gleich, doch wenn eines oder mehrere dieser Elemente im Text existieren, gibt es neben der Gruppenüberschrift auch ein kleines Pluszeichen. Mit einem Klick auf das Pluszeichen klappt die Liste aller Vertreter dieser Elemente im Text auf, z.B. alle 200 Grafiken in Ihrem Dokument oder eine Textmarke mit dem erhellenden Titel »hier«. Mit einem Doppelklick auf einen Namen in der Liste, z.B. auf »Grafik 25«, befördern Sie den Cursor direkt zum richtigen Ort im Text. Wenn Sie dort ankommen, ist dann z.B. auch gleich die Grafik markiert. Wenn Sie die Maus über einer zugeklappten Gruppenüberschrift schweben lassen, verrät eine Sprechblase schon vorher, z.B. wie viele Grafiken da aufklappen könnten. Gerade diejenigen Elemente anzuspringen, die nicht so leicht zu finden sind (wie z.B. Bereichsumbrüche oder die unsichtbaren Textmarken und Notizen), ist mit dem Navigator ein Klacks.

Am oberen Ende des Dialogs gibt es mehrere Buttons. Der runde Knopf mit einem nach rechts gerichteten Pfeil darin lässt einen Auswahldialog aufspringen, in dem Sie festlegen können, was Sie als Nächstes suchen bzw. anspringen wollen (siehe Abbildung 5-11, mit der Überschrift NAVIGATOR<2>). Rechts vom runden Knopf befinden sich zwei Buttons. Mit denen können Sie jeweils das nächste Element nach oben oder unten suchen, das Sie im Auswahldialog vorher ausgewählt haben. So können Sie z.B. in Windeseile alle Grafiken oder Textrahmen in einem Text finden und bearbeiten, ohne sie langwierig suchen zu müssen.

Den gleichen Dialog in klein finden Sie in der rechten unteren Ecke des Textfensters. In der Verlängerung der senkrechten Bildlaufleiste verbirgt sich der »Navigator light«. Der mittlere Knopf mit dem runden Emblem ruft die Elementauswahl auf, und nachdem Sie ein Element ausgewählt haben, springen die kleinen Buttons mit den Doppelpfeilen darauf an den nächsten Fundort. Mit der Zahl in der ersten Button-Reihe des Navigator-Hauptdialogs können Sie natürlich auf eine bestimmte Seitenzahl springen.

Abbildung 5-11: Auswahl des nächsten Suchelements

Je nach aufgerufenem OpenOffice-Modul kann der Navigator auch noch mit anderen Funktionsschaltern bestückt sein. In der Tabellenkalkulation gibt es z.B. nicht den klassischen Seitenwähler, sondern einen Zellen-Anspringer. Und das alles hat nichts mit den Wörter-Suchern in den Modulen zu tun, die es natürlich ebenfalls gibt.

Formatieren

Die Textformatierung funktioniert unter OpenOffice weitgehend wie unter Word. Es gibt drei Ebenen: *Zeichen*, *Absatz* und *Seite*. Die Formatierung der »feineren« Ebene ist dabei stärker als die der allgemeineren und größeren. Wie ist das zu verstehen? Zum Beispiel gibt die Seitenformatierung mit dem sogenannten *Satzspiegel* vor, wo die Textränder allgemein liegen. Jeder Absatz hat aber einen eigenen Rand, den Sie bisweilen absichtlich verändern, um den Text von der Umgebung abzuheben, indem Sie einzelnen Absätzen einen größeren *Einzug* links oder rechts geben. Oder etwas kleinteiliger: Jeder Absatz besitzt eine komplette *Formatvorlage*, in der festgelegt ist, wie die Schrift aussehen soll – Font, Stärke (fett oder nicht), Farbe, alles. Und Sie legen innerhalb des Absatzes für ein Wort die Zeichenformatierung willkürlich fest, denn Sie wollen, dass innerhalb der mageren Buchstaben ein Wort *fett* werden soll. Deshalb sind verschiedene Formatierungsmöglichkeiten quasi doppelt in den Dialogen der drei Ebenen enthalten. Die größere Einheit stellt dabei immer eine Voreinstellung für die jeweils kleinere Einheit dar.

Formatierung auf Zeichenebene

Die aktuelle Schriftart und welche zusätzlichen Eigenschaften sie haben soll (wie z.B. fett, unterstrichen, hoch- und tiefgestellt oder sogar die Schriftfarbe), bestimmen Sie im Zeichenformat-Dialog. Den holen Sie entweder aus der Menüleiste FORMAT → ZEICHEN... oder einfach aus der rechten Maustaste (ZEICHEN...). Dort finden Sie auch die Einzel-Eigenschaften als Untermenü. Speziellere Eigenschaften wie die Laufweite der Schrift oder sogar eine Drehung um 90, 180 oder 270 Grad lassen sich nur im Dialog einstellen (siehe Abbildung 5-12, unten).

Formatierung auf Absatzebene

Die Formatierung auf Absatzebene ist ein wahrer Zauberkasten. Wer seinen Text mit doppelten Zeilenschaltungen, Serien von Leerzeichen und anderem Unsinn formatiert, hat späteren Ärger redlich verdient. Eine vernünftige und gute Formatierung wäre ja nur zwei oder drei Mausklicks entfernt gewesen: Abbildung 5-13 zeigt drei der wichtigeren Register des Absatzformat-Dialogs.

Nur ein Beispiel: Viele Benutzer trennen Absätze in einem Brief (damit wirkt der Text großzügiger) mit zwei Zeilenschaltungen am Ende des Absatzes. Dabei entsteht aber eine Lücke, die in den meisten Fällen zu breit ist. Viel eleganter ist es, nur eine Zeilenschaltung zu drücken, aber den *unteren Absatzabstand* auf 0,3 oder 0,4 Zentimeter einzustellen. Damit erzielen Sie gleich zwei Vorteile:

- Die Absätze werden sehr gut optisch getrennt.
- Sie benötigen aber nur ein Viertel oder ein Drittel des Platzes einer Zeilenschaltung.

Bei mehreren Absätzen entscheidet das oft darüber, ob Sie noch eine zweite Brief-Seite bedrucken müssen oder nicht. Wenn Sie den größeren Absatzabstand schon beim ersten Absatz einstellen, vererbt er sich bei der Zeilenschaltung (die eigentlich eine Absatzschaltung ist) auf die folgenden Absätze. Einzüge des rechten oder linken Absatzrandes legen praktisch für jeden Absatz einen individuellen Rand fest.

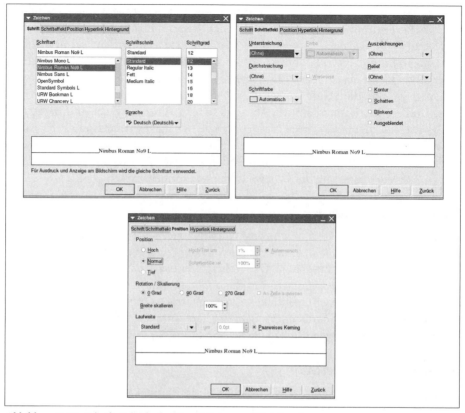

Abbildung 5-12: Schrift, Schriftschnitt und Extras auf Zeichenebene

Das ist eine sehr elegante Methode, um z.B. ein längeres Zitat optisch vom Rest des Textes abzusetzen. Auch die Zeilenabstände innerhalb des Absatzes gehören dem Absatzformat. Einzeiliger, eineinhalbzeiliger und doppelter Zeilenabstand sind also keineswegs alle Möglichkeiten, die es gibt.

Auf dem Register TEXTFLUSS geht es darum, wie der Text des Absatzes sich am Seitenumbruch verhalten soll:

- Darf er an einem Seitenumbruch innerhalb des Absatzes getrennt werden? (Wählen Sie ABSÄTZE NICHT TRENNEN.)
- Muss er mit dem nächsten Absatz zusammengehalten werden? Dann darf ein Seitenumbruch am Absatzende keine Trennung herbeiführen, sondern der ganze Absatz (oder wenigstens einige Zeilen, siehe den nächsten Listenpunkt) gehen auf die nächste Seite mit.
- Schusterjungen- und Hurenkind-Regelung, d.h. einzelne Zeilen eines Absatzes dürfen weder vor noch nach einem Seitenumbruch stehen bleiben.

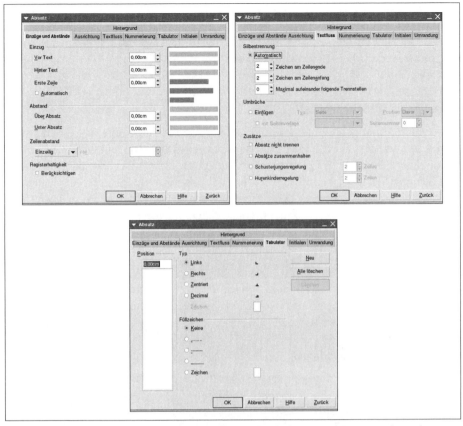

Abbildung 5-13: Abstände und Einzüge, Textfluss und Tabulatoren gehören zur Absatzebene.

Die Funktionen »Absätze nicht trennen« und »Absätze zusammenhalten« werden gerne verwechselt. Wenn die Absätze nicht getrennt werden dürfen, bleiben ganze Absätze immer entweder vor dem Seitenumbruch, oder sie wechseln komplett auf die nächste Seite. Solche Absätze können also nur am Absatzende umbrechen. Dann sollte aber auf keinen Fall auch noch die zweite Option eingestellt sein.

Wenn Sie festlegen, dass Absätze »mit dem nächsten Absatz zusammengehalten werden« sollen, dann dürfen sie nur am Absatzende nicht umbrechen – innerhalb des Absatzes aber sehr wohl. Das wählen Sie, wenn der Lesefluss an einem Seitenumbruch nicht unterbrochen werden soll. Die Absätze brechen dann in der Regel schon zwei Zeilen vor dem Absatzende um oder lassen wenigstens zwei Zeilen des nächsten Absatzes auf der aktuellen Seite – so, wie es bei der Schusterjungen- und Hurenkinderregel festgelegt ist.

Auf dem Register UMRANDUNG können Sie den Absatz mit Randlinien versehen, ohne gleich die Tabellenfunktion bemühen zu müssen. Spielen Sie ein wenig mit den Möglichkeiten herum, und Sie werden verstehen, warum die Absatzformatierung einer der am häufigsten verwendeten Formatierungsdialoge für Profi-Formatierer ist.

Formatierung auf Seitenebene

Zum Seitenformat gehören so grundlegende Dinge wie die Größe und Ausrichtung des Papiers und die Lage des Satzspiegels. Meist stellen Sie da nur ein, ob Ihr A4-großes Dokument im Hoch- oder Querformat gedruckt werden soll. Der Satzspiegel ist derjenige Teil der Seite, der bedruckt werden soll. Außerhalb des Satzspiegels liegen die Ränder (bis zur Papierkante). Zum Seitenformat gehört aber auch, aus welchem Druckerschacht das Papier kommen soll (Stichwort: vorgedrucktes Firmenpapier) und ob es eine eigene Hintergrundfarbe oder ein Wasserzeichen bekommen soll. Außerdem könnten Sie den Satzspiegel in mehrere Spalten unterteilen oder eine Seitenumrandung festlegen. Auch Kopf- und Fußzeilen gehören zur Seite.

Und Sie dachten, das sei so einfach. Spielen Sie ein wenig mit den Dialogen herum, und sehen Sie sich an, was darin steht. Jede Wette: Sie werden danach auch Word ein gutes Stück besser verstehen.

Formatieren mit Formatvorlagen

Das Formatieren wird immer problematischer, je größer das Schriftstück ist und je einheitlicher (das wirkt professionell) das Äußere des Texts insgesamt werden soll. Nachträglich auf einer einzigen Seite und nur an wenigen Stellen umzuformatieren ist zwar sehr einfach. Wenn Sie aber in einem Schriftstück, das viele Seiten lang ist, überall nur lokal formatiert haben, wie es oben gezeigt wurde, stoßen Sie schnell auf gewaltige Probleme: Die gesuchte, zu ändernde Formatierung ist schließlich an vielen Stellen über das ganze Dokument hinweg verteilt. Sie stellen dann zwar fest, dass die *Suchfunktion* (Strg-F; erneut suchen Sie mit Strg-G) Ihr Freund ist, weil sie unter MEHR OPTIONEN... auch Formatierungen (Attribute) finden kann. Aber beim Angleichen der Formatierungen schleichen sich oft neue Fehler ein, und am Schluss haben Sie vielleicht auch die eine oder andere Stelle übersehen. Und plötzlich bemerken Sie, dass eine eigentlich winzige Änderung, nur eben auf etlichen Seiten, Sie viele Stunden Ihrer Arbeitszeit gekostet hat.

Teilnehmer guter Textverarbeitungskurse lächeln dann und erklären: Die Lösung für dieses Problem heißt *Formatvorlagen*. Selbst wenn dieser Begriff für Sie neu ist: Sie arbeiten schon die ganze Zeit über damit. Bei OpenOffice (übrigens genau wie bei Word) geht das gar nicht anders. Natürlich haben Sie das Wort »Standard« links oben in der Format-Symbolleiste schon oft gesehen. Es teilt Ihnen mit: Sie arbeiten jetzt mit dem »Standard«-Absatzformat. Diese Absatz-Formatvorlage enthält das komplette Paket: einen Zeilenabstand, eine Schrift, deren Größe, Farbe, Einrückung und vieles mehr. Eine Formatvorlage bekommt einen sprechenden Namen wie »Überschrift«, »Textkörper« oder »Warnung«. Und immer, wenn Sie für ein wiederkehrendes Textelement genau dieses Layout benötigen, weisen Sie ihm diese Vorlage zu. Der Clou: Wenn Sie zu einer beliebigen Zeit die Formatierung der Vorlage ändern, brauchen Sie sich nicht darum zu kümmern, dass die Änderung auch wirklich überall durchgeführt und nirgends übersehen wird. Das passiert automatisch.

Logisch, dass es neben Absatzvorlagen auch solche auf Zeichen- und Seitenebene gibt und für grafische Umrandungen (Rahmen) und Nummerierungen auch.

Absatzformatvorlagen verwenden. Mit Vorlagen zu arbeiten ist einfach. Schreiben Sie zuerst den Text, und formatieren Sie dabei vor allem nicht groß herum. Dann kommt der magische Moment: Stellen Sie den Cursor in den Absatz, den Sie formatieren wollen (bzw. lassen Sie ihn dort einfach stehen). Bei völlig »unformatiertem« Text hat der Absatz die Formatvorlage *Standard*. Dann wählen Sie entweder aus der Drop-down-Liste in der Format-Symbolleiste (siehe Abbildung 5-14, links) oder aus dem Formatvorlagen-Fenster (Drücken Sie die Taste F11, wenn es noch nicht angezeigt wird) z.B. das Absatzformat *Überschrift 1*. Der Text der gesamten Zeile/des Absatzes wird größer und fett. Der Absatz muss nicht einmal markiert sein, es genügt, wenn der Cursor im Absatz steht. Wechseln Sie dann ans Ende der Zeile, und drücken Sie die Zeilenschaltungstaste. Wenn Sie nun anfangen, neuen Text zu schreiben, stellen Sie fest, dass die Buchstaben wieder klein und mager sind. Das Absatzformat heißt aber jetzt nicht mehr *Standard*, sondern *Textkörper*.

Abbildung 5-14: Absatzformatvorlagen zuweisen mit der Symbolleiste oder dem Formatvorlagen-Fenster

Wenn Sie nun am Ende eines Textkörper-Absatzes die Zeilenschaltung drücken, kommt wieder ein Absatz mit *Textkörper*-Format. Gratulation, Sie haben gerade in einem einzigen Beispiel gesehen, wie Sie Formatvorlagen zuweisen können und was der Begriff der *Folgevorlage* bedeutet. Wenn Sie einen Absatz mit der Zeilenschaltung abschließen, muss der nächste Absatz ja wieder eine Formatvorlage bekommen. Und welche das sein wird, kann man einstellen. Überschriften schalten nach der Zeilenschaltung normalerweise auf eine Formatvorlage um, die als *Lauftext* geeignet ist, während Lauftext-Vorlagen in der Regel wieder sich selbst rufen.

Es wäre Zeit, einmal so eine Formatvorlage genauer zu betrachten. Stellen Sie deshalb den Cursor wieder in die Zeile mit der Überschrift, und drücken Sie nun die rechte Maustaste. Aus dem Menü wählen Sie den Punkt ABSATZVORLAGE BEARBEITEN. Sie könnten auch mit der rechten Maustaste auf den Vorlagen-Eintrag im Formatvorlagen-Fenster klicken und ÄNDERN auswählen. Das öffnet die Dialogbox, um die Absatzvorlagen zu ändern. Dieser Dialog ist ziemlich umfangreich, denn er umfasst alle Formatierungsoptionen, die es auf Absatzebene überhaupt gibt, und sogar noch ein paar mehr (siehe Abbildung 5-15). Auf dem Register VERWALTEN etwa steht bei der Formatvorlage »Überschrift 1«, dass als Folgevorlage »Textkörper« kommt. Bei der Vorlage »Textkörper« steht auf diesem Register aber, dass nach einer Zeilenschaltung wieder die gleiche Absatzvorlage verwendet wird, deshalb schaltet diese Vorlage bei einem Zeilenumbruch nicht um. So einfach ist das.

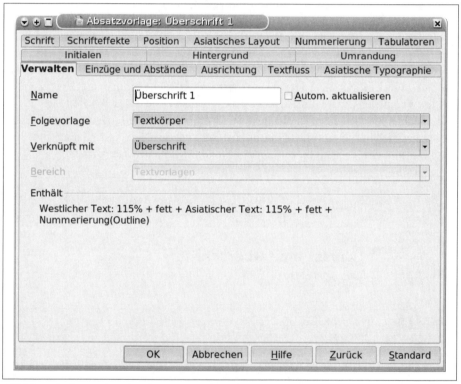

Abbildung 5-15: Eine bestehende Formatvorlage verändern

Jede Änderung in diesem Dialog wirkt sich nicht nur auf ein ausgewähltes Wort oder den aktuellen Absatz aus, sondern auf jeden Text des gesamten Dokuments, der mit dem gleichen Absatzformat formatiert ist. Das ist der Vorteil: Eine Änderung, die man überall sofort sehen können soll, muss nicht mehr von Hand überallhin übertragen werden. Versuchen Sie das einmal: Erzeugen Sie mehrere Absätze mit Überschrift 1, und ändern Sie dann in der Formatvorlagendefinition z.B. die Schriftart. Sobald Sie den Dialog schließen, ist alle Arbeit getan. Keine Angst: Sie ändern nur die Vorlage im aktuellen Dokument. Wenn Sie das Dokument schließen und nicht speichern, ist alles vorbei. Ein neues Format erstellen wir im nächsten Schritt.

Der Schalter AUTOM. AKTUALISIEREN sorgt dafür, dass die Wirkung auch andersherum auftritt: Alle lokalen Änderungen auf Absatzebene werden automatisch auf die Absatzvorlage und damit auf alle Absätze übertragen, die mit dem gleichen Format belegt sind. Ein Fehler schlägt dann sofort auf das ganze Dokument durch. Mir ist noch keine Anwendung begegnet, bei der man das gewollt hätte ...

Nieder mit Strg-a

»Ha«, wird so mancher Leser da wissend sagen: »Das funktioniert ja gar nicht!« Aber es funktioniert nur dann nicht, wenn Sie vorher schon *lokale Zeichenformatierungen* auf den Text gelegt haben.

Jeder weiß, dass man eine Formatierung für den ganzen Text wirksam machen kann, indem man den ganzen Text mit Strg-a markiert, um dann z.B. die neue Schriftart (oder was auch immer) einzustellen. Aber: Wenn Sie das tun, weisen Sie dem gesamten Text eine *Zeichenformatierung* zu, die von Anfang bis Ende hindurch geht. Das hat zwei Nachteile: Jede andere Zeichenformatierung fliegt dabei gnadenlos raus – Sie fangen jetzt wieder von vorne an, Einzelformate Wort für Wort in den Text zu pinseln. Der zweite Nachteil: Mit dieser Zeichenformatierung übertünchen Sie auch die Formatierung auf Absatzebene, denn sie ist »spezifischer« (siehe Anfang des Kapitels).

Dabei wäre es so einfach: Ändern Sie die Schriftart in der Absatzformatvorlage, und schon ist der ganze Text neu formatiert. Wo Sie lokal z.B. noch ein Wort fett oder ein Zitat kursiv formatiert hatten, bleibt das Besondere erhalten.

Wie Sie eine lokale Formatierung wieder loswerden, um die Vorteile der Formatvorlagen genießen zu können, lesen Sie wenige Zeilen später.

Was tun Sie, wenn Sie schon alles einmal mit Strg-a plattformatiert haben? Markieren Sie zuerst alle Textabschnitte, um die es Ihnen geht: mehrere Wörter, einen ganzen Absatz oder sogar den ganzen Text mit Strg-a (bei einem einzigen Wort genügt es, den Cursor in das Wort zu stellen). Dann klicken Sie mit der rechten Maustaste auf die Markierung (oder das Wort) und wählen gleich den ersten Punkt aus dem Menü: STANDARDFORMATIERUNG (siehe Abbildung 5-16).

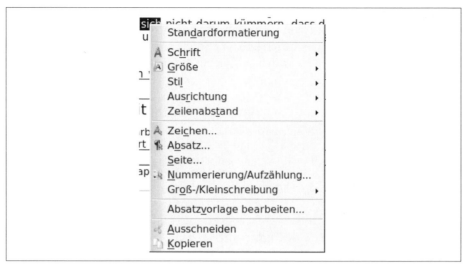

Abbildung 5-16: Mit der oberen Funktion können Sie lokale Zeichenformatierungen entfernen

Sofort fallen alle nachträglichen Zeichenformatierungen raus, und das Absatzformat schlägt wieder durch. Je weniger Sie mit Zeichenformatierungen herumbasteln, desto wirkungsvoller arbeiten Sie mit den Absatzformatvorlagen.

Writer liefert eine große Anzahl von Formatvorlagen mit. Klicken Sie sich ruhig einmal durch das Formatvorlagen-Fenster, um die Flut von Vorlagen auf Zeichen-, Absatz- und Seitenebene anzusehen. Sogar Rahmen und nummerierte Aufzählungen können mit vorgefertigten Formatvorlagen gestaltet werden.

Arbeiten mit dem Formatvorlagen-Fenster. Das Formatvorlagen-Fenster erscheint frei beweglich auf dem Bildschirm, wenn Sie es mit F11 einschalten. Der obere Bereich dieses Fensters enthält fünf Buttons, mit denen Sie zwischen den verschiedenen Vorlagentypen (Absatzformate, Zeichenformate, Rahmen-, Seiten- und Nummerierungsformate) umschalten können. Am unteren Ende des Fensters gibt es eine Drop-down-Liste, in der verschiedene Bereiche aufgelistet sind, in die die Vorlagen zusätzlich unterteilt sind. Sie heißen *Textvorlagen* und *Kapitelvorlagen*, anzeigen können Sie aber auch *Alle* bzw. nur *Verwendete Vorlagen* – eine lange Liste. Interessant sind hierbei die *Benutzervorlagen*, denn dort tauchen Formatvorlagen auf, die Sie später selbst angelegt haben.

Absatzformate weisen Sie einem Absatz zu, wenn Sie den Textcursor in den passenden Absatz stellen und dann im Formatvorlagen-Fenster auf den Namen der gewünschten Vorlage doppelklicken. Bei Zeichenvorlagen stellen Sie den Cursor einfach in das zu formatierende Wort. Den Text vorher markieren müssen Sie immer dann, wenn mehrere Wörter oder Absätze betroffen sein sollen.

Üben Sie ruhig zuerst das lokale Formatieren, und verwenden Sie dann im Anschluss Absatzformate, um das Aussehen des Absatzes zu verändern. Wie wirkt sich die lokale Formatierung aus, wenn das Absatzformat verändert wird? Setzen Sie die lokale Formatierung anschließend mit dem Menüpunkt STANDARDFORMATIERUNG aus der rechten Maustaste zurück. Versuchen Sie, die Formatierung zurückzusetzen, nachdem Sie den ganzen Absatz vorher markiert und lokal (mit Zeichenformaten) formatiert haben. Normalerweise muss man ja keine ganzen Absätze markieren, aber hier geht es nicht anders ...

Versuchen Sie auch einmal die Gießkannenfunktion aus dem Formatvorlagen-Fenster: Sie wählen eine Formatvorlage aus der Liste aus, klicken den Button mit dem kleinen Eimer an und verteilen die Formatierung mit einem einzigen Mausklick auf jedes angeklickte Element: Zeichenformate auf ein einzelnes Wort, Absatzformate auf einen Absatz.

Formatvorlagen erstellen. Sie können eine neue Vorlage entweder aus dem Formatvorlagendialog heraus erzeugen, oder Sie formatieren einen Absatz bzw. ein Wort nach Wunsch und machen dann daraus eine Formatvorlage. Das ist einfach: Zunächst formatieren Sie den Text wie für eine lokale Zeichen- oder Absatzformatierung. Dann verwandeln Sie den formatierten Text in eine Formatvorlage. Öffnen Sie dazu das Formatvorlagen-Fenster, und stellen Sie sicher, dass Sie im oberen Bereich des Fensters den richtigen Button für den Vorlagentyp gedrückt haben: also Absatz- oder Zeichenvorlagen. Mit einem Klick auf den Drop-down-Button ganz rechts können Sie NEUE VORLAGE AUS SELEKTION (siehe Abbildung 5-17) wählen. Ein Dialog fordert Sie auf, der Formatvorlage noch einen Namen zu geben, danach finden Sie Ihr Werk unter den BENUTZERVORLAGEN.

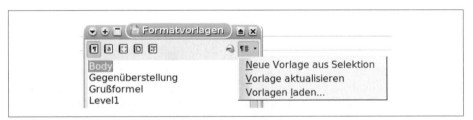

Abbildung 5-17: Eine Formatvorlage aus einem Text erzeugen

Um zu sehen, wie Sie mit den gerade gezeigten Techniken (und ein paar weiteren Methoden) schnell zum Ziel kommen, werfen Sie einmal einen Blick in den Anhang C zu den OpenOffice Workshops.

Die Tabellenkalkulation Calc

Calc ist das Tabellenkalkulationsprogramm der OpenOffice Suite, und es sieht genauso aus wie alle anderen Programme dieser Art (z.B. Excel und Lotus 1-2-3, siehe Abbildung 5-18). Die wesentlichen Dinge wie Rechnen, Diagramme erstellen und Datenbank-Funktionalitäten beherrscht es vergleichbar gut wie der Marktführer. Wie Excel ist auch Calc in der Lage, über OLE-Verbindungen im Writer aufzutauchen, und es ist – in beschränktem Maße – auch zur Textverarbeitung fähig. Es besitzt sogar ein paar Funktionen, um zu zeichnen. Excel-Dateien kann Calc öffnen und weiterberechnen. Die API-Schnittstellen im Hintergrund, sprich die Namen der Funktionen für die Aufrufe, sind bei Calc jedoch völlig anders als bei Excel. Deswegen können Sie hochformatierte und mit Makros gespickte Excel-Dateien zwar bearbeiten und schadlos wieder abspeichern, aber die einprogrammierten Excel-Makros abspielen, das kann Calc nicht.

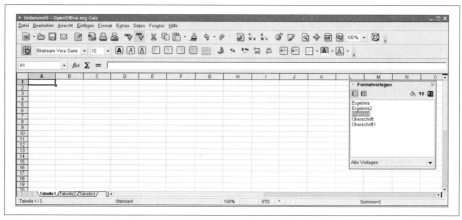

Abbildung 5-18: Unspektakuläres Design: Calc

Calc benutzt ebenfalls die in OpenOffice allgegenwärtigen Helferlein: das Formatvorlagen-Fenster, den Navigator, die Wortergänzung, die Grafik-Galerie und was es sonst so alles gibt. Und genau wie der Writer kann auch Calc neben den eigenen eine Reihe fremder Dateiformate direkt einlesen. Dazu gehören selbstverständlich mehrere Excel-Varianten, aber auch *dif*, das *Data Interchange Format*, und *dBase*. Zusammen mit den von Writer bereits bekannten Text-(z.B. ASCII-)Formaten wie *CSV (Comma Separated Values)* kann Calc es vermutlich mit allem aufnehmen, was als Import-Quelle infrage kommt. Vor allem das bei Tabellen verarbeitenden Programmen allgegenwärtige dBase-Format ist ein wertvoller Trumpf, denn das können praktisch alle diese Programme exportieren.

Erste Schritte

Wenn Sie ein neues Tabellendokument erzeugen, landen Sie auf dem üblichen Schachbrettmuster solcher Programme. Die Nummerierung startet bei Spalte A, Zeile 1. Das Dokument kann insgesamt 256 Spalten und seit Version 2.x bis zu 65.536 Zeilen pro Tabelle enthalten, denn Excel-Tabellen können das auch. Bei einer neuen Calc-Datei liegen immer drei solche Tabellen »übereinander«, und über einen register-artigen Schalter am unteren Fensterrand können Sie per Maus von einer Tabelle zur anderen wechseln. Auch das entspricht völlig dem Verhalten vergleichbarer Programme.

Die Tastaturbelegung ist intuitiv und für den mit Lotus oder Excel geübten Tabellenkalkulationsbenutzer genau richtig belegt. Die folgende Tabelle gibt einen Überblick über die wichtigsten Tastaturkürzel. Keine Angst, mit den ersten fünf bis zehn Kürzeln (die Sie vermutlich von Excel her schon kennen) kommen Sie schon weit. Die anderen lernt man meist später und mehr zufällig.

Tabelle 5-4: Tastaturkürzel bei Calc

Tastenkombination	Auswirkung
Pfeil nach links, rechts, oben, unten	Zellenzeiger eine Zelle nach links, rechts, oben, unten bewegen bzw. genauso wie im Text.
Umschalt-Pfeil nach links, rechts, oben, unten	Zellenzeiger mit Markierung um eine Zelle nach links, rechts, oben, unten erweitern bzw. genauso wie im Text.
Tab-Taste	Zellenzeiger geht nach rechts.
Return	Texteingabe bei einer Zelle abschließen, der Zellenzeiger geht eine Zelle nach unten. Unter EXTRAS → OPTIONEN → TABELLENDOKUMENT → ALLGEMEIN können Sie die Bewegungsrichtung für den Cursor festlegen.
F2	Schaltet in den Bearbeitungsmodus um und setzt den Cursor an das Ende des Inhalts der aktuellen Zelle. Zum Beenden des Bearbeitungsmodus drücken Sie erneut F2.
Escape	Zellbearbeitung abbrechen und Eingabe vergessen.
Backspace	Zellinhalt mit Rückfrage-Dialog löschen: Sollen Formate etc. ebenfalls gelöscht werden? Während der Eingabe: Buchstaben rückwärts löschen.
Entf-Taste	Zellinhalt ohne Rückfrage löschen. Während der Eingabe: Buchstaben vorwärts löschen.
Strg-Z	Änderung rückgängig machen (mehrstufig).
Strg-Pos1	Verschiebt den Cursor zur ersten Zelle in der Tabelle (A1).
Strg-Ende	Verschiebt den Cursor zur letzten Zelle in der Tabelle, die Inhalt aufweist.
Pos1	Verschiebt den Cursor zur ersten Zelle der aktuellen Zeile.
Ende	Verschiebt den Cursor zur letzten Zelle der aktuellen Zeile.
Strg-Pfeil nach links	Verschiebt den Cursor an den linken Rand des aktuellen Datenbereichs. Wenn die Spalte links neben der Zelle mit dem Cursor leer ist, dann springt der Cursor nach links zur nächsten Spalte, die Daten enthält.
Strg-Pfeil nach rechts	Verschiebt den Cursor an den rechten Rand des aktuellen Datenbereichs. Wenn die Spalte rechts neben der Zelle mit dem Cursor leer ist, dann springt der Cursor nach rechts zur nächsten Spalte, die Daten enthält.

Tabelle 5-4: Tastaturkürzel bei Calc (Fortsetzung)

Tastenkombination	Auswirkung
Strg-Pfeil nach oben	Verschiebt den Cursor an den oberen Rand des aktuellen Datenbereichs. Wenn die Zeile über der Zelle mit dem Cursor leer ist, dann springt der Cursor zur nächsten darüber gelegenen Zeile, die Daten enthält.
Strg-Pfeil nach unten	Verschiebt den Cursor an den unteren Rand des aktuellen Datenbereichs. Wenn die Zeile unter der Zelle mit dem Cursor leer ist, dann springt der Cursor zur nächsten darunter gelegenen Zeile, die Daten enthält.
BildAuf/BildAb	Zellzeiger springt einen Bildschirm nach oben/nach unten.
Umschalt-BildAuf/BildAb	Zellzeiger springt einen Bildschirm nach oben/nach unten und markiert dabei.
Strg-BildAuf	Der Cursor springt um eine Tabelle nach links. In der Seitenvorschau: Springt zur vorigen Druckseite.
Strg-BildAb	Der Cursor springt um eine Tabelle nach rechts. In der Seitenvorschau: Springt zur nächsten Druckseite.
Alt-BildAuf	Der Cursor springt um eine Bildschirmseite nach links.
Alt-BildAb	Der Cursor springt um eine Bildschirmseite nach rechts.
F1	Hilfefunktion
Strg-F2	Öffnet den Funktionsautopiloten.
F4	Blendet den Datenbank-Explorer (Beamer) ein oder aus.
F5	Blendet den Navigator ein oder aus.

Zwei Cursor und die Dateieingabe

Tippt man erst einmal drauflos, bemerkt man sofort den bei Tabellenkalkulationsprogrammen typischen Doppel-Textcursor: Einer steht in der Tabelle in dem bearbeiteten Feld, ein zweiter in der Berechnungsleiste oberhalb der Zellen. Die Zahlen wandern in dasselbe Feld – egal, welchen der beiden Cursor man beim Tippen anstarrt. Die Berechnungsleiste bzw. Formelleiste bietet überdies die Möglichkeit, mit der Maus ein grünes Häkchen neben dem Eingabefeld anzuklicken, um die Eingabe abzuschließen. Auch hier gibt es also keine Überraschungen. Sobald Sie den Cursor aus der Zelle herausbewegen, richtet Calc automatisch Text linksbündig, Zahlen jedoch rechtsbündig aus. Zahlen, deren Format an ein Datum erinnern, werden in Datumsformate verwandelt; dies geschieht z.B. dann, wenn man nur 3.4. eintippt und dann die aktuelle Zelle verlässt – anschließend steht der 3.4.200x (immer das aktuelle Jahr) darin.

Navigieren in Zellen

Solange Sie in eine Zelle neue Werte eintippen, können Sie mit der Backspace-Taste geradewegs rückwärts löschen. Wenn Sie aber die Pfeiltasten drücken, um den Textcursor zu bewegen, springt der Zellzeiger ein Feld weiter oder zurück. Wenn Sie sich mit dem Textcursor innerhalb einer Zelle bewegen wollen, müssen Sie Calc erst einmal darüber informieren. Das geschieht, indem Sie die F2-Taste drücken.

Wenn Sie eine Zelle nachträglich editieren wollen, stellen Sie zuerst den Zellzeiger auf die richtige Zelle und drücken dann F2. Wenn Sie das vergessen, überschreiben Sie den bisherigen Inhalt. Aber keine Panik deswegen: Solange Sie noch nicht Return, Tab oder eine Pfeiltaste gedrückt haben, um den neuen Inhalt zu bestätigen, können Sie noch alles mit der Escape-Taste rückgängig machen. Auch eine funktionierende Strg-Z-Funktion mit etlichen Rückwärtsschritten gibt es, sollten Sie schon so weit gekommen sein.

Einfache Berechnungen

Calc wurde geschaffen, um Listen zu führen, Zahlen zu berechnen und Diagramme daraus zu erzeugen. Wie alle Tabellenkalkulationsprogramme hat es dagegen gewisse Defizite in der Typografie. Bei Tabellenkalkulationsprogrammen geht es primär darum, dass die Zahlen stimmen und dass sie – möglichst zusammen mit den Erläuterungen – alle auf dem Blatt zu sehen sind. Wie groß oder klein die einzelnen Zeichen im Ausdruck dann werden, spielt oft genug keine besonders große Rolle.

Rechnen und Zelladressen

Tabellenkalkulationsprogramme rechnen normalerweise nicht direkt mit Zahlen, sondern mit *Feld-* bzw. *Zelladressen*, allenfalls noch mit deren Inhalt. Die Tabellen sind schachbrettartig in Rechtecke aufgeteilt. Weil die Spaltenüberschriften nach dem Alphabet und die Zeilennummern nach Zahlen angegeben sind, besitzt jede Zelle eine eindeutige Adresse, die sich nach der Spalte und der Nummer der Reihe bemisst. Das ist wie beim Schach: Springer B5 schlägt Läufer C7. Und so rechnen Sie nun auch: »Addiere, was in Feld B5 steht, zu dem, was in C5 steht, und gib das Ergebnis in D5 aus«. Sie können nun beliebige Rechnungen über diese Feldadressen ausführen. Welche Zahlen Sie auch immer in B5 und C5 stellen, D5 wird immer das richtige Ergebnis dieser Addition zeigen – nicht der gleichen Zahlen, aber der gleichen Rechnung. Rechnen mit Feldadressen macht die Tabelle eines Tabellenkalkulationsprogramms zu einem universellen Berechner für ein spezielles Problem.

Eine Beispielübung – Addition mit Feldadressen. Ein kleines Beispiel erklärt mehr als tausend Worte: Um Calc die simple Addition von 3+4 ausführen zu lassen, stellen Sie den Zellzeiger z.B. in das Feld D1. Der Term ist leicht eingetragen: =3+4 direkt eingetippt, ergibt das richtige Ergebnis 7 im Feld D1. Aber es geht auch anders: Tragen Sie in B2 eine 3 ein, in C2 eine 4. Stellen Sie nun den Zellzeiger auf D2, und tragen Sie die Formel für die Feldberechnung ein: =B2+C2. Das Ergebnis ist zwar das Gleiche, aber Sie sind nun viel flexibler: Wenn Sie die Berechnung verändern wollen, um z.B. nicht 3+4, sondern 4+4 zu berechnen, dann genügt es, die 3 im Feld B2 in eine 4 zu verwandeln. Im Feld D2 steht wieder das richtige Ergebnis, und Sie mussten die Kalkulationsformel selbst nicht ändern (siehe Abbildung 5-19).

Woran erkennt das Tabellenkalkulationsprogramm den Unterschied zwischen Zahlen und Berechnungen? Am Gleichheitszeichen. Alles, was Calc berechnen soll, beginnt mit einem =.

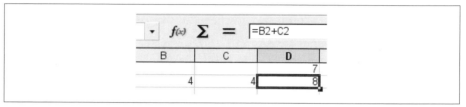

Abbildung 5-19: Rechnen mit Feldadressen

Nun soll die Berechnung mehrfach vorgenommen werden, ohne alles neu eintippen zu müssen. Das ist sogar noch einfacher. Stellen Sie den Cursor in die Ergebniszelle, und packen Sie das kleine schwarze Quadrat an der rechten unteren Ecke des Zellzeigers. Ziehen Sie es mit gedrückter linker Maustaste um etliche Felder senkrecht nach unten, um es dort z.B. in D4 »fallen zu lassen«. Ein roter Rahmen wächst mit der Mausbewegung nach unten, und nach dem Loslassen befinden sich jeweils Nullen in den Feldern zwischen D3 und D4. Aber siehe da: Sobald Sie Zahlen in die beiden Felder links von jeder 0 eintragen, berechnet Calc die Summe dieser beiden Zahlen (siehe Abbildung 5-20).

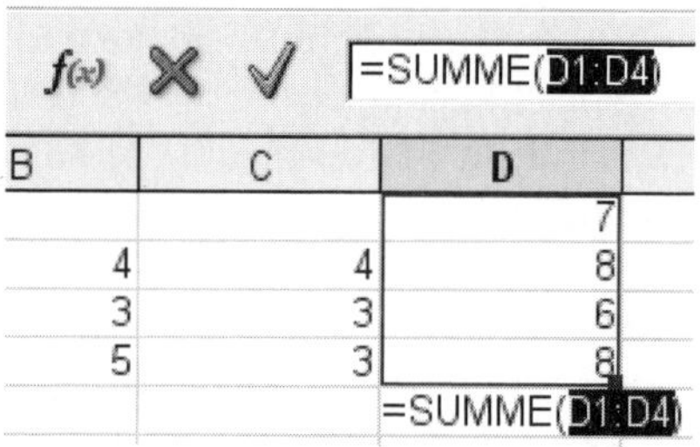

Abbildung 5-20: Berechnungsformel kopieren

Eine erste eingebaute Calc-Funktion – Summe. Und was ist die Gesamtsumme aller Additionen zwischen D1 und D4? Stellen Sie den Zellzeiger in das Feld D5, und klicken Sie auf den Button mit dem Summenzeichen Σ in der Berechnungsleiste oberhalb der ersten Zeile. Calc erkennt selbstständig, dass es nun die Werte in den Feldern über dem aktuellen Zellzeiger summieren soll, wenn fortlaufend Zahlen darin enthalten sind. Es bietet die Summenformel =Summe(D1:D4) an, die Sie nur noch mit einem Klick auf das grüne Häcken neben der Formel bestätigen müssen. Ein Druck auf die Return-Taste hätte es auch getan.

Eine einfache Rechnungstabelle. Eine kleine Berechnungstabelle soll zeigen, um wie viel leichter Sie eine Liste z.B. für eine Rechnung aufbereiten können, wenn Sie diese mit Calc statt mit der zugegebenermaßen netten Tabellenfunktion des Writers erzeugen, der ja primär doch nur eine Textverarbeitung ist. In die erste Zeile schreiben Sie wieder die Überschriften: Menge, Artikel, Einzelpreis, Gesamtpreis.

Die Breite von Tabellenspalten stellen Sie ein, indem Sie die Spalten-Begrenzungslinien in den Spaltenköpfen mit der Maus packen und nach Wunsch nach links oder rechts ziehen. Es geht aber auch exakt: Stellen Sie den Zellzeiger z.B. in die Spalte der Artikel, und klicken Sie mit der rechten Maustaste auf die Spaltenbeschriftung (B). Dann erscheint ein Menü mit der Option SPALTENBREITE... Diese öffnet einen Dialog für die Breitenangabe in Zentimetern. Wenn Sie stattdessen OPTIMALE SPALTENBREITE... wählen, wird die Spaltenbreite nach dem längsten Text in der Spalte gesetzt. Das bietet sich z.B. in der ersten Spalte an.

Wir kaufen Strandbedarf, das lässt auch in kalten Zeiten des Jahres von Sommer und Sonne träumen (siehe Abbildung 5-21).

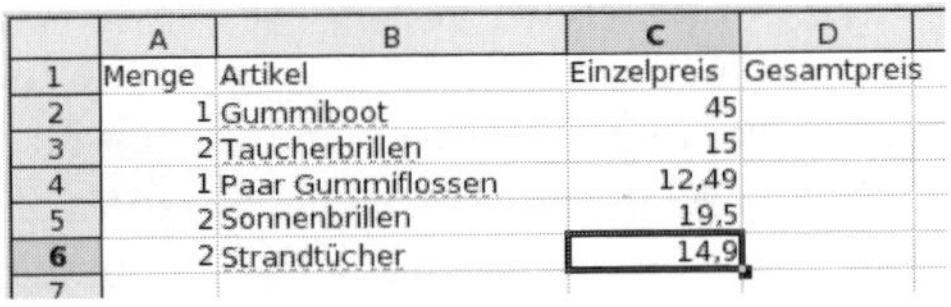

	A	B	C	D
1	Menge	Artikel	Einzelpreis	Gesamtpreis
2	1	Gummiboot	45	
3	2	Taucherbrillen	15	
4	1	Paar Gummiflossen	12,49	
5	2	Sonnenbrillen	19,5	
6	2	Strandtücher	14,9	
7				

Abbildung 5-21: Mit dem Gummiboot ohne Seenot ...

Während Sie die nackten Fakten eintippen, sind die Zahlen noch nicht »schön«, das heißt, sie sind weder alle gleich lang noch nach dem Komma ausgerichtet. Doch das kommt noch. Zuerst soll ausgerechnet werden, was uns der Ausflug an den Strand kosten wird, »geschönt« werden die Zahlen hinterher. Stellen Sie den Zellzeiger in das Feld rechts vom Einzelpreis. Wie beim Writer geben Sie die Formel am einfachsten ein, indem Sie zuerst ein = tippen. Ein zweiter Textcursor springt nun in die Berechnungsleiste. Klicken Sie zuerst in das Feld mit der Anzahl der Gummiboote, tippen Sie dann den * für die Multiplikation, und klicken Sie anschließend das Feld mit dem Preis für das Produkt an. Die korrekte Formel lautet: =A2*C2. Klicken Sie den grünen Haken an, oder drücken Sie Return, und schon stimmt der Preis für das Gummiboot (siehe Abbildung 5-22). Die restlichen »Plutimikationen« ziehen Sie mit der Maus nach unten, indem Sie genau wie im Beispiel oben das kleine Viereck rechts unten am Zellzeiger anpacken: einfach den Zellzeiger auf das erste Produkt (D1) stellen und bis zu den Strandtüchern ziehen, fertig.

Was kostet der Spaß am Strand nun insgesamt? Das berechnet wie oben Zelle D7 für uns. Stellen Sie den Cursor dorthin, und klicken Sie dann das Summenzeichen Σ in der Berechnungsleiste an. Calc erkennt selbstständig, dass die Zellen in der Summe =Summe(D2:D6) berechnet werden sollen. Doch halt! Der Fiskus hat seine

Hand noch nicht aufgehalten, es fehlen noch die aktuell 19% Mehrwertsteuer. Wenn Sie diesen Faktor in ein eigenes Feld stellen, könnten Sie später mit der Änderung einer einzigen Zahl wieder aktuell sein (z.B. wie in Abbildung 5-22).

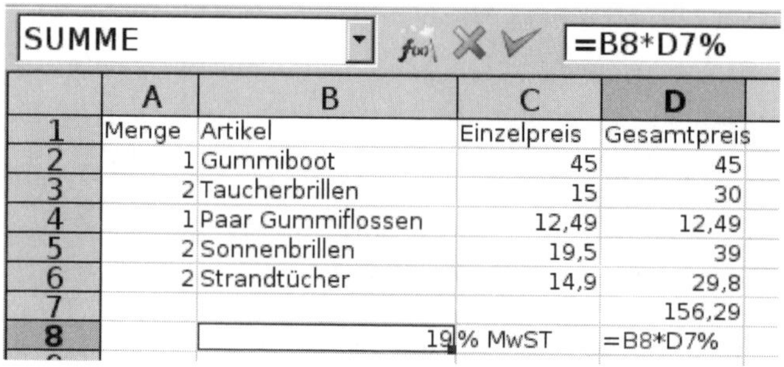

	A	B	C	D
1	Menge	Artikel	Einzelpreis	Gesamtpreis
2	1	Gummiboot	45	45
3	2	Taucherbrillen	15	30
4	1	Paar Gummiflossen	12,49	12,49
5	2	Sonnenbrillen	19,5	39
6	2	Strandtücher	14,9	29,8
7				156,29
8			19% MwST	=B8*D7%

Abbildung 5-22: ... mit Steueranteil ...

Der Zellzeiger muss in das Feld unterhalb des Nettobetrags gestellt werden. Wenn man die Formel kombiniert mit Tastatur und Maus erstellen mag, heißt der Befehl `=(Klick in das Feld mit dem Nettobetrag)*(Klick in das Feld mit der 19)%`. Calc kann also unmittelbar prozentrechnen. Man hätte freilich auch `=D7/100*B8` daraus machen können, der direkte Weg erscheint aber eleganter. Nun fehlt noch, was brutto aus dem Geldbeutel geholt werden muss: die Summe aus Netto und Steuer. Dafür gibt es zwei Möglichkeiten: die Summenformel oder die simple Addition (siehe Abbildung 5-23).

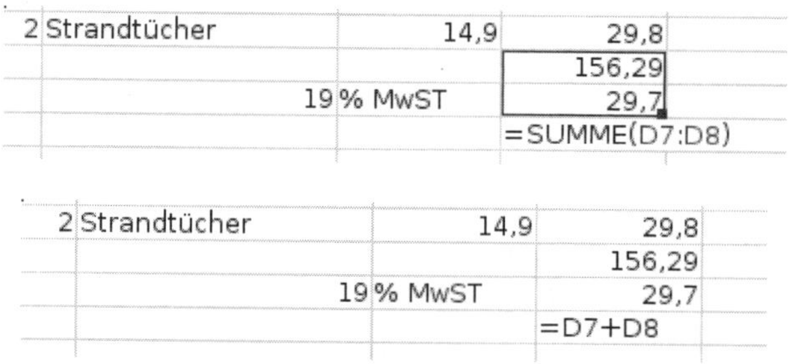

2	Strandtücher		14,9	29,8
				156,29
		19	% MwST	29,7
				=SUMME(D7:D8)

2	Strandtücher		14,9	29,8
				156,29
		19	% MwST	29,7
				=D7+D8

Abbildung 5-23: ... in der Summe ... und addiert

Zellformate zuweisen. Ob Ihnen nun eine Summe besser gefällt als eine Addition, bleibt Ihnen überlassen. Allerdings sollte schon »Euro« stehen, wo Euros hingehören. Das geht über das Zahlenformat. Weil nicht alle Zellen Geldwerte enthalten, markieren Sie auch nur die passenden Spalten und Felder. Bei gedrückter Strg-Taste überstreichen Sie mit der Maus zuerst zuerst die Felder C2 bis C6 und anschließend D2 bis D9. Oder C2 bis D6 und dann D7 bis D9. Jetzt drücken Sie die rechte Maustaste und wählen ZELLEN FORMATIEREN... aus. Der Dialog bietet viele Möglichkeiten an, gerade interessiert aber nur das Wort WÄHRUNG im Listenfeld auf der linken Seite. Das Währungsformat ist bereits passend eingestellt. Es werden immer zwei Nachkommastellen angezeigt; steht vor dem Komma nichts mehr, erscheint dort eine Null. Wenn die Zahlen negativ werden und Schulden symbolisieren, werden sie rot dargestellt, außerdem wird ihnen ein Minuszeichen vorangestellt (siehe Abbildung 5-24). Ein Klick auf OK überträgt das Zahlenformat auf alle markierten Zellen.

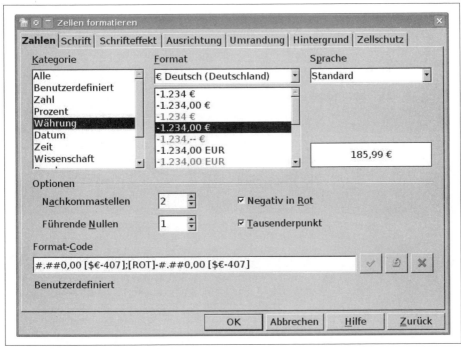

Abbildung 5-24: Währungsformat einstellen

Das bisschen Zeug mit Steuer 185,99 €? Und bei einem zweiten Paar Taucherflossen sogar astronomische 200,85 €!? – Liebling, wir bleiben zu Hause, bis O'Reilly das Honorar für das Buch überwiesen hat!

Kopieren mit absoluten und relativen Bezügen

Egal, ob Sie Writer oder Calc benutzen: Wenn Sie eine Berechnungsformel wie die obere richtig formuliert haben, können Sie sie einfach nach unten kopieren. Das funktioniert auch, wenn die Berechnung senkrecht durchgeführt wird und Sie horizontal kopieren. Probleme gibt es aber, wenn Sie einen Summanden oder Multiplikanden in der Rechnung haben, der immer von der gleichen Position aus entnommen wird.

Ein kleines Beispiel: Für ein Zahlenmodell mit verschiedener Laufzeit, aber immer gleichem Zinssatz stehen die Zeilen mit den Berechnungen untereinander[5]. Jede Zeile bezieht sich auf dieselben Zellen mit der Zinshöhe und der Einstandssumme (siehe Abbildung 5-25, links oben). Würde man die Berechnungszeilen wie bei den vorherigen Beispielen einfach nach unten kopieren, wanderten auch die Zeiger auf die Felder, in denen Zinsangabe und Geldsumme erwartet werden, immer nach unten mit. Das funktioniert aber nicht. Das Ergebnis wäre immer falsch, wie die grafische Hilfsfunktion von Calc recht deutlich zeigt (siehe Abbildung 5-25, rechts oben).

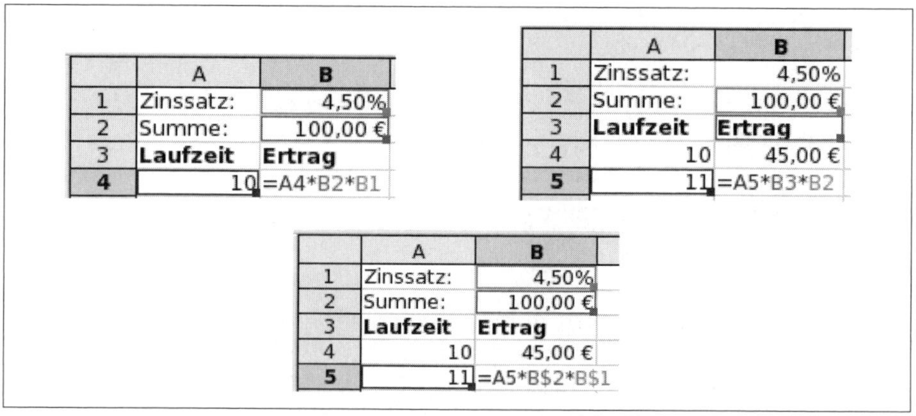

	A	B
1	Zinssatz:	4,50%
2	Summe:	100,00 €
3	**Laufzeit**	**Ertrag**
4	10	=A4*B2*B1

	A	B
1	Zinssatz:	4,50%
2	Summe:	100,00 €
3	**Laufzeit**	**Ertrag**
4	10	45,00 €
5	11	=A5*B3*B2

	A	B
1	Zinssatz:	4,50%
2	Summe:	100,00 €
3	**Laufzeit**	**Ertrag**
4	10	45,00 €
5	11	=A5*B$2*B$1

Abbildung 5-25: Eine – wenn auch fragwürdige – Berechnung mit festen Zellbezügen

> Diese grafische Hilfsfunktion markiert mit farbigen Rahmen, aus welchen Feldadressen sich die Elemente des aktuellen Terms zusammensetzen. Das ist eine sehr hilfreiche Funktion, die immer dann aktiv wird, wenn Sie mit der Maus in ein Feld doppelklicken, in dem sich eine Formel befindet.

Keinerlei Probleme gibt es dagegen, wenn Sie die Zellenadressen nicht relativ, sondern *absolut* angeben. Sie verhindern das automatische Hochzählen der Feldadressen, indem Sie im Term vor den Spalten- oder Zeilenangaben Dollar-Zeichen einfügen. Bei Abbildung 5-25 (unten) wurden die Zeilennummern von *B2* und *B1* mit einem $-Zeichen *(B$1*B$2)* geschützt. Beim Kopieren darf sich die Referenzzeile für die Laufzeit *(A5, A6, A7...)* jeweils anpassen, die beiden fixen Zeilen für Zinssatz und Einstandssumme verändern sind dagegen nicht.

---

5 Auf Zinseszins verzichte ich hier großzügig, es geht ja nur um die Feldbezüge ...

Meist genügt es, nur jeweils die Spalte oder die Zeile mit einem $-Zeichen zu schützen. Aber Sie können selbstverständlich beide Koordinatenanteile gleichzeitig fixieren.

Ansichtssachen

Wenn die Berechnungen und Listen immer größer werden, müssen Sie bisweilen ein wenig mit der Darstellung der Daten tricksen. Richtige Tabellenfuchser haben ja keinerlei Probleme damit, wenn Calc im Ausdruck auf A4 die Schriftgröße auf 3 Punkt reduziert, um auch alle Zahlen auf einmal aufs Papier zu bringen. Oder sie greifen auf eine Dienst-Lupe am Bildschirm zurück, wenn man's nicht mehr lesen kann. Das ist vermutlich nicht nötig, wenn Sie die Darstellungsmöglichkeiten des Programms geschickt nutzen. In der Praxis kommen meist drei verschiedene Techniken zum Einsatz: Fixieren einer Spalte/Zeile, Ausblenden von Spalten und Zeilen (Gruppierung ist eine elegante Steigerung dieser Technik) und schließlich eine zweite Ansicht der gleichen Datei.

Spalten und Zeilen fixieren

Fixierte Zeilen und Spalten braucht man oft. Ein Einkäufer soll in unserem Beispiel für verschiedene Niederlassungen bestimmte Güter einkaufen, siehe Abbildung 5-26 (oben). Wenn er bei immer steigender Anzahl der Ortsnamen und wachsendem Produktangebot nicht laufend größere Bildschirme kaufen oder immer kleinere Schriftarten verwenden will, sollte er sich wohl besser mit den fixierten Spalten und Zeilen anfreunden.

Fixieren ist eine Funktion des Fensters, in dem das Tabellendokument dargestellt wird. Soll z.B. die linke Spalte fest bleiben und alles, was sich rechts davon befindet, nach links und rechts rollbar sein, stellen Sie den Zellenzeiger *in die oberste Zelle der ersten Spalte*, die beweglich sein soll. Alles, was links von dieser Spalte steht, wird eingefroren werden. Wenn Sie aus der Menüleiste FENSTER → FIXIEREN anklicken, wird eine feine Linie links vom aktuellen Zellenzeiger sichtbar. Ab jetzt können Sie die Spalten nach rechts scrollen, wobei die Ortsnamen und alle Daten in deren Spalten nach links »unter den Produkten verschwinden« (siehe Abbildung 5-26, unten). Dies hat den Vorteil, dass Sie nun auch Spalten ansehen können, die weiter rechts liegen, und trotzdem die dazu passenden Benennungen zu den Zeilen sehen.

Sollen bei längerer Produktliste nicht nur die Städtespalten, sondern auch die Produktzeilen rollen können, muss der Zellenzeiger zum Zeitpunkt des Fixierens nicht in der obersten Zeile des Tabellendokuments stehen, sondern in der ersten Zeile, die beweglich bleiben soll. Alles, was sich links von dieser Zelle befindet, und alles was oberhalb ist, wird damit fixiert (siehe Abbildung 5-27).

	A	B	C	D	E
1	**Einkaufsliste**				
2		Venedig	Jesolo	Grado	Pula	Rab
3	Gummiboote				
4	Taucherflossen				
5	Sonnenschutzcreme				
6	Sonnenbrillen				
7	Taucherbrillen				
8	Schnorchel				
9	Strandtücher				
10	Bocciaspiele				
11	Paddel				
12	Strandbekleidung				

	A	E	F	G	H
1	**Einkaufsliste**				
2		Pula	Rab	Krk	Dubrovnik
3	Gummiboote				
4	Taucherflossen				
5	Sonnenschutzcreme				
6	Sonnenbrillen				
7	Taucherbrillen				
8	Schnorchel				
9	Strandtücher				
10	Bocciaspiele				
11	Paddel				
12	Strandbekleidung				

Abbildung 5-26: Bei fixierten Spalten rollen die Städtenamen nach links, aber die Zeilentitel bleiben stehen.

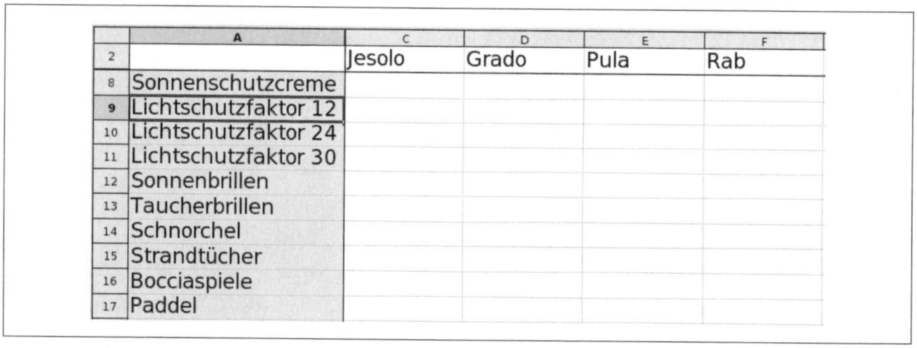

	A	C	D	E	F
2		Jesolo	Grado	Pula	Rab
8	Sonnenschutzcreme				
9	Lichtschutzfaktor 12				
10	Lichtschutzfaktor 24				
11	Lichtschutzfaktor 30				
12	Sonnenbrillen				
13	Taucherbrillen				
14	Schnorchel				
15	Strandtücher				
16	Bocciaspiele				
17	Paddel				

Abbildung 5-27: Rollen mit fixierten Zeilen- und Spaltenüberschriften

Spalten ausblenden

Nicht immer will man sich in die Karten blicken lassen. Für Produkte gibt es z.B. einen Einkaufspreis, der niemanden etwas angeht; den Verkaufspreis darf dagegen jeder sehen. Dasselbe gilt für die Lösungen für Prüfungsfragen. Für solche Gegenüberstellungen eignen sich Tabellenkalkulationsprogramme sehr gut. Und um neugierige Augen von Kunden etc. auszutricksen, können Sie das allzu Interessante auch ausblenden. Erweitern Sie jetzt z.B. die Liste mit den Strandbedarfsartikeln um eine Einkaufspreis-Spalte, wie im Beispiel in Abbildung 5-28. Klicken Sie dann mit der linken Maustaste in den Spaltenkopf der Spalte zu sehen ist. Die ganze Spalte wird markiert. Wenn Sie nun erneut mit der rechten Maustaste klicken, erscheint ein Menü, das die Option AUSBLENDEN anbietet.

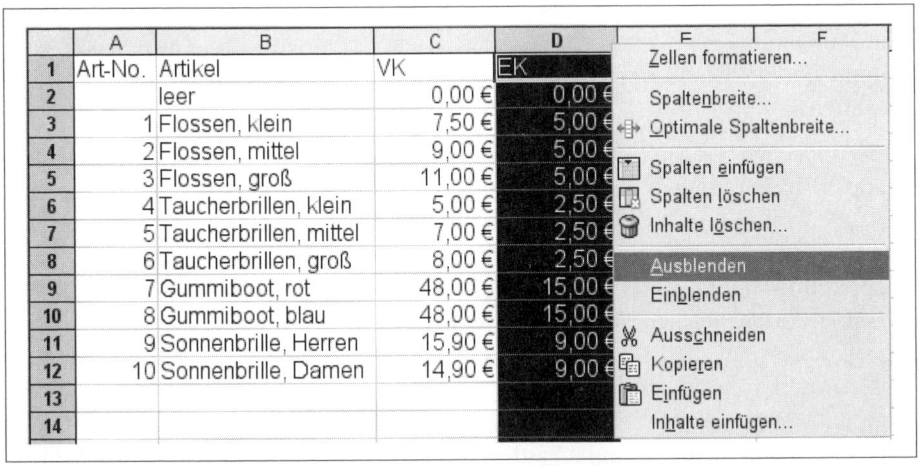

Abbildung 5-28: Spalten ausblenden

Interessant ist, dass Sie die Zellen der ausgeblendeten Spalten trotzdem als Berechnungsreferenz verwenden können, denn sie sind im Tabellendokument ja nach wie vor unter derselben Zelladresse vorhanden. Aber ein zufälliger Beobachter müsste schon genau hinsehen, um zu bemerken, dass das ABC der Spalten am oberen Bildschirmrand z.B. kein D enthält. Um solche ABC-Künstler auszubooten, können Sie zusätzlich in der Menüleiste bei ANZEIGEN → SPALTEN-/ZEILENKÖPFE den Haken ausklicken und damit den letzten Hinweis verschwinden lassen, der auf zusätzliche Informationen schließen ließe. Um die ausgeblendete Spalte wieder anzuzeigen, können Mausakrobaten die etwas dickere Trennungslinie zwischen den benachbarten Spaltenköpfen packen; mit gedrückter linker Maustaste können Sie die abgemagerte Spalte dann wieder so breit aufziehen, wie Sie wollen. Einfacher geht es, wenn Sie die beiden benachbarten Spalten C und E in der Spaltenüberschrift mit gedrückter linker Maustaste markieren, und dann mit der rechten Maustaste EINBLENDEN wählen.

Gruppierung

Die Ein- und Ausblenden-Funktion hat einen »großen Bruder«, die *Gruppierung*. Gruppierung ist ein Teil der *Gliederungsfunktion*. Sie wird zu einem sehr hilfreichen Werkzeug, wenn die Zahlen schon so viele sind, dass das Dokument unübersichtlich wird. Angenommen, die Anzahl der verschiedenen Taucherbrillen, Gummiboote etc. im Angebot wird so groß, dass Sie die ganze Zeit nur noch in der Tabelle auf- und abwärtsrollten, um sich einen Überblick zu verschaffen. Ständiges Ein- und Ausblenden wird ebenfalls dröge, da jeweils genau mit der Maus getroffen werden muss. Da hilft nur eins: *vereinfachen, gliedern, gruppieren*.

Dazu brauchen Sie nicht gleich ein Warenwirtschaftssystem zu kaufen. Flossen und Taucherbrillen haben z.B. jeweils drei Größen, Sonnenbrillen gibt es für Herren und Damen und so weiter. Das schreit nach hübschen Überschriften für jede Gruppe, und die Überschriften kann man überdies noch ästhetisch mit fetter Schrift aufwerten.

Diese optischen Gruppierungen unterstützen Sie mit der *Gruppierungsfunktion*. Gruppierungen beziehen sich immer auf Spalten oder Zeilen. Markieren Sie die ganzen Zeilen z.B. aller Taucherflossen, indem Sie die Zeilennummern in der Zeilen-Überschriftsspalte (Zeilenkopf) mit gedrückter linker Maustaste überstreichen. Die Gruppierungsfunktion findet sich in der Menüleiste unter DATEN → GLIEDERUNG → GRUPPIERUNG..., oder Sie drücken die F12-Taste. Sobald die erste Gruppierung zugewiesen ist, erscheint links (zeilenweise Gruppierung) oder oberhalb (spaltenweise Gruppierung) der Zellen eine neue Kontrolleinheit. Sie ist durch kleine Quadrate mit Plus- oder Minuszeichen darin gekennzeichnet (siehe Abbildung 5-29). Die kleinen Plus-Zeichen klappen auf, wenn man sie anklickt; Quadrate mit Minuszeichen darin können auf Mausklick zusammenklappen. Jedes Mal wird der Bereich der gruppierten Zeilen (oder Spalten) angezeigt oder verborgen, wie ein organisiertes Ein- oder Ausblenden der betroffenen Zeilen und Spalten.

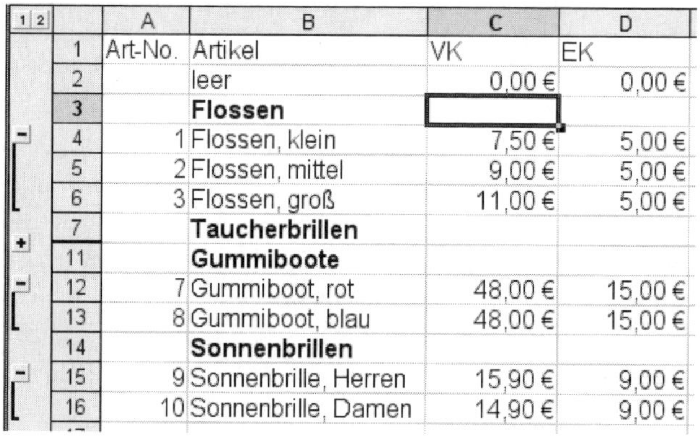

	A	B	C	D
1	Art-No.	Artikel	VK	EK
2		leer	0,00 €	0,00 €
3		**Flossen**		
4	1	Flossen, klein	7,50 €	5,00 €
5	2	Flossen, mittel	9,00 €	5,00 €
6	3	Flossen, groß	11,00 €	5,00 €
7		**Taucherbrillen**		
11		**Gummiboote**		
12	7	Gummiboot, rot	48,00 €	15,00 €
13	8	Gummiboot, blau	48,00 €	15,00 €
14		**Sonnenbrillen**		
15	9	Sonnenbrille, Herren	15,90 €	9,00 €
16	10	Sonnenbrille, Damen	14,90 €	9,00 €

Abbildung 5-29: Software-gruppierte Artikel mit ihren Überschriften

Auch die kleine »1« und »2« am oberen bzw. linken Ende der Gruppierungswerkzeuge haben eine Bedeutung. Klicken Sie auf die »1«, dann klappen alle gruppierten Zeilen oder Spalten ein, ein Klick auf die »2« macht sie alle wieder sichtbar. Sie können Gruppierungen auch unterteilen, dann erscheinen auch Dreien, Vieren und noch höhere Zahlen auf dem Gruppierungswerkzeug, um jede Gruppierungsebene einzeln zu steuern.

Auch hier gilt, dass Zellenbezüge in Formeln auf die ausgeblendeten Zellen erhalten bleiben. Auch wenn Sie die Zahlen in ausgeblendetem Zustand nicht sehen können: Die Zellen mit ihren Inhalten sind nicht entfernt, sondern nur verborgen, damit alles schön übersichtlich bleibt.

Formeln per Autopilot

Formeln sind auch in anderen Programmen dieser Art kein Anfängerwissen. Sie brauchen entweder a) die Online-Hilfe, b) eine solide Ausbildung in einem anderen Tabellenkalkulationsprogramm, c) ein eigenes Buch über OpenOffice oder d) mehr Dokumentation, die z.B. auf der Webseite von *www.openoffice.org* zu finden ist, um auf einen grünen Zweig zu kommen. Allerdings können Sie auch den Funktionsautopiloten verwenden, um sich helfen zu lassen.

Eine einfache Statistik über Zauberei

Professor Flitwick muss eine Statistik erstellen, wie viele Zaubersprüche seine Schüler schon beherrschen, aber er darf dazu nicht zaubern. Die Kandidaten Harry, Ron, Hermine und Neville kennen verschieden viele Sprüche; Flitwick braucht den Durchschnittswert, außerdem die Maximal- und Minimalwerte. Schreiben Sie die Namen der Kandidaten und darunter die Anzahl der Zaubersprüche auf, die sie können. In der nächsten Zeile soll *Durchschnitt* stehen. Die Formeln kommen aus dem Formelknopf in der Berechnungszeile. Wenn Sie mit der Maus darüberfahren, erscheint eine Sprechblase mit der Aufschrift FUNKTIONS-ASSISTENT (siehe Abbildung 5-30).

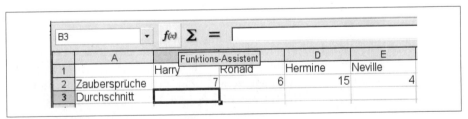

Abbildung 5-30: Der Funktionsautopilot

Sobald Sie den Funktionsautopiloten angeklickt haben, erscheint in der Berechnungsleiste ein Gleichheitszeichen, und der Autopilot zeigt seinen ersten Dialog. Wählen Sie dort die passende Funktion aus: MITTELWERT findet sich in der Kategorie STATISTIK. Ein einfacher Klick wählt die Funktion an. Dabei erscheint die Syntax dieser Funktion im oberen Dialogbereich. Ein Doppelklick auf den Funktionsnamen schreibt die leere Formel MITTELWERT() in das Textfeld im unteren Dialogbereich. Sie könnten nun die Formel direkt eintippen, wenn Sie die Formelsyntax schon aus dem Beispiel auf dem Dialog ableiten können (siehe Abbildung 5-31). Wenn Sie sich ein wenig helfen lassen wollen, klicken Sie den Button WEITER >> an.

Der zweite Dialog listet für jedes Teil-Element der Formel ein Eingabe-Textfeld mit einem Zellenwähler-Button daneben auf. Das macht es für ungeübte Benutzer zwar leichter, die Zelladresse richtig einzugeben, weil sie die Zelle nur anzuklicken brauchen. Wer mit der Mathematik bzw. mit der Formel kämpft, muss sich dagegen in einem speziellen Fachbuch mehr Grundlagen anlesen.

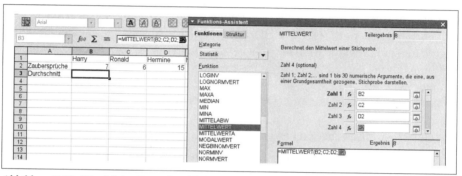

Abbildung 5-31: Die richtige Formel wählen und die betroffenen Zellen anwählen

Der Dialog zeigt sowohl in »Teilergebnis« rechts oben als auch in »Ergebnis« im rechten unteren Bereich an, was herauskommen wird. Diese Zahlen wirken als Bremse gegen grobes Verklicken. Wenn plötzlich Ergebnisse wie »Err: xyz« dort gemeldet werden, waren Sie vermutlich zu schnell mit der Maus auf einer falschen Zelle... Da es kein drittes Dialogfeld für diese Formel mehr gibt, bringt ein Klick auf »OK« es an den Tag: Die drei Zauberlehrlinge können im Schnitt knapp acht Zaubersprüche.

Leider gibt es keinen Zauberspruch, der einem gesagt hätte, dass man diese Berechnung ebenso gut statt mit der Funktion MITTELWERT(B2;C2;D2;E2) aus dem Funktionsblindflieger auch mit der simplen SUMME(B2:E2)/4 oder noch eleganter mit der optimierten Formel MITTELWERT(B2:E2) hätte erledigen können. Da hilft nur Erfahrung. Was bringt die Formel-Optimierung? Nimmt man neben den furchtlosen Vier auch noch Dean und Parvati in die Mittelwertsberechnung auf, müssten Sie bei der Mittelwertsfunktion mit Bereichsangabe nur einen Doppelklick auf die Ergebniszelle ausführen und in der Formel den Zellbereich innerhalb der Klammern mit der Maus markieren. Wenn Sie dann mit gedrückter Maustaste den neuen Zellbereich überstreichen, trägt Calc den neuen Bereich in die Formel ein – Sie müssen nicht einen einzigen Buchstaben eintippen. Sie könnten freilich auch einfach mit der Tastatur aus dem :E2 ein :G2 machen (siehe Abbildung 5-32).

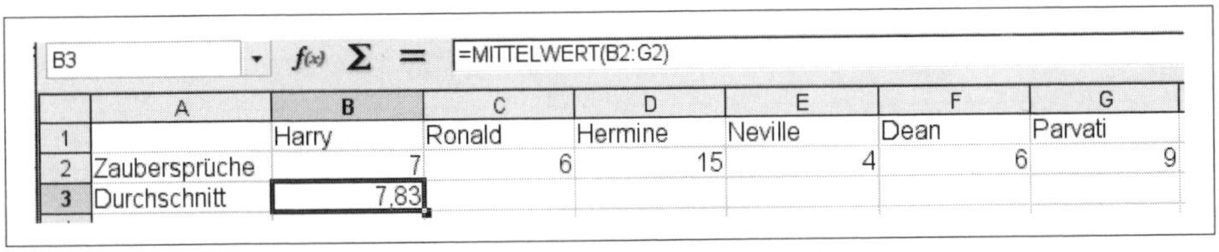

	A	B	C	D	E	F	G
		Harry	Ronald	Hermine	Neville	Dean	Parvati
1							
2	Zaubersprüche	7	6	15	4	6	9
3	Durchschnitt	7,83					

B3: =MITTELWERT(B2:G2)

Abbildung 5-32: Neville drückt den Schnitt immer ein wenig ...

Wie viele die meisten und die wenigsten Zaubersprüche pro Zauberer aus einer Gruppe von Zauberern waren, können Sie mit den Funktionen MAX() und MIN() über den gleichen Datenbereich ermitteln lassen. Beide stammen ebenfalls aus der Kategorie STATISTIK. Das Ergebnis ist, wie bei jeder Prüfung, erschütternd für den Lehrer ...

Bedingungsabfragen

Neben der schlichten Summe ist die WENN()-Funktion wohl die Gefragteste der Tabellenkalkulationsprogramme. Sie soll – abhängig vom Wert eines Zellinhalts – verschiedene Ausgabewerte anzeigen. Der angezeigte Inhalt hat dabei meistens wenig oder gar nichts mit dem referenzierten Wert zu tun. Das ist aber ganz einfach: Die WENN()-Funktion prüft einen Eingabewert auf WAHR oder FALSCH. Abhängig davon, ob der Vergleich mit dem Referenzwert nun ein wahres oder falsches Ergebnis bringt, soll im aktuellen Feld dann ein Text ausgegeben werden.

Zum Beispiel: Alle unsere Zauberschüler vom vorigen Beispiel haben bestanden, wenn sie mehr als fünf Zaubersprüche können. Die Zahl fünf hat ja mit den Worten »bestanden« oder »durchgefallen« eigentlich gar nichts zu tun. Der Zusammenhang mit »bestanden« oder »durchgefallen« entsteht nur, weil wir das in unserer Formel so festlegen. Und das geht so: In das Prüfungsbeispiel fügen wir eine Zeile unterhalb der ermittelten Anzahl von Zaubersprüchen ein. In die erste Spalte kommt das Wort »Ergebnis:«. Nun zu Harry: Stellen Sie den Zellzeiger in Harrys Spalte. Der Funktionsautopilot liefert die Syntax: WENN(Prüfung; Dann_Wert; Sonst_Wert). Die WENN()-Funktion finden Sie vermutlich am schnellsten direkt unter »Alle«. Eigentlich gehört sie aber zu »logisch«. Wem die Erklärung im Funktionsautopiloten zu dürftig ist, der wird die exzellente Hilfefunktion von Calc zu schätzen lernen. Bei WENN()-Funktionen, die Text-Prüfungen vornehmen, warten kleine Knüppel darauf, dass wir über sie stolpern.

Wie genau formuliert man denn dieses: »Wenn Harry mehr als fünf Punkte hat« eigentlich? Harrys Ergebnis steht in B2. Also: B2>=5 für »Wenn B2 größer oder gleich 5«. Auf kleinere Syntaxfehler macht uns Calc freundlich aufmerksam. Weniger freundlich ist Calc allerdings, wenn Sie die Begriffe »bestanden« und »durchgefallen« nicht in Hochkommata stellen (siehe Abbildung 5-33). Calc erwartet immer Zahlen. Wenn Sie also Text ausgeben wollen, müssen Sie das eindeutig kennzeichnen, sonst bekommt die Software logische Probleme.

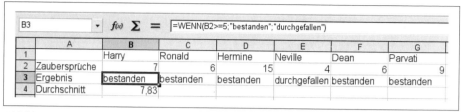

Abbildung 5-33: Wenn mehr als 5, dann »bestanden«, sonst »durchgefallen«

Gut, Harry ist also durchgekommen. Ron und Hermine auch, das sieht man, wenn Sie die Formel am kleinen Zellzeiger-Quadrat nach rechts kopieren. Aber: Wie schade, Neville!

Wenn es mehr Möglichkeiten als nur »bestanden oder nicht« gibt, werden die WENN-Formeln plötzlich lang und unübersichtlich. Bei Excel und jeder anderen Tabellenkalkulationssoftware ist das auch so. Sechs deutsche Noten, wie man sie Schülern hierzulande für ihre Leistungen entgegenhält, sehen als WENN-Formeln ein wenig wie die russischen Matroschkas aus (seit »Toy Story« kennen Kinder das »Ei-im-Ei-im-Ei«). Der Hilfefunktion nach kann Calc die WENN-Funktion bis zu 30 Ebenen tief verschachteln...

Grafiken aus Daten

Neben den einfachen oder schwierigeren Berechnungen von Zahlen besteht eine weitere erwünschte Fähigkeit der Tabellenkalkulationsprogramme darin, Diagramme aus Zahlenmaterial zu erstellen. Die Berechnung und Extraktion von Zahlen dient zur Ermittlung von Gewissheit. So wird sichtbar, ob z.B. der Etat gereicht hat, und dadurch kann man meist bessere Prognosen für die Zukunft abgeben. Diagramme sind ein Mittel der Visualisierung. Sie können diese Zahlen solchen Leuten erklären, die sie nicht verstehen würden: z.B. Chefs und Schülern.

Welcher Diagrammtyp ist sinnvoll?

Um Diagramme zu erstellen, müssen erst einmal die Zahlen in einem sinnvollen Format vorliegen. Das tun sie in der Regel ohnehin, und zwar deshalb, weil Sie sie zur Berechnung in Spalten und Zeilen gegliedert haben. Aber auch die Darstellung muss zum Sachverhalt passen. Wahlergebnisse sieht man z.B. immer als zwei- oder dreidimensionale Tortendiagramme mit prozent-breiten Anteilsstücken pro Partei bzw. auch für die spätere Sitzverteilung. Wenn es dagegen um die Entwicklung der letzten Jahre geht, sieht man immer Balkendarstellungen oder Liniendiagramme. Offenbar sind manche Darstellungen für bestimmte Fälle besonders gut geeignet. Die Torte kann sehr augenfällig darstellen, wie groß die Stücke vom Kuchen sind, die die eine oder andere Gruppierung erhält. Diese Darstellungsart setzt voraus, dass es eine maximale Anzahl von Prozenten bzw. Sitzen gibt. Geht es aber um den

Trend mehrerer Perioden hintereinander, zeigt die »nach oben offene« Form von Balkendiagrammen viel besser, ob die eine oder andere Gruppe Gewinne oder Verluste für sich verbuchte.

Daten auswählen

Ein Diagramm herzustellen ist einfach. Die Daten für Ihr Diagramm liegen in der Calc-Tabelle vermutlich ohnehin schon vor. Es spielt dabei keine Rolle, ob die Daten in den Zellen einfache Zahlen sind, Terme aus Formeln oder sogar nur Zellverweise (=Tabelle15:A3). Für mein Beispiel erfand ich ein Wahlergebnis verschiedener Fantasie-Parteien mit ihren ebenfalls frei erfundenen prozentualen Stimmenanteilen, die zu einer Tortengrafik aufbereitet werden sollen. Sie können natürlich jede beliebige Auflistung verwenden. Markieren Sie mit der Maus alle Zahlen der Auflistung, und vergessen Sie dabei nicht, die Überschrift mitzunehmen (siehe Abbildung 5-34). Was wäre schon ein Diagramm ohne eine vernünftige Erklärung?

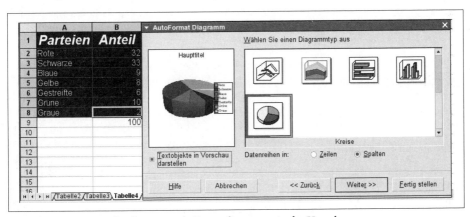

Abbildung 5-34: Das dreidimensionale Tortendiagramm in der Vorschau

Bisweilen gibt es zu einem Diagrammtyp verschiedene Varianten: Balkendiagramme können z.B. vertikal oder horizontal angeordnet sein. Dies ist in einem Extra-Dialog auszuwählen. Der letzte Dialog erlaubt die Beschriftung des Diagramms. Balken- oder sonstige achsenorientierte Diagrammtypen bieten eine Achsenbeschriftung. Die Torten können Sie im Moment nur mit einer Überschrift schmücken. Spätere Versionen von OpenOffice erlauben ja vielleicht einmal eine Sahnebeschriftung ...

Wenn es keinen WEITER-Knopf mehr gibt, bleibt FERTIG STELLEN als einzig sinnvolle Alternative. Das Diagramm prangt auf dem Gitternetz der aktuellen Tabelle (siehe Abbildung 5-35), sofern Sie nicht im ersten Dialog etwas anderes bestimmt hatten.

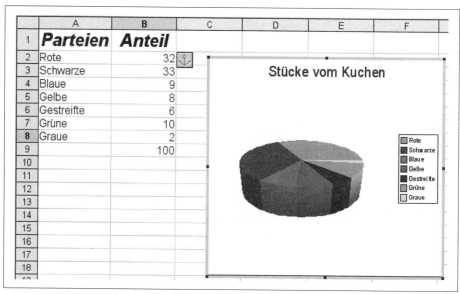

Abbildung 5-35: Die Tabelle und ihr Tortendiagramm

Sollte das Diagramm nicht sofort so aussehen, was Sie es sich vorgestellt hatten – das wird es selten –, stehen Ihnen viele Möglichkeiten offen, Feinarbeit zu leisten. Klicken Sie einmal oder zweimal auf die Grafik, jedes Mal gibt es andere Möglichkeiten. Konsultieren Sie auch die Hilfefunktion, um sich beraten zu lassen.

Zusammenarbeit mit Writer

Grafiken aus Calc können Sie mit der rechten Maustaste und KOPIEREN in die Zwischenablage befördern und in der Textverarbeitung mittels EINFÜGEN aus dem Kontextmenü der Maus oder mit Strg-V im Text verankern. Hier ist die Grafik plötzlich autark, und Sie können sie mit einfachem Mausklick und rechter Maustaste bearbeiten wie jede andere Grafik auch, siehe Abbildung 5-36. Nach einem Doppelklick und anschließend einem Klick der rechten Maustaste stellt sich heraus, dass nachträglich sogar die zugrunde liegenden Zahlenwerte in einer eigenen Datentabelle bearbeitet werden können, die nun Teil des Diagramms geworden sind. Auch alle anderen Werkzeuge (z.B. Verkleinern, Vergrößern, Drehen und Verzerren der Diagrammgrafik) funktionieren unabhängig von der Originalgrafik.

Es muss wohl nicht erwähnt werden, dass davon unabhängig auch die unverfälschten Daten und Ansichten wie unter Windows mit einer OLE-Objektverknüpfung zur Verfügung stehen, wenn dies gewünscht ist.

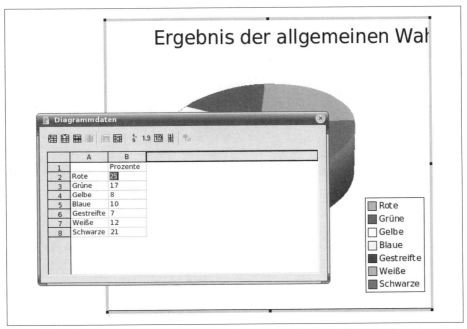

Abbildung 5-36: Über die Zwischenablage in den Writer eingefügte Grafiken werden unabhängig.

Mit Daten jonglieren: Filtern, sortieren und Bereiche festlegen

Jede »nicht zufällige Anhäufung von Daten« sei eine Datenbank, lernen die Studenten an der Uni. Und tatsächlich benutzen viele Menschen Calc nur, um lange Listen mit Namen und Adressen zu führen. Solche Listen sind erfahrungsgemäß immer anders sortiert, als man sie gerade braucht. Eine Kundenliste kann z.B. an einem Tag alphabetisch sortiert benötigt werden, an einem anderen wollen Sie aber anhand der Kundennummer wissen, wer die ältesten und treuesten Kunden sind oder sie nach der Höhe ihrer Umsätze sortieren – oder eine Liste jener schrecklichen Kunden erstellen, die noch Rechnungen zu bezahlen haben.

Sortieren

Die folgende kleine Übung im Sortieren wurde aus Daten erzeugt, die die unabhängige Organisation Distrowatch (*http://distrowatch.com/stats.php?section=popularity*) bereitstellt. Distrowatch veröffentlicht Statistiken, z.B. wie viele Hits die Webseiten der Distributoren pro Tag haben (siehe Abbildung 5-37). Das Zahlenmaterial kann vielleicht nicht zeigen, ob dies ein Anzeichen für rege Anteilnahme oder nur eine besonders unübersichtliche Seite ist, in die man mehrmals von vorn einsteigen muss, bis man sein Ziel erreicht. Aber einen allgemeinen Eindruck davon geben, auf wessen Webseite etwas los ist und wo nicht, das kann es wohl.

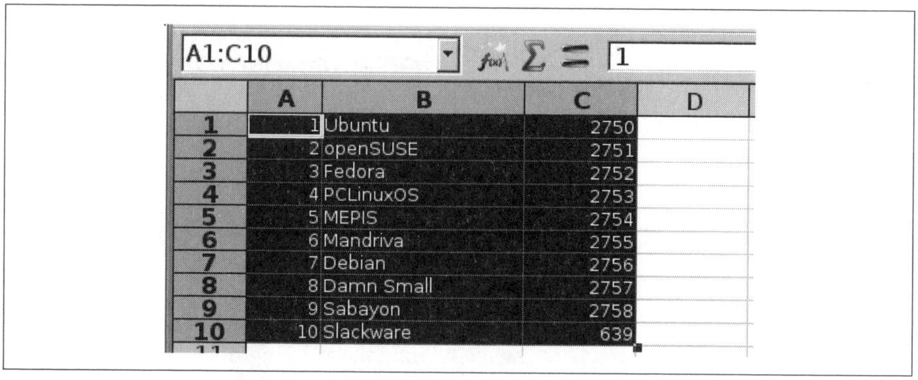

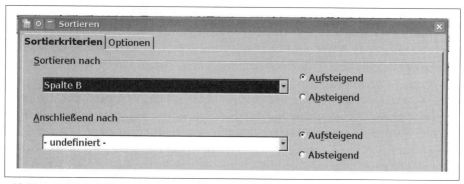

Abbildung 5-37: Die Top Ten der Distributionen bei Distrowatch im Sommer 2007

Alphabetisch sortieren. Die zehn Distributionen mit den am häufigsten frequentierten Seiten sollen alphabetisch sortiert werden. Das ist leicht: Sie markieren *alle* Felder der Tabelle, die zu den betroffenen Daten gehören, und wählen aus der Menüleiste DATEN → SORTIEREN... aus. Sie landen auf dem Sortierdialog (siehe Abbildung 5-38). Hier ist anzugeben, ob Calc auf- oder absteigend sortieren soll. Hier geht es darum, nach welcher Spalte sortiert werden soll, ob absteigend oder aufsteigend. In unserem Beispiel ist es die Spalte B, und zwar aufsteigend. Klicken Sie OK an, und schon sind die Distributionen sauber von A nach Z sortiert.

Abbildung 5-38: Der Dialog »Daten sortieren« (Ausschnitt)

Sie können nacheinander drei Kriterien angeben, nach denen sortiert werden soll: Bei Namenslisten macht es z.B. Sinn, zuerst nach dem Nachnamen, dann nach dem Vornamen zu sortieren. Auf dem Register OPTIONEN geht es um Rahmenbedingungen: Wenn die Tabelle oben schon eine Überschrift trägt, dann wäre es ungeschickt, diese mitzusortieren. Setzen Sie in diesem Fall den Haken bei BEREICH ENTHÄLT SPALTENBESCHRIFTUNGEN. Ebenfalls ziemlich cool ist, dass Sie das Ergebnis an einer anderen Stelle des Tabellendokuments ausgeben lassen können.

Stellen Sie sicher, dass Sie wirklich alle Spalten des betroffenen Datenbereichs markieren! Calc hat selbstverständlich kein Problem damit, ausschließlich die Felder der aktuellen Spalte oder der markierten Felder zu sortieren, und die nicht markierten Felder der Nachbarspalten stehen zu lassen. In 99 von 100 Fällen wollen Sie das nicht, denn damit geht der Bezug zu den Inhalten der restlichen Tabelle verloren.

Datenbereiche definieren

Häufig benötigte Daten sollten Sie zu einem *Bereich* machen. Daran ist nichts Geheimnisvolles: Sie markieren die Zellen, um die es geht, und weisen sie einem Datenbankbereich zu, indem Sie diesem Zellhaufen einen Namen geben. Das geht schnell und einfach über die Menüleiste in DATEN → BEREICH FESTLEGEN... Der Dialog hat am unteren Ende eine Eingabezeile, die wie der Bereichswähler aus dem Diagrammassistenten funktioniert.

Der Vorteil von Bereichen ist folgender: Wenn der Zellenzeiger in einem auf diese Weise benannten Bereich steht, markiert Calc automatisch den ganzen Bereich, sobald man aus der Menüleiste z.B. DATEN → SORTIEREN wählt. Man muss es nicht von Hand tun. Außerdem werden Datenbereiche in Calc-Dokumenten automatisch als eigene Tabellen angezeigt, wenn Sie die Calc-Datei als Datenquelle z.B. für einen Serienbrief angeben.

Filtern

Auch die Filtern-Funktion profitiert von Datenbereichen, wenn sie sie auch nicht zwingend benötigt. Filtern sortiert nicht alle vorhandenen Daten, sondern nur die Treffer aus einer Suchanfrage über die Gesamtmenge aller (zusammengehörigen) Datenzeilen. Calc bietet Ihnen hierfür verschiedene Werkzeuge an: den *Auto-Filter*, den *Standard-* und den *Spezialfilter*. Alle drei finden sich in der Menüleiste unter DATEN → FILTER.

Der Auto-Filter. Der Auto-Filter erzeugt in den Überschriften der aktuellen Tabelle Schalter mit nach unten gerichteten Pfeilen. Klicken Sie diese Schalter an, fällt eine Liste mit den Begriffen aus der aktuellen Spalte heraus (siehe Abbildung 5-39). Doubletten (wie bei Namenslisten z.B. den Nachnamen »Meier«) zeigt die Auswahlliste nicht an. Der erste Auswahlpunkt ALLE listet sämtliche Zeilen des Datenblocks auf. Diesen Punkt können Sie verwenden, um eine Filterung rückgängig zu machen und wieder alle Zeilen zu sehen. Als zusammengehörigen Datenblock betrachtet Calc eine ununterbrochene Folge von Zeilen, in denen Werte stehen. Leerzeilen können also mehrere untereinander stehende Datenblöcke trennen. Wählen Sie nun einen dieser Listenbegriffe, um sich alle Zeilen mit Treffern anzeigen zu lassen. STANDARD schaltet direkt weiter in den Standardfilter. Filter hebt man sonst in der Menüleiste unter DATEN → FILTER → FILTER ENTFERNEN auf. Dort können Sie die Pfeile des Auto-Filters auch wieder ausblenden.

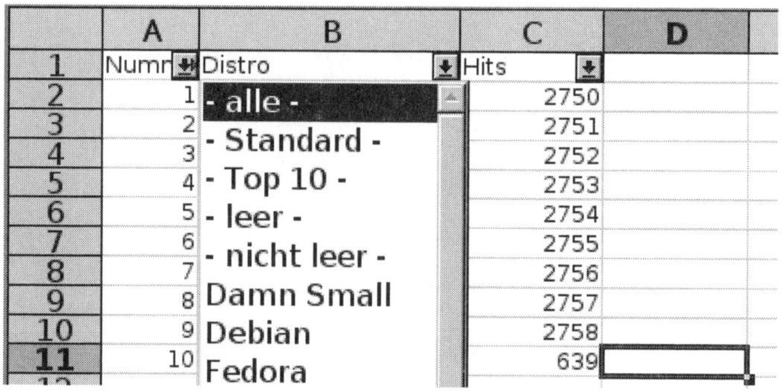

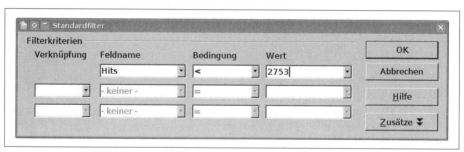

Abbildung 5-39: Automatische Filteroptionen per Drop-down-Schalter

Der Standardfilter. Wenn Sie den Standardfilter auswählen, präsentiert Calc Ihnen einen Dialog, um Treffer einfach mehrstufig herauszukämmen. Er enthält drei Selektierkriterien, die Sie mit UND und ODER verknüpfen können; das sollte für den Großteil der Fälle reichen (siehe Abbildung 5-40).

Abbildung 5-40: Standard-Filterkriterien

Spezialfilter. Filterkriterien, die an einer anderen Stelle des Tabellendokuments definiert sind, und noch einige andere Absonderlichkeiten können Sie mit diesem Filter abfangen.

Die Ergebnisse des Filterns kommen normalerweise genau dort heraus, wo die Ursprungsdaten standen. Alle Zeilen des Datenbankbereichs, deren Daten dem Filterkriterium nicht entsprechen, sind nicht zu sehen. Diesen Effekt erzeugt OpenOffice, indem es diese Zeilen ausblendet. Bei genauerem Hinsehen fehlen links alle Zeilennummern der Zeilen, die nicht zutrafen.

Wenn Sie Filter auf einen Datenbereich legen, markiert OpenOffice automatisch immer den ganzen Datenbereich – aber nur dann, wenn sich der Feldzeiger in diesem Bereich befindet und wenn dort gleichzeitig auch Daten stehen. Gibt es auf der aktuellen Tabelle keinen Datenbankbereich, markiert Calc eben die Tabelle bis zur nächsten Leerzeile und -spalte. Das kann zu Fehlern führen, wenn die Datenblöcke auch leere Zeilen oder Spalten enthalten müssen. In aller Regel wird es also Sinn machen, einen Datenbankbereich auf die zu filternden Zellen zu legen.

Dokumente formatieren und drucken

Auch wenn ein Tabellenkalkulationsprogramm bei der Formatierung seine Defizite gegenüber den Möglichkeiten einer Textverarbeitung hat, müssen Sie manchmal Ihr Tabellendokument eben doch präsentabel machen, um es auf Papier zu bringen.

Text- und Zellenformat

Buchstaben und Zahlen innerhalb einer Zelle können wie normaler Text ein lokales Zeichenformat tragen. Ein separates Absatzformat gibt es dagegen nicht. Stattdessen gibt es ein *Zellenformat*. Um es anzuwenden, genügt es, den Zellenzeiger auf die Zelle zu stellen. Nur wenn das neue Format sich auf mehrere Zellen beziehen soll, müssen Sie die betroffenen Zellen markieren. Um das Format auf mehrere voneinander unabhängige Zellenbereiche anzuwenden, markieren Sie diese mit gedrückter Strg-Taste.

Nicht schön, aber manchmal unumgänglich sind z.B. mehrzeilige Zellen, aber das ist allemal besser, als die Schrift immer kleiner und die Spalten immer breiter zu machen, damit alles in eine Zeile passt. So ändern Sie das Zellenformat: Im Menü der rechten Maustaste befindet sich der Auswahlpunkt ZELLEN FORMATIEREN... Dieser führt auf den Zellenformatdialog, der im Register AUSRICHTUNG den unscheinbaren Schalter AUTOMATISCHER ZEILENUMBRUCH enthält. Wenn der Schalter gesetzt ist, umbricht der Text (es gibt einen zweiten Schalter SILBENTRENNUNG AKTIV), womöglich sorgfältig getrennt, an der Spaltengrenze.

Layoutkontrolle

Sollen Tabellendokumente gedruckt werden, die mehr als eine Seite groß sind, geht es nicht ohne Vorschau. Calc bietet zwei besondere Dokumentansichten, die Ihnen zeigen, wo Calc die Seiten umbrechen wird. Die SEITENUMBRUCH-VORSCHAU finden Sie in der Menüleiste unter ANSICHT, Sie können dort zwischen NORMAL und dieser Layoutkontrolle hin- und herschalten. Das Besondere: Indem Sie die blauen Umbruchslinien mit der Maus bewegen, können Sie in begrenztem Maß Einfluss darauf nehmen, wo Calc umbrechen wird. In dieser Ansicht können Sie sogar die Daten bearbeiten, wenn Sie den Zoom (unter ANSICHT → MASSSTAB oder mit der Kombination von Strg-Taste und Rollrad der Maus) passend einstellen.

Nur zur Ansicht ist die Seitenvorschau unter DATEI → SEITENANSICHT. Da die Spalten- und Zeilengitter nicht angezeigt werden, können Sie dort das Layout gut bewerten. Mit Steuerungsbuttons am oberen Fensterrand blättern Sie seitenweise bis zum Ende des Dokuments und können dabei die Seitengestaltung auch im Vergleich mit der vorherigen und der Folgeseite begutachten. Das ist die ideale Ansicht, um »schöne« Dokumente zu erzeugen, vor allem, wenn Sie mehrere Seiten haben.

Druckbereich festlegen

Was tun Sie, wenn Sie nicht alles ausdrucken wollen, was sich im Tabellendokument befindet? Dann müssen Sie mithilfe der Druckbereiche Calc mitteilen, was gedruckt werden soll und was nicht. Nebenrechnungen oder die Einkaufspreise wollen Sie ja nicht immer mit durch den Drucker jagen, wenn die eine Seite mit den Schlussfolgerungen – inklusive der Tortendiagramme für den Chef – schon reicht.

Die einfachste Variante des »selektiven Ausdrucks« ist natürlich, wenn Sie vorher alles mit der Maus markieren, was ausgedruckt werden soll. Achten Sie im Druckdialog (DATEI → DRUCKEN...) nur darauf, den Druckbereichsschalter von ALLES auf AUSWAHL zu ändern. Alles, was nicht innerhalb des markierten Bereichs liegt, wird dann nicht ausgedruckt.

»Professioneller« ist der Einsatz von Druckbereichen. Sie funktionieren ähnlich wie die Datenbankbereiche. Ein Beispiel: In einer Tabelle stehen Fragen und Antworten einer Prüfung nebeneinander. Für die Prüfung wollen Sie nur den Fragenteil ausdrucken. Sie markieren also alles, was die Prüflinge sehen dürfen, und wählen Sie dann FORMAT → DRUCKBEREICHE → FESTLEGEN. In einem Dokument können beliebig viele Zellenbereiche in den Fundus der Druckbereiche aufgenommen werden. Soll ein Bereich nachträglich zum Drucken vorgesehen werden, wählen Sie FORMAT → DRUCKBEREICHE → HINZUFÜGEN.

Der Nachteil von Druckbereichen ist, dass jeder einzeln ausgewählte Zellbereich auf einer eigenen Papierseite ausgedruckt wird, selbst wenn zwei solche Bereiche auf der gleichen Tabelle liegen. Druckbereiche können Sie in der Seitenumbruchsansicht daran erkennen, dass die auszudruckenden Teile der Tabelle weiß dargestellt sind, während der Rest des Tabellendokuments grau bleibt (siehe Abbildung 5-41).

Unter FORMAT → DRUCKBEREICHE können Sie die zu druckenden Zellbereiche auch nachträglich BEARBEITEN... oder ENTFERNEN.

Datenbanken und Serienbriefe: Base

Schon immer konnte OpenOffice mithilfe einfacher dBase-Dateien Serienbriefe drucken oder auch allgemein Daten verwalten. Dieses Modul (namens Base) wurde für die Version 2 komplett überarbeitet. Es ist jetzt so mächtig, dass O'Reilly sogar ein eigenes Buch darüber veröffentlichte. Die generelle Vorgehensweise lässt sich aber

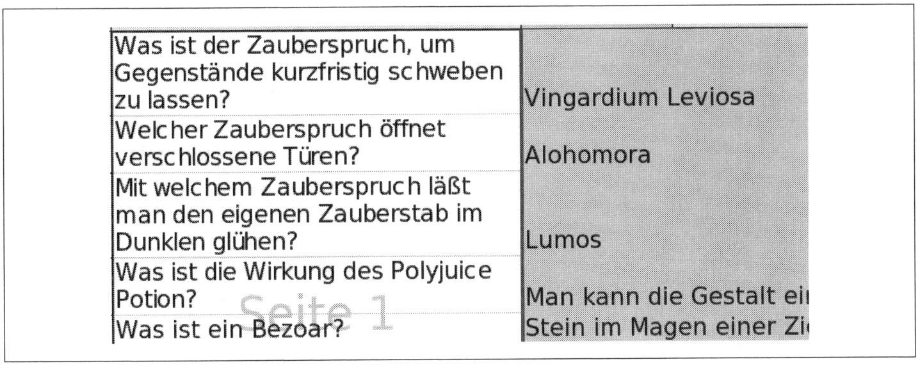

Was ist der Zauberspruch, um Gegenstände kurzfristig schweben zu lassen?	Vingardium Leviosa
Welcher Zauberspruch öffnet verschlossene Türen?	Alohomora
Mit welchem Zauberspruch läßt man den eigenen Zauberstab im Dunklen glühen?	Lumos
Was ist die Wirkung des Polyjuice Potion?	Man kann die Gestalt ei
Was ist ein Bezoar?	Stein im Magen einer Zi

Abbildung 5-41: Im Druckbereich (links) und außerhalb ...

anhand einer kleinen Adressdatenbank leicht erklären. Dafür reicht als Datenbasis sogar eine Calc-Tabelle aus. Die hat bei verschiedenen Gelegenheiten gegenüber »großen« Datenbanklösungen sogar den Vorteil, dass sie rechnen kann.

Calc als Datenbank

Calc-Dokumente sind als Datenbasis für OpenOffice Base sehr interessant. Jedes (nicht leere) Tabellenblatt im Dokument taucht später als separate Tabelle auf. Sie könnten in einem einzigen Dokument sowohl Kundenadressen als auch Auftragsverwaltung und Materialbestand unterbringen, um nur ein paar Beispiele zu nennen. Wenn Sie innerhalb des Tabellendokuments separate *benannte Datenbereiche* definiert haben, tauchen diese ebenfalls als eigene Tabellen auf.

Anders als bei normalen Datenbank-Tabellen, die die Informationen nur statisch in den Feldern vorhalten, können Sie in Calc-Tabellen durch Formeln Berechnungen durchführen lassen. Formeln in den Tabellenzellen wirken hierbei als selbst-aktualisierende Datenbankfelder; das ist sehr nützlich. Bei einer Abrechnungstabelle brauchen Sie z.B. nur Tages- oder Stundensatz und die Anzahl der Einheiten einzutragen, und schon haben Sie womöglich auch die Werte für Netto, Steuer und Brutto mit dazu. Solche Dinge in einer Datenbank mit SQL zu programmieren ist sehr aufwendig. Mit Calc-Tabellen als Datenquellen zu arbeiten hat auch seine Grenzen: Auswertungen über mehrere Tabellen hinweg unterstützt dieses Format nicht. Dafür gibt es ja die »großen Lösungen«, inklusive der bei OpenOffice mitgelieferten Datenbank *hqsql*.

Legen Sie für eine kleine Übung ein Tabellendokument an, das Kundenadressen je in einer Zeile enthält, siehe Abbildung 5-42. Schreiben sie pro Zeile z.B. Name, Vorname, Straße, PLZ, Ort jeweils in den Zellen nebeneinander. Den Tabellennamen können Sie in »Kunden« umbenennen, indem Sie mit der rechten Maustaste auf das Register am unteren Bildschirmrand klicken.

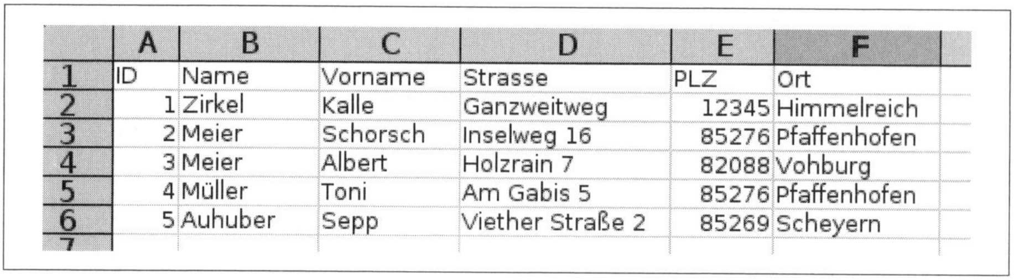

	A	B	C	D	E	F
1	ID	Name	Vorname	Strasse	PLZ	Ort
2	1	Zirkel	Kalle	Ganzweitweg	12345	Himmelreich
3	2	Meier	Schorsch	Inselweg 16	85276	Pfaffenhofen
4	3	Meier	Albert	Holzrain 7	82088	Vohburg
5	4	Müller	Toni	Am Gabis 5	85276	Pfaffenhofen
6	5	Auhuber	Sepp	Viether Straße 2	85269	Scheyern

Abbildung 5-42: Eine simple Adressliste

Datenquellen

Damit z.B. der Writer diese Tabellen-Daten »sehen« kann, müssen sie ihm als Open-Office-*Datenquelle* zur Verfügung gestellt werden. Das geschieht mittels einer Open-Office-Base-Datei. Solche Dateien haben die Endung *.odb*. In ihnen ist beschrieben, wo OpenOffice die Daten findet. odb-Dateien können aber auch selbst Datenbank-Tabellen enthalten, sogenannte *hsql*-Tabellen. Deshalb bestehen diese Dateien aus zwei Teilen: einerseits aus einer Ortsbeschreibung und eventuell aus den hsql-Tabellen. Unsere Adressdaten befinden sich »nur« in einer Calc-Tabelle. Die Ortsbeschreibung könnte aber auch lauten, dass die Daten z.B. in einer großen, SQL-fähigen Netzwerk-Datenbank wie dem MS SQL Server, Oracle oder PostgreSQL liegen oder einfach in einer hsql-Tabelle stehen, die sich innerhalb der odb-Datei befindet.

Welche Datenquellen OpenOffice aktuell kennt (weil sie »angemeldet« sind), listet der *Beamer* auf. Um den Beamer anzuzeigen, brauchen Sie in jedem OpenOffice-Modul nur auf die F4-Taste zu drücken oder über die Menüleiste ANSICHT → DATENQUELLEN einzuschalten. Um die Adressdaten in die angemeldeten Datenquellen aufzunehmen, müssen Sie eine Datenquelle dazu erzeugen.

Datenquelle erzeugen

Sie erzeugen eine solche Datenquelle, indem Sie mit DATEI → NEU → DATENBANK den Datenbank-Assistenten starten. Wählen Sie im ersten Dialog VERBINDUNG MIT EINER BESTEHENDEN DATENBANK HERSTELLEN und als Verbindungstyp das TABELLENDOKUMENT (siehe Abbildung 5-43).

Abbildung 5-43: Tabellendokument als Datenbank anmelden

Der zweite Schritt erwartet den Namen des Tabellendokuments, den Sie mit einem Dateiöffner-Dialog heraussuchen können. Die Datenbank-Tabelle kann überall dort stehen, wo es für Sie praktisch ist. Sie muss sich also keineswegs in Ihrem persönlichen OpenOffice-Konfigurationsverzeichnis befinden, das in Ihrem Heimatverzeichnis angelegt wird, denn das ändert sich ja eventuell bei jedem Versionswechsel von OpenOffice. Meine Tabellen stehen in einem Verzeichnis *daten/oo_tabellen*.

Im dritten Schritt melden Sie die Datenbank bei OpenOffice an und speichern diese Verbindungsinformationen anschließend als *.odb*-Datei ab. Ich selbst lege diese Datenbank-Datei gern in der Nähe meiner Tabellendatei ab, aber das ist nicht zwingend notwendig. Wenn der Assistent sich beendet, sehen Sie die neue Datenbank (die ich hier *tabellendatenbank.odb* genannt habe) im *Beamer* oberhalb des Textbereichs im Writer. Die Datenbank heißt so, wie Sie die .odb-Datei genannt haben.

Wenn Sie das Datenbank-Objekt *tabellendatenbank* (bzw. so, wie Sie es genannt haben) ausklappen, sehen Sie unter anderem die TABELLEN mit einem kleinen Plus links daneben. Wenn Sie diesen Begriff ebenfalls ausklappen, dann stehen alle *nicht leeren* Tabellen des Tabellendokuments in der Liste. Auf der ersten Tabelle mit dem Namen *Kunden* stehen die Adressen (siehe Abbildung 5-44), auf Tabelle 2 z.B. alle Angaben, die ich später einmal für eine Rechnung an einen Kunden benötigen werde. Doch nicht nur jede Tabelle des Tabellendokuments erscheint im Datenbankobjekt, sondern auch jeder Datenbereich (siehe Seite 231), der mit einem Namen versehen wurde.

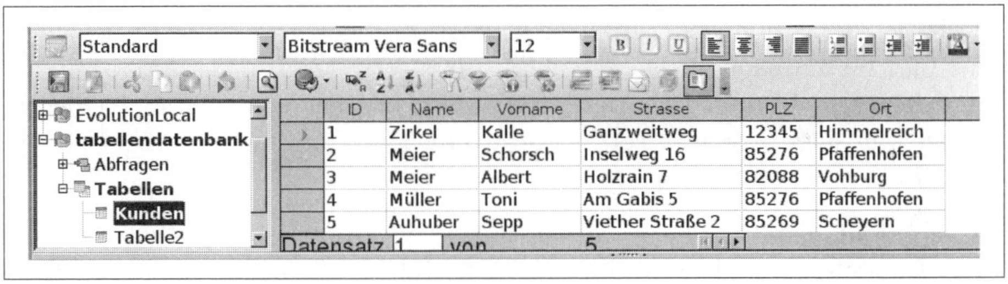

Abbildung 5-44: Die Adressen als Datenbank

Zugriff auf die Daten

Wenn Sie die Daten nun nutzen wollen, um z.B einen Serienbrief oder doch wenigstens eine Serie von Briefen in Writer zu erstellen, dann können Sie mindestens zwei verschiedene Methoden anwenden. Einfach und leistungsfähig ist folgende Methode: Sie ziehen einen Adressdatensatz in das Adressfeld des Briefformulars. Sie können natürlich auch Serienbrieffelder verwenden, um das Massenanschreiben automatisch erstellen zu lassen.

Öffnen Sie den Beamer, wenn er nicht schon automatisch aufgeklappt ist. Navigieren Sie im *Explorer* auf der linken Seite zur richtigen Datenverbindung und Tabelle, so dass rechts in der *Datenansicht* die gewünschten Informationen zu sehen sind. Bei einer anderen Datenquelle könnten Sie nun Daten eintragen oder verändern. Nicht so bei der Tabellendatenbank. Aber Sie können die bestehenden Daten natürlich nutzen.

Mithilfe der Formularfunktion des Writers können Sie für Datenquellen ein Datenbank-Frontend basteln, mithilfe dessen Sie bequem sogar auf Datenbanken im Netzwerk zugreifen können.

Daten aus der Tabelle in den Text einfügen

Wenn Sie nur den Inhalt einzelner Datenfelder in Text oder ein anderes Dokument übertragen wollen, sollten Sie sich an die alte Windows-Tastenkombination Strg-C und Strg-V erinnern, die funktioniert auch hier, genau wie Sie mit der rechten Maustaste KOPIEREN und dann EINFÜGEN anklicken können. Am leichtesten ist es, den gewünschten Text mit der linken Maustaste zu markieren und zu packen und ihn dann mit gedrückter linker Maustaste einfach in den Textbereich zu ziehen und dort fallen zu lassen.

Wie? Sie haben keine Lust, wegen einer einzigen Adresse fünfmal in die Datentabelle zu klicken, um die Feldinhalte einen nach dem anderen in den Text zu ziehen? Holen Sie doch gleich den ganzen Datensatz! Dazu packen Sie mit der Maus nicht wie bisher den einzelnen Feldinhalt, sondern den Zeilenkopf links neben dem Datensatz (in Abbildung 5-44 erkennbar an dem nach rechts gerichteten Dreieck). Wenn Sie die Maus mit gedrückter linker Maustaste bis in den Textbereich ziehen, zeigt ein mitlaufender schwarzer Cursor, wo im Text der Datensatz eingefügt werden wird.

Sobald Sie die Maus loslassen, will OpenOffice wissen, welche Informationen aus dem Datensatz Sie in den Text übernehmen wollen. Sie können beliebige Felder weglassen. Und wenn Sie wollen, können Sie auch zusätzliche Leerzeichen oder Zeilenschaltungen z.B. zwischen Straße und Ortsnamen einfügen. Wenn Sie den ausgewählten Datensatz im Text »fallen lassen«, erscheint statt des Textes erst einmal der Dialog DATENSPALTEN EINFÜGEN. Er listet auf der linken Seite die verfügbaren Feldnamen der Datenbanktabelle auf und zeigt rechts ein freies weißes Feld. Wählen Sie am oberen Ende des Dialogs aus, in welchem Zielformat die Daten in den Text aufgenommen werden sollen: als Writer-Tabelle, als Serienbrieffelder oder einfach als Text. Wählen Sie hier TEXT, dann können Sie mit dem Button in der Mitte jeden links ausgewählten Feldnamen nach rechts <zwischen spitze Klammern> setzen; ein Doppelklick auf die Feldnamen auf der linken Seite bewirkt dasselbe. Klicken Sie zwei Feldnamen in die gleiche Zeile, dann setzt OpenOffice zwischen die Feldnamen automatisch Leerzeichen. Sie können aber auch Zeilenschaltungen für eine mehrzeilige Ausgabe drücken. In Sekunden haben Sie so ein komplettes Ausgabeformat definiert (siehe Abbildung 5-45). Ein Klick auf OK fügt die Adresse an der ausgewählten Stelle im Text ein.

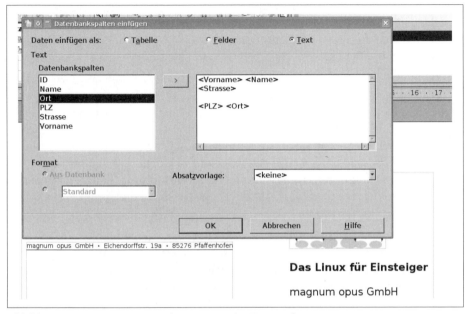

Abbildung 5-45: Einen Datensatz formatiert in den Text einfügen

Das Beste daran: OpenOffice merkt sich die einmal vordefinierten Ausgabeformate. Bei der nächsten Arbeitssitzung stehen sie wieder zur Verfügung. So ist das Zusammenstellen und Einfügen einer Adresse aus der Adressdatenbank ein Kinderspiel.

 Wenn Sie einen ganzen Datensatz am Zeilenkopf packen und ihn nicht bis in den Textbereich ziehen, sondern die Maustaste schon über der letzten, leeren Datensatzzeile loslassen, dupliziert sich der ausgewählte Datensatz. Das gilt wieder nur für »richtige« Datenbanken, nicht für Tabellendokumente.

Einen großen Unterschied gibt es allerdings zwischen Datenbankanbindungen mit Tabellendokumenten und solchen, die hsql-Tabellen oder andere, »richtige« Datenbanksysteme benutzen. Wenn Sie Schreibrechte auf die Datenbank besitzen, können Sie die Daten im Beamer, oder aus einer anderen Base-Datensicht heraus, verändern oder ergänzen. Bei Calc-Tabellen geht das nicht, auf die können Sie nur lesend zugreifen. Das ist aber weiter nicht schlimm, denn Sie verändern die Daten einfacher direkt in Calc. Wenn beim Eintragen neuer Zahlen und Daten Formeln ausgewertet werden müssen, kann Calc das ohnehin besser. Aber dies ist ein gutes Beispiel dafür, wie OpenOffice Base Daten lediglich bereitstellt, nicht aber selbst *verwaltet*.

Seriendruckfelder

Für ein Anschreiben an alle oder wenigstens viele Leute aus der Datenbank brauchen Sie Serienbrief-Felder. Vorher mussten Sie für jeden Adressaten einen einzelnen Brief erstellen, in den Sie die Adresse hineinzogen. Ab einer gewissen Anzahl ist das nicht mehr rationell. Ziehen Sie jetzt nicht die Zeilen-, sondern die Spaltenköpfe mit der Maus in das Briefdokument. Das Ergebnis: Wo Sie loslassen, fügt OpenOffice Seriendruckfelder ein.

Der Rest ist Formatierung: Damit die Adressen des Serienbriefs an der richtigen Stelle auf dem Papier erscheinen, müssen sie in einen Rahmen gepackt werden. Wenn Sie den Rahmen nicht schon vorher erzeugt hatten, dann ziehen Sie zuerst alle Serienbrieffelder in den Text und ordnen sie mit Leerzeichen und Zeilenschaltungen. Danach markieren Sie den Textabschnitt und wählen über die Menüleiste EINFÜGEN → RAHMEN. Der markierte Text wird in einen Textrahmen aufgenommen, den Sie so positionieren, dass er in einem Fensterkuvert hinter dem Fenster erscheint. Sie finden eine Übung, in der Sie das lernen können, im Anhang auf Seite 773.

Wenn alles andere fertig formatiert ist, genügt es, den Menüpunkt DATEI → DRUCKEN anzuwählen. OpenOffice erkennt, dass Serienbrieffelder im Dokument enthalten sind, und fragt Sie, ob Sie einen Serienbrief drucken wollen. Wenn Sie das bejahen, können Sie auf einem Serienbrief-Dialog auswählen, ob Sie für alle oder nur ein paar Datensätze (mit Strg und Klicks der Maus können Sie einzelne Datensätze an- oder abwählen) Serienbriefe ausdrucken wollen. Außerdem können Sie einstellen, ob Sie direkt drucken oder erst einmal für jede Adresse ein Serienbrief-Dokument zusammenmischen wollen. Die Einzeldateien können Sie dabei nach Feldern der Datenbank benennen, sie heißen dann z.B. *Müller0.odt*, *Müller1.odt* etc. (siehe Abbildung 5-46). Der Baumbestand der Welt dankt es Ihnen, wenn Sie zuletzt noch einen Blick auf diese Seiten werfen, bevor Sie sie zum Drucker schicken.

Wenn Sie nicht mehr vorhaben, als so einfache Briefe ausdrucken, kann Ihnen dabei auch der *Serienbriefassistent* helfen, den Sie in der Menüleiste unter EXTRAS → SERIENBRIEFASSISTENT finden. Der kann aber nur recht einfache Fälle abdecken; im Allgemeinen lernt man recht schnell, wie vielfältig die Serienbrieffunktion ist. Meine Firmenrechnungen gehen z.B. alle auf ein Tabellendokument zurück, in das ich alle Umsätze eintrage und ausrechnen lasse. So behalte ich leicht den Überblick und kann mir z.B. Umsatzauswertungen anzeigen lassen. Die Rechnungstabelle ist gleichzeitig aber auch Datenquelle für das Rechnungsschreiben an den Kunden. Die Firmenadresse ziehe ich dabei aus der Kunden-Tabelle (am Zeilenkopf) in den Brief, die Rechnung selbst ist ein einzelner Datensatz aus der Rechnungstabelle, der per Serienbriefdruck ausgedruckt wird …

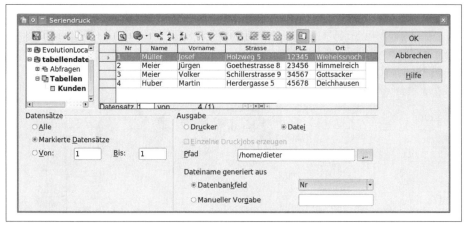

Abbildung 5-46: Auswählen, an welche Adressaten der Serienbrief geschickt werden soll

 Wenn Sie die Dokumente im PDF-Format als Anhang einer E-Mail verschicken wollen, können Sie dieses Format unter DATEI → EXPORTIEREN ALS PDF herstellen lassen. Sie können mit dem Menüpunkt DATEI → SENDEN → EMAIL ALS PDF auch ganz auf den Druckvorgang verzichten, wenn Sie wollen ...

Zeichnen mit Draw

OpenOffice Draw ist ein vektororientiertes Zeichenprogramm. Das bedeutet: Sie erzeugen beim Zeichnen geometrische Objekte mit oder ohne Farbfüllung. Diese Grafiken können mehrschichtig sein, und Sie können aus einer Grafik mit wenigen Handgriffen die Grundlage für eine Bildschirmpräsentation machen, die Sie mit Impress fertigstellen und dann ausführen und steuern (siehe Abbildung 5-47).

Draw ist kein Malprogramm. Die Arbeit mit Malprogrammen wie z.B. *MS Paint* ist viel intuitiver als bei Zeichenprogrammen: Sie malen dort mit dem Mauszeiger als Pinselersatz auf eine Art Leinwand. Alle Bildpunkte, die Sie mit dem Malgerät überstreichen, wechseln dabei von der bisherigen in die eingestellte neue Farbe. Aber das hat Nachteile: Sobald Sie den Strich gemalt, also das aufgezogene »Objekt« fallen gelassen haben, besteht es nur noch aus farbigen Punkten, die mit der Leinwand verschmelzen. Leistungsfähigere Vertreter dieser Zunft lassen Sie zwar (wie mit durchsichtigen Folien) mehrere solcher Zeichenebenen übereinander erstellen. Legen Sie aber auf der gleichen Ebene zwei Objekte übereinander, dann überschreibt das neue Objekt die Bildpunkte des anderen. Zeichenprogramme arbeiten anders: Da können Sie die einzelnen Objekte immer sauber voneinander unterscheiden. Aber solche Objekte können Sie nicht malen. Sie müssen das Bild aus Einzelelementen zusammenstellen.

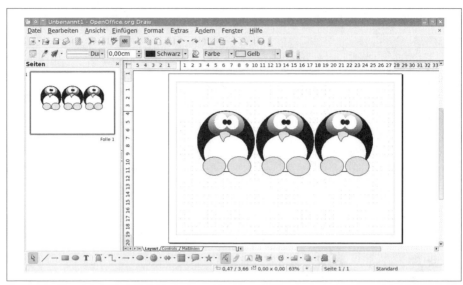

Abbildung 5-47: Die Arbeitsoberfläche bei Draw

Ein weiterer Unterschied: Bilder, die aus einzelnen Bildpunkten bestehen, zeigen diese Punkte auch deutlich, wenn Sie die Grafik vergrößern. Man sagt: Das Bild »pixelt aus«. Vektororientierte Grafiken bleiben dagegen immer gleich scharf, unabhängig davon, wie weit sie vergrößert werden. Eine Verbindungslinie, die als 3 mm dicke Strecke zwischen zwei Punkten definiert wurde, ist auch dann noch eine scharf umrissene Linie, wenn sie in vielfacher Vergrößerung angezeigt wird (siehe Abbildung 5-48).

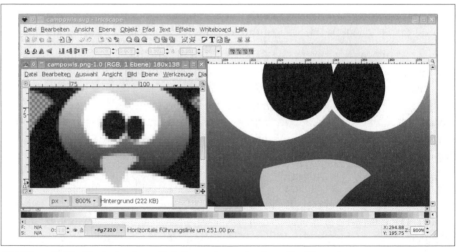

Abbildung 5-48: Pixelorientierte (links) vs. vektororientierte Grafik

Grafikdateien, die aus einzelnen Bildpunkten bestehen, sind in aller Regel deutlich größer als solche aus Zeichenprogrammen. Pixelgrafik-Programme erzeugen eine quadratische Fläche auf dem Bildschirm z.B. aus 10.000×10.000 Bildpunkten. Anders dagegen Zeichenprogramme: Sie definieren vier Eckpunkte auf der Fläche (in x- und y-Koordinaten vom Bildrand), legen fest, dass die Punkte mit einer Linie verbunden sein sollen, die eine gewisse Dicke hat (nicht zu vergessen die Eckwinkel von exakt 90 Grad), und dass die Fläche mit einer bestimmten Farbe gefüllt sein soll.

Diese Information ist viel knapper. Statt 100 Millionen Informationen bei einem Malprogramm (die Koordinaten und die Farbe pro Bildpunkt) braucht ein Zeichenprogramm nur ein paar Dutzend, und das Objekt sieht genauso aus. Deshalb können dort Objekte sogar übereinander liegen, und sie werden sich immer wieder problemlos voneinander trennen lassen, denn in der Objektbeschreibung steht ja, welcher Bildpunkt zu welchem Objekt gehört. Weil Linien, die eine Richtung und eine bestimmte Länge haben, auch *Vektoren* heißen, nennt man eine solche Software auch *vektororientiert*. Auf Bildpunkten basieren einfache Malprogramme für Kinder, aber auch hervorragende Fotobearbeitungsprogramme wie *The Gimp*, *Picture Publisher* oder *PhotoImpact*. Vektoren finden Sie bei CAD-Programmen und Präsentationsprogrammen wie PowerPoint.

Welche Software ist besser?

Weder vektor- noch pixelorientierte Grafikprogramme sind »besser« oder »schlechter«. Sie sind aber für bestimmte Aufgaben besser oder schlechter geeignet. Architektonische Zeichnungen kann man mit Pixelprogrammen nicht machen. Das Programm kann die Elemente nach dem Malen nicht mehr »sehen«. Fotos werden von der Kamera dagegen als Pixelgrafik angeliefert. Man kann diese Fotos dann zwar vektorisieren; aber mal schnell einen Pickel wegretuschieren, das geht eben am besten mit einem pixelorientierten Grafikprogramm.

Warum haben Office-Suiten heute in der Regel mächtige vektororientierte Zeichenprogramme an Bord, aber nur vergleichsweise schwache Pixelsoftware? Die Office-Suiten enthalten meist auch Präsentationsprogramme, die sich auf die Vektorgrafiken stützen. Vektorgrafiken sind deutlich kleiner als gleichartige Bitmaps. Ein Objekt mit acht Positionsangaben und einem Dutzend weiterer Angaben, um den Rest des Elements zu beschreiben, fliegt nun einmal leichter vom Bildschirmrand aus ein als eine Bitmap mit 100.000 Bildpunkten, die jeweils einzeln berechnet werden müssen.

Eine einfache Grafik erzeugen

Auch unter Windows finden es viele Menschen erst einmal seltsam, dass ein Strich mit der Maus bei einer vektororientierten Software keine Linie erzeugt. Dieser Funktion kommt die »Freihandfunktion« bei Draw noch am nächsten. Aber was dabei herauskommt, ist in Wirklichkeit keine Linie, sondern eine Reihe mehr oder weniger geschwungener Bögen zwischen fixen Punkten, die exakte Koordinaten auf der Zeichenoberfläche haben (siehe Abbildung 5-49). Diese Punkte oder Knoten werden sichtbar, sobald Sie die erstellte Linie anklicken (rechts). Eine Linie z.B. in *Kpaint* (links) ist etwas ganz anderes.

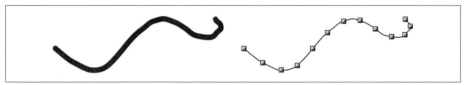

Abbildung 5-49: Was wie eine Linie aussieht, sind verbundene Koordinaten.

Das Draw-Werkzeug

Die Werkzeugleiste am unteren Bildschirmrand (siehe Abbildung 5-50) enthält Schalter für die Objekte, die Sie mit Draw herstellen können. Einige der Schalter klappen aus, wenn man sie anklickt. Die Ausstattung von Draw unterscheidet sich dabei nicht wesentlich von der ähnlicher Programme auf dem Markt. Sie klicken auf einen der Schalter, und der Mauscursor erzeugt als Nächstes das angegebene Objekt. Bei den Buttons mit den Pfeilen klappt ein Untermenü aus.

Abbildung 5-50: Die Werkzeugleiste

Die Leiste beginnt links mit dem *Zeiger*, danach kommen *Linienobjekte* (ohne und mit Pfeil am Ende) und viereckige bzw. runde *Flächenobjekte*. Sowohl bei den Linien als auch bei den Flächen können Sie mit der Strg- und der Shift-Taste erreichen, dass die Ellipse ein Kreis oder die Linie eine 45°- oder senkrechte Linie wird. Probieren Sie es aus.

Danach kommt das *Textobjekt*, das sich anders verhält, je nachdem, ob Sie einfach in die Grafik hineinklicken oder vorher mit gedrückter Maustaste einen Textrahmen aufziehen. Im ersten Fall schreibt der Cursor immer weiter, solange Sie tippen, im zweiten Fall legen Sie mit der Breite des Rahmens auch fest, wie breit der eingegebene Text werden darf. Wenn Sie in der Menüleiste EXTRAS → SPRACHE → SILBENTRENNUNG einschalten, dann trennt OpenOffice den Text im Textobjekt. Wenn Sie nachträglich die Breite des Textobjektes ändern, passt sich der Text (bei Bedarf auch mehrzeilig) an die neue Breite an.

Der erste Ausklapper ist bei den *Kurven* zu finden. Das Angebot umfasst jeweils gefüllte und ungefüllte Elemente: die klassische *Bézier-Kurve*, das *Polygon* mit frei gewählten oder fixen 90°-Eckenwinkeln sowie die *Freihandlinie*, die in Wirklichkeit auch nur Bézier-Kurven erzeugt.

Danach kommen *Verbinder*, die in verschiedensten Ausstattungen aus dem Menü gewählt werden können. Sie sind geeignet, um einfach Organigramme zu basteln. Sie klinken sich an den Anfassern irgendwelcher Objekte ein und bleiben da kleben, selbst wenn Sie die Objekte auf dem Hintergrund hin- und her schieben.

Danach gibt es ein umfangreiches Sortiment an *Pfeilen* mit einfachen oder Kringel-Ursprüngen und verschiedenen Endpunkten, bis hin zur Maßlinie, die bei technischen Zeichnungen gute Dienste leistet.

Was den Linien recht ist, muss en gefüllten Objekten (mit oder ohne Ecken) nur billig sein. Die sogenannten *Standardformen* wurden um Dreiecke, Kreuze und sogar Rahmen erweitert.

Daneben gibt es unter dem Smiley verborgen die *Symbolformen*, die neben dem Grinser auch noch Sonne, Wolken und Blitzsymbol enthalten – neben etlichen anderen, die wohl dringend notwendig waren.

Fette Pfeile verbergen sich unter den *Blockpfeilen*. Damit können Sie mühelos die chaotische Verkehrsführung jeder größeren Ansiedlung darstellen.

Was dem einen sein Organigramm, das ist dem anderen sein *Flussdiagramm*. Endlich gibt es auch hinreichend Elemente, um eine Festplatte oder andere Dinge darzustellen.

Nicht fehlen dürfen auch *Legenden-Elemente*, die Sprechblasen für verschiedene Zwecke enthalten.

Schließlich gibt es noch Sterne, horizontale und vertikale Schriftrollen und nicht zuletzt ein Türschild. Das haben Sie sicher in der Version 1.x bitterlich vermisst – oder auch nicht.

Der Button mit dem Punkt und dem Pfeil lässt Sie die *Ankerpunkte* eines ausgewählten Grafikobjekts bearbeiten. Einmal angeklickt, haben die Objekte grüne Anfasser zum Zerren und Verschieben des Objekts. Klicken Sie den Punktebearbeiter dazu, können Sie die Anfasser eines Bézier-Objekts verändern und z.B. wie in Abbildung 5-51 dem Pinguin eine Nasenkorrektur verpassen.

Die Tube symbolisiert *Klebepunkte*. Das sind Fixpunkte, ähnlich wie die klebrigen Verbinderpunkte bei den Organigrammen. Sie können damit Organigramm-Verbinder »aus der leeren Luft« wachsen lassen.

Abbildung 5-51: Bézier-Ankerpunkte bearbeiten

Der opulent eingerahmte Buchstabe startet *Fontwork Gallery*. Wie hieß noch die Werkstatt, in der Sie Buchstaben für verrückte Überschriften in Word verbiegen konnen? Die Funktion ist hier nicht in der Textverarbeitung integriert, sondern in der Grafikverarbeitung, wo sie auch hingehört. Sie fügen die erzeugten Verrenkungen einfach per Cut-and-Paste in den Writer ein.

Die folgenden beiden Buttons lassen Sie externe *Dateien* in Draw einfügen bzw. starten die *Gallery*, aus der Sie Grafiken einfach mit der Maus ins Bild hineinziehen.

Der Button mit dem Ring-Pfeil öffnet ein Untermenü mit den *Effekten*. Das beinhaltet DREHEN, SPIEGELN, entlang eines Kreises ROTIEREN oder auch Farbverläufe und Transparenz eines Objektes zu regeln.

Wenn Sie mehrere Objekte genau entlang einer Linie *ausrichten* wollen, ist der Button mit den beiden Vierecken oberhalb einer Linie das Richtige für Sie. Dazu passt eine weitere Option, die Sie in der Menüleiste unter ÄNDERN → VERTEILUNG... finden: Die brauchen Sie, wenn Sie genau gleiche Abstände zwischen mehreren Objekten erreichen wollen.

Der Button mit den beiden übereinanderliegenden Vierecken und dem Titel *Anordnung* lässt Sie einander überlappende Objekte weiter nach oben (= nach vorne) oder unten schichten. So können Sie regeln, welches der Objekte »vorne« liegen soll und welches verdeckt wird.

Der letzte Button enhält die *Extrusion*: Damit können Sie ein einfaches Element wie ein Viereck oder eine Ellipse räumlich austreiben. Das heißt, es bekommt eine perspektivische Verlängerung, und Sie können dann sogar einstellen, wie Licht und Schatten fallen sollen.

Übung: Einen kleinen Pinguin zeichnen

Grau ist alle Theorie: Sie bekommen einen ersten guten Eindruck von der Arbeit mit Draw und vektororientierten Programmen im Allgemeinen, indem Sie einen kleinen Pinguin wie auf den bisher gezeigten Abbildungen bauen. Ein paar der wesentlichen Arbeitstechniken kommen dort bereits zum Einsatz, mehr werden in der Fachliteratur erläutert.

Erste Schritte. Für den Billard-Pinguin benötigen Sie einen schwarzen Korpus, einen weißen Bauch, ein Gesichtchen mit Farbverlauf, Augen, Schnabel und Füße. Sie beginnen am besten mit dem größten Element, das am weitesten im Hintergrund ist, und arbeiten sich dann stückweise nach vorne. Den Körper ziehen Sie mit der Maus auf, nachdem Sie auf das Ellipsen-Element geklickt haben. Wählen Sie statt der seltsamen Standard-Farbe Blau8 ein sattes Schwarz. Sie können den Körper duplizieren (Shift-F3) oder kopieren und mit Strg-C und Strg-V wieder einfügen oder einfach den weißen Bauch mit einer weiteren Ellipse aufziehen. Das lästige Einrasten der Maus an willkürlichen Rastern stellen Sie ab, indem Sie in der Menüleiste ANSICHT → RASTER → AM RASTER FANGEN abschalten. Auch die Füße könnten Sie jetzt schon in Form von zwei gelben Ellipsen erstellen. Das Ergebnis sollte in etwa so aussehen wie in Abbildung 5-52:

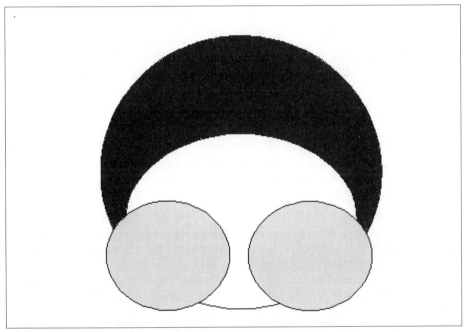

Abbildung 5-52: Hintergrund für einen Pinguin

Hintergrund fixieren. Damit sich das »Hinten« nicht ständig verschiebt, erzeugen Sie am besten eine neue Ebene für das Gesicht des Pinguins (EINFÜGEN → EBENE...). Nennen Sie die Ebene z.B. »Gesicht«. Sie wählen dann die ursprüngliche Ebene *Layout* mit der Maustaste an (Register am unteren Bildschirmrand) und klicken noch einmal mit der rechten Maustaste auf das Register: Dort gibt es die Option EBENE ÄNDERN. Wenn Sie diese anklicken, erscheint ein Dialog mit der Option GESPERRT. Wechseln Sie jetzt auf die Ebene *Gesicht* zurück. Anstatt gleich die ganze Ebene zu sperren, könnten Sie auch nur alle vier Hintergrundelemente markieren und über die Menüleiste ÄNDERN → GRUPPIEREN wählen (natürlich gibt es diese Option im Kontextmenü der rechten Maustaste auch). Damit frieren Sie nur die vier angewählten Elemente ein. Die können Sie ab jetzt nur noch »im Set« verschieben; in vielen Fällen reicht das aus.

Jetzt zeichnen Sie das Gesicht: Sie erzeugen eine Ellipse im oberen Bereich des Körpers. Damit die Ellipse nicht mit einer Farbe gefüllt wird, sondern mit einem Farbverlauf, klicken Sie auf das Wort FARBE in der Symbolleiste oberhalb des Bildes. Das ist eine Drop-down-Liste, die auch den Eintrag FARBVERLAUF anbietet. Links neben der Liste befindet sich ein Button, der einen auschüttenden Farbkübel zeigt. Er führt Sie auf den richtigen Eigenschaftsdialog. Sie können aber auch auf das ausgewählte Element klicken und dann mit der rechten Maustaste FLÄCHE wählen, um diesen Dialog aufzurufen. Auf dem Register FARBVERLÄUFE können Sie dann zwischen verschiedenen Verlaufsmodellen wählen. Für diesen Pinguin brauchen Sie den LINEAREN FARBVERLAUF, aber nicht von (standardmäßig) Schwarz nach Weiß, sondern umgekehrt. Klicken Sie auf die beiden Farbfelder, und stellen Sie die Farben auf weiß nach schwarz. Beim Schließen des Dialogs weist Draw Sie darauf hin, dass Sie dieses Farbschema mit HINZUFÜGEN unter einem eigenen Namen abspeichern oder das Original verändern können. Wählen Sie HINZUFÜGEN, geben Sie dem Schema einen griffigen Namen wie z.B. »andersherum«, und speichern Sie es dann ab. Nun hat der Pinguin eine Gesichtsfläche, die noch Augen und einen Schnabel benötigt.

Sie können das »Gesicht« dem gruppierten Körper hinzufügen, indem Sie es markieren, mit Strg-X in die Zwischenablage legen und dann auf das Gruppenobjekt einen Doppelklick ausführen. (Wenn Sie mit einer gesperrten Layout-Ebene arbeiten, müssen Sie die Ebene vorher entsperren.) So betreten Sie die Gruppe. Dort können Sie das Gesicht mit einem Strg-V wieder herausholen. Mit dem Anordungsknopf können Sie das Gesicht weiter absenken, so dass es zwar unterhalb des weißen Bauchs, aber oberhalb des schwarzen Hintergrunds liegt (siehe Abbildung 5-53). Mit der rechten Maustaste können Sie über die Option GRUPPIERUNG VERLASSEN das gruppierte Objekt schließen und in den normalen Arbeitsbereich zurückkehren.

Auch bei den Augen bietet es sich an, sie als gruppierte Elemente zu bauen. So können Sie sie hin und her schieben, ohne gleich die ganze Zeichnung zu ruinieren. Sie erzeugen zuerst zwei weiße Ellipsen für die Augäpfel, danach zwei schwarze als Pupillen. Das »Komische« daran erreichen Sie, indem Sie nicht versuchen, alles möglichst symmetrisch und richtig zu machen. Die Augäpfel sind verschieden groß, und die Pupillen ebenfalls. Wenn Ihnen das Ergebnis gefällt, markieren Sie die vier Elemente (indem Sie die Shift-Taste gedrückt halten und alle gewünschten Elemente anklicken oder indem Sie mit gedrückter Maustaste eine »Gummiband-Markierung« um die gewünschten Elemente herum aufziehen) und wählen entweder mit der rechten Maustaste die Option GRUPPIEREN oder verwenden ÄNDERN → GRUPPIEREN aus der Menüleiste.

Der Schnabel ist das Komplizierteste an diesem Pinguin. Da es keine vorgefertigten Schnabel-Elemente aus der Werkzeugleiste gibt, werden wir wohl selbst einen formen müssen. Dazu eignet sich das Bézier-Kurvenwerkzeug am besten. Verwenden Sie die *gefüllte Kurve*, dann können Sie den Schnabel auch gleich gelb werden lassen. Das braucht ein wenig Übung: Wenn Sie nur mehrfach auf die freie Fläche klicken und am Schluss einen Doppelklick ausführen, erzeugt Draw für Sie eine gefüllte »Kurve« mit Ecken. Üben Sie das ruhig auf der freien Fläche außerhalb des Pinguins. Wenn Sie aber mit diesem Werkzeug in die Fläche klicken und sofort mit gedrückter Maustaste ein wenig weiter ziehen, dann erzeugt Draw Kurvensegmente. Sie werden mehrfach anfangen müssen, bis Sie das erste Mal etwas Schnabelförmiges zuwege bringen. Lassen Sie sich nicht entmutigen. Wohlgemerkt: Der »perfekte« Schnabel ist nicht komisch.

Wenn Sie mit dem Ergebnis zufrieden sind, dann können Sie das Urvieh ja abspeichern.

Abbildung 5-53: Ein vektororientierter Pinguin

Draw kann vieles, was vollwertige Vektorzeichenprogramme ebenfalls können. Freilich sind die Möglichkeiten z.B. bei Inkscape zahlreicher und vor allem die Linien und Übergänge feiner. Aber das sind Feinheiten, die bei einem Einsatz als Bürosoftware keine Rolle spielen. Draw liefert alles, was selbst anspruchsvolle Allrounder-Arbeit im Büro erfordert. Im Vergleich zu MS Office schlägt es hier die Brücke zwischen Words Zeichenmodul (das aber leider nur Bitmap-Grafiken erzeugen kann und keine Vektorformate) zu Powerpoint, das wiederum eine Präsentationssoftware ist und kein Grafikprogramm. Vor allem ist es vollständig kompatibel zu den anderen OpenOffice-Komponenten Writer, Calc und Impress.

Hinaus in die Welt: Speicher- und Exportformate

Die Microsoft-Produkte können (noch) keine OpenOffice-Dateien einlesen. Das könnte sich sehr bald ändern, da die Version 2.x von OpenOffice ein standardisiertes Format verwendet, das im Detail dokumentiert ist. Anderseits können wir auf eine ganze Reihe hervorragender und bekannter Export-Formate zurückgreifen, um den Benutzern von MS Office und anderen Office-Suiten lesbare Daten zu bieten.

In welche Zielformate kann OpenOffice abspeichern und exportieren? Ein wichtiger Hinweis gleich zu Beginn: Die Formate, die Sie im SPEICHERN UNTER...-Dialog finden, sind nur die Spitze des Eisbergs. Diese speichern immer das gesamte Draw-Dokument ab.

In der Regel wollen Sie aber nur eine einzige Zeichnung in einem Fremdformat ablegen, aber nicht alles inklusive aller Entwürfe, die sich in Ihrer mehrseitigen Draw-Datei befinden. Das erreichen Sie über einen Daten*export*. Markieren Sie vorher alles, was Sie exportieren wollen, und finden Sie die tollen Fremdformate dann unter DATEI → EXPORTIEREN... Wenn Sie nichts markiert haben, das Sie exportieren wollen, dann nimmt Draw an, dass es die ganze aktuelle Seite exportieren soll. Dadurch blähen Sie die Zieldatei bei Pixelformaten unnötig auf. Außerdem müssen Sie die Zielgrafik später nicht mehr zuschneiden, wenn Sie nur das markieren, was in die Zieldatei übertragen werden soll.

Verfügbar als Export-Formate sind zum einen die traditionellen pixelorientierten Grafikformate *bmp* (Windows Bitmap), *gif*, *jpg*, die unter Linux sehr verbreiteten Grafikformate *pbm*, *png* und *xpm*, dazu noch das überall verfügbare *tif(f)*-Format und das Mac-Format *pct*.

Vektororientierte Formate sind das Windows Metafile-Format *(wmf)*, *SVG* (Scalable Vector Graphics) und *EPS* (Encapsulated Postscript). An etwas exotischeren Formaten stehen außerdem das Format *Enhanced Metafile* (rohe Druckdateien in Windows), HTML (nur das ganze Dokument) und sogar Makromedia Flash zur Verfügung.

Direkt exportieren kann OpenOffice auch in Adobes PDF-Format; in der neuesten Ausgabe 2.x kann OpenOffice auch Hyperlinks und andere tolle Eigenschaften des PDF-Formats unterstützen.

Präsentieren mit Impress

Präsentationssoftware war früher Chef- oder Verkäufersoftware. Das hat sich geändert: Schüler an bayerischen Gymnasien lernen heute *MS Powerpoint*, noch bevor sie tippen können. Die Domäne dieser Programme ist, aus unübersichtlichen Daten und Zahlen sprechende Diagramme zu basteln, die meist zur Unterstützung eines Vortrags an die Wand geworfen werden. Das Zauberwort heißt *Visualisierung*. Themen aller Art können damit nicht nur mit Worten und Gesten erzählt, sondern gleichzeitig mit Bildern und Merksätzen pointiert werden. Wer das geschickt macht, wertet seinen Vortrag um ein Vielfaches auf (siehe Abbildung 5-54). Wer auf Linux umsteigt, muss auf ein solches Werkzeug nicht verzichten, denn OpenOffice Impress erfüllt den gleichen Zweck.

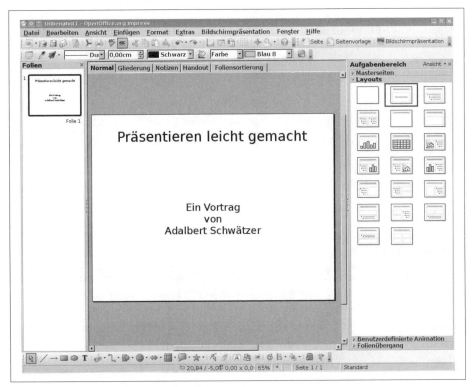

Abbildung 5-54: Eine Fülle von Bedienelementen

Sogar Altbestände bleiben nicht auf der Strecke: Natürlich importiert Impress Powerpoint-Folien. Dabei gelten freilich wieder die üblichen Einschränkungen: Je besser und sparsamer das Original formatiert ist, desto besser funktioniert der Import, und je mehr Unfug darin enthalten ist, desto schlechter.

Eine einfache Präsentation

Wenn Sie in irgendeinem OpenOffice-Modul DATEI → NEU → PRÄSENTATION wählen, dann durchlaufen Sie einen dreistufigen Assistenten, der gegenüber den 1.x-Versionen nichts an Funktionalität hinzugewonnen hat. Das bedeutet: Es gibt lediglich zwei Vorlagen, die Sie verwenden können, im zweiten Schritt nur zwei weitere Präsentationshintergründe, und schließlich sollen Sie im dritten Schritt gleich alle Folienübergänge auf einmal festlegen, noch bevor Sie auch nur die erste Folie wirklich erstellt haben. Damit wären Sie in wenigen Minuten irgendwie fertig, aber nur mit zwei recht billigen Design-Möglichkeiten. Für mich bedeutet das: Ich wähle auf dem ersten Dialog des Assistenten LEERE PRÄSENTATION aus und klicke dann gleich auf FERTIG STELLEN. Es gibt natürlich jede Menge guter Ideen für Präsentationsvorlagen im Internet, aber die sind bei den meisten Standardinstallationen nicht dabei. Das ist kein Problem, so etwas kann man leicht selbst erstellen.

Ansichten

Nach dem Assistenten landen Sie im Hauptbearbeitungsbildschirm von Impress. Dort stehen Ihnen viele Werkzeuge zur Verfügung, die Sie schon auf Draw kennen. Daneben gibt es noch eine Gliederungsansicht, eine für Notizen, für Handouts und – ganz wichtig: den Foliensortierer. Rechts befindet sich der *Aufgabenbereich*, in dem Sie mit Outlook-artigen Balken zwischen verschiedenen Ansichten umschalten können. Sie können dort aus bestehenden Masterseiten (Standard-Hintergründen) auswählen, für jede Folien-Seite ein anderes Seitenlayout auswählen und schließlich die Seitenübergänge und Animationen der einzelnen Elemente auf den Folien festlegen.

Das Standard-Layout festlegen

Sowohl Draw als auch Impress wurden beim Wechsel von Version 1.x auf 2.x grundlegend überarbeitet, hier sieht man das auch. Einer der großen Unterschiede: Früher war der Präsentationshintergrund einfach eine Ebene wie bei einer Draw-Zeichnung. Jetzt müssen Sie auf die *Folien-Masteransicht* wechseln, um Ihrem Vortrag ein unverwechselbares Aussehen zu verleihen. Diese Ansicht erreichen Sie, indem Sie aus der Menüleiste ANSICHT → MASTER → FOLIENMASTER auswählen.

Der Hintergrund Ihrer Präsentation ist in vielerlei Hinsicht wichtiger als der Vortrag selbst. Wenn Sie ihn zu bunt und verspielt machen, werden Sie es schwer haben, die Leute noch von der Folie abzulenken. Ist der Hintergrund dagegen sehr dunkel und der Raum recht warm, werden Sie schon eine gute Geschichte brauchen, um die Leute wach zu halten. Gerade bei Präsentationen, die einen Sprecher unterstützen sollen, gilt die Devise: »Weniger ist mehr«.

Um Ihnen einige der wichtigeren Arbeitstechniken zu zeigen, soll hier ein Positionspapier für die neue Linux-Distribution Campus Linux aufgebaut werden, die Sie im Internet herunterladen können. Die Farben des Produktlogos sind Schwarz, Weiß und Orange. Da sollte auch der Vortragshintergrund in diesen Farben gehalten sein, und das Firmenlogo einzuarbeiten wäre sicher eine gute Idee.

Wenn Sie die Folienmaster-Ansicht aufgerufen haben, sehen Sie das Standard-Layout. Es gibt eine Grundseite, die bereits zwei Layoutelemente enthält, einen Titelbereich und einen Textbereich, der offenbar schon neun (!) Gliederungsebenen vorsieht. Dies sind nur Platzhalter von Platzhaltern. Sie können keines dieser Elemente löschen, aber Sie können sie anders formatieren. Dazu stehen Ihnen die meisten der Formatierungsoptionen offen, die Sie schon von der Textverarbeitung kennen. Das ist dann die Vor-Formatierung der Layout-Elemente, die Ihnen die Seitenlayouts präsentieren. Und wenn Sie nichts in die Seitenlayouts hineinschreiben, bleiben diese ebenfalls unsichtbar wie ihre Vorlagen. Die grafischen Elemente des Hintergrunds gestalten Sie mit Mitteln der Zeichensoftware. Links soll ein Balken in der Firmen- oder Produktfarbe zu sehen sein, rechts unten ein Logo. Die Hauptfläche, die ja die Vortragsargumente enthalten wird, soll weiß sein. Wollen Sie einen Textbalken oder eine Überschrift auf jeder einzelnen Seite wiederholen, ist dies ebenfalls ein guter Ort, um den Balken zu platzieren.

Machen wir uns Werk: Wir zeichnen links also einen rechteckigen, seitenhohen Balken in Orange und rechts mit EINFÜGEN → BILD → AUS DATEI das vorbereitete Produkt- oder Firmenlogo herein. Unterhalb der Grafik steht noch ein Slogan: »Campus Linux. Stark.« Der Text wird in 24 Punkt großer, fetter Schrift formatiert. Damit der Text der Layoutelemente später nicht in den orangen Block hineinragt, packen Sie deren linke Ränder mit der Maus und ziehen sie nach rechts. Dann sieht der Hintergrund in etwa so aus wie auf Abbildung 5-55. Sie schließen die Folienmasterseite mit einem Klick auf den Button MASTER VIEW SCHLIESSEN, der in der frei schwebenden Knopfleiste MASTER ANSICHT enthalten ist.

Seiten-Layouts auswählen und benutzen

Zurück auf der Bearbeitungsseite, sehen Sie von den Layoutelementen erst etwas, wenn Sie auf der rechten Seite des Bildschirms ein Seitenlayout für die aktuelle Folie ausgewählt haben. Die erste Folie tanzt, was das Layout angeht, oft ein wenig aus

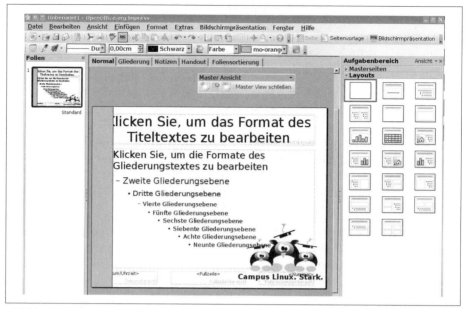

Abbildung 5-55: Hintergrundseite gestalten

der Reihe. Diese Seite wird ja meist schon angezeigt, noch bevor der eigentliche Vortrag losgeht. Dafür gibt es einfache Layouts wie TITEL oder einfach nur LEERE SEITE. Die folgenden Seiten sind dagegen meist recht gleichförmig gestaltet und bestehen in der Regel aus einer Titelzeile und einem Gliederungsbereich für den Text. Benutzen Sie die ruhig, denn Sie wollen ja nicht, dass die Zuschauer sich die ganze Zeit über fragen: »Was hat er sich bei diesem Layout wohl gedacht?« und Ihnen dann nicht mehr zuhören.

Neue Seiten fügen Sie mit einem Rechtsklick auf der linken Seite bei den Seitenvorschauen ein. Die neuen Folien erben dabei die Layouts und Seitenübergänge der vorherigen Folie. Klicken Sie in die Titelzeile der Folie hinein, Sie können das voreingestellte Schriftformat direkt benutzen. Dasselbe gilt für den Gliederungsbereich: Wenn Sie hineinklicken, stehen Sie am Beginn einer Punkteliste, bei einer Zeilenschaltung fügt Impress gleich wieder einen neuen Punkt hinzu. Wenn Sie gleich als Erstes in der neuen Zeile die Tab-Taste drücken, springt die Formatierung auf die nächste Unterebene der Gliederung. Shift-Tab schaltet die Gliederungsebene aufwärts.

Auch wenn Sie bis zu neun Unterebenen in so einem Gliederungsfenster angeboten bekommen: Halten Sie sich unbedingt zurück! Wer mehr als vier Punkte pro Folie auflistet oder in seinem Vortrag mehr als zwei Gliederungsebenen braucht, hat nicht genügend abstrahiert. Geben Sie den Zuhörern ruhig Ihren vielschichtigen Vortrag als Ausdruck, wenn Sie wollen. Aber Sie müssen ihn nicht auch noch an die Wand werfen.

Animationen

Wenn Sie Ihre Standpunkte auf den Folien klar gemachthaben (werden die Leute Ihnen wirklich 100 Folien lang folgen wollen?), können Sie an die Animationen gehen. Die gibt es einerseits beim Übergang einer Folie zur nächsten, andererseits auf den Folien selbst. Sie wollen ja sicher nicht alle Zeilen gleich von Anfang an aufzeigen, sondern erst dann, wenn die Sprache darauf kommt.

Die Folienübergänge stellen Sie im untersten Balken des Aufgabenbereichs ein. Wählen Sie aus einer ganzen Reihe von Übergangsmustern aus. Sie weisen die Übergänge zu, indem Sie den Listeneintrag anklicken. Sofort zeigt Impress Ihnen an, wie der Übergang aussehen wird. Auch hier gilt: Wenn Sie zu viel Abwechslung hineinbringen, achten die Leute mehr auf die Übergänge, anstatt Ihnen zuzuhören.

Als Nächstes sollten Sie sich um die Animationen der Textelemente kümmern, die hier *Effekte* genannt werden. Schalten Sie den Aufgabenbereich auf den Balken BENUTZERDEFINIERTE ANIMATION. Die erste Folie bleibt meist statisch, da sie angezeigt wird, noch bevor der Vortrag startet. Markieren Sie (ab der zweiten Folie) die einzelnen Zeilen oder Textblöcke, die jeweils gemeinsam ins Bild kommen sollen, und klicken Sie aus den Button HINZUFÜGEN..., um einen Effekt auszuwählen. Die Effekte sind in mehrere Gruppen unterteilt, von *einfach* über *aufregend* bis hin zu *angemessen* (was immer das bedeuten soll) und *spezial*. Auch hier wird das Aussehen des Effekts sofort angezeigt, wenn Sie dem Text einen zugewiesen haben. Sie können mehrere ausprobieren, bevor Sie auf OK klicken. Auch hier gilt: Weniger Wechsel und weniger aufregend wirkt professioneller. Sie müssen an der Wand ja nicht zeigen, was das Präsentationsprogramm kann, sondern das, was Sie können oder wissen.

Lästig ist hier, dass der Dialog sich nicht merkt, welcher Effekt zuletzt ausgewählt wurde, so dass das Zuweisen auf viele Zeilen Text eine rechte Geduldsprobe werden kann. Aber das zählt wenig gegenüber dem Eindruck, den die Zuschauer später von Ihrer Visualisierung bekommen.

Sie können die Animationen jeweils von Klängen begleiten lassen oder mit Zeitschaltern hinterlegen, so dass die nächste Animation bzw. der nächste Effekt nicht auf Ihren Mausklick wartet, sondern automatisch erfolgt. Das ist etwas für selbstablaufende Präsentationen. Sie können den Elementen auch Sprungmarken zuweisen, so dass Ihre Präsentation als interaktives Informationsmedium dienen kann. Sehen Sie sich nur ein wenig in den Dialogen um.

Schließlich kommt der wichtigste Moment: Mit F5 oder einem der zahlreichen Mausbuttons starten Sie die Präsentation. Sehr interessant ist hierbei der Punkt BILDSCHIRMPRÄSENTATION der Menüleiste, denn er bietet verschiedene Möglichkeiten, den Ablauf genauer zu gestalten. Sie können einzelne Folien überspringen und mit INDIVIDUELLE BILDSCHIRMPRÄSENTATION sogar einen völlig anderen Ablauf der Folien definieren, als die Reihenfolge der Folien in der Präsentation vorgeben würde.

Folien sortieren und Präsentationen schreiben

Der normale Weg ist immer noch, die Folien in der Reihenfolge ablaufen zu lassen, wie sie in der Vorschau auf der linken Seite dargestellt werden. Dennoch kann sich bei der zweiten Durchsicht herausstellen, dass manche Folien anders einsortiert werden sollten, als Sie zunächst gedacht hatten. Wenn es nur um eine Folie geht, die weiter nach vorn oder hinten soll, dann packen Sie die Folie im Vorschaubereich einfach mit der Maus und ziehen sie an den gewünschten neuen Ort. Wenn Sie mehr vorhaben, gibt es dazu die Ansicht FOLIENSORTIERUNG. Die verhält sich ungefähr so wie der gute alte Sortiertisch für Dias: Alle Folien liegen vor Ihnen auf dem Bildschirm, und Sie mischen mit der Maus die Folien dorthin, wo Sie sie hinhaben wollen. Das sollte zwar nur dann notwendig werden, wenn Sie Ihren Standpunkt vollständig anders darstellen wollen als zunächst geplant oder Sie eine Präsentation für ein weiteres Projekt recyceln. Aber was soll's.

Ein völlig anderer Ansatz, um Präsentationen zu erzeugen, ist die *Gliederungsansicht*. Manche Leute haben sich vielleicht schon eine erste Vorstellung vom grafischen Layouts gemacht (oder haben schon eine Vorlage, die sie gern verwenden wollen) und wollen nun die Inhalte schreiben, ohne von der Grafik abgelenkt zu werden. Wechseln Sie dann in die Ansicht GLIEDERUNG, und schreiben Sie einfach drauflos. Wie bei den Gliederungsfenstern auf der Layoutansicht können Sie Unterpunkte herstellen, indem Sie nach der Zeilenschaltung auf die Tab-Taste drücken. Ein Shift-Tab erhöht die Gliederungsebene wieder. Sehr schnell bemerken Sie, dass die »oberste Gliederungsebene« automatisch neue Folien erzeugt, wenn Sie dort eine Zeilenschaltung einfügen. Schneller geht's nicht, außer Sie würden eine fertige Gliederung aus dem Writer einfach per Cut-and-Paste nach Impress hereinkopieren ...

Bleiben noch zwei weitere Ansichten: NOTIZEN und HANDOUTS. Welcher Referent bräuchte nicht während des Vortrags einen Zettel, an dem er sich festhalten kann? Und sei es nur, um dem Publikum zu zeigen, dass man das Vorgetragene nicht soeben erfindet, sondern geschriebene Beweise für seine Aussagen hat (das sind z.B. gängige Tricks bei Nachrichtensprechern). Dies liefert Ihnen die Notizen-Ansicht. Oben sehen Sie die Folie, die an die Wand projiziert wird, unten können Sie sich eine Stichpunktliste anlegen. Das Ganze drucken Sie aus, dann brauchen Sie sich auch nicht an die Reihenfolge der Folien zu erinnern, Sie haben sie ja buchstäblich zur Hand. Handouts sind die verkleinerten Darstellungen, der an die Wand geworfenen Folien. Die können Sie ausdrucken und Ihrem dankbaren Publikum mitgeben. Sie ersparen sich damit, den Leuten den ganzen Vortrag ausdrucken zu müssen, und die Leute ersparen sich das Mitschreiben.

Während der Handzettel-Ansicht haben Sie im Aufgabenbereich des Bildschirms die Wahl zwischen verschiedenen Layouts. Sie können festlegen, ob pro Seite eine bis sechs Folienseiten ausgedruckt werden sollen. Die Bäume werden es Ihnen danken, wenn Sie hier sparsam agieren. Damit Sie die Handzettel auch ausdrucken können, müssen Sie im Druckdialog auf ZUSÄTZE klicken und dort die HANDZETTEL anwählen, während Sie eventuell alle anderen Darstellungen abwählen, die Sie nicht brauchen.

Abiword

Sie würden sich wundern, wie vielen Leuten OpenOffice zu viel ist: zu viel Plattenplatz, zu viel Rechnerleistung, zu viel Funktionalität. Da kann geholfen werden! Wenn es Ihnen um eine gute Textverarbeitung geht, die etliche Grafikformate versteht, mit Tabellen, nummerierten Listen, Positionsrahmen (und grafischen Umrandungen) umgehen kann, dabei aber noch stabil, leichtgewichtig und schnell ist, dann sind Sie mit Abiword (siehe Abbildung 5-56) richtig beraten. Die Software ist für verschiedene Betriebssysteme portiert (unter anderem auch für Windows) und kostenlos. Was will man mehr?

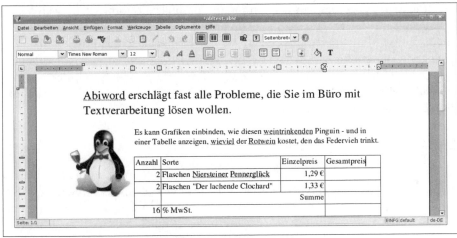

Abbildung 5-56: Klein und fein ist die Textverarbeitung Abiword.

Vorzüge

Abiword hat in den letzten beiden Jahren so dramatische Fortschritte gemacht, dass es bei Xubuntu sogar als Standard-Textverarbeitung installiert ist – und nicht OpenOffice, obwohl sich das ebenfalls auf der Installations-CD befindet. Abiword (während dieses Buch geschrieben wurde, war gerade 2.4.6 aktuell) kann inzwischen neben den gängigen alten Textverarbeitungsformaten (Rich Text Format *.rtf*, WinWord *.doc*, WordPerfect *.wpd* etc.) auch XML-formatierte Texte interpretieren. Dadurch ist es nun in der Lage, (nicht allzu schwierige und umfangreiche) Open-Office-Dokumente in den Formaten *.sxw* und *.odt* der Versionen 1 und 2 zu lesen. Durch das Laden von Plugins kann der Funktionsumfang von Abiword erweitert werden. Einige dieser Plugins erlauben z.B. die Zusammenarbeit mit den Grafik-Profis GIMP und ImageMagick. Das verbessert die Importfähigkeiten für Grafiken. Eine Liste unterstützter Formate (und Informationen dazu, wie gut sie unterstützt werden) gibt es auf *www.abi-source.com/twiki/bin/view/Abiword/ Plug-in-Matrix*. Serienbriefe sind ein Muss, Spaltensatz auch. Ein besonderes »Schmankerl« ist die nahtlose Unterstützung und Einbindung von Text, der nicht von links nach rechts läuft wie unsere Sprache, sondern von rechts nach links, wie z.B. Arabisch und Hebräisch. Mit anderen Worten: Abiword kann mehr, als die meisten Benutzer jemals brauchen werden.

Grenzen

Wo ist der Haken? Abiword will keine Tabellenkalkulation mimen. Aber: Tabellenberechnungen können Sie z.B. im Zusammenspiel mit der Tabellenkalkulation *gnumeric* durchführen und die Ergebnisse dann mit Cut-and-Paste übertragen. Außerdem hat Abiword gewisse Probleme, kompliziert formatierte WinWord-Dokumente verlustfrei einzulesen – wie andere Textverarbeitungssoftware auch. Relativ einfach formatierte Dokumente stellen dagegen keinerlei Problem dar. Ein gängiges Lösungsmittel ist, das zu exportierende Dokument aus WinWord heraus in Rich Text Format (*.rtf*) abzulegen. Dieser Tipp wirkt praktisch bei jeder Textverarbeitungssoftware. Mit komplizierten WinWord-Dokumenten haben sie alle ihre Probleme – selbst WinWord, wenn es über Versionsgrenzen hinweg geht.

Anforderungen

AbiWord gibt es für mehrere Plattformen (auf *www.abiword.org* heißt es, man unterstütze die meisten UNIX-Systeme, Windows 95 und später, außerdem QNX Neutrino 6.2 und habe sogar einen MacOS X native port), und es kommt mit 16 MB Speicher aus; auf *www.abiword.org/support/require* heißt es, die Windows-Version laufe sogar schon auf einem 486dx. Zum Vergleich: Mit einer Empfehlung von 128 MBytes RAM und einem Pentium II stellt OpenOffice wesentlich höhere Anforderungen an die Hardware.

Formatieren

Lokale Formatierungen funktionieren bei Abiword genauso wie unter OpenOffice oder vergleichbarer Textverarbeitungssoftware. Abiword hat nicht ein so ausgeklügeltes Mausmenü wie OpenOffice, doch Sie finden trotzdem alles, was Sie brauchen, unter dem Menüpunkt FORMAT in der Menüleiste. Auch sonst funktioniert Abiword sehr ähnlich: Es gibt ebenfalls die Möglichkeit, Formatvorlagen zu erstellen. Die heißen hier *Stile* und sind unter FORMAT → STILE ERSTELLEN und BEARBEITEN zu finden. Auswählen können Sie Ihre Formatvorlagen dann mit dem Stylisten (Menüpunkt WERKZEUGE). Im STILE ERSTELLEN-Dialog erzeugen Sie mit dem Button NEU (bisweilen steht da infolge einer unvollständigen Übersetzung auch NEW) einen neuen Stil. Daraufhin springt ein weiterer Dialog auf, der in der oberen Hälfte einen Namen für den neuen Stil von Ihnen anfordert (siehe Abbildung 5-57). Das ist die Bezeichnung, unter dem Sie dieses Formatbündel später im *Stylisten* finden werden. Sie können hier unter STILTYP festlegen, ob Sie einen Absatz- oder einen Zeichenstil erzeugen wollen.

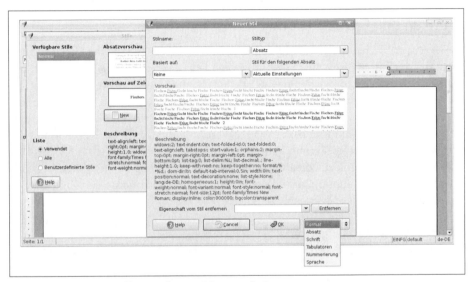

Abbildung 5-57: Wie wollen wir das Kind denn taufen?

Interessant ist die zweite Zeile: Hier können Sie festlegen, ob Sie den neuen Stil von Grund auf neu erzeugen oder einen bereits existierenden Stil als Vater für den aktuellen Stil einsetzen wollen. Der neue Stil erbt dann Eigenschaften vom Vater-Stil, und Sie tragen nur noch ein, wodurch der neue sich vom Ursprungsstil unterscheiden soll. Das ist für die Formatierung recht großer Dokumente von Vorteil: Wenn Sie z.B. Unterüberschriften die Schriftart einer Hauptüberschrift erben lassen, können Sie alle Schriftarten aller Unterüberschriften ändern, indem Sie nur die Schriftart der Hauptüberschrift ändern. Entfernen Sie (Dialog unten) alle Absatz-Eigenschaften, die Sie von der Vater-Vorlage erben wollen.

 Diese Vererbungsabhängigkeiten gibt es auch bei Word und OpenOffice Writer. Alle Überschriften bei OO hängen z.B. von der Formatvorlage ÜBERSCHRIFT ab.

Lassen Sie sich von der gewaltigen Liste unterhalb des Wortes »Beschreibung« nicht beirren: Das ist nur die Formatierung (inklusive Schrift etc.) des aktuellen Absatzes, allerdings komplett aufgelistet. Wenn Sie vorher den gesamten Absatz, in dem der Cursor steht, nach Wunsch vorformatiert haben, um dann einen Stil daraus zu machen, brauchen Sie daran nichts zu verändern. Es genügt, dieser Formatierung einen eingängigen Namen zu geben. Wenn allerdings noch weitere Einstellungen notwendig sind, finden Sie den wichtigsten Schalter unscheinbar rechts unten im Dialog. Unter der Aufschrift »Format« ist eine Drop-down-Liste angebracht, die Sie jeweils auf Unterdialoge führt, in denen Sie Einstellungen zu Absatz, Schrift, Tabulatoren und Nummerierung vornehmen können.

Grafiken und Grafik-Boxen

Bunte Bilder? Kein Problem. Fügen Sie die gewünschte Grafik mit EINFÜGEN → BILD aus der Menüleiste wie gewohnt in den Text ein. Achten Sie nur darauf, mit dem Cursor am besten in einer eigenen Zeile zu stehen. Abiword verankert die Grafik wie ein Zeichen, die Ausrichtung der Grafik bewerkstelligen Sie über die Zeilenausrichtung des Absatzes, in dem der Cursor steht. Wenn Ihr Ziel dagegen eine Grafik ist, die vom Text umflossen wird, müssen Sie die Grafik noch einmal mit der rechten Maustaste anklicken und entweder POSITIONIERTES BILD SETZEN oder BILD FORMATIEREN auswählen. Letzteres präsentiert einen Dialog (siehe Abbildung 5-58 links). Die Positions-Optionen sind noch ausgegraut. Diese werden erst aktiv, wenn Sie einen Textumlauf auswählen.

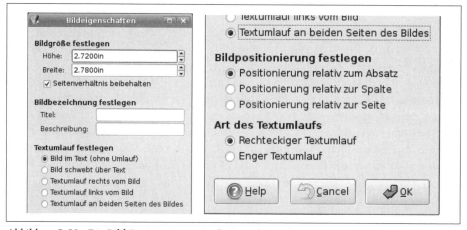

Abbildung 5-58: Die Bild-Positionierung (rechts) wird erst aktiv, wenn Sie Textumlauf festlegen.

Eine dritte Variante ist das Einbinden von Bildern in eine Textbox. Der umgebende Text fließt immer an dessen breiterer Seite vorbei, und Sie haben so die Möglichkeit, die Grafik mit einem Rand zu umgeben. Oder Sie erstellen nur eine Textbox und definieren die gewünschte Grafik als Hintergrundbild der Textbox. Sie sehen schon: Wo ein Wille ist, ist auch ein Weg.

Serienbriefe

Serienbriefe können Sie mit Text-Datenbanken erzeugen, die als *Comma Separated Values* (Angaben durch Kommas getrennt) angeliefert werden. So eine Text-Datenbank lassen Sie einfach Ihr Tabellenkalkulationsprogramm ausgeben. Dazu brauchen Sie kein *Calc*, das kann z.B. auch das kleine *gnumeric*. Eine Anleitung, wie das geht, finden Sie in der Dokumentation unter *http://www.abiword.org/support/manual/*, aber bislang leider nur in Englisch, Französisch oder Polnisch.

TextMaker und PlanMaker

Bei kommerzieller Software zeigt sich die Linux-Fangemeinde gespalten bis hin zur Schizophrenie. Einerseits wurde die Portierung von SAP, Lotus Notes oder des Oracle Datenbankservers auf Linux als großer Fortschritt gefeiert, als Aufstieg in die Welt der Großen. Das Konzept »Geld für Anwendersoftware ausgeben« ist dagegen immer noch weitgehend verpönt. Vielleicht ist das der Grund dafür, warum das kommerzielle Office-Paket der Nürnberger Firma *Softmaker* ein recht unbekanntes Dasein fristet, obwohl es sehr gute Gründe gibt, die für diese Programme sprechen.

Wider die Gratis-Mentalität

Bei Leuten, die sich länger als fünf Minuten mit Linux auseinandergesetzt haben (aber noch nicht wirklich lange), scheint bisweilen eine gefährliche Tendenz auf: Plötzlich soll jede Software komplett kostenlos sein. Die eigene Arbeit natürlich nicht, die soll weiterhin gut bezahlt sein. Je mehr Leute Linux betreiben, desto weniger Entwickler werden prozentual darunter sein, die sich an der Weiterentwicklung von Linux und Linux-Programmen beteiligen und die so ihren Anteil an der Sache zurückgeben. Ich bin auch kein Entwickler, und das ist gut so.

Aber wenn eine Firma Entwickler beschäftigt, die in Vollzeit gute Software schreiben, um ihre Familien zu ernähren, dann kostet das nun mal Geld. Und wenn die Kundschaft dieser Firma nicht über 90% des Marktes ausmacht (wie bei gewissen anderen Firmen), dann muss man eben zusehen, dass jeder Nutznießer dieser Arbeit seinen Anteil an den Entwicklungskosten beiträgt. Das ist nur fair. Auch unter Linux wird die Leistung kommerzieller Softwareanbieter Kunden überzeugen – vor allem, wenn sie eine gute, mit Menschen besetzte Hotline und einen funktionierenden Update-Service zu bieten haben. Und das ist auch gut so.

Die mittelständische Firma *SoftMaker GmbH* aus Nürnberg bietet das *SoftMaker Office* mit zwei Hauptbestandteilen, der Textverarbeitung TextMaker und der Tabellenkalkulation PlanMaker, für verschiedene Plattformen an: Windows, Linux, BSD, PocketPCs und Handheld PCs.

Anders als bei gewissen Marktführern ist das SoftMaker-Dateiformat auf allen Plattformen wirklich identisch (da gibt es keine inkompatiblen Pocket-Office-Varianten), und die Verarbeitungsgeschwindigkeit ist gigantisch (auch im Vergleich zum Speicher-Moloch OpenOffice). Es liest die Dateiformate praktisch aller auf dem Markt befindlicher Produkte ein, ist stabil und schlank. Den aktuellen Preis für die Linux/BSD-Variante finden Sie auf der SoftMaker-Seite *http://www.softmaker.de/ ofl.htm*; er beträgt normalerweise um die 70 Euro für die Vollversion, das Update kostet die Hälfte. Es gibt wesentlich billigere gesponsorte Lizenzen, wenn Sie Schüler, Student, Lehrer oder Staatsbeamter sind, und Rabatte, wenn Sie z.B. die Linux- und die Windows-Version gleichzeitig kaufen.

Bei Tests in Computerzeitschriften wird über TextMaker und PlanMaker regelmäßig berichtet – und dabei wird eigentlich jedes Mal besonders hervorgehoben, dass diese Produkte die Microsoft-Formate praktisch ohne Konvertierungsverluste importieren und exportieren können. Natürlich wird von den Redakteuren der Zeitschriften in der Regel nur die Windows-Version dieser Software getestet.

Download und Installation

Normalerweise bekommen Sie auch als Kunde der Vollversionen nur zwei je drei Megabyte kleine Dateien im gezippten tar-Format (Programme und Sprachmodule), die identisch sind mit der zeitbeschränkten Download-Version direkt bei *www.softmaker.de*. Das Installieren ist einfach: Sie wechseln (als Benutzer Root) z.B. in das Verzeichnis */usr/local* und entpacken diese Datei mit dem Kommando:

```
tar xvzf /pfad/und/name/der/tar-datei
```

Dort entsteht dann ein Verzeichnis mit dem Namen *office*, das alle notwendigen Dateien enthält. Zwei Dateien darin sind ausführbar: *textmaker* und *planmaker*. Für diese beiden erzeugen Sie Starter-Buttons in den Menüleisten oder auf dem Desktop Ihrer Benutzeroberfläche, wie im Kapitel über die Oberflächen beschrieben. Schicke Icons für Text- und Planmaker liegen im ausgepackten Unterverzeichnis *icons*. Zwei PDF-Dateien direkt im Verzeichnis *office* enthalten die beiden Bedienungsanleitungen mit jeweils mehr als 500 Seiten Umfang.

TextMaker

Beeindruckend schnell kommt der TextMaker vom Anklicken des Icons auf den Arbeitsschirm, auch sonst macht die hohe Arbeitsgeschwindigkeit Spaß (siehe Abbildung 5-59). Die Software sieht wie ein Windows-Programm aus und benutzt sich auch so.

Der TextMaker wirkt sehr schlicht, doch was gebraucht wird, findet sich: Zwei Werkzeugleisten werden über dem Text angezeigt, und es gibt eine Statuszeile unterhalb. Wenn der Cursor in einer passenden Umgebung steht (z.B. wenn eine

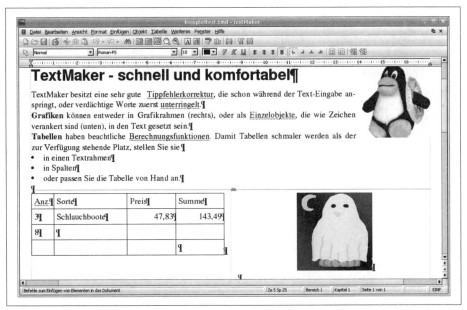

Abbildung 5-59: TextMaker mit Formatierungsbeispielen und eingefügten Grafiken

Grafik ausgewählt ist), wechselt Textmaker die untere der beiden Symbolleisten aus und zeigt eine an, die zu der gerade ausgeführten Arbeit passt. Wenn Sie mit der Maus über die Buttons dieser Leisten fahren, erscheinen Sprechblasen, die die Funktion des jeweiligen Buttons erklären. Die Formatierung funktioniert wie bei anderen Textverarbeitungen auf Zeichen- und Absatzebene, und statt lokaler Formatierung unterstützt der TextMaker auch Formatvorlagen für Zeichen und Absätze. So weit nichts Besonderes.

Besonderheiten

Man kann trotzdem anfangen, TextMaker zu mögen, weil er verschiedene Kleinigkeiten hat, die woanders fehlen: Unter dem Menüpunkt DATEI befindet sich ein Dateimanager, mit dem Sie nicht nur Dateien suchen, sondern diese auch direkt mailen oder ausdrucken können. Das Beste ist aber eine Dateivorschau (siehe Abbildung 5-60), die man bei allen anderen, vor allem aber bei OpenOffice, schmerzlich vermisst. Und da TextMaker jetzt auch das von OpenOffice hauptsächlich verwendete *odt*-Format lesen und in der Vorschau auch darstellen kann, fragt man sich, warum OpenOffice das eigentlich nicht kann?

Im Dialog DATEI ÖFFNEN gibt es eine Schnellwahl-Liste, eine nützliche Funktion, die man seit WordPerfect nicht mehr gesehen hat. Hier können beliebig viele Pfade, die man häufiger braucht, in einer separaten Liste mit sprechenden Namen abgelegt werden. Sie müssen dann nicht mehr umständlich durch den langen Pfad von / bis

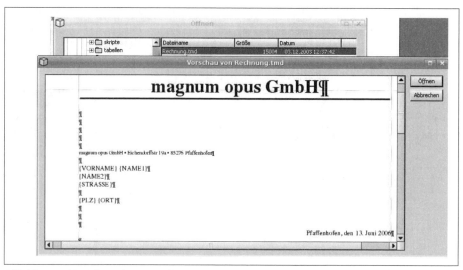

Abbildung 5-60: Echte Datei-Vorschau im Dateimananger und in der Suchen-Funktion

hinunter in die Textverzeichnisse klicken, sondern springen durch einen Klick auf den sprechenden Verzeichnisnamen direkt zum Ziel.

Die Menüpunkte OBJEKT und WEITERES enthalten unter anderem die Möglichkeit, Textrahmen, Grafiken, Formularobjekte und grafische Linien etc. zu erstellen. Also kann die Textverarbeitung doch zeichnen. Eine pfiffige Idee ist, dass Sie das Ergebnis komplizierter Berechnungen in Tabellen in eine Variable übertragen können und diese Zahl dann an anderer Stelle im Dokument in den Text stellen, indem Sie die Variable abrufen. Das gibt Ihnen z.B. bei der Formatierung von Rechnungsformularen freiere Hand. Aus den Formularobjekten können Sie TextMaker-Formulare erstellen. Die so entstehenden Dokumente können mit einem Passwort gesperrt werden, so dass der nächste Bearbeiter in einer Workflow-Situation (aber nur mit TextMaker) nur bestimmte Teile des Dokuments verändern kann.

Eine weitere ungewöhnliche Funktion ist WEITERES → DATENBANK ERZEUGEN, BEARBEITEN etc. Ganz unspektakulär arbeitet da im Hintergrund eine dBase-Datenbankschnittstelle, die Sie benutzen können, um z.B. ganz einfach Adressdatenbanken zu erstellen, die Sie dann für Serienbriefe benutzen können. Eine kleine Übung mit der mitgelieferten Datenbank: Klicken Sie im Menüpunkt WEITERES den Punkt DATENBANK BEARBEITEN an. Sie müssen im Datei-Auswahl-Dialog eine (die richtige) Datei mit der Endung *.dbf* finden. Im Funktionsumfang von Textmaker 2006 gibt es eine Datei *rechnung.dbf*. Sie finden diese Beispiel-Datenbank in dem Verzeichnis, das Sie beim ersten Aufrufen des TextMakers als Dokumentverzeichnis angegeben haben. Das befindet sich normalerweise in Ihrem Heimatverzeichnis. Aber Sie könnten Ihre Datenbanken auch an jedem anderen Ort hinterlegen, wo Sie Schreibrechte haben.

Wählen Sie die Datenbankdatei *rechnung.dbf* aus. Nach einem Klick auf den OK-Button öffnet sich ein Dialog, der die Datensätze dieser Datenbank anzeigt (siehe Abbildung 5-66). Wenn die Datensätze als tabellarische Liste erscheinen, können Sie jederzeit über die Menüleiste ANSICHT/FORMULAR wählen (oder F2 drücken), um zwischen der Listen- und der Formularansicht zu wechseln. Zuerst ist nur ein Datensatz enthalten.

Datenbank in Formularansicht

Bei TextMaker 2006 spendierten die Entwickler diesem Dialog eine Symbolleiste mit Sprechblasen. Erkunden Sie, welcher der Buttons Datensätze anhängt. Tragen Sie einen Helden Ihrer Wahl in die Datenbank ein. Wenn Sie den Dialog jetzt schließen, steht Ihnen der neue Eintrag z.B. für Serienbriefe zur Verfügung. Wenn Sie die Datensätze vor- und zurückblättern, werden die Feldeinträge automatisch immer gleich gespeichert. Überzählige Datensätze können Sie entweder in diesem Dialog löschen, oder Sie öffnen die Datenbank-Datei einfach einmal mit PlanMaker und räumen dort störende Zeilen aus. Die TextMaker-Datenbank ist nur eine einfache dBase-Datei, praktisch alle Tabellenkalkulationsprogramme können dieses Format lesen und bearbeiten.

Verschiedene Vorlagendateien, die der TextMaker-Vollversion beiliegen, öffnen z.B. bei der Erstellung eines neuen TextMaker-Dokuments direkt die vorbereitete Adressdatenbank, mit der es verbunden ist, und lassen Sie eine Kundenadresse auswählen, die dann gleich in das fertige Faxformular eingefügt wird. Warum machen das eigentlich nicht alle so?

PlanMaker

PlanMaker ist, wie bei Office-Suiten häufig zu beobachten ist, als Tabellenkalkulationsprogramm neben der Textverarbeitung immer der etwas weniger glänzende Teil, wenn auch meist derjenige, mit dem die harte Arbeit erledigt wird. Äußerlich sieht PlanMaker genauso aus wie alle anderen Vertreter seiner Zunft (siehe Abbildung 5-61). Wie bei TextMaker steckt die Kraft unter der Motorhaube: Schon die Datei-Formatliste, die sich beim Öffnen einer Datei unter DATEI → ÖFFNEN zeigt, ist beachtlich. Neben den üblichen Kandidaten finden sich auch StarCalc, dBase und Rich Text Format.

Die wichtigsten Importformate sind freilich verschiedene Microsoft Excel-Formate. Laut Handbuch ist (wie zu erwarten) mit Makros und VBA-Skripts der Fremdfirma wenig anzufangen, aber viele Formeln können direkt interpretiert werden. Die wichtigste Information: Was nicht interpretiert werden kann, das zerstört PlanMaker wenigstens nicht. Die überzählige Information steht nach dem Re-Exportieren für Excel wieder zur Verfügung. Eine Funktion ANSICHT → SYNTAXHERVORHEBUNG kann dabei helfen, die nicht interpretierbaren Excel-Relikte zu finden. Aber Vor-

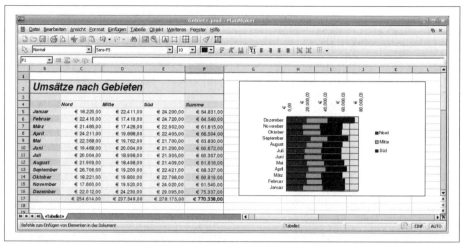

Abbildung 5-61: Ein Balkendiagramm aus schön aufbereiteten Daten: PlanMaker ist komplett ausgestattet.

sicht: Bei PlanMaker 2004 konnten die Arbeitsblätter maximal 16.384 Zeilen lang sein, deshalb bestand die Gefahr, dass sehr große Excel-Dateien (dort sind 65.535 Zeilen erlaubt) beim Öffnen eine Rasur erfuhren. Die neuere Version Planmaker 2006 schaffte hier Abhilfe.

Natürlich kann PlanMaker darüber hinaus auch Daten sortieren, benannte Bereiche anlegen und vieles mehr. Das macht schon neugierig auf die ebenfalls rund 500 Seiten starke Dokumentation, die im PDF-Format beiliegt.

In diesem Kapitel:
- Wie elektronische Post funktioniert
- Mailprogramme unter Linux

KAPITEL 6
Mailprogramme

Die Auswahl an Mailprogrammen unter Linux ist riesig. Sie reicht von kryptischen zeilenorientierten Relikten wie *mailx*, das schon seit den ersten Tagen von Unix existert, über deren moderne (aber immer noch puristische) Nachfahren wie *mutt* und *pine* bis hin zu schicken grafischen Mail-Clients. Dort erstreckt sich ebenfalls ein weites Feld von ästhetisch vielleicht weniger ansprechenden Programmen wie *Tkrat* bis hin zu den derzeitigen Spitzenreitern *KMail* und *Evolution*.

Bisher wurde generell nur wenig Windows-Software nach Linux portiert, und anscheinend gar keine Mail-Clients. Portierung kostet Geld. Und wie groß sind wohl die Marktchancen, ein mittelmäßiges kostenpflichtiges Produkt zu platzieren, wenn speziell bei Mail-Clients bereits jede Menge erstklassige kostenlose Konkurrenz existiert? Weinen Sie also Ihrer alten Software nicht hinterher, etwas Besseres als Outlook Express finden Sie unter Linux allemal. Die größte Chance einer Portierung nach Linux haben wohl Mail-Clients wie Eudora, die es bisher schon unter Macintosh gab.

Wie elektronische Post funktioniert

Natürlich brauchen Sie für funktionierende E-Mail zunächst eine funktionierende Verbindung ins Internet, wenigstens aber bis zum Firmen-Mailserver im Firmennetzwerk. Wenn Sie noch keine haben, lesen Sie zuerst im hinteren Teil von Kapitel 19, *Den Internetzugang einrichten*, nach, wie man eine Verbindung dorthin von Ihrem Rechner aus aufbaut.

Mailprogramme für den Endbenutzer können E-Mails verschicken und abholen. Was der Benutzer nicht unbedingt sieht: Für die Vorgänge des Sendens und Abholens verwendet das Programm unterschiedliche Mechanismen, sogenannte *Protokolle*. Das ist auch der Grund dafür, dass es in jedem Mail-Client so viele (mindestens aber zwei) Konfigurationsdialoge gibt.

E-Mail-Briefe werden mit dem Netzwerkprotokoll *SMTP* (*Simple Mail Transfer Protocol*) an Mailserver geschickt, die sie mit speziellen SMTP-Server-Programmen entgegennehmen und zum Ziel weitertransportieren. Das ist wie bei der Post: Sie geben dort einen Brief ab, aber wie man ihn z.B. nach Vancouver transportieren kann, das müssen die von der Post wissen. Ob der Brief per Luftpost, mit dem Schiff oder per Bote zugestellt wird, ist Ihnen zunächst einmal egal. Ob ein E-Mail-Brief per Satellit oder Erdkabel sein Ziel erreicht, sollte Ihnen ebenfalls keine schlaflosen Nächte bereiten.

Mail holen Sie normalerweise per *POP3* (*Post Office Protocol*, Version 3) bei einem Mailserver ab. Ein alternatives Protokoll ist IMAP (siehe Seite 270).

Durchs Internet zum Mailserver

Zum Abschicken der Mail will das Programm wissen, zu welchem SMTP-Server die Post gehen soll, z.B. *smtp.1und1.de* oder *mailto.t-online.de*. Die Informationen, welche Mailserver Sie für SMTP und POP benutzen sollen, bekommen Sie meist von Ihrem Internet-*Provider* mitgeteilt. Das ist so, weil bei den meisten Internetzugangsverträgen auch ein oder mehrere E-Mail-Postfächer im Preis enthalten sind. Der Provider gibt Ihnen damit ganz allgemein die Möglichkeit, über seinen Zugangsrechner das Internet zu erreichen, betreibt in den allermeisten Fällen aber auch selbst Mailserver, die die Dienste zum Verschicken und Abholen von E-Mail anbieten (siehe Abbildung 6-1).

Alle diese Server *sind* natürlich schon im Internet, genauso wie die Ziel-Mailserver, die wir anschreiben wollen (oder die, von denen unsere empfangenen E-Mails kommen). Viele Menschen haben heute sogar mehrere Mailkonten auf verschiedenen Mailservern.

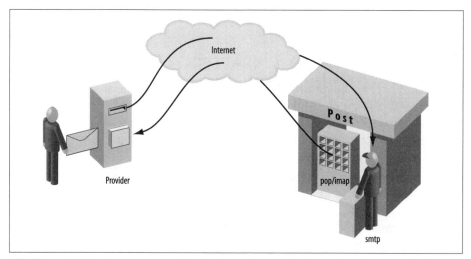

Abbildung 6-1: Der Internetzugang über den Provider ermöglicht es, E-Mails wegzuschicken oder abzuholen.

Mailserver können nicht nur im großen weiten Internet stehen. Viele Firmen betreiben heute eigene Mailserver innerhalb des Firmennetzwerks. Alle interne Firmen-Mail läuft dann erst einmal dorthin, und die Mail-Clients der Benutzer sind auf diesen Rechner eingestellt. Das hat den Vorteil, dass Mail an Mitarbeiter der eigenen Firma das interne Netz gar nicht verlassen muss. Wenn dieser Mailserver auch noch den POP-Dienst anbietet, können die Mail-Clients der Mitarbeiter von diesem Server die für sie bestimmte E-Mail auch abholen (siehe Abbildung 6-2, links). Mail, die nach draußen muss, und solche, die von außen abgeholt wird, wird ebenfalls von dieser Maschine weitergeleitet bzw. von außen abgeholt und bereitgestellt. Wenn es in Ihrer Firma einen internen Mailserver gibt, bekommen Sie dessen Adresse vom Systemadministrator.

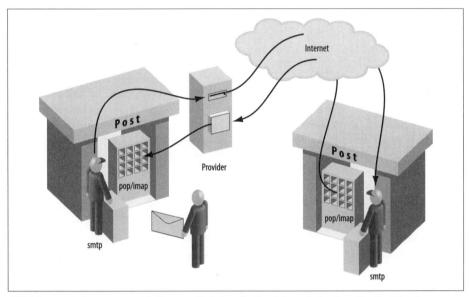

Abbildung 6-2: Ein interner Mailserver (links) stellt die elektronische Post für die Mitarbeiter zur Verfügung.

Einstellungen bei der Mail-Client-Software

Zum Abholen der Mails muss das Programm wissen, an welchen POP-Server mit welchem Konto es sich wenden soll. Und damit nicht jeder x-beliebige Mensch Ihre Mails abholen kann, müssen Sie im POP-Server-Dialog des Mailprogramms in der Regel Ihren Benutzernamen und Ihr Passwort eintragen (nicht den Benutzernamen und das Passwort, mit dem Sie sich an Ihrem Rechner angemeldet haben, sondern die Zugangsdaten auf dem Server des Providers).

Früher genügte das. Aber da das SMTP-Protokoll nicht wirklich überprüft, von wem die Mail abgeschickt wird, haben die meisten Provider mittlerweile umgestellt:

Man muss Konteninformationen in dem Dialog eingeben, der die E-Mail wegschickt. Wenn diese Daten fehlen, nimmt der Provider-Mailserver keine Mail von Ihnen entgegen. Diese Maßnahme ist ein Schutz für Sie, keine Schikane. Mailserver, die völlig ohne Prüfung Mails von jedermann entgegennehmen, müssen aus Sicherheitsgründen langfristig verschwinden.

Was Sie sonst bei Ihrem Provider einstellen können oder sollen, erfahren Sie aus dem entsprechenden Merkblatt oder einer FAQ, die konkret auf die jeweilige Situation eingeht.

Web-Mailer

Die geschilderten Mail-Einstellungen haben nichts mit dem zu tun, was Sie z.B. bei einem Web-Mailer wie GMX, web.de, freenet und wie sie alle heißen, antreffen. Bei diesen Web-Mailern bleiben die Mails normalerweise auf dem Mailserver, und Sie sehen die Mails nur an, laden aber selten eine auf Ihren Rechner herunter. Außerdem benutzen Sie für diese Art von Mailverkehr kein Mailprogramm, sondern einen Webbrowser. Der benutzt einen anderen Netzwerkdienst, *HTTP* (*Hyper Text Transfer Protocol*), um den Server zu erreichen. Der eigentliche Zugriff auf die Mail geschieht mit Server-Prozessen, die weder mit dem Browser noch mit den klassischen Mail-Transfer-Protokollen etwas zu tun haben.

IMAP

Ein weiteres, moderneres Protokoll, um an seine Mail heranzukommen, ist *IMAP* (*Internet Mail Access Protocol*). Da das Post Office Protocol POP die Mails zuerst auf den lokalen Rechner herunterladen will und sie dann auf dem Mailserver löscht, haben all diejenigen Menschen ein Problem, die bisweilen am Arbeitsplatz Mail lesen, aber manchmal auch zu Hause oder mit dem Notebook, wenn sie unterwegs sind. IMAP löst das, indem die Mail nur auf Wunsch heruntergeladen wird, aber im Normalfall auf dem Mailserver liegen bleibt. Dort verwalten Sie die Mail auch: Selbst wenn Sie eigene Mailordner anlegen und Mails dorthin verschieben, befinden sich die Maildateien nach wie vor auf dem IMAP-Server, außer Sie kopieren die Mail bewusst auf lokale Ordner (auf Ihrem Rechner) herunter. So haben Sie Ihre Mail zu jeder Zeit komplett zur Verfügung, auch wenn Sie unterwegs sind.

Wie auf POP-Server, so kann man auch auf IMAP von überall her nach Eingabe eines Passworts zugreifen. Meist wird der IMAP-Verkehr online verschlüsselt, so dass Angreifer den Mailinhalt nicht so leicht erschnüffeln können wie bei dem unverschlüsselten POP. Der Pferdefuß: Bisher bieten nur wenige Internet-Provider IMAP nach draußen an. Aber Sie finden IMAP-Server bereits in vielen Firmen, die von außen über VPN (Virtual Private Networks) erreichbar sind.

Mailprogramme unter Linux

Eine Empfehlung kann ich Ihnen wirklich nicht geben. Allein von den grafischen Mail-Clients gibt es bestimmt rund ein Dutzend bekannte, und keiner von ihnen ist unbrauchbar. Aus dem Schneider sind alle Benutzer, deren Systemadministrator in der Firma einen Mail-Client vorinstalliert hat und mit diktatorischer Autorität erklärt: »Das nehmen Sie, andere sind verboten.« Wer aber selbst auswählen kann, der stößt sicher bald auf die beiden hochgelobten Programme *KMail* und *Evolution*, die zu KDE bzw. GNOME gehören. Gern verwendet wird auch der *Thunderbird*, ein Produkt der Mozilla-Gruppe, das überdies den Vorteil hat, auch für Windows zu existieren. Seit kurzer Zeit gibt es auch eine Abspaltung des Thunderbirds, die unter dem Namen *Icedove* firmiert. Rechtliche Querelen mit Mozilla führten dazu, dass Debian-Sicherheitsexperten ihre mit Sicherheitspatches geschützte Version nicht mehr nach dem Donnervogel nennen dürfen. Inhaltlich und funktionell sind beide gleich. Diese drei werden hier kurz vorgestellt. Sicher einen Blick wert sind aber auch *Sylpheed* und *Althea* sowie einige andere, die z.B. auf *http://www.emailman.com/unix/clients.html* aufgelistet sind. Einen optischen Bonus bei Windows-Migranten hat vermutlich Evolution, denn dieses Progamm war von vornherein darauf ausgelegt, so auszusehen wie Outlook.

KMail

Der erste in eine größere Desktop-Umgebung eingebaute schöne Mail-Client unter Linux war *KMail*. Diese Software gibt es noch immer, und seit wenigen Versionen von KDE ist um das reine Mail-Client-Programm KMail herum noch eine Umgebung entstanden: *Kontakt*, der *Personal Information Manager* bei KDE. Das Ganze geht offenbar in Richtung vergleichbarer Programme wie *Evolution* (und einer ganzen Generation ähnlicher Programme unter Windows). Beide Programme sehen Sie in Abbildung 6-3. KMail müssen Sie in der Regel nicht installieren, denn es gehört zur Standardausstattung der KDE-Umgebung praktisch jeder Distribution.

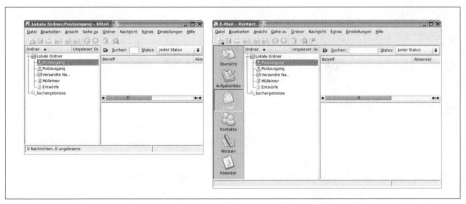

Abbildung 6-3: KMail als Einzelprogramm (links) und als Plugin von Kontact (rechts)

KMail einrichten

Die Einstellungen für den Mail-Client befinden sich unter EINSTELLUNGEN/KMAIL EINRICHTEN... Ähnlich wie bei anderen KDE-Programmen befinden sich links Schalter für Hauptrubriken, die rechts angezeigt werden, wenn man sie anklickt. Die erste Hauptrubrik ist die IDENTITÄT (siehe Abbildung 6-4). Sie legen bei diesem Menüpunkt fest, als wer Sie nach draußen im Absender stehen wollen (hier: *dieter. thalmayr@somewhere.com*).

Darüber hinaus können Sie im Register KRYPTOGRAFIE den öffentlichen Schlüssel Ihres GPG-Schlüsselpaares angeben (siehe folgenden Kasten), und im Register ERWEITERT finden Sie den Schalter, um die Rechtschreibprüfung für den Mail-Editor einzustellen. Schließlich können Sie auf dem letzten Register noch eine oder mehrere Signaturen als Text (oder als Dateinamen) angeben.

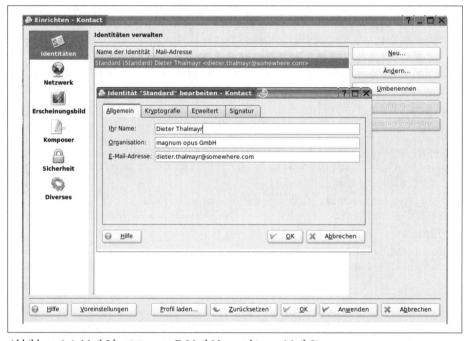

Abbildung 6-4: Mail-Identität: vom E-Mail-Namen bis zur Mail-Signatur

Beim NETZWERK geht es um die Mailserver, die wir zum Versenden und Empfangen von E-Mail benutzen wollen (siehe Abbildung 6-5). Aus diesem Dialog heraus erzeugen Sie die Einstellungen sowohl für den ausgehenden Server (mit SMTP) als auch für den Rechner, von dem Sie Ihre Mail abholen werden (POP oder IMAP). Dafür gibt es jeweils ein eigenes Register mit der Aufschrift VERSAND bzw. EMPFANG. Zuerst ist die Namensliste leer. Mit dem Button HINZUFÜGEN rufen Sie die Dialoge auf, mit denen Sie die nötigen Einstellungen vornehmen.

GPG – Mails verschlüsseln

E-Mail-Programme versenden Ihre Mails normalerweise unverschlüsselt. Das ist, als würden Sie Postkarten durchs Internet schicken, die jeder lesen darf. Davor schützt GPG, und praktisch alle Mail-Clients unterstützen die Schlüssel, die Sie damit erstellen. Eine vernünftige Anleitung, wie man ein Schlüsselpaar erstellt und benutzt, finden Sie unter *http://www.stefan-rusche.de/gpg.php*, und tonnenweise Links und Hintergrundinformationen gibt es auf *http://www.uni-koeln.de/rrzk/sicherheit/pgp/* sowie *http://kai.iks-jena.de/pgp/gpg*. Die Konfiguration ist zugegebenermaßen zuerst etwas mühsam. Aber das dachte man von Sicherheitsgurten auch einmal, und heute fährt fast niemand mehr ohne.

Wie Sie GPG für KMail einrichten, erfahren Sie auf Seite 278.

Abbildung 6-5: Netzwerkeinstellungen für den Mailversand

Diese Dialoge sammeln die Angaben über Ihr Benutzerkonto ein, das die Techniker z.B. eines großen Providers auf dessen Mailserver für Sie als Kunden eingerichtet haben. Diese Zugangsdaten hat Ihnen die Providerfirma nach Abschluss des Vertrags normalerweise per Brief zugeschickt. Aber da stehen viele Angaben drin, und

Sie benötigen nicht alle diese Daten, um KMail einzurichten. Als ich meine eigenen Zugangsdaten eines großen Providers zusammensuchte, fand ich z.B. folgende Angaben:

- Da war zuerst der *Zugangsname* mit *Passwort* für die DSL- oder ISDN-Verbindung. Mit diesen Daten kann man sich bei der Einwahl ins Internet ausweisen. Das ist die Voraussetzung, um den Mailserver des Providers überhaupt zu erreichen.
- Das Konto, mit dem man sich authentifiziert, um seine Mailkonten zu verwalten. Das kann bei Ihrem Provider bereits eine gültige Angabe zum Abholen von Mails sein, muss es aber nicht. Es gibt womöglich noch ein »Kontroll-Center« oder ein ähnlich genanntes Werkzeug, mit dem Sie erst einmal Ihre Mailkonten einrichten müssen. Dieses Konto-Passwort-Paar benötigen Sie, um sich dort anzumelden.
- Schließlich Namen-Passwort-Paare für ein oder mehrere Mailkonten, um die Mail abzuholen. Jedes dieser Paare kann ein eigenes Passwort besitzen.
- Und nicht zu vergessen ein Konto für den *ftp*-Zugang, um die Seiten meiner Homepage zu pflegen.

Das ist nicht wenig. Lesen Sie Ihre Zugangsdaten genau durch – normalerweise finden Sie die richtigen Angaben leicht, wenn Sie einmal wissen, was es alles geben kann. Verwirrend ist dabei eben, dass bereits der Zugangsname für die Internetverbindung (egal ob ISDN oder DSL) so ähnlich lauten kann wie eine E-Mail-Adresse (z.B. *irgendwas@wasweißich*).

Ausgehende Mail konfigurieren. Klicken Sie zuerst das Register VERSAND an und anschließend den Button HINZUFÜGEN... Zuerst fragt eine Dialogbox ab, ob Sie *Sendmail* oder SMTP verwenden wollen.[1] Als Einzelkämpfer (und meist auch in der Firma) wollen Sie meist direkt den Mailserver des Providers ansprechen; deshalb bleibt es bei SMTP. Danach erscheint ein Dialog VERSANDART HINZUFÜGEN (siehe Abbildung 6-6). Dort müssen Sie einen NAMEN für diese SMTP-Konfiguration angeben. Das ist irgendein Wort oder Text wie »Mein Konto bei Strato«, »dieter@telekom« oder »smtp verschicken« wie beim Beispiel oben. Unter diesem Namen wird die Konfiguration später in der Mail-Kontenliste erscheinen.

Wichtiger ist hier schon der SERVER: Hier wird entweder der Rechnername oder die IP-Adresse des Mailservers des Providers eingetragen. Typischerweise lautet der Rechnername eines SMTP-Servers etwa *smtp.1und1.com*, oder es ist eine IP-Adresse

---

[1] *sendmail* ist der Name eines bekannten Mailserver-Programms. Dies auszuwählen ist sinnvoll, wenn Sie auf Ihrer Maschine einen sauber konfigurierten Mailserver laufen lassen. Das tun aber die wenigsten. Dazu kommt, dass viele Provider keine Mails von Servern annehmen, die sich über Einwahlleitungen anmelden. Langer Rede kurzer Sinn: Wählen Sie das nur, wenn Sie wissen, was Sie tun.

wie 192.25.134.26. Der PORT muss auf »25« gestellt bleiben, das ist nur eine andere Bezeichnung für SMTP. VORVERARBEITUNGS-BEFEHLE benötigen Sie nicht, außer der Provider hat Ihnen das mitgeteilt.

Abbildung 6-6: Mail-Konto zum Versenden einrichten

Immer mehr SMTP-Server verlangen eine Autorisierung, damit nicht jeder Mails unter fremdem Namen wegschicken kann. Ist das auch bei Ihrem Provider so, dann müssen Sie den Schalter SERVER VERLANGT AUTORISIERUNG einschalten.

Darunter befindet sich das Feld BENUTZER, wo Sie die Benutzerkennung des Mail-Kontos eintragen, das der Provider Ihnen geschickt hat (mein Provider verteilt z.B. komische Buchstaben-Nummernkombinationen, wie *m12345* ... oder so).

Im Feld *Passwort* geben Sie das SMTP-Passwort ein. Der Schalter SMTP-PASSWORT IN KONFIGURATIONSDATEI SPEICHERN ist verlockend, da Sie das Passwort dann beim Wegschicken von Mail nicht mehr einzutippen brauchen. Ich würde das SMTP-Passwort trotzdem nicht lokal speichern. Man muss es zwar dann von Hand eingeben, sobald man in einer Arbeitssitzung zum ersten Mal Mail wegschickt. Bei jedem weiteren Wegschicken weiß KMail das Passwort aber dann – unterm Strich geben Sie es also einmal täglich ein. Das ist zwar ein wenig unbequemer, aber so kann es wenigstens nicht vom Rechner gestohlen werden.

Um SICHERHEIT geht es auch im zweiten Register. Verschlüsselungsmethoden wie SSL und TLS und auch bessere Anmeldemethoden als LOGIN (Klartext-Übermittlung des Passworts) wären wünschenswert, sind aber providerseitig noch nicht überall der Standard. Wenn der Provider in seinem Brief an Sie nichts anderes übermittelt hat, lassen Sie diese Einstellungen so, wie sie sind. Damit ist der SMTP-Ausgang vollständig konfiguriert, und Sie können diesen Dialog mit OK schließen.

Eingehende Mail konfigurieren. Als Nächstes stellen wir den Eingang mit POP ein. Klicken Sie auf das Register EMPFANG, und wählen Sie anschließend den Button HINZUFÜGEN... aus. Es erscheint ein kleiner Dialog POSTFACH HINZUFÜGEN. Lassen Sie zunächst die Einstellung *POP3* bestehen, und klicken Sie erneut die OK-Taste an. Der kleine Dialog verschwindet, dafür erscheint ein großer Dialog des gleichen Namens (siehe Abbildung 6-7). Er sieht sehr ähnlich aus wie der vorherige SMTP-Dialog, denn auch der Konfigurationsvorgang ist sehr ähnlich.

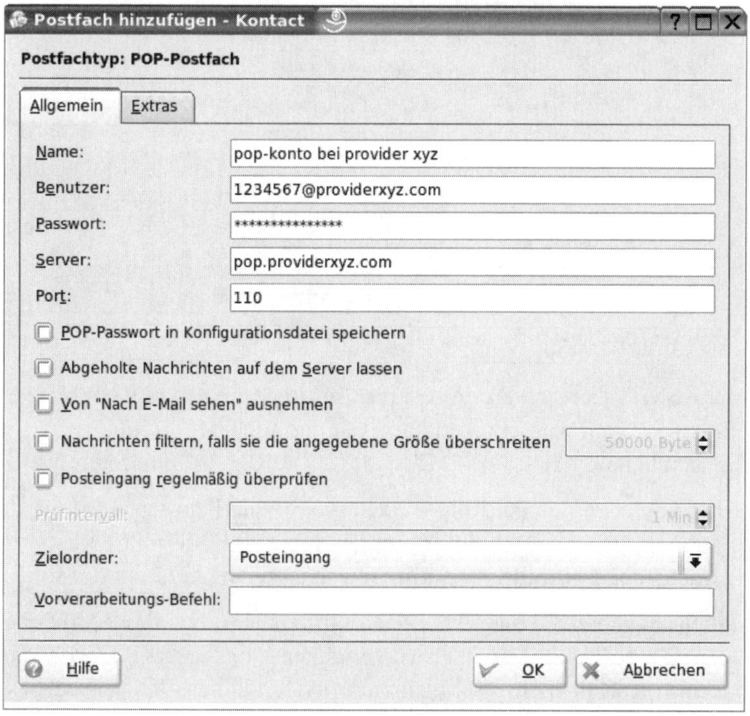

Abbildung 6-7: Angaben für einen durchschnittlichen POP-Account

Wieder muss dieses Konto einen unverwechselbaren Namen bekommen wie »Pop-Konto bei Provider xyz«, danach sind der Benutzername und das Passwort unseres Mail-Kontenbenutzers auf der Serverseite gefragt. Schließlich geben Sie noch den Namen des POP-Servers an, z.B. *pop.1und1.de*. Der Port (Nummer 110) wird wie im vorherigen Dialog nicht geändert. Für die Option POP-PASSWORT IN KONFIGU-

RATIONSDATEI SPEICHERN gilt das Gleiche wie bei der SMTP-Konfiguration: Wenn Sie das auswählen, holt KMail die Post ab, ohne Sie nach einem Passwort zu fragen. Ein Angreifer könnte das Passwort aber vielleicht ausspähen.

Wieder bietet das Register EXTRAS mehrere Sicherheitsoptionen an, die von den meisten Providern (noch) nicht unterstützt werden. Während KMail die Mail abholt, könnte es die Verbindung mit *SSL (Secure Sockets Layer)* und *TLS (Transport Layer Security)* verschlüsseln (die in gängigen Definitionen[2] weitgehend gleichgesetzt werden). Die Verbindung wäre dann ebenso sicher wie bei Online-Bankgeschäften über https. Gleichfalls wäre eine Authentifizierung mit besseren Methoden als Klartext wünschenswert. E-Mail ist in der Standardeinstellung ein Verfahren, das ausschließlich Postkarten und offene Briefe verschickt, während es seine Zugangsgeheimnisse im Klartext durch das Internet schreit. Wenn Ihr Provider eines der verbesserten Verfahren unterstützen sollte, ist KMail bereits dafür ausgerüstet.

Die Optionen in der unteren Hälfte des Dialogs auf dem Register ALLGEMEIN regeln Rahmenbedingungen. Bei der Frage, ob die Mails auf dem Server verbleiben sollen, gilt: Schalten Sie das nicht ein! Ihre Mailbox beim Provider wird ruck, zuck voll sein, Sie bekommen dann keine Mail mehr und bemerken erst nach Wochen, dass das an dieser Einstellung liegt. Warum ist das Speichern von Mails auf einem IMAP-Server gut und bei POP schlecht? POP-Mailboxen sind in der Regel auf wenige MByte beschränkt. Darüber hinaus hat POP praktisch keine Möglichkeiten, die Mail auf dem Server zu administrieren. POP kann die Mail holen oder auf dem Server lassen. Das ist es im Wesentlichen.

Wenn Sie viele Mailkonten angelegt haben und ein Konto im Moment nicht abfragen wollen, können Sie »Von Nach E-Mail sehen ausnehmen« auswählen. Wer eine kostenlose oder Flatrate-Verbindung zum Mailserver hat, der kann ja automatisch alle fünf bis zehn Minuten nach Post sehen lassen. Bei Wählverbindungen findet bei jeder Anfrage ein Verbindungsaufbau statt, der Geld kostet. Das müssen Sie entscheiden.

Schließlich sind alle Einstellungen getroffen. Sie können jetzt sich um weniger wichtige Dinge kümmern, z.B. um die grafische Gestaltung von KMail bei ERSCHEINUNGSBILD. Auch, wie sich der *Komposer* (der Editor zum Briefeschreiben) verhält, ist mehr oder weniger Spielerei.

Was unter SICHERHEIT einstellbar ist und was unter KRYPTOGRAPHIE im Identitäten-Menü einzutragen ist, lesen Sie besser vorher nach[3]. Machen Sie sich im Internet zu E-Mail-Verschlüsselung schlau, und stellen Sie *gpg*-Schlüssel und -Signaturen für Ihre Mail her[4]. Danach ist Verschlüsselung von E-Mails sehr einfach. Dazu gibt es auch einen sehr schönen Artikel in der KMail-Hilfe.

---

2   Siehe *http://de.wikipedia.org/wiki/Transport_Layer_Security* für genauere Informationen.
3   *http://www.gnupg.org/*; auch die Arbeit des deutschen Datenschutzzentrums ist sehr gut gemacht: *http://www.datenschutzzentrum.de/material/themen/safesurf/pgp/wozu.htm*
4   Ganz brauchbar ist *http://www.gnupg.org/(en)/howtos/de/GPGMiniHowto-3.html*.

Verschlüsselung einrichten. Damit Sie Ihre Mail nicht für jeden lesbar über das Internet versenden, können Sie die Dienste von Phil Zimmermans *PGP* (*Pretty Good Privacy*) oder von dessen völlig freiem Gegenstück *GPG* (*Gnu Privacy Guard*) verwenden. Sehen Sie zum Erstellen und Verwalten von Schlüsseln bei den genannten Quellen nach. Haben Sie das oder die Schlüsselpaar(e) einmal erstellt, dann ist es ein Leichtes, KMail dazu zu bringen, die Schlüssel zu verwenden.

- Sie müssen bei der Mail-Identität hinterlegen, welche Schlüssel wofür verwendet werden sollen. Vorgesehen sind Schlüssel für Mail-Signaturen und die Verschlüsselung von Mail.
- Dass die Schlüssel gefunden werden können, setzt voraus, dass KMail die Schlüssel-Module, sprich *Opengpg*, erkannt hat.
- Schließlich legen Sie noch Voreinstellungen für den Versand von Mail fest, oder
- Sie bestimmen beim Verschicken, welche Schlüssel wofür verwendet werden sollen.

Das Icon SICHERHEIT in den Einstellungen von KMail führt Sie auf einen Dialog, der auf dem Register KRYPTO-MODULE auf der Maschine vorgefundene Verschlüsselungssoftware auflistet (siehe Abbildung 6-8). Wenn dort keine Einträge zu sehen sind, haben Sie vermutlich kein *gpg* o.Ä. installiert.

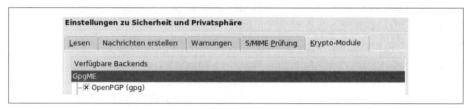

Abbildung 6-8: Sicherheitsmodule in KMail

Danach legen Sie in der Mail-Identität fest, was mit den Schlüsseln geschehen soll, die KMail automatisch gefunden hat (siehe Abbildung 6-9).

Bei einer Signatur hängt das Programm lediglich einen unverwechselbaren Anhang an die Mail. Die Mail als solche wird nicht verschleiert. Die Signatur kann allerdings beweisen, dass der Absender authentisch ist.

Um Mails zu verschlüsseln, kann man einen eigenen Schlüssel hinterlegen (siehe Abbildung 6-10). In vielen Fällen wird der verwendete Schlüssel jedoch auch der gleiche sein wie für die Signatur.

Wählen Sie aus den gefundenen Schlüsseln den gewünschten aus. Wenn Sie später Mails schreiben, können Sie aus dem Mail-Editierfenster heraus festlegen, dass die Mail verschlüsselt werden soll. Die Voreinstellungen für Verschlüsselung und Signaturen nehmen Sie im Dialog SICHERHEIT im Register NACHRICHTEN ERSTELLEN vor.

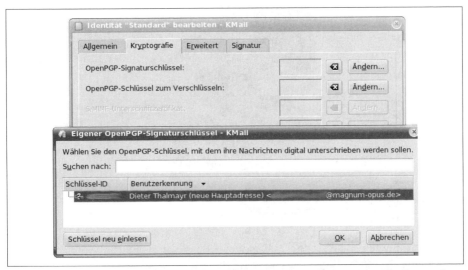

Abbildung 6-9: Schlüssel für die Mailsignatur festlegen; KMail findet die Schlüssel selbstständig.

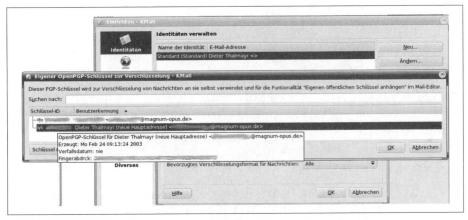

Abbildung 6-10: Schlüsseldetails

KMail benutzen

Schließlich kann es ans Verschicken und Abholen von Mails gehen. Entweder bei NACHRICHT → NEUE NACHRICHT in der Menüleiste oder mit einem Klick auf den linken Button der Button-Leiste am oberen Bildschirmrand können Sie eine neue E-Mail beginnen. Das funktioniert wie bei den Ihnen bekannten Windows-Mail-Programmen (siehe Abbildung 6-11): Es gibt einen Kopf, in den Sie die E-Mail-Adresse des Adressaten (und ggf. mit Kommas getrennt auch weiterer Adressaten) eintragen. Darunter befindet sich ein weiteres Feld für die Empfänger einer CC (*Carbon Copy*: Durchschrift, Kopie) und nicht zuletzt ein Feld für den Betreff der Mail. Der Betreff wird als Titel des Fensters übernommen.

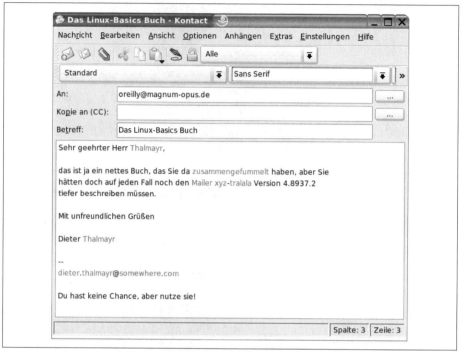

Abbildung 6-11: Eine Mail schreiben

Wenn Sie unter OPTIONEN → FORMATIERUNG *HTML* eingestellt haben, gibt es eine Werkzeugleiste mit Formatierungswerkzeugen zwischen der Werkzeugleiste und dem Mail-Kopf.

> Bei Outlook ist die Formatierung von Mails die Default-Einstellung, aber Linuxer mögen häufig keine HTML-Mails. Da in solchen Mails allerhand gefährlicher HTML- oder sogar Javascript-Code enthalten sein kann, können Sie vorher nie sagen, ob Sie mit der nett formatierten Mail auch wirklich so gut ankommen, wie Sie es gemeint haben. Manche Spamfilter löschen HTML-formatierte Mails sogar generell heraus. Im Zweifelsfall lassen Sie es besser.

Rote Buchstaben weisen auf eine Beschwerde der Rechtschreibprüfung hin, die bei den meisten großen Distributionen jetzt immer voreingestellt ist. An den beiden Strichen (--) können Sie sehen, wo der eigentliche Brief endet und die Signatur beginnt, wenn Sie eine erstellt haben. Die Signatur wird – je nach Einstellung – automatisch ans Briefende gestellt und kann genauso editiert werden wie der Rest des Briefs. Spätestens jetzt sollten Sie sich darüber Gedanken machen, ob Ihre Mail (GPG-)signiert oder verschlüsselt werden soll. Sie haben dazu den Button mit der schwarzen Schreibfeder bzw. dem Schloss zu Verfügung; die entsprechenden

Menüpunkte befinden sich unter OPTIONEN → NACHRICHT SIGNIEREN bzw. NACHRICHT VERSCHLÜSSELN. Der Button mit dem Brief und dem kleinen grünen Pfeilchen schickt die Mail ab.

Wenn Sie im VERSANDART-Dialog nicht festgelegt haben, dass das SMTP-Passwort lokal gespeichert werden soll, erscheint jetzt ein Dialog, in dem Sie es eingeben müssen (siehe Abbildung 6-12). Der Begriff *smtp-verschicken* im Dialog ist übrigens der Name des aktuellen Mail-»Kontos«.

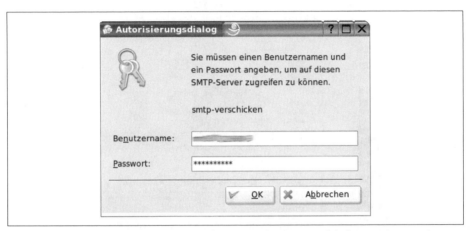

Abbildung 6-12: Authentifizieren beim Mailserver; ist das Passwort lokal gespeichert, ist das nicht nötig.

Mail abzuholen ist ebenso leicht. In der Button-Leiste befindet sich ein eigener Knopf dafür (siehe Abbildung 6-13), und DATEI → NACH E-MAIL SEHEN oder DATEI/NACH E-MAIL SEHEN IN bzw. Strg-L machen das Gleiche. Haben Sie das Passwort im Dialog für das POP3-Konto angegeben, aber nicht den Schalter bei *POP-Passwort in Konfigurationsdatei speichern* angeklickt, dann kann KMail die Mail so lange abholen, bis Sie das Programm beenden. Genauso ist es bei einem Neustart des Programms: KMail fragt beim ersten Abholen von Mail nach dem Passwort und merkt sich die Information bis zum Ende der aktuellen Sitzung.

Abbildung 6-13: Drei Buttons mit Briefsymbolen: POP-Konto abholen (links), eine Mail beantworten (mittleres Briefchen) und Mail weiterleiten (rechter Brief)

Importieren von Mails aus anderen Programmen

Für den reibungslosen Umzug aus einem anderen Mailprogramm nach KMail gibt es einen eigenen Assistenten, *KMailCVT* (siehe Abbildung 6-14). Sie finden KMail-CVT unter EXTRAS → NACHRICHT IMPORTIEREN.

Abbildung 6-14: Der Import-Assistent KMailCVT

Das Importprogramm durchsucht die Verzeichnisse der gängigen Windows-Softwares automatisch, wenn Sie ihm mitgeteilt haben, welches Format Sie importieren wollen. In der Regel ist es aber schlauer, sich die Hilfetexte in dem großen Textfenster von KMailCVT genau durchzulesen, um das Programm gleich auf das richtige Verzeichnis loszulassen.

Wo sollen die Windows-Verzeichnisse herkommen? Entweder mounten Sie Ihre alte Windows-Festplatte in ein Unterverzeichnis Ihres Heimatverzeichnisses (siehe Ende Kapitel 1), oder Sie kopieren die Dateien aus einer Sicherung Ihres alten Systems heraus. Aber es gibt noch weitere Möglichkeiten.

Wollen Sie z.B. Outlook Express migrieren, dann müssen Sie zuerst die Mailbox-Dateien dieses Programms finden. Das können Sie ja bequem mit der Funktion »Datei suchen« unter Windows tun. Wenn Sie schon wissen, wie man ein Windows-Dateisystem unter Linux mountet, können Sie auch einen *find*-Befehl losschicken. Leute mit guten Augen finden diese Dateien im Verzeichnis *C:\WINDOWS*

Anwendungsdaten\Identities\{dannkommteinescheußlicheNummeringeschweiftenKlammern}\Microsoft\Outlook Express. Da liegen mehrere Dateien mit der Endung *.dbx*, das sind die Mailordner, die Sie suchen.[5] Sie können diese Dateien auf CD brennen, wenn es viel Material ist, oder auf einen USB-Stick kopieren o.Ä.

Sie wählen als Import-Filter E-MAILS VON OUTLOOK EXPRESS 5 IMPORTIEREN und lenken den Import-Dialog in das Verzeichnis mit den *dbx*-Dateien. Ein Fortschrittsbalken zeigt den Import der Mails an (siehe Abbildung 6-15).

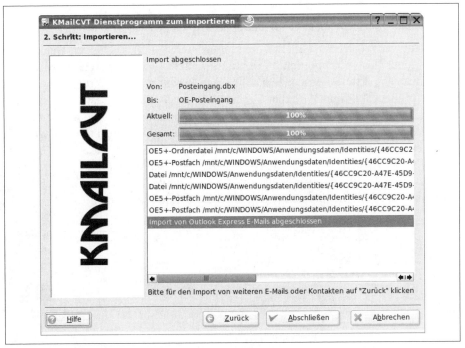

Abbildung 6-15: Import von Outlook Express-Mail-Dateien

Sobald Sie den Import mit einem Klick auf den Button ABSCHLIESSEN beenden, gibt es in KMail (wie beim vorigen Beispiel) zwei oder mehr neue Mailordner, in denen sich die importierten Mails befinden (siehe Abbildung 6-16).

Abbildung 6-16: Die importierten Mailboxen erscheinen als neue Mailverzeichnisse mit dem Namensvorsatz »OE-«.

---

5   Den zündenden Hinweis verdanke ich *http://www.pctipp.ch*.

Auch die Linux/Unix-Programme kennen verschiedene Mail-Ablageformate. KMail legt im *maildir*-Format ab, das andere weit verbreitete Mailprogramm unter Linux, *Evolution*, speichert in einem anderen Format namens *mbox*. Sollten Sie bisher einen veritablen Exoten auf dem Rechner gehabt haben, dann gibt es normalerweise immer die Möglichkeit, aus dem ehemaligen System in Textdateien zu exportieren. Auch solche können Sie mit KMailCVT importieren, es dauert bei ein paar tausend Mails mit ebenso vielen Attachments nur sehr viel länger, die Mails alle zu exportieren und dann wieder zu importieren.

Automatisches Vorsortieren mit Mail- und Spam-Filtern

Sehr praktisch, wenn Sie nicht allzu paranoid veranlagt sind, sind *Filter*. Damit können Sie Mails beim Herunterladen nach bestimmten Kriterien durchforsten und in Mailordner einsortieren lassen. Mails, in deren Betreff z.B. das Wort »[luga]« vorkommt (siehe Abbildung 6-17, die stammen von der Mailingliste der tapferen Augsburger Linux User Group), können Sie dann automatisch in einen bestimmten Mailordner einsortieren lassen. Andere Mails würden Sie nach bestimmten Kriterien erkennen und sofort wegwerfen lassen. Alles, was z.B. den Begriff »Viagra« oder »Cialis« im Betreff enthält, wird von den Spam-Filtern dieser Welt so oft weggeworfen, dass die Spammer mittlerweile längst auf falsche Schreibweisen dieser Wörter umgestiegen sind, um überhaupt noch zu den Mailboxen durchzukommen ...

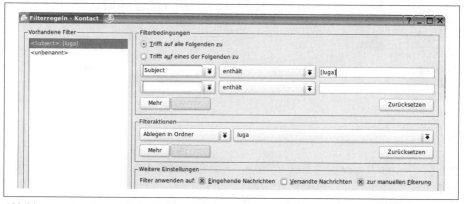

Abbildung 6-17: Filterregeln in KMail

Filter kann man von einer Mail ausgehend auch mit der rechten Maustaste erstellen lassen. Im aufspringenden Dialog steht dann z.B. der Betreff der Mail (wie in Abbildung 6-17) schon eingetragen.

Evolution

Das Gegenstück zu KMail auf der GNOME-Seite ist *Evolution*. Dieses von der Firma Ximian entwickelte Programm sah – für Linux revolutionär – zum ersten Mal aus wie eines der Personal Management Tools unter Windows: Es beherbergte nicht nur *E-Mail* wie KMail und eine ganze Reihe anderer Programme, sondern hatte auch noch einen *Kontakt-Manager*, eine *Aufgabenliste* (To-Do-Liste) und einen *Kalender* (siehe Abbildung 6-18).

Evolution sieht so professionell aus und arbeitet so problemlos, dass es heute praktisch auf keiner Distribution mehr fehlt. Evolution-Hersteller Ximian hatte, schon bevor die Firma 2003 von Novell aufgekauft wurde, einen *Exchange-Connector* programmiert – das ist eine Software, die es Evolution ermöglicht, auf einen Exchange Groupware-Server aus dem Hause Microsoft zuzugreifen. Mittlerweile gibt es auch einen solchen Connector für Novells Groupwise. So wird E-Mail nicht nur über das Internet ausgetauscht, und Termine können letztendlich im lokalen Netz verwaltet werden. Evolution kann nun sowohl einen Exchange- als auch einen Groupwise-Server als Plattform verwenden.

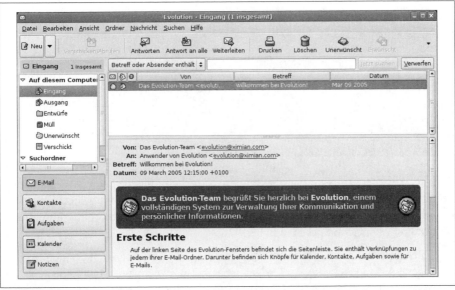

Abbildung 6-18: Mail-Ansicht von Evolution; daneben gibt es noch Kontakte, einen Kalender und Aufgaben.

Evolution einrichten

Doch zurück zu Butter und Brot: Bevor Sie mit Evolution Mails empfangen und verschicken können, müssen Sie – genau wie in KMail – zuerst einmal (mindestens) ein Konto einrichten, mit dessen Einstellungen Sie die ausgehenden Mails per SMTP wegschicken und die ankommende Mail per POP, IMAP oder von Exchange holen. Beim ersten Aufruf der Software führt ein Einrichtungsassistent Sie durch die nötigen Dialoge, um dieses erste Konto einzurichten. Später finden Sie im Menüpunkt BEARBEITEN → EINSTELLUNGEN (siehe Abbildung 6-19) alles, was Sie brauchen, um weitere hinzuzufügen. Sie durchlaufen dabei automatisch den gleichen Assistenten wie beim ersten Konto.

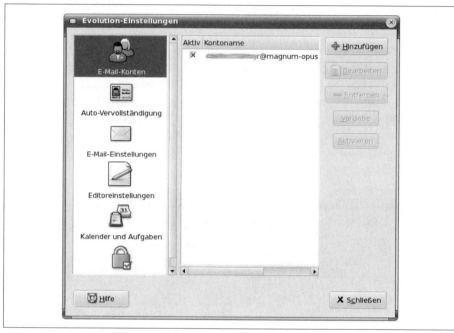

Abbildung 6-19: Der Einstellungsdialog aus dem Menüpunkt Werkzeuge

Welche Angaben müssen Sie eintragen? Natürlich die gleichen wie bei einem Kmail-Konto (siehe oben), es wird ja auch das Gleiche darin festgelegt. Um Ihnen aber das Zurückblättern zu ersparen, sind in dieser Liste Angaben enthalten, die Sie auch weiter oben schon gesehen haben.

- Zuerst einmal geben Ihre IDENTITÄT an, das heißt den eigenen Namen und die eigene E-Mail-Adresse, außerdem eine Antwort-Adresse. Da müssen Sie nur etwas eintragen, wenn die Antworten an eine andere Adresse geschickt werden sollen als an die, die Sie gerade erzeugen.
- Dann folgen die POP- und SMTP-Konteninformationen (siehe Abbildung 6-20 und »Einstellungen bei der Mail-Client-Software« auf Seite 269). Hier gilt es, den Brief des Providers mit Ihren Zugangsdaten zu zücken: Üblicherweise holen wir Mails aus dem Internet mit dem Post Office Protocol (POP3) ab. Deshalb stellen Sie die Drop-down-Liste im oberen Bereich des Dialogs auf das

Mail-Abhol-Protokoll POP. Direkt darunter ist ein Eingabefeld mit dem Titel RECHNER:, dort tragen Sie den NAMEN DES MAILSERVERS ein, z.B. *pop.t-online.de* oder *pop.1und1.de*.

- Als Nächstes kommt der BENUTZERNAME: Als Teil Ihres Vertrags mit dem Internet-Provider legt dieser in der Regel ein Mailkonto für Sie an, das einen (häufig nur aus Zahlen bestehenden) Benutzernamen hat. Diesen Namen bzw. diese komische Nummer tragen Sie in diesem Feld ein. Die Legitimation mit *Passwort* (siehe den Drop-down-Button im unteren Drittel des Dialogs) sollte im Moment bei den meisten Providern in Deutschland richtig sein. Vorsicht: Hier geht es nicht um diejenige Angabe, die in Deutschland meistens »Passwort« heißt, sondern schlicht darum, dass Evolution Ihr Passwort in Klartext durch das Internet schickt. Sollte der Provider Ihr Passwort in anderer Form haben wollen als in Klartext, dann ist das sehr selten, und Sie haben garantiert Informationen darüber vom Provider bekommen. Der Schalter AN PASSWORT ERINNERN ist eine Verführung, das Passwort auf der Maschine abzuspeichern. Ob Sie das Passwort lokal abspeichern sollen oder nicht, ist einfach eine Glaubensfrage: Glaube ich, dass böse Leute eines Tages auch meinen Rechner hacken können, oder nicht? Passiert das immer nur anderen Leuten, und mit welcher Magie bin ich dagegen geschützt? Ich persönlich speichere das Passwort nicht auf meinem Rechner. Einmal täglich, wenn ich das erste Mal Mails abhole bzw. verschicke, muss ich die Legitimation für POP- und SMTP-Server eingeben. Sicher ist das unbequem, aber nicht sehr.

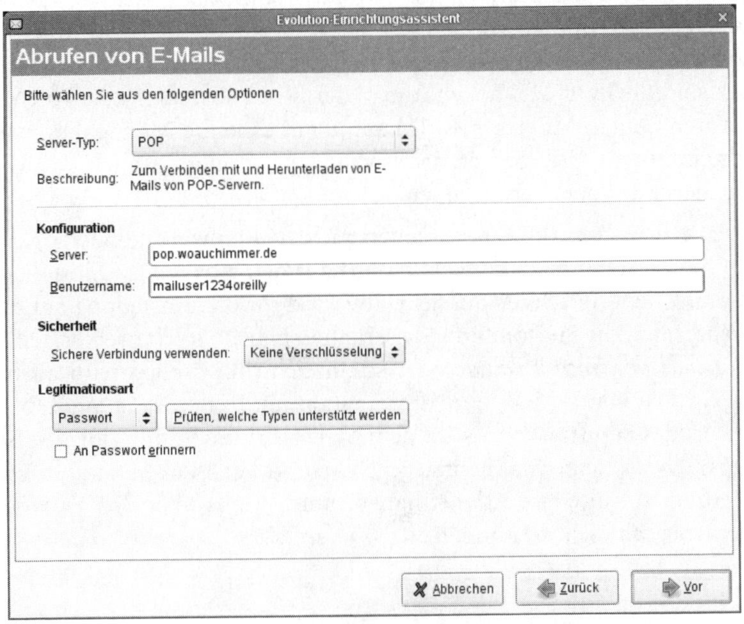

Abbildung 6-20: Der Einrichtungsassistent holt Angaben zum POP-Server.

- Im nächsten Dialog (siehe Abbildung 6-21) müssen die meisten Leute nichts ausfüllen, außer Sie wollen, dass Evolution alle paar Minuten nach der Mail sieht. In manchen Häusern wird dafür auch heute noch eine bezahlte Leitung geöffnet, diese Option kann ins Geld gehen. Wer Besitzer z.B. von DSL mit Flatrate ist, den kümmert das allerdings wenig, und er findet es vielleicht hilfreich, automatisch nachsehen zu lassen.

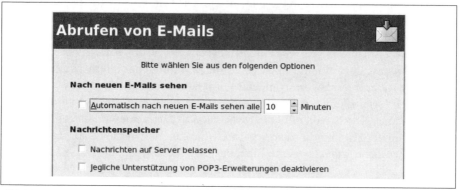

Abbildung 6-21: Zusatzeinstellungen zum Abrufen von Mail

- Gefährlich kann die Option NACHRICHTEN AUF SERVER BELASSEN werden, denn wenn sie aktiviert ist, bekommen Sie zwar im ersten Moment Ihre Mails heruntergeladen, aber der Plattenplatz in Ihrer Mailbox auf dem Mailserver wird ziemlich schnell mit alten Mails gefüllt. Sie bemerken das erst, wenn Leute Sie ansprechen, warum Sie denn nicht zurückgeschrieben hätten. Anders als bei IMAP sind die POP-Mailboxen (die in der Regel kostenlos angeboten werden) meist nur wenige MByte groß. Da Sie überdies keine Möglichkeit haben, die Mails einzeln auf dem Server zu verwalten, gewinnen Sie auch keinen Vorteil, wenn Sie sie auf dem Server lassen.

- Zuletzt geht es um die Einstellungen für den Mailversand-Server mit SMTP. Auch hier können Sie zum Verständnis auf den Abschnitt »Einstellungen bei der Mail-Client-Software« auf Seite 269, und für die Einstellung auf die Daten zurückgreifen, die Sie vom Provider erhalten haben. Solche Server heißen meist *smtp.1und1.de*, *smtp.tiscali.de* oder so ähnlich. Inzwischen wird auch für das Wegschicken von E-Mails eine Legitimation mit Passwort verlangt (Name und Passwort des Benutzerkontos auf dem Mailserver, nicht Ihres lokalen Benutzerkontos). Dies ist eine Maßnahme gegen Spam-Mails: Ein Mailkunde muss jetzt immerhin ein gültiges Passwort haben, um E-Mails über den Provider-Server ins Internet schicken zu können.

Wenn Sie später irgendeine Einstellung ändern wollen, müssen Sie nicht noch einmal durch diesen Assistenten. Sie wählen in WERKZEUGE → EINSTELLUNGEN einfach das zu ändernde Konto an und klicken dann rechts den Button BEARBEITEN an. Sofort öffnet sich ein komfortabler Dialog, in dem Sie alle Einstellungen anpassen können.

Anders als z.B. Outlook Express oder KMail hat *Evolution* keine separate Abrufmöglichkeit für nur ein Mailkonto. Bei den anderen beiden können Sie beim MailAbruf-Button einstellen: »Von meinen vier eingerichteten POP-Konten will ich nur Konto xy abrufen.« Der VERSCHICKEN/ABRUFEN-Button holt immer alle aktivierten Konten ab. Nur eine Teilmenge der konfigurierten Konten abzurufen, macht man in Evolution anders: Konten, die Sie nicht abrufen wollen, können Sie unter WERKZEUGE → EINSTELLUNGEN mit einfachem Mausklick deaktivieren (siehe Abbildung 6-22). Beim nächsten Klick auf VERSCHICKEN/ABRUFEN werden die E-Mails aller deaktivierter Konten nicht abgeholt.

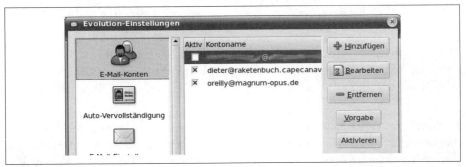

Abbildung 6-22: Deaktivierte Konten werden beim nächsten Abholen nicht auf neue E-Mails abgefragt.

Wenn Sie alle Einstellungen vorgenommen haben, können Sie mit dem VERSCHICKEN/ABRUFEN-Button Ihre E-Mail abholen. Evolution klappert alle aktivierten Konten ab und lädt neue Mails von dort in Ihre Empfangsbox.

Evolution benutzen

Für Windows-Umsteiger ist die Benutzung von Evolution nicht schwierig, denn alles sieht recht vertraut aus, und man findet sich sofort damit zurecht (siehe Abbildung 6-23).

Auf der linken Seite befinden sich die Mailordner, darunter die Umschalter für die vier Hauptbetriebsmodi *E-Mail*, *Kontaktverwaltung*, *Aufgabenliste* und *Kalenderansicht*. Klickt man einen der Mailordner an, erscheint auf dem Hauptfenster rechts die dazugehörige Liste der Mails. Unterhalb der Mailliste gibt es eine Vorschau der im Hauptfenster ausgewählten E-Mails. Über allem prangt eine Button-Leiste, deren Schalter die gängigsten Wünsche erfüllen, die man bei einem Mailprogramm so hat.

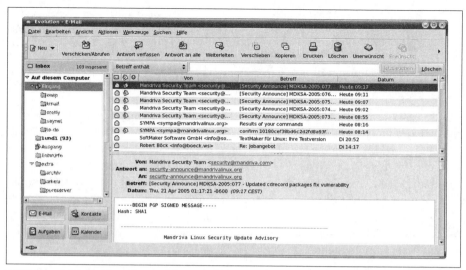

Abbildung 6-23: Es gibt nichts Außergewöhnliches im Evolution-Design. Das ist das Außergewöhnliche daran.

Man kann in das Eingabefeld oberhalb der Mailliste einen Suchbegriff eingeben, der dann mit Werten entweder im Absender, im Betreff-Feld oder gar in Mail-Körper verglichen wird und nur noch diejenigen Mails anzeigt, die dem Kriterium entsprechen.

Natürlich startet der NEU-Button links oben eine neue Mail. Im geöffneten Schreibdialog kann man Text eintippen, und oben links findet man dann den ABSCHICKEN-Button. Direkt daneben gibt es den BEILEGEN-Button, mit dem Sie eine Anlage beifügen können. HTML-Formatierung ist natürlich auch möglich. Sie finden die Option unter FORMAT in der Menüleiste. Evolution kann mehr, als Sie vermutlich je brauchen werden! Und hübscher als Outlook ist es auch.

Kommen wir zurück zum Einstellungsmenü unter WERKZEUGE → EINSTELLUNGEN: AUTOVERVOLLSTÄNDIGUNG ist eine praktische Funktion, wenn Sie in einer neuen Mail den Adressaten eintippen, der als Kontakt schon vorhanden ist. Ab dem dritten Buchstaben der Mailadresse schlägt Evolution Ihnen alle Adressen vor, die diese Buchstabenkombination enthalten. Im Einstellungsdialog können Sie nun festlegen, ob dies nur die Auswahl aus den lokalen Konten oder gar von einem großen (vielleicht mit LDAP betriebenen) Konten-Server sein soll.

E-MAIL-EINSTELLUNGEN betrifft verschiedene zunächst weniger dramatische Dinge wie die Farbe des Mail-Headers und vieles mehr.

Die EDITOREINSTELLUNGEN sind dagegen schon wichtiger: Hier können Sie z.B. eine ganze Reihe von Signaturen hinterlegen, je nachdem, was das letzte Wort Ihrer E-Mail sein soll.

KALENDER-EINSTELLUNGEN geben Ihnen die Möglichkeit, die Tages-Einstellungen des Kalenders in Stunden oder halbe Stunden zu unterteilen, nicht zum Endtermin abgehakte Aufgaben rot darzustellen etc.

Bei den ZERTIFIKATEN handelt es sich um (S-/MIME-) Zertifikate für »elektronische Signaturen«, die Sie von einer firmeninternen Zertifizierungsstelle (oder Ihrem Administrator) erhalten haben. Wenn Ihnen das nichts sagt, ignorieren Sie dieses Register einfach. Die *gpg-Schlüsselverwaltung* ist etwas anderes, die finden Sie im Dialog jedes einzelnen Mailkontos unter SICHERHEIT.

Mehrere Identitäten

Ein Nebenaspekt der Verwendung verschiedener Benutzerkonten kann sich als sehr hilfreich herausstellen: Evolution verwaltet für jede E-Mail-Konten-Definition eine eigene »Identität«. Wenn Sie mehrere Konten in Evolution anlegen (selbst mit verschiedenen Namen für die gleiche Mailbox auf dem Mailserver), dann können Sie später beim Erstellen einer neuen Mail zwischen diesen Identitäten wählen.

Was haben Sie davon? Sie können verschiedene Absender einstellen! Einmal nennen Sie sich z.B. als Absender mit Ihrem Namen, ein andermal spielen Sie *info@beimirzuhause.de* oder vielleicht *PublicRelations@grosskatz.com*. So wird aus einer gestressten Einzelpersönlichkeit plötzlich ein ganzer Haufen Mail-Persönlichkeiten.

Diese Persönlichkeiten müssen nur als Benutzerkonto unter WERKZEUGE → EINSTELLUNGEN angelegt sein. Es spielt keine Rolle, ob Sie das Konto auch als POP-Abrufkonto aktiviert haben und einzeln abrufen lassen. In vielen Häusern läuft ja die E-Mail der verschiedensten Pseudo-Benutzer ohnehin immer in der gleichen Mailbox zusammen. Die zuerst angebotene Absender-Identität (also die erste in der Liste) ist diejenige des *Vorgabe*-Kontos, das Sie unter WERKZEUGE → EINSTELLUNGEN angeben.

Mails aus anderen Programmen importieren

Auch Evolution hat einen komfortablen Importassistenten, um alte Mailbestände aus verschiedenen Programmen zu migrieren. Sie finden ihn unter DATEI → IMPORTIEREN... in der Menüleiste. Die Schritte, um Mail zu importieren, sind im Wesentlichen die gleichen wie bei KMail.

Gewöhnungsbedürftig ist nur, dass man selbst beim Import von Tausenden von Mails den Importeurtyp EINE EINZELNE DATEI IMPORTIEREN wählen muss (siehe Abbildung 6-24). Logisch ist das allerdings schon: Selbst wenn es sehr viele Mails inklusive mehrerer MB großer Anhänge zu importieren gibt, stehen diese ja doch normalerweise in einer einzigen Datei im *mbox*-Format. Standardmailprogramme aus Windows und ihre Datenhaltungen sollte die erste Option, DATEN UND EINSTELLUNGEN AUS ÄLTEREN PROGRAMMEN KOPIEREN, selbstständig finden können, wenn die Dateien in erreichbarer Nähe (z.B. im Heimatverzeichnis) stehen. Versuchen Sie das ruhig zuerst: Wenn es glückt, haben Sie gewonnen. Wenn nicht, ist nichts verloren: Die Ursprungsdaten werden durch den Importprozess nicht zerstört.

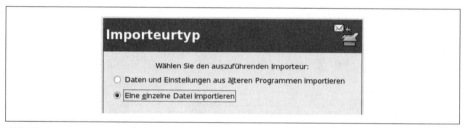

Abbildung 6-24: Eine einzeln zu importierende Datei kann Tausende von Mails enthalten.

Weniger schön ist, dass selbst neue Evolution-Versionen wie die 2.8.2 nicht viel mit Mails aus Outlook Express anfangen können. Die Evolution-Hilfe schlägt daher allen Ernstes vor, die Outlook-Informationen – am besten unter Windows – zuerst nach Mozilla oder Eudora zu importieren. Der Grund: Diese Programme legen (auch unter Windows) beim Import *mbox*-Dateien an. Die können Sie wiederum mit Evolution importieren. Das beeindruckt nicht wirklich ...

Andererseits kann Evolution z.B. vCard und vCalender direkt einlesen (siehe Abbildung 6-25). Diese Formate verwendet man, um aus den meisten Mail- und sonstigen Programmen heraus Kunden- und Termininformationen zu exportieren. Diese Angaben werden direkt in den Kontakt-Manager und den Kalender von Evolution eingepflegt.

Bei diesen Dateien müssen die passenden Dateinamen zuerst mit einem »Datei suchen«-Dialog gefunden werden. Danach erscheint die Frage, wohin die Mails importiert werden sollen: Vorschlag Nummer eins ist immer die *Inbox*, die in der deutschen Version *Eingang* genannt wird, also der Haupt-Mailordner. Wenn Sie Ihr Evolution aber schon in Gang gesetzt und die ersten »echten« neuen Mails bereits empfangen

Abbildung 6-25: Der Importeur erkennt meist das Dateiformat.

haben, ist das wohl der letzte Ort, wohin die Mailflut fließen soll. Gewöhnungsbedürftig ist Folgendes: Wenn Sie zuerst den Button mit der Aufschrift EINGANG anklicken, dann springt ein Dialog auf, mit dem Sie sowohl andere bereits existierende Mailordner auswählen als auch neue anlegen können (siehe Abbildung 6-26).

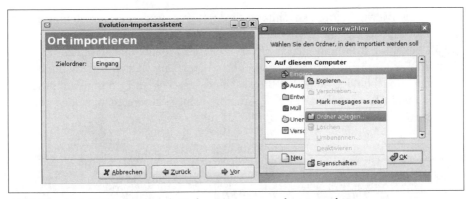

Abbildung 6-26: Mail in bestehende Ordner importieren oder neue anlegen

Benutzer von *gpg*-Mailverschlüsselung beobachteten, dass frühere Evolution-Versionen Probleme mit *gpg*-Passwörtern hatten, wenn diese Umlaute enthielten. Sie können die verschlüsselten Mails, die sich nicht mehr öffnen lassen, versuchsweise einmal als Text abspeichern (DATEI → SPEICHERN UNTER...). Wenn die Texte sich dann mit *gpg* direkt entschlüsseln lassen, müssen Sie entweder Ihr *gpg*-Passwort ändern oder auf Evolution verzichten.

Thunderbird

Thunderbird ist der Mail-Client des Mozilla-Projekts, und er erfreut sich wie Firefox wachsender Beliebtheit. Die deutsche Version des jeweils aktuellen Releases wird leider immer ein wenig später veröffentlicht als die englische, aber dass Thunderbird in Ihrer Distribution noch gar nicht vorhanden ist, ist eher unwahrscheinlich. Wenn es keinen sehr guten Grund dafür gibt, die jeweils neueste Version als *-tar.gz*-Datei von *www.mozilla.com* herunterzuladen (z.B. neueste, unverzichtbare Features), dann sollten Sie möglichst auf das Installationspaket des Distributors warten. Immerhin geht diese Software ebenso selbstverständlich ins Internet wie der Browser, ein Sicherheitsloch gerade da könnte sich fatal auf die Datensicherheit Ihres Rechners auswirken. Die Installation des Originalpakets ist dennoch ganz einfach; Sie finden am Ende des Kapitels eine Anleitung dazu.

Ein Streit zwischen dem Debian-Projekt und *mozilla.com* führte dazu, dass verschiedene Debian-basierte Distributionen jetzt einen sehr donnervogeligen Mail-Client namens *Icedove* mitliefern. Icedove hat gegenüber Thunderbird meist einen oder zwei Sicherheitspatches Vorsprung, darf aber aus rechtlichen Gründen nicht mehr Thunderbird heißen. Welchen Client Sie verwenden, ist egal, die Software ist sonst weitgehend identisch.

Thunderbird einrichten

Beim ersten Aufruf meldet sich Thunderbird mit einer Reihe von Assistenten-Dialogen (siehe Abbildung 6-27). Hier geht es unter anderem darum, dass die Software bereits bekannte Informationen von Netscape und Mozilla-Installationen übernehmen will. Hier möchte der Donnervogel Ihre bereits angelegten Adressen und persönlichen Angaben aus dem Webbrowser und seinen Mail-Komponenten saugen. Dann müssen Sie angeben, welche Art von Konto Sie erstellen wollen, das ist genauso wie bei den beiden anderen Mailclients.

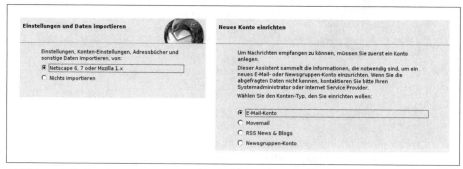
Abbildung 6-27: Der Startassistent von Thunderbird führt durch eine Reihe von Dialogen.

Auch bei Thunderbird müssen Sie eine Identität angeben (siehe Abbildung 6-28). Das ist Ihre Absenderadresse, wie sie dann auch in den Mails auftaucht.

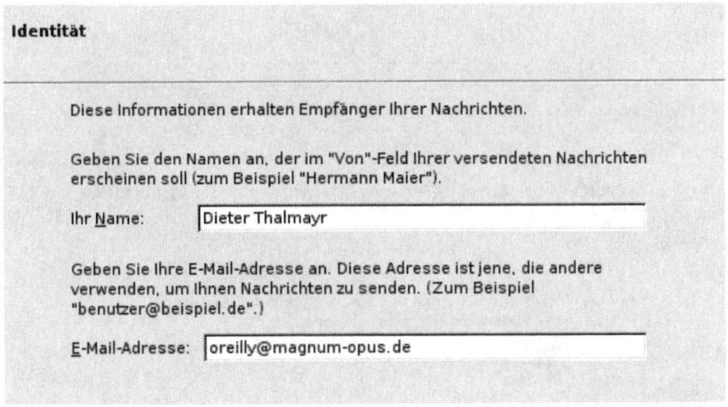

Abbildung 6-28: Mail-Identität: Die Zuordnung von Name zu E-Mail-Adresse

Für das Funktionieren der Mail ist natürlich wieder wichtig, mit welchem Mailserver für SMTP und POP wir sprechen wollen. Wenn Sie die Kapitel über KMail und Evolution übersprungen haben, finden Sie eine allgemeine Erklärung, was POP-, IMAP- und SMTP-Server sind, auf Seite 268.

Die Werte, die Sie im Eingabefeld POSTEINGANG-SERVER eingeben sollen, stehen vermutlich auf dem Schriftstück, das Ihr Provider Ihnen geschickt hat (siehe Abbildung 6-29).

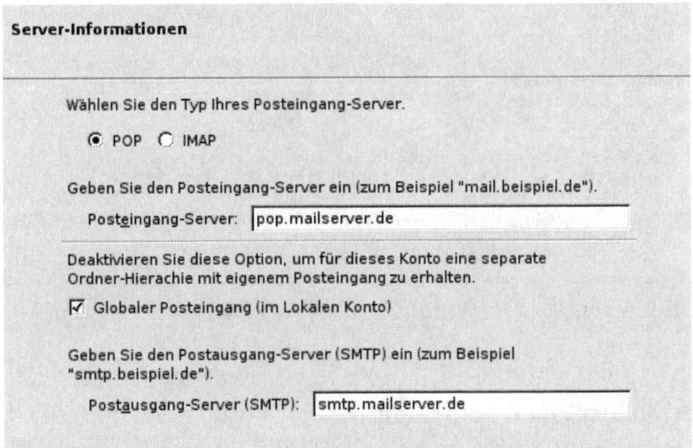

Abbildung 6-29: Angaben für den Eingangsserver mit POP oder IMAP und den ausgehenden SMTP-Server

Sind diese Angaben erledigt, geht es jetzt noch einmal um Benutzerangaben (siehe Abbildung 6-30). Das ist (siehe oben bei KMail und Evolution) aber normalerweise weder Ihr wirklicher Name noch der Name des Benutzers, mit dem Sie sich an Ihrem System angemeldet haben, sondern der Name eines Mail-Kontos, das der Provider für Sie angelegt hat. Dieser Kontenname steht ebenfalls auf dem Schreiben des Providers an Sie.

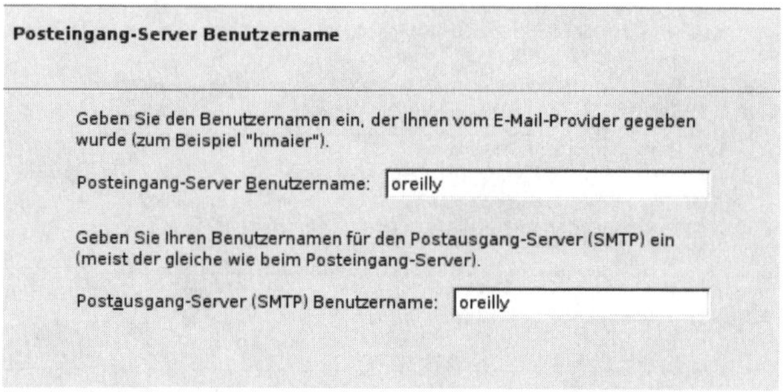

Abbildung 6-30: Ihr Benutzer auf der Mailserver-Seite (hier oreilly) besteht sonst oft nur aus kryptischen Buchstaben und Nummern

Und um die Verwirrung um die Namen komplett zu machen, müssen Sie dann noch einen Namen für die ganze Konfiguration vergeben (in der sich die Informationen über Servernamen, Benutzernamen auf dem Server und sonstige Konteneinstellungen befinden; siehe Abbildung 6-31). Das ist derjenige Name, der zum Schluss in der Mailkontenliste auftaucht. Diesen Mailkontennamen können Sie nennen, wie Sie wollen, Sie sollten lediglich erkennen können, als welcher Benutzer Sie hier welchen Server abfragen.

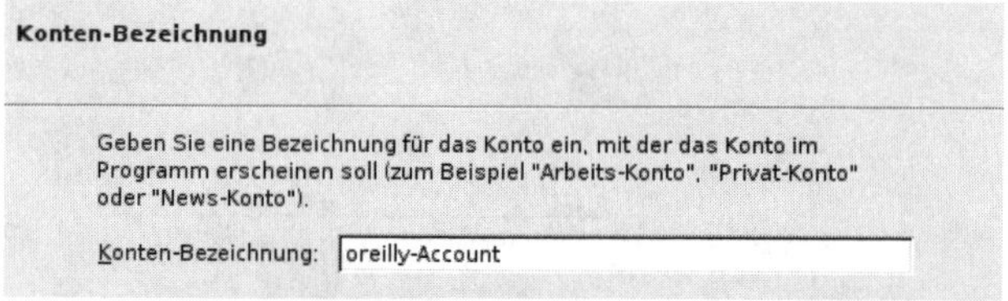

Abbildung 6-31: Der Name der Konfiguration bekommt einen Kontennamen.

Ganz zum Schluss zeigt Thunderbird diese Konfiguration noch einmal in Gesamtansicht an. Wenn Sie hier einen Fehler entdecken, können Sie dennoch bestätigen. Sie landen dann in der Haupt-Eingangsbox von Thunderbird (siehe Abbildung 6-32). Mit BEARBEITEN → KONTEN... können Sie von da aus alle Einstellungen des missglückten Kontos wieder korrigieren.

Original-Thunderbird installieren

Wenn Sie den Thunderbird von dessen Heimat-Website *www.mozilla.com* herunterladen, bekommen Sie ein gepacktes Dateiarchiv, das Sie auspacken und sofort benutzen können. Prinzipiell könnten Sie diese Software auch in Ihrem Heimatverzeichnis ablegen und von da aus starten. Das ist aber nicht zu empfehlen, denn Sie sind dann der einzige, der diese Software benutzen kann. Wenn Sie das Paket an einem zentralen Ort ablegen, können es alle Benutzer benutzen, obwohl auch nicht mehr Dateien auf das System gespielt werden.

- Laden Sie von *http://www.mozilla.com/en-US/thunderbird/* die aktuellste (deutsche) Version von Thunderbird herunter. Sie speichern eine Datei mit dem Namen *thunderbird-versionsnummer.tar.gz* ab.
- Entpacken Sie (als Benutzer *root*) diese Datei an einem geeigneten Ort, z.B. */usr/local* oder */opt*. Sie können dazu z.B. das grafische Programm *ark* verwenden oder den Shell-Befehl

  ```
  tar xvzf /pfad/zur/archiv/datei
  ```

  Dort entsteht ein Unterverzeichnis mit dem Namen *thunderbird/*. Alle für dieses Programm benötigten Dateien sind darin enthalten. Das Start-Programm für Thunderbird heißt *thunderbird*.
- Erzeugen Sie (ebenfalls als Benutzer *root*) einen symbolischen Link in */usr/local/bin* oder */usr/bin*, um das Programm aufzurufen. Dies geht mit dem Befehl:

  ```
  ln -s /usr/local/thunderbird/thunderbird /usr/local/bin/thunderbird
  ```
- Wechseln Sie jetzt zurück zum normalen Benutzer, und rufen Sie in einem Terminal

  ```
  thunderbird &
  ```
- auf, oder erzeugen Sie ein Start-Icon, das das Programm */usr/local/thunderbird/thunderbird* aufruft. Im Installationsverzeichnis des Thunderbird gibt es sogar ein Icon-Verzeichnis, in dem sich zwei hübsche Bildchen für die Arbeitsoberfläche befinden. Das war's.

Diese Installation wird zwar sofort funktionieren, egal ob Sie sie in Ihr Heimatverzeichnis legen oder an einem zentralen Ort ausführen. Allerdings können Sie Thunderbird dann nicht mit dem normalen Distributions-Installer (egal ob Red Hat Package Manager oder Debian Installer) deinstallieren. Ich empfehle Ihnen, so lange zu warten, bis der Distributor sein passendes Installationspaket anbietet.

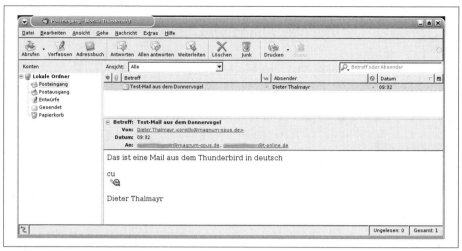

Abbildung 6-32: Hauptansicht des Thunderbird

Thunderbird verwenden

Wer den alten Netscape-Mailer oder dessen Nachfolger von Mozilla kennt, ist von der schlichten Eleganz des Thunderbird erst einmal angenehm überrascht. Die Normal-Ansicht, die Ihnen nach dem Start des Programms angeboten wird, ist die Eingangsbox. Das Wort *Posteingang* auf der linken Seite ist farbig hinterlegt, rechts sieht man die E-Mails im Posteingang, wenn schon welche da sind.

Der Button ganz links auf der Symbolleiste dient dazu, die definierten Mailbox-Konten abzurufen. Direkt daneben klicken Sie, um eine neue E-Mail zu starten.

Wenn Sie in der Mailordnerliste nur ein Wort höher auf LOKALE ORDNER klicken, bekommen Sie ein Einstellungsmenü präsentiert (siehe Abbildung 6-33). Dort können Sie die Werte des gerade aktiven Mailkontos einstellen oder ein neues Konto erstellen. Auch eine Suchfunktion und ein Menüpunkt zum Erstellen von Spam- und Sortierfiltern fehlt nicht. Der übliche Weg zu den Konteneinstellungen wäre ein Klick auf BEARBEITEN → KONTO... Die Haupteinstellungen für Thunderbird befinden sich in BEARBEITEN → EINSTELLUNGEN.

Unter *www.thunderbird-mail.de* finden Sie übrigens einiges an deutscher Doku.

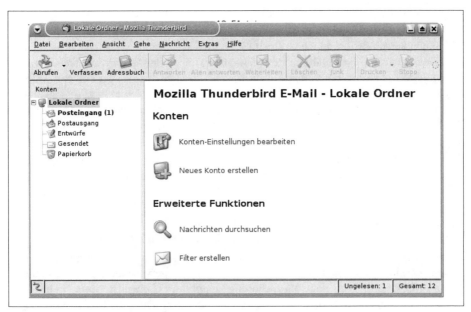

Abbildung 6-33: Einstellungen auf dem kürzesten Weg: Lokale Ordner enthält vier wichtige Einstelloptionen.

Das Mailprogramm als Dokumentenmanagement-Software

Die abgeholten Mails landen erst einmal im Ordner *Lokale Ordner/ Posteingang*. Da können aber nicht alle Mails liegen bleiben, das würde mit der Zeit ein schreckliches Durcheinander. Sie können mit der rechten Maustaste weitere Mailordner anlegen, in die Sie die Mails dann per Drag-and-Drop einsortieren. Damit beginnen Sie, Ihr Mailsystem als Dateiverwaltungssystem zu ge- oder missbrauchen. Willkommen im Club! Dass noch kein Mensch auf den Gedanken gekommen ist, hier ein Add-On für ein echtes Dokumentenmanagement zu programmieren (bzw. dass dabei nichts einfacher zu bedienendes herausgekommen ist als Lotus Notes), verwundert eigentlich. Dabei ist es so einfach und leicht nachzuvollziehen: An der Mail hängen die Dokumente, um die es geht, sei es ein *pdf*, eine OpenOffice-Datei oder was auch immer, und die E-Mail liefert die Beschreibung zu dieser Datei. Während »echte« Dokumentenmanagement-Systeme immer daran kranken, dass die Leute die Dialoge für die Dokumentenbeschreibung nicht ausfüllen wollen, sind die Beschreibungen hier gewissermaßen schon gratis dabei. Man kann in diesen Beschreibungen sogar suchen, sowohl im Mail-Header (Absender und Betreff) als auch im Mail-Inhalt.

→

Solange Sie auf der Welt (bzw. auf Ihrem Rechner und im Netzwerk) allein sind, können Sie mit dem Mail-Client tun und lassen, was Sie wollen. Da schadet es auch nichts, wenn die Dateihaltung des Mail-Clients in großer Geschwindigkeit Gigabyte-Größe erreicht. Ein Vereinskollege konnte vor nicht allzu langer Zeit zum Start eines neuen Vereinsservers die gesamte Mail-Kommunikation einer Internet-Mailingliste über mehrere Jahre hinweg beisteuern; da ging es um deutlich mehr als 10.000 Mails, die er in seinem Mailprogramm (neben seiner privaten und der Firmenkommunikation) aufgehoben und niemals weggeworfen hatte.

In Firmen sieht das Ganze ein wenig anders aus. Mail-Clients sind geschlossene Systeme, die häufig pro Mailordner nur eine Datei führen (siehe auch das Thema: *Importieren von Mails aus anderen Mailprogrammen*). Das heißt, die Dokumente hängen alle hintereinander in einer Datei. Wird solch eine Datei durch Viren oder Ungeschicklichkeit beschädigt, sind nicht nur die Mails, sondern auch die angehängten Dateien weg – außer, Sie sichern mehrmals täglich Ihr Heimatverzeichnis.[6]

In Firmen werden durch Mailsammler unglaubliche Mengen von Sicherungsmedien verschwendet, weil in diesen Maildateien Wichtiges neben Sinnlosem (und halt »nur« Lustigem) liegt, das vom Sicherungsverantwortlichen nicht auseinandergehalten werden kann. Also muss entweder alles oder gar nichts gesichert werden.

Sie bekommen Dateianhänge am einfachsten aus dem Mailsystem heraus, indem Sie die Mail mit dem Anhang mit der rechten Maustaste anklicken und ANHÄNGE SPEICHERN... wählen. Danach können Sie die Originalnachricht inklusive Anhang beruhigt löschen.

---

[6] Gängige Virensuchprogramme unter Windows machen das sogar mit Absicht: Finden sie virenverseuchte Mails im Mailbestand, löschen sie die Datei, in der die verseuchte Mail sich befindet.

In diesem Kapitel:
- Organizer
- Kontakt-Management oder: Wen kennen wir?
- An der Schwelle zur Groupware

KAPITEL 7
Termine und Adressen

Bei *Evolution* waren Kalender, To-Do-Liste und ein Adressverwalter (*Contact Manager* auf Neudeutsch) schon sehr früh zu einer einzigen Software gebündelt worden. KMail war und ist dagegen ein reinrassiger Mail-Client, der jetzt als Plugin in das größere *Kontact* eingebaut wurde. Warum sind gerade *Evolution* und *Kontact* so erfolgreich? Weil deren Kombination an Zusatzfunktionen das ist, was die Benutzer erwarten, und zwar nicht diejenigen, die von klassischen Unix-Oberflächen kommen, sondern die, die von Windows nach Linux einwandern. Die gängigsten »Mail-Clients« unter Windows sind längst um Funktionalitäten erweitert, die zwar nicht direkt mit E-Mail zu tun haben, aber praktisch sind.

Organizer

Vielleicht kennen Sie ja noch den Lotus Organizer, das erste Manager-Tool, mit dem man Notizen, Termine und Kontaktinformationen verwalten konnte. Die Programme *Evolution* und *Kontact* können da mithalten: Auch hier bekommen Sie eine Termin-, Job- und Adressverwaltung für Einzelkämpfer. Das ist auch ganz leicht, denn bei beiden wechselt man auf die Kalenderansicht, sucht den passenden Termin heraus und führt einen Doppelklick auf dem gewünschten Zeitpunkt aus. Bei beiden öffnet sich dann ein Dialog, der die wesentlichen Angaben entgegennimmt: Beginn, Ende und Beschreibung des Termins (siehe Abbildung 7-1). Man kann sich auch an den Termin erinnern lassen: Dann erscheint kurz vor dem Termin ein Hinweis auf dem Bildschirm. Das setzt natürlich voraus, dass man zu diesem Zeitpunkt vor dem Rechner sitzt und dass die Kommunikationssoftware läuft.

Kalender

Das Programm *Kalender* in *Kontact* sieht derzeit etwas professioneller aus als das Terminverwaltungsprogramm bei *Evolution*. Auf der linken Seite einer Button-Leiste sind eine ganze Reihe verschiedener Kalenderansichten untergebracht, doch selbst die Standardansicht ist schon ausgesprochen gelungen. Es werden immer so

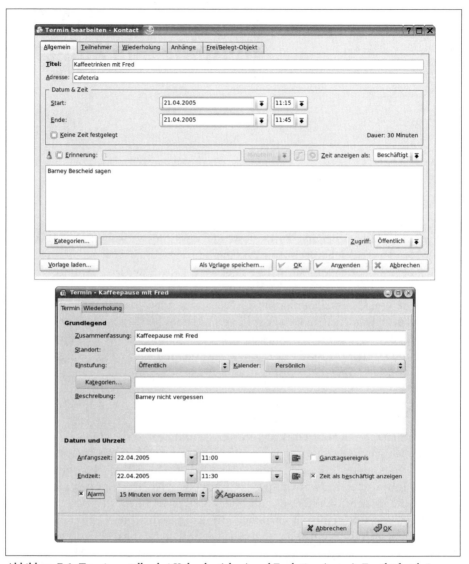

Abbildung 7-1: Termin erstellen bei Kalender (oben) und Evolution (unten): Es gibt fast keinen Unterschied.

viele Tage auf der rechten Seite angezeigt, wie in der Monatsübersicht markiert sind. Der aktuelle Tag ist etwas fetter dargestellt als die anderen Tage; der Screenshot in Abbildung 7-2 entstand also am 22. April, während der Termin für den 21. April eingetragen ist. Es ist auch die Sprechblase mit den Termineinzelheiten zu sehen, die dann erscheint, wenn Sie mit der Maus über einen eingetragenen Termin fahren – eventuell ein Grund mehr, bestimmte Termine nicht einzutragen, damit andere sie nicht unabsichtlich sehen.

Gleich unterhalb des Monatsüberblicks befindet sich ein kleines Listenfenster, in dem die *Aufgaben* untergebracht sind. Aufgaben haben wie Termine ein Verfalls- oder Erledigungsdatum. Aber sie unterscheiden sich von Terminen dadurch, dass verpasste Termine früher oder später links aus dem Kalender verschwinden, wenn die Zeit weiterläuft. Aufgaben dagegen werden ab Ende des Ablaufdatums rot angezeigt und bleiben bestehen.

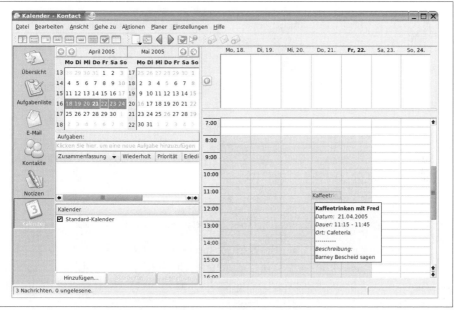

Abbildung 7-2: Gesamtansicht von Kalender mit der Detailansicht eines Termins, auf den die Maus zeigt

Eine kleine Sensation ist das unscheinbare Feld KALENDER unterhalb der Aufgaben. Ein Klick auf den Button HINZUFÜGEN... erlaubt es dort, auch die Kalender anderer Quellen als der eigenen Maschine in die Liste der wählbaren Kalender aufzunehmen. Wenn *Kontact* mit einem Groupware-Server (siehe Seite 306) verbunden ist, dann wird hier sogar richtiges Teamwork in Arbeitsgruppen möglich.

Evolution

Hübsch ist auch die Kalenderansicht von *Evolution* anzusehen, wenn man sich die optimale Platzverteilung auch erst mit der Maus zurechtschieben muss (siehe Abbildung 7-3).

Platz für den Kalender zu machen ist vermutlich immer notwendig, denn auch *Evolution* zeigt in der mittleren Spalte so viele Tage an, wie Sie rechts in der Monatsübersicht per Maus markiert haben. Dazu gibt es noch eigens vorbereitete Wochen-

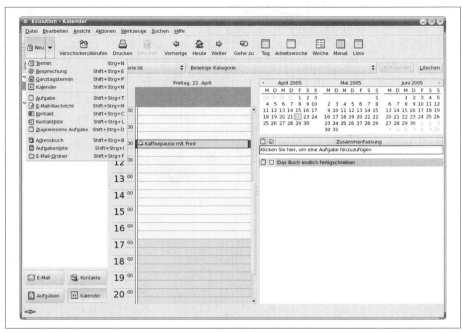

Abbildung 7-3: Der Kalender bei Evolution mit ausgeklapptem Neu-Button

und Monatsansichten, die über die Buttons am oberen Rand des *Evolution*-Fensters ausgewählt werden können. Wie Sie sehen, ist der Neu-Button bei *Evolution* erstaunlich reich bestückt und gibt eine erste Vorstellung davon, was man mit dieser Software alles anstellen kann ...

Auch die Mozilla-Gruppe arbeitet an einem Kalenderprojekt. Der dort entwickelte Kalender befindet sich im Dezember 2007 bei Versionsnummer 0.7. Es gibt ihn als Erweiterung für Thunderbird unter dem Namen *Lightning* und gleichzeitig als Standalone-Programm mit dem Namen *Sunbird*. Im Februar 2005 wurde das erste offizielle Release mit der Versionsnummer 0.2 veröffentlicht – man darf gespannt sein.

Kontakt-Management oder: Wen kennen wir?

Viele Menschen verwenden das Kontakt-Management ihrer Software nur als eine Art E-Mail-Telefonbuch. Das ist legitim, denn solange man keine absolut narrensichere Methode hat, um die genannten Adressverwalter aus Evolution oder *Kontact* z.B. für Serienbriefe zu verwenden, ist das Ganze für normale Bürotäter etwas fleischlos. Die »Roadrunner« der Firmen dagegen, Vertriebler und sonstige Menschen, die mehr Zeit im Firmenwagen zubringen als am Firmen-Computernetzwerk, das ihnen alle Informationen liefern könnte, haben andere Schwerpunkte. Da muss tagsüber der PDA z.B. die Telefonnummern und Anschriften der Kunden liefern, weil sie sonst nicht vor Ort gelangen können. Und der Abgleich z.B. von Palmtop zu Evolution oder KMail ist ebenfalls zwingend erforderlich, weil diese Leute sonst das Medium E-Mail nicht vernünftig nutzen könnten.

Letztendlich sind die Kontaktmanager immer Schnittstellen zu Datenbanken, die eine verschiedene Anzahl von Feldern anbieten, in die Sie Informationen über Kunden, sonstige Personen oder Firmen eintragen können: also eine Art Visitenkartenverzeichnis. Die Dialoge und Felder der Datenbanken sind auf verschiedene Detailstufen einstellbar. Das Besondere an modernen Kontaktmanagern ist, dass sie Datensätze in ein Ausgabeformat bringen können, das z.B. von PDAs oder sogar von intelligenten Handys verstanden wird. So können zwei Menschen einigermaßen problemlos Adressen austauschen, ohne sie am LCD-Monitor oder per Handy-Tastatur eingeben zu müssen: Man tauscht einfach eine vCard aus.

So viel zur Theorie. Ein neuer Kontakt ist schnell angelegt: Suchen Sie die Kontakt-Anzeige Ihres Programms auf, und wählen Sie (meist auch in der Menüleiste z.B. über DATEI erreichbar) einen Schalter mit der Aufschrift NEUER KONTAKT. Ein Dialogfenster mit den wesentlichen Eingabemöglichkeiten springt auf (siehe Abbildung 7-4). Bisweilen gibt es sogar noch Buttons in den Dialogen, die weitere Dialoge aufspringen lassen, die dann bei der Eingabe der Namens- und sonstiger Felder helfen.

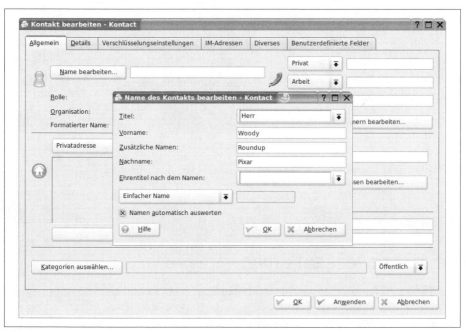

Abbildung 7-4: Kontakt-Eingabemaske, hier beispielhaft bei dem KDE-Programm Kontact

Wenn Sie in der Kontaktmaske z.B. eine E-Mail-Adresse für die betreffende Person oder Firma eintragen, dann steht diese Information später in der Adressliste bei *KMail* zur Verfügung. *KMail* hat dafür einen Button mit drei Punkten rechts neben dem Eingabefeld für die E-Mail-Adresse. Das ist bei *Evolution* nicht viel anders, dort gibt es den Knopf AN links neben dem Eingabefeld. Moderne Software trägt der Tatsache Rechnung, dass man heutzutage durchaus mehrere E-Mail-Adressen haben kann (siehe Abbildung 7-5). Es ist auch möglich, eine Haupt- bzw. Standardadresse anzugeben.

Abbildung 7-5: Der Button »E-Mail-Adressen bearbeiten« in Kontact bringt diesen Dialog hervor.

Ebenfalls sehr angenehm ist die Vervollständigungsfunktion. Sie springt an, sobald man anfängt, eine E-Mail-Adresse in die Mail-Maske einzutippen. Sofort (oder bei *Evolution* nach drei Buchstaben) werden alle passenden Einträge aus der Kontaktliste vorgeschlagen (siehe Abbildung 7-6).

Abbildung 7-6: Namensvervollständigung bei KMail

An der Schwelle zur Groupware

So, wie Sie es bis hierher geschildert bekamen, sind *Evolution* und *KMail/Kontact* nichts anderes als klassische Mail-Clients mit ein paar interessanten bis praktischen Erweiterungen. Die in der Firmen- und Behördenwelt sehr verbreiteten Programme Outlook, Notes und (seltener) Groupwise sind keine reinen Mail-Programme, sie werden nur oft dafür gehalten. Diese drei Programme arbeiten auch nicht als Frontends für Mailserver, sondern für einen *Groupware-Server*. Was bedeutet das?

Groupware-Server wie Exchange, Notes und Groupwise (und auch Tobits David) erledigen den Mailaustausch eigentlich nur als Nebenprodukt einer anderen Tätigkeit. Diese Software versucht, eine allumfassende Bürokommunikation abzudecken, und Mail ist nur ein Teil davon. Bei einer weiter gehenden Bürokommunikation müssen Mitarbeiter auch Termine miteinander abstimmen können, einen Raum für eine Besprechung finden, der zur rechten Zeit frei ist, und vielleicht ein Auto aus Firmenbeständen buchen, damit die Teilnehmer zu dem anberaumten Treffen anreisen können.

Und wie ist es, wenn jemand anderes Ihre Termine für Sie koordiniert? Diese Sekretärsperson soll natürlich nicht den Zugang zu allen anderen Daten Ihres Mailsystems (oder gar zu all Ihren Dokumenten) bekommen. Jemand soll vielleicht nachfragen können, ob Sie zu einer bestimmten Zeit verbucht sind oder nicht, aber eben nicht erfahren, was genau Sie an diesen Terminen tun.

Ein anderes typisches Problem ist der *Workflow*: Ein Dokument muss z.B. eine Hierarchie durchlaufen, bevor die letzte Unterschrift den Kauf der neuen Kaffeemaschine endgültig autorisiert. Weder darf das Dokument in der Zwischenzeit verfälscht noch die Reihenfolge der Personen durcheinandergebracht werden.

Alles das ist mit Einzelplatz-Mail-Clients nicht zu machen. Wenn Sie je versucht haben, ohne eine gemeinsame Datenbasis einen Termin mit nur fünf Leuten per E-Mail abzustimmen, dann wissen Sie, was ich meine. Das kann richtige Arbeit werden. Sowohl *evolution* als auch *KMail/Kontact* können mittlerweile auch als Groupware-Client fungieren. Sie sind beide in der Lage, mit Exchange und Groupwise zu kommunizieren. Und sie können auch mit einer Reihe freier Groupware-Server zusammenarbeiten.

In den letzten Jahren entstanden mehrere Groupware-Projekte auf der Basis von Open Source, die Mehrzahl davon sind nach wie vor auch kostenlos herunterladbar. Da wäre einmal *eGroupware* (ehemals *phpgroupware*), *Kolab* und *TUTOS*, aber es gibt eine Reihe Produkte, die kommerziell entwickelt werden und deshalb auch kostenpflichtig sind. Das ist weiter nicht dramatisch, denn Groupware ist komplexe Software, die professionell eingerichtet werden will und für die normalerweise ohnehin ein Consultant ins Haus kommt. Die Termine, Dokumente und Mails liegen z.B. normalerweise nicht einfach auf dem Dateisystem, sondern müssen in einer Datenbank abgespeichert werden, damit Zugriffssicherheit, Verfügbarkeit und Geschwindigkeit stimmen. Aus diesem Grund haben *OpenGroupware.org* sogar eine eigene Distribution (*InstantOGo*) gestartet, die bei der Installation vollautomatisch einrichtet, was eingerichtet werden muss. In diesem Produkt steckt viel Vollzeit-Arbeit: Es kann deshalb nicht kostenlos sein. Sehr gut bewertet wurde ein System namens *Zarafa*, das ob seiner Geschwindigkeit glänzte. Eine interessante Entwicklung ist auch das *Wice*-System, das CRM- (Customer Relation Managementsoftware) und Groupware kombiniert, oder eine Novell-Entwicklung namens *Hula*, die vielversprechend als Nachfolger von NetMail begann, dann aber aufgegeben wurde, bis ein neuer Anbieter es kürzlich erwarb. Vermutlich wird auch daraus eine kommerzielle Software. Dieses Gebiet bleibt spannend. Sie finden die entsprechenden Webseiten, wenn Sie die genannten Systeme in eine Suchmaschine eintragen, dort finden Sie dann auch die Vorstellungen der Hersteller zu Lizenzpreisen, sofern welche erhoben werden.

KAPITEL 8

Webbrowser

In diesem Kapitel:
- Textorientierte Browser
- Grafische Browser
- Exkurs: Proxy-Einstellungen

Textorientierte Browser

Gerade bei Internetseiten mit einem hohen Grafikanteil machen textorientierte Webbrowser wenig Spaß. Trotzdem gibt es sie, und sie können zu mehr als nur zu Diagnosezwecken dienen. Spaßeshalber sollten Sie sich vielleicht deshalb einmal ansehen, ob nicht *lynx* (vermutlich der älteste textorientierte Webbrowser), *links* oder *w3m* auf Ihrer Maschine mitinstalliert wurden. Die Anwendungsgebiete für einen rein textorientierten Browser erscheinen auf den ersten Blick vielleicht begrenzt. Aber sowohl *w3m* als auch *links* unterstützen Frames und andere Spielereien, die auf vielen Webseiten eingebaut sind. Allerdings bieten sie keine Unterstützung für verschiedene andere Dinge, die einem das Leben schwer machen: Popups und wie sie alle heißen.

Und es gibt eine interessante Zwischenlösung: Das Programm *links* kann (bei den meisten Distributionen), wenn es mit dem Kommando

```
links -g http://woauchimmersiehinwollen.com
```

aufgerufen wird, sogar Grafiken darstellen. Es ist in jedem Fall dann empfehlenswert, wenn Bedarf für einen leichtgewichtigen, extrem schnellen Browser besteht (siehe Abbildung 8-1). Nicht jeder Browser muss Flash-Filme abspielen können ...

Das Buch mit der Rakete vorne drauf konnte ich problemlos mit der Büchersuchmaschine finden. Das Eingabefeld sah eben ein wenig spartanischer aus, und man musste auf eine Linie klicken statt in eine Dialogbox, aber das stört keinen großen Geist. Vollkommen »verflashte« und zu Tode »ge-java-te« Seiten sind dagegen nichts für *links*, obwohl neuere Varianten durchaus mit Javascript arbeiten können. Aber rufen Sie *links* einmal grafisch auf, und klicken Sie in den grauen Bereich zwischen dem oberen Fensterrand und dem Seiteninhalt. Darin befindet sich eine komplette Menüleiste mit sehr guter Ausstattung.

Abbildung 8-1: Browsen mit links: Minimal-Browser ohne Wenn und Aber

 Bei Debian heißt die grafikfähige Version von links *links2*, und es gibt auch ein *elinks*-Paket, das Sie bei verschiedenen Distributionen antreffen können.

Grafische Browser

Vergessen Sie den Internet Explorer. Es gibt so viele (und darüber hinaus so viele schöne) andere Browser, dass Sie beim Wechsel auf Linux nicht gerade dem nachweislich größten Sicherheitsloch der grafischen Microsoft-Betriebssysteme hinterherweinen sollten. Viele Windows-Benutzer haben ja ohnehin vorher schon auf Firefox gewechselt, Mozilla für Windows eingesetzt oder Opera ausprobiert.

Firefox

Firefox etablierte sich in den letzten Jahren auf Windows und Linux, denn er hat mehrere interessante Eigenschaften wie Popup-Unterdrücker und Tab-Browsing, unterstützt aber gleichzeitig alle in der Windows-Welt verbreiteten Standardanwendungen wie Macromedias Flash- und Shockwave-Formate sowie den RealPlayer und natürlich Java. Dazu läuft er sehr stabil, wobei er den »Konkurrenten« aus dem gleichen Haus, Mozilla, an Geschwindigkeit übertrifft. Auf der Seite, die auch eine gute Dokumentation für den Mail-Client Thunderbird veröffentlicht hat, finden Sie außerdem Informationen zu Firefox: Das feurige Tierchen wird bei *www.nidelven-it.n/ articles/introduction_to_firefox* ausführlich beschrieben. Eine gute, kompakte Einführung bietet auch das Buch »Firefox – Alles zum Kultbrowser« von Lars Schulten (O'Reilly).

Wie ein Browser aussieht, wissen Sie natürlich. Was sind also die Besonderheiten bei Firefox unter Linux? Sie finden die Einstellungen für die Browsersoftware unter BEARBEITEN → EINSTELLUNGEN statt unter EXTRAS. Im Einstellungsdialog hat sich aber eine wichtige Veränderung zwischen Mozilla und Firefox vollzogen. Anders als bei Mozilla, der die Einstellung für den Proxy-Sever unter ERWEITERT → PROXY untergebracht hatte, finden Sie diese Einstellung bei alten Versionen von Firefox gleich im ersten Button der Symbolleiste, ALLGEMEIN, unter den VERBINDUNGSEINSTELLUNGEN. Neuere Versionen bringen diesen Einstellungsdialog wieder unter ERWEITERT (und dort im Register NETZWERK) unter. Dort gibt es dann auch einen Schalter, der es erlaubt, mit einem Klick alle verwendeten Browser-Protokolle mit dem gleichen Proxy auszustatten.

Mit einem neuen Feature, das man von anderen Browsern schon länger kannte, überraschte Firefox die hartnäckigen Mozilla-Benutzer: *Tabbed Browsing*. Was ist das? Wie bei einer »Schichttorte« liegen verschiedene Browser-Fenster direkt untereinander, und man kann – ohne mehr Platz auf dem Desktop zu verbrauchen – mehrere Internetseiten gleichzeitig geöffnet halten (siehe Abbildung 8-2).

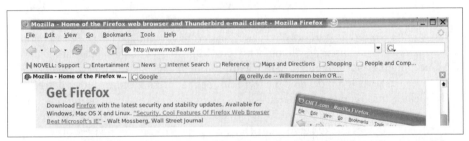

Abbildung 8-2: Drei Webseiten in einem Firefox-Fenster: Die Tabs (Mitte) machen es möglich.

 Ein völlig unnötiger, aber leider auch unvermeidlicher Streit zwischen Debian und *mozilla.com* führte dazu, dass Debian einen (meist mit frischeren Sicherheitspatches versehenen) Browser namens Iceweasel anbietet. Das Debian-Team war der Ansicht, es brauche zum Einspielen von Sicherheitspatches nicht auf die Freigabe von Mozilla zu warten, und Mozilla gab für veränderte Firefoxe den Namen nicht mehr frei.

Konqueror

Der Konqueror als Netzwerk-Browser wurde schon beim Thema KDE behandelt. Wenn Sie den Netzwerk-Browser-Button in der Taskleiste anklicken, der wie eine Weltkugel mit einem Zahnrad aussieht, dann startet der Konqueror als Internet-Browser. Er wird wie alle KDE-Software unter EINSTELLUNGEN → KONQUEROR EINRICHTEN (oder aus dem *Kontrollzentrum* heraus) konfiguriert.

Exkurs: Proxy-Einstellungen

Die Proxy-Einstellungen für den Firefox finden Sie unter BEARBEITEN → EINSTELLUNGEN → ALLGEMEIN. Dort befindet sich im unteren Teil des Dialogs (Sektion VERBINDUNG) ein Button, der den Einstellungsdialog für die Proxy-Server aufruft.

Was ist ein Proxy?

Üblicherweise würde der Internet-Browser über die Netzwerkeinstellungen des Linux-Rechners den Weg nach draußen ins Internet finden (siehe Seite 670 im Abschnitt über Netzwerkadministration) und direkt mit dem Webserver kommunizieren, von dem Sie Informationen abrufen wollen. In vielen Firmen und auch kleineren Büronetzwerken ist das aber nicht erwünscht: Dort steht ein sogenannter *Proxy-Server*. Ein Proxy-Server ist ein Makler, der Ihre Anfrage nach einer Webseite oder einer Download-Datei entgegennimmt und die Anfrage dann selbst wegschickt. Diese Vorgehensweise hat den Vorteil, dass der Webserver, der die Seite liefert, nicht Ihren Rechner als den Anforderer sieht. Damit kann eine Menge bösartiger Server-Attacken auf Ihren Rechner bereits vereitelt werden, denn er taucht im Internetverkehr gar nicht auf.

Ein zweiter Vorteil liegt in der Verbesserung der Geschwindigkeit für viele Seiten: Angenommen, in Ihrer Abteilung wird ein Internet-Dokument innerhalb einer Stunde hundertmal gebraucht, dann würden direkt auf das Internet zugreifende Browser tatsächlich hundertmal die Verbindung ins Internet öffnen, um jedes Mal die gleiche Information herunterzuladen. Das ist aber normalerweise unnötig, da sich die meisten Daten im Web nicht innerhalb einer Stunde verändern. Hier setzt ein zweiter Dienst des Proxy-Servers an: Der Proxy merkt sich Informationen, die er schon einmal geholt hat. Er muss nur noch ein einzelnes Netzwerkpaket losschicken, um sich zu vergewissern, dass die Information immer noch korrekt und aktuell ist, und kann dann die angeforderte Datei direkt aus seinem lokalen Speicher (auch *Cache* genannt) beantworten. Das heißt, dass bereits die zweite Anfrage nach der gleichen Datei nicht mehr vom Internet beantwortet, sondern mit lokaler Netzwerkgeschwindigkeit geliefert wird – das ist um ein Vielfaches schneller.

Wenn in Ihrer Firma ein Proxy-Server eingerichtet ist, weiß das der Systemadministrator. Er kann Ihnen auch die Werte von Adresse und Port-Nummer sagen, die Sie in Ihren Browser eintragen müssen. Wer zu Hause mit einer einzelnen ISDN-Karte ins Internet geht, hat in der Regel keinen eigenen Proxy-Server aufgestellt.

Konqueror hat seine Proxy-Einstellungen unter EINSTELLUNGEN → KONQUEROR EINRICHTEN... Dort muss man die Bildlaufleiste entlang der Icons auf der linken Seite ein Stück nach unten rollen, bis ein Icon mit stilisierten Zwillingen und dem Untertitel PROXY-SERVER auftaucht. Klicken Sie zuerst auf den Schalter neben der Aufschrift PROXY-EINSTELLUNGEN MANUELL VORNEHMEN und danach auf den Button EINRICHTUNG..., der sich in der gleichen Zeile befindet.

KDE und GNOME haben auch Einstellungsmöglichkeiten, den Proxy-Server für HTTP und FTP auf der Ebene der grafischen Oberfläche festzulegen. Dies geschieht im KDE-Kontrollzentrum unter INTERNET & NETZWERK → PROXY-SERVER; der Dialog sieht genauso aus wie der im Konqueror. Der schnellste Weg, diese Werte unter GNOME einzustellen, führt über das Kontrollzentrum.

Downloadmanager

Mit dem Browser einzelne Dateien herunterzuladen ist ja schön und gut, aber wenn der Download einer ganzen CD oder DVD kurz vor Ende abbricht, dann können Sie leider von vorne anfangen. Das ist jedoch nicht so, wenn Sie wget und curl benutzen. Beide sind textorientierte Downloadmanager. Beide bemerken, wo ein Download abgebrochen worden ist, und können an der gleichen Stelle wieder einsetzen, ohne alles nochmal holen zu müssen. Wenn Sie also eine ganze CD oder DVD downloaden wollen, rufen Sie aus einem Terminal heraus den Befehl

    wget -c http://woauchimmersieliegt

oder

    curl -C -o NAMEDERAUSGABEDATEI http://woauchimmersieliegt

auf. Wenn der Download abbricht, rufen Sie das Kommando einfach noch einmal auf. wget bzw curl machen dann sofort da weiter, wo die Verbindung abgebrochen ist. Für manche Webseiten benötigt man einen Benutzernamen und ein Passwort, manchmal müssen Sie einen Proxyserver benutzen, um ins Internet zu kommen, und manchmal müssen Sie für den Proxyserver ebenfalls schon Benutzername und Passwort angeben. Beide Programme können mit solchen Bedingungen hervorragend umgehen. Sehen Sie bei beiden Programmen unbedingt in der Manpage (den Hilfedateien) nach, wie viele Möglichkeiten Ihnen offenstehen.

Sollten *wget* oder *curl* den Proxy nicht finden können, geben Sie ihn im Terminal einfach an, bevor Sie die Programme aufrufen. Der Befehl lautet

    export http_proxy=http://ipadresse:portnummer

also z.B. **export http_proxy=http://192.168.0.200:8080** – und wie überprüft man, ob die Variable da ist? Natürlich mit:

    echo $http_proxy

Wenn dann ein Wert herauskommt, ist die Variable gesetzt. Wenn nicht, setzen Sie sie ...

> **In diesem Kapitel:**
> - Grafiksoftware
> - Scannen
> - Digitale Fotografie

KAPITEL 9
Grafiken, Konvertieren, Scannen und Fotobearbeitung

Grafiksoftware

Den wesentlichen Unterschied zwischen Grafikprogrammen, die auf Pixel- bzw. auf Rasterbasis oder auf Vektorbasis arbeiten, erklärt bereits das Kapitel über OpenOffice Draw (siehe Seite 241): Pixelbilder wie z.B. Fotos bestehen aus Tausenden von Bildpunkten, deren Farb- und Intensitätswerte einzeln abgespeichert werden. Die Elemente einer Vektorgrafik sind dagegen über ihre Koordinaten und ihre geometrische Form definiert – z.B. in Diagrammen und Schemazeichnungen.

Geht es um pixelorientierte Grafiken (Fotos nachbearbeiten, gescannte Bilder aufwerten oder Screenshots erzeugen), führt unter Linux seit Langem an *The GIMP* (*The GNU Image Manipulation Program*) kein Weg vorbei.

Um Vektorgrafiken zu erzeugen, gibt es unter Linux eine ganze Reihe von leistungsfähigen Programmen. Für hochwertige Vektorgrafik machte sich das Projekt *sodipodi* (ein GNOME-Tool) einen Namen. Weniger ist oft mehr: Wenn ich schönere Farbverläufe haben will, als OpenOffice Draw sie erzeugt, aber nicht in einer Flut von Funktionen ertrinken will, benutze ich *Inkscape*. Die Bedürfnisse normaler Büroleute befriedigen die Module der Office-Zeichenprogramme leicht.

Das sind beileibe nicht alle, die es gibt: Im Sommer 2007 listete *http://sourceforge.net* mehr als 250 Projekte für Grafikverarbeitungsprogamme auf Vektorbasis auf, und etwas mehr als 150 Projekte für Programme auf Raster-/Pixelbasis. Rechnet man von diesen noch etliche Projekte weg, die mehr zum Betrachten und Konvertieren als zum Bearbeiten der Grafiken dienen, bleiben noch genügend Projekte von jedem beliebigen Reifegrad übrig, um jedem Geschmack etwas zu bieten. Probieren Sie im Zweifelsfall doch einmal aus, was bei Ihrer Distro mitinstalliert ist.

Einige dieser Programme glänzen mit einem immensen Funktionsumfang. Über GIMP wurden schon dicke Bücher geschrieben, und über andere könnte man das tun. Die Dokumentation der knapp 20 bereits benutzbaren CAD-Programme würde wohl Bücherregale füllen. Um diese Programme wirklich voll ausnutzen zu können, benötigt man überdies ein Talent, das man entweder hat oder nicht: Man muss tatsächlich zeichnen können. Und weil ich das nicht kann, konzentriere ich mich auf wenige Programme, die im Zusammenspiel mit anderen Tätigkeiten wie Scannen und Fotografieren sinnvoll sind.

The GIMP

Der GIMP ist schon eine Klasse für sich. Grafiker und beinharte Bildbearbeiter finden, er könne noch nicht so viel wie Adobe Photoshop oder andere kommerzielle Software unter Windows und Macintosh. Das mag sein. Doch das, was er schon kann, reicht auch dem ambitionierten Foto-Nachbearbeiter oder Scanner-Aufbesserer.

GIMP einrichten

Eine besondere Installationsanweisung kann man sich bei dieser Software sparen, denn sie ist Teil praktisch jeder Linux-Distribution und normalerweise auch schon vorinstalliert. Das Maskottchen der GIMP-Gemeinde ist *Wilbur*, ein schlau dreinblickendes Nagetier mit einem Pinsel im Maul. Es ist auf dem Icon der Software und auf jeder anderen Meldung des Grafiksystems abgebildet.

Nur beim ersten Aufruf muss man eine Reihe von Meldungen und Text über sich ergehen lassen (siehe Abbildung 9-1), wobei man die aufspringenden Dialoge alle bestätigen und wegklicken kann – GIMP wird in jedem Fall funktionieren. Wenn alle Stricke reißen: GIMP legt im Heimatverzeichnis ein Verzeichnis *.gimp-2.x* (je nach Version) an. Löschen Sie das, und rufen Sie das Programm noch einmal auf. GIMP legt dann alle Einstellungen neu an.

Bei jedem Start des GIMP bekommen Sie einen Tipp von Wilbur (siehe Abbildung 9-2). Diese Tipps sind wertvoll, weil die Dokumentation des Programms sehr umfangreich ist und die Tipps meist aus der Praxis gegriffen sind. Wenn Sie das nicht mögen, können Sie links die Tipps ausschalten, genau wie bei Windows.

Erste Eindrücke

Wo ist nun das Ungewohnte, Hakelige an Gimp? Das ist die Oberfläche selbst, denn es gibt keine! Stattdessen erscheinen viele Bearbeitungswerkzeuge in mindestens zwei Werkzeugfenstern, die Sie (im Ausschnitt) in Abbildung 9-3 sehen können. Die Werkzeugfenster sind noch viel höher und geben so einen ersten Eindruck einer gut ausgestatteten Software.

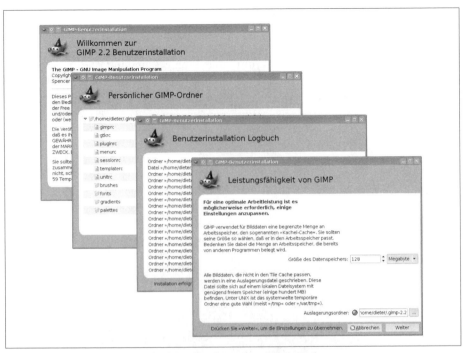

Abbildung 9-1: Beim ersten Aufruf durchläuft Gimp mehrere Dialoge.

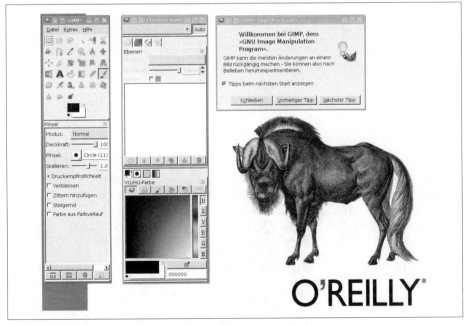

Abbildung 9-2: Wilburs schlaue Sprüche vor den Programmdialogen

Machen Sie sich einen ersten Eindruck von GIMP, indem Sie mit der Maus über die Werkzeuge des linken Werkzeugfensters fahren und aufmerksam die Sprechblasen durchlesen, die dabei erscheinen. Es gibt allein sechs verschiedene Buttons, um Elemente auszuwählen! Die Farbkanne zum Füllen von Flächen mit der Vordergrundfarbe und den Radierer kennen wir noch von Windows Paint & Co., ebenso den Pinsel, oder ist es der Bleistift? Das Weichzeichnen und das Verschmieren stammen noch aus der Zeit, als wir mit einem Wasser- oder Aquarellfarbkasten in der Schule pinselten; Abwedeln kennen die Eingeweihten aus der Schwarzen Kunst der Dunkelkammer.

Klicken Sie das Fenster mit den Ebenen und Kanälen mit dem X rechts oben weg. Sie benötigen dieses Fenster im Moment nicht und sehen so, dass man auch mit deutlich weniger Werkzeugen GIMP betreiben kann. Wählen Sie dann aus DATEI → DIALOGE → EBENEN, DATEI → DIALOGE → KANÄLE und DATEI → DIALOGE → PFADE drei Einzelfenster heraus, und klicken Sie sie wieder weg – GIMP ist modular aufgebaut.

Abbildung 9-3: Zwei Werkzeugfenster für die bekannten Malwerkzeuge – aber was sind wohl Ebenen?

Dateien öffnen

Wir haben noch keine Datei geöffnet. Das holen wir jetzt dreifach nach:

- Sie können DATEI → ÖFFNEN wählen wie bei jedem anderen Programm auch.
- Versuchen Sie doch einmal Folgendes: Sie öffnen einen Konqueror oder Nautilus neben dem GIMP-Dialog, wählen dort eine Grafik aus und ziehen sie mit der Maus einfach über die Bearbeitungswerkzeuge. Dort lassen Sie sie fallen. GIMP öffnet die Datei sofort, und jetzt haben Sie auch einen Bearbeitungshintergrund.
- Eine dritte Variante bieten die grafischen Dateimanager meist über ihre MIME-Zuordnung: Sowohl Nautilus als auch Konqueror bieten eine Option ÖFFNEN MIT, die im Menü der rechten Maustaste untergebracht ist. Da finden Sie dann den GIMP.

Dateien speichern

»Wo zum ... ist denn überhaupt dieses SPEICHERN und SPEICHERN UNTER...?« Im Hauptmenü von GIMP unter DATEI jedenfalls nicht. Im Hauptmenü von GIMP hat SPEICHERN auch gar nichts zu suchen, wenn man sich vergegenwärtigt, dass GIMP problemlos eine halbe Zillion Grafiken in Einzelfenstern auf dem Desktop öffnen kann. Für welches dieser Grafik-Fenster soll das Hauptmenü denn jeweils zuständig sein? Dasjenige, das Sie gerade am angestrengtesten anstarren? Besser ist es da schon, die Bedienung der Grafik an der Grafik selbst zu verankern – und zwar konsequent in der rechten Maustaste (siehe Abbildung 9-4). Aber jedes Grafikfenster hat natürlich auch eine eigene Menüleiste mit dem gleichen Inhalt wie die Maustaste.

Dort gibt es dann auch SPEICHERN und SPEICHERN UNTER, und sie tauchen wie erwartet unter dem Begriff DATEI auf. Hier versteckt GIMP enorme Dateiformat-Konvertierungsfähigkeiten. Diese Software hat so viele Formate im Repertoire, dass Sie vermutlich am besten immer die Vorgabeoption NACH ENDUNG verwenden, die in DATEITYP BESTIMMEN: schon voreingestellt ist. Dann tippen Sie als Dateiname z.B. *pinguine.jpg* ein, und GIMP macht den Rest für Sie.

Abbildung 9-4: Alle Befehle sind in der rechten Maustaste untergebracht. Das ist sinnvoll.

> ### Alles ist in der rechten Maustaste
>
> Wenn Sie anfangen, das Mausmenü zu durchstöbern, werden Sie die gesamte Funktionsausstattung von GIMP finden. Ob es um die simple Bildlage geht, weil ein Bild mal eben um 90° in die eine oder die andere Richtung gedreht werden muss, oder ob das Bild gespiegelt oder invertiert werden soll – alles gibt es in den verschiedenen Menüpunkten, die mit einem Klick der rechten Maustaste *direkt in der Grafik* hervorgezaubert werden. Sie brauchen den Hauptdialog nicht einmal, um ein anderes Mauswerkzeug auszuwählen, etwa statt der rechteckigen Auswahl den Fülleimer. Den Eimer finden Sie im Menüpunkt WERKZEUGE → MALWERKZEUGE. Sehen Sie sich dort einmal genauer um!

Bildbearbeitung

Für den Hobbyfotografen ist von Bedeutung, dass man unkompliziert Bilder nachbearbeiten kann – das reicht vom simplen Zuschneiden der Ränder über das Herauslösen eines Bild-Details oder das Abwedeln einer zu dunkel oder zu hell gewordenen Stelle bis hin zum Retuschieren unansehnlicher Pickel. Und was wäre ein eingescanntes Bild, sagen wir eine CD-Hülle, ohne die Nachbearbeitung mit einer ordentlichen Software?

Einen Ausschnitt wählen. Ein an sich scharfes Bild mit zu viel Landschaft außen herum soll auf den passenden Ausschnitt gebracht werden. So ein Foto hat jeder Fotograf im Repertoire. Wenn Sie nur einen Papierabzug besitzen, dann müssen Sie allerdings zunächst zur Seite 327 weiterblättern, wo es um das Scannen unter Linux geht.

Hier werden zwei lustige Kameraden aus zuviel Umfeld gelöst (siehe Abbildung 9-5). Sie können die Pinguine mit einem *Skalpell* von außen her zuschneiden (WERKZEUGE → TRANSFORMATIONEN → ZUSCHNEIDEN oder auch Shift-C). Das Skalpell ist ein hervorragendes Werkzeug, um einen Bildausschnitt zuerst zu markieren und dann das Bild auf die gewünschte Größe zuzuschneiden. Ziehen Sie mit dem Skalpell zuerst einen Rahmen im Bild auf. Danach können Sie die Eckpunkte der Auswahl noch verschieben, bis Ihnen der Ausschnitt zusagt. Erst wenn Sie mit der Maus in das Ausgewählte hineinklicken, schneidet GIMP das Bild zu. Gewöhnungsbedürftig ist, dass Sie zuerst einen lästigen Zuschneidedialog zur Seite schieben müssen, um zu sehen, wie der Bildausschnitt werden wird.

Sie haben zu früh, zu viel oder insgesamt falsch geschnitten? Drücken Sie die rechte Maustaste, wählen Sie BEARBEITEN → RÜCKGÄNGIG MACHEN aus, und alles ist wieder in Butter. Strg-Z ist der entsprechende Tastatur-Shortcut dafür.

Abbildung 9-5: Nettes Bild, aber zu viel Landschaft ...

Vorsicht: Wenn Sie das Foto zuschneiden und gleich darauf SPEICHERN, wird das Originalbild durch das neue, kleinere ersetzt. Wählen Sie am Schluss dagegen SPEICHERN UNTER und vergeben einen neuen Dateinamen, dann bleibt Ihr Original trotz der »Rasur« erhalten.

Einen Bildausschnitt herausziehen. Wenn Ihnen das Beispiel vorher zu blutrünstig erscheint oder Sie das gerade ausgeschnittene Bildchen daneben noch einmal brauchen, dann hilft Ihnen die *Auswahlfunktion*. Markieren Sie mit dem normalen rechteckigen Auswahlwerkzeug den Teil des Bildes, den Sie haben wollen, und wählen Sie dann BEARBEITEN → KOPIEREN aus. Wenn Sie jetzt BEARBEITEN → EINFÜGEN anklicken, haben Sie das frisch Kopierte als *schwebende Auswahl* noch einmal im Bild. Sie können das Eingefügte mit der Maus packen und verschieben. Wenn Sie mit der Maus irgendwo ins Bild klicken, verankert Gimp den Ausschnitt im Bild.

Wir wollen aber in einem Bild nicht den gleichen Ausschnitt zweimal haben. Also wählen Sie jetzt bitte zweimal hintereinander BEARBEITEN → RÜCKGÄNGIG aus, und alles ist wie vorher. Es wird aber noch eine andere Möglichkeit unter BEARBEITEN angeboten: ALS NEUES BILD EINFÜGEN. Wählen Sie das aus, dann haben Sie das Ausgeschnittene in einem eigenen Fenster und können es unter einem eigenen Dateinamen abspeichern. Sogar eine genauere Anpassung mit dem Skalpell muss Ihnen jetzt nicht mehr gefährlich vorkommen. Einen Bildausschnitt können Sie zurückholen, so oft Sie wollen.

Mit Pfaden arbeiten. Wenn das, was Sie herausholen wollen, nun aber nicht so eckig ist wie das, was Skalpell oder die normale Rechteck-Auswahl liefern, dann müssen Sie mit *Pfaden* arbeiten. Mit dieser Funktion können Sie die gewünschte Figur mit Punkten einrahmen, die durch Linien verbunden sind (siehe Abbildung 9-6). Entweder Sie arbeiten sehr sorgfältig, oder Sie entdecken später, dass man die Punkte mit der Maus auch nachträglich verschieben kann und sogar Bezier-ähnliche Kurven-Anfasser aus den Punkten herausziehen kann ... Mit dem Menüpunkt AUSWAHL → AUS PFAD machen Sie dann, was Sie umrahmt bzw. markiert haben, zur ausgewählten Fläche. Kopieren Sie Ihre Beute mit Strg-C in die Zwischenablage, und holen Sie sie mit BEARBEITEN → ALS NEUES BILD EINFÜGEN als eigenständigen Picasso wieder heraus. Speichern Sie dieses Bild ab, erzeugen Sie einen eigenen Hintergrund dafür, oder fügen Sie das Bild anschließend »als Ebene« in ein anderes Bild ein: Es gibt viele Möglichkeiten, von dieser Technik zu profitieren.

Abbildung 9-6: Hautenges Ausschneiden mit Pfaden

Nachschärfen. Bei genauerem Hinsehen fehlt es oft ein wenig an der Schärfe. Die bekommen Sie mit *Filtern*. Wählen Sie dazu aus der rechten Maustaste FILTER → VERBESSERN → SCHÄRFEN aus. Ein Dialog nimmt als Vorschau die linke obere Ecke der Grafik und zeigt den Zustand an, wie es wäre, wenn Sie den Schieberegler auf dem Dialog ein wenig nach rechts oder links bewegen. Wenn das Detail Ihre Zustimmung hat, klicken Sie auf OK, und die Veränderung wird auf das Foto angewendet.

Künstlerische Filter. Es geht auch künstlerisch. Dazu bietet der Menüpunkt FILTER noch eine Reihe anderer Veränderungsmöglichkeiten. Probieren Sie ruhig viele der Möglichkeiten aus, die dort angeboten werden, und vergessen Sie nicht, dass Strg-Z dem Spuk immer ein Ende macht.

Grafikkonvertierung und -verwaltung

Wer nicht alles mit GIMP öffnen und dann in einem anderen Format abspeichern will oder manchmal selbst die grafischen Anzeigewerkzeuge wie *Kuickshow* oder *Eye of Gnome* zu aufgeblasen findet, der kann in diesem Unterkapitel fündig werden. Unter Unix haben Konvertierungswerkzeuge eine lange Tradition. Zwei dieser mächtigen Pakete sollen hier vorgestellt werden: *ImageMagick* und *Netpbm*.

Neben der reinen Veredelung und Nachbearbeitung verlangen Grafiken – vor allem aus der digitalen Fotografie – nach *Fotoalben*. Was helfen Ihnen denn die tollsten Bilder, wenn Sie sie nicht vorzeigen können? Dazu müssen Sie sie erst einmal wiederfinden. Fotografen haben eine weitere wichtige Forderung: Die unveränderten Original-Bilder dürfen bei aller Nachbearbeitung nicht verloren gehen, sondern sollen möglichst sicher und geschützt in einem Verzeichnis auf der Festplatte liegen.

ImageMagick

Sie können sich *ImageMagick* wie ein Schweizer Armeemesser für Grafiken vorstellen. Es ist eine Sammlung von kleineren Programmen, die selbsterklärende Namen wie *display* und *convert* tragen und oft als Einzelprogramme in einem Terminal auf der Shell zum Einsatz kommen. Dort wo es nötig und sinnvoll ist, gibt es aber doch ein grafisches Frontend. Gerade die beiden genannten Programme aus der ImageMagick-Sammlung können gut mit kommerzieller Grafiksoftware mithalten, und das nicht nur unter Linux: *display* kann quasi jede intakte Grafikdatei anzeigen, und *convert* konvertiert so gut wie alles in so gut wie alles. Und es gibt in Form von Manpages auch eine sehr gute Dokumentation dafür: Benutzen Sie an einem Terminal die Befehle `man display` und `man convert`.

ImageMagick muss natürlich installiert sein, damit Sie mit den beiden Programmen arbeiten können. Überprüfen Sie also vorher im Installationswerkzeug Ihrer Distribution, ob es installiert ist, oder geben Sie an einem Terminal diesen simplen Befehl ein:

```
[dieter@revolver dieter]$ rpm -q ImageMagick
ImageMagick-6.0.4.4-5.2.101mdk
[dieter@revolver dieter]$
```

Bei einer Debian-artigen Distribution ist es freilich eher dieser Befehl:

```
root@troll:~# dpkg --get-selections | grep agick
imagemagick                                     install
libmagick9                                      install
root@troll:~#
```

Sollte ImageMagick wirklich nicht installiert sein, dann installieren Sie es nach. Wie das geht, steht in Kapitel 16, *Software installieren*. Dieses Paket gibt es wirklich für jede Standarddistribution.

 Wenn eine Meldung zurückkommt, die *ImageMagick-unddannZahlen* oder auch nur *imagemagick* lautet, ist das Paket installiert. Kommt die Meldung *package imagemagick is not installed*, dann haben Sie sich vielleicht nur vertippt. Bei den rpm-Systemen müssen Sie ImageMagick in der richtigen Klein-Großschreibung eintippen. Probieren Sie vielleicht auch einmal *rpm -qa | grep -i imagemagick* aus. Dann präsentiert grep Ergebnisse in Klein- und Großschreibung.

display in Aktion. Ein Beispiel: Auf meiner Festplatte befindet sich die Datei *woody.png*, und sie soll am Bildschirm angezeigt werden. Für den »Tastenfritzen« sieht die einfachste Variante so aus: Öffnen Sie ein Terminal, und wechseln Sie in das Verzeichnis, in dem sich die Datei befindet. Tippen Sie dann den Befehl display woody.png ein.

Freunde der Maus klicken im Nautilus oder Konqueror in den Ordner der Grafik. Beide bieten natürlich eine Dateivorschau. Trotzdem ist es möglich, auch von hier aus display aufzurufen. Klicken Sie mit der rechten Maustaste auf die Grafik, und wählen Sie den Menüpunkt ÖFFNEN MIT → SONSTIGE... (Konqueror). Sie bekommen – wie bei Windows – eine Liste von möglichen Programmen (sogar so, wie sie im Hauptmenü bzw. Startknopf angeordnet sind) angezeigt. Am oberen Ende des Dialogs ist ein Eingabefeld. Dort tippen Sie display ein und drücken Return oder klicken auf den OK-Button. Sofort springt die Grafik auf; wenn die Darstellung größer als der Bildschirm ist, öffnet display sogar eine zusätzliche Übersichtsanzeige (*Pan Icon*) für Sie, wo Sie mit der Maus den sichtbaren Bildausschnitt verschieben können. Probieren Sie es aus! Bei Nautilus gibt es ebenfalls in der rechten Maustaste einen Menüpunkt ÖFFNEN MIT → ANDERER ANWENDUNG. Dies öffnet einen Dialog. Bei installiertem *ImageMagick* ist es sehr wahrscheinlich, dass sich im folgenden Dialog ein Auswahlpunkt IMAGEMAGICK DISPLAY befindet. Wenn Sie den auswählen, geschieht das Gleiche wie oben bei Konqueror beschrieben.

Egal wie Sie die Anzeige der Grafik aufgerufen haben, sobald Sie mit der Maus in die von display dargestellte Grafik hineinklicken, bekommen Sie ein komplettes COMMAND betiteltes Auswahlmenü für den guten Woody angezeigt (siehe Abbildung 9-7). Die Bearbeitungsmöglichkeiten in diesem schlicht gehaltenen Menü sind beachtlich. Man würde diese Vielfalt zunächst nicht vermuten. Wenn Sie ein wenig mit den verschiedenen Schaltern herumgespielt haben, entdecken Sie z.B. auch die *Kohlezeichnung* und noch ein paar andere.

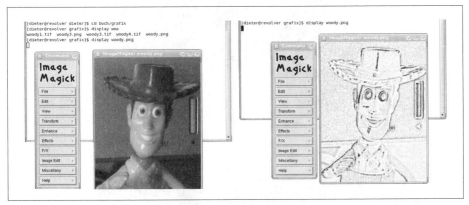

Abbildung 9-7: ImageMagick in Aktion: Woody normal (links) und als »Kohlezeichnung« (rechts)

convert zum Konvertieren. *convert* macht das, was der Name des Programms sagt: Von der Befehlszeile aus konvertiert es eine Grafik von einem Format in ein anderes. »Format« kann dabei nicht nur die Dateiendung zusammen mit der Kodierung, sondern durchaus auch das Größenformat bedeuten, wie folgendes Beispiel zeigt:

```
[dieter@raider grafix]$ convert woody.png -resize 120x120 woodyklein.png
```

Lässt man beide Grafiken dann mit `display` anzeigen, sieht das Ergebnis so aus wie in Abbildung 9-8.

Also ganz ehrlich: Bevor Sie diese Funktion in GIMP gefunden haben, sind Sie mit *convert* vermutlich schon mehrfach ans Ziel gekommen. Und vor allem können Sie mit diesem Kommandozeilenbefehl ganze Massen-Bildbearbeitungen automatisch starten, wenn Sie ihn auf viele Dateien gleichzeitig loslassen (z.B. *.jpg) oder ihn in Skripten einbauen.

Der Befehl `man convert` zeigt Ihnen die komplette Befehlsbeschreibung an.

Netpbm

Ähnlich wie *ImageMagick* ist auch *netpbm* eine Sammlung von Klein- und Kleinstprogrammen. Diese Software ist noch radikaler: Die Programme arbeiten wie *convert* in der Regel völlig ohne grafische Ergebnisanzeige; sie erledigen einfach ihre Arbeit. Aus diesem Grund eignen sie sich hervorragend für automatisierte Vorgänge, denn man kann ihre Befehlssyntax leicht in Shellskripten integrieren. Auch hier sollten Sie nicht glauben, dass ein Programm nicht mächtig ist, nur weil es keine angeberische grafische Oberfläche hat.

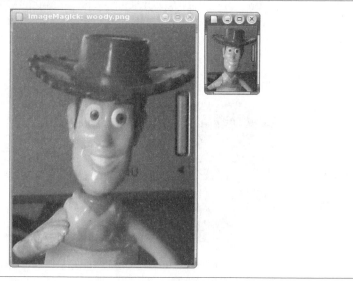

Abbildung 9-8: Woody im Original und (rechts) auf 120x120 Pixel geschrumpft

netpbm kann so ziemlich jede Grafik in jedem Pixelformat (und selbst ASCII-Text) jeweils von einem Format in ein anderes umrechnen. Eine Durchzählung ergab, dass das Paket *netpbm* fast 240 solcher kleiner Konvertierungsprogramme enthält. Sie heißen z.B. *pngtopnm*, *pnmtojpeg* und so weiter. Eine umfassende Erklärung aller Tools und der Zwischenformate finden Sie auf der Website *http://netpbm. sourceforge.net/doc/index.html*. Bringen Sie Zeit mit, denn da steht viel zu lesen. Die Erfahrung zeigt: Wenn es mit keinem anderen Tool funktioniert hat, können Sie es ruhig einmal mit einem der netpbm-Programme versuchen.

Bilder sichten und in Alben verwandeln

Die schönste Bildersammlung ist nichts wert, wenn man sie nicht vorzeigen kann. Grafik-Anschauprogramme wie *Gwenview* und *Kuickshow* können Ihnen zwar die Bilder eines Verzeichnisses in Ganzseitenvorschau anzeigen. Doch damit die Reihenfolge der Bilder stimmt, müssen Sie voher die Namen der Bilder alphabetisch oder numerisch passend machen. Das ist langwierig und öde. Immerhin bietet Gwenview die Möglichkeit, Anmerkungen zu den Grafiken abzulegen.

Fotoalben-Software springt in diese Bresche. *KPhotoAlbum* (das früher *KimDaBa* hieß) und z.B. auch *Kalbum* können die Reihenfolge der Bilder willkürlich setzen, denn sie greifen über eine Datenbank auf die Bilder zu. Sie können also nach Herzenslust sortieren und kategorisieren und (bei KPhotoAlbum) danach über willkürliche Suchbegriffe die Bilder wiederfinden. Meist gibt es auch pfiffige Exportoptionen: Kalbum kann z.B. direkt Webgalerien erstellen oder auch Alben in *.war*-Dateien exportieren, um sie als Bildergalerie in einen Tomcat Web(application)server einzubinden.

Im Idealfall packt bereits die Software zum Importieren der Bilder aus Digitalkameras alles sofort in Alben. Hier wäre *digiKam* zu nennen, das auf Seite 341 bei der Digitalfotografie beschrieben wird.

Scannen

Scanner mit USB-Anschluss sind mittlerweile am weitesten verbreitet und einfach in Gang zu setzen. Das ist schon eine tolle Sache: Viele Geräte haben heute nur noch ein einziges Kabel, über das nicht nur die Bilder zum Computer fließen, sondern in der Gegenrichtung auch der Strom, den der Scanner benötigt. In der Regel brauchen Sie nur das USB-Kabel eines Geräts bei laufendem Betrieb in den Rechner zu stecken, und schon wird das Gerät erkannt und konfiguriert. Das ist möglich, weil USB-Geräte ihre eindeutigen Herstellerangaben über das USB-Kabel an den Rechner übertragen. Dadurch erübrigen sich viele Probleme, die Sie früher lösen mussten, denn nicht überall ist auch drin, was draufsteht.

Sollten die USB-Steckplätze an Ihrem Rechner nicht reichen, dann können Sie für wenig Geld einen sogenannten *USB-Hub* erwerben, mit dem mehrere Geräte zugleich mit einem einzelnen USB-Steckplatz am Rechner verbunden werden. Theoretisch könnte man bis zu 256 Geräte per USB an einem einzigen Rechner anschließen. Da macht aber normale PC-Hardware nicht mehr mit, und das nicht nur wegen der Stromversorgung aller Peripheriegeräte. Die paar Geräte, die ein Normalbenutzer besitzt, werden aber üblicherweise locker abgedeckt. Wenn Sie einen USB-Scanner haben, können Sie jetzt loslegen und die ersten 4.000 Bilder darüber in den PC übertragen.

Neuere Multifunktionsgeräte mit Scanner aus dem Hause *brother* brauchen einen speziellen Treiber, um per USB mit Linux zu funktionieren. Aber den bietet dieser Hersteller zum Download an, zusammen mit einer korrekten Anleitung (leider nur in Englisch), wie man alles zusammen zum Laufen bekommt.

Hardware einzubinden war jedoch nicht immer so leicht wie heute mit USB. Vor ein paar Jahren waren sogenannte Parallelport-Scanner gängig. Die hießen so, weil sie am Parallel-Anschluss (das ist der Druckeranschluss) des Rechners angeschlossen waren. Sie waren preiswert in Supermärkten zu finden, vielleicht liegt ja noch einer bei Ihnen im Keller herum. Auf Seite 336 schildere ich Schritt für Schritt, wie man so ein antikes Parallelanschluss-Gerät unter Linux in Gang bekommt. Leichter zu betreiben, aber viel teurer in der Anschaffung, waren Scanner, die am SCSI-Bus angeschlossen wurden.

Mein Tipp, wenn Sie wirklich einen Scanner betreiben müssen: Kaufen Sie für 30 bis 80 Euro einen neuen USB-Scanner, bevor Sie Arbeitszeit im Wert von 200 Euro ins Herumtüfteln an einem alten Parallelport-Scanner investieren. Womöglich glauben Sie hinterher noch, mit Linux zu arbeiten sei schwierig! Alte Hardware einzusetzen bringt immer auch die Gefahr mit sich, dass Sie tagelang an Linux herumkonfigurieren wie ein Weltmeister, nur um hinterher festzustellen, dass dieser spezielle Scanner überhaupt nicht mit Linux läuft oder einfach kaputt ist.

Hardware- und Software-Voraussetzungen

Günstige Flachbettscanner in guter Qualität bekommt man schon für unter 40 Euro; wenn Sie die Wahl haben, nehmen Sie ein Gerät eines namhaften Herstellers, aber vielleicht nicht dessen Top-Modell. Die Unterstützung unter Linux ist bei Scannern wie bei jeder anderen Hardware: Je verbreiteter ein Gerät ist, desto höher ist die Chance, dass Sie nicht erst das Rad erfinden müssen, um es dann zum Laufen zu bringen. Einen Mustek 1200P[1] mit USB oder dessen Nachfolger stecken Sie an, und mit ihm werden Sie bereits die ersten 100 Bilder im Rechner haben, während Sie für Topklasse-Scanner noch zu verstehen versuchen, wie Linux überhaupt scannt.

Im Zweifelsfalle sehen Sie bei *Google* nach, ob das von Ihnen gewünschte Gerät unter Linux bekannt ist, oder fragen in einer Mailingliste bzw. einem Forum nach. Sehr umfangreich und kompetent ist die Geräteliste bei *http://www.sane-project.org/ sane-supported-devices.html*. Kein Wunder, denn von dort kommt das Paket *sane* (*SANE* steht für *Scanner Access Now Easy*), das das Scannen unter Linux sehr vereinfacht hat und heute den Standard darstellt. Selbstverständlich werden *sane* und die beiden grafischen Scan-Programme *Xsane* und *Kooka* bei den großen Distributionen automatisch mitinstalliert, wenn bei der Installation ein Scanner gefunden wurde. Wenn nicht, dann können Sie jedes dieser Pakete auch nachinstallieren. Wie bekommt man heraus, ob *sane* schon installiert ist? Entweder über das Installationswerkzeug der Distribution oder per Kommandozeile. Dazu geben Sie in einem Terminal diesen Befehl ein:

```
[dieter@raider dieter]$ rpm -qa | grep  sane
sane-backends-1.0.14-3mdk
sane-frontends-1.0.12-1mdk
libsane-hpoj1-0.91-5mdk
libsane1-1.0.14-3mdk
lib64sane1-1.0.14-3mdk
[dieter@raider dieter]$
```

Bei Ubuntu/Debian lautet er natürlich:

```
root@revolver:~# dpkg --get-selections | grep sane
libsane                                         install
libsane-extras                                  install
sane                                            install
```

---

[1] Mir ist nicht bekannt, ob der noch gebaut wird bzw. ob seine Nachfolger ebenso problemlos funktionieren. Aber vor Jahren war das ein sehr verbreitetes Gerät.

```
sane-utils                          install
xsane                               install
xsane-common                        install
root@revolver:~#
```

Hier sind gleich mehrere Pakete installiert, die *sane* im Namen führen. Beide Befehle (`rpm -qa` und `dpkg --get-selections`) fragen die jeweiligen Installationsdatenbanken nach allen installierten Paketen ab und filtern anschließend nach dem Wort *sane* (`| grep sane`). Diese (kompliziertere) Abfrage muss diesmal gewählt werden, weil *sane* auch aus mehreren Paketen zusammengeschnürt sein kann. Sie müssen das aber nicht so machen. Rufen Sie stattdessen einfach das Installationswerkzeug Ihrer Distribution auf, und suchen Sie nach dem Paket *sane*.

Schön wird *sane* aber erst durch grafische Scanprogramme. Die gängigen beiden sind *Xsane* und *Kooka*. Prüfen Sie also auch, ob die Pakete *xsane* und/oder *kdegraphics-kooka* installiert sind. Wenn nicht, installieren Sie beide nach.

Halt, eines noch: Sie können als normaler Benutzer mit einem unveränderten *sane* nicht scannen, das kann zunächst nur der Superuser *root* (siehe Kasten Seite 332). Am Ende dieses Kapitels (siehe Seite 340) steht, wie Sie einen sogenannten *SANE-Server* einrichten können. Mit einem *SANE-Server* ist es so ähnlich wie mit dem Druckdienst: Wenn er läuft, kann jeder Benutzer darauf zugreifen. Und wenn der *SANE-Server* läuft, kann jeder scannen.

Und los: Xsane und Kooka benutzen

Zur Diagnose scannen können Sie mit dem textorientierten *scanimage*, das zum *sane*-Paket gehört und am Ende des Kapitels auf Seite 338 vorgestellt wird. Mehr Spaß macht es aber mit grafischen Scanprogrammen. Meist kommt das vom *sane*-Projekt entwickelte *Xsane* (sehr hübsch, aber Linux-eigenartig) oder *Kooka* (ein KDE-Frontend, das im Hintergrund mit *Xsane* zusammenarbeitet) zum Einsatz. *Kooka* sieht für den Windows-Umsteiger am ehesten so aus, wie man sich ein Scanner-Programm vorstellt.

Scannen mit Xsane

Xsane erschreckt den Ungeübten zuerst einmal mit der Meldung, dass es keine gute Idee ist, *Xsane* als *root* auszuführen. Das wissen wir ja eigentlich (siehe Abbildung 9-9). Im Moment haben wir nur (noch) keine bessere Lösung. Die wird erst ein wenig später vorgestellt.

Xsane startet nur mit einem kleinen Startfenster (siehe Abbildung 9-10). Nicht einmal eine Vorschau wird angeboten, die kann man sich aber in der Menüleiste unter ANSICHT dazuschalten.

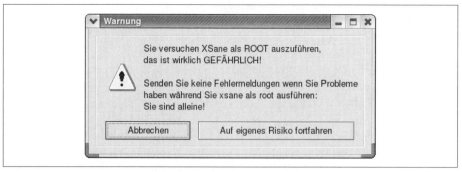

Abbildung 9-9: Warnung: Man soll Xsane nicht als root ausführen. Im Moment geht es noch nicht anders.

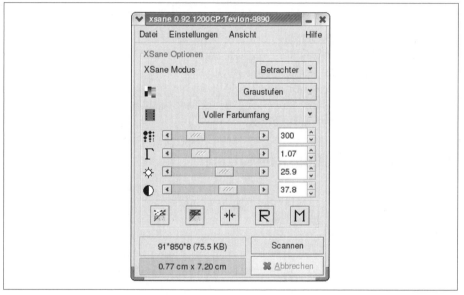

Abbildung 9-10: Das Hauptfenster von Xsane

Ein Vorschaufenster (siehe Abbildung 9-11) ist unbedingt nötig, denn nur in diesem Fenster gibt es den Schalter, mit dem Sie einen Vorschau-Scan durchführen können. Sie wissen schon, das ist die eher grobe Orientierungshilfe für den eigentlichen Scan-Vorgang, der einen außerdem noch daran erinnert, dass man (bei Schwarz-Weiß-Scans) die Farbe abschalten soll, damit die eingescannten Bilddateien nicht fürchterlich groß werden.

Beachten Sie das kleine Fenster am rechten unteren Fensterrand. Darin befindet sich eine vergrößerte Ansicht der Mausposition. Am oberen Fensterrand sind etliche Knöpfe zur Steuerung des Fensters und des Bildausschnitts angebracht. Das Viereck am linken Rand lässt Sie mit der Maus den Ausschnitt frei wählen.

Abbildung 9-11: Vorschauansicht bei Xsane leer (links) und mit einem eingescannten Bild (rechts)

Den eigentlichen Scan-Vorgang starten Sie im Hauptfenster von *Xsane*. Sie können hier noch Auflösung, Farbsättigung, Helligkeit und Kontrast anpassen. Die Software scannt auch nur noch, was im Vorschaufenster markiert ist, und präsentiert es in einem 1:1-Fenster (siehe Abbildung 9-12).

Abbildung 9-12: Detailansicht des eingescannten Bildes

> ### Warnung: Als root scannen
>
> Wenn Sie einfach drauflosscannen wollen, müssen Sie das als der Benutzer *root* tun. Das bedeutet, Sie müssen sich entweder komplett grafisch anmelden (bei Ubuntu und Debian ist das gar nicht möglich) oder sich mit dem Befehl *su -* in *root* verwandeln. Es ist gefährlich und nicht zu empfehlen, sich als Benutzer *root* vollständig grafisch am System anzumelden. Zu Testzwecken mag so ein lokaler grafischer *root*-Login vielleicht noch angehen, aber lassen Sie sich auf keinen Fall einfallen, während der Sitzung eine Verbindung zum Internet zu starten oder gar herumzusurfen. Ihre Maschine steht in dieser Zeit womöglich völlig ungeschützt im Internet. Lesen Sie dazu auch Kapitel 11 auf Seite 387.
>
> Besser ist es, Sie starten ein Terminal und wechseln dort mit dem Befehl
>
> > su -
>
> zum Benutzer *root* (bei Ubuntu *sudo bash*). Danach können Sie einen der beiden Befehle *xsane* oder *kooka* eingeben, um das Scanprogramm zu starten.
>
> Eine weitere Möglichkeit haben KDE-Benutzer, indem Sie aus dem Hauptmenü BEFEHL AUSFÜHREN wählen und bei den ERWEITERTEN EINSTELLUNGEN angeben, dass der Befehl (*xsane* oder *kooka*, Sie geben diesen Befehl in der Eingabezeile oben ein) als Benutzer root ausgeführt werden soll. Das funktioniert auch bei SUSE so.

Schließlich hat *Xsane* die etwas gewöhnungsbedürftige Eigenart, Ihnen das aktuell eingescannte Bild beim Abspeichern immer als *out.pnm* anzubieten. Sie können aber auch einen anderen Dateinamen oder ein anderes Ausgabeformat angeben. Außerdem gehören diese Bilder, da wir vermutlich immer noch als der Benutzer *root* scannen, vorerst auch noch dem Benutzer *root*, und wir müssen sie später erst dem richtigen Benutzer (mit *chown* oder einem grafischen Dateimanager) übereignen. Wie auch immer: Das Ergebnis kann sich durchaus sehen lassen (siehe Abbildung 9-13). Dann schlägt die Stunde der Nachbearbeiter, z.B. von *ImageMagick* oder *GIMP*.

Scannen mit Kooka

Kooka könnte man dem Aussehen nach für eine Windows-Software halten. Hier erscheint als Erstes eine Abfrage, ob man auch das richtige Einlesegerät benutzen will. Dann erscheint ein *All-in-One*-Dialog, der rechts auch ein Vorschaufenster hat. Die Vorschau ist leer, solange Sie noch keinen VORSCHAUSCAN mit dem Button in der linken unteren Ecke des Dialogs angestoßen haben (siehe Abbildung 9-14). Sie markieren mit der Maus den zu scannenden Bildausschnitt auf der linken Seite, und nun können AUFLÖSUNG und SCAN MODE eingestellt werden.

Abbildung 9-13: Tom, als er noch ein wilder Rockmusiker war ...

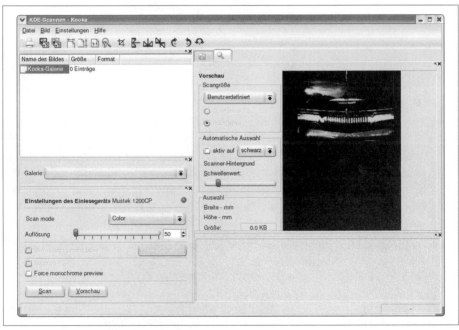

Abbildung 9-14: Vorschauanzeige bei Kooka

Sie bekommen nach dem Scan-Vorgang ein großes Bild angezeigt, das Sie aber nicht direkt an einem bestimmten Ort speichern können. Der Speicherdialog ist in Wirklichkeit ein *Ablage-Assistent,* der Sie nur das Grafikformat angeben lässt, aber keinen Speicherort (siehe Abbildung 9-15).

Abbildung 9-15: Kein Speicherort, sondern nur ein Ausgabeformat

Das ist nicht schlimm, denn die eingescannte Grafik wandert zuerst einfach in die *Kooka-Galerie*; gute Beobachter bemerken am unteren Fensterrand der Software, dass deren Pfad ins Benutzer-Heimatverzeichnis führt und dort ins Verzeichnis *.kde/share/apps/ScanImages*. Beachten Sie auch hier: Wenn Sie immer noch als der Benutzer *root* scannen, geht es hier um das Heimatverzeichnis des Super-Users. Sie müssen die Dateien anschließend dem richtigen Benutzer übereignen. Die Vorschau lässt sich mit dem Registerschalter auf die Galerieansicht umstellen (siehe Abbildung 9-16). Klicken Sie mit der rechten Maustaste auf den Namen der Datei links, und Sie können die Datei (sie haben vorgefertigte Namen wie *kscan_000nummer.Endung*) unter einem beliebigen Namen auf der Festplatte abspeichern.

Kooka benutzt die gleichen Werkzeuge wie *Xsane*, um Bilder zu erzeugen. So ist auch dieser Scan der Motorhaube eines Uralt-Plymouth von ansehnlicher Qualität (siehe Abbildung 9-17).

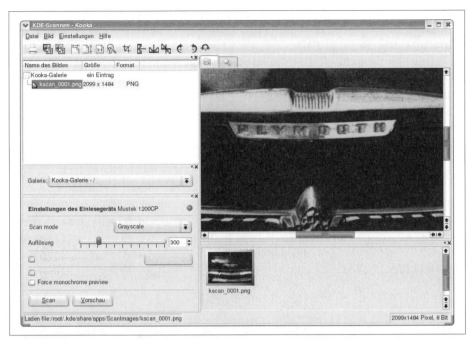

Abbildung 9-16: Galerie-Vorschau in Kooka

Abbildung 9-17: Die Motorhaube eines Antik-Taxis in Istanbul

Im Bastelraum: Wenn der Scanner etwas älter ist

Vor nicht allzu langer Zeit war Scannen unter Linux ein Abenteuer und funktionierte nur mit (teuren) SCSI-Scannern richtig. Doch dann kam das Projekt *SANE* (*Scanner Access Now Easy*), und der Name ist Programm. Für praktisch jedes erdenkliche Modell gibt es ein sogenanntes *Backend*, das ist eine Beschreibung, wie der Rechner mit dem speziellen Gerät sprechen soll. Wie das Ganze funktioniert und dass es im Prinzip ja eigentlich doch nur zwei verschiedene Scannertypen gibt, können Sie mit viel Geduld unter *www.sane-project.org* nachlesen.

In vielen Haushalten liegen noch »Aldi-Scanner« oder vergleichbare Geräte herum, die – ganz dem Totalrecycling-Gedanken verpflichtet – besser unter Linux wieder ans Laufen gebracht werden sollten, als zum Sperrmüll zu wandern. Für so einen Scanner hatte ich noch lange extra einen Windows-Rechner in Betrieb, denn es hieß, der Anschluss von Parallelport-Scannern sei recht kompliziert. Wie man sich täuschen kann ... Alles, was auf den folgenden Seiten beschrieben wird, kann auch bei Ihrem Gerät helfen.

Sie müssen eigentlich nur zwei Dinge tun, nämlich:

- herausfinden, was für ein Scanner-Gerät Sie da vor sich haben, und
- den Eintrag überprüfen oder einen erstellen, der *Sane* mitteilt, welchen Treiber es verwenden soll.

Das ist nicht so dramatisch, denn dafür müssen Sie sich ja nur zwei simple Dateien ansehen.

Den Scanner identifizieren

Zuerst müssen Sie herausfinden, wer das Gerät, das da vor Ihnen liegt, hergestellt hat. Für Scanner gibt es sehr viele Handelsmarken, aber gar nicht so viele Hersteller. Unter *www.sane-project.org* gibt es eine beispielhaft einfach aufgemachte Seite: Auf der linken Seite können Sie lesen, was es kürzlich Neues gab, und auf der Hauptseite können Sie schon beim zweiten Link auf SUPPORTED DEVICES klicken, und Sie werden auf eine Suchmaschine für Modelle geführt, die laut Aussagen der Macher der Seite täglich (!) auf den neuesten Stand gebracht wird.

Weiter unten wird angeboten, die Scanner nach Herstellern zu finden. Was ist denn nun eigentlich drin in meinem *Tevion MD9890*? Sane-project weiß es: Medion, Lifetec, Tevion und Cytron werden in der Herstellertabelle unter dem gleichen Begriff geführt, und offenbar hängt neben Aldi auch noch Tchibo in dieser Scanner-Verschwörung mit drin ... Es ist ein Mustek.

Sane konfigurieren

In der Tabellenzeile mit der Scanner-Beschreibung gibt es einen Link, der zu *http://penguin-breeder.org/sane/mustek_pp/* führt. Dort befinden sich weiterführende Informationen über das Gerät. Wenn sich in der Tabellenzeile für Ihr Gerät auch so ein Link befindet, sollten Sie ihm ebenfalls mit einem Mausklick folgen.

> Bitte beachten Sie die Troubleshooting-Sektion auf der HTML-Seite zu Ihrem Scanner. Auf der *mustek_pp*-Seite wird z.B. darauf hingewiesen, dass SUSE 9.x-Distributionen durch einen Fehler keine Parallelport-Scanner unterstützten. Wenn Ihnen so etwas rechtzeitig auffällt, sparen Sie sich Zeit und Ärger.

Die Seite auf *penguin-breeder.org* beschreibt minutiös, was zu tun ist, um den gewählten Scanner in Gang zu setzen. Schade nur, dass sie in technischem Englisch geschrieben ist. Die folgenden Informationen sind zu entnehmen:

- Es muss eine Datei mit dem Namen *dll.conf* geben, die entweder in */etc/sane.d* (sehr wahrscheinlich, da bei den gängigen Distributionen alle Konfigurationen unter */etc* liegen) oder unter */usr/local/etc/sane.d* zu finden ist. Das können Sie herausfinden, indem Sie in beide Verzeichnisse hineinsehen. */usr/local/sane.d* gibt es nicht, */etc/sane.d* schon.

- In dieser Datei *dll.conf* müssen Sie das Mustek-Backend aktivieren, indem Sie das Kommentarzeichen # am Anfang derjenigen Zeile entfernen, in der mustek_pp steht. Das ist einfach zu verstehen: Wenn das Kommentarzeichen am Anfang einer Zeile weg ist, kann *Sane* diese Zeile in der Datei lesen, und Sie melden damit praktisch einen Treiber bei *Sane* an. Verwenden Sie dafür Ihren Lieblingseditor. (In der Datei *dll.conf* auf meinem Rechner gab es zwar die Zeile mit dem Wort mustek_pp, aber sie war gar nicht auskommentiert. Es gab noch sehr viele andere Zeilen, die waren auch alle nicht kommentiert. Kurz und gut: Ich musste hier überhaupt nichts tun, und hätte ich einen anderen Scanner anmelden wollen, hätte ich wohl auch nichts tun müssen. Also schloss ich die Datei, ohne sie zu verändern.)

- Danach gilt es, die Datei *mustek_pp.conf* anzupassen. Dem Namen nach ist das wohl die Konfigurationsdatei für einen parallel angeschlossenen Mustek-Scanner. Diese befindet sich normalerweise am gleichen Ort wie die *dll.conf*. Nachdem Sie fertig sind, soll sich in dieser Datei eine Zeile befinden, die etwa so aussieht:
scanner "mustek" * <driver>
Und als <driver> kann da entweder cis1200 oder cis1200+ stehen. Das ist kein Problem, denn alle Zeilen in dieser Datei sind auskommentiert. Als vorsichtiger Mensch fügt man so einer Datei am Ende eine neue Zeile an und verwendet dann zuerst das cis1200 (ohne Plus-Zeichen). Die Datei wird gespeichert und geschlossen.

Das war es doch schon! Sie haben in eine Datei hineingesehen und eine andere Datei um eine Zeile verlängert.

 Wichtig ist bei diesen Tätigkeiten, dass Sie als *root* angemeldet sind. Wäre das alles dann nicht eigentlich eine Aufgabe für den Administrator? Ja, aber das Scannen ist eine Funktion, die von so vielen Einzelnutzern gewünscht wird.

Testen, ob der Scanner gefunden wird

Nachdem diese Anpassungen vorgenommen sind, schlägt der *penguin-breeder* vor, mit dem Befehl scanimage -L zu überprüfen, ob etwas gefunden wird. Das müssen Sie als *root* in einem Terminal tun.

```
[root@storm root]# scanimage -L
device `mustek_pp:mustek' is a Mustek 1200CP flatbed scanner
[root@storm root]#
```

Ach, so ist das: In der neu angefügten Zeile stand das Wort mustek, dann ein Sternchen und schließlich cis1200. Seien Sie neugierig! Es kann nicht schaden, einmal das Wort mustek gegen tevion auszutauschen. Wenn Sie in der letzten Zeile von *mustek_pp.conf* scanner Tevion-9890 * cis1200 hinschreiben, meldet der Befehl scanimage -L plötzlich etwas wie device `mustek_pp:Tevion-9890' is a Mustek 1200CP flatbed scanner. Jetzt wissen wir's: Man kann den Scanner so nennen, wie man will.

penguin-breeder berichtet auf seiner Webseite, dass die neueren Versionen von *Sane* auch noch einen anderen Diagnosebefehl verstehen. Der Befehl sane-find-scanner -p ist eine andere Methode, um existierende Scanner zu finden. Eines der größten Probleme bei Parallelport-Scannern ist nun einmal, dass sie nicht sehr viel zurückmelden. Das macht ihre Konfigurierung im Gegensatz zu der von USB-Scannern so heikel. Ein Versuch:

```
[root@storm root]# sane-find-scanner -p

  # No SCSI scanners found. If you expected something different, make sure that
  ...
  # No USB scanners found. If you expected something different, make sure that
  ...

found possible Mustek parallel port scanner at "parport0"

  # Your Mustek parallel port scanner was detected.  It may or
  # may not be supported by SANE.  Please read the sane-mustek_pp
  # man-page for setup instructions.

  # Most Scanners connected to the parallel port or other proprietary ports
  # can't be detected by this program.
[root@storm root]#
```

Das sieht doch ganz vielversprechend aus! Nun führen wir einen unverbindlichen Funktionstest des Scanners mit den Grundeinstellungen durch. *scanimage* kennen wir von vorhin schon als Sane-Diagnoseprogramm. In Wirklichkeit ist es aber ein textorientiertes Scan-Programm. Der Befehl `scanimage > pingus.png` auf einem Terminal schreibt das Eingescannte in eine Datei namens *pingus.png*. Woher ich das weiß? Versuchen Sie es in einem Terminal mit dem Befehl `man scanimage`:

```
[root@storm root]# scanimage > pingus.png
[root@storm root]#
```

Der Scanner sollte jetzt etwas Leben zeigen. Wenn er klappert, kreischt oder sonstige seltsame Dinge tut, ziehen Sie das Kabel heraus. Dann müssen Sie auf der Webseite eben noch ein wenig weiterlesen. So ist das nun einmal mit Open Source-Software: Es gibt Pinguinzüchter, die knallharte technische Dokumentationen schreiben, die auf den Zehntelmillimeter zutreffen. Und diesen Texten geht man nach, bis das eigene Gerät funktioniert. Wenn das nicht klappt, schreibt man den Züchtern eine E-Mail und schildert seinen Fall. Sie würden nicht glauben, wie viele Geräte mit freundlichen Worten schon zum Leben erweckt wurden. (Die Worte richten Sie wohlgemerkt nicht ans Gerät, sondern an die Brüter.)

Wenn Ihr Scanner jetzt losscannt, können Sie nach kurzer Zeit Ihr Bild begutachten. Es liegt im aktuellen Verzeichnis und heißt *pingus.png* (siehe Abbildung 9-18).

Wenn Sie das Anzeigen von `display` erledigen lassen, können Sie mit einem Mausklick ins Bild auch gleich in die Verbesserung der Grafik einsteigen.

Abbildung 9-18: Das Bild nach dem Einscannen bearbeiten mit ImageMagick

Wenn Sie so etwas jetzt öfter machen, wird keiner Ihrer ehemaligen Windows-Kumpels Sie mehr verstehen. Aus diesem Grund gibt es grafische Frontends zu *Sane* – Sie können jetzt wieder oben bei *Xsane* weiterlesen.

Der Scanner-Server

Das ist eine Sache, die auch im späteren Abschnitt über Systemadministration erklärt werden könnte. Wenn Sie sich unsicher sind, dann machen Sie das hier nicht mit. Man kann als Linux-Einzelkämpfer auch prima leben, wenn man immer als Benutzer *root* scannen muss. Sie müssen dann eben immer ein Auge darauf haben, wo Sie die gescannten Grafiken hinkopieren, denn sie gehören zunächst dem Benutzer *root*. Wenn Sie Linux in einer Firma betreiben, gibt es einen Systemadministrator, der den Scanner-Server für Sie einrichten kann. Und vielleicht trauen Sie sich ja doch, wenn sie diesen Text *erst einmal* genau durchgelesen haben.

Bisher kann ausschließlich der Benutzer *root* scannen, weil nur er das Recht hat, das Scanner-Gerät zu bedienen. Dafür gibt es eine einfache Lösung: Man kann das Scannen als Netzwerkdienst einrichten. Dazu wird ein *Sane-Server* (mit dem Namen *saned*) in Gang gesetzt. Über das Netz kann dann jeder scannen (wie bei Windows, wenn Sie mit dem Explorer auf eine Freigabe zugreifen, die auf der eigenen Maschine freigegeben ist).

Um so einen Server einzurichten, muss man (als Benutzer *root*) drei Dinge tun:

- dem Rechner beibringen, dass er auf Port 6566 jetzt Scanner-Befehle akzeptiert
- dem Netzwerkdienst *xinetd* beibringen, dass er den *saned* wecken soll, wenn jemand scannen will (und *xinetd* ständig laufen lassen)
- dem *saned*-Dienst beibringen, dass er Scanner-Befehle von dem Rechner *localhost* aus (das ist der aktuelle Rechner selbst) entgegennehmen soll

Das geht so:

- Fügen Sie in der Datei */etc/services* eine Zeile hinzu, in der Folgendes steht:
  ```
  sane-port    6566/tcp    # SANE network scanner daemon
  ```
  (Überprüfen Sie vorher, ob es diese Zeile nicht schon gibt.) Damit haben Sie den ersten Punkt abgehakt.
- Erzeugen Sie im Verzeichnis */etc/xinetd.d* eine Datei mit dem Namen *sane*, in der Folgendes steht:
  ```
  service sane-port
  {
     socket_type = stream
     server = /usr/sbin/saned
     protocol = tcp
     user = root
     wait = no
     disable = no
  }
  ```

Starten Sie den xinetd-Netzwerkdienst neu, indem Sie in einem Terminal diesen Befehl eingeben:

```
[root@rechnername] # service xinet restart
(bei SUSE: rcxinetd restart, bei Debian/Ubuntu /etc/init.d/xinetd restart)
```

Das wäre Punkt 2.

- Tragen Sie in der Datei */etc/sane.d/net.conf* das Wort *localhost* ein. Vermutlich ist das Wort schon da, aber mit einem Kommentarzeichen # versehen. Löschen Sie das # vor dem Wort.
Das war Punkt 3.

Melden Sie sich jetzt als normaler Benutzer an (z.B. mit su - dieter in einem Terminal), und versuchen Sie einmal den Befehl von oben: scanimage -L. Der Scanner sollte jetzt aufgelistet werden. Das war's.

Zum Troubleshooting besuchen Sie die Website *http://penguin-breeder.org/sane/saned/*.

 Wie Sie den Dienste-Starterdienst *xinetd* dauerhaft einbinden, so dass er auch nach dem nächsten Reboot wieder zur Verfügung steht, wird bei der Systemadministration auf Seite 478 am Beispiel des CUPS-Servers erklärt.

Digitale Fotografie

Die Speicherkarten durchschnittlicher Digitalkameras fassen heutzutage problemlos nicht Hunderte, sondern Tausende von Bildern. Moderne Festplatten fassen ein Vielfaches davon. Solch eine Bilderflut wirft wichtige Fragen auf: Wie bekomme ich die Bilder von der Kamera auf meinen Linux-Rechner? Wie kann ich mir Auswahl und Aufbereitung leichter machen? Wie sieht es mit der Datensicherheit aus?

Um die Bilder kümmert sich z.B. das wichtigste Fotoverwaltungsprogramm unter Linux, *digiKam*. Doch vorher machen wir einen kleinen Ausflug in die Welt der digitalen Kameras.

Digitale Kameras

Es gibt zwei Sorten von digitalen Kameras: Entweder arbeiten sie als eine Art USB-Festplatten (man spricht auch von *USB Mass Storage*-Kameras), oder sie arbeiten mit dem Bildübertragungsprotokoll PTP (*Picture Transfer Protocol*).[2] Bessere Modelle können sogar beides.

---

2 Mehr Informationen dazu gibt es auf *www.teaser.fr/~hfiguiere/linux/digicam.html*. Von diesem Dokument aus führen Links zu den interessantesten Orten.

USB-Kameras

Am einfachsten ist es mit den USB-Platten-Kameras: Die Kamera wird mit dem USB-Kabel verbunden, dann wird das Kabel in den Linux-Rechner eingesteckt, und wenige Sekunden später sehen Sie bei den meisten Linux-Distributionen gleich einen Konqueror oder Nautilus aufspringen. Vielleicht entsteht auch ein Icon auf dem Desktop, auf dem *removable:*, */media/usbx*, *system:/media/camera* oder Ähnliches steht. Wenn Sie dieses Icon öffnen, gibt es ein Unterverzeichnis zu sehen, das etwa so aussieht wie in Abbildung 9-19.

Abbildung 9-19: Blick in den Speicherchip einer Digitalkamera: Unterhalb dieses Verzeichnisses liegen die Bilder.

Wie muss man sich die Kamera als Festplatte vorstellen? Der Speicherchip in der Kamera ist wie eine Festplatte mit einem Dateisystem formatiert, und auf diesem Dateisystem gibt es Verzeichnisse und darin Dateien. Wenn Sie ein Bild machen, speichert die Kamera es auf dem Dateisystem des Speicherchips ab. Das ist alles. Soweit ich beobachten konnte, haben viele Kameras ein Einstiegsverzeichnis *dcim*, und unterhalb dieses Verzeichnisses gibt es ein weiteres Verzeichnis, das *100media* oder auch anders heißen kann, abhängig vom einzelnen Produkt. Im Verzeichnis *100media* liegen in meiner Supermarktketten-Billigkamera die Fotos. Wenn Sie mit einem Dateibrowser in dieses Verzeichnis wechseln, können Sie die Bilder sehen.

Da der Zugriff auf den Kameraspeicher (und damit auf die Bilder) so aussieht, als wäre es eine x-beliebige Festplatte, können Sie dort auch eigene Verzeichnisse erzeugen und Daten hineinspeichern. Die Speicherkarte der Kamera verhält sich damit exakt so wie ein USB-Speicherstick.

PTP-Kameras

Der zweite Typ Digitalkamera benötigt eine Spezialsoftware, um die Fotos auszulesen. Typisch für solche Software sind lange Listen von unterstützten Kameratypen (und die Befürchtung, dass die eigene nicht dabei sein könnte). Natürlich speichern PTP-Kameras auch auf einen Speicherchip, aber wenn man sie an den Rechner ansteckt, stellen sie sich nicht sofort als eine Art Festplatte dar, sondern warten darauf, dass Sie mit einer Picture-Transfer-Protocol-Software wie *gphoto2* (und ihren Frontends *flphoto* und *gtkam*) oder *digiKam* darauf zugreifen. Das stellt sich für Sie als Benutzer dann eher so dar, als würden Sie einen Dateiserver im Netzwerk benutzen. Unter KDE gibt es das Computer-Icon auf dem Desktop. Wenn Ihre Kamera unterstützt wird, finden Sie darin ein Unter-Icon mit dem Namen *USB Imaging Interface*. Wenn Sie das öffnen, zeigt Ihnen der Konqueror den Inhalt des Speichermediums.

Unpraktische Exoten

Es gibt noch eine dritte Sorte digitaler Kameras: Zu ihnen gehören vor allem ältere Kameras, die seinerzeit nur ein Megapixel oder sogar noch weniger auflösen konnten. Diese Kameras haben zum Teil extrem proprietäre Übertragungsprotokolle, und sie unterstützen außer dem eigenen Protokoll auch kein anderes. Wenn es Software für diese Geräte gibt, dann nur unter Windows. Die Bilder aus solchen Kameras können Sie trotzdem auf den Linux-Rechner transferieren, indem Sie die Speicherkarte aus der Kamera entfernen und sie in einen Kartenleser hineinstecken. Das ist aufwendig, funktioniert aber. Ich würde solche Geräte meiden. Die Arbeit mit anderen Kameras macht deutlich mehr Spaß.

Das Bildverwaltungsprogramm digiKam

DigiKam ist eine KDE-Software, die den Vorteil hat, sowohl eine ständig wachsende Anzahl an PTP-Kameras als auch USB-Mass-Storage-Kameras zu unterstützen.[3] In dieser Software legen Sie eine Datenquelle für jeden Kameratyp an, den Sie an den Rechner anschließen wollen. Aus der Datenquelle holen Sie dann die Bilder aus der Kamera heraus, und verwalten sie anschließend in sogenannten *Alben*, die Sie in *Digikam* anlegen.

---

3 Die Macher von *gphoto* erklären auf ihrer Homepage, sie würden USB-Mass-Storage-Kameras deshalb nicht unterstützen, weil es dafür über deren USB-Einbindung bereits funktionierende Treiber gibt. Das ist nicht ganz von der Hand zu weisen.

Starten Sie zunächst das Programm *DigiKam*, vermutlich finden Sie es unter GRAFIK oder MULTIMEDIA im Start-Knopf Ihrer Oberfläche. Wenn Sie *Digikam* zum ersten Mal aufrufen, müssen Sie zunächst einen Pfad angeben. Dort legt das Programm die Bilder dann ab. *Digikam* schlägt Ihnen einen Ordner *Bilder* oder *Pictures* in Ihrem Heimatverzeichnis vor und legt den Ordner auch an. Am besten legen Sie dann auch gleich ein neues Album für die Bilder an, die Sie einlesen wollen. Sie finden diese Funktion unter ALBUM → NEU, oder Sie klicken mit der rechten Maustaste auf den Albums-Hauptordner »Meine Albenliste«. Das Album muss einen Namen haben (den Sie anschließend als Unterverzeichnis Ihres DigiKam-Hauptverzeichnisses wiederfinden werden). Sie können Ihr Album nun füllen, indem Sie Grafiken aus einem Konquerorfenster in das DigiKam-Fenster hineinziehen. Das Bild wird dann Teil des Albums (siehe Abbildung 9-20). Mit der Vorschau sehen Sie dann eine Groß-Ansicht des Bildes.

Abbildung 9-20: Bilder per Drag-and-Drop ins Album stellen – kein Problem

Eine Datenquelle einrichten

Damit Bilder aus der Kamera geladen werden können, muss für die Kamera eine Datenquelle definiert werden. Der Sinn der Sache ist, *Digikam* darüber zu informieren, wie es mit Ihrer Kamera sprechen soll. Das können Sie unter KAMERA → KAMERA EINRICHTEN bzw. in den allgemeinen Einstellungen EINSTELLUNGEN → DIGIKAM EINRICHTEN erledigen; wählen Sie dort aus den Icons auf der linken Seite des Dialogs die KAMERAS aus. In beiden Fällen erscheint der gleiche Dialog, mit dem Sie die Datenquelle für die Kamera einrichten können.

Die Benutzerführung ist hier allerdings recht irreführend. Recht gut funktioniert inzwischen der Button AUTOMATISCHE ERKENNUNG: Er findet PTP-Kameras (ausprobiert mit einer Canon PowerShot 530A) schnell und problemlos. Bei USB-Festplatten-Kameras lief die Autoerkennung früher immer ins Leere. Das hat sich inzwischen aber geändert: Sie brauchen lediglich ein wenig Geduld, denn auf der gleichen Maschine dauerte der Erkennungsvorgang für eine solche Massenspeicher-Kamera deutlich länger als für eine PTP-Kamera. Wenn alle Stricke reißen, können Sie immer noch die einfachste Lösung wählen und auf den Button HINZUFÜGEN... klicken. Ein Dialog mit der befürchteten langen Liste von Kameras springt auf – und der Name der USB-Kamera ist natürlich nicht dabei (meine ist eine unter Tevion firmierende Aiptek-Billigkamera; siehe Abbildung 9-21, rechte Seite).

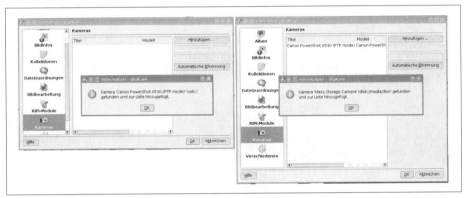

Abbildung 9-21: Die automatische Erkennung der Kameras funktioniert inzwischen recht verlässlich.

Hier wird die Benutzerführung nun noch irreführender als vorher: Wenn die Kamera in der Auswahlliste nicht enthalten ist, würde vermutlich jeder vernünftige Mensch einfach einen neuen Kameranamen im Eingabefeld KAMERA TITEL angeben und die restlichen Daten in die rechte Hälfte des Dialogs nach bestem Wissen und Gewissen eintragen. Genau das ist aber falsch, denn Sie können nicht *keine Kamera* auswählen. Die Logik der Programmierer besagt, dass Sie dann die erste Kamera in der Auswahlliste auswählen und umkonfigurieren wollen. Das funktioniert nicht. Der Trick besteht darin, in der Liste das Modell *Mass Storage Camera* auszuwählen und dann erst rechts einzutragen, was eingetragen werden muss. Nicht wahr, so hätten Sie's auch gemacht? An dieser Hürde kann man sich tagelang den Kopf einrennen ... Wie gesagt: Mit ein bisschen Warten richtet's die Autoerkennung.

Der KAMERA TITEL ist belanglos, nicht aber der KAMERA MOUNTPFAD. Bei vielen Systemen ist es etwas wie *disk:/media/usb0*, *disk:/media/disk* oder auch einfach */mnt/camera*, aber das ist durchaus verschieden. Beobachten Sie einfach, ob Ihr Linux z.B. ein neues Icon auf dem Desktop anlegt oder ob ein Dateimanager-Fenster aufspringen will, wenn Sie die Kamera einstöpseln. Sehen Sie sich den Pfad dieses Icons an, und tragen Sie ihn im Dialog ein.

Jetzt können Sie im Hauptfenster von *Digikam* unter KAMERA z.B. »Meine Knipse« (oder wie auch immer Sie das Gerät genannt haben) auswählen. Sofort springt dann wieder ein Fenster auf, das Ihnen anbietet, den Inhalt der Kamera in das aktuelle Album zu importieren oder ein neues Album anzulegen. Die rechte Maustaste auf einzelnen oder (wenn sie markiert sind) auch mehreren Bildern erlaubt es z.B. auch, diese Fotos aus dem Speicher der Kamera zu löschen.

Sind die Bilder erst einmal importiert, können Sie sie in *Digikam* auch umbenennen, drehen, aufhellen und was man sonst alles mit Fotos anstellen will. Das allein würde wieder viele Seiten füllen. Aber dafür gibt es ja das Digikam-Handbuch im Menüpunkt HILFE.

Bei ALBUM können Sie festlegen, wo *Digikam* die Kopien der Bilder ablegt, die es verwaltet, und welche Dateitypen dort angezeigt werden. Alle Einstellungen werden übrigens in einer *.xml*-Datei im jeweiligen Album-Verzeichnis gespeichert.

Fotos sichern

Und wie sollten Sie die Grafiken sichern? Nun, die Flash-Speicher (SD-Karten, MMC-Karten oder auch USB-Sticks) halten eine Menge aus, mehr an Druck und Schlägen jedenfalls als eine Festplatte. Über die Haltbarkeit streiten sich die Experten im Moment noch. Es ist also nicht auszuschließen, dass diese Medien sogar mehr aushalten als CDs und DVDs. Das weiß man aber erst, wenn der Zahn der Zeit genügend lange daran genagt hat.

Trotzdem geht nichts über eine Sicherheitskopie: Vielleicht haben Sie schon bemerkt, dass Sie bei vielen Fotoapparaten auch direkt auf den Speicherchip wechseln können, während das Gerät über Digicam angeschlossen ist. Sollte das bei Ihrem Gerät nicht der Fall sein, können Sie immer noch die Karte aus dem Gerät nehmen und sie über einen externen oder internen Kartenleser direkt in den Rechner einlesen. So können Sie nicht nur überschüssige Fotografien löschen, sondern auch das auf die Festplatte ziehen, was Sie sichern wollen. Dann brennen Sie eine DVD von Ihrer Beute. Wie das geht, wird ab Seite 370 erklärt.

In diesem Kapitel:
- Hast du Töne?
- Dschungel Multimedia: Formate, Verschlüsselung und die Rechtslage
- Audio, Video & Co.
- Brennersoftware

KAPITEL 10
Multimedia – Sound, Video, CDs brennen

Hast du Töne?

Praktisch jede Soundkarte wird heutzutage automatisch erkannt. Wenn heute bei einer Linux-Installation der Ton nicht läuft, dann sehe ich mittlerweile eher auf der Rückseite des Rechners nach, ob ich nicht versehentlich den Lautsprecherstecker in eine falsche Buchse gesteckt habe, anstatt anzunehmen, es gebe Probleme mit der Karte. Bei einem halben Dutzend 3,5-mm-Buchsen für eine Dolby 5.1-fähige Soundkarte wäre dieser Fehler jedenfalls viel wahrscheinlicher ... Eine andere häufige Fehlerquelle ist, dass der Master-Lautstärkeregler (siehe Abbildung 10-1) auf null oder »stumm« gestellt ist. Dann können Sie den Regler am kleinen Lautsprecher in Ihrer Taskleiste womöglich bis zum Anschlag aufdrehen, und trotzdem ist gar nichts zu hören. Den Master-Lautstärkeregler erreichen Sie mit einem Rechtsklick auf den Lautsprecher in der Taskleiste/dem Panel, über das Hauptmenü oder über das Administrationsprogramm der Distribution. Allerdings sind nicht alle Soundkarten gleich gut unterstützt, und nicht alle Soundkarten haben den gleichen Funktionsumfang. Das heißt: Die Anzahl der Regler im Konfigurationsprogramm kann beträchtlich variieren.

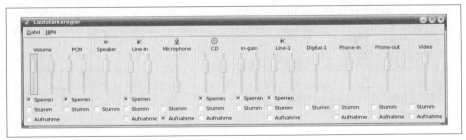

Abbildung 10-1: Alle Lautstärkeregler auf einen Blick

Voraussetzungen

Im Rechner muss eine Soundkarte eingebaut sein, am besten schon bei der Installation. Dann wird die Karte automatisch erkannt und in Gang gesetzt. Bisweilen gibt es für eine Karte jedoch mehr als nur einen Treiber, so dass die Automatik den falschen Treiber auswählen könnte. Probieren Sie dann mit dem Konfigurationsprogramm der Distribution so lange, bis einer funktioniert. Sie können nichts falsch machen.

Wenn Sie Zweifel haben, welcher Soundchip in Ihre Soundkarte eingebaut ist oder wie der passende Treiber heißt, dann versuchen Sie es (bei SUSE) einmal als Benutzer *root* mit dem Befehl `hwinfo -- sound`. Das Programm *hwinfo* gibt es mittlerweile für praktisch jede Distribution. Es liefert detaillierte Informationen darüber, welche Eigenschaften die eingebaute Hardware hat, und schlägt bisweilen sogar einen passenden Treiber vor.

Musik-CDs einfach abspielen

Nichts ist leichter als das: Sie legen eine Musik-CD in das Laufwerk, irgendeine Software springt an, und schon tönt es aus den Lautsprechern. Technisch gesehen ist es aber ein Riesenunterschied, ob Sie eine CD nur in einem CD-Laufwerk abspielen oder ob Sie sie mit einer Multimediasoftware öffnen. Zwar kommt in beiden Fällen – hoffentlich – Musik aus dem Lautsprecher. Im ersten Fall ist das CD-ROM-Laufwerk aber nur über ein Kabel direkt mit der Soundkarte verbunden und benutzt diese als Endverstärker. Im zweiten Fall liest das Betriebssystem die Tondatei von dem Medium und spielt sie – auf Kosten des Systems – mit einem Multimedia-Player ab.

CD-Spieler wie *Kscd* oder das GNOME-Gegenstück *Gnome-cd* steuern das Abspielgerät also nur, lassen den Laser innerhalb des Liedes ein Stück nach vorne oder zurück springen oder lenken ihn zum nächsten Lied. Das Betriebssystem wird von dieser Arbeit nicht sehr in Anspruch genommen. Multimedia-Player wie *xmms* sind dagegen vollwertige Prozesse, die den Rechner ebenso viel Kraft kosten können wie die Textverarbeitung, von der Sie sich mit der Musik gerade ablenken lassen wollen.

Programme wie Gnome-cd und Kscd können deshalb auch nur Musik-CDs abspielen. Befindet sich die Information auf der CD (z.B. als CD-Text-Datei, die Titel und Inhalt der CD auflistet) oder kann ein cddb-Server[1] gefunden werden, dann zeigen sie an, welches Album und welches Stück gerade läuft (siehe Abbildung 10-2 und Abbildung 10-3).

---

1 Ein solcher Server stellt eine Compact Disc Database (CDDB) bereit. In dieser befinden sich Informationen wie Titel, Interpret und Track-Länge zu auf dem Markt erhältlichen Audio-CDs.

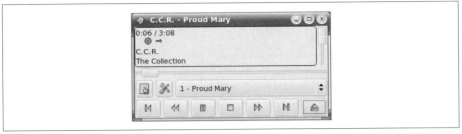

Abbildung 10-2: Ohne besondere Funktionen: Gnome-cd

In den Voreinstellungen der Window-Manager (siehe Kapitel 4, *Fenster für Linux*,) ist normalerweise festgelegt, dass so ein Spieler automatisch anspringt, sobald Sie eine Musik-CD ins Laufwerk schieben.

Abbildung 10-3: CD spielen bei KDE: Kscd

Multimedia-Player spielen zwar auch Musik ab, arbeiten aber ganz anders. Sie kommen zwangsläufig immer dann zum Einsatz, wenn Sie z.B. MP3- oder OGG-komprimierte Musik spielen wollen. Bei solchen Inhalten genügt es nicht, die Dateiinhalte einfach als Audiostrom an die Soundkarte zu schicken, und die macht dann schon den Rest. Je nach Dateiformat muss der Rechner die Musikdateien zuerst einlesen und dann dekomprimieren, oft sogar noch entschlüsseln, bevor er sie als Töne interpretieren kann. Deshalb ist auch die Systemlast höher.

Natürlich erscheint bei den meisten Distributionen inzwischen ebenfalls gleich nach dem Einlegen der Medien eine Abfrage, ob und mit welchem Player die Inhalte abgespielt werden sollen (siehe Abbildung 10-4). Jede Distribution hat da ihre eigenen Lieblinge, mehrere davon werden im Laufe dieses Kapitels vorgestellt.

In letzter Zeit geraten die reinen Abspieler gegenüber der Multimediasoftware ins Hintertreffen. Die Musik soll schließlich nicht nur erklingen, sondern am besten auch gleich in OGG oder MP3 verwandelt werden, um dann Teil einer Musiksammlung zu werden, die dann z.B. den iPod oder sonstigen portablen Spieler bestückt. Solche Software ist z.B. Banshee und Amarok.

Abbildung 10-4: Auch Multimediaplayer spielen Musik-CDs

So weit, so einfach. Musik hören und Filme abspielen ist aber nicht nur eine technische Frage. Während Sie das tun, betreten Sie einen ganzen Dschungel aus rechtlichen und anderen Beschränkungen. Das ist unter Linux nicht anders als bei Windows oder Apples OS X. Deshalb lohnt es, einen Blick auf diese Schlangengrube zu werfen.

Dschungel Multimedia: Formate, Verschlüsselung und die Rechtslage

Wenn Sie eine käuflich erworbene Film-DVD in einen Multimedia-Player unter Linux einlegen, dann geht meistens erst einmal gar nichts. Das liegt aber nicht daran, dass der Multimedia-Player keine Film-DVDs abspielen könnte, sondern daran, dass die meisten Filme verschlüsselt sind. Und das ist nicht das einzige Hindernis im Multimedia-Land.

Formatorgien

Textprogramme und Tabellenkalkulationen liefern ja schon etliche verschiedene Datenformate in der Computerwelt. Aber Weltmeister im Format-Erfinden ist ganz bestimmt die Multimedia-Branche. Da gibt es schon einmal verschiedene äußerliche Formate wie den Silberling (CD und DVD), demnächst vermutlich die Blu-Ray Disk, USB-Stick und verschiedene Speicherkärtchengrößen. Das ist aber gar nichts gegen die vielen elektronischen Formate, die im Umlauf sind. Auf uralten Musik-CDs liegen *cdda*-Dateien (siehe *http://de.wikipedia.org/wiki/CDDA*). Dieses Format ist, wie die altehrwürdigen *wav*-Dateien aus der Windows-Welt, weder verschlüsselt noch komprimiert. Die Dateien sind so groß, dass ein Musikalbum tatsächlich eine CD mit 700 bis 800 MB füllt. So eine harmlose, im Geschäft gekaufte Musik-CD kann aber auch einen Kopierschutz tragen. Sie sieht gleich aus, läuft auf einem CD-Spieler genauso wie auch auf dem Rechner, hat aber ein anderes Format. Ähnliches gilt für gekaufte Film-DVDs: Die meisten sind verschlüsselt, einige nicht. Auf Musik-Tauschbörsen finden Sie sehr viele Dateien im Format des Urvaters der Musik-Kompression, *MP3*[2], recht verbreitet ist inzwischen auch *Ogg-Vorbis*. *WMA* (*Windows Media Audio*) finden Sie häufig bei kommerziellen Download-Diensten wie Musicload; Apple (ITunes) verwendet dagegen das *AAC-*(*Advanced Audio Coding-*)Format[3]. Neben Ton- gibt es noch viele gängige Video-Formate. Sehr verbreitet ist Apples *Quicktime Movie Format* mit der Edung *.mov*, zu nennen wären in jedem Falle auch *WMV* (*Windows Media Video*) und *DivX* (siehe die jeweilige Seite von Wikipedia).

Gut, es gibt also viele Multimedia-Formate. Und welche davon kann Software unter Linux nun abspielen? Im Prinzip alle, für die es einen *Codec* (*http://de.wikipedia.org/wiki/Codec*) gibt. Das ist ein Verfahren oder Programm, das die Multimedia-Formate konvertiert oder auspackt. Die meisten Multimedia-Spieler unter Linux können sogar die gängigen Codecs aus der Windows32-Welt direkt lesen und verwenden. Das Problem ist, dass diese Software aber weder quelloffen ist noch unter einer freien Lizenz steht. Aus diesem Grund darf man die Windows-Codecs auch nicht einfach auf eine Linux-Distribution packen. Das ist im Übrigen genauso wie bei MP3: Das Fraunhofer Institut und Thompson nehmen im Zusammenhang mit MP3 nicht weniger als 18 Patente in Anspruch, so die Wikipedia. Wer Musik in MP3 kodieren will, muss Lizenzgebühren an die beiden bezahlen. Das wäre ein schönes Beispiel für den Begriff »proprietär« (siehe natürlich auch *http://de.wikipedia.org/wiki/Proprietär*). Natürlich gibt es die Windows-Codecs genau wie MP3-Kodierer im Internet, wo man sich passende Pakete kostenlos herunterlädt und auf seinem Rechner installiert. Das ist gelebte Praxis, genauso wie man sich die Software holt, die den schwachen Schlüssel auf Film-DVDs knackt und dann Filme unter Linux ansieht. Die Frage dabei ist aber, ob das alles völlig legal ist.

Freie Formate wie z.B. Ogg-Vorbis liefern auch mit Datenkompression sehr gute Musikqualität (sogar bessere als MP3, siehe Wikipedia) und können rechtlich einwandfrei unter allen Betriebssystemen eingesetzt werden. Viele MP3-Spieler beherrschen dieses tolle Format inzwischen auch. Wenn Sie sich nun fragen, warum nicht alle Medien mit solcher Software arbeiten und unter freien Lizenzmodellen stehen, dann haben Sie aber eine wesentliche Sache missverstanden: Die Musikindustrie unterstützt solche Dinge nicht. Wenn jeder Musik und Filme einfach kopieren und benutzen kann, dann bleibt nirgends mehr eine unausweichliche Kassierstation, durch die wir gehen müssen, damit die Industrie dort ihre Hand aufhalten kann.

---

2 http://de.wikipedia.org/wiki/Mp3 und http://de.wikipedia.org/wiki/Vorbis
3 http://www.netzwelt.de/news/72863_99-musikdownloads-wie-setzen-musicload-und.html

Die Ur-Version von *Napster* und anderen Tauschbörsen war ein Alptraum für die Branche. Deshalb gibt es jetzt den von der Musikindustrie propagierten Nachfolger der Tauschbörse, den Download-Dienst. Diese Anbieter werben damit, dass man dort legal Musik und Filme herunterladen kann, aber gegen Geld. Der Unterschied ist folgender: Die Ware ist in Dateiformaten abgelegt, die *DRM* (*Digital Rights Management*) unterstützen. Weil aber im Gegenzug die Linux-Welt solche Dinge nicht unterstützt, werden Sie wenig Glück haben, wenn Sie die Angebote kommerzieller Download-Dienste verwenden wollen.

Um es kurz zu machen: Nicht alles, was geht, ist auch legal. Und nicht alles geht unter Linux. Aber bei verschiedenen Dingen wollen Sie vermutlich gar nicht, dass es die unter Linux gibt.

Proprietäre Multimediaformate und Digital Rights Management

Natürlich müssen die Rechte des Urhebers der Musik oder Hörbücher, also die des Künstlers, vor massenhaften Raubkopien geschützt werden. Aber auch die Format-Herausgeber fordern Rechte ein. Ganz klar: Da geht es um sehr viel Geld. Wenn jeder Geld bezahlen muss, wenn er ein bestimmtes Musik- oder Videoformat benutzt oder gar erzeugt, kommt viel Geld zusammen, selbst wenn der Einzelne nur wenig zahlt. Jeder Medien-Produzent versucht deshalb, für sich eine Insel zu schaffen, von der die Kunden ihm nicht entfliehen können. Diese Hoheitsgebiete werden mit Patenten, Markenschutz, simplem Verschweigen und Verwirrtaktiken vom restlichen Markt abgegrenzt. Als Windows-Benutzer haben Sie damit in der Regel kein Problem, denn Sie haben beim Kaufpreis für Ihre Software die Lizenzgebühr für das Multimedia-Format schon entrichtet – genauso wie beim Kauf von CD- und DVD-Laufwerken übrigens, und natürlich auch mit jedem Rohling. Und nun stellen Sie sich doch einmal vor, dass ein Linux-Entwickler ohne fremde Hilfe eine Software entwickelt, die solche Inhalte abspielt, und dafür auch noch Geld bezahlen soll.

Damit es für solche Bezahl-Verweigerer nicht so leicht wird, heißt der aktuelle Trend Verschlüsselung. Die neueren Multimedia-Formate wie *Advanced Audio Coding AAC*[4] (*MP4*, siehe AAC) oder *WMA* benutzen eine ebenfalls sehr gute Datenkompression, aber darüber hinaus unterstützen sie *Digital Rights Management* (DRM, siehe *http://de.wikipedia.org/wiki/Digitale_Rechteverwaltung*). Das funktioniert meist so, dass Sie mit den heruntergeladenen Dateien einen Schlüssel bekommen, der z.B. das Abspielen der WMA-Datei ermöglicht. Und natürlich darf ein Schlüssel nicht überall passen. Sie laden z.B. sowohl von MusicLoad als auch von AOL üblicherweise Dateien in Microsofts WMA-Format herunter. Wenn Sie nun glauben, die seien gleich, nur weil beide das gleiche Format haben, liegen Sie falsch. Die Schlüssel der beiden Anbieter passen nicht zusammen. Sie können also

---

4 *http://de.wikipedia.org/wiki/Advanced_Audio_Coding*

nicht einfach die Beute beider Download-Dienste auf den gleichen Portable Player kopieren. Vor allem ältere Player kommen damit nicht zurecht[5]. Man kann prima Geld verdienen, wenn man den Kunden eine Datei verkauft, die sich z.B. nur dreimal abspielen lässt (wie bei Microsoft *Zune*) oder nur ein paarmal kopieren (Apple). Noch »besser« ist folgender Trick: Wenn Sie eines Tages das Abonnement bei Ihrem Musikdienst kündigen, funktioniert auch die heruntergeladene Musik nicht mehr – selbst dann, wenn die Dateien auf Ihrem Rechner liegen und selbst wenn Sie damals Geld gezahlt haben. Die Dateien werden eben nicht dauerhaft entschlüsselt, sondern nur für den Moment des Hörens. Formate produzieren ist also nicht nur ein Nebeneffekt des Mediengeschäfts, sondern eine seiner wichtigsten Tätigkeiten, weil es mittlerweile nicht mehr um das beste Abspielen geht, sondern um Kontrolle. Die Musik- und Filmindustrie will steuern, was Sie mit den Dateien auf Ihrem Rechner tun können und was nicht. Es geht um den Schutz von Rechten – vorwiegend vor Ihnen, dem Kunden.

Unter Linux gibt es solche DRMS (noch) nicht. Und deshalb können Sie derzeit noch keine Musik von der neuen *Napster*-Variante oder *Musicload* herunterladen und anhören. Mit Banshee, Amarok und anderen Werkzeugen können Sie zwar mit dem iPod kommunizieren[6], doch werden nur DRM-freie Formate wie MP3, WAV und AAC ohne DRM unterstützt.

Verschlüsselte Videos

Nicht nur die einzelnen Musikdateien können verschlüsselt sein, sondern auch die Datenträger selbst. Der bekannteste Mechanismus dieser Art ist vermutlich das *CSS* (*Content Scrambling System*, siehe auch *http://de.wikipedia.org/wiki/Content_Scrambling_System*), das bei Film-DVDs zum Einsatz kommt. Deshalb spielen die Multimedia-Player unter Linux käuflich erworbene DVDs meist nicht sofort ab. Natürlich gibt es schon lange Software unter Linux, die die Filme entschlüsseln kann – natürlich ohne den DVD-Schlüsselmeistern Geld zu bezahlen. Weil sich aber niemand zur Zielscheibe einer Abmahnung oder Musterklage machen will, packen die Distributoren diese Entschlüsselungssoftware meist nicht mit auf das Installationsmedium. Das Problem ist also nicht, dass es keine Software gäbe, sondern dass Sie womöglich den legalen Rahmen beugen, wenn Sie sie einsetzen. Ein einziger Hersteller names *Intervideo* verbreitet bislang Linux-basierte DVD-Spieler-Software, von der er behauptet, dass sie garantiert legal arbeitet, doch die können Sie nicht einfach kaufen. Der *LinVideo*-Spieler lag der Mandriva 2007-Distribution bei. Mir wäre aber nicht bekannt, dass sich Mandrivas Verkaufszahlen deshalb signifikant verändert hätten.

---

5 *http://www.netzwelt.de/news/72863_99-musikdownloads-wie-setzen-musicload-und.html*

6 *http://www.pro-linux.de/berichte/ipod.html*

Das ist vermutlich deshalb so, weil es so einfach ist, diese CSS-Verschlüsselung mithilfe einer Softwarebibliothek knacken zu lassen. Ist die Bibliothek eingespielt, übernimmt praktisch jeder Player die Entschlüsselung unsichtbar im Hintergrund. Ob man das darf oder nicht, ist bislang in Deutschland nicht endgültig geklärt. Bei allen Gerichtsentscheiden weltweit zum Thema CSS-Entschlüsselung hat die Musikbranche empfindliche Niederlagen erlitten. Einer der Entwickler der CSS-Entschlüsselung, der damals 19jährige Jon Lech Johansen, stand deswegen 2002 in Norwegen vor Gericht. Ihm drohten als Höchststrafe zwei Jahre Haft oder hohe Geldstrafen. Doch er wurde freigesprochen[7]. Linux-Multimediaplayer-Entwickler vermuten deshalb, dass die Entscheidung in Deutschland aus diesem Grunde gar nicht erst angestrengt wurde. Für Sie bedeutet das: Sie können in vorauseilendem Gehorsam auf Filme unter Linux verzichten oder nach dem Motto »In Zweifelsfall für den Angeklagten« tun, was technisch problemlos möglich ist.

Volles Risiko für den Kunden

Von der Diskussion um Raubkopien völlig ausgeblendet ist ein wichtiger Belang für den Kunden: die Frage nach der Sicherheitskopie. Von elektronischen Datenträgern durfte man sich früher problemlos eine anfertigen, weil bekannt war, dass Disketten keine besonders lange Lebensdauer besitzen. Inzwischen tendiert die Rechtsprechung aber in Richtung der Musiklobbyisten, die erzählen, CDs und DVDs seien im Wesentlichen unzerstörbar und verlören niemals ihre Daten. Das kommt der Industrie sehr entgegen, weil sie dann Medien produzieren darf, von denen Sie keine Sicherheitskopie mehr anfertigen dürfen. Das wäre so weit vermutlich in Ordnung, würde man nicht weltweit überall beobachten, dass die neuen Medien eben doch bröseln: Man spricht von »*DVD rot*«[8]. Dafür haben Kunden und freie Entwickler nur wenig Verständnis, aber die Industrie freut sich über neu verkaufte Produkte. Und bei der Jurisprudenz entsteht bisweilen der Eindruck, dass man ihr beliebig Märchen erzählen kann.

Spielt Linux nun Filme ab?

Aber klar. Legen Sie Ihre DVD ins Laufwerk, und versuchen Sie ruhig, sie mit *Xine*, *Totem*, *Kaffeine* oder *Mplayer* abzuspielen. Oft sind Filme in Sondereditionen herausgegeben, und dort wurde dann sogar »vergessen«, sie zu kodieren.[9] Wenn nicht, dann suchen Sie im Internet einmal nach dem Begriff *libdvdcss*. Oft gibt es da sogar schon passende Installationsdateien für Ihre Distribution. Rein rechtlich darf ich hier aber nicht detailliert erklären, wie Sie die ins System einbauen. Fast jede Distri-

---

7 http://en.wikipedia.org/wiki/Jon_Johansen
8 siehe *http://smh.com.au/articles/2003/01/31/1043804519345.html*
9 Der AudioVideoFoto-Ableger einer großen deutschen Boulevardzeitung soll gelegentlich solche Filme auf den Markt gebracht haben.

bution hat ihre eigenen externen Installationsquellen wie z.B. den *Packman* für SUSE oder die *Penguin Liberation Front* für Mandriva, um nur zwei zu nennen. Da werden Sie finden, was Sie suchen.

Widerspruch der freien Welt

Den Verfechtern der freien Software sind sowohl die Knebelungsverschlüsselung als auch DRM ein Dorn im Auge. *Dr. Richard Stallmann* (er ist der Gründer des GNU-Projekts) erklärte rundweg, DRM sei »das Ende der Freiheit« (siehe *http://www.gnu.org/philosophy/opposing-drm.html*). Zentraler Kritikpunkt: DRM verfechte ausschließlich die Rechte der Profiteure so einer Datei, nicht die des Kunden, der seinerseits vielleicht glaubte, er hätte etwas gekauft, das sich aber dann als völlig nutzlos herausstellt.

Wenn Sie also je geglaubt haben, Sie hätten ein Recht darauf, Ihre heruntergeladene Musik auch anzuhören, nur weil Sie dem Download-Dienst in gutem Glauben Geld gegeben haben, sollten Sie vielleicht ein zweites Mal darüber nachdenken.

Meine Recherchen nach einer klaren Aussage zu diesem Thema führten mich auf den Linuxtag 2006. Dort traf ich auf dem MPlayer-Stand einen der Entwickler, die sich mit Ver- und Entschlüsselung von Filmen und Ähnlichem befassen. Er erklärte mir zu meinem Erstaunen, dass die Leute vom MPlayer-Projekt und anderen noch niemals von der Film- oder Musikindustrie angesprochen worden seien, um ihnen zu verbieten, *libdvdcss* zum Download anzubieten oder in ihre Software einzubauen. Scheinbar hoffe die Film- und Musikindustrie auf den »vorauseilenden Gehorsam« der Deutschen. Er rechne auch nicht damit, dass jemals Privatpersonen rechtlich belangt würden, weil sie Linux als Filmplayer verwendeten. So etwas lasse sehr schlechte Presse für die Filmindustrie befürchten. Wenn aber eines Tages niemand mehr sein Recht – und diese Technologie – in Anspruch nehme, dann sei damit zu rechnen, dass es sie eines Tages auch nicht mehr gebe.

Eines der zentralen Argumente der Entwickler lautet, dass die deutsche Rechtssprechung es zwar seit 2003 verbietet, wirksame Kopierschutz- und Verschlüsselungsmethoden zu brechen und zu umgehen. Da sie aber seit Jahren tausendfach gebrochen wurde, sei bei der DVD-Verschlüsselung ja kaum mehr von einem »wirksamen Schutz« zu sprechen, da er ja faktisch seit Jahren nicht mehr bestehe.

Eine lange vermutete Lücke im rechtlichen Regelwerk wurde kürzlich endlich auch gerichtlich bestätigt: Im Sommer 2006 erklärte das Landgericht Frankfurt es für zulässig, dass Dateien, die digital gespeichert sind, aber an der (analogen) Soundkarte abgefangen werden, dann wieder digital gespeichert werden dürfen. Das ist die Technik, die *Ripper*-Programme verwenden. Anlass der Rechtsprechung war übrigens nicht ein Linux-, sondern ein Windows-basiertes Programm, das das *Digital Rights Management* von *Napster* aushebelt, indem es den Sound an der Soundkarte abfängt und dann DRM-los abspeichert.

Audio, Video & Co.

Aus den geschilderten Gründen enthalten etliche Distributionen Multimedia-Spieler, die nicht den vollen Funktionsumfang bieten. Suchen Sie dann im Internet nach den passenden *Codecs*, und installieren Sie sie nach. Meist können Sie auf den Webseiten der Multimedia-Spieler auch unverkrüppelte Versionen der Software finden. SUSE und ein paar andere Distributoren haben größere rechtliche Bedenken als andere Distributoren, vielleicht wurden die anderen ja auch einfach noch nicht so oft verklagt, denn da geht Vieles dann oft gleich vom Start weg.

Das X Multimedia System xmms

Altmeister *xmms* (X Multimedia System, siehe Abbildung 10-5) spielt bei Sound- und Video-Dateien (in vielen verschiedenen Formaten) in der gleichen Liga wie der Windows Media Player. Der mit Plugins stark erweiterbare Player kann nicht nur Ton-Formate wie *.mp3*, *.mod*, *.wav* und andere wiedergeben, sondern auch Bildformate wie *.avi* – sogar dann, wenn diese mit DivX kodiert sind. Andere Erweiterungen verbessern z.B. die Klangergebnisse (es gibt ein sogar ein THX-Modul[10], das Kinosound ermöglicht!) und vieles mehr.

xmms kann mit sogenannten *Skins* optisch aufgepeppt werden. Skins sind gepackte Dateien, von denen es auf der Homepage (*http://www.xmms.org/skins.php*) einige zum Download gibt. Kopieren Sie Skins, die Sie benutzen wollen, in das Verzeichnis *.xmms/Skins/* in Ihrem Heimatverzeichnis. Sie müssen das gepackte Archiv nicht entpacken, denn *xmms* kann auch gepackte Skins verwenden. Damit das funktioniert, muss allerdings das Programm *unzip* installiert sein. Das ist bei den großen Distributionen ohnehin der Fall.

Mit der rechten Maustaste bei OPTIONEN → SKIN-BROWSER bzw. mit der Tastenkombination Alt-S können Sie ein Fenster öffnen, in dem die installierten Skins aufgelistet sind. Skins, die systemweit zur Verfügung stehen sollen, kopieren Sie – als Benutzer *root* – in das Verzeichnis */usr/share/xmms/Skins/*. Eine tolle Webseite zu *xmms* finden Sie bei *http://www.the-hidden-realm.de/debian/dahb-html/xmms.html*. Dort habe ich übrigens erfahren, dass *xmms* auch die Skins des Programms *WinAmp* verwenden kann.

---

10 *http://de.wikipedia.org/wiki/THX*

Abbildung 10-5: xmms mit zwei verschiedenen Skins

Komplexere Musikprogramme

xmms kann wie viele andere Programme unter Windows Playlisten erstellen und auf diese Weise immer wieder die gleiche Musik aus Ihrem umfangreichen Archiv abrufen. Trotzdem finden sich in der letzten Zeit immer mehr Programme auf den Distributionen, die nicht nur Musik abspielen, sondern auch größere Mengen von Musikdateien verwalten. Sie werden außerdem von Programmen unterstützt, die (bisweilen sogar kopiergeschützte) Musik *rippen* (d.h. beim Abspielen in Mediaspieler-Taugliches wie MP3 oder Ogg-Vorbis konvertieren und abspeichern). Dazu kommen Programme, die Auswahlen Ihres Archivs oder Daten auf CD/DVD brennen. Bei häufig eingesetzten Distributoren wie Fedora, SUSE und Ubuntu finden Sie vorinstalliert *Banshee*, *AmaroK* und/oder die *Rhythmbox*. Als Ripper finden Sie häufig *Soundjuicer* oder *Grip*. Während Banshee (*www.banshee-project.org*) der GNOME-Gemeinschaft zugeordnet werden kann, deutet das K in AmaroK auf die KDE-Umgebung hin. Die Wikipedia behauptet aber, der Titel stamme darüber hinaus aus der Inuit-Sprache und bedeute »Wolf«, wodurch dieses Tier als Logo erklärt wäre (*http://de.wikipedia.org/wiki/AmaroK*). Aber sie schreiben das K groß ...

Banshee

Im Idealfall legen Sie eine CD ein, *Banshee* springt an, und Sie haben sofort nicht nur musikalische Untermalung, sondern auch noch eine perfekte Liste der Titel auf dem Album sowie eine briefmarkenkleine Grafik des Album-Covers auf dem Bildschirm, siehe Abbildung 10-6. Der Schalter rechts oben (IMPORT CD) macht genau das: Er sorgt dafür, dass die Titel eingelesen und (normalerweise) im Verzeichnis *Music* Ihres Heimatverzeichnisses abgespeichert werden – fein säuberlich sortiert nach Interpret und Name des Albums. Das Zielformat ist abhängig davon, welche Kodiersoftware Sie installiert haben. Für MP3 brauchen Sie z.B. *lame*, das modernere, völlig lizenzfreie, aber leider noch nicht von jedem Player verstandene Ogg-Format ist normalerweise schon vorinstalliert.

Was kann den Idealfall beeinträchtigen? Wenn Sie keine Internet-Verbindung haben, kann *Banshee* keinen cddb-Server erreichen und dadurch weder die Titel des Albums ermitteln noch die Cover-Grafik holen. Fehlt es an Platz auf der Festplatte, wird *Banshee* sich schwer tun, die Lieder unter Ihrem Homeverzeichnis abzulegen (den Zielordner können Sie aber unter EDIT → EINSTELLUNGEN ändern). Auf meiner

SUSE-Installation konnte *Banshee* die Dateien zwar als MP3 rippen und ablegen, danach aber nicht mehr abspielen. Es fehlte zunächst ein MP3-Decoder. Das können Sie beheben, indem Sie *Packman* (oder ähnliche Paketquellen, die Sie z.B. als Erweiterung der Installationsquellen bei openSUSE schon vorgefertigt finden) zu Ihren Installationsquellen hinzufügen. Näheres dazu finden Sie in Kapitel 16, *Software installieren*.

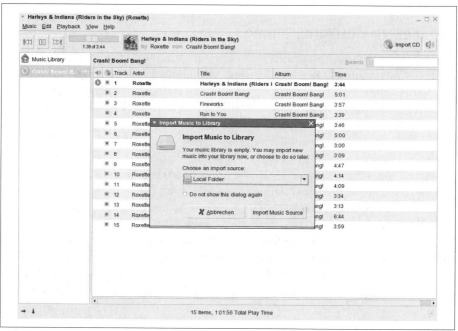

Abbildung 10-6: Banshee verwaltet, rippt und spielt Musik ab.

AmaroK

Obwohl es anderswo hoch gelobt wird, kam ich mit *AmaroK* nie gut zurecht. Sei es, dass die Software meine Audio-CD nicht erkennen wollte, die der einfache CD-Spieler KsCD in der gleichen Taskleiste inklusive cddb-Eintrag nicht nur anzeigte, sondern bereits abzuspielen begann, sei es, dass der umfangreiche Einstiegsdialog zu viel für mein schlichtes Gemüt war. Genau wie bei anderen Multimedia-Programmen liefert SUSE nur Krüppelware mit, weil offenbar lizenzrechtliche Probleme befürchtet werden. Abhilfe schaffen auch hier wieder *Packman* & Co. Mandriva's AmaroK funktionierte dagegen klaglos.

Wie *Banshee* möchte auch *AmaroK* ein Verzeichnis haben, in das es seine Mediadaten als Sammlung ablegt und von wo aus es dann auch alle Audio- oder Filmdaten abspielt. Um sich in ein so umfangreiches Musik-Programm einzuarbeiten, brauchen Sie ein wenig Zeit und Muße.

Allerdings können Sie Ihre Musiksammlung bequem auf einen iPod exportieren und direkt Musikstreams aus dem Internet hören, wenn die Firewall sie durchlässt. Damit ist *AmaroK* neben *Banshee* vermutlich mit das modernste Programm dieser Art. Sie bekommen in Abbildung 10-7 einen ersten Eindruck.

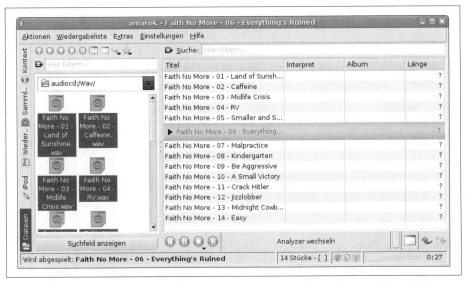

Abbildung 10-7: AmaroK ist modern und leistungsstark.

SoundJuicer

Bei etlichen Distributionen springt, wenn man eine Audio-CD einlegt, nicht *Banshee* oder *Amarok* an, sondern der *Sound Juicer*, siehe Abbildung 10-8. Er ist eigentlich kein Abspielprogramm, sondern ein sogenannter *Ripper*. Aber er spielt eingelegte CDs problemlos ab. Als *Ripper* erlaubt er es außerdem – sogar in verschiedenen Formaten – die Musikdateien auf der Festplatte abzuspeichern. Dieses Material können *AmaroK* und andere dann als Musikbestand importieren. Zu dieser Klasse von Programmen zählt auch *Grip*, der weiter unten noch gezeigt werden wird. Standardmäßig vermutet der *SoundJuicer* sein Ablageverzeichnis direkt in Ihrem Heimatverzeichnis. Es schadet nichts, wenn Sie dort wenigstens ein Unterverzeichnis *Music* anlegen, damit die Daten gleich aufgeräumt sind. Später können Sie dann z.B. mit der *Rhythmbox* oder anderen Spielern darauf zugreifen.

 Achtung: Nicht nur Musik-Spezialisten können CDs rippen. Sowohl Kaffeine als auch andere Multimedia-Player für Filme sind ganz tolle Frontends, um seinen MP3- oder Ogg-Bestand zu ergänzen.

Abbildung 10-8: Soundjuicer findet sich z.B. bei Ubuntu.

Filmabspielprogramme

Xine

Xine ist einer der Urväter der Filmabspieler. Eine Reihe von anderen Spielern wie *Totem* und *Kaffeine* setzen auf ihn auf. Unverschlüsselte Filme spielt er hervorragend ab. Die Bedienelemente sind entweder in der rechten Maustaste oder in einem Bedienelement enthalten (siehe Abbildung 10-9). Obwohl *Xine* viele verschiedene Medienformate wiedergeben kann, wird er meist zum Anzeigen von Filmen verwendet.

Totem und Kaffeine

Totem und Kaffeine sind grafisch etwas ansprechender als *Xine* (im Vollbildmodus ist das ja eigentlich egal), und so wird ihnen in den meisten Distributionen heute der Vorzug gegeben. Beide benutzen zentrale Bibliotheken von *Xine*, und auch ihre Bedienung ist sehr ähnlich. Sie können nicht nur Filme, sondern auch Musik abspielen; dabei kann dann die Film-Vorführfläche wie beim *Windows Media Player* für fantastische Grafik-Displays benutzt werden.

MPlayer

Der *MPlayer* ist eine europäische Entwicklung, die Haupt-Webseite ist in Ungarn. Bei SUSE und etlichen anderen Distributoren ist auch dieser Player erst einmal nur unvollständig. Doch wer sich den Quelltext des Programms holt und die Software

Abbildung 10-9: Xine-Darstellung mit Bedienteil

dann auf der Maschine selbst kompiliert, kann dann auch verschlüsselte Filme abspielen, heißt es auf der Website der Software, *http://www.mplayerhq.hu*. Das wurde mir von MPlayer-Entwicklern so bestätigt (»legaler« wird das Ganze dadurch freilich nicht). Für *MPlayer* gibt es anscheinend noch mehr Skins als für alle anderen Mediaplayer, und bei einigen davon hat man wirklich das Gefühl, die Leute lieben diese Software (siehe Abbildung 10-10). Der Gamepad-ähnliche Teil unter dem Vorführfenster ist frei beweglich, und das ist bei Weitem nicht die wildeste Skin für *MPlayer*. Manche Skins sehen aus, als kämen sie direkt aus dem Cockpit eines vogonischen Raumschiffs.

Brennersoftware

Schon wieder eine brenzlige Thematik – wer CDs und DVDs brennt, steht scheinbar ebenfalls schon mit einem Bein im Gefängnis. Um es mit Microsofts unvergleichlichen Worten zu sagen: »Sie sind nicht berechtigt, unrechtmäßige Kopien anzufertigen.« Das bezieht sich sowohl auf Musik-CDs als auch auf Software. Solche Kopien – wenn es denn keine aus der Linux- oder BSD-Ecke sind, die einer entsprechend liberalen Lizenz unterliegen – können Sie pro Einzelfall viele tausend Euro kosten. Musik oder Software illegal zu kopieren wird zumindest von der Soft-

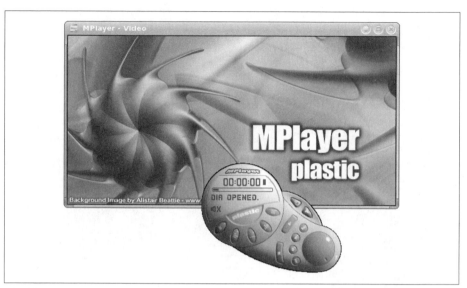

Abbildung 10-10: MPlayer mit einer fantasievollen Skin

ware-, Musik- und Filmbranche nicht als Kavaliersdelikt angesehen. (In Fernseh- und Filmspots wird man inzwischen sogar schon offen mit Gefängnis und dortiger Vergewaltigung durch Schwerverbrecher bedroht.) Nun, das ist einer der Gründe, warum Open-Source-Software (und inzwischen sogar Open Music) entstand und sich so schnell weiterverbreitet.

Allerdings gibt es eine Menge Dinge, die man völlig legal kopieren darf, und bei denen man nicht Angst haben muss, sich selbst oder andere zu schädigen. Grundsätzlich dürfen von jedem Medium, das man kauft, bis zu sieben Sicherheitskopien erstellt werden. Allerdings geht die Rechtsprechung langsam dazu über, dieses verbriefte Recht aufzuweichen.[11]

Kopieren dürfen Sie natürlich auch nach der Änderung bzw. Verschärfung des Kopierschutzgesetzes solche Musik, die nicht geschützt ist (das sind sehr viele ältere Aufnahmen), und Musik, die zwar auf dem Medium kopiergeschützt ist, die sich aber ganz regulär auf einem Rechner abspielen lässt. Wenn Sie die Musik abspielen, wird sie vorübergehend in ein anderes Medium verwandelt, in analoge Musik nämlich, und die kann mit einem sogenannten Ripper-Programm aufgenommen und wieder zurückdigitalisiert werden. Das ist dann nicht viel anders, als würden Sie die CD – was Ihr gutes Recht ist – auf eine Audio-Kassette aufnehmen. Daran fand ein deutsches Gericht kürzlich nichts Strafwürdiges. Nicht erlaubt ist es dagegen, Software einzusetzen, die einen Kopierschutz bricht oder ihn umgeht. Was Sie ebenfalls jederzeit auf CD oder DVD brennen dürfen, das sind Ihre eigenen Dateien, um eine

---

11 http://www.heise.de/tp/r4/artikel/9/9123/1.html

Datensicherung durchzuführen. Auf den folgenden Seiten wird die Funktionsweise verschiedener Programme gezeigt, ohne eine juristische oder moralische Wertung.[12]

K3b

Der Knüller unter den CD-Brennprogrammen ist unbestritten und schon seit langer Zeit Sebastian Trügs K3b (siehe Abbildung 10-11). Es kann sowohl Daten- als auch Musik-CDs (und DVDs) erzeugen, und kaum ein anderes Programm wird unter Linux so häufig verwendet, um CD- oder DVD-Images auf Silberlinge zu brennen. Ein Grund dafür mag sein, dass es sehr einfach ist herauszufinden, ob das Image fehlerfrei geschrieben wurde, ein anderer, dass die Benutzerführung so verständlich ist.

Abbildung 10-11: Der »Kühlergrill« von K3b

Je nach Distribution finden Sie dieses Programm entweder in der MULTIMEDIA-Sektion oder (z.B. bei Mandriva) unter SYSTEM → ARCHIVIERUNG → CD-BRENNER im Start-Knopf Ihrer Benutzeroberfläche. Legen Sie eine bespielte CD in das Leselaufwerk ein. Sollte die CD Musik enthalten, versucht K3b herauszufinden, welches Album von welchem Künstler ist. Die Voreinstellungen für K3b befinden sich unter EINSTELLUNGEN → K3B EINRICHTEN. Dort können Sie z.B. festlegen, ob K3b diese Information von einer Musikdatenbank[13] (meist bei *freedb.org*) ermitteln darf oder

---

12 Wer eine persönliche Einschätzung zu diesem Thema sucht, kann ja einmal *www.userfriendly* besuchen und die Comics vom 19.3.2002 und den folgenden Tagen heraussuchen: *http://ars.userfriendly.org/cartoons/?id=20020319&mode=classic*. Viel Spaß!

13 Das sind Datenbanken im Internet, in denen Informationen über Musikalben abgespeichert sind. Anhand einer bestimmten CD-Signatur kann dort das richtige Album gefunden werden. Manche Brennprogramme ermitteln diese Werte, um dann z.B. die Titel auf das CD-Cover drucken zu können.

nicht. Wenn die Musikdatenbank mehr als eine Fundstelle liefert, zeigt K3b einen Auswahldialog an (siehe Abbildung 10-12).

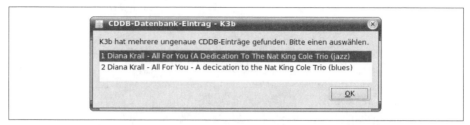

Abbildung 10-12: Kann sich nicht zwischen zwei Fundstellen entscheiden: CDDB-Abfrage bei K3b

Wenn das Album identifiziert werden kann, zeigt sich die Titelliste plötzlich gut informiert (siehe Abbildung 10-13).

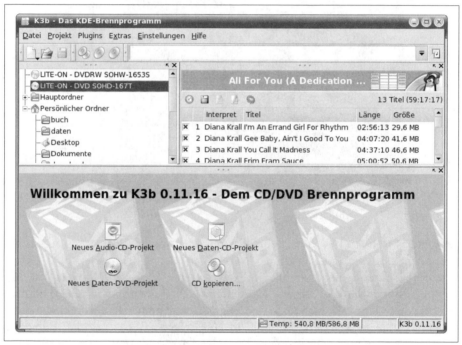

Abbildung 10-13: Alle Titel sind gefunden ...

Eine CD kopieren

Angenommen, Sie wollen eine Sicherheitskopie einer CD erstellen, die Sie z.B. im Auto hören möchten, während das Original sicher zu Hause bleibt. Klicken Sie dazu entweder im unteren Teil des Dialogs auf CD KOPIEREN..., oder wählen Sie den entsprechenden Button in der Werkzeugleiste aus. Einen Menüeintrag gibt es auch, der ist unter EXTRAS → CD → CD KOPIEREN... zu finden. K3b öffnet dann den ziemlich großen Konfigurationsdialog für das Kopieren (siehe Abbildung 10-14). Bei solchen Routineaufgaben müssen Sie bei K3b praktisch nie etwas einstellen, wenn Sie nicht möchten. Aber es gibt sehr viele Möglichkeiten, herumzuspielen und zu optimieren.

Wenn Ihr Rechner zwei CD- oder DVD-Laufwerke eingebaut hat, können Sie eine *On-the-fly*-Kopie erstellen, die mit relativ kleinen Datenpuffern zum Zwischenspeichern auskommt. Hier wird direkt vom einen auf das andere CD- oder DVD-Laufwerk geschrieben und nur eine »eiserne Reserve« auf der Festplatte abgelegt. Aber natürlich können Sie auch dann eine Kopie einer CD/DVD erstellen, wenn es nur ein Brennerlaufwerk gibt. In diesem Fall wird das Medium im ersten Durchgang nur eingelesen und auf der Festplatte abgelegt. Danach fordert das Programm Sie auf, einen leeren Rohling ins Laufwerk zu legen. In diesem zweiten Durchgang schreibt es die Dateien dann auf den leeren Rohling. Bei dieser Methode ist der freie Platz im TEMPORÄREN ORDNER sehr wichtig: Es muss genug freier Speicher vorhanden sein, um die ganze CD oder DVD für das Brennen abzulegen. Die in Abbildung 10-14 angezeigten 541 MByte würden jedenfalls nicht einmal für eine CD reichen. Sorgen Sie also in jedem Fall dafür, dass Sie ausreichend Platz auf einer Partition haben, um die zwischengespeicherte CD abzulegen.

Die aktuellen Einstellungen können Sie jetzt auch abspeichern, wenn Sie auf BENUTZER-VOREINSTELLUNGEN SPEICHERN klicken, so dass sie bei der nächsten Kopiersession nicht erneut festgelegt werden müssen. Das sind z.B. die Angaben bezüglich des Speicherorts für die temporären Daten, welches das Lese- und welches das Schreiblaufwerk ist und ein paar Kleinigkeiten im FORTGESCHRITTEN-Register. (Sie können dort bei selbst zusammengestellten Musik-CDs z.B. einstellen, dass statt der üblichen zwei Sekunden Stille zwischen den einzelnen Liedern drei Sekunden freigehalten werden sollen.)

Wenn Sie viel geändert haben und dann doch schnell wieder auf Ihre Grundeinstellungen zurück wollen, dann klicken Sie auf BENUTZER-VOREINSTELLUNGEN, und alles ist wieder so eingestellt, wie Sie es abgespeichert hatten. Wenn Sie die Werksgrundeinstellungen verwenden wollen, wählen Sie den Button K3B-VOREINSTELLUNGEN. Wie Sie an den Einstellungen zu den temporären Dateien sehen können, müssen das nicht die besten möglichen Voreinstellungen sein (weil Sie z.B. im Verzeichnis */tmp* gar nicht genügend Platz haben).

Ein Klick auf den START-Button lässt K3b anspringen: Das Brenner-Laufwerk wird kalibriert, die Brenngeschwindigkeit ermittelt und auf den optimalen Wert eingestellt (siehe Abbildung 10-15, links). Normalerweise sind Sie nun auf dem besten Wege zu einem perfekten Ergebnis.

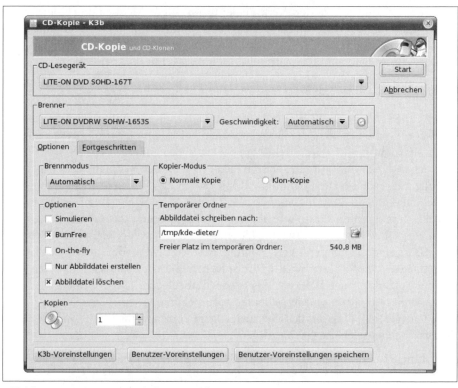

Abbildung 10-14: Der Kopierdialog von K3b

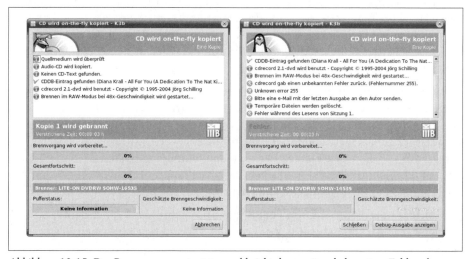

Abbildung 10-15: Der Brennvorgang startet – und bricht dann mit unbekanntem Fehler ab (rechts).

Doch was ist das? Nach wenigen Minuten bricht der Vorgang wieder ab, anscheinend ohne auch nur ein einziges Bit auf die CD geschrieben zu haben (siehe Abbildung 10-15, rechts). Das ist bei meinem Beispiel natürlich gewollt. Sollte Ihnen das Gleiche passieren, könnten Sie den CD-Kopiervorgang jetzt versuchsweise noch einmal mit geringerer Brenngeschwindigkeit starten, indem Sie sie im vorigen Dialog nicht auf AUTOMATISCH, sondern auf einen geringeren Wert stellen, als das Laufwerk maximal schreiben könnte. Wenn keine grundsätzlichen technischen Probleme vorliegen, läuft die Kopie dann meist fehlerfrei durch. Hatte der Brenner aber schon auf den Rohling geschrieben, brauchen Sie jetzt einen neuen. Einen RW-Rohling löschen Sie einfach, indem Sie EXTRAS → CD-RW LÖSCHEN auswählen.

Anders bei meinem Beispiel: Alle Einstellungen stimmen, wo liegt also der Fehler? Die Diagnose ist vermutlich klar: Frau Kralls Plattengesellschaft hat einen Kopierschutz auf der CD untergebracht. Es ist Zeit, einen kleinen Ausflug in die Welt des *Rippens* zu machen.

Exkurs: Eine CD rippen

Was passiert eigentlich beim Rippen? Die Musik auf der CD wird im Prinzip genau so abgespielt, als würde man sie anhören wollen (die Abspielgeschwindigkeit ist freilich deutlich höher). Aber anstatt sie auf die Lautsprecher auszugeben, schnappt das Rip-Programm die Musik und verwandelt sie in ein Transferformat, häufig *.wav*. Die Musik wird als eine neue Datei auf die Festplatte geschrieben. Das *wav*-Format ist sehr einfach und verliert nur wenige Informationen.

Im nächsten Schritt kodiert das Rip-Programm die Musik neu. In der Windows-Welt ist als Zielformat das MP3-Format weit verbreitet, dieses Format ist aber durch Patente lizenzpflichtig, außerdem hat es im freien *ogg/vorbis*-Format einen mehr als würdigen Ersatz. Qualitätsverluste durch das Komprimieren gibt es bei beiden Formaten: Beim Rippen fallen leider immer ein paar Späne ... Ich stelle fest, dass die jüngere Generation dabei viel weniger pingelig ist als die alten HiFi-Hasen vergangener Tage. Natürlich kann *Grip*, unser freier Ripper, die Daten auf Wunsch sowohl im MP3- als auch im *ogg/vorbis*-Format kodieren.

Starten Sie nun *Grip*. Sie finden dieses Programm – wenn es installiert ist – normalerweise neben den Multimedia-Programmen wie *xmms* etc. Schon beim Starten sieht *Grip* in der cddb-Datenbank (meist *freedb.org*) nach, ob er anhand des CD-Codes das Album mit Künstlernamen und Stücken finden kann (siehe Abbildung 10-16). Einzelne oder alle Stücke können Sie anhören, indem Sie diese auswählen und den Button mit dem nach rechts gerichteten Pfeil anklicken. Bei den Stücken, die Sie rippen wollen, klicken Sie rechts in das kleine Viereck. Wenn Sie in der Kopfleiste das Wort RIP anklicken, sind alle Stücke ausgewählt.

Abbildung 10-16: Startdialog von Grip

Die gesamte Konfiguration ist bei *Grip* in Registern untergebracht. Das geht bis in die dritte Registerebene hinunter, wie man im KONFIGURATION → KODIERE-Register sehen kann. Dieser Dialog ist tatsächlich noch in KODIERER und EINSTELLUNGEN unterteilt. Man schaltet um, indem man das eine oder das andere Register anklickt (siehe Abbildung 10-17). Dabei können Sie etwas sehr Interessantes sehen: *Grip* ist nur ein grafisches Frontend, das viele kleine Programme steuert. Die Abbildung zeigt die Einstellungszeile (mit Optionen), die der Kodierer *oggenc* von *Grip* übermittelt bekommt, wenn es ans Kodieren geht. Solche langen Zeilen gibt es bei allen Kodierprogrammen.

Zum Glück muss man nicht alle Befehlszeilenoptionen verstehen, die in den verschiedenen Rip- und Kodierregistern abgelegt sind. Aber trotzdem ist es so, dass Sie – wenn Sie sich einmal in die Thematik eingelesen haben – durch diese Arbeitstechnik aus den einzelnen Programmelementen das Maximale herausholen können.

ogg ist die Standardkodierung von *Grip*, aber Sie können mit der Drop-down-Liste bei KODIERER: auch eine andere einstellen. Nachdem Sie das getan haben, wechseln Sie ins Register RIP (siehe Abbildung 10-18): Dort können Sie den Rip- und Kodiervorgang mit einem Button starten, woraufhin unten angezeigt wird, wie die Ripper und Kodierer die CD umsetzen.

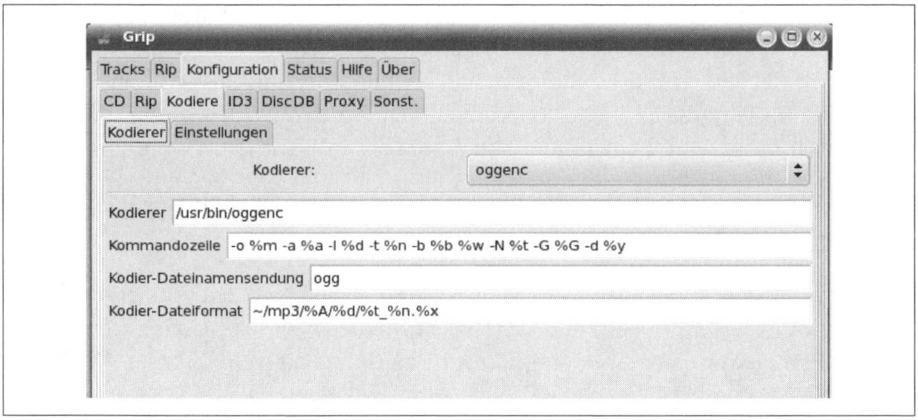

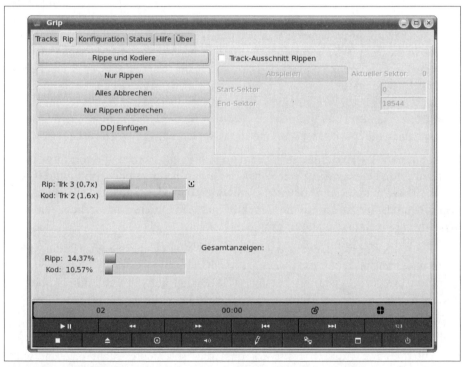

Abbildung 10-17: Vielfältig konfigurierbar und mit vielen Registern

Abbildung 10-18: Rippen und Kodieren: Solange das Gesicht in der Mitte lacht, ist alles OK.

Ein Smiley neben dem *Rip*-Fortschrittsbalken zeigt, ob der Datenfluss von der CD kontinuierlich und schnell genug kommt (wenn ja, dann lacht der Smiley), und die *Kod:*-Zeile zeigt, wie die Kodiersoftware die Musik in das gewünschte, komprimierte Format umsetzt.

Wenn Sie Ubuntu installiert haben oder auch eine neuere Variante von SUSE, Fedora etc., dann können Sie ja Ihr Glück auch einmal mit dem *Soundjuicer* oder *Banshee* versuchen. Die Einstellungsmöglichkeiten dort sind bei Weitem nicht so zahlreich und feingestrickt, aber erfolgreich war ich damit auch schon. Wie beim Autofahren muss man nicht immer alle Anzeigen im Blick haben, um ans Ziel zu kommen ...

Und weiter: eine Musik-CD aus Dateien brennen

Nachdem die Musik von der CD geholt ist, ohne einen Kopierschutz zu umgehen oder gar zu brechen, weil wir uns durch den Medienwechsel mit möglichen minimalen Qualitätsverlusten abfinden, kann es daran gehen, mit K3b die Musik auf den Rohling zu zaubern.

Als Erstes müssen Sie ein NEUES AUDIO-CD-PROJEKT starten. Das tun Sie am einfachsten, indem Sie das vorbereitete Icon im unteren Teil des Hauptdialogs wählen. Sie können es auch noch anderswo starten, etwa in der Menüleiste unter DATEI → NEUES PROJEKT. Daraufhin verwandelt sich der untere Teil des Hauptdialogs in eine freie Fläche, in die Sie mit der Maus die Dateinamen aus dem Feld rechts oben hineinziehen können. Links oben befindet sich ein Dateibaum, mit dem Sie verschiedene Verzeichnisse anvisieren können. Das ist sehr praktisch, denn *grip* legt normalerweise ein Verzeichnis *mp3* in Ihrem Heimatverzeichnis an, in dem Sie weitere Verzeichnisse mit Ihrer Beute nach Künstler und Album geordnet finden können. So können Sie auch CDs erstellen, die Musikstücke aus mehreren verschiedenen Alben enthalten.

Sie können in das Feld mit dem Dateinamen hineinklicken und dann Strg-A drücken, um alle Dateien des Verzeichnisses zu markieren (siehe Abbildung 10-19). Wenn Sie die markierten Dateien alle auf einmal mit der Maus nach unten ziehen, flog Ihnen das Programm früher manchmal um die Ohren. Das ist nicht schlimm: Sie starten K3b einfach neu und beginnen von vorn.

Den BRENNEN-Knopf finden Sie entweder in der Werkzeugleiste oder in der Menüleiste unter PROJEKT/BRENNEN oder ganz einfach unten in der rechten Ecke des Hauptdialogs. Erneut springt der BRENNEN-Dialog auf. Er sieht nur geringfügig anders aus als bei der Direktkopie (siehe Abbildung 10-20).

Wenn Sie dieses Audio-Projekt tatsächlich siebenmal brennen wollen, weil Ihnen von Rechts wegen so viele Sicherheitskopien zustehen, können Sie auf ON-THE-FLY verzichten und stattdessen festlegen, dass die Abbilddatei nicht gelöscht wird. Dann sparen Sie Zeit, weil die ISO-Datei, die auf den Rohling gebrannt wird, nicht bei jedem Brennvorgang jedes Mal neu erstellt werden muss. Haben Sie aber eine CD mit *OpenMusic* (es gibt jetzt tatsächlich nach *Open Source-Software* auch *OpenMusic*), dann können Sie vielleicht nur eine Abbilddatei erstellen und diese später so oft brennen, wie Sie wollen. Mit einem Klick auf den BRENNEN-Button geht es dann los (siehe Abbildung 10-21).

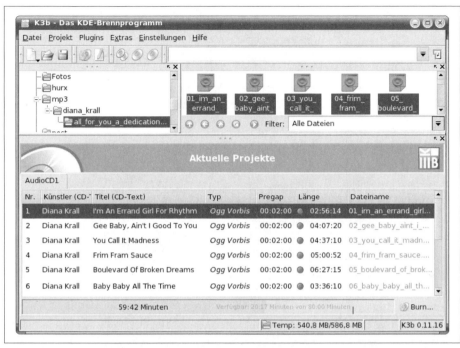

Abbildung 10-19: Die Musikdateien sind alle zum Audio-Projekt hinzugefügt worden. Es kann losgehen.

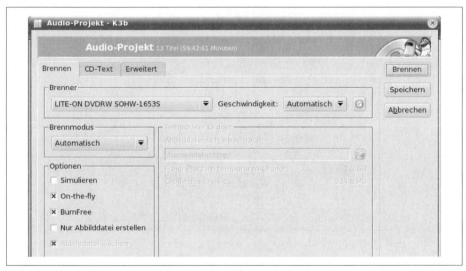

Abbildung 10-20: Brennen mit Festplattendaten

Abbildung 10-21: So sieht es aus, wenn K3b erfolgreich brennt.

Hat das Brennen geklappt, dann lässt *K3b* eine Fanfare ertönen und gibt Ihnen am Bildschirm die Erfolgsnachricht aus, dass Sie die CD jetzt benutzen können (siehe Abbildung 10-22).

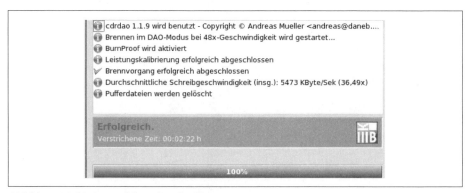

Abbildung 10-22: Der erfolgreiche Abschluss

Daten-CDs erzeugen Sie ganz ähnlich. Statt eines neuen Audio-CD-Projekts starten Sie eben ein neues Daten-CD-Projekt oder ein neues Daten-DVD-Projekt, wenn die Datenmenge die maximalen 700 MB einer CD übersteigt. Statt einzelner Audio-Dateien können Sie jetzt ganze Dateibäume hinzufügen. Voraussetzung für eine geglückte Datensicherung ist natürlich, dass Sie auch die Rechte haben, die zu sichernden Daten zu lesen. Das ist eine der Aktionen, für die Sie sich am besten als Benutzer *root* anmelden.

K3b ist ein KDE-Programm. Damit es auch in einer GNOME-Umgebung läuft, müssen mindestens die *kdebase*-Pakete mitinstalliert sein. Wenn Sie bei der Installation K3b mit ausgewählt haben, geschieht das automatisch. Falls Sie es nachinstallieren, dann wundern Sie sich nicht, wenn das Installationsprogramm womöglich Dutzende von notwendigen Paketen nachzieht, obwohl Sie nur ein einzelnes Paket ausgewählt hatten. Häufig ist K3b automatisch mit auf der Installationsliste, wenn die Hardwareerkennung ein Brenngerät bemerkt, egal ob KDE oder GNOME. Außerdem werden beim Nachinstallieren häufig eine ganze Reihe von Hilfsprogrammen mit auf die Festplatte kopiert, die die Musikdateien einlesen oder das CD-Image schreiben können. K3b ist ja eigentlich nur ein Frontend für diese Programme.

Serpentine, Brasero & Co.

Das geglückte Gegenstück zu K3b auf der GNOME-Seite ist *Serpentine* (Abbildung 10-23), das Sie vorinstalliert z.B. bei Ubuntu finden. Auch der bei SUSE und Fedora erhältliche *Brasero* sieht recht hübsch aus. All diese Programme haben einen deutlich geringeren Funktionsumfang als K3b. Dann wäre noch der *GNOME-Baker* zu nennen, um Rohlinge zu rösten. Sogar der Nautilus hat ein eingebautes CD-Brenner-Programm. Das ist vielleicht nicht wirklich hübsch, aber für Datensicherungen genügt es vollauf. Für das, was tagtäglich weggesichert werden muss, brauchen Sie keine so ausgefeilten Dialoge wie die von K3b.

Abbildung 10-23: Einfach und gut arbeitet das Brennprogramm Serpentine.

TEIL III
Die Grundlagen der Systemadministation

In diesem Teil des Buches versuche ich, Ihnen genügend Wissen über die Systemverwaltung zu vermitteln, damit Sie einfache (und bisweilen pfiffige) Dinge selbst tun zu können. Wie ein Autofahrer, der Reifen und Zündkerzen wechseln, Öl nachgucken und Wischwasser auffüllen kann. Als Autofahrer müssen Sie nicht selbst Bleche zusammenschweißen können. Aber wer nur den Lack polieren kann, ist bei einer Panne aufgeschmissen. Umfassende Systemadministrations-Handbücher gehen natürlichnich noch mehr ins Detail.

Sie sollen nicht mit zuviel Theorie geqält werden, dennoch brauchen Sie mitunter etwas Hintergrundwissen, bevor Sie an der richtigen Stellschraube drehen können. Diese »Schraube« kann dann eine Checkbox in einem Dialog sein, aber allen grafischen Administrationstools zum Trotz können es auch Einträge in einer Konfigurationsdatei sein, die zu ändern sind.

Für alle Tätigkeiten, die in diesem Teil des Buches beschrieben werden, benötigt man wenigstens an einer Stelle die Privilegien des Systemverwalters *root*. Meist nehmen wir hier systemweit Einstellungen vor, die dann für alle Benutzer auf dem Rechner gelten. Da ist immer auch ein wenig Risiko dabei: Als *root* könnten Sie damit theoretisch auch einen Schaden am System anrichten, der alle User betrifft.

In Kapitel 11 werden Sie etwas Handwerkszeug lernen, das Sie in den weiteren Kapiteln immer wieder brauchen können. Kapitel 12 stellt die wichtigsten Systemwerkzeuge vor, mit denen Sie Ihren Rechner analysieren und konfigurieren können. Dann werden Sie in Kapitel 13 das Konzept der Prozesse kennenlernen und erfahren, wie man Prozesse überwacht und notfalls beendet. Kapitel 14 widmet sich der Einrichtung von Druckern unter Linux und Kapitel 15 der Benutzerverwaltung. Wie Sie Software zu Ihrem Rechner hinzufügen und wie Sie sie wieder loswerden, erfahren Sie in Kapitel 16. Kapitel 17 zeigt dann, wie Sie Diskettenlaufwerke, CD/DVD-Laufwerke und USB-Sticks einbinden. Und in Kapitel 18 schließlich steht, wie Sie Ihren Rechner mit anderen kommunizieren lassen.

In diesem Kapitel:
- Arbeiten mit Dateien – Teil 1
- root werden
- Arbeiten mit Dateien – Teil 2
- Informationen finden

KAPITEL 11
Die wichtigsten Fingerfertigkeiten

Dieses Kapitel zeigt Ihnen einige grundlegende Begriffe und Konzepte, die Sie für die gängigen Administrationsaufgaben ständig brauchen. Manches davon erscheint Ihnen vielleicht trist und öde, aber Sie können z.B. auch nichts Tolles auf dem Klavier spielen, ohne vorher Tonleitern und Arpeggios geübt zu haben. Wenn Sie das Buch schon bis hierher durchgearbeitet haben, dann haben Sie ja ohnehin festgestellt, dass man ohne die Shell und ihre Befehlszeile bei Linux unnötigen Beschränkungen unterworfen[1] ist. Hier können Sie viele – oder sogar die meisten – dieser Beschränkungen abwerfen. Für die Mehrzahl der Aktionen hier brauchen Sie die Berechtigungen des Superusers *root*. Doch nicht alles, was Sie hier lernen, ist die Bedienung irgendwelcher Software. Manchmal sind dies auch Warnungen davor, größeren Unfug anzustellen. Was ist das dann? *Brainware*?

Arbeiten mit Dateien – Teil 1

Wenn Sie bei den folgenden Zeilen »Krämpfe bekommen«, benutzen Sie ruhig zum Anzeigen der Verzeichnisse Ihre grafischen Dateimanager und zum Hineinsehen in die Dateien deren grafische Vorschauprogramme. Sie können auch die grafischen Textprogramme *kate*, *kwrite*, *gedit* oder *mousepad* verwenden, um nur ein paar zu nennen. Und wenn die grafische Umgebung dann einmal herumzickt, können Sie ja immer noch für Geld jemanden rufen, der die notwendigen Befehle für Sie ausführt ... Oder Sie können die aufgelisteten Befehle ausprobieren und dabei sehr effizient und schnell auf Ihrer Maschine werden. Alle diese Befehle führen Sie in einem Terminalfenster aus. Sie sind alle textorientiert und würden daher auf den ältesten »dummen« Terminals ebenfalls funktionieren. Außerdem gibt es diese Befehle praktisch auf jedem UNIX-Rechner dieser Welt. Und? Ist das einen Versuch wert?

---

1 Das Wort »aufgeschmissen« trifft es eigentlich besser ... – nun, selbst in Windows Vista gibt es inzwischen eine Shell. Wenn das kein Ansporn ist.

Dateien anzeigen etc.

Ständig verwendete Kommandos, um Dateien oder ihre Eigenschaften anzuzeigen, sind ls, cat, more und less. Dazu müssen Sie die Dateien erst einmal erreichen. Sie bewegen sich im Dateisystem nicht anders als unter DOS oder Windows mit dem Kommando cd. Ganz schön gewöhnungsbedürftig ist für Umsteiger allerdings, dass das gute alte cd.. unter Linux nicht funktioniert. Der Grund: Man kann bei Linux beliebig viele Punkte in einen Dateinamen packen, und deshalb könnte cd.. theoretisch auch ein eigenständiges Kommando sein. Gewöhnen Sie es sich deshalb an, sauber und korrekt ein Leerzeichen zwischen cd und .. zu schreiben, dann funktioniert der Befehl wie erwartet. Das cd allein führt Sie immer in Ihr Heimatverzeichnis zurück, wo auch immer Sie im Dateibaum stehen. Bisweilen muss man von einem langen Verzeichnispfad in einen anderen langen Verzeichnispfad zurückwechseln. Da wird Ihnen cd - gute Dienste leisten, denn das führt Sie immer zum letzten besuchten Verzeichnis zurück, wie die berühmte Zapper-Taste auf den Fernbedienungen für die Glotze.

Haben Sie Ihr Zielverzeichnis erreicht, gibt es eine simple, kurze Datei- und Verzeichnisliste (des aktuellen oder jedes anderen Verzeichnisses), wenn Sie ls eingeben und Return drücken. Dieser Befehl hat allerdings ungefähr eine halbe Million möglicher Schalter, die man alle miteinander kombinieren kann. Die wichtigsten Kombinationen listet die folgende Tabelle auf.

Tabelle 11-1: Einige wichtige Optionen des ls-Befehls

Ausdruck	Wirkung
ls -l	Langformat; zeigt auch die Dateieigenschaften wie Berechtigungen und Eigentümer an. Geben Sie z.B. im Heimatverzeichnis ls -l oder ls -l /etc ein, und beobachten Sie dann, was passiert. Die Ausgabe in der ersten Zeile (z.B. »insgesamt 4«) zeigt übrigens nicht die Anzahl der Dateien im Verzeichnis an, sondern die Anzahl der Blöcke, die die Dateien im aktuellen Verzeichnis auf der Festplatte belegen. Diese Information wird Sie vermutlich die ersten 15 Jahre, die Sie mit Linux hantieren, kaum belasten ...
ls -a	Alle Dateien (im Kurzformat) anzeigen, auch die, die mit einem Punkt beginnen. Da das Linux-Dateisystem keine »hidden« (versteckten) Dateien kennt, werden Dateien, deren Namen mit einem Punkt beginnen, vom normalen *ls* nicht angezeigt. Diese Dateien und Verzeichnisse enthalten häufig Konfigurationen von Programmen, die Sie beim Aufruf der normalen Dateiliste gar nicht sehen wollen.
ls -la	Kombinationen der beiden Schalter oben; Sie sehen alle Dateien im Langformat.
ls -lF	Wie ls -l, aber die Verzeichnisnamen werden mit einem nachgestellten / markiert, so dass sie leichter erkennbar sind. Dieser Befehl macht vor allem auf solchen Systemen Sinn, wo die farbliche Markierung von Verzeichnissen und anderen besonderen Dateitypen ausgeschaltet ist.
ls -ld	Bisweilen wollen Sie nicht den Inhalt eines Verzeichnisses sehen, sondern seine Eigenschaften. Dieser Befehl verhält sich für Verzeichnisse so wie ls -l für Dateien.

Eine Datei »im Schuss« anzuzeigen wie beim *type*-Befehl unter DOS/Windows, das ist die Aufgabe des Befehls cat. Dieser Befehl wird meist verwendet, um kleinere Dateien anzuzeigen, die kaum größer sind als eine Bildschirmlänge. Bisweilen kommt dann auch ein Schalter zum Einsatz: cat -n *Datei* zeigt die Datei mit Zeilennummerierung an.

Wenn es um größere Dateien geht, kommen Sie um sogenannte *Pager* nicht herum, da ist die Rede von *more* und – das ist kein Witz – *less*.[2] Pager zeigen ebenfalls Dateien an, bleiben bei der Anzeige aber nach einer Bildschirmseite stehen und bieten Ihnen (wenn der Text mehrseitig ist) die Möglichkeit, den Text seitenweise weiter- oder auch zurückzuscrollen. *more* kann das noch nicht allzu lange und macht es auch nicht besonders elegant. Mit der Taste *b* (für *back*) kommen Sie jeweils einen halben Bildschirm nach oben, mit der Taste *d* (*down*) einen halben Monitor (bzw. 11 Zeilen) weit nach unten. Ein *Return* rollt den Text um eine Zeile nach unten, die *Leertaste* jeweils um eine Seite.

less verhält sich im Prinzip genauso, allerdings rollt es den Bildschirm stufenlos nach oben und unten, ja sogar seitwärts, wenn Sie die Pfeiltasten der Tastatur benutzen. Deswegen wird *less* üblicherweise bevorzugt. Es gibt allerdings einen Unterschied: Wenn *more* durch den Text gelaufen ist, beendet das Programm sich von allein, bei *less* beenden Sie das Programm, indem Sie ein *q* (für *quit*) drücken.

Bei beiden Pagern können Sie Text im angezeigten Dokument suchen, indem Sie einen Schrägstrich eingeben. Sobald Sie die /-Taste gedrückt haben, springt der Cursor in die unterste Zeile des Textbildschirms. Dort können Sie das gesuchte Wort eintippen. Nachdem Sie Return gedrückt haben, springt die Suche zur nächsten Fundstelle des gesuchten Wortes. Wenn Sie *n* (für next) drücken, sucht es das nächste Wort, bei *N* (Groß-N) das vorherige Vorkommen des Suchbegriffs. Da *more* nicht besonders gut zeilenweise anzeigen kann, ist die Fundstelle womöglich nicht gleich in der ersten Zeile des angezeigten Textes zu finden, sicher aber in einer der ersten ca. fünf Zeilen. *less* macht das wesentlich besser: Das Programm zeigt die Fundstellen nicht nur gleich in der ersten angezeigten Zeile, sondern unterlegt darüber hinaus auch noch alle Fundstellen farblich. Bei *less* wird die Suche nach dem Dateiende am Anfang des Dokuments fortgesetzt; *more* beendet sich hier einfach.

Eine weitere Besonderheit, die beide Pager teilen, ist folgende: Wenn Sie die *v*-Taste drücken, wird die Datei, auf die Sie gerade lesend zugreifen, mit dem Standard-Texteditor (meist *vi*, bei Debian/Ubuntu aber auch *nano*) geöffnet (siehe weiter unten).

Dateien kopieren, umbenennen etc.

Natürlich kommt im ganzen Buch immer wieder stellenweise vor, wovon dieses Kapitel handelt: Das Kopieren, Umbenennen, Löschen von Dateien und Verzeichnissen. Zu einfach, denken Sie? Windows-Umsteiger scheitern aber z.B. immer wieder an einer winzigen Kleinigkeit: Wenn Sie eine Datei von einem anderen Ort zum aktuellen Verzeichnis kopieren oder verschieben wollen, müssen Sie trotzdem den Zielort angeben. Zum Beispiel:

```
cp /home/ruediger/cooledatei .
```

---

[2] Unter Debian gibt es sogar *most*, das noch mehr können soll als die beiden anderen. Und ein verbessertes *cat*, das *dog* heißt. Ich liebe diese Linux-Welt!

Das heißt: Kopiere die *cooledatei* von */home/ruediger hierher.* Um etwas *ins aktuelle Verzeichnis* zu kopieren, müssen Sie unter Windows das Zielvereichnis nicht angeben, aber hier ist eben nicht Windows. Das Gleiche gilt für das Verschieben:

```
mv /home/ruediger/cooledatei .
```

Oder Sie kopieren viele Dateien auf einmal: `cp datei1 datei2 datei3 datei4 zielort`. Der Zielort ist natürlich ein Verzeichnis. Wenn Sie ein ganzes Verzeichnis kopieren wollen, müssen Sie `cp -R `*Verzeichnis Zielort* angeben, damit der Befehl auch alle Dateien und Unterverzeichnisse rekursiv mitnimmt:

```
cp -R /home/ruediger/cooledateien/ .
```

Wenn Sie als Systemadministrator root hantieren, um z.B. die Dateien eines anderen Benutzers von einem Ort zum anderen zu kopieren, benutzen Sie am besten den Spezialschalter -a. Sonst kopiert die Shell Dateien und Verzeichnisse zwar brav von einem Ort zum anderen, aber die neuen Dateien gehören alle root und nicht mehr dem Originalbenutzer, z.B. dieter. *cp -a* kopiert dagegen rekursiv (auch Unterverzeichnisse) und erhält dabei sowohl den Eigentümer als auch alle Rechte der kopierten Dateien.

Verzeichnisse können Sie freilich mit jedem Dateimanager erstellen, aber wie wäre es mit dem guten alten `mkdir`? Das funktionierte auch unter Windows schon immer. Mit `mkdir -p` erstellen Sie unter Linux sogar ganze Verzeichnishierarchien. Versuchen Sie es:

```
dieter@edwin:~$ mkdir -p mehrere/Verzeich/nisse
dieter@edwin:~$ ls -l mehrere
insgesamt 4
drwxr-xr-x 3 dieter dieter 4096 2007-03-25 18:05 Verzeich
dieter@edwin:~$ ls -l mehrere/Verzeich
insgesamt 4
drwxr-xr-x 2 dieter dieter 4096 2007-03-25 18:05 nisse
dieter@edwin:~$
```

Spannender wird es dann, wenn in dem Verzeichnis Dateien enthalten sind und Sie beim Löschen mit dem (korrekten) Befehl `rmdir` eine Rückmeldung erhalten, die Sie schon von Windows her kennen:

```
dieter@edwin:~$ touch mehrere/kleinebaerchen.txt
dieter@edwin:~$ ls -l mehrere
insgesamt 4
-rw-r--r-- 1 dieter dieter    0 2007-03-25 18:07 kleinebaerchen.txt
drwxr-xr-x 3 dieter dieter 4096 2007-03-25 18:05 Verzeich
dieter@edwin:~$ rmdir mehrere/
rmdir: mehrere/: Das Verzeichnis ist nicht leer
dieter@edwin:~$ rm -r mehrere/
dieter@edwin:~$ ls -l mehrere
ls: mehrere: Datei oder Verzeichnis nicht gefunden
dieter@edwin:~$
```

Den Befehl touch verwende ich bereits bei den ersten Schritten im vorderen Teil des Buchs, er erzeugt in diesem Fall eine leere Datei *kleinebaerchen.txt* im Unterverzeichnis *mehrere/*. Wenn ich das (mit einer Datei und einem Unterverzeichnis gefüllte) Verzeichnis per rmdir löschen will, wehrt sich das System: Genau so arbeitet das entsprechende Kommando unter Windows. Rekursives Löschen mit rm -r räumt allerdings auch mit solchen nicht-leeren Verzeichnissen auf.

rm -r ist ein sehr mächtiger Befehl, der bei den meisten Systemen sofort und ohne Nachfrage ausgeführt wird. Der Benutzer hat immer recht. Nur die Fedora-ähnlichen Distributionen (auch Mandriva) haben einen Sicherheits*alias* für rm definiert. Dort wird in Wirklichkeit immer rm -i ausgeführt, wenn Sie nur rm drücken – das heißt, dass auch rm -ri ausgeführt wird statt nur rm -r. Sie können mit dem Befehl alias rm überprüfen, ob ein solcher Alias bei Ihrer Distribution wirkt. Wenn er definiert ist, bekommen Sie vor dem Löschen eine Windows-artige Nachfrage: »Bist Du Dir sicher?«

Jüngere Windows-Emigranten, die kein DOS mehr gesehen haben, tun sich auf der Linux-Befehlszeile häufig sehr schwer. Sie sind Ordnerstrukturen gewohnt, die tatsächlich als kleine Akten- bzw. Hängeordner dargestellt sind und allenfalls noch als Baumstruktur ausgeklappt werden. Die rein textorientierte, geschriebene Darstellung mit Verzeichnis/Unterverzeichnis im Shell-Prompt finden sie dagegen unübersichtlich – ein Phänomen, das sich auch bei vielen Macintosh-Benutzern feststellen lässt. Wo im Dateibaum Sie sich befinden, erfragen Sie jederzeit, indem Sie *pwd* (*print working directory*) eingeben. Viele Distributionen zeigen am Shell-Prompt den kompletten Pfad zum aktuellen Verzeichnis an (SUSE, Debian), etliche aber nicht. Da steht nur der Name des aktuellen Verzeichnisses (Mandriva).

Wenn der Shell-Prompt scheinbar nicht den Pfad anzeigt, sondern die Tilde, dann stehen Sie in Ihrem Heimatverzeichnis. Sie erreichen Ihr Heimatverzeichnis direkt, wenn Sie *cd* ohne Pfadandangabe eintippen.

```
dieter@edwin:/usr/share/icons$ cd
dieter@edwin:~$ pwd
/home/dieter
dieter@edwin:~$
```

Mit dem nachzuinstallierenden Programm *tree* können Sie ganz wunderbar Dateibäume anzeigen lassen, vielleicht hilft Ihnen aber auch *mc* (siehe übernächste Seite) zu Beginn, sich im Dateibaum auch ohne grafischen Dateimanager zurechtzufinden.

Dateien editieren

»Editieren« bedeutet in der Linux-Welt meist, dass Sie eine einfache Textdatei bearbeiten. Dabei geht es in der Regel um reine ASCII-Dateien ohne besondere Schriftinformationen oder eingebaute Objekte, mit anderen Worten: um die allgegenwärtigen Konfigurationsdateien.

Wozu brauche ich Editoren?

Wenn Sie gerne möchten, dass jedes Terminalfenster Sie mit einem freundlichen »Hallo Setzen_Sie_Ihren_Namen_hier_ein« begrüßt, dann öffnen Sie die persönliche Konfigurationsdatei Ihrer Shell (meist ist es die Datei *.bashrc*) in Ihrem Heimatverzeichnis und schreiben an das Ende der Datei in einer eigenen Zeile:

```
echo Hallo Setzen_Sie_Ihren_Namen_hier_ein
```

Speichern, ein neues Terminalfenster aufmachen – schon funktioniert es. Das würden Sie aber nie mit einem Textverarbeitungsprogramm machen. Nicht nur, dass dies »mit Kanonen auf Spatzen geschossen« wäre. Textverarbeitungsprogramme legen beträchtliche Mengen von Fomatierungszeichen in ihren Dateien ab, damit Anzeige und Ausdruck perfekt aussehen. Ein Serverprogramm, das so eine Konfigurationsdatei einliest, ist aber an der typografischen Ausgabe herzlich wenig interessiert. Überzählige Zeichen führen im Gegenteil dazu, dass der Dienst nicht mehr versteht, was er tun soll. Das ist, was gute Dateieditoren tun: Sie legen nichts in den Dateien ab, was nicht hineingehört. Sehr gute Editoren können sogar am Schluss noch eine Syntaxkontrolle durchführen, um Fehler in der Konfigurationsdatei zu verhindern (*visudo*, *vipw* und etliche andere). Auch wenn etliche Editoren auf den ersten Blick nicht sehr attraktiv aussehen, sind sie für ihre Aufgaben bestens ausgelegt.

Um mit Linux ordentlich arbeiten zu können, brauchen Sie früher oder später einen Editor – und nicht nur als der Administrator root. Der muss ohnehin einen Editor haben, weil die komplette Konfiguration einer Linux-Maschine in ASCII-Dateien abgelegt ist. Die Angaben darin reichen von simplen Listen wie */etc/hosts* oder */etc/resolv.conf* über komplexere Strukturen (wie z.B. DNS-Datenbanken) bis hin zu umfangreichen Steuerdateien im XML-Format. Je nach Distribution gibt es zwar mehr oder weniger schicke Grafikdialoge zur Konfiguration der Maschine. Aber selbst bei den Windows-ähnlichsten finden Sie sich früher oder später dabei wieder, wie Sie eine dieser Dateien – mit einem Editor – öffnen und nach dem Rechten sehen.

Gute Editoren können nicht nur Texte öffnen und ohne überflüssige Steuerzeichen wieder ablegen, sondern verfügen überdies über eine vielstufige Rückgängig-Funktion, eine Makrosprache und Syntax-Highlighting. Das heißt, die Texteditorsoftware unterstützt Sie – angefangen von simpler Administration bis hin zur Programmierung. Mit Syntax-Highlighting erleichtert sie das Lesen von Konfigurationsdateien und Programmcode zusätzlich.

Welche Editoren gibt es?

Bei diesem Überblick muss ich mich auf die Wichtigsten beschränken. Offenbar sind Texteditoren genau wie FTP-Clients gern gewählte Einstiegsprojekte von Programmierern.

Der unverwüstliche Klassiker – vi. Je nach Distribution ist das Angebot an Editoren verschieden groß, doch einen gibt es überall. Sie finden buchstäblich auf jeder Maschine mit Linux oder klassischem UNIX einen *vi* (sprich: wieh-ei). Weil es ihn normalerweise auch in jedem Rettungssystem gibt, mit dem Sie Ihren Rechner zur Reparatur hochfahren können, lohnt er einen besonders intensiven Blick. Seine wichtigsten paar Kommandos und Tastenkombinationen finden Sie im Anhang. Ich selbst komme seit inzwischen mehr als 10 Jahren mit einem runden Dutzend Tricks aus, und die sind schnell gelernt. Besonders cool ist, dass Sie in praktisch allen Linux-Fanartikelläden Mauspads und Kaffee- oder Teetassen kaufen können, auf denen Kommandos und Tastenkombinationen für den *vi* gelistet sind.[3] Stellen Sie so etwas auf Ihren Schreibtisch, und zeigen Sie Flagge! Für Windows-Umsteiger ist die Bedienung des *vi* allerdings recht ungewöhnlich, wenn man bisher nur *edit*, *notepad* oder *wordpad* kannte. Lassen Sie sich trotzdem verführen, einen Blick in den Anhang zu werfen. Es lohnt sich.

Grau auf Blau – der mc-Editor. Großer Beliebtheit erfreut sich auch der *mc*-Editor, vor allem bei Menschen, die früher einmal unter *DOS* den *Norton Commander* benutzt haben. Den mc-Editor können Sie direkt mit dem Befehl mc -e Dateiname oder mcedit Dateiname aufrufen. Seine grauen Buchstaben auf dunkelblauem Hintergrund eignen sich schlecht für einen schwarz-weißen Screenshot – außer, Sie rufen das Programm mit dem Schalter -b auf, so dass das Programm nur im Schwarz-Weiß-Modus startet (siehe Abbildung 11-1).

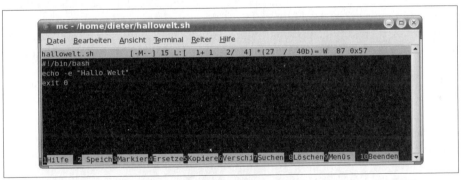

Abbildung 11-1: Der mc-Editor (für das Buch im Schwarz-Weiß-Modus)

Wenn Sie ihn farbig starten, unterstützt er ebenfalls Syntax-Highlighting. Das kleine Shell-Skript in der Abbildung würde also farblich so abgesetzt erscheinen, dass der Code leichter lesbar und Fehler so besser erkennbar sind. Der *mc*-Editor unterstützt Mausbedienung. Text, den Sie mit gedrückter Maustaste überstreichen, wird markiert (erkennbar an schwarzer Schrift auf türkisfarbenem bzw. hellgrauem

---

3 Und natürlich gibt es ein sehr gutes, kleines Büchlein für wenig Geld aus dem Verlag O'Reilly, das Sie problemlos durch den *vi* führt.

Hintergrund), und auch die Gedankenstützen am unteren Bildschirmrand (von 1 »Hilfe« bis 10 »Beenden«), die eigentlich auf Funktionstastenbelegungen hinweisen sollen (und die z.B. in der Konsole oder dem Gnome-Terminal nicht richtig funktionieren), können Sie mit der Maus bedienen. Klicken Sie einfach auf die entsprechende Stelle auf der Arbeitsoberfläche oder auch direkt auf den grauen Rand über dem Text, um etwas zu bewirken. Mausklicks auf die Worte HILFE bis BEENDEN führen die jeweiligen Befehle aus. Wenn Sie dagegen auf die obere Leiste klicken, klappen Bedienungsmenüs aus. Versuchen Sie es selbst.

nano, pico, joe. Nicht überall vorinstalliert, aber meistens verfügbar sind *nano* und *pico*, zwei ebenfalls weit verbreitete Editoren. Bei (Debian und) Ubuntu ist *nano* sogar der Standard-Editor. Beide haben den Vorteil, dass im oberen Bildschirmbereich die wichtigsten Tastenkombinationen aufgelistet sind. Wer den Editor von *DR-DOS* kennt und mag, ist mit *joe* gut bedient. Dieser Editor hat seine Tastenbelegung von *WordStar* geerbt – genauso wie der *DR-DOS*-Editor.

Der Gigant – Emacs. Über den *Emacs* kursieren Witze, so mächtig ist er. Seine Funktionsvielfalt und vierfache Tastenbelegungen (wenn das reicht ...) sind sprichwörtlich. Ich selbst habe Leute erlebt, die dieses Programm morgens starteten und bis zum Feierabend nicht mehr verließen. Dazwischen sind sie im Web gesurft, haben ftp-Downloads (entgegen aller Sicherheitsbestimmungen) geholt, E-Mails und Beiträge für Newsgroups geschrieben und empfangen. Mit einer Windows-Version von *Emacs* sah ich sogar einmal jemanden Tetris spielen. Ach ja, und Texte editieren kann man damit auch. Allein die textorientierte Version des *Emacs* war schon 32 MByte groß, da hatte der Weltmarktführer in Sachen Textverarbeitung, WordPerfect für DOS, gerade einmal knapp 6 MByte. Es gibt *Emacs* natürlich auch grafisch. Wenn er Sie interessiert, dann installieren Sie ihn auf Ihrem Rechner – die Installationspakete sind sicherlich auf den Distributionsmedien enthalten –, aber nehmen Sie sich ein wenig Zeit für dieses Vorhaben. Online-Hilfen finden Sie auf *www.emacs.org*, *www.emacswiki.org*, *www.gnu.org/software/emacs/* oder *www.xemacs.org*. Das englischsprachige »Learning Emacs«-Buch von O'Reilly umfasst knapp 600 Seiten.

Desktopspezifische Editoren. Als Editor mit grafischer Oberfläche ist auf der KDE-Seite *kate* hervorzuheben, denn dieses Programm kann neben Syntaxhervorhebung auch mehrere Dateien geöffnet halten und verwalten. *Kwrite* kann immer nur eine Datei bearbeiten, ist für den normalen Einsatz aber ebenso gut geeignet. Bei GNOME gibt es mit dem *gedit* einen ebenbürtigen Kandidaten zu *kate*. Selbst die Tags in XML-Dateien werden korrekt hervorgehoben. Absolut süß ist der kleine *Mousepad*-Texteditor, der zum xfce-Desktop gehört und offensichtlich auch *gedit*-Code enthält.

Noch mehr Auswahl. Wenn Sie die Editorensektion in der Paketverwaltung Ihrer Distribution durchforsten, werden Sie mit Namen wie *cooledit*, *nedit*, *vile* und *vim-X11* konfrontiert, und das sind beileibe nicht alle. Lassen Sie sich nicht verwirren. Verwenden Sie, was Ihnen zuerst in die Finger kommt, und entscheiden Sie später, was Ihnen gefällt. Sie werden hübsche Editoren kennenlernen, und jedes Jahr werden neue geschrieben. Nur um den *vi* kommt man wirklich nicht herum.

root werden

Das Linux-System ist vor unsachgemäßen Benutzeraktionen dadurch geschützt, dass ein normaler Benutzer nicht viel »darf«. Eine der wichtigsten Tätigkeiten als gehobener Linux-Benutzer ist es deshalb, zwischendurch einmal die Identität des Linux-Systemadministrators *root* anzunehmen, um überhaupt administrieren zu können. Vergleichen Sie das damit, unter Windows XP Professional (oder dem älteren Windows 2000) einzelne Befehle mit der Option »ausführen als« aufzurufen oder sich komplett als Administrator anzumelden – aber eben nur innerhalb eines Fensters. Den Ausführen-als-Befehl gibt es natürlich auch unter Linux, wie Sie ein wenig weiter unten sehen werden. Bereits in den ersten Kapiteln dieses Buches haben Sie aber schon erfahren, dass man diesen Identitätswechsel bequem innerhalb eines Terminals ausführen kann. Das Tolle daran ist, dass alle anderen Fenster und Programme auf Ihrer grafischen Arbeitsumgebung dabei unprivilegiert und normal bleiben, und trotzdem genießen Sie die Rechte von *root* innerhalb dieses einen Terminalfensters – und bei allen Programmen, die Sie aus diesem Befehlsfenster heraus aufrufen. Sie können sogar in so einem Fenster *root* auf einer entfernten Maschine werden. (Sehen Sie dazu bitte auf Seite 590 nach, wo es um Netzwerkverbindungen mit *ssh* geht.)

Die banalste Methode ist freilich, die komplette Anmeldung zu wechseln, sich also schon am Login-Bildschirm als Administrator *root* anzumelden. Das konnte schon Windows NT, unter XP das geht es ein wenig komfortabler, und es ist genauso hässlich unter Linux.

Oberstes Gebot: Widerstehen Sie der Verführung

Wer als *root* (oder Administrator) angemeldet ist oder dessen Rechte besitzt, genießt Allmacht: Die Maschine lässt ihn alles tun, was technisch möglich ist. Um nach dem Rechten sehen zu können, hat *root* (wie ein Hausmeister) buchstäblich überall Zugang. Darüber hinaus ist *root* auch Polizei und Richter in Personalunion: Als *root* können Sie z.B. Dateien umbenennen, einem anderen Eigentümer schenken oder Dateien selbst dann löschen, wenn der Eigentümer sie schreibgeschützt hat. Diese Allmacht überträgt Ihnen eine große Verantwortung, vor allem auf solchen Systemen, wo Sie nicht der einzige Benutzer (und damit der einzige mögliche Geschädigte) sind. So eine Allmacht ist ein süßes Gift: Weil Sie alles dürfen, funktioniert meist alles, was Sie anfangen, sofort. Sie können jede Reparatur im Handumdrehen durchführen, auch Software installieren etc., denn es stehen ja keine Rechte-Probleme im Weg. Aber ein einziger grober Fehler von *root* beschädigt oder löscht womöglich die gesamte Linux-Installation.

Den Befehl zum »Overkill« müssen Sie nicht einmal selbst aufrufen: Angenommen, Sie sind als *root* angemeldet und surfen als dieser Benutzer im Internet. Dann könnte – und zwar nicht nur theoretisch – Ihr Webbrowser von schädlichem Java-Code oder Ähnlichem ausgetrickst werden. Diese böswillige Software könnte mit Ihren *root*-Berechtigungen auf der Maschine anstellen, was immer der Angreifer will. Deshalb meldet man sich im Normalfall grundsätzlich nicht als *root* an. Es ist einfach zu gefährlich.

Wie macht man es dann unter Linux, wenn man sich nicht als *root* anmelden soll, aber trotzdem administrativ tätig werden muss? Das ist leicht: Indem Sie sich

- nur vorübergehend,
- nur für eine bestimmte Tätigkeit oder
- (am besten) in einem Terminalfenster

in *root* verwandeln. Den Rest der Arbeit erledigen Sie, wie gehabt, als unprivilegierter Benutzer. Mir fiele z.B. kein einziger Grund ein, warum man als *root* einer Maschine mit einem Browser ins Internet müsste ...

Grafische Anmeldung als root

Auch wenn es auf den meisten Linux-Installationen erlaubt ist, sich grafisch als *root* anzumelden (nicht bei Debian und allen seinen Abkömmlingen wie z.B. Ubuntu), sollten Sie es vermeiden – nicht nur, weil Sie bei SUSE früher immer eine Anzahl Bomben vor rotem Hintergrund ansehen mussten (siehe Abbildung 11-2). Grafische Linux-Oberflächen können – auch über das Netzwerk – relativ leicht ausspioniert werden. Besser ist die Lösung, die im folgenden Abschnitt beschrieben ist.

Abbildung 11-2: Bombiger Desktop-Hintergrund für den Benutzer root bei SUSE

Wenn Sie innerhalb eines Terminalfensters den Befehl *su -* (oder *sux -*) verwenden, um sich in den Benutzer *root* zu verwandeln, haben Sie beide Vorteile: die Allmacht des Systemadministrators, aber den hübschen und harmlosen grafischen Desktop eines normalen Benutzers.

Die Befehle su und sux

Der Befehl su - Benutzername erlaubt es Ihnen, sich in der aktuellen Shell in jeden beliebigen Benutzer zu verwandeln – vorausgesetzt, Sie kennen das passende Passwort dieses Benutzernamens. Es gibt einen Sonderfall: Wenn Sie keinen Benutzer angeben, nimmt Linux an, dass Sie *root* werden wollen. Der Bindestrich sorgt dafür, dass bei dem Benutzerwechsel die ganze Shell-Initialisierung durchlaufen wird, als wäre der Benutzerwechsel ein kompletter, neuer Anmeldevorgang. Verwenden Sie immer su - mit Bindestrich. Wenn Sie ihn weglassen, führt das bisweilen zu einem seltsamen Verhalten der Befehle.

Versuchen Sie es selbst (der Befehl whoami hilft bei der »Selbstfindung«):

```
[dieter@raider dieter]$ whoami
dieter
[dieter@raider dieter]$ su -
Password:
[root@raider root]# whoami
root
[root@raider root]# exit
```

exit wechselt wieder zurück in die normale Umgebung: Im Terminalfenster wird die Anzeige automatisch neu aufgebaut. Das geschieht, damit zufällige Beobachter nicht sehen können, was *root* zuletzt angestellt hat. Sie können in der Regel schon am *Shell-Prompt* (das sind die Zeichen links vom blinkenden Cursor am Zeilenanfang) erkennen, ob Sie *root* sind: Bei den meisten Distributionen endet der Prompt für *root* mit einem Gatter (#), bei den anderen Benutzern ist es je nach Distribution entweder ein Winkel (→ z.B. bei SUSE) oder ein $-Zeichen (Debian, Mandriva). Als Alternative zu whoami zeigt auch der Befehl id in der Shell an, als welcher Benutzer Sie dort angemeldet sind. Und für Leute mit leichter Sehschwäche führte SUSE ab Version 10.3 ein, dass der Prompt rot wird, wenn man sich als *root* anmeldet. Das ist vielleicht ein wenig peinlich, aber es hilft wirklich, den root-login nicht zu übersehen.

Benutzerwechsel ohne Terminal

Sie können Ihren Benutzer nicht nur in einem Terminal wechseln. Die meisten grafischen Befehlsumgebungen erlauben ebenfalls, Programme als *root* (oder ein anderer Benutzer) auszuführen. Wenn Sie z.B. aus dem Hauptmenü der KDE-Benutzeroberfläche BEFEHL AUSFÜHREN wählen, können Sie angeben, als welcher Benutzer das Programm ausgeführt werden soll (siehe Abbildung 11-3). Bei GNOME haben Sie einen ähnlichen Schalter in jedem Starter-Icon, das auf dem Desktop liegt.

Eine sux-ess-Story

SUSE handhabe den su-Befehl früher restriktiver als andere Distributionen. Wusste jemand bei einem su - das Passwort von *root*, hätte man annehmen können, dass der Benutzer, der gerade im aktuellen Fenster *root* geworden war, nun auch wirklich allmächtig sei. Er könnte jetzt ja durchaus das ganze System löschen. Falsch geraten: Dem *su-root* standen dann nur textorientierte Programme zur Verfügung. Das war Absicht. Man hatte verschiedene Einstellungen bewusst weggelassen. Um die volle Befehlsmacht auch über grafische Software zu bekommen, musste man den Befehl sux - eingeben. Weil das so schön verquer war (und natürlich gibt es auch einen handfesten Sicherheitsgrund), haben die Leute von Debian es sogar nachgemacht. Man muss nur das *sux*-Paket nachinstallieren, dann ist dort folgendes Beispiel in einer Shell nachvollziehbar:

```
dieter@edwin:~> su -
Password:
edwin:~ # xeyes
Error: Can't open display:

edwin:~ # echo $DISPLAY

edwin:~ # exit
logout
dieter@edwin:~> sux -
Password:
edwin:~ # xeyes (xeyes läuft)
edwin:~ # exit
logout
dieter@edwin:~>
```

Mit su - und der Angabe des Passworts wird Benutzer *dieter* zu *root*. Aber das Programm *xeyes*, das nichts tut, außer mit zwei Kulleraugen der Maus nachzublicken, kann *root* nicht aufrufen. Der Grund: Eine Umgebungsvariable (DISPLAY) und eine Handvoll anderer Einstellungen (das sogenannte MIT-Cookie) wurden bewusst weggelassen, damit *root* keine X-Programme aufrufen kann. Mit dem Befehl exit fällt man wieder in die Welt des Benutzers *dieter* zurück. Nun das Gleiche mit dem Befehl sux: Schon klappt es auch mit den Kulleraugen. Beenden Sie die »Glotzerei« mit Strg-C in der Shell, aus der heraus Sie *xeyes* aufgerufen haben.

Raten Sie einmal, wer das inzwischen nicht mehr macht? Richtig, SUSE! Diese Firma ist inzwischen schwer unter den Einfluss einer Firma geraten, die aus Utah stammt. Die nahm sich das Verhalten der (weil amerikanischen) RedHat-basierten Distributionen zum Vorbild und schaffte die Wirkungsweise des sux-Befehls wieder ab. Außerdem, so hieß es, mochten sie das Wort *sux* nicht ...

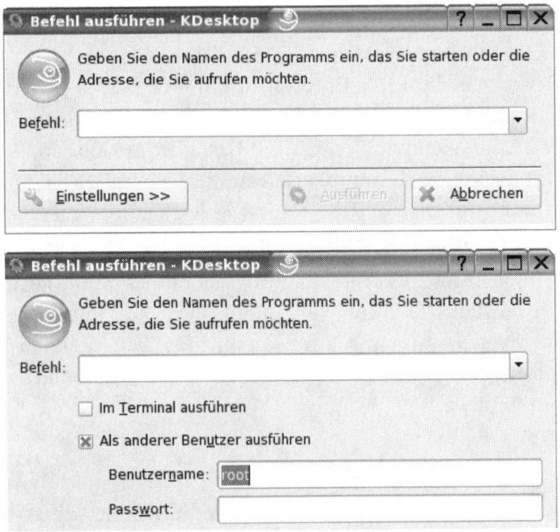

Abbildung 11-3: Der erweiterte Dialog »Befehl-Ausführen« bei KDE

Ähnliche Problematik unter Windows

Gefahren, die aus der großen Allmacht entstehen, beeindrucken Windows-Benutzer meist gar nicht. Das Konto des Windows-Systemadministrators heißt *Administrator*, und viele Benutzer sind permanent mit diesem Konto eingeloggt, weil man jede Software sofort installieren kann, ungehindert jede Veränderung vornehmen darf, die in der letzten Computerzeitschrift als »cool« angepriesen wurde und jedes Spiel spielend läuft – bis dann gar nichts mehr geht und die Installation unbrauchbar geworden ist. Dann wird neu installiert, und zwar von vorn. Sogar die Daten sind oft nicht mehr zu retten.

Auch darauf reagiert die Windows-Welt erstaunlich gelassen. Kürzlich hatte ich einen Windows-Rechner mit einer speziellen Versicherungssoftware vor mir. Die war so programmiert, dass man sie nur bedienen konnte, wenn man *als Administrator angemeldet* war. Als ich mir dies vom Hersteller bestätigen ließ, reagierten die Programmierer der Software überrascht, dass man überhaupt daran Anstoß nehmen könnte. Ihr erstes Anliegen war natürlich, dass die Software funktioniert.

→

> Wie fahrlässig diese Einstellung ist, wird bei einem kleinen Szenario klarer: Der als Administrator angemeldete Versicherungsmakler meldet sich natürlich nicht ab, wenn er zwischendurch ein wenig im Web surfen will. Wenn er sich dabei *Spyware* einfängt, kann diese sich mit den Administratorrechten des angemeldeten Benutzers im System eingraben. Fortan werden z.B. die Daten jedes Kunden, die der Makler in ein Eingabefeld eintippt, nach draußen übertragen. So haben diese inkompetenten Programmierer nicht nur die Sicherheit des Maklerrechners aufs Spiel gesetzt, sondern vor allem die Datensicherheit ihrer eigenen Kundschaft ausgehebelt.[1]
>
> Die Macht von *root* unter Linux ist allerdings noch ein wenig größer: Wenn *root* etwas befiehlt, gehorcht das System bedingungslos. Der Administrator hingegen kann es erleben, dass Windows das Befolgen seiner Befehle nach kurzer Prüfung ablehnt. Das heißt: Unter Linux sollten Sie noch umsichtiger mit Ihren weitreichenden Vollmachten umgehen!

Um Programme auszuführen, für die man *root*-Berechtigungen benötigt, können Sie auch das Programm *kdesu* direkt aufrufen (siehe Abbildung 11-4). Um die Abbildung zu erzeugen, wurde (als normaler Benutzer aus einer Shell heraus) einfach der Befehl `kdesu yast2` eingegeben. Ein ähnliches Programm mit dem Namen *gnomesu* gibt es natürlich auch für GNOME.

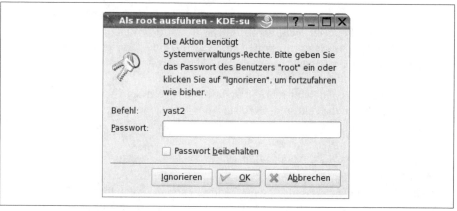

Abbildung 11-4: kdesu in Aktion

Der Sinn dieser Befehle ist immer, als normaler Benutzer für kurze Zeit die Rechte von *root* zu erlangen. In dieser speziellen Umgebung können Sie administrative Tätigkeiten ausführen. Das ist aus zweierlei Gründen sehr praktisch: Einerseits können Sie so sofort testen, ob die administrative Tätigkeit, die im *root*-Fenster klappt, auch für normale Benutzer funktioniert. Andererseits können Sie nicht so leicht mit einer unbedachten Handlung oder einem versehentlichen Mausklick unabsichtlich die ganze Maschine schrotten ...

African Ways

Die Macher von Ubuntu entschieden sehr früh, dass dieses Wechseln der Identität und so Sie überfordert. Geben Sie es ruhig zu: Das mit den beiden Benutzern hatten Sie jetzt nicht verstanden, nicht wahr? Deshalb benutzen die Ubuntus eine Mischung aus Debian-Paranoia und Windows-Sorglosigkeit mit einer Linux-Technik: sudo. Die Debian-Paranoia besteht darin, den root-Benutzer sich nicht anmelden zu lassen, wenn er kein Passwort hat. Und damit er sich auch wirklich nicht anmeldet, bekommt *root* bei Ubuntu überhaupt kein Passwort. Wenn Sie eine Ubuntu-Distribution installiert haben, ist Ihnen das bestimmt schon aufgefallen.

Wer administriert also die Ubuntu-Maschine? Der erste Benutzer, den Sie bei der Installation angelegt haben. Wie Sie in Kapitel 3, *Einige grundlegende Linux-Konzepte*, schon gesehen haben, sind alle Benutzer einer Linux-Maschine in Benutzergruppen organisiert. Dieser erste Benutzer wird nun in die Benutzergruppe admin aufgenommen, und die Benutzergruppe admin bekommt durch den sogenannten *sudo*-Mechanismus Allmacht auf der Maschine. Das als Windows-Sorglosigkeit zu bezeichnen, ist vielleicht nicht ganz falsch.

Doch aufgepasst: Der Hauptbenutzer (so würde man einen rechtlich aufgemotzten Benutzer unter Windows nennen) arbeitet nicht die ganze Zeit mit *root*-Berechtigung. Das wäre dann doch zu gefährlich: Einmal versehentlich geniest, und schon wackeln die Grundfesten Ihres Linux-Systems! Der Hauptbenutzer nimmt sich die *root*-Berechtigung, indem er Befehlen die Vorsilbe sudo voranstellt. Ein Beispiel: Benutzer *dieter* will die Partitionsaufteilung seiner Festplatte */dev/hda* wissen. Das darf er als normaler Benutzer auch bei der Ubuntu üblicherweise nicht einfach abfragen. Anders dagegen mit sudo:

```
dieter@fennek:~$ fdisk -l /dev/hda
Cannot open /dev/hda
dieter@fennek:~$ sudo fdisk -l /dev/hda
Password:

Disk /dev/hda: 60.0 GB, 60011642880 bytes
255 heads, 63 sectors/track, 7296 cylinders
Units = cylinders of 16065 * 512 = 8225280 bytes

   Device Boot      Start         End      Blocks   Id  System
/dev/hda1   *           1        1275    10241406    c  W95 FAT32 (LBA)
/dev/hda2            1276        1433     1269135   82  Linux swap / Solaris
/dev/hda3            1434        7296    47094547+   5  Extended
/dev/hda5            1434        1980     4393746   83  Linux
/dev/hda6            1981        2466     3903763+  83  Linux
/dev/hda7            2467        2892     3421813+  83  Linux
/dev/hda8            2893        7296    35375098+  8e  Linux LVM
dieter@fennek:~$
                                                                        →
```

Durch das Präfix sudo gewinnt Benutzer *dieter* für die Dauer des Befehls *root*-Berechtigung: Nun darf er die Partitionstabelle abfragen. Um sich zu legitimieren, muss *dieter* aber vorher ein Passwort eingeben. Das wäre mit dem Befehl su - -c "wasauchimmer ich als befehl angeben will" vergleichbar (das -c steht für: Jetzt kommt ein Kommando). Auch da wird nach einem Passwort gefragt, und man muss das *root*-Passwort kennen. Anders bei *sudo*: Hier ist das Passwort des Benutzers *dieter* gefragt. *Dieter* kann tatsächlich wie *root* auf einer Ubuntu-Maschine handeln, wenn er vor dem eigentlichen Kommando *sudo* eingibt, und alles was er benötigt, ist sein eigenes Passwort. Mit dem Befehl sudo bash bekommt *dieter* sogar eine root-Shell!

Kein Wunder, wenn viele Windows-Umsteiger diese Technik mehr lieben als das su-Hantieren mit einem root-Konto, das ihnen die ganze Zeit die Gefährlichkeit ihres Tuns vor Augen führt, und ein zweites Passwort muss man sich auch noch merken! Wie schon gesagt, Allmacht ist ein süßes Gift ...

Wenn Sie weitere Hilfs-Admins ernennen wollen, müssen Sie mit dem Benutzer-Administrationsprogramm weitere Benutzer in die Benutzergruppe *admin* aufnehmen. Das gilt aber nur bei einer Ubuntu. Benutzern anderer Distributionen rate ich, in einem Handbuch über Systemadministration oder in den Manpages über den Befehl *sudo* und *visudo* nachzulesen.

Arbeiten mit Dateien – Teil 2

Gerade als root habe ich die folgenden Befehle oft gebraucht, obwohl sie für *dieter* als normalen Benutzer nicht weniger hilfreich waren.

Dateien finden

Wo hat er sie jetzt wieder hingelegt? Schon nach dem Download irgendwelcher Dateien ins Heimatverzeichnis habe ich mich das bisweilen gefragt: Mal ist der Speicherort nicht eindeutig definiert (wie bei der Standardeinstellung des Browsers *Firefox*), zum Teil hat man es einfach vergessen, bis man die Dateien wieder braucht. Dass Sie bisweilen Dateien nicht wiederfinden, ist bei einem Linux, das in der Standardinstallation rund 100.000 Dateien auf die Partitionen packt, eigentlich ganz normal. Aber Ihre Dateien müssen nicht verloren bleiben, Abhilfe schaffen da die Programme *find*, *locate* und *grep*.

Der Befehl find

find ist ein richtiges Monster-Programm. Es kann buchstäblich alle Arten von Dateien oder Verzeichnissen finden. Sie müssen nur angeben, nach welchen Kriterien es suchen soll: z.B. Eigentümer, Gruppe, neuer als xyz, älter als xyz, Rechtestruktur. Sie suchen eine Datei, die irgendwie »Telefonnummern« hieß? Kein Problem! Das folgende Beispiel soll vom aktuellen Verzeichnis aus Dateien und Verzeichnisse finden, die mit »Telefon« anfangen und danach irgendwie weitergehen. Die Syntax ist zwar einfach für das, was *find* alles für Sie tun kann, aber in der Praxis hat es dieser Befehl ganz schön in sich. Die Syntax ist:

```
find Ausgangspunkt Kriterium Suchbegriff [Aktion].
```

Im folgenden Beispiel steht der Punkt für »dieses Verzeichnis«. Ein Beispiel mit einer Aktion sehen Sie in Tabelle 11-2.

```
[dieter@raider dieter]$ find . -name "Telefon*"
find: ./daten/magnum/sec/etc/ipsec.d: Permission denied
./Dokumente/Telefon_Freundinnen.doc
./Dokumente/Telefon.sxw
./Dokumente/Telefonnummern.tmd
[dieter@raider dieter]$
```

Sehr schön zu sehen ist, dass *find* das Verzeichnis *daten/magnum/sec/ipsec.d* nicht durchsuchen durfte, denn das war für den Benutzer *dieter* nicht lesbar. Die Regeln des Dateisystems gelten natürlich auch für den *find*-Befehl. Noch ein Versuch: Diesmal suchen wir ein Verzeichnis (-type d) mit dem Namen *cron...*, und es soll im */etc*-Verzeichnis zu finden sein.

```
[dieter@raider dieter]$ find /etc -type d -name "cron*"
find: /etc/skel/tmp: Permission denied
find: /etc/default: Permission denied
/etc/cron.daily
/etc/cron.hourly
/etc/cron.monthly
/etc/cron.weekly
/etc/cron.d
find: /etc/cups/certs: Permission denied
find: /etc/cups/ssl: Permission denied
find: /etc/lvm/archive: Permission denied
find: /etc/lvm/backup: Permission denied
[dieter@raider dieter]$
```

Diese vielen Fehlermeldungen, dass *find* irgendwo was nicht lesen darf, nerven ein wenig. Kann man die nicht unterdrücken? Aber klar doch! Das Folgende ist für fast jeden mächtigeren Befehl geeignet: Alle Fehlermeldungen sollen »in den großen Abfalleimer« geworfen werden. Dieser Abfalleimer heißt bei Linux (und UNIX) */dev/null*. Damit nur die Fehlermeldungen weggeworfen werden und nicht die normale Ausgabe, markieren Sie die Ausgabe mit den Zeichen 2> (Kanal 2 ist die »Standardfehlerausgabe«). Wenn Sie dazu mehr wissen wollen, konsultieren Sie ein Fachbuch über Systemadministration. Den dazugehörigen Kanal 1 haben Sie auch schon einmal gesehen, z.B. wenn man mit echo "Hallo meine lieben Leser" > hallo.txt die Ausgabe in eine Datei lenkt. Kanal 2 ist so gesehen das Gleiche, nur eben für Fehlermeldungen.

Also noch einmal:

```
[dieter@raider dieter]$ find /etc -type d -name "cron*" 2> /dev/null
/etc/cron.daily
/etc/cron.hourly
/etc/cron.monthly
/etc/cron.weekly
/etc/cron.d
[dieter@raider dieter]$
```

Na also. Besser ist das.

Was der Befehl `find` alles kann, füllt locker ein ganzes Kapitel. Wir beschränken uns auf wenige Beispiele, die in der folgenden Tabelle aufgelistet werden.

Tabelle 11-2: Einige Beispiele zum Befehl find

Ausdruck	Wirkung
`find . - name ''telefon*''`	Vom aktuellen Verzeichnis aus sollen in allen Unterverzeichnissen Dateien gefunden werden, die mit »telefon« beginnen.
`find /etc -type d ''cron*''`	Alle Verzeichnisnamen unterhalb */etc* auflisten, die mit »cron« beginnen.
`find /usr -user dieter`	Finde alle Dateien unterhalb von */usr*, die dem Benutzer *dieter* gehören (das können nicht viele sein).
`find / -perm -4000`	Finde alle Dateien, die das sogenannte SUID-Bit gesetzt haben (Sonderrecht für Dateien wie das Programm */usr/bin/passwd*, mit dem Sie Passwörter in die schreibgeschützte Passwortdatenbank schreiben können).
`find /home -nouser`	Finde alle herrenlosen Dateien im */home*-Verzeichnis; macht nur für *root* Sinn, denn als normaler Benutzer darf man nicht in den Verzeichnissen der anderen Benutzer herumsuchen ... eigentlich ...
`find /home -nouser -exec rm {} \;`	Finde alle herrenlosen Dateien im */home*-Verzeichnis, und lösche sie. (Sehr gefährlich, denn der Befehl macht das wirklich!) Stören Sie sich nicht an der seltsamen Syntax, sondern probieren Sie lieber aus, was man damit alles machen kann, wenn Sie z.B. wie oben die Option `-name ''dateiname*''` verwenden.

Unnötig zu sagen, dass auch verschiedene grafische Werkzeuge direkt auf *find* zugreifen. Besser als das textorientierte Programm sind die nur, weil sie verschiedene Suchmasken und -muster vorgeben, die Sie von der Pflicht entbinden, gewisse Sachen selbst zu wissen. Vor allem wären da *kfind* (siehe Abbildung 11-5) und das *gnome-search-tool* (siehe Abbildung 11-6) zu nennen; unterm Strich hat aber jede grafische Oberfläche eine Suchfunktion, und praktisch jede von ihnen arbeitet mit *find* zusammen. Diese Zusammenarbeit ist viel einfacher, als ein weiteres Programm zu schreiben, das das Gleiche tut.

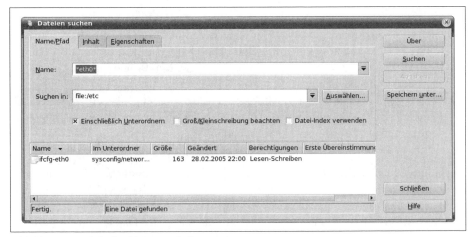

Abbildung 11-5: kfind arbeitet mit find zusammen.

Abbildung 11-6: Übersichtlich und leistungsfähig: das gnome-search-tool

Einen Nachteil hat *find* bei aller Funktionsvielfalt, und das kann bei einem großen Rechner mit vielen Benutzern, die alle gleichzeitig auf der Maschine arbeiten, auch richtig lästig werden: *find* sucht aktiv auf der Festplatte. Der Befehl findet dann zwar alles, wonach Sie ihn fragen, aber um den Preis eines sofortigen Festplattenzugriffs. Das kostet Kraft. Es kann durchaus sein, dass die anderen Benutzer bemerken, wie die Maschine dabei langsamer wird.

Der Befehl locate

Dagegen hilft der Einsatz von *locate*. Dieses Programm durchsucht nicht aktiv die ganze Festplatte, sondern geht durch einen Dateinamensindex, den das Programm *updatedb* vorher anlegt. Wo soll der Vorteil sein? Bei Maschinen, die die ganze Zeit durchgehend in Betrieb sind, sorgt der *cron*-Daemon dafür, dass *updatedb* morgens oder wenigstens einmal wöchentlich durchgeführt wird, und das zu einer Zeit, zu der Sie womöglich noch kuschelig warm im Bett liegen. Danach »kennt« das System die Namen aller Dateien, und die Suche erstreckt sich nicht mehr über das ganze Dateisystem, sondern nur noch über die Indexdatei, das geht sehr schnell.

locate hat jedoch auch zwei massive Nachteile: Es ist nur so gut wie die Datenbank bzw. die Indexdatei. Und zweitens befinden sich in der Indexdatei nur die Dateinamen, nicht aber deren Eigenschaften. Wenn sich kein *cron*-Job um das Aktualisieren der Liste gekümmert hat, laufen der aktuelle Stand der Dateien und die Index-Datenbank auseinander.

```
[dieter@raider dieter]$ locate tiger.ps
warning: locate: warning: database /var/lib/slocate/slocate.
db' is more than 8 days old
/usr/share/ghostscript/7.07/examples/tiger.ps
[dieter@raider dieter]$
```

Die Datei wurde in der Liste zwar gefunden, aber wenn die Datenbank mehr als acht Tage vor sich hin rottet, kann es durchaus sein, dass die Datei inzwischen schon wieder gelöscht ist. Wenn kein automatischer Prozess es tut, kann auch *root* die Indexliste aktualisieren. In unserem Beispiel ist die Liste schon ein wenig alt, aber ein *updatedb* richtet es wieder.

```
[dieter@revolver dieter]$ su -
Password:
[root@revolver root]# updatedb
[root@revolver root]# exit
```

Dann meckert auch kein locate mehr herum, dass die Datenbank nicht aktuell sei:

```
[dieter@raider dieter]$ locate tiger.ps
/usr/share/ghostscript/7.07/examples/tiger.ps
[dieter@raider dieter]$
```

Aber sogar dann, wenn die Datenbank täglich auf den neuesten Stand gebracht wird, kann *locate* keine Dateien finden, die erst nach der letzten Aktualisierung eingespielt oder erzeugt wurden. Darüber hinaus liefert *locate* – weil diese Informationen nicht indiziert werden – auch keine Dateieigenschaften. Der Vorteil von *locate* gegenüber *find* liegt in seiner großen Geschwindigkeit. Da kann es sinnvoll sein, sogar drei oder vier Dateien (aus einer Liste von 15 oder mehr) genauer anzusehen, bis Sie die richtige gefunden haben, und Sie sind immer noch wesentlich schneller am Ziel als mit einem *find*. Bei *locate* müssen Sie auch nicht den gesamten Namen der Datei angeben, *locate tiger* hätte im letzten Beispiel die Postscript-Datei ebenfalls gefunden. Nur: Je weniger exakt Sie den gesuchten Dateinamen angeben, desto mehr »Müll« ernten Sie.

In den Dateien suchen: grep

Beide der gerade vorgestellten Kommandos können die Namen und Pfade von Dateien und Verzeichnissen beibringen, die auf der Festplatte liegen, *find* sogar auf der Basis besonderer Dateieigenschaften. Was aber beide nicht können, ist *in* die Dateien hineinzusehen. Dateien zu finden, in denen bestimmte Informationen liegen, ist aber eine der bevorzugten Tätigkeiten des Systemadministrators. Wie oft hätte man z.B. schon wissen wollen, wo in aller Welt etwa die IP-Adresse des Rechners oder der Rechnername untergebracht sind?

Solche Informationen findet das Programm *grep* – aber nur in ASCII-Dateien oder solchen, die lesbare Zeichen enthalten. *grep* ist z.B. völlig machtlos bei komprimierten Open-Office-Dateien. Ein Beispiel: Wo befindet sich der Rechnername? Wir wissen, dass er vermutlich in einer oder mehreren Dateien im Verzeichnis */etc* enthalten ist. Leider liegen da aber diverse Dateien. Wir können diese Dateien nicht alle mit *less* oder gar *vi* durchforsten, auch wenn wir die Information auf diese Weise früher oder später schon finden würden.

Zuerst ermitteln wir den Hostnamen mit dem Befehl *hostname*:

```
[dieter@raider dieter]$ hostname
raider.ddt.loc
[dieter@raider dieter]$
```

Bei manchen Distributionen kommt hier nur der einfache Rechnername heraus, also *raider*. (Den ganzen Namen bekommen Sie dann mit hostname -f.) Das ist also die Information, die es zu finden gilt. *grep* findet diese Buchstabenkombination in allen Dateien, die es lesen darf. Anschließend meldet es für jede Zeile, in der der Suchbegriff enthalten ist, eine Fundzeile. Befindet sich das gesuchte Wort mehrfach in der Datei, gibt es eben mehrere Ausgaben. Die Ausgabe selbst ist in mehrere Spalten gegliedert: Bei einer Fehlermeldung steht zuerst der Befehlsname grep:, danach der Name der Datei oder des Verzeichnisses, die bzw. das *grep* nicht lesen durfte, und schließlich folgt die Meldung »Permission denied« oder ihr Äquivalent in einer anderen Sprache. Dateien, die Fundstellen haben, stehen mit Dateiname und Doppelpunkt am Zeilenanfang.

```
[dieter@raider dieter]$ grep raider /etc/*
grep: /etc/at.deny: Permission denied
...
grep: /etc/gshadow-: Permission denied
/etc/hosts:127.0.0.1          raider.ddt.loc raider localhost
grep: /etc/passwd-: Permission denied
/etc/printcap:brother|:rm=raider.ddt.loc:rp=brother:
...
grep: /etc/sudoers: Permission denied
/etc/xcdroast.conf:PLATFORM = "Linux raider.ddt.loc 2.6.8.1-20mdk #1 Wed Nov 3 04:
24:32 EST 2004 x86_64 AMD Athlon(tm) 64 Processor 3200+ unknown GNU/Linux"
```

Wenn *grep* viele Fehlermeldungen ausgibt, können Sie die Nutzinformation in all den Fehlern kaum noch finden, deshalb bietet sich auch hier wieder der Trick mit der Fehlerausgabe-Umleitung 2> /dev/null an.

```
[dieter@raider dieter]$ grep raider /etc/* 2> /dev/null
/etc/hosts:127.0.0.1           raider.ddt.loc raider localhost
/etc/printcap:brother|:rm=raider.ddt.loc:rp=brother:
/etc/printcap:hp880|hp880c:rm=raider.ddt.loc:rp=hp880:
/etc/printcap:zaphod|Brother HL 1670N:rm=raider.ddt.loc:rp=zaphod:
/etc/xcdroast.conf:PLATFORM = "Linux raider.ddt.loc 2.6.8.1-20mdk #1 Wed Nov 3 04:
24:32 EST 2004 x86_64 AMD Athlon(tm) 64 Processor 3200+ unknown GNU/Linux"
[dieter@raider dieter]$
```

So wie jetzt finden Sie nichts, wenn die gesuchte Information in einer Datei steckt, die in einem Unterverzeichnis versteckt ist. Deshalb sollten Sie die Option -r für *rekursiv* kennen. Der Suchvorgang dauert dann zwar länger, weil auch alle Dateien in allen Unterverzeichnissen durchsucht werden müssen – aber was haben Sie schon von einem herrlich kurzen Suchvorgang, der aber nichts zutage bringt?

Schließlich kommt es bisweilen vor, dass Sie nach einer Information suchen, die Sie in Großbuchstaben vermuten, die aber leider in Kleinbuchstaben in der Konfigurationsdatei steht (oder umgekehrt). Die Lösung dafür ist der Schalter -i. grep -ri *wort pfad/** sucht rekursiv alle Schreibweisen des gesuchten Worts, egal ob es klein- oder großgeschrieben ist, außerdem jede Mischform.

Informationen finden

Jeder kennt den Witz mit dem Automechaniker, der 101 Euro für seine Reparatur verlangt: einen Euro für die Schraube und 100 Euro für das »Gewusst-wo«. Bei Linux ist dieses »Gewusst-wo« deshalb so wichtig, weil es jede Information auch kostenlos gibt. Leute haben tolle Beschreibungen über alles Mögliche ins Internet gestellt, weil sie so stolz sind, herausgefunden zu haben, wie es geht; andere veröffentlichen fantastische Dokumentationen über ihre eigene Software oder tragen mit einer guten How-to (Einstiegsdoku) zu einem Projekt bei – viele haben grandiose Sachen geschrieben, einfach weil es noch nichts Gutes gab. Sie sollten diesen Leuten dankbar sein. Bücher für Geld schreiben Leute wie ich, weil Leute wie Sie nicht die Zeit oder die Nerven besitzen, sich alles selbst zusammenzusuchen.

Abseits von Büchern aus dem Fachhandel haben Sie verschiedene Einstiegslevel, wenn Sie Hilfe benötigen. Welche Hilfe Sie in Anspruch nehmen sollten oder können, hängt davon ab, wie viel Vorwissen Sie schon haben.

- Wenn Sie den Befehl, den Sie brauchen, schon kennen, dann können Sie sich bei den meisten Befehlen mit einem *befehl* --help eine kurze Auflistung der Optionen ausgeben lassen. Oftmals ist die aber ein wenig knapp gehalten.

- Für eine genaue Beschreibung, was ein Befehl bewirkt, wie seine Syntax genau aussieht und welche Optionen, Schalter und Reihenfolgen die Software versteht, gibt es die *Manpages* und *Info-pages*. Der Nachteil: Sie müssen ebenfalls schon wissen, welchen Befehl Sie eigentlich suchen.
- Kennen Sie weder den Namen des einschlägigen Softwarepakets noch die Herangehensweise an das Problem unter Linux, dann sind die *HowTos* genau das, was Sie suchen.
- Sie können immer noch googeln – das Problem dabei ist aber die völlig unstrukturierte Trefferliste. Sie wissen vorher nie, ob in einem der Treffer eine Perle schlummert – und wenn ja, in welchem – oder ob Sie nur Abraum geerntet haben.
- Sie können sich ein gutes Buch wie dieses hier gekauft haben. Für viele Probleme bekommen Sie hier die richtige Anleitung oder Hinweise, um selbst fündig zu werden.

Leider gibt es für die gängigsten Programme und Konfigurationsdateien unter Linux nicht ein allgemeines Hilfe-Format, sondern zwei. Das hat historische Gründe: Ein Teil der Hilfetexte (Manpages und Infotext-Dateien) kommt aus der Tradition des Systems V UNIX, der andere aus der von BSD-UNIX. Die Manpages verweisen häufig auf Textinfo-Dateien, vor allem dann, wenn in den – simpler gestalteten – Manpages nur ein Teil der Informationen steht und die Infotexte genauer beschreiben, wie die jeweilige Software funktioniert.

Manpages

Wenn Sie genauere Informationen zu einer Software oder einer Konfigurationsdatei benötigen, empfiehlt es sich, zunächst man *programmname* bzw. man *konfigurationsdateiname* einzugeben. Sie bekommen dann ein mehrteiliges Dokument auf den Textbildschirm, das im Idealfall alle Möglichkeiten der Software beschreibt und alle Optionen auflistet, die Sie in der Konfigurationsdatei einstellen können. Das *man*-Programm benutzt normalerweise den Pager *less*, um die Dokumente anzuzeigen. Das bedeutet, dass Sie die *less*-Suchfunktion mit / benutzen können, und es bedeutet auch, dass Sie mit einem *q* die Manpage wieder verlassen können.

Sogar für den man-Befehl gibt es eine Manpage. Dort heißt es: »Eine Manualseite besteht aus mehreren Teilen. Die üblichen Bezeichnungen sind u.a. NAME, SYNTAX, BESCHREIBUNG, OPTIONEN, DATEIEN, SIEHE AUCH, FEHLER und AUTOR«. Manpages in anderen Sprachen als Englisch sind leider meist veraltet, so dass Sie sich eher auf die englischsprachigen Varianten einstellen sollten: Eine englische Manpage, die zutrifft, ist besser als eine muttersprachliche, die es nicht (mehr) tut. Wie bei der Hilfe-Funktion erweist sich das »Siehe auch« in der Praxis als sehr wertvoll, da man gerade als Anfänger meist nicht weiß, nach welchem Befehl man genau suchen muss.

Die Manpages sind nicht nur in sich in Abschnitte unterteilt, sondern auch in Kapitel gruppiert. Die wichtigsten acht von ihnen sind:

1. Ausführbare Programme oder Shellbefehle
2. Systemaufrufe (Kernelfunktionen)
3. Bibliotheksaufrufe (Funktionen in System-Bibliotheken)
4. Spezielle Dateien (gewöhnlich in */dev*)
5. Dateiformate und Konventionen, z. B. */etc/passwd*
6. Spiele
7. Makropakete und Konventionen, z. B. `man(7)`, `groff(7)`
8. Systemadministrationsbefehle (in der Regel nur für *root*)

Am häufigsten haben Sie mit den Kapiteln 1 und 8 zu tun, denn darin sind die Beschreibungen für ausführbare Software enthalten – 1 bei Programmen für den normalen Benutzer, 8 bei denen für den Systemadministrator. Kapitel 5 ist ebenfalls oft ein Treffer, denn dort finden sich Beschreibungen für Konfigurationsdateien. Die Beschreibungen für Programme und Konfig-Datein darf jeder abrufen, selbst wenn man *root* sein muss, um sie ausführen oder ändern zu dürfen. Spannend wird es, wenn Sie auf Beschreibungen stoßen, die mehrfach vorhanden sind. Es gibt z.B. die Datei */etc/crontab*, die den Scheduler *cron* steuert. Weil das eine Konfigurationsdatei ist, findet sich die Beschreibung in Kapitel 5 der Manpages. Gleichzeitig gibt es auch das *Benutzerprogramm* namens *crontab*, mit dem Sie Ihre persönlichen zeitgesteuerten Befehlsaufrufe eintragen können. Das ist ein Programm, das jedermann aufrufen kann, und die Beschreibung ist folgerichtig in Kapitel 1 untergebracht. Wenn Sie nun einfach

```
man crontab
```

aufrufen, erscheint die Beschreibung des *Programms crontab* auf dem Schirm. Darin ist beschrieben, wie Sie eine oder mehrere Zeilen in *cron*-Syntax für den persönlichen Gebrauch erstellen können. Um die Syntax der *cron*-Tabellen richtig eingeben zu können, müssen Sie aber zuerst die Beschreibung der Datei */etc/crontab* gelesen haben. Das erreichen Sie mit dem Aufruf:

```
man 5 crontab
```

Die Kapitelnummer kann man also direkt mit dem `man`-Befehl angeben. Am Bildschirm sind die Manpages zusammen mit den Infotext-Dateien (siehe den nächsten Abschnitt) unschlagbar und unverzichtbar. Gerade am Anfang möchte man aber gern Gedrucktes, um seine Notizen per Hand eintragen zu können oder weil Papier schlicht und ergreifend immer noch angenehmer zu lesen ist als der Bildschirm. Auch dabei kann Ihnen das `man`-Kommando helfen. Der Schalter -t schickt die Ausgabe der Manpage durch einen Postscript-Formatierer und zeigt das Postscript anschließend am Bildschirm an. Da hilft es Ihnen nichts: Die Ausgabe muss entweder in eine Datei geleitet oder direkt zum Drucker geschickt werden. Wenn Sie die Ausgabe mit

```
man -t crontab > crontab.ps
```

in eine Datei umleiten, können Sie die Datei mit lpr -P druckername crontab.ps ausdrucken. Das setzt freilich voraus, dass Sie schon einen Drucker angelegt haben (siehe dazu Kapitel 15, *Benutzer verwalten*). Wenn Sie schon einen Drucker angelegt haben, können Sie auch elegant ohne die Zwischendatei *crontab.ps* die Postscript-Ausgabe direkt zum Druckprogramm *lpr* durchleiten. Geben Sie hierzu einfach folgende Zeile ein:

```
man -t crontab | lpr -P druckername
```

Sehr wertvoll ist eine besondere Suchfunktion, die dem Anfänger hilft, auch solche Befehle zu finden, die er oder sie noch gar nicht kennt (was Sie nicht kennen, werden Sie auch nicht direkt suchen): Der Befehl apropos ist ein alias für man -k, das die Header-Abschnitte aller Manpages nach dem Suchbegriff durchstöbert. Als Beispiel durchsuche ich die Manpages nach dem Begriff »dns«. Dabei stellt sich heraus, dass der bei Windows immer noch gebräuchliche, aber veraltetete Befehl nslookup unter Linux bereits abgeschafft ist und an seine Stelle host und dig getreten sind:

```
[dieter@raider dieter]$ apropos dns
QDns [qdns]          (3qt)  - Asynchronous DNS lookups
URIDNSBL [Mail::SpamAssassin::Plugin::URIDNSBL] (3pm) -
 look up URLs against DNS blocklists
dig                  (1)    - DNS lookup utility
dns-helper           (1)    - Non-blocking name resolver interface
dnsdomainname [hostname] (1)  - show the system's DNS domain name
host                 (1)    - DNS lookup utility
nsupdate             (8)    - Dynamic DNS update utility
[dieter@raider dieter]$
```

Nun, das hätten Sie auch so erwartet, nicht wahr?

Infotext-Dateien

Das Gegenstück zu den Manpages sind die Infotext-Dateien. Ihre Funktion ist weitgehend identisch, nicht aber ihre Handhabung: Geben Sie z.B. einmal den Befehl

```
info tar
```

in einem Terminalfenster ein. Sie erhalten dann eine textorientierte Ausgabe, die sich auf den ersten Blick wenig von den normalen Manpages unterscheidet:

```
File: tar.info,  Node: tar invocation,  Next: operations,  Prev: Tutorial,  Up: Top

Invoking GNU `tar'
******************
```

Der einzige Unterschied so weit ist, dass es einen Textcursor gibt, der wie bei einem Editor beweglich ist, d.h., Sie können mit ihm im Text herumfahren. Das hat seinen

Grund. Sobald Sie den Cursor ein wenig mit den Pfeiltasten nach unten bewegen, bemerken Sie seltsame Zeilen, die mit einem Stern beginnen und mit zwei Doppelpunkten abgeschlossen sind:

```
* Menu:

* Synopsis::
* using tar options::
* Styles::
* All Options::
* help::
* verbose::
* interactive::
```

Stellen Sie den Textcursor zwischen den Stern und die Doppelpunkte, und drücken Sie dann Return. Sofort springt ein anderes Dokument auf den Bildschirm, denn Textinfo setzt bereits Hyperlinks ein.

Auch *info* können Sie verlassen, indem Sie auf q drücken. Für eine ordentliche Einführung in dieses Thema verweise ich Sie allerdings auf ein regelrechtes »Computer Based Training«, das Sie bekommen können, wenn Sie

```
info info
```

in einem Terminalfenster eingeben.

> ### Ist das nicht schon recht veraltet?
>
>
>
> Wozu die textorientierten Hilfesysteme, wenn doch verschiedene Distributionen bereits auf HTML-basierte Versionen dieser Hilfetexte umgestiegen sind? Nun, wenn die Grafik gerade nicht funktioniert (oder Ihr Browser), dann werden Sie dafür noch dankbar sein.

Produktbeschreibungen

Vergessen Sie nicht, bei einem Produkt, das Sie häufiger einsetzen wollen, auch einmal in das dazu passende Verzeichnis */usr/share/doc/programmname* (bzw. bei SUSE: */usr/share/doc/packages/programmname*) zu sehen. Dort steht oft nicht viel, aber vielleicht gerade die eine README-Datei, die genau jenes Fehlverhalten erklärt, mit dem Sie sich schon seit Tagen herumärgern.

HowTos

Die Mütter aller Information bei Linux sind die HowTos. Sinngemäß als »Wie mache ich...« übersetzt, beschreiben sie Lösungen irgendwelcher Probleme, die andere vor Ihnen schon mit Linux gelöst haben. Es gibt sie über alle möglichen Themen, angefangen vom Net3-4-HowTo, dem Standardwerk über die Netzwerkunterstützung unter Linux, bis hin zu eher skurrilen Schilderungen, z.B. darüber, wie man Linux auf ein Notebook bekommt, das nur 4 MB Arbeitsspeicher hat, oder über finnische Sprachunterstützung, 3-D-Modeling usw.

Im Gegensatz zu den Manpages und Infotextseiten, die sich exakt mit einem Befehl oder einer bestimmten Konfigurationsdatei befassen, geben diese Dokumente oft einen allgemeinen Einstieg in ein Thema: Wie muss man denken, wenn man dieses oder jenes unter Linux machen will, welche Software gibt es, wo gibt es die Software, was muss man tun, damit die Software läuft, was gibt es zu beachten, wenn man diese oder jene Hardware einsetzen will – schlicht eine Komplett-Problemlösung für Leute, die in ein Thema neu einsteigen wollen.

Geschrieben wurden und werden diese Dokumente oftmals von Leuten, die sehr technisch denken und handeln. Das heißt: Oft ist nur genau eine Lösung beschrieben, die jedoch beispielsweise nicht mit Ihrer Hardware übereinstimmt. Da müssen Sie vielleicht noch ein zweites HowTo heranziehen, das sich zuerst mit Ihrer Spezialhardware befasst. Andererseits gibt es vermutlich kaum ein Problem rings um Linux, für das es kein HowTo gibt. Interessant sind diese Papiere allemal, und ich kann Ihnen z.B. das Net3-4-HowTo als Hintergrundinformation nur wärmstens empfehlen.

Alle HowTos finden Sie auf *www.tldp.org*, das ist die Webseite von *The Linux Documentation Project*. Normalerweise gibt es für jede Distribution auch ein Installationspaket, das die aktuellen HowTos enthält. Sie müssen die HowTos also nicht aus dem Internet laden, wenn Sie nicht wollen. Andererseits sind die gepackten HTML-Dateien nicht mehr als 15 MB groß, als PDF- und Postscript-Dateien sind sie auch nicht größer als maximal 24 MB.

Zwar existieren für verschiedene Sprachen Übersetzungen dieser Dokumente, aber wie bei allen anderen Linux-Papieren ist es auch bei den HowTos so, dass sie meist ein wenig veraltet sind, bis die Übersetzung einmal angefertigt ist. Deutsche HowTos finden Sie unter *www.ibiblio.org/pub/Linux/docs/HOWTO/translations/de/* oder auch auf *www.linuxhaven.de*, wo das *Deutsche Linux HOWTO Projekt* angesiedelt ist. Ohne dessen hervorragende Arbeit schlechtmachen zu wollen, empfehle ich Ihnen trotzdem, die englische Variante des gleichen Dokuments querzulesen, da sich jeweils Neuerungen eingeschlichen haben könnten, die noch niemand übersetzt hat.

Wenn Sie sich berufen fühlen, den Leuten vom Linux-HowTo-Projekt bei der Übersetzung eines oder mehrerer HowTos zu helfen, werden Sie offene Türen einrennen.

Hersteller-Portale

Last but not least hat jeder einzelne Distributor normalerweise eine Hilfequelle im Internet. Dort finden sich Beschreibungen von Fehlern (und ihre Lösungen) und Anleitungen, die genau auf die jeweilige Distribution passen. Von besonders guter Qualität war früher immer die SUSE-Seite, denn dort war mit *sdb.suse.de* die Supportdatenbank und mit *cdb.suse.de* die Component Database (Liste verfügbarer und unterstützter Hardware) veröffentlicht. Dieser Vorsprung war Novell nicht viel wert, aber wenn Sie eine SUSE-Installation betreiben, werden Sie dort nach wie vor mehr Informationen finden als anderswo. Auch andere Hersteller haben inzwischen solche Portale unterschiedlich guter Qualität.

Webforen und Usergroups

Die Mailinglisten und Webforen verschiedener Benutzergruppen werden oft unterschätzt. Dies beginnt bei den Mailinglisten der örtlichen Linux-Usergroup und führt über Mailinglisten einzelner Distributionen wie der *www.fedoraforum.de* (oder *.org*), *www.mandrivauser.de*, *www.linux-club.de* (für OpenSUSE) zu noch kleineren oder zu allgemeineren Interessengruppen, wie *www.linuxweb.de*. Das Tolle an solchen unabhängigen Gruppen ist zum einen ihre nichtkommerzielle Einstellung, zum anderen aber auch die familiäre Atmosphäre, die dort üblicherweise vorherrscht. Man kann sich zwanglos an einer Diskussion beteiligen, und solange man die *Netiquette*[4] (d.h. das anständige Verhalten im Internet) einhält und niemanden direkt anpöbelt, kann man unendlichen Nutzen aus der Gruppe ziehen und oft auch wieder anderen Usern weiterhelfen. Wer sagt, Brieffreundschaften sterben aus? Sie haben nur ein neues Gesicht bekommen!

---

4 http://www.albion.com/netiquette/corerules.html

In diesem Kapitel:
- YaST2
- system-config-* und yum
- Drak-Tools
- GNOME- und KDE-Tools
- Webmin

KAPITEL 12
System-Tools der Distributionen

Allen Vorurteilen zum Trotz ist es nicht mehr nötig, die gesamte Administration einer Linux-Maschine über die Kommandozeile zu erledigen. In dem Maße, wie die Linux-Distributionen langsam auch den Computer-Desktop erobern, entstehen Werkzeuge, mit denen auch solche Leute erfolgreich administrieren können, die sich niemals zur »Freak-Klasse« zählen würden. Die größeren Distributionen haben jetzt schon umfangreiche, zum Teil sogar hervorragende Werkzeuge, mit denen sich viele Systemverwaltungsaufgaben sehr bequem erledigen lassen. Und für solche Distributionen, die keine oder nur wenige eigene Tools entwickelt haben, könnte *Webmin* eine Lösung für viele Probleme darstellen.

YaST2

Das absolute Rundum-Tool, eine »Eier legende Wollmilchsau«, mit der jeder Linux administrieren kann, hat SUSE mit seinem YaST2 (Yet another Setup Tool, siehe Abbildung 12-1) vorgelegt. Gut dokumentierte Dialoge lassen selbst Ungeübte SUSE weitgehend lückenlos steuern; die Änderungen im Dialog werden von YaST meist direkt umgesetzt. Diese Software ist viel weiter entwickelt als die Werkzeuge aller anderen Konkurrenten. Auf der Kommandozeile ruft yast2 die grafische Variante des Setup-Tools auf, yast die textorientierte. Der textorientierte YaST ist unter der Motorhaube genau derselbe Code wie der grafische (nur mit einer textorientierten Bildschirmausgabe), also auch genau gleich ausgestattet. Da er nicht von grafischen Umgebungen ausgebremst wird, halten ihn viele für ein wenig schneller als den grafischen ...

Damit YaST sich nahtlos in die KDE-Umgebung einfügt, hatte SUSE den YaST als Plugin in das KDE-Kontrollzentrum eingebettet. Das ist ab der SUSE Version 10.1 nicht mehr so. Jetzt steuert Novell die SUSE, und diese Firma ist auch Eigentümer von *Ximian* (dem »Home of GNOME«). Deswegen wurde die enge Desktop-Integration von YaST und KDE zerbrochen und – bislang nur teilweise – in GNOME eingefügt (siehe auch das GNOME-Kapitel im vorderen Teil des Buches). Unter GNOME sieht das YaST-Kontrollzentrum inzwischen (openSUSE 10.3) anders aus als unter KDE, auch das Aussehen der einzelnen Module entwickelt sich auf den beiden Oberflächen zunehmend auseinander.

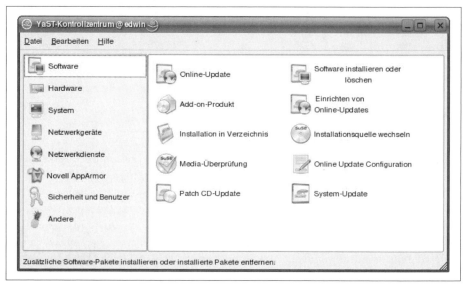

Abbildung 12-1: Das Startbild von YaST2 – unter KDE betrachtet

Wie YaST2 arbeitet

Konfigurationsprogramme unter Windows machen schöne Dialoge und vergraben die Werte, die Sie dort einstellen, anschließend in der Registry wie Hunde ihre Knochen. Sehr viel anders kann ein Programm wie YaST das auch nicht tun – nur dass es keine Registry gibt. Alles, was Sie in YaST-Steuerungsdialogen in Eingabefelder eintragen, als Radioknopf auswählen oder an Häkchen setzen, »merkt« YaST sich zuerst in Programmvariablen. Sobald Sie auf OK oder WEITER klicken, verewigt YaST die eingestellten Werte in den Variablen, indem es sie in Konfigurationsdateien schreibt. Die »klassischen« Konfigurationsdateien befinden sich alle im Verzeichnis /etc, denn da liegen praktisch alle Einstellungsdateien so einer Linux-Maschine, auch bei SUSE. Wenn die Einstellungen recht einfach sind oder nur ein oder zwei Worte umfassen, schreibt YaST sie direkt in die richtigen Systemdateien hinein (z.B. /etc/fstab oder /etc/resolv.conf), komplexere Dinge legt es in einer Art Tank ab (siehe Abbildung 12-2).

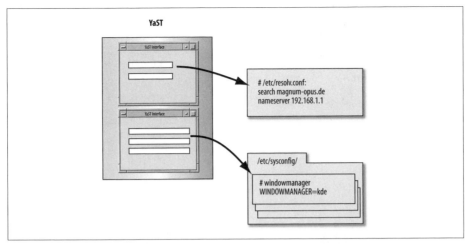

Abbildung 12-2: YaST2 schreibt entweder direkt in die Konfigurationsdatei oder in den »Konfigurationstank« /etc/sysconfig/.

Das Konfigurationsverzeichnis /etc/sysconfig/

SUSEs großer Einstellungstank befindet sich in dem Verzeichnis */etc/sysconfig/*. Für fast jeden von YaST verwalteten Dienst gibt es dort eine oder mehrere Dateien (bisweilen auch ein ganzes Verzeichnis mit Dateien), in denen die Einstellungen aus YaST niedergeschrieben sind (siehe Abbildung 12-3). Die Dateien heißen in der Regel so wie der Dienst, der damit konfiguriert wird. Eine ähnlich kryptische »Registry« wie unter Windows gibt es unter Linux nicht.

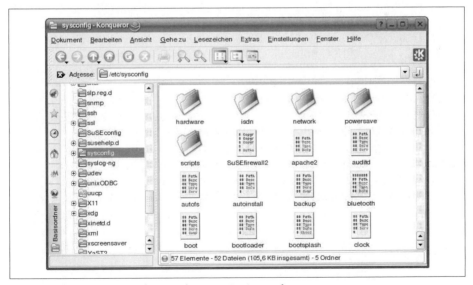

Abbildung 12-3: Dateien und Verzeichnisse in /etc/sysconfig

Das Format dieser Konfigurationsdateien ist einfach. Es sind reine ASCII-Dateien, die mit jedem beliebigen Texteditor bearbeitet werden können. In den Dateien stehen Einstellungswertepaare nach dem Muster dies=das. Pro Zeile gibt es ein solches Paar. Wenn ein Gatter (#) am Zeilenanfang steht, ist der Zeileninhalt auskommentiert, wird also nicht ausgewertet. Meist findet sich in solchen Zeilen eine Beschreibung der nächsten »Nutzzeile«, die nicht auskommentiert ist.

Als Beispiel sehen Sie hier einen Ausschnitt aus der Datei */etc/sysconfig/windowmanager*:

```
...
# Here you can set the default window manager (kde, fvwm, ...)
# changes here require at least a re-login
DEFAULT_WM="kde"
```

> ### Exkurs: Definition von Variablen
>
> Wozu gibt es diese spezielle Form der Konfigurationsdateien? Mit einem Ausdruck in dieser Schreibweise dies=das deklariert man bei der Shell, dem universellen Befehlsinterpreter von Linux, eine Variable. Die Variable heißt dann dies, und wenn man in einer Befehlszeile (Terminal) echo $dies eingibt, kommt das heraus. Versuchen Sie es selbst: In einer Shell deklarieren wir eine Variable und rufen sie in der nächsten Zeile wieder ab.
>
> ```
> [dieter@raider dieter]$ dies=das
> [dieter@raider dieter]$ echo $dies
> das
> [dieter@raider dieter]$
> ```
>
> Die Start-Routinen bei Linux sind samt und sonders Shell-Skripten. Das sind selbstablaufende Textdateien mit Shell-Kommandos darin, vergleichbar mit den Batch-Dateien unter *DOS* oder *Windows*; die Datei *autoexec.bat* gab es bei Windows ja noch sehr lange. Shell-Skripten verhalten sich zu Batch-Dateien aber ungefähr so wie Michael Schumachers Rennwagen zu meinem ollen Opel: ähnlich, aber definitiv eine andere Leistungsklasse. Shell-Skripten können z.B. auch andere Dateien einlesen und das, was darin steht, lesen und interpretieren. Die Einstellungen in diesen »Tank«-Dateien sind so geschrieben, dass ein Shell-Skript diese Dateien einlesen und aus dem Inhalt wieder Shell-Variablen erzeugen kann.
>
> Die Zeile DEFAULT_WM="kde" sieht z.B. aus wie das Beispiel oben, das direkt in der Shell verwendet wurde – nur dass diese Zuordnung eben in einer Datei steht, und nicht in einer Eingabezeile. Beim Boot-Vorgang liest ein Start-Skript (das die grafische Oberfläche konfiguriert) diese Datei ein, »lernt« aus dieser Zeile, dass es eine Shell-Variable mit dem Namen DEFAULT_WM definieren und dort den Wert »kde« hineinlegen soll. So einfach ist Programmierung! Wenn das Start-Skript diese Variable gelernt hat, dann kann es auch prüfen, ob a) die Variable existiert, und wenn ja, b) auswerten, was drin steht. Wenn kde drinsteht, dann startet es KDE, wenn gnome drinsteht, den GNOME usw.

SUSEconfig

Soll das etwa schon alles sein? Nein, ganz so einfach ist es dann doch nicht. Die paar Dateien im Verzeichnis *etc/sysconfig* sind ja nicht alle Konfigurationsdateien, die es bei so einem Linux-System gibt. Einfache Dateien wie z.B. die Datei */etc/HOSTNAME* (die es so in Großbuchstaben geschrieben nur bei SUSE gibt) oder */etc/hosts* enthalten nur wenige, einfach strukturierte Zeilen. Die kann YaST2 direkt auslesen und auch direkt in die Datei zurückschreiben.

Andere YaST-Einstellungen haben dagegen weitreichende Konsequenzen. Eine Entscheidung, welcher Fenstermanager mit welchen Optionen eingesetzt werden soll, kann die Änderung einer ganzen Reihe von Dateien nach sich ziehen. Ein Beispiel: Stellt man die Grundeinstellungen des Mailservers *sendmail* ein, wird ein Präprozessor-Programm gestartet, das ein knappes Dutzend weitere Dateien liest, interpretiert und eine oder mehrere Konfigurationsdateien daraus erzeugt.

In diesem Fall muss ein »Raus-Schreiber« anspringen, denn jede einzelne dieser Dutzend Dateien sieht vermutlich anders aus als die Zeilen in der */etc/sysconfig*-Datei. Die Werte müssen also umgeschrieben und wieder passend draußen abgelegt werden: Das ist die Aufgabe des Programms *SUSEconfig*. Es wird in bestimmten Situationen von YaST aufgerufen, um aus Ihren Eintragungen in den YaST-Dialogen (und den Werten in Dateien aus */etc/sysconfig*) die endgültigen Konfigurationsdateien zu erzeugen. SUSEconfig wendet buchstäblich Hunderte von Unterprogrammen und Regelsätzen an, um die eingetragenen Werte auszulesen und dann, ins richtige Format gebracht, in die passenden Konfigurationsdateien hinauszuschreiben (siehe Abbildung 12-4).

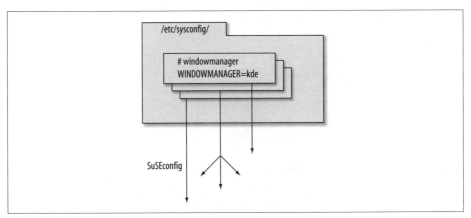

Abbildung 12-4: SUSEconfig schreibt Konfigurationen ins System.

Diesen Mechanismus kann man sich zunutze machen: Systemadministratoren ändern bisweilen nur die Dateien in */etc/sysconfig/* mit einem Texteditor ab, um dann *SUSEconfig* direkt aufzurufen. Gerade bei einer Fernadministration, wo oft nur eine textorientierte Verbindung besteht, ist das allemal schneller, als den gewichtigen YaST aufzurufen. Bis der YaST seine Fenster aufgebaut hätte, ist der Systemadministrator dann schon wieder fertig ... Wer allerdings noch nicht genau weiß, was seine Handlungen bewirken, der sollte sich zunächst noch grafisch von YaST die Hand führen lassen. Im YaST gibt es Hilfetexte, die die Dialoge recht gut beschreiben.

Wer über das Geschilderte hinaus an YaST und SUSEconfig vorbei administriert, der verliert seinen (oder ihren) SUSE-Installations-support. Das ist auch richtig so: Wenn der Telefon-Supporter sich nicht darauf verlassen kann, dass YaST und SUSEconfig die Konfiguration korrekt in das System geschrieben haben, ist es für ihn oder sie nur sehr schwer nachvollziehbar, wo überall der ungeschickte Bastler seine Hände im Spiel hatte.

Die YaST-Module

Ein großer Vorteil von YaST ist sein modularer Aufbau: Man kann jedes der Einzelmodule[1] auch separat aufrufen. `yast2 --list` liefert eine komplette Liste aller Module, in Tabelle 12-1 sind einige der wichtigsten Module aufgeführt.

Um ein bestimmtes Modul ohne den YaST-Hauptdialog direkt zu starten, geben Sie in einem Terminal Folgendes ein:

```
yast2 modulname
```

Dieses Buch kann nicht alle Funktionalitäten auflisten, die YaST hat; das macht die Dokumentation von SUSE wesentlich besser, als es hier möglich wäre. Es gibt auch Unterschiede zwischen *SUSE Linux Enterprise Desktop* (SLED), *SUSE Linux* (dem kommerziellen Gegenstück zu *openSUSE*), *SUSE Linux Enterprise Server* (SLES) und dem *Sun Java Desktop*, obwohl sie alle auf der gleichen Distribution fußen. Da das Original-Handbuch zur aktuellen Distribution in der Schachtel und zusätzlich auf den CDs mitgeliefert wird und außerdem bei den SUSE-Mirrors zum Download bereitsteht, sei auf dieses – zumindest in der Vergangenheit – außergewöhnlich gute Buch verwiesen. Dazu kommt, dass jede neue SUSE-Version auch neue YaST-Module enthält. Die Version 10.1 enthielt z.B. ein halbes Dutzend Unterprogramme zu *AppArmor*, das aber in der Praxis noch kein Endanwender einsetzt. Insgesamt sind bei SUSE 10.x (auch openSUSE) heute mehr Module an Bord, als selbst der SUSE Linux Enterprise Server 9 hatte. Jede neue Version führt neue Module ein, selbst wenn – besonders bei der openSUSE-Variante – nicht alle bei der Standard-Installation installiert werden. Einige Module funktionieren nur, wenn passende Hardware in Ihren Rechner eingebaut ist. Was haben Sie z.B. schon vom tv-Modul ohne Fernseh-Karte?

---

1 Bei *SUSE Linux Enterprise Server 9* sind es 73!

Tabelle 12-1: Einige der wichtigeren YaST-Module (aber beileibe nicht alle)

Modul	Funktionalität
answering_machine	Anrufbeantworter unter Linux
autoyast	Konfiguration für eine automatisierte Installation
backup	Sicherung der Systembereiche; Wiederherstellung durch *restore* (siehe unten)
bootfloppy	Erstellen einer Boot- oder Rettungsdiskette
bootloader	Konfigurieren des Bootvorgangs, Wiederherstellung des MasterBootRecords
controller	zusätzliche Controller integrieren (z.B. gesteckte SCSI-Controller im PCI-Slot)
dhcp-server	einen DHCP-Server konfigurieren
disk	Festplatten ins System integrieren
dns	festlegen, welcher Nameserver zur Namensauflösung gefragt wird; Möglichkeit zur Festlegung eines neuen Rechnernamens
dns-server	einen DNS-Server konfigurieren
dsl	per DSL ins Internet verbinden
fax	Faxgerät konfigurieren, das ein Modem oder eine ISDN-Karte als Kommunikationsweg benutzt; das Verhalten für eingehende Faxe einstellen
firewall	Konfiguration einer einfachen, Pakete filternden Firewall
groups	Gruppenkontenverwaltung, normalerweise für die Datei */etc/group* auch Möglichkeit der Verwendung als Frontend für einen LDAP-Server
host	*/etc/hosts* bearbeiten
http-server	Apache konfigurieren
hwinfo	Frontend für die Hardwareerkennung; vorwiegend Auslesen des Pseudo-Verzeichnisses */sys*; Möglichkeit des Ablegens der Ergebnisse in einer Datei
idedma	DMA-Beschleunigung für IDE-Festplatten einstellen
inetd	Netzwerkdienste für die Verwendung mit *xinetd* konfigurieren
inst_source	Installationsquellen einfügen, verändern, löschen
isdn	per ISDN ins Internet verbinden
keyboard	Tastaturbelegung einstellen
lan	Netzwerkkonfiguration für Ethernet- und andere Netzwerkkarten
language	Voreinstellung der Sprache
ldap	zentralisierte Benutzerverwaltung – Clientseite einstellen
ldap-server	zentralisierte Benutzerverwaltung – Server konfigurieren
lvm_config	logische Laufwerke konfigurieren (Datenträgersätze)
mail	einen Mailserver (meist Postfix) konfigurieren
modem	per Modem ins Internet verbinden; wichtig, wenn man eingehende Leitungen ermöglichen will
mouse	Mausmodell einstellen
nfs	Dateisystem-Importe über NFS einstellen
nfs_server	Dateisysteme exportieren mit NFS

Tabelle 12-1: Einige der wichtigeren YaST-Module (aber beileibe nicht alle) (Fortsetzung)

Modul	Funktionalität
nis	zentralisierte Benutzerverwaltung – Clientseite einstellen
nis_server	zentralisierte Benutzerverwaltung – Server konfigurieren
ntp-client	Zeitserver für die Zeitsynchronisation festlegen
online_update	Online-Update per YaST durchführen
online_update_setup	Konfigurieren des Online-Updates; Update-Server festlegen
power-management	ACPI-Einstellungen für verschiedene Arbeitsumgebungen festlegen bzw. konfigurieren
powertweak	Kerneleinstellungen, die die Leistung des Rechners steigern können
printer	Drucker anlegen, löschen, verändern: das SUSE-Frontend zu einer Reihe von Druck-Subsystemen wie Berkley-LPD, LPRNG, CUPS
profile-manager	*System Configuration Profile Management* (SCPM): Dienste zu umschaltbaren Ressourcengruppen zusammenfassen; vergleichbar mit Runlevel-Konfigurationen innerhalb eines Runlevels; häufigster Einsatz: Netzwerkprofile, die beim Wechsel des Standorts für Notebook-Benutzer die Netzwerkumgebung korrekt ändern
proxy	HTTP- und FTP-Proxy als Umgebungsvariablen festlegen (Programme wie der Downloadmanager *wget* und etliche Browser benutzen diese Einstellungen.)
remote	grafische Fernadministration mit einem VNC-Client oder einem Java-fähigen Browser erlauben
restore	System-Backups wieder einspielen
routing	Netzwerkrouten konfigurieren und IP-Forwarding für Router-Betrieb aktivieren/deaktivieren
runlevel	Standardbetriebsmodus einstellen und Runlevels konfigurieren
samba-client	Dateisystem-Importe über SMB/CIFS einstellen
samba-server	Dateisystem als Windows-fähigen Share exportieren
security	lokale Rechnersicherheit mit Rechteprofilen einstellen
sound	erkannte Soundkarte einrichten
sudo	Sudo-Befehl einrichten
support	Supportanfrage an den SUSE-Support schicken
sw_single	Software über die Suchfunktion von YaST2 installieren
sysconfig	grafisches Frontend, um die Dateien in */etc/sysconfig* zu editieren
timezone	Zeitzone und Uhrzeit ändern
tv	TV-Karte einrichten
users	Benutzer einrichten; siehe oben »group«
update	installierte Pakete updaten (Sicherheits-Updates etc.)
vendor	Treiber externer Hersteller einspielen
view_anymsg	verschiedene Logdateien in einem grafischen Fenster ansehen
x11	grafische Oberfläche einstellen (Dieses Menü ruft SaX2 (SUSE Advanced X-Configurator) auf.)

system-config-* und yum

Fedora hat kein vergleichbares, alles erschlagendes, zentrales Konfigurationsprogramm wie SUSEs YaST oder das Mandriva Kontrollzentrum. Aber es gibt eine ganze Reihe von Konfigurationswerkzeugen, die Teilaufgaben der Systemadministration lösen, einen Benutzermanager, einen Festplatten-Konfigurierer etc. Als zentralen Einstieg zu diesen Tools gibt es *system-config-control* (siehe Abbildung Abbildung 12-5). Damit können Linux-Anfänger oder -Umsteiger leichter auch solche Werkzeuge finden, die nicht mit augenfälligen Icons im System-Menü der GNOME-Oberfläche Fedoras eingebunden sind. Dabei sind diese Tools gar nicht schlecht: Sie sind kleiner und dadurch zum Teil erheblich schneller sind als die YaST-Module, schließlich muss ja im Hintergrund auch kein großes Programm-Rahmenwerk mitlaufen. Fedoras Konfigurationsprogramme arbeiten dabei ähnlich wie der YaST: Sie schreiben, was sie nicht direkt in die Konfigurationsdateien unter */etc* eintragen, in Dateien, die sich im Vereichnis */etc/sysconfig/* befinden.

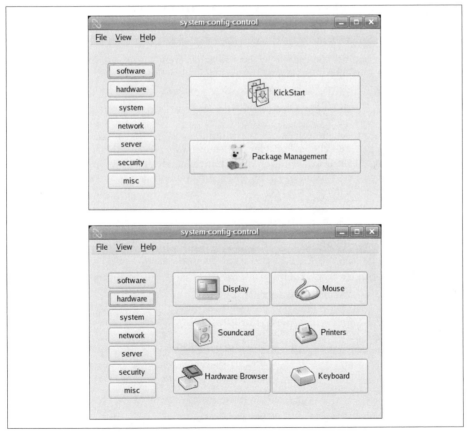

Abbildung 12-5: pup und system-config-control sind Installations- und Update-Werkzeuge

Ab Fedora Core 5 ist das alte Paketverwaltungsprogramm *system-config-packages* durch die Neuentwicklung *Pirut* ersetzt, das als Frontend zu *yum* (Yellow Dog Updater Modified) dient. Yum ist nun ein sehr mächtiges Installationsprogramm, das Ihnen mit einfachen Befehlen erlaubt, Software zu installieren oder deinstallieren. Wenn Sie die Maschine aktualisieren bzw. updaten wollen, benutzen Sie bei Fedora *Pup* (das ist ein kleiner Hund, sein Logo zeigt einen gelben Welpen). Er benutzt ebenfalls *yum* im Hintergrund, liefert aber einen schönen grafischen Dialog. Mehr dazu folgt im Kapitel zur Software-Installation.

Fedora fehlt subjektiv vielleicht das eine oder andere grafische Konfigurationswerkzeug, das man sich als Windows-Umsteiger wünschen würde. Ungewohnt ist auch, dass die existierenden Tools nicht so schön kurze Namen oder leicht zu findende Buttons auf dem Desktop haben. Dennoch kommt man normalerweise gut mit ihr zurecht. Tippen Sie (als Benutzer *root*) in einem Terminal einfach *system-config*, und drücken Sie dann zweimal die Tab-Taste. Die Tools heißen ja alle *system-config-irgendetwas*. Also bietet Ihnen die Shell dann eine Auswahl der installierten Tools an. RedHat unterhält eine Website zu diesem Thema: *http://fedoraproject.org/wiki/SystemConfig/Tools*. Deren Programmliste wächst langsam, aber sicher.

Sie können alle Fedora-Tools installieren, wenn Sie als Benutzer *root* den Befehl `yum install system-config-*` eingeben.

Um zu sehen, welche der *system-config-tools* bereits installiert sind, tippen Sie – ebenfalls wieder als Benutzer *root* – in einer Shell system- ein und drücken dann zweimal hintereinander die Tab-Taste. Die Shell findet dann im gesamten Suchpfad alle Namen von Programmen, die mit *system-* beginnnen.

Manchmal verschwinden auch Werkzeuge, die es schon lange gab: Beispielsweise wurde das Maus-Konfigurationswerkzeug eingestampft, weil Fedora Core 5 serielle Mäuse nicht mehr unterstützt und die anderen ohnehin automatisch erkannt werden. Nun, warum eigentlich nicht? Tabelle 12-2 listet die verfügbaren Werkzeuge auf (die Liste ist nicht vollständig).

Tabelle 12-2: Fedora-Konfigurationswerkzeuge

Werkzeug	Funktionalität
system-config-authentication	Umstellen von lokaler passwortgestützter auf LDAP-gestützte Benutzerauthentifizierung oder NIS etc.
system-config-bind	DNS-Nameserver konfigurieren
system-config-boot	Bootmanager einstellen

Tabelle 12-2: Fedora-Konfigurationswerkzeuge (Fortsetzung)

Werkzeug	Funktionalität
system-config-control	zentrales Konfigurationsprogramm-Starter-Tool
system-config-date	Datum, Zeitzone, Zeitserver einstellen
system-config-display	grafische Oberfläche einstellen
system-config-keyboard	Spracheinstellung der Tastatur
system-config-kickstart	automatisierte Installation konfigurieren
system-config-language	Standardsprache für das System einstellen
system-config-network	Netzwerk konfigurieren
system-config-network-tui	Netzwerk-Konfiguration mit einem textorientierten Frontend
system-config-nfs	Net File Services (Dateiserver unter Linux): Freigaben konfigurieren
system-config-printer	ruft */usr/sbin/printconf* bzw. */usr/sbin/printconf-gui* auf, ein grafisches Werkzeug, um Drucker zu erstellen
system-config-printer-gui	ruft */usr/sbin/printconf* bzw. */usr/sbin/printconf-gui* auf, ein grafisches Werkzeug, um Drucker zu erstellen
system-config-printer-tui	ruft */usr/sbin/printconf-tui* auf, ein textorientiertes Werkzeug, um Drucker zu erstellen
system-config-rootpassword	*root*-Passwort mit einem grafischen Frontend ändern
system-config-samba	grafisches Frontend, um den Samba-Server auf der aktuellen Maschine einzustellen
system-config-securitylevel	Paketfilter-Firewall mit einem grafischen Frontend aktivieren
system-config-securitylevel-tui	Paketfilter-Firewall mit einem textorientierten Frontend aktivieren
system-config-services	Dienste-Manager; Runlevel bearbeiten
system-config-soundcard	Soundkarte erkennen und mit einem grafischen Frontend konfigurieren
system-config-users	grafisches Benutzermanager-Tool; Benutzer und Gruppen für */etc/passwd* anlegen

Einige dieser Begriffe sind die Namen von Paketen, nicht nur Programm-Namen. Die Druckerkonfiguration können Sie z.B. zwar mit einem Befehl ausführen, der so heißt wie das Paket (system-config-printer), aber in Wirklichkeit führt dann ein sogenannter *Softlink* des Paketnamens auf den Namen der eigentlichen Datei. Dasselbe gilt für die Konfiguration des Nameservers: Das Paket heißt *system-config-bind*, und es gibt auch eine gleichnamige Software, aber Sie können alles Wesentliche einstellen, wenn Sie bindconf aufrufen. Wie Sie die Namen der Programme aus dem Paketnamen herausbekommen, ist im Kapitel über die Software-Installation beschrieben.

Drak-Tools

Mandriva Linux entwickelte im Gegensatz zu anderen Distributoren schon sehr früh eine ganze Reihe eigener Konfigurationswerkzeuge. Diese Distribution setzte bei ihrer Gründung 1998 noch voll und ganz auf Red Hat auf, geht aber seither konsequent einen eigenen Weg, ohne RedHat/Fedora völlig zu verlassen. Das änderte sich auch nicht, als die Firma Mandrake 2005 die brasilianische Marktführer-Distribution *Conectiva* (Mandrake + Conectiva = Mandriva) aufkaufte. Die Konfigurationswerkzeuge der Mandriva sind von einem Hauptdialog aus erreichbar, einfach zu bedienen und bedeutend schneller als etwa YaST. Aber es sind nicht so viele Module wie bei SUSE.

Das Hauptprogramm trägt die beeindruckende Überschrift »Mandriva Kontrollzentrum« zwar zu Recht, aber wenn Sie es von der Befehlszeile aus aufrufen, dann heißt es immer schon *drakconf* (siehe Abbildung 12-6 und 12-7). Sie finden *drakconf* immer im Hauptmenü von Mandriva, sowohl unter KDE als auch GNOME. Das Programm-Icon zeigt einen Monitor mit einem Schraubenschlüssel. Der Hauptdialog besteht auf der linken Seite aus einer Registerleiste, mit deren Einträgen Sie jeweils einen Unterdialog erreichen. Der wiederum enthält die einzelnen Konfigurationsprogramme als Icons. Aber wie bei YaST können Sie die einzelnen Unterprogramme auch einzeln aufrufen.

Abbildung 12-6: Der Startbildschirm von Drakconf

Die Programmnamen von Mandrivas Tools enthalten in der Regel die Silbe »drak«, oft als Vorsilbe wie bei *drakconf* oder auch mittendrin wie bei *printerdrake*. Tabelle 12-3 listet die wichtigsten der drak-Programme auf.

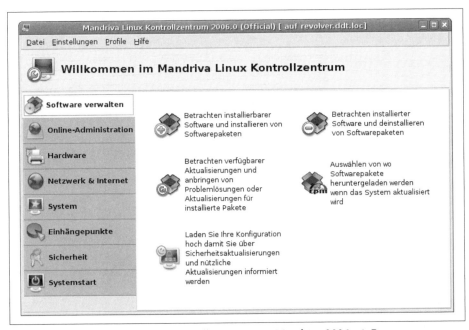

Abbildung 12-7: Hauptdialog des Kontrollzentrums von Mandriva 2006 mit Programmen

Tabelle 12-3: Ein paar der wichtigsten Systemprogramme von Mandriva Linux

Werkzeug	Funktionalität
drakconf	Hauptdialog der Mandriva-Tools
drakxconf	Grafischer Dialog mit etlichen Konfigurationsmöglichkeiten
draksync	ein grafisches Frontend für *rsync* (um Verzeichnisse über das Netz zu synchronisieren; unterstützt auch SSH, RSH und FTP)
rpmdrake	vier grafische Programme: um Software zu installieren, zu deinstallieren, Updates einzuspielen und die Medien zu verwalten (CDs, FTP-Server)
urpmi, urpmf, urpme	textorientierte Tools zum Installieren und Deinstallieren von RPM-Paketen (dabei Auflösung der Paketabhängigkeiten)
harddrake2	Hardwareerkennung
menudrake	Bearbeitung der Startmenüs (K-Knopf und Gnome-Start-Knopf)
userdrake	Benutzer und Gruppen anlegen
drakxtools	Das Besondere an diesen Tools ist, dass die meisten von ihnen sowohl in grafischer als auch in textorientierter Umgebung funktionieren; sie haben ein grafisches und ein textorientiertes »Kleid«. Zu ihnen gehören:
adduserdrake	einen Benutzer hinzufügen
diskdrake	Festplatten partitionieren und FAT-Partitionen verkleinern mit grafischer Oberfläche
drakauth	Authentifizierung einstellen (LDAP, NIS etc.)

Tabelle 12-3: Ein paar der wichtigsten Systemprogramme von Mandriva Linux (Fortsetzung)

Werkzeug	Funktionalität	
	`drakautoinst`	die aktuelle Installation als Muster für eine automatische Installation mit Kickstart vorbereiten
	`drakbackup`	ein Backup konfigurieren und eine bestehende Sicherung wieder zurückspielen (Angabe verschiedener Medien (Netzwerkserver, Festplatte, CD/DVD, Bandlaufwerk möglich)
	`drakboot`	Bootloader einstellen (Lilo/GRUB, Bootsplash, X, autologin)
	`drakconnect`	Netzwerkkarte und/oder Internet-Anschluss konfigurieren (Ethernet, ISDN, DSL, Modem)
	`drakfloppy`	Bootfloppy erstellen
	`drakfont`	Font-Dateien importieren, z.B. Truetype-Fonts
	`drakgw`	Routerkonfiguration für Mandriva als Internet Gateway
	`draksec`	lokale Sicherheitseinstellungen
	`draksound`	Soundkarten konfigurieren
	`draksplash`	Bootsplash (grafische Darstellung während des Bootvorgangs) selbst erstellen
	`drakTermServ`	Mandriva Terminal Server Konfigurator
	`drakxservices`	Dienste dauerhaft in den Bootvorgang einbinden
	`drakxtv`	TV-Karte konfigurieren
	`keyboarddrake`	Tastatur einstellen (für textorientierte und grafische Umgebung)
	`logdrake`	System-Logdateien nach Begriffen durchsuchen (Debugging)
	`lsnetdrake`	Netz nach NFs und Windows/Samba-Freigaben durchsuchen
	`lspcidrake`	PCI-Informationen und den passenden Treiber anzeigen
	`localedrake`	Spracheinstellungen; sowohl für *root* (systemweit) als auch für Benutzer (privat)
	`mousedrake`	Maus erkennen und einstellen
	`printerdrake`	Drucker erkennen und konfigurieren
	`scannerdrake`	Scanner erkennen und einrichten
	`drakfirewall`	Simple Firewall einrichten
`Xfdrake`	Menügeführtes Programm (textorientiert und grafisch) zur automatischen Einrichtung der Grafikkarte und des Monitors	
`rfbdrake`	grafisches Programm, um remote (=Fern-)Verbindungen zu verwalten	

GNOME- und KDE-Tools

Die großen Fenstermanager/Desktopsysteme KDE und GNOME enthalten in letzter Zeit sehr mächtige eigene Systemadministrationswerkzeuge. Davon können Sie sich z.B. im Drucken-Kapitel auf Seite 443 überzeugen: CUPS steuern Sie im KDE damit mit einem Assistenten und allem Drum und Dran. Von dieser Entwicklung profitieren Distro-Newcomer wie das sehr verbreitete Ubuntu (siehe Abbildung 12-8) oder auch so kleine wie das Campus Linux Ihres geschätzten Autors. Wieso soll man denn auch z.B. ein eigenes Netzwerk-Einrichtungswerkzeug programmieren, wenn GNOME (Desktop der Hauptausgabe von Ubuntu) schon ein sehr gutes hat? Da bleibt den Distributoren mehr Zeit, sich um andere wichtige Themen zu kümmern, ohne dass Sie als Benutzer unter Funktionsmangel leiden müssen. Das GNOME-Werkzeug kommt übrigens auch dann zum Vorschein, wenn Sie Xubuntu installiert haben, das als Desktop den xfce verwendet und nicht den GNOME.

Ubuntu steckt im Gegenzug z.B. eine Menge Entwicklungsarbeit in (verbesserte) Hardware-Erkennung. Der Rechner soll am besten so gut funktionieren, dass der Benutzer gar keine Probleme lösen muss. Diese Rechnung geht natürlich nicht immer auf: Die Desktop-Tools sind insgesamt noch recht spärlich und häufig (noch) alles andere als perfekt. Man findet in den Mailinglisten und Hilfeforen haufenweise Ratschläge, wo Leute schon bei kleineren Problemen – mit einem Editor bewaffnet – in die Konfigurationsdateien geschickt werden, um da haarsträubende Dinge zu tun. Das erstaunliche Phänomen ist eher, dass sich selbst Einsteiger-Benutzer von Ubuntu das klaglos gefallen lassen.

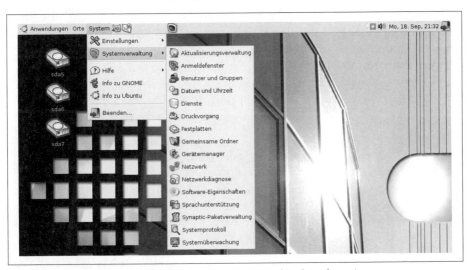

Abbildung 12-8: Sytemtools der Desktop-Suite GNOME (hier bei Ubuntu)

Sie finden die GNOME-Werkzeuge unter dem SYSTEM-Menüpunkt des Hauptmenüs. Der größere Teil dieser Programme gehört in das Gesamtpaket *system-tools-backends*, das zu GNOME gehört. Nur wenige dieser Programme sind eigenständige Pakete, wie z.B. das fantastische Software-Installationsprogramm *synaptics*. Diese Software gehört der darunterliegenden Debian-Distro, es ist kein von Ubuntu entwickeltes Werkzeug. Die Benutzerverwaltung ist dagegen wieder praktisch bei jeder Distribution gleich, sei es Ubuntu oder z.B. Fedora. Da macht es Sinn, so ein Tool in der Oberfläche anzusiedeln, wo es allen darunterliegenden Distros dienen kann.

In der Summe gibt es momentan deutlich mehr KDE-Werkzeuge als GNOME-Tools. Etliche dieser Programme finden Sie im KDE-Kontrollzentrum, doch das sind nicht alle. Die Distributoren packen häufig viele dieser oft recht kleinen Programme in ihr System-Menü, wo sie kommentarlos ihren Dienst tun. Dass diese Programme nicht »der Distribution«, sondern KDE »gehören«, erkennen Sie dann häufig an deren Namen: *Kuser*, *Kpackage*, *Ksynaptic* oder sogar *Kldap* sprechen ja eine deutliche Sprache.

Sehen Sie sich ruhig um, auch in der Paketliste der noch nicht installierten Software auf Ihrem Installationsmedium. Da warten zum Teil wahre Schmuckstücke noch auf Entdeckung. Als Benutzer/Administrator kann es Ihnen ja letztendlich egal sein, ob Ihr Lieblingstool nun aus der Distro, KDE oder GNOME stammt, solange es gut (genug) funktioniert.

Webmin

In dieser Liste fällt *Webmin* aus der Reihe, denn es ist darin das einzige wirklich distributionsübergreifende und vor allem distributionsunabhängige Werkzeug zum Konfigurieren von Linux (außerdem von BSD-Unixen und sogar von Windows). Entsprechend umstritten ist es bei den Distributoren: *Caldera* z.B. hatte schon 1999 den Webmin als universelle Konfigurationsoberfläche umarmt, während ihn die SUSE gewissermaßen am anderen Ende des Spektrums wieder aus der Distribution entfernte. An Webmin lag es nicht: Seine Entwickler pflegen die SUSE-Version nach wie vor.

Die Idee hinter *Webmin* ist so simpel wie alle guten Ideen: Man nehme einen Webserver, schreibe eine große Menge an aktiven CGI-Skripten, um alle möglichen Dinge mit dem Rechner anstellen zu können, und portiere das Ganze möglichst schnell auf viele Unixe und Linuxe und sogar Windows. So bekommen Sie plötzlich für eine ganze Reihe von Insel-Lösungen wieder eine völlig einheitliche Oberfläche – und das auch noch vollständig kostenlos!

Es gibt inzwischen eine Reihe kommerzieller Klone und Weiterentwicklungen des Webmin. Der bekannteste davon dürfte wohl *Plesk* sein, den mehr als nur ein großer deutscher Web-Hoster seinen Rootserver-Kunden als Konfigurationswerkzeug anbietet.

Probleme und Fallstricke

Ein Problem einer Software wie *Webmin* ist aber mehrschichtig: Zum einen ist HTTP für sich gesehen schon eine Gefahr, da es unverschlüsselt über das lokale Ethernet oder (bei Web-Hostern) sogar durch das Internet geht. Jeder, der im Netz mithört, könnte das Passwort eines Administrators erschnüffeln. Dieses Problem wurde durch die Einführung von SSL-verschlüsselnden Webmin-Servern entschärft (siehe Abbildung 12-9).

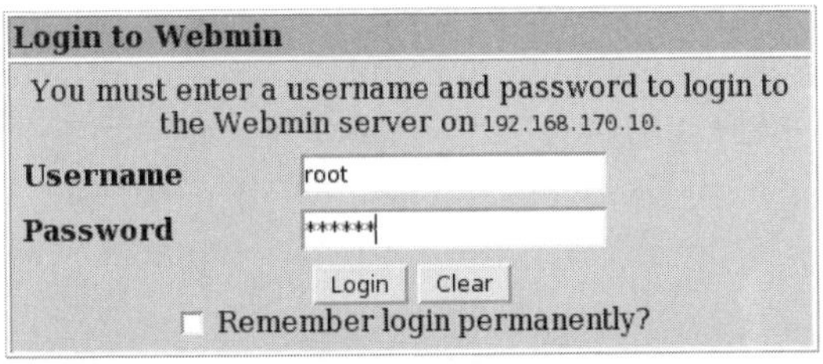

```
Login to Webmin
You must enter a username and password to login to
       the Webmin server on 192.168.170.10.
Username   root
Password   ******
           Login   Clear
       □ Remember login permanently?
```

Abbildung 12-9: Die Login-Maske von https://192.168170.10:10000/

Ein schweres Problem, das auch nicht einfach zu entschärfen ist, entsteht dadurch, dass etliche Distributionen ihre Konfiguration in *Meta-Daten* ablegen. Was ist das? So etwas wie die */etc/sysconfig*-Verzeichnisse von SUSE und Fedora, neuerdings aber auch das */etc/default*-Verzeichnis der Debian-artigen. Besonders bei SUSE hat dies fast zwangsläufig die Folge, dass die Konfiguration aus dem Ruder läuft, wenn Sie einmal mit dem Distributions-Tool (z.B. dem YaST) konfigurieren, aber ein andermal z.B. über das Netz mit Webmin. Ein Beispiel: Bei so einem Mischbetrieb ändert der Webmin direkt die »richtige« Konfigurationsdatei im */etc-Verzeichnis*. Danach ändern Sie (vielleicht etwas ganz anderes) im YaST, und der ruft dann *SuSEconfig* auf, um alle Änderungen ins System zu schreiben. *SuSEconfig* liest die von YaST gepflegten Dateien aus dem */etc/sysconfig-Verzeichnis* aus und walzt anschließend in aller Selbstgerechtigkeit die von Webmin geänderten Konfigurationsdateien in */etc* nieder. *SuSEconfig* würde allenfalls noch bemerken, dass der Zeitstempel der Dateien nicht mit seinem erwarteten Datum übereinstimmt. Es stellt seine Version als Datei *wrxlpfrmpft.conf.SuSEconfig* neben das unveränderte Original oder ein *wrxlpfrmpft.conf.orig* neben das geschändete. Ob nun gar nichts oder ständig unvorhergesehene Dinge passieren würden: Das Problem ist da.

Distributionen, die keine oder nur wenige eigene Mechanismen zum Konfigurieren haben (wie z.B. Debian), stehen Webmin vermutlich offener gegenüber als jene, die die Hand auf der Konfiguration behalten wollen. Den Webmin jedes Mal an die einzelnen Distributionen anzupassen, nachdem sie sich pro Versionswechsel manchmal ziemlich umgekrempelt haben, ist sicherlich eine interessante und spannende Aufgabe. Deshalb kommt es immer wieder einmal vor, dass der Webmin dem

Erscheinungstermin bestimmter Distributionen ein wenig hinterherhinkt. Aber es kommt auch vor, dass Distributoren die Anpassungen selbst vornehmen, damit ein funktionierender Webmin auf den CDs mitgeliefert werden kann. Doch es gab in der Vergangenheit immer einen.

Das große Plus: Unterschiedliche Benutzerprivilegien

In seinem Verwaltungsdialog (siehe Abbildung 12-10) erschafft Webmin sich ein eigenes Reich an Benutzern mit besonderen Rechten. Benutzer, die für die Selbstverwaltung im Webmin erstellt werden, tauchen nicht in der Benutzerkontendatei */etc/passwd* auf, sondern werden von Webmin separat gehalten und gepflegt (in der Datei */etc/webmin/miniserv.users*). Das hat gewaltige Vorteile.

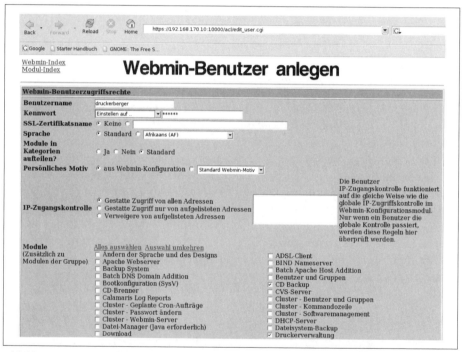

Abbildung 12-10: Einen besonderen Benutzer mit eingeschränkten Rechten anlegen

Wenn Sie nicht mit *sudo* herumtricksen, gibt es für die meisten Administrationstätigkeiten auf Linux-Seite nur einen einzigen Berechtigten: den allmächtigen *root*. Webmin verteilt Berechtigungen und Beschränkungen für Systemtätigkeiten dagegen recht elegant und feinkörnig auf mehrere Benutzer, wenn Sie wollen. Dazu besitzt der Webmin-Server selbst natürlich die Allmacht von *root*, und die (nur in Webmin) angelegten Webmin-Benutzer werden in dem Maße an dieser Macht beteiligt, wie sie von Webmin Zugriff auf einzelne Module gewährt bekommen.

Dazu legen Sie im Webmin Benutzer an und legen für diese Benutzer die Anzahl und Auswahl der Module fest, die ihm zustehen – das ist dann alles, was er dann zu sehen bekommen wird. Je nach Anzahl der zugewiesenen Module hat ein zugelassener Webmin-Benutzer dann mehr administrative Webmin-Webseiten zur Verfügung oder nur ganz wenige.

Gibt man einem Webmin-Benutzer namens *druckerberger* bei der Erstellung z.B. nur die beiden Rechte, ein CD-Backup zu erstellen und Drucker zu verwalten, wird dessen Webmin-Menü schon sehr übersichtlich (siehe Abbildung 12-11). Darüber hinaus könnte man die einzelnen Module auch besonderen Registern zuordnen, so dass *druckerberger* schließlich nur noch ein Register mit zwei Icons sieht.

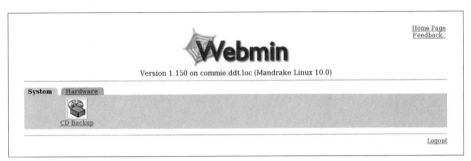

Abbildung 12-11: Der Benutzer druckerberger hat außer dem Objekt »CD Backup« im Register »System« und der Druckeradministration im Register »Hardware« nichts mehr, was ihn von der Arbeit abhalten könnte ...

Falls es Sie genauer interessiert: Was der Webmin kann, füllt inzwischen ein schönes Buch von Joe Cooper[2] und viele Dokumentationswebseiten auf *www.webmin.com*.

 Wer nicht genau weiß, was Webmin »unter der Motorhaube« mit der Linux-Maschine anstellen wird, der sollte vielleicht doch zuerst ein Systemadministrationshandbuch konsultieren, bevor er lustig drauflos klickt. Webmin arbeitet auf der Linux-Maschine mit den Rechten des allmächtigen *root*, und die Vielzahl der Module ist verlockend. Wie dramatisch sich aber ein oder zwei Klicks bei Webmin auswirken können, das erfuhr leidvoll einer meiner Kursteilnehmer: Innerhalb weniger Sekunden hatte er die Partitionstabelle seiner Maschine gelöscht. Als der Rechner dann nicht mehr starten konnte, wunderte er sich sehr darüber, dass Webmin wirklich die komplette Linux-Installation »rasiert« hatte ...

---

2   http://www.swelltech.com/support/webminguide/

In diesem Kapitel:
- Was ist ein Prozess?
- Prozessliste ansehen und Prozesse beenden
- Prozesse zu bestimmten Terminen: at und cron

KAPITEL 13
Prozesse verwalten

Die Fragestellung in diesem Kapitel ist: Was läuft an Prozessen auf der Maschine, an der Sie sitzen? Interessant wäre da zum einen die Liste aller laufenden Prozesse – sowohl der eigenen als auch die Summe aller laufenden Prozesse. Außerdem muss es möglich sein, unkompliziert die Kontrolle über die Prozesse auszuüben. Das bedeutet in der Praxis, dass Sie selbstständig wenigstens Ihre eigenen Prozesse beenden können müssen. *root* sollte überdies in der Lage sein, jeden einzelnen oder alle Prozesse zu beenden.

Was ist ein Prozess?

Ein Prozess ist ein Vorgang auf dem Computer, der von einer Software initiiert wird. Ein Beispiel: Ein Programm fordert Rechenleistung vom Betriebssystem an, weil es eine Rechenaufgabe zu lösen hat. Das Betriebssystem startet das Programm mit der Berechnung als Prozess am Rechner. Ein Programm kann einen einzigen Prozess hervorrufen, dann haben wir so etwas wie die alten *DOS*-Programme. Moderne Programme sind darüber hinaus oft *multithreaded*, das heißt, sie können auf dem Computer mehrere Dinge gleichzeitig tun (wollen). Serversoftware verlangt bisweilen sogar mehrere Prozesse vom Betriebssystem: Ein Server-Programm spaltet eine Reihe von Tochter-Instanzen von sich selbst ab, um mehrere Clients gleichzeitig bedienen zu können. Dann haben wir (normalerweise) für das Vater-Programm, aber auch für jede seiner Töchter einen eigenen Prozess. Auslöser eines Prozesses ist immer ein Programm.

Prozesse sind unter Unix/Linux ein wichtiges Konzept. Die Systemressourcen, wie der Arbeitsspeicher und z.B. die Festplatten, werden vom allmächtigen Kernel verwaltet. Alles andere erledigen Prozesse. Sie fordern Zugriffe auf die Ressourcen an, die der Kernel verwaltet.

Normalerweise beenden Sie Ihre Prozesse, indem Sie das Programm beenden, das die Prozesse gestartet hat. Meist funktioniert das prima, aber bisweilen will ein Prozess sich nicht einfach beenden lassen – er »hängt«. Das andere Extrem ist die kuriose Sippenhaftung bei Prozessen: Wenn Sie den Vater einer Reihe von Prozessen beenden, dann müssen auch alle Kindprozesse das Zeitliche segnen.

Prozesse werden bei Linux beendet, indem man virtuelle Fahnen schwenkt, wie ein Signalmaat auf hoher See: Wenn Sie ein Programm regulär beenden, signalisieren Sie diesem in Wirklichkeit, es solle sich jetzt aus dem Speicher begeben. Wenn das Programm nicht reagieren »mag« oder kann, weil es eben hängt, können Sie sich auch an die höhere Instanz wenden, das Betriebssystem selbst. Dann signalisieren Sie Linux: »Bitte beende du diesen Prozess.«

Kleine Vererbungslehre

In dem Moment, wenn Sie sich an einem Linux-System anmelden, startet das Betriebssystem für Sie, den frisch angemeldeten Benutzer, eine *Shell*. Alle nachfolgenden Programme werden aus dieser ersten Shell heraus aufgerufen. Dazu gehört auch die grafische Benutzeroberfläche selbst. Auch wenn Sie die Shell nicht sehen können, ist sie trotzdem immer vorhanden. Jedes Programm, das Sie aufrufen, startet zunächst wiederum eine weitere Shell, in der das neue Programm als Kindprozess der aufrufenden Shell arbeitet. So vererben sich z.B. alle Umgebungsvariablen aus der Ur-Shell des Anmeldeprozesses an jeden einzelnen Tochterprozess. Jede Shell arbeitet jeweils in einem völlig separaten Speicherbereich, damit die verschiedenen Prozesse sich gegenseitig nicht stören.

Der Benutzer, der den Kindprozess startet, ist als Eigentümer des Prozesses auch Maßstab dafür, was der Prozess auf dem System alles tun darf: Ein normaler Benutzer darf wenig, *root* alles. Man kann den Prozesseigentümer allerdings auch explizit angeben, indem man entweder den su-Befehl (*substitute user*) aus einer Shell heraus verwendet oder den BEFEHL-AUSFÜHREN-Dialog z.B. der grafischen Umgebung KDE aufruft. Wenn man das Passwort des angegebenen Benutzerkontos kennt, läuft der neue Prozess mit der Berechtigung des angegebenen Benutzers.

Und was machen dabei die *Umgebungsvariablen*? Sie wirken meist völlig unbemerkt, aber mächtig im Hintergrund. Die Variable PATH legt z.B. fest, in welchen Verzeichnissen nach Programmen gesucht wird. Die Variable HOME enthält das Heimatverzeichnis des gerade angemeldeten Benutzers etc. Die Umgebungsvariablen bestimmen auf diese Weise diskret, wie ein Großteil der Programme sich verhält, da diese nach solchen Inhalten fragen. Eine Liste von Umgebungsvariablen zeigt der Befehl set an; Will man den Wert einer einzelnen Variable anzeigen lassen, tippt man in einer Shell echo *$variablenname* ein, also z.B. echo $HOME.

Prozessliste ansehen und Prozesse beenden

Normale Benutzer, vor allem solche, die direkt von Windows her kommen, werden ihre Prozessliste wohl hauptsächlich über ein grafisches Programm einsehen wollen. Für solche Programme gibt es mehrere Vertreter. Die am häufigsten eingesetzten sind wohl *ksysguard* und der *gnome-system-monitor*.

Die KDE-Prozesswerkzeuge

Bei den KDE-Oberflächen kommen Sie an eine kleinere Version der KDE-Systemüberwachung, wenn Sie Strg-Escape drücken (siehe Abbildung 13-1).

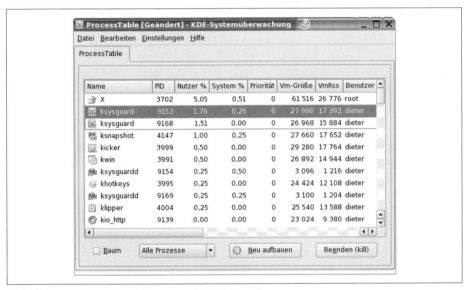

Abbildung 13-1: Die Prozessliste in einer KDE-Umgebung

Mit Mausklicks auf die jeweiligen Spaltenüberschriften kann man die Liste nach Prozessnamen oder Systemauslastung sortieren lassen. So bekommt man z.B. leicht heraus, welcher Prozess im Moment am meisten Systemressourcen verbraucht.

Ein Klick auf den BEENDEN(-Kill)-Knopf am rechten unteren Dialogrand versucht, den ausgewählten Prozess zu beenden. Linux lässt das für normale Benutzer freilich nur bei Prozessen zu, die den Benutzern auch gehören. Damit man sich nicht versehentlich an fremden Prozessen vergreift (und scheitert), gibt es einen Drop-down-Button an der linken unteren Ecke, der die Anzeige steuert (hier mit ALLE PROZESSE beschriftet). Wie alle grafischen Anzeigen/Dialoge tendiert auch diese(r) zur Trägheit. Das ist gut, weil der Aufbau von Grafiken ebenfalls eine Menge Systemlast verbraucht und damit das Anzeigeergebnis erheblich verfälschen kann. Deshalb gibt es den NEU AUFBAUEN-Button.

Um besser abschätzen zu können, welcher Prozess nun von welchem abhängt, hilft die Baumansicht. So ist (in Abbildung 13-2) z.B. gut sichtbar, wie der Benutzer *dieter* in dem Terminalprogramm *konsole* eine Shell gestartet hat, in der er mit dem Befehl su zu *root* wurde, um dann als *root* wiederum eine Shell zu starten.

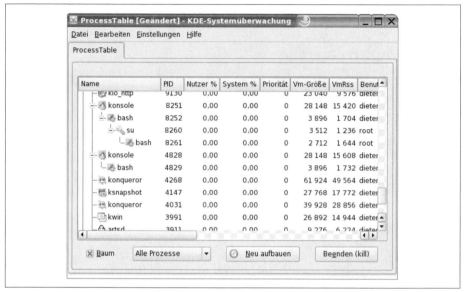

Abbildung 13-2: Die Prozessliste in der Baumansicht

Wenn Sie auf einen der Listenpunkte mit der rechten Maustaste klicken, bekommen Sie die Möglichkeit, die Priorität des Prozesses zu beeinflussen. Das funktioniert genau wie unter Windows, allerdings mit den Einschränkungen, denen man als Benutzer bei der Prozesspriorität unterliegt.

Üblicherweise ist dieses vielfältige und leistungsfähige Programm auch im K- oder Startknopf unter SYSTEM zu finden. Wenn Sie es (unter SUSE) von dort aus aufrufen, bekommen Sie eine etwas leistungsfähigere Ansicht präsentiert. Zwar ist immer noch die Prozessliste sichtbar, aber Sie können sich ein weiteres Register mit einem Diagramm der interessanteren Systemwerte anzeigen lassen (siehe Abbildung 13-3).

Da ist es ja, das Zappelmeter aus der Windows-Welt! Auch dieses Werkzeug ist viel mächtiger, als es zunächst den Anschein hat. Ein Tipp zum Selbstausprobieren: Mit der rechten Maustaste kann man die Prozesspriorität verändern und Signale (z.B. SIGTERM zum Beenden) schicken. Können Sie diese Menüeinträge im Rahmen einer Übung finden? Starten Sie ein Programm, und beenden Sie es aus der Systemüberwachung heraus.

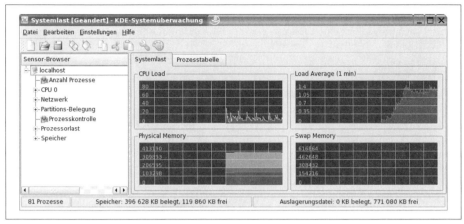

Abbildung 13-3: KDE-Systemüberwachung mit Diagrammen

Die GNOME-Prozesswerkzeuge

Auch die GNOME-Welt bietet Ihnen mit dem *gnome-system-Monitor* ein leistungsfähiges Werkzeug, um sich einen Überblick über die Prozessliste zu verschaffen. In GNOME ist der Systemmonitor zwar nicht so fest in die Arbeitsumgebung integriert wie das KDE-Werkzeug, aber es ist z.B. im Hauptmenü über den Menüpunkt SYSTEM → SYSTEMÜBERWACHUNG bei Mandriva und Ubuntu leicht zu finden. Auch dieser Systemmonitor kann die Prozesse nach sinnvollen Kriterien sortieren (siehe Abbildung 13-4).

Wenn Sie eine Zeile auswählen, liefert der Button MEHR INFO am linken unteren Dialogrand genauere Angaben über den jeweiligen Prozess. Ein Rechtsklick auf einer Zeile lässt ein Mausmenü erscheinen, mit dem Sie die Prozesspriorität verändern oder den Prozess auch beenden können. Nicht, dass ich je einen Menschen getroffen hätte, der das bei einer Arbeitsstation getan hätte. Aber bei Server-Maschinen, die unter hoher Last stehen, kann es durchaus nötig werden, die laufenden Prozesse ein wenig zu dämpfen, damit z.B. der Sicherungsvorgang genügend Priorität bekommt.

Den PROZESS VERBERGEN können Sie quasi nur »kosmetisch« in der grafischen Liste. Textorientiert steht er nach wie vor in der Liste. Anders verhält es sich mit der Priorität eines Prozesses: Als normaler Benutzer werden Sie vielleicht nie die Gelegenheit bekommen, eine Ihrer Prozessprioritäten zu ändern. Sie können als normaler Benutzer die Prozesspriorität auch nur verringern, *root* dagegen kann sie auch heraufsetzen. Aber das ist wirklich mehr ein Problem schwer ausgelasteter Server als von Arbeitsstationen.

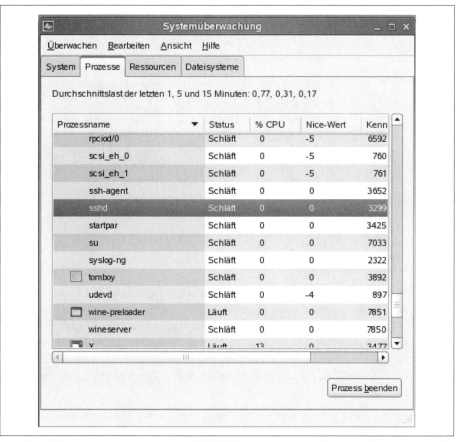

Abbildung 13-4: Die Prozessansicht des GNOME-Systemmonitors. Die rechte Maustaste enthält Möglichkeiten, die Prozesse zu steuern.

Genau wie sein Gegenpart bei KDE hat auch dieses Werkzeug eine Registeransicht RESSOURCENMONITOR, in der die Werte grafisch als Kurvendiagramme dargestellt werden (siehe Abbildung 13-5).

Wenn es auch keine Möglichkeiten gibt, das Aussehen oder die Zusammenstellung der grafischen Auswertung zu verändern, ist eigentlich genug geboten: Was will man schon mehr, als einen Überblick mit CPU-Zappelmeter, RAM-Speicherauslastung und Netzwerkverkehr. Für den Füllstand der eingebauten Festplatten bzw. der Partitionen gibt es inzwischen einen eigenen Reiter, der die Füllstände in Balkendiagrammen anzeigt. Wer braucht da schon noch den textorientierten Befehl df -h? Nun, alle, die keine grafische Oberfläche haben, oder hoffnungslose Nostalgiker ...

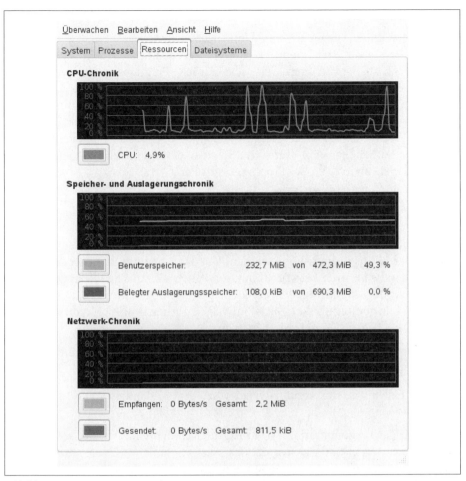

Abbildung 13-5: Diagrammansicht im Ressourcenmonitor

Prozessverwaltung von der Kommandozeile aus

Sie wollen es wirklich von der Befehlszeile aus versuchen? Prima! Erfahren Sie hier, wie man

- einen Prozess gleich beim Starten in den Hintergrund schickt,
- die Prozesspriorität ändert,
- verschiedene Werkzeuge benutzt, um sich anzeigen zu lassen, welche Prozesse laufen, und
- zeitverzögert und geplant Prozesse startet und stoppt.

Hintergrundprozesse

In einer grafischen Umgebung mit Unmengen von Arbeitsspeicher im Rechner spielt es keine große Rolle mehr, ob nun ein Terminalfenster mehr oder weniger geöffnet ist. Lästig ist allerdings, dass viele grafische Programme das Terminal blockieren, wenn man sie von der Befehlszeile aus aufruft. Versuchen Sie das einmal: Starten Sie ein Terminalfenster, und rufen Sie dort ein kleines Programm wie z.B. *xeyes* oder *xteddy* auf. (Bei manchen Distributionen ist dieses kleine Programm nicht installiert; versuchen Sie stattdessen *xclock* oder *xcalc*. Irgendeines davon wird schon vorhanden sein.) Nur wenn Sie kein anderes finden, können Sie auch *mozilla* oder ein anderes großes Programm aufrufen.

Der Effekt ist immer der gleiche: Das Programm läuft zwar, aber es hängt noch am Terminal, von dem aus es gestartet wurde. Sie können jetzt aus der gleichen Shell heraus kein anderes Programm aufrufen, solange Sie das aktuelle nicht beendet haben. Nur wenige Programme sind so geschrieben, dass sie sich von der Shell trennen, aus der heraus sie aufgerufen wurden. Um das Programm zu beenden, können Sie entweder die normale BEENDEN-Funktion des Programms benutzen (z.B. DATEI → BEENDEN) oder Ihr Terminalfenster anklicken und Strg-C drücken. Die Software beendet sich in der Regel sofort. Sie können diese Terminal-Blockade aber auch vermeiden. Dazu bieten sich zwei Methoden an:

- Sie rufen das Programm so auf, dass es sich sofort in den Hintergrund begibt.
- Sie schicken das Programm aktiv in den Hintergrund.

In beiden Fällen wird das Terminal wieder frei, und Sie können von dort aus neue Programme starten.

Damit sich das Programm direkt beim Aufrufen in den Hintergrund begibt, brauchen Sie das Ampersand-Zeichen &, das auch »Kaufmanns-Und« genannt wird. Beenden Sie eventuell noch laufende *xeyes* etc. mit Strg-C, und geben Sie an der Befehlszeile Folgendes ein:

```
[dieter@raider dieter]$ xeyes &
[1] 23637
[dieter@raider dieter]$
```

Die Zahl in den eckigen Klammern ist die *Jobnummer*, die zweite Zahl ist die *Prozessnummer*, unter der das Programm vom Betriebssystem verwaltet wird. Der Unterschied: Die Jobnummer gehört dem einzelnen Terminal, unter der Prozessnummer verwaltet der Kernel den Prozess. Der Befehl `jobs` listet alle gestarteten und in den Hintergrund geschickten Prozesse auf (siehe Abbildung 13-6).

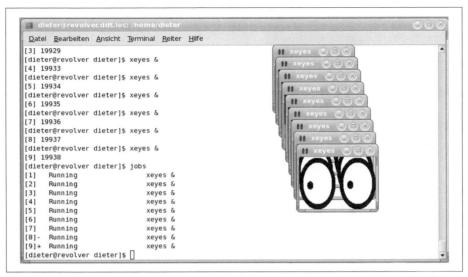

Abbildung 13-6: jobs listet alle in den Hintergrund geschickten Prozesse auf.

Und wie wird man dieses Programm wieder los, nachdem man sich den praktischen Weg über Strg-C gerade verbaut hat? Da fallen mir fünf verschiedene Möglichkeiten ein:

- Mit fg *jobnummer* holen Sie den gewünschte Prozess wieder in den Vordergrund. Das Terminal »hängt« jetzt wieder, denn dieser Job ist jetzt wieder der aktive Prozess. Deshalb reagiert er auch, wenn Sie ihn mit Strg-C beenden.
- Wenn das Programm eine eigene Funktion zum Beenden besitzt (das nützliche Programm *xosview* kann man z.B. mit einem q beenden), können Sie diese nutzen, sobald Sie den Prozess wieder in den Vordergrund geholt haben; da haben Sie allerdings bei *xeyes* keine Chance.
- KDE und GNOME bieten die Möglichkeit, aktive Programme mit Alt-F4 zu beenden. (Wo sie das wohl abgeschaut haben?)
- Sie beenden das Programm anhand seiner Prozess-ID (siehe ab Seite 436).
- Sie beenden das Programm anhand seiner Jobnummer (siehe nächster Abschnitt).

Wenn Ihnen erst, nachdem Sie das Programm aufgerufen haben, einfällt, dass Sie das Programm lieber im Hintergrund hätten, können Sie es mit Strg-Z stoppen und mit bg in den Hintergrund schicken. Probieren Sie es aus:

```
[dieter@raider dieter]$ xeyes
```

(jetzt hängt das Terminal, → *Strg-Z)*

```
[10]+  Stopped                 xeyes
[dieter@raider dieter]$ bg
[10]+ xeyes &
[dieter@raider dieter]$ jobs
```

```
...
[10]+  Running                 xeyes &
[dieter@raider dieter]$
```

Bei den meisten Programmen funktioniert das hervorragend. Aber nicht wenige Programme lassen sich nicht stoppen, sondern beenden sich stattdessen. Na ja, dann können Sie es noch einmal mit Ampersand starten.

Der kill-Befehl

Jeder Prozess bekommt beim Starten eine Prozess-ID vom System zugewiesen. Der Eigentümer des Prozesses (also normalerweise der Benutzer, der ihn gestartet hat) kann seine eigenen Prozesse nicht nur mit Bordmitteln (also aus dem Programm heraus), sondern auch mit einem kill-Befehl wieder beenden. *root* kann natürlich alle Prozesse beenden. Von Ausnahmen einmal abgesehen.

Wenn das Programm nicht beim Start schon seine Prozess-ID (oder sogar Job-ID) bekannt gibt, können Sie diese Nummer leicht der PID-Spalte der KDE-Systemüberwachung (siehe Abbildung 13-1 auf Seite 427) oder der Kennung-Spalte des Gnome-System-Monitor (siehe Seite 429) entnehmen. Beenden Sie jetzt Ihr Programm *xeyes*, indem Sie z.B.

```
[dieter@raider dieter]$ kill 23637
```

eingeben. Tippen Sie diese Prozessnummer nicht einfach gedankenlos ab! Auf Ihrem Computer hat das neu gestartete Programm ganz sicher eine andere Prozess-ID als auf meinem. Starten Sie *xeyes* anschließend sofort wieder mit xeyes &. Je nachdem, ob das Programm schon vollständig aus dem Speicher entfernt war oder noch nicht, bekommen Sie dabei wieder die Job-Nummer [1] oder die [2]. Beenden Sie das neu gestartete *xeyes* dann mit der Jobnummer:

```
[dieter@raider dieter]$ kill %1
```

Beachten Sie bitte, dass Sie ein Prozent-Zeichen vor die Jobnummer stellen müssen. Wäre da nur die 1, dann versuchten Sie gerade, den Ur-Prozess init abzuschießen. Das ist aber keine so gute Idee, denn zum einen darf das nur *root*, zum anderen würde sich Linux dann beenden.

Starten Sie jetzt einmal mehrere xeyes & hintereinander. Jedes *xeyes* meldet sich mit einer eigenen Prozess-ID und einer eigenen Jobnummer (siehe Abbildung 13-7).

Sie können nun alle Prozesse einzeln beenden, indem Sie sie mit kill *Prozess-ID* oder kill *%Jobnummer* ins Nirwana schicken. Eine andere Möglichkeit, wenn mehrere Programme der gleichen Art gestartet sind, und alle beendet werden sollen, ist:

```
dieter@raider dieter]$ killall xeyes
[1]    Terminated              xeyes
[2]    Terminated              xeyes
[3]    Terminated              xeyes
[4]    Terminated              xeyes
```

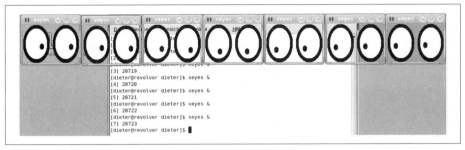

Abbildung 13-7: Jede Menge xeyes ...

```
[5]   Terminated              xeyes
[6]-  Terminated              xeyes
[7]+  Terminated              xeyes
[dieter@raider dieter]$
```

Dabei brauchen Sie nicht die Prozess- oder Job-ID, sondern den Namen des Programms. So beenden Sie alle Instanzen dieses Programms.

Bisweilen lassen sich Programme nicht mit *kill* beenden. Das ist dann der Fall, wenn das Programm bereits in Schwierigkeiten geraten ist und z.B. der reguläre DATEI → BEENDEN-Befehl auch ins Leere geht. Unter Windows würden Sie in so einer Situation versuchen, das Programm mit einem Klick auf das X-Kästchen am rechten oberen Fensterrand zu beenden oder dem Programm über die Taskliste zu Leibe zu rücken. Manchmal hilft das. Das Besondere: In diesem Fall »sprechen« Sie gar nicht mehr mit dem havarierten Programm, sondern direkt mit dem Betriebssystem nach dem Motto: »Bitte dreh' doch diesem Programm da mal den Strom ab.« Dass ein Programm nicht regulär, sondern vom Betriebssystem beendet werden soll, signalisieren Sie Linux mit einem besonderen Schalter zum kill-Befehl:

```
dieter@raider dieter]$ kill -9 Prozess-ID
```

Die Rückmeldung ist (bei einer deutschen Arbeitsumgebung) eindeutig: Da steht dann meist »getötet«, ansonsten:

```
dieter@fennek:~$ xeyes &
[1] 5281
dieter@fennek:~$ kill -9 5281
[1]+  Killed                  xeyes
dieter@fennek:~$
```

Das sind die beiden am häufigsten gebrauchten Varianten des Befehls: kill *Prozess-ID* (bzw. killall *Programmname*) oder kill -9 *Prozess-ID* (killall -9 *Programmname*). Wenn das Programm sich selbst dann noch nicht verabschiedet und sogar, wenn *root* es dazu auffordert (auch das ist möglich), dann ist meistens ein Neustart fällig.

Wie kann es dazu kommen, dass man Linux neu starten muss? Manchmal – sehr selten – ist das unvermeidlich, weil sich z.B. zwei Programme zwei Ressourcen geschnappt haben und jetzt auf die jeweils andere Ressource wechseln wollen.

Dann blockieren sich die Prozesse gegenseitig, weil die gewünschten Ressourcen
belegt sind. Diese Situation nennt man einen *Deadlock*; sie ist eine Folge davon,
dass Linux ein Multi-User-Betriebssystem ist, und weiter nicht dramatisch; solche
Deadlocks kommen sehr selten vor. Ebenso selten geschieht es, dass z.B. das Sicherungsprogramm auf ein »OK« des Bandlaufwerks wartet, aber es will keines kommen. Sie können das Sicherungsprogramm dann nicht beenden, denn es wartet ja
noch auf Daten. In der Prozessliste steht als Zustand dann ein *D* statt ein *S* oder *R*
(siehe nächstes Kapitel). Nur deswegen müssen Sie den Rechner dann nicht neu
starten. Aber Sie bekommen den Eintrag auch nicht aus der Liste raus, solange
nicht neu gestartet ist. Und z.B. das Bandlaufwerk ist ebenso lange blockiert.

Die Prozess-ID mit ps, pstree und den PID-Dateien ermitteln

Um zu sehen, welche Prozesse man selbst gestartet hat, gibt es den Befehl ps. Der
Befehl allein bringt normalerweise nur eine kleine Liste auf den Bildschirm:

```
[dieter@raider dieter]$ ps
  PID TTY          TIME CMD
24038 pts/0    00:00:00 bash
 1327 pts/0    00:00:00 ps
[dieter@raider dieter]$
```

Das sind natürlich nicht alle Prozesse, noch nicht einmal alle Prozesse, die Ihnen
gehören. Es sind alle Prozesse, die Ihnen gehören *und* die an einer Shell hängen, d.h.,
aus einem Terminalfenster gestartet wurden. Wesentlich länger ist da schon die Liste,
die man mit ps x bekommt. Da sind dann auch alle Ihre anderen Prozesse mit aufgeführt, darunter z.B. auch etliche, die mit Ihrer grafischen Oberfläche zusammenhängen, dazu vielleicht noch der Mail-Client, alle Prozesse der Textverarbeitung etc.

Aber selbst da sind noch nicht alle Prozesse aufgelistet. Die meisten Prozesse auf
einer Linux-Maschine gehören in der Regel nicht den angemeldeten normalen
Benutzern, sondern *root*. Alle Prozesse können Sie dann sehen, wenn Sie ps ax eintippen: Versuchen Sie es selbst. Die Ausgabe umfasst allerdings sehr viele Zeilen.
Meist verwendet man deshalb ps ax in Zusammenhang mit *grep*, um nur diejenigen
Prozesse aus der Liste zu fischen, die einem Suchkriterium entsprechen.

```
dieter@maxi:~> ps ax | grep office
 7256 ?        S      0:00 /bin/sh /usr/lib/ooo-2.0/program/soffice -writer -
splash-pipe=5
 7270 ?        Sl     0:02 /usr/lib/ooo-2.0/program/soffice.bin -writer -splash-
pipe=5
 7307 pts/0    R+     0:00 grep office
dieter@maxi:~>
```

Sie sehen schon: Diese Ausgabe wird bestimmt nicht leichter lesbar, wenn man
noch mehr Informationen hineinpackt. Aber mit diesen Techniken können Sie es
sich ein wenig leichter machen: ps gibt seine Ausgabezeilen in je einer Zeile aus,

wenn Sie das Terminalfenster breit genug ziehen (und vielleicht die Schrift entsprechend klein anzeigen lassen). Wenn Sie die Ausgabe von ps nach *less* schicken (ps fax | less), können Sie die ganze Breite der Zeile mit den Pfeiltasten links und rechts entlang rollen. Versuchen Sie das selbst einmal.

Bisweilen ebenfalls im Gebrauch sind: ps fax und ps ef. Sie bekommen durch diese Kommandos eine Ausgabe, die die Zusammenhänge der Prozesse untereinander zeigt. Ein kleines Beispiel:

```
...
11594 ?        Sl     0:01 /usr/bin/gnome-terminal
11595 ?        S      0:00  \_ gnome-pty-helper
11596 pts/0    Ss     0:00     \_ bash
12950 pts/0    R+     0:00         \_ ps fax
[dieter@raider dieter]$
```

Deutlich zu sehen ist das GNOME-Terminal, das einen Hilfsprozess benutzt, um darin die Bash-Shell auszuführen. In der Shell habe ich das Programm *ps fax* aufgerufen. Achten Sie auf die Überschriften der Ausgabespalten, z.B.:

```
[dieter@raider dieter]$ ps x
  PID TTY      STAT   TIME COMMAND
...
```

In der ersten Spalte steht die PID, die Prozess-ID, in der zweiten das Terminal, aus dem die Software heraus angezeigt wird. Terminallose Software hat hier ein Fragezeichen. Die Shell im letzten Beispiel benutzt z.B. das Pseudo-Terminal */dev/pts/0* – das ist eines dieser Terminalfenster auf einer grafischen Oberfläche. Interessant ist auch die dritte Spalte, in der sehr häufig ein *S* für *Sleeping* zu finden ist oder auch ein *R* für *Running*, wenn der Prozess gerade im Moment aktiv ist. Meist schlafen die Prozesse. Ein *D* in dieser Spalte steht nicht für *Dead*, obwohl der Zustand sehr ähnlich ist: Er heißt *Uninterruptible Sleep*. Das ist ein Prozess, der hängt. Je nachdem, wie sehr sich der hängende Prozess auf den Rest der Maschine auswirkt, haben Sie da in der Regel nur noch die Entscheidung, ob Sie den Rechner jetzt gleich oder erst ein wenig später neu starten.

Selten sieht man in dieser Spalte auch ein *Z* für *Zombie*. Das ist ein Prozess, der nicht sauber beendet wurde und sich jetzt in einem undefinierten Zustand noch im Speicher befindet. Häufig sind dies auch Tochterprozesse eines anderen Prozesses, der Probleme macht. Wenn Sie den Vaterprozess beenden können, ist der Zombie oft ebenfalls weg. Funktioniert aber auch das nicht und greifen nach einer Weile nicht Timeouts der Software oder des Betriebssystems, um den untoten Prozess aus dem Speicher zu befördern, geht der Zombie wirklich erst beim nächsten Reboot weg. Je nach Speicherausrüstung Ihres Rechners macht so ein Zombie vielleicht gar nichts aus. Ein Firefox kann allerdings problemlos 125 MB Speicher fressen und dann absterben. Das würde man bei einer kleinen Arbeitsstation wohl bemerken.

In der letzten Spalte steht schließlich der Name der Software. Mit den richtigen Parametern aufgerufen, zeigt ps auch alle Parameter an, die zum Aufruf der Software verwendet wurden. Wie gut ist also die Idee, bei einem Programmaufruf direkt Passwörter im Klartext mit einzugeben? Jeder Benutzer auf der Maschine kann sich alle Befehlszeilen anzeigen lassen – und dann Ihr Passwort sehen.

 ps hat sehr viele mögliche Schalter und Parameter. Werfen Sie einmal einen Blick in die Manpage von *ps*.

Wir rufen ps nicht zum Spaß auf. Mit der Prozessnummer der einzelnen Vorgänge aus der ersten Spalte können Sie, wenn Sie Besitzer des Prozesses oder *root* sind, mit kill *Prozessnummer* die jeweilige Software beenden. Ausnahmen sind Prozesse, die den D- oder Z-Status haben.

Ein weiteres nützliches Programm ist pstree. Es zeigt Listen der laufenden Programme an, und mit verschiedenen Parametern können Sie sehen, wie sie zusammenhängen:

```
[dieter@revolver dieter]$ pstree
init---acpid
     +-anacron---anacron
...
     +-dbus-launch
     +-esd
     +-events/0---aio/0
     |           +-ata/0
     |           +-kacpid
     |           +-kblockd/0
     |           +-khelper
     |           +-2*[pdflush]
     |           +-reiserfs/0
     +-evolution
     +-evolution-alarm
     +-evolution-data-
     +-gconfd-2
     +-gdm-binary---gdm-binary---X
     |                          +-gnome-session---bluez-pin
     |                                          +-mdkapplet
     |                                          +-net_applet
     |                                          +-s2u
     |                                          +-ssh-agent
...
     +-gnome-terminal---bash---man---sh---sh+
     |                 +-bash---pstree
     |                 +-gnome-pty-helpe
...
     +-6*[mingetty]
...
     +-soffice.bin---getstyle-gnome
```

```
        |            +-soffice.bin---4*[soffice.bin]
        |
        +-sshd
        +-syslogd
        +-udevd
...
[dieter@raider dieter]$
```

Andererseits kann es auch mit dem Schalter -p die Prozess-ID mitliefern, und mit dem Schalter -pu sehen Sie sogar, wenn Sie sich von *dieter* in *root* verwandeln (dritte Zeile):

```
...
        |-gnome-settings-(6483,dieter)---{gnome-settings-}(6513)
        |-gnome-terminal(7635,dieter)---bash(7641)---pstree(7707)
        |                                |-bash(7668)---su(7678,root)---bash(7683)
        |                                |-gnome-pty-helper(7640)
        |                                |-{gnome-terminal}(7642)
        |-soffice(7256,dieter)---soffice.bin(7270)---{soffice.bin}(7273)
        |                                            |-{soffice.bin}(7274)
        |                                            |-{soffice.bin}(7275)
        |                                            |-{soffice.bin}(7276)
        |                                            |-{soffice.bin}(7277)
...
```

Eine dritte Methode, um herauszufinden, welche Prozess-ID z.B. der *smbd* von Samba hat, ist, in das Verzeichnis */var/run* zu sehen. Die Serverdienste legen dort eine Datei mit dem Namen des Dienstes ab (z.B. */var/run/smbd.pid*), in der ihre Prozess-ID steht. Manche Serverdienste legen auch ein Unterverzeichnis an, in dem die gesuchten Informationen dann stehen.

Ein Beispiel anhand von *smbd*:

```
[dieter@raider dieter]$ cat /var/run/smbd.pid
4362
[dieter@raider dieter]$ ps fax | grep smbd
 4362 ?        Ss     0:00 smbd -D
 4379 ?        S      0:00  \_ smbd -D
16678 ?        S      0:00  \_ smbd -D
21293 pts/0    S+     0:00  |   \_ grep smbd
[dieter@raider dieter]$
```

Wie Sie sehen können, steht in der *pid*-Datei in */var/run* die Prozessnummer des Mutterprozesses. Wenn man den »killt«, beenden sich die anderen von allein.

Prozesse zu bestimmten Terminen: at und cron

Zeitversetzt Befehle auszuführen macht vor allem dann Sinn, wenn die Maschine immer durchläuft, so dass sie zum gewünschten Zeitpunkt sicher eingeschaltet ist. Wenn das nicht gewährleistet ist oder keinen Sinn macht, weil Sie nachts mit Ihrer Workstation am liebsten Strom sparen, dann kann Ihnen das Programm *anacron* helfen, das die verstrichenen Termine (z.B. Programmstarts um vier Uhr morgens) beim Maschinenstart nachholt. Wenn Sie aber schon so weit sind, sich selbst gegenüber zuzugeben, dass es eigentlich keine Rolle spielt, wann genau etwas geschieht, wenn es nur in den richtigen Intervallen ausgelöst wird, dann können Sie auch eine der Systemroutinen nutzen.

Einen einfachen, einmal auszuführenden Befehl programmieren Sie mit at. Das ist einfach. Die Befehle, die ausgeführt werden sollen, schreiben Sie in eine Datei, z.B. *befehl.sh*. Die Zeit, zu der die Aktion ausgeführt werden soll, programmieren Sie mit at:

```
[dieter@revolver dieter]$ vi befehl.sh
[dieter@revolver dieter]$ at -f befehl.sh 14:44
warning: commands will be executed using (in order) a) $SHELL b) login shell c)
    /bin/sh
job 3 at 2007-07-16 14:44
[dieter@revolver dieter]$
```

Der Befehl atq listet auf, welche Befehle (Jobs) um welche Uhrzeit ausgeführt werden sollen. Job Nummer 3 soll am 16.7.2007 um 14:44 Uhr ausgeführt werden, sein Eigentümer ist der Benutzer *dieter*:

```
[dieter@revolver dieter]$ atq
3       2007-07-16 14:44 a dieter
[dieter@revolver dieter]$
```

Mit atrm 3 könnten Sie den Job auch noch beenden, bevor er ausgeführt wird.

cron

Meist wird für zeitversetzte Befehle aber *cron* verwendet, denn *cron* läuft bei einer Linux-Maschine ohnehin immer, und alle seine Routinen finden regelmäßig statt. Weil dieser zeitversetzte Ausführungsdienst sehr komplexe Aufgaben erledigen kann, gibt es unter */etc* nicht nur eine einzige Konfigurationsdatei *crontab*. Trotzdem können Sie alles, was dem *cron* gehört, mit einem einzigen ls-Befehl anzeigen:

```
dieter@troll:/etc$ ls -ld cron*
drwxr-xr-x 2 root root 4096 2007-05-13 21:05 cron.d
drwxr-xr-x 2 root root 4096 2007-05-13 21:06 cron.daily
drwxr-xr-x 2 root root 4096 2007-05-13 20:59 cron.hourly
drwxr-xr-x 2 root root 4096 2007-05-13 21:06 cron.monthly
-rw-r--r-- 1 root root  724 2006-12-20 01:20 crontab
drwxr-xr-x 2 root root 4096 2007-05-13 21:05 cron.weekly
dieter@troll:/etc$
```

Die zentrale Konfigurationsdatei für den *cron* heißt */etc/crontab*. Sie enthält solche zeitversetzten Befehlsaufrufe, die zu einer bestimmten Zeit regelmäßig ausgeführt werden sollen. Der Befehl man 5 crontab zeigt die Manpage an, in der beschrieben ist, wie die Zeilen in *cron*-Steuerdateien gestaltet sein müssen. Eintragungen in diese Datei zu machen, ist natürlich eine Angelegenheit von *root*, und der hat die Manpage gelesen, bevor er loslegt. Anstatt direkt in die zentrale Datei */etc/crontab* hineinzuschreiben, könnten Sie (als *root*) auch eine Datei in das Verzeichnis */etc/cron.d/* legen. Eintragungen in solchen Dateien müssen die gleiche Syntax haben wie die *crontab*-Datei. Der Vorteil von solchen Dateien ist, dass bei einem Update der Maschine auf die neueste Version Ihrer Distro diese Dateien nicht verloren gehen. Alles, was Sie in die */etc/crontab* hineingeschrieben haben, könnte dagegen verloren sein, wenn mit dem Update eine neue *crontab* ins System gespielt wird.

Ist es dagegen nicht wichtig, ob eine bestimmte Sache zu einer ganz bestimmten Minute passiert, sondern nur »einmal täglich«, »einmal stündlich«, »einmal pro Woche« oder »einmal pro Monat«, dann ist es viel eleganter, sich an einen der System-Rhythmen anzuhängen. Der *cron*-Daemon durchläuft eine Reihe von Zyklen: Ein Zyklus ist stündlich, einer täglich, einer wöchentlich und einer monatlich. Wenn Sie einen dieser Zyklen benutzen wollen, müssen Sie nur eine Skriptdatei in das passende Verzeichnis */etc/cron.hourly*, */etc/cron.daily* etc. stellen. Das ist einfach: Sie schreiben den Befehl, den Sie ausführen lassen wollen, in eine Datei und machen sie ausführbar – voilà, schon haben Sie Ihr Skript. Wenn Sie sich unsicher sind, wie man so ein Skript bastelt, dann kopieren Sie doch einfach eine der bestehenden Dateien in diesen Verzeichnissen und ändern die Befehlszeile darin passend ab. Bei der nächsten Runde ist Ihr Befehl dann schon dabei, und Sie haben nichts programmieren oder kompliziert anpassen müssen. Viele Programme liefern eine solche Datei auch schon mit; bei der Installation der Software erzeugt das Installationsprogramm eine passende *cron*-Datei und stellt sie automatisch ins richtige Verzeichnis.

Normale Benutzer können ebenfalls mit *cron* arbeiten, indem sie persönliche *cron*-Einträge mit dem Befehl *crontab* erzeugen. Dieses textorientierte Kommando öffnet einen vi-Editor, in dem Sie Ihre *cron*-Einträge hineinschreiben und dann abspeichern können. Da dies dem Windows-Umsteiger nicht besonders schön anmutet (von der etwas kryptischen *cron*-Syntax gar nicht zu sprechen), wurden grafische Schedulerprogramme entwickelt, die ich aber ebenfalls unter »Geschmackssache« einordne. Bei openSUSE gibt es den *vcron* (siehe Abbildung 13-8), und einen *kcron* bzw. einen *gnome-scheduler* gibt es auch jeweils zum Nachinstallieren.

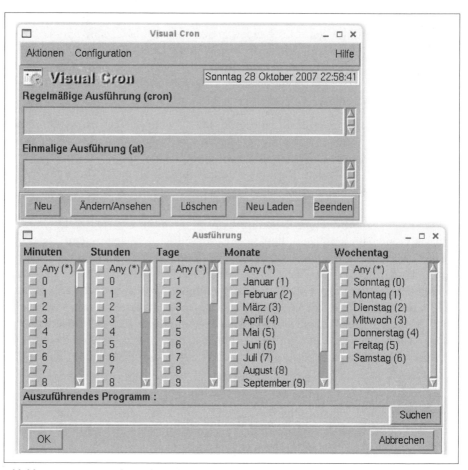

Abbildung 13-8: vcron gibt es als grafisches Schedulerprogramm bei openSUSE.

In diesem Kapitel:
- Was beim Drucken passiert
- Drucken aus Benutzersicht

KAPITEL 14
Drucker einrichten und verwalten

Was beim Drucken passiert

Drucken scheint das Leichteste auf der Welt zu sein – bis irgendetwas nicht funktioniert. Erst dann wird offenbar, dass der Weg bis zum Druckgerät weit sein kann und dass es eine Reihe von möglichen Fehlerquellen gibt. Bei der Fehlersuche schwirren plötzlich Begriffe wie Druckmanager, Druckserver oder Druckertreiber durch die Luft. Diese Begriffe sollen hier ein wenig sortiert werden.

Eines allerdings gleich vorweg: Überprüfen Sie immer zuerst, ob das Druckgerät eingeschaltet ist und ob noch Papier im Papierschacht vorhanden ist. Wenn Sie später trotz aller Bemühungen einen Systemadministrator zu Hilfe rufen müssen, wollen Sie sich doch nicht wegen mangelnder Sorgfalt blamieren.

Anders als noch vor ein paar Jahren kümmert sich heute kein Programm unter Linux mehr »selbst« um das eigentliche Drucken. Wenn Sie den »Drucken«-Befehl im Menü Ihres Programms aufrufen, übergeben die Programme das Druckgut in der Regel einer Spezialsoftware, die dann ausdruckt. Als eigentlicher Druckbefehl ist in Ihrer Software dann ein Programmname hinterlegt. Das kann ein einfacher Standard-Druckbefehl wie *lp* oder *lpr* sein, der Aufruf eines externen Druckdialogs (Druckmanagers) wie *xpp* oder des Druckdialogs von KDE bzw. GNOME. Alle diese Druckroutinen können von allen Programmen gleichermaßen benutzt werden. Es wäre ja schlichtweg Verschwendung, wenn jede Software ihre eigene Druckroutine programmiert haben müsste.

> ### Beschreibung der Daten
>
> Die meisten Programme benutzen zum Abspeichern der Daten auf der Festplatte ein anderes Ausgabeformat, als um auszudrucken. Zum Abspeichern müssen alle Details der Datei geschickt werden, schließlich sollen sie später ja auch wieder perfekt eingelesen werden. Zum Drucken brauchen Sie dagegen nur eine Beschreibung davon, was von den am Bildschirm angezeigten Daten auf das Papier kommen soll und wie es darzustellen ist. Oft genügen hierzu simple ASCII-Zeichen wie bei einer alten Schreibmaschine. Komplexere Druckseiten werden meist in der allgemeinen Seitenbeschreibungssprache *Postscript* übergeben.

Technische Unterschiede und Treiber

Die Kunst besteht also darin, die ursprünglichen Daten, die die Programme am Bildschirm darstellen, zunächst in einer einheitlichen Seitenbeschreibungssprache an den Druckprozess zu übergeben, und der muss sie dann in etwas verwandeln, das die verschiedensten Druckgeräte richtig ansteuert. Nadel-, Laser- und Tintenstrahldrucker funktionieren ja sowohl mechanisch als auch elektronisch sehr verschieden. Sogar gleiche Geräte können noch verschiedene Ausstattungsvarianten haben. Viele von ihnen benutzen darüber hinaus noch eigene Druckersprachen, um die Seiten für den Ausdruck zu beschreiben. Der Druckprozess muss also von der Seitenbeschreibungssprache in die passende Druckersprache übersetzen (d.h. in Druckdaten verwandeln) und Ihnen dabei noch möglichst alle Ausstattungsvarianten des Druckgeräts zurückmelden, wenn Sie einen Ausdruck anstoßen. Das macht, in allgemeinen Worten, der »Treiber«. Im Idealfall bemerken Sie davon gar nichts, außer dass Ihnen im Ausdruck-Dialog alle Druckoptionen Ihres Geräts zur Verfügung stehen. Nur ein paar Möglichkeiten:

- Wie groß soll das Papier sein, auf das gedruckt wird?
- Kann in Farbe oder nur Schwarz-Weiß gedruckt werden?
- Feine Auflösung oder genügt eine grobe?
- Aus welchem Schacht soll das Papier kommen?
- Hoch- oder querformatiger Druck?
- Einseitiger oder Duplex- (beidseitiger) Druck?

Man könnte die Liste problemlos noch ein Stück verlängern.

Sie verwenden natürlich normalerweise diejenige Druckerdialogroutine, die bei Ihrer Distribution mitinstalliert wurde, sei es die von KDE oder GNOME. Eigene Druckroutinen und Extra-Treiber (so wie früher unter DOS) liefern höchstens noch schlecht gemachte kommerzielle Programme mit, deren Hersteller sich nicht in die Karten sehen lassen wollen, oder die sehr extreme Anforderungen an die Drucker-

oder Plottergeräte stellen. Aber selbst da wüsste ich kein Beispiel zu nennen, außer ein paar total veraltete Treiber in OpenOffice, die noch aus StarOffice-Zeiten stammen.

Die üblichen Beteiligten

Egal ob Sie für den Ausdruck ein spezielles Programm oder den Dialog der Benutzeroberfläche verwenden, Sie übermitteln damit Ihren Druckauftrag (Druckjob) an einen *Druckserver*. Das ist nicht unbedingt ein separater Rechner. Ein *Druckserver* ist zunächst einmal eine Software, die den Druckjob entgegennimmt, um ihn schließlich der eigentlichen Druckmaschine zu übergeben. So ein Druckserver kann auf einem anderen Rechner im Netzwerk laufen oder auch auf der eigenen Maschine. Heute kommt als *Druckserver* unter Linux meist CUPS zum Einsatz, das *Common Unix Printing System*.

Bevor der Druckserver Ihr Druckgut an das Ziel-Druckgerät übermitteln darf, muss er es vorher begutachten und bei Bedarf in die richtige Druckersprache übersetzen. Unter Windows firmiert das alles zusammen unter dem Begriff *Treiber*, und bei Linux spricht man von *Druckfiltern*. Die gängigste Sammlung solcher Druckfilter steckt in dem Programm *Ghostscript*, das praktisch auf keiner Linux-Maschine fehlt, wenn sie drucken soll. Geben Sie zum Spaß einmal in einem Terminal den Befehl gs -h ein, um zu sehen, welche Druckertypen Ihr Ghostscript unterstützt. Die Ausgabe dieses Befehls ist beeindruckend:

```
dieter@drake:~$ gs -h
ESP Ghostscript 8.15.2 (2006-04-19)
...
Available devices:
...
   bmpmono bmpsep1 bmpsep8 ccr cdeskjet cdj1600 cdj500 cdj550 cdj670 cdj850
   cdj880 cdj890 cdj970 cdjcolor cdjmono cfax cgm24 cgm8 cgmmono chp2200 cif
   cljet5 cljet5c cljet5pr coslw2p coslwxl cp50 cups declj250 deskjet
...
   lj4dith lj4dithp lj5gray lj5mono ljet2p ljet3 ljet3d ljet4 ljet4d
   ljet4pjl ljetplus
...
```

Ghostscript unterstützt Druckertypen, weiß aber nichts über die Spezialeinstellungen, die jedes einzelne Druckermodell beherrscht! Da die einzelnen Programme sich also nicht um den Druckprozess kümmern wollen, »wissen« sie auch nicht, welche Extra-Ausstattung die Ziel-Druckmaschine hat: Papierschächte, Duplexeinheit etc. – und deshalb legen Sie solche Dinge meist auch nicht »innerhalb« Ihres Programms fest, wie Sie es von Windows her gewohnt sind, sondern erst nachher, in den speziellen Druckerdialogen, die auch *Druckmanager* genannt werden. Solche Programme übernehmen einerseits die Übertragung des Druckjobs zum Druckserver, bieten aber zusätzlich noch eine grafische Oberfläche an: Die enthält im Idealfall alle Einstellungsmöglichkeiten, die auf die Druckmaschine zutreffen.

Druckmanager sind quasi noch einmal ein Druckdialog, der nach dem Druckdialog des Programms angezeigt wird. Bekannte Druckmanager sind *xpp* und *kprinter*, der zu KDE gehört.

Druck*monitore* oder *Druckjobmanager* sind Programme, mit denen Sie – nach dem Abschicken des Druckjobs, aber noch vor dem eigentlichen Ausdruck – nachsehen können, an welcher Stelle der Druckerwarteschlange sich der Auftrag befindet (siehe Abbildung 14-1).

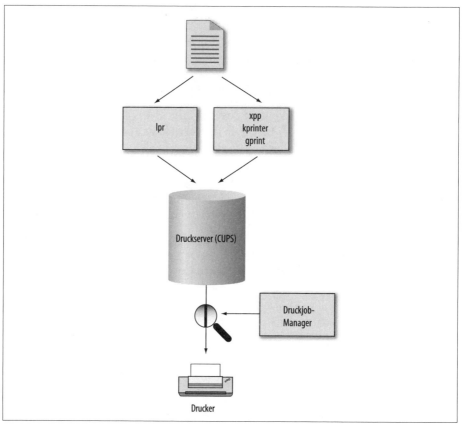

Abbildung 14-1: Drucken mit CUPS und Druckmanagern (oben) und Druckmonitoren (unten)

Ein »Drucker« in den Begriffen von Linux ist also letztendlich nur eine Schnittstelle. Sie besteht aus einem Namen, einem Treiber (bzw. Filter) und den Eigenschaften des Druckgeräts. Irgendwo steht oder liegt dann auch noch ein physikalisches Druckgerät. Wo das Gerät steht, ob es mit einem Centronics-Druckerkabel oder über USB vielleicht am gleichen Computer angeschlossen ist, ob es über einen Druckserver-Computer erreichbar gemacht wird oder sogar eine eigene Netzwerkkarte hat, das muss den Benutzer nicht kümmern. Die Schnittstelle sorgt dafür, dass dem richtigen Druckgerät die richtigen Informationen übermittelt werden. Und dann kommt der perfekte Ausdruck aus der Maschine. Wo auch immer sie stehen mag.

Welchen Drucker soll man sich anschaffen?

Gut, aber teurer als andere, sind Postscript-fähige Druckgeräte. Der Preisunterschied ist bei Weitem nicht mehr so dramatisch wie noch vor ein paar Jahren, aber er ist da. Der Vorteil: Die Seitenbeschreibungssprache Postscript ist seit jeher in der Linux/Unix-Welt verbreitet, so ein Drucker wird unter Linux sofort funktionieren. Die Seitenbeschreibungssprache zu interpretieren und z.B. Bilder dann in Bildpunkte umzurechnen (aufzurastern) braucht aber Rechenleistung. Im Gehäuse meines Postscript-fähigen Brother HL1670N wurde 2002 z.B. ein Pentium 90-Rechner eingebaut. Das ist einer der Gründe für den Preisunterschied bei Postscript-fähigen Druckgeräten.

Ebenfalls gut unterstützt und sehr verbreitet sind Laserdrucker, die das von HP entwickelte PCL5 oder PCL6 als Seitenbeschreibungssprache benutzen. Diese Geräte sind in der Regel deutlich preiswerter und haben ebenfalls ein schönes Druckbild. PCL-Drucker gibt es nicht nur von Hewlett Packard, fast jeder Hersteller hat mehrere PCL-fähige Modelle.

Auch die meisten Tintenstrahl-Drucker funktionieren unter Linux. Durch ihren niedrigen Preis sind sie sehr verbreitet. Trotzdem sind sie neben den Farb-Laserdruckern die teuersten Ausgabegeräte überhaupt. Billiger fahren Sie durch die geringeren Druckkosten schon binnen Jahresfrist mit preiswerten Laserdruckern – wenn Sie nicht unbedingt Farbe brauchen. Doch wenn Sie sehr wenig drucken, kann sich dafür sogar der Gang zum Farb-Kopiershop rechnen.

Welche Drucker funktionieren nicht, und kann man auch zu wenig Geld ausgeben? Aber sicher! An der untersten Preisgrenze stehen die sogenannten GDI-Druckgeräte, die das Aufbereiten der Seite vollständig Windows überlassen. Manche dieser Geräte können ohne Windows nicht einmal ASCII-Zeichen darstellen. GDI als Ausgabeformat wäre für Linux nicht das größte Problem. Aber die Hersteller verwenden im Windows-Treiber meist Druckersprachen, die sich an keiner der anderen Sprachen orientieren, also vollständig proprietär sind. Gibt sich der Hersteller solch eines GDI-Duckers also keine Mühe mit Linux, haben Sie vermutlich schlechte Karten. Besonders problematisch fand ich 2007 z.B. die preiswerten Multifunktionsdrucker von Lexmark: oben Kopierer, innen Tintenstrahler – und keinerlei Linux-Unterstützung. Ein Fall für ebay.

→

Nur wenige Hersteller liefern bereits durchgängig Linux-Treiber für ihre GDI-Drucker; brother unterstützt langsam seine ganze Low-Cost Reihe damit. Meist funktionieren die auch, aber ich selbst habe auch schon viele Stunden in dieses Abenteuer investiert. Schreibt der Hersteller eines GDI-Geräts aber nichts über Linux, dann lassen Sie besser die Finger davon. Wenige Euro Unterschied beim Kauf können darüber entscheiden, ob Sie später viele Stunden Arbeit in Internetrecherchen investieren oder sogar ganz resignieren müssen. Hinweise zum Kauf finden Sie auf *htp://www.linuxprinting.org*. (Die Seite ist heute Teil der Linux-Foundation; unter *http://www.linux-foundation.org/en/OpenPrinting/Database/SuggestedPrinters* finden Sie die Hinweise.)

Sehr verbreitet sind in letzter Zeit die Kombi-Geräte: Drucker und Kopierer und Scanner und Fax. Mir persönlich missfällt, dass bei einem Defekt so eines Geräts dann das gesamte Büro stillsteht. Aber immerhin war bei den brother-Geräten das Drucken und Scannen keine große Schwierigkeit.

Druckverfahren

Worin besteht nun der Unterschied zwischen einem PCL- und einem Postscript-fähigen Druckgerät? Bei Postscript-Interpretern werden die Grafiken *aufgerastert*, d.h., die Grafiken werden in regelmäßige schwarze Bildpunkte verschiedener Größe umgerechnet. Das kennt man aus der Tageszeitung: Obwohl sie nur in reinem Schwarz auf Weiß gedruckt sind, können die Bilder so Grautöne und Schattierungen darstellen. Wenn Sie aufgerasterte Bilder stark vergrößern, kann man den Bild-Inhalt aus der Ferne immer noch gut erkennen. PCL verwendet ebenfalls Bildpunkte, um eine Grafik darzustellen. Dort werden aber Grautöne verwendet, und die Punkte sind nicht regelmäßig. Der Rechenaufwand hierfür ist viel geringer, aber für die meisten Aufgaben des täglichen Lebens ist eine PCL-Grafik gut genug.

Der Unterschied zwischen den beiden Verfahren zeigt sich im Alltag erst, wenn Sie die Computer-Ausdrucke auf den Kopierer legen. Ein Kopierer kann nur Schwarz oder Weiß darstellen, Grauwerte sinken deshalb entweder nach Schwarz ab, oder sie werden unsichtbar weiß. Die Grautöne einer mit PCL ausgedruckten Grafik verlieren deshalb normalerweise ihren Kontrast oder sinken sogar ganz nach Schwarz ab. Da die Rasterpunkte einer Postscript-gerasterten Grafik aber schon reinschwarz sind, überstehen die Grafiken einen Kopiervorgang tadellos.

Wie die GDI-Drucker funktionieren? Fragen Sie den Hersteller.

Drucken aus Benutzersicht

Bei diesem Abschnitt gehe ich davon aus, dass Sie schon über einen angeschlossenen und funktionierenden Drucker verfügen. Wenn das nicht der Fall ist, springen Sie einfach ein wenig weiter nach hinten. Dort steht, wie Sie einen Drucker einrichten können. Um einen Ausdruck anzustoßen, wählen Sie auch unter Linux normalerweise aus der Menüleiste eines Programms den Punkt DRUCKEN aus.

Wenn mehrere Drucker auf dem gleichen Linux-System existieren, verwendet das System den Standarddrucker. Das ist häufig der erste, den Sie angelegt haben. Sie sehen schon: Die meisten Anwenderprogramme kommunizieren inzwischen direkt mit CUPS.

Um zu erklären, wie dieser Mechanismus funktioniert, soll hier im Rahmen einer Übung einmal »zu Fuß« gedruckt werden. Sie können dazu das textorientierte Programm lpr verwenden, um eine Datei zum Drucker zu schicken. Mit der Option -Pdruckername können Sie bei mehreren Druckern angeben, welchen davon Sie benutzen wollen, ohne Option druckt lpr ebenfalls auf den Standarddrucker.

Wer beim Installieren der Maschine noch keinen Drucker angelegt hatte, sollte vor dem Weiterlesen dieses Kapitels erst zum nächsten Abschnitt blättern, bei dem es um das Einrichten von Druckern geht.

Erzeugen Sie mit einer Software Ihrer Wahl in Ihrem Heimatverzeichnis eine Datei *wichtigertext.txt*, in dem die Worte »Hier geht's zum Drucker« stehen.

Sollten Sie wirklich OpenOffice dafür benutzen wollen, exportieren Sie den Text als *Text (.txt)* oder *Text Encoded (.txt)*. Eine voll ausgewachsene Textverarbeitung für diese Übung zu mobilisieren, ist aber wirklich mit Kanonen auf Spatzen geschossen.

Diese Datei *wichtigertext.txt* wird mit dem Befehl lpr wichtigertext.txt zum Drucker geschickt. Wenn es auf der Linux-Maschine mehrere Drucker gibt und Sie z.B. den Drucker *laser1* verwenden wollen, tippen Sie lpr -Plaser1 wichtigertext.txt.

Im wirklichen Leben springt der Drucker dann meist so schnell an, dass Sie gar nicht mehr dazu kämen, den Druckauftrag in der Warteschlange begutachten zu können. Wenn Sie jedoch dafür sorgen, dass die Druckmaschine »nicht funktioniert« (indem Sie das Druckgerät ausschalten, das Druckerkabel herausziehen oder auf den »Offline-Knopf« drücken – keine echte Sabotage, bitte), dann kann eine kleine Demonstration klappen: Machen Sie die wartenden Druckaufträge des Druckers laser1 mit folgendem Befehl sichtbar:

```
lpq -Plaser1
```

Insgesamt passiert Folgendes:

```
[dieter@raider dieter]$ lpr -Plaser1 wichtigertext.txt
[dieter@raider dieter]$ lpq -Plaser1
laser1 is not ready
Rank    Owner   Job     File(s)                         Total Size
1st     dieter  165     wichtigertext.txt               1024 bytes
```

Der Druckauftrag hat die Jobnummer 165. Mithilfe dieser Nummer können Sie den hängen gebliebenen Job durch den Befehl `lprm -P laser1 #165` wieder herausnehmen.

```
[dieter@raider dieter] $lprm -Plaser1 #165
[dieter@raider dieter]$ lpq
laser1 is not ready
no entries
[dieter@raider dieter]$
```

Ebenso gültig, wenn Sie mit CUPS arbeiten, ist:

```
[dieter@raider dieter] $cancel laser1 165
```

Diese beiden Befehle repräsentieren zwei verschiedene »Erblasten«, denen CUPS gerecht wird: Die einen Befehle kommen aus dem sehr angesehenen System-V Unix und die anderen aus dem nicht minder angesehenen BSD Unix. Um nicht Unix-Administratoren zu verprellen, die aus dem einen oder anderen Lager kommen, unterstützt CUPS eben beide Befehlssätze.

In manchen Programmdialogen und Beispielen anderer Bücher finden Sie auch den Befehl `lp` bzw. `lp -d druckername` als Druckbefehl. Das ist kein Tippfehler, sondern ein gültiger Druckbefehl für CUPS. Schlagen Sie doch einfach in den Manpages nach: `man lpr` bzw. `man lp` listet die Optionen beider Befehle auf.

Vergessen Sie nicht, das Druckerkabel jetzt wieder einzustecken, das Druckgerät wieder einzuschalten bzw. den »Offline-Knopf« erneut zu drücken, damit die Maschine wieder erreichbar wird.

Drucken, Dialoge und Druckmanager

Kein Windows-Umsteiger würde freiwillig textorientiert über die Befehlszeile Druckjobs abschicken – schon gar nicht, wenn die Jobs zuerst abgespeichert und anschließend einzeln wegschickt werden müssten. Außerdem haben Sie nicht einfach die Möglichkeit, beim Ausdruck spezielle Eigenschaften der angesprochenen Druckmaschine einzustellen. Alles, vom Einzugsschacht bis zur Papiergröße, -ausrichtung und Druckauflösung können Sie dem *lpr* als Kommandozeilen-Optionen übergeben. Aber eine Lösung für den Alltag ist das nicht. Das Problem: Alles, was die angeschlossene Druckmaschine kann, müssen Sie hier selbst wissen – selbst wenn der richtige Treiber eingerichtet ist. Druckdialoge können aber beim Druckserver abfragen, was das Druckgerät kann, und dies vor dem Drucken anzeigen. Das macht inzwischen z.B. OpenOffice (siehe Abbildung 14-2).

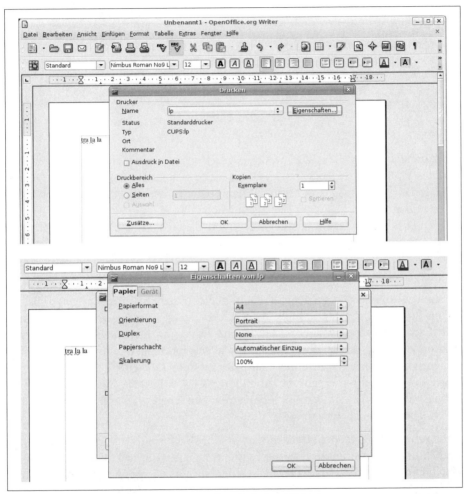

Abbildung 14-2: OpenOffice liest seine Drucker direkt bei CUPS ein.

Hat eine Software keine so luxuriös ausprogrammierten Druckerdialoge zu bieten, können Sie sich diesen Service dennoch von einem *Druckmanager* liefern lassen. Sie können ihn bei jedem Programm aufrufen, das im Druckdialog als Eigenschaft des Druckers nur eine Eingabezeile aufweist, in der sich normalerweise nur ein Befehl wie lpr oder lp befindet. Tauschen Sie diesen Befehl gegen kprinter oder xpp aus (siehe Abbildung 14-3). Dann erscheint nach dem Klick auf den DRUCKEN-Button ein weiterer Druckdialog mit passenden Einstellmöglichkeiten.

Abbildung 14-3: kprinter bei einem SUSE SLES9

Programme, die für den KDE-Desktop geschrieben sind, benutzen automatisch *kprinter* als Standard-Druckmanager. Andere brauchen den Namen in der Dialogzeile. Den Druckmanager *xpp* von Till Kamppeter müssen Sie eventuell nachinstallieren und auf jeden Fall extra eintragen. Auch GNOME hat ab Version 2.16 einen eigenen Druckmanager-Dialog für Programme, die die GTK-Bibliotheken benutzen, auf denen auch GNOME aufbaut.

kprinter

Die EIGENSCHAFTEN neben dem Druckernamen im oberen Teil des *kprinter*-Dialogs bieten Ihnen verschiedene Möglichkeiten, das Druckgerät für den aktuellen Ausdruck sehr präzise einzustellen. Was Sie im Dialog an Einstelloptionen angezeigt bekommen, hängt davon ab, was das Druckgerät tatsächlich kann. Diese Informationen stammt aus einer Beschreibungsdatei für den Druckertyp, die der Druckmanager vom Druckserver abruft. Abbildung 14-4 zeigt die Eigenschaften eines Arbeitsgruppendruckers; natürlich besitzt ein einfacheres Gerät in der Regel weniger Möglichkeiten als ein teureres.

Ein Zauberstab neben dem Druckernamen führt bei *kprinter* auf den *Wizard*, einen Einrichtungsassistenten, der bei der Einrichtung eines neuen Druckers hilft. Einen neuen Drucker erstellen darf aber nicht jeder, wie das nächste Kapitel zeigen wird.

Der *kprinter* ist ein recht umfangreiches Programm, das sich lohnt, genauer anzusehen. Es gibt sogar eine ganze Webseite zu diesem Thema, und man ist eingeladen, sich an dem Projekt zu beteiligen.[1] Die deutschsprachige Hilfe ist unter anderem von Kurt Pfeifle geschrieben, der sich als CUPS-Spezialist einen Namen gemacht hat.

---

1 http://printing.kde.org/

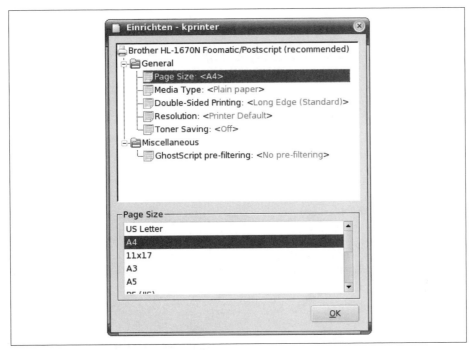

Abbildung 14-4: Drucker einstellen bei kprinter

Das X Printing Panel

Einen beachtlichen Umfang bringt auch das *X Printing Panel* mit, das Sie mit dem Befehl xpp aufrufen können. *xpp* präsentiert sich auf den ersten Blick recht bescheiden (siehe Abbildung 14-5), doch das täuscht. Dieser Druckmanager ist nicht nur an keine bestimmte Distribution gebunden, er läuft prinzipiell auf jedem Desktop. Sollte kein passendes Paket für die Lieblingsdistribution existieren, können Sie bei *http://cups.sourceforge.net/xpp/* die Quellen des Programms herunterladen und eine Menge interessanter Informationen finden.

Der Funktionsumfang von *xpp* scheint auf den ersten Blick geringer zu sein als der von *kprinter*, dafür ist der Dialog etwas übersichtlicher. Auch hier können Sie einen Dateinamen in ein Eingabefeld eintragen oder mit dem BROWSE-Button eine Datei aussuchen, wenn Sie die Software nicht ohnehin mit dem Befehl xpp dateiname aufgerufen haben. Wenn *xpp* von einem Programm als Druckbefehl benutzt wird, bekommt es – genau wie *kprinter* in der gleichen Situation – die Druckausgabe des Programms ohne den Umweg eines Dateinamens übermittelt. Der Button OPTIONS... führt zu einem weiteren Dialog (siehe Abbildung 14-6), der – ausgestattet mit einer ganzen Reihe von Registern – alles anbietet, was in der PPD-Datei (die die Druckerbeschreibung enthält) für das Druckgerät an Eigenschaften enthalten ist.

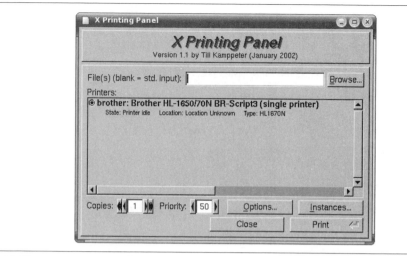

Abbildung 14-5: Der Hauptdialog von xpp

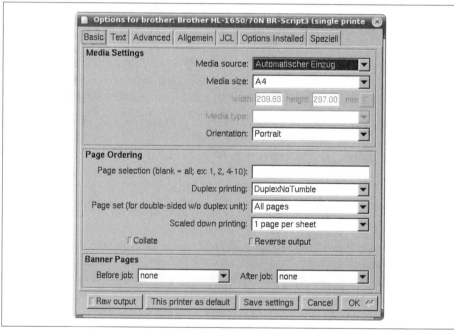

Abbildung 14-6: Mächtig: Einstelloptionen bei xpp

Weil die Anzahl der Möglichkeiten bei einem guten Drucker groß ist, könnte man recht schnell wünschen, eine bestimmte Konfiguration z.B. aus Papierausrichtung und -schacht solle immer sofort zur Verfügung stehen, anstatt sie immer erst zusammenklicken zu müssen. Das erreichen Sie mit dem Button INSTANCES... im Hauptdialog von *xpp*. Hier können Sie mehrere Konfigurationskopien des gleichen Druckers erstellen, denen Sie jeweils (mit SAVE SETTINGS im jeweiligen Optionsdialog) verschiedene Eigenschaften zuweisen und die Sie dann mit einem eigenen Konfigurationsnamen abspeichern. Ihre eigenen Einstellungen finden Sie in der Datei *.xpp* in Ihrem Heimatverzeichnis. In meinem Büro habe ich z.B. immer eine Standardkonfiguration für normales Papier und eine zweite, die auf Handeinzug (Manual Feed) eingestellt ist, so dass ich mein Firmen-Briefpapier für die erste Seite in den Extra-Schacht legen kann. Das kann ich für jeden Drucker erzeugen, den CUPS mir anbietet. Das Besondere daran ist, dass diese Extra-Konfigurationen mir persönlich gehören. Jeder Benutzer kann auf diese Weise seine eigene Auswahl an Druckerkonfigurationen zusammenbauen, ohne dass damit das Hauptangebot komplizierter wird.

Gnome-Druckerdialog

Version 2.16 des GNOME-Desktops enthielt erstmals einen »eigenen« Druckdialog (siehe Abbildung 14-7). Auch dieser Dialog kommuniziert direkt mit CUPS, und er sieht immer gleich aus, egal ob er erscheint, nachdem Sie den Menüpunkt DRUCKEN eines Programms gewählt haben, oder ob Sie ihn über das Kontextmenü der rechten Maustaste des dem Nautilus heraus aufrufen. Eigentlich gehört der Dialog noch nicht einmal GNOME selbst, sondern einer der Bibliotheken (GTK), auf der GNOME basiert. Deshalb ist er ein wenig anders als *kprinter* und *xpp*: Die beiden klinken sich als eigenständige Programme zwischen Anwendung und Druckprozess ein. Dennoch bleiben sie identifizierbar, weil sie in sich abgeschlossene Programme sind und deswegen z.B. auch eine eigene Prozessnummer haben. Der neue GNOME-Dialog wird aber nicht als eigenständiges Programm wahrgenommen, sondern als Teil von GNOME. Der Nachteil ist, dass Programme, die von ihren Programmierern (noch) nicht an diese Software-Druckschnittstelle angepasst worden sind, weiterhin mit einem eingebetteten *lpr*-Befehl leben müssen, wenn Sie nicht ein *xpp* daraus machen.

Druckjobmanager

Ist der Druckjob einmal unterwegs und kommt Papier aus dem Druckgerät, ist ja alles in Ordnung. Aber was, wenn nicht? Meist bleiben Druckaufträge »nur« in der Warteschlange hängen, weil die Druckmaschine nichts mit ihnen anfangen kann. Die Jobs werden erst gelöscht, wenn der Drucker sie als erledigt zurückmeldet. Deshalb geht selten einmal einer wirklich verloren, sondern sie verstopfen die Warteschlange. Es muss ja nur einmal – vielleicht versehentlich – z.B. beim Surfen im Internet ein Druckbefehl ausgelöst worden sein, der das Druckgerät überfordert. Schon hängen alle späteren Druckjobs, wie im Winter die Skifahrer hinter dem einen, der vorn am Lift über seine Stöcke gefallen ist. Um sich einen ersten Überblick zu verschaffen, ob der Auftrag nur noch nicht dran war oder ob er in einer Warteschlange klemmt, gibt es die Druckjobmanager.

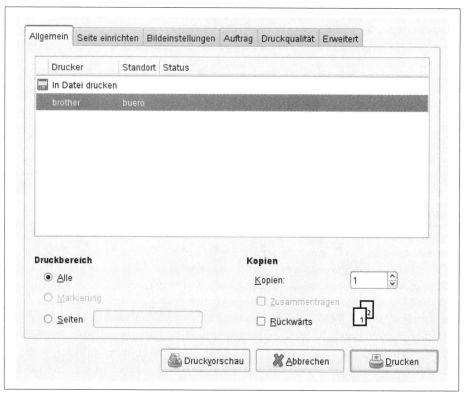

Abbildung 14-7: Der GNOME-Druckdialog

Diese Programme zeigen die Warteschlangen der installierten Drucker an. Jeder Drucker muss eine Warteschlange haben, denn Druckmaschinen können nun mal nicht so schnell ausdrucken, wie ein Computer Daten liefern kann. Alle Druckaufforderungen werden dort aufgereiht, bevor das Druckgerät sie dort abholt. Und wie bei den Skifahrern müssen diese bisweilen in der Schlange anstehen, weil der Lift nur eine bestimmte Anzahl von Personen transportieren kann; ein andermal geht es dagegen sofort weiter. Klemmt ein Druckjob, muss man ihn aus der Liste entfernen. Er ist leicht zu erkennen, denn er ist der erste in der Liste. Schon geht es wieder weiter.

Wenn Sie den Warteschlangenmanager finden und dazu noch das Wort »Queue« (gesprochen: *Kju*; das bedeutet »Warteschlange« auf Englisch) korrekt aussprechen können, ernten Sie die ganze Hochachtung des Technikervolkes. Im KDE heißt das passende Werkzeug *KjobViewer* (siehe Abbildung 14-8), aber es existieren noch eine Reihe andere. Den *KjobViewer* finden Sie in SUSEs KDE-Umgebung bei DIENSTPROGRAMME → DRUCKEN → DRUCKAUFTRÄGE im Hauptmenü (K-Knopf). Bei anderen Distributionen ist dieses Werkzeug an einem ähnlich einsichtigen Ort untergebracht.

Sie können dort – wie bei Windows – Ihre eigenen Druckaufträge mit der rechten Maustaste oder einfach mit der Entfernen-Taste aus der Liste löschen. Die Druckjobs anderer Personen sind dagegen tabu: Um die löschen zu dürfen, müssten Sie schon root-Rechte oder – wie bei Ubuntu – einen entsprechenden *sudo*-Eintrag haben.

Abbildung 14-8: KjobViewer – einer für fast alle Fälle

Druckjobs wurden bei GNOME früher mit dem *Gnome Print Manager* verwaltet, heute ist daraus der *Gnome Cups Manager* geworden (siehe Abbildung 14-9). Auf den meisten Systemen mit einem neueren GNOME dürfte er bereits standardmäßig installiert sein. Damit können Sie nicht nur Druckjobs verwalten, sondern auch Druckereinstellungen vornehmen.

Abbildung 14-9: Klein und fein: der Gnome CUPS Manager, der Jobs und Drucker verwaltet

Die Druckjobs erreichen Sie, indem Sie einfach mit der rechten Maustaste auf das Druckersymbol klicken und dort den Menüpunkt AUFTRÄGE wählen.

Drucker einrichten

In den letzten Abschnitten wurde schon klar: Damit Sie drucken können, brauchen Sie erst einmal einen Drucker. Und der besteht, soweit es den Druckserver betrifft, nicht aus Metall und Kunststoff mit einer Tintenpatrone oder Belichtungstrommel darin. Ein Drucker ist Software, Serversoftware. Er nimmt von Druckerclients Druckaufträge entgegen, und danach laufen einige nicht ganz banale Vorgänge ab:

- Der Druckvorgang nimmt das angelieferte Druckgut (eine für den Druck übergebene Datei oder einen Datenstrom) entgegen und versucht, Folgendes zu erkennen: Ist das ASCII, Postscript oder irgendetwas anderes, das wir direkt verarbeiten können, oder müssen wir noch mehr tun (z.B. bei PDF)?

- Wenn das nicht der Fall ist, »normalisiert« CUPS das Druckgut in ein Format, das es kennt. Dazu gibt es Programme wie *pstoraster* und *rastertops*, um Grafiken zu behandeln, *pdftops*, *texttops* und viele mehr. Schließlich hat CUPS eine Datei in einem »sicheren« Format.

- Das »sichere« Datenformat muss nun in ein Zielformat verwandelt werden, mit dem das Druckgerät etwas anfangen kann. Diesen Vorgang nennt man *filtern*; dies kommt der landläufigen Vorstellung davon, was ein Treiber unter Windows tut, vermutlich am nächsten.

- Druckerspezifische Eigenschaften wie die Auflösung, Auswahl des Papierschachtes, Duplexeinheit, Papiergröße und -ausrichtung müssen berücksichtigt werden.

- Schließlich gilt es, das Material in kleinen Häppchen abzugeben, damit der Speicher im Druckgerät nicht überläuft. Diesen Vorgang nennt man *Spooling*, weil das Druckgut wie in einer Spule aufgewickelt wird. Man spricht hierbei auch vom Einreihen in eine Warteschlange.

Wenn dieser Dienst auch für mehr als nur einen Benutzer zur Verfügung steht und unabhängig davon gestartet wird, ob sich ein einer Benutzer angemeldet hat, spricht man von einem *Druckserver*. So ein Druckserver wird normalerweise auf jeder Linux-Maschine gestartet, schließlich soll jeder, der sich anmeldet, auch drucken können.

CUPS (Common Unix Printing System)

Auf den folgenden Seiten sehen Sie, wie Sie einen Drucker unter CUPS anlegen können. Es gibt natürlich fast überall – verschieden gute – distributionseigene Tools, da ist es müßig, auf jeden Sonderweg einzugehen. Alle Tools füttern letztendlich nur CUPS, daher sollten sich die folgenden Schritte leicht auf Ihren Rechner übertragen lassen.

CUPS ist eine Implementierung von *IPP*, des *Internet Printing Protocols*. Dieses ist wiederum eine Art Dialekt des *Hypertext Transfer Protocols*, HTTP. CUPS ist so gesehen nur eine besondere Art von Webserver (ähnlich wie Webmin), der eine Webseite auf dem eigenen Rechner erzeugt. Damit können Sie das Drucksystem administrieren.

CUPS aufrufen

Anders als ein normaler Webserver, der Port 80 bedient, ist IPP an den Port 631 gebunden. Um mit dem Browser den CUPS-Server Ihrer eigenen Maschine anzusprechen, tragen Sie im Adressfeld Ihres Browsers *http://localhost:631/* ein. Dies führt – wenn der CUPS-Server läuft – zur Hauptseite des lokalen CUPS-Servers (siehe Abbildung 14-10).

Abbildung 14-10: Die Startseite des lokalen CUPS-Servers

Wenn Sie diese Seite sehen können, dann beweist dies schon dreierlei:

1. Der CUPS Server läuft, sonst würde der Browser diesen »Kühlergrill« nicht zeigen können.
2. Ihr Browser hat als Standardsprache Deutsch eingestellt, sonst würde CUPS Ihnen diese Seite auf Englisch anzeigen.

3. Der Browser sucht *localhost* nicht im Internet. Das soll er auch gar nicht, aber verschiedentlich habe ich schon gesehen, dass die Standardeinstellung eines Konqueror-Browsers keine Ausnahme für den Rechnernamen *localhost* eingetragen hatte. Wenn Sie dann noch einen Proxy-Server eingetragen haben (wie das innerhalb eines Firmennetzes üblich ist), dann bekommen Sie Antwort aus dem Netz der Netze.

 Um dieses Problem zu beheben, stellen Sie entweder nur für diese Übung den Browser auf »direkte Verbindung ins Internet« oder definieren eine Ausnahme für *localhost*. Das ist die bessere Alternative.

Abbildung 14-11 zeigt den passenden Ausschnitt aus den Proxy-Einstellungen bei Konqueror. Stellen Sie auf jeden Fall sicher, dass der Begriff *localhost* in der Liste der Ausnahmen enthalten ist. Wenn Sie einen eigenen Domänennamen innerhalb Ihres Netzwerkes verwenden (wie hier z.B. *.ddt.loc*), dann tragen Sie den ebenfalls hier ein. Vorsicht: Wenn Sie den Schalter PROXY NUR FÜR EINTRÄGE IN DIESER LISTE VERWENDEN aktivieren, drehen Sie alles um, und nichts funktioniert mehr, weil nur noch für die Einträge in der Liste ein Proxy verwendet wird. Das kann nicht funktionieren!

Abbildung 14-11: Proxy-Ausnahme für localhost definieren

Im Laufe des Jahres 2007 wechselten die gängigen Distributionen von der CUPS-Version 1.1.x auf 1.2.x, die verschiedene Verbesserungen bei der Benutzerführung brachte. Die Screenshots in diesem Buch stammen von der CUPS-Version 1.2.2 aus einer Ubuntu-Installation. Aber Versionsnummern sind bei Linux immer inflationär.

Ein Register, das die Aufschrift DRUCKER trägt (oder PRINTERS, die Distributionen sind verschieden gut eingedeutscht), führt zur Liste der verfügbaren Drucker auf der aktuellen Maschine. Wurde bei der Installation noch keiner definiert, dann ist die Liste dort vermutlich leer (siehe Abbildung 14-12).

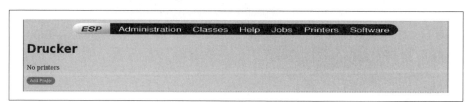

Abbildung 14-12: Kein Drucker vorhanden

Sollte trotzdem einer da sein, dann achten Sie auf dem Namen des Druckers: »brother on raider« (siehe Abbildung 14-13) stammt z.B. von einem Rechner im lokalen Netz, der *raider* heißt. Der Drucker erscheint in Ihrer Druckerliste, ist in Wirklichkeit aber auf einem anderen Rechner angelegt. CUPS-Server sind geschwätzig: Bei den meisten Distributionen ist voreingestellt, dass sie *browsen* dürfen. Das bedeutet, sie machen ihre Drucker im Netz bekannt und lauschen gleichzeitig, ob es nicht irgendwo auf anderen Rechnern im Netz Drucker gibt, die sie anzeigen könnten. Alle angezeigten Drucker können Sie zum Ausdrucken benutzen. Diese Drucker verschwinden natürlich auch wieder in dem Moment, wenn der Rechner, auf dem sie angelegt sind, ausgeschaltet wird.

Das Drucker-*Browsen* ist am besten vergleichbar mit dem *Computersuchdienst* der Windows-Rechner: Es ist ein Druckersuchdienst, wenn Sie so wollen. Erkauft wird dieser Service mit erhöhtem Netzwerkverkehr, die meisten Benutzer und Systemadministratoren finden diese Einrichtung aber sehr hilfreich.

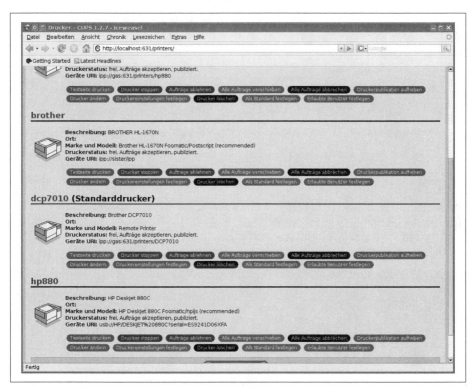

Abbildung 14-13: Die Drucker an Rechner 192.168.170.5 erscheinen in der Liste.

Einen Drucker hinzufügen

Wenn Sie einen Drucker neu anlegen wollen, müssen Sie dazu einen Button bzw. einen Link DRUCKER HINZUFÜGEN vom Hauptdialog (Register STARTSEITE) oder des Registers VERWALTUNG benutzen. Das stößt eine webbasierte Dialogfolge an, mit deren Hilfe Sie einen neuen Drucker erstellen können. Einen Drucker anlegen darf allerdings nicht jeder Benutzer, sonst hätten Sie bald ein wüstes Durcheinander auf den Maschinen. Mit einem Authentifizierungsdialog (siehe Abbildung 14-14) gegen Ende der Routine prüft der Druckserver, ob Ihre Rechte dafür ausreichen. Bei den meisten Distributionen genügt es, oben root und unten dessen Passwort einzugeben, schon ist der Drucker mit den eingegebenen Werten erzeugt. Aber nicht bei allen: Frühere Versionen von SUSE hatten eine Besonderheit eingebaut, auch Ubuntu funktioniert ein wenig anders. Näheres folgt weiter unten.

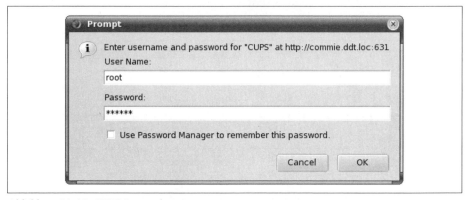

Abbildung 14-14: CUPS-Login als root

Nach einem Klick auf DRUCKER HINZUFÜGEN sehen Sie den ersten Dialog, der Sie zum Benennen des neuen Druckers auffordert. In zwei weitere Zeilen können Sie Text bezüglich des Standorts und der Typenbezeichnung des Druckgeräts einfügen. Der Druckername ist das einzige, was sich später nicht einfach ändern lässt. Überlegen Sie deshalb kurz: Je länger der Name des Druckers ist, desto lästiger ist es, wenn Sie ihn vielleicht häufiger eintippen müssen. In der Kürze liegt die Würze (siehe Abbildung 14-15).

 Geben Sie Ihren Druckern einfache Namen wie *lp* oder z.B. *hpnet* für einen Hewlett-Packard-Drucker im Netzwerk. Das ist nicht nur kürzer und daher leichter zu merken als automatisch erstellte Namen, die dann bisweilen z.B. »HL1670 auf USB1« heißen. Sie freuen sich spätestens dann, wenn Sie den Druckernamen jemals von Hand eintippen müssen. Druckernamen mit Leerzeichen drin müssen Sie z.B. in doppelte Anführungszeichen setzen. Um die Warteschlange abzufragen, tippen Sie also: lpq -P"HL1670 auf USB1". Igitt.

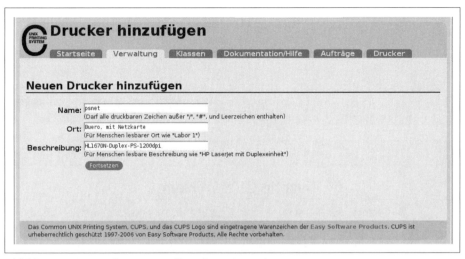

Abbildung 14-15: Drucker im virtuellen admin-Verzeichnis erzeugen

Der SUSE-Sonderweg

Um einen neuen Drucker anzulegen, geben Sie üblicherweise am Authentifizierungsbildschirm des CUPS-Servers den Namen *root* und dessen Passwort an. Das setzt voraus, dass CUPS die lokale Benutzerkontendatenbank lesen darf, um herauszufinden, ob das Passwort korrekt ist. Das war bei SUSE von Version 9.0 an bis inklusive 10.1 aus Sicherheitsgründen verboten. Bei den neueren Versionen ab 10.2 wurde das inzwischen wieder aufgegeben.

Haben Sie aber noch eine solche ältere Version (bis inklusive SUSE Linux Enterprise Server 10) in Betrieb, funktioniert das so: Der ganze CUPS-Server ist in eine sogenannte *chroot-Umgebung* eingesperrt. Während er läuft, kann CUPS deshalb keine Dateien des Hauptsystems lesen. Um Drucker anlegen zu können, erzeugen Sie zuerst einen »Druckerknecht« – einen Administrationsbenutzer, den nur der CUPS-Server kennt. Dazu führt er sogar eine eigene Benutzerkontendatenbank. Am Authentifizierungsdialog in Ihrem Browser geben Sie Namen und Passwort dieses Benutzers an, danach können Sie sofort den CUPS-Server administrieren.

So legen Sie Ihren »Druckerknecht« an: Tippen Sie in einer Shell (Konsole öffnen oder *xterm* starten) *als root* den Befehl lppasswd -a druckeradmin ein. Damit erzeugen Sie einen Administrationsberechtigten mit dem Namen druckeradmin. Diesen Benutzer können Sie natürlich nennen, wie Sie wollen, z.B. »admin« oder sogar »root«. Sie müssen ein Passwort angeben, das mindestens sechs Zeichen lang ist und wenigstens ein Sonderzeichen oder eine Zahl enthält.

→

```
edwin:~ # lppasswd -a druckeradmin
Enter password: (das Passwort wird nicht angezeigt)
Enter password again:
edwin:~ #
```

Genau wie bei Webmin steht dieser Benutzer in einer eigenen Benutzerkonten-Datenbank. Die Datei heißt */etc/cups/passwd.md5*. Mit `lppasswd -x druckeradmin` können Sie diesen Benutzer auch wieder entfernen, wenn Sie *root*-Rechte haben.

Ubuntus CUPS-Problem ...

Ubuntu geht bei der lokalen Sicherheit einen seltsamen Sonderweg, der sich auch auf CUPS auswirkt. Bei Ubuntu gibt es zwar einen Benutzer *root*, aber der hat kein Passwort, und deshalb kann er sich nicht einloggen. Das gesamte System administriert der erste bei der Installation angelegte Benutzer mit `sudo`-Kommandos (siehe Seite 391). Um CUPS über die Webschnittstelle zu steuern, bräuchten Sie aber einen Benutzer *root* mit einem gültigen Passwort. In der Konsequenz schalteten die Ubuntu-Entwickler diese Funktionalität des CUPS einfach ab und erklärten, das sei aufgrund von Sicherheitsbedenken so. Lesen Sie dazu die Gedanken des CUPS-Spezialisten Kurt Pfeifle (*www.kdedevelopers.org/node/2117*). Selbst ein `lppasswd -a druckeradmin` (wie bei der SUSE) hilft da nichts, denn CUPS läuft dort nicht in einer *chrooted*-Umgebung.

Sie können die Webschnittstelle bei Ubuntu trotzdem benutzen. Die »konservative« Methode, das Problem zu lösen, wäre, wenn Sie *root* einfach ein Passwort verpassen (`sudo bash`; danach `passwd` aufrufen und dem *root* ein Passwort geben). Dann funktioniert Ubuntu nicht anders als andere Debian-Distributionen, und auch mit dem Druckereinrichten klappt es. Wenn Sie an Ubuntus Konzept festhalten wollen, dann müssen Sie den Benutzer *cupsys* der Unix-Gruppe *shadow* hinzufügen. Anschließend muss ein anderer Benutzer (am besten wohl der Ihre) in die Benutzergruppe *lpadmin* aufgenommen werden. Danach funktioniert die Webschnittstelle zwar, aber wenn Sie dazu einen Benutzer in die Gruppe *shadow* aufnehmen müssen, dann ist das so, als würden Sie jemanden zum General befördern müssen, nur damit er telefonieren darf. Das ist nicht nur seltsam, sondern auch gefährlich und nicht zu empfehlen. Wenn Sie sich nicht dazu durchringen können, *root* mit einem Passwort zu versehen, dann benutzen Sie eben nicht die Webschnittstelle, sondern vielleicht am besten das GNOME-Werkzeug (*gnome-cups-manager*) aus dem SYSTEM-Menü der Hauptleiste.

Anschluss auswählen

Vorbei sind die Zeiten, als der Drucker zwangsläufig immer an der parallelen Schnittstelle angeschlossen war. Heute reicht die Palette von antiken *JetDirect-Karten* (HP-Drucker im Netzwerk) über lokale serielle und USB-Anschlüsse (siehe Abbildung 14-16) und LPD-Drucker alter Unix-Maschinen bis zu neuen *ipp*-Druckern z.B. unter Windows 200x. Außerdem nicht zu vergessen: *Samba-Drucker*. Das sind z.B. freigegebene Windows-Drucker.

Unser Beispiel geht von einem Druckgerät aus, das an einer USB-Schnittstelle hängt. USB hat den Vorteil, dass die Geräte sich normalerweise automatisch am Rechner bekanntgeben und der CUPS-Server sie sofort erkennt. Neuere Druckgeräte an der USB-Schnittstelle werden in der Regel sogar dann erkannt, wenn sie ausgeschaltet sind.

Wie findet man heraus, welches Gerät und welchen Anschluss man hat? Nun, gehen Sie einfach dem Kabel am Gerät nach. USB-Kabel enden mit einem kleinen viereckigen Stecker, der für eine Maus, eine Kamera, eine ISDN-Anlage etc. immer gleich aussieht. Parallele Kabel eines Druckgeräts haben sowohl am Druckerstecker als auch am Rechner einen sehr großen Stecker mit vielen Pins. Das ist eigentlich unverwechselbar. Wenn Sie sich unsicher sind, konsultieren Sie das Handbuch des Druckers. Da sollten Bilder der Anschlüsse zu sehen sein.

Abbildung 14-16: USB macht's möglich: Drucker melden sich brav am Linux-Rechner an.

Nachdem Sie die Art der Verbindung ausgewählt haben, fehlen CUPS noch Angaben darüber, an welchem Geräteanschluss die Druckmaschine nun genau hängt. Da müssen Sie nur dann eingreifen, wenn die Angaben noch mehrdeutig sein könnten. Im Fall des USB-Druckers Nr. 1 aus Abbildung 14-16 ist für CUPS schon alles geklärt. Hätte ich dagegen einen UNIX-Drucker im Netz ausgewählt (LPD/LPR-Drucker), müsste ich im nächsten Dialog noch angeben, an welchem Rechner der Drucker eingerichtet ist, und wie er dort genannt wird. Netzwerkdrucker, die mit *ipp* arbeiten können, werden bisweilen automatisch gefunden und stehen dann ebenfalls in der Liste. Wie gesagt: Im Falle eines lokalen Druckers ist jetzt bereits alles Nötige angegeben.

Gerätename angeben

Für die verschiedenen Anschluss- und Gerätenamen benutzt CUPS etwas wie die URL-Adressen des Internets. Das macht es einfach für uns. Die folgende Tabelle zeigt, welche Art von Druckeradresse wir wählen könnten (links) und welches Drucker- oder Netzwerkprotokoll dabei verwendet wird (Mitte), und gibt jeweils ein Beispiel dazu (rechts). Bei lokal angeschlossenen Druckgeräten muss man nichts davon angeben und wird direkt zum nächsten Dialog geleitet.

Tabelle 14-1: Beispiele für Netzdruckeranschlüsse: Druckerorte und ihre Namen

Name	Protokoll	Beispiel
Berkley- oder System V-Druckerserver im Netzwerk	lpd	*lpd://rechnername/lp*
Internet Printing Protocol über HTTP	http	*http://rechnername:631/ipp/*
Laserdrucker mit Netzwerkkarte (Nicht-HP) via Internet Printing Protocol	ipp	*ipp://rechnername:631/ipp/port1*
Entfernter CUPS-Server via Internet Printing Protocol	ipp	*ipp://rechnername:631/printers/hp880*
JetDirect-Karte (HP-Laserdrucker)	tcp	*socket://hostname*
JetDirect-Karte (HP-Laserdrucker)	tcp	*socket://hostname:9100*

Weitere Beispiele: Soll auf einen CUPS-Druckserver z.B. unter Linux gedruckt werden, arbeiten Sie am besten mit der Schreibweise *ipp://rechnername:631/printers/druckername*. IPP-fähige Druckgeräte mit eingebauter Netzwerkkarte, wie sie bei Arbeitsgruppendruckern zu finden sind, akzeptieren auch die Schreibweise *ipp://rechnername:631/ipp/port1*. Alle früheren, mit dem *Line Printer Daemon (lpd)* druckenden Linux-Maschinen sollten Sie mit einer Adresse wie *lpd://rechnername/druckername* erreichen können, wie etwa *lpd://192.168.0.20/lp*.

»Treiber« auswählen

Die nächsten Dialoge wollen wissen, welchen Treiber CUPS verwenden soll. Der erste ermittelt den Hersteller des Geräts. Danach geht es zum Modelldialog. Für HP-Druckerprodukte gibt es Hunderte von Modellnamen, und je Modell existieren meist gleich mehrere Treibervorschläge. Wenn das passende Produkt in der Liste auftaucht, ist es einfach: auswählen und WEITER anklicken. Wer sein Druckermodell hier schon findet und abenteuerliche Geschichten scheut, kann bereits weiterblättern.

Was tun Sie aber, wenn es tatsächlich keinen Eintrag für Ihr Modell gibt? Für meinen Deskjet 880C wartete der Webdialog früher immer mit einer unangenehmen Überraschung auf: Es gab keinen Treiber für diesen Tintenstrahldrucker.

855, 870, 890, 895: Alle sind sie da, aber der 880C fehlte in der Liste (siehe Abbildung 14-17). War es Zeit, einen neuen Drucker zu kaufen? Unter Windows vielleicht. Aber hier wird es Zeit, sich umzusehen, und zwar bei *www.linuxprinting.org*

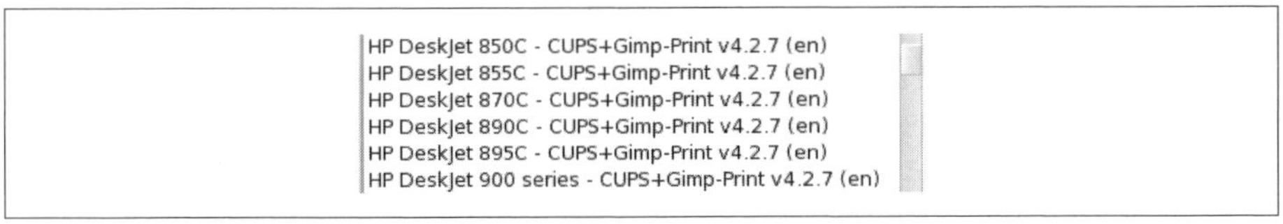

HP DeskJet 850C - CUPS+Gimp-Print v4.2.7 (en)
HP DeskJet 855C - CUPS+Gimp-Print v4.2.7 (en)
HP DeskJet 870C - CUPS+Gimp-Print v4.2.7 (en)
HP DeskJet 890C - CUPS+Gimp-Print v4.2.7 (en)
HP DeskJet 895C - CUPS+Gimp-Print v4.2.7 (en)
HP DeskJet 900 series - CUPS+Gimp-Print v4.2.7 (en)

Abbildung 14-17: Oh Schreck: kein 880C

(das jetzt auf *http://www.linux-foundation.org/en/OpenPrinting* umgezogen ist). Wenn es dort keinen Treiber gibt, dann existiert möglicherweise wirklich keiner[2].

Die Quelle aller CUPS-Treiberdateien

Die Quelle aller Treiber war früher *www.linuxprinting.org*. Die Adresse funktioniert immer noch, führt jetzt aber zur Linux Foundation unter *http://www.linux-foundation.org/en/OpenPrinting*. Diese Site ist inzwischen ein wenig unübersichtlich geworden. Auf der OpenPrinting-Seite angekommen, können Sie nach wie vor die hilfreiche Datenbank nach Druckermodellen, aber auch nach Treibernamen durchsuchen. (Man beachte: *http://openprinting.org/printer_list.cgi*) Für Unentschlossene gibt es mit dem Link SUGGESTED PRINTERS auch eine Kaufentscheidungshilfe. Wieso sollten Sie nach dem Kauf ein Problem lösen, das Sie mit einer Entscheidung im Laden von vornherein hätten vermeiden können?

Wird dieses Modell denn überhaupt unterstützt? Die Druckerdatenbank dieser Website (klicken Sie das Register PRINTERS an; die direkte Adresse ist *http://openprinting.org/printer_list.cgi*) hilft, das Modell zu finden. Wenn es da keine Information gibt, dann ist das Druckgerät entweder sehr neu oder so exotisch, dass man sich vielleicht wirklich nach einem anderen umsehen sollte. Professionelle Druckersupporter (wie der, bei dem Kurt Pfeifle arbeitet) haben die Vorteile von Druckservern unter Linux längst erkannt und bieten sogar an, Treiber speziell anzupassen.

Der 880C ist jedenfalls kein Problem. Die Datenbank kennt dieses Gerät (siehe Abbildung 14-18).

Und? Funktioniert er nun unter Linux? Aber ja doch! Es gibt drei Pinguine dafür: »works perfectly«! Und es werden sogar mehrere Treiber angegeben, die verschieden gut mit dem Deskjet zurechtkommen sollen. Der Treiber *hpijs.ppd* scheint ein Alleskönner zu sein. Wer *openprinting.org* nicht traut oder gern herumspielt, der kann auch die PPD-Dateien ähnlicher Modelle wie des 850C oder des 670C versuchen.

---

2 Dieses Beispiel ist alt. Alle Distributionen liefern jetzt Treiber für den 880C mit. Aber es ist ein gutes Beispiel.

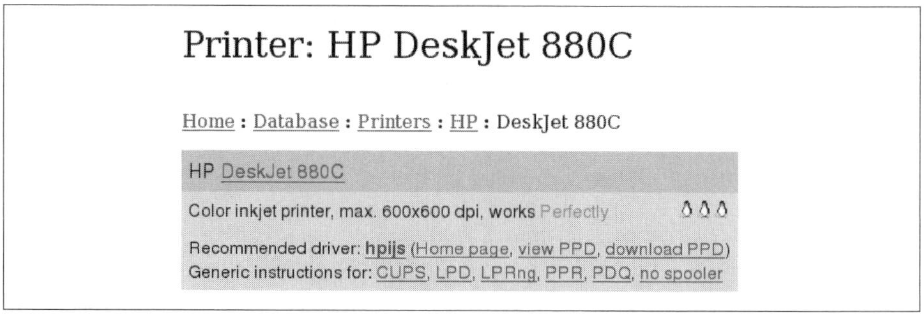

> **Printer: HP DeskJet 880C**
>
> Home : Database : Printers : HP : DeskJet 880C
>
> HP DeskJet 880C
> Color inkjet printer, max. 600x600 dpi, works Perfectly   △ △ △
> Recommended driver: **hpijs** (Home page, view PPD, download PPD)
> Generic instructions for: CUPS, LPD, LPRng, PPR, PDQ, no spooler

Abbildung 14-18: Drei Pinguine für den DeskJet. Mehr kann man nicht verlangen.

Die Distribution, mit der wir versucht haben, die Drucker in Gang zu bekommen, enthielt seinerzeit keinen passenden Treiber. Deshalb laden wir die richtige Druckerbeschreibungs-(PPD-)Datei einfach von *openprinting.org* herunter. Bei den führenden Distributionen ist der Treiber für den 880C inzwischen natürlich dabei. Aber es kann eben auch anders kommen. Deshalb stopfen wir diese Lücke jetzt: Linux ist nicht immer ein System, das perfekt aus der Schachtel in den Rechner springt. Andere führende Systeme sind das oft auch nicht. Die Frage ist jetzt: Wie bekommt man einen fremden Treiber da rein?

Wo bekommt CUPS seine Treiber her? Da gilt es erst einmal zu verstehen, wie CUPS arbeitet. Es gibt grob gesagt fünf Orte im Dateisystem, an denen CUPS zu finden ist:

Tabelle 14-2: Verzeichnisse, die CUPS benutzt

Verzeichnis	Inhalt
/etc/cups/	Hier befinden sich die Konfigurationsdateien.
/var/spool/cups/	Hier liegen die Druckdateien, bevor sie der Druckmaschine übermittelt werden.
/var/cache/cups/	Zwischengespeicherte Informationen, wie z.B. die einmal ermittelte Treiberliste
/usr/lib/cups/	Die eigentliche Maschinerie: Konvertierungsprogramme, Ausgabeskripten etc.
/usr/share/cups/	Alles andere: Sauber in Unterverzeichnissen aufgeräumt finden sich Bannerseiten, Hilfedokumente und nicht zuletzt viele hundert gezippte PPD-Dateien im Verzeichnis *model*. Bei SUSE sind es sogar etliche 1000.

Die Rahmenbedingungen der angelegten Drucker, z.B. wie sie heißen und ob sie lokal angeschlossen sind oder sich im Netz befinden, stehen in der Datei */etc/cups/printers.conf*. Das, was wir bisher als »Treiber« für diesen Drucker bezeichnet haben, kopiert CUPS (siehe Abbildung 14-19) aus dem Treiberreservoir */usr/share/cups/model/herstellerverzeichnis/wie-auch-immer-ihr-druckgeraet-heißt.ppd.gz* heraus und entpackt es. Die entpackte PPD-Datei kopiert CUPS in das Verzeichnis */etc/cups/ppd/* und benennt sie so, wie Sie den Drucker genannt haben.

Ein Beispiel: Die Ursprungsdatei ist die gepackte */usr/share/cups/model/brother/hl1670n.ppd.gz*; eine entpackte Kopie dieser Datei liefert schließlich die Treiberinformation für den Drucker *brother*, nachdem sie in das Verzeichnis */etc/cups/ppd/* kopiert und in *brother.ppd* umbenannt wurde.

Eigentlich könnte man sich das noch viel schwieriger vorstellen.

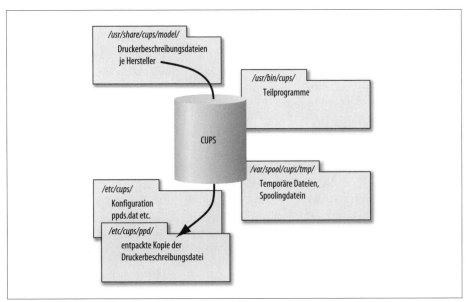

Abbildung 14-19: Woher nimmt CUPS die Druckertreiber?

Externe Treiber einbinden. Um einen solchen *linuxprinting.org*-Treiber in das Drucksystem einzubinden, gibt es zwei Methoden: eine »billige« und eine »elegante«. Beide sollen hier vorgestellt werden.

Variante 1: Die »billige« Methode

Erzeugen Sie zuerst irgendeinen Drucker, dem Sie den richtigen Namen geben, z.B. *hp880*, selbst wenn Sie nicht exakt den richtigen Treiber finden können. Wichtig ist nur, dass der Name stimmt, denn der ist ja über die Dialoge nicht mehr so einfach zu ändern. Aus der Liste der Deskjet-Drucker verwenden Sie z.B. den Treiber eines ähnlichen Modells, z.B. des Deskjet 670C, und stellen den Drucker fertig. Auf den Testausdruck können Sie verzichten, der Treiber passt vermutlich ohnehin nicht. Aber eines ist richtig: Im Verzeichnis */etc/cups/ppd/* befindet sich nun eine Datei mit dem richtigen Namen, *hp880.ppd*. Diese Datei ersetzen Sie nun durch die PPD-Datei, die Sie von *openprinting.org* heruntergeladen haben, z.B. *HP-DeskJet_880C-hpijs.ppd*. Das ist simpel: Als *root* tippen Sie cp HP-DeskJet_880C-hpijs.ppd /etc/cups/ppds/hp880.ppd. Fertig. Wichtig war nur, dass ein Drucker angelegt wurde und dass eine Datei */etc/cups/ppd/hp880.ppd* existierte.

Die PPD-Dateien enthalten für CUPS alle Informationen über das Druckgerät. Deshalb sollte die neue PPD-Datei sofort gute Dienste leisten – nachdem der Druckserver neu gestartet worden ist (siehe Kasten). Aktualisiert man schließlich die Anzeige des noch geöffneten Webbrowsers, zeigt dieser nun die korrekten Angaben über das Druckermodell an. Jetzt können Sie einen Testausdruck versuchen.

Diese Variante hat den Vorteil, wunderbar einfach zu sein. Für Leute, die mehr am Rechner arbeiten und weniger daran herumspielen, ist das vermutlich die bessere Alternative. Die Spielernaturen bemerken allerdings sofort den Nachteil: Wenn Sie nachträglich an diesem Drucker Veränderungen vornehmen (die den Treiber betreffen), bügelt CUPS womöglich ebenso rücksichtslos über unsere PPD-Datei, wie wir gerade über seine. Sie können natürlich immer wieder das Original über die geschändete hp880.ppd kopieren. Eleganter wäre es aber, CUPS den neuen Drucker »beizubringen«.

Variante 2: Die »elegante« Methode

Natürlich können Sie das Folgende auch mit dem Konqueror und anderen grafischen Werkzeugen machen. Schneller und übersichtlicher geht es jedoch mit der Shell (öffnen Sie eine Konsole oder einen *xterm*). Bis man die grafischen Programme *File-Roller* oder *Ark* aufgerufen hat, die Datei herausgesucht, archiviert und mit einem grafischen Dateimanager an den Zielort verbracht ist, sind die schlappen drei Befehle auf der Shell bereits erfolgreich eingegeben und haben Sie sich Kaffee nachgeschenkt!

```
[root@commie root]# ls *ppd
HP-DeskJet_880C-hpijs.ppd
[root@commie root]# cp HP-DeskJet_880C-hpijs.ppd /usr/share/cups/model/hp/
[root@commie root]# cd /usr/share/cups/model/hp/
[root@commie hp]# gzip HP-DeskJet_880C-hpijs.ppd
[root@commie hp]# ls HP*
HP-DeskJet_880C-hpijs.ppd.gz
[root@commie hp]#
```

Was bedeuten diese Befehle? In dem Verzeichnis, in das der Browser die heruntergeladene PPD-Datei von *openprinting.org* abgespeichert hat, versichert man sich mit ls *ppd, wie genau die Datei heißt. Im vorliegenden Fall heißt sie *HP-DeskJet_880C-hpijs.ppd*. Der cp-Befehl kopiert diese Datei in das richtige Modellverzeichnis */usr/share/cups/model/hp/*. Achtung: Der Verzeichnisname kann bei verschiedenen Distributionen anders geschrieben sein, z.B. in Großbuchstaben. Es spricht vielleicht doch einiges für den Konqueror ... Mit dem cd-Befehl wechselt man nun in das Modellverzeichnis und komprimiert mit gzip die dorthin kopierte PPD-Datei. ls HP* prüft schließlich, ob die Datei nun den richtigen Namen trägt, die Endung *.ppd.gz*. Das ist der Fall; gzip löscht auch die ursprüngliche Datei, so dass es jetzt wirklich nur noch eine komprimierte HP*-Datei gibt.

Jetzt noch einmal grafisch: Die von *linuxprinting.org* heruntergeladene Datei muss in das Verzeichnis */usr/share/cups/model/namedesherstellers/* kopiert werden. Um dort eine Datei schreiben zu können, muss man *root*-Berechtigungen haben. Diese Berechtigungen kann man sich verschaffen, indem man den Befehl konqueror aus dem Hauptmenüdialog BEFEHL AUSFÜHREN... heraus ausführt und in den erweiterten EINSTELLUNGEN angibt, dass der Befehl *Als anderer Benutzer root* ausgeführt werden soll (siehe Abbildung 14-20).

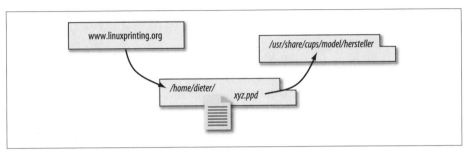

Abbildung 14-20: Die heruntergeladene Datei (xyz.ppd) in das Herstellerreservoir kopieren

Danach muss die PPD-Datei komprimiert werden. Der Konqueror kann aus dem Menü der rechten Maustaste heraus direkt das Programm *zip* aufrufen, um das zu tun (siehe Abbildung 14-21). Die GNU-Version *gzip* ist mit *zip* eigentlich vollständig kompatibel. Wegen dieses *eigentlich* empfiehlt es sich trotzdem, die gezippte Datei *yxz.zip* (das Programm *zip* erzeugt immer die Endung *.zip*) in die Endung *.gz* umzubenennen: Das Programm erwartet diese Endung. Auch das Umbenennen der Datei ist mit einem Rechtsklick auf dem Dateinamen leicht möglich.

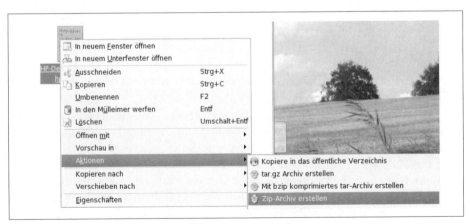

Abbildung 14-21: PPD-Datei mit dem Konqueror komprimieren

Die Treiberliste neu erstellen und den Dienst neu starten

Würden Sie nun ein zweites Mal versuchen, den Drucker mit der Webschnittstelle zu erzeugen, wäre das Ergebnis noch nicht besser als vorher. Der Grund: CUPS schummelt ein wenig, um Ihnen beim Anlegen und Ändern eines Druckers schneller die Modell-Liste anzeigen zu können. Müsste CUPS bei jeder Änderung eines Druckers wieder mehrere Tausend (!) Drucker-Beschreibungsdateien einlesen, dann könnten Sie dazwischen womöglich bequem einkaufen gehen, denn das dauert jedes Mal seine Zeit. In der Praxis ist CUPS aber sehr schnell mit der Modell-Liste, denn es legt beim ersten Starten eine Indexdatei über alle gepackten PPD-Dateien in den Modellverzeichnissen an. Solange diese Indexdatei existiert, sucht CUPS auch nicht nach neuen Treiberdateien in seinen Reservoirverzeichnissen – selbst dann nicht, wenn wir inzwischen neue hinzugefügt haben. Sie können CUPS aber dazu zwingen, die Liste neu zu erstellen, indem Sie diese Indexdatei löschen. Sie heißt *ppds.dat* und befindet sich im Verzeichnis */var/cache/cups/*. Verantwortungsvolle Admins benennen sie nur um; für den Fall, dass etwas schiefgeht. Noch einmal: Statt an der Shell kann man diesen Vorgang als *root* auch mit dem Konqueror durchführen.

```
[root@commie hp]# cd /var/cache/cups/
[root@commie cups]# mv ppds.dat ppds.dat.old
```

Solange der Dienst läuft, bemerkt CUPS nichts von der Änderung. Es ist also an der Zeit, den Druckserver zu beenden und wieder neu zu starten.

Wir arbeiten unter Linux. Deshalb starten wir Dienste neu, nicht den ganzen Rechner. Wenn man unter Linux arbeitet, gibt es nur wenige Situationen, in denen man den Rechner komplett neu starten sollte – und fast gar keine, in denen man den Rechner wirklich komplett neu starten muss.

Bei einer SUSE-Installation starten Sie den CUPS-Dienst mit `rccups restart` neu, bei einer Mandriva- oder einer anderen Red Hat-lastigen Linux-Distribution lautet der Befehl:

```
[root@commie cups]# service cups restart
Stoppen des CUPS-Drucksystems:                             [  OK  ]
Starten des Druckdienstes CUPS:                            [  OK  ]
[root@commie cups]#
```

Ubuntu als Debian-Abkömmling hat natürlich ebenfalls einen eigenen Befehl, um den CUPS neu zu starten. Beachten Sie bitte, dass bei Debian und Debian-ähnlichen Systemen der Name des CUPS-Startskripts nicht *cups* oder *cupsd*, sondern *cupsys* lautet. Und es gibt keinen *rc-link* oder leicht eingängigen *service*-Wrapper. Nein, das Skript heißt *invoke-rc.d* (wie hübsch! Das hätten wir uns so gedacht...). Selbst Debian-Profis kennen diesen Krückstock oft nicht, sondern rufen stattdessen lieber direkt */etc/init.d/cupsys* auf.

```
dieter@drake:~$ sudo invoke-rc.d cupsys restart
Password:
 * Restarting Common Unix Printing System: cupsd                    [ ok ]
dieter@drake:~$
```

Bei allen anderen Distributionen hätten Sie diesen Befehl einfach als *root* ausgeführt. Da Ubuntu aber dem *root* kein Passwort gegeben hat (bzw. Sie haben das nicht getan), müssen Sie den Befehl mit einem *sudo* ausführen. Das gefragte Passwort ist natürlich Ihres, nicht das von *root*. Alternativ könnten Sie vorher sudo bash ausführen, um eine *root*-Shell zu bekommen. Dann wäre der Befehl genauso auszuführen wie bei anderen Distributionen.

Sobald CUPS erneut startet, bemerkt es das Fehlen der Indexdatei und legt sie wieder an. Das kann ein paar Minuten dauern, abhängig von der Anzahl der PPD-Dateien in den Reservoirverzeichnissen. Danach finden Sie den Namen des Druckgeräts in der Liste.

Dienste starten und stoppen

Die Startskripten für Dienste befinden sich bei den meisten Linux-Distributionen in dem Verzeichnis */etc/init.d/* oder */etc/rc.d/init.d/*. Die Skripten dort heißen in der Regel so wie der Dienst, der damit kontrolliert wird, z.B. */etc/init.d/cups*. Ärgerlicherweise (aber mit voller Absicht) befindet sich dieses Verzeichnis nicht im Suchpfad für die normalen Befehle, nicht einmal beim Superbenutzer *root*. Viel zu leicht könnten Sie dann versehentlich einen wichtigen Dienst der Linux-Maschine abschalten oder zur Unzeit starten. Um einen Dienst zu starten oder zu stoppen, ist man also immer gezwungen, den kompletten Pfad zum Skript einzugeben. Das finden die meisten Systemadministratoren lästig, deshalb haben viele Distributionen eine Hilfe für dieses Problem eingebaut. Sie benutzen entweder symbolische Links (wie SUSE) oder ein Hilfsskript (wie die Red Hat-lastigen Distributionen und Debian).

Bei einer SUSE-Maschine heißt der Befehl zum Neustarten des CUPS-Servers rccups restart. Der Grund: Es gibt eine Link-Datei namens */usr/sbin/rccups*, die nach */etc/init.d/cups* zeigt. Weil */usr/sbin/* im Suchpfad von Benutzer *root* enthalten ist, kann rccups von jedem beliebigen Verzeichnis aus in der Shell aufgerufen werden. Red Hat-basierte Maschinen (inklusive der verwendeten Mandriva Community 10.1) haben keine Link-Datei, sondern ein Skript mit dem Namen *service* im Verzeichnis */sbin/* (das ebenfalls im Suchpfad des Benutzers *root* enthalten ist). Das Skript *service* ruft dann erst die eigentlichen Startskripten auf. Der Befehl, um CUPS neu zu starten, ist demnach service cups restart. Bei beiden Distributionen hätte auch der Befehl /etc/init.d/cups restart funktioniert.

→

> Wie Sie gerade gelesen haben, kommt bei Ubuntu nicht nur das Hilfsskript *invoke-rc.d* hinzu, sondern außerdem der *sudo*-Befehl, um als normaler Benutzer eine root-Tätigkeit ausführen zu können. Es sein denn, Sie haben sich vorher schon mit dem Befehl sudo bash eine root-Shell verschafft.
>
> Ob Sie die Skriptdatei für den Dienst direkt aufrufen oder eines der Helferlein benutzen, der Effekt ist immer der Gleiche: Der Dienst wird neu gestartet.

Um den Drucker nun endlich einzurichten, wechseln Sie am besten mit dem Browser erneut auf die Start- oder die Administrationsseite *localhost:631/admin* und beginnen noch einmal, den Drucker anzulegen. Alles sollte genau wie vorher aussehen, bis zur Auswahl des Druckermodells (siehe Abbildung 14-22). Da CUPS die Indexdatei inzwischen neu aufgebaut und dabei auch die neu aufgenommene PPD-Datei erfasst hat, präsentiert sich das gesuchte Druckermodell nun in der Liste.

Abbildung 14-22: Da ist er ja endlich!

Den Drucker fertigstellen

Mit dem richtigen Treiber für das Druckermodell gelingt es jetzt, den Drucker endlich souverän fertigzustellen. Das ist nur noch ein weiterer Mausklick. Nun wird der neue Drucker in CUPS angezeigt (siehe Abbildung 14-23).

Den Drucker verändern und einstellen

Der ganze bisher betriebene Aufwand wäre völlig vergebens, wenn nach dem Erstellen des Druckers nicht möglichst alle Eigenschaften der Druckmaschine zur Verfügung stünden und nach Bedarf eingestellt werden könnten. Die Eigenschaften der Maschine stehen deshalb ab jetzt im Konfigurationsdialog der Webschnittstelle aufgelistet. Wo hat CUPS nun all die Informationen über das Gerät her? Jetzt ist es keine Zauberei mehr: Das steht alles in der PPD-Datei, die das jeweilige Druckgerät beschreibt.

Abbildung 14-23: Der neu erstellte Drucker: Gleichnamige Drucker auf verschiedenen Rechnern sind eindeutig unterscheidbar. »Druckereinstellungen festlegen« führt zum Einstelldialog.

Die Webschnittstelle zeigt zwei Schaltknöpfe an: DRUCKEREINSTELLUNGEN FESTLEGEN und DRUCKER ÄNDERN. Ein Klick auf DRUCKEREINSTELLUNGEN FESTLEGEN öffnet einen Dialog, der die Eigenschaften der Druckmaschine anzeigt und in verschiedenen Schaltelementen zur Änderung anbietet. Am häufigsten wird wohl auf Optionen wie Schachtwahl oder Auflösung/Farbsättigung (siehe Abbildung 14-24) zugegriffen. Wir wissen nun auch, wie sich CUPS die Änderungen »merkt«: indem es alle modifizierten Werte in die Datei */etc/cups/ppd/namedesdruckers* (aus der »billigen Variante« von oben) einträgt und abspeichert.

Je mehr Einstellungsmöglichkeiten ein Druckermodell hat, desto umfangreicher ist auch der Konfigurationsdialog für diese Maschine. Ein ganz passabler Tintenstrahldrucker (siehe Abbildung 14-24) kann viele Optionen nicht verstehen, die ein ordentlicher Laserdrucker (siehe Abbildung 14-25) als Grundausstattung hat – das überrascht nicht.

Andererseits können Tintenstrahldrucker – bedingt durch ihre große Verbreitung – oft nicht nur farbig drucken, sondern z.B. auch Papierformate verarbeiten, die man in den Schacht eines Laserdruckgeräts wohl nur mit erheblicher Gewalt hinein- und vermutlich nie wieder herausbringen würde. Der Deskjet bietet z.B. tatsächlich ein Papierformat mit den exotischen Namen *Hagaki* und *Oufuku-Hagaki* an. Ob das wohl in einen deutschen Briefumschlag passt?

Der zweite Schalter im Webdialog des CUPS-Servers, DRUCKER ÄNDERN, durchläuft die gleiche Folge von Webdialogen wie bei der Erstellung des Druckers. Dort kann man praktisch jede Einstellung nachträglich ändern, mit einer Ausnahme: dem Namen des Druckers. Sie wissen jetzt, dass hinter dem Namen Datei-Einträge

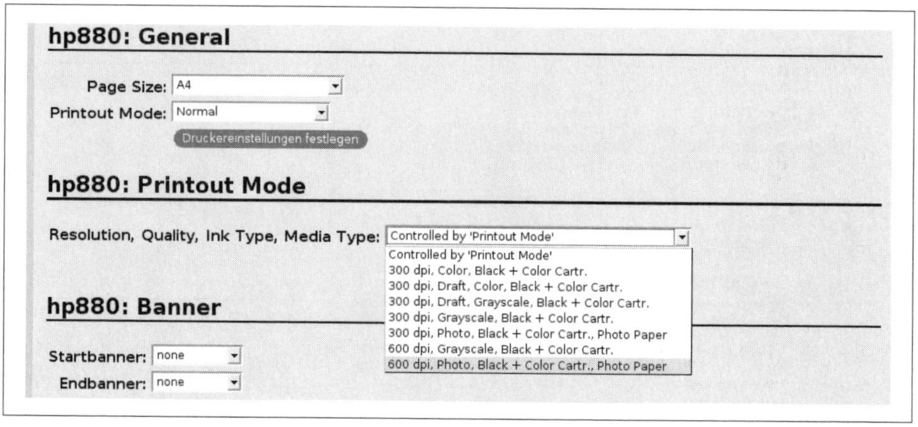

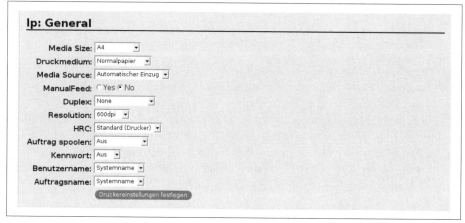

Abbildung 14-24: Einstellungsoptionen für einen Tintenstrahldrucker

Abbildung 14-25: Stärker bestückt: Aus der Konfiguration eines Arbeitsgruppendruckers

in */etc/cups/printers.conf* und eine PPD-Datei mit dem Namen des Druckers stecken; das leuchtet ein. Da wäre es leichter, den Drucker ganz zu löschen und neu anzulegen. Jetzt ist auch leicht nachvollziehbar, was bei einer Änderung des Druckers (einen anderen Treiber auszuwählen) geschieht: Es wird aus dem Treiberreservoir eine neue PPD-Datei entpackt und in das Verzeichnis */etc/cups/ppd/* kopiert, wo die Kopie wieder den Namen des Druckers bekommt.

Die Windows-Welt plündern

Leider sind die PPD-Dateien, die bei CUPS mitgeliefert werden, in der Regel englisch. Dadurch werden auch die Menüeinträge des Konfigurationsdialogs in CUPS auf englisch angezeigt. Wohl dem, der einen Postscript-fähigen Drucker mit einer mitgelieferten Windows-Treiber-CD hat. Die Hersteller von solchen Druckern legen ihren Treibern für die Windows-Welt auf der Installations-CD meist edle PPD-Dateien in mehreren Landessprachen bei. Wenn es gelingt, diese Dateien in CUPS einzuschleusen, bekommt man zum Nulltarif auch Sprachunterstützung für Deutsch. Wie findet man diese Dateien? Bisweilen sind sie noch komprimiert (erkennbar an der Endung *.PP_), manchmal sogar in *Setup.exe*-Dateien verborgen. Die *.PP_ Dateien kann man unter Windows in einer DOS-Box (oder Startknopf → BEFEHL AUSFÜHREN wählen) mit dem Windows-Befehl expand.exe entpacken. Der Befehl expand /? in der Befehlszeilenumgebung von Windows zeigt alle nötigen Optionen dieses Befehls. Liegen nur *Setup.exe*-Dateien vor, kann es sein, dass Sie den Treiber wohl oder übel installieren müssen. Im »schlimmsten Fall« würde der Drucker dann auch unter Windows ordentlich funktionieren. Wenn der Treiber unter Windows installiert ist, muss es im System auch PPD-Dateien geben. Die kann man mit Startknopf → DATEIEN SUCHEN finden, indem man anschließend die Festplatte (üblicherweise C:) nach Dateien durchforstet, die *.PPD heißen.

Dies funktioniert nicht, wenn Sie unter Windows zwei verschiedene Treiber zur Auswahl haben und statt des Postscript-Treibers den PCL-Treiber installieren. PCL-Treiber haben unter Windows gewöhnlich keine PPD-Dateien. Bei Windows interpretiert der Treiber die PPD-Datei, bei CUPS ist es der Druckserver selbst.

Bisweilen werden auf Windows-Drucker-CDs Dateien mit dem Namen *setup.exe* oder *install.exe* mitgeliefert. Die sehen nur aus wie »richtige« Installationsprogramme, sind aber in Wirklichkeit nur selbstentpackende *zip*-Archive. Die gesuchten Dateien können Sie einfach aus diesem Archiv heraus holen: Versuchen Sie, die *.exe*-Datei mit dem Programm *File-Roller* bzw. *Ark* (grafisch) oder *unzip* (in einer Shell) zu öffnen. Wenn diese Linux-Entpacker die *.exe*-Datei öffnen können, brauchen Sie nur noch die enthaltene *.PPD*-Datei extrahieren und benutzen. Aus diesem Grund ist es immer eine gute Idee, die CD erst einmal unter Linux anzusehen ...

Einen Drucker wieder löschen

Immer vorausgesetzt, Sie haben das Zugriffsrecht dazu, können Sie einen Drucker im Browser löschen, indem Sie mit der Maus in der Druckeransicht des CUPS-Webservers den schwarzen Button mit der Aufschrift DRUCKER LÖSCHEN anklicken. So einen Button gibt es bei jedem Drucker, der angezeigt wird. Meistens können Sie aber nur diejenigen Drucker löschen, die tatsächlich auf der aktuellen Maschine angelegt sind. Erwischen Sie einen Drucker, der auf einer anderen Maschine residiert und sich nur per (CUPS-)Browsing unter die lokalen Drucker gemischt hat, passiert außer einer »*Client Error Forbidden*«-Meldung üblicherweise gar nichts. Verschwindet der Drucker wirklich, dann kommt er normalerweise innerhalb weniger Minuten (nach dem Browsing-Intervall) wieder zum Vorschein. Man muss berechtigt sein, um einen Drucker zu löschen. Die Standardeinstellung bei CUPS ist, dass nur *root* (oder bei SUSE 9.0 bis 10.1 der neu angelegte Druckerbenutzer) Drucker löschen darf, und das auch nur auf der lokalen Maschine. Ubuntu stellt eine Ausnahme dar: Aber auch da müssen Sie zuerst einmal das nötige Passwort eingegeben haben. Bis hierher sollten Sie für den Hausgebrauch genügend über CUPS wissen. Wer mehr tun will, sei auf die CUPS-Dokumentation verwiesen.

Was immer wieder passiert – einige Fehlerquellen

Wenn die Webseite *localhost:631* sich nicht aufrufen lässt (trotz richtig eingestelltem Proxy-Server), ist meist der Druckserver noch nicht gestartet. Das finden Sie bei einer SUSE-Installation mit `rccups status` bzw. bei den Red Hat-lastigen Systemen mit `service cups status` heraus, bei Ubuntu ist es `sudo invoke-rc.d cupsys status`. Wenn der Server noch nicht läuft, kommen Meldungen heraus, die Wörter wie »*unused*« oder »*gestoppt*« enthalten. Es gibt bei jeder Distribution einen produktspezifischen Weg (über ein mehr oder weniger grafisches Programm), wie man den Dienst so konfigurieren kann, dass er nach dem nächsten Neustart gestartet wird. Bei allen SUSE- (nach 8.1) und Red Hat-ähnlichen Systemen funktioniert der Befehl

```
chkconfig --add cups
```

gleichermaßen, um CUPS so einzustellen, dass es nach dem Reboot gestartet wird. Der korrespondierende Befehl bei Ubuntu ist:

```
sudo update-rc.d cupsys defaults
```

Um herauszufinden, ob das geklappt hat, rentiert sich tatsächlich ein Neustart. Sollten Sie mit diesen Kommandos Probleme erleben, suchen Sie die Originaldokumentation auf. SUSE hat hierfür natürlich einen passenden Runlevel-Editor als YaST-Dialog, Mandriva hat ein Unterprogramm in seinem *Control Center*, und bei Red Hat/Fedora etc. findet sich in SYSTEM → ADMINISTRATION → SERVERINSTELLUNGEN → DIENSTE das Programm `system-config-services`.

Der andere häufige Fehler ist ein falsch konfigurierter Browser (siehe oben). Gerade in Firmenumgebungen gibt es häufig Proxy-Server, die einen sicheren Zugang zum Internet verheißen. Wenn der Browser auf einen solchen Proxy-Server eingestellt ist, aber keine Ausnahmen für das lokale Netzwerk bzw. wenigstens für *localhost* konfiguriert sind, wird der Druckserver im Internet gesucht. Da wird der Browser ihn aber nicht finden.

Sehr häufig sind die Treibereinstellungen nicht ganz korrekt, oder Sie haben von mehreren Treibern nicht den geeignetsten ausgewählt. Die meisten *ppd*-Dateien wurden von Enthusiasten erzeugt, nicht vom Druckerhersteller. Deshalb können die meisten zwar einen Teil, aber womöglich nicht alle Druckereigenschaften abbilden. Das spricht vielleicht für den Einsatz der Distributions-Tools: Nicht nur SUSEs Hardwareerkennung erkennt die meisten Drucker sehr gut und wählt die passenden Treiber aus. Die Entscheidung, welche Lösung die beste oder aber *gerade noch gut genug* ist, können nur Sie treffen.

Hilfe?

Eine exzellente Dokumentation für CUPS wird auf Englisch mitgeliefert. Nach einem Klick auf das Wort DOKUMENTATION/HILFE auf der Hauptseite des Druckservers haben Sie bei Version 1.2x neuerdings sogar eine Suchfunktion zur Verfügung, um unverständlichen Begriffen auf den Grund zu gehen, siehe Abbildung 14-26. Auf der Startseite der Online-Hilfe gibt es auch einen Link, der auf die Heimatseite von CUPS führt, *http://www.cups.org*. Das ist erheblich bequemer als das Auswahlmenü der älteren Version 1.1x, wenn auch dort schon ausgezeichnete Dokumente sowohl im HTML- als auch im PDF-Format vorlagen.

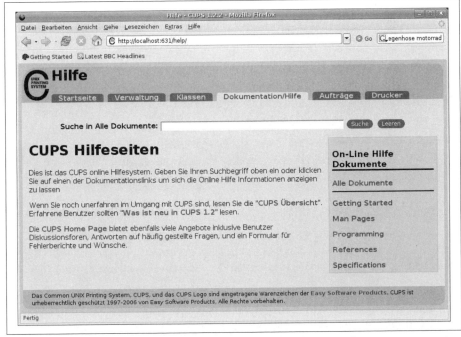

Abbildung 14-26: Hilfetexte bekommen Sie über die Links der Online-Dokumentation angezeigt.

Selbst wenn ein Teil der Seiten im CUPS-Webfrontend schon in Deutsch sind, die Dokumentation (viele von ihnen stammt direkt aus der Feder des CUPS-Vaters Michael Sweet) ist nach wie vor englisch. Wer einen breiteren Einstieg in das Thema CUPS sucht, kann auch *openprinting.org* (auf *www.linux-foundation.org*, siehe oben) besuchen. Leider sind auch dort alle Vorträge, Tutorials etc. auf Englisch. Kurt Pfeifle, der für viele dieser Dokumente verantwortlich ist, hat immerhin ein langes Handbuch zu KDE-Print geschrieben, und das wurde für die deutsche KDE-Hilfe vom Englischen wieder ins Deutsche übersetzt. Der Einstieg in dieses Dokument befindet sich nicht direkt bei CUPS, sondern im KDE-Kontrollzentrum im Register ANGESCHLOSSENE HARDWARE → DRUCKER. Der erläuternde Text auf der linken Seite des Dialogs enthält ganz am Ende einen Hyperlink, der die KDE-Dokumentation aufruft und direkt auf die erste Seite der Pfeifle-Dokumentation führt.

Druckerkonfiguration in der KDE-Umgebung

KDE enthält ein voll ausgewachsenes, distributionsunabhängiges Frontend zum Steuern von Drucksystemen. In Teilen übersteigen seine Fähigkeiten sogar noch das, was das CUPS-Webfrontend kann, denn KDE könnte nicht nur CUPS, sondern außerdem noch mehrere andere Druck-Subsysteme steuern. In der Praxis sehen Sie es heute bei allen Distributionen nur noch als Dialogsystem für CUPS. Nachdem Sie jedoch einmal die Zusammenhänge in CUPS aus dem letzten Kapitel kennen, überrascht Sie nicht mehr, was in den KDE-Dialogen an Einstellungsmöglichkeiten angeboten wird. Das ist der Unterschied zu »Closed Source«-Software: Solange man nicht weiß, was die Software macht, ist ihr Aussehen primär. Kennt man jedoch die Hintergründe, stellt sich die Frage anders: Ist das eine Dialogsystem nun schöner oder praktischer als ein anderes, und braucht man überhaupt eines? Es ist nur noch eine Frage des Geschmacks, nicht mehr der Notwendigkeit.

Das KDE-Generalwerkzeug zur Beherrschung von Druckern befindet sich im KDE-Kontrollzentrum bei ANGESCHLOSSENE GERÄTE → DRUCKER. Der Dialog ist hochfunktional; auf den ersten Blick sieht er nach weniger aus, als drinsteckt (siehe Abbildung 14-27).

Abbildung 14-27: Eine Reihe von Drop-down-Buttons in der Druckerkonfiguration bei KDE

Eine Reihe von Drop-down-Buttons verbirgt, was alles in dieser Leiste steckt. Links gibt es einen Zauberstab, mit dem man neue Drucker, Druckerklassen und spezielle Drucker anlegen kann. Der Begriff *Drucker* stellt uns jetzt nicht mehr vor größere Verständnisschwierigkeiten, und eine *Druckerklasse* ist das, was man unter Windows einen *Druckerpool* nennt: Das ist eine Gruppe gleichartiger Druckmaschinen, die gegenseitig »Urlaubsvertretung« machen. Derjenige Drucker aus einer Klasse, der zuerst frei ist, der bekommt den Auftrag zu drucken. So eine Klasse zu bilden ist nicht besonders sinnvoll, wenn die Drucker fürchterlich weit auseinander stehen, außer man kann auf einen Büroboten zurückgreifen, der das Papier dann im ganzen Haus zusammensucht. Angenommen, Sie hätten ein Schreibbüro, in dem mehrere ähnliche Druckmaschinen stehen, und es wäre egal, welche davon den Job ausdruckt, das ist genau die Idee einer Druckerklasse. Aber sehr verschiedene Druckgeräte zu einer Klasse zusammenzufügen, nur weil sie im gleichen Raum stehen, wäre sinnlos. Die Unterschiede in (Elektro-)Mechanik und Ausstattung sind einfach zu groß. Der Zauberstab erlaubt es auch, *spezielle*, *virtuelle* oder auch *Pseudo*-Drucker anzulegen.

Diese drucken nicht über eine Druckmaschine aus, sondern schicken die Druckdaten zu einem Linux-Faxserver, versenden sie als Mails oder erstellen PDF-Dateien.

 Wenn Sie einen Drucker erstellen wollen, sollten Sie darauf achten, vorher den Button SYSTEMVERWALTUNGSMODUS angeklickt zu haben. Sie werden aufgefordert, das *root*-Passwort einzugeben, dann haben Sie auch die benötigten Rechte.

Der Assistent hilft dabei, alle Informationen einzugeben, die zur Erzeugung des Druckers notwendig sind. Nach einem Willkommensbildschirm geht es weiter zu:

- Art des Zugriffs einstellen: Ist der Drucker lokal über die parallele Schnittstelle angeschlossen oder über das Netzwerk? – Verfügbar sind LPD-Drucken, Windows-Druckerfreigabe, direktes TCP wie eine JetDirect-Karte oder ein anderer CUPS- oder CUPS-artiger Drucker (siehe Abbildung 14-28 oben).

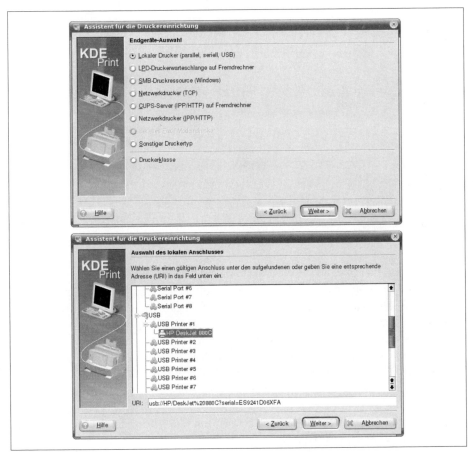

Abbildung 14-28: Anschlussart (oben) und Druckerschnittstelle (unten) auswählen

- Geräte-URI (*Universal Ressource Identifier*). ipp://rechnername/printers/drucker1 für den *drucker1* auf einem CUPS-Server im Netz, oder lpd://rechnername/drucker1 für den *drucker1* bei einem Druckserver auf der alten Berkley-Basis. Selbst lokale Geräte haben eine Geräte-URI: parallel:/dev/lp0 heißt z.B. die erste parallele Schnittstelle.

- Danach kommt der Treiber, der je nach Anzahl der installierten Treiber zur Auswahl in einem oder zwei Dialog(en) präsentiert wird (die Fedora-artige *Aurox* kannte ein gutes halbes Dutzend Treiber für den Deskjet 880C, siehe Abbildung 14-29).

Abbildung 14-29: Das Druckermodell (oben) und den dazu passenden Treiber (unten) auswählen

- Schließlich erscheinen die ersten Dialoge mit TEST-Buttons, um auszuprobieren, wie der Ausdruck wird.

- Da die Voreinstellung bei den aus Amerika stammenden Treibern meist auf dem Papierformat *letter* steht, ist ein Besuch im Dialog EINSTELLEN notwendig, um auf ein europäisches A4 zu stellen (siehe Abbildung 14-30).

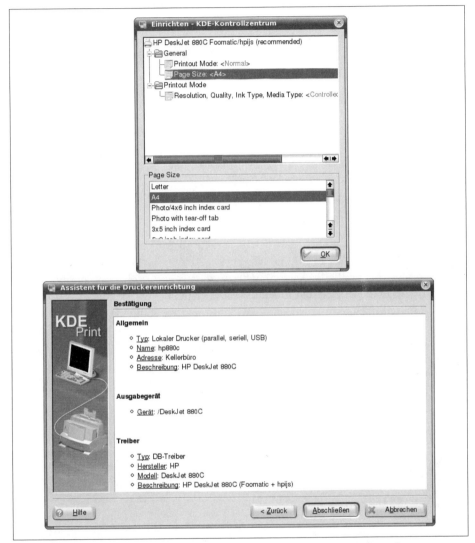

Abbildung 14-30: Einstellung des Treibers auf A4 (oben) und Namensvergabe und Schlussübersicht (unten)

- Trennseiten sind nur bei Netzwerkdruckern sinnvoll, um viele Ausdrucke, die alle in den gleichen Ausgangsschacht fallen, voneinander trennen zu können. Der Ausdruck dieser Extraseiten ist auch dann nur bei Laserdruckern billig genug, um sich diese Option leisten zu können. Für das deutsche Heimbüro kommt es ohnehin nicht in Frage, aber offenbar ist es amerikanisches Gesetz, dass ein geheim zu haltendes Dokument auch mit »Top Secret« beschriftet werden muss: »Huhu, ich bin ein Geheimnis!«

- Schließlich kann man die Nutzungsbeschränkung festlegen, die Drucker auf Zeit- oder Volumenbasis sperren. Im folgenden Dialog werden dann Benutzer auf die definierte Beschränkung eingetragen. Dabei sind die meisten Administratoren erst einmal froh, wenn die Maschine überhaupt ausdruckt und immer Papier im Schacht ist.

- Erst sehr spät trägt man einen Namen für den Drucker ein – die Angaben sind dieselben, die man mit dem Webfrontend als Allererstes angeben musste.

- Zum Schluss werden noch einmal alle Angaben in einer Zusammenfassung präsentiert. Wenn etwas nicht stimmt oder geändert werden muss, kann man nun noch zurückgehen und verbessern. Wer ABSCHLIESSEN anklickt, hat nun einen neuen Drucker stressfrei eingerichtet.

Drucker erstellen mit YaST

Die Druckerkonfiguration befindet sich in der Rubrik HARDWARE. Beim ersten Aufruf des Druckersymbols kann eine Meldung erscheinen, die Hardwareliste habe sich geändert, die Treiberliste werde neu aufgebaut etc. (siehe Abbildung 14-31). CUPS erstellt zu dieser Zeit den Index über alle installierten Druckertreiber. Je nach Anzahl der mitinstallierten Treiber- bzw. Filter-Pakete kann das etliche Minuten dauern. Es geht schließlich um weit mehr als 2000 PPD-Dateien, die hier in eine komprimierte Liste gepackt werden.

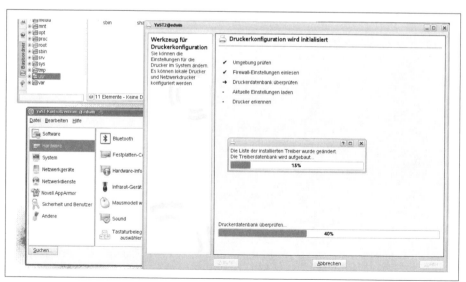

Abbildung 14-31: Die Konfiguration wird initialisiert.

Danach geht es auf den Dialog DRUCKERKONFIGURATION. Alle Drucker, die am Parallel-Port oder die an USB angeschlossen sind, werden in der Regel sofort erkannt (siehe Abbildung 14-32), schließlich kann Linux direkt mit dem Drucker kommunizieren. Über USB angeschlossene Drucker verraten oft sogar dann Hersteller und Typenbezeichnung, wenn sie ausgeschaltet sind. Wesentlich schlauer ist es, die Drucker einzuschalten, wenn man sie gerade konfigurieren und ausprobieren will. Die parallele Schnittstelle heißt unter Linux */dev/lp0*. Netzwerkdrucker werden in diesem Menü noch nicht erkannt.

YaST identifiziert den Brother HL1670N sofort, meldet ihn aber als »not configured«. Der Treiber fehlt noch.

Den Drucker jetzt zu konfigurieren, erweist sich nicht als übermäßig schwierig. Wenn YaST noch Dateien vermisst, versucht es, fehlende Pakete nachzuinstallieren. Lassen Sie ruhig zu, dass z.B. ein Paket namens »filters« nachgelegt wird.

Der darauf folgende Dialog bietet Ihnen Druckerbeschreibungsdateien (*PPD = Postscript Printer Definition*) für das Druckgerät an (siehe Abbildung 14-33). PPD-Dateien sind keine Treiber, sondern Dateien, die Informationen darüber enthalten, welche Ausstattung das Druckgerät hat und wie der eigentliche Treiber mit dem Druckgut umgehen soll. Wählen Sie hier die vorgeschlagene Datei aus, oder eine, die Ihnen passend erscheint. Alle hier aufgelisteten Druckermodelle haben englischsprachige Menüs. Wenn Sie aber (wie oben schon beschrieben) aus der Installations-CD des Druckgeräts eine deutsche PPD-Datei für Windows herausholen konnten, können Sie sie hier mit dem Button PPD-DATEI ZUR DATENBANK HINZUFÜGEN angeben und in den Fundus aufnehmen lassen. Der zweite Button, PPD-DATEI WÄHLEN, lässt Sie aus den einzelnen Dateien in */usr/share/cups/model* wählen.

Abbildung 14-32: Der Drucker wurde erkannt.

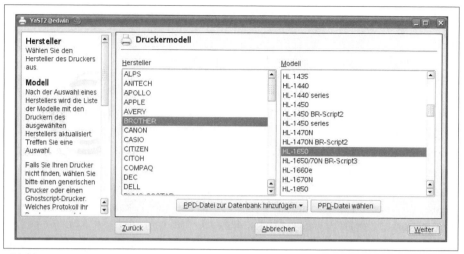

Abbildung 14-33: PPD-Datei des Druckermodells auswählen

 Den Index-Aufbau bei CUPS können Sie im Übrigen und ohne Bedenken bedeutend beschleunigen, wenn Sie alle Dateien und Hersteller-Verzeichnisse aus */usr/share/cups/model* entfernen, die Sie nicht brauchen.

YaST versucht einen Namen für den Drucker mit mehr oder weniger viel Glück zu erraten (siehe Abbildung 14-34). Solange Sie nirgends von Hand einen Druckernamen wie »hl1650_1670n« eintippen müssen, könnten Sie den vorgeschlagenen Namen ja akzeptieren. Aber schön ist er nicht. Sie ändern den Druckernamen, indem Sie die NAMEN-Zeile im Dialog anklicken und unten den Button BEARBEITEN anklicken. Vergeben Sie einen griffigen und kurzen Namen, wenn Sie wollen. Drucken Sie schließlich eine Testseite mit dem TEST-Button. Mit OK speichern Sie die Konfiguration ab.

Drucker einrichten unter GNOME

Auch der GNOME-CUPS-Manager hat sich enorm gemausert. Für Window-Umsteiger ist dieses Programm wegen seiner optischen Nähe zum Drucker-Browser bei Windows sogar noch leichter zu verstehen als der doch sehr funktionsreiche KDE-Vorgang. Herz- und Startstück ist der Menüpunkt SYSTEM → ADMINISTRATION → DRUCKER des GNOME-Hauptmenüs. Er ruft den CUPS-Manager (siehe Abbildung 14-35) auf. Das Problem: Damit können Sie als normaler Benutzer keine Drucker erzeugen, weil Ihnen die Rechte fehlen. Um Drucker anzulegen, rufen Sie das Programm aus einem Terminal mit dem Befehl gnomesu gnome-cups-manager bzw. bei Ubuntu mit sudo gnome-cups-manager auf. Das entspricht in etwa dem Sys-

Abbildung 14-34: Alle Einstellungen sind veränderbar.

temverwaltungsmodus unter KDE, weil Sie sich hier die benötigten Administrator-Rechte holen. gnomesu ruft Sie dazu auf, das root-Passwort anzugeben, sudo bei Ubuntu will immerhin das Passwort des Hauptbenutzers wissen.

Abbildung 14-35: Der GNOME-CUPS-Manager erinnert an Windows.

Das Icon NEUER DRUCKER macht auf Doppelklick (je nach Voreinstellung) genau das Gleiche wie der Drucker-Ersteller unter Windows: Es ruft einen Assistenten auf (siehe Abbildung 14-36). In drei Schritten (und maximal fünf Dialogen) geben Sie dann alle Angaben ein, die CUPS braucht, um den Drucker zu erstellen, also Anschluss (lokale Schnittstelle oder Netzadresse), Druckertreiber und schließlich noch eine Bezeichnung, die bei der CUPS-Webroutine eben schon zu Beginn fällig gewesen wäre. Danach findet sich ein neu erstelltes Drucker-Icon im Dialogfeld des CUPS Managers, das den Namen des Druckers trägt. Ein Doppelklick auf das Drucker-Icon ruft den Warteschlangenmanager auf, wo Sie den Status Ihrer Druckjobs ansehen können. Mit der rechten Maustaste bekommen Sie für das Icon ein Maus-Menü, mit dem Sie die Eigenschaften des Druckers nachkonfigurieren können.

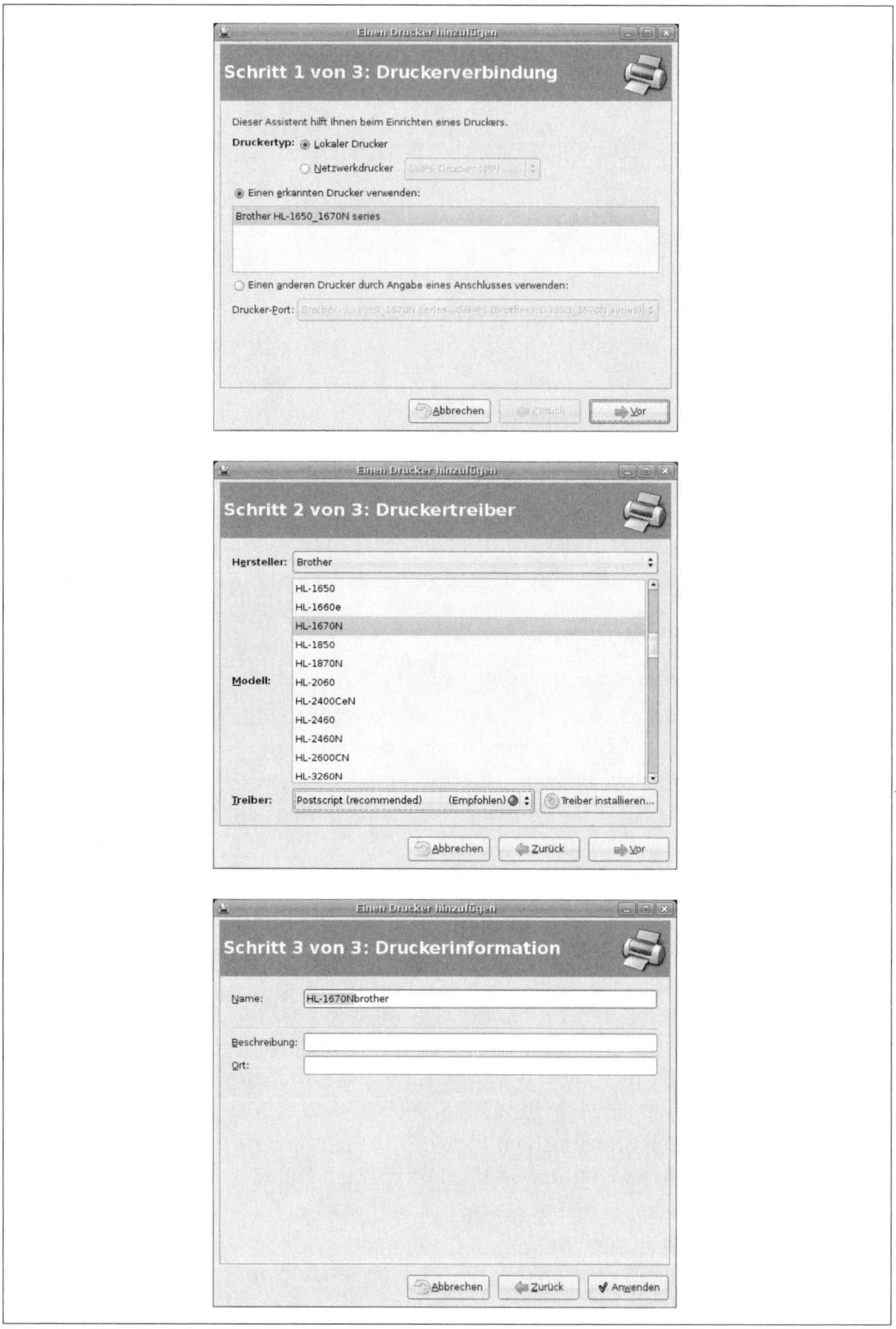

Abbildung 14-36: Drucker erzeugen per Assistent

In diesem Kapitel:
- Das Mehrbenutzersystem
- Benutzer anlegen

KAPITEL 15
Benutzer verwalten

Jede Distribution liefert Werkzeuge mit, um die Benutzer auf dem System zu verwalten. Das können gefällige grafische Tools sein oder einfache textorientierte Befehle, die aber das Gleiche leisten. Was muss eine Benutzerverwaltung schon können? Benutzer anlegen, verändern, löschen – und das Gleiche für Gruppen. In Firmennetzen gibt es meist zentrale Anmeldeserver im Netzwerk, auf denen alle Benutzer verwaltet werden. Das ist hier aber nicht unser Thema. Wenn Sie als Einzelkämpfer einen Rechner aufsetzen, werden alle Benutzer und Gruppen in wenigen lokalen Benutzerkontendateien angelegt: Die Benutzerkontendatenbank ist in der Datei */etc/passwd* untergebracht, die Gruppenkonten stehen in */etc/group*. Weil die */etc/passwd* für jedermann lesbar sein muss, wurden die verschlüsselten Passwort-Informationen aus dieser Datei entfernt und in eine besondere Datei mit dem Namen */etc/shadow* gelegt, die nur für *root* und den Anmeldeprozess lesbar ist, nicht aber für normale Benutzer. Dort steht auch, wann man sein Passwort erneuern muss oder wann es automatisch abläuft.

Benutzer darf nur *root* anlegen. Sonst niemand, außer dieses Recht wäre über den *sudo*-Mechanismus auch an bestimmte andere Benutzer vergeben, wie es bei der Ubuntu-Distribution der Fall ist. Beachten Sie dazu auch Seite 391. Aber natürlich kann jeder Benutzer sein Passwort mit dem Programm *passwd* oder einem grafischen Tool verändern. Damit ist schon fast alles gesagt, was der normale Benutzer üblicherweise mit dieser Sache zu tun hat.

Das Mehrbenutzersystem

Linux ist ein echtes Mehrbenutzersystem. Dies wirkt sich auf die gesamte Arbeit am System aus. Bei den Dateisystemberechtigungen in Kapitel 3 haben Sie schon gesehen, dass das Linux-Rechtekonzept darauf ausgelegt ist, dass neben dem aktuell angemeldeten Benutzer auch noch andere Benutzer (und Gruppen) existieren. Um sich am System anzumelden, müssen Sie ein Benutzerkonto angeben, das dem System bekannt ist. Normalerweise benötigen Sie dazu auch ein passendes Passwort. Jetzt kann das System erkennen, wer Sie sind. Was Sie dürfen, steht in den Rechte-Informationen der Dateien und Verzeichnisse: lesen, schreiben oder ausführen bzw. ins Verzeichnis hineinwechseln. So einfach ist das. Bei den alten 9x- und Me-Versionen von Windows fehlte beides. Das Dateisystem konnte unterschiedliche Benutzer nicht auseinanderhalten, und es gab keine Benutzerkontendatenbank. Diese Windows-Versionen präsentieren zwar einen Anmeldebildschirm, aber der ist nur Augenwischerei. Will man Name und Passwort nicht angeben, dann genügt es, auf die Escape-Taste zu drücken, und schon ist man erst einmal »drin«[1] – und zwar ohne Einschränkungen. Es ist vollkommen in Ordnung, dass Microsoft diese Versionen inzwischen eingestellt hat.

Warum überhaupt Benutzer?

Wie gefährlich Betriebssysteme ohne eine Benutzerverwaltung sind, konnte man gut an DOS und den genannten ersten Windows-Systemen sehen. Wer an so einen Rechner herankommt, besitzt automatisch die volle Macht über alle Dateien. Ein einziger Fehler dieses Benutzers kann alle Arbeitsdateien, alle Programme oder das ganze System zerstören. Die meisten Computerbenutzer sind aber weder für diese Allmacht ausgebildet noch benötigen sie sie für ihre tägliche Arbeit. Die Systemadministration ist ist die Aufgabe des Systemadministrator-Benutzers. Dass man seine eigenen Dateien vor den Augen und dem Zugriff anderer System-Benutzer schützen kann, ist ein weiterer Pluspunkt. Weder will man selbst versehentlich anderen schaden noch Opfer eines Versehens oder einer bösartigen Attacke werden.

Alle Benutzer des Systems stehen bei einer Einzelplatzinstallation in der Datei */etc/passwd*. Wie bei anderen Systemen auch, gibt es einen Gast-Benutzer, der hier *nobody* heißt. Neben den normalen Benutzerkonten gibt es sogenannte Systembenutzer und den einen Herrscher über alles, den Administrationsbenutzer *root*. Root ist in zweierlei Hinsicht etwas Besonderes. An seiner Benutzerkennung 0 erkennt ihn das System, und es räumt ihm Sonderrechte ein, durch die er z.B. auch auf geschützte Dateien anderer Benutzer zugreifen darf. Andererseits gehören ihm praktisch alle Dateien des Betriebssystems, und deshalb kann er mit ihnen alles tun, was technisch möglich ist. Daher haben Fehler von *root* meist auch weitreichende Folgen: Auf vielen Linux-Systemen arbeiten mehrere Benutzer gleichzeitig, und die sind gleichermaßen betroffen, wenn das System durch einen *root*-Fehler ausfällt. Und natürlich kann ein unbedachter Löschbefehl ohne Rückfrage auch die Dateien anderer Benutzer zerstören. So viel Macht besitzen normale Benutzer nicht.

---

[1] Noch besser war: Gab man einen völlig unbekannten Benutzer an, dann fragte Windows 98, ob es den Benutzer jetzt anlegen solle!

Gruppen

Neben den Benutzerkonten gibt es noch Gruppenkonten. Wie in Kapitel 3 bereits angedeutet wurde, benutzt man solche Gruppen, um Arbeitsfelder abzubilden: Alle Benutzerkonten von Leuten einer bestimmten Abteilung werden z.B. zu einer Gruppe zusammengefasst, die dann Schreibrechte in einem »Abteilungsverzeichnis« bekommt. So erbt jedes Benutzerkonto dieses Schreibrecht über seine Gruppenzugehörigkeit. Jedes Konto kann in einer ganzen Reihe von Gruppen enthalten sein, je nachdem, wo überall dieses Benutzerkonto Zugriffsrechte erhalten soll.

Auch wenn ein Benutzer *dieter* z.B. in den (extra erzeugten) Gruppen »gl«, »bilanz«, »nl_muc« und noch ein paar weiteren enthalten sein könnte, stellt sich doch eine wichtige Frage: Wenn dieser Benutzer *dieter* eine neue Datei erzeugt, welcher Gruppe gehört diese Datei dann an? Die Antwort ist: seiner *Primärgruppe*. Jedes Benutzerkonto gehört genau einer Primärgruppe an. Diese Gruppe ist so wichtig, dass die Gruppenzugehörigkeit nicht in der Gruppenkontendatenbank */etc/group* steht, sondern als Eigenschaft des Benutzers in der Benutzerkontendatenbank */etc/passwd*. Zu welcher Primärgruppe so ein Benutzer gehört, handhaben die Distributionen verschieden. Bei SUSE gehören alle Benutzerkonten zur allgemeinen Gruppe *users*. Fast alle anderen Distributionen legen dagegen *Individualgruppen* je Benutzer an: Das heißt, Benutzer dieter bekommt eine eigene Gruppe *dieter*, und er ist deren einziges Mitglied. Ob alle Benutzer in der immer gleichen Primärgruppe oder einer Individualgruppe Mitglied sind, macht für einen Linux-Einsteiger, der allein auf der Maschine arbeitet, keinen großen Unterschied. Aber es verändert die Situation, wenn die Inhalte der Heimatverzeichnisse der Benutzer in einer Firma gegeneinander abgeschirmt werden sollen.

Lokale Sicherheit

Benutzer- und Gruppenkonten sind ein Mittel, um *lokale Sicherheit* zu gewährleisten. Lokale Sicherheit betrifft zuerst einmal die Systemdateien, die davor geschützt werden müssen, dass normale Benutzer sie versehentlich oder sogar in böser Absicht verändern (überschreiben). Das Gleiche gilt aber auch für die Daten der einzelnen Benutzer: Sie müssen davor geschützt sein, dass Kollegen sie einfach und ohne Zustimmung des Eigentümers löschen oder verändern können. Nur wenn das Dateisystem erlaubt, den Zugriff auf Dateien und Verzeichnisse gezielt zu sperren, ist lokale Sicherheit überhaupt möglich.

Doch das ist nur der erste Schritt: Die meisten Benutzer in Firmen speichern ihre Daten heute nicht mehr auf dem gleichen Rechner, auf dem sie arbeiten (also lokal), sondern auf einem Datei-Server, der über ein Computernetzwerk erreichbar ist. Schließlich sollen alle Benutzer von jedem Arbeitsplatz aus auf alle Daten zugreifen können, für die sie berechtigt sind. Netzwerksicherheit ist jedoch unmöglich, wenn auf den Arbeitsplatzrechnern keine lokale Sicherheit gegeben ist. Wenn sich auf den

Endbenutzer-Systemen jeder x-Beliebige unter jedem beliebigen Namen anmelden kann, wie soll man dann über das Netzwerk noch sagen können, mit wem man es zu tun hat, geschweige denn, ihm vertrauen können? Da könnte ja jeder am Monitor sitzen und sich als wer weiß wer ausgeben! Ein-Benutzer-Systeme ohne eine sichere Benutzerkontenverwaltung sind im Zeitalter der Vernetzung und des Internets ein massives Sicherheitsrisiko, das man nicht mehr tolerieren kann.

Grundlage dieser lokalen Sicherheit sind eindeutige, unverwechselbare Benutzerkonten.

Benutzer- und Gruppen-IDs

Das System unterscheidet zwischen dem Benutzernamen und der *Benutzer-ID* (UID = User ID). Beim Anlegen eines neuen Benutzers vergeben Sie für eine wirkliche Person einen Anmeldenamen. Darüber hinaus erteilt das System dem Anmeldenamen auch noch eine UID – das ist eine Zahl, die pro System nur einmal vorkommen darf. Die Anmeldenamen dürfen zwar auch nicht doppelt vorkommen, aber Namen können sich ändern. Wenn z.B. Benutzerin Petra Müller nach der Hochzeit Petra Huber heißt, will sie ihren Ameldenamen vielleicht von »pm« in »ph« wechseln. Würde Linux nun den Anmeldenamen als Eigentümer bei der Datei abgespeichert haben, müsste der Administrator nach Petras Hochzeit das gesamte System nach Dateien durchsuchen, die »pm« gehören, um sie dann »ph« zuzuschreiben. Das ist sehr aufwendig, und wenn er eine vergisst, könnte Petra Huber auf ihre eigene Datei nicht mehr zugreifen. Schreibt Linux aber nur die UID zur Datei, muss man nur in der */etc/passwd* Petra Müller in Petra Huber umschreiben. Schon ist alle Arbeit erledigt.

Der Benutzer *root* hat auf allen Linux-Systemen die ID 0. Etliche Distributionen erteilen normalen Benutzern beim Anlegen ID-Nummern ab 500 aufwärts, bei den meisten Systemen bekommen sie inzwischen aber 1000 und höher. Die höchste UID hat der Benutzer *nobody*, er trägt normalerweise die Nummer 65534. Niedrige Nummern zwischen eins und den ersten Benutzer-ID-Nummern haben die sogenannten *System-Benutzer*. Die System-Benutzer melden sich niemals direkt an, aber sie tauchen oft als Eigentümer von Diensten auf. Tabelle 15-1 listet ein paar von ihnen auf.

Tabelle 15-1: Typische System-Benutzerkonten (Die ID-Nummern unterscheiden sich je nach Distribution.)

Name	UID	Bedeutung
root	0	Eigentümer fast aller Systemdateien.
bin	1	Besitzt nur wenige Dateien. Bei SUSE werden Dienste unter seinem Namen gestartet.
daemon	2	Bei Mandriva gehört ihm das at-System für zeitverzögerte Einzelaufträge (Scheduler). Bei SUSE gehört ihm der Service Location Protocol Daemon `slpd`.

Tabelle 15-1: *Typische System-Benutzerkonten (Die ID-Nummern unterscheiden sich je nach Distribution.) (Fortsetzung)*

Name	UID	Bedeutung
lp	4	Eigentümer des Drucksystems; wird heute oft von User cups oder cupsys abgelöst. Deren UID ist in der Regel anders.
mail	8	Eigentümer von Teilen des Mailsystems.
nobody	65534	Entspricht dem »Jeder«-Konto bei Microsoft. Das Heimatverzeichnis dieses Benutzerkontos wird häufig als Server-Verzeichnis für *anonymes ftp* verwendet.

Die meisten Systemdateien einer Linux-Maschine gehören ohnehin *root*. Typischerweise gehören Dateien des Druckdienstes aber z.B. dem System-Benutzer lp, der at-Dienst daemon usw. Auf manchen Systemen gibt es z.B. einen Benutzer ftp, dem gehört alles, was mit dem FTP-Server zusammenhängt. Später sehen Sie, wie Sie die ID-Nummern von Benutzern abfragen können.

> Nebenbei bemerkt: Wenn ich ls -l eintippe, sehe ich aber doch die Benutzernamen in den Dateilisten und nicht die UIDs? Die Antwort ist einfach! Jedes ls -l ermittelt in der Benutzerkontendatenbank den dazugehörigen Anmeldenamen. Wenn Sie die UID eines Benutzers wissen wollen, rufen Sie in einem Terminal den Befehl *id benutzer* auf.

Benutzer anlegen

Die einfachste Art, Benutzer anzulegen, ist wieder mit einem einfachen Befehl auf der Shell. Zwar gibt es mehrere gängige grafische Tools, mit denen Sie das auch tun können, aber welche installiert sind, variiert je nach Distribution. Den Befehl useradd, um einen neuen Benutzer anzulegen, gibt es dagegen auf jeder Distribution. Bei verschiedenen RedHat- und Debian-Derivaten (z.B. Ubuntu) gibt es auch ein adduser. Oft funktionieren beide, weil der eine Befehl nur ein Link auf den anderen ist oder tatsächlich zwei Programme installiert sind. Bei Debian & Co. besitzt adduser eine Reihe von interessanten Besonderheiten.

Einen Testbenutzer anlegen

Bei den RedHat- und Debian-basierten Systemen legt der Befehl zum Erzeugen eines Benutzerkontos automatisch auch dessen Heimatverzeichnis unter */home* mit an. Nicht so bei SUSE: Um dort das Heimatverzeichnis gleich mit anzulegen, müssen Sie useradd den Schalter -m auf der Befehlszeile mitgeben. Der Schalter -c erlaubt es, dem Konto einen »Kommentar« mitzugeben. Das ist bei Linux aber eigentlich der lange Benutzername: Ein Benutzer hat z.B. den Login-Namen *mickey*, sein langer Benutzername wäre *Mickey Maus*. Bei folgendem Beispiel wird unter Mandriva ein Benutzer erzeugt, dessen Login-Name *gast* wird, der lange Benutzername lautet aber *Gast Benutzer*.

```
[root@raider root]# useradd -m -c "Gast Benutzer" gast
[root@raider root]# id gast
uid=1001(gast) gid=1001(gast) Gruppen=1001(gast)
[root@raider root]# ls -l /home
drwxr-xr-x  50 dieter dieter 4096 Okt 23 19:09 dieter/
drwxr-xr-x   3 gast   gast   4096 Okt 23 20:06 gast/
...
[root@raider root]#
```

Sie können mit dem Befehl id *benutzername* leicht nachprüfen, ob es ein Benutzerkonto dieses Namens gibt. Die Ausgabe dieses Befehls liefert die Benutzer-ID zurück und informiert darüber zu welchen Gruppen der Benutzer gehört. Gäbe es keinen solchen Benutzer, hätte id das auch gemeldet. Der Befehl ls -l /home überprüft, ob das Heimatverzeichnis für *gast* auch brav mit angelegt wurde. Das Verzeichnis selbst und alle Dateien darin gehören dem Benutzer *gast*. Benutzer *dieter* hatte schon die Benutzer-ID 1000, also bekam *gast* die nächsthöhere Zahl, deshalb die UID 1001.

Bei praktisch allen Distributionen – außer bei SUSE – erzeugt das System für jedes Benutzerkonto eine eigene Gruppe des gleichen Namens. Das ist der Grund für die Gruppen-ID 1001. Bei SUSE gehören dagegen alle Benutzer der gleichen Gruppe *users* an. Diese hat die GID 100.

Ein besonderes Schmankerl ist das Kommando *adduser* bei Debian/Ubuntu. Das können Sie an einem Beispiel sehen:

```
dieter@drake:~$ adduser jack
Password:
Lege Benutzer jack an...
Lege neue Gruppe »jack« (1001) an.
Lege neuen Benutzer »jack« (1001) mit Gruppe »jack« an.
Erstelle Homeverzeichnis /home/jack.
Kopiere Dateien aus /etc/skel
Enter new UNIX password:
Retype new UNIX password:
passwd: Kennwort erfolgreich geändert
Ändere Benutzerinformationen für jack
Geben Sie einen neuen Wert an oder ENTER für den Standardwert
        Name []: Jack Sparrow
        Raum []: Black Pearl
        Telefon geschäftlich []: xxx
        Telefon privat []: xxx
        Sonstiges []:
Sind die Informationen korrekt? [j/N] j
dieter@drake:~$ grep jack /etc/passwd
jack:x:1001:1001:Jack Sparrow,Black Pearl,xxx,xxx:/home/jack:/bin/bash
dieter@drake:~$
```

Nachdem *jack* angelegt worden ist, kann der Befehl grep die Eintragszeile dieses Benutzers aus der Datei */etc/passwd* herausfiltern. Für jeden Benutzer gibt es genau eine Zeile. Und was weiß das System über *jack*? Die ausführlichen Angaben zum Benutzer werden alle in das Langnamen-Feld (= GECOS-Feld) hineingeschrieben. Hätte ich den Befehl id benutzt, hätte man gesehen, dass bei dieser Ubuntu-Installation auch eine Gruppe »jack« mit der passenden Gruppen-ID für den Benutzer *jack* automatisch angelegt wurde. *adduser* ist eine tolle Software. Wenn Sie bei einer Debian- oder Ubuntu-Installation nur den Standardbefehl *useradd* verwenden würden, verhielte sich das Benutzer-Anlegen nicht anders als bei SUSE. Natürlich ist *adduser* nur ein sogenannter »Wrapper« um den originalen *useradd*-Befehl. Leider gibt es diesen *adduser*-Befehl nicht bei jeder Distribution.

Bei Ubuntu müssen Sie sudo adduser jack eingeben, um diesen Befehl nutzen zu können. Alle *root*-Tätigkeiten sind dem Hauptbenutzer dort erlaubt, wenn er den Befehle-Vorsatz sudo verwendet.

Ein Passwort vergeben

Unser Benutzer *gast* könnte sich am System noch nicht anmelden, weil er kein Passwort hat, mit dem er sich anmelden könnte[2]. Dafür gibt es den Befehl passwd, mit dem jeder Benutzer für sich selbst das Passwort ändern kann. *root* kann natürlich auch für jeden anderen Benutzer das Passwort ändern. Wofür gibt es denn Hausmeister?

```
[root@raider root]# passwd gast
Changing password for user gast.
New UNIX password:
Retype new UNIX password:
passwd: all authentication tokens updated successfully.
[root@raider root]#
```

Wenn Sie Passwörter eintippen, werden die Buchstaben nicht angezeigt; normalerweise werden stattdessen auch keine Sterne etc. angezeigt. Trotzdem: Jetzt darf sich *gast* am System anmelden. Machen Sie das Beispiel nach: Legen Sie einen neuen Benutzer an, und geben Sie ihm ein Passwort. Versuchen Sie dann, sich mit diesem Benutzerkonto anzumelden. Später werden wir sehen, wie man so einen Benutzer wieder loswird.

Tabelle 15-2: Einige Befehle zum Anlegen eines neuen Benutzers

Befehl/Option	Wirkung
useradd	Benutzer anlegen
-m	Ein Heimatverzeichnis erzeugen
-c	Kommentar, in der Regel der lange Benutzername
passwd	Passwort für einen Benutzer ändern; ohne Benutzernamen: das eigene Passwort ändern

---

2 Genauer gesagt, hat er kein gültiges Passwort. Wäre es leer, könnte sich ja jeder anmelden...

Wo es ihn gibt, gibt es auch eine *Manpage* zum adduser-Befehl. Aber auch hier treffen Sie den Befehl bisweilen noch weitere Male an.

Die Benutzerkonten-Datenbank

Welche Informationen speichert das System eigentlich über einen Benutzer? Bei Linux ist die Benutzerkonten-Datenbank kein kryptisches Anhängsel einer geheimnisvollen Registry, die noch nicht einmal der Administrator richtig einsehen darf. Ganz im Gegenteil: Die gesamte Benutzerkontenverwaltung besteht aus nur zwei Dateien. Beide sind reine Textdateien, und ihr Aufbau ist nicht einmal kompliziert. Eine davon, die Datei */etc/passwd*, darf jeder lesen. Sie enthält die ungefährlichen Informationen über alle Benutzer. Die zweite aber, */etc/shadow*, dürfen nur *root* und der *login*-Vorgang lesen (oder gar verändern) – und das ist auch gut so, denn hier steht unter anderem das verschlüsselte Passwort.

Die Passwortinformationen in der */etc/shadow*-Datei sind nicht wirklich verschlüsselt, sondern durch einen besonderen Vorgang ermittelte Prüfzahlen, sogenannte Hash-Werte (siehe *http://en.wikipedia.org/wiki/Cryptographic_hash_function*), die vom eigentlichen Passwort abgeleitet sind. Die sind noch schwerer zu knacken, als wenn das Passwort hier nur verschlüsselt wäre.

Der Befehl grep durchsucht Textdateien nach Inhalten und gibt für jede Fundstelle die ganze Zeile aus, in der der Suchbegriff steht. Dieser Befehl ist ein ideales Werkzeug, um eine Textdatei wie die */etc/passwd* zu durchsuchen. Wir suchen nach dem gerade angelegten Benutzer *gast* in der Datei */etc/passwd*:

```
[dieter@raider dieter]$ grep gast /etc/passwd
gast:x:1001:1001:Gast Benutzer:/home/gast:/bin/bash
[dieter@raider dieter]$
```

Bemerkenswert ist, dass sogar der unprivilegierte Benutzer *dieter* fragen durfte, was in der */etc/passwd* über *gast* steht. Für diesen Benutzer gibt es nur eine Fundstelle in dieser Datei, sonst wären mehrere Zeilen ausgegeben worden. Die */etc/passwd* ist eine einfache Datenbank: Jede Zeile ist ein Datensatz, die Felder werden von Doppelpunkten getrennt.

Doubletten in einer Benutzerkonten-Datenbank sind immer schlecht. Es sollte weder doppelte Benutzer-IDs noch den gleichen Namen unter verschiedenen Benutzer-IDs geben.

Was weiß das System eigentlich insgesamt über *gast*? Gar nicht so viel. Zuerst kommt der Benutzername (gast), und das x ist ein Verweis auf das eigentliche Passwort in der Datei */etc/shadow* (um die es ein wenig später gehen wird). Die erste 1001 bezeichnet die Benutzer-ID, die zweite die Haupt-Gruppen-ID von *gast*. Die beiden Zahlen sind mehr oder weniger zufällig gleich, denn beim Anlegen von Benutzern und Gruppen wird immer die nächsthöhere freie Zahl verwendet. Der lange Benutzername steht im fünften Feld, und die letzten beiden Felder enthalten das Heimatverzeichnis des Benutzers und die Shell, mit der er arbeitet (unter Linux gibt es mehrere Shells, aber meist steht hier die /bin/bash).

Diese Informationen darf jeder Benutzer und jedes Programm jederzeit abfragen. Das ist sehr praktisch: Ein Mailprogramm kann aus der Benutzerkonten-Datenbank z.B. den langen Benutzernamen als Mailabsender herausholen. Noch viel wichtiger ist Folgendes: Wenn Sie an irgendeiner Stelle des Dateisystems den Befehl ls -l eingeben, holt *ls* die Namen der Dateieigentümer jedesmal frisch aus der Datei */etc/passwd*.

Früher stand im zweiten Feld jedes Konten-Datensatzes ein Hash-Wert, der zum Prüfen des Passworts verwendet wurde. Weil aber jeder diesen Passwort-Prüfwert lesen (und mit einem Passwort-Knacker-Programm ausprobieren) konnte, wurde dieser Wert aus Sicherheitsgründen von dort entfernt und gegen ein x ausgetauscht. Das x ist ein Zeiger, der auf den wirklichen Passwort-Prüfwert zeigt, der nun in der Datei */etc/shadow* untergebracht ist. Diese Datei dürfen nur noch *root* und der *login*-Prozess lesen. So sind die Passwort-Prüfwerte viel sicherer untergebracht.

Passwort-Knacker

Die Passwort-Hashwerte aus der */etc/passwd* herauszunehmen, war notwendig geworden. Vor einigen Jahren erreichte die Rechenleistung normaler Bürocomputer solche Dimensionen, dass geeignete Passwort-Knacker-Software wie z.B. *john* die Passwörter in kurzer Zeit entschlüsseln konnte. Jetzt kann ein normaler Benutzer diese Werte nicht mehr lesen. Das Programm *john* wurde auf diese Weise wieder zu einem Administrator-Tool: In den richtigen Händen eignet es sich hervorragend, um schwache Passwörter aufzuspüren.

Linux-Passwörter kann man nicht »zurückrechnen«. Aber mithilfe solcher Crack-Programme kann man durchprobieren, bis das richtige Passwort zufällig entdeckt wird. Ein Passwort mit sechs Zeichen in Kleinbuchstaben ist z.B. in wenigen Zehntelsekunden ermittelt, wenn Klein- und Großschreibung dabei sind, dauert es meist schon Stunden. Ein Passwort mit acht Zeichen in Klein- und Großschreibung und eingestreuten Sonderzeichen war auch nach einem Wochenende mit einem 1-GHz-Rechner noch nicht ermittelt – immer vorausgesetzt, man kommt überhaupt an die Passwort-Prüfwerte aus der Datei */etc/shadow* heran, denn dazu muss man *root*-Berechtigung haben.

Neben dem Passwort-Prüfwert stehen in der Datei */etc/shadow* noch Verwaltungsinformationen über das Konto: Wie lange das Passwort gültig sein darf, wie viele Tage vor Ablauf des Passworts eine Warnmeldung ausgegeben werden soll usw. Die grafischen Programme der Distributoren haben dafür gefällige Ansichten, so dass ich hier auf Einzelheiten verzichte. Wen das interessiert, der wird in der *Manpage* für *shadow* (man 5 shadow) fündig.

Benutzer verändern

Der kürzeste Weg, um Benutzerinformationen zu verändern, führt wieder über Shell-Befehle. Sie ändern das Benutzerkonto als solches – als *root* – mit dem Befehl usermod. (Wer Ubuntu verwendet, muss dazu wieder den Vorsatz-Befehl sudo verwenden.) Den brauchen Sie sowohl für den usermod-Befehl als auch dann, wenn Sie den Tausendsassa adduser einsetzen wollen, um ein Benutzerkonto zu verändern. Sie erreichen damit aber nicht alle Angaben des Kontos: Alle Einstellungen, die sich auf das Passwort und seine Lebensdauer beziehen (und deshalb in der Datei */etc/shadow* stehen), ändern Sie mit dem Befehl passwd.

Veränderungen am Benutzerkonto lassen sich wieder mit id und grep sichtbar machen. Ein paar Beispiele:

```
[root@raider root]# grep dieter /etc/passwd
dieter:x:1000:1000::/home/dieter:/bin/bash
[root@raider root]# usermod -c "Dieter Thalmayr" dieter
[root@raider root]# grep dieter /etc/passwd
dieter:x:1000:1000:Dieter Thalmayr:/home/dieter:/bin/bash
[root@raider root]# id dieter
uid=1000(dieter) gid=1000(dieter) Gruppen=1000(dieter)
[root@raider root]# usermod -G dieter,users dieter
[root@raider root]# id dieter
uid=1000(dieter) gid=1000(dieter) Gruppen=1000(dieter),100(users)
[root@raider root]#
```

Das lange Namensfeld bei Benutzer *dieter* war leer; es wurde mit usermod -c »Dieter Thalmayr« gefüllt. Der Befehl id *benutzername* zeigt an, in welchen Gruppen der Benutzer Mitglied ist.

usermod -G alle,Gruppen,durch,Kommas,getrennt ändert die Gruppenzugehörigkeiten. Jetzt ist *dieter* nicht nur Mitglied in der gleichnamigen Gruppe *dieter*, sondern auch noch in der Gruppe *users*.

Normale Benutzer dürfen die Befehle useradd, usermod und userdel nicht ausführen, nicht einmal, um etwas am eigenen Konto zu verändern, denn das ist eine typische Administratorentätigkeit. Die Schalter, die usermod versteht, sind aus verständlichen Gründen weitgehend identisch mit denen von useradd.

Tabelle 15-3: Befehle zum Ändern und Betrachten von Benutzerdaten

Befehl/Option	Wirkung
usermod	Ändert die Benutzerdaten.
-c	Leitet den Kommentar ein (in der Regel der lange Benutzername).
-G	Gruppenzugehörigkeit; alle außer der Hauptgruppe

Tabelle 15-3: Befehle zum Ändern und Betrachten von Benutzerdaten (Fortsetzung)

Befehl/Option	Wirkung
`-l`	Login-Name; man sollte dann von Hand auch noch das Heimatverzeichnis (und den Verweis dorthin in der */etc/passwd*) ändern.
`grep`	`grep gast /etc/passwd` durchsucht die Datei */etc/passwd* nach jedem Vorkommen des Wortes *gast* und gibt jede Zeile aus, in der es vorkommt.
`id`	Liefert die wichtigsten Daten eines Benutzers zurück; den Rest liefert `grep`.

Sehen Sie mal, was der *adduser* von Ubuntu kann:

```
dieter@drake:~$ id jack
uid=1001(jack) gid=1001(jack) Gruppen=1001(jack)
dieter@drake:~$ sudo adduser jack video
Password:
Füge Benutzer jack in Gruppe video hinzu...
Fertig.
dieter@drake:~$ id jack
uid=1001(jack) gid=1001(jack) Gruppen=1001(jack),44(video)
dieter@drake:~$
```

Das ist im Grunde alles, was man braucht ...

Benutzer sperren und entsperren

Vielleicht ist das Folgende keine alltägliche Aufgabe für den Benutzer einer einsamen Heim-Arbeitsstation, aber für einen Systemadministrator in einer Firma ist das das tägliche Brot: Sie wollen verhindern, dass ein bestimmter Benutzer sich am System anmeldet. Als *root* (oder bei Ubuntu mit `sudo`) können Sie selbstverständlich dessen Passwort ändern. Das ist einfach: *root* tippt in einer Shell `passwd` *benutzername*, gibt zweimal hintereinander das neue Passwort ein, und schon ist der Benutzer ausgesperrt. Manchmal kommen sie aber wieder zurück: Angenommen, ein Kollege will nur eine bestimmte Zeit lang Urlaub machen, danach aber weiterarbeiten. Dann ist es vielleicht sinnvoller, Sie sperren das Konto nur vorübergehend, anstatt gleich ein neues Passwort einzuführen. Wenn Sie das Passwort mit `passwd -l` nur sperren, ist es in der Zeit der Sperrung für Angreifer nicht erreichbar. Heben Sie die Sperrung wieder auf, ist das Konto wieder gültig, und der Benutzer hat hinterher wieder sein gewohntes Passwort.

```
[root@raider root]# grep gast /etc/shadow
gast:$1$DO5aYYiU$p8z9z31rjVOQ.SjyYmxXQ/:12716:0:99999:7:::
[root@raider root]# passwd -l gast
Locking password for user gast.
passwd: Success
[root@raider root]# grep gast /etc/shadow
gast:!!$1$DO5aYYiU$p8z9z31rjVOQ.SjyYmxXQ/:12716:0:99999:7:::
[root@raider root]# passwd -u gast
Unlocking password for user gast.
passwd: Success.
```

```
[root@raider root]# grep gast /etc/shadow
gast:$1$DO5aYYiU$p8z9z31rjVOQ.SjyYmxXQ/:12716:0:99999:7:::
[root@raider root]#
```

Bei diesem Beispiel wird jeweils diejenige Zeile aus der */etc/shadow* herausgefiltert, die sich auf das Benutzerkonto *gast* bezieht. Nach dem Sperrbefehl werden offenbar nur (ein oder zwei) Ausrufezeichen an den Anfang des zweiten Feldes (wo der Passwort-Prüfwert steht) gesetzt, sonst passiert gar nichts. Der Entsperrbefehl `passwd -u` nimmt sie wieder weg. Wenn Sie das Konto mit einem der grafischen Werkzeuge sperren, passiert genau das Gleiche. Sie könnten das sogar mit einem simplen Text-Editor machen, wenn Sie *root*-Rechte haben. Ein regulärer Benutzer kann aber weder sein eigenes Konto sperren noch das eines anderen Benutzers.

Tabelle 15-4: Verwendete Passwortbefehle

Befehl/Option	Wirkung
passwd	Passwort ändern
-l	Passwort sperren (*lock*)
-u	Passwort entsperren (*unlock*)
grep	`grep gast /etc/shadow` durchsucht die Datei */etc/passwd* nach jedem Vorkommen des Wortes *gast* und gibt jede Zeile aus, in der es vorkommt.

Benutzer löschen

Der Befehl zum Löschen von Benutzern heißt `userdel`. Dieser Befehl hat nur eine Option, aber die hat es in sich:

```
userdel -r username
```

Dieser Befehl löscht nicht nur das Benutzerkonto, sondern auch noch dessen Heimatverzeichnis, inklusive aller darin enthaltenen Dateien. Das ist keine Kleinigkeit: Angestellte werden schließlich über Jahre hinweg bezahlt, um als Benutzer diese Daten zu erzeugen. Sie zu löschen, ist deshalb ein schwerwiegender Vorgang – und er ist unumkehrbar, wenn Sie keine Sicherung auf CD oder Band mehr haben.

Im Firmenumfeld werden Benutzerkonten deshalb häufig mit `passwd -l` nur deaktiviert, bis sichergestellt ist, dass die Stelle des Ausgeschiedenen nicht doch neu besetzt wird. Auch wenn es keinen Nachfolger gibt, wird dessen Arbeit normalerweise an die in der Firma Verbliebenen neu verteilt und nicht mit dem Ausgeschiedenen gelöscht. Wenn aber ein Nachfolger bestellt wird, wäre es sehr viel einfacher, entweder die bisherige Benutzer-ID mit `usermod -l` zu ändern oder die Daten mit `chown -R` dem neuen Mitarbeiter zur Verfügung zu stellen, als sie aus dem Sicherungsmedium zurückzuholen.

Zwei Beispiele:

```
[root@raider root]# useradd -m -G users praktikant
[root@raider root]# id praktikant
uid=1002(praktikant) gid=1002(praktikant) Gruppen=1002(praktikant),100(users)
[root@raider root]# ls -l /home
insgesamt 24
drwxr-xr-x  50 dieter    dieter    4096 Okt 25 14:33 dieter/
drwxr-xr-x   3 gast      gast      4096 Okt 23 20:06 gast/
drwxr-xr-x   3 praktikant praktikant 4096 Okt 25 14:45 praktikant/
[root@raider root]# userdel -r praktikant
[root@raider root]# ls -l /home
drwxr-xr-x  50 dieter dieter 4096 Okt 25 14:33 dieter/
drwxr-xr-x   3 gast   gast   4096 Okt 23 20:06 gast/
[root@raider root]# id praktikant
id: praktikant: Einen solchen Benutzer gibt es nicht
```

Hier wird der Benutzer *praktikant* angelegt. Er hat keinen Langnamen, aber dafür ein Heimatverzeichnis. Dies bestätigt der Befehl ls -l /home. Nachdem der Benutzer mit userdel -r praktikant entfernt worden ist, bleibt von ihm auch im */home*-Verzeichnis nichts übrig. Es ist, als habe es ihn nie gegeben.

```
[root@raider root]# useradd -m -G users praktikant
[root@raider root]# userdel praktikant
[root@raider root]# ls -l /home
drwxr-xr-x  50 dieter dieter 4096 Okt 25 14:33 dieter/
drwxr-xr-x   3 gast   gast   4096 Okt 23 20:06 gast/
drwxr-xr-x   3 1002   1002   4096 Okt 25 14:45 praktikant/
[root@raider root]#
```

Im zweiten Fall wird der Benutzer ebenso angelegt, allerdings ohne beim Löschen sein Heimatverzeichnis zu tilgen. Übrig bleibt ein herrenloses Verzeichnis */home/praktikant*, das einem Benutzer mit der Benutzer- und der Gruppen-ID 1002 gehört. Diese Nummer taucht in der Dateiliste auf, weil in der Datei */etc/passwd* kein korrespondierender Benutzereintrag mehr vorhanden ist.

Auch wenn Sie mit userdel -r den Benutzer und seine Daten leicht löschen können, bezieht sich das nicht auf die Daten, die der Benutzer noch an anderen Stellen im System erzeugt haben mag, z.B. in Abteilungslaufwerken. Um all diese Dateien aufzuspüren, brauchen Sie ein anderes Werkzeug: Das Programm *find*. Grafische Versionen von (oder grafische Frontends zu) *find* finden sich auch in der Beschreibung der Fenstermanager.

Tabelle 15-5: Verwendete Befehle zum Entfernen eines Benutzers

Befehl/Option	Wirkung
userdel	Benutzer löschen
-r	Mit Heimatverzeichnis löschen (keine Rückfrage mehr!)
id	Liefert die wichtigsten Daten eines Benutzers zurück.

Gruppen erzeugen, bevölkern und löschen

Gruppen stellen in Netzwerkumgebungen und auf Mehrbenutzerrechnern meist bestimmte Tätigkeiten dar. Alle Mitarbeiter, die z.B. in die Dateien schreiben dürfen, die die Bilanzen enthalten, werden zu einer Gruppe »bilanz« zusammengefasst. Anschließend erzeugt man ein Verzeichnis, das der Gruppe »bilanz« gehört, und gewährt allen Gruppenmitgliedern dort Schreibrechte. Voilà, das ist eine Art »Abteilungslaufwerk«. Wenn die *others* (siehe Kapitel 3, *Einige grundlegende Linux-Konzepte*) keinen Zugang bekommen, können Sie schon relativ sorglos und sicher zusammenarbeiten.

Bei Einzelplatz-Systemen spielen die Gruppen keine so große Rolle – außer bei SUSE, wo man als normaler Benutzer schon Mitglied in den vier Gruppen *audio*, *video*, *uucp* und *dialout* sein muss. Über die Gruppen *audio* und *video* wird der Zugriff auf Multimedia-Geräte geregelt. Wer nicht Mitglied dieser Gruppen ist, kann unter SUSE nicht Musik hören oder Videos gucken. *uucp* und *dialout* sind notwendig, um mit Modems ins Internet wählen zu können.

Alle Gruppenkonten des Linux-Systems stehen in der Datei */etc/group*. Auch in dieser Datei stehen die Informationen in durch Doppelpunkte getrennten Feldern wie bei */etc/passwd*, aber die Anzahl der Datenfelder pro Gruppenkonto ist kleiner. In folgendem Beispiel wird mit dem Befehl groupadd eine Gruppe *office* hinzugefügt.

```
[root@raider root]# groupadd office
[root@raider root]# grep office /etc/group
office:x:1003:
```

Die neue Gruppe *office* bekommt die Gruppen-ID (GID) 1003, grep bringt es an den Tag. Die meisten Distributionen haben gar keinen vernünftigen textorientierten Befehl, um einer Gruppe einen oder mehrere Benutzer hinzuzufügen. Was es gibt, sind mehr oder weniger schlaue Kommandos, mit denen Sie jeweils einem Benutzer eine oder mehrere Gruppe zuordnen können. Das liegt einfach daran, dass Sie eine Menge Benutzer am schnellsten in eine Gruppe hineinbekommen, indem Sie die Datei */etc/group* einfach mit einem Texteditor öffnen und die Benutzernamen, durch Kommas getrennt, direkt hinter dem letzten Doppelpunkt eintragen. Die grafischen Benutzer- und Gruppenkonten-Verwaltungsprogramme der einzelnen Distributionen schließen hier eine Lücke. Meist sehen Benutzer-Gruppen-Aktionen so ähnlich aus wie im folgenden Beispiel, wo der Benutzer *dieter* in die zusätzlichen Gruppe *office* aufgenommen wird. Der Befehl ist usermod:

```
[root@raider root]# groups dieter
dieter : dieter users
[root@raider root]# usermod -G dieter,users,office dieter
[root@raider root]# groups dieter
dieter : dieter users office
```

```
[root@raider root]# grep office /etc/group
office:x:1003:dieter
[root@raider root]#
```

groups ist ein Befehl, der (ähnlich wie `id`) die Gruppenzugehörigkeiten eines Benutzers anzeigt. Der gleiche Befehl mit dem Debian/Ubuntu-Tool würde `adduser dieter office` heißen. Dazu gab es bereits ein Beispiel weiter oben.

Tabelle 15-6: Verwendete Befehle für Gruppen

Befehl/Option	Wirkung
groupadd	Gruppe anlegen
-g	Gruppen-ID (in der Regel wird die nächste freie Gruppe verwendet, also nicht immer nötig)
-r	Systemgruppe erzeugen; die Gruppe bekommt eine GID (Gruppen-ID) unterhalb von 499.
groups	wie `id`, liefert aber nur die Gruppenzugehörigkeiten eines Benutzers zurück.

Benutzerverwaltung mit den grafischen System-Tools der Distributionen

Nachdem Sie die Befehle zur Benutzerverwaltung auf der Kommandozeile kennengelernt haben, will ich Ihnen nicht verschweigen, dass Sie die oben aufgeführten Aktionen auch bequem mit Ihren grafischen Systemwerkzeugen durchführen können.

YaST2

Eine ausführliche Beschreibung aller Module dieses mächtigen SUSE-Tools finden Sie in Kapitel 12, *System-Tools der Distributionen*. Hier geht es nur um die Benutzer- und Gruppenverwaltung.

Im Register SICHERHEIT UND BENUTZER gibt es Icons mit den Symbolen »Kegel« und »Kegel mit Kind«, die für Benutzer- bzw. Gruppenverwaltung stehen. Welches der beiden Icons Sie für den Einstieg verwenden, ist ziemlich gleich, denn Sie können jederzeit aus dem Dialog der Benutzer- in die Gruppenverwaltung wechseln und umgekehrt. Drücken Sie dazu einen der beiden Radio-Buttons am oberen Dialogrand. Abbildung 15-1 zeigt die Benutzerverwaltung des YaST bei openSUSE 10.3 unter GNOME. Unter KDE sieht sie anders aus, wenn auch die Optionen gleich sind.

Einen Benutzer anlegen. Klicken Sie auf den Button HINZUFÜGEN am unteren Rand des Dialogs. Was hinzugefügt werden soll, verrät der nächste Dialog mit seiner Überschrift NEUEN LOKALEN BENUTZER HINZUFÜGEN. Wenn Sie z.B. innerhalb einer Firma arbeiten und dort als zentralisierte Benutzerkontenverwaltung ein LDAP[3]-Server eingesetzt wird (weil Sie z.B. einen entsprechend eingerichteten *SUSE*

---

3 LDAP: Lightweight Directory Access Protocol, siehe *http//de.wikipedia.org/wiki/ldap*

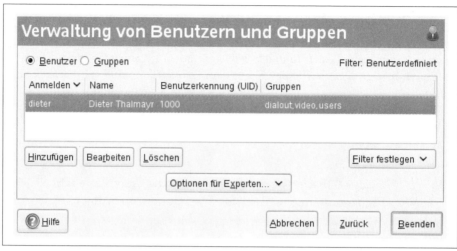

Abbildung 15-1: Das Benutzer-Modul im YaST2

Linux Enterprise Server betreiben), kann dort auch NEUEN LDAP BENUTZER HINZU-FÜGEN stehen. Der »Benutzer anlegen«-Dialog verlangt von Ihnen, einen Benutzernamen und das Passwort zweimal einzutippen (siehe Abbildung 15-2).

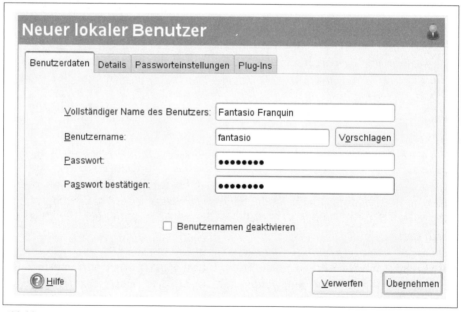

Abbildung 15-2: Namen, Benutzernamen und das Passwort zweimal eintippen – fertig ist der neue Benutzer.

In den meisten Fällen genügt das schon, und nach einem Klick auf ANLEGEN erscheint der neue Benutzer in der Benutzerliste. Dennoch gibt es in drei Registern weitere Einstellungsmöglichkeiten, wie z.B. in den DETAILS die Zugehörigkeit zu Gruppen inklusive der Auswahl der Primärgruppe, aber – das ist neu in openSUSE 10.3 – auch die Möglichkeit, die Zugriffsrechte des Heimatverzeichnisses einzustellen. Hier ist deutlich der Bezug zu den beiden Dateien der Benutzerkontenverwaltung, /etc/passwd und /etc/shadow, zu sehen. Die Gruppenzugehörigkeit wäre sonst nur mit dem Befehl usermod -G gruppenliste benutzername einzustellen.

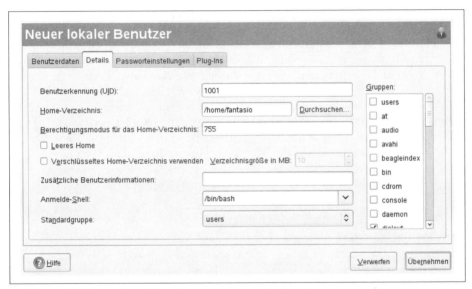

Abbildung 15-3: Zusätzliche Einstellungen zum neuen Benutzerkonto

 Zu früh gefreut hat sich, wer jetzt nur auf ÜBERNEHMEN klickt, aber den Hauptdialog dann nicht regulär mit BEENDEN abschließt: Erst dann werden der neue Benutzer in die Datei /etc/passwd geschrieben, das Passwort an das Programm *passwd* übergeben und alle nötigen Informationen in /etc/shadow eingetragen. Wenn Sie das vergessen, fangen Sie zumindest für diesen einen Benutzer von vorn an. Das ist besonders bitter, wenn Sie schon mehrere Benutzer eingetragen glaubten. Sie können allerdings die bisher eingestellten Änderungen mit dem Drop-down-Button OPTIONEN FÜR EXPERTEN ins System schreiben lassen, wenn Sie aus dem Menü ÄNDERUNGEN NUN SCHREIBEN... wählen.

> ### Serverklasse
>
> Wenn Sie einen *SUSE Linux Enterprise Server* (SLES) statt der Standardversion oder openSUSE betreiben, kann es passieren, dass Sie in diesem Dialog nicht einen einzigen Benutzer sehen.
>
> YaST2 in SUSE 9.1 konnte bereits menügeführt einen LDAP-Server anlegen, und wenn Sie sich bei der Einrichtung nicht ablenken lassen, setzt das Installationssystem einen vollwertigen, funktionsfähigen, zentralen Benutzerkonten-Verwaltungsserver auf der Basis von *openldap* auf. Davon hat der Einzelplatzbenutzer gar nichts, aber SLES ist kein Einzelplatzsystem, das sehen Sie schon am Preis für Produktlizenzen und Support. Damit Sie die lokal angelegten Benutzer aus der */etc/passwd* sehen können, müssen Sie zuerst am rechten unteren Rand des Dialogs einen Filter festlegen. Erst wenn dieser auf *Lokale Benutzer* steht, sehen Sie das Volk aus der */etc/passwd*. Die Sonder-Benutzer mit den niedrigen Benutzer-ID-Nummern werden erst angezeigt, wenn Sie den Filter auf *Systembenutzer* stellen. BENUTZERDEFINIERTE FILTEREINSTELLUNG bietet die Möglichkeit, sowohl die lokalen Systembenutzer als auch die normalen Benutzer – und wenn Sie wollen, auch die LDAP-Benutzer – anzuzeigen. Sie bemerken daran, dass SLES für große Netzwerke gedacht ist. Beeindruckend ist, dass es nicht schwieriger (und nicht einmal anders ist), die LDAP- oder Systembenutzer zu bearbeiten als lokale Benutzer.

Einen Benutzer bearbeiten. Was beim Erstellen eines Benutzers zuerst noch nicht oder falsch eingetragen worden ist, können Sie später jederzeit ändern. Wählen Sie den Benutzer dazu mit der Maustaste aus, und klicken Sie BEARBEITEN an. Sie können alle Einstellungen vornehmen, die Ihnen auch beim Anlegen des Benutzers zur Verfügung standen. In den PASSWORTEINSTELLUNGEN (siehe Abbildung 15-4) geht es darum, wie lange das Passwort gültig ist (bzw. wann das Benutzerkonto automatisch ungültig wird), in welchen Abständen das Passwort geändert werden muss und ob vor Ablauf des Passworts eine Warnmeldung anzeigt werden soll. Das sind genau die Felder, die in der Datei */etc/shadow* enthalten sind. Jetzt ist es kein Geheimnis mehr, wohin der YaST diese Einstellungen schreibt.

Alles lässt sich auch nachträglich noch anpassen, auch in den DETAILS: Standardgruppe, Shell, sogar das Heimatverzeichnis. Wenn Sie das ändern, ist allerdings Handarbeit angesagt: Sie müssen überprüfen, ob das Verzeichnis existiert und die richtigen Berechtigungen hat, und es gegebenenfalls erst noch anlegen. Sogar die Benutzerkennung (UID) eines Kontos können Sie dort ändern. Ob Sie sich damit allerdings etwas Gutes tun, mag dahingestellt sein. Die Dateien Ihres Kollegen tragen ja alle noch die alte UID, so dass Sie ihn womöglich mit einem Mausklick komplett enteignen.

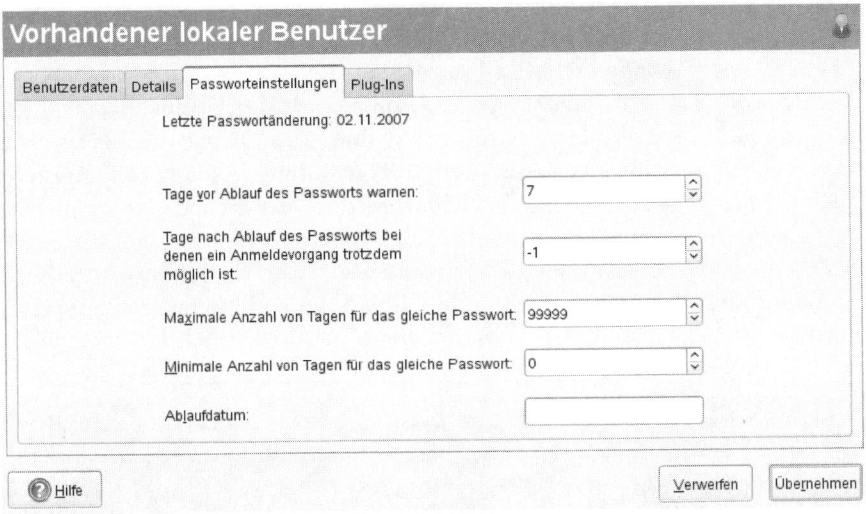

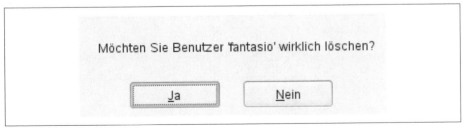

Abbildung 15-4: Die Datei /etc/shadow lässt grüßen.

 Wenn Sie die Benutzerkennung (UID) eines Kollegen nachträglich ändern, wird dieser im Dateisystem plötzlich zum Habenichts: Das Datei-Eigentum im Dateisystem hängt nicht am Benutzernamen, sondern an der UID. Jede Datei und jedes Verzeichnis, das dieser Benutzer je erzeugt hat, trägt diese UID – auch sein Heimatverzeichnis und alles, was sich darin befindet. Das können Sie z.B. mit ls -l oder dem Befehl stat *dateiname* anzeigen lassen. Ändern Sie nun bei einem Benutzerkonto die UID, verschwindet für das System der alte Benutzer, und ein neuer wird erschaffen. Das alte Hab und Gut hat dann keinen Eigentümer mehr, bis ein neuer Benutzer mit der gleichen UID erschaffen wird. Dem gehören dann sofort alle Dateien und Ordner des alten Benutzers.

Benutzer löschen. Um einen Benutzer inklusive Heimatverzeichnis loszuwerden, klicken Sie einfach den LÖSCHEN-Button an (Abbildung 15-5).

Abbildung 15-5: Benutzer löschen

system-config-users

Auch Fedora bzw. RedHat hat ein schönes Werkzeug an Bord, um Benutzer zu bearbeiten: *system-config-users*, das sich unter SYSTEM → ADMINISTRATION → BENUTZER UND GRUPPEN findet (siehe Abbildung 15-6), ist ein übersichtliches Tool, um das Volk zu regieren. Am oberen Ende des Dialogs befindet sich ein Umschalter zwischen Benutzer- und Gruppenverwaltung in Form von Registerohren. Die tabellarische Darstellung der Benutzer ist im Großen und Ganzen nicht viel anders als die entsprechenden Stellen bei vergleichbaren Programmen. Bei den PRÄFERENZEN in der Menüleiste befindet sich nur ein einziger Schalter, mit dem die Systembenutzer (mit den niedrigen UID- und GID-Nummern) herausgefiltert werden können.

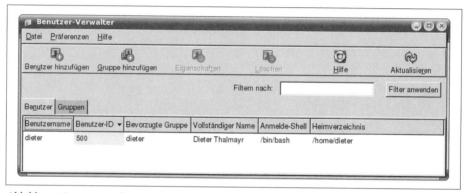

Abbildung 15-6: Der verkürzte und gefilterte Hauptdialog von system-config-users

Klickt man den Button BENUTZER HINZUFÜGEN an, erscheint ein Dialog, um die Eigenschaften des neuen Benutzers einzugeben (siehe Abbildung 15-7). Auch hier gibt es wenig zu erklären: Wer gesehen hat, wie die Dateien hinter diesen Dialogen aufgebaut sind, versteht sofort den Aufbau der grafischen Darstellung.

Klein, fein und schnell ist auch der Dialog zum Ändern des Benutzerkontos. Eine Reihe von Registern am oberen Ende des Dialogs bietet umfassende Möglichkeiten (siehe Abbildung 15-8), auf das Konto Einfluss zu nehmen. Genau betrachtet, steht auch hier – übersichtlich aufgemacht – die gesamte Riege der Einstellungsmöglichkeiten aus */etc/passwd*, */etc/shadow* und */etc/group* zur Verfügung.

Nicht anders ist es bei den Gruppeneinstellungen: Die Struktur der */etc/group* ist zwar einfacher als die von */etc/passwd*, weil es aber keinen vernünftigen textorientierten Befehl gibt, um einer Gruppe Mitglieder zuzuordnen, können die grafischen Frontends endlich glänzen.

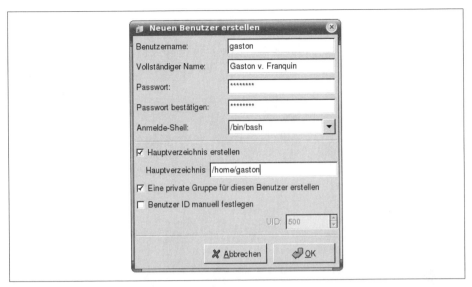

Abbildung 15-7: Benutzer erstellen à la Red Hat

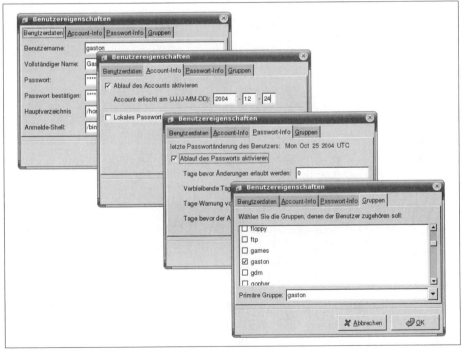

Abbildung 15-8: Einstellbare Eigenschaften im Red Hat-Menü

Gruppen erzeugen und bearbeiten. Nicht vier, sondern nur zwei Register hat der Dialog zum Erzeugen und Bearbeiten von Gruppen (siehe Abbildung 15-9). Es gibt ja auch nicht viel einzustellen: den Namen der Gruppe im ersten Register, GRUPPENDATEN, und im zweiten Register, GRUPPENBENUTZER, ihre Mitglieder.

Abbildung 15-9: Bearbeiten der Gruppe users. Ein Klick, und Gaston wird Mitglied.

Wenn Sie eine Gruppe löschen wollen, kommt nach dem Anklicken des LÖSCHEN-Buttons noch einmal eine Rückfrage (siehe Abbildung 15-10). Das Löschen einer Gruppe ist undramatisch, solange es sich nicht um die Hauptgruppe eines Benutzers handelt. Wenn Sie so eine Gruppe löschen, wird eine ganze Reihe von Dateien wenigstens zur Hälfte heimatlos.

Abbildung 15-10: Fast wie bei Windows: eine letzte Rückfrage vor der eigentlichen Aktion

draktools

Mandrivas Kontrollzentrum enthält eine Benutzerverwaltung, die Sie dort per Mausklick aufrufen können, aber wenn Sie in der Befehlszeile drakuser eingeben, erscheint sie auch (siehe Abbildung 15-11). Wüsste man es nicht besser und wären nicht die Icons anders, könnte man auf den Gedanken kommen, man hätte diesen Dialog schon einmal gesehen.

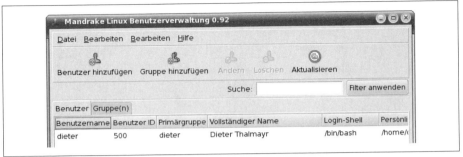

Abbildung 15-11: Bewährt und gut, nur durchgehender eingedeutscht: die Benutzerverwaltung von Mandriva

Ubuntus User-Tool

Äußerlich sehr ähnlich ist auch das Benutzerverwaltungsprogramm, das Ubuntu mitbringt. Der Name des Perl-Skripts ist allerdings unaussprechlich: */usr/share/setup-tool-backends/scripts/users-conf*. Da ist es schon eine Erleichterung, dass man es am gleichen Ort findet wie das korrespondierende Werkzeug bei Fedora (SYSTEM → ADMINISTRATION → BENUTZER UND GRUPPEN) und dass es auch diesen einfacheren Titel zeigt: *Benutzer und Gruppen* (siehe Abbildung 15-12).

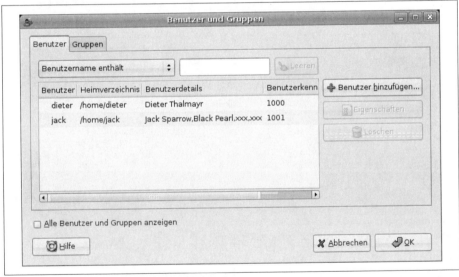

Abbildung 15-12: Der Benutzer-Manager bei Ubuntu

Das Programm ist mit einer leistungsfähigen Filter-Funktion ausgestattet, die sofort reagiert, wenn Sie anfangen, Buchstaben in das Eingabefeld hineinzutippen (siehe Abbildung 15-13). Sobald »j« für den Benutzer *jack* drinstand, war Benutzer *dieter* nicht mehr zu sehen.

Abbildung 15-13: Benutzer filtern

Auch die Eigenschaftsdialoge der einzelnen Benutzerkonten sind vergleichbar. Allerdings haben die Entwickler von Canonical (die Ubuntu-Herausgeber) am dritten Register BENUTZERRECHTE kräftig gedreht: Sie bemerken nichts davon, dass ein Benutzer in die Gruppe »video« aufgenommen ist – nein, er darf die »Video-Beschleunigung benutzen« (siehe Abbildung 15-14 rechts). Danke, Jungs, das habt ihr fein bei Microsoft abgeschrieben. Wer »Drucker einrichten« darf, wird Mitglied der Gruppe *lpadmin*. Aber das wollten Sie gar nicht wissen, stimmt's? Wer schließlich das Privileg »Administrator-Aufgaben ausführen« bekommt, wird in die Gruppe *admin* aufgenommen, und wer da drin ist, darf mittels sudo alles. Wer von den magischen Windows-Fenstern kommt, freut sich vielleicht über solche sprechenden Dialoge. Wer Linux kennt, ärgert sich eher über die undurchsichtige Sprache, weil nicht mehr nachvollziehbar ist, was eigentlich geschieht. Entscheiden Sie selbst, zu welcher Gruppe Sie sich zählen.

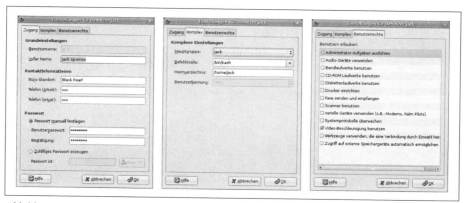

Abbildung 15-14: Benutzereigenschaften bei Ubuntu

Webmin

Erneut völlig außer Konkurrenz ist die webbasierte Oberfläche von Webmin, die in der Gestaltung naturgemäß einigen Beschränkungen unterworfen ist (siehe Abbildung 15-15). Trotzdem kann man mit Webmin praktisch alle gängigen Linux-Distributionen administrieren. Da die Distributoren aber schlecht sagen können, dass im neuen Release alles besser sei, wenn sie nicht fast alles geändert haben, kann es vorkommen, dass Webmin mit den Anpassungen an eine Distribution ein klein wenig hinterherhinkt.

Abbildung 15-15: Im Register System befindet sich die Verwaltung von Benutzern und Gruppen.

Webmin bietet keine Filter an, um die lange Liste der System- und normalen Benutzer voneinander zu trennen. Vielmehr packen die Entwickler unten auch noch sämtliche Gruppen auf die Seite (siehe Abbildung 15-16). Das ist vielleicht nicht das Verhalten des »freundlichen Programms von nebenan«, aber ein äußerst pragmatisches Vorgehen – vor allem, wenn man nichts Besseres hat, um die Seite darzustellen, als HTML.

Problematisch wird der Standard-Webmin dann, wenn einmal Hunderte von Benutzern zu verwalten sind. Das ist bei einer simplen Windows-Umsteigermaschine vermutlich nicht zu erwarten. Für richtig große Benutzerzahlen müsste man ohnehin an einen LDAP-Server denken, und um solch einen Server zu verwalten, hat der Webmin mittlerweile ein spezielles Modul.

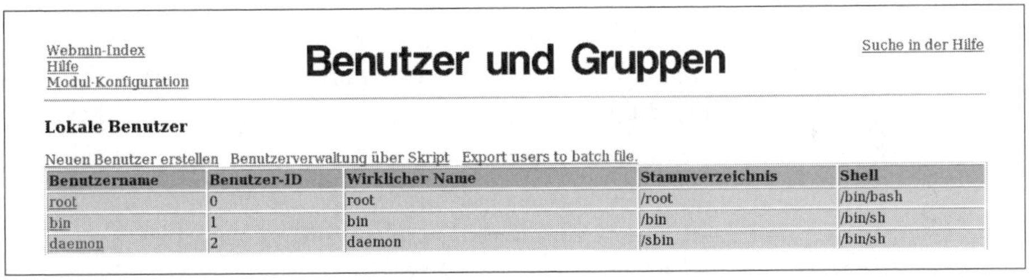

Abbildung 15-16: Die Liste der Benutzer und Gruppen auf der mit Webmin verwalteten Maschine

Einen neuen Benutzer anzulegen ist mit einem Klick auf den Hyperlink NEUEN BENUTZER ERSTELLEN ein Kinderspiel. Leider ist die Dialog-Webseite, die jetzt erscheint, nicht gerade klein (Abbildung 15-17). Allerdings gibt es nicht sehr viel, das beim Erzeugen eines neuen Benutzers wirklich eingestellt werden muss, damit er arbeiten kann: Der Login-Name, eventuell die lange Form des Namens (dann können z.B. Mailprogramme einen korrekten Mailabsender angeben) und ein Passwort. Und erzeugen kann man einen Benutzer erst einmal sogar ohne Passwort. Nun, das ist Linux-Philosophie: Sie müssen nicht, aber Sie könnten ...

Sind irgendwelche Probleme zu erwarten, wenn man den Webmin zur Administration verwendet statt YaST oder ein anderes distributionstypisches Werkzeug? Es

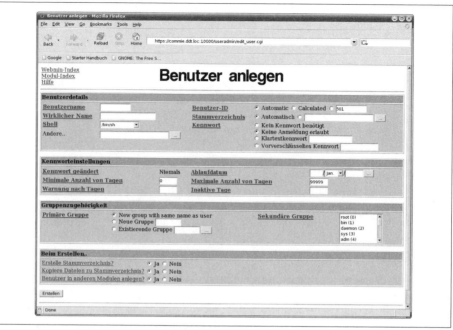

Abbildung 15-17: Benutzer per Web-Frontend erstellen

kann sein, dass eine Distribution besondere Regeln aufgestellt hat, die man vielleicht kennen muss. SUSE fügt einen neuen Benutzer z.B. immer in die Gruppen *dialout*, *uucp*, *video* und *audio* ein. Wer also den Webmin zusammen mit SUSE verwenden will, sollte dies beachten. Sie finden solche Angaben in der Datei */etc/defaults/useradd*.

Wer sich dafür entscheidet, statt Distributions-Tools ein externes Werkzeug wie den Webmin zu verwenden, um eine bestimmte Maschine zu verwalten, der sollte möglichst auch dabei bleiben. Mischbetrieb von verschiedenen Werkzeugen ist auf die Dauer meist problematisch. Die von YaST im Verzeichnis */etc/sysconfig* abgelegten Konfigurationsdaten ignoriert der Webmin z.B. vollständig. Nicht aber YaST, wenn es bemerkt, dass in der Zwischenzeit an den Konfigurationsdateien der Dienste herumhantiert wurde. Welche Version soll es nun verwenden? Seine eigene oder die veränderte?

Bei Distributionen, die den Webmin mitliefern, sollte dies kein größeres Problem sein. Bevor die Software auf CD gebrannt wird, werfen die Package-Maintainer des Distributors normalerweise noch ein Auge darauf. Nicht funktionierende Softwarepakete sind für einen Distributor der schnellste Weg, sich aus dem Markt zu fegen. Den jeweils aktuellen Stand, welche Distributionen Webmin mit welcher Release-Nummer unterstützt, erfahren Sie auf der Webseite *http://www.webmin.com/support.html*.

In diesem Kapitel:
- Installationsmanager
- Software-Pakete
- Installationsmanager verwenden
- Installation mit Distributionswerkzeugen

KAPITEL 16
Software installieren

Bei Windows beginnt eine Software-Installation normalerweise mit einem Griff zum Portemonnaie. Zwar liefert Windows immerhin einen Dateimanager mit, und es sind auch mehrere Kleinprogramme wie Kartenspiele etc. enthalten. Programme wie der Internet Explorer und der Media Player sind aber, so sehen es die Gerichte in Europa mittlerweile, weniger tolle kostenlose Zusatzprodukte, sondern Mittel, um Microsofts überwältigende Marktpräsenz weiter zu stützen. Völlige Fehlanzeige herrscht dagegen bei Nützlichem wie Büro- und Netzwerksoftware. So etwas wird einfach nicht mitgeliefert, denn daran will man ja beim Kunden nochmal verdienen. Textverarbeitung, Tabellenkalkulation, aber auch Netzwerk-Diagnose- oder Dienstsoftware wie Mailserver und vieles mehr sind von Microsoft nur gegen einen extra Obulus zu bekommen. Auf diesem Feld tummelt sich auch Software, die von Microsoft-fremden Firmen entwickelt wird, um den Mangel bei Windows ausgleichen – bis hin zu Virenschutz- und Internet-Security-Programmen, die die Sicherheitslücken von Windows stopfen sollen.

Das ist bei Linux anders. Wenn Sie eine bestimmte Software auf Ihrem Linux-Rechner vermissen, dann installieren Sie sie in der Regel einfach nach. Ohne Geldzahlung, ohne Raubkopie, einfach so. Die meisten Linux-Programme stehen unter verschiedenen freien Lizenzmodellen, deshalb ist die gewünschte Software in der Regel auch schon auf Ihrem Installationsmedium enthalten. Sie starten den Installationsmanager, wählen die Software aus der Liste aus, und los geht's. Das kostet Sie nicht mehr als ein paar Mausklicks. Manche Distributoren liefern nur ein kleines Installationsmedium aus. Da finden Sie die große Masse der Pakete normalerweise auf einen Internet-Server, von dem Sie sie nachinstallieren können. In den Paketlisten finden Sie üblicherweise etliche Tausend Programme. Spitzenreiter der hier geschilderten Distributionen sind Debian und Ubuntu (das auf die Debian-Archive zurückgreift): Da gibt es nicht weniger als 16.000 Installationskandidaten.

Installationsmanager

Ein so großes Angebot tendiert dazu, ein wenig unübersichtlich zu werden. (Wer kann schon auf Anhieb wissen, was sich hinter Programmnamen wie »xsnow«, »wireshark« oder »sodipodi« verbirgt?) Deshalb helfen bei den Linux-Distributionen sogenannte Installationsmanager. Sie sortieren die Softwarepakete in grafischen Dialogen nach Paketgruppen und haben außerdem eine Suchfunktion. Trotzdem: Wohl dem, der schon vorher weiß, was er installieren will.

Außer den grafischen Installationsprogrammen gibt es auch eine Reihe von textorientierten Vertretern dieser Spezies. Lassen Sie sich nicht täuschen: Die können in der Regel nicht weniger, sondern sogar mehr als die grafischen. Und Sie wundern sich sicher auch nicht mehr über die Information, dass all diese Programme nur Frontends für textorientierte Kommandos sind, die den eigentlichen Installationsmanager darstellen.

Installationsmanager lösen aber noch ein anderes, viel wichtigeres Problem. Einsteiger fragen sich vielleicht »Gibt es die Software xy auch unter Linux?« und freuen sich über eine alphabetische, themenorientierte oder sonstige vorgefertigte Liste aller Programme, vielleicht noch mit einer kleinen Beschreibung der Software. Praktiker interessiert dagegen schon vor der Installation, ob diese Software sich mit anderen Programmen auf der Maschine vertragen wird, ob vielleicht sogar das Betriebssystem beschädigt werden könnte und ob sich die Software auch wieder schadlos deinstallieren lässt. Das ist kein sinnloses Unken, auf diesem Gebiet hatte Windows in der Vergangenheit oft nur rund zehn von hundert möglichen Punkten... Gerade mit der Möglichkeit, Software ohne Schaden und restlos vom System entfernen zu können, übertreffen die meisten Linux-Distributionen mit ihren Paketmanagern schon lange bei Weitem das, was unter Windows derzeit üblich ist.

Bevor es losgehen kann, sind hier ein paar Aspekte aufgelistet, bei denen sich die Handhabung unter Linux und Windows sehr ähnlich ist:

- Sie müssen Systemadministrator-Rechte haben, um Software zu installieren. Zumindest bei allen Programmen, die etwas im zentralen Systembereich ablegen. Das heißt, Sie arbeiten entweder mit einem *root*-Login, mit su - aus einem Terminal heraus, oder bei Ubuntu mit einem sudo. Bei den meisten Distributionen müssen Sie in der grafischen Umgebung das *root*-Passwort in einem besonderen Fenster eingeben, bevor das Installationsprogramm starten darf.

- Irgendwelche Dateien mit Software aus dem Internet passen nicht einfach auf alle Distributionen und auch nicht unbedingt auf alle Versionen der gleichen Distribution. Wenn Sie vorgefertigte Installationspakete verwenden wollen, müssen Sie darauf achten, dass das Paket auf Ihre Distribution (und deren Versionsnummer) passt.

- Automatische Updates für die installierten Softwarepakete werden Ihnen in der Regel kostenlos zur Verfügung gestellt und – wenn das so eingestellt ist – auch automatisch auf Ihren Rechner übertragen.

Linux-Software kostet in der Regel nichts, Sie dürfen sie auch auf beliebig viele Rechner kopieren und dort installieren. Lassen Sie sich da nichts anderes erzählen. Weil sie frei ist, können die Distributoren solche Software problemlos für ihren Installationsmanager aufbereiten, und Sie können sie problemlos kopieren und installieren.

Wo funktioniert das nicht? Zum Beispiel bei kommerzieller Linux-Software. Bislang gibt es davon ja nur wenig, doch solche Software darf auf den Distributionen meist nicht mitgeliefert werden oder ist dort nur in sehr eingeschränkten, verkrüppelten Versionen vorhanden. Und selbst als bezahlender Kunde bekommen Sie die Programme oft nicht in dem Installationsformat geliefert, das zu Ihrer Distribution passt, sondern als gezipptes Dateiarchiv. Das packen Sie an einem Ihnen genehmen Ort laut Anweisung aus (*/usr/local* ist ein guter Ort dafür), und schon läuft die Software (z.B. Softmaker Office). Aber selbst dann dürfen Sie diese Software nicht beliebig kopieren, sondern nur so oft, wie Sie dafür bezahlt haben. Doch auch freie Software, die für Ihre Distribution (noch) nicht passend aufbereitet wurde, könnten Sie aus dem Internet holen. Sie müssten die Software dann aber selbst aus den Programmquellen für Ihren Rechner übersetzen (kompilieren). Auch wenn Sie das vermutlich niemals oder nur sehr selten wirklich tun werden: Das funktioniert, angefangen bei kleinen Programmen, bis hinauf zum Betriebssystem selbst. Der Nachteil von Software, die nicht zu Ihrem Installationsmanager passt, ist folgender: Sie können diese Software dann auch nicht mit YaST und Co. deinstallieren oder updaten.

Software-Pakete

Sie erhalten Software bei Linux nicht als selbstinstallierendes Programm *setup.exe*, sondern normalerweise in Form eines Installations*pakets*. Damit ein solches Paket auf dem Rechner installiert werden kann, verwenden Sie einen Installationsmanager. Verschiedene Distributionen verwenden auch verschiedene Paket-Formate, deshalb passen auch nicht alle Linux-Installationspakete einer Software einfach auf jedes beliebige Linux. In der Praxis treffen Sie aber nur vier verschiedene Formate (bei mehr als 350 Distributionen!) an. Die hier genannten Distributionen, die in Deutschland am meisten verbreitet sind, verwenden sogar nur zwei dieser Paketformate: SUSE, Mandriva und das Red Hat-basierte Fedora benutzen den Red Hat Package Manager (Dateiendung **.rpm*), und Ubuntu als Debian-Abkömmling verwendet den Debian Packager (dpkg, die Dateien haben die Endung **.deb*).

Software-Quellen und Installationspakete

Installationspakete sind nicht die Software-Original-Quellen, sondern bereits angepasste, auf Ihr Linux zugeschnittene Software-Komponenten. Sie enthalten nicht nur die lauffähigen Programme, sondern auch z.B. Hilfedateien und oftmals Startskripten, die es sehr angenehm machen, die Software zu benutzen. Darüber, dass bei der Installation und Einrichtung alles klappt, wachen die Installationsmanager. Zum Vergleich: Software-Entwickler halten alle Dateien und Verzeichnisse, die zu einem bestimmten Programm gehören, normalerweise in einem einzigen Verzeichnis auf ihrer Entwickler-Maschine. Wenn sie diese Software veröffentlichen, packen sie dieses Verzeichnis lediglich in eine Archivdatei. Dieses gepackte Archiv-Format ist im Internet allgegenwärtig: Es heißt *tarball*, und die Tarball-Dateien tragen meist die Endung *.tar.gz*, aber ebenso häufig findet man auch die Endung *.tgz*.

Das *tar* ist das Dateiformat des *GNU tape archivers*, einer Standard-Sicherungssoftware unter Unix und Linux. Und die Endung *gz* kommt von *GNU zip*, einer freien Komprimierersoftware, ähnlich wie WinZip. Solche Dateien finden Sie im vermutlich größten Software-Archiv der Welt für freie Software, *sourceforge* (*http://sourceforge.net*), dort werden inzwischen mehr als 130.000 freie Software-Projekte zum Download angeboten, nicht nur für Linux. Aber es gibt auch andere Archive, z.B. *freshmeat.com*.

So ein *tarball* kann entweder das lauffähige Programm selbst enthalten, das ist z.B. bei kommerzieller Software üblich oder auch bei manchen vorkompilierten freien Softwarepaketen, wie dem Firefox oder Thunderbird. Häufiger noch enthält es jedoch die Programm-*Quellen*. Damit das Programm läuft, muss es noch übersetzt werden. Ein sogenannter *Compiler* wandelt es dabei in Maschinenspache um, die der Computer verstehen kann. Weitere Vorgänge kopieren die übersetzten Dateien in die Zielverzeichnisse, die sich auch an mehreren verschiedenen Stellen des Systems befinden können. Besser ist es allerdings, Sie warten auf ein Installationspaket, das Ihr Linux-Distributor hergestellt hat: Die Distributoren laden die *tarballs* vom Entwickler-Server oder von *sourceforge* herunter, übersetzen sie und passen sie bei Bedarf so an, dass die Software auf Ihrer Installation perfekt laufen kann. Leute, die aus den übersetzten Programmdateien und den zusätzlichen Sonderanweisungen Installationspakete erzeugen, nennt man *Packet Maintainer*.

Wenn Sie nun ein solches, perfekt passendes Paket auf Ihrem Rechner installieren, dann liest der Installationsmanager Ihrer Distribution aus dem Installationspaket heraus, welche Software zusätzlich installiert sein muss, damit dieses eine Programm funktioniert – der Installationsmanager erfüllt alle Software-Abhängigkeiten, indem er fehlende Installationspakete automatisch ebenfalls zur Installation vormerkt oder von Ihnen eine Entscheidung darüber einholt, was genau er tun soll. Schließlich kopiert das Installationsprogramm alle Programm- und Hilfsdateien des

Pakets an die richtigen Orte im System. Aber jetzt kommt das Besondere: Jede Datei, die auf den Rechner kopiert wird, und jedes Verzeichnis, das dazu entsteht, protokolliert der Installationsmanager in eine Datenbank. Bei dieser Datenbank können Sie später jederzeit abfragen, welche Dateien von welchem Paket installiert wurden. Oder auch anders herum: Wenn Sie bei einer der über 100.000 Dateien auf Ihrem Linux-System rätseln, zu welchem Paket sie wohl gehört, bekommen Sie diese Information durch eine Abfrage bei RPM oder dem Debian-Paketmanager.

Im Vergleich zu Windows

Unter Windows gibt es so etwas bislang nur teilweise. Wenn jemand mit Administratorrechten eine *Setup.exe* aufruft, installiert die Software sich hoffentlich fehlerfrei. Denn selbst Spezialisten reagieren auf die Frage, was genau denn beim Aufruf dieser Installationsroutine eigentlich so alles passiert, nur mit einem scheuen Lächeln: Das wissen bei kommerzieller Software (so ein gern erzählter Scherz) nur die Entwickler dieser Software und deren Mütter.

Ein ganzer Industriezweig stellt inzwischen Software her, die nichts anderes macht, als herauszufinden, was bei einer Installation eigentlich alles geschehen ist: Welche Dateien wurden wohin kopiert, welche bestehenden Dateien wurden verändert oder überschrieben, und was wurde in die Registry eingetragen? Die Resultate dieser Rechner-Inventur kann man dann in ein *.msi*-Paket (*Microsoft Software Installer*) schreiben und z.B. für eine Massen-Installation auf dem Netzwerk hinterlegen. Das ist eine tolle Sache, Microsoft hat es erfunden, doch das ist ziemlich genau das, was ein *rpm*- oder *deb*-Paket darstellt. Linux macht es trotzdem besser. Womit begründe ich diese hochmütige Feststellung? Weil Sie meist trotz MSI-Paket eine Software unter Windows nicht restlos von der Maschine entfernen können.

Der Grund: Windows ist ein hochintegriertes System. Viele der Funktionen, die Windows-Programme anbieten, sind in zentralen Bibliotheksdateien untergebracht, den *DLLs* (*Dynamic Link Libraries*). Wenn eine Software nun z.B. andere Buttons auf den Dialogen anbieten soll als die, die Windows normalerweise bereitstellt, war der Königsweg bisher immer, diejenige Windows-DLL zu erweitern, die die normalen Buttons anbietet. Pech, wenn das hintereinander mehrere Installationsroutinen machen. Dann stellt sich nämlich schnell heraus, welches Programm am besten damit umgehen kann, wenn es seine Buttons nicht mehr findet, weil inzwischen schon wieder eine Software die Button-DLL überschrieben hat und dabei alle anderen Buttons plattgemacht wurden.

Nun führt aber vor allem kein Weg mehr zurück: Wenn Sie so eine Software deinstallieren wollen, weil sie nicht mehr funktioniert (z.B. weil keine Buttons mehr gefunden werden oder der Speichern-Dialog von anderer Software weggeschossen wurde), kann dabei leider gerade die eine, mehrfach veränderte DLL-Datei nicht mehr entfernt werden. Schließlich verlassen sich ja auch andere Programme darauf, dass sie da ist – und womöglich auch darauf, dass sie diese speziellen, achteckigen, rosafarbenen Buttons enthält. Daran haben auch Programme wie *InstallShield* und die berühmten Wiederherstellungspunkte nichts geändert. *InstallShield* überwacht nur das, was der aktuelle Installationslauf auf der Maschine getan hat, und der Wiederherstellungspunkt kann keine übergreifende Versionskontrolle für Systemdateien durchführen[1]. In der Praxis bedeutet das häufig: Sie fangen nach einem Fehler wieder von vorn an: Zuerst Windows installieren, dann Servicepakete einspielen und schließlich wieder alle Software der Reihe nach installieren.

Zwar besitzt auch Linux – nicht wenige – zentrale Bibliotheken, aber es ist nicht nötig und nicht üblich, sie zu überschreiben. Die Softwareentwickler achten sehr darauf, alle Funktionen, die sie benötigen, im Verzeichnis ihrer eigenen Programme zu lassen. Dadurch bekommen die Softwarepakete zwar insgesamt mehr kleine Dateien mit solchen Funktionen als vergleichbare Windows-Software, aber das Hauptsystem bleibt dadurch intakt. Der einzige Fall, der mir je begegnete, in dem das nicht so war, war Mitte der 90er-Jahre, als StarDivision ganz in Windows-Manier für sein StarOffice die *glibc* (das ist die zentralste und wichtigste Bibliothek von allen) austauschte. Die Linux-Systeme wurden dadurch mit einem Schlag unbrauchbar, und StarDivision muss damals knietief in Beschwerdebriefen gewatet sein. Danach habe ich zumindest nie mehr von so einer Sache gehört.

Installationsmanager verwenden

Sie finden die grafischen Installationsprogramme meist an sehr eingängigen Orten wie System → Software verwalten, Anwendungen → Hinzufügen oder als Modul des zentralen Verwaltungsprogramms wie bei SUSEs *YaST*, dem Mandriva *Kontrollzentrum* oder *system-config-control*. Zum Teil kommen diese Werkzeuge schon bei der Grundinstallation zum Einsatz, andere gibt es erst später, wenn die grafische Umgebung schließlich läuft. Die grafische Oberfläche ist jedoch nicht Pflicht: Sie können sowohl das *rpm*-System als auch Debians *dpkg* von der Befehlszeile aus bedienen. Außerdem gibt es hervorragende textorientierte Software als Frontend, die das *rpm*- und das *dpkg*-System ergänzt und bequemer bedienen lässt, aber Maus & Co. nicht braucht.

Ein paar Takte rpm

Nicht wenige Systeme benutzen den *Red Hat Package Manager*, das sind neben Fedora z.B. auch SUSE und Mandriva. Die Installationsdateien bestehen, wie oben schon angedeutet wurde, im Prinzip aus zwei Teilen: Der größere Teil ist ein gepacktes Archiv aller Dateien der Software, die installiert werden soll, außerdem gibt es (bei Bedarf) Installationsskripten, die vor und nach dem Einspielen der

---

[1] Der relevante Artikel in der Microsoft Onlinehilfe, *http://www.microsoft.com/germany/msdn/library/windows/windowsxp/MicrosoftWindowsXPSystemwiederherstellung.mspx?mfr=true*, klammert dieses Thema explizit aus.

Dateien ausgeführt werden. Meist steckt eine Software mit all ihren Teilprogrammen und Hilfsdateien in einem einzigen Installationspaket. Bei größeren Software-Projekten ist es dagegen sinnvoll und notwendig, sie auf mehrere Pakete zu verteilen: OpenOffice besteht z.B. aus einem allgemeinen englischsprachigen Grundpaket. Separat, damit Sie nicht immer alles installieren müssen, was es dazu gibt, wurden die deutsche Sprachunterstützung, die deutsche Hilfe und ein deutsches Wörterbuch in eigenen Paketen untergebracht.

Während der Paketmanager die Software installiert, trägt er den Namen jeder Datei und jedes erzeugten Verzeichnisses in die rpm-Datenbank ein. Das rpm-Programm kann zwar eigenständig keine *Paketabhängigkeiten* auflösen, aber die Namen der benötigten Pakete stehen im Installationspaket. Mit dieser Information gerüstet, kümmern sich die Installationsprogramme der Distributionen darum, dass alle benötigten Pakete installiert werden: bei SUSE der *YaST* und seit Neustem *zypper*, bei Mandriva das *Kontrollzentrum* und *urpmi*, bei Fedora *yum* oder *Pirut*. Aus diesem Grund kann es auch vorkommen, dass Sie nur ein einziges Softwarepaket nachinstallieren wollten, aber ein halbes Dutzend Pakete tatsächlich auf der Festplatte landen. Das ist nicht weiter schlimm, schlechter wäre es, wenn die Paketabhängigkeiten nicht aufgelöst würden. Wenn Sie z.B. auf die Hilfe des Installationsprogramms verzichten und *rpm*-Dateien von Hand aus dem Internet herunterladen würden, dann müssten Sie in diesem Fall mehrmals im Web nachfassen, bis Sie alle Pakete zu Verfügung hätten, damit das eine, gewünschte, endlich funktioniert ...

Die rpm-Optionen

rpm ist ein textorientierter Linux-Befehl, der unglaublich viele Optionen hat. Das Konzept ist sogar zweistufig: Es gibt Großschalter und dazu noch passende Unterschalter, die den Befehl genauer erläutern. In der Praxis benötigen Sie nicht mehr als nur eine Handvoll dieser Schalter. Probieren Sie die Schalter aus: Dabei wird das Konzept des Groß- und Unterschalters klarer. Alle diese Befehle funktionieren (natürlich) nur in einer Shell.

Tabelle 16-1: Einige Großschalter des Red Hat Package Managers

Schalter	Funktionalität
rpm -q	Abfrage der Datenbank: z.B. `rpm -q k3b` beantwortet, ob eine bestimmte Software installiert ist. Nachteil: Man muss den Namen des Installationspakets (meist mit exakter Versionsnummer) wissen.
rpm -i	Installieren eines rpm-Pakets aus einer Datei: z.B. `rpm -i name_des_pakets.rpm` installiert ohne Rück-, Status- oder Erfolgsmeldung das Paket mit dem angegebenen Namen.
rpm -U	Update eines installierten Pakets mit einer rpm-Datei: z.B. `rpm -U name_des_pakets-3-xyz.rpm` updatet eine installierte Version *name_des_pakets-2-x*. (Bei installierten Paketen muss man keine Dateiendung angeben.)
rpm -e	»erase«. Ein installiertes Paket deinstallieren: z.B. `rpm -e name_des_pakets` – funktioniert natürlich nur, wenn die Software auch installiert ist.

Die gerade genannten Großschalter sind viel mächtiger, wenn man sie mit Unterschaltern ein wenig genauer steuert. Besonders die Befehle zum Abfragen und Installieren haben interessante Erweiterungen.

Tabelle 16-2: Großschalter des Red Hat Package Managers mit Unterschaltern

Schalter	Funktionalität
rpm -qa	listet die Namen aller installierten Pakete auf. Wird meistens in Zusammenhang mit *more* oder *grep* verwendet: rpm -qa | more listet die Pakete auf und zeigt sie seitenweise an. rpm -qa | grep samba filtert aus allen installierten Softwarepaketen nur diejenigen aus, in deren Name das Wort *samba* vorkommt. Damit kann man ein Paket auch dann finden, wenn man die Versionsnummer der Software nicht kennt.
rpm -qi	Abfrage der allgemeinen Informationen über ein bestimmtes Paket: z.B. rpm -qi k3b gibt den Namen, das Installationsdatum, die Versionsnummer und andere allgemeinen Informationen über das Paket *k3b* aus.
rpm -ql	listet alle Dateien des abgefragten Pakets auf: So kann man herausfinden, welche Dateien zu einer Software gehören. Man findet z.B. leicht heraus, wo die Dokumentationsdateien oder Beispieldateien abgelegt sind.
rpm-qf	herausfinden, zu welchem Installationspaket eine bestimmte Datei gehört: rpm -qf /name/der/datei/inklusive/pfad liefert den Namen des Softwarepakets zurück.

Die bisher gezeigten Abfragebefehle beziehen sich alle auf bereits *installierte Software*. Aber angenommen, Sie hätten sich aus dem Internet *rpm*-Pakete heruntergeladen und wollten nun wissen, ob dieses Paket wirklich auf Ihre SUSE, Fedora oder Mandriva passt, bevor Sie bei der Installation in Schwierigkeiten geraten. Kein Problem, diese Information rufen Sie einfach aus den Paketen ab, denn da stehen sie drin. Sie benutzen dazu die gleichen *rpm*-Befehle wie oben, aber Sie müssen sie mit dem speziellen Schalter -p kombinieren (und den kompletten Paketnamen angeben), damit nicht die *rpm*-Datenbank der Linux-Installation, sondern wirklich das *rpm*-Paket auf Ihrem Dateisystem gefragt wird.

Tabelle 16-3: Schalter des Red Hat Package Managers, die auf Paketdateien angewendet werden

Schalter	Funktionalität
rpm -qip *paketname*	gibt die allgemeinen Informationen über das Installationspaket aus.
rpm -qlp *paketname*	listet die Namen aller Dateien im Installationspaket auf.

Wenn Sie sich schließlich dazu entschließen, das *rpm*-Paket zu installieren, dann wollen Sie vermutlich auch etwas mehr an Informationen haben als das typische »Unix-Schweigen«, wenn nichts schiefgegangen ist. Anders als Windows präsentiert Linux Ihnen in der Regel weder ein »Sind Sie sich sicher?«, bevor es losgeht, und häufig gibt es noch nicht einmal eine Vollzugsmeldung, wenn alles gut gegangen ist. Deshalb passt der Schalter -v (*verbosely* = *ausführlich*, es gibt ihn auch als -vv für *very verbosely*) sehr gut zu den beiden Installationsschaltern -i und -U. Das -h (gibt es nur zu -U) zeigt einen Fortschrittsbalken in Form von Gatter-Zeichen ##### an (die man auch *Hashes* nennt).

Tabelle 16-4: Schalter, die bei der Installation bzw. einem Update zum Einsatz kommen

Schalter	Funktionalität
rpm -iv	Installiert ein rpm-Paket und gibt einfache Statusmeldungen aus. Beispiel: `rpm -iv grip-3.1.4-35.rpm`.
rpm -Uvh	Updatet ein installiertes Paket mit dem Inhalt der vorliegenden rpm-Datei. Beispiel: `rpm -Uvh grip-3.1.4-35.rpm`.

rpm kennt noch eine ganze Menge Schalter und Kombinationen mehr, doch die genannten sind die wichtigsten. Was über die hier geschilderten Befehle hinausgeht, erledigen Sie vielleicht besser mit den Installationsprogrammen der einzelnen Distributionen oder nach einem Blick in die Manpages von rpm.

> Verschiedene Softwareschmieden bieten mittlerweile *rpm*- und *deb*-Dateien zum Download an. Aber Vorsicht: Nur weil solche Dateien die Endung *.rpm* tragen, heißt das noch lange nicht, dass diese Pakete auch z.B. zu Ihrer SUSE-Distribution passen müssen. *rpm* ist nur das Format, in dem die Installationspakete vorliegen.
>
> Die Software darin installiert sich vielleicht passend z.B. zu einer Fedora-, oder einer anderen Distribution. Deshalb steht in den *rpm*-Paketinformationen in aller Regel auch, für welche Distribution sie gemacht sind. Dass verschiedene Distributoren das gleiche Installationsformat benutzen, ändert eben nichts daran, dass verschiedene Hersteller die Dateien z.T. in sehr verschiedene Verzeichnisse installieren. Wenn Sie sicher sein wollen, dass heruntergeladene *rpm*-Pakete auch auf Ihre Distribution passen, dann verwenden Sie nur solche, die vom Hersteller Ihrer Distribution stammen. Da haben Sie auch die größte Sicherheit, dass die Pakete auf Fehler überprüft sind.

Suchen Sie auf der Homepage Ihres Distributors oder auf einer der Installations-CDs ein Installations- oder Update-Paket, und versuchen Sie, es mit rpm zu installieren. Ein Tipp: Irgendwo auf den SUSE-CDs gibt es ein Paket, das *xpenguins* heißt. Wenn sie das installieren, regnen kleine Pinguine auf den Desktop[2], die fahren Skateboard auf Ihren Fenstern und machen anderen Unsinn. Dieses Paket ist zwar vollkommen sinnlos, aber es schadet auch nicht. Sie können es anschließend mit rpm -e xpenguins ja wieder deinstallieren.

dpkg für Anfänger

Wenn Sie *rpm* schon schrecklich finden, dann wird *dpkg*, der Debian-Paketmanager, Ihnen erst recht ein Gräuel sein. Dieser Befehl hat vielleicht noch mehr Optionen als rpm, und die Schalter sind eigentlich noch weniger eingängig. Das ist auch der Grund, warum niemand mehr als nur ein knappes halbes Dutzend *dpkg*-

---

2 Bei der KDE-Umgenbung müssen Sie vorher einstellen, dass KDE die Ausführung von Programmen im Hintergrund zulässt.

Befehle wirklich verwendet. Alles andere machen selbst die Debian-Freaks mit einem textorientierten Frontend zu *dpkg*: *apt*, dem *Advanced Package Tool*. Führen Sie sich also hier der Vollständigkeit halber die wenigen Befehle zu Gemüte, aber wechseln Sie dann zu *apt-get* und *apt-cache*. Es gibt überhaupt kein *dpkg* für Anfänger. Das ist ja der tiefere Grund für *apt* & Co.

Schalter	Funktionalität
dpkg -i	Eine Software aus einem *deb*-Paket installieren: dpkg -i name des pakets.deb installiert ohne Rück-, Status- oder Erfolgsmeldung das Paket mit dem angegebenen Namen.
dpkg -l	Abfrage der Datenbank: z.B. dpkg -l k3b beantwortet, ob eine bestimmte Software (k3b) installiert ist. Nachteil: Man muss den Namen des Installationspakets (am besten mit exakter Versionsnummer) wissen.
dpkg -L	Abfrage nach dem Paketinhalt: dpkg -L evoution listet alle Dateien des abgefragten Pakets auf. So finden Sie heraus, welche Dateien zu einer Software gehören.
dpkg -S	Abfrage nach dem Paketnamen, zu dem eine Datei gehört: dpkg -L sources.list liefert mehrere Treffer zurück, die auf das Paket *apt* hindeuten.
dpkg --get-selections	Auflisten aller installierten Paketnamen (ohne Paremeter) oder aller, auf die das Suchkriterium zutrifft: dpkg --get-selections samba* zeigt alle Paketnamen, die mit »samba« beginnen.

Benutzerfreundlicher als *dpkg* ist das textorientierte Frontend *dselect*, obwohl auch das fürchterlich zu bedienen ist. Meist sind *apt* und das etwas hübschere menügeführte Frontend *aptitude* im Einsatz, wenn es nicht eines der grafischen Installationstools sein soll. Da wären vor allem *synaptic* und *adept* (unter KDE) zu nennen. Auch *dpkg* allein kann keine Paket-Abhängigkeiten auflösen. Das machen die Hilfsprogramme wie *apt*, *dselect*, *aptitude* & Co. für die Debian-Abkömmlinge. Mehr dazu später.

Installation mit Distributionswerkzeugen

Der Vorteil der Installationsroutinen, die die Linux-Distributoren im Laufe der Jahre entwickelt haben, hängt mit den oben beschriebenen Paket-Abhängigkeiten (oder auf Neudeutsch »*Dependencies*«) zusammen: Sie lösen die Paketabhängigkeiten automatisch auf, ziehen bei Bedarf notwendige Pakete von den Installationsmedien nach und weisen auf Paketkonflikte hin, die Sie als Benutzer dann lösen müssen. Solche Paketkonflikte sind vorprogrammiert: Es können sich auf einer Maschine ja nicht ein halbes Dutzend Mailserver um den Netzwerkzugang und die elektronische Post schlagen. Solche Probleme entdecken gute Installationsroutinen – sehr gute wie YaST bieten sogar Lösungsvorschläge an.

Praktisch alle diese Installationstools können heute mehrere Installationsmedien verwalten. Selbst wenn Sie von einem CD-Satz installiert haben, ist hinterher der Silberling nicht mehr zwingend der einzige Weg, um Pakete nachzuinstallieren.

Praktisch alle Distributoren stellen heute Download-Server zur Verfügung, von denen entweder die ganze Distribution (SUSE, Fedora, Ubuntu) oder die Distribution ohne kommerzielle Programme (Mandriva) oder wenigstes Updates zur Kaufversion heruntergeladen werden können.

YaST

Komfortabel kommt SUSEs Installationsroutine daher: Im Kontrollzentrum finden Sie gleich im ersten Register verschiedene Icons, die sich mit Installationsoptionen beschäftigen. Software installieren oder löschen, Online-Update, System-Update oder die Verwaltung der Installationsquellen ... – es fehlt an nichts (siehe Abbildung 16-1).

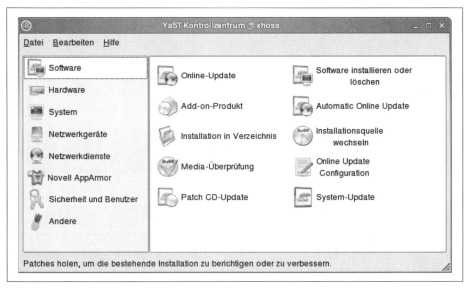

Abbildung 16-1: Das Software-Register im YaST Kontrollzentrum

YaSTs Stärke ist auch gleichzeitig seine größte Schwäche: Die Vielfalt an Informationen und Möglichkeiten ist für einen Anfänger nicht eben übersichtlich. Klickt man das Symbol SOFTWARE INSTALLIEREN ODER LÖSCHEN an, erscheint derselbe Dialog, der auch bei der Installation zu sehen war (siehe Abbildung 16-2). Von dort aus können Sie Software nachinstallieren, löschen oder auch auffrischen; auch das Abfragen installierter Programmpakete ist möglich.

Links gibt es zunächst verschiedene Namen zu sehen, die zu Software-Themengruppen gehören. Etwas Ähnliches, nämlich die von SUSE vorgeschlagenen Programme, wurden dort früher *Selektionen* genannt, heute heißen sie *Schemata*. Rechts zeigt der YaST die in den jeweiligen Gruppen oder Selektionen/Schemata enthaltenen Softwarepakete, aber nur, wenn Sie vorher den Button mit der Aufschrift DETAILS angeklickt haben. Rechts unten findet sich – in Register aufgefächert – eine genauere Beschreibung des darüber ausgewählten Softwarepakets. Das Schmuckstück des Software-Installers bei YaST ist aber das Fenster links unten, das irgendwie immer zu klein dargestellt wird und das man deshalb an der oberen Trennungslinie packen und nach oben ziehen muss, um es richtig würdigen zu können: Hier werden alle gemounteten Partitionen des installierten Systems mit ihren Füllständen angezeigt. Das Beste aber: Wenn man ein Softwarepaket auswählt, zeigen diese Fortschrittsbalken an, ob die Software noch auf die Festplatte passt oder ob es schon Probleme geben würde.

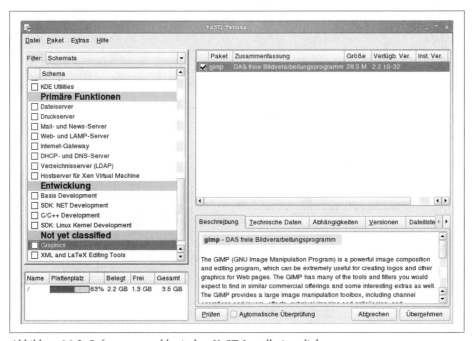

Abbildung 16-2: Softwareauswahl mit dem YaST-Installationsdialog

Das Hauptsteuerungselement von YaST ist einigermaßen unscheinbar am linken oberen Rand des Dialogs zu finden. Neben dem Begriff FILTER: gibt es einen Dropdown-Button, mit dem eingestellt werden kann, in welcher Weise die zur Verfügung stehenden Pakete im Fenster darunter angezeigt werden sollen (siehe Abbildung 16-3). Die von SUSE zusammengestellten *Schemata* sind nicht die einzige Art und Weise, wie man die Softwareflut sortieren kann.

Neben der Darstellung in SUSE-Selektionen kann man die Paketgruppen auch in einer Baumansicht anzeigen lassen (siehe Abbildung 16-4) oder eine Sortierung, die nur die installierten Pakete darstellt. Am wichtigsten ist – nach der Hauptinstallation – die Suche nach Paketnamen. So bekommen Sie mit einer grafischen Oberfläche heraus, ob ein Paket schon installiert, auf den Installationsmedien zu finden oder einfach nicht vorhanden ist. (Die Gesamtliste der Pakete entnimmt das Instal-

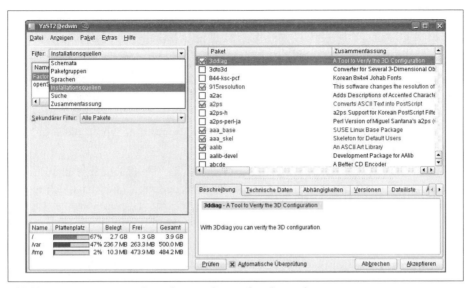

Abbildung 16-3: Sortierung der Softwarepakete und Suche-Funktion

lationssystem natürlich den Installations-CDs bzw. dem Installationsserver im Internet, wenn Sie einen in die Installationsquellen eingetragen haben.)

Abbildung 16-4: Paketauswahl aus der Baumansicht

Obwohl die SUSE mit fünf Installations-CDs bzw. einer -DVD nicht zu den kleinen Distributionen gehört, wird nicht jede Software in SUSE-Pakete gepackt, und andererseits wird auch nicht alles mitgeliefert, was es weltweit gibt. Das hat verschiedene Gründe, nicht zuletzt rechtlicher Art. Bei externen Softwaresammlungen wie *Packman (http://packman.links2linux.de)*, die man jetzt auch als externe Paketquelle fest eintragen kann oder mit etwas Glück auch direkt bei den Softwareprojekten im Internet, können Sie dann vielleicht noch ein für SUSE passendes Paket finden, das nicht auf der CD/DVD enthalten ist, und manche Programme gibt es dafür tatsächlich nicht.

Abhängig davon, ob Sie KDE (oben) oder GNOME als Oberfläche installiert haben, bekommen Sie verschiedene Ansichten des YaST angezeigt. Hier zeigt sich gleich, dass der Umbruch bei Novell und openSUSE noch nicht abgeschlossen ist. Immerhin ist trotz verschiedenem Aussehen der Funktionsumfang annähernd gleich (siehe Abbildung 16-5).

Installieren

Haben Sie das gewünschte Paket entweder mit der Suche oder in einer der verschiedenen Ansichten gefunden, können Sie sich an die eigentliche Installation machen. Wenn Sie möchten, suchen Sie in der Paketsuche doch einmal nach *xpenguins*. Rufen Sie dazu den Installationsdialog auf, und wählen Sie im FILTER:-Schalter *Suche* aus. Daraufhin erscheint statt der Paketauswahl ein Eingabefeld und mehrere Schalter darunter, die festlegen, in welchen Paketbereichen nach dem oben eingegebenen Begriff gesucht werden soll. Die Standardeinstellung ist *Name* und *Zusammenfassung* (das, was aus `rpm -qi paketname` herauskommt). Wenn Sie dazu auch noch *Beschreibung* anklicken, können Sie solche Pakete besser finden, deren Namen Sie nicht kennen. Da aber mehr Text pro Paket durchsucht werden muss, dauert es auch länger, bis ein Ergebnis zu sehen ist.

Wenn das Paket noch nicht installiert ist, können Sie im Paketfenster auf der rechten Seite als einzige Auswahl mit der Maus einen Haken in das Quadrat neben dem Paketnamen setzen. Klicken Sie auch einmal am unteren Ende des Dialogs (im mittleren Bereich) den Button ABHÄNGIGKEITEN PRÜFEN an. Sie erhalten dann entweder eine Rückmeldung, alle Paketabhängigkeiten seien OK, oder eine Liste aller Pakete, die mitinstalliert werden müssen, damit das ausgewählte Paket funktioniert. Der Schalter AUTOMATISCHE ÜBERPRÜFUNG neben dem Button bewirkt, dass YaST bei jedem Auswahlklick im darüber liegenden Fenster die Abhängigkeiten überprüft. Sie können nacheinander beliebig viele Pakete suchen oder aus den beiden Darstellungen wählen und zur Installation (oder Deinstallation) vormerken. Die Installation oder das Löschen dieser Pakete beginnt erst nach dem Klick auf den Button ÜBERNEHMEN.

Abbildung 16-5: Paketliste à la GNOME (links), und sogar die Plattenauslastung gibt es (rechts).

Wenn das richtige Installationsmedium schon ins CD- oder DVD-Laufwerk eingelegt ist, beginnt der Kopiervorgang sofort. Liegt das falsche oder gar kein Medium im Laufwerk, fordert YaST zum Einlegen der richtigen CD oder DVD auf (siehe Abbildung 16-6).

Abbildung 16-6: YaST fordert eine CD an.

Nachdem Sie die richtige CD eingelegt und OK angeklickt haben, zeigt YaST eine Fortschrittsanzeige an, während es das Paket installiert. Danach ist das Paket sofort einsatzfähig (siehe Abbildung 16-7). Rufen Sie die Pinguine von der Befehlszeile mit xpenguins auf, oder suchen Sie das Starter-Icon in den Spielen.

Abbildung 16-7: Die Pinguine von xpenguins wurden dem Lemmings-Clone xpingus entnommen.

Kurze Wege

Auch die grafischen Oberflächen haben einen kurzen Zugang zu YaST: Wenn Sie ein bestimmtes rpm-Paket schon aus dem Internet heruntergeladen haben (natürlich haben Sie sorgfältig geprüft, dass das Paket zu Ihrer SUSE-Version passt), ist die Installation nur einen Mausklick entfernt. Sowohl die KDE- als auch die GNOME-Umgebung bieten als mögliche Aktion mit einer Datei das Installieren an. Dabei wird immer der YaST aufgerufen.

Wenn Sie genau wissen, wie das Paket heißt, das Sie installieren wollen, können Sie den textorientierten YaST auch direkt loslassen. Geben Sie an der Befehlszeile nur `yast -i` *paketname* ein, schon läuft er los. Wenn eine CD oder DVD eingelegt werden muss, bekommen Sie eine Aufforderung dazu, ebenso dann, wenn Sie noch nicht das *root*-Passwort eingegeben hatten. Wesentlich umfangreicher und ebenfalls textorientiert ist aber die Installation mit *zypper* (siehe Seite 533).

Deinstallieren

Mithilfe der gleichen Dialoge, mit denen Sie bei SUSE installieren, können Sie auch Pakete von der Maschine entfernen. Bereits installierte Software zeigt wie bei den beiden Abbildungen oben einen Haken neben dem Paketnamen. Bei installierten Paketen gibt es mehr Möglichkeiten, als nur den Haken hin- und wegzuklicken wie bei einer Neuinstallation. Wenn Sie mehrfach auf das Quadrat klicken, wechselt der anfängliche Haken weiter zu einem Kreis mit Pfeilen darin, dann zu einem kleinen Mülleimer und schließlich wieder zurück zum Haken (siehe Abbildung 16-8).

Abbildung 16-8: Symbole zum Aktualisieren und Löschen von Paketen im YaST2

Erst wenn Sie ÜBERNEHMEN anklicken, führt YaST das Ausgewählte durch. Bei allen Paketen, bei denen Sie den Kreis ausgewählt haben, aktualisiert YaST das installierte Paket: Es wird die Version eingespielt, die sich auf dem Installationsmedium befindet. Diese Option ist sehr hilfreich, wenn man z.B. die Konfigurationsdatei einer Software ungeschickt beschädigt oder gelöscht hat und dringend eine neue im Originalzustand braucht. Der Mülleimer ist selbsterklärend.

Weitere Optionen

YaST ist eine Software, die sich in ständiger Entwicklung befindet. SUSEs Update-Tool YOU (*YaST Online Update*) wurde kürzlich zweimal kurz hintereinander ausgetauscht. Seit Neuestem heißt das YaST-Modul lapidar *online_update*, und es funktioniert ordentlich. Bei funktionierender Internetanbindung kann es neue Softwareversionen, Sicherheitsupdates und Patches finden und in einer Liste anzeigen (siehe Abbildung 16-9). Mit einem Extra-Button im Software-Dialog des YaST kann man einstellen, dass Updates automatisch auf regelmäßiger Basis durchgeführt werden.

Abbildung 16-9: Liste verfügbarer Patches

Wenn Sie keine automatische Aktualisierung eingestellt haben, warnt Sie trotzdem ein Button am unteren Bildschirmrand, wenn Ihre Maschine langsam veraltet (siehe Abbildung 16-10). Ein eingängiges Dialogsystem lässt Sie dann Sicherheitsupdates, Updates installierter Software und andere Neuerungen auf Ihre Maschine holen.

Abbildung 16-10: Liegt die letzte Software-Aktualisierung lange zurück, gibt es viele Updates.

Wichtig und gut ist folgende Eigenschaft von YaST: Sie können im *Software*-Register des YaST als Installationsquellen neben den lokalen CD- oder DVD-Laufwerken auch Server im Firmennetz oder sogar im Internet eintragen. Solche zentral gewarteten Server im Intra- und Internet sind nicht nur bequem, weil man sich nicht darum kümmern muss, immer die aktuellsten Pakete zu bekommen, sondern sie installieren auch schnell. Und wenn Sie neben einem der regulären SUSE-Installationsserver im Internet auch noch einen Spezial-Lieferanten wie z.B. *Packman* dort hinzufügen, können Sie neben allen SUSE-Paketen auch weitere Software aus der Paketliste nachinstallieren. CDs oder eine DVD einzulegen gehört dann der Vergangenheit an. Diese Option ist vielleicht nicht besonders empfehlenswert, wenn Sie nur eine analoge Modem-Anbindung ans Internet haben. Innerhalb von Firmen ist diese Variante aber schneller als lokale DVD-Laufwerke. Sie finden alle notwendigen Informationen dazu im SUSE-Handbuch, das der Distribution beigelegt (und auf den Installations-CDs enthalten) ist.

Textorientiert kann *zypper* alles das, was Debians *apt-get* & Co. seit Jahren vormacht, und die anderen Tools *urpmi* (Mandriva) und *yum* (Fedora) schlagen in die gleiche Kerbe. Das Neue an *zypper*s Funktionalität ist nur, dass SUSE ihn neu einführte und dass er sogar funktioniert. Sie können auch als unprivilegierter Benutzer nach Paketen suchen, nur zur Installation müssen Sie natürlich wieder *root* sein (zypper install *paketname*).

```
dieter@maxi:~> zypper search smb4k
* Lese installierte Pakete [100%]

S | Repository   | Typ   | Name        | Version  | Architektur
--+--------------+-------+-------------+----------+------------
i | Uni_Würzburg | Paket | smb4k       | 0.8.4-39 | i586
  | Uni_Würzburg | Paket | smb4k-devel | 0.8.4-39 | i586
```

```
dieter@maxi:~>
dieter@maxi:~> zypper info smb4k
* Lese Cache für Repository ‚Uni Würzburg'
* Lese Cache für Repository ‚Würzburg non-OSS'
* Lese Cache für Repository ‚openSUSE-10.3-DVD 10.3'
* Lese Cache für Repository ‚Packman Repository'
* Lese Cache für Repository ‚Haupt-Update Repository'
* Lese Cache für Repository ‚openSUSE BuildService - X11:XGL'
* Lese installierte Pakete [100%]

Informationen für Paket smb4k:

Repository: Uni Würzburg
Name: smb4k
Version: 0.8.4-39
Architektur: i586
Installiert: Yes
Status: aktuell
Größe (installiert): 2,9 M
Zusammenfassung: Extended SMB and CIFS Share Browser for KDE
Beschreibung:
<!-- DT:Rich -->
<p>
Smb4K is a more extensive share browser than the standard KDE network browser (via
smb:/ slave).
It has a larger number of features and is also designed as an administrator tool.
</p>
dieter@maxi:~>
```

rpmdrake und urpmi

Natürlich hat auch Mandriva hübsche grafische Dialoge zur Paketverwaltung. Sie sind mit vier Icons in das Mandriva-Kontrollzentrum eingebettet und bieten die Installation und Deinstallation an. Ein weiteres Icon dient zum Einspielen von Updates des Herstellers, und das letzte führt zur Verwaltung der Installationsquellen. Früher waren das Einzelprogramme, nach einer Neuordnung bei Mandriva Version 2007 gibt es dort aber nur noch die Starter-Icons, die aber alle auf den gleichen Dialog führen. Die Betriebsmodi unterscheiden sich vor allem durch das Logo oben links (siehe Abbildung 16-11) und können mit einer Drop-down-Liste umgeschaltet werden. Mit *urpmi* existiert darüber hinaus noch ein zeilenorientiertes Frontend für *rpm*, das einige der Schwächen bei *rpm* kompensiert und das auch in einer textorientierten Umgebung funktioniert.

Herzstück dieses Systems ist die Liste der Installationsquellen, denn von dort holt das Installationssystem sich die Liste der Installationskandidaten, sprich: die Namen und Versionsnummern der installierbaren Softwarepakete. Gleich nach der Installation enthalten die Installationsquellen nur die offiziellen Installationsmedien wie die CDs oder die DVD, von der Sie installiert haben. Andere Quellen wie *PLF*, die *Penguin Liberation Front*, dort einzutragen, erhöht den Spaß beträchtlich[3]. Aber

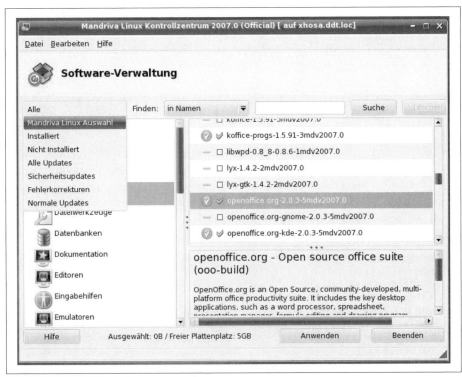

Abbildung 16-11: Der grafische Installationsdialog bei Mandriva

auch ein Update-Server gehört da hinein. Die Liste der Installationsquellen können Sie sowohl grafisch als auch zeilenorientiert pflegen. Für Mandriva gibt es eine gut gepflegte Webseite, die von einer rührigen Fangemeinde betrieben wird: *www.mandrivauser.de*. Dort kann man nicht nur Gleichgesinnte finden, sondern auch Wolfgang Bornaths fantastisches Mandriva-Handbuch in Deutsch online lesen.

Installieren

Das Mandriva-Installationstool hat eine angenehm schnelle Suchfunktion und bietet praktisch alles, was man im Fedora-Installationswerkzeug immer vergeblich suchte. Trotzdem wird dieses angenehme Tool noch von *urpmi* geschlagen. Das ist ein Paket, das textorientierte, in Perl geschriebene Installations- und Deinstallationsprogramme enthält. Anders als bei den direkten *rpm*-Befehlen passiert beim Installationsprogramm *urpmi* eine Menge mehr: Zuerst konsultiert *urpmi* die Liste der Installationsquellen und sucht nach einem Paket, das entweder genauso heißt oder wenigstens so beginnt wie das eingegebene urpmi paketname. Wenn der Befehl

---

3 *http://plf.zarb.org* enthält für Mandriva passende Pakete, die auf den Originalmedien meist aus rechtlichen Gründen nicht enthalten sind, ähnlich wie Packman für SUSE.

für *urpmi* nicht eindeutig ist, präsentiert es eine Liste aller installierbaren Pakete, die einen ähnlichen Namen haben wie der eingegebene Paketname, und Sie entscheiden, was Sie haben wollen. Gibt es ein Paket, das so heißt wie das eingegebene, aber aufgrund von Paketabhängigkeiten zusammen mit anderen Paketen installiert werden muss, dann präsentiert die Software die Liste dieser Paketnamen und fragt um Erlaubnis, diese Pakete ebenfalls zu installieren. Mit anderen Worten: *urpmi* löst die Paketabhängigkeiten auf. Software, die von keiner anderen Software abhängt, wird ohne weitere Nachfrage installiert.

Ein Jammer ist, dass es die firmenkritische Software *xpenguins* leider nicht für Mandriva gibt. Aber *xfishtank*, ein Fast-*Feng-Shui*-Aquarium für den Bildschirmhintergrund, ist eine passende Alternative. Das folgende Beispiel holt – weil eine entsprechende Datenquelle eingerichtet ist – die Software von einem Server der TU Wien. Normalerweise würde *urpmi* das Aquarium einfach von den CDs installieren.

```
[root@citroen ~]# urpmi xfishtank
        http://gd.tuwien.ac.at/pub/linux/Mandrakelinux/official/2008.0/i586/media/main/
release/xfishtank-2.1tp-9mdv2008.0.i586.rpm
Installiere xfishtank-2.1tp-9mdv2008.0.i586.rpm von /var/cache/urpmi/rpms
Vorbereiten ...                ###############################################
    1/1: xfishtank             ###############################################
[root@citroen ~]#
```

Hierbei ist sehr schön zu sehen, dass *urpmi* die *rpm*-Datei zuerst in das Verzeichnis */var/cache/urpmi/rpms/* kopiert und dann die Software von der lokalen Kopie der Datei installiert.

Schön ist das grafische *rpmdrake*, das Sie entweder von einem grafischen Terminal oder aus dem Mandriva-Kontrollzentrum heraus aufrufen können (siehe Abbildung 16-12). Aus der reinen Textkonsole heraus funktioniert das nicht, *rpmdrake* benötigt eine grafische Umgebung. Das Icon führt zu einen Unterdialog, der alle zu der Programmsuite gehörigen Icons enthält.

Nachdem der Installationsdialog umgearbeitet wurde, können Sie nun mittels einer Drop-down-Liste zwischen den einzelnen Betriebsmodi umschalten (siehe die Abbildung 16-11). Wenn Sie `rpmdrake` als normaler Benutzer aufrufen, bekommen Sie eingeschränkte Berechtigungen: Sie können in den Paketen herumblättern, aber installieren darf nur *root*. Der Dialog listet alle Pakete auf, die der Installationsquelle bekannt sind (siehe Abbildung 16-13). In jeder Zeile mit einem Paketnamen befindet sich ein kleines Quadrat, in das man mit der Maus einen Haken setzen kann. Wenn zusätzliche Software mitinstalliert werden müsste, erscheint noch ein weiterer Bestätigungsdialog, und ein Klick auf INSTALLIEREN holt die Software ins System. Wenn eine CD eingelegt werden muss, öffnet *rpmdrake* sogar die Schublade des CD- oder DVD-Spielers.

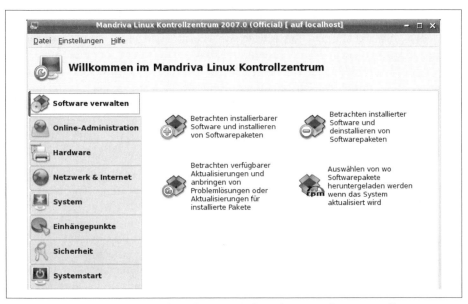

Abbildung 16-12: Der Einstieg in die Softwareverwaltung beim Mandriva-Kontrollzentrum

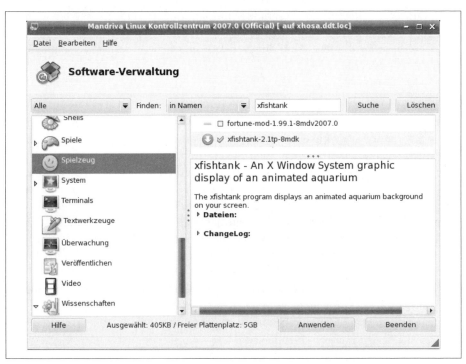

Abbildung 16-13: rpmdrake listet die Software nach verschiedenen Kriterien auf, hier: Spielzeug.

Deinstallieren

Wenn Sie im Installationsdialog auf die Auswahl INSTALLIERTE PAKETE umstellen, haben Sie automatisch den Deinstallationsdialog vor sich. Und indem Sie den Haken neben dem Software-Namen in der Liste entfernen, schaffen Sie einen Deinstallationskandidaten. Die Installationsroutine kann sogar solche Software zur Deinstallation vormerken, die von Ihrer gerade deinstallierten Software abhängt. Das ist sehr bequem, und Sie sollten dieses Tool auch für sich arbeiten lassen. Wenn es Softwarepakete löschen will, gibt es in der Regel einen guten Grund dafür. Achten Sie lediglich auf die Namen, die in der Löschliste stehen: Bisweilen habe ich von einer Löschung schon Abstand genommen, als ich sah, was ich noch alles verloren hätte ... Ein letzter Satz zum Paket *urpmi*: Der Löschbefehl `urpme installiertesPaket` löscht die angegebene Software tadellos aus dem System.

yum und pirut

Fedora quälte sich lange herum, bis es den alten RedHat-Paketinstallierer endlich ersetzte. Der Ersatz heißt *Yellowdog Updater Modified* (*yum*), und er erinnert sehr an sein Vorbild, den Package Manager *apt* aus der Debian-Distribution. *yum* ist ein elegantes textorientiertes Tool. Dazu wurde eine grafische Oberfläche neu entwickelt: *Pirut*. Sie finden dieses Programm im Hauptmenü unter ANWENDUNGEN → ADD/REMOVE SOFTWARE oder rufen es einfach in einem Terminal auf. Seit der Version Core 5 ist *Pirut* (siehe Abbildung 16-14) die offizielle grafische Installationssoftware, so das Fedorawiki[4].

Pirut

Obwohl er auf den ersten Blick an den alten Installer erinnert, ist *Pirut* dennoch etwas ganz anderes. Er bietet zwar wie der alte Installer einen Installationsmodus per Softwaregebiet, aber endlich auch Paketgruppen und eine Komplettliste aller Pakete mit Suchfunktion für Paketnamen. Das fehlte früher. Sie wählen zwischen den verschiedenen Betriebsmodi, indem Sie einen der drei Buttons auf der linken Seite des Dialogs anklicken. Hinter den Kulissen arbeitet *yum*. Der hat seine Installationskandidaten in sogenannten Repositories organisiert, und die können sowohl auf CD als auch auf dem Netz liegen. Pfiffige Entwickler haben eigene Repositories angelegt, und wenn Sie die Software daraus haben wollen, fügen Sie deren Repositories dem *yum* hinzu. Wie man das macht, ist z.B. im Fedorawiki (*http://www.fedorawiki.de/index.php/Yum*) erläutert. Pirut zu bedienen ist ebenso einfach wie bei allen anderen Installationsmanagern: Was einen Haken bekommt, wird installiert, was den Haken weggenommen bekommt, fliegt raus.

---

[4] *http://www.fedorawiki.de/index.php?title=Pirut*

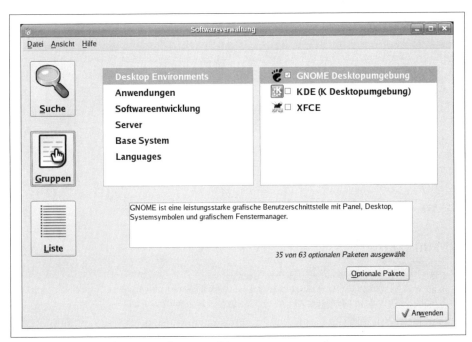

Abbildung 16-14: Software installieren mit Pirut

Yum

Aber auch *yum* selbst ist so einfach zu bedienen, dass keine Wünsche offen bleiben- und sich bestimmt auch Einsteiger direkt heranwagen können. Das Programm hat eine einfache Syntax, die aus drei Teilen besteht:

```
yum optionen befehl paketname
```

Die Optionen können Sie auch weglassen, wenn Sie mit den – meist korrekten – Standardeinstellungen arbeiten wollen. Sie können auch den Paketnamen weglassen, wenn Ihr Befehl sich auf alle Pakete bezieht. Ein Beispiel:

```
yum list (oder yum list all)
```

zeigt alle installierten Pakete an. Dabei zeigt es außerdem an, für welche Pakete es auf dem Updateserver neue Versionen gibt. Bei yum list bietet es sich an, den Befehl mit dem Befehl more zu verketten, denn dieser Befehl gibt eine sehr lange Liste aus: Zuerst kommen alle installierten Softwarepakete und danach alle sonst noch verfügbaren. Dabei erscheinen auch alle Pakete, die zwar schon installiert sind, aber für die es Updates gibt.

```
[root@raider ~]# yum list | more
Setting up Repo:  base
Setting up Repo:  updates-released
Reading repository metadata in from local files
Installed Packages
```

```
4Suite.x86_64                      1.0-3              installed
Canna-libs.i386                    3.7p3-6            installed
...

Available Packages
Canna.x86_64                       3.7p3-6            base
Canna-devel.x86_64                 3.7p3-6            base
Canna-libs.x86_64                  3.7p3-6            base
...
```

Weil diese Listen so fürchterlich lang werden, gibt es jeweils auch kürzere.

```
yum check-update
```

listet nur die Pakete auf, für die es Updates gibt. Das sieht dann in etwa so aus:

```
[root@raider ~]# yum check-update
Setting up Repo:  base
repomd.xml              100% |=========================| 1.1 kB    00:00
Setting up Repo:  updates-released
repomd.xml              100% |=========================|  951 B    00:00
Reading repository metadata in from local files
base       : ################################################## 2852/2852
updates-re: ################################################## 928/928

HelixPlayer.i386                   1:1.0.4-1.0.fc3.1   updates-released
ImageMagick.x86_64                 6.2.2.0-2.fc3       updates-released
ImageMagick.i386                   6.2.2.0-2.fc3       updates-released
ImageMagick-c++.i386               6.2.2.0-2.fc3       updates-released
NetworkManager.x86_64              0.3.4-1.1.0.fc3     updates-released
NetworkManager-gnome.x86_64        0.3.4-1.1.0.fc3     updates-released
```

`yum list available` listet Pakete auf, die noch nicht installiert sind oder für die es schon wieder neuere Versionen gibt. Weil auch diese Liste üblicherweise gigantisch ist (und Sie normalerweise auch eine ganz bestimmte Software suchen), versteht dieser Befehl auch Wildcards. Die brauchen Sie auch: Der Befehl `yum list available openoffice` liefert kein Ergebnis. Wenn Sie aber vermuten, der Name des Pakets könnte länger sein, dann erzielen Sie auch Ergebnisse. Sie müssen nur ein Sternchen an den gesuchten Paketnamen anhängen:

```
[root@raider ~]# yum list available openoffice*
Setting up Repo:  base
repomd.xml              100% |=========================| 1.1 kB    00:00
Setting up Repo:  updates-released
repomd.xml              100% |=========================|  951 B    00:00
Reading repository metadata in from local files
base       : ################################################## 2852/2852
updates-re: ################################################## 928/928
Available Packages
openoffice.org-base.i3861:2.0.2-5.19.2      updates
openoffice.org-calc.i3861:2.0.2-5.19.2      updates
openoffice.org-core.i3861:2.0.2-5.19.2      updates
.... (dann kommen ganz viele Pakete mit Sprachpaketen etc.
[root@raider ~]#
```

yum gibt es bei den direkten RedHat-Derivaten wie Fedora, Aurox, ASP Linux und vielen anderen, aber durchaus auch z.B. für Mandriva und openSUSE. Nicht jeder legt offenbar Wert auf opulente grafische textorientierte Dialoge, viele wollen scheinbar einfach Leistung.

Zum Schluss das Einfachste: `yum install openoffice.org-base.i386` macht genau, was Sie erwartet hätten: Das Paket wird – komplett – installiert, weil etliche Paketabhängigkeiten daran hängen. Keine Überraschung also, was `yum erase openoffice*` bzw. `yum remove openoffice*` täte.

Software updaten mit Pup

Auch einen neuen Software-Updater gibt es jetzt: Das Programm *pup* ist ebenfalls ein grafisches Frontend zu *yum*, dem Yellow Dog Updater, siehe Abbildung 16-15. Weil »pup« oder »puppy« das englische Wort für »Welpe« ist, zeigt das Logo auch ein kleines gelbes Hundekind. Wenn Sie das root-Passwort eingegeben haben, führt *pup* Sie durch einen Assistenten, um die Neuerungen einzuspielen.

Abbildung 16-15: Software updaten mit Pup

YellowDog Linux ist eine Distribution, die sehr speziell für PowerPC-Hardware entwickelt wurde; damit sind automatisch viele Apple-Benutzer an Bord, die nicht Mac OS X benutzen wollen. Dessen Installationssystem wurde vor nicht allzu langer Zeit an Red Hat angepasst und soll vor allem das Paketabhängigkeitsproblem des Red Hat Package Managers lösen. Eine Beschreibung von *yum* finden Sie in der Manpage dieser Software.

Software installieren bei Ubuntu

Wenn Sie glauben, bis hierher sei es manchmal schon ein wenig verwirrend, dann haben Sie das Debian-basierte Ubuntu noch nicht gesehen. Das Paketiersystem heißt *dpkg*, und die Installationsdateien haben die Endung *.deb*. Den *dpkg*-Befehl verwendet man meist aber nicht, weil die Befehle kryptisch sind und *dpkg* ebenso wenig Paketabhängigkeiten auflösen kann wie *rpm*. Deshalb gibt es seit jeher ein menügeführtes Paketverwaltungsprogramm namens *dselect*, um Software zu installieren. Das funktioniert zwar gut, doch es weist eine so seltsame Ergonomie auf, dass wohl nur wenige Einsteiger Liebhaber dieser Software werden. Leistungsfähig, befehlszeilenorientiert und tatsächlich in jedermanns Hand ist das Programm *apt*, das *Advanced Package Tool*. Schon länger gibt es ein *dselect*-Gegenstück auf der Basis von *apt* mit dem Namen *aptitude*. Weil das aber ebenfalls in einem Terminal läuft, gibt es auch noch einen vollständig grafischen *apt*-Aufsatz, der *synaptic* heißt. Bei all diesen Programmen steckt das *apt* im Namen, und wie gesagt: *apt* ist ein Frontend zu *dpkg*. Weil aber bei der neuen Fedora unter ANWENDUNGEN ein Softwareinstallationstool angebracht ist, musste Ubuntu auf seiner GNOME-Oberfläche ebenfalls eines an dieser Stelle haben. Das wäre dann *gnome-app-install*, ein Python-Skript, das sehr an Fedoras *Pirut* bzw. dessen Vorgänger *system-config-packages* erinnert, siehe Abbildung 16-16. *gnome-app-install* zeigt auf der linken Seite Themengruppen und präsentiert rechts dazu passende Programm- bzw. Paketnamen. Gerade für den Anfang ist das viel besser geeignet als die zwar kompletten, aber leider unübersichtlichen Einzellisten. Wenn Sie den Button ERWEITERT am linken unteren Dialogrand anklicken, beendet sich dieses Programm und startet das wesentlich leistungsfähigere *synaptic*.

Das hochgelobte andere offizielle Installationstool von Ubuntu heißt *synaptic*, und das kann wirklich eine ganze Menge. Dass Sie damit Software aus einer langen Liste heraussuchen und installieren können, überrascht bei einem Installationstool nicht (siehe Abbildung 16-17). Darüber hinaus können Sie bei *synaptic* auch einstellen, welche Software-Medien zum Installieren verwendet werden sollen. Neben CDs stehen auch Ubuntu-Software-Archive im Internet zur Verfügung.

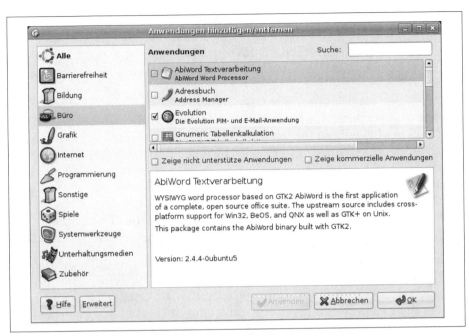

Abbildung 16-16: gnome-app-install

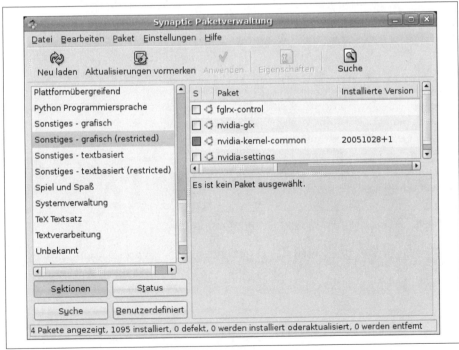

Abbildung 16-17: Synaptic, ein mächtiges Softwareverwaltungstool

Ubuntu benutzt vier verschiedene Software-Archive: *main*, *restricted*, *Universe* und *Multiverse*. *Main* enthält die Pakete der Grundinstallation sowie weitere, zum Teil stark auf Ubuntu angepasste Pakete. *Restricted* ist alles, was gut und erprobt ist, aber nicht (oder nicht völlig) unter freier Lizenz steht. Dazu gehören z.B. spezielle Grafik-Treiber, ohne die Ubuntu nicht so gut funktionieren würde. *Universe* ist laut Ubuntu-Lesart[5] ein Schnappschuss freier Software, für die keine Gewährleistung, Garantie etc. übernommen wird. Im Klartext: Das sind die Debian-Archive, und sie wurden nicht ubuntufiziert. In *Multiverse* befinden sich Pakete, die aus verschiedenen Gründen als »nicht frei« eingestuft werden und für die es auch keinerlei Support gibt. Trotzdem befindet sich jede Menge wertvolles Material darin, neben Software z.B. auch »Grokking the Gimp«, ein erstklassiges englischsprachiges Handbuch zum Grafikprogramm Gimp. Während *main* und *restricted* standardmäßig bereits aktiviert sind, können Sie die beiden anderen von Hand dazuschalten, indem Sie EINSTELLUNGEN → PAKETQUELLEN auswählen und im Dialog anklicken, was Sie benötigen (siehe Abbildung 16-18).

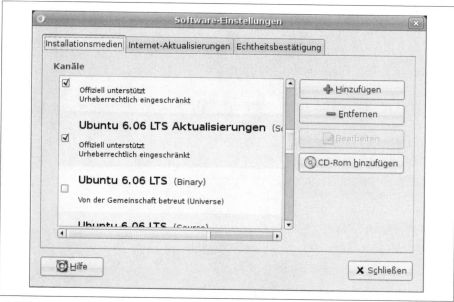

Abbildung 16-18: Ubuntu-Paketquellen in Synaptic einstellen

Ebenfalls gern verwendet wird das textorientierte, aber schon mit einer Menüliste ausgestattete Programm *aptitude*. Es erinnert optisch ein wenig an *deselect*, ist aber in der Bedienung weniger eigensinnig.

---

5   http://www.ubuntu.com/ubuntu/components

Updates einspielen

Um die Software frisch zu halten, besitzt Ubuntu ein Update-Tool mit dem eingängigen Namen *update-manager*. Das sitzt normalerweise schon in der Hauptmenüleiste und wartet gleich nach dem Anmelden mit einer Meldung auf, wenn Software-Aktualisierungen existieren. Woher kann der Knopf mit dem Ausrufezeichen das wissen? Es sucht aktiv auf den Ubuntu-Archivservern im Internet. Sie können dieses Programm auch von Hand starten. Es befindet sich unter SYSTEM → ADMINISTRATION → AKTUALISIERUNGSVERWALTUNG. Nachdem Sie die Aktualisierung bestätigt haben, lädt der *update-manager* alle verbesserten Pakete vom Update-Server herunter (siehe Abbildung 16-19) und spielt sie anschließend ein.

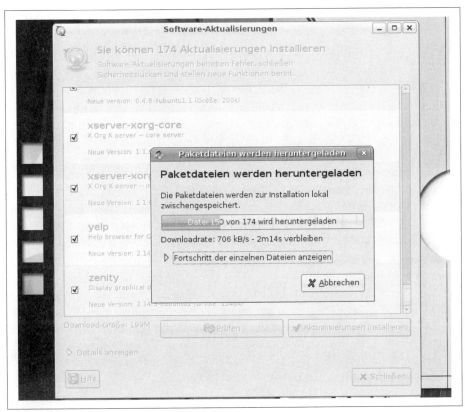

Abbildung 16-19: Die automatische Aktualisierung Ihrer Ubuntu

Es geht auch textorientiert, und nicht wenige Debianisten unter den Ubuntu-Benutzern verwenden lieber den *apt*-Befehl als alles andere, um Software zu installieren oder das System aktuell zu halten.

apt hält eine Liste der Pakete mit Versionsnummern vor, die auf den Paketservern der Distribution liegen. Darin unterscheidet sich Ubuntu nicht von einer »reinen« Debian-Distribution, lediglich die Server sind andere, da sich die *main*-Pakete inzwischen zum Teil sehr stark von den ursprünglichen Arbeiten der Debian-Gemeinschaft unterscheiden. Wenn Sie eine Weile keine Updates mehr eingespielt haben, lohnt es sich, zunächst die Paketliste auf Ihrer Maschine auf den neuesten Stand zu bringen. Der Befehl dazu lautet:

```
apt-get update
```

Wenn Sie dann nach einem Installationskandidaten für ein bestimmtes Programm suchen, aber z.B. weder den genauen Namen, geschweige denn die exakte Versionsnummer wissen, können Sie im Cache, sprich der Paketeliste suchen:

```
apt-cache search ethereal
```

Gibt es keinen Installationskandidaten, dann kann das zwei oder drei Gründe haben:

- Das Programm existiert, aber nicht in den normalen *main*- oder *restricted*-Repositories. Wenn es z.B. in *Universe* oder sogar *Multiverse* zu finden ist, und Sie haben die beiden noch nicht eingebunden, fehlen sie in der Liste. In diesem Fall benutzen Sie entweder *synaptic*, um die Installationsquelle einzufügen, oder Sie starten einen Texteditor, um die Datei */etc/apt/sources.list* zu editieren. Die *Universe*- und *Multiverse*-Repositories stehen dort – auskommentiert – schon drin: Sie müssen nur die Kommentarzeichen am Anfang der Zeile entfernen. Wenn Sie das getan haben, ist wieder ein apt-get update fällig, damit Sie die Liste der verfügbaren Programme bekommen, und diesmal werden auch alle Pakete aus den neu hinzugefügten Repositories mit aufgenommen.

- Die neueste Version eines Programms hat einen neuen Namen bekommen, steht aber für die aktuelle Version Ihrer Distribution nicht zur Verfügung, sondern kommt erst bei der nächsten Distributionsversion mit. Das war im Herbst 2006 z.B. bei dem Programm *wireshark* so, dessen frühere Versionen *ethereal* hiessen. Für die Distributionsversion *Dapper Drake* (Ubuntu 6.06) gab es nur den *ethereal*, obwohl auf dem Installationsserver im zuständigen Verzeichnis des *Universe*-Repositorys schon beide Programmpakete lagen. Wireshark blieb aber zunächst dem Nachfolger Edgy Eft vorbehalten.

- Sie könnten sich total verschrieben haben, und das gesuchte Paket gibt es wirklich nicht.

Angenommen, Ihre Universe-Einbindeaktion wirkte, dann können Sie z.B. ethereal mit einem apt-cache search ethereal nun auch sehen. Der Befehl

```
apt-get install ethereal
```

installiert dann die Software und alle zusätzlichen Pakete, die eventuell ebenfalls noch nötig sind, damit es läuft.

Taugt kostenlose Software etwas?

Kann denn so eine Software überhaupt etwas taugen, wenn sie nichts kostet? Willkommen in der Welt der Glaubensfragen und des Althergebrachten! Als braver Nutzer kommerziell vollständig erschlossener Betriebssysteme haben Sie sich daran gewöhnt, dass Sie keinen Nutzen bekommen, wenn Sie nicht Geld dafür bezahlen. Im Gegenteil, wer die teuerste Software (und Hardware, wenn wir schon beim Thema sind) erworben hatte, konnte sich die letzten 20 oder mehr Jahre lang prima herausreden, wenn etwas schiefging: »Aber ich habe doch schon xyz gekauft, was soll ich denn sonst noch tun?« Oder, wie ein mittelständischer Unternehmer seinem Administrator bedeutete, als dieser Linux-Software einführen wollte: »Dann ist ja niemand Schuld, wenn es nicht geht.« Ziehen Sie aus diesen Aussagen einmal den Umkehrschluss: Obwohl Sie die teuerste Software (oder Hardware) kaufen, müssen Sie trotzdem damit rechnen, dass bisweilen etwas schiefgehen könnte. Der hohe Preis ist keine Garantie für ein sorgenfreies Leben. Selbst eine wirklich kompetente Hotline bekommen Sie meist nur dann, wenn Sie dafür noch extra bezahlen.

Und was können Sie aus freier Software herausholen? Nun, hoffentlich alles, was Sie brauchen. Wenn eine Software nicht das tut, was Sie wollen, deinstallieren Sie die Software und probieren eine andere. Es gibt keine Geld-zurück-Garantie, denn Sie haben ja keines dafür bezahlt. Aber es gibt auch keinen Ärger mit kommerziellen Anbietern, wenn der Nutzen ausblieb und Sie Ihr schon bezahltes Geld trotzdem nicht zurückbekommen. Im Idealfall lösen Sie mit der Open Source-Software Ihr Problem. Und wenn es keine zufriedenstellende Lösung auf Linux-Basis geben sollte, dann wissen Sie wenigstens, dass Sie Ihr Geld nicht verschwenden, indem Sie kommerzielle Software für Linux oder eine Komplettlösung unter Windows kaufen.

Open Source-Software wird von freien Softwareentwicklern in aller Welt entwickelt und von einer großen Gemeinschaft weltweit eingesetzt. Dabei wird sie über Fehler-Rückmeldungen und Verbesserungsvorschläge an die Hersteller (Projektgruppe) ständig verbessert. Eine Menge kommerzieller Software kann das nicht von sich behaupten. Jede Open Source-Software hat eine Mailingliste, über die auch Sie sich an der Diskussion und Fehlersuche beteiligen können.

Wenn Sie eines dieser Softwarepakete einsetzen wollen, es aber in Details noch Fehler oder Funktionsdefizite hat, dann können Sie sich sogar überlegen, ob Sie den Hersteller direkt (oder einen freien Supporter) damit beauftragen wollen, die fehlende Funktionalität hinzuzufügen. Meist geht das für einen geringen Preis. Aber ich kann mir kaum vorstellen, dass Sie den Namen des Entwicklers bei einer der großen kommerziellen Firmen überhaupt erfahren würden, um ihn darum zu bitten, die Sache xy in seine Software mit aufzunehmen. Das können Sie mit Open Source-Projektsponsoring aber sehr wohl tun.

Langer Rede kurzer Sinn: Sie entscheiden, ob die Software für Sie etwas taugt oder nicht. Und Sie haben immer die Wahl.

In diesem Kapitel:
- Geräte einbinden und lösen
- Formatieren – Dateisysteme erstellen

KAPITEL 17
Dateiverwaltung, Wechseldatenträger, Partitionen pflegen

Einen Überblick über Linux-Dateisysteme und ihre Datei- und Verzeichnisberechtigungen gibt es im vorderen Teil des Buchs. Dieses Kapitel beschäftigt sich nun damit, wie Sie Festplattenpartitionen, CD/DVD- und Floppy-Laufwerke oder USB-Sticks bzw. Speicherkärtchen an ein Linux-System anbinden können und wie man es anstellt, dass jeder Befugte darauf zugreifen darf.

Geräte einbinden und lösen

Normalerweise verhalten Linux-Rechner sich heute nicht mehr anders, als man es als Windows-Umsteiger erwartet: Der Benutzer legt eine CD/DVD ein oder steckt den USB-Stick in den Port und das System erkennt die Veränderung. Ein Dialog fragt, ob der Inhalt des Mediums in einem neuen Fenster angezeigt werden soll (siehe Abbildung 17-1). Wenn Sie den Knopf am CD/DVD-Laufwerk drücken, kommt das Medium heraus, nachdem es sauber aus dem System abgemeldet wurde. Selbst wenn Sie den Dialog zunächst wegklicken, weil Sie gerade kein Fenster mit den Dateien des Mediums sehen wollen, haben Sie später immer die Möglichkeit, das Medium zu benutzen. In einem System-Fenster wie dem Computer-Icon unter KDE oder den »Orten« bei GNOME können Sie einfach in den Stick bzw. die CD hineinwechseln (Abbildung rechts).

Hinter den Kulissen bindet Linux mit dem *Mount*-Vorgang die Daten auf Disketten, CD-ROMs und anderen Speichermedien fest in den Dateibaum ein. Für die Zeit des Zugriffs sind diese Medien für Sie als Benutzer nichts anderes als Daten, die Sie durch den Wechsel in ein Unterverzeichnis erreichen können. So elegant wie oben geschildert ist das aber noch nicht bei allen Distributionen. Bisweilen ist auch heute noch bei jedem neuen oder geänderten Wechselmedium Handarbeit angesagt: Sie müssen es erst einbinden (mounten), bevor Sie es benutzen können. Das trifft vor allem bei alten Medien wie Disketten zu, deren Laufwerke dem System nichts zurückmelden.

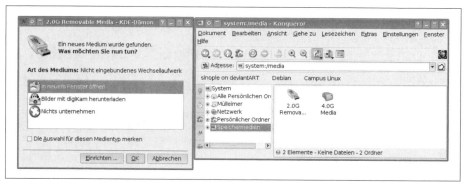

Abbildung 17-1: Neu eingesteckte Medien werden automatisch erkannt.

Windows-Umsteiger reagieren oft ein wenig unwillig, wenn sie Disketten, CDs etc. erst von Hand einbinden müssen. Aber sie staunen nicht schlecht, wenn sie sie auch erst wieder aus dem Dateibaum entfernen müssen, bevor z.B. die CD sich wieder aus dem Laufwerk entfernen lässt. Bei vielen Distributionen bleibt die CD/DVD-Schublade so lange verriegelt, bis das Laufwerk ausgemountet ist. Das Mounten und Entmounten solcher Geräte ist nicht schwer, vor allem, wenn die Hardware problemlos erkannt wurde. Bisweilen erscheint ein passendes Icon auf dem KDE- oder GNOME-Desktop, wenn Sie eine CD einlegen oder einen Stick einstecken. Klicken Sie dann mit der rechten Maustaste auf das Icon, und wählen Sie aus dem Menü LAUFWERK EINBINDEN bzw. LAUFWERK UMOUNTEN. Das ist ganz einfach.

Die Befehle mount und umount

Wie funktioniert das Mounten nun? Auf der Befehlszeile binden und lösen Sie Laufwerke, indem Sie – zunächst einmal als Benutzer *root* – den mount- bzw. umount-Befehl verwenden. Dazu müssen Sie angeben, welches »Gerät« (d.h. welche *Partition*) wohin eingebunden werden soll. Die Befehlssyntax von mount ist einfach, und Sie sollten sie auch dann kennen, wenn Sie sie für Sticks und CDs nicht mehr täglich brauchen. Sollte das System Probleme machen, können Sie vieles reparieren, wenn Sie (im Rettungssystem) die Partitionen von Hand zusammenbauen können. Der komplette Befehl mount besteht aus maximal vier Teilen:

    mount (-o Optionen) (-t Dateisystem) Gerätename Mountpunkt

Die Gerätenamen unter Linux heißen */dev/hd[a,b,c,...][1,2,3,4...]* für normale IDE-Partitionen, */dev/fd0* für das erste Floppy-Laufwerk und */dev/sd[a,b,c...][1,2,3...]* für praktisch alles andere (SCSI-Partitionen, SATA-Partitionen oder USB-Sticks). Einen USB-Stick mit nur einer Partition würde man z.B. mit dem Befehl

    mount /dev/sdb1 /media/stick

> ### Hardware sicher entfernen
> Der Hintergrund für das Ent-mounten-müssen ist ganz einfach: Moderne Systeme schreiben Änderungen an Dateien in der Regel nicht direkt auf die Festplatte, sondern erledigen alle Arbeiten zuerst im RAM – man sagt, die Daten seien »im Cache gespeichert«. Sie als Benutzer profitieren von dieser Arbeitstechnik, weil der RAM-Speicher sehr schnell ist. Linux speichert dann tatsächlich auf die Festplatte, »wenn es Zeit hat«. Bei einer luxuriös ausgestatteten Maschine kann das etliche Minuten dauern, denn wenn viel freier Speicher vorhanden ist, sieht das Betriebssystem keinen Grund dafür, die Daten bereits auf der Festplatte abzulegen. Wenn Sie nun plötzlich und unangekündigt die Floppy-Diskette aus dem Laufwerk oder den Stick aus der USB-Dose ziehen (oder den Rechner einfach ausschalten), dann sind die schon lange abgespeicherten Daten vielleicht einfach noch nicht mit der Festplatte/der Diskette/dem Stick abgeglichen. Bei einem regulären *umount*-Befehl schickt das Betriebssystem dagegen einen *sync*-Befehl los, der das Hinausschreiben der Daten erzwingt. Dann befinden sich die Daten auf der Festplatte oder dem Wechselmedium, und nichts Schlimmes kann mehr passieren, wenn Sie das Gerät herausziehen. Wo habe ich so etwas Ähnliches erst kürzlich noch gesehen? Ja richtig, bei Windows! Seit Windows 2000 gibt es den Schalter »Hardware sicher entfernen«. Und was glauben Sie, was Windows macht, wenn Sie das ausführen?

ganz prima ins System einbinden können. Dafür gibt es eine Voraussetzung: Der *Mountpunkt* (das ist immer ein Verzeichnis), in diesem Falle das Verzeichnis */media/stick*, muss bereits vorher existieren. Wenn es noch nicht existiert, dann legen Sie es eben mit dem Befehl `mkdir` (oder im grafischen Dateimanager) an. Wenn der Rechner bereits eine SATA-Platte eingebaut hat, ist der Name des Sticks */dev/sdb*, und der Name seiner ersten Partition lautet */dev/sdb1*. Und wenn Sie einen Achtfach- oder Zwölffach-USB-Kartenleser einstecken, brauchen Sie sich nicht wundern, wenn das eingesteckte Speicherkärtchen als */dev/sde1*, */dev/sdh1* oder noch höher angesprochen werden müsste.

Auf die Angabe des Dateisystem-Typs können Sie beim Mounten gewöhnlich verzichten, denn Linux kann die gängigen Dateisysteme selbstständig erkennen. Beim Einbinden einer Diskette oder einer CD-ROM müssen Sie allerdings darauf achten, dass auch ein Medium im Gerät steckt, sonst geht es auch dann nicht, wenn Sie als der Benutzer *root* angemeldet sind.

Eine formatierte Diskette (das kann auch eine DOS- oder Windows-formatierte Diskette sein) hängt man so ein:

```
[root@raider root]# mount /dev/fd0 /media/floppy
[root@raider root]#
```

Wenn das System nicht Zeter und Mordio schreit, dann war's das schon. Sie können dann in das Verzeichnis hineinwechseln und sich den Inhalt der Diskette ansehen.

```
[root@raider root]# cd /media/floppy
[root@raider floppy]# ls
```

Wenn eine Meldung wie `mount: Einhängepunkt /media/floppy existiert nicht` erscheint, dann machen Sie gerade die Erfahrung, dass das Mount-Verzeichnis (d.h. der *Mountpunkt*) bereits existieren muss, um ein Gerät dorthin zu mounten. `mount` legt niemals das Verzeichnis an, in das gemountet wird[1].

Wie wird man so ein eingebundenes Laufwerk wieder los? Mit dem Befehl `umount`.

```
[root@raider root]# umount /media/floppy
[root@raider root]#
```

CD-, DVD- und Diskettenlaufwerke sind nicht in Partitionen unterteilt. Es reicht also völlig aus, */dev/fd0* bzw. */dev/hdc* (für eine CD) beim Mounten anzugeben.

Umounten funktioniert eigentlich immer, außer, Sie stehen gerade (z.B. nach einem `cd /media/floppy`) noch mit einer Shell im Dateisystem des Mediums oder es ist noch ein Konqueror offen, der das Innenleben der Diskette oder CD zeigt, oder Ähnliches. Ziehen Sie kein Wechselmedium einfach aus dem Laufwerk, solange es noch eingemountet ist. Wie oben bereits erwähnt wurde, ist Linux deshalb so schnell, weil es *cachen* darf: Daten werden erst dann auf das Medium geschrieben, wenn das Betriebssystem dazu »Zeit hat«. Wenn Sie das Medium nicht sauber umounten, sondern einfach herausziehen, kann es passieren, dass Sie die frisch abgespeicherten Daten deshalb verlieren, weil das Betriebssystem sie noch nicht auf die Diskette geschrieben hatte. Und als es dann schreiben wollte, war keine Diskette mehr im Laufwerk. Darüber hinaus verwaltet der Kernel immer noch alle Dateinamen des Wechselmediums im Speicher. So ein Herausrupfen der Diskette kann ihn durchaus ganz schön durcheinanderbringen. Im schlimmsten Falle sind Ihre Daten weg: Einer meiner Kursteilnehmer verlor auf diese Art und Weise seine Seminararbeit. Er hatte mit OpenOffice immer direkt auf der Diskette gearbeitet und dann zu früh gerupft. Dabei lernte er, dass man am besten immer auf der Festplatte arbeitet und nur eine Transferkopie auf die Diskette schreibt. Und, wenn man das tut, dem System auch genügend Zeit lässt.

Nachsehen, ob das Mounten oder Umounten funktioniert hat, können Sie mit dem Befehl `mount` (ohne Optionen) oder mit dem Befehl `df -h`, der außerdem noch den Vorteil hat, Ihnen anzuzeigen, wie groß und wie voll die Partitionen sind. Diese Befehle darf jeder Benutzer ausführen.

---

1 Automounter können das schon. Aber die machen ja auch mehr, als nur *mount*-Befehle abzusetzen ...

```
[dieter@raider dieter]$ mount
/dev/hda3 on / type ext3 (rw)
/dev/hda5 on /home                      type ext3 (rw)
/dev/hda1 on /mnt/win_c type ntfs (ro,umask=0,nls=iso8859-15)
/dev/hdc on /mnt/cdrom type iso9660 (ro,nosuid,nodev,umask=0,iocharset=iso8859-
15,codepage=850,user=root)
none on /proc type proc (rw)
none on /proc/bus/usb type usbfs (rw)
none on /dev type devfs (rw)
none on /sys type sysfs (rw)
[dieter@raider dieter]$
```

Die interessanten Zeilen dieser Befehlsausgabe sind diejenigen, die mit einem /dev beginnen.[2] Das Dateisystem beginnt in der dritten Partition der ersten Festplatte (*/dev/hda3* enthält das /-Dateisystem), daran angehängt sind die fünfte Partition (*/home*), und in */mnt/win_c* steigt man anscheinend in eine Windows-Partition mit NTFS-Dateisystem ab. Das ist das C:\ einer Windows-Installation. Unter */mnt/ cdrom* findet sich das CD-ROM-Laufwerk mit einem ISO9660-Dateisystem. Linux versteht auch das Microsoft Joliet-Dateisystem und bindet es ohne weitere Rückfrage nach dem Dateisystemtyp ein.

Stolpersteine mit CD-Laufwerken

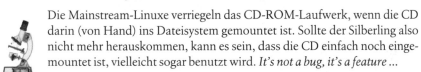

Die Mainstream-Linuxe verriegeln das CD-ROM-Laufwerk, wenn die CD darin (von Hand) ins Dateisystem gemountet ist. Sollte der Silberling also nicht mehr herauskommen, kann es sein, dass die CD einfach noch eingemountet ist, vielleicht sogar benutzt wird. *It's not a bug, it's a feature ...*

CD-Brenner, die an IDE-Controllern angeschlossen sind (ATAPI-Brenner), bekamen früher bisweilen einen SCSI-Namen wie */dev/scd0*. Das war notwendig, weil bei der Entwicklung der preiswerten ATAPI-CD-Laufwerke niemand daran gedacht hatte, dass man einmal CDs mit so etwas brennen könnte. Deshalb kennt das ATAPI-Protokoll einfach keinen Schreibbefehl. Um diese Lücke zu schließen, spielte eine Software namens *ide-scsi-Emulator* dem Betriebssystem vor, das Gerät sei ein teure(re)s SCSI-Gerät und könne deshalb schreiben.[2] Neuere Linux-Distributionen benötigen keinen Emulator, und dann bleibt es z.B. beim Namen */dev/hdc*.

Meist gibt es einen symbolischen Namen (einen Link) */dev/cdrom*, der nach Bedarf auf */dev/scd0* oder */dev/hdc* zeigt. Dann ist es für Sie als Benutzer egal, ob SCSI emuliert wird oder nicht. Die mount-Befehle funktionieren dann wie gezeigt.

---

2 Wer wissen will, was es mit dem mehrmals auftauchenden »none« auf sich hat, sei an ein Systemadministrationsbuch verwiesen.

Linux ist dem Microsoft-Dateisystemformat NTFS hart auf den Fersen, und es gibt angeblich auch schon kommerzielle Tools, mit denen man ohne Nervenflattern auf NTFS-Partitionen schreiben können soll. Ohne Not würde ich im Moment aber keinesfalls versuchen, Daten auf eine NTFS-formatierte Partition zurückzuschreiben, sondern nur lesend darauf zugreifen. Wenn Sie auf der gleichen Maschine Daten mit Windows austauschen müssen, legen Sie am besten eine eigene kleinere FAT-Partition dafür an oder verwenden einen USB-Stick für den Datentransfer. Das ist zwar weniger »sexy«, aber es funktioniert sicher. Im schlimmsten Fall könnte ein fehlgegangener Schreibzugriff auf eine NTFS-Partition das gesamte Dateisystem inklusive Windows und aller Ihrer Dateien dort unbrauchbar machen. Ist es das wert?

Sollten bei der Installation einer SUSE-Distribution ab Version 10.3 Ihre IDE-Festplatten (/dev/hda, /dev/hdc etc.) verschwinden und stattdessen lauter /dev/sdx erscheinen, wundern Sie sich nicht: Da macht sich eine neue Sitte breit. Mit einem neuen Modul *libata* wurde die Unterstützung für SATA- und IDE-Platten wieder zusammengelegt. SATA-Platten wurden schon seit Kernel 2.6.0 nicht /dev/hdx, sondern /dev/sdx genannt. Ab openSUSE 10.3 heißen die guten alten IDE-Platten dort jetzt ebenfalls /dev/sdx und nicht mehr /dev/hdx.

Die Datei etc/fstab

Muss ich immer *root* sein oder werden, nur um eine CD einzubinden? Nein, denn das kann *root* auch normalen Benutzern erlauben, selbst ohne Automounter. Das zeigt folgendes Beispiel:

```
[dieter@raider dieter]$ mount /dev/hdc /media/cdrom
mount: Nur »root« kann dies tun
[dieter@raider dieter]$ mount /media/cdrom
[dieter@raider dieter]$
```

Der erste – fehlerfrei eingegebene – Befehl bringt die Beschwerde, nur *root* dürfe Festplatten einbinden. Das ist so weit auch richtig. Dann folgt der zweite Befehl, mount /media/cdrom, der eigentlich unvollständig ist. Hier fehlen gleich zwei Angaben: das zu mountende Gerät und dessen Dateisystem. Trotzdem kommt keine Fehlermeldung, und das Gerät wird gemountet. Also muss noch mehr dahinterstecken: etwas, das sowohl die notwendigen Informationen ls auch die benötigten Rechte zum Mounten liefert. Dieses Etwas ist die Datei */etc/fstab*, die *File System Table*. In dieser Datei ist hinterlegt, nach welchem Rezept Festplatten und Wechsel-

---

3   Das ist auch der Grund, warum auch Windows zunächst spezielle Brennersoftware wie Nero und Co. benötigte. Hinter den Dialogboxen wurden SCSI-Laufwerke emuliert.

medien (statisch) ins System eingebunden werden sollen. *mount* holt sich die fehlenden Informationen von dort (siehe Abbildung 17-2).

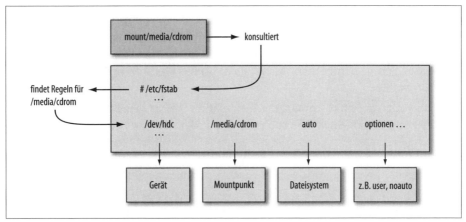

Abbildung 17-2: Der mount-Befehl konsultiert die Datei /etc/fstab. Dort stehen alle Parameter für den Befehl.

Eine einfache */etc/fstab* sieht etwa so aus:

```
[dieter@raider dieter]$ cat /etc/fstab
/dev/hda3    /            ext3     defaults                   1 1
/dev/hda5    /home        ext3     defaults                   1 2
/dev/hdc     /mnt/cdrom   auto     user,noauto,ro,exec        0 0
/dev/hda1    /mnt/win_c   ntfs     umask=0,nls=iso8859-15,ro  0 0
/dev/hda2    swap         swap     defaults                   0 0
none         /dev/pts     devpts   mode=0620                  0 0
none         /proc        proc     defaults                   0 0
none         /tmp         tmpfs    defaults                   0 0
```

Von all diesen Zeilen (häufig stehen sogar noch mehr Zeilen in einer *fstab*) beziehen sich nur wenige auf »wirkliche« Dateisysteme. Das sind alle Zeilen, die mit */dev* beginnen. So ist z.B. zu sehen, dass das *root*-Dateisystem (/) auf der dritten Partition des Laufwerks */dev/hda* liegt. Die Partition mit dem */home*-Verzeichnis liegt auf der fünften Partition. Da maximal vier primäre Partitionen erlaubt sind, muss dies bereits die erste *logische* Partition dieser Festplatte sein. Das Gerät */dev/hdc* ist das erste Laufwerk auf dem zweiten Controller; eine Festplatte */dev/hdb* wäre das zweite Laufwerk auf dem ersten Controller gewesen. Die erste Partition, */dev/hda1*, sieht aus wie ein Windows: Zum einen hausen Windows-Installationen gerne auf der ersten Partition eines Laufwerks, zum anderen wird es mit dem NFTS-Dateisystemtreiber eingebunden.

Der Aufbau einer */etc/fstab* ist leicht erklärt:

- In der ersten Spalte steht die Linux-Bezeichnung von Festplatte und Partition.
- Spalte 2 nennt den Ort, an den diese Partition eingehängt werden soll.

- Die dritte Spalte zeigt an, mit welchem Dateisystem diese Partition formatiert ist bzw. mit welchem Dateisystemtreiber sie angesprochen werden soll.
- Die vierte Spalte enthält spezielle Optionen, mit denen die Festplatten bzw. Wechselmedien eingebunden werden sollen. Bei Festplatten steht da normalerweise nur »default«, das bedeutet in diesem Fall schreibbar. Und hier ist auch des Rätsels Lösung, wieso sich das CD-ROM-Laufwerk auch von einem normalen Benutzer mounten lässt: Sehen Sie die Option »user« in der Zeile für /cdrom?
- Die vorletzte Spalte enthält die Information, ob das jeweilige Laufwerk bzw. die Partition bei einer Sicherung mit dem Programm *dump* mitgesichert werden soll oder nicht. Üblicherweise enthalten nur lokale, fest eingebaute Festplatten (automatisch) die Nummer 1. *dump* soll von einem entfernten Vetter Fred Feuersteins entwickelt worden sein und wird unter Linux nur noch sehr selten benutzt, da es eine Reihe modernerer Sicherungsprogramme gibt.
- Die letzte Spalte steuert bei einem Reboot die Reihenfolge, in der die Partitionen auf den Festplatten geprüft werden müssen. Da ist es wichtig, dass diejenige Partition, auf der sich das /-Dateisystem befindet, die 1 bekommt, alle anderen lokalen Partitionen bekommen eine 2. Partitionen, die nicht geprüft werden müssen, wie CD-ROMs, Floppys und dergleichen, bekommen eine 0. Gibt man einer Festplatte die 0, wird sie beim Hochfahren des Systems überhaupt nicht geprüft. Das macht man z.B. bei solchen Zeilen, deren »Partitionen« sich nicht auf der lokalen Maschine befinden, sondern z.B. von einem Dateiserver im Netzwerk kommen.

CD-ROMs

Wieso sollte man mit einem Texteditor in der */etc/fstab* herumhantieren? Weil es vermutlich die schnellste Möglichkeit ist, eine neue Partition dauerhaft einzubinden, oder zuzulassen (bzw. zu verbieten), dass normale Benutzer z.B. CD-ROMs oder auch Festplattenpartitionen (etwa als Sicherungslaufwerke) selbstständig mounten können. CD-Laufwerke wollen Sie normalerweise nicht schon beim Hochfahren der Maschine fest einbinden. Sie sollen erst angesprochen werden, wenn das System stabil läuft und Benutzer da sind, die auf die CD-ROM auch zugreifen wollen. Deshalb steht in der Spalte für die Optionen bei einem CD-ROM-Laufwerk häufig das Wörtchen *noauto*. Stünde da nichts Besonderes, müsste das Linux beim Booten nachsehen, ob nicht eine CD-ROM im Laufwerk liegt, um sie zu mounten – und herummaulen, wenn keine da ist. So aber wartet das System, bis jemand das Wechsellaufwerk anfordert, und mountet die CD-ROM erst dann. Bei den meisten modernen Systemen kümmert sich mittlerweile ohnehin ein automatischer Mountvorgang darum ...

Der zweite wichtige Optionsschalter ist *user*: Diese Anforderung erlaubt es normalen Benutzern, die CD-ROM zu mounten, diese Aktion bleibt also nicht *root* vorbehalten. Haben Sie den Schalter noexec gesetzt, können Sie beruhigt auf Beschwerden warten. Von so eingemounteten Laufwerken darf niemand ein Linux-Programm starten, nicht einmal ein Shell-Skript. Das ist zwar sicherer, wird aber nicht nur Freunde finden.

Der Schalter *noexec* hat keinerlei Auswirkungen auf Windows-Programme, die sich z.B. auf einer CD-ROM befinden. Linux könnte diese Windows-Programme ohnehin nicht ausführen. Können aber Windows-Clients auf diese CD zugreifen, weil sie z.B. durch einen Samba-Dienst erreichbar gemacht wurden, sieht die Sache schon wieder anders aus. Selbst Windows-Dateiserver führen Programme nicht selbst aus, sondern stellen sie den Clients zum Lesen zur Verfügung. Das genügt schon. Um sie auszuführen, holen die Windows-Clients die *exe*-Dateien über das Netz in den eigenen Speicher und führen sie dort aus. Aber da hat Linux keinerlei Sperrmöglichkeiten.

Auch wenn eine Partition mit dem *user*-Schalter so eingestellt ist, dass jeder Benutzer sie mounten kann, wird der Normal-Benutzer keinen kompletten *mount*-Befehl (wie oben beim ersten Beispiel) für diese Partition absetzen können. Nur mit dem verkürzten mount-Befehl z.B. mount *Mountpunkt* oder mount *Gerätename* hat er Erfolg. Der Benutzer darf eben doch nur mounten, was *root* ihm in der Datei */etc/fstab* vorgeschrieben und erlaubt hat.

Der Befehl mount erkennt anhand einer typischen Kennziffer selbstständig, welches Dateisystem auf dem Medium (oder der Partition) angelegt ist, das (die) eingebunden werden soll. Wenn mount Fehlermeldungen zurückliefert, das Dateisystem sei nicht erkannt worden, dann sollten Sie sich vermutlich Gedanken darüber machen, ob das Gerät bzw. das Medium kaputt sind. Dass Linux einen gültigen Dateisystemtyp nicht oder falsch erkennt, ist sehr selten.

Kommt z.B. beim Mounten einer CD-ROM eine Fehlermeldung bezüglich des Dateisystems (Linux kann sowohl das ISO9660- als auch das Microsoft-Joliet-Format lesen), können Sie ja vielleicht einmal probieren, ob ein mount -t iso9660 /dev/cdrom /media/cdrom mehr Erfolg bringt. Wenn aber das auch nicht funktioniert, liegt in aller Regel ein anderes Problem vor: Meist ist die CD-ROM noch unbeschrieben, fehlerhaft gebrannt oder aus einem anderen Grund unbrauchbar.

Um CD-ROMs wieder loszuwerden, können Sie im Konqueror auf ein Werkzeug an der linken Seite zurückgreifen: Unter den Geräten listet dieser Dateimanager auch das CD-ROM-Laufwerk auf. Ein Klick mit der rechten Maustaste öffnet ein Menü, das entweder nur das Aushängen (Umounten) des Laufwerks oder sogar (mit AUS-WERFEN) das Herausfahren der CD-Schublade ermöglicht (Abbildung 17-3).

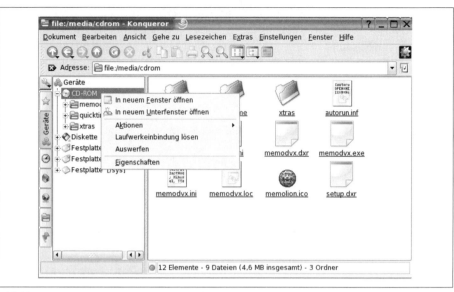

Abbildung 17-3: CD-ROMs unter KDE aushängen (umount) oder sogar auswerfen (eject)

Auch GNOME verfügt im GNOME-Control-Center über einen Dialog, mit dem das Verhalten des Fenstermanagers geregelt wird, sobald eine neue CD eingelegt wird. Bei beiden Fenstermanagern gibt es verschiedene Einstellungsmöglichkeiten, wie darauf zu reagieren ist, wenn eine Daten- oder Musik-CD eingelegt wird (siehe Abbildung 17-4).

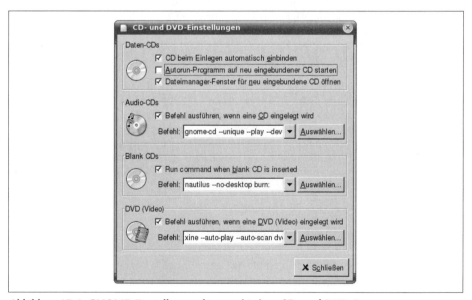

Abbildung 17-4: GNOME-Einstellungen für verschiedene CD- und DVD-Sorten

Sobald ein Icon für die erkannte CD oder DVD auf dem Desktop liegt, können Sie mit der rechten Maustaste auch veranlassen, dass die Einbindung wieder gelöst (*unmount*) oder das Medium ausgefahren (*eject*) wird.

> Einen Windows-Benutzer richtig beeindrucken können Sie mit dem Konsole-Befehl eject -t. Dieser bewirkt, dass Linux ein ausgefahrenes CD-Laufwerk wieder einfährt. Das funktioniert natürlich nur bei solchen Laufwerken, die diese Funktion auch unterstützen. Bei vielen Notebook-Laufwerken ist nur das Öffnen mit *eject* möglich.

Festplatten

Wer kennt das nicht: Die Platte ist voll, ein neues Laufwerk muss her. Bisweilen hat man auch nur beim Installieren die Partitionen ein wenig geizig angelegt, und nun reicht der Platz nicht mehr. Um diesen unangenehmen Zustand zu ändern, gibt es vier verschiedene Möglichkeiten:

- Man baut eine neue Festplatte ein. Das ist Arbeit mit dem Schraubenzieher; sobald die Festplatte läuft, ist das weitere Vorgehen wie bei Punkt zwei.
- Gibt es auf der gleichen Festplatte noch freien Platz, kann man den zur Erweiterung verwenden. Kandidat wäre z.B. eine Windows-Partition, die man nicht mehr braucht.
- Man lenkt das überlaufende Verzeichnis mit einem symbolischen Link auf ein Verzeichnis auf einer Partition, wo noch Platz ist. Das kann man auch im Anschluss an die ersten beiden Punkte machen.
- Man vergrößert die Partition. Lesen Sie dazu ein Systemadministrationshandbuch.

Festplattenwerkzeuge

Zuerst sollten Sie Ihren Blick auf die Festplattenressourcen richten. Das auf jeder Linux-Distribution vorkommende textorientierte Programm *fdisk* ist bei aller Leistungsfähigkeit nicht mehr auf dem neuesten Stand der Ergonomie-Technik. Wo es mitinstalliert ist, wäre daher *cfdisk* zu empfehlen. *cfdisk* ist textorientiert, schnell, und es zeigt alle Partitionen einer Festplatte an; mit einer Leuchtmarke kann man zwischen den Partitionen und eventuell existierendem freien Platz hin und her wechseln. Angenehm ist außerdem, dass *cfdisk* den Plattenplatz in MByte anzeigt (siehe Abbildung 17-5).

Sehr mächtig ist inzwischen *parted*, ein weiteres textorientiertes Werkzeug, das gerade dabei ist, mit dem DOS-basierten *Partition Manager* auch funktionell gleichzuziehen. Allerdings ist die Bedienung dieses Werkzeugs so umständlich, dass man gern auf eines der grafischen Frontends zurückgreift: das Partitionierungstool im YaST oder *qtparted*, das verschiedene Distributionen in ihre Rettungs-CDs aufgenommen haben.

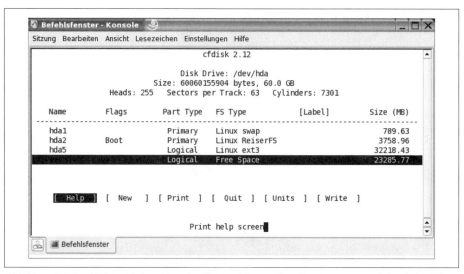

Abbildung 17-5: cfdisk in Aktion: Es zeigt die Partitionen, ihre Dateisysteme und den freien Platz in MByte an.

Im YaST findet sich das Partitionierungswerkzeug im Register SYSTEM. Das Icon von PARTITIONIEREN sieht aus wie ein Stück Kuchen; klickt man es an, zeigt es nach einer Warnungsmeldung (Vorsicht: Man kann hier richtig großen Mist bauen!), was es alles zu verteilen gibt.

Ärgerlich ist allerdings, dass YaST immer noch nicht direkt angibt, wie groß der unpartitionierte Bereich ist (siehe Abbildung 17-6). Klar kann man sich ausrechnen, dass auf der Abbildung zwischen den Zylindern 4469 und 7300 noch freier Platz sein müsste, aber eine unmissverständliche Anzeige wäre kein Luxus.

Auch das Fehlen einer MByte-Angabe trübt hier das Gesamtbild einer ansonsten hervorragenden und leistungsstarken Software (siehe Abbildung 17-7). Die neue Partitionsgröße kann man statt in Zylinderangaben auch (und fast jeder macht es so) in MByte oder GByte angeben. Im Textfeld ENDE gibt man statt einer Zahl (die als Endzylinder interpretiert würde) z.B. den Wert +6000M für sechs GByte an; +6GB wäre für diesen Wert ebenfalls eine gültige Schreibweise.

 Bei allen Partitionierungstools ist gleich, dass sie die Partitionen immer in ganzen Zylinderschritten anlegen. Das macht scharfe Partitionsgrenzen bei »runden« Mega- oder Gigabyte-Werten praktisch unmöglich. Eine fein eingestellte Zahl von 5000 MByte wird als Partition vielleicht eben doch nur 4779 MByte oder z.B. 5123 MByte groß, abhängig davon, wie es mit den Zylindern der Festplatte passt. Lassen Sie sich von solchen technischen Details nicht verwirren. Bei manchen Tools kann man diese Verschiebung weder deutlich sehen noch einstellen; also muss man sich auch nicht über sie ärgern ...

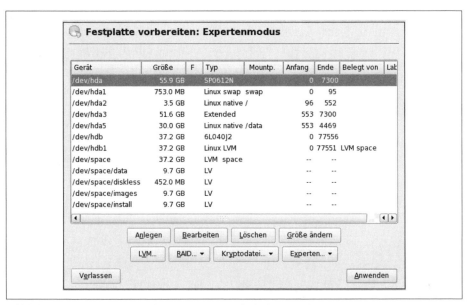

Abbildung 17-6: Kann alle möglichen Partitionsinhalte lesen und anzeigen: YaST

Abbildung 17-7: Was beim Anlegen von Partitionen fehlt, ist eine Anzeige in MByte oder GByte. Das machen andere besser.

Den Mountpunkt können Sie auch frei angeben, wenn Sie keinen aus der Dropdown-Liste wählen wollen. YaST kümmert sich um den Rest: Die Partition wird angelegt, mit dem gewünschten *Dateisystem* (siehe linke Seite unter DATEISYSTEM) aus einer Liste von einem halben Dutzend Möglichkeiten formatiert und anschließend am gewünschten Mountpunkt eingehängt. Dabei gelingt YaST, was die Tools anderer Distributoren nicht zuwege bringen: sofort ohne Reboot weiterzumachen. Das Problem besteht offenbar darin, dass die Partitionstabelle der Boot-Festplatte verändert wird. Auf *fdisk* basierende Tools müssen die Partitionstabelle dann neu einlesen, was im Normalfall nur im Bootvorgang geschehen kann. SUSE bietet die neuen Partitionen dagegen sofort an.

Eine grafisch sehr ansprechende Lösung hat Mandriva mit DiskDrake im Paket, auch wenn es »herkömmlicher« arbeitet als YaST. Register helfen dabei, den Überblick über die eingebauten Festplatten zu bekommen, und Balkengrafiken informieren jeweils über den belegten und freien Platz auf der einzelnen Festplatte (siehe Abbildung 17-8), was angenehm ist.

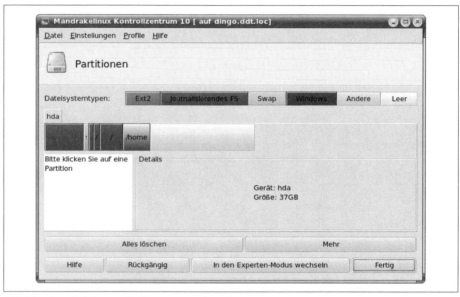

Abbildung 17-8: Schön und effizient ist DiskDrake.

Um eine neue Partition anzulegen, müssen Sie nur auf den freien, grau dargestellten Bereich der Festplatte klicken. Daraufhin ändert sich der Inhalt des weißen Feldes auf der linken Seite: Statt des Textes »Bitte klicken Sie auf eine Partition« erscheint dann ein Button ERZEUGEN. Welcher Dialog genau zum Vorschein kommt, wenn Sie auf diesen Button klicken, hängt davon ab, ob Sie sich im *Normal-* oder im *Experten-*Modus des Partitionierers befinden (siehe Abbildung 17-9). Im Normalmodus bietet der DiskDrake-Dialog nur einen simplen Schiebeschalter an, um die Größe der neuen Partition einzustellen, der Expertenmodus wartet mit einem umfangreicheren Dialog auf, der es Ihnen erlaubt, die Partitionen aufs MByte genau einzustellen. Der Schiebeschalter reicht normalerweise vollkommen aus, denn er wird gerne unterschätzt: Sie können feinste Einstellungen mit ihm vornehmen, indem Sie den Mauspfeil über den Schiebeschalter führen und am Mausrad rollen.

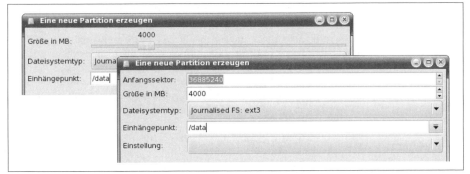

Abbildung 17-9: Partitionsgröße einstellen im Normal- (links) und im Experten-Modus (rechts)

Auch DiskDrake legt auf den neu erstellten Partitionen ein Dateisystem an, wenn Sie auf den Button FORMATIEREN klicken, nachdem die Partition erstellt ist. Wenn die neue Partition allerdings auf der gleichen Festplatte liegt, von der das System gebootet worden ist, muss der Rechner vorher noch einmal neu gestartet und DiskDrake erneut aufgerufen werden. Erst dann erstellt DiskDrake auf der ausgewählten Partition ein Dateisystem des vorher festgelegten Typs. Nach dem Klick auf den BEENDEN-Button erscheint die Frage, ob die Änderungen in der Datei */etc/fstab* gespeichert werden sollen. Dort legen Sie – nach einem Ja – fest, an welcher Stelle des Dateisystems die neu erstellte und formatierte Partition in Zukunft eingehängt werden soll. DiskDrake verändert dann die Datei */etc/fstab* und fügt ihr (in unserem Fall z.B.) folgende Zeile hinzu:

```
/dev/hda9 /data ext3 defaults 1 2
```

Hier sehen Sie sehr deutlich die Rolle der Datei */etc/fstab*: Jede Zeile enthält eine Regel für ein Gerät und ein Dateisystem. Nach diesem Rezept werden die Partitionen beim Booten eingehängt. Spätere Änderungen am »Rezept« werden jedoch nicht gleich automatisch in die Tat umgesetzt, sondern erst bei einem Reboot.

Damit ist die neue Partition nun zwar erzeugt, formatiert und für das Mounten beim nächsten Booten vorgemerkt – noch ist sie aber nicht eingehängt. Das kann man daran sehen, dass nach dem Befehl mount noch keine zusätzliche Zeile mit Partitionsangabe für das Verzeichnis */data* angezeigt wird. Das erledigen wir von Hand.

Wer sich erinnern kann, welche Nummer die Partition hat oder wo sie eingefügt werden soll, kann jetzt als root mount /data oder mount /dev/hda9 eingeben. Wer sich allerdings nicht mehr erinnern kann – es sind ja schon zwei Minuten vergangen –, tippt mount -a (»Mounte alle Partitionen aus der Datei */etc/fstab*«) ein und lässt sich danach einen Termin beim Neurologen geben, weil das Kurzzeitgedächtnis bedenkliche Schwächen zeigt ...

Bearbeiten Sie auf keinen Fall (weder mit textorientierten noch mit grafischen Partitionierungswerkzeugen) solche Partitionen, die gerade gemountet sind. Das funktioniert zwar im Normalfall ohnehin nicht, weil das aktuelle System sie gerade benutzt und Veränderungen nicht zulässt. Wenn aber doch, sind im Normalfall alle Daten auf dieser Partition verloren, weil im Anschluss an das Verändern die Partition formatiert wird. Das gilt auch für heldenhafte Aktionen wie die Verkleinerung oder Vergrößerung einer Partition. Das ist selbst mit den richtigen Werkzeugen und zur richtigen Zeit nicht ungefährlich.

USB-Sticks und andere Flash-Speicher

Der Liebling aller Systemadministratoren ist der USB-Stick. USB steht für *Universal Serial Bus*, der Begriff *Serial* sollte aber nicht an die dummen seriellen Schnittstellen früherer Tage denken lassen. Seinerzeit war dort gewöhnlich die Maus angeschlossen, aber auch jede andere seltsame Hardware, die bei geringer Daten-Durchsatzrate meist nicht richtig funktionierte. Neben den enormen Durchsatzraten einer USB-2.0-Schnittstelle, an der man sogar externe Festplatten mit vernünftigen Zugriffszeiten betreiben kann, gefällt am USB-Protokoll vor allem, dass angeschlossene Geräte sich in der Regel selbstständig am Rechner vorstellen. Die Betriebssysteme können erkennen, wenn im laufenden Betrieb USB-Geräte angeschlossen oder ausgestöpselt werden, und flexibel darauf reagieren.

An einen einzigen Rechner kann eine große Zahl an externen USB-Geräten angeschlossen werden: *www.usb.org* nennt bis zu 127, wobei die praktische Grenze vermutlich weit darunter liegt. Das ist trotzdem ein großer Fortschritt. Eine Hardware ist auch nicht mehr an eine spezielle Steckdose gebunden, die sie von allen anderen unterscheidet. Problemlos kann heute an einem der USB-Anschlüsse (Ports) etwas angeschlossen werden, das der Rechner als eine Art Festplatte betrachten soll, und ein andermal steckt dort etwas, das wie eine Netzwerkkarte interpretiert werden soll. Und jedes Mal ist die Chance gut, dass alles funktioniert.

USB-Sticks bieten dem engagierten Datensammler endlich die Möglichkeit, auf einem Medium in der Größenordnung eines kleinen Lippenstifts bzw. (bei SD-Karten) Daumennagels festplattengroße Datenmengen mit sich herumzutragen. Anders als Floppy oder Zip-Disketten früherer Tage beulen USB-Sticks nicht nur keine Hosen- und Hemdtaschen aus, sondern reagieren auch nicht so empfindlich auf die Magnetfelder von U-Bahnen etc. wie die Magnetscheiben in den Floppy-Disketten. Im USB-Stick steckt ein Flash-ROM, ein beschreibbarer Speicherbaustein. Er hält die gespeicherte Information auch ohne ständige Stromzufuhr und kann nach Herstellerangaben tausende Male neu beschrieben werden, bevor er seinen Geist aufgibt.

Die Speichergrößen der USB-Sticks und Speicherkärtlein ermöglichen heute nicht nur, etliche Arbeitstage an Musik-Laufzeit oder gewaltige Fotoalben abzuspeichern, sondern auch z.B. ein ganzes, bootfähiges Betriebssystem. Weil das Booten von USB inzwischen auch schon von vielen Motherboards unterstützt wird, muss man diesen Geräten ein großes Potenzial zuschreiben – sowohl was Einbrüche in Rechner anbelangt als auch die Gefahr, dass eine aus dieser großen Zahl an Dateien virenverseucht sein könnte. Die Problematik wird dadurch verstärkt, dass die Betriebssysteme – und das ist nicht nur Windows – diese Hardware häufig ohne Rückfrage einbinden.

Sogenannte Hotplug-Dienste erkennen unter Linux Sticks und SD-Karten normalerweise sofort und problemlos, wenn sie im laufenden Betrieb eingesteckt werden oder schon beim Booten vorhanden sind. Aber die Distributionen reagieren zum Teil verschieden: Die einen piepen nur kurz, um den Benutzer auf ihren Fund hinzuweisen, andere erzeugen nonchalant ein Icon auf dem Desktop, wo der Stick oder die Karte aber mit der rechten Maustaste noch eingebunden (gemountet) werden muss, und wieder andere lauern schweigsam im Hintergrund und warten, bis der Benutzer auf seinen Stick zugreift. Dann mounten sie automatisch. Und einige binden die Partition auf dem Gerät sofort ein. Aber sie finden ihn eigentlich mittlerweile alle.

Auf USB-Sticks zugreifen

Wie greift man auf den Stick zu? Im Prinzip genau wie bei einer Festplatte: Das Dateisystem auf dem Stick wird in ein Verzeichnis gemountet, danach kann man die Daten darin benutzen. Normalerweise stecken Sie das Gerät in die USB-Buchse, und wenige Sekunden später haben Sie entweder eine Abfrage, ob der Inhalt des Geräts in einem Fenster geöffnet werden soll, oder ein Icon auf dem Desktop, über das Sie auf das Dateisystem auf dem Stick zugreifen können. Das Gleiche gilt auch für SD-Karten und ähnliche Medien, die über USB-getriebene Kartenleser an den Rechner angeschlossen werden – HAL (*Hardware Abstraction Layer*)[4] macht's möglich. Wie bekommt man aber nachträglich heraus, wo das Kärtchen bzw. das Stiftchen angedockt wurde?

Leider haben die verschiedenen Distributoren zum Teil auch sehr verschiedene Ideen, wo ein USB-Stick oder ein Kärtchen eingehängt werden soll. Die meisten haben sich inzwischen auf ein Unterverzeichnis von */media* eingeschossen, das */media/stick*, */media/usb0*, */media/disk* oder so ähnlich heißt.

Wenn Sie sich nicht sicher sind, was passiert ist, haben Sie drei Freunde, die Ihnen dabei helfen, herauszufinden, was passiert ist: Die Datei */proc/partitions*, mount und df -h. In der Datei */proc/partitions* steht immer aktuell, welche Partitionen der Rechner gerade kennt. Wenn Sie also herausfinden wollen, wie Ihr Rechner den Speicherstick nennt, rufen Sie zuerst

```
cat /proc/partitions
```

---

4 *http://freedesktop.org/wiki/Software/hal*

auf, stecken dann den Stick in die Buchse und rufen diesen Befehl erneut auf. Das sieht ungefähr so aus:

```
dieter@troll:~$ cat /proc/partitions
major minor  #blocks  name

    8     0  244198584 sda
    8     1    1461883 sda1
    8     2    3903795 sda2
    8     3   48829567 sda3
dieter@troll:~$ cat /proc/partitions
major minor  #blocks  name

    8     0  244198584 sda
    8     1    1461883 sda1
    8     2    3903795 sda2
    8     3   48829567 sda3
    8    16    1017344 sdb
    8    17    1017328 sdb1
dieter@troll:~$
```

Zuerst gab es nur *sda1* bis *3*, danach plötzlich auch ein */dev/sdb* und */dev/sdb1*. Und nachdem ein USB-Kartenleser eingesteckt wurde, sieht die Datei */proc/partitions* so aus:

```
dieter@troll:~$ cat /proc/partitions
major minor  #blocks  name

    8     0  244198584 sda
    8     1    1461883 sda1
    8     2    3903795 sda2
    8     3   48829567 sda3
    8    64      15680 sde
    8    65      15648 sde1
dieter@troll:~$
```

Sollte die Aktualisierung recht lange dauern, ziehen Sie einfach das Gerät noch einmal aus der Dose und stecken es wieder rein. Die *hotplug*-Skripten laufen dann erneut los und finden das Gerät eventuell sofort.

> Die Aktualisierung dauerte einmal während des Bücherschreibens sehr lange. Es stellte sich heraus, dass ich mehrere Male das System-Icon meiner KDE-Oberfläche geöffnet hatte und damit den HAL verwirrte. Nachdem all diese Konquerors mit der URL *system:/media* geschlossen worden waren, funktionierte die Aktualisierung sofort.

Nachdem Sie nun die Gerätenamen wissen, verrät Ihnen ein `df -h`, wohin das System den Stick/das Kärtchen gemountet hat und wie voll es ist.

```
/dev/sda1        1.9G  119M  1.8G   7% /media/disk
/dev/sde1         16M  6.4M  8.9M  42% /media/disk-1
```

Ohne Füllstandsanzeige verrät Ihnen auch ein mount-Befehl alles Wesentliche (Ausschnitt aus der Gesamtanzeige):

```
/dev/sda1 on /media/
disk type vfat (rw,noexec,nosuid,nodev,flush,shortname=winnt,utf8,uid=1000)
/dev/sde1 on /media/disk-
1 type vfat (rw,noexec,nosuid,nodev,flush,shortname=winnt,utf8,uid=1000)
```

An den Gerätenamen sehen Sie, dass Linux diese USB-Geräte als eine Art SCSI-Festplatten betrachtet. Das kommt daher, weil sie sich einerseits als Speichergeräte vorgestellt haben, und SCSI andererseits einen gut funktionierenden, breiten Befehlssatz für alle Eventualitäten besitzt. Interessant ist, wie der Gerätename des zweiten, 16 MB großen Speicherbausteins entsteht: Mein Kartenleser hat acht Schlitze, und das eingesteckte Multimedia-Kärtchen befindet sich offenbar an vierter Stelle. Daher der Name *sde1*.

Und wie verhält sich Ubuntu? Dank HAL genauso.

Genauere Angaben zu den eingesteckten Geräten liefert das Programm *lsusb*. Wenn es nicht installiert sein sollte: Das Paket heißt *usbutils*.

Diagnose

Bisweilen funktionierte das Mounten nicht richtig, und man bekam das Gerät, obwohl eingesteckt, nicht zu Gesicht. (Das kam bei früheren Versionen von HAL in Kombination mit verschiedenen Oberflächen-Managern bisweilen vor.) Versuchen Sie zuerst cat /proc/partitions, dann df -h und ein mount. Wenn Sie sehen wollen, ob Linux das Gerät sieht, hilft Ihnen ein lsusb (-v). Sie können dem System aber auch dabei zusehen, was es tut, wenn Sie den Stick in die Dose stecken. Dazu befragen Sie das Systemlog.

Öffnen Sie ein Terminal, werden Sie darin *root* (bei Ubuntu: sudo bash), und führen Sie den Befehl tail -f /var/log/messages aus (bei Debian und Ubuntu auch: tail -f /var/log/syslog). Drücken Sie ein paarmal auf Return, um den bisherigen Anzeigetext mit ein paar Zeilenschaltungen optisch zu trennen, und stecken Sie dann den Stick in eine USB-Dose. Jetzt wird es spannend, denn nun sehen Sie akribisch, was das Betriebssystem mit Ihrem Gerät macht, während es die Hardware erkennt. Die Anzeige kann dann ungefähr so aussehen:

```
Oct 30 20:33:33 fennek kernel: usb 5-6.2: new high speed USB device using ehci_
hcd and address 9
Oct 30 20:33:33 fennek kernel: usb 5-6.2:
 new device found, idVendor=0204, idProduct=6025
Oct 30 20:33:33 fennek kernel: usb 5-6.2: new device strings:
 Mfr=1, Product=2, SerialNumber=3
Oct 30 20:33:33 fennek kernel: usb 5-6.2: Product:
Oct 30 20:33:33 fennek kernel: usb 5-6.2: Manufacturer:
```

```
Oct 30 20:33:33 fennek kernel: usb 5-6.2: SerialNumber: 26116784890E
Oct 30 20:33:33 fennek kernel: usb 5-6.2: configuration #1 chosen from 1 choice
Oct 30 20:33:33 fennek kernel: scsi3 : SCSI emulation for USB Mass Storage devices
Oct 30 20:33:33 fennek kernel: usb-storage: device found at 9
Oct 30 20:33:33 fennek kernel: usb-storage:
  waiting for device to settle before scanning
Oct 30 20:33:38 fennek kernel:   Vendor:           Model:                    Rev: 4.00
Oct 30 20:33:38 fennek kernel:   Type:   Direct-Access                       ANSI SCSI revision: 02
Oct 30 20:33:38 fennek kernel: SCSI device sda: 3928063 512-byte hdwr sectors (2011 MB)
Oct 30 20:33:38 fennek kernel: sda: Write Protect is off
Oct 30 20:33:38 fennek kernel: sda: Mode Sense: 00 00 00 00
Oct 30 20:33:38 fennek kernel: sda: assuming drive cache: write through
Oct 30 20:33:38 fennek kernel: SCSI device sda: 3928063 512-byte hdwr sectors (2011 MB)
Oct 30 20:33:38 fennek kernel: sda: Write Protect is off
Oct 30 20:33:38 fennek kernel: sda: Mode Sense: 00 00 00 00
Oct 30 20:33:38 fennek kernel: sda: assuming drive cache: write through
Oct 30 20:33:38 fennek kernel:  sda: sda1
Oct 30 20:33:38 fennek kernel: sd 3:0:0:0: Attached scsi removable disk sda
Oct 30 20:33:38 fennek kernel: sd 3:0:0:0: Attached scsi generic sg0 type 0
Oct 30 20:33:38 fennek kernel: usb-storage: device scan complete
```

Na also, der Stick wird als */dev/sda* bzw. die Datenpartition als */dev/sda1* angesehen (vierte Zeile von unten). Das waren die Ausgaben des Kernels, und der muss es ja wissen. Mit solchen Ausgaben können Sie übrigens auch in Linux-Foren kompetente Hilfe bekommen. (Tippen Sie das nicht ab, sondern markieren Sie es, und fügen Sie es in den Mailtext ein.) Wenn sich dort ein Fehler zeigt, kann ein erfahrenerer Linuxer Ihnen genau erklären, wo das Problem vermutlich liegt.

Zusätzliche Infos können Sie – bei einem Hinweis auf */dev/sda* oder */dev/sd??* – auch aus dem */proc*-Verzeichnis holen. Bei allen Distributionen, die nicht automatisch einmounten, hilft die Vermutung, dass Linux vermutlich wieder so ein virtuelles SCSI-Gerät erzeugt, wenn es nicht weiß, was genau das USB-Gerät sein soll. Diese Vermutung können Sie stützen, wenn ein Blick in die SCSI-Geräteliste ein USB-Unterverzeichnis zutage fördert, dessen Datum und Uhrzeit in etwa mit dem Einstöpseln des Geräts zusammenfallen:[5]

```
[dieter@raider dieter]$ ls -l /proc/scsi
insgesamt 0
-r--r--r--  1 root root 0 Jan 12 18:18 device_info
-r--r--r--  1 root root 0 Jan 12 18:18 scsi
dr-xr-xr-x  2 root root 0 Jan 12 13:47 usb-storage/
[dieter@raider dieter]$
```

---

5 Das *proc*-Verzeichnis ist eine Art Spielwiese für den Kernel. Genauere Informationen darüber liefert jedes Systemadministrationshandbuch. Hier werden nur einfache Tricks gezeigt, wie man diagnostizieren kann.

Hier würde ich wenigstens testweise versuchen, nacheinander */dev/sdb1*, */dev/sdc1* etc. irgendwohin zu mounten. (Vergessen Sie nicht, den Mountpunkt vorher als Verzeichnis zu erstellen!) Wenn eine Fehlermeldung kommt, versuchen Sie einfach den nächsten Buchstaben als Gerätenamen.

```
mount /dev/sdb1 /mnt/woauchimmer
```

Wenn alle Stricke reißen, finden Sie Informationen vermutlich in der Dokumentation der Distribution. Auf Mailinglisten wie *www.linuxusers.de*, *www.mandrivauser.de*, der Newbie-Liste bei Mandriva oder auf *fedora.redhat.com* findet sich auch immer jemand, der weiß, wo und wie der Speicherstöpsel eingemountet werden muss.

Andere Flash-Speicher

Neben dem USB-Stick und der schon mehrfach genannten *Secure Digital*-(SD-) Karte gibt es noch eine Reihe anderer Flash-Speichermedien (Multimedia-Memory-Card MMC, Compact Flash CF-Disk oder Memory-Stick) und sogar richtige Kleinst-Festplatten. Solche Medien werden vorwiegend in der Welt der Digitalkameras und Foto-Handys benutzt.

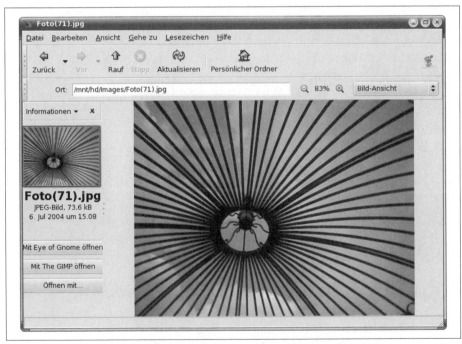

Abbildung 17-10: Von der Speicherkarte des Handys in den Rechner. Kartenleser machen's möglich.

Da die Linux-Zugriffssoftware für Kameras und Handys oft (noch) nicht das hält, was Sie sich vermutlich davon versprechen, gibt es immer noch die Möglichkeit, die Speicherkarte dieser Geräte direkt einzulesen. Alles, was Sie dazu benötigen, ist ein Multinorm-Kartenleser, den es mittlerweile schon für sehr wenig Geld in jedem Supermarkt oder Fotoladen zu kaufen gibt. Die Kartenleser müssen an einen USB-Port angeschlossen werden. Dadurch stellen sie für uns auch keinerlei Problem dar, denn sie alle sollten auf die gleiche Weise in Ihrer Linux-Welt auftauchen, wie oben beim USB-Stick beschrieben.

Eingebaute Kartenleser selbst in sehr teuren Notebooks funktionieren meist nicht. Die Lösung: Holen Sie sich einen billigen Multinorm-Kartenleser aus dem Supermarkt um die Ecke. Der funktioniert vermutlich sofort und problemlos. Sollten an Ihrem Rechner bzw. Notebook die USB-Dosen knapp werden, erhöhen Sie Anzahl der Steckdosen einfach mit einem USB-Hub, den Sie vermutlich im gleichen Kaufhaus-Regal finden wie die Kartenleser. USB-Hubs kosten meist nicht einmal zehn Euro.

Ein Problem tritt dabei bisweilen auf: Die Kartenleser selbst werden in der Regel gut erkannt und eingebunden, doch wenn man Medien in die Aufnahmeschächte steckt oder auswechselt, tut sich gar nichts. Anscheinend geben die Kartenleser nicht immer deutlich genug bekannt, dass eine neue Speicherkarte in den Schlitz gesteckt wurde. Der einfachste Weg um dieses Problem herum wäre wohl, den USB-Stecker zu ziehen und mit eingestecktem Medium wieder einzustecken. Wohl dem, der eine USB-Dose auf der Vorderseite des Rechners eingebaut hat.

Auf Floppys zugreifen

Kein Mensch verwendet mehr Floppys. Aber wenn alle Stricke reißen, funktionieren sie eben doch immer noch, trotz ihrer Nachteile: Sie haben nur 1,4 MByte Kapazität und sind anfällig gegen Magnetismus, Schweiß und Bürostuhl-Rollen. Allerdings passen sie in eine Hemdtasche, und seltsamerweise sind die Texte, die wir schreiben, immer noch klein genug, um auf eine Diskette zu passen. Das halbe GByte heruntergeladene Grafiken kann man damit allerdings nicht mitnehmen. Langsam finden sich aber kaum noch Rechner, die ein Floppy-Laufwerk eingebaut haben. An deren Stelle gibt es heute ein halbes Dutzend USB-Ports (und zwar zunehmend an der Frontseite, nicht weit von da, wo früher das Diskettenlaufwerk eingebaut war).

Bei SUSE (wie bei den anderen Mainstream-Distributionen) steckt man die Floppy ins Laufwerk, wechselt mit dem Konqueror oder dem Nautilus in das dafür vorgesehene Verzeichnis (*/media/floppy*, bei Mandriva ist es */mnt/floppy*), und schon hört man zuerst das Laufwerk kratzen, und danach stehen die Dateien im Dateimanager. Sie speichern Daten auf der Floppy, indem Sie einfach die gewünschten Dateien aus einem Konqueror-(Nautilus-)Fenster in ein anderes ziehen, das den Inhalt der Diskette zeigt.

Allerdings gibt es bisweilen kuriose Probleme, weil die Dateisystemberechtigungen für das Zielverzeichnis /media/floppy nicht stimmen, so dass die Diskette nur von *root* beschreibbar ist. Das lässt sich mit einem simplen `chmod 777 /media/floppy` beheben. Dieses Problem ist nicht auf SUSE beschränkt, woanders heißen nur die Verzeichnisse anders ...

mtools

Unschlagbar sind außerdem die *mtools*: Sie bieten alle Befehle an, die man benötigt, um Daten von und zu einer Diskette zu kopieren, dort Dateien zu löschen etc. Das Beste daran ist, dass diese Befehle direkt wirken, ohne dass man die Diskette groß Unix-mäßig herummounten oder sich gar auf einen Automounter verlassen muss.

Tabelle 17-1: Liste der gängigen mtools-Befehle

Befehl	Wirkung
`mdir a:`	Liste der Dateien auf der Diskette ausgeben. Wie `dir a:` unter DOS/Windows.
`mcopy a:/dateiname .`	Kopiere *dateiname* von der Diskette in das aktuelle Verzeichnis.
`mcopy dateiname a:`	Kopiere *dateiname* von hier auf die Diskette.
`mdel a:/dateiname`	Lösche die Datei *dateiname* auf der Diskette.
`mformat a:`	Formatiere die Diskette im FAT-Format.
`mmd a:/verzeichnisname`	Erzeuge das Verzeichnis *verzeichnisname* auf der Diskette.

Der einzige Punkt, auf den man achten muss, ist der des Zielverzeichnisses: Es heißt `mcopy a:/dateiname {Leerzeichen Punkt}`. Wenn man diesen Punkt als Zielverzeichnis nicht angibt, weiß *mcopy* nicht, wohin es die Datei kopieren soll. *mcopy* bedient sich zwar wie ein DOS-Programm, aber es ist und bleibt eine Linux-Software.

Formatieren – Dateisysteme erstellen

Wenn der Platz auf dem System eng wird oder wenn aus irgendeinem anderen Grund dem System eine neue Festplatte (oder auch nur eine neue Partition) hinzugefügt werden muss, dann genügt es nicht, eine neue Festplatte nur einzubauen und anzustecken. Damit das Betriebssystem auf diese Festplatte schreiben kann, muss dort ein Dateisystem vorhanden sein. Disketten und häufig auch Flash-Speicher (USB-Sticks, SD- oder MMC-Karten) kauft man meist vorformatiert. Bei Festplatten ist das nicht der Fall, da muss der Systemverwalter ran.

Dateisysteme

Es geht schon damit los, dass man bei Linux überhaupt keine Festplatten »formatiert«. Unter Linux legen Sie auf Festplatten Partitionen an und erstellen anschließend pro Partition ein Dateisystem. Technisch gesehen ist das zwar dasselbe wie das »Formatieren« unter Windows, aber da der Vorgang unter Linux nicht so heißt, werden Sie auch in keiner Linux-Dokumentation fündig, wenn Sie einen Befehl wie »Format C:« suchen. Wenn Sie aber auf Festplatten Partitionen und Dateisysteme erstellen wollen, dann können Sie sich auf eine ganze Reihe hervorragender Festplattenmanager stützen: Bei jeder Distribution werden gleich mehrere mitgeliefert. Der Haken daran ist, dass fast jeder Linux-Distributor ein anderes Werkzeug bevorzugt.

Und dann können Sie unter Linux aus einer ganzen Reihe von Dateisystemen wählen, mit denen Sie die Partition »formatieren« können. Die einfachen (und kürzlich auch eingestellten) Windows 9.x und Me kannten bis vor Kurzem nur FAT und FAT32; das wesentlich bessere NTFS-Dateisystem war den teureren Produkten Windows NT, 2000 und XP vorbehalten. Der Unterschied zu FAT ist folgender: Weil NTFS Dateisystemberechtigungen abbilden kann, ist endlich lokale Sicherheit (wie bei modernen Systemen üblich) möglich geworden. Andere Dateisysteme unterstützt Windows bis heute nicht ohne fremde Zusatzsoftware.

Bei echten Linux-Dateisystemen wurden Berechtigungskonzepte dagegen immer schon abgebildet, weil die Unterscheidung der Benutzer ja Bestandteil des Betriebssystems ist. Verbreitet sind heute drei freie Dateisysteme: *extended2 (ext2)*, *extended3 (ext3)* und das nach seinem Entwickler Hans Reiser benannte *reiserfs*. Obwohl das neue *reiserfs 4* das schnellste auf dem Markt ist, hat Novell es kürzlich aus der SUSE-Distribution entfernt. Bis dato war *reiserfs* aber das von SUSE am meisten propagierte Dateisystem. Es ist stabil und schnell, und die meisten Distributionen bieten es heute auch schon bei der Installation an.

Gibt es ein »bestes« Dateisystem? Abhängig vom Zweck, vermutlich ja. Aber für einen Einsteiger sollte das keine Rolle spielen. Egal, welches der gängigen Dateisysteme Sie auch verwenden, Sie werden nicht wechseln müssen.[6]

Journaling

Bis vor einigen Jahren war flächendeckend das an die klassischen Unix-Dateisysteme erinnernde Dateisystem *ext2* im Einsatz, dieses wurde aber – außer bei sehr kleinen Partitionen – praktisch überall von *ext3* abgelöst. Die beiden Dateisysteme unterscheiden sich nur in einem Punkt, der aber sehr wichtig ist: im Journaling. Eine zentrale Frage stellt sich ja auch unter Linux: Was passiert, wenn die Maschine abstürzt und der Rechner danach wieder startet? Beim Hochfahren bemerkt das Betriebssystem, dass das Dateisystem nicht sauber ausgemountet wurde, und muss es prüfen. Sie kennen das vom *Scandisk* unter Windows 95, den man leider viel zu oft sehen musste: Weil das System nicht »weiß«, welche Dateien im Zugriff waren, als der Rechner abstürzte, müssen alle Dateien und Verzeichnisse auf der Partition

---

6 Das nicht-journalisierende Dateisystem *ext2* verwendet man nicht mehr für Partitionen, die größer als 500 MB sind.

geprüft werden, ob sie noch in Ordnung sind. Abhängig von der Größe der zu prüfenden Partition(en) kann das sehr lange dauern. Servermaschinen brauchen nach Abstürzen ohne Weiteres einen halben Tag, um ihre großen Festplatten zu überprüfen, wenn diese mit *ext2* formatiert sind.

Wenn das Dateisystem aber herausbekommen kann, welche Dateien im Moment des Absturzes gerade von wem benutzt wurden, welche davon schon sauber zurückgeschrieben waren und welche anderen Dateien Informationsverluste zu beklagen haben könnten, dann dauert das Überprüfen selbst bei sehr großen Platten nur wenige Sekunden.

Solch ein Zeitsparwunder bewirkt ein *Journal* (auch hochwertige Datenbanken arbeiten so): Bevor auf die Festplatte zugegriffen wird, schreibt das Betriebssystem auf, was es dort tun will. Wenn der Zugriff tatsächlich geschehen ist, wird die Absichtserklärung aus dem Journal gelöscht; im Journal bleibt nur zurück, was wirklich noch nicht erledigt ist. Wenn nun der Rechner abstürzt, kann beim Neustart herausgefunden werden, welche Dateien gerade in Bearbeitung waren. Manche Aktionen können sogar noch fertiggestellt werden, und es ist maximal das verloren, was noch nicht gespeichert war. Dateisysteme, die solche Transaktionslisten führen, nennt man *Journaling Filesystems*, journalführende Dateisysteme. *ext3* und *reiserfs* führen Journale, *ext2* nicht. Aus diesem Grunde finden Sie bei sehr kleinen Partitionen immer noch *ext2*, denn das ist sehr schnell, da es keine Zeit mit Logs verliert. Sobald die Partitionen aber größer als wenige 100 MByte werden, haben sich *ext3* und *reiserfs* durchgesetzt.

Intern ist *reiserfs* völlig anders aufgebaut als die *extended*-Dateisysteme: Es ist moderner und nutzt die Partitionen wesentlich besser aus als die betagteren, aber sehr zuverlässigen *ext*-Dateisysteme. Details sind unter *www.namesys.com* zu finden, der Homepage von *reiserfs*. Die meisten Linux-Distributionen verwenden aber nach wie vor das *ext3*-Dateisystem als Standard.

Partitionen und Dateisysteme erzeugen

Partitionen können Sie mit textorientierten Werkzeugen wie *fdisk* oder *cfdisk* anlegen, aber auch mit den meist sehr gelungenen grafischen (aber von Distribution zu Distribution unterschiedlichen) Werkzeugen wie *diskdrake* oder *YaST*. Es gibt auch herstellerunabhängige grafische Werkzeuge, die zum Teil sehr leistungsfähig sind. Hier wären der von der GNOME-Fraktion entwickelte *Disk-Druid* zu nennen oder das Gegenstück aus der KDE-Ecke, *qtparted*. Der Befehl zum Anlegen des Dateisystems ist eine Form des Befehls `mkfs` (*make filesystem*). Dafür gibt es zwei Schreibweisen: Um z.B. auf einer Partition ein *ext3*-Dateisystem zu erzeugen, kann man `mkfs -t ext3` *gerätename* eintippen oder `mkfs.ext3` *gerätename*. Im Ergebnis besteht kein Unterschied.

Im folgenden Beispiel wird auf einer bereits existierenden Partition */dev/hda10* das klassische Linux-Dateisystem *ext2* angelegt:

```
[root@dingo root]# mkfs.ext2 /dev/hda10
mke2fs 1.35 (28-Feb-2004)
Dateisystem-Label=
OS-Typ: Linux
Blockgröße=4096 (log=2)
Fragmentgröße=4096 (log=2)
116224 Inodes, 231958 Blöcke
11597 Blöcke (5.00%) reserviert für den Superuser
erster Datenblock=0
8 Blockgruppen
32768 Blöcke pro Gruppe, 32768 Fragmente pro Gruppe
14528 Inodes pro Gruppe
Superblock-Sicherungskopien gespeichert in den Blöcken:
        32768, 98304, 163840, 229376

Schreibe Inode-Tabellen: erledigt
Schreibe Superblöcke und Dateisystem-Accountinginformationen: erledigt

Das Dateisystem wird automatisch alle 23 Mounts bzw. alle 180 Tage überprüft,
je nachdem, was zuerst eintritt. Veränderbar mit tune2fs -c oder -t .
[root@dingo root]#
```

Interessant sind die Meldungen, in welchen Abständen die Dateisysteme automatisch getestet werden. Wie später noch genauer geschildert wird, testet Linux auch nach Abstürzen alle Dateisysteme automatisch. Eine weitere interessante Information, die beim Formatieren auftaucht, später aber z.T. händeringend gesucht wird, ist der Ort, an dem Kopien des sogenannten Superblocks vorgehalten werden. Die Informationen, die dort stehen, sind so wichtig, dass im Dateisystem gleich mehrere Kopien vorgehalten werden. Mehr dazu folgt beim Thema *Partitionen prüfen*.

Normale Benutzer wollen meist keine Festplatten formatieren, sondern allenfalls Floppy-Disketten oder USB-Sticks. Das ist noch leichter: Man muss nur den unformatierten Stick in den USB-Port stecken und beobachten, welchen Gerätenamen Linux für ihn verwendet. Danach bietet sich entweder *mkfs.ext2* für ein Linux-Dateisystem (mit wenig Verwaltungsverlust) an oder *mkfs.vfat* für einen Stick, der sowohl von Linux als auch von der Windows-Welt gelesen werden kann.

```
[root@dingo root]# mkfs.vfat /dev/sda1
mke2fs 1.35 (28-Feb-2004)
...
```

Für Disketten gibt es die hervorragenden *mtools* (siehe oben), die zwar im Hintergrund Linux-Befehle verwenden, aber ein textorientiertes Frontend haben, das an die Windows-Befehle aus der DOS-Box erinnert. Eine Floppy wird z.B. mit folgendem Befehl DOS-formatiert:

```
[root@dingo root]# mformat a:
```

Sie haben richtig gelesen, die *mtools* verwenden die virtuellen Laufwerksbuchstaben aus der DOS-Welt. Über das Formatieren hinaus kann man auch mit `mdir a:` eine Verzeichnisliste der Diskette bekommen, `mmd a:/directory` legt ein Verzeichnis mit dem Namen *directory* auf der Diskette an, und `mcopy a:/dateiname .` (nicht den Punkt vergessen!) kopiert eine Datei von der Diskette in das aktuelle Verzeichnis.

Die klassischen Linux/Unix-Befehle zum Formatieren einer Diskette heißen anders. Hier wird streng getrennt zwischen der Low-Level-Formatierung der Diskette mit `fdformat` *gerätename* (der exakte Name des Geräts legt fest, wie die Diskette formatiert wird) und dem Erzeugen eines Dateisystems auf der formatierten Diskette (mit `mkfs`). Von dieser Zweiteiligkeit bemerkt man unter Windows nichts, denn dort wird (wenn kein Quick-Format angegeben ist) immer auch low-level-formatiert. In der Praxis müsste man die magnetische Scheibe einer Diskette aber nur ein einziges Mal low-level-formatieren, schließlich werden hier die magnetischen Spurringe (Zylinder) aufgetragen, die sich nie mehr ändern. Beim Erstellen des Dateisystems werden normalerweise aber nur die Eintragungen zur Dateiverwaltung neu geschrieben. Bei Mandriva Linux funktioniert die Low-Level-Formatierung einer Diskette so:

```
[root@dingo root]# fdformat /dev/fd0H1440
Doppelseitig, 80 Spuren, 18 Sektoren/Spur, Totale Kapazität: 1440kB.
Formatieren ... Beendet
Überprüfen ... Beendet
```

Bei SUSE heißt das Gerät (mit einem kleinen »h« geschrieben) geringfügig anders: */dev/fd0h1440*.

Die Low-Level-Formatierung hat sich in den allermeisten Fällen überlebt, da man Disketten heute in der Regel vorformatiert kauft. Das ist auch gut so, denn wenn man kein Dateisystem auf einer Diskette anlegt, kann man auch keine Dateien auf der Diskette ablegen. Der Computer würde weder wissen, wohin er die Datei schreiben soll, noch würde er die Daten jemals wiederfinden. Um auf einer Diskette ein *ext2*-Dateisystem anzulegen, gehen Sie genauso vor wie bei Festplatten. Jetzt genügt auch ein einfacherer Gerätename für die Diskette, wir brauchen ja nicht mehr die genaue Hardware-Spezifikation anzugeben. Die Rückmeldungen des Dateisystemerzeugers sind die gleichen wie bei einer Festplatte.

```
[root@dingo dev]# mkfs.ext2 /dev/fd0
mke2fs 1.35 (28-Feb-2004)
Dateisystem-Label=
OS-Typ: Linux
Blockgröße=1024 (log=0)
Fragmentgröße=1024 (log=0)
184 Inodes, 1440 Blöcke
72 Blöcke (5.00%) reserviert für den Superuser
erster Datenblock=1
1 Blockgruppe
8192 Blöcke pro Gruppe, 8192 Fragmente pro Gruppe
```

```
184 Inodes pro Gruppe
Schreibe Inode-Tabellen: erledigt
Schreibe Superblöcke und Dateisystem-Accountinginformationen: erledigt

Das Dateisystem wird automatisch alle 37 Mounts bzw. alle 180 Tage überprüft,
je nachdem, was zuerst eintritt. Veränderbar mit tune2fs -c oder -t .
[root@dingo dev]#
```

Die meisten Distributionen enthalten gleich mehrere Diskettenformatierer; die beiden betriebssichersten Exemplare sind das textorientierte mformat und das grafische gfloppy (siehe Abbildung 17-11), das vorwiegend in GNOME-Umgebungen anzutreffen ist. mformat kann leider nur FAT, aber das genügt in den meisten Fällen vollauf. Die kfloppy-Version einer älteren SUSE-Distribution konnte nicht wirklich überzeugen; das lag bisweilen aber auch daran, dass der SUSE-Automounter *subfs* mitunter die Floppy nicht richtig losgelassen hat, und das führte dann zu Zugriffsproblemen.

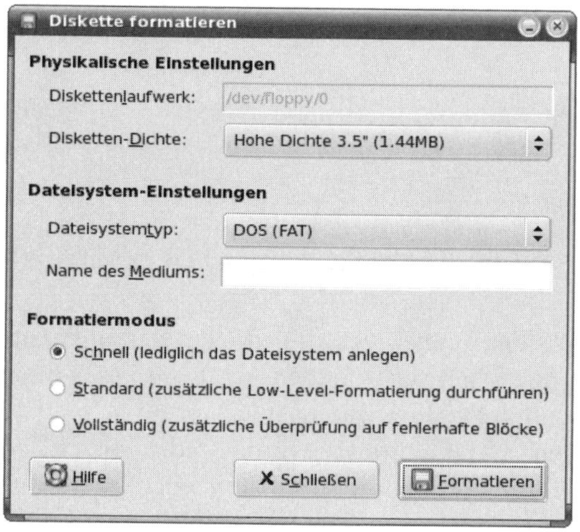

Abbildung 17-11: Der Diskettenformatierer gfloppy

Partitionen prüfen

Normalerweise prüfen sich die Partitionen einer Linux-Installation beim Hochfahren der Maschine selbsttätig, wenn

- der Rechner vorher abgestürzt ist,
- nach einer langen Zeit der erste Reboot ausgeführt wird oder
- eine bestimmte Anzahl von Neustarts überschritten ist.

Die Linux-Dateisysteme achten also auf das Datum, führen Buch darüber, wie oft sie schon gemountet/umountet wurden, und haben außerdem einen Merker, der signalisiert, wenn der Rechner abgestürzt war. Dieser Merker wird immer dann auf den Wert *clean* gesetzt, wenn beim Herunterfahren und Ent-mounten alles mit rechten Dingen zugeht. Stürzt der Rechner dagegen ab, bleibt dem Betriebssystem keine Zeit mehr, die zusammengemounteten Dateisysteme sauber wieder loszulassen. Dann ist der Merker auf dem Zustand *dirty*. Jetzt muss das Dateisystem geprüft werden, denn Dateien, die das Betriebssystem zum Zeitpunkt des Absturzes geöffnet hatte, wurden vielleicht nicht mehr zurückgeschrieben andere Dateien wurden womöglich zerstört. Beim nächsten Start des Betriebssystems fällt dieser inkonsistente Zustand der Platten auf. Das System versucht, sie erst zu prüfen, und nach Möglichkeit, alles wiederherzustellen.

Auch wenn die Festplatte schon eine ganze Weile dauerhaft in Betrieb ist, wie das bei Servermaschinen normalerweise der Fall ist, muss bei einem Reboot jedes Dateisystem geprüft werden. Die Gefahr, dass sich im laufenden Betrieb Fehler einschleichen, ist trotz allem nicht von der Hand zu weisen. Dann gibt es noch den Normalfall für Workstations und natürlich für Notebooks, die zum Teil mehrfach täglich neu booten müssen: Nach etlichen Mounts und Remounts muss getestet werden, ob das Dateisystem noch in Ordnung ist.

Extended-Partitionen prüfen

Keine Panik, normalerweise repariert das System alle Partitionen automatisch und zuverlässig. Bessere Hardware, bessere Kernel und der Einsatz *journalführender* Dateisysteme wie *ext3* und *reiserfs* reduzieren auch die Häufigkeit, mit der man Festplatten wirklich selbst reparieren muss. Eingreifen muss man üblicherweise nur noch dann, wenn das erste Dateisystem, das vom Kernel gemountet wird, das *Root-Dateisystem*, Probleme bekommt. Für diesen Fall wird nun geschildert, was Sie tun können – und was Sie vielleicht besser bleiben lassen.

Bei SUSE wurde früher bei der Installation bevorzugt das Dateisystem *reiserfs* angeboten und vom Installierer meistens auch verwendet. Sollten Sie also eine SUSE-Installtion reparieren wollen, sind sich aber nicht absolut sicher, dass dort ein *extended*-Dateisystem vorhanden ist, dann sollten Sie gleich zum nächsten Kapitel springen.

 Für alle Dateisystem-Operationen gilt (egal bei welchem Dateisystem): Die Partition darf nicht gemountet sein, und man muss als *root* angemeldet sein.

Der einfachste Fall von allen sieht so aus: Das Dateisystem auf */dev/hda10* ist gesund, nicht besonders groß (rund 950 MByte) und mit etwas über 750 Dateien fast leer. Auch gemountet ist es nicht, Sie können keine gemountete Partition prüfen. Der Befehl zum Prüfen eines *ext2-* oder *ext3-*Dateisystems ist *fsck dateisystem*. *fsck* steht für *file system check*. Hier wird zu Demonstrationszwecken zusätzlich der

Schalter -V (verbose, geschwätzig) verwendet, damit man von der nur Sekundenbruchteile dauernden Aktion überhaupt etwas sieht:

```
[root@dingo mnt]# fsck -V /dev/hda10
fsck 1.35 (28-Feb-2004)
[/sbin/fsck.ext2 (1) -- /dev/hda10] fsck.ext2 /dev/hda10
e2fsck 1.35 (28-Feb-2004)
/dev/hda10: clean, 764/116224 files, 178548/231958 blocks
[root@dingo mnt]#
```

fsck hat selbstständig erkannt, dass es ein *ext2*-Dateisystem prüft. Auf der geprüften Partition können maximal 116.224 Dateien existieren, 764 Dateien hat es gefunden, und die waren alle in Ordnung. Auf der Partition stehen insgesamt 231.958 Datenblöcke zur Verfügung, und davon waren 178.548 belegt. Prima, so eine Partition kann man mounten, wohin man sie haben will.

Schlechter ist es schon, wenn das System z.B. fehlerhafte Zuordnungen oder Ähnliches meldet. Dann wurden Daten gefunden, die zu keinem Dateinamen mehr passen wollen, oder es wurde ein *Inode* gefunden, dem die Daten fehlen. Ein *Inode* ist die Verwaltungseinheit für eine Datei, vergleichbar mit dem Karteikärtchen in einem Bibliothekskatalog, auf dem steht, wo im Regal man das dazugehörige Buch finden kann. *fsck* fragt dann, ob es diesen *Inode* reparieren soll, und das tut es auch für jeden weiteren beschädigten, den es findet. Ich habe einmal mehrere tausend Mal auf *Return* gedrückt, weil *fsck* bei einem Dateisystem so viele zu reparierende Zuordnungseinheiten fand. Dabei lernte ich zwei wichtige Dinge:

- Ich kann nicht die Verantwortung für jeden einzelnen *Inode* übernehmen – vor allem dann nicht, wenn ich mir im Moment weder genau darüber im Klaren bin, was so ein *Inode* überhaupt ist, noch welche Dateien da gerade repariert werden.
- Außerdem lernte ich, dass es bei fsck einen Schalter -y gibt, der für mich all die vielen Male »ja« gesagt hätte.

Wenn man alle Reparaturen bei einem *ext*-Dateisystem automatisch ausführen lassen will, lautet der Befehl:

```
[root@dingo mnt]# fsck -y /dev/hda10
```

Fehlerhafte Sektoren auf der Partition, die später das Dateisystem tragen soll, findet man mit dem Befehl badblocks. Er wird am besten gleich bei der Erstellung des Dateisystems angewendet. Die grafischen Partitionsmanager bieten dafür meist einen Schalter an, den man nur anzuklicken braucht. Das Anlegen des Dateisystems dauert dann natürlich viel länger, denn vorher wird ja die Partition geprüft. Sollten Sie die Blöcke einmal sicherheitshalber von Hand prüfen wollen, geht das so:

```
[root@dingo mnt]# badblocks -v /dev/hda10
Checking blocks 0 to 927832
Suche nach defekten Blöcken (Nur-Lesen-Modus):done
Durchgang beendet, 0 defekte Blöcke gefunden.
[root@dingo mnt]#
```

Aber lassen Sie dabei immer Vorsicht walten, und lesen Sie deshalb vorher in der Manpage des Befehls: Einige Befehlsoptionen zu badblocks prüfen prima und gründlich, aber leider nicht zerstörungsfrei. Wehe, wenn Sie da ungesicherte Daten auf der Platte haben oder hatten ...

reiserfs prüfen

Obwohl *reiserfs* intern ganz anders funktioniert als die *extended*-Dateisysteme, zeigt das virtuelle Dateisystem von Linux dem Benutzer keinerlei Unterschied. Daran erkennt man eine der erstaunlichsten Eigenschaften dieses Betriebssystems. Wenn Sie ein solches Dateisystem prüfen müssen, wird der Unterschied allerdings sonnenklar. Schon der Befehl zum Prüfen lautet anders, und auch die Bildschirm-Ausgaben unterscheiden sich.

Das folgende Beispiel zeigt die Prüfung eines *reiserfs*-formatierten Dateisystems. Jede (nicht im Dateisystem eingehängte) Partition, die mit *reiserfs* formatiert ist, könnte so überprüft und getestet werden. Der erste Befehl, debugreiserfs *gerätename*, gibt eine Zusammenfassung des sogenannten Superblocks der Partition aus. Dort sind allgemeine Informationen über die Partition enthalten. Was am meisten interessiert, ist eine Angabe darüber, ob das Dateisystem als *consistent* und *clean* gemeldet wird oder nicht.

```
root@rechner root # debugreiserfs /dev/hda2
Filesystem state: consistent

Reiserfs super block in block 16 on 0x302 of format 3.6 with standard journal
Count of blocks on the device: 917712
Number of bitmaps: 29
Blocksize: 4096
Free blocks (count of blocks - used [journal, bitmaps, data, reserved] blocks):
447347
Root block: 9939
Filesystem is clean
Tree height: 4
Hash function used to sort names: "r5"
Objectid map size 436, max 972
Journal parameters:
        Device [0x0]
        Magic [0x275f1e88]
        Size 8193 blocks (including 1 for journal header) (first block 18)
        Max transaction length 1024 blocks
        Max batch size 900 blocks
        Max commit age 30
Blocks reserved by journal: 0
Fs state field: 0x0:
sb_version: 2

inode generation number: 14223
UUID: fc3d6e45-d415-46ac-9508-01a25dd5efce
```

```
LABEL:
Set flags in SB:
        ATTRIBUTES CLEAN
```

Dieser Partition fehlt nichts, der Verwaltungsteil des Dateisystems meldet keine Fehler. Trotzdem soll zur Sicherheit noch ein Test des Dateisystems durchgeführt werden:

```
root@rechner root # reiserfsck /dev/hda2
reiserfsck 3.6.13 (2003 www.namesys.com)

*************************************************************
** If you are using the latest reiserfsprogs and  it fails **
** please  email bug reports to reiserfs-list@namesys.com, **
** providing  as  much  information  as  possible -- your  **
** hardware,  kernel,  patches,  settings,  all reiserfsck **
** messages  (including version),  the reiserfsck logfile, **
** check  the  syslog file  for  any  related information. **
** If you would like advice on using this program, support **
** is available  for $25 at  www.namesys.com/support.html. **
*************************************************************

Will read-only check consistency of the filesystem on /dev/hda2
Will put log info to 'stdout'

Do you want to run this program?[N/Yes] (note need to type Yes if you do): Yes
###########
reiserfsck --check started at Fri Oct 29 10:42:30 2004
###########
Replaying journal..
Reiserfs journal '/dev/hda2' in blocks [18..8211]: 0 transactions replayed
Checking internal tree..finished
Comparing bitmaps..finished
Checking Semantic tree:
finished
No corruptions found
There are on the filesystem:
        Leaves 22623
        Internal nodes 148
        Directories 7368
        Other files 100421
        Data block pointers 440153 (798 of them are zero)
        Safe links 0
###########
reiserfsck finished at Fri Oct 29 10:43:06 2004
###########
```

Wie vermutet, steht nichts mehr im Journal (*0 transactions replayed*), und das Dateisystem ist nicht korrumpiert. Alles prima, mit dieser Partition kann man arbeiten.

KAPITEL 18
Ins lokale Netz

In diesem Kapitel:
- Netzzugriffe
- SSH – einloggen auf einem Fremdrechner
- NFS-Netzwerkfreigaben
- Windows-Netzwerkfreigaben
- Grafischer Netzwerkzugriff
- Was ist wofür geeignet?

Richtig Spaß macht die Computerei erst dann, wenn man Informationen mit anderen Computerbenutzern teilen kann. Die Bandbreite reicht dabei vom biederen Austausch von Dateien und Druckjobs über das Kabel bis hin zu Echtzeitspielen, wo virtuelle Waffen ebensolches Blut im Netz verspritzen. Linux spielt hier in allen Gebieten mit, denn es beherrscht praktisch jedes standardisierte Netzwerkprotokoll.

Bevor Sie loslegen können, müssen Sie trotzdem durch ein paar wichtige Netzwerkgrundlagen hindurch. Wenn Ihnen die Funktion von Computernetzwerken aber bereits vollkommen klar ist, dann überspringen Sie einfach die folgenden paar Seiten ohne Reue. Wenn nicht, bleiben Sie dran.

Damit zwei Rechner miteinander sprechen können, braucht es nicht viel:

- Netzwerkkarten mit passenden Treibern auf beiden Seiten
- Software, die den gegenüberliegenden Rechner findet
- Software, die die Informationen für den Transport einpackt
- Software, die die Informationen über das Netzwerkmedium verschickt bzw. von dort entgegennimmt

Die Werbung verspricht Ihnen, dass es schon damit getan ist, wenn Sie auf beiden Seiten der Leitung ein Kabel in die Rechner oder Drucker einstöpseln. Das kann zwar in der Praxis wirklich so sein, aber wenn es so ist, dann sollten Sie trotzdem ungefähr wissen, wieso.

Netzzugriffe

Was passiert, wenn ein Rechner mit dem anderen Daten austauscht? Abbildung 18-1 soll Ihnen helfen, sich diesen Vorgang vorzustellen.

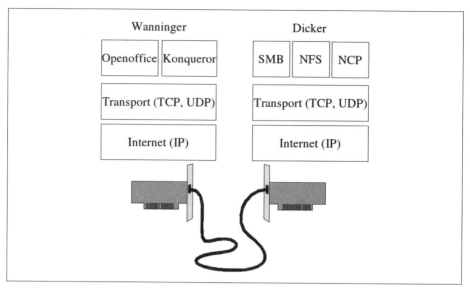

Abbildung 18-1: Netzwerkkommunikation zwischen Programmen (links) und Servern (rechts)

Der Benutzer *kallewirsch* auf dem Rechner *Wanninger* (links) möchte eine Datei *zoppo.sxw* auf dem Rechner *Dicker* ablegen oder von dort holen. Damit dies geschehen kann, müssen mehrere Dinge geschehen:

- Jemand oder etwas muss bemerken, dass die Datei nicht auf dem eigenen Rechner liegt, sondern nur über das Netzwerk erreichbar ist.
- Unser System muss eine Anfrage nach der Datei formulieren, die auf der Serverseite verstanden wird; das heißt, dass die Anfrage »in einer Serversprache« wie z.B. SMB, NFS oder NCP gestellt wird, bevor sie auf die Reise über das Netzwerk geschickt werden kann.
- Die Netzwerksoftware (TCP/IP) muss die Anfrage (und später die Daten) so verpacken, dass sie über das Kabelmedium ihren Weg finden kann. Dazu gilt es, den gegnerischen Rechner erst einmal zu finden und das Netzwerkpaket anschließend richtig zu adressieren – mit Absender, versteht sich.

Dass er zur Zieldatei ein Stück Netzwerk überbrücken muss, bemerkt ein Windows-Rechner z.B. daran, dass entweder ein »Netzwerk-Laufwerk« benutzt wird oder dass Sie aus dem Explorer einen Ort wie *\\murk\freigabename\Pfad_zur_Datei\zoppo.sxw* herausbrowsen.

Unter Linux ist das viel transparenter: Netzwerkressourcen werden einfach ins Dateisystem eingemountet. Wie auf eine gemountete Festplattenpartition greifen Sie unter Linux auch auf Netzwerkpfade zu, indem Sie einfach in ein Unterverzeichnis wechseln. Je nach Distro, dort verwendeter Oberfläche und Oberflächen-Version liegen für gemountete Verzeichnisse und Netzwerkressourcen oft

Wie in der Diplomatie: Protokolle

Bei jedem Datenaustausch zwischen Computern kommen sogenannte *Protokolle* zum Einsatz. Ein Protokoll ist in der Computerwelt das Gleiche, was z.B. Politiker verschiedener Länder benutzen: Wenn zwei von ihnen miteinander kommunizieren wollen, verhalten sie sich (ganz unabhängig von ihrer eigenen Kultur und ihren sonstigen persönlichen Eigenschaften) auf eine bestimmte vorhersehbare Weise, die nicht aneckt und die die andere Seite versteht.

Beim normalen Datenaustausch kommen z.B. zwei Protokolle zum Einsatz: Ein Netzwerkprotokoll und eine »Serversprache«. Das Netzwerkprotokoll TCP/IP kümmert sich – wie die Post – darum, dass der Zielrechner gefunden wird und dass die ausgetauschten Informationen zuverlässig dort ankommen. Dem Netzwerkprotokoll ist der Inhalt der ausgetauschten Daten egal, TCP/IP ist nur eine Art Kommunikationskanal. Wenn der Absender nun eine Anforderung wie »Gib mir die Datei xyz« oder »Lass' mich auf deinem Drucker ausdrucken« schickt, dann muss diese in einer Sprache formuliert sein, die der Serverdienst auch versteht. Das ist natürlich auch ein »Protokoll«. Gängige Sprachen zum Verschicken und Abholen von Dateien (*File Services*) sind:

- Server Message Block-Protokoll (SMB), das vom Microsoft Netzwerk benutzt wird
- Network File Service-Protokoll (NFS), mit dem traditionell Unix- und Linux-Maschinen arbeiten
- Netware Core Protocol (NCP) von Novell für den Novell Netware-Server (jetzt eine aussterbende Sache, seit Novell flächendeckend auf Linux umsteigt)

Im traditionellen Linux-Heimnetz finden Sie meist NFS und SMB als Netzwerkprotokolle. Mit NFS greifen Sie typischerweise von einem Linux-Rechner auf einen anderen zu. Windows unterstützt ohne eine Zusatzsoftware kein NFS. Wenn Sie also mit Windows spielen wollen, brauchen Sie Software aus dem Samba-Paket. Samba stellt das SMB-Protokoll für Linux-Rechner zur Verfügung.

Icons auf dem Desktop. Etliche haben ein »Computer«- oder »System«-Icon auf dem Desktop, oder es gibt wie bei GNOME einen besonderen »Ort«, der ihnen einen zentralen Einstieg in die Netzwerkumgebung geben soll. Da gilt es einfach, die Augen offenzuhalten. Was die Oberflächen-Programmierer für gute Ergonomie halten, ändert sich leider seit Jahren schneller, als die Druckerschwärze meines Buches trocknen kann.

Sehr erfolgreich war in den letzten Jahren auch der Ansatz, über URL-ähnliche Adressen aus dem Konqueror bzw. Nautilus auf das Netzwerk zuzugreifen. Bei dieser Art von Netzwerkzugriff benutzen die Dateimanager aber eigene Netzwerksoftware und nicht nur vorher in ein Verzeichnis gemountete Netzwerkressourcen.

Wenn Sie wissen wollen, ob an einer Stelle Ihres Dateibaums eine Netzwerkressource gemountet ist, geben Sie entweder den Befehl mount oder df -h in einem Terminal ein:

```
[dieter@raider dieter]$ mount
(... alle Mountpunkte werden angezeigt ...)
murk:/data on /mnt/murk type nfs(rw,noexec,nosuid,nodev,intr,
    addr=192.168.170.101,user=dieter)
[dieter@raider dieter]$ df -h
Dateisystem         Größe Benut  Verf Ben% Eingehängt auf
(... alle anderen Mountpunkte ...)
murk:/data          150G   29G  121G  19% /mnt/murk
[dieter@raider dieter]$
```

Das Beispiel zeigt eine NFS-Freigabe *data*, die sich auf dem Rechner *murk* befindet und die im Dateisystem unseres Rechners unter dem Verzeichnis */mnt/murk* eingehängt ist. Dass es eine NFS-Verbindung ist, zeigt der Befehl mount mit seiner Ausgabe »type nfs«. Und dass noch Platz auf der Platte ist, können Sie der Ausgabe des Befehls df -h entnehmen.

Im Idealfall bemerken Sie beim Zugriff auf die Datei gar nicht, dass sie über das Netzwerk kommt (siehe Abbildung 18-2). Nur wenn die Datei sehr groß (oder das Netz ein wenig schwach ausgelegt) ist, bemerken Sie Einbußen bei der Zugriffsgeschwindigkeit. Trotzdem sieht es auf der Benutzerseite so aus, als würde die Datei einfach aus einem normalen Unterverzeichnis heraus geöffnet.

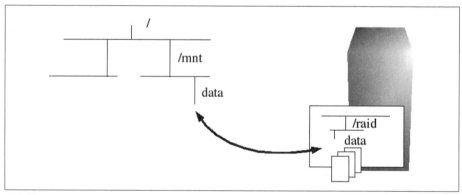

Abbildung 18-2: Gemountete Serverfreigaben erscheinen wie lokale Dateien und Verzeichnisse.

Technisches Vokabular

In der Sprache der Netzwerker sieht der Dateizugriff auf die Datei *zoppo.sxw* so aus: Eine *Applikation* (OpenOffice) stellt eine Dateianforderung an das *virtuelle Dateisystem* (VFS), die das Betriebssystem (korrekterweise) als Netzwerkzugriff interpretiert. Als Nächstes darf die Netzwerksoftware arbeiten. Die Anfrage bewegt sich auf dem sogenannten Netzwerkstapel »nach unten« in Richtung Kabelverbindung. Für die sichere Zustellung muss diese Anfrage von der Transportschicht in ein Netzwerkpaket eingepackt werden. Dafür ist bei der Netzwerk-*Protokollsuite TCP/IP* meist das Transportprotokoll *TCP* (*Transmission Control Protocol*) zuständig. Wie für den Postversand schreibt es eine Art Adressfeld zusammen. Darin steht zum einen die Absenderadresse der Applikation auf diesem Rechner und außerdem die Dienstadresse, die auf der Gegenseite angesprochen werden soll: Soll dort mit einem NFS-Server gesprochen werden, mit einem SMB-Server (z.B. einem Windows-Dateiserver), oder wird eine andere Serversoftware benötigt (z.B. für einen Mailserver)?

Sie bemerken schon: Ein »Server« ist zuerst einmal nur eine Software, die solche Anfragen beantworten kann. Wenn eine solche Serverdienst-Software auf einem Rechner startet, reserviert sie sich eine bestimmte Dienste-Adressnummer, die sogenannte *Portnummer*. Ein Server darf sich für seinen Dienst aber nicht einfach irgendeine Nummer »krallen«. Welche Portnummer zu welchem Dienst gehört und wie dieser Dienst heißt, steht (übrigens auch unter Windows) in einer Standard-Tabelle, die den Dateinamen */etc/services*[1] hat. So kann es keine Missverständnisse und Verwechslungen darüber geben, welchen Dienst eine Client-Software auf dem Server ansprechen will.

Auf dem Netzwerkpaket steht jetzt schon, welchen Dienst und welche Versandart wir für den Dateizugriff brauchen. Was noch fehlt, ist der Rechner, der uns diesen Dienst erweisen soll. Dafür ist bei TCP/IP das *Internet Protocol*, kurz *IP*, zuständig. Welcher Rechner der Zielrechner ist, kann entweder als *Hostname* oder als *IP-Adresse* angegeben sein. Hostnamen sind Buchstaben- und Zahlenkombinationen wie *wanninger.valentin.de* (kurz: *wanninger*) oder eine vierteilige Nummer wie 192.168.1.1 (siehe den Kasten »Internetadressen« auf Seite 587). Auch die fantasievollsten Rechnernamen (wie »Dicker«) müssen zuerst in IP-Adressen umgewandelt werden, bevor IP sie finden kann. Stellen Sie sich das wie Telefonieren vor: Selbst wenn Sie mit dem Papst persönlich telefonieren wollten, brauchten Sie zuerst einmal dessen Telefonnummer. Dazu werden oft sogenannte Nameserver verwendet, die einer Telefonauskunft nicht unähnlich sind.

Einfacher zu verstehen ist es, wenn die Rechner wie in unserem Beispiel in einem einzigen Netzwerk zusammengefasst sind. Da muss IP als Nächstes »nur« die Netzwerkkarte finden, die in demjenigen Rechner eingebaut ist, der die gesuchte IP-Adresse hat. Aber das ist eigentlich nicht sehr schwer: Alle Rechner hängen ja am gleichen Netzwerk-Kabelverbund, also muss unser Rechner eigentlich nur eine Art »Schrei« (*Broadcast*) ins Netz loslassen, welcher Rechner die gesuchte IP-Adresse hat. Alle Rechner hören diesen Ruf und müssen daraufhin prüfen, ob sie die

---

[1] Bei Windows liegt sie unter *%windir%\system32\drivers\etc\services*. Aber ihr Inhalt und ihre Funktion sind identisch.

gesuchte IP-Adresse haben. Der Rechner mit der gesuchten IP-Adresse antwortet mit seiner *Netzwerkkartennummer* (MAC-Adresse, siehe *http://de.wikipedia.org/wiki/MAC-Adresse*), die anderen sind still. Wieso funktioniert das? Die IP-Adressen sind frei einstellbare Nummern (gewissermaßen »Software«), die man bei den Rechnern in einem Netzwerk-Segment so wählt, dass sie zusammenpassen. Das Zusammengehören ist also Einstellungssache.

Netzwerkkarten bekommen dagegen ab Fabrik eine einzigartige Produktnummer (*Media Access Control-Adresse; MAC*) fest eingebrannt (sie sind also eher »Hardware«), von denen es eigentlich weltweit keine Doubletten geben sollte. Wenn der gesuchte Rechner also auf den Schrei ins Netzwerk antwortet, teilt er dem suchenden Computer die MAC-Adresse seiner Netzwerkkarte mit, und diese MAC-Adresse muss zumindest im lokalen Netzwerk eindeutig sein. Damit weiß unser Absender-Rechner, an wen das Netzwerkpaket übermittelt werden muss, und kann mit dem Adressieren der Netzwerkpakete beginnen. Das ist wieder die Aufgabe des Internet-Protokolls: Um jedes Netzwerkpaket kommt noch einmal eine Verpackung herum, auf dessen »Adressaufkleber« drei Informationen geschrieben werden: von welchem Rechner das Paket kommt, an welchen Rechner es adressiert ist und an welches Transportprotokoll (z.B. TCP) das Paket auf der anderen Seite weitergereicht werden soll.

Die Aufgabe des Netzwerkkartentreibers (in Abbildung 18-1 stellen Sie ihn sich unten, zwischen der Internetschicht und der stilisierten Netzwerkkarte vor) ist es, das Datenpaket mit all seinen Adressierungen richtig an die Netzwerkkarte zu übergeben, damit diese es über das Kabel perfekt an den Zielrechner übermittelt.

Wenn das Netzwerkpaket auf der Zielseite ankommt, packt der TCP/IP-Stapel der Reihe nach alle Angaben wieder aus: Auf der äußeren (IP-)Schicht steht, dass die Information an TCP weitergegeben werden soll, und auf der inneren Schicht steht, an welche Portnummer (= Dienstenummer) es gerichtet ist. So bekommt der Dateiserver-Dienst die Anfrage übermittelt und beantwortet sie (indem er die Datei *zoppo.sxw* einliest). Daraufhin schickt der Serverdienst die Antwort auf die gleiche Art und Weise wieder zurück.

Auch für die folgenden Beispiele und Übungen verwenden wir hier ausschließlich Adressen aus dem Bereich 192.168.0.1 bis 192.168.0.254 und eine Netzmaske von 255.255.255.0. Wenn Sie solche Werte in die Netzwerkeinstellungen Ihrer Linux-Maschine (und auch Ihrer Windows-Rechner) eintragen, dann sollten alle hier gezeigten Vorgänge funktionieren und leicht nachvollziehbar sein. Mehr Netzwerkgrundlagen befinden sich in Kapitel 19.

Internetadressen

Eine Internetadresse ist die Ortsangabe für einen Rechner, vergleichbar mit einer Anschrift für ein Gebäude. Sie besteht aus einer einzigen, 32 Bit langen Binärzahl, die der Lesbarkeit halber normalerweise als vier Dezimalzahlen geschrieben wird, die durch Punkte getrennt sind. Diese Zahlen stellen jeweils 8 Bit dar und können daher (Ihr Kind lernt das in der Schule) nur Werte von 0 bis 255 haben. Ein Teil dieser langen Zahl beschreibt das »Netz«, in dem der Rechner sich befindet, der Rest die Adresse des Rechners.

Mit einer sogenannten *Netzmaske* unterscheidet der Rechner, was *Netzwerk*anteil, und was *Rechner*anteil in der Gesamtadresse sein soll. Sehr häufig trifft man in Privatnetzen die IP-Adressen 192.168.0.1 bis 192.168.0.254 für die Rechner und eine Netzmaske von 255.255.255.0 an. Dies teilt die ersten drei Nummern dem Netzwerkanteil zu, die letzte Ziffer ist dagegen die Nummer des einzelnen Rechners. Der Netzanteil ist in diesem Beispiel 192.168.(0), die letzte Nummer ist der Rechneranteil.

Damit Rechner miteinander kommunizieren können, müssen die Netzanteile *gleich* sein, die Rechneranteile jedoch *verschieden*. Eine bessere und vor allem ausführlichere Beschreibung finden Sie in jedem Systemadministrations- oder Netzwerkbuch auf vielen Seiten. Jedoch: Wenn Sie in Ihrem Heimnetz für alle Rechner Adressen verwenden, die mit 192.168.0 beginnen, und keine der hinteren Ziffern doppelt vergeben, funktioniert vermutlich mit geringem Aufwand schon einmal das Netzwerk. Ohne ein funktionierendes Netzwerk ist es unmöglich, auf einen der anderen Rechner zuzugreifen.

Das Netzwerk einrichten

Die Menschheit unterteilt sich heutzutage in solche Personen, die ihre IP-Adressen selbst eintragen, und solche, die das nicht tun müssen. In vielen Privathaushalten sind heute kleine Internet-Kästchen im Einsatz, die den Zugriff auf das große Netz da draußen ermöglichen. Diese Kästchen haben sehr häufig einen sogenannten *DHCP-Server* eingebaut. Dieses *Dynamic Host Configuration Protocol* ist ebenfalls ein Netzwerkdienst. Seine Aufgabe ist es, an Rechner automatisch IP-Adressen zu vergeben. Sie stellen in diesem Fall einfach die IP-Adresskonfiguration Ihres Rechners auf »dhcp«, und schon funktioniert das TCP/IP. Meistens jedenfalls ...

IP-Adressen von Hand eingeben

Andere haben das Pech, dass das neu gekaufte Kästchen nicht die »passenden« Nummern herausgibt, oder sie sind mit einer gehörigen Portion Paranoia gesegnet, oder sie wollen einfach selbst bestimmen, was läuft. Wenn Sie zu dieser dritten Kategorie gehören, dann rufen Sie das Konfigurationswerkzeug Ihrer Distribution auf (also YaST bei SUSE, das Mandriva-Kontrollzentrum oder *system-control-*

network oder die Netzwerkeinstellungen Ihrer grafischen Oberfläche). Die Eingabemaske in diesen Programmen fordert Sie immer zu den gleichen drei Angaben auf:

- eine IP-Adresse (z.B. 192.168.0.10)
- die passende Netzmaske (in diesem Fall: 255.255.255.0)
- das Standard-/Default-Gateway (meist die IP-Adresse Ihres Internet-Kästchens)

In der Regel steht in dem entsprechenden Dialog noch irgendwo das Wort »statisch« zur Auswahl. Wenn Sie das auswählen (und nicht *dhcp*), dann verwendet der Rechner die IP-Adressen, die Sie hier eingegeben haben, und nicht die, die das Internet-Kästchen verordnen will.

DNS-Server eintragen

Auch der sogenannte *Nameserver* kann in diesen Dialogen eingestellt werden. Die Eingabemöglichkeit ist je nach Distribution verschieden gut versteckt. Das *Domain Name System* (*DNS*) sorgt dafür, dass Ihr Rechner für Rechnernamen wie »www.ganzweitweg.de« oder »horst« die dazu passende IP-Adresse finden kann. Nur wenn das funktioniert hat, kann z.B. der Webbrowser die richtigen Seiten im Internet besuchen und auf Ihrem Rechner anzeigen.

Wenn Sie den DNS-Dialog gefunden haben, was muss dann da rein? Das kommt darauf an, ob Sie eines dieser Internet-Kästchen verwenden oder nicht. Bei der Fritz-Box oder anderen pfiffigen Kästchen, die von verschiedenen Internet-Providern als Dreingabe zum DSL-Vertrag ausgegeben werden, stellen Sie einfach die IP-Adresse des Kästchens ein – oder nichts, wenn Sie mit DHCP arbeiten. Wenn Sie direkt z.B. mit einer ISDN-Karte ins Internet gehen, dann stellen Sie dort diejenige IP-Adresse ein, die im Schreiben des Providers als DNS-Adresse angegeben wurde. Sie können bis zu drei solche Adressen angeben.

Einfache Diagnose

Hat alles funktioniert? Glück gehabt! Wenn nicht, dann finden Sie in den folgenden Zeilen ein wenig Diagnosewerkzeug. Über drei Viertel aller Probleme im Computernetzwerk sind nicht verstopfte Mailserver, fiebrige Netzwerkkabel oder Drucker mit einem Husten, sondern

- falsche IP-Adressen,
- falsche Netzwerkmasken und
- fehlerhafte Namensauflösungen (dazu kommen wir im nächsten Kapitel).

Das sind die kleinen Dinge, die man meist schon als problemlos erledigt betrachtet hatte. Die einfachste Netzwerkdiagnose verwendet das Programm *ping* (*Packet Internet Groper*), das wie ein Echolot ein »Hallo« an den Zielrechner schickt und ein »Echo« erwartet. Wenn Sie zwei Rechner (es ist egal, ob das Windows- oder

Linux-Rechner sind) ans Netzwerk angeschlossen haben und die beiden Rechner z.B.
die IP-Adressen 192.168.0.1 und 192.168.0.101 tragen, dann sieht die erfolgreiche
Verbindungskontrolle etwa so aus (nach drei Pings habe ich Strg-C gedrückt, denn
Linux pingt ewig weiter, wenn man es nicht stoppt):

```
[dieter@raider dieter]$ ping 192.168.0.101
PING 192.168.0.101 (192.168.0.101) 56(84) bytes of data.
64 bytes from 192.168.0.101: icmp_seq=1 ttl=64 time=0.538 ms
64 bytes from 192.168.0.101: icmp_seq=2 ttl=64 time=0.148 ms
64 bytes from 192.168.0.101: icmp_seq=3 ttl=64 time=0.148 ms

--- 192.168.0.101 ping statistics ---
3 packets transmitted, 3 received, 0% packet loss, time 2000ms
rtt min/avg/max/mdev = 0.148/0.278/0.538/0.183 ms
[dieter@raider dieter]$
```

Offenbar darf unter Linux jeder Benutzer pingen, nicht nur *root*. Auf der Windows-
Seite gibt es den *Ping* auch. Um ihn dort zu benutzen, öffnen Sie eine Befehlszeilen-Box
(START → AUSFÜHREN... → *cmd.exe*) und führen den Ping dort aus. Unter Windows
beendet sich das Programm nach vier Ping-Antworten selbst (siehe Abbildung 18-3).

Abbildung 18-3: Ping unter Windows

Wenn entweder eine Meldung wie »Destination unreachable« (oder das deutschsprachige Gegenstück dazu) erscheint oder einfach gar nichts passiert und das Programm zu klemmen scheint, dann stimmt etwas nicht mit der IP-Adresse oder der
Netzwerkmaske. Wenn Sie das Terminal schon geöffnet haben, können Sie auf der
Linux-Seite mit dem Befehl /sbin/ifconfig oder /sbin/ip a testen; unter Windows
in der *cmd.exe* zeigt ipconfig die aktuelle Einstellung an.

```
[dieter@raider dieter]$ /sbin/ifconfig
eth0      Protokoll:Ethernet  Hardware Adresse 00:04:75:AE:20:CF
          inet Adresse:192.168.0.1  Bcast:192.168.0.255  Maske:255.255.255.0
          ...
```

Sehen Sie dann – auf beiden Seiten! – noch einmal ganz genau hin. Sie wären bestimmt nicht der bzw. die Erste mit einer lustigen Netzmaske von *225.225.255.0* oder anderen leicht übersehbaren Tippfehlern in der IP-Adresse. Und bestimmt nicht der Letzte ...

SSH – einloggen auf einem Fremdrechner

Eine der geschicktesten Möglichkeiten, unter Linux über das Netz auf einen anderen Linux-Rechner zuzugreifen, ist, sich dort über das Netzwerk mit *ssh* (*Secure Shell*, siehe *www.openssh.org*) anzumelden. Aus einem lokalen Terminalfenster mit einer Shell darin wird eine Sitzung mit dem Rechner im Netzwerk aufgebaut. Innerhalb dieses Terminalfensters befinden wir uns dann auf dem fremden Rechner. Das ist wie eine *su*-Sitzung, nur dass diesmal nicht nur der Benutzer ein anderer ist, sondern auch noch der Rechner. Früher wurden für solche *remote-logins* Programme wie *telnet* oder *rlogin* verwendet. Diese Programme verwenden aber unverschlüsselte Netzwerkprotokolle, die leicht Lauschangriffen zum Opfer fallen, deshalb verschwinden sie zunehmend zugunsten von *ssh*.

OpenSSH verschlüsselt die gesamte Arbeitssitzung zwischen dem Client (links) und dem Server (rechts, siehe Abbildung 18-4) und verwendet dabei ein sehr gutes System, das von einem »zufälligen Lauscher« garantiert nicht einfach mitgelesen und verstanden werden kann. Das Client-Programm *ssh* wird aus einer Shell auf der Client-Maschine aufgerufen. Der SSH-Serverdienst auf der »angerufenen« Maschine kümmert sich um die Authentifizierung des Benutzers und schickt dem Client-Rechner eine Arbeitsshell. Der Benutzer arbeitet auch weiterhin in seinem Terminalfenster, aber alle Tastenanschläge und die Ausgabe der aufgerufenen Programme werden – verschlüsselt – über das Netz übertragen.

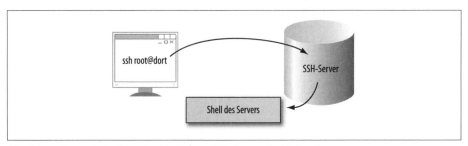

Abbildung 18-4: ssh fordert eine Shell vom SSH-Server des Zielrechners an.

Den SSH-Server überprüfen

Damit die Kommunikation zwischen den beiden Rechnern funktioniert, muss auf dem »angerufenen« Rechner ein SSH-Server (*sshd*) laufen. Das Client-Programm *ssh* auf unserer Maschine erlaubt uns, Kontakt mit diesem Rechner aufzubauen, indem wir Kontakt mit dessen SSH-Server aufnehmen. Alle gängigen Linux-Systeme haben heute das Paket *Openssh* nicht nur an Bord, sondern gewöhnlich ist der Dienst auch schon gestartet[2]. Ob Ihre Maschine bereits SSH betreibt, können Sie leicht herausfinden, indem Sie entweder in der Prozessliste nachsehen oder den Status des Dienstes mit dem Startskript abfragen. Beides ist sehr einfach. Das Startskript von SSH heißt normalerweise *ssh* oder *sshd*. Wir haben im Kapitel über das Drucken den CUPS-Dienst schon einmal mit seinem Startskript neu gestartet. Startskripten können üblicherweise aber auch herausfinden, ob »ihr« Dienst schon läuft, wenn man das Argument status benutzt:

```
[root@raider root]# /etc/init.d/ssh status
Cannot find ssh service
...
[root@raider root]# /etc/init.d/sshd status
sshd (PID 1318) läuft ...
[root@raider root]#
```

Bei Mandriva heißt das Startskript nicht *ssh*, sondern *sshd*. Deshalb lieferte der erste Befehl eine Fehlermeldung zurück. Mit *sshd* funktionierte es dann tadellos. So wie hier können Sie mit allen Distributionen arbeiten, die hier beschrieben sind. Bei einer Red Hat-verwandten Distro wäre der Pfad */etc/rc.d/init.d/sshd*. Werfen wir nun noch einen Blick auf die SUSE, denn die macht es immer ein wenig anders als die anderen ...

```
edwin:~ # rcsshd status
Checking for service sshd                running
edwin:~ #
```

SUSE liefert für jedes Startskript einen Extra-Link mit, der *rcname-des-dienstes* heißt und unter den normalen Systembefehlen abgespeichert wird. Das hat den Vorteil, dass man leicht auch einen Dienst finden kann, von dem man nicht weiß, wie er genau heißt. Man tippt den Anfang des Befehls ein, z.B. »rcss«, und drückt dann (einmal oder zweimal) die Tab-Taste. Die Shell findet für uns den Rest des Befehls. Das ist sehr bequem.

Bei Ubuntu profitieren Sie von Debians Regeln:

```
zulu:~ $ sudo invoke-rc.d ssh status
Checking for service sshd                running
zulu:~ $
```

Außer bei Ubuntu müssen Sie immer *root* sein, damit Sie die Startskripten aufrufen dürfen. Das empfinden viele als Nachteil. Aber um herauszufinden, ob eine bestimmte Software läuft, können Sie als normaler Benutzer auch jederzeit die Prozessliste abfragen. Die Systemüberwachung erscheint unter KDE mit der Tastenkombination Strg-Esc, unter GNOME ist der *gnome-system-monitor* normalerweise im Hauptmenü (Startknopf) bei den Systemprogrammen zu finden (siehe Abbil-

---

[2] Ausnahme ist hier Mandriva, denn in Frankreich gelten seltsame, bemerkenswerte Gesetze bezüglich der Verschlüsselung. Installieren Sie gegebenenfalls den Openssh-Client und -Server einfach nach.

dung 18-5). Je nach Voreinstellung Ihrer Distribution müssen Sie, um Systemprozesse zu sehen, vorher im Menü ANSICHT → ALLE PROZESSE wählen.

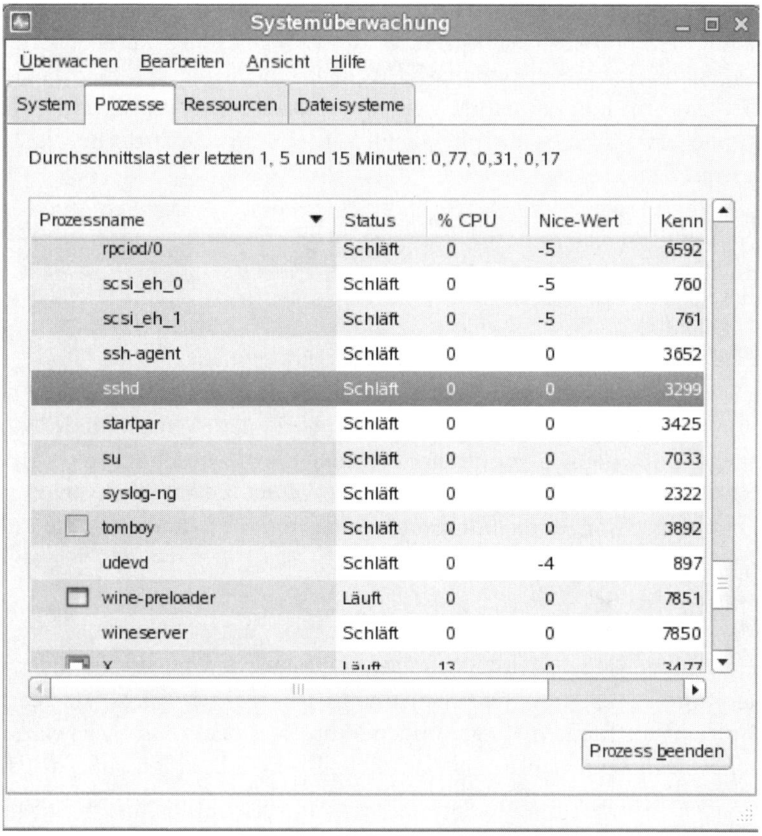

Abbildung 18-5: Der SSH-Server im Systemmonitor von GNOME

Eine zweite Möglichkeit ist es, in einer Shell aus der kompletten Prozessliste (die Sie mit ps ax angezeigt bekommen) die Zeile mit dem Wort »sshd« darin herauszufiltern, indem Sie die Ausgabe nach grep umlenken. Welche von beiden Möglichkeiten Sie verwenden, ist eine Frage des Geschmacks.

```
dieter@edwin:~> ps ax | grep sshd
 2004 ?        Ss     0:00 /usr/sbin/sshd -o PidFile=/var/run/sshd.init.pid
 4237 pts/1    S+     0:00 grep sshd
dieter@edwin:~>
```

In beiden Fällen ist der SSH-Server bereits in Betrieb – dann kann es ja mit der Fernverbindung losgehen.

Eine SSH-Verbindung aufbauen

Eine SSH-Verbindung zu einem entfernten Rechner aufzubauen ist leicht. Der Befehl lautet:

ssh -l *benutzerdadrueben rechnername_oder_IP-adresse*. Ein Beispiel:

```
[dieter@raider dieter]$ ssh -l dieter zaphod (oder die IP-Adresse des Rechners...)
```

Die kürzere, häufiger anzutreffende Schreibweise ist:

```
[dieter@raider dieter]$ ssh dieter@zaphod
Warning: Permanently added 'zaphod,192.168.170.
101' (RSA) to the list of known hosts.
dieter@zaphod's password:
[dieter@zaphod dieter]$
```

Jetzt sind wir drin. Das Gefährlichste an textorientierten Fernverbindungen ist, wie leicht man übersieht, dass es schon geklappt hat. Nur am Shell-Prompt dieter@zaphod sehen Sie auf Anhieb, dass die Session bereits läuft. Wenn das Netzwerk einigermaßen flott arbeitet, bemerken Sie keinerlei zeitliche Verzögerung. Es ist, als würde man direkt am Rechner sitzen bzw. als wäre man noch auf der eigenen Maschine. Sie wären nicht der oder die Erste, die als *root* in einer SSH-Session mit dem Befehl shutdown -h now versehentlich statt des eigenen den *ssh*-Partner im Netz heruntergefahren hat ...

SSH-Clients gibt es auch für Windows: Das textorientierte Programm *putty* oder das bequeme *winscp* können sogar kostenlos aus dem Web heruntergeladen werden. Nur die grafische Darstellung von Linux-Programmen unter Windows ist ohne eine Zusatzsoftware mit *putty* nicht zu machen.

Die einfachste Methode, um herauszufinden, auf welchem Rechner Sie sich gerade befinden (wenn Sie schon blind für den Shell-Prompt wären), ist Folgende: hostname liefert den Rechnernamen, hostname -f den Rechnernamen inklusive Domänenanteil:

```
[dieter@zaphod dieter]$ hostname -f
zaphod.ddt.loc
```

User Dieter befindet sind also auf dem Rechner *zaphod*. Was immer Sie in so einer Situation tun, welche Software Sie auch starten, sie läuft in diesem Fall auf dem Rechner, der nach einer berühmten doppelköpfigen Science-Fiction-Gestalt benannt ist, und nicht auf dem eigenen. Dort werden auch die Systemressourcen verbraucht: Drucken Sie mit lpr einen Text aus, druckt ihn der Druckserver auf *zaphod*. Nur die Ausgabe der Programme landet durch das Netz auf dem Rechner, vor dem Sie sitzen. Das funktioniert sogar mit grafischen Programmen.

Starten Sie als Übung eine SSH-Verbindung zu einem zweiten Rechner, und rufen Sie in der SSH-Session den Befehl xeyes auf. Bei den meisten Distributionen (außer z.B. SUSE und Debian) wird das sofort funktionieren: Die mäuseverfolgenden Glotzaugen werden auf Ihrem Rechner dargestellt, aber die Systemlast dafür trägt der Rechner, mit dem Sie verbunden sind. Das können Sie leicht überprüfen, indem Sie in der Prozessliste Ihres Rechners (vergeblich) die Zeile mit dem Befehl *xeyes* suchen. Die Prozessliste des verbundenen Rechners zeigt dagegen einen solchen Eintrag.

Ach ja, und bei SUSE und Debian funktioniert diese Übung, wenn Sie die SSH-Verbindung mit dem Befehl ssh -X dieter@sonstwo starten. Aus Sicherheitsgründen müssen Sie als Benutzer noch ein -X eingeben. Das Kreuz teilt dem Client mit, dass er Grafiken durchlassen soll.

Die Sitzung beenden

Die SSH-Verbindung mit dem Rechner beenden Sie, indem Sie den Befehl exit eingeben. Dieses Kommando schließt die Shell, die uns der SSH-Server auf der gegenüberliegenden Seite geschickt hat, und wir sind wieder zu Hause. Der Befehl hostname -f bestätigt das:

```
[dieter@zaphod dieter]$ exit
Connection to zaphod closed.
[dieter@raider dieter]$ hostname -f
raider.ddt.loc
```

Das Beispiel schilderte den einfachsten Fall: Benutzer *dieter* wollte sich mit *ssh* auf einem anderen Rechner anmelden, wobei er dort ebenfalls der Benutzer *dieter* sein wollte. Das hätte man einfacher haben können. In diesem Fall hätte ssh zaphod gereicht.

Viel interessanter ist hier die Konsequenz: Mit ssh benutzer@rechner können Sie auf der Gegenseite jeder beliebige Benutzer werden, wenn Sie dessen Passwort wissen. In den EDV-Abteilungen von Firmennetzen verwandeln sich auf diese Weise Administratoren auf dem Zielrechner in den Benutzer *root*, während sie auf dem eigenen Rechner als ganz normaler Benutzer angemeldet bleiben. OpenSSH ist eine tolle Software.

Hatten die beiden Rechner noch nie miteinander zu tun, wird bei der ersten Kontaktaufnahme der beiden Rechner noch ein sogenannter *RSA Key Fingerprint* übermittelt. Der soll helfen, anhand einer sehr langen Nummer sicherzustellen, dass der gegenüberliegende Rechner wirklich der ist, mit dem wir Kontakt aufnehmen wollen. Die Abfrage will ein yes (in drei Buchstaben) als Antwort. Geben Sie das yes nur dann ein, wenn Sie sich sicher sind, dass kein anderer Rechner im Netz sich hier einschleichen könnte. Das sieht ungefähr so aus:

```
root@fennek:~# ssh zaphod
The authenticity of host 'zaphod (192.168.170.
16)' can't be established.
RSA key fingerprint is 3d:d7:8c:ba:b8:e6:ed:bf:5c:43:40:de:
f0:b4:06:72.
Are you sure you want to continue connecting (yes/no)? yes
Warning: Permanently added 'zaphod,192.168.170.
16' (RSA) to the list of known hosts.
root@zaphod's password:
zaphod:~#
```

Secure copy

ssh hat noch ein Geschwisterchen, das Sie kennen sollten: Um eine oder mehrere Dateien von einem Rechner sicher auf den anderen zu transportieren, verwendet man heute *scp* (*secure copy*). Die Syntax ist einfach:

```
scp lokaledatei(en) dieter@fremderrechner:pfad_zum_ziel
```

Dieses Kommando kopiert eine oder mehrere (mit Leerzeichen getrennte) Dateien (auch Jokerzeichen wie * sind erlaubt) sicher und verschlüsselt auf den Rechner *fremderrechner*. Die Dateien werden drüben unter dem Benutzer *dieter* abgelegt. Der *pfad_zum_ziel* ist immer das Heimatverzeichnis des Zielbenutzers, außer Sie geben etwas anderes an. Dazu zwei Beispiele:

```
scp eins zwei drei dieter@fremderrechner:
```

kopiert die drei Dateien *eins*, *zwei* und *drei* direkt in *dieters* Heimatverzeichnis auf dem Rechner *fremderrechner*.

```
scp eins.* zwei *.txt dieter@fremderrechner:/tmp/trash
```

kopiert alle Dateien, die *mit eins beginnen* (*eins.doc*, *eins.c* usw.), die einzelne Datei *zwei* und außerdem *alle Dateien, die auf .txt* enden, in das Verzeichnis */tmp/trash* auf dem Rechner *fremderrechner*. Dort gehören sie dann dem Benutzer *dieter*.

Grafische Frontends zu *ssh* und *scp* gibt es ebenfalls, die stelle ich etwas später zusammen mit anderer grafischer Netzwerksoftware vor.

NFS-Netzwerkfreigaben

Der klassische Weg, auf einem anderen Rechner etwas abzulegen oder etwas von dort zu holen, ist für einen Windows-Migranten normalerweise nicht der *remotelogin* auf diesem Rechner. Windows kann außer mit der recht schrägen Terminal-Server-Lösung (die übrigens ganz prima auch auf Linux läuft) nicht direkt auf einen anderen Rechner zugreifen. Das Konzept der »transparenten Shell« setzt eben voraus, dass man erst mal eine hat. Windows-Benutzer greifen normalerweise über das Netz auf die Freigabe eines Dateiservers zu. So etwas gibt es unter Linux auch. Vor allem, wenn Sie von einem Linux-Rechner auf einen zweiten zugreifen wollen, der ebenfalls ein Unix-artiges Betriebssystem hat, benutzen Sie NFS, den *Network File Service*.

NFS benutzt für seine Kommunikation das sogenannte *Remote Procedure Call*-Modell (*rpc*, siehe *http://de.wikipedia.org/wiki/Remote_Procedure_Call*). Bei diesem Client-Server-Protokoll schickt der Client eine Anforderung an den Server, er solle ihm z.B. eine Dateiliste senden oder eine Datei übertragen. Der Server erledigt daraufhin etwas für den Client, deshalb auch der Name: Der Client ruft nach einer Prozedur, die auf dem entfernten (*remote*) Rechner ausgeführt werden soll.

Die *rpc*-Kommunikation erledigt bei Linux eine Software namens *portmapper*, die auf beiden Seiten der Netzwerkverbindung laufen muss. Erst mit diesem Hilfsdienst kommt die NFS-Kommunikation zustande. Die folgenden Beispiele setzen voraus, dass es schon irgendwo eine NFS-Freigabe gibt. Wenn das nicht der Fall ist, dann konsultieren Sie vorher den entsprechenden Abschnitt auf Seite 601. Dort lesen Sie, wie Sie so eine Freigabe erstellen können.

Auf eine NFS-Freigabe zugreifen

Wie bekommt man heraus, ob ein Rechner NFS-Freigaben veröffentlicht, und wie bindet man eine NFS-Netzwerkfreigabe an seinen Rechner an? Sie holen NFS-Freigaben mit einem mount-Befehl an Ihren Rechner heran. Der mount-Befehl flanscht die Freigabe an eines der Unterverzeichnisse Ihres Rechners an. Spannend ist allerdings die Frage, wer diese Anbindung durchführen soll und wann das geschehen soll. Es gibt mehrere Szenarien:

- *root* mountet, und der Server soll sofort zur Verfügung stehen.
- Jeder Benutzer soll mounten können, die Auswirkung davon soll ebenfalls auf der Stelle eintreten.
- Das System soll automatisch beim Starten der Maschine mounten.

Wenn root mountet

Bei der einfachsten Variante brauchen Sie *root*-Berechtigungen (bzw. bei Ubuntu ein sudo), wenn Sie den mount-Befehl auf der Befehlszeile eingeben. Dieser Befehl ist ebenso einfach wie ein mount-Befehl für eine lokale Ressource:

```
mount serveradresse:/pfad/auf/dem/server /pfad/auf/der/eigenen/Maschine
```

Wichtig ist bei der Schreibweise, dass nach serveradresse (= Name oder IP-Adresse des gebenden Rechners) direkt dahinter ein Doppelpunkt folgt. Nur daran erkennt Linux, dass es *auf eine Netzwerkressource* zugreifen soll. Ebenfalls ohne Leerzeichen folgt der Pfad des freigegebenen Verzeichnisses auf der Server-Maschine. Und wie beim Mounten einer lokalen Partition oder eines CD-ROM-Laufwerks muss man angeben, wohin auf der eigenen Maschine man das freigegebene Verzeichnis mounten will. Linux erkennt an dem Doppelpunkt hinter dem Server-Namen (oder der IP-Adresse des Rechners), dass dies eine Netzwerkressource ist, und dass es auf einen NFS-Server zugreift. Nur noch ganz selten sollte es vorkommen, dass man den mount-Befehl mit der Option -t nfs verwenden muss. NFS verlangt, dass Sie den exakten Pfad auf der Server-Seite kennen. Welches Dateisystem der Server benutzt (*reiserfs*, *extended* etc.), spielt hier allerdings keine Rolle.

Ein Beispiel: Der Rechner *zaphod* mit der IP-Adresse 192.168.0.1 hat das Verzeichnis */raid/data* freigegeben. Es soll lokal an */mnt/data* eingehängt werden.

```
[root@raider root]# mount 192.168.0.1:/raid/data /mnt/data
[root@raider root]# ls -l /mnt/data
... Die Liste der Dateien erscheint ...
```

Es gibt auch andere Methoden, NFS zu mounten: automatisch oder für jedermann mountbar. Doch bevor die anderen Methoden an die Reihe kommen, müssen Sie wissen, wie Sie herausfinden, warum NFS eventuell nicht funktioniert.

NFS-Diagnose

Was muss gegeben sein, damit das Mounten von NFS funktioniert?

- Ein lokaler Dienst mit den Namen *portmapper* muss laufen.
- Auf dem Server muss ebenfalls ein *portmapper* laufen.
- Der Server muss einen NFS-Serverdienst gestartet haben.
- Die Freigabe muss für mich gültig sein. (NFS-Freigaben werden für Rechnernamen, Domänen-Namen oder IP-Adressen (einzelne oder ganze Bereiche) erstellt. Mein Rechner muss in dieses Muster passen, entweder durch den Namen oder durch die IP-Adresse.)

Den Portmapper überprüfen

Ein typisches Ubuntu-Bild: Sie setzen den mount-Befehl ab, Ihr Terminal klemmt, und Sie warten ewig. Selbst wenn Sie mit Strg-C abbrechen wollen, dauert das alles sehr lange. Am Schluss hat der Rechner sogar gemountet, aber der zeitliche Aufwand ist völlig inakzeptabel. Das ist ein Portmapper-Problem. Um zu prüfen, ob der *portmapper* lokal arbeitet, gibt es den Befehl rpcinfo, der sich normalerweise in dem Verzeichnis */usr/sbin/* befindet. Für *root* ist dieser Befehl einfach ausführbar, andere Benutzer (außer bei Ubuntu) müssen den ganzen Pfad eintippen.

```
[root@raider root]# rpcinfo -p localhost
   program vers proto   port
    100000    2   tcp    111  portmapper
    100000    2   udp    111  portmapper
... (es können noch mehrere Zeilen folgen)
```

Damit ist klar: Auf meiner Maschine läuft ein *portmapper*, sonst wäre keine Liste herausgekommen. Um den Server zu testen, geben Sie den gleichen Befehl auch für die Server-Maschine ein:

```
[root@raider root]# rpcinfo -p zaphod(oder die IP-Adresse des Rechners...)
   program vers proto   port
    100000    2   tcp    111  portmapper
    100000    2   udp    111  portmapper
    100024    1   udp  32768  status
    100024    1   tcp  32768  status
   ...
    100003    2   udp   2049  nfs
    100003    3   udp   2049  nfs
    100021    1   udp  32774  nlockmgr
   ...
```

Prima, auf dem Server *zaphod* läuft ebenfalls ein *portmapper*. Die Liste dieser registrierten sogenannten *rpc*-Dienste auf dem Server kann ziemlich lang sein, denn eine ganze Reihe von Netzwerksoftware benutzt *rpc* zur Kommunikation. Wieso soll man etwas neu programmieren, wenn man etwas anderes sofort benutzen kann? Auf den meisten Distributionen wird der *portmapper* deshalb gleich vorsorglich gestartet, wenn eine Software installiert ist, die ihn benötigt.

Wenn auf Ihrer Maschine kein Portmapper läuft und Sie ihn auch nicht starten können (z.B. weil Sie Ubuntu benutzen), dann installieren Sie ihn nach.

NFS-Freigaben finden

Leider gibt es so etwas wie eine Netzwerkumgebung à la Windows nicht für NFS[3]. Wie bekommen Sie dann aus einem Rechner heraus, welche Freigaben er anbietet?

---

3 Sie finden zwar weiter hinten zwar den lisa-Dienst, aber so bequem wie Windows' Netzwerkumgebung ist das nicht.

Indem Sie ihn fragen! Die Liste seiner Freigaben spuckt jeder NFS-Server aus, wenn Sie den Befehl showmount -e serveradresse benutzen:

```
[root@raider root]# showmount -e zaphod(oder die IP-Adresse des Servers)
/raid/data    192.168.0.0/255.255.255.0
/raid/backup  192.168.0.0/255.255.255.0
```

Das ist deutlich: Auf *zaphod* sind die beiden Freigaben */raid/backup* und */raid/data* eingerichtet. Wie bei allen mount-Vorgängen muss das lokale Verzeichnis, wohin Sie die NFS-Freigabe mounten wollen, schon existieren. Im Zweifelsfalle erzeugen Sie das Verzeichnis eben neu von Hand, dann können Sie das Serververzeichnis dort einhängen.

Wie bei dem *rpcinfo*-Beispiel kann auch ein normaler Benutzer showmount ausführen, wenn er den ganzen Pfad zur ausführbaren Datei eintippt, üblicherweise ist das /usr/sbin/showmount. Das Verzeichnis */usr/sbin* befindet sich nicht im Suchpfad eines normalen Benutzers.

Zugreifen auf NFS (2)

Nun zu den weiteren, benutzerfreundlicheren Varianten mit NFS. Schön wäre es z.B., wenn jeder Benutzer der Maschine eine bestimmte NFS-Freigabe einbinden könnte, um dort z.B. seine Dateisicherung abzulegen. Dazu ist es im ersten Schritt nicht notwendig, die Ressource ständig einzubinden.

Jeder soll mounten können

Prinzipiell können Sie auch mit NFS tun, was oben im Kapitel über die CD-ROM-Laufwerke bereits geschildert wurde: *root* trägt in die Datei */etc/fstab* eine Zeile ein, die den *mount*-Vorgang beschreibt. Durch die beiden Mount-Optionen user und noauto verhindert man, dass die Netzwerkressource bereits beim Bootvorgang gemountet wird. Eine typische Zeile sähe in etwa so aus:

```
zaphod:/raid/backup /mnt/zaphod nfs noauto,soft,timeo=10,user 0 0
```

Statt des Rechnernamens (hier: *zaphod*) könnten Sie auch direkt die IP-Adresse des Datei-Servers eingeben. Die Komponenten dieser Zeile in der Datei */etc/fstab* sind sehr ähnlich wie der von Hand eingegebene *mount*-Befehl im vorigen Kapitel. Allerdings enthält er einige Zusatzoptionen. Auch hier ist es zwingend erforderlich, dass das Verzeichnis schon existiert, in das die NFS-Freigabe gemountet werden soll. Mit dem Befehl mount /mnt/zaphod kann jetzt jeder die Netzwerkfreigabe des Servers *zaphod* einbinden – aber nur noch dort, wo *root* es vorgesehen hat.

Was bedeuten nun die Optionen? »user« besagt, dass jeder normale Benutzer diese Ressource mounten darf, aber nur in das vorgegebene Verzeichnis. Der zusätzliche Schalter »noauto« verhindert, dass das Server-Verzeichnis bereits beim Systemstart automatisch herangeholt wird. Erst wenn ein Benutzer die Ressource anfordert, soll sie eingemountet werden. Die Schalter »soft« und »timeo« sind typisch für NFS-Ressourcen: Beide sollen (*timeo* steht für einen *timeout* in Zehntelsekunden) helfen, größere Klemmer zu verhindern, wenn der NFS-Server vorübergehend nicht da ist oder kurzzeitig ausfällt. Oft wird es in der Kombination von soft,timeo=10 verwendet, was bedeutet, dass unsere Maschine nach einer Sekunde aufgibt, z.B. eine Datei auf den Server schreiben zu wollen (und dann eine Fehlermeldung ausgibt), wenn der nicht reagiert.

Die beiden Nullen am Schluss der Zeile bedeuten lediglich, dass die Netzwerkressource in dieser Zeile weder das Root-Dateisystem darstellt noch von dieser Maschine aus mit dem Befehl dump gesichert werden soll. Das ist auch gut so, denn diese Daten liegen auf einem Server, und dort werden die Verzeichnisse in der Regel ohnehin gesichert.

Diese Vorgehensweise funktioniert nicht bei allen Distributionen. Offenbar ist nicht bei allen Distributionen ein *mount*-Befehl im Einsatz, der die *user*- und *noauto*-Optionen bei NFS unterstützt. Das ist kein Fehler, sondern eine Entscheidung der Distributoren, die sich bis zur nächsten Ausgabe geändert haben kann. In diesem Fall können Sie immer noch mit dem Befehl su - vorübergehend *root* werden, um den mount-Befehl auszuführen.

Was sonst noch gern verwendet wird: Die Optionen rsize und wsize beschreiben die Größe der Datenblöcke, die auf einmal zum Server geschrieben und von dort gelesen werden können. Werte wie rsize=8192,wsize=8192 erlauben eine höhere Datendurchsatzrate als die standardmäßig eingestellten 1024 Byte. intr erlaubt es, einen Schreib- oder Lesevorgang abzubrechen, wenn der Server nicht antwortet (und ist damit dem soft ganz ähnlich). Ohne diese Optionen klemmt die Arbeitsstation, wenn der Server nicht antwortet, und ein Abbrechen ist nicht mehr möglich.[4] Das ist sehr unangenehm. Die hier genannten Optionen werden in kleineren Netzwerkumgebungen häufig angewendet.

Weitere mögliche Optionen für den NFS-mount finden sich in der Manpage des mount-Befehls, die Sie mit man mount aufrufen.

Das Netzwerk von Anfang an mounten

Oft soll eine Netzwerkfreigabe automatisch schon beim Starten angebunden werden. Das ist der klassische Dateiserver: Viele Rechner in Firmen sind so konfiguriert, dass sie das */home*-Verzeichnis beim Start von einem NFS-Server heranholen. Die Benutzer arbeiten so die ganze Zeit über im Netz, ohne es zu bemerken. Einzi-

---

4 *http://www.die.net/doc/linux/man/man5/nfs.5.html*

ger Nachteil: Wenn beim Booten der Arbeitsstation die NFS-Server-Maschine nicht antwortet, so dass das /home-Verzeichnis nicht verbunden werden kann, bekommt die Arbeitsstation Probleme, da sie sich ja nicht komplett zusammenbauen kann. Dieses Phänomen können Sie mit speziellen mount-Optionen verbessern.

Eine Zeile in der /etc/fstab, die einen solchen automatischen mount-Vorgang auslöst, könnte so aussehen:

```
rechnername:/pfad /home nfs rsize=8192,wsize=8192,soft,timeo=14,intr 0 0
```

Ein Blick verrät: Die Vorgehensweise ist ähnlich wie im vorigen Abschnitt. Auch diesmal wurde statt eines lokalen Geräts (wie z.B. /dev/hda7) eine Netzwerkfreigabe angegeben. Die Optionen user und noauto fehlen, wodurch der mount-Vorgang (als Benutzer root) automatisch beim Booten durchgeführt wird, Linux wartet nicht erst auf den Befehl eines Benutzers. Zwei Optionen sind eingefügt, die den Datendurchsatz verbessern sollen (rsize und wsize), die anderen beiden regeln das Verhalten, wenn der NFS-Server nicht reagiert. Wenn eine Netzwerkressource von Hand gemountet wird, bemerkt man ja ganz leicht, wenn der Server Probleme macht. Beim Mounten während des Bootvorganges ist das System dagegen zunächst allein.

Eine NFS-Freigabe erstellen

Und wie macht man nun so eine NFS-Freigabe? Entweder von Hand, oder bei manchen Distributionen (wie bei SUSE und Mandriva) gibt es auch ein Tool dafür. Nötig ist ein Tool eigentlich nicht, denn alle NFS-Freigaben werden – natürlich vom Benutzer root – in einer einzigen Datei erzeugt, /etc/exports. Deren Format ist so simpel, dass das per Hand meist schneller und leichter geht als mit irgendeinem Werkzeug. Verwenden Sie Ihren Lieblingseditor. In jeder Zeile dieser Datei kann eine Freigabe definiert werden. Eine Freigabe besteht aus drei Teilen:

- Am Zeilenanfang steht *der Name des Verzeichnisses*, das freigegeben werden soll. Es muss schon exstieren, bevor Sie den NFS-Server (neu) starten.
- Mit einem »*Blank*« getrennt (das können ein oder mehrere Leerzeichen oder Tab-Sprünge sein) kommt dann die *Netzwerkangabe* darüber, wer auf die Freigabe zugreifen darf. Das können entweder IP-Adressen (einzelne Adresse, ganze Netzwerke oder Teile von Netzwerken) sein oder auch einzelne Rechnernamen bis hin zu Teilen von DNS-Domänen (siehe dazu die Manpage zu exports, man 5 exports).
- Danach (*unbedingt ohne Blank*) folgt in Klammern, *wie* man auf diese Freigabe zugreifen darf.

Zwei Beispiele für Zeilen, die in einer Datei /etc/exports stehen können:

```
/export/download 192.168.0.0/255.255.255.0(ro,root_squash,async)
```

Das Verzeichnis */export/download* ist für jeden Rechner aus dem Netzwerk 192.168.0. (also 192.168.0.1 bis 192.168.0.254) lesbar (ro) freigegeben. Der Benutzer *root* bekommt keine Sonderrechte, sondern wird beim Zugriff »zermatscht« (root_ squash), so dass er nur noch die Rechte des Benutzers *nobody* bekommt. Das ist eine Vorsichtsmaßnahme, die sehr zu empfehlen ist. Das async bedeutet, dass Dateien, die von dieser Freigabe gelesen werden, nicht ständig mit dem Original abgeglichen werden.

```
/export/bilanz          192.168.0.0/255.255.255.0(rw,root_squash,sync)
```

Eine schreibbare (rw) Freigabe sehen Sie bei */export/bilanz*. Benutzer von Rechnern der IP-Adressen 192.168.0.1 bis 192.168.0.254 können schreibend mit ihrer Benutzerkennung auf das Verzeichnis zugreifen, aber nicht *root*. Wenn *root* in dieses Verzeichnis schreibt, gehört die Datei anschließend dem Benutzer *nobody*; *root* wird also wieder »zermatscht«. sync sorgt dafür, dass eine Datei, die Sie von dieser Freigabe laden, sofort mit dem Original abgeglichen wird, wenn Sie sie ändern. Das ist zwar langsamer, dafür bekommt aber jeder, der die Datei in der Zwischenzeit öffnet, auch den aktuellen Zustand der Datei und nicht den Zustand der Datei, als der letzte Bearbeiter sie vor langer Zeit geöffnet hatte ...

Weitere Beispiele finden Sie in jedem Handbuch über Systemadministration oder in der Manpage zu *exports* (man 5 exports).

Vergessen Sie nicht, nach einer Änderung der */etc/exports* den *nfs*-Serverdienst neu zu starten:

```
[root@raider root]# service nfs restart
```

bzw.

```
root@edwin ~ # rcnfsserver restart
```

bei SUSE oder

```
root@edwin ~ # invoke-rc.d nfs restart
```

bei Ubuntu/Debian.

Kürzer, ohne Neustart des NFS-Servers, und bei allen Distros gleich, können Sie die Konfiguration neu einlesen lassen, indem Sie *exportfs -a* eintippen.

Grafische Werkzeuge der Distributionen

SUSE und Mandriva haben eigene grafische Werkzeuge, um NFS-Mounts in die Datei */etc/fstab* einzutragen. Bei SUSE ist das Werkzeug natürlich im YaST2 untergebracht, bei Mandriva in der *drakconf*-Suite. Aber sogar KDE enthält bereits eine eigene, distributionsunabhängige Methode, um Netzwerkressourcen zu finden.

Um die jeweiligen Hauptdialoge der Konfigurationswerkzeuge aufrufen zu können, müssen Sie das *root*-Passwort angeben. Bei den Netzwerkdiensten findet sich im YaST ein Icon mit der Bezeichnung NFS-CLIENT. Wenn Sie dieses Icon anklicken, werden Sie auf einen Konfigurationsdialog geführt, der hier bereits die Daten des vorherigen Beispiels angibt (siehe Abbildung 18-6). Das bedeutet: YaST liest unmittelbar aus der Datei */etc/fstab*.

Abbildung 18-6: Ein NFS-Eintrag aus der Datei /etc/fstab, als Dialog aufbereitet im YaST2

Am unteren Ende des YaST-Dialogs befindet sich ein BEARBEITEN-Button, der einen Dialog aufruft (siehe Abbildung 18-7). Alle notwendigen Angaben tippen Sie hier also in Einfügefelder ein statt mit dem Texteditor in eine ASCII-Datei.

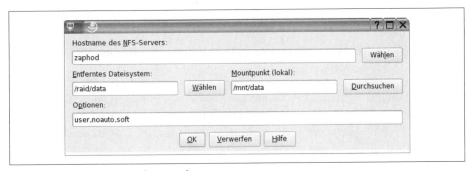

Abbildung 18-7: Der NFS-Client-Dialog

Praktisch sind dort die WÄHLEN-Buttons neben den Einfügefeldern »Hostname des NFS-Servers« und »Entferntes Dateisystem«. Dahinter verbergt sich jeweils die Möglichkeit, das Netzwerk nach NFS-Servern zu durchsuchen, und – wenn man sich dann einen ausgesucht hat – die Möglichkeit, seine Freigaben anzusehen (siehe Abbildung 18-8).

Ähnlich gesittet und vielleicht sogar noch ein wenig eleganter gestaltet Mandriva die Darstellung der NFS-Ressourcen. Dort müssen Sie nicht nach den Netzwerkdiensten suchen, sondern darauf kommen, dass NFS-Ressourcen etwas mit den Einhängepunkten zu tun haben, an denen sie gemountet werden. Das Auswahlmenü enthält ein Icon NFS-EINHÄNGEPUNKTE, hinter dem sich ein Dialog zum Steuern der Funktion befindet (siehe Abbildung 18-9).

Abbildung 18-8: Der NFS-Browser (links) und die Anzeige der Freigaben (rechts)

Abbildung 18-9: Mandriva bringt NFS bei »Einhängepunkte« unter.

Mandrivas Hauptdialog für die NFS-Einhängepunkte können Sie mit dem Befehl diskdrake --nfs auch separat aufrufen, denn er ist eine Teilmenge von *diskdrake*. Dieser Dialog ist sehr spartanisch. Abgesehen von den Buttons ABBRECHEN und FERTIG, die sich am unteren Fensterrand befinden, gibt es nur einen einzigen weiteren Schalter. Auf ihm steht SERVER SUCHEN. Sobald man ihn anklickt, versucht der Rechner, alle NFS-Server im Netzwerkabschnitt zu finden. Das funktioniert üblicherweise auch sehr gut: Mit einem Klick auf einen der links aufgelisteten Servernamen können Sie sich dessen Freigaben anzeigen lassen (siehe Abbildung 18-10). Die Zahlen auf der rechten Seite der Freigaben bezeichnen den Bereich von Rechnernamen und IP-Adressen, die auf diese Freigaben zugreifen dürfen.

Abbildung 18-10: NFS-Netzwerkumgebung bei Mandriva im Kontrollzentrum

Details zeigt *diskdrake* allerdings erst an, wenn Sie eine der Freigabenzeilen anklicken, so dass sie farbig hinterlegt wird. Dann erweitert sich auch das Angebot an Buttons am unteren Fensterrand um einen Schalter zum Mounten der Freigabe. Bei Freigaben, für die es schon eine Zeile in der Datei */etc/fstab* gibt (siehe Abbildung 18-11), zeigt der Dialog einen Blitz – aber nur dann, wenn sie noch nicht eingebunden sind. Wenn Sie auf eine solche Freigabe klicken, kommen am unteren Rand des Dialogs drei Schalter hinzu, die für die anstehenden Aufgaben benötigt werden: EINHÄNGEPUNKT erlaubt, wie vorher bei YaST gezeigt, den Mountpunkt auszuwählen, EINHÄNGEN führt den mount-Befehl sofort aus. Dann verwandelt sich der Stecker mit einem Blitz in einen Stecker, der mit einer Kupplung verbunden ist. Hinter dem Schalter OPTIONEN verbirgt sich ein weiterer Dialog, der zunächst nur *noauto* und *user* anbietet, nach Anklicken eines FORTGESCHRITTEN-Buttons aber sogar noch weitere für NFS-Optionen anzeigt. Wird eine Freigabe gemountet, verwandelt sich der Text auf dem EINHÄNGEN-Button in AUSHÄNGEN.

Abbildung 18-11: Freigaben in /etc/fstab (z.B. zaphod:/spiegel/backup) – schon gibt es drei Schalter mehr.

Windows-Netzwerkfreigaben

Windows-Rechner benutzen eine andere »Serversprache« als NFS. Das Netzwerkprotokoll ist ebenfalls TCP/IP, doch um eine sogenannte *Freigabe* auf dem Windows-Rechner ansprechen zu können, muss der Client *SMB* (*Server Message Blocks*) benutzen. Ein weiteres Netzwerkprotokoll namens *NetBIOS* sorgt dafür, dass Windows-Server auf einen Freigabenamen nach dem Muster *Server**Freigabe* reagieren. Häufig treffen Sie auch einen neueren Begriff für praktisch dasselbe an: *CIFS*, das *Common Internet File System*. Die Unterschiede sind marginal, auch wenn Microsofts Marketing sich seinerzeit ob der Neuerung schier überschlagen wollte.

Die Software-Suite *Samba* beherrscht sowohl NetBIOS als auch SMB und CIFS. Samba enthält mehrere Client-Programme, um auf Windows-Maschinen zuzugreifen, aber berühmter ist es noch für seine Server-Dienste: Sie erzeugen Datei- und Druckfreigaben im Netz, die von außen wie ein Windows-Server aussehen.

Eine ganze Reihe von Programmen, mit denen Sie auf Windows-Maschinen zugreifen können, arbeitet ebenfalls mit Samba zusammen, obwohl sie nicht zur Samba-Suite gehören. In der Mehrzahl sind dies aber nur grafische Frontends für die Samba-Programme.

Wie funktioniert Windows im Netz?

Um die Windows-Datei- und -Druckserver im Netz zu finden, arbeiten die meisten Windows-Netzwerke bis auf den heutigen Tag mit einem Netzwerkprotokoll namens NetBIOS. Kurz gesagt, erzeugt NetBIOS die Möglichkeit, Rechner (und Freigaben) im Netzwerk mit der Schreibweise *rechnername**freigabename* anzusprechen. NetBIOS war niemals besonders sicher, deshalb änderte Microsoft 1996 ein paar Kleinigkeiten und dann den Namen: *CIFS*, das *Common Internet File System*, realisiert *SMB* ohne *NetBIOS*. In der Praxis konnten aber bis heute nur wenige Netzwerke auf reines *CIFS* umstellen. Obwohl es seit Windows 2000 möglich ist, mussten neben den neuen Systemen mit Windows 2000, XP und 2003 auch noch alte Windows NT-Systeme (und teilweise sogar noch ältere Windows-Varianten) unterstützt werden. Deshalb laufen viele Windows-Netze auch heute noch im sogenannten *gemischten Betrieb* – und damit mit NetBIOS. Für halb- oder richtig professionelles Arbeiten mit Samba empfehle ich Ihnen Fachbücher zum Thema[5] oder die hervorragenden Webseiten der Samba-Leute[6].

Bevor Sie die grafischen Windows- bzw. Samba-Werkzeuge unter Linux kennenlernen, stelle ich zunächst eine Reihe textorientierter Tools vor. Um Probleme besser diagnostizieren zu können, aber auch, um die grafischen Werkzeuge besser zu verstehen, sollten Sie sich vorher ein wenig mit den Befehlszeilen-Werkzeugen auseinandergesetzt haben.

Die Netzwerkumgebung als Fenster zur Welt

Als Windows-Benutzer greifen Sie auf eine andere Windows-Maschine zu, indem Sie sie zuerst in der Netzwerkumgebung suchen, dann alle Freigaben der gefundenen Maschine auflisten lassen und schließlich entweder direkt mit dem Explorer auf die Daten zugreifen oder ein »Netzwerklaufwerk verbinden«. Aber wie funktioniert das? Sie gehören vermutlich schon zu einer privilegierten Minderheit, wenn Sie wissen, dass es einen *Computersuchdienst* gibt, der diese Liste »benachbarter Rechner« erstellt und in einer »Netzwerkumgebung« zeigt. Der Großteil der Windows-Benutzer macht sich keine Gedanken darüber, wie Windows das macht. Aber Sie müssen

---

[5] Das berühmteste von ihnen ist bestimmt »Samba«, das von einem berühmten Verlag herausgegeben wird, der immer Viecher vorne auf die Bücher druckt. Siehe auch http://www.oreilly.de/catalog/samba2ger/. Aber auch Jens Kühnels Buch (ISBN 978-3-8266-0985-5) im mitp-Verlag ist lesenswert.

[6] http://samba.anu.edu.au/cifs/docs/what-is-smb.html oder www.samba.org oder de.samba.org, aber es gibt eine ganze Reihe anderer hervorragender Seiten zum Thema.

das jetzt tun, denn Sie können den größeren Teil dieser Zusammenhänge anschließend direkt zur Fehlerdiagnose verwenden – oder natürlich auch, um Windows-Rechner von Linux aus zu finden und zu benutzen.

Namen und Dienste ermitteln – Wie es funktioniert

Windows-Rechner geben ihre Anwesenheit lautstark bekannt, indem sie von Zeit zu Zeit ins Netz rufen, dass sie da sind, welchen Namen sie beanspruchen und dass sie Dienste anzubieten haben. Etliche Windows-Maschinen schreiben dabei mit: Einzelne Rechner führen für den Computersuchdienst eine Liste aller Rechner im Netzwerk. Wenn Sie auf dem Windows-Desktop die Netzwerkumgebung anklicken, geht in Wirklichkeit eine Anfrage an den nächsten Rechner, der solch eine Computersuchliste führt. Die Liste aller Rechner im Netz kommt deshalb in der Regel auch sehr schnell auf den Bildschirm, denn sie ist eine vorbereitete Information, die nur abgefragt werden muss. Den Unterschied bemerken Sie meist dann, wenn Sie einen der Netzwerknachbarn direkt anklicken: Da dauert es oft viel länger, bis dieser seine Freigabeliste präsentiert. Kein Wunder, denn das ist eine neue, direkt an den Rechner gerichtete Anfrage, die dieser erst einmal beantworten muss.

Unsere Linux-Maschinen können von der lautstarken Bekanntgabe der Windows-Rechner im Netz profitieren. Der textorientierte Befehl nmblookup aus der Samba-Suite kann eine Rundum-Frage (Broadcast) an alle Rechner im lokalen Netz losschicken, wer denn da so ist. Alle Windows-Rechner müssen darauf antworten. Wichtig sind die Anführungszeichen um den Stern:

```
[root@raider ~]# nmblookup "*"
querying * on 192.168.0.255
192.168.0.2 *<00>
192.168.0.101 *<00>
192.168.0.1 *<00>
192.168.0.9 *<00>
[root@raider ~]#
```

Alle Rechner, die sich hier melden, sind entweder echte Windows-Rechner oder Linux-Rechner, die sich auf der Netzwerkebene für welche ausgeben. Auf ihnen läuft ein Dienst, der auf diese NetBIOS-Anfrage reagiert: Samba. Über die IP-Adressen dieser Rechner können Sie nun einen nach dem anderen abfragen, was er denn Windows-mäßig so zu bieten hat. Die *nmblookup*-Abfrage dafür heißt nmblookup -A *ip-adresse*. In meinem Netzwerk gibt es z.B. einen Datei- und Druckserver mit der IP-Adresse 192.168.0.101. Was wird er wohl alles melden?

```
[root@raider ~]# nmblookup -A 192.168.170.101
Looking up status of 192.168.170.101
        ZAPHOD          <00> -         B <ACTIVE>
        ZAPHOD          <03> -         B <ACTIVE>
        ZAPHOD          <20> -         B <ACTIVE>
        .._MSBROWSE_.   <01> - <GROUP> B <ACTIVE>
        MOUSEINTHEBOX   <00> - <GROUP> B <ACTIVE>
```

```
            MOUSEINTHEBOX    <1d> -           B <ACTIVE>
            MOUSEINTHEBOX    <1e> - <GROUP>   B <ACTIVE>

[root@raider ~]#
```

Zwei der zurückgemeldeten Begriffe kommen gleich mehrfach vor. Einer davon ist offenbar der Rechnername, *zaphod*. Der zweite, *mouseinthebox*, ist der Name der Arbeitsgruppe, in der er sich befindet. Windows-Maschinen sind immer Mitglieder von *Arbeitsgruppen* oder *Domänen*,[7] das ist ein Merkmal von NetBIOS. Ebenfalls ein Merkmal von NetBIOS sind die Nummern und Begriffe in spitzen Klammern, die in der zweiten und dritten Spalte der Liste angezeigt werden. Begriffe, die das Attribut <GROUP> tragen, dürfen mehrfach im Netz vorkommen. Was wäre eine Arbeits*gruppe*, wenn sie nicht mehrere Mitglieder haben dürfte? Andere müssen einzigartig sein (UNIQUE). Hier geht es um den (NetBIOS-)Namen der Rechner. Wenn Sie versehentlich einen Rechner genau so nennen wollen wie einen zweiten, den es im Netz schon gibt, dann lässt Windows das nicht zu. Sobald sich zwei Rechner mit dem gleichen NetBIOS-Namen, aber verschiedenen IP-Adressen im Netz bekannt geben könnten, wäre ja nicht mehr eindeutig, welcher der beiden nun der richtige ist. So reservieren sich die Windows-Maschinen unter anderem ihre Einzigartigkeit durch lautes Geschrei im Netz. Diesen Vorgang nennt man auch »registrieren«.

Auch wenn Rechner- und Arbeitsgruppenname mehrfach in der Liste stehen, die Ziffernkombinationen in spitzen Klammern dahinter sind jeweils verschieden. Dadurch wird jede Zeile anders. Diese Ziffern weisen auf verschiedene NetBIOS-Dienste hin. Für uns wichtig sind nur wenige: Die <00> reserviert einen Namen, die <20> ist ein Hinweis auf einen laufenden Datei- und Druckserverdienst. Die anderen Nummern stehen für weitere NetBIOS-Dienste.[8]

Genau die gleiche Liste mit Namen und Dienstenummern bekommen Sie übrigens auch, wenn Sie das Windows-basierte, textorientierte (!) Programm nbtlookup -A *IP-Adresse* ausführen. Öffnen Sie dazu zuerst eine »DOS-Box« (die natürlich längst kein DOS mehr enthält. Das Programm *cmd.exe* ist ein recht leistungsfähiges textorientiertes Kommandowerkzeug, das die meisten Windows-Admins beharrlich aus ihrem Gedächtnis verdrängen. Sie bekommen *cmd.exe* mit START → AUSFÜHREN ... → *cmd.exe*).

---

[7] Erst ab Windows 2000 wurde mit *Trees* und *Forests* ein neues Konzept der Rechnergruppierung vorgelegt. Solche Rechner verwenden theoretisch kein NetBIOS mehr.

[8] Genaue Beschreibungen aller dieser Dienstziffern gibt es in den Dokumenten *RFC 1001* und *1002*; siehe *ftp://ftp.rfc-editor.org/in-notes/rfc1001.txt* und *rfc1002.txt*.

Pop!

Wenn der Dienst <03> in der Liste angezeigt wird, können Sie einer echten Windows-Maschine eine *WinPopup*-Meldung schicken; Linux-Samba-Rechner reagieren normalerweise nicht auf diese Art der Kommunikation. Versuchen Sie es selbst, indem Sie Folgendes eingeben:

```
echo "Hallo Windows" | smbclient -M namedermaschine
```

Wenn dort WinPopup läuft (das ist die Normaleinstellung bei XP-Rechnern), dann ertönt ein Geräusch, und es erscheint ein Meldungsfenster mit der Mitteilung. Es kann <03>-Registrierungen für den Rechnernamen geben, aber auch für angemeldete Benutzer. So viel zum Datenschutz: Windows erzählt im Netz herum, wer auf der Maschine gerade angemeldet ist!

Freigaben finden

Nur eine Maschine, deren Serverdienst <20> läuft, kann auch Freigaben anbieten. Ob es Freigaben gibt, können Sie zu Diagnosezwecken[9] mit dem textorientierten Programm *smbclient* abfragen. Das Programm ist ein echter Tausendsassa; Sie werden hier allerdings nur zwei Hauptschalter kennenlernen. Der erste wird dazu benutzt, die Freigabeliste abzufragen. Mit dem Befehl `smbclient -L NetBIOSname` holen Sie die Liste der Freigaben auf diesem Rechner (und ein paar zusätzliche Informationen); wenn Sie dem Befehl hinten `-U%` anhängen, werden Sie nicht nach einem Passwort gefragt. Allerdings bekommen Sie dann auch nur solche Informationen angezeigt, die jedermann zugänglich sind, z.B. allgemeine Freigaben.

Die Funktion dieses Befehls ist vergleichbar dem Befehl `net view \\servername` in der Windows-Befehlszeilenumgebung. Windows ist mit den Zusatzinformationen etwas geiziger. Versuchen Sie ruhig auch, die Netzwerkumgebung mit den textorientierten Befehlen von Windows zu erkunden. `net /?` gibt eine interessante Liste von Möglichkeiten aus.

Folgendes Beispiel fragt ab, welche Daten- und Druckfreigaben der Server *zaphod* zu bieten hat. Wieder kommt `smbclient` zum Einsatz:

```
[dieter@citroen ~]$ smbclient -L //zaphod -U%
Domain=[MOUSEINTHEBOX] OS=[Unix] Server=[Samba 3.0.22]

        Sharename       Type      Comment
        ---------       ----      -------
        daten           Disk      Data Storage
        ADMIN$          IPC       IPC Service (zaphod server (Samba 3.0.22))
```

---

9 Weitere Anregungen gibt es bei *http://portal.suse.com/sdb/de/2003/02/fhassel_smb.html*.

```
        IPC$              IPC       IPC Service (zaphod server (Samba 3.0.22))
        print$            Disk      Printer Drivers
        spiegel           Disk
        lp                Printer   Postscript
        brother           Printer   BROTHER HL-1670N
        DCP7010           Printer   DCP7010
        hp880             Printer   HP DESKJET 880C
Domain=[MOUSEINTHEBOX] OS=[Unix] Server=[Samba 3.0.22]

        Server                Comment
        ---------             -------
        REVOLVER          Samba Server 3.0.20
        SISTER
        ZAPHOD            zaphod server (Samba 3.0.22)

        Workgroup             Master
        ---------             -------
        MDKGROUP          CITROEN
        MOUSEINTHEBOX     ZAPHOD
[dieter@citroen ~]$
```

Da kommt ja nicht wenig heraus: *zaphod* hat zwei Festplattenfreigaben, *daten* und *spiegel* (erkennbar an dem Wort *Disk* in der Spalte »Type«), und mehrere Drucker anzubieten, einer davon hat den Namen *brother*, einer heißt *DCP7010* , und einen Tintenspritzer *hp880* gibt es auch (»Type« ist *Printer*). *IPC$* und *ADMIN$* sind Standardfreigaben, die bei Windows-Maschinen wichtige Funktionen erfüllen. Bei Samba werden sie – wenn überhaupt – nur aus Kompatibilitätsgründen angelegt. Aber der Trick funktioniert: Eine Windows-Maschine würde keinen Unterschied zwischen diesem Linux-basierten Samba-Server und einem echten Windows-Server bemerken.

Was gibt es noch? Der Rechner *zaphod* kennt in seiner Arbeitsgruppe außerdem noch die Rechner *sister* und *revolver*. Außerdem kennt er zwei Arbeitsgruppen: *mdkgroup* und *mouseinthebox*. Die Rechner, die die Hauptliste für den Computer-suchdienst führen, sind *citroen* für *mdkgroup* und *zaphod* für *mouseinthebox*. Auch wenn wir mit den meisten dieser Informationen im Moment nicht viel anfangen können, eines ist sicher: NetBIOS »gibt Laut«. Wir können die Maschine nicht nur erreichen, sondern sie antwortet auch.

Zugriff!

smbclient soll nun auf einen echten Windows-Rechner zugreifen. Beim Anlegen der ersten Freigabe dort musste noch einmal ein Assistent durchlaufen werden, der einen Teil der Netzwerkkonfiguration veränderte und dann mit komischen Meldungen abbrach. Trotzdem ging es dann. Der Windows-Rechner ist ein Notebook, das auf einer seiner Partitionen eine XP Home-Installation hat und das in Linux-Kursen bisweilen als Opfer herhalten muss:

> ## Windows Service Packs
>
> Servicepacks für XP und Windows Vista haben die Regeln für die Kommandos *nmblookup* und *smbclient* ein wenig geändert. nmblookup * liefert in einer reinen XP- und Vista-Umgebung kein Ergebnis zurück. nmblookup -A IP-Adresse bei einem XP-Rechner funktioniert dagegen genau so wie beschrieben. Achten Sie darauf, dass Sie einen lokalen XP-Benutzer haben, mit dem Sie smbclient verwenden (z.B. smbclient //*rechner*/*freigabe* -U*benutzer*). Gibt es dagegen nur Domänenbenutzer, funktioniert der Zugriff nicht. Gar nicht funktioniert smbclient bei einer Vista-Maschine, da Microsoft (das ist also ein Standard) die Netzwerk-Spezifikationen geändert hat. Samba ist Vista wieder auf den Fersen, und es ist nur eine Frage der Zeit, bis alles wieder funktioniert. Doch Ende 2007 können Sie mit Linux auf Vista nur zugreifen, wenn Sie die Namen der Freigabe und des Benutzers schon kennen. Ein Beispiel: mount -t cifs //vista05/daten /mnt/daten -U*benutzername* (siehe unten).

```
[dieter@raider dieter]$ smbclient -L dingo -U dieter%pinguin
Domain=[DINGO] OS=[Windows 5.1] Server=[Windows 2000 LAN Manager]

        Sharename       Type      Comment
        ---------       ----      -------
        IPC$            IPC       Remote-IPC
        SharedDocs      Disk
        daten           Disk
        ADMIN$          Disk      Remoteadmin
        C$              Disk      Standardfreigabe
Domain=[DINGO] OS=[Windows 5.1] Server=[Windows 2000 LAN Manager]

        Server          Comment
        ---------       -------

        Workgroup       Master
        ---------       -------
[dieter@raider dieter]$
```

Es fällt schwer, einen Unterschied zu Samba zu erkennen, außer dass die Rechnerliste bemerkenswert kurz ist. Das liegt daran, dass Windows sich problemlos eine Viertelstunde gönnt, bis es alle Rechner im Netzabschnitt gefunden hat ...

Nun unternehmen wir einen letzten Versuch um festzustellen, ob die Freigabe *daten* auch etwas zu bieten hat: Wir greifen textorientiert auf die Windows-Freigabe zu. Danach lernen Sie bequemere Methoden kennen. Wenn dieser Zugriff allerdings auch noch funktioniert, können die grafischen Werkzeuge eigentlich keine Hürden mehr antreffen. Die Syntax ist sehr ähnlich wie bei der Option *-L*, aber diesmal fragen wir den Rechner nicht nach allen seinen Freigaben, sondern bitten um Zugriff auf eine spezielle Freigabe.

> **Über Neigungen: Slash versus Backslash**
>
>
> Die Schreibweise der Windows-Ressourcen ist bei *smbclient* Unix-haft mit vorwärts geneigten Schrägstrichen, nicht Windows-isch mit Backslashes. Das kommt daher, weil Backslashes bei der Shell eine Sonderbedeutung haben: Sie »maskieren« das nächste Zeichen. Im Klartext bedeutet das: Unter Linux müsste man vier Backslashes eintippen, um netto zwei zu bekommen. Das macht bei \\\\server\\freigabe schon sechs, gegenüber nur dreien bei //server/freigabe.

Zuerst betrachten wir einen missglückten Versuch mit einem leeren Passwort (-U%):

```
[root@raider init.d]# smbclient //zaphod/daten -U%
Domain=[MOUSEINTHEBOX] OS=[Unix] Server=[Samba 3.0.2-9.3.aur.1]
tree connect failed: NT_STATUS_ACCESS_DENIED
```

Die Freigabe *daten* ist offenbar nicht für jedermann zugänglich. Wenn man dagegen (wie oben) den Benutzer *dieter* mit seinem Passwort *pinguin* verwendet, wird der Zugang gewährt. Gibt man das Passwort nicht gleich in der Befehlszeile an, sondern nur smbclient //zaphod/daten -U dieter, wird sofort in der nächsten Befehlszeile das Passwort abgefragt. Das ist *deutlich sicherer* als die Variante im folgenden Beispiel (siehe den »Warnungsregenschirm«)!

```
[root@raider init.d]# smbclient //zaphod/daten -Udieter%pinguin
Domain=[ZAPHOD] OS=[Unix] Server=[Samba 3.0.2-9.3.aur.1]
smb: \> ls
  .                                   D        0  Tue May  4 19:54:00 2004
  ..                                  D        0  Thu Aug 26 12:30:12 2004
  data                                D        0  Mon Apr 22 20:38:34 2002
  db                                  D        0  Mon Nov  5 14:13:34 2001
  home                                D        0  Tue Oct 16 17:43:27 2001
  backup                              D        0  Wed Aug 11 10:59:33 2004

            34451 blocks of size 1048576. 14452 blocks available
smb: \> exit
[root@raider init.d]#
```

smbclient führt den Cursor auf einen sehr einfachen Prompt, der an alte textorientierte FTP-Clients erinnert. Doch immerhin können Sie mit ls den Verzeichnisinhalt anzeigen, mit get dateiname eine Datei vom Windows-Rechner auf den Linux-Client herunterladen oder mit put dateiname eine Datei hochladen. Das Fragezeichen oder der Befehl help listen alle verfügbaren Befehle auf. exit verlässt den *smbclient* wieder. Die Aufgabe dieses Programms ist weniger das tatsächliche Arbeiten mit Dateien (obwohl es möglich wäre), sondern mehr die Funktionskontrolle und Diagnose. Offenbar hat der Zugriff auf diese Windows-Ressource problemlos funktioniert. Versuchen Sie es: Es gibt keinen Unterschied zwischen dem Zugriff auf eine Samba- oder eine »echte« Windows-Freigabe.

Geben Sie niemals Benutzer/Passwort-Kombinationen direkt an der Befehlszeile ein, wenn Sie es irgendwie vermeiden können! Jeder Benutzer der Maschine kann mit Ausgabe einer Prozessliste (ps -ax) Ihren Prozess sehen. Dabei werden auch alle Schalter angezeigt, unter ihnen eben auch die Benutzer/Passwort-Kombination.

Einbinden einer Windows-Freigabe

Sie haben mit den beschriebenen Diagnosewerkzeugen einen NetBIOS-Server gefunden und konnten dann mit einer Abfrage herausfinden, ob und welche Dienste er für Sie anbietet. Doch um mit so einer Freigabe zu arbeiten, wollen Sie ein Diagnosetool wie *smbclient* wohl eher nicht dauerhaft einsetzen. Das muss bequemer gehen. In der Praxis haben Sie nun drei verschiedene Methoden, von Linux aus so eine Netzwerkressource zu benutzen:

- Sie können die Freigabe in das eigene Dateisystem einbinden. Das geht genauso leicht wie mit NFS und ist ebenso unsichtbar für den Benutzer.
- Grafische Zugriffstools können Ihnen dabei helfen, und Sie bestimmen, welches Ihnen am besten gefällt.
- Schließlich bieten auch die Dateibrowser Konqueror und Nautilus Möglichkeiten, die Windows-Freigaben zu benutzen. Das Besondere daran ist, dass Hinterprogramme dieser Dateibrowser die eigentliche Arbeit erledigen. Sie greifen auf die Freigabe zu und stellen deren Inhalte im normalen Dateifenster dar. Die Benutzer kopieren Dateiressourcen nahtlos von einem Browserfenster in ein anderes. Und noch eine Besonderheit: Dabei wird kein Laufwerk verbunden, wie bei den oberen beiden Methoden. Das ist zwar elegant, aber ein zur Kontrolle abgesetzter *mount*-Befehl zeigt so eine Netzwerkverbindung nicht an.

Windows-Ressourcen mounten

Für die meisten Linux-Systemadministratoren ist ein Mount-Vorgang immer noch der goldene Weg, da weiß man, was man hat. Die Windows-Ressourcen (Freigaben) werden dabei mit dem *smbfs*- (oder *cifs*-)Dateisystem ins lokale Dateisystem eingebunden. Allerdings werden – das überrascht Sie nicht mehr – auch Samba & Co. ständig weiterentwickelt. So hat eine frühe Beta-Version von SUSE 10.2 schon gar keine *smbfs*-Unterstützung mehr im Kernel, sondern benutzt nur noch dessen neueren Nachfolger, den *cifs*-Dateisystemtreiber. Beide tun zwar oberflächlich gesehen das Gleiche, aber die Befehle zum Einbinden sind anders, und andere, gewohnte Befehle funktionieren plötzlich nicht mehr. Lesen Sie dazu weiter unten den Abschnitt »SUSEs Sonderweg«.

Wer Windows-Freigaben ins Dateisystem einmountet, steht vor den gleichen Fragen wie beim NFS-Mounten: Soll nur *root* die Freigabe einbinden können, erlauben wir es jedem Benutzer, oder soll die Verbindung bereits beim Systemstart aufgebaut und eingebunden werden?

Als root mounten. *root* kann eine SMB-Freigabe entweder mit dem Befehl smbmount einmounten oder einen besonderen Schalter für den Befehl mount benutzen. Der Befehl lautet also üblicherweise

    smbmount //server/freigabe mountpunkt

oder

    mount -t smbfs //server/freigabe mountpunkt

Dazu kommen jedoch noch weitere Optionen, z.B. der Benutzername. Mit dem Schalter -o username=dieter können Sie festlegen, dass Sie auf der Server-Seite als der Benutzer Dieter angesehen werden. Das ist Pflicht, wenn Sie z.B. das Heimatverzeichnis dieses Benutzers in Ihre Linux-Maschine einbinden wollen.

Identitätsspielchen

Häufig ist der Name des angemeldeten Benutzers auf der Linux-Maschine ein anderer als der Benutzername, mit dessen Identität wir auf Windows-Seite arbeiten wollen. Die ID-Nummern der Benutzer sind ohnehin zwangsläufig verschieden. Dieses »Benutzer-Wechsle-Dich-Spielchen« kennt man auch von Windows her zur Genüge. Genau dort zeigen sich auch die größten Unterschiede zwischen Windows-Versionen verschiedener Preisklassen: Mit XP Pro, 2000 und NT4 kann man problemlos hier der eine und dort aber ein anderer Benutzer sein. Windows 9.x, Me und selbst XP Home Edition können schon lokal kaum zwischen Benutzern unterscheiden. Versucht man aber, über Netzwerkverbindungen hinweg andere Benutzeridentitäten anzunehmen als die, die beim lokalen Anmelden angegeben wurde, dann scheitert man. Die billigen Windows-Versionen sind dazu nicht in der Lage.

Wie sieht das in der Praxis aus? Die *daten*-Freigabe des NetBIOS Servers soll lokal unter */mnt/windows/daten* eingebunden werden. Dazu muss dieses Verzeichnis überhaupt erst einmal vorhanden sein. mkdir -p /mnt/windows/daten legt alle notwendigen Verzeichnisse und Unterverzeichnisse an. Auch wenn es beide Verzeichnisse noch nicht gibt, legt dieser Befehl zuerst das Verzeichnis */mnt/windows* an und dann dessen Unterverzeichnis *daten*.

Zusätzlich zu den Argumenten für die Freigabe und den lokalen Mountpunkt soll nun auch noch angegeben werden, dass wir mit dem Benutzer *dieter* (und mit dessen Passwort *pinguin*) auf der Windows-Seite arbeiten wollen. Um diese und weitere Optionen auf der gleichen Befehlszeile gleich mit zu übergeben (beachten Sie die Warnung oben), brauchen Sie den Schalter -o. Danach können Sie, durch Kommas getrennt, noch eine ganze Reihe zusätzlicher Wünsche angeben. Hier werden nur zwei zusätzliche Optionen benutzt: der Windows-Benutzername und dass die Freigabe rw (schreibbar) gemountet werden soll. Bei dieser Übung verwende ich die sicherere Variante, das Passwort nicht gleich auf der Befehlszeile mit zu übergeben. Deshalb kommt die Abfrage des Passworts sofort in der nächsten Befehlszeile. Die eingetippten Buchstaben des Passworts werden nicht angezeigt.

```
[root@raider root]# mkdir -p /mnt/windows/daten
[root@raider root]# smbmount //zaphod/daten /mnt/windows/daten -
o (in der gleichen Zeile!) username=dieter,rw
Password:
[root@raider root]#
```

Linux zeigt wie üblich nicht an, wenn der Befehl erfolgreich war. Sie sehen nur dann eine Fehlermeldung, wenn etwas nicht funktioniert hat. Aber eine gute Qualitätskontrolle ist der Befehl mount. Er zeigt alle eingebundenen Partitionen an, inklusive des Mountpunkts und des verwendeten Dateisystems:

```
[root@raider root]# mount
...
/dev/hda6 on / type ext3 (rw)
/dev/hda7 on /home type ext3 (rw)
/dev/hda1 on /mnt/win_c type ntfs (ro,umask=0,nls=iso8859-15)
/dev/hda2 on /mnt/win_d type vfat (rw,umask=0,iocharset=iso8859-15,codepage=850)
//zaphod/daten on /mnt/windows/daten type smbfs (0)
...
[root@raider root]#
```

Die eingebundene Samba-Ressource erkennen Sie gleich am Ressourcennamen *//zaphod/daten*, und als Dateisystem ist *smbfs* angegeben. Ein ls -l sollte den Inhalt anzeigen lassen:

```
[root@raider root]# ls -l /mnt/windows/daten/

drwxrwxrwx  1 root root    0 Aug 11 11:59 backup/
drwxrwxr-x  1 root dieter  0 Apr 22  2002 data/
drwxr-xr-x  1 root root    0 Nov  5  2001 db/
drwxr-xr-x  1 root root    0 Okt 16  2001 home/
```

Der einzige Anhaltspunkt dafür, dass die Daten in der Freigabe doch aus einer Linux-, und nicht aus einer Windows-Maschine kommen könnten, ist, dass als Gruppenzugehörigkeit bei *data/* der Eintrag *dieter* steht. Anscheinend tragen die Dateien auf der Server-Seite eine Gruppen-ID, die hier auf unserer Linux-Maschine eine Entsprechung hat. Die (R)ID-Nummern der Windows-Benutzer und -Gruppen sind so verschieden von denen bei Linux, dass sie keinen vernünftigen Wert zurückliefern. Dateien, die wirklich auf Windows-Maschinen liegen, »gehören« deshalb scheinbar alle demjenigen Benutzer, der den *mount*-Befehl ausgeführt hat; das wäre in unserem Falle *root* gewesen.

Der Vorteil dieser Methode ist, dass *root* (oder bei Ubuntu die *admin*-Benutzer mit sudo mount -t smbfs ... bzw. sudo smbmount ...) jederzeit und ohne großen Aufwand solche Freigaben einbinden kann. Aber normalerweise benötigen Sie (oder jeder andere Mounter) das Root-Passwort dafür, und das ist ein Sicherheitsrisiko.

Normale Benutzer mounten Windows-Ressourcen. Noch eleganter wäre es freilich, wenn Sie als normaler Benutzer selbst Ihre Windows-Ressourcen (z.B. ins eigene Heimatverzeichnis) mounten könnten. Das Heimatverzeichnis bietet sich an, weil Sie dort per Definition vollständige Verfügungsgewalt besitzen. Da bräuchten Sie auf Dateisystemebene keine Hilfe von *root*. Allerdings haben die Distributoren verschieden strenge Ansichten über die Rechte, die der *mount*-Befehl für *smbfs* haben soll. Bei eher liberalen Distributoren wie Mandriva besitzt das *mount*-Programm smbmount (bzw. eigentlich smbmount3) das Recht, auch normale Benutzer Partitionen einbinden zu lassen. SUSE pflegte in der Vergangenheit dagegen aus gutem Grund immer eine gesunde Paranoia. Benutzer der französischen Distribution brauchen also nicht mehr zu machen, als ein Verzeichnis in ihrem Heimatverzeichnis anzulegen, in das sie dann ihre Windows- oder Samba-Freigaben mit smbmount ... mounten. SUSE-Benutzer müssen dagegen erst einmal als *root* administrativ tätig werden: Sie können ihre Ressourcen erst dann selbst mounten, wenn den Befehlen zum Mounten und Umounten von *smb*-Dateisystemen die SUID-Rechte verliehen sind (chmod u+s /usr/sbin/mount.cifs; bitte beachten Sie dazu auch die Ausführungen in Kapitel 3 auf Seite 84).

Was passiert, wenn mehrere Benutzer auf der gleichen Linux-Maschine die gleiche Windows-Freigabe zur selben Zeit mounten? Dann steht in der Mounttabelle der Linux-Maschine mehrere Male *//winxp/daten* mit verschiedenen Mountpunkten untereinander. Sonst passiert nichts. Allerdings glauben alle Linux-Benutzer individuell, dass die Dateien ihnen allein gehören. Solange sich alle Benutzer mit ihren Löschbefehlen diszipliniert verhalten, ist das kein Problem.

Wie einfach es ist, die Freigabe *daten* einer Windows XP-Maschine zu holen, soll hier bei einer Mandriva Linux-Maschine gezeigt werden. Der Benutzer *dieter* steht in seinem Homeverzeichnis, legt dort ein Verzeichnis *windows* an und mountet in dieses Verzeichnis die – von einem Passwort geschützte – Freigabe der Windows XP-Maschine ein. (Zwischen ../daten und windows befindet sich ein Leerzeichen!) Bei Password: wurde das Windows-Kennwort eingegeben und dann Return gedrückt.

```
[dieter@dingo dieter]$ mkdir windows
[dieter@dingo dieter]$ smbmount //winxp/daten windows -o username=dieter
Password:
[dieter@dingo dieter]$ mount
...
/dev/hda6 on /var type ext3 (rw,noatime)
//winxp/daten on /home/dieter/windows type smbfs (0)
[dieter@dingo dieter]$ cd windows
[dieter@dingo windows]$ ll
insgesamt 68
-rwxrwxr-x  1 dieter dieter   6573 Feb  6  2004 BRHL16_2.PP_*
```

```
-rwxrwxr-x  1 dieter dieter 20281 Feb  6  2004 BRHL16_2.PPD*
drwxrwxr-x  1 dieter dieter  4096 Aug  9 12:39 downloads/
drwxrwxr-x  1 dieter dieter  4096 Aug  9 12:39 scans/
drwxrwxr-x  1 dieter dieter  4096 Aug  9 12:40 texte/
[dieter@dingo windows]$
```

Der Befehl mount zeigt an, dass neben den regulären Partitionen wie */dev/hda6* auch eine Ressource *//winxp/daten* an das Verzeichnis */home/dieter/windows* gehängt wurde. Wenn der Benutzer in das Verzeichnis hineinwechselt und die Dateiliste anzeigen lässt, »gehören« alle Dateien ausschließlich ihm.

Serverrechtliche Spielereien

Bei allen Netzwerkzugriffen gilt immer die gleiche Grundregel: Der Client darf nicht mehr, als der Server zulässt, und ein Server darf nicht erlauben, was das Dateisystem verbietet. Was bedeutet das?

Wir haben drei Ebenen, auf denen der Zugriff zu einer Netzwerkressource geregelt wird:

- Client
- Dateiserver
- Dateisystem

Angenommen, der Server erlaubt mit seiner Freigabe den Vollzugriff auf das Dateisystem des Servers (das darf er natürlich nur für das freigegebene Unterverzeichnis), aber die Client-Software fordert nur Lesezugriff an, dann ist das Maximalrecht für den Benutzer *Lesen*.

Fordert die Client-Software Lese- und Schreibrecht an, aber der Serverdienst gewährt für die fragliche Freigabe nur Leserecht, dann ist das Maximalrecht für den Benutzer ebenfalls nur *Lesen*. Das gilt sogar dann, wenn das Dateisystem hinter der Server-Software für jedermann schreibbar ist (Datei- und Verzeichnisrecht 777). Die Server-Software lässt nur Lesezugriffe zu, damit ist das maximale Zugriffsrecht für den Benutzer *Lesen*.

Wenn die Client-Software Schreibrechte fordert und die Server-Software Vollzugriff auf das Dateisystem zulässt, aber auf Dateisystemebene nur *root* schreiben darf und jeder andere nur lesen (Dateirechte 644 und Verzeichnisrechte 755), dann bleibt für den Benutzer, der durch seinen Client und die Server-Software schließlich auf das Server-Dateisystem zugreift, ebenfalls nur das Recht *Lesen*.

PS: Wenn Sie sich weiter mit dieser Materie befassen, stellen Sie fest, dass Sie alles auch ganz anders einstellen könnten. Aber als grobe Leitlinie für die erste Zeit sollten Sie an diese einfachen Regeln glauben ...

Weil die Netzwerkfreigaben schreibgeschützt angelegt werden können, ist es möglich, dass selbst ein recht primitives Windows XP Home über die Freigabe-Berechtigungen Schreibschutz für sein FAT-Dateisystem realisieren kann (allerdings nur bei Zugriffen aus dem Netzwerk) – und das, obwohl es keinerlei Sicherheit für die Dateien gibt, wenn jemand lokal an den Rechner herankommt.

Mounten schon beim Bootvorgang. Genau wie bei NFS können Sie als *root* eine Zeile in der Datei */etc/fstab* hinterlegen, die eine bestimmte Freigabe an ein bestimmtes Verzeichnis mountet. Viele der Optionen, wie Sie sie in den Beispielen aus dem letzten Kapitel kennengelernt haben, funktionieren auch mit *smbfs*. Einzig mit den Benutzernamen und Passwörtern für die Windows- oder Samba-Freigabe sollten Sie hier ein wenig vorsichtiger umgehen, denn schließlich ist die Datei */etc/fstab* für jeden Benutzer des Systems lesbar. Das Samba-Team hat dieses Problem gelöst, indem es erlaubt, die Passwörter in eine eigene Datei auszugliedern. Wenn Sie diese Datei ausschließlich für *root* lesbar machen (ähnlich wie die Datei */etc/shadow*), sollte kein Sicherheitsproblem mehr bestehen.

Ein Beispiel für diese Maßnahme wären Zeilen wie diese (in *etc/fstab*):

```
...
//winxp/daten     /mnt/windows/daten      smbfs   credentials=/etc/smbsecrets 0 0
...
```

In der Datei */etc/smbsecrets* befinden sich maximal zwei Zeilen:

```
username = woodywoodpecker
password = knockknock
```

Diese Konstruktion sichern Sie anschließend mit den folgenden Befehlen:

```
[root@raider etc] chown root:root /etc/smbsecrets
[root@raider etc] chmod 600 /etc/smbsecrets
```

 Das ist ein fiktives Beispiel. Wenn Sie das z.B. mit den inzwischen eingestellten Windows-Versionen ME oder 98 machen wollen, müssen Sie bedenken, dass ME und früher mit Benutzernamen nichts anfangen kann. Den *woodywoodpecker* in der Datei *smbsecrets* können Sie also weglassen oder auskommentieren. Außerdem kann ME nicht mehr als ein acht Zeichen langes Passwort vertragen. Aus dem *knockknock* wird dann ein »knockkno«. Aber dann geht's.

Bei allen besseren Windows-Versionen (NT4, 2000, XP Pro) stellen Sie über die Zugriffsberechtigungen die zugelassenen Benutzer oder Gruppen ein. Wählen Sie einen lokalen (nicht Domänen-)Benutzer, der auf der freigebenden Maschine angelegt ist. Diese Systeme können auch mit längeren Passwörtern umgehen.

Windows-Ressourcen wieder freigeben

Mit welchem Befehl Sie gemountete Windows-Ressourcen wieder abkoppeln können, richtet sich nach dem Benutzer, unter dem Sie angemeldet sind. Als Super-User *root* können Sie natürlich mit einem lapidaren umount */verzeichnis/das/gemountet/ist* auch eine *smb*-gemountete Ressource loslassen – selbst dann, wenn Sie oder ein anderer normaler Benutzer sie im eigenen Homeverzeichnis eingebunden haben. Solange der Benutzer nicht gerade mit cd in diese Ressource gewechselt hat und den Netzwerk-Link deshalb noch aktiv gebraucht, besteht kein Problem, sie aus dem Dateisystem zu entfernen. (Murphys Gesetz sagt, dass Sie selbst gerade mit dem Terminal da drin stehen, während Sie in einer su-Umgebung gerade versuchen zu entmounten. Sie wollten doch wissen, was unter Linux immer schiefgeht?)

Aber was der Hans darf, darf das Hänschen (als normaler Benutzer) noch lange nicht tun. Hänschen kann nicht einmal seine eigene, ins Homeverzeichnis gemountete Windows-Freigabe loslassen, wenn er dazu umount benutzen will. Der Grund: umount kann nur solche *mounts* lösen, die in der Datei */etc/fstab* stehen und wogleichzeitig bei den Optionen noch user steht. Aber: Es gibt den Befehl smbumount. Dieser liest nicht in der Datei */etc/fstab*, sondern macht einfach das, was Sie ihm sagen – wenn er mit den nötigen Rechten ausgestattet ist. Das ist bei vielen Distributionen automatisch so geregelt, nicht aber bei SUSE (siehe den nächsten Abschnitt).

```
[dieter@dingo dieter]$ smbmount //winxp/daten windows
Password:
[dieter@dingo dieter]$ ll windows/
insgesamt 68
-rwxrwxr-x   1 dieter dieter   6573 Feb  6  2004 BRHL16_2.PP_*
-rwxrwxr-x   1 dieter dieter  20281 Feb  6  2004 BRHL16_2.PPD*
drwxrwxr-x   1 dieter dieter   4096 Aug  9 12:39 downloads/
drwxrwxr-x   1 dieter dieter   4096 Aug  9 12:39 scans/
drwxrwxr-x   1 dieter dieter   4096 Aug  9 12:40 texte/
[dieter@dingo dieter]$ umount windows
umount: fstab enthält /home/dieter/windows nicht (Nur root kann es aushängen)
[dieter@dingo dieter]$ smbumount windows
[dieter@dingo dieter]$ ll windows
insgesamt 0
[dieter@dingo dieter]$
```

SUSEs Sonderweg

Bei SUSE ist vieles immer ein bisschen anders. Bei SUSE mag man – was im Prinzip korrekt ist – keine Programme, die mit SUID-Rechten ausgestattet sind. Zum Mounten braucht man aber solche Privilegien, und deshalb war bei SUSE schon früher immer verboten, was woanders erlaubt war: die *mount-* und *umount-*Befehle für Samba als normaler Benutzer auszuführen. Das es aber keine Lösung ist, alle möglichen Mountpunkte in die Datei */etc/fstab* einzutragen, musste man hier als Administrator immer ein wenig nachhelfen.

Nennen Sie es »modern« oder auch nur verschroben: Kaum hatte man sich daran gewöhnt, wurden jetzt auch noch die Befehle als solche gegen andere ausgetauscht. Nun, bei SUSE ist vieles eben immer ein bisschen anders, und nicht selten liefert SUSE die Vorlage dafür, wie es bei anderen später werden wird ...

Ein normaler Benutzer durfte keine Windows- oder Samba-Ressourcen direkt mounten, weil SUSE entschieden hatte, das SUID-Recht bei den Programmen *smbmnt* und *smbumount* wegzulassen. Wenn Sie versuchten, die Software aufzurufen, teilte Ihnen *smbmount* deshalb als Fehlermeldung mit, dass Sie auf eigenes Risiko SUID-Rechte an das Programm *smbmnt* vergeben könnten. Die folgende Arbeitssitzung zeigt, wie das (bis inklusive SLES 10 und openSUSE 10.1) aussah[10]:

```
ddt@edwin:~> mount -t smbfs //winxp/daten windows
mount: Nur »root« kann dies tun
ddt@edwin:~> smbmount //winxp/daten windows
Password:
smbmnt must be installed suid root for direct user mounts (1000,1000)
smbmnt failed: 1
ddt@edwin:~>
```

Benutzer *ddt* wollte zuerst mit dem (völlig korrekt eingegebenen) Befehl mount die Freigabe *daten* auf dem Windows XP-Home-Rechner *//winxp* in das Verzeichnis *windows* in seinem Homeverzeichnis mounten. Das darf er aber nicht, weil kein passender Eintrag in der Datei */etc/fstab* vorhanden ist und er auch nicht *root* ist. Danach versucht *ddt* es mit der korrekten Syntax von smbmount. Jetzt darf er noch das Passwort eingeben, wenn eines notwendig ist, wird dann aber darüber informiert, dass smbmnt (man beachte die Schreibweise ohne *ou*; das ist ein anderes Programm!) mit dem SUID-Recht ausgestattet sein muss, damit es funktionieren kann. Das wird ja immer toller: smbmount benutzt also das Programm smbmnt, um zu mounten. Aber das hat zu wenige Rechte.

Drastisch, aber wirkungsvoll: mit su - verwandelt Benutzer *ddt* sich nun in den Super-User *root*. Das Programm which verrät ihm, wo smbmnt sich versteckt. Auf dem kürzesten Weg – an der Shell – vergibt er das SUID-Recht an das Programm (siehe Kapitel 3). Natürlich wäre das mithilfe des Konquerors auch möglich gewesen. Aber bis der Konqueror allein die Dateiliste aller Programme in */usr/sbin* aufgebaut hätte, wäre der wirbelnde *ddt* schon bei der nächsten Aufgabe ...

```
ddt@edwin:~> su -
Password:
edwin:~ # which smbmnt
/usr/sbin/smbmnt
edwin:~ # chmod u+s /usr/bin/smbmnt
edwin:~ # exit
logout
```

---

[10] Da SLES 10 und SUSE 10.1 noch eine Weile auf dem Markt sein werden, ist es legitim, diese Arbeitstechnik hier zu beschreiben.

```
ddt@edwin:~> smbmount //winxp/daten windows
Password:
ddt@edwin:~> ls windows
BRHL16_2.PP_BRHL16_2.PPDddtdownloadsscanstexte
```

Der Befehl smbmount funktioniert jetzt wie erwartet, ls windows listet den Inhalt der Windows-Freigabe auf. Kurz darauf soll die Freigabe wieder losgelassen werden, da sie nicht mehr benötigt wird. Jedermann weiß nun, dass man eine eingebundene Partition oder Netzwerkressource mit dem Befehl umount aushängen kann. Aber offenbar gibt es da Standesunterschiede.

```
ddt@edwin:~> umount windows
umount: fstab enthält /home/ddt/windows nicht (Nur root kann es aushängen)
ddt@edwin:~> smbumount windows
smbumount must be installed suid root
```

Das ist im Prinzip die gleiche Situation wie vorher, nur anders herum: Ließ uns SUSE vorher nicht einbinden, weil wir nicht *root* sind, ist es diesmal der Befehl zum Umounten, der uns mangels Rechten nicht zur Verfügung steht. Die Syntax wäre für *root* völlig fehlerfrei, aber für normale Benutzer funktioniert dieser Befehl nur mit Rückendeckung durch einen Eintrag in der Datei */etc/fstab*. Und smbumount leidet an der gleichen Rechtlosigkeit wie zuvor der smbmount-Befehl mit seinem Helfer smbmnt. Die Methode, dieses Problem zu lösen ist die gleiche wie vorher: Mit which smbumount ermitteln Sie, wo der Befehl smbumount untergebacht ist, und mit chmod können Sie das SUID-Recht setzen. Das tun Sie natürlich als *root*, nachdem Sie vorher su - aufgerufen haben.

```
ddt@edwin:~> su -
Password:
edwin:~ # which smbumount
/usr/bin/smbumount
edwin:~ # chmod u+s /usr/bin/smbumount
edwin:~ # exit
logout
ddt@edwin:~> smbumount windows
ddt@edwin:~> ls windows
ddt@edwin:~>
```

Die Nagelprobe zeigt es: Ein ls auf das Verzeichnis *windows* bringt keine Dateiliste mehr hervor. Auch ein mount-Befehl würde bestätigen, dass die Windows-Freigabe gelöst ist. So etwas zu können zeigt zwar, dass man seine Hausaufgaben gemacht hat, aber bevor Sie losziehen und mit *chmod*-Befehlen die SUSE verbessern, sollten Sie vielleicht überlegen, ob Sie nicht vielleicht eines der grafischen Werkzeuge verwenden wollen – vor allem dann, wenn die Anbindung nicht permanent, sondern nur nach Bedarf aufgebaut werden soll.

Inzwischen liefert (open)SUSE sogar noch ganz andere Meldungen zurück:

```
maxi:~ # smbmount //zaphod/dieter /mnt/samba -o username=dieter
Password:
4764: session setup failed: ERRDOS - ERRnoaccess (Access denied.)
SMB connection failed
maxi:~ #
```

Nicht einmal *root* kann mehr einen *smbmount* ausführen, obgleich ein *smbclient*-Aufruf vorher tadellos funktionierte. Mittellange Recherchen (siehe die Warnung am Ende dieses Abschnitts) förderten zutage: Der Kernel kann kein *smbfs* mehr, es ist schlicht nicht in ihn hineinkompiliert, stattdessen gibt es dessen modernere Nachfolger *cifs*. Der Befehl zum Mounten mit *cifs* ist entweder mount -t cifs ... oder:

```
maxi:~ # mount.cifs //zaphod/dieter /mnt/samba -o username=dieter
Password:
maxi:~ # ls /mnt/samba
.BitTornado     .cache         .lesshst       .viminfo
...
maxi:~ #
```

Das darf ein normaler Benutzer wie *dieter* freilich noch lange nicht. In seinem Heimatverzeichnis legt er sich ein Verzeichnis *windows* an, in das er die Freigabe *//zaphod/dieter* hineinmounten will:

```
dieter@maxi:~> mkdir windows
dieter@maxi:~> /sbin/mount.cifs //zaphod/dieter windows -o username=dieter
Password:
mount error 1 = Operation not permitted
Refer to the mount.cifs(8) manual page (e.g.man mount.cifs)
dieter@maxi:~>
```

Nun, das kennen wir schon; die Lösung sieht ähnlich aus wie bei *smbfs*: *root* muss mit den Befehlen chmod u+s /sbin/mount.cifs und chmod u+s /sbin/umount.cifs die *mount*- und *umount*-Programme »dieter-tauglich« machen, indem er ihnen SUID-Rechte vergibt. Das mögliche Sicherheitsrisiko (das denkbar gering ist) tragen Sie.

Ob ein Dateisystem in den Linux-Kernel integriert ist oder nicht, können Sie auf verschiedene Arten erkennen: Zum einen könnte eine Meldung aus einem Programm herauskommen, die das behauptet. Aber wer sagt, dass das stimmen muss? Sie können aber mit einem simplen cat /proc/filesystems auch vieles herausfinden: Dort sind alle unterstützten Dateisysteme aufgelistet. Sie können als *root* noch versuchen, den Treiber z.B. mit modprobe smbfs von Hand zu laden. Wenn das fragliche Dateisystem dann noch immer aufgelistet ist, dann stimmt es vermutlich. Der Treiber hätte sich ohnehin automatisch laden sollen, als Sie smbmount aufriefen. Vielleicht können Sie sich auch mit der KDE/Konqueror-Lösung weiter unter anfreunden ...

Grafischer Netzwerkzugriff

Balsam für die Seelen Shell-geschundener Windows-Umsteiger: Wenn das Netzwerk funktioniert, die Dienste arbeiten, keine Ecken und Kanten mehr auszubügeln sind – ja, dann können Sie auch unter Linux mit grafischen Mitteln hervorragend auf das Netz zugreifen. Werkzeuge, die mit einer adretten grafischen Oberfläche ausgestattet sind, gibt es nicht nur für das Windows-Netzwerk, sondern auch für die meisten anderen Netzwerkzugriffsprotokolle.

Grafisch in das Windows-Netz

Schon etwas älter sind *LinNeighborhood* und das für die GNOME-Umgebung geschriebene *Gnomba*, um auf die Samba/Windows/NetBIOS-Welt zuzugreifen. Beide brauchen wenige Ressourcen und sind schnell, aber leider nicht mehr bei allen Distributionen dabei. Neuer und schick ist *Smb4K: D*a steckt die KDE-Oberfläche bereits im Namen. Alle drei arbeiten nur als grafische Frontends von *smbmount* und *smbumount*. Einen neuen Weg schlagen dagegen die grafischen Dateimanager *Konqueror* und *Nautilus* ein, weil sie mit Plugins inzwischen auch fähig sind, direkt auf die Windows-Netzwerkumgebung zuzugreifen. Das ist heute vermutlich überhaupt das Mittel der Wahl, wenn Sie nur einen Dateiserver benötigen.

Explizit außen vor lasse ich hier den *SWAT*, denn das *Samba Web Administration Tool* kann den Samba-Server zwar administrieren, ist aber kein Samba- oder Windows-Client.

Smb4K

Smb4K durchsucht das Windows-Netzwerk, zeigt die Rechner aus der Netzwerkumgebung an und lässt Sie die Windows- und Samba-Freigaben dann in Ihrem Heimatverzeichnis mounten (siehe Abbildung 18-12). Dort finden Sie die Daten in einem Verzeichnis *smb4k*; unterhalb von *smb4k* legt das Programm weitere Verzeichnisse an, die jeweils so heißen wie der Rechner und die Freigaben, auf dem die Dateien liegen. Das ist sehr bequem und auch von Windows-Umsteigern leicht nachzuvollziehen. Besonders angenehm: Durch die Zusammenarbeit mit *KWallet* können verschiedene Freigaben, die ein Passwort benötigen, über die Eingabe eines Masterpassworts gemountet werden, ohne dass man sich an das nötige Passwort jedes Mal erinnern müsste.

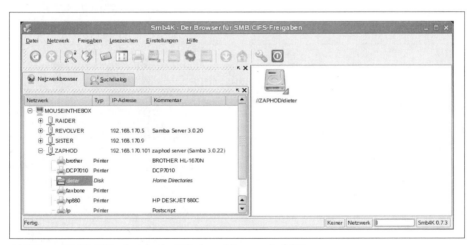

Abbildung 18-12: Hübsch sieht der Windows-Mounter Smb4K aus.

Smb4K ist bei *berlios* beheimatet[11] und kann dort direkt heruntergeladen werden. Bei vielen Distributionen ist es jedoch in einer aktuellen Version enthalten. Da Smb4K ein KDE-Programm ist, installiert es, wenn Sie es bei einer SUSE oder Fedora in eine GNOME-Umgebung nachinstallieren, etliche KDE-Grundlagen mit (*kdebase* etc.). Nach der Installation integriert es sich aber auch bei GNOME in den Systemabschnitt der Kontrollleiste, ähnlich wie das bei KDE geschieht (siehe Abbildung 18-13). Genauer gesagt: Sie sehen nach dem Programmstart außer diesem System-Icon eigentlich gar nichts mehr von Smb4K.

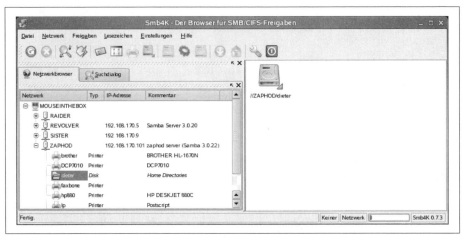

Abbildung 18-13: Smb4K im Systemtray der KDE-Kontrollleiste (rechts unten)

Ein Linksklick mit der Maus auf das Smb4K-Icon bringt den Hautpdialog zum Vorschein. Ein weiterer Klick auf das System-Icon lässt ihn auch wieder verschwinden. Ein Klick mit der rechten Maustaste auf das System-Icon weckt ein anderes kleines, sehr leistungsfähiges Maus-Menü (siehe Abbildung 18-14).

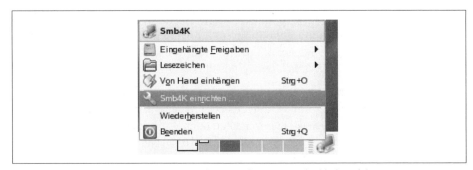

Abbildung 18-14: Das Smb4K-Menü erscheint nach einem Rechtsklick auf das Icon im Systemtray.

---

11 *http://smb4k.berlios.de*

Das Maus-Menü im Systemabschnitt (auch Systemtray genannt) der Taskleiste/des Panels bietet genau die beiden Dinge, die man in so einem Menü erwarten würde: Ein Submenü EINGEHÄNGTE FREIGABEN listet alle gemounteten Windows-Freigaben auf; wählt man eine davon aus, öffnet sich sofort ein Konqueror-Fenster mit dem Inhalt der gemounteten Ressource. Der zweite Menüpunkt führt auf die geradezu luxuriös ausgestattete Einstellungsseite von Smb4K, die grafisch stark am KDE-Kontrollzentrum ausgerichtet ist. Dazu folgt später mehr.

Der Hauptdialog von Smb4K zeigt auf der linken Seite eine Liste mit den Namen der gefundenen Arbeitsgruppen. Ein einfacher Klick auf das neben einer Arbeitsgruppe angezeigte Verbindungselement (ein Plus oder ein Minus) klappt die Liste der zur Arbeitsgruppe gehörigen Rechner aus. Ein Doppelklick auf den Namen der Arbeitsgruppe leistet die gleiche Arbeit. Angenehm ist, dass überdies auch die IP-Adressen der Rechner aufgelistet sind. Das kann ein wenig bei der Diagnose helfen und schadet nicht in der übrigen Zeit. Klicks auf den Verbinder oder Doppelklicks auf den Rechnernamen klappen die Freigaben der Rechner aus – leider aber nicht alle. Trotz eines Authentifizierungsdialogs werden dynamisch erzeugte Freigaben, wie die Heimatverzeichnisfreigaben, die ein Samba-Rechner anbietet, von Smb4K zunächst nicht erfasst. Da hilft erst das Konfigurationsmenü.

Ohne Rückmeldung erzeugt Smb4K im Moment des Mountens im Heimatverzeichnis des aufrufenden Benutzers ein Verzeichnis *smb4k*. Darunter entsteht ein Verzeichnis, das so heißt wie der fremde Rechner, und darunter eines je benutzter Freigabe. Die Verzeichnisse der Freigabe gehen dann darunter einfach weiter. Ein Beispiel: Die *daten*-Freigabe des Rechners *zaphod* mountet Smb4K im frisch erzeugten Verzeichnis */home/dieter/smb4k/ZAPHOD/daten*. Nachdem die Verbindung beendet ist, bleibt das Verzeichnis *smb4k* stehen, die Server- und Freigabeverzeichnisse darunter werden automatisch entfernt.

Freigaben ohne Passwortschutz werden auf Mausklick sofort gemountet. Wenn der Server eine Authentifizierung verlangt, fragt Smb4K nach der richtigen Kombination aus Samba-Benutzername und Passwort (siehe Abbildung 18-15). Sie können die Authentifizierung auch mit dem Menü in der rechten Maustaste anstoßen. Das ist dann interessant, wenn Sie sich auf dem Windows-Rechner mit einem anderen Namen anmelden wollen als dem, mit dem Sie lokal angemeldet sind.

Die schon eingebundenen Freigaben listet Smb4K in der rechten Hälfte des Hauptdialogs auf. Ein Rechtsklick auf die aufgelistete Freigabe bringt ein Menü zum Vorschein, mithilfe dessen Sie sie wieder freigeben oder auch einen Konqueror mit dem Dateiinhalt starten können (siehe Abbildung 18-16). Aber Vorsicht: Ist der Inhalt der Freigabe einmal in einem Konqueror-Fenster gelandet, zeigt sich, wie hartnäckig so ein Dateicache sein kann. Abhängig von der Smb4K-Version und verschiedenen anderen Faktoren kann so eine Freigabe blitzschnell wieder freigegeben sein, bisweilen dauert es aber sogar etliche Minuten, bis Linux den Windows-Rechner wieder loslässt.

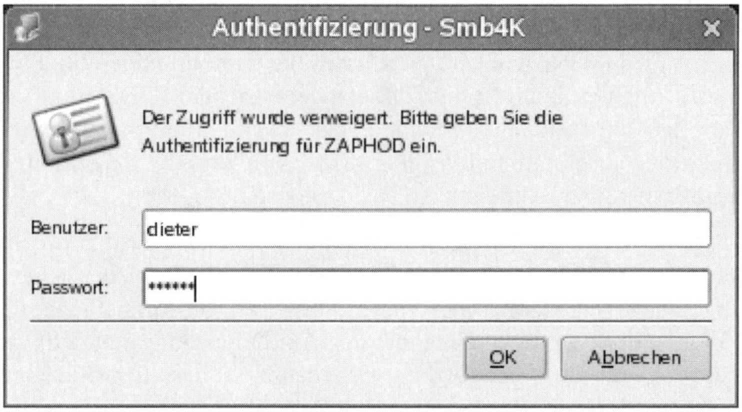

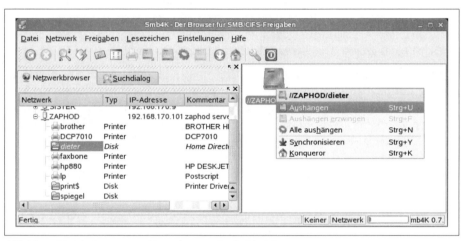

Abbildung 18-15: Ohne Passwort geht nichts.

Abbildung 18-16: Gemountete Freigaben per Rechtsklick lösen

Das Konfigurationsmenü von Smb4K ist opulent ausgestattet (siehe Abbildung 18-17), und es erinnert nicht von ungefähr an das KDE-Kontrollzentrum. Die Vielfalt der Möglichkeiten, Smb4K zu konfigurieren, ist beachtlich.

Im Register ERSCHEINUNGSBILD können Sie beeinflussen, wie gemountete Freigaben angezeigt werden und vieles mehr. Im Register FREIGABEN legen Sie fest, wo Smb4K seine Freigaben mountet. Es ist also möglich, auch ein anderes Verzeichnis als *smb4k* im Heimatverzeichnis zu haben. Aber die Voreinstellungen sind zweifellos sinnvoll. Ob alle Freigaben nach Programmende schon von Smb4K ausgehängt werden sollen oder ob man das beim Herunterfahren der Maschine Linux überlassen soll, ist eine Geschmacksfrage, die Sie ebenfalls im Register FREIGABEN entscheiden können. Auch das Wieder-Einmounten beim Start von Smb4K ist vermutlich

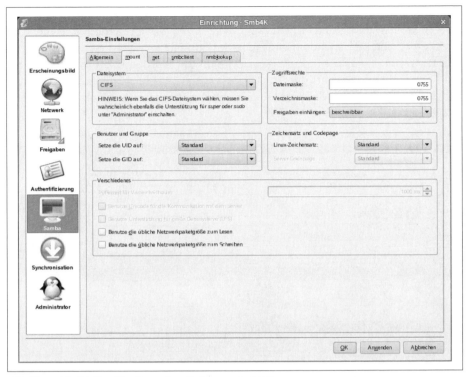

Abbildung 18-17: Der Konfigurationsdialog von Smb4K

eine liebgewonnene Windows-Eigenschaft, auf die man schwerlich verzichten möchte. Der wichtigste Dialogpunkt ist aber SAMBA: Dort können Sie im Unterregister MOUNT festlegen, dass Smb4K die Freigaben nicht mit smbmount/SMBFS, sondern mit CIFS einbindet. Das ist besonders wichtig bei SUSE ab Version 10.2, wo *smbfs* nicht mehr zur Verfügung steht.

Exkurs: Passwörter verwalten mit KWallet

Wenn Sie unter KDE oder mit einem KDE-Programm wie dem Smb4K arbeiten, starten diese beim ersten Eingeben eines Passworts einen Assistenten, der Sie dazu überreden will, Ihre Geheimnisse in einem Passwort-Verwaltungsprogramm mit dem Namen *KWallet* (die »K-Brieftasche«) abzulegen. Indigniert habe ich das die ersten zwei Millionen Mal noch weggeklickt, aber der Gedanke von *KWallet* ist richtig: Mit der Anzahl der Netzwerkzugänge und -berechtigungen eines Netzwerkbenutzers wächst auch die Anzahl der Passwörter, die gemerkt sein wollen. Nicht wenige Leute legen deshalb einen Zettel mit Passwörtern neben die Tastatur: das Ende aller Sicherheit. Hardcore-Freaks schreiben die lästigen Dinger in eine *gpg*-verschlüsselte Datei – aber die ständige Ver- und Entschlüsselei ist ätzend. Kwallet löst alle diese Probleme.

Vom Assistenten geführt brauchen Sie nur anzuklicken, dass Sie so eine Brieftasche anlegen wollen, und geben ein Passwort dafür an – für die Brieftasche. Dann können Sie bei jedem Verschlüsselungs-Erstkontakt neue Geheimnisse in die Brieftasche eintragen. Wenn Sie in Zukunft z.B. Ihren Samba-Kontakt öffnen, müssen Sie nur noch das eine Passwort der Brieftasche angeben, und die Software – in diesem Fall Smb4K – sucht sich das passende Passwort aus der Wallet-Datei heraus (siehe Abbildung 18-18).

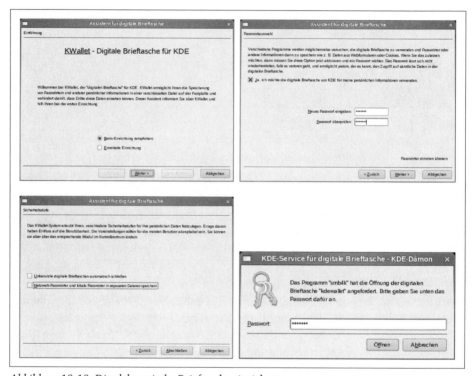

Abbildung 18-18: Die elektronische Brieftasche einrichten

Wenn Sie ein solches Passwort verändern oder gar aus der Brieftasche löschen wollen, brauchen Sie allerdings einen Brieftaschen-Manager. Der heißt *kwalletmanager* und befindet sich im Paket *kdeutils*, das Sie gegebenenfalls dazuinstallieren müssen. Die Einzelprogramme wie *Smb4K* können zwar Wallet-Dateien erstellen, aber mit der Verwaltung der darin abgelegten Geheimnisse sind sie überfordert.

Die Screenshots in diesem Buch entstanden im Übrigen auf einer openSUSE 10.2-Distribution in einer GNOME-Umgebung. Die Wallet-Verwaltung musste allerdings aus den KDE-Paketen nachinstalliert werden. Der Nachteil: GNOME-Programme können diesen Dienst nicht benutzen. Aber dafür hat GNOME einen eigenen Dienst, der ganz ähnlich funktioniert: den *Schlüsselbund*, bisweilen auch *Keyring* genannt. Sehen Sie da mal rein.

Abbildung 18-19: Ein Blick in die Brieftasche

Mit Konqueror und Nautilus ins Windows-Netz

Beeindruckend sind die Netzwerkfähigkeiten, die inzwischen in die grafischen Dateimanager *Konqueror* und *Nautilus* eingebaut worden sind. Beide können sowohl das Windows-Netz (Netzwerkumgebung) als auch die darin gefundenen Rechner nach Netzwerkfreigaben aus eigener Kraft durchsuchen. Was sie da gefunden haben, das können sie anschließend auch im Dateifenster anzeigen, indem sie besondere *URLs* (*Universal Resource Locator*) benutzen. Einziger Wermutstropfen: Diese Pseudo-URLs haben bislang keine einheitliche Schreibweise. Machmal brauchen sie einen, zwei oder auch drei Schägstriche, um das gewünschte Ergebnis zu bringen. Irgendwann werden die Entwickler das bestimmt in Ordnung bringen, doch im Moment kann ich nur empfehlen: Probieren Sie es aus.

Das System-Icon auf dem KDE-Desktop bietet Ihnen die Möglichkeit, ein Unterverzeichnis NETZWERK anzuklicken. Sie kommen dann auf die Pseudo-URL *service:/remote* (oder so ähnlich, das variiert je nach Distro und KDE-Version, siehe Abbildung 18-20 oben). Abhängig von den installierten Netzwerkprotokollen und KDE-Diensten befinden sich darin mehr oder weniger viele Icons, die verschiedene Netzwerkdienste symbolisieren. Die »SAMBA-Freigaben«, oder wie auch immer sie je nach Version genannt werden (»Windows-Netzwerk« und verschiedene andere Bezeichnungen gab es auch schon), führen Sie auf eine neue URL, *smb:/*. Das Hauptfenster des Konquerors zeigt jetzt ein oder mehrere Icons (siehe Abbildung 18-20, links unten). Die Namen der Icons entsprechen denen der Windows-Arbeitsgruppen im Netzwerk – und zwar nur solchen, die direkt durch Broadcasts ermittelt werden können, oder solchen, die im NetBIOS-(WINS-)Server zu finden sind. Der Windows-Browser ist also im Konqueror schon eingebaut. Ein Klick auf die Arbeitsgruppen-Icons öffnet die Liste der darin enthaltenen Rechner (siehe Abbildung 18-20, rechts unten). Klar, dass man dafür auch eine Baumansicht aufrufen kann, dann fühlen Sie sich ganz wie in der Netzwerkumgebung des Marktführers aus Seattle.

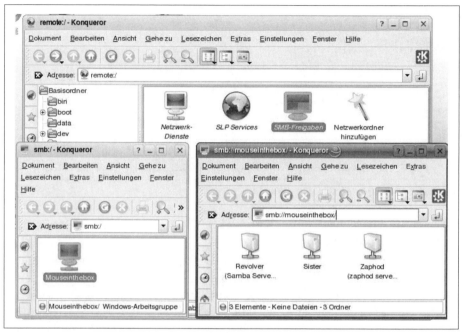

Abbildung 18-20: Das Windows-Netz in Konqueror-Ansicht

Je mehr Netzwerkressourcen zu sehen sind, umso sinnvoller erscheint es, die Anzeige des Konquerors auf eine Baumansicht umzuschalten (ANSICHT → BAUM-ANSICHT, siehe Abbildung 18-21).

Erwarten Sie nicht, dass die Linux-Oberfläche genau wie Windows aussieht oder sich genauso bedienen lässt. Wenn Sie das haben wollen, können Sie ja gleich beim Original bleiben. Funktional ist allerdings alles so, wie es sein soll: Die Freigaben pro Rechner klappen so aus, wie man sie erwartet, und sobald Sie eine der Freigaben mit der Maus anklicken, erscheint ein Autorisierungsdialog (siehe Abbildung 18-22).

Je nachdem, ob man das Verbindungselement auf der linken Seite des Freigabenamens (Plus oder Minus) anklickt oder den Namen der Freigabe, klappt entweder die Liste der Verzeichnisse als Untermenge des Freigabenamens auf, oder der Konqueror stellt den Inhalt der Freigabe in einem eigenen Fenster so dar. Das entspricht dem ganz normalen Verhalten des Konquerors: Für den Benutzer stellt sich der Netzwerkzugriff dar, als wäre es ein beliebiges Unterverzeichnis auf der lokalen Festplatte (siehe Abbildung 18-23).

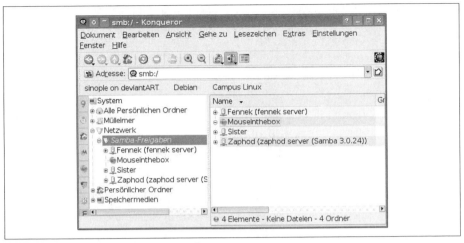

Abbildung 18-21: Baumansicht des Windows-Netzes

Abbildung 18-22: Der Windows-Authentifizierungsdialog

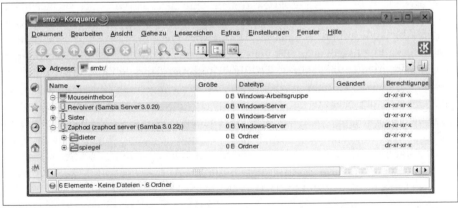

Abbildung 18-23: Nur die URL smb:/ verrät, dass hier ein Netzzugriff erfolgt.

Auch wenn man Dateinamen aus dem *smb:/*-Fenster auf die übliche Art und Weise in ein Konqueror-Fenster kopiert, das auf einen Ort auf der lokalen Festplatte zeigt, kopiert der Konqueror die Datei, als wäre sie nur von einem lokalen Ort auf den nächsten transferiert worden – wenn man bisweilen einmal von der Netzwerkgeschwindigkeit absieht, denn die kann ja doch bedeutend langsamer als eine lokale Plattenkopie sein.

Samba-Novizen wundern sich am Anfang immer über ein lästiges Phänomen: Wenn es auf dem Server Freigaben gibt, die für jedermann benutzbar sind, können Sie verborgene Freigaben, die man nur sehen kann, wenn die Benutzeridentität stimmt, zuerst nicht sehen. Das ist logisch: Der Server kann Sie mit den allgemein zugänglichen Freigaben auch unautorisiert bedienen. Für den Server gibt es keinen Grund, jedes Mal automatisch auf dem Client die Identität zu überprüfen. Sie können aber auch eine Identität angeben. Das erledigen Sie entweder im Konfigurationsdialog der Software (wie bei Smb4K) oder an der URL-Zeile der Dateibrowser (siehe nächste Seite).

Wenn Sie dem Konqueror mitteilen wollen, dass Sie auf der Server-Seite ein bestimmter Benutzer sein wollen, brauchen Sie nicht in unendliche Konfigurationsdialoge absteigen: Diese Informationen geben Sie am besten einfach an der URL-Zeile an. Benutzername und Passwort werden durch einen Doppelpunkt getrennt zwischen die Pseudo-URL `smb://` und ein *@rechnername* gestellt (siehe Abbildung 18-24). Ja, es müssen zwei / sein.

Abbildung 18-24: »dieter« mit Passwort »passwort« greift auf den Rechner »revolver« zu.

Trotzdem ist das keine gute Idee. Zwar verschwindet das Passwort gleich nach dem Return wieder von der URL-Zeile, und man kann das Passwort auch nicht einfach in der Prozessliste sichtbar machen. Aber ein zufälliger Beobachter könnte das Passwort sehen, während Sie es eingeben. Immerhin: Der Rechner zeigt Ihnen danach die Namen aller Freigaben an, die dem angegebenen Benutzer zustehen. Sie klappen die Freigabe(n) auf, als wären sie Teil Ihres Rechners. Andere Einstellungsmöglichkeiten, wie sich der Dateibrowser in der Windows-Umgebung authentifizieren soll, sucht man in der Menüleiste unter EINSTELLUNGEN → KONQUEROR EINRICHTEN vergeblich. Das liegt daran, dass die Fähigkeiten, das Windows-Netzwerk zu durchsuchen, nicht wirklich dem Konqueror gehören. Sie sind Eigenschaften eines SAMBA-fähigen Hintergrundprozesses. Solche Helfer nennt man *kioslave*; sie benutzen den Konqueror gewissermaßen nur als Ausgabemedium. Immerhin gibt es im KDE-Kontrollzentrum unter INTERNET&NETZWERK im Register NETZWERK-BROWSER zwei Textzeilen, in denen Sie ein Benutzer/Passwort-Paar verewigen können. Diesen Standardbenutzer verwendet der Konqueror dann in Zukunft, wenn Sie auf der URL-Zeile nichts anderes angeben.

Fenster aufstoßen mit Nautilus

Was die KDE-Entwickler mit dem Konqueror angestellt hatten, wirkte offenbar Wunder bei den GNOME-Entwicklern. Der früher eher dröge Nautilus glänzt inzwischen mit enormen Netzwerkfähigkeiten. In Version 2.14 steckt die Ergonomie[12] zwar noch tief in den Kinderschuhen, aber wenn man es richtig anstellt, kann er sogar noch mehr als der Konqueror. Die Probleme für den Einsteiger beginnen damit, dass die URL-Zeile eines Nautilus zuerst mit einer Art »Bubble-statt-Verzeichnis«-Darstellung gar keine Möglichkeit bietet, selbst den Zielpfad einzugeben. Um ans Ziel zu kommen, können Sie zwischen zwei erfolgversprechenden Strategien wählen. Manche klicken im Menüpunkt GEHE ZU → NETZWERK an und bekommen dann ein einzelnes Icon, das das Windows-Netzwerk darstellen soll. Das können Sie noch anklicken und bekommen dann die gefundenen Arbeitsgruppen angezeigt. Danach ist aber Schluss, Sie können von dort nicht auf die Rechnernamen oder deren Freigabenamen kommen.

Der richtige Weg ist dagegen, aus dem Nautilus-Menüpunkt DATEI → MIT SERVER VERBINDEN zu wählen (siehe Abbildung 18-25). Dabei ist egal, in welchem Verzeichnis Sie stehen. Der Dialog *Mit Server verbinden* lässt Sie aus verschiedenen Netzwerkprotokollen wählen, wenn Sie die Drop-down-Liste am oberen Dialogrand benutzen. Je nach gewähltem Protokoll erscheint eine passende Anzahl und Auswahl von Eingabefeldern.

Als Folge dieser Aktion zeigt der Nautilus dann auf der linken Seite, wo früher nur ein Eintrag für das Heimatverzeichnis des angemeldeten Benutzers und ein Eintrag für das Gesamt-Dateisystem zu sehen waren, einen weiteren Punkt, der so heißt wie die neu angelegte Netzwerkverbindung. Wie diese Verbindung heißen soll, können Sie ebenfalls im Einrichtungsdialog angeben – wenn Sie dort keinen Namen wählen, dann heißt die Verbindung so ähnlich wie »dieter auf zaphod«, »heinz auf sylt« oder ähnlich einfallslos (siehe Abbildung 18-26). Sobald Sie die Verbindung durch Mausklick aufklappen lassen, präsentiert Nautilus einen Authentifizierungsdialog für die Freigabe, wenn das notwendig ist. Sollte der als »*Domänenname*« aufgeführte Arbeitsgruppenname nicht korrekt sein: Den nimmt Nautilus aus der lokalen SAMBA-Konfigurationsdatei */etc/samba/smb.conf*. Sie tragen (wenn Sie wollen, denn ohne geht's auch) den richtigen Arbeitsgruppennamen entweder im Dialog ein oder ändern einfach die Zeile workgroup = Arbeitsgruppenname in der *smb.conf*, wenn Sie der Sache überdrüssig werden. Dazu gibt es später mehr.

---

12 ... die von den GNOME-Enwicklern selbst immer hochgelobt wird ...

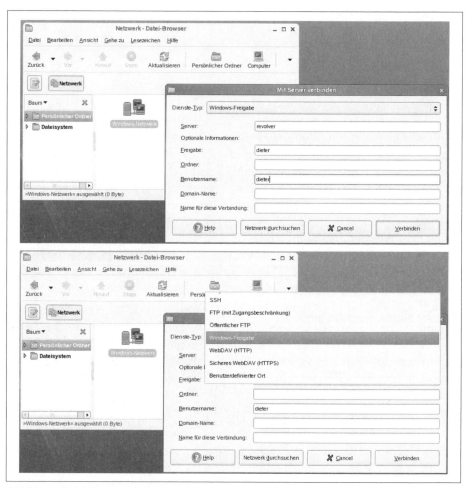

Abbildung 18-25: Server aus dem Windows-Netz ansprechen

Wenn der Name der neu erstellen Freigabe schließlich auf der linken Seite des Nautilus erscheint, können Sie in deren Eigenschaften (durch Rechtsklick mit der Maus) sehen, dass als Ort z.B. *smb://dieter@rechnername* angezeigt wird. Das ist nun nichts anderes als beim Konqueror. Der Unterschied: Nautilus merkt sich den neu erstellten Serverzugriff auch bis zum nächsten Mal, solange Sie nicht mit der rechten Maustaste auf die entsprechende Zeile klicken und DATENTRÄGER AUSHÄNGEN wählen. Für jede dieser angelegten Verbindungen legt GNOME normalerweise auch ein Icon auf den Desktop, das Sie nur anzuklicken brauchen, um entweder den Inhalt der Freigabe oder einen Login-Bildschirm angezeigt zu bekommen.

Abbildung 18-26: Passwort eingeben und Arbeitsgruppe einfach ignorieren

LinNeighborhood und Gnomba

Schon etwas angestaubt sind LinNeighborhood (siehe Abbildung 18-27) und das für GNOME gedachte *Gnomba*. Aber selbst im Release-Stand 0.65 vom Jahr 2002 ist LinNeighborhood so stabil, schnell und funktional, wie so manche kommerzielle Software mit bedeutend höheren Release-Standsnummern es gern wäre. Auf der Homepage der Software *http://www.bnro.de/~schmidjo/download/index.html* finden sich die Source-Installationspakete. Die anderen Quellen z.B. für *rpm*-Dateien funktionieren nicht mehr. Vielleicht ist die Zeit dieser Programme auch einfach abgelaufen.

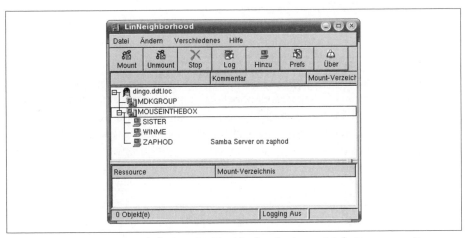

Abbildung 18-27: Der Hauptdialog von LinNeighborhood zeigt zwei Arbeitsgruppen mit mehreren Rechnern.

Gnomba

Gnomba (siehe Abbildung 18-28) ist nur ein halbes Jahr jünger als LinNeighborhood und wurde scheinbar ebenfalls eine Weile vernachlässigt. Aber da die letzte stabile Version 0.6.2 vom Februar 2002 stammt, haben Sie, wo auch immer Sie ihn installieren, wohl immer die neueste Variante ... Aktuelle Installationspakete gibt es nicht mehr, stattdessen finden Sie auf *http://sourceforge.net/projects/gnomba/* eine Quelldatei zum Selber-Übersetzen. Trotzdem: Wenn eine Software ihre Arbeit tut und darüber hinaus noch wenig Speicher benötigt, was soll man da klagen?

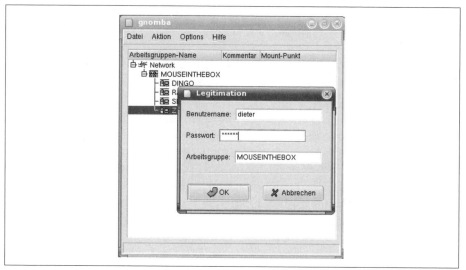

Abbildung 18-28: Gnomba in Aktion

Gnomba ist sehr spartanisch. Es öffnet einen leeren Dialog, und Sie müssen die Software mit DATEI → (NEU)SCANNEN in der Menüleiste erst dazu anstiften, die Umgebung abzutasten. Dann finden nmblookup, smbclient und smb(u)mount, die im Hintergrund arbeiten, ebenfalls alle Windows-artigen Server.

Wie bei LinNeigborhood klappt ein Doppelklick auf eine gefundene Arbeitsgruppe die dazugehörigen Rechner aus. Ein Doppelklick auf einen einzelnen Rechner öffnet einen Dialog LEGITIMATION. Dort geben Sie Ihre Identität auf der Windows-Seite an. Wenn das angegebene Passwort stimmt, werden alle Freigaben aufgeklappt, die dazugehören (siehe Abbildung 18-29). Auch sonst funktioniert *Gnomba* weitgehend wie LinNeigborhood.

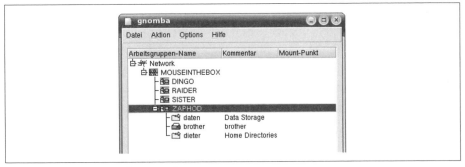

Abbildung 18-29: Was will man mehr?

Samba-Server: Mit Windows auf Linux zugreifen

Eine der gefürchtetsten Anwendungen auf Linux trägt einen harmlosen Namen: der Samba-Server. Aber nicht Sie müssen Samba fürchten, sondern nur solche Leute, die für einen Windows-basierten Datei- und Druckserver Geld haben wollen. Denn das ist, was Samba macht: Es bietet auf der Linux-Maschine Datei- und Druckdienste an, die im Netzwerk so aussehen, als wäre die Linux-Maschine ein Windows-Server. Die Windows-betriebenen Client-Rechner bemerken von diesem Schwindel gar nichts. Sie glauben, dass sie ihre Daten auf einem »echten« Windows-Rechner ablegen.

Samba ist dabei unglaublich leistungsfähig, denn es kann sowohl einen kleinen Arbeitsgruppenserver darstellen als auch einen Windows NT-artigen Domain Controller und demnächst sogar einen Active Directory Server.

Ein Samba-Server kann fast überall dort stehen, wo es unter dem Strich »nur« um Datei- und Druckdienste oder die Anmeldung im Netzwerk geht. Wenn Sie dagegen eine Datenbankanwendung auf *MS SQL Server* laufen haben oder den *Exchange Server*, dann muss es eben doch ein Windows-Server sein. Doch vielen Menschen ist schon damit geholfen, wenn sie aus Windows heraus ihre Daten auf einem Server abspeichern können oder ihre Dokumente zentral ausdrucken können. Dafür brauchen sie wirklich nicht Tausende von Euro ausgeben. Gerade die Betreiber kleinerer Geschäfte können hier am meisten Geld sparen, denn die großindustriellen Inhaber von »Gold-« und anderen Massenlizenzen bezahlen bei Microsoft pro aufgestelltem Server nur einen Bruchteil dessen, was ein kleines Autohaus oder eine Arztpraxis, eine Anwaltskanzlei oder ein ähnliches mittelständisches Unternehmen pro Serverlizenz und Client-Zugriffslizenz hinlegen muss.

Installieren und konfigurieren

Wie Sie überprüfen, welche Windows-Server im Netz laufen, haben Sie im Abschnitt »Namen und Dienste ermitteln...« auf Seite 607 schon gesehen. Die gleichen Diagnosewerkzeuge können Sie natürlich auch einsetzen, um einen Samba-Server in Gang zu bekommen.

Bei rpm-basierten Systemen wie SUSE, Mandriva und Fedora könnten Sie mit einem `rpm -qa | grep samba` nachsehen, ob Samba schon installiert ist. Bei Ubuntu oder Debian verwenden Sie den Befehl `dpkg --get-selections | grep samba`:

```
campo:~# dpkg --get-selections | grep samba
samba                                           install
samba-common                                    install
campo:~#
```

Natürlich können Sie auch in den entsprechenden Installationswerkzeugen Ihrer Distribution nachforschen, ob Pakete mit Namen wie *samba-server*, *samba* oder *samba-client* bereits installiert sind (das ist oft der Fall), und bei Bedarf nachinstallieren. Je nach Distribution müssen Sie dabei z.B. schon Dinge wie den Arbeitsgruppen-Namen angeben (Debian/Ubuntu) oder auch nicht. Und selbst wenn Sie Angaben eintragen müssen: Was immer Sie im ersten Enthusiasmus angegeben haben, können Sie problemlos später wieder ändern.

Der Samba-Server besteht aus zwei Server-Programmen: *nmbd* und *smbd*. Das erklärt sich aus der Struktur der Windows-Netzwerkerei, denn früher bestand diese ausschließlich aus Kommunikation über die NetBIOS-Protokolle (`grep netbios /etc/services`), die über die Netzwerk-Ports 137, 138 und 139 abgewickelt werden. Das Besondere: *netbios name service* (137) und *datagram service* (138) benötigen das Transportprotokoll *udp*, der *session service* dagegen *tcp*. Was lag also näher, als diese Arbeiten verschiedenen Serverprogrammen zu übertragen? In neuerer Zeit (ab Windows 2000) wickelt das Windows-Netzwerk auch Anteile über den Port 445 (Microsoft-DS) ab, der ebenfalls *tcp* benötigt und deshalb zum Aufgabenbereich des *smbd* wurde; *nmbd* macht nach wie vor die *udp*-Arbeit. Die Linux-Distributoren haben aus dieser Zweiteilung je nach Lust und Glaubensrichtung entweder ein Startskript für beide oder zwei Startskripten gemacht. Im Zweifelsfalle müssen Sie im Verzeichnis der Startskripten */etc/init.d* oder im Handbuch Ihrer Distribution nachsehen, was der aktuelle Stand ist. 2006/2007 hatte die SUSE zwei Skripten (*nmb* und *smb*), Mandriva und Fedora nur eines, *smb*. Die Debianischen Distributionen haben ein Startskript namens */etc/init.d/samba*, um beide Server-Programme zu starten.

Die gesamte Konfiguration des Samba-Servers steht in einer einzigen Datei: */etc/samba/smb.conf*. Diese besteht aus Segmenten, deren Segment-Überschriften mit eckigen Klammern (z.B. *[global]*) kenntlich gemacht sind. *[global]* hat dabei eine zentrale Bedeutung, denn dort stehen Einstellungen, die sich auf den gesamten Server beziehen. Alle anderen stellen verschiedene Arten von Freigaben dar, wie man sie von Windows her kennt. Eine Besonderheit sind auch die beiden Freigaben *[homes]* und *[printers]*, denn die beiden können gleich mehrere Freigaben darstellen, dazu kommen wir noch später.

Wie immer ist der direkte Weg mit dem Texteditor eine schnelle und elegante Sache, aber es gibt inzwischen auch sehr schöne grafische Werkzeuge, um den Samba tanzen zu lassen. Nicht wenige verwenden den *webmin*, der wiederum nur Sambas eigenes *Samba Web Administration Tool (SWAT)* benutzt, und seit Kurzem hat auch die KDE-Umgebung ein leistungsfähiges Werkzeug, um die *smb.conf* zu editieren. Die ersten Schritte erledigen Sie wie immer einfach und direkt mit der Konfigurationsdatei und einem Editor.

Arbeitsgruppe einstellen

In welchem Maße und wie sinnvoll Samba voreingestellt ist, ist wie immer je nach Distribution verschieden. Für einen einfachen Start brauchen Sie zunächst nicht mehr als die Zugehörigkeit zu einer Arbeitsgruppe. Die ist in den meisten Häusern schon einmal vorgegeben, weil es dort schon Windows-Rechner gibt. Öffnen Sie also die Datei */etc/samba/smb.conf*, und suchen Sie in der Sektion *[global]* die Zeile mit dem Eintrag *workgroup*. Ändern Sie deren Wert von Sinnlosigkeiten wie »TUX-NET« oder »Arbeitsgruppe« auf einen für Sie gültigen Wert. Meine Arbeitsgruppe heißt seit jeher »mouseinthebox«, Ihre vermutlich nicht.

```
workgroup = mouseinthebox
```

Ob Sie die Arbeitsgruppe klein- oder großschreiben, ist völlig egal. NetBIOS wird die Buchstaben immer in Großschreibung verwandeln. Vergessen Sie im Moment alle anderen Einstellungen, speichern Sie die Datei ab, und starten Sie mit den Mitteln Ihrer Distribution Samba neu. Eigentlich genügt ja schon der *nmbd*, um den Rechner im Netz sehen zu können. Ein Beispiel unter SUSE sähe in etwa so aus:

```
maxi:~ # rcnmb start
Starting Samba NMB daemon                                     done
maxi:~ # nmblookup -A 127.0.0.1
Looking up status of 127.0.0.1
        MAXI            <00> -          B <ACTIVE>
        MAXI            <03> -          B <ACTIVE>
        MAXI            <20> -          B <ACTIVE>
        MOUSEINTHEBOX   <1e> - <GROUP>  B <ACTIVE>
        MOUSEINTHEBOX   <00> - <GROUP>  B <ACTIVE>

        MAC Address = 00-00-00-00-00-00

maxi:~ #
```

Andere Distributionen haben lediglich einen anderen Startbefehl wie `service smb start` oder `/etc/init.d/samba start` für den gleichen Vorgang. Der Befehl `nmblookup -A 127.0.0.1` fragt beim eigenen Server nach, welche Namen er im Netzwerk registriert, wobei Sie analog auch andere Rechner im Netz mit deren IP-Adressen nach deren NetBIOS-Namen fragen können.

Eine einfache Freigabe

Jetzt wollen wir noch eine einfache Freigabe erstellen: Jeder kann auf /tmp schreiben, deshalb bietet sich dieses Verzeichnis besonders an, es einmal testweise als Quasi-Windows-Freigabe zu definieren.

Sie öffnen die Datei /etc/samba/smb.conf und erstellen ein neues Freigabe-Element *[testfreigabe]*. Damit es sofort funktioniert, brauchen Sie lediglich eine Pfad-Angabe und die Richtlinie, dass jeder darauf zugreifen darf. Die Freigabe würde also so aussehen:

```
[testfreigabe]
    path = /tmp
    public = yes
```

Speichern Sie jetzt die Datei, und starten Sie auch den *smbd*, indem Sie bei SUSE `rcsmb start` eingeben oder auf irgendeiner der anderen Distributionen etwas wie `service smb restart` bzw. `invoke-rc.d samba restart` (Ubuntu) absetzen. Wie können Sie sehen, ob es funktioniert hat? Mit *smbclient*:

```
maxi:~ # rcsmb start
Starting Samba SMB daemon                                            done
maxi:~ # smbclient -L localhost
Password:
Domain=[MAXI] OS=[Unix] Server=[Samba 3.0.23c-19-1045-SUSE-SL10.2]

        Sharename       Type      Comment
        ---------       ----      -------
        testfreigabe    Disk
        print$          Disk      Printer Drivers
        IPC$            IPC       IPC Service (Samba 3.0.23c-19-1045-SUSE-SL10.2)
        hp880           Printer   HP DESKJET 880C
        DCP7010         Printer   DCP7010
        brother         Printer   BROTHER HL-1670N
Domain=[MAXI] OS=[Unix] Server=[Samba 3.0.23c-19-1045-SUSE-SL10.2]

        Server          Comment
        ---------       -------

        Workgroup       Master
        ---------       -------
        MOUSEINTHEBOX   ZAPHOD
maxi:~ #
```

Je nach Distribution und Voreinstellung kann da noch mehr oder auch weniger zum Vorschein kommen. Der Trick ist wieder: Geben Sie bei der Abfrage kein Passwort ein, sondern drücken Sie nur die Return-Taste.

Ganz offensichtlich erzeugt Samba auch »verborgene« Freigaben, um kompatibel mit Windows zu sein. Man erkennt sie unter Linux an dem $-Zeichen am Freigabenamen. Alle Zeilen, in deren Typenspalte »Printer« steht, sind Drucker. Drucker können als Einzel-Freigabe erstellt werden, meist bekommen Sie sie aber quasi gratis aus dem CUPS-Fundus. Samba fragt die dort erstellten Drucker ab und stellt sie den Windows-Rechnern zur Verfügung. Alles, was sich »Disk« nennt, ist eine Plattenfreigabe. Jetzt im Moment sind nur diejenigen Freigaben zu sehen, die jedermann sehen darf. Die *testfreigabe* wurde ja als »*public*« deklariert.

Auf diese Weise könnten Sie nun schon ein oder zwei interessante Freigaben erstellen. Alles, was Sie brauchen, ist:

- ein interessanter Name
- einen Pfad zum freigegebenen Ort
- die Entscheidung, ob die Freigabe schreibbar sein soll oder nicht

Eine schreibgeschützte Freigabe würde in etwa so aussehen:

```
[readonlyfreigabe]
    path = /home/beispielbenutzer
    readonly = yes
    public = yes
```

readonly müssen Sie nicht unbedingt angeben, das ist die Standardeinstellung. Aber es hebt die Lesbarkeit der Konfigurationsdatei enorm, wenn Sie es dennoch hineinschreiben. Sie können auch Kommentarzeilen einfügen, um später besser zu verstehen, was die einzelnen Einstellugen bewirken. Kommentarzeilen beginnen mit einem # oder einem Semikolon (;). Vergessen Sie nicht, nachdem Sie die Datei */etc/samba/smb.conf* editiert haben, den *smbd*-Server neu zu starten.

Benutzer anlegen

Was Ihnen noch fehlt, sind Benutzer, für die Sie die Freigaben erlauben oder sperren können. Bei der simplen Konfiguration, die hier gezeigt werden soll, genügt es, wenn die Benutzer auf der Linux-Maschine ebenfalls existieren. Angenommen, Sie haben einen Benutzer »Hans« auf den Windows-Maschinen, der sich als »hans« mit dem Passwort »Dampf« auf allen Windows-Computern anmelden kann. Dann ist der einfachste Weg, Sie legen den *hans* auch als Linux-Benutzer an, allerdings brauchen Sie – wenn Sie nicht wollen – dem *hans* kein Anmeldepasswort zu geben, denn er soll sich vermutlich überhaupt nicht direkt an der Linux-Maschine anmelden. *hans* spricht ausschließlich als Windows-Client über den Samba-Server mit der Linux-Maschine. Dafür braucht er ein Samba-Passwort, und dieses Passwort muss »Dampf« sein.

Um das herzustellen, gibt es ein Programm mit dem Namen *smbpasswd*. Den Benutzer legen Sie so an:

```
maxi:~ # cd /etc/samba/
maxi:/etc/samba # smbpasswd -a hans
New SMB password:
Retype new SMB password:
Failed to modify password entry for user hans
```

```
maxi:/etc/samba # useradd -m hans
maxi:/etc/samba # smbpasswd -a hans
New SMB password:
Retype new SMB password:
Added user hans.
maxi:/etc/samba # cat smbpasswd
# This file is the authentication source for Samba if ‚passdb backend' is set
# to ‚smbpasswd' and ‚encrypt passwords' is ‚Yes' in the [global] section of
# /etc/samba/smb.conf
#
# See section ‚passdb backend' and ‚encrypt passwords' in the manual page of
# smb.conf for more information.
hans:1001:FE686D55A945D651AAD3B435B51404EE:24C9DB3E7705D8421B32E2952C28F4E2:
[U           ]:LCT-456EF725:
maxi:/etc/samba #
```

Sie müssen *root* sein, um den Befehl smbpasswd ausführen zu dürfen. Sie müssen dazu nicht in das Verzeichnis */etc/samba* wechseln, denn smbpasswd könnte man überall ausführen. Aber dort gibt es auch noch eine Datei mit diesem Namen. Sie enthält später die Namen und Passwort-Stellvertreter aller Benutzerkonten, denen der Samba-Zugriff erlaubt ist. (Diese Datei gebe ich im Beispiel mit *cat* aus...). Der Befehl smbpasswd -a hans misslingt zunächst, obwohl er völlig korrekt eingegeben ist. Aber: *hans* existiert noch nicht in der Linux-Benutzerkonten-Datenbank. Das ist jedoch absolut notwendig, denn der Samba-Benutzer möchte ja anschließend Dateien auf der Linux-Maschine erzeugen, und die müssen schließlich jemandem gehören. Der Befehl useradd -m hans erzeugt den Eigentümer dieser Dateien. Dann klappt es auch mit dem smbpasswd -a. Der Schalter -*a* ist nur einmal nötig, und zwar wenn Sie den Benutzer zum ersten Mal anlegen. Danach können Sie *hans'* Passwort einfach mit smbpasswd hans ändern. Wollen Sie *hans* wieder loswerden, ist der Befehl dafür smbpasswd -x hans. Den Passwort-Hashwert können Sie sehen, wenn Sie die Datei *smbpasswd* mit cat ausgeben. Das Wichtige in der Ausgabe der Datei ist, dass *hans* mit der User-ID 1001 in Verbindung gebracht wird. Diesem Linux-Benutzer gehören all die Dateien, die *hans* über die Samba-Verbindung auf die Maschine kopiert, und sein Heimatverzeichnis ist dasjenige des Benutzers 1001. Wenn Sie nun bei der Kontaktaufnahme mit dem Samba-Server zusätzlich angeben, wer Sie auf der Server-Maschine gern sein möchten, dann bekommen Sie *hans'* Heimatverzeichnis auch in der Freigabeliste zu sehen. Das sieht auf der textorientierten Linux-Seite so aus:

```
maxi:~ # smbclient -L maxi -Uhans
Password:
Domain=[MAXI] OS=[Unix] Server=[Samba 3.0.23c-19-1045-SUSE-SL10.2]

        Sharename       Type      Comment
        ---------       ----      -------
        testfreigabe    Disk
        ...
        hp880           Printer   HP DESKJET 880C
```

```
    DCP7010          Printer   DCP7010
    brother          Printer   BROTHER HL-1670N
    hans             Disk      Home Directories
Domain=[MAXI] OS=[Unix] Server=[Samba 3.0.23c-19-1045-SUSE-SL10.2]

    ...
    Workgroup                  Master
    ---------                  -------
    MOUSEINTHEBOX
maxi:~ #
```

Interessanter wird die Sache natürlich, wenn Sie dann mit dem Windows Explorer auf die Freigabeliste zugreifen. Angenommen, Sie sind auf Ihrem Windows XP-Rechner schon mit einem gültigen Benutzer *Dieter* (insert your name here, please) und einem passenden Passwort eingeloggt. Dann können Sie sich mit dem Maxi-Rechner auf der Windows-Befehlszeile verbinden, um dort Benutzer *Hans* zu werden. Tun Sie nur nicht so, als hätten Sie nicht gewusst, dass die mächtigsten Befehle auf Windows-Seite nicht schon immer befehlszeilenorientiert waren. Danach sind die Freigaben im Explorer zu sehen. Nichts deutet darauf hin, dass diese Freigaben mit dem User *Hans* geholt wurden statt mit *Dieter*. Hätte ich mich schon als Windows-*Hans* angemeldet, wäre ich einfach durchgereicht worden: Ohne ein Passwort eingeben zu müssen, wären die *Hans*-Freigaben einfach auf dem Bildschirm erschienen.

Diese scheinbare Freizügigkeit funktioniert nicht von selbst! Grundlage für das automatisch freigegebene Heimatverzeichnis ist eine Freigabe namens [homes], die sich praktisch in jeder vorgefertigten *smb.conf* befindet. Die darin enthaltenen Einstellungen erzeugen eine Freigabe für das Heimatverzeichnis eines bekannten Benutzers, wenn dieser beim Anmelden unter Windows oder bei der Kontaktaufnahme mit dem Samba-Server das richtige Passwort wusste. Eine ähnliche Mehrfach-Freigabe ist [printers], die alle von CUPS bereitgestellten Drucker veröffentlicht.

Grafische Tools für Samba

Wie mächtig und einfach es auch immer sein mag, direkt auf */etc/samba/smb.conf* zuzugreifen und dort wirkungsvoll ein paar Zeilen einzuschieben, den meisten Windows-Wechslern wäre eine grafische Oberfläche lieber. Solche Programme gibt es auch, beim nur flüchtigen Überlegen fallen einem da schon zwei (einhalb) Tools ein, um Samba mit der Maus zu konfigurieren. Seltsamerweise bietet SUSE kein YaST-Modul an, liefert aber das *Samba Web Administration Tool* SWAT mit, das allerdings noch scharfgeschaltet werden muss, damit es auch funktioniert. Die neueren KDE-Versionen (mindestens ab 3.5.1) haben ein eigenes Samba-Konfigurationswerkzeug, das seinem Namen alle Ehre macht. Und schließlich gibt es noch den *webmin*, aber der benutzt eigentlich SWAT.

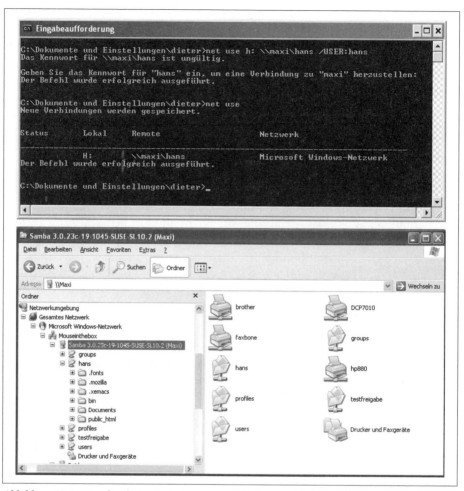

Abbildung 18-30: Laufwerke textorientiert unter Windows verbinden; und wie die Freigaben im Explorer angezeigt werden

SWAT. Der einzige Nachteil dieser Software ist die unglaubliche Fülle an Informationen und Funktionen, die sie liefert. Das ist auch kein Wunder, denn dieses Tool stammt aus der Feder der Samba-Macher. In den letzten Jahren ist es auch richtig mächtig geworden; früher bekam man damit allenfalls eine sehr einfache Konfiguration hin. SWAT ist im Prinzip ein Webserver (wie viele andere interessante Software auch), der auf dem Port 901 läuft. Sie können ihn direkt ansprechen, indem Sie in der URL-Zeile Ihres Browsers *localhost:901* eintragen. Wenn sich dann nichts rührt, müssen Sie SWAT erst in Gang setzen. Bei einer SUSE ist das ein Dienst, der vom Super-Server *xinetd* gestartet wird, da genügt es, den xinetd – und swat – zu aktivieren. Bei einer »ubuntufizierten« oder klassischen Debian-Distribution muss man sogar ein Paket swat nachinstallieren. Dann starten Sie den inetd:

SWAT einschalten

SUSE und die meisten anderen Distributionen haben vor einiger Zeit von inetd auf xinetd umgestellt – die Debian-artigen meist nicht. Die beiden unterscheiden sich bei der Konfiguration, aber sie machen dasselbe: Sie starten Netzwerkdienste, die nicht die ganze Zeit über laufen sollen, bei Bedarf nach. Solche Netzwerkdienste sind meist die kleineren, weniger oft gebrauchten Dienste, die aber schnell starten. Einen Apache oder Samba nachzustarten braucht seine Zeit. Aber ein FTP-Server oder ein SWAT ist in Sekundenbruchteilen arbeitsbereit.

Der inetd hat eine einzige Konfigurationsdatei, */etc/inetd.conf*. Dort ist pro Dienst eine Zeile anzutreffen, z.B. für den SWAT:

```
dieter@drake:~$ grep swat /etc/inetd.conf
swat            stream  tcp     nowait.400      root    /usr/sbin/tcpd  /usr/sbin/swat
dieter@drake:~$
```

Bei diesem Beispiel frage ich mit dem Befehl grep ab, ob es eine – nicht auskommentierte – Zeile in der Datei */etc/inetd.conf* gibt. Das ist der Fall. Wenn also der inetd läuft, dann funktioniert auch der SWAT.

Damit alles funktionierte, musste ich bei der Teststellung für dieses Buch auf der Dapper Drake-Version von Ubuntu allerdings folgende Pakete nachinstallieren: (natürlich) *samba-common* und *samba*, außerdem *netkit-inetd* und *swat*. Bei einer unveränderten Debian-Distribution heißen die inetd-Pakete *openbsd-inetd* und *update-inetd*. Bei beiden war nicht ersichtlich, ob sie auch einen xinetd gepflegt hätten oder nicht. Aber sie bringen eine funktionierende */etc/inetd.conf* mit. Bei der Installation wird der inetd gleich gestartet, also funktioniert der SWAT danach sofort.

SUSE arbeitet mit einem xinetd, der schon vorinstalliert ist. Das macht die Sache leichter. Mit Samba legt die SUSE eine Datei */etc/xinetd.d/swat* ab. Sie sieht so aus:

```
dieter@maxi:~> cat /etc/xinetd.d/swat
# SWAT is the Samba Web Administration Tool.
service swat
{
        socket_type     = stream
        protocol        = tcp
        wait            = no
        user            = root
        server          = /usr/sbin/swat
        only_from       = 127.0.0.1
        log_on_failure  += USERID
        disable         = yes
}
dieter@maxi:~>
```

→

Diese Datei müssen Sie als *root* öffnen, und Sie müssen die Zeile `disable = yes` in `disable = no` ändern. Schließen Sie dann die Datei, und starten Sie den `xinetd` mit dem Befehl `rcxinetd start`. Jetzt sollte der SWAT arbeiten.

Damit Sie ihn arbeiten sehen, müssen Sie in der URL-Zeile des Browsers `localhost:901` eingeben. Im Idealfall will *swat* dann wissen, wer Sie sind: In allen Fällen müssen Sie hier `root` mit dem richtigen Linux-Passwort angeben. Nur Ubuntu ist auch mit Ihrem normalen Hauptbenutzer (z.B. *dieter*) und dessen Passwort zufrieden (siehe Abbildung 18-31).

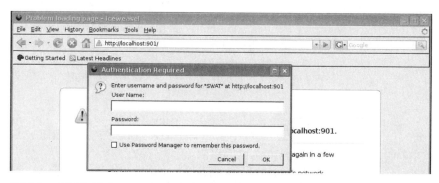

Abbildung 18-31: Einloggen mit root oder dem Ubuntu-Hauptbenutzer

Was die recht einfach gehaltene Oberfläche dann anbietet, hat nicht seinesgleichen bei allen anderen Samba-Konfiguratoren. Sie bekommen als Einstieg schon einmal einen ganzen Hydranten voll Dokumentation zum Samba-Server (siehe Abbildung 18-32). Das ist der Grund, warum bei den Debian-Distributionen das Paket *samba-doc* als zwingende Paket-Abhängigkeit von SWAT mitinstalliert wird. Dort kommt all die Information her. Von den vielen Abhängigkeiten, die SUSE sich leistet, ist das eine, die seit vielen Versionen fehlt.

Sie können bei jeder Einstellung, ob bei GLOBALS oder bei den SHARES genannten Freigaben, zwischen einer einfachen BASIC- und einer vollständigen ADVANCED-Ansicht wechseln. Hier wird dem Einsteiger zum ersten Mal klar, wie komplex dieses Samba eigentlich ist. BASIC reicht für einen einfachen Server am Anfang allemal (siehe Abbildung 18-33).

KDE. Damit Sie den Samba-Server aus dem Kontrollzentrum heraus steuern können, müssen Sie das Paket *kdenetwork-filesharing* installiert haben. Dann finden Sie in der Sektion INTERNET&NETZWERK einen Button mit der Aufschrift SAMBA, der je nach Distribution auch verschiedene Icon-Bilder tragen kann. Damit Sie Einfluss nehmen können, müssen Sie auf den Button SYSTEMVERWALTUNGSMODUS klicken. Nach der Abfrage des Root-Passworts sind Sie »drin« (siehe Abbildung 18-34).

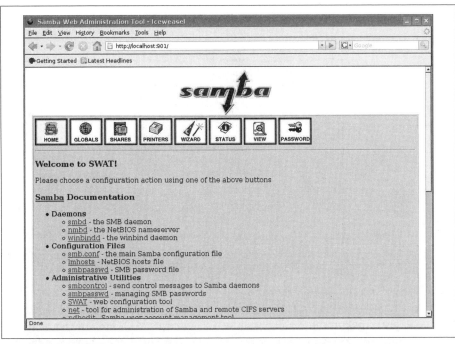

Abbildung 18-32: Dokumentation satt

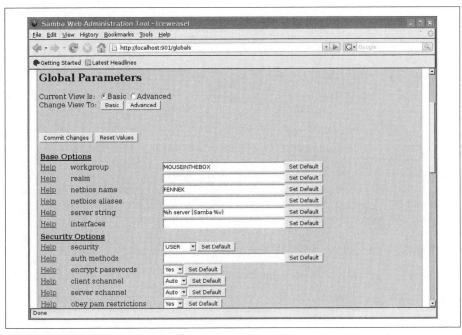

Abbildung 18-33: Eine Freigabe erstellen mit SWAT

Abbildung 18-34: Für den Systemverwaltungsmodus müssen Sie das Root-Passwort eingeben.

Danach stellt sich der Dialog ziemlich vollständig und leicht verständlich dar. Das Register GRUNDEINSTELLUNGEN behandelt – mit Ausnahme der Druckerei, die ein eigenes Register bekommt – alles, was sich in der [global]-Sektion der *smb.conf* befindet. Für einen einfachen Server wie den oben beschriebenen brauchen Sie nur die Arbeitsgruppe zu überprüfen. Die anderen Voreinstellungen sind ausreichend. Wenn Sie die Serverbezeichnung knapp halten, wird die entsprechende Anzeige unter XP/Vista nicht so lang (siehe Abbildung 18-35).

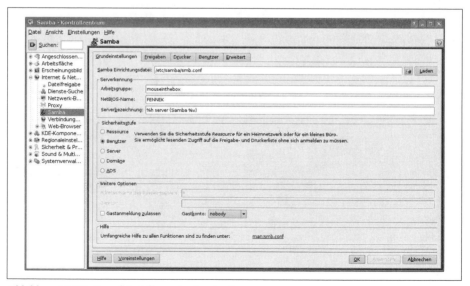

Abbildung 18-35: Grundeinstellung des Samba-Servers

Freigaben erstellen Sie im gleichnamigen Register, indem Sie den Button NEUE FREIGABE HINZUFÜGEN anklicken und das umfangreiche Dialogfenster als Anhaltspunkt dafür benutzen, welche Rechte Sie dort vergeben wollen. Mit ein wenig Übung sollten Sie dort leicht zum Ziel kommen (siehe Abbildung 18-36).

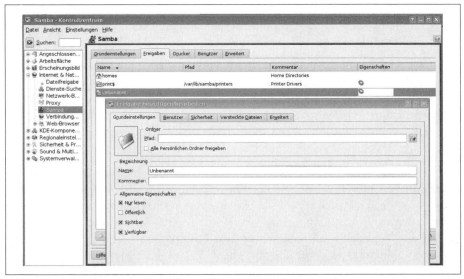

Abbildung 18-36: Eine Samba-Freigabe mit dem KDE-Dialog erstellen

Vergessen Sie nicht, nach Änderungen in der Konfigurationsdatei auch den Server neu zu starten – *nmbd* und *smbd*, nicht gleich den ganzen Rechner. Und wenn Sie glauben, jetzt schon etwas über Samba zu wissen, dann kann ich Sie beruhigen: Hier fängt das Thema erst an. Ein spezielles Buch zum Thema anzuschaffen, vielleicht sogar das von O'Reilly, ist sicher kein rausgeworfenes Geld.

Datenaustausch sicher, schnell und grafisch per SSH

SSH ist schnell, sicher und gut. Als Mittel der Netzwerkkommunikation ist es aus der Linux-Welt[13] einfach nicht mehr wegzudenken. SSH-Server und -Clients sind praktisch auf jeder Linux-Maschine vorhanden. Nur: Erfahrungsgemäß werden Linux-Neulinge, die frisch von Windows kommen, leider nicht zuerst von der technischen Brillanz und Sicherheit der textorientierten *ssh*-, *scp*- und *sftp*-Kommandos gepackt, sondern vielmehr von ihrer Angst vor der Shell. Was ihnen also fehlt, ist ein grafisches Frontend für SSH. Das ist *fish* für den Konqueror, und der Nautilus kann *sftp*. Der Unterschied zwischen beiden ist marginal, denn beide betreiben Dateitransfer über den SSH-Server.

---

13 Genau genommen müsste es heißen »aus der Linux-Welt und der Welt der anderen freien UNIXe« – OpenSSH wird schließlich vom OpenBSD-Team entwickelt.

fish

fish ist kein schlüpfriges, flossenbewehrtes Tier aus einem Aquarium, sondern ein weiterer Hintergrundprozess (*kioslave*) für den Konqueror. Mit diesem Hintergrunddienst kann der Konqueror verschlüsselte Verbindungen zwischen Linux-Rechnern aufbauen, indem er als transparentes Frontend für eine Reihe textorientierter Programme wie *ssh* und *scp* auftritt. So kann der Dateimanager einige – aber nicht alle – Funktionalitäten dieser Programme grafisch abbilden.

Irgendwie wäre es ja schön verrückt, wenn man auf einer Linux-Maschine erst einmal einen Windows-Dienst aufsetzen müsste, um anschließend mit der *smb:/*-URL von Konqueror oder anderen Windows-Zugriffswerkzeugen auf andere Linux-Rechner zuzugreifen. Dieser Aufwand soll getrieben werden, um dann mit SMB (übrigens genauso wie NFS) ein völlig unverschlüsseltes Netzwerkprotokoll zu bekommen? Das kann es ja wohl nicht sein.

Wer im Netzwerk *fisht*, öffnet statt einer Shell den Konqueror. Den Rechner auf der Gegenseite spricht man wieder mit einer neuen, seltsamen URL an: *fish://benutzer@rechner*. Durch diese URL springt im Hintergrund des Konquerors ein *kioslave* mit dem Namen *kio-fish* an. Er baut eine verschlüsselte SSH-Verbindung mit dem Rechner auf der Gegenseite auf. Statt dürrer Text-Prompts wie bei *ssh* und *scp* fordern jetzt aber grafische Dialoge zur Eingabe auf.

Wenn zwischen zwei Rechnern zum allerersten Mal eine SSH-Verbindung aufgebaut wird, schickt die Gegenstelle zuerst ihren Fingerprint, um die Rechneridentität zu verifizieren (siehe Abbildung 18-37).

Abbildung 18-37: Fingerprint zu Beginn der ersten fish://-Verbindung mit zaphod: Man bestätigt mit Ja.

Wenn man glaubt, dass der Fingerprint zur Maschine passt (das sollte der Normalfall sein), kann man den Dialog bestätigen. Dann fordert der SSH-Server zur Eingabe des Passworts auf. Der Anmeldebildschirm sieht genauso aus, wie man das vom Zugang zu gesperrten Webseiten her schon kennt (siehe Abbildung 18-38).

Abbildung 18-38: Anmeldung auf dem Rechner zaphod

Wenn der SSH-Server die Anmeldung akzeptiert, öffnet Konqueror ein Datenfenster, das genauso aussieht wie bei einem lokalen Zugriff (siehe Abbildung 18-39). Trotzdem werden alle Zugriffe von diesem Fenster auf die Partnermaschine über eine verschlüsselte Leitung übertragen. Das betrifft sowohl die Liste der Dateinamen, die in diesem Konqueror-Fenster zu sehen sind, als auch die Dateien selbst, wenn die z.B. aus diesem Fenster auf den lokalen Rechner kopiert werden.

Abbildung 18-39: Ein fish-iger Zugang zu dem Rechner zaphod

Üben Sie die *fish://*-Verbindung: Öffnen Sie mit den gleichen Daten, die Sie im Kapitel SSH verwendet haben, einen Zugang auf einen Linux-Rechner in Ihrem Netzwerk. Kopieren Sie Dateien von diesem Rechner auf Ihr Heimatverzeichnis und umgekehrt.

> ### Datenverbindungen mit fish
>
>
> Noch nicht ganz fehlerfrei läuft es, wenn man innerhalb eines Konqueror-Fensters mit einer `fish://`-Verbindung eine Datei mit einem verknüpften Programm öffnen will. Auch wenn KDE sich bemüht, die Datei mit der richtigen Software zu öffnen, ist der Vorgang trotzdem ziemlich kompliziert: Eine Kopie der Datei wird in einem temporären Verzeichnis angelegt und mit der Software geöffnet. Die Datei heißt also während der Bearbeitung nicht so, wie sie soll, anschließend sollte die Datei wieder zurückkopiert werden. Das funktioniert bisweilen noch nicht zuverlässig genug. Da ist es in den meisten Fällen durchsichtiger und betriebssicherer, wenn Sie sich die Datei bewusst vorher in Kopie auf einen lokalen Ordner holen, sie da bearbeiten und das Original beim Zurückkopieren überschreiben.
>
> Einfacher arbeiten Sie da vielleicht über die Netzwerkprotokolle NFS und SMB, denn die gestalten den Netzwerkzugriff völlig transparent.

ssh ist kein banales Thema. Das in diesen wenigen Zeilen abzuhandeln, ist mir nicht leichtgefallen. Wenn Netzwerkverbindungen mit anderen Rechnern ein Thema für Sie sind, muss ich Sie gerade bei diesem Thema dringend auf ein reinrassiges Buch über Systemadministration verweisen. Bei O'Reilly gibt es auch ein feines Buch mit dem Titel »ssh – kurz & gut«, das Ihnen sehr ans Herz gelegt sein soll.

sftp und Nautilus

Nur eine Frage der Zeit war es, bis Nautilus mit einer ähnlichen Funktionalität auf den Markt kommen würde wie *fish*. Das eingesetzte Programm heißt *sftp* (*http://de.wikipedia.org/wiki/Secure_File_Transfer_Protocol*), und es gehört ebenfalls zur ssh-Suite. Sie finden den Menüpunkt zum Einrichten einer solchen SSH-Verbindung unter DATEI → MIT SERVER VERBINDEN (erinnert Sie das an das Samba-Kapitel?). Ein Dialog springt auf, und Sie tragen die notwendigen Verbindungsdaten ein (siehe Abbildung 18-40).

Bei der ersten Verbindung mit dem Zielrechner werden Sie wie bei einer textorientierten *ssh*-Verbindung mit dem Fingerprint und dann mit einem Login konfrontiert. Den Login müssen Sie jedes Mal ausfüllen, wenn Sie das im Nautilus gespeicherte Netzwerkverbindungs-Icon öffnen. Ähnlich einem Netzlaufwerk unter Windows bleibt eine im Nautilus einmal eingerichtete Serververbindung auch nach dem Reboot erhalten, bis Sie sie mit DATENTRÄGER AUSHÄNGEN (eine Option in der rechten Maustaste) löschen. Im Nautilus zeigt sich die *ssh*-Verbindung als Zusatz der URL-Zeile (siehe Abbildung 18-41).

Abbildung 18-40: sftp/ssh-Verbindung im Nautilus einrichten

Abbildung 18-41: SSH-Verbindung im Nautilus

Diese Funktion gibt es ab Version 2.18 des GNOME. Vorherige Versionen waren noch nicht zuverlässig.

Was ist wofür geeignet?

Was soll man nun wofür verwenden? Dateien, die auf Linux-Rechnern liegen und die ausschließlich für andere Linux-Rechner ständig zur Verfügung stehen sollen, stellen Sie wohl am besten mit NFS zur Verfügung. NFS ist auch als Client leicht zu bedienen. Liegen die Daten auf einer Windows-Maschine, kommt man um einen der vielen SMB-Clients nicht herum. Jeder der hier vorgestellten Clients hat seine eigenen Vorzüge; Schönheit selbst bei nur geringer Funktionalität hat schon so manches Windows-Programm auf dem Markt gehalten, doch mein Favorit ist Smb4K. Und wie sollen Windows-Clients auf Linux-Rechner zugreifen, wenn nicht ein Samba-Server läuft? Als Verbindung ins oder durch das Internet sind beide nicht geeignet. Ist aber die Sicherheit vordringliches Ziel und liegen die Daten auf einem Linux-Rechner, dann wäre es ungeschickt, etwas anderes als *ssh*, *sftp* oder *fish* zu verwenden. SSH für Windows liefern die kostenlosen Clients *putty* und *winscp*.

TEIL IV
Ihr Rechner im Internet

Einige Netzwerkgrundlagen haben Sie ja schon in Kapitel 18 erfahren. In diesem Teil geht es nun darum, Ihren Rechner ins große weite Internet zu bringen und sich dann auch mit einigen Sicherheitsfragen zu beschäftigen, die sich daraus ergeben.

In Kapitel 19 lernen Sie einige grundlegende Netzwerkbegriffe kennen wie Gateway, Router und andere. Dann erfahren Sie, wie Sie Verbindungen ins Internet einrichten, sei es per Modem, ISDN oder DSL.

Sobald Sie eine Verbindung ins Netz offen haben, ergeben sich auch ganz neue Gefahren. Wie Sie mit einigen Handgriffen Ihren Rechner sicherer machen und z.B. eine Firewall einrichten, erfahren Sie in Kapitel 20.

KAPITEL 19

Den Internetzugang einrichten

In diesem Kapitel:
- Ins Internet – aber wie?
- Wie funktioniert das?
- Einstiegsdiagnose
- Neu und gut: DSL
- Ins Internet per ISDN
- Alt und gut: Internet per Modem
- Fehlerdiagnose
- Wie funktioniert ein Funk-LAN?

Ins Internet – aber wie?

Zugang zum Internet ist auch für das Heimnetz heute Pflichtübung. Linux genießt den exzellenten Ruf, sowohl gegen Angriffe von außen gefeit als auch im normalen Betrieb robuster und stabiler zu sein als die kommerzielle Konkurrenz. Obwohl es nicht schwer ist, eine Linux-Maschine ans Internet anzubinden, können einen die Details doch ganz schön durcheinanderbringen, und das passiert nicht nur Laien. Das Internet ist natürlich immer das gleiche, aber es bestehen doch große Unterschiede darin, mit welchen Geräten und mit welchen Methoden Sie den Anschluss herstellen. Daran hängen dann die interessanten Dinge: wie schnell die Daten fließen können und was Sie dafür bezahlen müssen. Wer keine Flatrate kaufen kann, findet sich in einem wahren Tarifdschungel wieder. Dieses Kapitel will ein wenig Überblick verschaffen.

Welcher Anschluss?

Wer in Deutschland heute mit dem Rechner ins Internet will, benutzt meist eine von vier verbreiteten Methoden:

- DSL
- ISDN
- Kabelfernsehen
- analoge Telefonleitung

Sie können nicht jede dieser Methoden an jedem Ort haben. Das viel beworbene DSL ist in ländlichen Gebieten oftmals gar nicht verfügbar. Internet aus dem Rundfunk- und Kabelnetz kommt gerade aus dem Testlauf und ist auch nur da möglich, wo es Kabelfernsehen gibt: in den Städten. ISDN und analoge Telefonleitungen sind zwar flächendeckend in Deutschland verfügbar, aber da tröpfeln die Daten leider viel langsamer als bei dem Breitband-Internet via DSL und Kabelmodem, das z.B. in der Schweiz schon seit Jahren Standard ist.

Modem oder Router?

Die einfachste Art, das Internet zu erreichen, führt über einen *Router*. Router sind kleine leistungsfähige Internet-Kästchen für DSL oder (seltener) ISDN. Sie machen bei Bedarf die Leitung auf und wieder zu, außerdem haben sie meist noch Firewall-Funktionalitäten und einen sogenannten *DHCP-Server* unter dem Gehäusedeckel. Ihr Rechner hat dann lediglich eine normale IP-Konfiguration für das lokale Netzwerk wie aus dem letzten Kapitel, wobei das Default-Gateway des Rechners auf das Kästchen zeigt – wenn Sie DHCP einsetzen, geschieht das sogar automatisch. Prominenter Vertreter dieses Kästchen-Typs ist die »Fritz!Box«, die man bei einigen Providern sogar kostenlos oder subventioniert zum Vertrag noch dazu geliefert bekommt. Aber das ist nicht die einzige Box dieser Art, die es gibt.

Ebenso verbreitet sind Kabel- oder DSL-Modems. Der Unterschied zu Routern wird Ihnen klar, wenn Sie sich fragen, wer denn nun ins Internet wählt, also die Verbindung aufbaut. Das ist eine eminent wichtige Frage, denn sie entscheidet darüber, welches Element Ihres Netzwerks eine »echte« IP-Adresse vom Provider übermittelt bekommt und damit später von außen »sichtbar« sein wird. Wenn bei Ihnen ein Router wählt bzw. die Leitung öffnet, bekommt er die »echte«, äußere IP-Adresse vom Provider zugewiesen. An der Netzwerkschnittstelle nach innen zeigt er eine lokale IP-Adresse, über die Sie (bzw. Ihr Computer) nach draußen kommen (siehe Abbildung 19-1). Das kann allerdings nur funktionieren, weil Ihre Internet-Zugangsdaten auf dem Router eingetragen sind. Mit dem eigentlichen Verbindungsaufbau hat dann keiner Ihrer Rechner im lokalen Netz etwas zu tun.

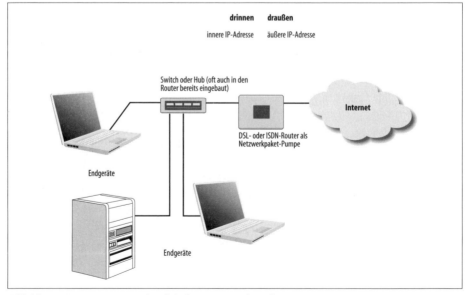

Abbildung 19-1: Router zwischen lokalem Netzwerk und Internet

Anders bei Computern, die mit irgendwelchen Modems sprechen. Da liegen Ihre Zugangsdaten auf Ihrem Rechner und werden erst dann an das Modem-Gerät übertragen, wenn der Rechner die Verbindung aufbaut. Auch die vom Provider übertragene »echte« IP-Adresse bekommt anschließend nicht das Modem, sondern der Rechner, der das Modem nur wie eine Netzwerkkarte benutzt. Das klingt auf den ersten Blick sicherer, hat aber den Nachteil, dass eventuelle Angreifer im Internet viel näher an Ihre Daten herankommen. Auf Ihrem Rechner muss definitiv eine Firewall laufen, die Zugriffe von außen wirkungsvoll abblockt. Bei einer Router-Lösung schützt die Firewall auf dem Router (so denn eine da ist) bereits das ganze Netzwerk – und sei es nur mit der einfachsten Art von Schutz, die internen IP-Adressen nicht nach außen zu zeigen. (Diese Technik heißt *Network Address Translation* oder *NAT*.) Mögliche Angreifer im Internet sehen bei einer Router-Lösung nur den Router. Bei Modems sehen sie Ihren Rechner (siehe Abbildung 19-2). Zum Thema Firewall finden Sie mehr im nächsten Kapitel.

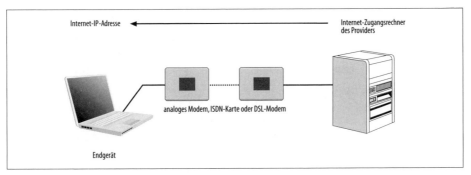

Abbildung 19-2: Der Rechner wird Teil des Internets.

Falsch verbunden

Nicht die Daten auf dem Rechner, sondern die Telefon-Einwahlnummer ist das Ziel von sogenannten *Dialern*. Ältere Windows-Versionen, die per Analog-Modem und ISDN-Karten ins Internet verbanden (und ihre zum Teil arglosen Benutzer) waren vergleichsweise leicht von bösartigen Internetanbietern dazu zu bringen, die Einwahldaten ferngesteuert auszutauschen. Statt Billig-Anbietern wurden dann Telefonnummern in die Einwahl-Konfiguration eingetragen, bei denen absichtlich viel mehr Geld für die Internet-Verbindung in Rechnung gestellt wird. Solche Dialer gab es zumindest im Frühjahr 2007 noch nicht für Linux (und vermutlich wird es sie niemals geben), Windows-Benutzer bundesweit sind in den letzten Jahren jedoch schon um Millionenbeträge geprellt worden. Bei Router-Lösungen wählen die Rechner nicht selbst, und bei DSL wird überhaupt nicht telefoniert, deshalb ist dabei die Gefährdung durch Dialer ausgeschlossen.

Woran erkennt man den Unterschied?

Ob Ihr Gerät ein Modem oder ein Router ist, lässt sich ohne einen Blick in die technische Beschreibung des Geräts meist sehr schlecht sagen. Wenn Sie die Zugangsdaten – meist über den Browser in einen Web-Dialog des Kästchens – eintragen sollen, ist es ein Router. Wenn Sie eine Windows-Zusatzsoftware mitgeliefert bekommen, wo die Rede von *PPPoE* (PPP over Ethernet, siehe später) ist, haben Sie vermutlich ein Modem vor sich. Aber Vorsicht: Nicht wenige dieser ISDN-, DSL- und Kabelrouter können auch als Modem betrieben werden. Ein Seminarteilnehmer[1] erzählte mir stolz, wie toll openSUSE seinen DSL-Router gefunden habe und wie er mit wenigen Handgriffen die Zugangsdaten eingetragen und dann erstaunlich schnellen Zugriff zum Internet bekommen hatte. Nun, ganz offensichtlich hatte das Installationsprogramm sein Zugangsgerät gefunden. Aber da er die Zugangsdaten auf seinem Rechner hinterlegte, wurde es offenbar als Modem betrieben. Das ist starker Tobak für einen Anfänger, aber eigentlich nicht wirklich schwierig. Sie sehen immerhin, warum Sie die Bedienungsanleitung dieser Geräte studieren sollten, bevor Sie einfach loslegen.

Welche Distribution?

Wie weit der Weg zu einer soliden Internetverbindung ist, hängt zu guter Letzt noch davon ab, mit welchen Konfigurationswerkzeugen Ihre Linux-Distribution ausgerüstet ist. Da gibt es enorme Unterschiede. Manche haben Programme, die fast alles automatisch machen, bei anderen stehen in den Mailinglisten und Foren Sätze wie »Hey, lass den Quatsch, und kauf' Dir einfach einen Router«.

Wie funktioniert das?

Im letzten Kapitel haben Sie gelesen, dass Linux-Rechner im Netzwerk IP-Adressen benötigen, um sich gegenseitig zu erreichen. Die Netzwerk-Software in Linux kümmert sich darum, dass die Dateien oder Nachrichten, die Sie von einem Rechner zum nächsten kopieren wollen, auf kleine Netzwerkpakete verteilt, verpackt und verschickt werden. Der Zielrechner packt die Pakete aus und setzt sie wieder zusammen. Das funktioniert im Internet exakt genauso.

Der Weg ins Internet

Der einzige Unterschied zum lokalen Klein-Netz ist folgender: Wenn das Netzwerk umfangreicher wird, braucht der Rechner neben der IP-Adresse und Netzwerkmaske auch noch zwei weitere Hilfsmittel: die *Namensauflösung* und ein *Standard-Gateway* (Default-Gateway). Jede Internet-Adresse wie *www.magnum-opus.de*,

---

1 Danke, Sascha Hinz!

www.campuslinux.de, *www.oreilly.de* oder auch *ftp.suse.com* steht für einen Rechner, der (irgend)eine IP-Adresse hat. Ihr Computer kann diese Rechner nur dann erreichen, wenn er herausfinden kann, welche IP-Adresse das ist. Dafür gibt es eine Art Auskunftsdienst, *DNS* oder *Domain Name Service* genannt. In manchen Firmen gibt es solche elektronischen »Fräuleins vom Amt« im lokalen Firmen-Netzwerk, und die Rechner von Privat- und Heimanwendern fragen üblicherweise den DNS-Server (wie eine kostenlose Telefon-Auskunft) ihres Providers. Der löst den Internet-Namen in eine IP-Adresse auf.

Kaum ist die Ziel-IP-Adresse gefunden, taucht ein neues Problem auf: Diese Adresse passt nicht zu den IP-Adressen Ihres Netzwerks (das kann sie ja gar nicht), sie ist schlicht »irgendwo da draußen«. Deshalb benötigt Ihr Rechner auch eine besondere IP-Adresse, an die er Netzwerkpakete schicken soll, die »nach draußen« sollen. Diese Adresse nennt man das *Default-Gateway* oder *Standardgateway*. Ein Briefkasten wäre ein schönes Bild dafür: Unser Rechner steckt seine Netzwerkpakete da hinein, und das Internet sorgt dafür, dass ein Weg zum Ziel gefunden wird – wie beim Post- und Paketdienst.

Wenn Sie einen Router betreiben, tragen Sie (oder DHCP) dessen innere IP-Adresse als Default-Gateway auf Ihrem Rechner ein. Ihr Rechner schickt dann alle Netzwerkpakete für das Internet zu seinem Default-Gateway, dem Router. Und der schickt sie wieder zu seinem Default-Gateway, das ist der Rechner des Internet-Providers. Betreiben Sie dagegen ein Modem oder eine ISDN-Karte, bekommt Ihr Rechner die »echte« IP-Adresse des Providers. Ihr Rechner wird dadurch Teil des Internets, und das Default-Gateway Ihres Rechners ist der Provider-Rechner. Sie sehen: Ohne Router-Rechner geht es nicht.

Wahl-los

Internet-Verbindungen per *DSL* (*Digital Subscriber Line*) und Fernsehkabel haben einen wesentlichen Unterschied gegenüber solchen per Analog-Modem oder ISDN: Verbindet sich der Rechner mit Analog-Modem oder ISDN zum Provider, muss er erst einmal eine Telefonnummer wählen, um eine Verbindung herzustellen. Das DSL-Signal (und die digitalen Kabelsignale) stehen dagegen immer an der Hausleitung an. Bei DSL handelt es sich um analoge Welleninformationen, die wie Radiosignale auf die Telefon-Kupferleitung aufgespielt werden. Der sogenannte *Splitter* filtert diese Signale (wie eine Frequenzweiche in guten HiFi-Boxen) aus der sonst digitalen ISDN-Leitung (z.B. bei T-DSL) heraus. Das Telefonsignal geht in die ISDN-Anlage, die DSL-Information in das DSL-Modem bzw. den -Router. In Deutschland bei Weitem am häufigsten verwendet ist das *ADSL* (*Asynchronous Digital Subscriber Line*), das im Gegensatz zum teureren *SDSL* (*Symmetrical Digital Subscriber Line*[2]) verschieden hohe Raten für Download und Upload bietet. DSL

---

2 http://de.wikipedia.org/wiki/ADSL bzw. SDSL

funktioniert sowohl bei neuen ISDN- als auch bei »alten« analogen Leitungen – nur aus Metall müssen sie sein, mit Glasfaser funktioniert das nicht – zum Leidwesen vieler Leute im Osten Deutschlands.

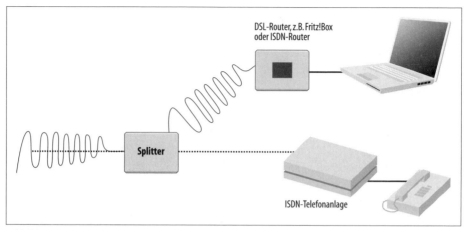

Abbildung 19-3: Analoge DSL-Wellen auf der digitalen ISDN-Leitung

In den Sand gesetzt

Für Millionen und Abermillionen von Steuergeldern vergrub die Telekom nach der Wende Glasfaserkabel im Osten der Republik, um flächendeckend Hochgeschwindigkeits-ISDN anbieten zu können. Für diesen Dienst zahlt man dort jetzt eine skurrile Zeche: Da das wesentlich schnellere DSL Kupferleitungen zur Übertragung braucht, kann es dort nicht angeboten werden. Und für noch schnelleres Highspeed-Internet per Glasfaser und Kabelmodem fehlte bislang noch der kaufmännische Wille ...

Blindflug

Den Unterschied zwischen »kostet Geld« und »kostet nichts« können Sie bei Verbindungen per DSL nicht unbedingt einfach von außen sehen. Die Lampe, die bei den meisten DSL-Routern leuchtet, berichtet üblicherweise nur darüber, dass das DSL-Signal vorhanden ist. Bei einem DSL-Modem leuchtet die Lampe dagegen in der Regel erst dann auf, wenn Ihr Rechner die Verbindung aufgebaut hat. Sollten Sie also keine Flatrate, sondern einen Zeittarif gebucht haben, haben Sie bei Modem-Betrieb eine wesentlich bessere Kontrolle darüber, ob der Rechner noch online ist oder nicht, als bei einem Router.

Ein fehlerhafter DSL-Router, der die Verbindung nicht mehr ordnungsgemäß kappte, kostete mich einmal mehr als 500 Euro für einen Monat, weil ich damals nur einen Zeittarif hatte[3]. Von außen war nicht zu erkennen, dass die Verbindung ständig aufrechterhalten wurde. Die unangenehme Überraschung kam erst mit der Rechnung. Wenn Sie also vorhaben, einen Router einzusetzen, sollten Sie tunlichst auf eine Flatrate umstellen.

Von Punkt zu Punkt

Wenn Rechner Telefonleitungen aufbauen, um darüber Daten (mit TCP/IP) zu verschicken, taucht immer der Begriff *PPP* (*Point-to-Point Protocol*[4]) auf. Dieses Protokoll kommt bei ISDN-Karten und analogen Modems zum Einsatz, aber nicht nur dort. Sehen Sie sich zum Beispiel eine simple Modemverbindung an.

Das digitale Datenrohr

Ihr Rechner und das Internet kommunizieren über TCP/IP. Das kann Ihnen heute jeder Elfjährige erklären. Doch zwischen Ihrem Rechner und dem Internet liegen womöglich erst einmal ein paar (Kilo)Meter Telefonleitung. Wenn er über so eine Leitung Netzwerk-Daten austauschen will, muss der Rechner eventuell auf »Amts«-Töne warten, dann (per Modem oder ISDN) Telefonnummern wählen und schließlich darauf achten, dass die Leitung nicht zusammenbricht. Das ist im Groben, was das Point-to-Point-Protokoll für Sie tut. So beschützt, kann der TCP/IP-Datenstrom zwischen den Rechnern im Internet und Ihrem Rechner fließen. Abbildung 19-4 zeigt, wie zwei Rechner eine Netzwerkverbindung über Modems aufrechterhalten statt über Netzwerkkarten. Die gesamte Netzwerksoftware darüber (dargestellt als Schichttortenmodell, ähnlich wie in Abbildung 18-1 auf Seite 582 mit IP-Adressierung, den Transportprotokollen TCP und UDP und schließlich Anwenderprogrammen oben drauf) ist dabei dieselbe, als würden Netzwerkkarten benutzt. Das ist das Besondere an TCP/IP: Die »logische« Unterteilung in IP-Netzwerknummern ist Software. Dadurch spielt das eigentliche Übertragungsmedium keine Rolle.

Ruft der Rechner die Provider-Telefonnummer an (hier per Modem), nimmt auf Providerseite ebenfalls ein Modem ab. Beide Modems handeln sofort mit schrecklichem Gepfeife und Gekreische aus, wie schnell sie sich miteinander unterhalten können. (Das allein ist noch nicht die Internetverbindung, es bereitet sie nur vor.) Nachdem die Modems sich einig sind, verbindet die Telefonleitung jetzt unseren Rechner direkt mit dem Rechner des Providers (siehe Abbildung 19-5).

---

3 ... und zeigte mir, wie furchtbar unflexibel Firmen wie *1&1* sind, wenn sie das Geld schon einmal auf dem Konto haben.

4 *http://tools.ietf.org/html/rfc1548*

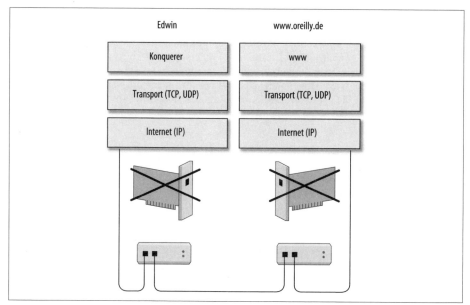

Abbildung 19-4: Rechnerverbindung über Modems und Telefonleitung

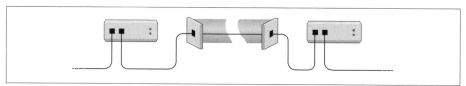

Abbildung 19-5: Modemverbindung über ein öffentliches Telefonnetz

Als Nächstes fragt der Provider-Rechner durch die Modemverbindung unseren Rechner nach den Zugangsdaten. Wenn wir als Anrufer ein gültiges Benutzername-Passwort-Paar übermitteln können (die Zahlen und Buchstaben der Zugangsdaten, die wir vom Provider übermittelt bekommen haben), bauen die beiden Rechner eine Verbindung auf, die Sie sich wie einen Gartenschlauch oder ein Rohr vorstellen können. Das *Point-to-Point-Protokoll* (PPP) bildet dieses Verbindungsrohr und erhält es aufrecht. Die gesamte beteiligte Hardware, angefangen von unserem Modem über die Kabelstränge bis zum gegenüberliegenden Gerät, ist dabei Teil des Rohrs. In Abbildung 19-6 sind das die beiden grauen Balken zwischen »Edwin« und dem Provider-Rechner, sie sollen das der Länge nach durchgeschnittene Rohr symbolisieren.

Weil es für TCP/IP keine Rolle spielt, welche Hardware die Daten übermittelt, können Sie sich diese Verbindung ebenso gut mittels ISDN-Karten oder DSL-Modems denken. Dass die einen rein äußerlich mehr wie Netzwerkkarten aussehen, die anderen aber mehr an analoge Modems erinnern, ist ohne Belang. Sobald der Zugangsrechner des Internet-Providers dem anrufenden Rechner eine IP-Adresse

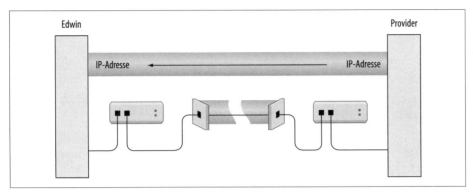

Abbildung 19-6: PPP als Rohr, durch das die IP-Daten von Edwin zum Provider und umgekehrt geschickt werden

vergeben hat, die im Internet gültig ist, arbeitet er nur noch als *Router* zwischen Ihrem Rechner und dem Internet. Er nimmt die Netzwerkpakete von *edwin* entgegen, reicht sie ins Internet weiter und transportiert die Antworten auf Netzanfragen aus dem Internet an *edwin* zurück (siehe Abbildung 19-7).

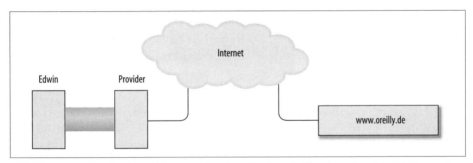

Abbildung 19-7: Der Rechner Edwin ist über das PPP-Protokoll und den Provider-Rechner mit dem Internet verbunden.

Wenn die Telefonverbindung getrennt wird, fällt die von uns benutzte, echte Internet-IP-Adresse an den Provider zurück. Ruft gleich darauf ein anderer Kunde mit seinem Rechner den gleichen Provider an, bekommt jetzt vermutlich dessen Rechner »unsere« IP-Adresse, die wir nicht mehr brauchen. Es gibt keine Probleme, solange immer nur ein Rechner im weiten Internet gleichzeitig die gleiche IP-Adresse zur gleichen Zeit besitzt. Die Provider selbst bezahlen Geld dafür, dass bestimmte IP-Adressen exklusiv für sie reserviert werden, und wir bezahlen dafür, dass der Provider uns diese IP-Adressen vermietet.

Unterschiede zu ISDN

ISDN-Verbindungen funktionieren im Prinzip genauso wie die Modem-Wahlverbindungen vom Beispiel vorher – mit drei wesentlichen Unterschieden:

- Modems verwandeln digitale Signale in grässliche Töne. Diesen Vorgang nennt man *Modulieren*: Das Kreischen und Rauschen sind analoge Wellensignale, die sich auf analoge Telefonleitungen aufschalten lassen. Wenn man den Lautsprecher an lässt, kann man diese Geräusche hören. Die Gegenstelle *demoduliert* das Gekreische wieder in lautlose digitale Signale. ISDN ist dagegen von Hause aus ein digitales Protokoll, das keine Signale in analoge und wieder zurück konvertieren muss. Deshalb ist es auch so schön leise.

- Wählt sich jemand per Analog-Modem ins Internet, ist die Telefonleitung für die Zeit der Verbindung belegt. Bei ISDN stehen dagegen parallel zwei Datenkanäle (*B-Kanäle*) und ein Kommando- und Informationskanal (*D-Kanal*) zur Verfügung. Sie blockieren also nicht das Telefon, nur weil Sie im Internet surfen – bis Sie herausfinden, dass man mit Kanalbündelung beide Kanäle zum doppelten Datendurchsatz zusammenfassen kann. Dann ist das Telefon wieder besetzt.

- Die ISDN-Verbindung wird über Software hergestellt, die meist eine in den Rechner eingebaute ISDN-Karte ansteuert. Das Ganze erinnert deutlich mehr an Netzwerkkarten als an Modems (obwohl es – recht selten – auch ISDN-Modems und -Router gibt). ISDN-Karten benötigen zwei Schritte für eine Verbindung: einen Hardware-Treiber, der mit dem Chip auf der ISDN-Karte kommuniziert, und dann – wenn die Karte bereits initialisiert ist – einen PPP-Treiber oben drauf, der die eigentliche Verbindung herstellt.

DSL und PPP

Wie oben schon erwähnt wurde, ist das DSL-Signal ständig vorhanden, deshalb müssen Rechner und DSL-Router keine Telefonnummern wählen, um ins Internet zu kommen. Im Fall von DSL übergibt der Router bzw. der Rechner über das Modem die Zugangsdaten für den Netzwerk-Login. Dabei kommt ebenfalls PPP zum Einsatz: *PPPoE (PPP over Ethernet)* heißt deswegen »Over Ethernet«, weil die Rechner mit dem DSL-Modem über eine Ethernet-Leitung verbunden sind.

Bei *Kabel Deutschlands* Kabelanschluss ist nicht einmal das nötig: Sie stellen die IP-Adresse der Netzwerkkarte, die mit dem Modem verbunden ist, auf DHCP. Sobald der Rechner beim Hochfahren eine Nummer anfordert, holt das Modem eine echte IP-Adresse aus dem Internet. Das ist alles.

Einstiegsdiagnose

Sie brauchen keine Einstiegsdiagnose, wenn Sie Router-Besitzer sind. Stellen Sie die Netzwerkkonfiguration Ihres Rechners auf DHCP ein, und lassen Sie den DHCP-Server im Router die IP-Adressen im lokalen Netz verteilen. Leichter geht es nicht, und funktionieren tut's auch. Das Kästchen kümmert sich um alles. Wenn Sie sich aber per Modem oder ISDN einwählen wollen, bekommt der Rechner beim Einwählen ins Internet (bzw. beim Aufbau der Leitung) eine neue IP-Adresse zugeteilt. Deshalb sollten Sie wissen, wie die Konfiguration vorher war, um dann den Unterschied zu erkennen, wenn sich etwas verändert hat. Die Tiefen von TCP/IP erklärt Ihnen ein spezielles Fachbuch viel besser. Sehen Sie für Einzelheiten vielleicht in Craig Hunts wunderbarem TCP/IP-Buch (erschienen bei O'Reilly) nach.

Drei Informationen über die Netzwerkkonfiguration sind für Sie interessant:

- die aktuelle IP-Adresse des Rechners und wie die Netzwerkkarten bezeichnet werden
- die Routing-Tabelle, um herauszufinden, auf welche IP-Adresse das Default-Gateway zeigt (denn da soll sich ja etwas ändern, wenn die Verbindung erfolgreich aufgebaut ist)
- der (oder die) Nameserver, der für die Namensauflösung gefragt wird (bzw. werden).

IP-Adressen abfragen

Die IP-Adressen bekommen Sie mit dem Befehl *ifconfig* oder *ip a*:

```
edwin:~# ifconfig
eth0      Protokoll:Ethernet  Hardware Adresse 00:10:DC:F0:CC:D0
          inet Adresse:192.168.170.3  Bcast:192.168.170.255  Maske:255.255.255.0
          inet6 Adresse: fe80::210:dcff:fef0:ccd0/64 Gültigkeitsbereich:Verbindung
          UP BROADCAST RUNNING MULTICAST  MTU:1500  Metric:1
          RX packets:36915 errors:0 dropped:0 overruns:0 frame:0
          TX packets:41138 errors:0 dropped:0 overruns:0 carrier:0
          Kollisionen:0 Sendewarteschlangenlänge:1000
          RX bytes:15486884 (14.7 MiB)  TX bytes:10613677 (10.1 MiB)
          Interrupt:193 Basisadresse:0xe000

lo        Protokoll:Lokale Schleife
          inet Adresse:127.0.0.1  Maske:255.0.0.0
          inet6 Adresse: ::1/128 Gültigkeitsbereich:Maschine
          UP LOOPBACK RUNNING  MTU:16436  Metric:1
          RX packets:51 errors:0 dropped:0 overruns:0 frame:0
          TX packets:51 errors:0 dropped:0 overruns:0 carrier:0
          Kollisionen:0 Sendewarteschlangenlänge:0
          RX bytes:3350 (3.2 KiB)  TX bytes:3350 (3.2 KiB)

sit0      Protokoll:IPv6-nach-IPv4
          inet6 Adresse: ::127.0.0.1/96 Gültigkeitsbereich:Unbekannt
          inet6 Adresse: ::192.168.170.3/96 Gültigkeitsbereich:Kompatibilität
          UP RUNNING NOARP  MTU:1480  Metric:1
          RX packets:0 errors:0 dropped:0 overruns:0 frame:0
          TX packets:0 errors:0 dropped:0 overruns:0 carrier:0
          Kollisionen:0 Sendewarteschlangenlänge:0
          RX bytes:0 (0.0 b)  TX bytes:0 (0.0 b)
```

```
edwin:~#ip a
1: lo: <LOOPBACK,UP,10000> mtu 16436 qdisc noqueue
    link/loopback 00:00:00:00:00:00 brd 00:00:00:00:00:00
    inet 127.0.0.1/8 scope host lo
    inet6 ::1/128 scope host
       valid_lft forever preferred_lft forever
2: eth0: <BROADCAST,MULTICAST,UP,10000> mtu 1500 qdisc pfifo_fast qlen 1000
    link/ether 00:10:dc:f0:cc:d0 brd ff:ff:ff:ff:ff:ff
    inet 192.168.170.3/24 brd 192.168.170.255 scope global eth0
    inet6 fe80::210:dcff:fef0:ccd0/64 scope link
       valid_lft forever preferred_lft forever
3: sit0: <NOARP,UP,10000> mtu 1480 qdisc noqueue
    link/sit 0.0.0.0 brd 0.0.0.0
    inet6 ::192.168.0.3/96 scope global
       valid_lft forever preferred_lft forever
    inet6 ::127.0.0.1/96 scope host
       valid_lft forever preferred_lft forever
edwin:~#
```

Das Ergebnis der beiden Kommandos sieht zwar verschieden aus, zeigt aber das Gleiche: Die Maschine »edwin« (erkennbar am Shell-Prompt) hat drei Netzwerkschnittstellen: *lo*, *eth0* und *sit0*. Selbst wenn Ihr Rechner keine Netzwerkkarte eingebaut hat, zeigt er trotzdem eine Schnittstelle *lo*, die benutzen TCP/IP-fähige Computer, um mit sich selbst zu sprechen. Diese sogenannte *Loopback*-Schnittstelle hat immer die IP-Adresse 127.0.0.1. *sit0* ist ebenfalls eine solche virtuelle Netzwerkschnittstelle. Sie wird automatisch erstellt, wenn Ihre Distribution das Netzwerkprotokoll IPv6 automatisch einschaltet – z.B. bei SUSE, aber auch bei anderen Distributionen. Zum Schluss endlich sehen Sie eine Schnittstelle, für die es auch eine Netzwerkkarte gibt: *eth0* ist eine Ethernet-Netzwerkkarte. Sie trägt aktuell die IP-Adresse 192.168.0.3 und verbindet meinen Schreibcomputer mit den anderen Rechnern im Büro. Ethernet-Netzwerkkarten heißen immer »eth?«, z.B. *eth1*, *eth2* etc. Netzwerkschnittstellen, die für Einwahlverbindungen ins Internet stehen, heißen für Modems meist *ppp0* oder (bei ISDN-Verbindungen) *ippp0*, bisweilen auch *isdn0*. Bevor die Einwahlverbindungen nicht konfiguriert sind, erscheinen auch noch keine Schnittstellen-Namen in der Liste. Sie tauchen auf, sobald Treiber geladen sind.

Routing-Tabelle abfragen

Wie der Rechner die Netzwerkpakete ins Internet oder an andere Rechner schicken will, verrät das Kommando *route -n* bzw. dessen modernerer Nachfolger *ip r*:

```
edwin:~# route -n
Kernel IP Routentabelle
Ziel            Router          Genmask         Flags Metric Ref    Use Iface
192.168.0.0     0.0.0.0         255.255.255.0   U     0      0        0 eth0
0.0.0.0         192.168.0.16    0.0.0.0         UG    0      0        0 eth0
```

```
edwin:~# ip r
192.168.0.0/24 dev eth0  proto kernel  scope link  src 192.168.0.3
default via 192.168.0.16 dev eth0
edwin:~#
```

Auch hier liefern die beiden Kommandos verschiedene Ansichten für die gleichen Informationen: Alle Pakete in das Netzwerk 192.168.0.0 werden der Schnittstelle *eth0* übergeben, und alles, was eine andere Netzwerkadresse hat als unsere (0.0.0.0), geht an den Rechner mit der IP-Adresse 192.168.0.16. Der Rechner mit dieser IP-Adresse ist das *Default-Gateway* meines Rechners. Alle Netzwerkpakete an Rechner mit fremden IP-Nummern schickt er dieser Adresse, die soll sie nach draußen weiterleiten.

DNS-Abfragen testen

Ein letzter Test: Wie findet mein Rechner heraus, welche IP-Adressen hinter unbekannten Internet-Namen stecken? Wenn er einen Nameserver (DNS-Server) befragt, um den Namen in eine IP-Adresse aufzulösen, steht die IP-Adresse des Nameservers in der Datei */etc/resolv.conf*. Welcher Nameserver ist nun bei Ihrer Maschine eingestellt? Finden Sie es heraus, indem Sie cat */etc/resolv.conf* eingeben:

```
edwin:~# cat /etc/resolv.conf
search ddt.loc
nameserver 192.168.0.16
edwin:~#
```

Sie sehen, mein Rechner fragt die Adresse 192.168.0.16. Internet-Router-Kästchen wie die Fritz!Box oder ihre Konkurrenzprodukte stellen DNS, also Nameserver-Dienste zur Verfügung.[5]

Wenn Sie kein Firmennetzwerk mit DNS-Server betreiben, haben Sie vielleicht keinen Nameserver eingetragen. Wenn Sie aber ans Internet angeschlossen sind, brauchen Sie so einen Eintrag. Er weist entweder auf ein Router-Kästchen (wie in meinem Fall) oder auf den DNS-Server des Providers. Welchen Server Sie verwenden sollen, steht normalerweise in den Papieren, die Ihr Provider Ihnen zugeschickt hat. Aber es kommt noch besser: Call-by-Call-Provider übermitteln die IP-Adresse ihres Nameservers bei der Einwahl an Ihren Computer, und gute Internet-Einwahlprogramme übernehmen diesen Wert automatisch – indem sie die Datei */etc/resolv.conf* umschreiben. Noch bessere Internet-Einwahlprogramme stellen die alten Werte nach Abbruch der Verbindung auch wieder auf die alten Werte zurück.

---

5 Nun, eigentlich leitet es die Anfrage nur an den Nameserver des Providers weiter und die Antwort zurück an Ihren Rechner. Aber mehr ist ja auch nicht nötig ...

Der *search*-Eintrag bedeutet übrigens, dass bei einfachen Rechnernamen die Endung *.ddt.loc* als Domänennamen angenommen wird. Wenn mein Rechner z.B. nach »zaphod« fragt, bekommt er als Antwort die Adresse von »zaphod.ddt.loc« zurück – das ist der *Fully Qualified Domainname* dieses Rechners. »ddt.loc« ist also der Name meiner internen Domäne im Büro. Im Internet könnte ich damit keinen Blumentopf gewinnen, denn die Endung *.loc* ist dort nicht erlaubt. Aber für private Zwecke darf ich meine Domäne nennen, wie ich will.

Bis zu drei Nameserver-Einträge dürfen in einer *resolv.conf*-Datei stehen. Bei manchen Distributionen werden die Nameserver des Providers nicht oder nicht sauber in die */etc/resolv.conf* eingetragen. Sie haben dann eine kostenpflichtige Leitung offen, können aber trotzdem nicht surfen, weil Ihr Rechner die Namen z.B. von *www.wildeweiber.com* oder *www.magnum-opus.de* etc. nicht auflösen kann.

Ob die Namensauflösung schon funktioniert, können Sie mit einem einfachen host *internetnamen* testen. Die Ausgabe kann z.B. so aussehen:

```
dieter@edwin:~$ host www.rolls-royce.com
www.rolls-royce.com has address 195.149.127.11
dieter@edwin:~$
```

Nun, ich werde mir von den Einnahmen aus diesem Buch sicher kein eigenes Strahltriebwerk kaufen können, aber man kann ja mal gucken ... Wenn die Namensauflösung externer Adressen (noch) nicht funktioniert, liegt das in der Natur der Sache: Wir haben ja noch keine Verbindung aufgebaut.

Netzwerkeinstellungen

Jetzt brauchen Sie noch eine Netzwerkschnittstelle, mit der Sie den Griff nach draußen realisieren. Das Netzwerk-Einstellungswerkzeug Ihrer Distribution hilft Ihnen dabei, diese Schnittstelle anzulegen. Jede hat ja zum Teil selbst entwickelte Werkzeuge, und sie sind meist auch recht einfach zu bedienen. Hat die Distribution keine Werkzeuge (oder sie sind wie bei Ubuntu/Debian gut versteckt und hässlich), dann gibt es wie bei GNOME mittlerweile auch solche, die der grafischen Oberfläche gehören.

Der Feind hinterm Tor

Ein Wort vorab: Setzen Sie auf keinen Fall eigenmächtig in einer Firmenumgebung ISDN-Karten oder Modems, DSL-Kästchen etc. in Gang, ohne der EDV-Abteilung Bescheid zu geben. Sehr häufig hat die Firma bereits viel Geld für eine Firewall-Lösung ausgegeben, die die Rechner des Firmennetzes vor Schurken aus dem Internet schützen soll – und damit auch Ihren Rechner. Wenn Sie aber von einem dieser geschützten Rechner aus eine – womöglich ungeschützte – Verbindung ins Internet aufbauen, hebeln Sie damit (nicht »unter Umständen«, sondern *ziemlich sicher*) die Sicherheit des gesamten Firmennetzes aus. Das wäre so, als würden Sie bei einer schwer gesicherten und bewachten Burg, die von Feinden belagert ist, an einer Stelle mal schnell ein Gartentürchen öffnen. Die Geschichte ist voll von Berichten über solche unbewachten Gartentürchen, von denen die Verteidigung nichts wusste, und am Schluss brannte die ganze Burg nieder.

Neu und gut: DSL

Keine Frage: Wenn es an Ihrem Wohnort DSL oder Internet über das Fernsehkabel gibt, dann sollten Sie das nehmen. Sie würden auch keinen Autoveteran von 1910 mehr mit der Hand ankurbeln, wenn Sie ein modernes und schnelles Auto haben können, um zur Arbeit zu fahren. Ebenso wenig sollen Sie sich mit den Feinheiten von Modem und ISDN herumschlagen, wenn das vermeidbar ist. Zum einen unterbieten sich die Internet-Provider gegenseitig mit immer billigeren Angeboten, zum anderen ist die Einrichtung so einfach, dass Sie sich hinterher fragen werden, wieso Sie sich denn so lange mit Analog-Modems oder ISDN herumgeärgert haben.

Eine einzelne ISDN-Leitung kann gerade einmal 64 Kbit/s übertragen – das ist nur ein Achtel schneller als ein Analog-Modem. Selbst bei Kanalbündelung, wenn also der Ehepartner schon nicht mehr gleichzeitig telefonieren kann, weil wir mit der Datenverbindung beide ISDN-Telefonleitungen an uns reißen, sind es nur 128 Kbit/s. DSL bekommen Sie – wo es geht – schon gar nicht mehr unter 6000 KBit/s, meist bekommen Sie automatisch sogar 16000 KBit/s für den gleichen Flatrate-Preis. Nur auf dem Land, wo die Länge der Leitungen höhere Durchsatzraten unmöglich macht, werden sogenannte »DSL-Light«-Angebote gemacht, die nur knapp 400 KBit/s schaffen. Das ist der Pferdefuß bei DSL: Die nächste Schaltstelle des Telekommunikationsanbieters darf nicht weiter entfernt sein als ungefähr 4,5 Kilometer. Sonst fällt das DSL-Signal durch Leitungsdämpfung so weit ab, dass die Datenübertragung unmöglich wird. Selbst DSL-Light ist aber immer noch viel mehr als bei ISDN – und das Telefon bleibt frei.

Betriebsarten

In der Betriebsanleitung meines DSL-Kästchens stand, ich solle sicherstellen, dass die Netzwerkeinstellung meines Rechners auf DHCP steht, und dann könne ich, indem ich im Browser einen bestimmten Namen wie *http://horst* oder so ähnlich eintippe, alle weiteren Dinge für den Internetzugang regeln. Das ist natürlich ein DSL-Router. Mit seinem DHCP-Server konfigurierte das Kästchen meinen Rechner so, dass dieser eine zum Kästchen passende IP-Adresse bekam, und sorgte darüber hinaus noch für die Namensauflösung: So konnte mein Rechner erfahren, hinter welcher Adresse sich dieser »horst« verbirgt. Meinen Rechner musste ich weiter gar nicht konfigurieren. Alles andere, wie z.B. meine Zugangsdaten beim Provider, trug ich in die webbasierten Kästchen-Dialoge ein, inklusive der Einstellung für dessen Firewall.

Bei einem DSL-Modem können Sie sich in den meisten Fällen auf die Konfigurationssoftware Ihrer Distribution verlassen, das können sie eigentlich alle gut. Die Zugangsdaten liegen auf dem Rechner und werden bei Bedarf per PPPoE auf das Kästchen übertragen. In beiden Fällen ist die Konfiguration damit abgeschlossen. Sobald Sie z.B. im Webbrowser auf einen Internet-Link klicken, versendet der Rechner die Internet-Anfrage an das Default-Gateway. Das ist in einem Fall der Router, weil dies per DHCP eingestellt wurde, im anderen Fall der Rechner des Providers, weil dies in der PPPoE-Einstellung steht.

Router-Betrieb

Wenn alles so eingestellt ist, wie die Router-Hersteller es wollen, funktioniert eine Verbindung ins Internet wie in Abbildung 19-8 abgebildet.

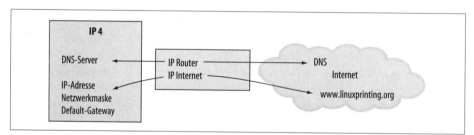

Abbildung 19-8: Netzwerkverkehr durch den DSL-Router

Lassen Sie uns eine Standardsituation durchspielen:

- Der Rechner »IP4« (links) sucht eine Internet-Adresse, z.B. *www.linuxprinting.org*.
- Der Rechner kann diesen Rechnernamen aus dem Internet nicht mit eigenen Mitteln in eine IP-Adresse auflösen. Deshalb sieht er in der Datei */etc/resolv.conf* nach, welchen Nameserver er fragen soll, um diese Information zu erhalten.

- Da mit der DHCP-Konfiguration des Rechners auch die Adresse für einen Nameserver übermittelt wurde, steht in der Datei */etc/resolv.conf* mindestens eine IP-Adresse eines DNS-Servers. Häufig ist das sogar die Adresse des DSL-Routers (wenn er DNS-Anfragen weiterleiten kann, d.h. als *DNS-Proxy* fungiert) oder die IP-Adresse des Providers Ihrer Wahl. Diesen Rechner konsultiert unsere Maschine nun, um die IP-Adresse von *www.linuxprinting.org* zu erhalten.
- Da auch das Kästchen nicht weiß, wo *www.linuxprinting.org* sich versteckt hat, öffnet es eine Verbindung ins Internet und gibt die Anfrage an einen Nameserver weiter, üblicherweise den des Providers.
- Der Nameserver des Providers liefert eine richtige Internet-Adresse zurück, und der DSL-Router meldet sie an den Benutzerrechner weiter. Diese Nummer gehört natürlich nicht zum Nummernkreis der internen Rechner (oberer Doppelpfeil).
- Statt mit dem Namen *www.linuxprinting.org* versucht der Browser des Benutzerrechners nun den Zugriff direkt auf die IP-Adresse. Da die Nummer von der internen IP-Netzwerknummer verschieden ist, schickt der Rechner das Anfragepaket an den Rechner, dem er vertraut: Das ist das Default-Gateway.
- Für alle Rechner im internen Netzwerk wurde (per DHCP) das DSL-Kästchen als Default-Gateway eingestellt. Bekommt der Router das Anfragepaket für einen Rechner, der nicht zum internen Netzwerk gehört, macht er das einzig Vernünftige: Er schickt das Paket weiter durch die bereits geöffnete Verbindung mit dem Provider. Dieser leitet es weiter, bis es beim Zielrechner ankommt (unterer Doppelpfeil).

Je nach Einstellung lässt ein DSL-Router die Leitung nach der ersten Verbindung offen, bis der Provider sie nach spätestens knapp 24 Stunden wieder trennt (typisch bei Flatrates), oder er meldet sich nach einer gewissen Zeit beim Provider ab – weil es bei einem Zeittarif sonst teuer wird. Ob der Datentransfer bereits geschieht oder nicht, können Sie – außer an den Lampen des Routers, die für die Netzwerkkabelbuchsen stehen – meist nicht erkennen. Blinken die Lämpchen, werden Daten übertragen. An der eigentlichen DSL-Lampe sehen Sie dagegen nichts.

DSL-Modems und PPPoE

DSL-Modems wissen keine Zugangsdaten, die muss der Rechner erst beim Verbindungsaufbau liefern. Darum kümmert sich, ähnlich wie beim Analog-Modem, ein PPP-Daemon. Er betreibt allerdings ein anderes Protokoll als der PPP für analoge Modems: *PPPoE* (PPP over Ethernet). Dieses Protokoll stellt ebenfalls Authentifizierung und Netzwerkkonfiguration zur Verfügung, kann dies aber auch über Ethernet austauschen. Die Linux-Software, die diesen Dienst bereitstellt, heißt »Roaring Penguin«. Hierbei hat das DSL-Gerät eine vergleichsweise passivere Rolle, als wenn es Router spielt. Auch die übermittelte IP-Adresse behält nicht das Modem, sondern reicht es an die *ppp0*-Schnittstelle des Rechners weiter. Verwirrend ist zunächst eigentlich nur, dass plötzlich zwei Gerätenamen existieren, *eth0* und *ppp0*, obwohl nur eine Netzwerkkarte existiert. Beide Netzwerkschnittstellen werden über die gleiche Hardware abgewickelt.

Abgesehen von kleineren Eigenheiten bei manchen Distributionen lassen sich Roaring Penguin und PPPoE überall leicht einrichten, auch dort, wo das bundesdeutsche ISDN Probleme machte. SUSEs YaST bringt die Einrichtung bei den Netzwerkgeräten unter. Ist das DSL-Gerät schon bei der Installation angeschlossen, können Sie es bereits da konfigurieren.

Auch bei den anderen Distributionen führt der Weg zu DSL über die Netzwerk-Konfiguration. Mandriva hat dazu eine ganze Reihe von Buttons im Administrations-Tool, die anderen konfigurieren Sie, indem Sie aus den *System-Tools* im Hauptmenü (Start-Knopf) die NETZWERK-KONFIGURATION wählen. Dort gibt es die Möglichkeit, ein neues Gerät anzulegen. Der Assistent startet sofort (siehe Abbildung 19-9), und Sie müssen eine XDSL-VERBINDUNG auswählen.

Abbildung 19-9: Eine DSL-Verbindung einrichten mit dem Netzwerk-Tool der Red Hat-Distribution.

Die wenigen Daten für die Authentifizierung des Zugangs sind dem Schreiben des Providers zu entnehmen: Der Konfigurationsdialog (siehe Abbildung 19-10) enthält so weit keine Überraschungen. Wie üblich gibt es einen besonderen Dialog für die etwas längeren Zugangsdaten von T-Online.

Abbildung 19-10: Zugangsdaten eingeben: Das betroffene Netzwerkgerät ist eine Netzwerkkarte, das war alles.

Bisweilen erscheint eine Meldung, man müsse womöglich den Netzwerkdienst neu starten. Tun Sie das (als *root*) mit dem Befehl `service network restart` in einer Shell. In der Testumgebung für das Buch war aber nicht einmal das nötig, siehe Abbildung 19-11.

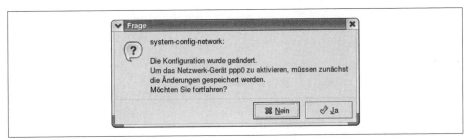

Abbildung 19-11: Eine Aufforderung, abzuspeichern – das war's.

Im Hauptdialog der Netzwerkgerätkontrolle befindet sich jetzt neben den anderen Netzwerkmedien ein weiteres Gerät, *ppp0*. Es ist deaktiviert. Ein Klick auf AKTIVIEREN macht sofort die Leitung auf (siehe Abbildung 19-12). Klicken Sie DEAKTIVIEREN an, um die Leitung wieder abzubauen.

Bei dieser Betriebsart lässt die DSL-Lampe der Fritz!Box sofort erkennen, wann die Leitung offen und wann sie geschlossen ist. Das funktioniert allerdings nur im DSL-Modem-Betrieb. Wenn in der Konfiguration des Geräts festgelegt ist, dass jeder Benutzer die Verbindung auf- und wieder abbauen darf, ist das Ziel schon erreicht.

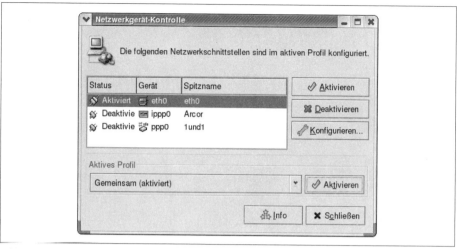

Abbildung 19-12: Das neue Device heißt ppp0 und kann sofort benutzt werden.

 Bisweilen gab es Probleme, wenn die Netzwerkkonfiguration vor dem Verbindungsaufbau schon ein Default-Gateway enthielt. Sollte es Probleme beim Aufbau der Leitung geben, sollten Sie dies in der Netzwerkkonfiguration überprüfen und das Default-Gateway testweise einmal löschen. Probieren Sie den Leitungsaufbau dann noch einmal. Das Problem entsteht deshalb, weil beim Verbindungsaufbau ein neues Default-Gateway neu gesetzt wird und das Aufbau-Skript Ihre Konfiguration nicht einfach überschreiben will.

Zwei Schalter sind wichtig im Hauptregister des Konfigurationsdialogs (siehe Abbildung 19-13): einmal die Anordnung, dass die neue IP-Adresse bei der Einwahl automatisch bezogen werden soll, außerdem der Schalter ZULASSEN, DASS ALLE BENUTZER DAS GERÄT AKTIVIEREN UND DEAKTIVIEREN KÖNNEN.

Die Verbindung aufbauen

Bei Mandriva haben Sie es bequem: Es gibt ein Kontrollleisten-Werkzeug namens *net_applet* in der KDE-Kontrollleiste bzw. im Hauptpanel von GNOME. Es zeigt einen Stecker als Icon-Symbol. Dieses Werkzeug hilft dabei, Netzwerkverbindungen aufzubauen und wieder zu trennen. Wenn es so etwas Ähnliches nicht bei Ihrer Distribution gibt, Sie aber (wie bei Fedora) mit GNOME arbeiten, könnten Sie die Netzwerkgerät-Kontrolle in die Taskleiste bzw. das Hauptpanel einbinden. Da müssen Sie zum Aufrufen der Kontrolle eventuell das *root*-Passwort eingeben, aber es gibt Schlimmeres. Ohne zusätzliche Angaben funktioniert der Verbindungsaufbau, wenn Sie bei der Konfiguration angegeben haben, dass jeder Benutzer die DSL-Verbindung öffnen darf.

Abbildung 19-13: Konfiguration des neu erzeugten Geräts: Die wesentlichen Einstellungen sind die gleichen wie bei einer normalen Netzwerkkarte.

Ins Internet per ISDN

ISDN[6], das digitale Telefon, wurde in Deutschland nach der Wiedervereinigung mit großem Tamtam von Deutschlands Monopol-Telefongesellschaft propagiert. Um das Internet zu erreichen, muss der Rechner sich einwählen, das funktioniert in vielerlei Hinsicht genau wie bei analogen Modems (siehe Seite 692), allerdings gibt ISDN dabei keine hässlichen Töne von sich. Anders als bei DSL wird aber selbst bei Flatrate-Tarifen gewählt. Deshalb war das ISDN-Telefonieren zur besten Tageszeit Mitte der 90er-Jahre – und vor dem Billigvorwahl-Preisknick – eine teure Angelegenheit. Die Daten-Durchsatzraten bei ISDN sind besser als die beim Modem, aber nicht »revolutionär« besser. 56 Kbit/s macht ein gutes Analog-Modem, ein einzelner B-Kanal gerade einmal 64 Kbit/s. Der Vorteil bei ISDN liegt nur darin, dass man eine zweite Telefonleitung offen halten kann, um per Sprachrohr Hilfe zu holen, wenn das Linux gerade mal nicht so will, wie es soll, oder dass der Ehepartner telefonieren kann, während man im Keller am Rechner arbeitet etc. Sehr bald blicken die Bastler unter den Surfern aber dann gierig auf den zweiten Kanal, um 128 Kbit/s

---

6 Integrated Services Digital Network (ISDN) ist ein internationaler Standard für ein digitales Telekommunikationsnetz (siehe *http://de.wikipedia.org/wiki/Isdn*).

aus dem Web laden zu können, und verbannen den Ehepartner damit wieder zum Kaffeekränzchen statt zur Telefonkonferenz. Da DSL und Kabel aber nicht überall zur Verfügung stehen, führt vor allem in ländlichen Gebieten und weiten Teilen Ostdeutschlands kein Weg an ISDN vorbei.

Meist ist das ISDN-Gerät eine Art Netzwerkkarte, die in den Rechner geschraubt werden muss. Der Anschluss sieht exakt genauso aus wie der einer normalen Netzwerkkarte, und boshafterweise passt auch noch der Stecker (RJ45-Format) eines Netzwerkkabels in diese Buchse. Hier ist wirklich Aufpassen gefragt, denn natürlich kann man keine ISDN-Signale durch ein Ethernet-Netzwerk schicken. Aber man kann Ethernet-Hardware zerstören, indem man eine Telefonleitung dort einsteckt. ISDN hat eine Betriebsspannung von ca. 40 V.[7] AVM kombinierte hierbei das Nützliche mit Werbung, indem sie einen AVM/Fritz!-Aufkleber auf das Montageblech der ISDN-Karte klebten, damit man sie nicht mit normalen Netzwerkkarten verwechselt. Das können Sie bei ISDN-Karten anderer Hersteller natürlich auch tun. Da die Stecker ja passen, können Sie problemlos normale Computernetzkabel verwenden statt der mitgelieferten, um die ISDN-Karte mit der nächsten ISDN-Dose zu verbinden.

Am weitesten verbreitet sind die sogenannten *passiven* ISDN-Karten, denn sie sind preisgünstig. Höherwertige Dienste wie Faxe versenden über ISDN konnten bis vor Kurzem aber nur die wesentlich teureren *aktiven* ISDN-Karten. Das hat sich geändert: Aktive ISDN-Karten spielen heute kaum mehr eine Rolle, seit es sogenannte *CAPI-Treiber* für die gängigeren Produkte gibt. Selbst Fax-Server für mehrere Netzwerkteilnehmer laufen inzwischen problemlos mit passiven Karten (von AVM).[8] Obwohl rund ein halbes Dutzend verschiedene Hersteller mit ISDN-Karten auf dem Markt sind oder waren, wurde trotzdem in den weitaus meisten Karten der gleiche ISDN-Chip verbaut, der HISAX-Chip von Siemens. Das ist einer der Gründe, warum die Hardwareerkennungen der großen Distributionen ohne Schwierigkeiten passive ISDN-Karten der großen Hersteller erkennen können: So verschieden sind die gar nicht.

ISDN einrichten mit SUSE

Mustergültig unterstützt SUSE die gängigen ISDN-Karten und auch etliche Exoten. Das liegt zum einen daran, dass die Distribution fast vollständig in Deutschland zusammengestellt wird. Andererseits entwickelt SUSE einen Großteil des ISDN-Codes mit mehreren exzellenten Entwicklern selbst.

---

7 http://www.dsl-today.de/faq-isdn.php#ntba_stromnetz
8 Wie z.B. das *bitkit* der Würzburger Firma *bitbone*, siehe http://www.bitbone.de bzw. http://www.bitkit.de

Die Hardware-Anzeige des YaST zeigt detailliert die Interna z.B. einer Fritz!Card PCI an, bevor noch irgendetwas konfiguriert ist. Aber auch eine sehr wenig verbreitete Kombo-Karte aus dem Hause Medion, die ISDN, Radio und TV-Programme anzeigen kann, steht perfekt in der Liste (siehe Abbildung 19-14). Es muss nicht immer PCI sein: Auch die Fritz!-ISA-Karten wurden früher immer hervorragend eingebunden. Mit dem völlig freien *hisax*-Treiber, der in der freien Software *isdn4linux (i4l)* bzw. *isdn4net* enthalten ist, funktionierte der Datenverkehr schon seit den 90er-Jahren problemlos. Dass auch *CAPI*[9]-Treiber inzwischen unter einer Open Source-Lizenz stehen, macht es z.B. der Würzburger Firma *bitbone* leichter, Fax-Server unter Linux zu entwickeln, die nicht in gleicher Weise den Makel der Kommerzialität tragen, wie z.B. der Kommunikationsserver David der Firma Tobit.

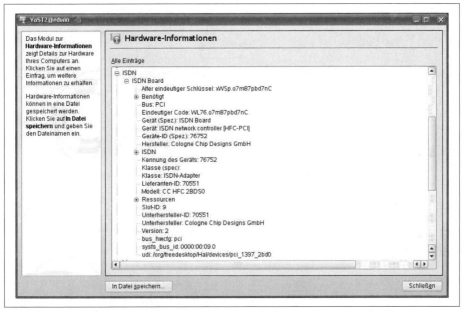

Abbildung 19-14: Sehr gute Hardwareerkennung bei SUSEs YaST

Aus der eingebauten ISDN-Karte eine Internet-Schnittstelle zu machen, ist bei SUSE ein Klacks. Ist die Hardware richtig erkannt worden, dann ist das Schlimmste schon überstanden. Der Einstieg für die Konfiguration ist im YaST wieder bei den Netzwerkgeräten zu finden. Wählen Sie dort das ISDN-Icon aus. Ein Assistent führt Sie durch mehrere Dialoge (siehe Abbildung 19-15). Die Konfiguration der ISDN-Karte arbeitet in zwei Schritten: Es gibt zuerst eine Low-Level-Konfiguration für die ISDN-Karte, und später folgt die Einrichtung von PPP oben drauf.

---

9 CAPI: Common ISDN Application Programming Interface; siehe auch *http://de.wikipedia.org/wiki/Common_ISDN_Application_Programming_Interface* und *http://www.capi.org*

Für manche Geräte gibt es zwei Treiber in der Low-Level-Konfiguration. Die meisten ISDN-Karten arbeiten mit dem völlig freien HiSax-Treiber, Karten des Berliner Herstellers AVM können Sie darüber hinaus auch mit dessen speziellem CAPI-Treiber konfigurieren. Dieser Treiber ist inzwischen ebenfalls freigegeben, er wird bei SUSE mitgeliefert und für AVM-Karten voreingestellt. Meine preiswerte Medion-Karte läuft zwar nur mit HiSax, aber raus ins Internet komme ich damit allemal. Wird der CAPI-Treiber für die jeweilige Karte unterstützt, bietet der YaST-Dialog diese Auswahl an.

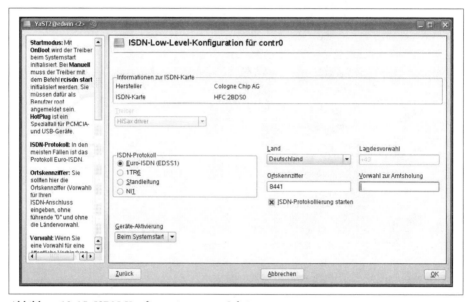

Abbildung 19-15: ISDN-Konfiguration, erster Schritt

Auf der linken Seite des Dialogs gibt es noch eine Unterscheidung in rätselhafte Begriffe wie *1TR6*, *Euro-ISDN* und ein paar andere (siehe Abbildung 19-15). Hier geht es um ISDN-Standards: Der Hauptstandard in Deutschland ist heute Euro-ISDN, alles andere ist entweder alt oder eher exotisch oder beides.

Die Ortsnetzkennziffer ist natürlich die lokale Vorwahl. Laut Hilfetext auf der linken Seite des YaST-Dialogs soll man die führende 0 aber weglassen. Die tatsächliche Nummer wird aus +49 für Deutschland, der Vorwahl und der (im nächsten Dialog einzugebenden) MSN-Nummer gebildet. Da würde die führende 0 nur stören. Muss eine 0 vorgewählt werden, um über die Telefonanlage hinaus zu einem Amt zu kommen, sollte man hier nicht vergessen, sie auf der rechten Seite einzutragen. Das sind Fehler, die man hinterher stundenlang sucht.

Mindestens für die erste Zeit, solange Sie einer neuen Einrichtung noch misstrauisch gegenüber stehen, sollten Sie das ISDN-Log (ISDN-Protokollierung starten) einschalten. Wertvolle Hinweise können Sie zwar nur dann aus ihm ziehen, wenn Sie auch die Dokumentation gelesen haben, aber es beruhigt die Nerven. Wenn alles sicher läuft, hat allerdings noch jeder vergessen, die Protokollierung wieder auszuschalten. Den Startmodus sollten Sie auf jeden Fall bei »OnBoot« stehen lassen, wenn Sie nicht vorhaben, die Karte gleich wieder zu entfernen. Es wird keine Verbindung nach draußen aufgebaut, solange nicht auch »die obere Hälfte« der ISDN-Netzwerk-Konfiguration fertiggestellt worden ist.

Wenn Sie diesen Dialog verlassen, zeigt YaST für die konfigurierte Karte den Namen »contr0« an. Wenn Sie den YaST-Dialog für ISDN beenden, fordert SUSE Sie bei manchen Versionen auf, weitere Pakete zu installieren (siehe Abbildung 19-16). Installieren Sie diese, denn erst mit diesen Paketen können Sie die ISDN-Schnittstelle fertigstellen.[10]

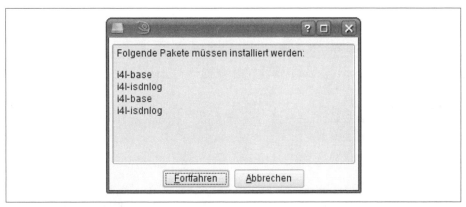

Abbildung 19-16: isdn4linux-Pakete installieren

Wenn die benötigten Pakete auf Ihrem Rechner installiert sind, können Sie festlegen, welchen Provider Sie anrufen wollen, außerdem, wie und wann die Karte sich ins Internet einwählen soll. Öffnen Sie erneut die ISDN-Konfiguration im YaST, aber wechseln Sie diesmal auf das Register PROVIDER. Zuerst ist dieser Dialog ganz leer. Mit HINZUFÜGEN erzeugen Sie eine neue Verbindung. Hier legen Sie fest, ob Sie eine Leitung zu einem Provider oder eine simple ISDN-Einwahl ins Firmennetz realisieren wollen (siehe Abbildung 19-17). Aus den beiden angebotenen Möglichkeiten wählen Sie SyncPPP. Praktisch kein Internet-Provider unterstützt die Einwahl mit RawIP. Dieses Protokoll baut die Leitung zwar ein klein wenig schneller auf als SyncPPP, verzichtet aber auf eine PPP-Authentifizierung. Für eine Firmeneinwahlleitung, bei der der Anruf von einer bestimmten Telefonnummer aus kommen muss (und der nötigenfalls mit CallBack beantwortet wird), ist das vermutlich sicher genug. Aber für eine Provider-Einwahl reicht das nicht aus.

---

10 Wenn Sie die ISDN-Karte schon bei der Linux-Installation eingebaut hatten, wurden diese Pakete vermutlich schon damals auf Ihren Rechner gespielt.

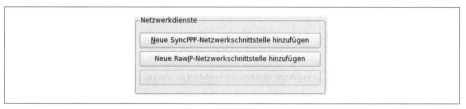

Abbildung 19-17: SyncPPP oder RawIP – sicherer oder schneller?

Im darauffolgenden Dialog (siehe Abbildung 19-18) können Sie die eigene Telefonnummer eingeebn (also diejenige, die das Einwahlgerät oder dessen Telefondose in der Einstellung der ISDN-Anlage besitzt), diese Nummer wird MSN genannt. Wenn Sie die 0 stehen lassen, verwendet der Rechner die Standardtelefonnummer des ISDN-Anschlusses. In den meisten Fällen ist das in Ordnung.

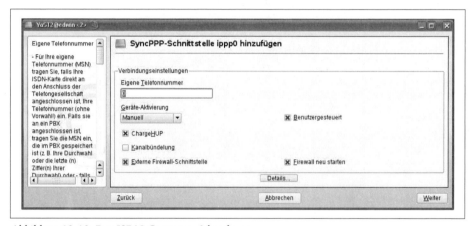

Abbildung 19-18: Das ISDN-Gerät ippp0 konfigurieren

Wenn Sie wollen, können Sie auch hier den Startmodus auf ONBOOT stellen statt auf MANUELL. Selbst wenn der Low-Level-Treiber die Karte initalisiert und anschließend eine PPP-Konfiguration der Schnittstelle erfolgt – die Entscheidung, ob zum Provider hinausgewählt wird oder nicht, fällt erst später.

KANALBÜNDELUNG bezeichnet den Vorgang, wenn beide ISDN-Kanäle zu einer einzigen 128-KBit-Leitung kombiniert werden, um z.B. einen Download auf die doppelte Durchsatzrate zu erweitern. Es werden ohne Flatrate allerdings auch zweimal Einwahlgebühren und Verbindungskosten fällig!

Die beiden Firewall-Einstellungen auf dem Dialog sind sinnvoll: Die ISDN-Karte soll als äußere Karte (EXTERNE SCHNITTSTELLE) konfiguriert werden. Das ist diejenige Karte, über die die Schurken vermutlich hereinwollen und die von der Firewall geschützt werden soll. Gleichzeitig soll die Firewall neu gestartet werden, damit die Schutzregeln auch in Kraft treten, sobald die Karte konfiguriert ist. Der Hintergrund: Manche Firewall-Regeln können erst dann eingeschaltet werden, wenn die Netzwerkschnittstelle, für die sie gelten (in diesem Fall die ISDN-Karte), bereits in Gang gesetzt ist.

Unterhalb des Kastens mit diesen Einstellungen befindet sich ein Button mit der Aufschrift DETAILS. Dieser Button führt auf Einstellungen, die Sie in der Regel direkt übernehmen können: Es ist sinnvoll, die IP-Adresse vom Provider zu übernehmen, und während der Verbindung das Default-Gateway nach draußen ins Internet zeigen zu lassen.

Im nächsten Dialog folgt endlich eine der wichtigsten Fragen: Wen rufen wir denn an? SUSE hat eine vorbildlich bestückte, aber trotzdem nie vollständige Liste an Providern zur Auswahl (siehe Abbildung 19-19). Wer mag, kann mit der NEU-Taste einen privaten Provider anlegen und da z.B. jene Werte eintragen, die der Provider geschickt hat. Wer das nicht möchte, nimmt einen der Call-By-Call-Provider aus der Liste.

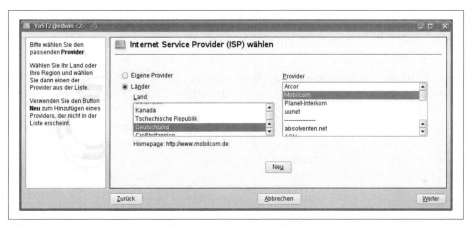

Abbildung 19-19: Provider auswählen oder mit »Neu« definieren

Die meisten Call-By-Call-Provider benutzen zur Einwahl standardisierte Passwörter. Die von SUSE schon vorbereiteten Provider-Angaben enthalten solche Angaben bereits, Sie müssen keine weiteren Daten angeben (siehe Abbildung 19-20).

 Standardisierte Einwahl-Benutzer und -Passwörter für die PPP-Einwahl zu benutzen, ist nicht unsicher. Wer anruft bzw. von wo aus der Ruf stammt, entnimmt der Provider Ihrer Telefonnummer. Auf diesen Fernsprechanschluss belastet der Provider dann auch die Rechnung. Anders bei Vertragskunden: Da rufen Sie (meist) über eine verbilligte Telefonnummer an, und die Verbindungskosten werden einem bestimmten Kundenkonto belastet – von wo aus Sie auch anrufen. Benutzernamen und Passwörter solcher Konten werden wir natürlich nicht jedem auf die Nase binden.

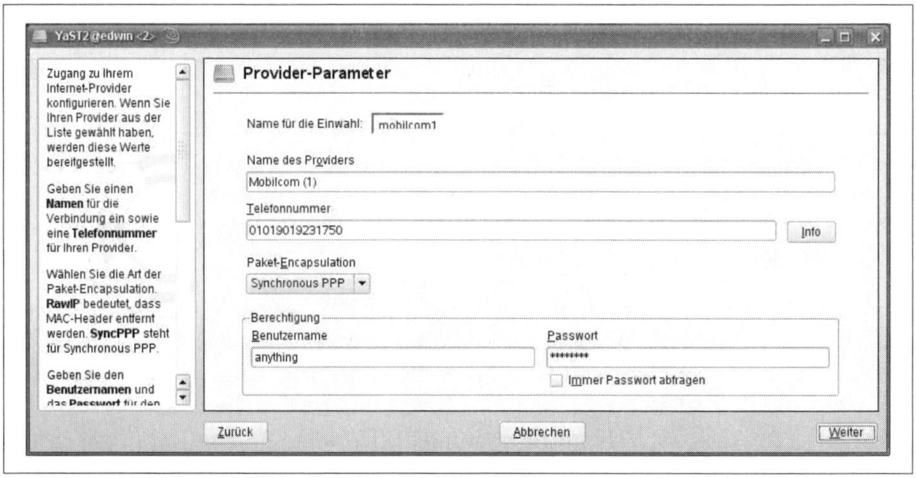

Abbildung 19-20: Detailangaben zum Provider festlegen

Schon voreingestellt ist im nächsten Dialog, ob die Adresse des DNS-Servers geändert werden sollen: im Normalfall ja. Sonst können Sie ja keine Rechnernamen im Internet auflösen. Diese Werte werden entweder bei der Einwahl vom Provider frisch übermittelt oder sind bereits bekannt, dann stehen sie im ausgewählten Provider-Profil. Die wichtigste Einstellung ist unspektakulär: Sie heißt *Dial-on-Demand* (siehe Abbildung 19-21). Damit können Sie automatisch die Verbindung kappen lassen (und oftmals Geld sparen), wenn Sie gerade nichts aus dem Internet laden. Wenn Sie neuen Inhalt anklicken, baut der Rechner die Verbindung im Hintergrund sekundenschnell wieder für Sie auf.

Abbildung 19-21: Dial-on-Demand und DNS-Einstellungen

Ob Sie mit Dial-On-Demand ein gutes Geschäft machen oder nicht, hängt sehr davon ab, welchen Tarif Ihr Provider anbietet – und was Sie im Internet tun wollen. Seit Kurzem machen wieder Tarife mit Einwahlgebühren die Runde. Da verlieren Sie Geld, wenn Ihre Maschine regelmäßig die Verbindung kappt, anstatt die Leitung offen zu halten. Antworten Sie auf solche Anbieter, indem Sie die »Idle«-Verbindungszeit höher einstellen, dann wird seltener gekappt.

Verbindung nach Bedarf

Es ist eine Frage des Vertrauens: Wer die Internet-Verbindung mit einem Modem früher immer von Hand angestoßen hatte, möchte das zumindest am Anfang auch bei ISDN machen. Bei SUSE können Sie das mit dem Programm *KInternet* immer noch tun, nur diesmal mit ISDN, oder wie oben mit Mandrivas Netzwerk-Applet bzw. dem Netzwerk-Einrichten-Dialog wie bei Fedora. Für KInternet sehen Sie im Unterkapitel über Modems nach, da ist dieses Programm genauer beschrieben ist (siehe Seite 697). Eleganter ist jedoch allemal das Einwählen »on Demand«.

ISDN hat gegenüber analoger Einwahl mit dem Modem einen bedeutenden Vorteil: die Geschwindigkeit. Bei der Wiedereinwahl ist ISDN so schnell, dass es schon interessant ist, nach einer gewissen Zeit der Untätigkeit die Verbindung schließen zu lassen. Das Default-Gateway aber bleibt bestehen. Sobald nun eine Netzwerkanforderung entsteht, die im lokalen Netzwerk nicht befriedigt werden kann, z.B. durch einen Mausklick auf einen Link in einer Webseite, öffnet der Rechner wieder selbsttätig (*on Demand*) die Leitung, wählt sich ins Internet ein und holt die gesuchte Information. Das kann eine Winzigkeit länger dauern als bei einer bereits bestehenden Verbindung. Meistens ist die zeitliche Verzögerung weniger Sekunden aber leicht zu verkraften durch die Freude, während des Lesens der geholten Seite wieder Geld zu sparen.

Cent-Jockeys

 Benutzer von Call-by-Call-Providern können Geld sparen, wenn sie ihr eigenes Surf-Verhalten genau beobachten und das Einwahl-Verhalten ihrer Maschine genau kennen. Verschiedene Einwahl-Provider verlangen Geld pro Einwahl und sind dann billiger im Betrieb. Das sind die richtigen Provider für Modem-Benutzer: Sie wählen sich einmal ein und bleiben länger online. Andererseits kann ein teurerer Tarif, der ohne Einwahlgebühr arbeitet und dafür sekundengenau abrechnet, auch ein Geschäft werden, wenn die Einwahl wie bei Dial-on-Demand mit ISDN sehr schnell geht, die gewünschte Seite sofort antwortet und schnell auf dem Schirm steht und gleich darauf die Leitung wieder gekappt wird.

Nachdem die Konfiguration abgeschlossen ist, können Sie die Einwahl nach wie vor mit *KInternet* anstoßen. Der einzige Unterschied zum Modem ist, dass die Netzwerkschnittstelle nicht *ppp0* heißt, sondern (in Anlehnung an ISDN) *ippp0* oder *ippp1*. RawIP-Schnittstellen heißen nicht *ippp0*, sondern *isdn0*, *isdn1* usw.

ISDN unter anderen Distributionen

Wer gesehen hat, wie gut SUSE das Einrichten einer ISDN-Verbindung unterstützt, findet die gleiche Tätigkeit bei verschiedenen anderen Distributionen bisweilen enttäuschend. Freilich können Sie auch mit anderen Distributionen per ISDN ins Internet. Aber man sieht oft sehr deutlich, welche Distributoren hierfür Geld investiert haben und welche nicht. Unterschiede gibt es auch innerhalb der Versionen: Mandrake Version 10.1 kam vergleichsweise problemlos ins Internet, wenn der Aufrufer *root* hieß, weil die Leitung als *root* aufgestoßen werden musste. Andere Benutzer konnten die Einwahl leider nicht aufrufen. Auch das Konfigurationstool von Fedora Core 6 sah sehr ansprechend aus, vor allem wurde dort stark an der Provider-Liste gearbeitet. Dafür hatte Fedora Probleme mit der exotischeren Medion-Karte – mit einer AVM wäre das nicht passiert. Traurig, aber wahr: Wenn Sie in Deutschland als Neuling mit nur ein paar Mausklicks per ISDN ins Netz wollen, führt an SUSE erst einmal noch kein Weg vorbei. Ist der deutsche Markt für nicht-deutsche Distributionen nicht genügend nachvollziehbar oder wichtig, um die eigenen ISDN-Entwickler genügend zu unterstützen? ISDN ohne YaST einzurichten ist allerdings nicht schwer. Wenn Sie gerne ein wenig »zaubern«, werden Ihnen die nächsten Seiten viel Spaß machen.

ISDN mit Bordmitteln einrichten

Die folgende Methode sollte weitgehend überall funktionieren. Wählen Sie eine ISDN-Karte, die (Internet-Recherche!) definitiv mit Linux läuft. Suchen Sie die Webseite des Herstellers auf, vielleicht steht da ja schon, was Sie sonst tagelang frustriert suchen müssen.

Das System aktualisieren

Dann sollten Sie Ihr System auf den neuesten Stand bringen. Spielen Sie die aktuellsten Paketstände ein, indem Sie z.B. bei Ubuntu/Debian auf der GNOME-Oberfläche SYSTEM → SYSTEMVERWALTUNG → AKTUALISIERUNGSVERWALTUNG wählen und alle Neuerungen einspielen. Führen Sie auch ein Update der Paket-Versionsnummern durch, indem Sie z.B. mit Synaptic (ebenfalls in SYSTEM → SYSTEMVERWALTUNG) auf den Button NEU LADEN klicken.

Nach einer Aktualisierung empfiehlt Ubuntu häufig einen Neustart der Maschine. Das ist durchaus sinnvoll, wenn Sie sichergehen wollen, dass auch wirklich alle Neuerungen zum Zuge kommen. Manche davon werden nun einmal beim Booten – oder doch sehr früh – in Gang gesetzt.

ISDN4LINUX

Datenverbindungen ins Internet mit ISDN sind immer noch am einfachsten mit der *i4l*-Software (*isdn4linux*) umzusetzen, auch wenn sich schon Nachfolger wie *mISDN* angekündigt haben oder die *CAPI*-Treiber das ebenfalls könnten.

Zuerst prüfen Sie, ob Ihre ISDN-Karte erkannt wurde, indem Sie `lsmod` aufrufen: Sie sehen dann die Liste der aktuell geladenen Treiber (d.h. Module) auf Ihrer Maschine. Neuere Linux-Kernel ab Version 2.6 finden die eingebaute Hardware, mit der sie funktionieren, in der Regel beim Hochfahren der Maschine. Wenn es möglich ist, werden auch schon passende Treiber geladen. Sie sollten deshalb in der Module-Liste die Treiber *hisax*, *isdn* und vermutlich auch *slhc* finden. Wenn das der Fall ist, werden Sie vermutlich einen Erfolg erleben ...

Wenn Sie mit Debian und Co. arbeiten, sollten Sie aber (anders als bei der SUSE) genau wissen, welche ISDN-Karten Sie im Rechner verschraubt haben. Dann können Sie z.B. auf der Hersteller-Webseite wertvolle Hinweise darüber finden, welchen Schalter der HiSax-Treiber braucht, um perfekt zu funktionieren. Bei der für dieses Buch verwendeten, ziemlich exotischen »Cologne Chips«-ISDN-Kombokarte war es der Schalter `type=35`, und die Leute von *www.colognechips.de* hatten das auch veröffentlicht.

Nach verschiedenen fehlgeschlagenen Versuchen entfernte ich den HiSax-Treiber mit dem Befehl `rmmod hisax` und lud ihn erneut mit `modprobe hisax type=35` neu. Danach funktionierte die Verbindung ins Internet, im Gegensatz zu den zuvor automatisch vom Kernel geladenen Werten. Wer erwartet, dass etwas sofort funktioniert, sollte eben nicht mit Computern arbeiten ...

Software

Was noch fehlt, sind die Grundeinstellungen und die Einwahl-Software. Dazu benötigen Sie die Pakete *ipppd* und *isdn-utils*. Bei Debian werden dazu mehrere Pakete automatisch mitinstalliert, unter ihnen *isdnutils-base*. Schön ist auch *isdn-utils-xtools*, denn mit dem Programm *xisdnload* darin können Sie später sehen, wie viel Last über die Leitung geht. Eine Dokumentation gibt es im Paket *isdnutils-doc*. Aber Sie können auch das ISDN-Howto auf *www.linuxhaven.de* konsultieren.

Ubuntu und Debian rufen gleich nach der Installation einen grafischen Konfigurator auf, in den Sie die Telefonnummer und das Benutzername/Passwort-Paar des Providers eintragen können. Eine schicke Liste zur Auswahl gibt es da leider nicht. Sollten Sie noch eine Internet-Verbindung mit Windows haben, können Sie sich ja vorher noch schnell die Daten eines Call-by-Call-Anbieters herausschreiben. Bei Provider-Abonnenten gibt es ohnehin das Schreiben des Providers mit allen benötigten Daten.

Ein Grundgerüst für die ISDN-Konfigurationsdateien können Sie sich auch mit dem textorientierten Programm *isdnconfig* einrichten. Nachdem das Programm durchgelaufen ist, müssen Sie die neu erzeugten Konfigurationsdateien allerdings erst anpassen.

Sie können die entsprechenden Daten auch von Hand eintragen. Das ist wie üblich sehr roh, aber nicht schwer. Von Belang sind die drei Dateien */etc/isdn/device.ippp0*, */etc/isdn/ipppd.ippp0* und (je nach Authentifizierung beim Provider) */etc/ppp/pap-secrets* bzw. */etc/ppp/chap-secrets*.

Die erste Datei, *device.ippp0*, beschreibt das ippp0-Gerät, das wir als Quasi-Netzwerkkarte benutzen. Was kann bei einem Netzwerk-Gerät schon wichtig sein? Nicht besonders viel! Darin gibt es nur ganz wenige Zeilen, die für uns interessant sind. Sie sind mit Kommentaren nach dem Muster # XXX_ kenntlich gemacht. Zwei Zeilen beschreiben z.B. die IP-Adressen, die die ISDN-Karte haben soll, noch bevor sie sich einwählt und dann echte Nummern bekommt:

```
LOCALIP=169.255.255.169 # XXX_
REMOTEIP=10.0.0.2       # XXX_
```

Da müssen Sie nichts ändern, denn das Austauschen der IP-Adressen passiert ja automatisch. Außer natürlich, eine der beiden wäre eine Adresse, die Sie tatsächlich schon in Ihrem Netzwerk verwenden. Interessanter ist da ein paar Zeilen weiter unten die Stelle:

```
LOCALMSN='0'              # XXX_
REMOTEMSN='01937400608'   # XXX_
```

Die obere Zeile beschreibt die Telefonnummer, unter der wir angerufen werden könnten, wenn wir einen Dial-In-Server hätten, die untere ist die Nummer des Providers, den wir anrufen. Wenn wir den Provider wechseln wollten, würden wir also dort die Telefonnummer ändern.

Die zweite Datei enthält ein paar Schalter und Zusatzinformationen für den *ippp*-Dämon, der sich auf der Gegenseite beim Provider einwählen und uns dann einloggen muss. Obwohl die Datei viele Zeilen lang ist, sind üblicherweise fast alle auskommentiert. Und die einzige Zeile, die wir überhaupt ansehen wollen, ist wieder mit einem # XXX_ kenntlich gemacht:

```
name mybycall   # set local name for auth XXX_
```

Das soll uns einfach mitteilen, dass wir, wenn wir den Provider anrufen (der zufälligerweise genauso heißt), den Namen *mybycall* als Login-Namen angeben.

So ein Login-Name benötigt auch ein Passwort. Das steht in der letzten wichtigen Datei, die sich im Verzeichnis */etc/ppp/* befindet. Je nachdem, ob PAP oder CHAP zur Authentifizierung verwendet wird, steht es entweder in der Datei *pap-secrets* oder in *chap-secrets*. Die automatischen Einrichtungsprogramme schreiben es in der Praxis sogar in beide Dateien hinein.

In unserem Fall sieht die einzige Zeile von Belang so aus:

```
# Added by automatic ipppd configuration
"mybycall"      "*"      "Internet"
```

Wenn Sie noch einen zweiten Provider pflegen wollen, schreiben Sie dessen Benutzer/Passwort-Paar einfach in die nächste Zeile darunter. In der Datei */etc/isdn/ipppd.ippp0* ändern Sie dann die beiden Zeilen mit *REMOTEMSN* und *name*, das ist alles. Jetzt ist es an der Zeit, sich Gedanken darüber zu machen, wie Sie die Verbindung anstoßen können.

Das Paket *isdnutils-base* installiert eine Start-Datei */etc/init.d/isdnutils*, mithilfe derer Sie das ISDN-System sehr einfach starten und stoppen können. Was die Einwahl tut (und was nicht), können Sie bei einer Ubuntu/Debian-Distribution beobachten, indem Sie die Systemlog-Datei */var/log/syslog* anzeigen lassen. (Beachten Sie bitte, dass diese Datei bei anderen Distributionen */var/log/messages* heißt.)

```
tail -f /var/log/syslog
Jan 19 18:06:16 edwin kernel: isdn_free_channel: called with invalid drv(-1)
or channel(-1)
Jan 19 18:06:16 edwin ifplugd.agent[7158]: Stopping ifplugd for ippp0
Jan 19 18:06:16 edwin ifplugd(ippp0)[6906]: Link beat lost.
Jan 19 18:06:16 edwin ifplugd.agent[7193]: Invoking ifplugd for ippp0
Jan 19 18:06:17 edwin kernel: isdn: Verbose-Level is 2
Jan 19 18:06:17 edwin ifplugd(ippp0)[6906]: Exiting.
Jan 19 18:06:17 edwin ipppd[7229]: Found 1 device:
Jan 19 18:06:17 edwin ipppd[7231]: ipppd i2.2.
12 (isdn4linux version of pppd by MH) started
Jan 19 18:06:17 edwin ipppd[7231]: init_unit: 0
Jan 19 18:06:17 edwin kernel: ippp, open, slot: 0, minor: 0, state: 0000
Jan 19 18:06:17 edwin kernel: ippp_ccp: allocated reset data structure eaa1d800
Jan 19 18:06:17 edwin ipppd[7231]: Connect[0]: /dev/ippp0, fd: 8
Jan 19 18:06:17 edwin kernel: HiSax: debugging flags card 1 set to 4
```

Jetzt ist die Karte konfiguriert, aber noch nicht eingewählt. Das erreichen Sie (als *root* oder bei Ubuntu mit sudo) mit dem Befehl:

```
isdnctrl dial ippp0
```

Die Meldungen in meinem Log zeigen den Einwahlvorgang (tail -f /var/log/messages):

```
Jan 19 18:07:30 edwin kernel: ippp0: dialing 1 01937400596...
Jan 19 18:07:31 edwin isdnlog: Jan 19 18:07:31 * tei 65 calling ? with ? BEARER:
  Unrestricted digital information, CCITT standardized coding
Jan 19 18:07:31 edwin isdnlog: Jan 19 18:07:31 * tei 65 calling ? with ? 64 kbit/
s, Circuit mode
Jan 19 18:07:31 edwin isdnlog: Jan 19 18:07:31 * tei 65 calling 0193-
7400596 Online-Dienste with ? RING (Data)
Jan 19 18:07:31 edwin isdnlog: Jan 19 18:07:31 * tei 65 calling 0193-
7400596 Online-Dienste with ? CHANNEL: BRI, B1 needed
Jan 19 18:07:33 edwin isdnlog: Jan 19 18:07:33 tei 65 calling 0193-7400596 Online-
Dienste with ? Time:Fri Jan 19 18:06:00 2007
```

```
Jan 19 18:07:33 edwin isdnlog: Jan 19 18:07:33 tei 65 calling 0193-7400596 Online-
Dienste with ?  COLP *INVALID* -- ignored!
Jan 19 18:07:33 edwin isdnlog: Jan 19 18:07:33 tei 65 calling 0193-7400596 Online-
Dienste with ?  CONNECT (Data)
Jan 19 18:07:33 edwin isdnlog: Jan 19 18:07:33 tei 65 calling 0193-7400596 Online-
Dienste with ?  INTERFACE ippp0 calling 01937400596
Jan 19 18:07:33 edwin isdnlog: Jan 19 18:07:33 tei 65 calling 0193-7400596 Online-
Dienste with ?  No area info for provider 33_0 (11), destination 01937400596
Jan 19 18:07:34 edwin kernel: isdn_net: ippp0 connected
Jan 19 18:07:34 edwin ipppd[7231]: Local number: 0, Remote number:
  01937400596, Type: outgoing
Jan 19 18:07:34 edwin ipppd[7231]: PHASE_WAIT -> PHASE_ESTABLISHED, ifunit:
  0, linkunit: 0, fd: 8
Jan 19 18:07:34 edwin ipppd[7231]: Remote message:
Jan 19 18:07:34 edwin ipppd[7231]: MPPP negotiation, He: No We: No
Jan 19 18:07:34 edwin ipppd[7231]: local  IP address 83.242.62.139
Jan 19 18:07:34 edwin ipppd[7231]: remote IP address 83.242.32.252
Jan 19 18:07:34 edwin postfix/master[4841]: reload configuration /etc/postfix
```

Sie beenden die Verbindung mit:

```
isdnctrl hangup ippp0
```

Das Ergebnis in der Logdatei sieht so aus:

```
Jan 19 18:08:51 edwin kernel: isdn_net: local hangup ippp0
Jan 19 18:08:51 edwin kernel: ippp0: Chargesum is 0
Jan 19 18:08:51 edwin kernel: ippp_ccp: freeing reset data structure eaa1d800
Jan 19 18:08:51 edwin kernel: ippp, open, slot: 0, minor: 0, state: 0000
Jan 19 18:08:51 edwin kernel: ippp_ccp: allocated reset data structure eaa1d800
Jan 19 18:08:51 edwin isdnlog: Jan 19 18:08:51 tei 65 calling 0193-7400596 Online-
Dienste with ?  Normal call clearing (User)
Jan 19 18:08:51 edwin ipppd[7231]: Modem hangup
Jan 19 18:08:51 edwin ipppd[7231]: Connection terminated.
Jan 19 18:08:51 edwin ipppd[7231]: taking down PHASE_DEAD link 0, linkunit: 0
Jan 19 18:08:51 edwin ipppd[7231]: closing fd 8 from unit 0
Jan 19 18:08:51 edwin ipppd[7231]: link 0 closed , linkunit: 0
Jan 19 18:08:51 edwin ipppd[7231]: reinit_unit: 0
Jan 19 18:08:51 edwin ipppd[7231]: Connect[0]: /dev/ippp0, fd: 8
Jan 19 18:08:51 edwin postfix/master[4841]: reload configuration /etc/postfix
Jan 19 18:08:51 edwin isdnlog: Jan 19 18:08:51 tei 65 calling 0193-7400596 Online-
Dienste with ?  HANGUP (1 EH EUR  0.062  0:01:18 I=672.0 b O=577.0 b)
```

Sollte sich die Leitung nicht ein zweites Mal anstoßen lassen, stellen Sie den Wahlmodus auf automatisch um:

```
isdnctrl dialmode ippp0 auto
```

Danach können Sie mit diesen Befehlen auch mehrfach einwählen und die Leitung kappen, wie Sie wollen.

Sie könnten sich ja ein kleines Shellskript bauen, das für Sie einwählt und abbricht:

```
#!/bin/bash
# dialer
# 19.1.07
```

```
# Dieter Thalmayr
isdnctrl dialmode ipppO auto
case $1 in
  on)
    isdnctrl dial ipppO
    ;;
  off)
    isdnctrl hangup ipppO
    ;;
esac
```

Speichern Sie diesen Code in eine Datei *dialer*, und machen Sie die Datei ausführbar, dann haben Sie einen kleinen Wähler, der (in einer su-Umgebung) mit `dialer on` einwählt und mit `dialer off` aufhängt. Wer braucht schon KInternet? Ob sie »drin« sind oder nicht, können Sie daran erkennen, ob die Netzwerkschnittstelle *ippp0* eine »richtige« IP-Adresse hat oder nur die alberne 169.255.255.169 aus der Konfigurationsdatei. Diese IP-Adresse wurde nur ausgewählt, weil sie leicht zu erkennen ist, denn die Zahlen dieser IP-Adresse sind symmetrisch. Gegen welche IP-Adresse diese Zahlen ausgewechselt wurden, können Sie sehen, wenn Sie die Logdatei-Ausgabe verfolgen. Oder Sie überprüfen mit `ifconfig` bzw. `ip a` den Zustand:

```
edwin:~# ip a
...
4: ipppO: <POINTOPOINT,NOARP,UP,10000> mtu 1500 qdisc pfifo_fast qlen 30
    link/ppp
    inet 83.242.62.139 peer 83.242.32.252/32 scope global ipppO
```

Einwähl-Programme für ISDN gibt es mehrere in den Paketlisten der einzelnen Distributoren. Sie können freilich auch das tun, was ich als den Tenor bei Ubuntu- und Debian-Diskussionen im Internet mehrfach angetroffen habe: »..., kauf' Dir einen ISDN-Router, und gut is'«. Kombinierte ISDN- und DSL-Router gibt es inzwischen wirklich für wenig Geld.

Links zu ISDN-Internet-Verbindungen mit Ubuntu fand ich auf:

- *https://help.ubuntu.com/community/IsdnHowto*
- *https://help.ubuntu.com/ubuntu/desktopguide/C/internet.html*
- *http://www.heise.de/ct/04/03/182/* – das ist ein c't-Artikel aus dem Jahre 2004!
- *http://wiki.ubuntuusers.de/ISDN-Karten*

Dial-on-Demand

Damit sich die ISDN-Karte bei Bedarf automatisch einwählt, stellen Sie im Konfigurationsdialog (so es einen gibt) auf DIAL-ON-DEMAND. Diese Funktion ist eigentlich sehr einfach: Nur drei Einstellungen sind nötig, damit es funktioniert.

- Der Nameserver wird auf die IP-Adresse eines Provider-Rechners gestellt. Diese IP-Adressen bekommen Sie normalerweise vom Provider genannt. Tragen Sie sie entweder in die Netzwerkdialoge der Distribution ein, oder editieren Sie mit einem Texteditor Ihrer Wahl die Datei */etc/resolv.conf*.

- Das Default-Gateway wird auf die ISDN-Karte gelegt. Von Hand geht das z.B. mit dem Befehl route add default ippp0. Sie sehen schon: Die ISDN-Karte muss vorher schon vollständig konfiguriert sein. Die Netzwerkdialoge der verschiedenen Distributoren bieten normalerweise eine solche Konfigurationsoption an.
- Die dritte Einstellung sollte ein Zeitwert sein, wann die Netzwerkverbindung automatisch wieder getrennt werden soll. Sonst kann es passieren, dass die Leitung offen bleibt. Und das kann teuer werden.

Wenn Sie nun z.B. im Internet eine Webseite suchen, dann führen folgende Schritte dazu, dass mit Dial-on-Demand die Verbindung aufgebaut wird:

- Der Browser sucht nach einer Adresse, z.B. *www.tollesachenzumlachen.de*.
- Der Rechner sieht in der Datei */etc/resolv.conf*, dass er einen Nameserver des Providers *xyz* fragen muss.
- Diese Adresse ist nicht im lokalen Netz, also wird sie dem Default-Gateway gegeben. Das ist die Netzwerk-Schnittstelle *ippp0*.
- Wenn das Netzwerkpaket dort auftrifft, gibt es einen Grund, den Wählvorgang anzustoßen, die Karte wählt sich ein.

Wenn allerdings kein Zeitpunkt angegeben ist, wann die Leitung wieder geschlossen werden soll, benötigt man schon eine Flatrate, damit Sie sich nicht finanziell unglücklich machen. Wie Klaus Franken seinerzeit in seinem ISDN-HOWTO schrieb: ISDN ist schnell, leise und schön, aber man kann sich in wenigen Stunden um sein Monatsgehalt bringen.

Alt und gut: Internet per Modem

Der leichte Weg ins Internet führt immer noch über Analog-Modems. Modems sind inzwischen sehr billig, und die meisten werden inzwischen auch gut von der Hardwareerkennung eingebunden. Durch ihr Gekreische bemerken Sie, wann Kosten entstehen, und sie funktionieren überall da, wo es Telefon gibt. Reichweiten-Probleme wie z.B. bei DSL gibt es nicht, aber dafür sind Modems langsam. Doch wenn Bandbreiten und Datendurchsatz nicht das höchste Gut sind, kommen Sie mit Linux und einem Modem normalerweise stressfrei ins Internet.

Verbindung aufbauen mit SUSE

SUSE und openSUSE führen Einsteiger kinderleicht zum Ziel. Der YaST führt Sie nicht nur sehr einfach durch den ganzen Vorgang hindurch, sondern enthält auch eine umfangreiche und funktionierende Provider-Liste. Wenn mein Modem (ein altes No-Name-Modem mit einem Rockwell-Chip, das ich vor Jahren günstig erstand) physikalisch erst einmal an der ersten seriellen Schnittstelle angeschlossen

Linux und Modems

Gibt es auch Modems, die nicht mit Linux funktionieren? Oh ja, leider etliche. Am besten arbeiten die externen, die mit einem seriellen Kabel an die Com1- oder Com2-Schnittstelle angeschlossen werden, und auch von USB-Modems hört man Gutes. Die Schnittstelle heißt unter Linux natürlich anders, nicht *Com*, sondern */dev/ttyS0* oder */dev/ttyS1*. Weniger gut geeignet sind alte, eingebaute interne Modems auf einer ISA-Steckkarte und solche auf einer PCI-Steckkarte. Win-(Software-)Modems funktionieren in der Regel gar nicht. Ein recht brauchbares HOWTO zum Thema Modem und Linux gibt es bei *www.linuxhaven.de*, wo deutsche Übersetzungen englischsprachiger HOWTOs gepflegt werden. Per USB angeschlossene Modems hatte ich nicht zum Testen, und ich verweise Sie in diesem Fall an einen Ihrer Freunde oder Bekannten, die Ihnen beim Anschließen beistehen müssten. Hilfestellungen finden Sie vermutlich bei *http://www.linux-usb.org/USB-guide/x332.html*.

ist und das Telefonkabel in der Dose steckt, kann es losgehen. Im Ruhezustand müssen wenigstens zwei rote Lämpchen leuchten, drei sind besser. Genaueres verrät das Modem-HOWTO[11] bei *www.linuxhaven.de*.

Beim Aufruf von YaST werden Sie nach dem *root*-Passwort gefragt. Bei den Netzwerkgeräten findet sich ein Icon, das auch rein äußerlich wie ein Modem aussieht (siehe Abbildung 19-22).

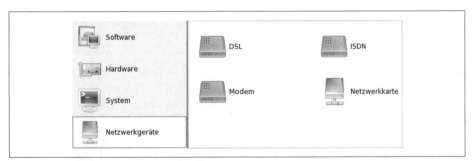

Abbildung 19-22: Netzwerkgeräte bei SUSEs YaST

Einstellungen in YaST

Ein Klick auf das Icon startet die Hardwareerkennung. Alle seriellen Schnittstellen und USB-Ports werden nach möglichen neu hinzugekommenen Modems untersucht. Wenn an einer dieser Schnittstellen ein Gerät auf die einfacheren Hayes-

---

11 *http://www.linuxhaven.de/dlhp/HOWTO/DE-Modem-HOWTO-1.html*

Befehle[12] reagiert, wird ein *AT-Modem* als erkannt gemeldet. Wenn nicht, können Sie einfach eines anlegen, indem Sie den HINZUFÜGEN-Knopf anklicken (siehe Abbildung 19-23).

Abbildung 19-23: Ein Modem im YaST anlegen

Da geht es zuerst um Fragen wie: Wo ist das Modem angeschlossen? Wenn der vorgeschlagene Wert */dev/modem* nicht klappt, probieren Sie einmal */dev/ttyS0* oder */dev/ttyS1* aus. Das sind die Linux-Bezeichnungen für *Com1* und *Com2* aus der Windows-Welt. Wenn »das Amt« geholt werden muss, bevor man raustelefonieren kann, müssen Sie bei AMTSHOLUNG eine 0 oder ein R eintragen. Zumindest während der Testphase würde ich den Lautsprecher an lassen. Das kreischt zwar eklig während des Verbindungsaufbaus, aber Sie wissen wenigstens, woran Sie sind. Später stellen Sie das Lärmen im gleichen Dialog wieder ab. Impulswahl dürfte inzwischen ziemlich ausgestorben sein, so dass TONWAHL sicher überall ein guter Standard ist. Wer den Lautsprecher an lässt, hat zwar den Lärm, aber auch eine gute Diagnosemöglichkeit, um die man das Modem immer beneidet, wenn man Fehler bei einer der neueren Verbindungsmethoden diagnostizieren muss. Wenn der Verbindungsaufbau einmal sicher funktioniert, schalten Sie den Lautsprecher in diesem Dialog einfach wieder aus (siehe Abbildung 19-24).

---

12 Hayes-Befehle sind die am weitesten verbreiteten Modem-Kontrollkommandos. Sie beginnen alle mit AT (Attention); ATDT12345 bedeutet z.B.: »Wähle mit Tonwahl die Nummer 12345«. Jedes Modem hat ein kleines Büchlein im Lieferumfang, in dem die Befehle stehen, die das aktuelle Modem verstehen kann.

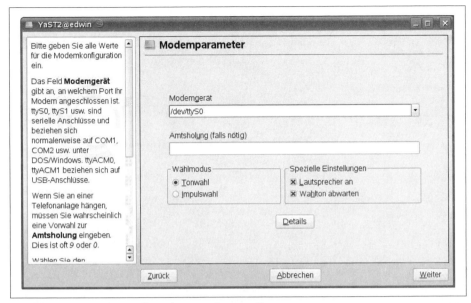

Abbildung 19-24: Schnittstelle und Lautstärke einstellen

Wenn Sie eine 0 zur Amtsholung eintippen müssen, brauchen Sie normalerweise auch nicht auf den Wählton warten zu lassen, weil der nämlich niemals von allein käme. Bei vielen Telefonanlagen (auch ISDN-Anlagen) ist allerdings *automatische Amtsholung* eingestellt, da können Sie den Wählton auch abwarten lassen.

Der DETAILS-Button führt zu einem Dialog, in dem Sie die Übertragungsgeschwindigkeit zwischen Rechner und Modem einstellen können sowie mehrere Zeilen für Init-Strings. (Das sind Hayes-Kommandos, um das Modem zu initialisieren. Manche Modems wollen erst einmal in Dienst gestreichelt werden.) Normalerweise müssen Sie hier aber gar nichts verändern oder zusätzlich eintragen.

Der WEITER-Knopf ruft einen Dialog mit einer Auswahl gängiger Internet-Provider (siehe Abbildung 19-25). Da die meisten Call-by-Call-Provider standardisierte Loginnamen und Passwörter benutzen, weil sie ihre Dienste über die Telefonnummer abrechnen, müssten Sie hier nichts weiter tun, als einen auszuwählen und danach auch den nächsten Dialog zu bestätigen. Wenn es mit dem ersten Provider nicht klappen will, probieren Sie einfach den nächsten. Machen Sie sich keine Gedanken darüber, welcher nun der beste oder billigste von diesen ist. Zuerst müssen Sie überhaupt einmal ins Netz. Die tagesbilligsten Call-by-Call-Provider können Sie dann z.B. bei *http://www.billiger-surfen.de* oder *http://www.heise.de/itarif/* abrufen und gegebenenfalls mit dem NEU-Knopf im gleichen Dialog ein neues Provider-Profil anlegen. Alle notwendigen Daten finden Sie auf den einschlägigen Seiten der Billig-telefonieren-Anbieter im Internet.

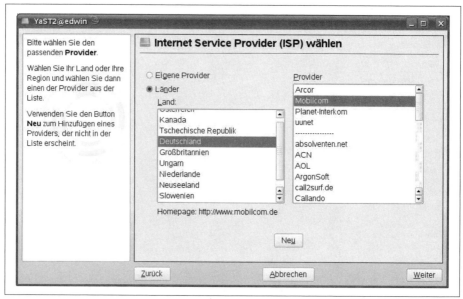

Abbildung 19-25: Provider aus der Liste auswählen

Telekom-Kunden finden einen Zusatz-Dialog, um ihre Kundendaten eintragen zu können. Das ist keine Schikane, dort ist hinter dem Loginnamen ein ausgeklügeltes Authentifizierungssystem implementiert.

Der nächste Dialog ist sehr wichtig für das Funktionieren der Internet-Verbindung (siehe Abbildung 19-26). Einerseits sollten Sie erlauben, beim Aufbau der Verbindung die Adressen von Nameservern vom Provider entgegenzunehmen. Und außerdem gehen nur sehr leichtsinnige Menschen ohne eine Firewall ins Internet. Die banale Gleichung *Linux = sicher* hat so gesehen noch nie gestimmt. Auch wenn die Gefährdung (angegriffen zu werden oder angreifbar zu sein) bei Linux vielleicht geringer ist als bei Windows, Sie kommen dennoch ohne die grundlegendsten Sicherheitsmaßnahmen nicht aus. Deshalb bieten viele Distributoren mittlerweile recht gute selbstkonfigurierende Firewall-Mechanismen an. Mehr dazu folgt in Kapitel 20.

Bares Geld spart, wer nach einer gewissen Zeit der Untätigkeit die Verbindung selbsttätig kappen lässt (Idle-Timeout). Am meisten davon hat, wer diese Funktionalität durch *Dial-on-Demand* ergänzt. Bei Modems dauert die Einwahl aber vergleichsweise lange, deshalb rate ich davon ab.

Nur eine Formalität sind die Einstellungen des Dialogs, der sich unter IP-DETAILS verbirgt. Da wir nicht wissen können, welche IP-Adresse der Provider uns anbieten wird, wenn wir uns einwählen, tun wir gut daran, mit *Dynamische IP-Adresse* quasi auf Autopilot zu stellen. Die *Standardroute* ist ein anderer Ausdruck für das *Default-Gateway* (siehe oben); sie zu setzen stellt sicher, dass alle Pakete, die an

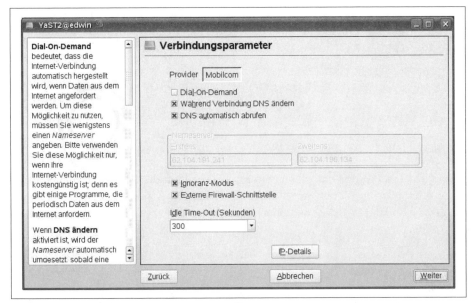

Abbildung 19-26: Verbindungsparameter einstellen

unbekannte Adressen adressiert sind (also alle, die ins Internet hinausgehen sollen), auch wirklich an den Rechner des Providers geschickt werden.

Im Prinzip ist die Konfiguration des Modems nun schon fertig. Schlaue Mitarbeiter bei der SUSE haben aber – völlig zu Recht – vermutet, dass man nun noch einstellen sollte, wie sich der lokale Mailserver verhalten soll. Da die hier im Buch vorgestellte Konfiguration aber ohne einen lokalen Mailserver auskommt, genügt es, die Mailkonfiguration mit NEIN zu beenden (siehe Abbildung 19-27).

Abbildung 19-27: Alles erfolgreich verlaufen

KInternet

Wer SUSE mit KDE betreibt, sollte – wenn das nicht automatisch geschehen ist – das Programm *KInternet* nachinstallieren, denn es ist eine der schicksten Eigenentwicklungen der ganzen SUSE-Distribution. *KInternet* klemmt sich in das Systemtray der KDE-Leiste ein, und Sie können damit das Wählen des Modems oder einer vorkonfigurierten ISDN-Karte anstoßen, ohne irgendwelche AT-Befehle oder sonstige Software wie *isdnctrl* kennen zu müssen. Einfach anklicken und genießen: Im Hintergrund spricht für uns das Programm *wvdial* mit dem Modem, dieses baut die konfigurierte Verbindung auf, und die Stecker schließen sich (siehe Abbildung 19-28).

Abbildung 19-28: KInternet unverbunden ... baut eine Verbindung auf ... drin

Wenn *KInternet* mit geschlossenen Steckern vermeldet, die Verbindung ins Internet sei jetzt hergestellt, können Sie sofort auf das Internet zugreifen, z.B. surfen. Weil er eine echte IP-Adresse bekommen hat, ist Ihr Rechner jetzt Bestandteil des Internets geworden.

 Rechner in einem Firmennetz benötigen eine weitere Einstellung, wenn sie auch wirklich über die neue Modemverbindung (siehe Abbildung 19-29) surfen sollen statt über eventuell vorhandene bisherige *Proxy-Einstellungen* (siehe Kasten »Was ist ein Proxy?« auf Seite 312). Stellen Sie die Netzwerk-Zugangsdaten Ihres Webbrowsers auf den Wert *Direkte Verbindung mit dem Internet* ein. Sonst verbindet sich der Browser weiterhin über das Firmennetz ins Internet, obwohl Sie eine zweite, direkte und vor allem kostenpflichtige Verbindung aufgebaut haben.

Abbildung 19-29: Langsam, aber doch: Internet-Verbindung per Modem

Um die Verbindung wieder zu kappen, können Sie mit einem Rechtsklick der Maus auf das *KInternet*-Symbol ein Mausmenü zum Vorschein bringen (siehe Abbildung

19-30). Die Option AUFLEGEN bewirkt genau das: Der PPP-Daemon wird beendet, und das Modem legt den (virtuellen) Telefonhörer auf. Je nach Voreinstellung legt *KInternet* auch selbsttätig auf. Das geschieht, wenn eine gewisse Zeit lang (länger als der eingestellte *Timeout*) keine Netzwerkanfragen mehr gestellt werden.

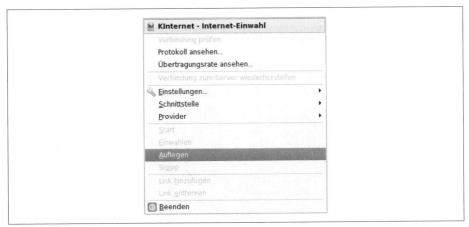

Abbildung 19-30: Die Verbindung über das Menü der rechten Maustaste beenden

Um *KInternet* bei der Arbeit zuzusehen und mögliche Probleme bei der Einwahl zu entdecken, gibt es zum einen die Option PROTOKOLL ANSEHEN im *KInternet*-Mausmenü. Was dort angezeigt wird, können Sie sogar in eine Datei ausgeben lassen. Am aussagekräftigsten ist aber ganz sicher, wenn Sie sich, während *KInternet* wählt, parallel die Systemlogdatei anzeigen lassen. Dies können Sie als *root* machen, indem Sie in einer Extra-Shell (Konsole oder *xterm* öffnen) den Befehl tail auf die zentrale Systemlogdatei */var/log/messages* ausführen. Die Option -f sorgt dafür, dass die Meldungen bei der Einwahl zeitgleich zu sehen sind (Sie beenden tail mit Strg-C). Sie müssen bei der abgedruckten Beispielsitzung mit dem Billig-Provider Tele2 nicht jede Zeile lesen und verstehen. Aber sie zeigt recht anschaulich, was so alles an Meldungen erscheinen kann:

```
root@edwin ~ # tail -f /var/log/messages
...
Nov  8 15:47:59 edwin kernel: PPP generic driver version 2.4.2
Nov  8 15:47:59 edwin pppd[5543]: pppd 2.4.2 started by root, uid 0
Nov  8 15:48:00 edwin wvdial[5561]: WvDial: Internet dialer version 1.54.0
Nov  8 15:48:00 edwin wvdial[5561]: Initializing modem.
Nov  8 15:48:00 edwin wvdial[5561]: Sending: ATZ
Nov  8 15:48:00 edwin wvdial[5561]: ATZ
Nov  8 15:48:00 edwin wvdial[5561]: OK
Nov  8 15:48:00 edwin wvdial[5561]: Sending: AT Q0 V1 E1 S0=0 &C1 &D2 +FCLASS=0
Nov  8 15:48:01 edwin wvdial[5561]: AT Q0 V1 E1 S0=0 &C1 &D2 +FCLASS=0
Nov  8 15:48:01 edwin wvdial[5561]: OK
Nov  8 15:48:01 edwin wvdial[5561]: Sending: ATM1
Nov  8 15:48:01 edwin wvdial[5561]: ATM1
```

```
Nov  8 15:48:01 edwin wvdial[5561]: OK
Nov  8 15:48:01 edwin wvdial[5561]: Modem initialized.
Nov  8 15:48:01 edwin wvdial[5561]: Sending: ATDT0193685
Nov  8 15:48:01 edwin wvdial[5561]: Waiting for carrier.
Nov  8 15:48:01 edwin wvdial[5561]: ATDT0193685
Nov  8 15:48:13 edwin su: (to root) ddt on /dev/pts/3
Nov  8 15:48:13 edwin su: pam_unix2: session started for user root, service su
Nov  8 15:48:26 edwin wvdial[5561]: CONNECT 115200
Nov  8 15:48:26 edwin wvdial[5561]: Carrier detected.  Waiting for prompt.
Nov  8 15:48:28 edwin wvdial[5561]:
 ~[7f]}#@!}!}?} }8}"}&} }*} } }#}$@#}%}&Ja8<}'}"}(}"^1~
Nov  8 15:48:28 edwin wvdial[5561]: PPP negotiation detected.
Nov  8 15:48:28 edwin pppd[5543]: Serial connection established.
Nov  8 15:48:28 edwin pppd[5543]: Using interface ppp0
Nov  8 15:48:28 edwin pppd[5543]: Connect: ppp0 <--> /dev/ttyS0
Nov  8 15:48:30 edwin pppd[5543]: PAP authentication succeeded
Nov  8 15:48:30 edwin kernel: PPP BSD Compression module registered
Nov  8 15:48:30 edwin kernel: PPP Deflate Compression module registered
Nov  8 15:48:30 edwin pppd[5543]: replacing old default route to eth0 [192.168.0.
25]
Nov  8 15:48:30 edwin pppd[5543]: local  IP address 83.176.142.229
Nov  8 15:48:30 edwin pppd[5543]: remote IP address 212.151.128.151
Nov  8 15:48:30 edwin pppd[5543]: primary   DNS address 130.244.127.161
Nov  8 15:48:30 edwin pppd[5543]: secondary DNS address 130.244.127.169
Nov  8 15:48:30 edwin modify_resolvconf: Service pppd modified /etc/resolv.conf.
 See info block in this file
Nov  8 15:48:31 edwin SUSEfirewall2:
 Firewall rules successfully set in QUICKMODE for device(s) " ppp+" plus masquerading
Nov  8 15:48:31 edwin pppd[5543]: Script /etc/ppp/ip-
up finished (pid 5611), status = 0x0
Nov  8 15:49:28 edwin kernel: SFW2-INext-DROP-NEW-CONNECT IN=ppp0 OUT= MAC= SRC=83.
176.56.124 DST=83.176.142.
229 LEN=48 TOS=0x00 PREC=0x00 TTL=122 ID=15620 DF PROTO=TCP SPT=1528 DPT=445 WINDOW
=16384 RES=0x00 SYN URGP=0 OPT (020405A401010402)
Nov  8 15:49:30 edwin kernel: SFW2-INext-DROP-NEW-CONNECT IN=ppp0 OUT= MAC= SRC=83.
176.56.124 DST=83.176.142.
229 LEN=48 TOS=0x00 PREC=0x00 TTL=122 ID=15692 DF PROTO=TCP SPT=1528 DPT=445 WINDOW
=16384 RES=0x00 SYN URGP=0 OPT (020405A401010402)
Nov  8 15:49:30 edwin kernel: SFW2-INext-DROP-NEW-CONNECT IN=ppp0 OUT= MAC= SRC=83.
176.56.124 DST=83.176.142.
229 LEN=48 TOS=0x00 PREC=0x00 TTL=122 ID=15781 DF PROTO=TCP SPT=1528 DPT=445 WINDOW
=16384 RES=0x00 SYN URGP=0 OPT (020405A401010402)
Nov  8 15:51:02 edwin pppd[5543]: Terminating on signal 15.
Nov  8 15:51:02 edwin pppd[5543]: restoring old default route to eth0 [192.168.0.25]
Nov  8 15:51:02 edwin pppd[5543]: Connection terminated.
Nov  8 15:51:02 edwin pppd[5543]: Connect time 2.6 minutes.
Nov  8 15:51:02 edwin pppd[5543]: Sent 45322 bytes, received 183027 bytes.
Nov  8 15:51:03 edwin modify_resolvconf: restored /etc/resolv.conf.saved.by.pppd.
ppp0 to /etc/resolv.conf
Nov  8 15:51:03 edwin pppd[5543]: Hangup (SIGHUP)
Nov  8 15:51:03 edwin SUSEfirewall2:
 Firewall rules successfully set in QUICKMODE for device(s) " ppp+" plus masquerading
```

```
Nov  8 15:51:03 edwin pppd[5543]: Script /etc/ppp/ip-
down finished (pid 5791), status = 0x0
Nov  8 15:51:03 edwin pppd[5543]: Connect time 2.6 minutes.
Nov  8 15:51:03 edwin pppd[5543]: Sent 45322 bytes, received 183027 bytes.
Nov  8 15:51:03 edwin pppd[5543]: Exit.
...
```

Zugriff von außen: ein Angriffsversuch?

Dieser Ausschnitt wäre todlangweilig, wenn nicht, sofort nachdem *wvdial* für *KInternet* eine Verbindung aufbaute, der erste Verbindungsversuch von außen stattgefunden hätte. Falls es Sie interessiert: Zuerst wird hier mit *AT-Befehlen* das Modem initialisiert, danach wählt es mit dem Kommando *ATDT0193685* die Telefonnummer eines Providers. Nach den Zeilen mit dem *su*-Befehl startet Benutzer *ddt* (als *root*) auf unserer Maschine den PPP-Daemon. Dieser erzeugt eine virtuelle Netzwerkkarte mit dem Namen *ppp0* und versucht dann auf der Gegenseite, sich anzumelden. Als das gelingt, bekommen wir die Adresse 83.176.142.229 zugewiesen, und die IP-Adressen zweier Nameserver genannt, mit denen wir die Rechnernamen im Internet finden können. Außerdem zeigt die Standard-Netzwerkroute jetzt ins Internet. Und die SUSE-Firewall startet. Die Verbindung ins Internet ist noch keine Minute lang aufgebaut, als schon Meldungen der Firewall einen Kontaktversuch von außen auf unsere Maschine zeigen.

Ein Angriff? Nicht direkt, aber wenn Sie nach »firewall AND 445« *googeln* oder die Datei */etc/services* konsultieren, stellen Sie fest, dass die *Microsoft Directory Services* das Ziel des Kontaktversuchs gewesen wären. Auf dem Ziel-Port 445 (erkennbar an dem *DPT=445* für *Destination Port 445*) kann man den *RPC-Dienst* von Windows 2000 (und später) erreichen.[6] Antwortet unsere Maschine auf so einen Versuch, verrät dies einem potenziellen Angreifer immerhin, dass wir vermutlich eine Windows-Maschine betreiben. Keine Sorge, selbst wenn die Firewall die Kontaktaufnahme nicht unterbunden hätte, wäre dieser Angriff einer Linux-Maschine nicht gefährlich geworden. Doch es hilft Ihnen vielleicht, die Illusion loszuwerden, Sie seien allein im Netz.

Die ganze Verbindung beendete ich gleich wieder (siehe die Zeile: `Terminating on Signal 15`), dabei stellte das Skript */etc/ppp/ip-down* die vorherigen Einstellungen wieder her. Das Ganze dauerte keine drei Minuten.[13]

---

13 http://board.protecus.de/showtopic.php?threadid=5470

Ein Modem einbinden bei Mandriva und anderen

Andere Distributionen liefern zwar nicht die SUSE-Eigenentwicklung *KInternet* mit, aber sowohl Mandriva als auch Fedora Core 6 haben sehr schöne Netzwerk-Assistenten, die Ihnen dabei helfen, Modems als Netzwerkschnittstellen (üblicherweise *ppp0*) zu konfigurieren. Auch die Auswahl an Providern ist bei diesen beiden mittlerweile respektabel. Wenn Sie die KDE als Oberfläche benutzen, dann haben Sie normalerweise *kppp* schon an Bord, um die Verbindung aufzubauen, oder können es nachinstallieren. Unter GNOME gibt es das Panel-Applet *Modem Lights*, zu Deutsch *Modemlämpchen*. Das Einrichten einer Modemverbindung beginnt im zentralen Konfigurationstool.

Mandriva und Modems

Unter NETZWERK & INTERNET (siehe Abbildung 19-31) wählen Sie EINE NETZWERKSCHNITTSTELLE ERSTELLEN. Das startet eine Folge bequemer Einstellungsdialoge. Beim nächsten legen Sie fest, dass ein analoges Modem benutzt werden soll.

Abbildung 19-31: Eine Netzwerkverbindung bei Mandriva erstellen

Danach bestimmen Sie, welches der gefundenen Geräte nun konfiguriert werden soll: In unserem Beispiel wurde das alte Rockwell-Modem an der seriellen Verbindung (*ttyS0*) tadellos erkannt (siehe Abbildung 19-32).

Wenn Sie das Gleiche mit einem Notebook versuchen, das z.B. ein eingebautes Via-Modem hat (oder ein anderes sogenanntes Win-Modem, man nennt sie auch »Softmodems«), werden Sie in den meisten Fällen gnadenlos scheitern. Sie können nach wochenlanger Internet-Recherche manchmal Erfolg mit so einem Gerät haben, aber die meisten Softmodems funktionieren einfach nicht mit Linux. Die pragmatische Lösung: nehmen Sie einfach ein zusätzliches, externes Modemgerät mit. So ein Modem bekommen Sie schon für deutlich unter 20 Euro.

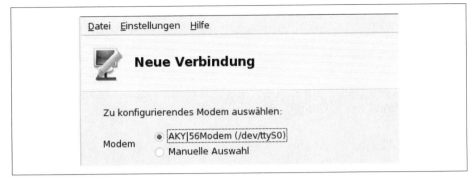

Abbildung 19-32: Das angeschlossene Modem wird erkannt.

Wird das externe, serielle Modem nicht gleich erkannt, führt Sie der Menüpunkt MANUELLE AUSWAHL zu einem weiteren Dialog, wo Sie die Schnittstelle einstellen können (siehe Abbildung 19-33). Mehr ist in der Regel ohnehin nicht zu tun. Mit ein wenig Glück wird das angesteckte und eingeschaltete Gerät aber bereits beim Rechnerstart selbsttätig erkannt.

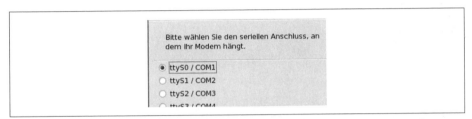

Abbildung 19-33: Schnittstelle angeben

Bei Notebooks können Sie *ttyS0* auch auf Verdacht anklicken, denn Notebooks haben meist nur eine serielle Schnittstelle. Die Fehlerquote wäre hier also vernachlässigbar klein.

Sollten nicht alle Pakete an Bord sein, bemerkt das Einrichtungsprogramm den Mangel und fragt nach, ob es z.B. das fehlende *kppp* nachinstallieren soll.

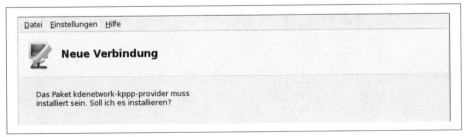

Abbildung 19-34: Fehlende Pakete nachinstallieren

Gleich darauf geht es schon darum, welcher Anbieter angerufen werden soll. Dazu bietet Mandriva unter der Landesüberschrift nur sehr wenige Provider an, und die Auswahl von drei oder vier Providern funktioniert noch nicht einmal. Nur gut, dass Sie im nächsten Dialog Ihren Wunsch-Provider frei konfigurieren können (siehe Abbildung 19-35). Die Zugangsdaten (Telefonnummer, Name und Passwort) eines billigen Anbieters können Sie sich z.B. von *www.billiger-surfen.de* holen. Die hier verwendete Firma war am Tag des Screenshots der billigste Anbieter.

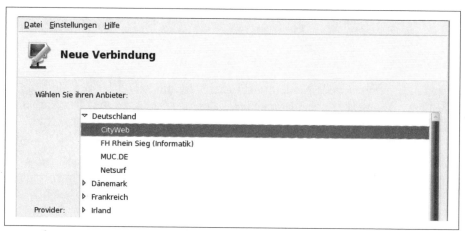

Abbildung 19-35: Einen Anbieter aussuchen

Der nächste Dialog bietet an, die *IP-Parameter automatisch* zu setzen: Das ist, was sie wollen, denn wir wissen ja nicht, welche IP-Adresse wir vom Service-Provider bekommen werden. Das Gleiche gilt für die DNS-Adressen und das Gateway. Klicken Sie hier immer auf WEITER. Dann sollen Sie entscheiden, ob die Benutzer die Verbindung selbst verwalten dürfen: Das erscheint sinnvoll. Sonst müssten Sie jedes Mal *root* sein, um die Internet-Verbindung in Gang zu setzen, oder es entstehen Ihnen schon beim Booten Kosten, auch das ist zu vermeiden. Viele Call-by-Call-Provider rechnen ihre Gebühren einfach über die Einwahltelefonnummer ab (das mag einer der Gründe dafür sein, weshalb manche Hotels, wenn die Gäste aus dem Zimmer heraus mit dem Modem Internet-Verbindungen aufbauen, so unverschämt teuer sind). Immerhin: Wenn schon klar ist, wer zahlt, ist es oft nicht mehr so wichtig, wie der Login und das Passwort heißen. Bei etlichen Providern genügt es schon, wenn Loginname und Passwort nicht leer sind.

Die Konfiguration eines neuen Provider-Kontos ist einfach aufgebaut (siehe Abbildung 19-36). Es gibt die Telefonnummer, die angerufen werden soll, dann einen Loginnamen und ein Passwort. Die meisten Provider arbeiten mit *PAP*, dem *Passwort Authentication Protocol*. Das ist so einfach, wie man sich Passwortabfrage vorstellt: Der Client schickt das – unverschlüsselte – Passwort zum Server, der stellt fest, ob es

Abbildung 19-36: Einen Provider von Hand eintragen

stimmt, und lässt den Client dann rein. Lustigerweise entsteht bei solchen Call-by-Call-Providern kein Sicherheitsrisiko, wenn alle Kunden das gleiche Passwort benutzen. Ein Angreifer müsste schon in der Lage sein, mit der Telefonleitung des Angegriffenen zu telefonieren, um die Kosten auf dessen Konto laufen zu lassen. Kunden mit dem speziellen Login eines Abrechnungscontainers sehen sich mit PAP größeren Risiken ausgesetzt. Kann hier das Passwort ausgespäht werden, könnte jemand tatsächlich auf fremde Kosten surfen. Das *CHAP* (*Challenged Handshake Protocol*) ist zwar geringfügig besser, aber die meisten Provider bieten es nicht an.

Als krönenden Abschluss versucht Mandriva, die Modem-Verbindung zu starten. Das hat bei mir mit einer bestehenden Netzwerkverbindung über eine Ethernet-Karte nicht funktioniert, weil die bisherige, bereits funktionierende Internet-Verbindung (über ein bereits bestehendes Standard-Gateway) erkannt wurde. Ein Bug oder ein Feature? Es ist jedenfalls kein Problem, wenn Sie allein am Heimrechner ohne Netzwerkkarte sitzen. Dann klappt es auch mit *kppp*, das die konfigurierten Einstellungen findet und Sie bequem einwählen lässt.

Mit kppp die Verbindung herstellen

Endlich geht es ins Netz. Hier kommt unter Umständen eine große Enttäuschung auf den Benutzer zu: Da hat man sich nach einer *root*-Authentifizierung am zentralen Konfigurator durch den ganzen Dialogwust hindurchgekämpft, alles eingetragen – und dann ruft man *kppp* auf (siehe Abbildung 19-37), und alles funktioniert einfach so? Wie langweilig! Und trotzdem ist es so, sowohl bei Mandriva als auch bei den Fedora-artigen.

Bei Mandrake. Alle DrakConf-Eintragungen werden direkt von *kppp* übernommen. Und obwohl man Provider auch direkt in *kppp* anlegen kann, ist der erste Weg über DrakConf nicht falsch. Auf diese Weise ist sichergestellt, dass man nichts Wichtiges vergisst. Niemand hindert einen daran, später für alle Fälle einen Alternativbestand an billigen Providern in *kppp* einzupflegen.

kppp finden Sie im Mandriva 2007-Hauptmenü unter INTERNET → ENTFERNTER ZUGRIFF. Im Vergleich zu den Orten, wo *kppp* bei anderen Distributoren versteckt ist, ist das geradezu progressiv.

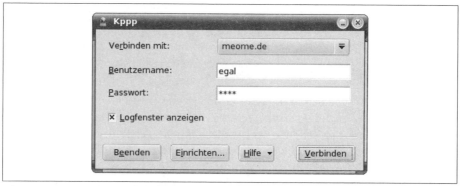

Abbildung 19-37: Der Einstiegsdialog von kppp

Die Software sieht auf den ersten Blick harmlos aus. Es gibt eine Drop-down-Liste mit den Namen der eingepflegten Provider, darunter zwei Zeilen mit dem Loginnamen und dem – unkenntlich gemachten – Passwort. VERBINDEN startet das Modem. Wenn man es nicht leise gestellt hat, tönt es auch gleich los.

Der Verbindungsdialog ist ebenso unspektakulär (siehe Abbildung 19-38). Mandrivas Grundeinstellung zeigt das Logfenster an, das ist ein Fenster mit den Rückgabewerten des Modems. Zumindest die ersten paar Male ist es noch sehr interessant, die Verbindung zu überwachen, aber wenn die Einstellungen sich als vertrauenswürdig erwiesen haben, können Sie das auch abstellen.

Abbildung 19-38: Der Verbindungsdialog von kppp

Sobald das Logfenster einen CONNECT zurückmeldet, verschwinden beide Fenster, und von *kppp* ist nichts mehr zu sehen als ein gestartetes Programm im Panel bzw. in der Kontrollleiste (siehe Abbildung 19-39). Dieses Verhalten ist bei verschiedenen Versionen von *kppp* übrigens unterschiedlich, genauso wie es davon abhängig ist, welche Oberfläche Sie ausgewählt haben. Wenn ppp das erste Mal verschwindet, ist das jedenfalls recht verwirrend.

Abbildung 19-39: Kaum ist die Verbindung aufgebaut, zieht kppp sich in die Kontrollleiste bzw. das Panel zurück.

Ein Klick auf dieses Element in der Kontrollleiste öffnet den Kontrolldialog von *kppp* (siehe Abbildung 19-40). Dort sehen Sie auf einen Blick, wie lange die Verbindung schon besteht. Außerdem gibt es einen Button, mit dem Sie die Verbindung wieder trennen können. Der Wert hinter VERBUNDEN MIT: zeigt die Geschwindigkeit zwischen Rechner und Modem (normalerweise 115200 Baud) an. Das ist mehr kosmetischer Natur und hat nichts mit den tatsächlichen Download-Raten zu tun.

Abbildung 19-40: Der Kontrolldialog einer bestehenden Modemverbindung bei kppp

Grafisch hochwertig und diesmal wirklich informativ ist, was Sie mit einem Klick auf die DETAILS zu sehen bekommen: Neben einer Modemlampenanzeige in Rot und Grün wäre das vor allem einmal die Datendurchsatzmenge (siehe Abbildung 19-41). Aber auch die eigene und die IP-Adresse des Provider-Rechners auf der anderen Seite der Telefonleitung sind zu sehen.

Auch hier kommen Sie meist nicht um ein wenig – natürlich textorientierte – Diagnose herum. Zwei Kommandos helfen Ihnen dabei, nicht nur das Wohl und Wehe der Modemverbindung zu begutachten, sondern auch den ganzen Rest der Netzwerkerei. Schon im letzten Kapitel tauchte der Befehl tail -f /var/log/messages auf. Diesen Befehl können Sie nur absetzen, wenn Sie *root* sind. Es wäre zu gefährlich, wenn alle anderen Benutzer die Datei */var/log/messages* ebenfalls einsehen könnten. Sie müssen also wenigstens eine *su*-Sitzung als *root* in einem Terminal gestartet haben. Der Blick ins Systemlog beantwortet alle Fragen, ob die Sitzung aufgebaut wurde und ob dabei Probleme aufgetaucht sind.

Das folgende Beispiel zeigt den Sitzungsaufbau der Verbindung aus Abbildung 19-41. *kppp* hat scheinbar Probleme, bestehende Defaultrouten für die Dauer der Modemverbindung zu entfernen und hinterher wieder zu restaurieren. Das beobachtete ich

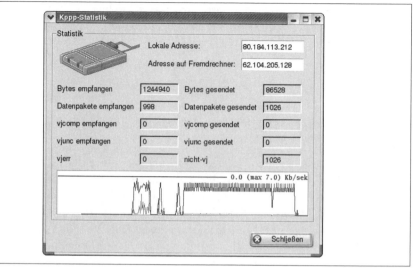

Abbildung 19-41: kppp-Anzeige beim Download eines Flashplayer-Plugins für den Mozilla

bei RedHat/Fedora ebenfalls. Am besten funktioniert die Modem-Einwahl also, wenn Sie kein Default-Gateway eingestellt haben – zum Beispiel wenn Sie keine Netzwerkverbindung zu einem inneren Netz haben, sondern als Einzelkämpfer arbeiten. Wenn Sie eine zusätzliche, zweite Defaultroute erzeugen, funktionieren die innere Netzwerkverbindung und die Downloads vermutlich ebenfalls gleichzeitig. Auch wenn ich sonst gerne einmal auf SUSE herumhacke: Das macht diese Distribution besser. Dort werden die existierenden Netzwerkeinstellungen vorübergehend in Dateien abgelegt und nach der Modem-Verbindung auch wieder hergestellt.

```
Nov  9 11:20:32 dingo pppd[5553]: pppd 2.4.2 started by dieter, uid 1001
Nov  9 11:20:32 dingo pppd[5553]: Using interface ppp0
Nov  9 11:20:32 dingo pppd[5553]: Connect: ppp0 <--> /dev/ttyS0
Nov  9 11:20:33 dingo pppd[5553]: PAP authentication succeeded
Nov  9 11:20:33 dingo pppd[5553]:
not replacing existing default route to eth0 [192.168.0.25]
Nov  9 11:20:33 dingo pppd[5553]: local  IP address 80.184.113.250
Nov  9 11:20:33 dingo pppd[5553]: remote IP address 62.104.205.128
Nov  9 11:20:33 dingo pppd[5553]: primary   DNS address 62.104.191.241
Nov  9 11:20:33 dingo pppd[5553]: secondary DNS address 62.104.196.134
Nov  9 11:20:33 dingo su(pam_unix)[5596]: session opened for user root by (uid=0)
Nov  9 11:20:33 dingo su(pam_unix)[5596]: session closed for user root
Nov  9 11:21:24 dingo pppd[5553]: Terminating on signal 15.
Nov  9 11:21:24 dingo pppd[5553]: Connection terminated.
Nov  9 11:21:24 dingo pppd[5553]: Connect time 0.9 minutes.
Nov  9 11:21:24 dingo pppd[5553]: Sent 97 bytes, received 708 bytes.
Nov  9 11:21:24 dingo pppd[5553]: Exit.
...
```

Wenn Sie aber nur wissen wollen, ob Sie gerade eine externe IP-Adresse haben oder nicht, dann genügt ein simpler Blick auf die gerade gültigen Netzwerk-Einstellungen. Das macht *root* mit den Befehlen ifconfig oder ip a, aber auch als normaler Nutzer bekommen Sie Auskunft, wenn Sie zum Befehl den ganzen Pfad /sbin/ifconfig bzw. /sbin/ip a eingeben:

```
[root@dingo root]# ifconfig
eth0      Protokoll:Ethernet  Hardware Adresse 00:A0:CC:D8:2A:40
          inet Adresse:192.168.0.1  Bcast:192.168.0.255  Maske:255.255.255.
0
          ...
lo        Protokoll:Lokale Schleife
          inet Adresse:127.0.0.1  Maske:255.0.0.0
          ...
ppp0      Protokoll:Punkt-zu-Punkt Verbindung
          inet Adresse:80.184.112.250  P-z-P:62.104.205.128  Maske:255.255.255.255
          UP PUNKTZUPUNKT RUNNING NOARP MULTICAST  MTU:1500  Metric:1
          RX packets:6 errors:0 dropped:0 overruns:0 frame:0
          TX packets:5 errors:0 dropped:0 overruns:0 carrier:0
          Kollisionen:0 Sendewarteschlangenlänge:3
          RX bytes:160 (160.0 b)  TX bytes:97 (97.0 b)
[root@dingo root]#
```

Hier sind drei Netzwerkgeräte zu sehen:

- *eth0* ist die ersten Netzwerkkarte, eine eingebaute Ethernet-Karte mit der IP-Adresse 192.168.0.1.
- *lo* ist das *loopback*-Device mit der magischen IP-Adresse 127.0.0.1. Es wird benutzt, damit der Rechner mit sich selbst sprechen kann: Eine Reihe von Programmen kommunizieren miteinander, indem sie Netzwerkpakete vom eigenen Rechner auf den eigenen Rechner schicken. Wer so etwas benutzen kann, der braucht keine umständlichen Interprozess-Kommunikationspfade zwischen den Programmen programmieren.
- *ppp0* – Da haben wir es ja: ein Netzwerkgerät, das das PPP-Protokoll benutzt und eine IP-Adresse aus dem wilden Internet hat. Wenn es dieses Gerät gibt, dann sind wir online. Nachem man sich mit *kppp* vom Internet getrennt hat, verschwindet das Gerät üblicherweise aus der *ifconfig*-Liste.

kppp konfigurieren

Die Dialoge von *kppp* sind die gleichen, egal ob es bei einer SUSE- (auch da kann man es installieren, es ist im Paket *kdenetwork3-dialup* enthalten), Fedora-, Mandrake- oder welcher Distribution auch immer installiert ist. Das Programm wäre – bei gleicher Programmversion – vermutlich identisch. Allerdings haben wir abgesehen von den einfachen Bedienoptionen beim Verbindungsaufbau noch nichts von der umfassenden Funktionsausstattung gesehen. Das ist der Grund, warum *kppp* eines der führenden Einwahlprogramme unter Linux ist. Der Einstieg in die Funktionsfülle ist im Hauptdialog unscheinbar unter EINRICHTEN... untergebracht.

Klickt man diesen Button an, erhält man den Service-Dialog (siehe Abbildung 19-42). Die Register an der oberen Seite des Dialogs deuten schon an, dass es hier erst richtig losgeht. Um einen neuen Zugang (sprich: einen Satz Zugangsinformationen für einen bestimmten Provider oder sogar für mehrere verschiedene Zugangsdaten des gleichen Providers) zu erstellen, genügt es, NEU anzuklicken.

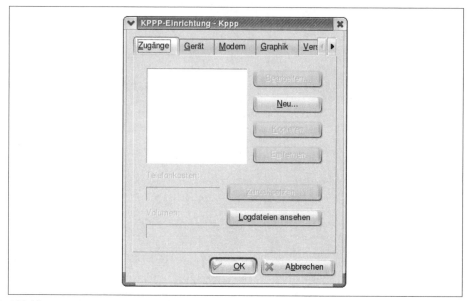

Abbildung 19-42: Der Service-Dialog von kppp

Sie können hier zwischen einem Assistenten und der manuellen Konfiguration wählen (siehe Abbildung 19-42), um die Providerdaten einzutippen. Alles Eingetippte erscheint dann unter einer neuen Überschrift, die Ihnen bei der Einwahl mit *kppp* zur Auswahl gestellt wird. So können Sie mal den einen, mal den anderen Provider zur Einwahl benutzen – zum Beispiel, wenn einer zu einer bestimmten Tageszeit besonders günstig wäre etc. Die Dialoge des Assistenten enthüllen allerdings eine recht schwache Auswahl an Providerdaten. In den meisten Fällen werden Sie die Angaben für Ihren Wunsch-Provider wohl von Hand eintippen wollen (siehe Abbildung 19-43). Wo Sie Daten aus dem Web bekommen können, steht weiter oben, vielleicht haben Sie im Rahmen eines Vertrages aber auch Zugangsdaten von einem Provider geschickt bekommen. *kppp* einzurichten erinnert in vielerlei Hinsicht an die gute alte DFÜ-Verbindung bei Windows; dort mussten ebenfalls Profile je Provider angelegt werden (und leider auch Dialer entfernt werden, nachdem sie sich selbsttätig dort installiert hatten).

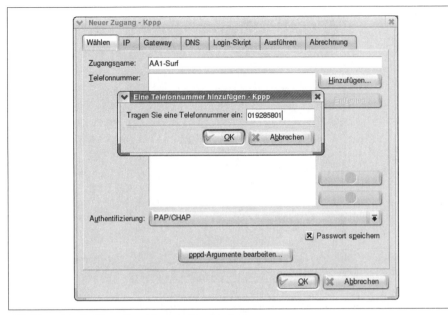

Abbildung 19-43: Einen Provider von Hand anlegen

Nachdem der Provider-Eintrag fertiggestellt ist, müssen Sie in den drei folgenden Registern *IP*, *Gateway* und *DNS* das übliche Verhalten des Netzwerks einstellen werden: Soll die Nummer automatisch bezogen werden, soll das Default-Gateway gesetzt werden, wollen Sie die IP-Adressen der DNS-Server vom Provider haben? Üblicherweise behält man dort einfach die Voreinstellungen bei. Besondere Login-Skripten oder Programme, die beim Starten oder Beenden der Wählleitung ausgeführt werden sollen, sollten normalerweise ebenfalls nicht notwendig sein.

Abgesehen von den Zugangsdaten können Sie mit *kppp* noch eine ganze Menge weitere Einstellungen regeln. Im Register GERÄT sollte normalerweise nichts Interessantes stehen, das die Hardwareerkennung nicht besser herausfindet, als wir es raten können. Eine Ausnahme: Wenn die maximale Übertragungsrate des Modems Schwierigkeiten bereitet, können Sie hier eine geringere einstellen. Angenehm allerdings ist der Schalter im Register MODEM: Dort können Sie mit einem Schiebeschalter die Lautstärke des Modem-Gekreisches regeln (siehe Abbildung 19-44).

Die Befehle zur Initialisierung des Modems sind in einem Unterdialog einstellbar, den Sie mit dem Button MODEMBEFEHLE... erreichen. MODEM ABFRAGEN fragt alle Betriebsmodi des angeschlossenen und eingeschalteten Modems ab; würde man mehrere Modems ausprobieren wollen, könnte man sie hier der Reihe nach testen lassen, ohne jedes Mal einen Reboot durchführen zu müssen. Linux und ein Reboot!? Das soll man doch gar nicht müssen, heißt es immer! Na ja, eigentlich nicht, aber weitab von wild vorgetragenen Thesen sind die seriellen Schnittstellen

Abbildung 19-44: Modem einstellen in kppp

nun einmal nicht besonders kommunikativ, und ein Zeitpunkt, an dem sie sicher abgefragt werden, ist der Neustart ...

Fedora und das Modemlämpchen

Fedora wird ohne Zutun mit einer GNOME-Oberfläche installiert, deshalb verwenden Sie da nicht *kppp* (dann müssten Sie ja die Hälfte von KDE nachinstallieren). Aber es gibt ein hübsches Panel-Applet, das sich mit der rechten Maustaste im Panel verankern lässt. Im Deutschen heißt es *Modemlämpchen*, und wenn Ihre Umgebung zum Teil ein wenig »denglisch« ist, kennen Sie es als *Modem Lights*. Es benutzt die Einstellungen, die Sie im Netzwerk-Konfigurationswerkzeug für ein Modem eingetragen haben. Danach müssen Sie nur noch auf das Modemlämpchen klicken und bestätigen, dass Sie die Verbindung aufbauen wollen. Die Verbindung abbauen geht genau so.

Das Modem als Netzwerkschnittstelle zuerstellen ist bei Fedora Core 6 sogar noch leichter als bei Mandriva. Unter SYSTEM → ADMINISTRATION → NETZWERK finden Sie im Hauptmenü der GNOME-Umgebung den Netzwerk-Dialog (siehe Abbildung 19-45). Wenn Sie NEU anklicken, führt ein Assistent Sie bequem durch alle Schritte, die Sie weiter oben auch schon gesehen haben. Danach, wenn die Modem-Schnittstelle schon existiert, rufen Sie den gleichen Dialog noch einmal auf und öffnen mit einem Doppelklick einen Einstellungsdialog, der erstaunlich gut bestückt ist. Sie können in mehreren Registern praktisch jede Einstellung der Schnittstelle ändern.

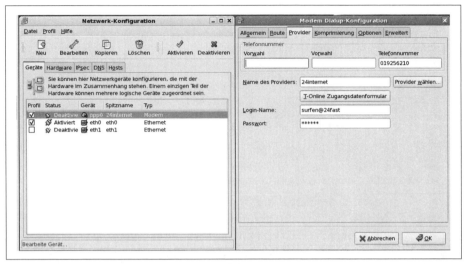

Abbildung 19-45: Modem konfigurieren bei Fedora Core 6

Fehlerdiagnose

Dem System über die Schulter sehen, wie es Internet-Verbindungen auf- und abbaut, das können Sie leicht, wenn Sie mit einem Analog-Modem, einer ISDN-Karte und DSL-Modems (mit PPPoE) arbeiten. Dazu brauchen Sie nur das Systemlog zu beobachten, während Linux die Verbindung aufbaut. Wer allerdings einen ISDN- oder DSL-Router verwendet, kann auf der Linux-Maschine nichts von diesen Dingen sehen. Schließlich findet der Verbindungsauf- und -abbau ja auch nicht auf der Linux-Maschine, sondern völlig unabhängig davon im DSL- bzw. ISDN-Kästchen statt. Leider haben etliche der billigeren Geräte kein Systemlog, wo Sie wenigstens hinterher nachsehen könnten, was funktioniert hat und was nicht.

Mit *Roaring Penguin* ein DSL-Modem anzusteuern hinterlässt dagegen im Linux-System ganz ähnliche Spuren wie bei Analog-Modem und ISDN. Und die Werkzeuge, um nachzusehen, was los ist, sind ebenfalls dieselben. Sehen Sie dazu einfach weiter oben unter den Befehlen zur Einstiegsdiagnose nach. Ein `tail -f /var/log/messages` sollte eine Selbstverständlichkeit für Sie sein, wie beim Einrichten jedes anderen Dienstes auf der Maschine: Sie starten ein Terminal, verwandeln sich mit `su -` in *root* und lassen sich das Ende der Datei *messages* ausgeben.

```
root@storm:~ # tail -f /var/log/messages
Nov 22 17:24:44 storm pppd[14080]: pppd 2.4.1 started by root, uid 0
Nov 22 17:24:44 storm pppd[14080]: Using interface ppp0
Nov 22 17:24:44 storm pppd[14080]: Connect: ppp0 <--> /dev/pts/5
Nov 22 17:24:44 storm pppoe[14081]: PPP session is 3978
Nov 22 17:24:45 storm pppd[14080]: local  IP address 217.232.226.140
Nov 22 17:24:45 storm pppd[14080]: remote IP address 217.5.98.172
```

```
Nov 22 17:24:45 storm pppd[14080]: primary   DNS address 217.237.151.97
Nov 22 17:24:45 storm pppd[14080]: secondary DNS address 217.237.150.33
Nov 22 17:24:45 storm kernel: device ppp0 entered promiscuous mode
Nov 22 17:25:57 storm adsl-stop: Killing pppd
Nov 22 17:25:57 storm pppd[14080]: Terminating on signal 15.
Nov 22 17:25:57 storm kernel: device ppp0 left promiscuous mode
Nov 22 17:25:57 storm pppd[14080]: Connection terminated.
Nov 22 17:25:57 storm pppd[14080]: Connect time 1.3 minutes.
Nov 22 17:25:57 storm pppd[14080]: Sent 19618 bytes, received 161429 bytes.
Nov 22 17:25:57 storm pppoe[14081]: read (asyncReadFromPPP): Session 3978: Input/
output error
Nov 22 17:25:57 storm pppoe[14081]: Sent PADT
Nov 22 17:25:57 storm adsl-stop: Killing adsl-connect
Nov 22 17:25:57 storm pppd[14080]: Exit.
```

Klar zu sehen: Schon nach einer Sekunde war die Verbindung da, das Beenden der Verbindung mit dem Netzwerkgeräte-Kontrollwerkzeug ruft offenbar den Befehl adsl-stop auf. Vorher können Sie beobachten, dass wir die IP-Adresse 217.232.226.140 zugeteilt bekommen hatten, und die IP-Adresse des Rechners auf Provider-Seite war (erkennbar an dem Zeilenbeginn *remote IP address*) 217.5.98.172. Wir haben genug gesehen, mit Strg-C können Sie den tail-Befehl wieder abbrechen.

Noch kürzer gibt es gute Netzwerkinformationen mit dem Befehl ifconfig bzw. dessen neuerer Variante ip a. Solange die Verbindung steht, gibt es für die DSL-Schnittstelle ein Netzwerkgerät *ppp0*, und es hat eine IP-Adresse.

```
root@storm:~ # /sbin/ifconfig
eth0      ...
lo        ...
ppp0      Protokoll:Punkt-zu-Punkt Verbindung
          inet Adresse:217.232.226.140  P-z-P:217.5.98.172  Maske:255.255.255.255
          UP PUNKTZUPUNKT RUNNING NOARP MULTICAST  MTU:1492  Metric:1
          RX packets:6 errors:0 dropped:0 overruns:0 frame:0
          TX packets:6 errors:0 dropped:0 overruns:0 carrier:0
          Kollisionen:0 Sendewarteschlangenlänge:3
          RX bytes:202 (202.0 b)  TX bytes:174 (174.0 b)
```

Wenn die Verbindung offenbar aufgebaut wurde und trotzdem keine Netzwerkpakete laufen (das erkennen Sie daran, dass Sie mit dem Browser keine neuen Netzwerkseiten aufrufen können oder dass ein Befehl host www.suse.de keine Antwort bringt), dann gibt es zwei mögliche Ansatzpunkte: Entweder stimmt das Default-Gateway nicht oder die Namensauflösung oder beides. Wohin das Default-Gateway zeigt, können Sie als normaler Benutzer mit dem Befehl /sbin/route -n (oder ip r) testen.

Den ganzen Pfad zu /sbin/route einzutippen ist notwendig, weil dies ein *root*-Werkzeug ist; der Suchpfad des normalen Benutzers führt üblicherweise nicht in das Verzeichnis /*sbin*. Der Schalter -n sorgt dafür, dass nicht versucht wird, die IP-Adressen nach Namen aufzulösen. Wenn es bei der Namensauflösung Probleme gibt, dann warten Sie ewig. Bei SUSE musste man außerdem immer den Pfad bei /sbin/ip r angeben, nicht aber z.B. bei einer Standard-Debian-Distribution – dafür war dort das *iproute*-Paket noch nicht installiert, und ohne das gab es gar kein ip-Kommando.

Eine einfache Routing-Tabelle, solange unser Rechner zwar mit dem internen Ethernet, nicht aber mit dem Internet verbunden ist, sieht in etwa so aus:

```
[dieter@storm dieter]$ /sbin/route -n
Kernel IP Routentabelle
Ziel            Router          Genmask         Flags Metric Ref    Use Iface
192.168.0.0     0.0.0.0         255.255.255.0   U     0      0        0 eth0
127.0.0.0       0.0.0.0         255.0.0.0       U     0      0        0 lo
```

Es gibt Routen in die Netze 192.168.0.0 und das seltsame 127.0.0.0, das den eigenen Rechner darstellt, und es gibt keine Default-Route. Die erkennt man an der Adresse 0.0.0.0 in der *Ziel*-Spalte, außerdem ist sie immer die letzte der Routen und befindet sich deshalb auch in der letzten Zeile der Tabelle. Nach dem Verbindungsaufbau zeigt sich eine leicht veränderte Situation:

```
[dieter@storm dieter]$ /sbin/route -n
Kernel IP Routentabelle
Ziel            Router          Genmask         Flags Metric Ref    Use Iface
217.5.98.172    0.0.0.0         255.255.255.255 UH    0      0        0 ppp0
192.168.0.0     0.0.0.0         255.255.255.0   U     0      0        0 eth0
127.0.0.0       0.0.0.0         255.0.0.0       U     0      0        0 lo
0.0.0.0         217.5.98.172    0.0.0.0         UG    0      0        0 ppp0
```

Jetzt gibt es eine Route zum Provider-Rechner; meist ist das die erste aller Routen, da sie genau auf einen Rechner zielt und nicht auf ein ganzes Netz (erkennbar an dem H für »Hostroute« in der *Flags*-Spalte). Danach werden alle Routenregeln der folgenden Zeilen durchprobiert. Zustellen kann er offenbar Pakete direkt nach (*Ziel*-Spalte) 217.5.98.172, indem er sie auf das Gerät (*Iface*-Spalte) ppp0 schickt. In die Netze 192.168.0.0 und 127.0.0.0 kommt man über die Geräte *eth0* und *lo*.

Alle Netzwerkpakete, auf die keine der oberen Regeln zutreffen, könnte der Rechner nicht zustellen. Solche Netzwerkpakete fallen dann unter die letzte Regel 0.0.0.0; das soll so viel bedeuten wie »das unbekannte Netz« oder »wohin auch immer«. Dort gibt es eine IP-Adresse in der *Router*-Spalte. Das wäre zu lesen wie: »Und was nicht zugestellt werden kann, das schickst du nach 217.5.98.172, diese Adresse erreichst du über ppp0.« Voilà, das ist das Default-Gateway.

Wenn Sie vergessen haben, ein vorher bestehendes Default-Gateway zu entfernen (indem Sie es aus der Netzwerkkonfiguration löschen), weigert sich der *ppp*-Dämon meistens, eine neue Default-Route zu setzen. Mit dem Befehl */sbin/route -n* können Sie sichtbar machen, woran es krankt. Falsch wäre hier z.B. eine Standard-Gateway-Zeile, in der steht:

```
0.0.0.0         192.168.0.16    0.0.0.0         UG    0    0         0 eth0
```

Der Rechner würde dann versuchen, alle »nicht bekannten« Zielorte zu erreichen, indem er die Netzwerkpakete dem Rechner 192.168.0.16 (im inneren Netz) schickt statt dem Rechner des Providers. Erkennbar ist das am Netzwerkgerät eth0 ganz rechts, da müsste dann so etwas wie ppp0, dsl0, ippp0 etc. stehen.

Wenn alles scheinbar gut gelaufen ist, aber trotzdem keine Webseiten im Browser gefunden werden, liegt das Problem oft an der Namensauflösung. Tippen Sie dann in einem Terminal den Befehl host www.magnum-opus.de ein oder eine beliebige andere Adresse, z.B. host www.vatican.va.

```
dieter@edwin:~$ host www.magnum-opus.de
www.magnum-opus.de has address 82.165.56.13
dieter@edwin:~$
```

Wenn dann eine oder mehrere IP-Adressen zurückkommen, ist alles in Ordnung. Das bedeutet, auch der Browser bekommt die Information, die er benötigt, um Ihre gewünschte Adresse zu finden. Wenn nichts zurückkommt und die Befehlszeile lange klemmt, müssen Sie den Inhalt der Datei */etc/resolv.conf* überprüfen. Sie legt fest, welcher oder welche Nameserver gefragt wird bzw. werden, um aus Internet-Namen Internet-Adressen zu machen. Diese Datei kann vollständig leer sein, sie kann aber auch eine einzelne Zeile enthalten wie

```
domain site
```

oder eine korrekte Angabe wie z.B.:

```
search ddt.loc
nameserver 192.168.0.16
```

Diese beiden Zeilen bedeuten, dass der Nameserver 192.168.0.16 gefragt wird (wie z.B. mein kleiner Nameserver hier im Büro oder der Nameserver-Stellvertreter in Ihrem Internet-Kästchen). Bei der Einwahl ins Internet tauscht der *ppp*-Dämon die Angaben in dieser Datei aus. Das könnte dann etwa so aussehen wie:

```
search ddt.loc
nameserver 194.25.2.131
nameserver 194.25.2.132
nameserver 194.25.134.8
```

(Das sind Nameserver von t-online.) Aber was tun Sie, wenn das Austauschen schiefgegangen ist? Dann weiß Ihr Rechner nicht mehr, wen er nach der IP-Adresse einer URL fragen soll, und der Browser findet nichts, weil der Rechner nichts gefunden hat.

Ein ebenfalls häufig vorgefundener Grund ist folgender: Ihr Browser findet keine Internet-Adressen, weil er die Nameserver des Providers gar nicht fragt. Dies geschieht vorwiegend dann, wenn innerhalb der Firma ein sogenannter *Proxy-Server* im Einsatz ist und die Browser-Einstellungen besagen, er solle diesen Proxy benutzen statt die direkte Verbindung mit dem Internet. Stellen Sie dann die Browser-Einstellungen auf DIREKTE VERBINDUNG MIT DEM INTERNET, und alles sollte funktionieren.

Solange Sie noch testen und irren, probieren bisweilen mehrere Schuldige am System herum: Auch DHCP-Clients wie *dhclient* ändern z.B. die *resolv.conf* so ab, wie die Daten vom internen DHCP-Server geliefert werden. Oder eine halbwegs gescheiterte ISDN-Konfiguration schrieb vielleicht einmal die Nameserver vom Provider *arcor* ein, löschte sie dann aber nicht mehr. Und schließlich steht überhaupt nichts Gutes mehr in der Datei */etc/resolv.conf*.

Mutige bauen in so einem Fall zuerst die Internet-Verbindung ab, sollte sie noch bestehen. Um nicht alles noch schlimmer zu machen, kopieren Sie zuerst die womöglich kaputte Datei */etc/resolv.conf* (z.B. nach */etc/resolv.conf.kaputt1*), damit Sie den »Originalzustand« wiederherstellen können. Danach löschen Sie aus der Datei */etc/resolv.conf* alle Nameserver-Zeilen heraus und versuchen es noch einmal. Normalerweise funktioniert es dann.

Kann das Problem mit den geschilderten Methoden nicht vollständig gelöst werden, verweise ich auf ein Systemadministrations- oder Netzwerkhandbuch über Linux. Dort werden meist auf fast 1000 Seiten alle möglichen Netzwerkprobleme behandelt. Außerdem finden Sie dort auch noch andere Netzwerkdiagnosewerkzeuge – und eine Beschreibung, wie man sie benutzt.

Wie funktioniert ein Funk-LAN?

»Ins Netz mit der WLAN-Karte« ist ein heikles Thema, das ich mir nicht ohne Grund bis zuletzt aufgespart habe: Ja, es geht natürlich, aber es kommt sehr auf Ihre Ausrüstung an. Wenn Sie ein Centrino-getriebenes Notebook besitzen, ist das Problem für Sie vermutlich schon behoben und überhaupt nie eines gewesen. Die darin verbauten Netzwerkchips ipw2100, ipw2200 und spätere Versionen werden vom Linux-Kernel mustergültig unterstützt, und das auch schon eine ganze Weile. Bei anderen WLAN-Geräten, angefangen von braven PCMCIA-Karten bis hin zu gängigen WLAN-Sticks brauchen Sie es oft gar nicht erst zu versuchen. Eine recht aktuelle Zusammenstellung, welche Chips in welchen Geräten wie gut oder schlecht funktionieren und welche Treiber man woher bekommt, veröffentlichte Jean Tourrilhes (gesponsert von Hewlett-Packard) unter der Adresse *http://www.hpl.hp.com/personal/Jean_Tourrilhes/Linux/*. Die meisten dieser Treiber stehen noch nicht fertig kompiliert als Installationskandidat der Distributionen zur Verfügung, nicht einmal der großen. Um sie in Gang zu bekommen, müssen Sie sie auf der eigenen Maschine kompilieren – und der Treiber steht dann weder im Installationsmenü zur Verfügung, noch überlebt er ein Update des Kernels. Es stellt sich also die Frage, wie weit man als Einsteiger gehen würde, um so eine WLAN-Karte/einen Treiber in Gang zu bekommen, und ob Sie glauben, dass früher Wagemut sich immer auszahlt. Ich meine: Ja, das tut er, aber es dauert eine Weile, bis man die Meldungen auf dem Bildschirm auch richtig einschätzen kann.

Centrino-Netzwerkkarten

Einfach, geradezu banal ist: das Arbeiten mit einer fest eingebauten Centrino-Netzwerkkarte, wie jedes bessere Intel-betriebene Notebook eine hat. Ob Sie so eine haben, bekommen Sie leicht heraus, wenn Sie als *root* den Befehl lspci eingeben:

```
root@fennek:~# lspci
...
06:03.0 Network controller: Intel Corporation PRO/
Wireless 2200BG Network Connection (rev 05)
...
```

Wenn es diesen Befehl auf Ihrer Distro gibt (oder man das Paket nachinstallieren kann), könnten Sie auch mit hwinfo --wlan auf Spurensuche gehen.

```
root@fennek:~# hwinfo --wlan
19: PCI 603.0: 0282 WLAN controller
  [Created at pci.281]
  UDI: /org/freedesktop/Hal/devices/pci_8086_4220
  Unique ID: JNkJ.9J1F3mK3OuC
  Parent ID: 6NW+.pbi2aV6ikBD
  SysFS ID: /devices/pci0000:00/0000:00:1e.0/0000:06:03.0
  SysFS BusID: 0000:06:03.0
  Hardware Class: network
  Model: "Intel PRO/Wireless 2200BG Network Connection"
  Vendor: pci 0x8086 "Intel Corporation"
  Device: pci 0x4220 "PRO/Wireless 2200BG Network Connection"
  SubVendor: pci 0x8086 "Intel Corporation"
  SubDevice: pci 0x2701
  Revision: 0x05
  Driver: "ipw2200"
  Driver Modules: "ipw2200"
  Device File: eth1
  Features: WLAN
  Memory Range: 0xb010b000-0xb010bfff (rw,non-prefetchable)
  IRQ: 169 (no events)
  HW Address: 00:12:f0:c0:2b:ff
  Link detected: no
  WLAN channels: 1 2 3 4 5 6 7 8 9 10 11
  WLAN frequencies: 2.412 2.417 2.422 2.427 2.432 2.437 2.442 2.447 2.452 2.457 2.462
  WLAN bitrates: 1 2 5.5 11 6 9 12 18 24 36 48 54
  WLAN encryption modes: WEP40 WEP104 TKIP CCMP
  WLAN authentication modes: open sharedkey wpa-psk wpa-eap wpa-leap
  Requires: ipw-firmware
```

```
    Module Alias: "pci:v00008086d00004220sv00008086sd00002701bc02sc80i00"
    Driver Info #0:
      Driver Status: ipw2200 is active
      Driver Activation Cmd: "modprobe ipw2200"
    Config Status: cfg=new, avail=yes, need=no, active=unknown
    Attached to: #12 (PCI bridge)
root@fennek:~#
```

Der Vorteil dieser Netzwerkkarte ist, dass sie – ähnlich wie die eingebauten Ethernet-Karten – in der Regel schon bei der Installation erkannt und eingerichtet werden. Oft wird bei jedem Start der Maschine ein Treiber geladen, und Sie haben es noch gar nicht bemerkt. Ob das so ist, verrät Ihnen der Befehl lsmod. Vorsicht: Die Ausgabe ist umfangreich und wenig übersichtlich.

```
root@fennek:~# lsmod
Module                   Size  Used by
...
ieee80211_crypt_wep      5056  1
...
ipw2200                 93824  0
ieee80211               29416  1 ipw2200
ieee80211_crypt          5952  2 ieee80211_crypt_wep,ieee80211
firmware_class           9600  1 ipw2200
...
```

Gibt es den Treiber noch nicht in der Ausgabe des lsmod-Befehls, dann versuchen Sie doch als *root*, den Treiber mit dem Befehl modprobe ipw2200 von Hand zu laden (das hatte Ihnen womöglich die Ausgabe von hwinfo schon erzählt). Ein weiterer Anhaltspunkt für einen geladenen und funktionierenden Treiber ist die Ausgabe des Befehls iwconfig. Er zeigt an, welche Netzwerk-Interfaces WLAN-Qualitäten haben.

```
eth0      no wireless extensions.

eth1      IEEE 802.11g  ESSID:""
          Mode:Managed  Frequency:2.462 GHz  Access Point:
          Bit Rate:36 Mb/s   Tx-Power=20 dBm   Sensitivity=8/0
          Retry limit:7   RTS thr:off    Fragment thr:off
          Encryption key:""  Security mode:open
          Power Management:off
          Link Quality=70/100  Signal level=-58 dBm  Noise level=-91 dBm
          Rx invalid nwid:0  Rx invalid crypt:0  Rx invalid frag:0
          Tx excessive retries:0  Invalid misc:0   Missed beacon:0

sit0      no wireless extensions.
```

Da sehen Sie: Die *eth0*-Karte ist nicht WLAN-fähig, aber die *eth1* ist eine funktionierende WLAN-Karte. Sollte nach der Installation so viel aus Ihrem Notebook herauszuholen sein, dann haben Sie vermutlich schon gewonnen. Was Ihre WLAN-

Karte noch braucht, ist eine ESSID[14], damit sie weiß, in welchem Netzwerk sie mitspielen soll. Im Moment kann man jede Karte gleichzeitig nur einer ESSID zuordnen, aber ich hing spaßeshalber (mit zwei verschiedenen WLAN-Geräten) auch schon in zweien drin. Außerdem muss die Karte noch einen Schlüssel übergeben, der den Zugang zum Access Point erlaubt.

Achten Sie bei der Ausgabe von iwconfig darauf, ob es eine Angabe wie Tx-Power=20 dBm gibt. Steht die auf Tx-Power=0 dBm, dann ist einfach die Sendeleistung auf 0 heruntergedreht, und es geht gar nichts. Die Sendeleistung kann man z.B. mit iwconfig eth0 txpower 15 einstellen (nicht alle Karten unterstützen das Verändern der Sendeleistung) – immer vorausgesetzt, die Karte ist überhaupt eingeschaltet. Bei meinem *Acer Travelmate* gibt es dazu außen am Gehäuse eine Extra-Taste, die sowohl unter Windows als auch Linux die WLAN-Karte ein- und ausschaltet. Das herauszufinden, hat mich etliche Zeit gekostet ...

Welche Access Points aktuell in Reichweite sind, bekommen Sie mit dem Kommando iwlist *netzkarte* scan heraus:

```
root@fennek:~# iwlist eth1 scan
eth1      Scan completed :
          Cell 01 - Address: 00:12:BF:BD:F9:65
                    ESSID:"WLAN-BDF962"
                    Protocol:IEEE 802.11bg
                    Mode:Master
                    Channel:1
                    Encryption key:on
                    Bit Rates:1 Mb/s; 2 Mb/s; 5.5 Mb/s; 9 Mb/s; 11 Mb/s
                              6 Mb/s; 12 Mb/s; 18 Mb/s; 24 Mb/s; 36 Mb/s
                              48 Mb/s; 54 Mb/s
                    Quality=42/100  Signal level=-75 dBm
                    Extra: Last beacon: 220ms ago
          Cell 02 - Address: 00:16:38:E4:C6:4D
                    ESSID:"Targa-WLAN"
                    Protocol:IEEE 802.11bg
                    Mode:Master
                    Channel:11
                    Encryption key:on
                    Bit Rates:1 Mb/s; 2 Mb/s; 5.5 Mb/s; 6 Mb/s; 9 Mb/s
                              11 Mb/s; 12 Mb/s; 18 Mb/s; 24 Mb/s; 36 Mb/s
                              48 Mb/s; 54 Mb/s
                    Quality=83/100  Signal level=-47 dBm
                    Extra: Last beacon: 4ms ago
```

---

14 Wikipedia weiß es: »Jedes Wireless LAN besitzt eine konfigurierbare, sogenannte SSID oder ESSID (Extended Service Set IDentifier), um das Funknetz eindeutig identifizieren zu können. Sie stellt also den Namen des Netzes dar. Die SSID-Zeichenfolge kann bis zu 32 Zeichen lang sein. Sie wird in der Basisstation (englisch: Access Point) eines Wireless LAN konfiguriert und auf allen Clients, die darauf Zugriff haben sollen, eingestellt.«

```
            Cell 03 - Address: 00:14:BF:77:52:A7
                      ESSID:"linksys"
                      Protocol:IEEE 802.11bg
                      Mode:Master
                      Channel:11
                      Encryption key:on
                      Bit Rates:1 Mb/s; 2 Mb/s; 5.5 Mb/s; 6 Mb/s; 9 Mb/s
                                11 Mb/s; 12 Mb/s; 18 Mb/s; 24 Mb/s; 36 Mb/s
                                48 Mb/s; 54 Mb/s
                      Quality=76/100  Signal level=-61 dBm
                      Extra: Last beacon: 4ms ago

root@fennek:~#
```

Die Linksys und Targa-Access Points gehören mir, aber offenbar hat auch der Grundstücksnachbar ein WLAN in Betrieb. Leider hat auch er einen Verschlüsselungscode hinterlegt, sonst könnte man auf seine Kosten im Internet surfen. Aus Gründen der Einfachheit beschränke ich mich hier auf den schlechteren WEP-Standard[15]; bis vor Kurzem hatten etliche Linux-Kartentreiber noch erhebliche Probleme mit dem besseren WPA, und man musste eine besondere Software laufen lassen, den *WPA Supplicant*.

Immerhin, wenn Sie den Namen der ESSID wissen und im Besitz eines gültigen Schlüssels sind, trennen Sie noch drei Befehle vom Internet:

```
root@fennek:~# iwconfig eth1 essid linksys
root@fennek:~# iwconfig eth1 key keyfolge,_das_sind_viele_Zahlen
root@fennek:~# dhclient eth1
Internet Systems Consortium DHCP Client V3.0.4
Copyright 2004-2006 Internet Systems Consortium.
All rights reserved.
For info, please visit http://www.isc.org/sw/dhcp/

Listening on LPF/eth1/00:12:f0:c0:2b:ff
Sending on   LPF/eth1/00:12:f0:c0:2b:ff
Sending on   Socket/fallback
DHCPDISCOVER on eth1 to 255.255.255.255 port 67 interval 6
DHCPOFFER from 192.168.171.15
DHCPREQUEST on eth1 to 255.255.255.255 port 67
DHCPACK from 192.168.171.15
bound to 192.168.171.100 -- renewal in 37955 seconds.
root@fennek:~#
```

---

15 Wikipedia stellt klar: »*Wired Equivalent Privacy* (*WEP*) ist der ehemalige Standard-Verschlüsselungsalgorithmus für WLAN. Er soll sowohl den Zugang zum Netz regeln als auch die Vertraulichkeit und Integrität der Daten sicherstellen. Aufgrund verschiedener Schwachstellen wird das Verfahren als unsicher angesehen. Zum Entschlüsseln müssen ausreichende Datenmengen mitgeschnitten werden, was nur einige Minuten dauert. Anschließend können diese Daten in wenigen Sekunden analysiert und der Schlüssel berechnet werden. Daher sollten WLAN-Installationen die sicherere *WPA*-Verschlüsselung verwenden.« *Wi-Fi Protected Access* (*WPA*) ist eine Verschlüsselungsmethode für ein Wireless LAN. (Suchen Sie in der Wikipedia nach WEP und WPA.)

Das war's, der Access Point hat *eth1* per DHCP eine IP-Adresse erteilt, und nebenbei wurden noch eine Default-Route und die DNS-Serveradresse übergeben. Wir sind »drin«.

Was kann schiefgehen? Wenn Sie schon eine funktionierende Netzwerkkarten-Konfiguration für die eingebaute Ethernet-Karte in diesem Rechner hatten, dann vertragen sich die beiden Konfigurationen nicht. Es gibt typischerweise dann zwei Default-Gateways, und Murphys Gesetz sagt, dass immer die falsche zuerst genommen wird. Das können Sie aber einfach regeln, indem Sie die Netzwerkkarte zuerst deaktivieren:

```
root@fennek:~# ip link set dev eth0 down
```

oder:

```
root@fennek:~# ifconfig eth0 down
```

Wie, Sie können sich diese komische Ziffernfolge nicht auswendig merken? Könnte ich auch nicht. Ich habe ein kleines Shell-Skript erzeugt, in dem diese Kommandos untereinander stehen, und die Datei ausführbar gemacht. Allerdings muss diese Datei als *root* ausgeführt werden, und die Rechte müssen Sie auf 700 (chmod 700 *Skriptdatei*) setzen, damit niemand außer Ihnen die Schlüsselfolge lesen kann.

Wie Sie mit schwierigeren Fällen (wie einer PCMCIA-Karte oder einen USB-WLAN-Stick) umgehen, zeige ich im Anhang E auf Seite 793.

KAPITEL 20
Einfache Sicherheitsüberlegungen

In diesem Kapitel:
- An welchen Stellen geht es um Sicherheit?
- Lokale Sicherheitsmaßnahmen
- Netzwerksicherheit

Da gibt es doch tatsächlich Leute, die glauben sich deshalb sicher vor einem Angriff auf ihre Maschine, weil sie ja »keine bedeutenden Daten speichern«. Und woher soll der Angreifer das bitte von außen wissen? Und sind Daten, für die Sie Stunden und Tage gearbeitet haben (und seien es Spielstände) etwa nicht wichtig? Erst wenn Sie Daten verloren haben, werden Sie wissen, was sie wert waren ...

Darüber hinaus geistern alle möglichen Gerüchte durch die Welt, Linux sei einfach deshalb sicher, weil es dafür (noch) keine Viren gäbe. Das ist aber nicht richtig. Es gibt eine ganze Reihe von Viren für Linux. Zugegeben, die meisten von ihnen richten sich – vorerst noch – gegen Serverdienste, die nicht auf jeder Workstation zu finden sein müssen. Die Gesamtzahl der Viren ist auch nicht im Entferntesten vergleichbar mit der, die es für Windows gibt. Allerdings reicht es ja, das Opfer eines einzigen Angriffs zu werden, selbst wenn es nur diesen einen gegeben hätte.

Werbeleute erzählen Ihnen gern etwas in der Art von: »Legen Sie hier den Sicher-Schalter um, und alles ist in Ordnung«. Aber es gibt keinen solchen »Sicher«-Schalter, den gab es noch nie. Dazu ist die Thematik auch ein wenig zu komplex. Freies Linux oder kommerzielles Windows: Sicherheit ist immer ein sensibles Thema, das gerade dadurch so schwierig ist, weil man nichts davon sieht, wenn Sicherheit da ist – aber das das Leben immer ein wenig unangenehm macht. Wer aber seinen Sicherheitsgurt ablegte, weil er ein wenig unangenehm war, bezahlte bisweilen schon einen hohen Preis dafür.

Fühlen Sie sich nicht klein, weil Sie sich mit dieser Thematik nicht auskennen. Womit man nächste Woche angegriffen wird, weiß auch von den echten Profis heute noch keiner. Einige allgemeine Verhaltensregeln machen die Arbeit mit Linux – und Rechnern im Allgemeinen – sicherer.

An welchen Stellen geht es um Sicherheit?

Sicherheit hat immer zwei Aspekte: lokale Sicherheit und Netzwerksicherheit. Wer sein Passwort jedem auf die Nase bindet, es unten an die Tastatur schreibt oder mit einem Klebezettel am Bildschirm befestigt, hat das Problem der lokalen Sicherheit schon ad acta gelegt, denn da gibt es keine. Sie können allerdings noch einen oben draufsetzen, indem Sie den Linux-Rechner so einstellen, dass er (bei Mandriva und SUSE ist das jetzt Voreinstellung!) den ersten angelegten Benutzer automatisch einloggt. Das ist bequem, aber das genaue Gegenteil von sicher ... Wie heißt es noch in einem alten arabischen Sprichwort: »Lieber tausend Feinde vor den Toren, als einen dahinter.« Eine Einschränkung gibt es immerhin: Ein Angreifer muss schon direkt an den Rechner herankommen, damit er durch das offene Scheunentor einmarschieren kann.

Netzwerksicherheit ist die andere Seite der Medaille. Ein erfolgreicher Angriff muss nicht von der lokalen Tastatur ausgehen. Das Internet ermöglicht es, Computer aus einer Entfernung von Tausenden von Kilometern so anzugreifen, als befände man sich im gleichen Zimmer. Wenn so etwas verhindert werden soll, spricht man in letzter Zeit von einer *Firewall*. Das ist aber nicht alles, und vieles davon ist noch nicht einmal sehr kompliziert. Die folgenden Zeilen listen verschiedene Ansätze auf.

Sinnvolle lokale Maßnahmen:

- Schalten Sie die automatische Anmeldung ab.
- Melden Sie sich nicht ohne triftigen Grund als *root* an, schon gar nicht mit einer grafischen Oberfläche.
- Vermeiden Sie Programme mit dem SUID-Bit.
- Verwenden Sie gute Passwörter, und wechseln Sie diese häufig.

Sinnvolle Netzwerk-Maßnahmen:

- Schalten Sie alle nicht benötigten Netzwerkdienste ab.
- Konfigurieren Sie dringend benötigte Netzwerkdienste so, dass sie sich nur dort abbilden, wo sie auch gebraucht werden.
- Schalten Sie eine Firewall ein.

Lokale Sicherheitsmaßnahmen

Auf die folgenden Punkte habe ich an verschiedenen Stellen des Buchs immer wieder hingewiesen. Hier sehen Sie noch einmal gebündelt, wie Sie diese Maßnahmen durchführen.

Die automatische Anmeldung deaktivieren

Wenn Sie KDE verwenden, kann können Sie im KONTROLLZENTRUM → SYSTEM-VERWALTUNG → ANMELDUNGSMANAGER die Einstellungen finden, um die automatische Anmeldung eines Benutzers abzuschalten. Der passende Dialog befindet sich auf dem Register VEREINFACHUNG.

Damit Sie diese Veränderung durchführen können, müssen Sie mit einem Mausklick auf den Button am unteren Fensterrand in den SYSTEMVERWALTUNGSMODUS wechseln. Erst dann können Sie sowohl die automatische Anmeldung als auch den Logon ohne Passwort ausschalten (siehe Abbildung 20-1). Dies wirkt allerdings nur, wenn Ihre Distribution den KDM verwendet, den Anmeldungsmanager von KDE. Er ist weit verbreitet, fiel aber bei SUSE kürzlich raus, wenn Sie die Standardinstallation gewählt haben.

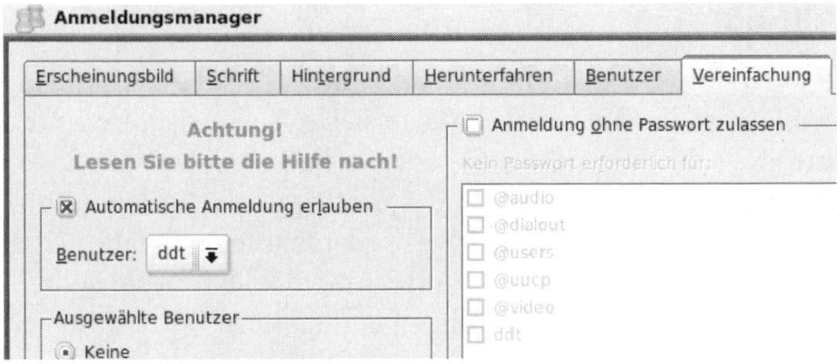

Abbildung 20-1: Autologin im KDE ausschalten

Auch der GNOME-Displaymanager GDM erlaubt das automatische Anmelden. Sie finden die Einstellung entweder, indem Sie `gdmsetup` direkt aufrufen, oder sich in den GNOME-Einstellungen bis zum entsprechenden Dialog vorarbeiten. Kein Glück haben Sie dabei, wenn Sie SUSE verwenden: Da ist dieser Menüeintrag aus dem GNOME entfernt und im YaST in der Benutzer- und Gruppenverwaltung unter den OPTIONEN FÜR EXPERTEN → EINSTELLUNGEN FÜR DAS ANMELDEN (siehe Abbildung 20-2) untergebracht worden. Sie könnten freilich auch im YaST, Abschnitt SYSTEM, im EDITOR FÜR SYSTEMEINSTELLUNGEN suchen und fündig werden: Bei DESKTOP → DISPLAY MANAGER → DISPLAYMANAGER_AUTOLOGIN darf kein Name stehen.

Bei Mandriva finden Sie den gesuchten Schalter im Abschnitt SYSTEMSTART des Mandriva-Kontrollzentrums.

Abbildung 20-2: Autologin mit YaST ausschalten

root nur zur Not

Wenn es wirklich notwendig ist, bestimmte Dinge als *root* zu tun, dann sollten Sie diese in einem grafischen Terminal mit dem Befehl su - ausführen. Dazu ist nicht der komplette grafische Login nötig. Gerade das Surfen als *root* aus einer grafischen Umgebung heraus böte theoretisch alle Möglichkeiten, das System zu überrumpeln. Wenn genügend fähige und bösartige Webprogrammierer zugange sind, wäre mit Java-Skripten oder Programmen allerhand Unfug denkbar. Man sollte es wirklich nicht tun. *root* kann mit seiner Allmacht eigentlich noch mehr Unfug anstellen als der Administrator auf einer Windows-Maschine, denn eine Linux-Maschine kann mehr als eine Windows-Maschine.

Das SUID-Bit

Wenn bisher noch nicht von Dialern und anderem Unrat unter Linux die Rede war, zeigt das wohl eher die geringe Marktdurchdringung von Linux an als wirklich technologische Überlegenheit. Jedes mit SUID-Bit ausgestattete Programm könnte theoretisch missbraucht werden, wäre jemand in der Lage, einen Fehler darin zu finden oder ein modifiziertes SUID-Programm ins System einzuschleusen. Für verschiedene Zwecke (mount, su, passwd) müssen Programme auf SUID gesetzt sein, damit die Benutzer zufrieden sind. Aber Sie sollten wirklich nicht leichtfertig Programme SUID setzen – und Skripten schon gar nicht. Wählen Sie, wenn möglich, immer einen anderen Weg. Wenn Sie nicht mehr wissen, wie dieses Bit gesetzt wird, lesen Sie bitte auf Seite 619 nach.

Gute Passwörter

Passwörter, die jeder kennt, sind kein Schutz mehr. Manche Leute verwenden aus Faulheit z.B. für Webaktivitäten (Web-Logins, FTP-Übertragungen etc.) die gleichen Passwörter, mit denen sie sich am lokalen Rechner anmelden. Der größere Teil der Internet-Programme übermittelt Logins jedoch immer noch unverschlüsselt. Da könnte man das Passwort auch gleich ans Schwarze Brett hängen. Ein gutes Passwort hat wenigstens sechs, besser acht Zeichen, dabei aber Klein- und Großschreibung und Zahlen. Ach ja: Scheinbar geniale Tricks wie eine 3 für ein E, eine 5 für ein S und eine 4 für das A prüfen Crackprogramme als Erstes.

Wenn Sie zu Hause der *root* sein müssen, sollten darauf achten, dass Sie das Passwort auch mit der amerikanischen Tastatur eingeben können. Wenn der Rechner beim Hochfahren Probleme macht, haben Sie oft nur noch diese Tastenbelegung vor sich.

Netzwerksicherheit

Was ist eigentlich das Gefährliche daran, wenn man Kontakt zu einem Netzwerk oder dem Internet aufnimmt? Die wesentlichen Teile der Netzwerkkommunikation wurden schon in Kapitel 18 und 19 erklärt: Auf dem Rechner, der als Netzwerk-Server fungiert, läuft eine Serversoftware. Um ihren Dienst anbieten zu können, muss die Software einen Netzwerk-Port öffnen, das ist eine Softwareschnittstelle. Das kennt man aus dem Internet: Webserver laufen auf Port 80, Mail auf Port 25, der Druckserver CUPS öffnet Port 631. Druckclients können sich dann mit diesem Port 631 des Druckserver-Rechners verbinden und ihre Druckaufträge dort abliefern oder Statusabfragen stellen.

Bei Unix-artigen Maschinen darf aus Sicherheitsgründen nur der Benutzer *root* Netzwerk-Ports mit Nummern unterhalb von 1024 öffnen. Alle gut bekannten Netzwerkdienste haben also in der Regel ihren Ursprung darin, dass *root* einer Software erlaubt, eine Softwareschnittstelle zum Netzwerk zu öffnen. Das ist sinnvoll, trägt aber auch ein großes Risiko in sich.

Angriffsflächen

Solange der Client genau das macht, was der Server von ihm erwartet, z.B. eben Druckjobs zu schicken und Status abzufragen, besteht keine Gefahr. Meist kann die Serversoftware aber noch mehr als nur die zwei oder drei Funktionen, die man täglich so braucht.

Die meisten Dienste können z.B. Statusabfragen über den Rechner beantworten, auf dem sie laufen. Viele Sonderfunktionen im Code stammen noch aus der Zeit, als die Software entwickelt wurde: weil die Entwickler sich Sorgen über das technologische Fundament machten, auf dem ihr Netzwerkdienst aufsetzt. Da viele dieser Dienste mit *root*-Berechtigungen gestartet werden, können sie aus der Maschine erfragen, was immer den Entwickler interessiert(e).

Andere Fähigkeiten ihrer Software kennen nicht einmal deren Entwickler: Meist handelt es sich um noch nicht erkannte Bugs. Es gibt Leute, die machen sich einen Spaß daraus, von Serverdiensten Dinge zu verlangen, an die nie ein Mensch gedacht hatte. Den Mailserver *sendmail* in einer bestimmten Version konnte man z.B. mit besonderen Aufforderungen (von außen!) so sehr quälen, dass er seinen Dienst aufgab. Der Angreifer bekam am Schluss das zu sehen, was das Betriebssystem dem Mailserver zur Verfügung gestellt hatte: eine Shell mit eingeloggtem *root*: eine *root*-Shell! Der Rechner zeigte diese *root*-Shell ins Internet nach außen und erlaubte dem Angreifer so, beliebige Kommandos auf der armen, gehackten Maschine auszuführen.

Solche Fehler gibt es nicht nur bei Unix-artigen Betriebssystemen. Auch Microsoft hat mit etlichen spektakulären Bugs von sich reden gemacht.

Dinge, an die seinerzeit niemand dachte

Schickte man der Ur-Version von Windows NT4 ein Netzwerkpaket von genau vier Byte Länge auf den Port 139, brach es vollständig zusammen. Da bewegte sich nicht einmal mehr die Maus. Microsoft »löste« das Problem, indem eine NT4-Maschine ab Servicepack 1 kein solches Paket mehr erzeugen konnte. Nun: Es gab ja noch genügend andere, die das konnten. Dieser Angriff hieß damals Win-Nuke, weil in den vier Byte gern die Inhalte N U K E oder B Y E ! geschickt wurden ... Ab Servicepack 3 war diese Lücke tatsächlich geschlossen.

Windows 95 und alle folgenden Windows-Versionen erzeugen automatisch eine »Standardfreigabe« C$, D$ etc. für jedes Laufwerk der Maschine. Diese sind dafür gedacht, den Rechner über das Netz auf Band zu sichern. Waren wie bei Win95 aber keine Passwörter auf diese Freigaben gesetzt, konnte sich jeder mit diesen Freigaben verbinden. Viele machten sich damals den Spaß, während Internet-Sessions die IP-Adressen oberhalb oder unterhalb der eigenen IP-Adresse auf C$-Freigaben zu untersuchen. So konnten Online-Angreifer damals z.B. eine ganze Reihe von T-Online-Passwörtern ausspähen: Hatte der T-Online-Kunde sein Passwort auf dem Rechner gespeichert, war es mit seiner Sicherheit nicht weit her.

Diese Liste könnte man mit Dingen, die innerhalb der letzten zehn Jahre geschehen sind, beliebig fortsetzen.

Angriffe können sich gegen verschiedene Ebenen richten: Oft geht es gegen die Netzwerk-Subsysteme der Rechner oder fehlerhafte Serversoftware. Häufig sind aber auch die Benutzer selbst das Ziel, indem man sie dazu bringt, etwas Dummes zu tun. Erinnern Sie sich an den Wolf und die sieben Geißlein? Es ging darum, die Ziegenkinder so auszutricksen, dass sie die Tür aufmachen! Der Rest war dann einfach ...

Lücken aufspüren und schließen

Wenn es gegen die Maschinen geht, richten sich die Angriffe vielfach – sehr technisch – gegen Fehler in der Serversoftware, die Netzwerk-Ports geöffnet hat. Es gibt verschiedene Webadressen, wo solche Software-Verwundbarkeiten veröffentlicht werden. Hoffen Sie also nicht, dass die Bösewichter solche Softwarefehler nicht mitbekommen würden. Es gibt regelrechte Börsen für solche Nachrichten!

Nicht benötigte Netzwerkdienste abschalten

Denkt man diesen Gedanken bis zum Ende, bedeutet das: Wenn auf den Rechnern überhaupt keine Serversoftware Netzwerk-Ports öffnet, gäbe es auch keine Gefahr auf diesem Weg. Die erste und schlaueste Lösung muss also sein, alle Serverdienste, die man nicht benötigt, zu schließen. Die folgende Übung soll versuchen, bei einem Rechner mit Mandriva 2007 möglichst alle Software zu beenden, die Ports öffnet. Sie können eine ähnliche Übung aber praktisch bei jeder Distribution durchführen.

Wenn dieser Teil »böhmische Dörfer« für Sie bleibt, macht das gar nichts. Es soll nur gezeigt werden, dass bei einer Standard-Linux-Maschine in der Regel auch ohne unser Zutun Netzwerk-Ports offen sind. Wenn wir es schaffen, einige davon zu schließen, haben wir die Maschine sicherer gemacht.

Welche Software macht denn überhaupt einen Port auf Ihrer Maschine auf? Welche Ports sind schon geöffnet und verfügbar? Zwei Seiten vorher nannte ich die Beispiele Webserver und Druckserver. Aber wie Sie sich auf den Seiten 732 und 734 überzeugen können, öffnet jeder Netzwerkdienst (d.h. jede Serversoftware) einen oder bisweilen sogar mehrere Netzwerk-Ports. Um sich einen Überblick zu verschaffen, sollten Sie wenigstens zwei Werkzeuge verwenden, die Ihnen beide helfen können zu erkennen, was Ihre Maschine tut: Die eine Software listet Ihnen auf, welche Programme/Dienste beim Booten der Maschine gestartet werden, eine zweite teilt Ihnen mit, welche Ports denn aktuell geöffnet sind.

Runlevel. Verschiedene Distributionen haben grafische sogenannte *Runlevel-Editoren*, um zu steuern, was beim Booten gestartet wird, andere nicht. Und was ist überhaupt ein *Runlevel*? Linux-Maschinen können verschiedene »Betriebsmodi« haben: Ein Linux-Server könnte z.B. eine grafische Oberfläche installiert haben, aber der Administrator entscheidet sich dafür, Arbeitsspeicher für die Netzwerkdienste zu sparen, indem er die grafische Oberfläche nicht automatisch startet, sondern nur einen textorientierten Runlevel wählt. Wenn diese Maschine gestartet ist, laufen zwar alle Netzwerkdienste, aber es gibt keinen grafischen Login. Oder anders herum: Eine grafische Arbeitsmaschine wie Ihr Linux-Rechner könnte textorientiert gestartet werden, um die Grafik-Darstellung ganz neu einzustellen oder zu reparieren. Später wechseln Sie in den grafischen Runlevel, um mit den Office-Programmen zu arbeiten. Der Hintergrund bei beiden Beispielen ist, dass auf dem Rechner mehr Software installiert ist, als beim Booten gestartet wird. Wie viele und welche Dienste starten sollen, wenn der Rechner hochfährt, wird vom Ziel-Runlevel entschieden – und natürlich davon, welche Dienste in einem Runlevel gestartet werden. Ein Runlevel ist also quasi ein Bündel von vorgemerkten Dienstprogrammen. Mit dieser Thematik kann man sich einen halben Nachmittag oder auch länger befassen. In aller Kürze so viel:

SUSE, Redhat/Fedora und Mandrake starten normalerweise immer in den Runlevel 5. Der enthält Multi-Benutzer-Unterstützung, Netzwerkunterstützung und die grafische Oberfläche. Runlevel 3 ist bei diesen Distributionen Multi-Benutzer-Unterstützung und Netzwerk ohne grafische Oberfläche. Runlevel 2 ist ohne Netzwerk.

Ubuntu und alle Debian-artigen Distributionen pflegen dagegen nur den Runlevel 2, der entspricht also Multi-Benutzer-Unterstützung, Netzwerkunterstützung und der grafischen Oberfläche.

Bei allen hier besprochenen Distributionen ist Runlevel 1 der Einzelbenutzer-Modus, Runlevel 6 führt einen Reboot durch, und Runlevel 0 bringt die Maschine zum Halt.

Sie können das ausprobieren: Welchen Runlevel Ihre Maschine aktuell fährt, erfahren Sie mit dem Befehl `runlevel`.

```
[root@raider root]# runlevel
N 5
[root@raider root]#
```

Die Maschine *raider* befand sich in keinem anderen Runlevel (N), und jetzt ist sie im Runlevel 5. Das heißt, sie ist nach dem Einschalten und Hochfahren direkt in den Runlevel 5 gelaufen. Mit dem Befehl `init` steuern Sie, welchen Runlevel Ihre Maschine einnehmen soll. Versuchen Sie Ihr Glück: Speichern Sie alle Daten in allen Programmen, die Sie nicht verlieren wollen, und geben Sie den Befehl `init 3` ein. Sofort beendet sich die grafische Oberfläche, und Sie landen in einer textorientierten Umgebung. Alt-F7 zeigt, dass jetzt keine grafische Oberfläche läuft. Alt-F1 führt Sie wieder zu einem textorientierten Login. Melden Sie sich als *root* an, und tippen Sie wieder `runlevel`. Jetzt sagt die Ausgabe: 5 3. Sie hatten Runlevel 5 und sind nun in 3. Mit `init 5` kommen Sie wieder in die grafische Umgebung zurück, wobei der textorientierte Login im Hintergrund offen bleibt, wie ein Wechsel auf Strg-Alt-F1 zeigt (siehe das Kapitel mit den ersten Schritten).

Welche Programme sind in den Runleveln enthalten? Jetzt verstehen Sie, was ein Runlevel-Editor tut. Mit dieser Software legen Sie fest, welche Software bei einem bestimmten Runlevel gestartet wird oder nicht. Dabei müssen Sie meist ganz wenig selbst entscheiden. Wenn Sie eine Software installieren, dann trägt das Installationsprogramm in der Regel ganz automatisch ein, dass sie in den richtigen Runleveln gestartet wird. Bei SUSE und Mandriva sind in ihren Administrationsprogrammen grafische Runlevel-Editoren enthalten, aber die sind ziemlich träge. Wenn Sie sich mit dieser Thematik auseinandersetzen, werden Sie bald ein flottes textorientiertes Programm zu schätzen wissen.

SUSE und die Redhat-artigen Distributionen haben ein Programm namens *chkconfig*. Bei den Debian-artigen gibt es dieses Programm nicht, aber Sie können ein ähnliches Programm mit dem Namen *sysv-rc-conf* nachinstallieren. Beide tun genau, was sie sollen: Sie geben eine mehr oder weniger übersichtliche Liste aller Dienste aus und zeigen an, ob sie je Runlevel gestartet werden oder nicht. Die Liste der Dienste kann allerdings recht lang sein, je nachdem, wie viel Software installiert ist. Bei *chkconfig* hilft manchmal das Programm *grep*, die Liste zu verbessern:

```
[root@raider root]# chkconfig --list
... (da kommen viele Zeilen heraus) ...
[root@raider root]# chkconfig --list | grep 5:Ein
...
network         0:Aus   1:Aus   2:Ein   3:Ein   4:Ein   5:Ein   6:Aus
...
portmap         0:Aus   1:Aus   2:Aus   3:Ein   4:Ein   5:Ein   6:Aus
...
bluetooth       0:Aus   1:Aus   2:Ein   3:Ein   4:Ein   5:Ein   6:Aus
...
cups            0:Aus   1:Aus   2:Ein   3:Ein   4:Ein   5:Ein   6:Aus
smb             0:Aus   1:Aus   2:Aus   3:Ein   4:Aus   5:Ein   6:Aus
sshd            0:Aus   1:Aus   2:Ein   3:Ein   4:Ein   5:Ein   6:Aus
...
```

`chkconfig --list` (bzw. `sysv-rc-conf --list`) zeigt alle Dienste auf der Linux-Maschine an, die im Verzeichnis */etc/init.d* ein Startskript haben, und zeigt auch bei welchen Runleveln sie gestartet werden. Der verlängerte Befehl `chkconfig --list | grep 5:Ein` filtert aus allen Ausgabezeilen diejenigen heraus, die bei Runlevel 5 das Wort *Ein* enthalten, also bei Runlevel 5 gestartet werden. Das sind immer noch ziemlich viele. (Bei Ubuntu und Debian müssen Sie natürlich nach dem Runlevel 2 filtern.)

Diese Liste ist wertvoll, weil sie zeigt, welche Dienste beim Hochfahren der Maschine gestartet werden. Sie hat aber auch Nachteile: Nicht alle dieser Dienste machen auch einen Netzwerk-Port auf, denn nicht alle davon sind Netzwerkdienste. Und Sie könnten einige dieser Dienste ja inzwischen von Hand beendet oder nachgestartet haben. Für einen Schnappschuss, welche Programme aktuell Netzwerk-Ports öffnen, ist diese Methode ungeeignet. Aber sie zeigt Ihnen sehr gut, was nach dem Neustart der Maschine gilt.

Offene Ports anzeigen. Welche Netzwerk-Ports geöffnet sind, welche Programme sie geöffnet haben, für welche Netzwerkadressen, und ob für TCP oder UDP, das können Sie mit dem Netzwerkmonitor *netstat* herausfinden. Da aber selbst diese Werte verfälscht sein können, brauchen Sie auch noch den Portscanner *nmap*, um zu sehen, was andere von außen »sehen« können.

Tabelle 20-1: Befehle zur Überwachung aktiver Ports

Befehl	Wirkung
netstat	Diese Software listet lokale offene Ports und – mit der richtigen Schalterkombination – die dazugehörige lauschende Software auf.
nmap	Eine Portscanner-Software. Sie klopft von außen bei allen Ports eines Rechners an und lauscht auf das »Hallo«, wenn sich eine Software meldet.

Auf einer gewachsenen, heftig verwendeten Maschine sieht das in etwa so aus:

```
[root@raider root]# netstat -patu
Aktive Internetverbindungen (Server und stehende Verbindungen)
Proto   Recv-QSend-QLocal AddressForeign AddressStatePID/Program name
tcp     0     0    localhost:32768*:*LISTEN1352/xinetd
tcp     0     0    *:32769*:*LISTEN-
tcp     0     0    *:nfs*:* LISTEN-
tcp     0     0    *:870*:* LISTEN1539/rpc.mountd
tcp     0     0    localhost:10026*:*LISTEN1680/master
tcp     0     0    *:netbios-ssn*:*LISTEN1744/smbd
tcp     0     0    *:843*:* LISTEN1510/rpc.rquotad
tcp     0     0    *:846*:* LISTEN1088/rpc.statd
tcp     0     0    *:sunrpc*:*LISTEN1027/portmap
tcp     0     0    *:x11*:* LISTEN1305/X
tcp     0     0    *:ipp*:* LISTEN1380/cupsd
tcp     0     0    localhost:smtp*:*LISTEN1680/master
tcp     0     0    *:7741*:*LISTEN1779/lisa
tcp     0     0    *:microsoft-ds*:*LISTEN1744/smbd
tcp     0     0    *:ssh*:* LISTEN1325/sshd
udp     0     0    *:32768*:*       -
udp     0     0    *:nfs*:*         -
udp     0     0    raider.ddt.l:netbios-ns*:*1754/nmbd
udp     0     0    *:netbios-ns*:*1754/nmbd
udp     0     0    raider.ddt.:netbios-dgm*:*1754/nmbd
udp     0     0    *:netbios-dgm*:*1754/nmbd
udp     0     0    *:7741*:*    1779/lisa
udp     0     0    *:839*:*     1510/rpc.rquotad
udp     0     0    *:840*:*     1088/rpc.statd
udp     0     0    *:843*:*     1088/rpc.statd
udp     0     0    *:867*:*     1539/rpc.mountd
udp     0     0    *:sunrpc*:*  1027/portmap
```

Der Befehl netstat -patu (die Reihenfolge der Schalter ist egal: netstat -tuap liefert die gleichen Ergebnisse wie -patu) listet alle *tcp-* und *udp-*Ports (siehe Fachbuch oder man netstat) auf, die auf einer Maschine geöffnet sind. An den Namen der Programme ganz rechts (die durch das -p ausgegeben werden) sieht man den Verursacher der offenen Ports. Offene Ports stehen mit LISTEN in der Liste. Sobald eine andere Maschine Kontakt mit dem Port aufnimmt, verwandelt sich das LISTEN in ESTABLISHED. Offenbar hat gerade niemand aktiven Kontakt mit dieser Maschine.

Eine kleine Bestandsaufnahme:

- *smbd* und *nmbd* gehören zu Samba, einem Windows-Server-Emulator, den Sie im Zusammenhang mit Windows im Linux-Netzwerk schon kennengelernt haben.
- *portmap* und alles, was mit *rpc.* losgeht, gehört zum NFS-Server. *portmap* allein wird benötigt, damit wir auf einen NFS-Server zugreifen könnten. Selbst wenn kein NFS-Server läuft, würde man *portmap* sehen.
- *cupsd* ist der Druckerserver. Er öffnet den ipp-Port 631 zur Kommunikation mit anderen Druckerservern, aber auch Druckclients.
- *master* öffnet den Port smtp, das ist ein Mailannahme-Port. Anscheinend haben wir hier einen Mailserver vor uns. Weil verschiedene Dienste wie der Scheduler *cron* ihre Erfolgsmeldungen mailen, ist es bei Linux-Maschinen normal, dass einer läuft.
- X? Ja! Die grafische Oberfläche öffnet (normalerweise; außer bei SUSE) einen Netzwerk-Port. Sollten Sie nicht vermeiden, sich als *root* grafisch anzumelden? Wenn jemand diesen Port missbrauchen könnte, würde er Ihnen womöglich über die Schulter schauen können.
- *lisa* ist ein Dienst, um NFS-Dienste im Netz finden zu können.

Sie können die Liste weniger breit machen, indem Sie netstat -pantu aufrufen, dann gibt *netstat* nur die Portnummer (22 für *ssh*) aus.

Der Einzige, um den Sie sich Sorgen machen müssten, ist der *xinetd* oder (je nach Distribution) der *inetd* (siehe Fachbuch bzw. man xinetd). Er kann – wenn er darf – weitere Dienste wecken, wenn diese *von außen* verlangt werden. Diese neu gestarteten Dienste öffnen dann auch weitere Ports. Solange die Dienste nicht aber aufgerufen wurden, tauchen sie in dieser Liste auch nicht auf, und nachdem sie ihre Arbeit getan haben, verschwinden sie auch wieder. Aus dem gleichen Grund sehen Sie diese Dienste auch nicht in der Prozessliste (siehe Seite 431 ff.). Das angezeigte Ergebnis ist nicht wirklich verfälscht, aber Sie selbst könnten sich täuschen, weil Sie Dienste irgendwann einmal per (x)inetd eingeschaltet und dann vergessen haben.

netstat ist ein Programm, das Ihnen »von innen« zeigt, welche Ports Ihrer Maschine geöffnet sind. Da man Serversoftware aber auch so einstellen kann, dass sie z.B. nur nach innen arbeitet oder von mehreren Netzwerkkarten nur eine bedient, ist die Ausgabe dieses Programms womöglich nur ein Teil der Wahrheit. Um Ihnen zu zeigen, was von außen wirklich zu sehen ist, verwenden Sie einen *Portscanner* wie *nmap*. Er kann alle interessanten Netzwerk-Ports von außen »abklopfen«.

Auf den Busch geklopft. Portscanner machen im Prinzip nichts anderes als Lausbuben, wenn sie durch Wohnviertel laufen und überall »Klingeln putzen«. Statt Klingelknöpfe zu drücken, versucht so eine Software, mit allen Netzwerk-Ports einer Maschine Kontakt aufzunehmen. Da, wo jemand »hallo?« sagt, muss ja wohl jemand zu Hause sein. Dabei bemerkt Portscanner-Software zwangsläufig auch solche Dienste, die erst bei Kontakaufnahme nachgestartet werden. Betrachten wir als Beispiel aus der Praxis einen Portscan auf die eigene Maschine.

```
[root@citroen root]# nmap localhost
Starting nmap 4.11 ( http://www.insecure.org/nmap/ ) at 2007-02-21 16:03 CET
Interesting ports on citroen (127.0.0.1):
Not shown: 1232 closed ports
PORT      STATE SERVICE
22/tcp    open  ssh
111/tcp   open  rpcbind
139/tcp   open  netbios-ssn
445/tcp   open  microsoft-ds
631/tcp   open  ipp
2049/tcp  open  nfs
6000/tcp  open  X11
Nmap finished: 1 IP address (1 host up) scanned in 0.119 seconds
[root@citroen root]#
```

Da sind sie ja alle! Nein, nicht ganz: *nmap* zeigt zunächst nur die *tcp*-basierten Dienste an. Diese sind leicht zu finden, weil sie zu Beginn der Kommunikation (z.B. eines Dateitransfers) eine Netzwerkverbindung aufbauen. Der Portscanner klopft an, indem er ein *tcp-SYN-Paket* schickt – und der Dienst antwortet sofort mit einem *tcp-ACK-Paket*[1], weil er glaubt, jemand wolle eine Netzwerkverbindung (TCP-Session) aufbauen. Die Magazine sind zwar auch voll von Verweisen auf UDP-Gefährdungen, dieses Feld überlasse ich aber gern den Journalisten und ausführlicheren Fachbüchern. Hier geht es darum, wie man die Liste verkürzt.

Jeder offene Netzwerk-Port ist eine mögliche Gefährdung. Findet jemand heraus, wie man die dahinter arbeitende Software zu einem Fehler überredet, kann der Rechner »geknackt« werden. Wie tragisch, wenn das ausgerechnet mit einem Dienst geschähe, den wir eines Tages beim Basteln eingeschaltet, aber später gar nicht gebraucht hatten! Keine Panik: In letzter Zeit waren alle Distributionen, mit denen ich zu tun hatte, nach der Standardinstallation gut und annehmbar sicher eingestellt. Sollten sich in der Liste Ihres Rechners Dienste befinden, die Sie nicht brauchen, können Sie die Anzahl der Dienste leicht verringern. Listen Sie deshalb mit chkconfig oder sysv-rc-config diejenigen Dienste auf, die für den aktuellen Runlevel eingeschaltet werden, oder prüfen Sie die offenen Ports mit netstat oder nmap.

---

1 Siehe dazu *http://de.wikipedia.org/wiki/Transmission_Control_Protocol*

Warnung vor Portscans

Lassen Sie sich nicht einfallen, im Internet oder in Ihrer Firma einfach einen nmap auf beliebige Rechner zu starten. Bei einer großen Kommune in Süddeutschland ist ein unangemeldeter Portscan im Stadtnetz Grund für eine sofortige Abmahnung. In verschiedenen Ländern werden Portscans als illegale Vorbereitung für einen Rechnerangriff angesehen und sind mindestens an der Grenze zu strafbar, wenn nicht schon jenseits dieser Grenze. Warum ist das so?

In gewisser Hinsicht ist ein Portscan so, als würde jemand mit einem Werkzeug in der Hand um ein Haus herumstreichen und überall klopfen, ob nicht eine Tür offen ist. Wenn Sie den Herumstreicher nicht kennen, würden sicher auch bei Ihnen alle Signallampen auf Rot gehen. In Ihrer Heimumgebung, also da, wo Sie das *root*-Passwort kennen, dürfen Sie natürlich klopfen, so viel Sie wollen.

Zunächst – ohne daraufhin zu prüfen, ob die Dienste unbedingt gebraucht werden oder nicht – schalten wir die ersten Dienste ab. Je nach Distribution können Sie das mit verschiedenen Befehlen tun:

Tabelle 20-2: Befehle, um Dienste zu starten oder zu stoppen

Befehl	Distribution	Beispiel
rc*dienstname*	SUSE	rcnfsserver start/stop/status
service *dienstname*	Fedora, Mandriva, Red Hat	service nfs stop/start/status
invoke-rc.d *dienstname*	Ubuntu, Debian	invoke-rc.d nfs stop/start (in der Regel gibt es kein »status«)

Bei Mandriva sieht das so aus:

```
[root@raider root]# service nfs stop
Stoppen des NFS Einhänge-Dienstes:                         [ OK ]
Stoppen des NFS-Dienstes:                                  [ OK ]
NFS-Quota ausschalten:                                     [ OK ]
Starten des NFS-Dienstes:                                  [ OK ]
[root@raider root]# service smb stop
Stoppen der SMB-Dienste:                                   [ OK ]
Stoppen des NMB-Dienstes:                                  [ OK ]
[root@raider root]# service cups stop
Stoppen des CUPS-Drucksystems:                             [ OK ]
```

Mal sehen, ob es schon Wirkung zeigt:

```
[root@raider root]# nmap localhost
Starting nmap 3.50 ( http://www.insecure.org/nmap/ ) at 2007-02-21 16:41 CET
Interesting ports on localhost (127.0.0.1):
(The 1655 ports scanned but not shown below are in state: closed)
```

```
PORT     STATE SERVICE
22/tcp   open  ssh
111/tcp  open  rpcbind
6000/tcp open  X11
Nmap run completed -- 1 IP address (1 host up) scanned in 2.340 seconds
```

Es sind schon weniger. Ein Blick auf *netstat* zeigt es: Da gibt es noch *portmap*, *ssh* und *X*. Außerdem tummelt sich hier noch der xinetd.

```
[root@raider root]# netstat -tuap
Aktive Internetverbindungen (Server und stehende Verbindungen)
Proto  Recv-QSend-QLocal AddressForeign AddressStatePID/Program name
tcp    0    0    localhost:32768*:*LISTEN1352/xinetd
tcp    0    0    *:sunrpc*:*LISTEN1027/portmap
tcp    0    0    *:x11*:* LISTEN1305/X
tcp    0    0    *:ssh*:* LISTEN1325/sshd
udp    0    0    *:sunrpc*:*1027/portmap
```

Also schalten wir noch weitere Dienste ab:

```
[root@raider root]# service xinetd stop
Stoppen des xinetd Dienstes:                              [  OK  ]
```

Wieder ein Blick (von innen) auf die gemeldeten Ports:

```
[root@raider root]# netstat -tuap
Aktive Internetverbindungen (Server und stehende Verbindungen)
Proto  Recv-QSend-QLocal AddressForeign AddressStatePID/Program name
tcp    0    0    *:sunrpc*:*LISTEN1027/portmap
tcp    0    0    *:x11*:* LISTEN1305/X
tcp    0    0    *:ssh*:* LISTEN1325/sshd
udp    0    0    *:sunrpc*:*   1027/portmap
```

nmap zeigt ebenfalls, dass wir dem Ziel schon nahe sind:

```
[root@raider root]# nmap localhost
Starting nmap 4.11 ( http://www.insecure.org/nmap/ ) at 2007-02-21 16:53 CET
Interesting ports on localhost (127.0.0.1):
(The 1656 ports scanned but not shown below are in state: closed)
PORT     STATE SERVICE
22/tcp   open  ssh
111/tcp  open  rpcbind
6000/tcp open  X11
Nmap run completed -- 1 IP address (1 host up) scanned in 2.361 seconds
```

Was ist denn noch offen? *rpcbind* ist ein anderes Wort für den Portmapper, und dann gibt es noch den *SSH*-Fernanmeldedienst.

```
[root@raider root]# service portmap stop
Stoppen des Port-Mapper-Dienstes :                        [  OK  ]
[root@raider root]# service sshd stop
Stoppen des sshd Dienstes:                                [  OK  ]
```

Was zeigt er jetzt?

```
[root@raider root]# nmap localhost
Starting nmap 4.11 ( http://www.insecure.org/nmap/ ) at 2007-02-21 16:54 CET
Interesting ports on localhost (127.0.0.1):
```

```
(The 1658 ports scanned but not shown below are in state: closed)
PORT       STATE SERVICE
6000/tcp   open  X11
Nmap run completed -- 1 IP address (1 host up) scanned in 2.364 seconds
```

Und von innen?

```
[root@raider root]# netstat -tuap
Aktive Internetverbindungen (Server und stehende Verbindungen)
Proto Recv-Q Send-Q Local Address         Foreign Address         State       PID/
Program name
tcp        0      0 *:x11                 *:
*                    LISTEN      1305/X
[root@raider root]#
```

Den X-Server-Port würden Sie hier auf kurzem Wege nur wegbekommen, wenn Sie auch die grafische Umgebung beenden, dann macht Linux aber nicht mehr so viel Spaß. (Sie könnten bei KDM/GDM natürlich auch die Fernanmeldung per DMCP abschalten)

All diese Dienste sind nun für die aktuelle Arbeitssitzung abgeschaltet. Wenn Sie wollen, dass einzelne oder alle dieser Dienste auch nach einem Reboot nicht mehr erscheinen, müssen Sie sie im Standard-Runlevel abschalten! Sehen Sie dazu bei den Runlevel-Editoren auf page 729 nach.[2]

Glauben Sie nicht alles ...

Nicht jede Distribution öffnet einen Port für die X-Oberfläche. Sowohl bei (open)SUSE als auch bei Fedora Core 6 war dies abgeschaltet. Gleichzeitig liefert *nmap* bei seiner Ausgabe nur jene Portbezeichnungen zurück, die in der Datei */etc/services*[2] für die gefundenen Portnummern stehen. Bei der Fedora Core 6 zeigte *nmap* auf *localhost* z.B. einen offenen Port 704, der eigentlich einem Dienst namens *elcsd* zusteht. Dieser Dienst war auf der Maschine aber nicht zu finden, wenn ich mit `ps ax | grep elscd` in der Prozessliste danach suchte. Erst `netstat -patun` zeigte dann, dass ein ganz anderer Dienst diesen Port geöffnet hatte, nämlich der *rpc.statd*. Dieser gehört zum NFS-Server. Ausprobieren und nachsehen ist also besser, als irgendetwas einfach zu glauben.

Kein Spaß ohne Risiko. Auch etwas anderes macht hier keinen großen Spaß mehr: Dieser Rechner ist jetzt zwar schon viel sicherer, betreibt aber keine Netzwerk-Kommunikation mehr mit den Diensten von TCP/IP. Das ist öde. Genauso gut könnten Sie ja auch die Netzwerkkarte ausbauen oder den Rechner ohne Kabel im Schrank ein-

---

[2] Die aktuellste Version dieser Datei können Sie sich von *http://www.iana.org/assignments/port-numbers* herunterladen.

sperren. Darum geht es ja: Wenn wir Linux betreiben und Spaß haben wollen, müssen wir mit einem gewissen Rest-Risiko leben. Wenn Sie die Fernanmeldung per SSH brauchen, dann müssen Sie den openSSH-Server starten, und wenn Sie von Windows-Maschinen aus Ihre Linux-Maschine als Dateiserver benutzen wollen, geht es eben nicht ohne SAMBA. Sie können nur auf solche Dienste verzichen, die Sie nicht benötigen. Wenn Sie Fernreisen machen müssen, dann können Sie auch nicht einfach auf Auto, Bahn oder Flieger verzichten, nur weil da bisweilen schon mal was passiert ist.

Dass Programme Ports öffnen, ist an sich nichts Schlechtes. Auch Client-Programme (wie z.B. Webbrowser) öffnen Netzwerk-Ports. Das müssen sie tun, denn über ihren Absende-Port nehmen sie die Antwort der Netzwerkserver entgegen. Client-Software bekommt vom Betriebssystem normalerweise und automatisch irgendeinen freien Port oberhalb von 1024 zur Verfügung gestellt.

Es muss also noch eine andere Lösung geben, zu einer sichereren Maschine zu kommen! Die gibt es auch, und es gibt sogar zwei: Die meisten Server-Programme lassen sich geschickt so konfigurieren, dass sie z.B. trotz zweier eingebauter Netzwerkkarten nur in eine Richtung arbeiten oder trotz einer geöffneten ISDN- oder DSL-Verbindung nur die internen Netzwerke bedienen. Da sind wir bereits tief in der Serverkonfiguration; wie man das macht, entnehmen Sie bitte der Serverdokumentation oder guten Netzwerk-Administrationsbüchern. Für Ein- und Umsteiger ist der erste Schritt der Lösung immer, alle nicht benötigten Server-Dienste rigoros abzuschalten. Eine Tür, die es nicht gibt, muss ich auch nicht bewachen. Das allein reicht aber nicht. Deshalb ist es Zeit, ein wenig über den zweiten Ansatz zu sprechen: die Arbeit mit Firewalls.

Eine Einführung in Firewalls

Der Begriff Firewall stammt aus dem Jargon der Kaminkehrer bzw. Feuerwehrleute und meint eine solide, geschlossene Wand, die das Ausbreiten der Flammen von einem Gebäude zum nächsten verhindern soll. Die Nächsten, die das Feuer ein- oder ausgeschlossen haben, waren die Fahrzeugbauer. Dort bedeutet Firewall eine weitgehend geschlossene Stahlwand, die bei einem Motorbrand die Insassen vor dem brennenden Motorraum schützt.

Die Aufgabe einer Rechner-Firewall

Bei einem Netzwerk bezeichnet Firewall eine mehr oder weniger bis sehr komplizierte Vorrichtung, die Netzwerkteilnehmer von innen heraus z.B. im Internet surfen lässt, feindliche Zugriffe von außen aber abblockt. Wie Deichschleusen das Wasser sollen Firewalls die Netzwerkpakete zwar von innen nach außen, nicht aber zurückfließen lassen. Das Problem ist: Wenn wir eine Internetseite aufrufen, sollte die angeforderte Seite schon hereinfließen können. Eine rein einseitige Angelegenheit kann das also nicht sein.

Dann geht es los: Zuerst kommen Mailserver, die von außen Mails entgegennehmen können sollen. Und Webserver, auf denen wir Firmenpräsentationen liegen haben, und die deshalb von außen besucht werden dürfen. Ach ja, und der eigene FTP-Server, den wir schon aus Prestigegründen betreiben, um Treiber-Downloads für unsere internationalen Kunden anbieten zu können. Und Mitarbeiter, die von außen über verschlüsselte Leitungen in die Firma hereinkommen sollten (vor allem der Chef mit seinem Notebook). Kaum denkt man drei Minuten über das Problem nach, ist der Begriff der »feindlichen Zugriffe von außen« nicht mehr so eindeutig zu definieren, wie man zunächst glaubte. Erst ganz zum Schluss kommen all die Software- und Musik-Sammler, die ihre Jagdgründe mit *kazaa*, *emule* oder Bittorrent-Downloads erreichen oder ein Streaming-Video mit dem Real Player aufrufen. Eine mehr oder weniger sehr komplizierte Vorrichtung, die feindliche Zugriffe von außen verhindert, nennt man also Firewall.

Wenn man ein Einsteigerbuch schreibt, muss man das Thema Firewall so darstellen, dass auch ein Nicht-Experte eine sichere Umgebung haben kann, ohne gleich zum Experten werden zu müssen. Aus diesem Grund werden mit den Einstellungen, die hier gezeigt werden, vermutlich keine kazaa-Downloadserver, Bittorrent- oder Halflife-Zugriffe möglich sein. Aber Sie werden seriös arbeiten und sich trotzdem sicher fühlen können. Wenn Sie sich wirklich für das Sicherheitsproblem interessieren, können Sie ja immer noch eines der vielen O'Reilly-Bücher zum Thema konsultieren.

Wie funktioniert das?

Firewalls müssen wie ein Schutzschild alle ungewollten Netzwerkpakete, die von außen kommen und nicht hereingelassen werden sollen, von vornherein abschmettern. Im Idealfall darf der Angreifer keinerlei Antwort bekommen, kein Anzeichen dafür, dass es überhaupt ein mögliches Ziel bei uns gibt.

Das geschieht, indem *Regelsätze* aufgestellt werden. Bevor der Rechner auf ein Netzwerkpaket reagiert, begutachtet die Firewallsoftware im Kernel (sie heißt *netfilter*[3]) erst den Header dieser Pakete. Das ist wie im richtigen Leben, wenn Sie den genauen Adressaten in der Anschrift eines Briefs begutachten, bevor Sie einen Brief akzeptieren. Auf verschiedene Situationen können Sie dann flexibel reagieren:

- Sie können den Brief zurückschicken.
- Sie können den Brief annehmen.
- Sie können den Brief wegwerfen.

Beispiel Brief: Wenn es den Adressaten für den Brief nicht gibt, können Sie die Annahme verweigern und den Brief zurückschicken. Das ist sehr menschenfreundlich, aber wie bei Werbesendungen kann ein Bösewicht daraus schließen, dass es an

---

3 Sehen Sie dazu auch *http://de.wikipedia.org/wiki/Firewall* und *-Paketfilter*, außerdem *-Netfilter/iptables*.

dieser Adresse immerhin irgend jemanden gab, der die Annahme verweigerte. Die Folge: Sie kommen in die neue Adressdatenbank und bekommen noch mehr Post.

Sie können den Brief auch annehmen, wenn die Sendung legitim ist. Aber was, wenn die Anfrage nicht legitim ist und Sie trotzdem keine Spuren für einen Angreifer hinterlassen wollen? Dann werfen Sie die Anfrage einfach weg, wie Tausende nagelneuer bunter Werbeprospekte großer Kaufhäuser. So hat der Absender bzw. mögliche Angreifer keine Information darüber, ob auf das Paket nur nicht reagiert wurde oder ob es den Rechner gar nicht gibt. Mit anderen Worten: Es ist für ihn wenigstens nicht leichter geworden.

So arbeiten auch die meisten (man nennt sie *paketfilternde*) Firewalls. Die *netfilter*-Firewallsoftware ist ein Zusatz zum Kernel. Gesteuert wird sie mit dem Programm *iptables*. Mit dieser Software können Regeln aufgestellt werden und kann die Konfiguration der Regeln abgefragt werden. Alle aktuellen Firewall-Setup-Tools schicken *iptables*-Konfigurationszeilen an den Kernel, egal ob es grafische wie der *Firestarter* (siehe später), textorientierte wie die *shorewall* oder distributionsspezifische Dinge wie die *SuSEFirewall* sind.

Regeln abfragen

Mit dem Kommandozeilen-Befehl `iptables` kann der Benutzer *root* die aktuell gültigen *netfilter*-Regeln abfragen. Aber was einem da erzählt wird, ist nicht einfach zu lesen. In diesem Kapitel fangen wir deshalb sehr einfach an: *netfilter* regelt an drei Bollwerken, wie Netzwerkpakete behandelt werden, und jedes der drei Bollwerke hat ein »Grundverhalten«. Diese Bollwerke sind sogenannte Regelketten (Chains), und es gibt je eine für das *Annehmen*, das *Weitertransportieren* und das *Hinausleiten* von Netzwerkpaketen. Die Standard-Kette für das Annehmen heißt INPUT, die für das Weiterleiten FORWARD und die für das Ausgeben der Netzwerkpakete OUTPUT. Jede dieser Ketten hat eine Grundeinstellung (die *Policy* genannt wird), darüber hinaus kann sie noch extra Regeln haben. Das können bei einer pfiffigen Firewall-Konfiguration sehr viele Regeln sein. Werden die Netzwerkpakete nicht behindert, steht die Policy auf ACCEPT. REJECT als Policy würde alle Netzwerkpakete zum Absender zurückschicken, DROP wirft sie weg.

Der Befehl `iptables -nL` listet die Regeln der Chains auf. Eine vollständig auf Durchgang gestellte Firewall gibt z.B. das hier aus:

```
[root@storm root]# iptables -nL
Chain INPUT (policy ACCEPT)
target     prot opt source               destination

Chain FORWARD (policy ACCEPT)
target     prot opt source               destination

Chain OUTPUT (policy ACCEPT)
target     prot opt source               destination
[root@storm root]#
```

Diese Firewall ist komplett geöffnet, denn sie nimmt jedes Netzwerkpaket an, leitet es durch die Maschine und schickt es zu der Ziel-Netzwerkkarte hinaus. Bei einer ungefilterten Maschine ist dies die Grundeinstellung, aber auch das Ergebnis, wenn Sie in einem Firewall-Konfigurationsprogramm wie dem *Firestarter* (siehe unten) die Firewall ausschalten.

Doch es geht auch ganz anders:

```
[root@storm root]# iptables -nL
Chain INPUT (policy DROP)
target     prot opt source              destination

Chain FORWARD (policy DROP)
target     prot opt source              destination

Chain OUTPUT (policy DROP)
target     prot opt source              destination
[root@storm root]#
```

Dies ist das komplette Gegenteil des oberen Beispiels: So rigorose Regeln kommen heraus, wenn Sie im *Firestarter* (unten) angeben, aller Netzwerkverkehr solle geblockt werden. Firewalls beginnen mit einer solchen Konfiguration, danach werden Einzelregeln aufgestellt, die nur noch das erlauben, was wirklich gewünscht ist.

Alles, was darüber hinaus zu sagen wäre, ist für den Einsteiger nicht zu verstehen und auch für den fleißigen Aufsteiger ein weiter Weg. Die hervorragende Firewall-Konfigurationssoftware *Shorewall* setzt z.B. selbst bei einer sehr einfachen Konfiguration mehr als 100 Regeln auf, in denen genau festgelegt wird, welche Art von Netzwerkpaket durch welche Netzwerkkarte herein darf, wohin es dann darf etc. Diese endlosen Zeilen wären für dieses Buch gleichzeitig zu viel und zu nichtssagend, deshalb habe ich darauf verzichtet. Das wäre so, als glaubten Sie, nachdem Sie im Kino zwei Schläge von Bruce Lee gesehen haben, Sie könnten schon Karate. Sogar Experten können erst nach eingehendem Studium der Regelsätze einer Maschine verstehen, ob dieser Rechner gegen Angriffe gefeit ist oder nicht. Wenn Sie sich für die gesammelten Möglichkeiten interessieren, dann ist das O'Reilly-Buch *Linux iptables – kurz & gut* vielleicht das, was Sie suchen.

Sie müssen aber nicht stundenlang Fachliteratur wälzen, um einen gut abgesicherten Rechner zu bekommen. Die meisten Distributionen liefern inzwischen Firewall-Konfigurationssoftware mit. Die bekannten Produkte haben sogar vorbereitete Lösungen von der Stange, die mittlerweile sogar sofort funktionieren.

Wieso gelten Linux-Firewalls als so sicher?

Genauso wie die Netzwerkerei selbst ist auch der *netfilter*-Schutzschild für eine Firewall Teil des Linux-Kernels und keine normale Software. Das macht es unmöglich, die Firewall-Software mit normalen Mitteln abzuschalten. Versucht ein Angreifer solch eine Kernelregel mit Gewalt zu brechen, würde im schlimmsten Fall wohl der Rechner abstürzen. Damit ist aber die Verbindung ins innere Netz gekappt und der Angreifer wieder draußen. Manche Firewall-Rechner sind so konfiguriert, dass sie nach einem derartigen Absturz »unten« bleiben, bis der Systemadministrator sie wieder startet, wobei er den Bootvorgang natürlich mit Argusaugen beobachtet. Manche dürfen gleich wieder starten: Aber viele dieser Rechner laufen von vornherein auf nur-lesbaren Medien. Wenn diese neu starten, sind sie wieder genau so sicher wie vorher, weil niemand an der Konfiguration drehen konnte. Eine gebrannte CD etwa kann nicht mit gefälschter Software ausgehebelt werden, weil der Angreifer weder die Software noch die Regeln überschreiben kann.

Firewalls als normale Software

In den ersten Tagen von Windows NT4 versuchte Microsoft mit dem MS Proxy Server, mit normaler Dienstesoftware eine Firewall zu erzeugen. Ein probates Mittel, um diese Firewall abzuschießen, war, sie mit Netzwerkpaketen zuzupflastern (Denial-of-Service-Attacke). Manchmal warfen die Rechner dann ihre Firewall ab wie ein bockiges Pferd. Nachdem der Proxy Server am Boden lag, stand die NT-Maschine »ausgestattet mit Domain Security« – also völlig ungeschützt – im Internet.

Woran erkennt die Firewall, ob ein Netzwerkpaket eine Antwort auf eine Anfrage von innen ist oder ein unzulässiger Verbindungsaufbau? Bei TCP-basierten Datenübertragungen übermitteln die beiden beteiligten Rechner drei Netzwerkpakete, in denen sie sich über die Absicht unterhalten, eine *Session* aufzubauen. Außerdem wird die Paketnummerierung ausgehandelt etc. (*tcp-handshake*). Das Ende einer solchen Session wird durch zwei besondere Netzwerkpakete markiert, mit denen sich beide Rechner voneinander verabschieden.

Das ist der technische Ansatzpunkt einer Firewall: Wenn bei einer Maschine kein Serverdienst nach draußen dargestellt werden muss, dann soll die Firewall einfach alle Pakete wegwerfen, die von außen eine *Session* aufbauen wollen. Damit ist jeder Angriff, der von außen begonnen werden soll, schon vereitelt. Diese Einstellung ist bei Heimcomputern der Normalfall.[4] Pakete, die wir von innen angefordert haben, können die Firewall dagegen leicht passieren. Sie tragen nicht das Merkmal, das den Verbindungsaufbau wünscht.

Sollen wirklich Verbindungen von außen erlaubt werden – wovon ich bei Heimcomputern abrate –, so kann man in den meisten Firewalldialogen der Distributionen diejenigen Ports von der Sperrung ausnehmen, die geöffnet bleiben sollen.

---

4 Dass man einen Webserver etc. bei einer Wählverbindung nach draußen zeigen will, wo sich doch normalerweise bei jeder Einwahl die IP-Adresse ändert, ist ja weder sehr wahrscheinlich noch sinnvoll.

Sinnvoll filtern kann man nur Pakete, die ein Transportprotokoll benutzen, das eine Sitzung aufbauen will. Beim Aufbau der Sitzung kann man die Absichten der eingegangenen Netzwerkpakete prüfen und bei Verdacht den Zugang verwehren. TCP/IP enthält noch ein zweites Transportprotokoll, UDP (User Datagram Protocol), das keine Sitzungen aufbaut. Dadurch sind die Kontrollmöglichkeiten extrem erschwert, man kann UDP nur zulassen oder verbieten. Das ist der Grund, warum bei den meisten Firewalls der UDP-Verkehr komplett gesperrt wird, und das ist auch sinnvoll.

Wann brauche ich eine Firewall?

SUSE glaubt, Sie bräuchten immer eine Firewall, deshalb müssen Sie bei der Installation den Schutz auch erst ausschalten, wenn sie ihn nicht haben wollen. Das ist lobenswert, aber womöglich so unhandlich, dass Leute eher abgeschreckt werden: Da die *SuSEFirewall* gut funktioniert, scheitern viele »erste Netzwerk-Experimente« daran, dass die aktive Firewall nichts davon weiß und sie scheitern lässt[5]. Wenn Sie Ihr Netzwerk aber bereits durch eine wirkungsvolle Firewall im Internet-Routerkästchen absichern, können Sie sich bei den einzelnen Maschinen meiner Meinung nach auf Virenschutz konzentrieren – die meisten Distributionen installieren den freien *Clamav* ja schon automatisch mit. Sie können aber nicht ohne Firewall arbeiten, wenn Ihr Rechner direkt am Internet hängt und ein Analog-Modem, eine ISDN-Karte oder ein DSL-Modem benutzt. Dann haben Sie direkten Kontakt mit den Schurken da draußen. Noch viel weniger können Sie auf Firewall-Regeln verzichten, wenn Ihre Linux-Maschine Router für das ganze interne Netz spielen soll. Wenn Ihre Maschine gehackt und manipuliert wird, kann ein Angreifer von da aus das gesamte interne Netz attackieren.

Wogegen ist eine Firewall machtlos?

Erinnern Sie sich noch an die alten Dracula-Filme? Der Vampir kann nur dann ins Haus, wenn ihm jemand ein Fenster öffnet. Firewallregeln können einen Angreifer, der es direkt auf den Rechner abgesehen hat, meist wirkungsvoll abwehren. Anders sieht es aus bei Angriffen, die sich während einer bestehenden Verbindung abspielen. Aber wie könnten Angreifer Sie dazu bringen, das Fenster zu öffnen? Vier Beispiele, bei denen der Benutzer brav mitspielen muss:

- Software öffnet bisweilen Ports für Zugriffe von außen, weil das bequem ist oder die Leistungsfähigkeit steigert. Tauschbörsen z.B. realisieren meist den Gegentausch, indem die Client-Software anderen Rechnern den Zugriff auf den lokalen Rechner gestattet. Und das ist nicht nur bei Musik so: Auch Download-Beschleunigung wie Bittorrent arbeitet so.[6]

---

5 In Linux-Kursen ertappte ich mich selbst oft dabei, dass ich vergessen hatte, die Firewall auszuschalten ...
6 Hier soll nicht behauptet werden, Bittorrent hacke Computer. Es geht nur um das Prinzip, im Hintergrund Übertragungskanäle (Ports) zu öffnen, weil das bequem oder leistungsfähig ist.

- Bei der Kontaktaufnahme zu wenig vertrauenswürdigen Sites erscheint bisweilen eine Abfrage, die erst nach einem Klick auf JA oder NEIN (»Wollen Sie diesen Treiber herunterladen?«) weitere Seiten zeigt. Die Seiten, die dann kommen, sind dann natürlich meist genauso öde wie die vorherigen. Allerdings gab der arglose Narr mit diesem JA-Klick die Erlaubnis, z.B. per Java auf seiner Windows-Maschine einen bösartigen Dialer zu installieren, der die billige(re) Telefonnummer des normalen Providers gegen eine teure des Angreifers austauschte. Plötzlich kostet eine Sekunde Internet so viel wie ganze Stunden des normalen Providers. Das ist aber nur eine Facette einer Reihe von perfiden Angriffen aus dem Web: Java-Software kann auf dem Besucherrechner praktisch alles tun, wozu der Benutzer berechtigt ist – und nicht nur auf Windows-Maschinen.

- Der »I love you«-Virus benutzte eine gemeingefährliche Voreinstellung des Mail-Clients Outlook, wonach alle Mailanhänge automatisch gleich geöffnet wurden. Der Anhang dieser Angreifermails enthielt ein selbstausführendes Skript. Es wertete alle Einträge im Adressbuch des Mail-Clients aus, um sich an jeden dieser Adressaten weiterzuverschicken. Diese Mailbomben legten tagelang viele Firmen lahm, weil die Mailserver komplett überlastet wurden.

- Genervte Windows-Benutzer sollen in Websicherheitssoftware schon ganze Reihen von Ports geöffnet haben, weil sie das ewige Klopfen der Vampire (bzw. die lästigen Bildschirmmeldungen von Zonealarm und Konsorten) leid waren. Steter Tropfen höhlt den Stein ...

Um keine Missverständnisse aufkommen zu lassen: Eine sich selbst vervielfältigende Virussoftware wäre im Prinzip auch für Ximian Evolution oder einen anderen, weniger umfangreichen Mail-Client unter Linux denkbar. Linux-Anwender waren mit der derzeitig geringeren Verbreitung ihres Betriebssystems lediglich noch nicht interessant genug für eine solche Attacke.

Software, die bei Bedarf im Hintergrund Ports öffnet, gibt es auch unter Linux genug. Jede Zugriffssoftware wie z.B. ein Webbrowser tut das, um seine Anfrage loszuschicken. Aber der Port wird sofort wieder geschlossen, sobald der Browser seinen Willen, sprich seine Antwort, hat. Anders dagegen bei Serversoftware: Sie öffnet Ports, die geöffnet bleiben, um auf Anfragen zu warten. Im Benutzerumfeld findet man solche Software – auch unter Linux – z.B. bei Musiktauschbörsen. Das kann einerseits auch nur ein hoher Port (oberhalb von Portnummer 1024) sein, weil man für die Öffnung niedriger Ports *root*-Berechtigung benötigt. Wie bei jeder anderen Software unter Linux darf die Serversoftware auf dem Dateisystem des Rechners dann auch nur so viel anstellen wie der Benutzer, der sie gestartet hat. Gefährden kann ein solcher Benutzer demnach eigentlich nur seine eigenen Dateien und die, auf die er sonst noch schreibend zugreifen kann. Das ist aber eigentlich schon besorgniserregend genug.

> ### Ein bisschen *root*: SUID-Programme
>
>
> Wenn Programme mit der SUID-Berechtigung ins Spiel kommen, bekommt die Gefahr eine andere Dimension: Wer solche Software verändern oder heimlich austauschen könnte, könnte das System komplett aushebeln. Oder: Würde man eine Serversoftware dazu anstiften können, dass sie die *root*-Rechte eines SUID-Progamms benutzt, um von innen ein Tor zur Linux-Maschine aufzustoßen, hätte man wohl den Katastrophenfall. Das ist der Grund, warum Linux-Systemadministratoren nur ungern Programme mit SUID-Rechten sehen und den Benutzern normalerweise nicht erlauben, *kazaa* oder andere Dinge zu betreiben.

Unter Linux sind Dialer-Programme, die billige Internet-Einwahlnummern gegen teure austauschen, unbekannt. Ein Angreifer müsste ja *root*-Berechtigungen haben, um mit */usr/sbin/isdnctrl* die Telefonnummer zu bestimmen, diese zu wählen und schließlich die Internetverbindung mittels ISDN-Karte zu öffnen und zu schließen. Ein Programm */usr/sbin/isdnctrl*, das (wie oben gezeigt) mit SUID-Rechten ausgestattet wird, wäre allerdings schon ein guter Ansatz, um Sicherheitslücken zu erzeugen.

Bei DSL-Verbindungen besteht ohnhin keine Gefahr, sich einen Dialer einzufangen. Da wird ja keine Telefonnummer gewählt, sondern lediglich ein Login an die ständig präsente Leitung übermittelt. Bei Router-Betrieb sind diese Daten zudem noch nicht einmal auf der Linux-Maschine abgespeichert, sondern im DSL-Kästchen. Solange das nicht gehackt werden kann, ist ja alles in Ordnung.

Wenn Sie dagegen, als *root* auf einer grafischen Oberfläche direkt angemeldet, im Internet browsen, dann wäre im Prinzip wohl alles möglich. Es hat durchaus sein Gutes, wenn man beim Einwählen das Passwort von *root* angeben muss, und für den Rest der Sitzung als nichtprivilegierter Benutzer unterwegs ist. Nicht wenige Sicherheitsbewusste schalten deshalb sowohl Java als auch Java-Skript in der Browserkonfiguration ab. Das ist gut, aber dafür funktionieren eben viele Internetseiten nicht mehr. Im Moment gelten jedoch selbst mit eingeschaltetem Java praktisch alle Webbrowser unter Linux als sicher im Vergleich zum Internet Explorer.

Mitgelieferte Firewalls einrichten

Die verschiedenen Distributionen sind unterschiedlich umfangreich mit Firewalls ausgestattet. Lange schon hatten Mandriva und SUSE mit – funktionierenden – Firewall-Konfiguratoren in ihren Administrationsdialogen geglänzt, als andere endlich erst nachzogen. Doch auch Fedora Core 6 hat nun endlich eine ordentliche Lösung.

SUSEFirewall2

Alle Einstelloptionen für die Firewall befinden sich bei SUSE im YaST unter dem Menüpunkt *Sicherheit und Benutzer* (siehe Abbildung 20-3).

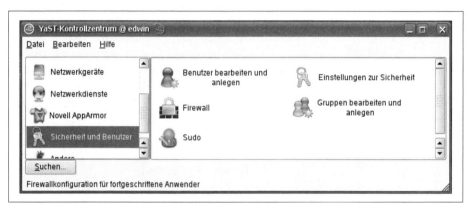

Abbildung 20-3: SUSEFirewall2 im YaST

Bei der Ersteinrichtung der Firewall zur Installationszeit gibt es noch Assistenten. Offenbar haben die Dialogbauer bei SUSE aber vom Internet-Design gelernt, denn wenn Sie den Dialog später aufrufen, müssen Sie zuerst auf der linken Seite den Bereich auswählen, den Sie konfigurieren wollen, bevor Sie vorwitzig auf den WEITER-Knopf rechts unten klicken (siehe Abbildung 20-4). Der Start-Dialog bietet Ihnen die Möglichkeit, die Firewall gerade im Moment oder generell ein- und auszuschalten. Der Dialog bietet auch an, alle Einstellungen, die Sie getroffen haben, abzustellen.

Abbildung 20-4: Dialogregister links und Dialoginhalte rechts

Auf dem Dialog des zweiten Registers sind die Schnittstellen einzustellen (siehe Abbildung 20-5). Die Angaben auf diesem Dialog sind auf den ersten Blick etwas seltsam. SUSE unterscheidet hier streng nach drei Kategorien:

- Gerätename: Da findet sich z.B. der Hersteller der Netzwerkkarte wieder, wenn es einen Firmware-String gibt, in dem dieser steht, sonst tut es auch der Vendor-Code in der Hardware-Adresse der Ethernet-Karte. Wenn sich nichts Verwertbares findet, steht dort eventuell auch nur »Modem« oder gar nichts.
- Schnittstellenname: Auffallend ist bei Ethernet-Karten die sechsstellige Hexadezimalzahl-Folge, die auch als MAC-Adresse bekannt ist und die eigentlich weltweit einzigartig sein soll. SUSE unterscheidet die Netzwerkkarten also nicht nach recht willkürlich gesetzten Namen wie *eth0* oder *eth1*, sondern tatsächlich nach einem Hardware-Merkmal. Bei ISDN-Karten und Modems bleibt es beim traditionellen Namen *ippp0*, *ppp0* oder *modem0*.
- Zone: Um dies zu verstehen, muss man das SUSE-Konzept einer billigen Firewall verstehen (siehe weiter unten).

Abbildung 20-5: Die Schnittstellen sind in Zonen eingeteilt

Auch das ehemalige SUSE-Firewall-Kaufprodukt (das später eingestellt wurde) kannte diese drei Zonen in dieser Anordnung: Intern, Extern und »Entmilitarisierte Zone« (siehe Abbildung 20-6). Während in der einschlägigen Fachliteratur meist von einer zweistufigen Firewall-Konstruktion die Rede ist, gibt es selten auch die Ein-Router-Lösung, die SUSE damals als preisgünstige Alternative vorschwebte: Der Firewall-Rechner hat drei Netzwerkkarten eingebaut und bedient drei Netzwerke: das interne Netz, das Internet und daneben noch ein drittes Netz, in dem solche Rechner aufgestellt werden, die von außen und innen gleichermaßen erreichbar sein sollen. Die Firewall-Regelwerke sorgen dafür, dass es aber unmöglich ist, von außen direkt das innere Netzwerk zu erreichen.

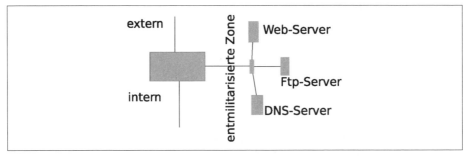

Abbildung 20-6: Die Zonen einer SUSE-Firewall

Bei einer kleinen Firewall-Lösung, die wie in unserem Fall nur den lokalen Rechner schützen soll, brauchen Sie nur die Einwahl-Geräte wie Modems und ISDN-Karten oder aber die Netzwerkkarte, die direkt mit dem DSL-Modem »spricht«, der externen Zone zuzuweisen. Das ist meist auch schon automatisch geschehen. Wollen Sie Ihren Rechner aber im internen Netz schützen, ist natürlich auch die einzige Netzwerkkarte eine »externe«. Soll Ihr Rechner Router zwischen dem Internet und dem internen Netz spielen, muss eine Netzwerkkarte die »Interne« sein. Dies ist der Schlüssel zu der Richtung, in der die Firewall-Filter gesetzt werden.

 Für einen Testbetrieb ohne Internetanschluss kann eine ausgeschaltete Firewall wohl noch angehen, aber später sollten Sie sie wirklich einschalten.

Auf dem dritten Register, ERLAUBTE DIENSTE, können Sie nun einstellen, welche Dienste auf Ihrem Rechner zugänglich sein sollen. SSH ist ein Fernanmeldedienst, der mit guter Verschlüsselung sicheren Datenfernverkehr verheißt. Dieser Dienst ist oft schon vorab gestattet. Kein Dienst, den Sie ins Internet hinaus erlauben sollten, ist Samba. Wenn Ihre einzige Netzwerkkarte als »externe Zone« ins lokale Netzwerk zeigt, müssen Sie der Firewall Bescheid geben, indem Sie den SAMBA-SERVER auswählen und HINZUFÜGEN anklicken (siehe Abbildung 20-7). Wenn Sie auf dieser Maschine mit CUPS drucken wollen, sollten Sie den IPP-Serverdienst ebenfalls freigeben.

Dienste bei der Firewall nicht anzugeben ist ausgesprochen lästig, wenn Sie womöglich stundenlang herumprobieren müssen, nur um dann herauszufinden, dass Ihre Konfiguration perfekt war, aber die Firewall den dazu passenden Netzwerk-Port nicht nach außen frei gab. Die *SUSE Firewall2* kann zwar gestartete Dienste erkennen und sie selbstständig freigeben, aber nur, wenn Sie sie neu starten. Das passiert bei jedem Neustart – und natürlich auch dann, wenn Sie den neu eingerichteten Dienst in die Firewall-Konfiguration eintragen und abspeichern. Sie können aber auch rcSuSEFirewall2 restart in einem Terminal eingeben.

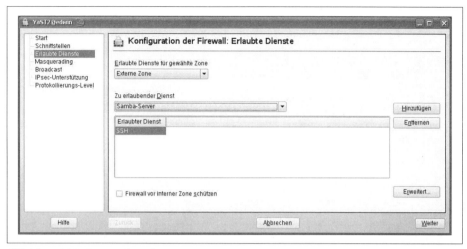

Abbildung 20-7: Dienste freigeben

 Die Werte der Firewall-Einstellungen werden in der Datei */etc/sysconfig/SuSEFirewall2* abgespeichert. Sie könnten dort auch von Hand Ports oder Portbereiche eintragen und dann die Firewall neu starten.

Ach ja: Wie gut ist die SUSE-Firewall denn überhaupt? Nachdem alle Dienste geblockt waren und sie eingeschaltet war, konnte ein Portscan keine offenen Ports mehr entdecken! Das ist gut genug.

Soll die Linux-Maschine als Gateway ins Internet auftreten (z.B. wenn alle Windows-Rechner die Roaring Penguin-Verbindung zum DSL-Modem benutzen können), dann muss die innere Netzwerkkarte der *internen Zone* zugeordnet sein, denn nur dann können Sie die Option MASQUERADING FÜR NETZWERKE im MASQUERADING-Register einschalten (siehe Abbildung 20-8). Dabei entsteht eine Konstellation nicht unähnlich der DSL-Routerkonfiguration: Alle Rechner im Hausnetz müssen die innere IP-Adresse des Rechners als ihr Default-Gateway einstellen. Von außen sieht Ihr Netzwerk dann so aus, als würden sämtliche Zugriffe der Rechner im internen Netz von der internetseitigen IP-Adresse des Linux-Routers kommen. Diese Funktion heißt unter Linux *masquerading*, Sie kennen diese Funktion aber vermutlich schon von Ihrem Intenet-Kästchen, da heißt sie *NAT*.

Der letzte Dialog ist ebenfalls sehr wichtig, denn anhand einer guten Protokollierung können Sie herausfinden, was einer Maschine passiert ist, wenn es einmal Probleme gibt. Die Frage ist nur, ob man gewissermaßen auch den rollenden Verkehr überwachen will oder nur solche Pakete protokolliert, die »kritisch« im Sinne der *netfilter*-Entwickler sind. Würde man alle akzeptierten Pakete aufheben, reicht vermutlich auch eine sehr große Festplatte nicht aus, um all die Logbucheinträge zu speichern, die innerhalb kürzester Zeit geschrieben werden. Mit den verworfenen

Abbildung 20-8: Masquerading einstellen

Paketen ist es genauso: Würde man alle fehlerhaften Pakete protokollieren, alle Zugriffe auf Windows-Ports, jedes Auftreten »privater« Netzwerkpakete im Internet, die bei uns von außen auftreffen (und die wir standardmäßig wegwerfen), dann brauchen wir sicherlich eine sehr große Log-Festplatte und jede Menge Zeit, die Protokolle auch zu lesen. Die Aussicht, da in sinnlosem Material schlicht zu ertrinken, ist nicht groß, sondern gewiss. Die Voreinstellung erscheint mir sinnvoll, so wie sie ist.

Sobald Sie auf WEITER und dann BEENDEN klicken, speichert YaST die Einstellungen ab und startet die Firewall neu. Bei einem Neustart fährt die SUSEFirewall2 sogar in drei Stufen hoch: Es gibt *iptables*-Befehle, die man schon absetzen kann, noch bevor das erste Netzwerkgerät in Gang gesetzt ist. Zum Beispiel kann der Rechner das IP-Forwarding (ob Pakete durch die Maschine durchgeleitet werden dürfen oder nicht) schon sehr früh ausschalten und alle *netfilter Policies* auf DROP stellen. Weitere Regeln kann man setzen, wenn die Geräte da sind, aber noch keine vollständige Konfiguration haben: Zum Beispiel können Sie bestimmen, welches das innere und welches das äußere Gerät sein soll etc. Aber *masquerading* bzw. *NAT* kann man erst festlegen, wenn die Konfiguration vollständig ist. Ist das endlich festgelegt, kann die Firewall zum Schluss ja auch wieder IP-Forwarding erlauben.

Firewalls bei Fedora und Mandrake

Auch Fedora Core 6 und Mandrake haben Tools zur Konfiguration der Sicherheitsmaßnahmen. Bei Mandrake erreichen Sie den Dialog über das Mandrake Control Center unter SICHERHEIT. Dort können Sie (die Franzosen lieben lange Dialog-Titel) »Eine persönliche Firewall aufsetzen um den Computer und das Netzwerk zu schützen«. Bei Fedora gibt es ein Programm *system-config-securitylevel*, das entweder direkt in einem Terminal oder über SYSTEM → ADMINISTRATION → SICHERHEITSSTUFE UND FIREWALL aufzurufen ist.

Beide Firewall-Tools sehen vordergründig recht ähnlich aus, arbeiten im Hintergrund aber verschieden. Das Fedora-Programm setzt die Regeln scheinbar selbst und speichert die Einstellungen offenbar als Konfigurationsdatei /etc/sysconfig/system-config-securitylevel ab. Mandriva konfiguriert dagegen im Hintergrund ein Firewall-Produkt, das unter dem Namen *shorewall* einen sehr guten Ruf besitzt.

Wenn Sie Zugriff auf ALLES (KEINE FIREWALL) auswählen, startet bei beiden Distributionen ein *iptables*-Startskript, aber die Maschine bleibt auf Durchgang gestellt. Das genaue Gegenteil wäre die Einstellung, die Firewall einzuschalten, aber keinerlei Zugriffsports anzugeben (siehe Abbildung 20-9). Damit gestattet die Firewall auch keinerlei Zugriff von außen, egal welche Dienste Sie konfiguriert haben. Ist es das, was wir wollen? Netzwerkdienste machen meist nur Sinn, wenn auch der Zugriff darauf erlaubt ist – aber eben nicht von jeder Seite aus. Die Wahrheit wird wohl dazwischen liegen.

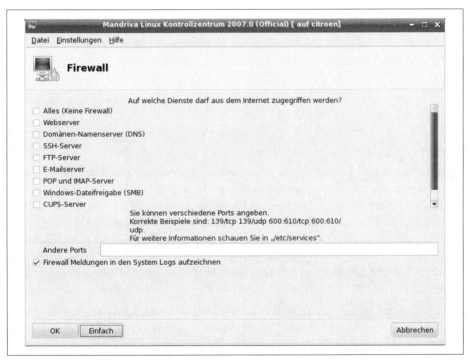

Abbildung 20-9: Zugriffe steuern mit Mandrivas Firewall

Fedoras Firewall-Tool (siehe Abbildung 20-10) sieht sehr ähnlich aus wie das von Mandriva. Die Drop-down-Liste oben entscheidet, ob die Firewall überhaupt gestartet werden soll oder nicht, unten können Sie die erlaubten Dienste anklicken.

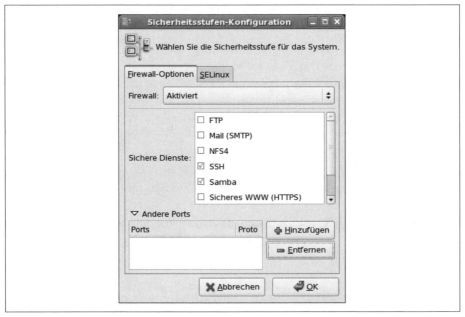

Abbildung 20-10: Dienste unter Fedora freigeben

Wenn Sie die Auswahl mit OK bestätigen, erscheint ein weiterer Dialog, auf dem Sie noch einmal bestätigen müssen, dass die Änderungen jetzt aktiv werden sollen. Danach sind die Paketfilter gültig.

Shorewall

Mandrivas Firewall-Lösung können Sie auch ohne Mandriva haben – die Software heißt *Shorewall*[7]. Sie ist normalerweise nur nicht so schön zu bedienen wie bei der französischen Distribution, aber gut dokumentiert und sehr leistungsfähig. Genau wie die SUSEFirewall2 ist die Shorewall sehr wohl in der Lage, selbst sehr große und komplexe Netzwerke wirkungsvoll auf einem Firewall-Router abzuschirmen. Das brauchen Sie als Heimanwender aber nicht. Da müssen Sie nur die paar Dienste auf Ihrer eigenen Maschine absichern. Dazu sind auch viel kleinere Lösungen ausreichend.

Damit das umfangreiche Shorewall-Skriptwerk leicht zu handhaben ist, legt Shorewall bei der Installation unterhalb von */etc/shorewall* eine Reihe von Unterverzeichnissen an. Die darin abgelegten Dateien sind einfach zu editieren. Die Hauptschwierigkeit ist wohl eher darin zu sehen, dass Sie als Einsteiger nicht wissen, was Sie von der Firewall-Software wollen sollen. Das ist, was den Charme einer Software wie *Firestarter* aus-

---

7 http://www.shorewall.net/

macht. Auch wenn sie vielleicht nicht so viele Optionen hat wie eine Shorewall, so ist sie doch grafisch und weitgehend verständlich zu konfigurieren.

Firestarter

Stellvertretend für eine ganze Reihe von grafischen Firewallkonfigurationswerkzeugen soll hier ein wenig auf den *Firestarter* eingegangen werden; sein Aussehen erinnert an das in der Windows-Welt weit verbreitete *ZoneAlarm*. Seien Sie gewarnt: Die Einstellung und Handhabung der Software ist nicht banal. Banal ist die Konfiguration auch bei den meisten Windows-Produkten nicht, die zum Schutz gegen Angriffe aus dem Internet dienen sollen. Zum Vergleich: Ein vollkommener Laie würde sein Auto auch dann nicht reparieren können, wenn man ihm einen bunten Schraubenzieher statt eines grauen in die Hand drückte.

Die Grundeinstellung für die Maschine eines Heimbenutzers sollte so sein, dass

- eingehende Verbindungen von außen generell nicht zugelassen sind und
- die generelle Richtlinie (Policy) so eingestellt ist, dass hereinkommende Pakete erst einmal weggeworfen werden, außer es gibt einen guten Grund, sie dennoch anzunehmen.

Das können Sie einstellen, indem Sie den Firestarter zuerst installieren und dann aufgerufen. (Wenn er auf den Installations-CDs nicht zu finden ist, gibt es für etliche Versionsnummern verbreiteter Distributionen sogar Installationspakete von *firestarter.sourceforge.net* bzw. *http://www.fs-security.com/* zum Herunterladen.)

Im Hauptmenü des Firestarters finden Sie einen Assistenten (siehe Abbildung 20-11). Damit können Sie sehr leicht eine »Brot-und-Butter-Lösung« zusammenstellen. Um alle Möglichkeiten des Firestarters auszureizen, genügen die paar Zeilen in diesem Buch allerdings nicht.

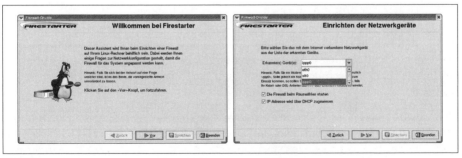

Abbildung 20-11: Firestarter mit dem Assistenten einrichten

Wichtig sind, wie bei SUSEFirewall2 auch, nur ein paar wenige, grundsätzliche Einstellungen: Wenn es ein vertrauenswürdiges Gerät gibt, dann ist es *eth0* oder wie auch immer die innere, dem sicheren Netz zugewandte Netzwerkschnittstelle heißen mag. Das äußere, zu überwachende Gerät nennt sich typischerweise z.B. *ippp0*. Wer den Zugriff auf Dienste von außen zulässt, muss sich nicht wundern, wenn das Angebot früher oder später auch angenommen wird. Besser ist es, keine Zugriffe zuzulassen (siehe Abbildung 20-12).

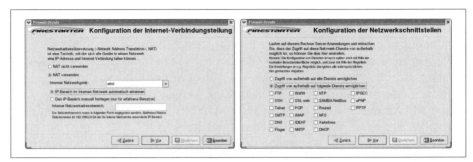

Abbildung 20-12: Das vertrauenswürdige Netzwerkgerät festlegen und den Zugriff auf Dienste beschränken

Wenn der Assistent durchgelaufen ist, können Sie in der Trefferliste sehen, welcher Rechner mit welchem Protokoll (vergeblich) einen Kontakt versucht hat (siehe Abbildung 20-13). Man kann – ähnlich wie bei ZoneAlarm oder ähnlichen Produkten unter Windows – im laufenden Betrieb die Regeln so abändern, dass Zugriffe aus der Trefferliste in Zukunft erlaubt werden sollen. Das Problem: Ein Anfänger kann meist nicht abschätzen, ob er damit nun ein Loch in seine Verteidigungslinie schlägt oder etwas Gutes tut, wenn er die Regeln abändert.

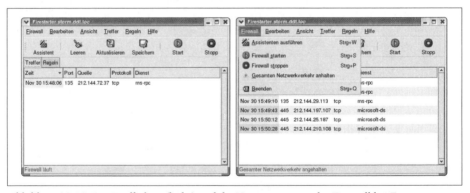

Abbildung 20-13: Die Trefferliste (links) und die Hauptsteuerung der Firewall bei Firestarter

Ein weiteres Problem: Was nützt schon eine Firewall, wenn man der Reihe nach alle Fenster öffnet, an die ein Vampir geklopft hat, nur damit das elende Geklopfe endlich aufhört? Das ist jedenfalls die praktische Erfahrung, die man als Berater vor Ort mit Windows-Benutzern macht, wenn sie ohne weiterführende Ausbildung eine Software wie ZoneAlarm oder andere, auch kommerzielle Produkte zum Abschirmen ihrer Maschine (oder gar des ganzen Netzes) einsetzen.

Der Menüpunkt FIREWALL erlaubt es, im laufenden Betrieb die Firewall entweder ganz neu zu starten, zu beenden oder komplett undurchlässig zu machen.

Zu beachten ist, dass »*Firewall stoppen*« keineswegs alle Netzwerkpakete draußen abprallen lässt. Stoppen bedeutet, dass die Firewall auf Durchgang geschaltet ist! Wohl dem, der die Verbindung nach draußen schon vorher geschlossen hatte.

Auf der Homepage *firestarter.sourceforge.net* bzw. *http://www.fs-security.com/* dieser Software gibt es ein umfangreiches Handbuch, das alle Funktionalitäten dieser Software in Englisch erklärt. Leider sind die Screenshots nicht unbedingt auf dem gleichen Stand wie die herunterladbaren Softwareversionen; das liegt z.T. daran, dass die Software sich immer noch schnell entwickelt. Aber es wurden auch verschiedene Betriebssystemversionen zum Download angeboten, die schon eine neuere oder noch eine ältere Gestaltung haben. Die Beschreibung hilft immerhin, die dargestellten Dialoge besser zu verstehen. Man kann den Firestarter so einrichten, dass er automatisch beim Hochfahren der Internet-Verbindung startet; für die meisten Benutzer ist es aber vielleicht durchsichtiger, wenn auch nicht sicherer, ihn von Hand zu starten oder beim Einloggen in die grafische Oberfläche zu wechseln.

TEIL V
Anhänge

In diesem »Serviceteil« sind einige Informationen versammelt, die Ihnen zusätzliche Hilfestellung geben sollen und die aber an anderer Stelle die Dramaturgie des Buchs gestört hätten.

Anhang A listet einige Informationsquellen auf, die Sie heranziehen können, wenn Sie sich noch intensiver mit Linux und verwandten Themen beschäftigen möchten.

In Anhang B versuche ich, Ihnen den vi-Editor etwas näher zu bringen – wenn Sie künftig tatsächlich die ein oder andere Konfigurationsdatei anfassen wollen, ist der vi ein unverzichtbares Werkzeug.

Die Arbeitsweise von OpenOffice haben Sie ja schon in Kapitel 5 kennengelernt. In Anhang C führe ich mit Ihnen nun noch einen kleinen Praxisworkshop durch: Wir werden einen Geschäftsbrief entwickeln.

Anhang D widmet sich einer kleinen Spielerei: Mit dem Composition Manager Compiz können Sie Ihre Oberfläche aufbrezeln.

Und Anhang E schließlich geht wieder ans Eingemachte – ich zeige, wie Sie sich für widerspenstige WLAN-Hardware eigene Treiber basteln.

In diesem Anhang:
- Interessante Bücher
- Webseiten

ANHANG A
Informationsquellen

Niemand kann alles wissen, schon gar nicht über Linux. Im Gegenteil: Je mehr Sie über Linux wissen, desto klarer wird, was man noch alles wissen könnte, wenn man Zeit hätte. Und die Liste von Themen, mit denen man sich immer schon einmal beschäftigen hätte wollen, wenn man kein Geld verdienen müsste, wird immer länger. Vieles davon finden Sie in den folgenden Quellen. Die Liste kann weder vollständig noch ausgewogen sein.

Interessante Bücher

Weil gar nicht beabsichtigt war, hier ein Buch über Systemadministration zu schreiben, brauchen Sie vielleicht noch eines. Die folgende Liste kann nicht mehr als eine grobe Empfehlungsliste sein. Dennoch: Diese Bücher fand ich besonders schlau gemacht.

Systemadministration

Linux Kochbuch
   Carla Schroder; 1. Auflage Mai 2005, O'Reilly, ISBN 3-89721-405-9, 618 Seiten (jetzt auch als eBook)

Unix Power Tools
   Shelley Powers, Jerry Peek, Tim O'Reilly & Mike Loukides; Third Edition Oktober 2002, O'Reilly, ISBN 0-596-00330-7, 1160 Seiten

Linux-Schnellkurs für Administratoren
   Tom Adelstein, Bill Lubanovic; Deutsche Übersetzung von Andreas Bildstein, 1. Auflage September 2007, O'Reilly, ISBN 978-3-89721-722-5, 352 Seiten, gebundene Ausgabe (auch als eBook)

Linux Praxishandbuch
: Lar Kaufman, Matthias Kalle Dalheimer u.a.; September 2005, O'Reilly, ISBN 3-89721-416-4, 448 Seiten

Linux – Installation, Konfiguration, Anwendung
: Michael Kofler; 8. Auflage August 2007, Addison-Wesley, ISBN 3-8273-2158-1, 1344 Seiten

Linux-Administrationshandbuch
: Evi Nemeth, Garth Snyder, Trent Hein; 1. Auflage September 2007, Addison-Wesley, ISBN: 978-3-8273-2532-7, 1272 Seiten

Linux-Systemadministration, Einrichtung, Verwaltung, Netzwerkbetrieb
: Jochen Hein; 4. Auflage März 2005, Addison-Wesley, ISBN 3-8273-2232-4, 648 Seiten, bei Addison nur noch als eBook-Download

Netzwerk und Sicherheit

TCP/IP-Netzwerk-Administration
: Craig Hunt; 3. Auflage Januar 2003, O'Reilly, ISBN 3-89721-179-3, 792 Seiten – immer noch der Standard, wenn man sich einen profunden Einstieg und Überblick verschaffen will

Linux-Firewalls – Ein praktischer Einstieg
: Andreas G. Lessig; 2. Auflage Januar 2006, O'Reilly, ISBN 3-89721-357-5, 566 Seiten

Kenne deinen Feind – Fortgeschrittene Sicherheitstechniken
: Cyrus Peikari, Anton Chuvakin; Deutsche Übersetzung von Peter Klicman, Andreas Bildstein, Gerald Richter; 1. Auflage Juli 2004, O'Reilly, ISBN 978-3-89721-376-0, 602 Seiten – im Moment nur als eBook lieferbar

Webseiten

Die Fülle im Web verfügbarer Informationen ist riesig, hier stelle ich nur einige auch für Anfänger interessante Anlaufstellen vor.

Linux-Dokumentation

http://www.tldp.org/
: Hier gibt es alle How-tos und tonnenweise anderes interessantes Material; dies ist die Seite des Linux Documentation Project. Zwar sind nur Teile davon auf Deutsch erhältlich, aber schon die beiden Shell-Programmierhandbücher, die man von dort herunterladen kann, sind unschätzbar wertvoll.

http://www.selflinux.de/
>   SelfLinux ist entstanden aus dem PingoS-Projekt, das sich für den Support von Linux an Schulen einsetzt. Ähnlich wie das bekannte Selfhtml-Projekt soll es einmal ein vollständiges Onlinetutorial zum Thema Linux werden.

http://de.linwiki.org/wiki/Hauptseite
>   Ein guter Ort, um in das Thema Linux einzusteigen – nicht zuletzt deswegen, weil die »Linuxfibel« jetzt dort untergebracht ist. Das viele hundert Seiten lange Onlinetutorial der beiden Hauptautoren Thomas Ermer und Michael Meyer deckt fast alles ab, was man braucht – und sie suchen immer noch Mitautoren. Allein schon die Link-Seite *http://de.linwiki.org/wiki/Linkliste* ist sehenswert ...

Linux-Nachrichten

http://www.prolinux.de/
http://www.heise.de/
http://www.linuxmagazin.de
>   Diese drei sind natürlich nicht die einzigen Nachrichtenquellen über Linux im Internet, aber sie sind häufig gelesene, sehr aktuelle Magazine in deutscher Sprache.

Open Source-Software

http://sourceforge.net
http://freshmeat.net/
>   Die beiden größten Bezugsquellen für Freie Software – nicht nur für Linux.

Linux-Distributionen

http://distrowatch.com/
>   Welche Distributionen gibt es, wie groß sind sie im Vergleich zu anderen, aus welcher Distribution ist eine bestimmte Distribution hervorgegangen, in welchem Land wurde sie gegründet? Distrowatch weiß es.

http://www.novell.com/de-de/linux/suse/
>   Die Nürnberger Distribution SUSE gehört ja inzwischen zu Novell.

http://www.mandriva.com
>   Die Distribution aus Paris hat sogar einen eigenen Fanclub: Den Mandriva-Club finden Sie unter *http://club.mandriva.com*.

http://www.debian.org
>   Die Homepage des Debian-Projekts.

http://fedora.redhat.com/
>   Die Homepage des von Red Hat unterstützten Fedora-Projekts.

http://www.ubuntulinux.org/
   Die für Einsteiger besonders geeignete Ubuntu-Distribution.

http://www.campuslinux.de/
   Die Seite für die diesem Buch beigelegte Distribution.

Sicherheit

http://www.securityfocus.org/
http://www.heise.de/security/
   Allgemeine Sicherheitsnachrichten

http://www.linuxsecurity.com/
   Linux-Sicherheit

http://www.gnupg.de/
   Das GNU Privacy Project

http://www.tu-berlin.de/www/software/virus/aktuell.shtml
   Meldungen zu aktuellen Viren

http://stealthtests.lockdowncorp.com/
   Sicherheitschecks online

http://www.linklogger.com/commonscans.htm
   Aktuell beliebte Netzwerk-Scans

http://www.bfd.bund.de/
   Bundesbeauftragter für Datenschutz

http://www.bsi.bund.de/
   Das Bundesamt für Sicherheit in der Informationstechnik (BSI) ist Sicherheitsdienstleister für den deutschen Staat, aber auch eine sehr interessante Stelle, um sich über Sicherheit in Computernetzwerken zu informieren. Das BSI ist Herausgeber des *IT-Grundschutzhandbuchs*, das ist vielleicht *die* Referenzquelle für Rechner- und Netzwerksicherheit in Deutschland.

Andere interessante Links

http://www.ifross.de/
   Das Institut für Rechtsfragen der Freien und Open Source Software (ifrOSS) ist nach eigenen Aussagen ein privates Institut, »das es sich zum Ziel gesetzt hat, die rasante Entwicklung der Freien Software in rechtswissenschaftlicher Hinsicht zu begleiten«. Für den gesamten Bereich Open Source und die damit zusammenhängenden Rechtsfragen (Softwarelizenzrecht, Urheberrecht, Patentrecht, Vertragsrecht und Wettbewerbsrecht) ist diese Webseite ein unbezahlbarer Fundus.

http://www.kernel.org/

Wann immer Sie Ihren eigenen Kernel bauen wollen oder müssen und bei dieser Gelegenheit auch gleich einen Wechsel auf die aktuellste Version durchführen, landen Sie vermutlich bei *www.kernel.org*. Dort gibt es immer die neuesten, vollständig unverfälschten, ungepatchten, ursprünglichen Quellen des Linux-Kernels zum Download. Das sind nicht die, die bei Ihrer Distribution mitgeliefert werden, sondern sogenannte *vanilla*-Quellen (*vanilla* ist im Amerikanischen das Eis ohne besonderen Geschmack). Damit bestimmte Dinge besser funktionieren, verändern die Distributoren den Linux-Kernel in ihrem Produkt. Oftmals ist es deshalb eine gute Idee, seinen neuen Kernel mit den Quellen des Distributors zu kompilieren. Der ist vielleicht nicht der neueste, aktuellste Kernel, aber dafür funktioniert hinterher wahrscheinlich wieder alles, weil sämtliche Veränderungen eingefügt sind, auf die Ihre Linux-Installation sich verlässt.

http://www.tuxmobil.org/

tuxmobil.de ist die deutsche Schwesterseite zu *www.tuxmobil.org*, dort findet man Infos zu Linux, BSD und anderen Unixen mit mobilen Computern (Laptop, Notebook, PDA, Handy usw.). Hier kann man erfahren, welche Geräte schon erfolgreich mit Linux ans Laufen gebracht wurden und ob es schwierig war. Dort kann man sich bei seiner Kaufentscheidung Rat holen, und wenn über ein bestimmtes Gerät sehr geschimpft wird, viel Ärger und Nerven sparen.

http://www.links2linux.de

Eine Linksammlung, von der aus man zu verschiedensten Linux-Ressourcen gelangen kann. Sie finden dort aktuelle Softwarepakete, Witze, Linux-Tutorials und vieles mehr. Am bekanntesten ist dieser Ort, weil er die Linux-Paketesammlung *Packman* enthält. Dort finden Sie Software, die aus verschiedenen Gründen nicht in die SUSE aufgenommen werden kann, inzwischen aber als so ziemlich unverzichtbar eingestuft wird. Ab openSUSE 10.3 können Sie Packman in der Liste der Community-Quellen mit einem einzigen Klick in die Softwareliste Ihres Rechners aufnehmen.

In diesem Anhang:
- Die Arbeitsmodi
- Beispiele

ANHANG B
Der Editor vi

vi (für *visual*) gilt allgemein als der zweitschrecklichste Editor auf der ganzen Welt. Diskussionen werden nur darüber geführt, welcher der schrecklichste ist. Tatsache ist allerdings, dass man nicht an vi vorbeikommt, denn

- er ist auf jedem Unix-artigen System vorhanden.
- es gibt ihn in allen Rettungssystemen, und dort ist er vielfach sogar der einzige Editor, den es gibt.
- er ist klein und passt selbst in der »vim-enhanced«-Version mit weniger als 1,2 MByte noch auf eine Diskette.
- er ist unglaublich leistungsfähig.

Wer die grafischen Editoren unter Linux oder Windows gewöhnt ist, begegnet dem vi zuerst meist mit Unverständnis: vi wird aus einer Shell heraus aufgerufen, besitzt eine Befehlszeile und tut am Anfang nie das, was man erwartet. Aber keine Bange! Es gibt ihn grafisch, es gibt ihn sogar unter Windows. Ich kenne allerdings niemanden, der vi unter Windows benutzt.

Um das wichtigste Missverständnis aufzuklären: vi ist ein hoch entwickelter und effizienter *Editor*, kein Textverarbeitungsprogramm. Obwohl man Bücher mit ihm schreiben könnte – und auch schon viele Bücher mit ihm geschrieben wurden –, ist seine Hauptaufgabe das Editieren von Konfigurationsdateien und Programmcode. Da ist es nicht das Wichtigste, ob er malen oder bunte Bildchen einfügen kann, sondern dass beim Schließen der Datei nur die Zeichen enthalten sind, die hineingehören. Steuerzeichen oder andere überflüssige Buchstaben machen die Konfiguration für das Programm unlesbar. Beim Programmieren ist es dagegen wichtig, die Codezeilen farblich zu strukturieren, so dass der Code besser lesbar wird (*Syntax-Highlighting*). Das alles kann der vi sehr gut.

Immer noch nicht überzeugt? Geben Sie dem vi eine Chance und nehmen Sie sich an einem Nachmittag die Zeit, das knappe Dutzend Fakten und Befehle anzusehen, die das Arbeiten mit vi erfordert. Danach hat man erst einmal ein halbes Jahr Zeit, ihn richtig zu lernen oder etwas Besseres zu finden. Wer etwas gefunden hat, der kann sich gerne über den Verlag O'Reilly bei mir melden. Meine Seminarteilnehmer suchten regelmäßig eine Alternative zum vi, aber früher oder später kamen sie alle wieder auf ihn zurück.

Die Arbeitsmodi

Allerdings ist nicht auf den ersten Blick erkennbar, wie der vi arbeitet, denn er besitzt drei verschiedene Bearbeitungsmodi. Diese Herangehensweise ist zum Teil historisch gewachsen, zum Teil hat sie sich als praktisch erwiesen. Eine Grafik soll veranschaulichen, wie der vi aufgebaut ist (siehe Abbildung B-1). Die »Grundstellung« ist immer der Kommandomodus. Diesen Modus erreichen Sie, indem Sie ein Escape drücken. Wenn es piept, wenn Sie die Escape-Taste drücken, dann befindet sich der vi bereits im Kommandomodus.

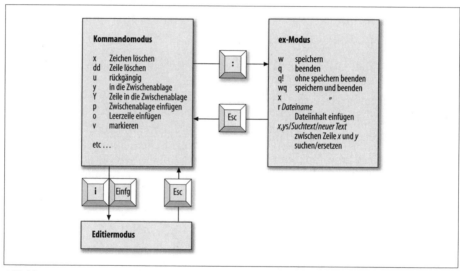

Abbildung B-1: Die Betriebsmodi des vi und einige wenige Kommandos

Der Kommandomodus

Sobald Sie den vi aufrufen, befindet er sich im *Kommandomodus*. Das erkennen Sie daran, dass am unteren Bildschirmrand Anzeigen wie `"config.conf" 3L, 39C` stehen. Dabei handelt es sich um den Namen der Datei und ihre Größe in Zeilen und Buchstaben. Weiter rechts findet sich eine Anzeige wie `1,1` und am rechten Bildschirmrand `Alles`. Das will uns mitteilen, dass der Textcursor sich an Position 1,1 (also erste Zeile, erster Buchstabe) befindet; an die Stelle von `Alles` treten die Zeilenangaben des sichtbaren Textabschnitts, wenn der Text der Datei länger als eine Bildschirmseite wird.

Der Kommandomodus ist nicht zufällig Ausgangspunkt der Bearbeitung. Oft brauchen Sie ja gar nicht mehr zu tun, als »nur mal eben« einzelne Buchstaben (z.B. Kommentarzeichen) wegzulöschen, die Datei zu speichern, und den Dienst neu zu starten. Das war dann schon die ganze Systemadministration. Oft sind »nur« (ganze) Wörter oder Zeilen zu löschen, zu kopieren und wieder einzufügen.

> ### Weniger ist mehr
>
>
> Nur zum Lesen einer Datei verwendet man üblicherweise nicht den vi, dafür gibt es ja den *less*. less arbeitet zerstörungsfrei. Wenn Sie plötzlich doch den vi benötigen, um schnell etwas in der Datei zu editieren, ist er mit einem Druck auf die *v*-Taste einfach da. less ruft den vi als eingebetteten Prozess auf (Ubuntu/Debian rufen den *nano*). Beenden Sie den so gerufenen vi nach getaner Arbeit, landen Sie wieder im *less*. Oder versuchen Sie einmal das Kommando *view*: Das ist der vi nur zum Lesen. Allerdings funktioniert die Codeeinfärbung (wenn sie im vi aktiviert ist) dann ebenfalls.

Der Editiermodus

Gilt es dagegen einzelne Worte zu verändern, erreichen Sie den Editiermodus, indem Sie im Kommandomodus ein i oder die Einfg-Taste drücken. Die Tastenbelegung im Editiermodus ist bei jeder Distribution ein wenig anders eingestellt. Bei manchen können Sie z.B. Zeilenenden einfach weglöschen, andere lassen das nicht zu. Wie der vi bei Ihrer Distribution eingestellt ist, müssen Sie einfach ausprobieren. Manche haben als Grundeinstellung z.B. *Syntax-Highlighting* aktiviert, das ist die farbliche Absetzung für Programmiercode. vi kann praktisch jede Programmiersprache der Welt farblich richtig akzentuieren. Sie verlassen den Editiermodus, indem Sie die Escape-Taste drücken.

Der ex-Modus

Wenig spektakulär, aber sehr mächtig ist der *ex-Modus*, der nach dem vi-Vorläufer *ex* benannt ist. Er zeigt eine Befehlszeile am unteren Terminalrand. Sie erreichen diese Befehlszeile, indem Sie im Kommandomodus einen Doppelpunkt eintippen. Typischerweise geben Sie in der Kommandozeile dann w (write) und q (quit) ein und drücken schließlich auf Return, um die Änderungen an der Datei abzuspeichern und das Programm zu verlassen. Doppelpunkt-q-Ausrufezeichen (:q!) verlässt das Programm, ohne die Änderungen abzuspeichern. Das brauchen Einsteiger häufig. Mit der Befehlszeile können Sie aber auch eine externe Datei an der Cursorposition einfügen, die Syntaxeinfärbung (:syntax on) einschalten und andere praktische Dinge tun. Zurück in den Text bringt Sie wieder die Escape-Taste.

Beispiele

Das ist im Prinzip alles, ab jetzt helfen nur noch ein paar kleine Übungen. Sie werden alle aus einer Shell heraus (*xterm*, *gnome-terminal*, *Konsole* etc.) ausgeführt:

Text eingeben und Datei speichern

Wir erzeugen eine Textdatei mit dem Namen *config.conf*. Sie soll zwei auskommentierte und eine wirksame Konfigurationszeile enthalten. Der Befehl

```
vi config.conf
```

startet den Editor im Ganzseitenmodus eines Terminals. Wenn diese Datei noch nicht existiert, muss der Bildschirm völlig leer sein. Nur am unteren Terminalrand wird config.conf [Neue Datei] angezeigt. Die eigentliche Datei wird beim Abspeichern des Textpuffers angelegt.

Um den Text einfügen zu können, müssen Sie I oder die Einfg-Taste drücken. Tippen Sie die folgenden drei Zeilen ein:

```
# Kommentar 1
# debug = 1
loglevel = 4
```

Drücken Sie dann Escape, um den Editiermodus zu verlassen. Jetzt müssen wir den Text noch abspeichern. Wir wandern über den ex-Modus zum Beenden des vi, indem wir

```
:wq
```

eintippen. So wird der Text (durch w für *write*) abgespeichert und (durch q für *quit*) beendet.

Zeichen löschen

Eine der beiden auskommentierten Zeilen soll vom Kommentarzeichen befreit werden, damit ihr Inhalt beim nächsten Start der Software wirkt.

Also los:

```
vi config.conf
```

startet den Editor wieder. Wir bleiben im Kommandomodus und stellen den Cursor (mit der Maus zu klicken hilft nichts, mit den Pfeiltasten fahren ist nötig!) nur auf das Gatterzeichen am Beginn der zweiten Zeile. Das kleine x löscht sofort das Gatterzeichen; ein zweites x löscht auch das Leerzeichen dahinter. Schön. Zeit, abzuspeichern. Dazu muss man sich erneut in den ex-Modus begeben.

```
:wq
```

Wie? Zu einfach? Das finde ich auch. Versuchen Sie einmal :x oder einfach ZZ zum Beenden.

Rückgängig machen

Sie können alle Befehle der aktuellen Arbeitssitzung mit u rückgängig machen, solange Sie die Datei nicht abgespeichert und verlassen haben. Vermutlich gibt es eine maximale Anzahl der Schritte, die habe ich in der Praxis aber noch nie erreicht. Wenn Sie nicht mehr nachvollziehen können, was Sie der aktuellen Zeile schon alles angetan haben, können Sie U drücken, das setzt die Zeile wieder auf den Ausgangszustand zurück. Zuviel rückgängig gemacht? Strg-R macht das Rückgängigmachen wieder rückgängig.

Zeilen kopieren und duplizieren

Mit einer Reihe neuer Befehle sollen Zeilen kopiert und vervielfältigt werden.

```
vi config.conf
```

öffnet wieder die editierte Datei. Um die zweite Zeile zu kopieren, stellt man den Cursor in die zweite Zeile und drückt das große Y. Wie unter Unix üblich, erzählt die Software nichts darüber, dass sie gerade die Zeile in einen Zwischenspeicher gepackt hat. Um sich diesen Buchstaben merken zu können, kann man an »to yank« denken; das heißt im Englischen »herausziehen«, weiß das Englischwörterbuch von *www.leo.org*. Nun muss der Cursor ans Ende des Texts (0G; »null großes G« führt den Cursor dort hin. 1G stellt ihn an den Textanfang). Es genügt, wenn er in der letzten Zeile steht. Das kleine p steht für »paste« und fügt den kopierten Text unterhalb der aktuellen Zeile ein; ein großes P fügt nicht unten ein, sondern oben. Fügen Sie die kopierte Zeile dreimal ein.

Zeilen verknüpfen und mehr

Nun sollen die Wörter geändert werden. Einmal soll es debug = 2 heißen, ein andermal testing = 28, einmal tippen Sie den Wochentag ein. Um zu editieren, muss man in den besonderen Editiermodus wechseln (siehe oben). Die Möglichkeiten, den Text dort zu editieren, unterscheiden sich nicht sehr von anderen Editoren. Achten Sie besonders darauf, wie man mit der Löschen- bzw. der Backspace-Taste umgehen kann. Können Zeilenschaltungen einfach gelöscht werden? Löscht die Backspace-Taste nur neu hinzugefügten Text oder auch alten, der schon vorher da war? Das ist nicht bei allen Distributionen so. Mit der Escape-Taste kommen Sie wieder in den Kommandomodus zurück. Dann erst ist es möglich, mit :w zwischenzuspeichern, mit :wq zu speichern und zu beenden, oder mit :x den bequemen Weg zu gehen.

Bei den meisten Distributionen können Sie einen Zeilenunbruch wieder herausnehmen, indem Sie einfach am Zeilenende die Entfernen-Taste oder am Zeilenanfang

Backspace drücken. Das war und ist aber nicht immer und überall so. Bei einer SuSE mussten Sie früher die Zeilen mit dem großen J wie »join« zusammenführen. Ein kleines o fügt aus dem Kommandomodus heraus eine Zeile unter dem Cursor an, und springt in den Editiermodus. Ein großes O macht das Gleiche oberhalb des Cursors. cw (»change word«) löscht das Wort unter dem Cursor von der Cursorposition bis zum Wortende und springt sofort in den Editiermodus. Versuchen Sie's mal!

Aktionen mehrfach ausführen

Kopieren Sie wieder eine Zeile wie bei Übung 3. Drücken Sie in der Zeile aber nicht Y, sondern 3Y. Fügen Sie den Text dann wieder unten, indem Sie ans Ende des Texts wechseln (0G) und p drücken. Was passiert, wenn Sie 3p drücken?

Zeilen löschen

Nun haben wir genügend Text, um die Befehle zum Löschen und Wiederherstellen ausprobieren zu können. dd löscht eine Zeile. 2dd löscht zwei Zeilen. Löschen Sie eine oder zwei Zeilen und fügen Sie dann am Ende des Texts mit p ein, ohne vorher mit Y kopiert zu haben. Welcher Text kommt heraus? Was passiert, wenn Sie mit dd eine Zeile löschen, aber dann das kleine u tippen? Wo ist der Unterschied zu der p-Taste? Führen Sie in einer Zeile mehrere Löschungen mit dem x durch und drücken Sie dann das große U – was passiert im Unterschied zum kleinen u?

Dateien ungesichert schließen

Sie haben in einer Datei in wilder Folge geändert und gelöscht. Langsam wird Ihnen klar, dass die vielen Änderungen am Text zu keinem guten Ende führen können (wer kennt das nicht?). Sie wollen den Text schließen, so dass der Urzustand erhalten bleibt, um noch einmal von vorn zu beginnen. Führen Sie verschiedene Änderungen an einem Text durch und drücken Sie dann :q!. Das Ausrufezeichen sorgt dafür, dass die Datei ohne zu sichern geschlossen wird.

Text auswählen und bewegen

Markieren kann man mit der V-Taste. Sobald sie gedrückt ist, erscheint das Wort – Visual – am unteren Terminalrand. Das kleine v markiert zeichenweise ab dem Punkt, an dem Sie begonnen haben – egal, ob Sie den Cursor nach unten oder oben fortbewegen. Shift-v markiert die ganze Zeile, in der der Cursor sich befindet, und markiert nach unten oder oben immer ganze Zeilen. Strg-v ist etwas ganz Besonderes: Damit kann man spalten- oder blockweise markieren. Um eine Markierung ohne Veränderung des Texts wieder loszuwerden, drückt man die Escape-Taste. Manchmal muss man ein oder zwei Sekunden warten, bis die Markierung verschwunden ist.

Drücken Sie, während Sie einen Textabschnitt mit dem V-Block markiert haben, die y-Taste. Fügen Sie den Text an beliebiger Stelle mit p wieder ein. Versuchen Sie Ihr Glück mit aufgezogenem Block und der d-Taste. Was passiert? Kann man mit p den Text verschieben? was bewirkt die u-Taste? Kann sie das Einfügen/das Löschen rückgängig machen?

Erzeugen Sie eine Texttabelle nach diesem Muster

```
1 Dieter     Thalmayr
2 Steffen    Barszus
3 Lars       der Eisbär
4 Christine  Wolfinger
```

Markieren Sie dann den Bereich der Vornamen und löschen Sie ihn (d). Fügen Sie die Vornamen hinter den Nachnamen mit der Taste p wieder ein. Welche Probleme tauchen auf? Hilft es, wenn Sie am Ende der ersten Zeile einige Leerzeichen anfügen, bevor Sie einfügen?

Suchen

Suchen kann man, indem man das /-Zeichen drückt. Der Cursor erscheint sofort in der ex-Befehlszeile und erwartet Ihren Suchbegriff. Return startet die Suche. Wenn Sie den Begriff noch einmal suchen wollen, drücken Sie das kleine n. Wollen Sie rückwärts suchen, ist es das große N.

Wenn der Suchbegriff in einem bestimmten Zeilenbereich (hier Zeile 2 bis 8) gegen einen Ersetzungsbegriff ausgetauscht werden soll, ist es der Befehl

    :2,8s/suchbegriff/ersetzung

Eine Besonderheit ist das $-Zeichen. Es bedeutet: Ende des Texts.

    :5,$s/suchbegriff/ersetzung

sucht und ersetzt von Zeile 5 bis zum Ende. Was, wenn der Begriff in der Zeile mehrfach vorkommt? Dann fügt man dem Befehl ein /g an:

    :5,$s/suchbegriff/ersetzung/g

ersetzt *suchbegriff* gegen *ersetzung* von Zeile 5 bis zum Ende, und zwar so oft es auch vorkommen mag.

Hilfe bekommen

Mit den obigen Techniken kommt man schon ziemlich weit bei vi.

:h ruft eine umfangreiche Hilfefunktion auf, die man mit :q wieder verlassen kann. Es gibt eine Reihe sehr hilfreicher Weborte, wo die wichtigsten Kommandos als »vi cheat-sheets« veröffentlicht sind (z.B. *http://www.tuxfiles.org/linuxhelp/vimcheat.html* oder auf Deutsch *http://nodomain.cc/uploads/vimhints.txt*). Sehr schön fand ich auch *http://www.unixguide.net/linux/linuxshortcuts.shtml*. Selbstverständlich findet sich eine kleine Linkliste am Ende des Wikipedia-Artikels über vi (*http://de.wikipedia.org/wiki/Vi*). Und dann gibt es noch das kleine Buch *vi – kurz & gut* aus dem Verlag O'Reilly, in dem alle wichtigen Befehle in praktischen Tabellen zusammengestellt sind. Viel Spaß!

In diesem Anhang:
- Das Kuvertfenster treffen
- Der Absenderblock
- Zielgenau springen mit Textmarken
- Eine Rechnung einfügen

ANHANG C
OpenOffice-Workshop Geschäftsbrief

Die Erfahrung zeigt, dass selbst Formatierungsprofis nur einen winzigen Bruchteil der Möglichkeiten ihrer Textverarbeitung benutzen. Und irgendwie fehlen den Leuten immer die wesentlichen fünf Techniken, mit denen man sich Zeit und Nerven sparen kann. Das sind nach meiner Erfahrung:

- präzises Positionieren (z.B. des Adressfelds für das Fensterkuvert)
- Absenderfelder mit Programmvariablen
- präzises Treffen des Betreffs und anderer Dokumentteile
- vorgefertigte Textanteile wie selbstrechnende Tabellen
- das Abspeichern eines Briefs als Dokumentvorlage

Interessante Themen gibt es unendlich viele, selbst ein dickes Buch würde nicht annähernd alle Anwendungsmöglickeiten dieser leistungsfähigen Textverarbeitungssoftware ausloten.

Das Kuvertfenster treffen

Wer Fensterkuverts für die Firmenpost verwendet, muss mit der Zieladresse (Adressat) ins Fenster treffen können. Wenn Sie entlang der oberen Kante des Fensterbereichs auch noch Ihren Absender mit eindrucken, sparen Sie das Geld, die Kuverts in der Druckerei mit einem Firmenaufdruck bedrucken zu lassen. Es könnte freilich sein, dass Ihnen die billigen Kuverts vom Schreibwarenversand nicht gefallen. Aber: Es gibt sogar Versandtaschen mit Fenster für A4-Papier.

Zu Schreibmaschinenzeiten hätten Sie zu Beginn des Dokuments ein paar Zeilenschaltungen gedrückt, um in den Bereich des Fensters zu gelangen, und dann mit der Adresse losgeschrieben. Das ist heute aber nicht mehr so einfach: Ihr Computer kann viele verschiedene Schriftarten darstellen, die alle auch noch in verschiedenen Größen einstellbar sind. Bei einer kleinen Schriftgröße ist eine Zeilenschaltung aber weniger »Strecke« als bei einer großen. Und schon kann es passieren, dass Sie mit derselben Anzahl Zeilenschaltungen nicht richtig in den Fensterausschnitt treffen. Sie könnten natürlich immer erst ein paar Probeausdrucke machen, bevor Sie einen Brief eintüten. Oder Sie machen es gleich richtig: Wenn Sie mit einer Textverarbeitung wie dem Writer auf einer Seite genau treffen wollen, dann arbeiten Sie mit Textrahmen. Unter Word hießen die »Positionsrahmen«, und sie machen dasselbe.

Das handelsübliche Fensterkuvert »DIN lang« für einen A4-großen, zweimal quer gefalteten deutschen (oder österreichischen) Geschäftsbrief heißt auch »DIN C5/C61«. Das Sichtfenster dieser Umschläge hat einen Abstand von 20 Millimetern vom linken und 50 Millimetern vom oberen Rand. Das Sichtfenster ist 45 Millimeter hoch und 90 Millimeter breit. Der Fensterumschlag für ungefaltete A4-Blätter heißt DIN C4. Das Fenster ist, gemessen von der Papierkante, am gleichen Ort.

Beginnen Sie diesen Workshop mit einem neuen Writer-Dokument. Um die Feinheiten der Seite (Ränder etc.) kümmern wir uns später.

Den Fensterrahmen erzeugen

Der kürzeste Weg zu einem Rahmen führt über die Menüleiste: EINFÜGEN → RAHMEN. Sie werden gleich auf einen Dialog geführt, der Ihnen erlaubt, alles Notwendige millimetergenau einzustellen (siehe Abbildung C-1).

Cooler, aber auch weniger präzise ist der Weg über die Symbolleiste »Werkzeug« (ANSICHT → SYMBOLLEISTEN → WERKZEUG). Weil Sie den Rahmen dann per Maus aufziehen können, gibt Ihnen das vielleicht zunächst mehr Sicherheit, aber in der Praxis werden Sie so einen Rahmen immer nachbearbeiten. Es gibt sogar eine »Rahmen«-Menüleiste (ANSICHT → SYMBOLLEISTEN → RAHMEN). Damit können Sie zwar die gängigen Rahmeneigenschaften einstellen, aber keinen erzeugen.

Egal, mit welcher Methode Sie den Rahmen für das Adressfeld erzeugt haben, stellen Sie diese Werte für den Rahmen ein:

- Breite 8,5 cm, Höhe 4 cm. Dann rutscht der Anschriftstext nicht versehentlich aus dem Fenster heraus, wenn das Papier transportbedingt im Kuvert hin- und hergeschüttelt wird.
- Verankern AN DER SEITE. Sonst läuft der Rahmen mit dem Text mit, das soll er nicht (siehe Exkurs »Anker werfen« weiter unten).

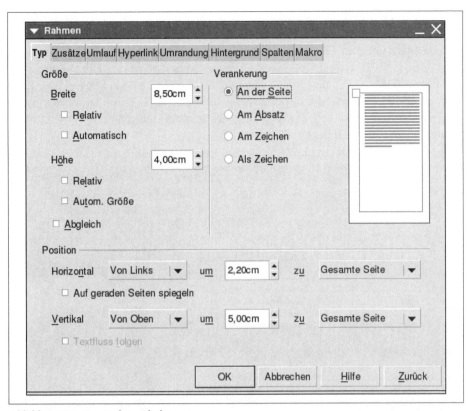

Abbildung C-1: Der Rahmendialog

- Setzen Sie die Positionsangaben immer auf »Seitenrand links« bzw. »Gesamte Seite«, sonst sind sie abhängig vom Schreibrand, und das funktioniert oft nicht, vor allem dann, wenn wir noch mit den Schreibrändern herumhantieren.
- Die Zentimeterangaben der Position heißen dann »Von Links« oder »Von Oben«. So können Sie die Werte mit dem Lineal von der Papierkante aus messen.
- Geben Sie dem Fensterrahmen einen Spielraum von ein paar Millimetern. Dann kann das Papier im Kuvert hin- und hergeschüttelt werden, ohne dass die Adresse vom Rand verborgen wird. Deshalb: 2,2 Zentimeter von links, und wenn es 5,1 Zentimeter von oben sind, haben Sie auch nichts falsch gemacht.

Sofort erscheint ein schwarz umrandeter Rahmen auf dem Writer-Dokument, und wenn Sie die Seite jetzt ausdrucken würden, säße dieser genau richtig hinter dem Kuvertfenster. Aber: Wollen Sie wirklich immer so einen Trauerrand um den Adressaten herum? Der Kunde wirft Ihren Brief womöglich weg, weil er ihn für eine Benachrichtigung über Ihren Tod hält, statt den Hinweis, Ihre Rechnung endlich zu bezahlen! Um solche Missverständnisse auszuschließen, sollten Sie auf die Trauerbalken verzichten.

Rufen Sie daher den Rahmendialog noch einmal auf, indem Sie z.B. mit der Maus auf dem Rahmen doppelklicken. Auf dem Register UMRANDUNG finden Sie die nötigen Schalter, um diese schwarzen Umrahmungen verschwinden zu lassen (siehe Abbildung C-2). Beachten Sie, dass die Abstandsangaben grau werden, sobald Sie den linken der Schalter unter LINIENANORDNUNG STANDARD anklicken. Die Zahlenwerte in den Feldern, die normalerweise den inneren Abstand zum Rand angeben, werden dabei grau: Wenn es keine Trauerränder gibt, muss der Text auch keinen inneren Abstand dazu einhalten.

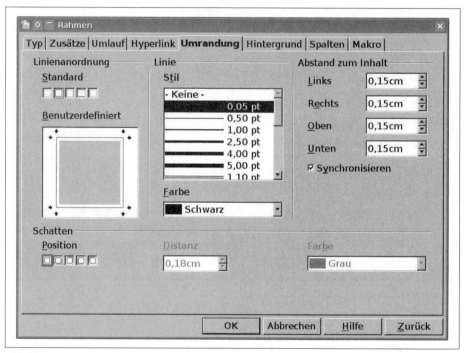

Abbildung C-2: Umrahmungen für grafische Elemente einstellen

So ein Rahmen verlangt auch auf der äußeren Seite einen respektvollen Abstand vom Text. Den können Sie auf dem Register UMLAUF einstellen. Als Umlaufmodell bietet sich hier an, im Bereich VORGABE auf DYNAMISCH zu stellen (siehe Abbildung C-3). Der Text läuft dann einfach auf der breiteren Seite des Rahmens vorbei, das wäre hier »hinter« bzw. rechts vom Rahmen. Soll der Rahmen auf der linken Seite genau am eingestellten Wert kleben, wählen Sie einen linken Abstand von 0 cm.

Sobald Sie den Dialog schließen, steht der Cursor am Anfang der ersten Zeile des Dokuments. Jetzt geht es um Sie, den Absender des Briefs. Klicken Sie in den Rahmen und schreiben Sie dann Ihre Firmenadresse in die erste Zeile des Rahmens. Schließen Sie die Eingabe mit einer Zeilenschaltung ab. Wechseln Sie dann wieder in die erste Rahmenzeile und markieren Sie Ihre Adresse. Eine Schriftgröße von sie-

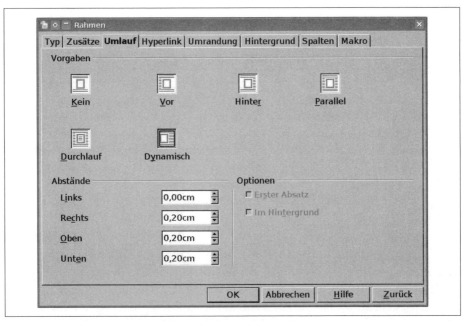

Abbildung C-3: Äußere Abstände und Umlaufmodell einstellen

ben oder acht Punkt macht die Buchstaben so klein, dass sie meist immer noch in eine Zeile passen, andererseits aber noch gut lesbar sind. Ändern Sie die Absatzformatierung dieses Absatzes, indem Sie ihm unten eine Umrandungslinie geben, so setzt sich Ihre Adresse angenehm vom Rest des Adressfelds ab. Sie können die einzelnen Textteile mit zentrierten Punkten (aus EINFÜGEN → SONDERZEICHEN) etc. trennen (siehe Abbildung C-4).

Der Absenderblock

Angenommen, Sie wollen Ihren Briefkopf mit einer Grafik schmücken und darunter den Namen Ihrer Firma zusammen mit Ihrem Namen als Ansprechpartner legen, dann stehen Ihnen dafür zwei Methoden zur Auswahl: Sie können natürlich ebenfalls mit einem an der Seite verankerten Positionsrahmen arbeiten, der diese Elemente enthält. Die Vorgehensweise ist ähnlich wie beim Fensterrahmen. Das empfiehlt sich vor allem bei sehr langen und ausführlichen Absenderblöcken. Einfacher ist es jedoch, diesen Textbereich links einzurücken. So eine Formatierung übersteht Konvertierungen auch besser als der Textrahmen.

Rücken Sie die erste Zeile des Dokuments um 11 cm ein, indem Sie die doppelten Dreiecke auf der linken Seite des Lineals mit der Maus packen (packen Sie das untere der beiden Dreiecke) und ziehen Sie den Absatzrand auf die gewünschte Zahl 11 im Lineal. Sie können natürlich ebenso gut den Absatzdialog öffnen, und

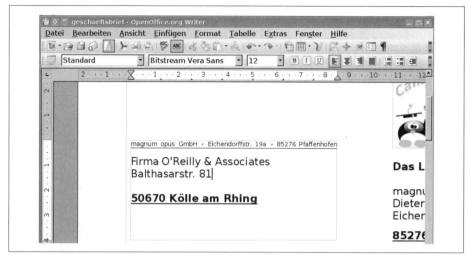

Abbildung C-4: Absenderangabe im Fensterrahmen

die Einrückung im Dialogbereich EINZUG im Feld VOR TEXT eintragen. Tippen Sie nun den gesamten Absenderbereich ein, mit jeder Zeilenschaltung vererbt sich die Einrückung nach unten.

Viele schicke Geschäftsbriefe tragen ein Firmenlogo. Wenn Sie Ihr Firmenbriefpapier nicht schon in der Druckerei haben farbig bedrucken lassen, bietet sich an, das Logo zu Beginn des Adressbereichs als Grafik einzufügen.

Grafiken können sich genau wie Textrahmen entweder an der Seite, am Absatz oder in der Zeile orientieren. Einfach und gut: eine Grafik einfügen, die sich *wie ein Buchstabe* verhält. Stellen Sie dazu den Cursor an den Anfang der ersten (eingerückten und leeren) Zeile des Absenderbereichs. In der Menüleiste wählen Sie dann EINFÜGEN → BILD → AUS DATEI ... Suchen Sie mit dem BILD EINFÜGEN-Dialog Ihre Logodatei aus, und klicken Sie OK. Die Grafik wird dann in das Dokument eingefügt, aber vermutlich nicht genau dort, wo Sie sie haben wollen. Mit einem Doppelklick auf die eingefügte Grafik erreichen Sie einen Dialog, der große Ähnlichkeit mit dem Rahmendialog hat. Wählen Sie dort VERANKERUNG ALS ZEICHEN und stellen Sie (nachdem Sie die ABGLEICH-Checkbox auf der linken Seite angeklickt haben) dann die Abmessungen für das Logo so ein, wie es Ihnen gefällt. Durch den Abgleichschalter skaliert sich das Bild in Höhe und Breite, ohne zu verzerren. Wenn Sie alles korrekt eingestellt haben und den Dialog schließen, steht der Cursor direkt hinter der Grafik. Drücken Sie eine Zeilenschaltung (siehe Abbildung C-5) und beginnen Sie, die Absenderadresse einzutippen. Eine Grafik *als Zeichen* einzufügen ist immer dann interessant, wenn die Grafik alleine in einer Zeile steht und Sie nicht genauer positionieren müssen, als das Bild mit der Zeilen-(Absatz-)Ausrichtung nach links, in die Mitte oder nach rechts zu stellen. Außer freilich, die Grafik wäre so klein wie ein Buchstabe und könnte mit dem restlichen Text auf der Zeile mitrutschen.

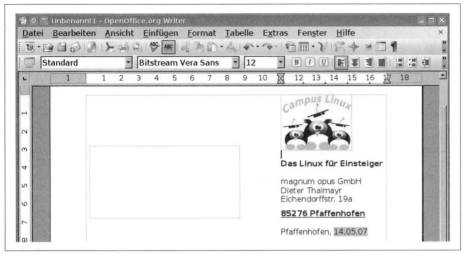

Abbildung C-5: Absätze mit Einzug und eine Grafik als Zeichen gestalten diesen Absenderbereich.

 Statt zwei Zeilenschaltungen einzufügen, wenn der Abstand zwischen zwei einzelnen Absätzen größer werden soll (z.B. zwischen Straße und Ortszeile), sollten Sie einmal unter FORMAT → ABSATZ... den Abstand unter oder über einem der beiden Absätze einstellen. So können Sie sehr schön optisch trennen, ohne gleich eine ganze Zeilenhöhe zu vergeuden.

Formatieren Sie Ihre Adresse so, wie Sie es wünschen. Namen und Orte können fett gedruckt sein, und da wo es Sinn macht, können Sie die Absatzabstände anpassen. Doch Vorsicht: Das Layout wirkt recht handgestrickt, wenn Sie zu viele Veränderungen einbauen. Ein ruhigeres Layout wirkt professioneller. Am Ende der Absenderadresse steht oft die Angabe zu Ort und Datum, also so etwas wie »Köln, 1. April 2008«. Das sieht ordentlich aus und ist leicht zu machen. Statt das Datum fix einzutragen, können Sie auch das automatische Datum unter EINFÜGEN → FELDBEFEHL → DATUM verwenden. Wenn der Text allerdings eine Briefvorlage werden soll, dann sollten Sie das Datum besser leer lassen und an dieser Stelle eine Textmarke (siehe nächste Überschrift) setzen, die Sie später beim Ausfüllen anspringen können.

Nach einer weiteren Zeilenschaltung können Sie den linken Einzug wieder auf null zurückstellen. Dadurch steht der Cursor wieder ganz links, und Sie können die Betreffzeile in Angriff nehmen – vorausgesetzt natürlich, Sie haben so viele Absenderinformationen geschrieben, dass die Schreibmarke jetzt unterhalb des Adressfelds gerutscht ist und etwa bei zehn Zentimeter vom oberen Seitenrand steht. Wenn nötig, schalten Sie einfach noch mehrere Zeilen weiter.

Der Betreff ist oft nur eine einfache Extrazeile des fließenden Texts, aber es gibt viel Raum für Sonderwünsche. Sie könnten z.B. einen weiteren Textrahmen setzen oder mit Tabulatoren eine pfiffige zweizeilige Betreffzeile bauen, die – wie in Behörden – oben immer angibt, was jeweils unten steht. Ganz einfach: Sie könnten auch hier eine Textmarke (siehe unten) setzen und z.B. schon fett vorformatieren. Dadurch erscheint der Text automatisch wie gewünscht in fetten Buchstaben, wenn Sie die Textmarke anspringen und schreiben.

Zwei Zeilenschaltungen mehr, und Sie stehen am Beginn des Texts, der normalerweise mit einer *Anrede* beginnt. Zwei weitere Zeilenschaltungen, und Sie können bereits die Abschiedsgrußformel vorbereiten. Für Anrede und Grußformel hat OpenOffice praktischerweise Textbausteine vorbereitet: Schreiben Sie statt der Anrede *sgdh* und für die Grüße *mfg*. Wenn der Cursor hinter dem letzten Wort dieses Kürzels steht, drücken Sie die F3-Taste. Sofort macht OpenOffice aus sgdh ein »Sehr geehrte Damen und Herren«, und aus mfg einen passenden Abspann: »Mit freundlichen Grüßen«, siehe Abbildung C-6. Bei den Grüßen erscheint sogar Ihr Name in einem grauen Feld; das passiert allerdings nur dann, wenn Sie sich vorher in EXTRAS → OPTIONEN... → BENUTZERDATEN eingetragen haben.

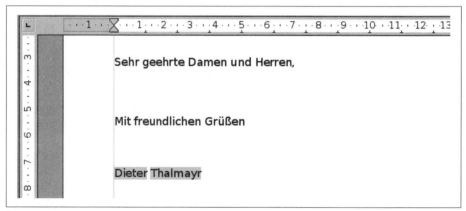

Abbildung C-6: Automatische Anrede und Abspann per Textbaustein

Zielgenau springen mit Textmarken

Ihr Briefformular hat mehrere Stellen, die Sie beim Schreiben eines Briefs jedes Mal ansteuern müssen: Adressfeld, Datum, evtl. der Betreff, der Textbeginn. Solche Orte können Sie direkt anspringen, wenn Sie dort *Textmarken* hinterlegen. Sie finden diese Funktion in der Menüleiste unter EINFÜGEN → TEXTMARKE... Sie können sogar zwei verschiedene Marken setzen: Wenn Sie den Cursor später nur an einen bestimmten Ort setzen wollen, dann stellen Sie jetzt auch beim Erzeugen der Textmarke den Cursor nur an den Zielort und setzen dort eine Textmarke mit einem aussagekräftigen Namen ab. Leichter zu finden und zu bearbeiten sind solche Textmarken, bei denen am Zielort schon vorab ein Wort steht, das dem Benutzer des Formulars einen Hinweis gibt, was an dieser Stelle stehen soll, und welche Formatierung dort herrscht. Das erreichen Sie, indem Sie am Zielort das gewünschte Wort schreiben und dann markieren, bevor Sie die Funktion EINFÜGEN → TEXTMARKE... aufrufen. Beim Ausfüllen bzw. Anspringen des Ziels (der Textmarke) ist der vorgegebene Text dann markiert, er verschwindet beim Drüberschreiben.

Die Textmarken im aktuellen Dokument können Sie natürlich über den Navigator finden, sehr viel einfacher ist allerdings ein Rechtsklick mit der Maus auf die Statusleiste (siehe Abbildung C-7). So kommen Sie blitzschnell an die richtigen Orte.

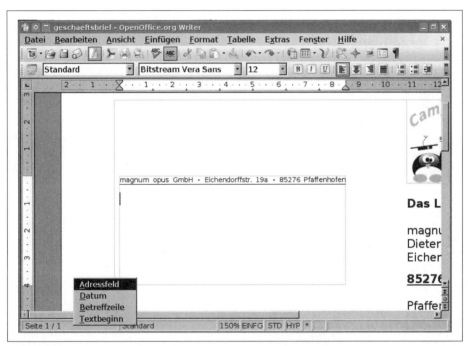

Abbildung C-7: Mit Textmarken schnell ans Ziel

Eine Rechnung einfügen

MS Office-Umsteiger erzeugen immer gleich »verknüpfte Objekte«, wenn's ums Rechnen im Dokument geht. Der Hintergrund: Bei Word konnten Sie zwar mit der Maus eine Tabelle malen, aber damit rechnen konnte man nicht ohne das Tabellenkalkulationsprogramm. Das war eine Lizenzmaschine: Wenn Sie beim Rechnerkauf Word geschenkt bekommen hatten, waren (und sind) Sie gezwungen, den Rest der MS-Suite ebenfalls zu installieren – entweder illegal von Medien eines Freundes, oder eben auf eigene Kosten. So ein Dokument funktioniert ja auch nicht mehr, wenn Sie es auf einen anderen Rechner bringen, der nicht alle MS Office-Komponenten installiert hat. Darin ist Word aber ziemlich einzigartig. Praktisch alle anderen Textverarbeitungsprogramme können ganz hervorragend rechnen. Aber vielleicht malen sie nicht ganz so doll.

Sie brauchen kein OLE, um im OpenOffice Writer zu rechnen. Dafür sollten Sie sich aber vorher einen Gedanken gemacht haben, was Sie mit Ihrer Tabelle bezwecken. Gestalterisch machen Tabellen ja schon etwas her, aber wenn Sie nur Absätze in einen Kasten stellen oder Texte nebeneinander aufreihen wollen, sind Tabulatoren und Absatzumrandungen meist einfacher. Mit anderen Worten: Die Tabellenfunktion macht im Writer etwas anderes als in Word. Tabellen bringen Funktionalitäten in den Text, die Sie sonst nur in einer Tabellenkalkulation finden.

Eine Tabelle erstellen

Strg-F12 führt Sie auf den Tabellendialog. Dorthin geraten Sie auch, wenn Sie den Tabellenbutton in der Standardsymbolleiste oder der Symbolleiste *Werkzeug* anklicken. Dieser Button ist zweigeteilt: Die rechte Hälfte enhält einen nach unten weisenden Pfeil, der auf Klick einen Feldzähler aufklappt, mit dem Sie sofort mit der Maus das Gitter der Tabelle festlegen können (siehe Abbildung C-8). Klar, dass Sie später alles an diesen Tabellen noch abändern können. Doch wenn Sie schon zu Beginn wissen, wo Sie hinwollen, bekommen eventuelle Zuschauer bei Ihrer Arbeitsgeschwindigkeit leicht den Eindruck höherer Magie.

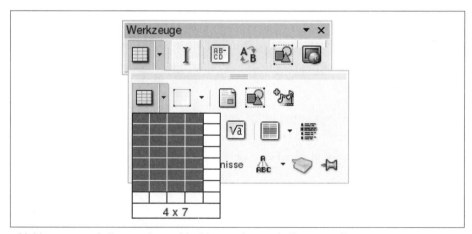

Abbildung C-8: Tabellen mit dem Feldzähler aus der Symbolleiste erstellen

Probieren Sie es aus: Für eine kleine Berechnungstabelle erzeugen Sie eine Tabelle mit vier Spalten und sieben Reihen. Benutzen Sie dazu, wie in der Abbildung C-9, die Werkzeugleiste oder den Tabellenbutton in der Standardsymbolleiste. Sofort springen mehrere Dinge ins Auge:

- Eine Tabelle mit der angegebenen Anzahl von Spalten und Zeilen entsteht. Die Spalten sind alle gleich breit.
- Die Tabelle hat als Voreinstellung, so breit wie der Satzspiegel zu werden, innerhalb von Spalten immerhin spaltenbreit.
- Die erste Zeile enthält eine andere Formatierung als die folgenden Zeilen: Tabellenüberschrift. Alle folgenden Zeilen sind mit Tabellen Inhalt vorformatiert.
- Unterhalb der Standard- und Formatiersymbolleiste, aber oberhalb des Lineals zeigt OpenOffice eine dritte Leiste an, die Tabellensymbolleiste. Sie enthält ausschließlich Formatierungsoptionen, die mit Tabellen zu tun haben. Der Schalter mit der senkrechten roten Spalte z.B. löscht die Spalte, in der der Textcursor aktuell steht. Unnötig zu erwähnen, dass der Textcursor in der richtigen Spalte stehen sollte, wenn Sie diesen Schalter anklicken. Sollte Ihnen ein Malheur passieren, hilft Strg-Z.

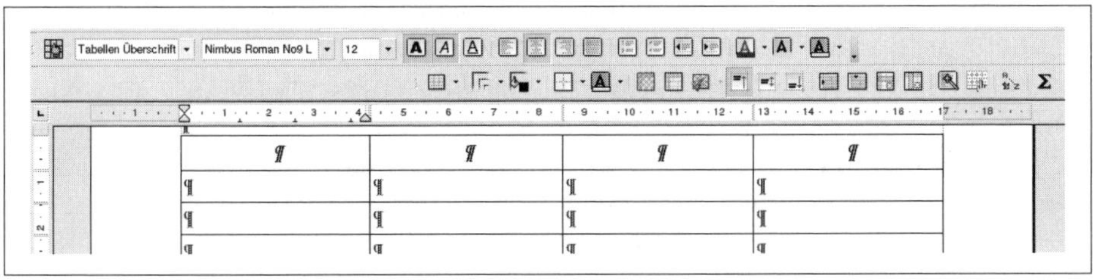

Abbildung C-9: Tabelle mit Tabellensymbolleiste (oben)

Wenn die Tabelle an einen Seitenumbruch stößt, wiederholt sie automatisch die Titelzeile. Diese Funktionalität kann man bei Bedarf abschalten. Gehen wir ans Ausfüllen der Tabelle: Benennen Sie die Spalten mit *Anzahl*, *Artikel*, *E-Preis* und *G-Preis*. Die Spalten enthalten später ihren Titeln entsprechend ganze Zahlen, Text und schließlich zweimal Dezimalwerte, wo Geld eingetragen wird. Die Spaltenbreiten passen noch nicht.

Felder formatieren

Wenn Sie mit der Maus über die Spaltenbegrenzungen »segeln«, verändert sich das Maussymbol, sobald es sich direkt über der Linie befindet. Packen Sie jetzt zu und ziehen Sie die Spaltenlinie zwischen Anzahl- und Artikelspalte so weit nach links, bis genügend Platz für die Artikelbezeichnungen entsteht. Es reicht noch immer nicht für das Wort »Pfirsichmarmelade«? Kein Problem, auch die beiden Spalten rechts müssen Platz abgeben. Wenn Sie aber anfangen, die beiden Linien rechts nach Augenmaß zu verschieben, wird das Ergebnis garantiert schief. Drücken Sie stattdessen die Strg-Taste, während Sie die linke der beiden Spaltenlinien verschieben. Alle Spalten rechts von dieser Linie machen dann anteilig Platz (siehe Abbildung C-10).

Anzahl¶	Artikel¶	E-Preis ¶	G-Preis ¶
¶	¶	¶	¶

Abbildung C-10: Spalten per Maus einstellen

Jetzt fehlt noch, die Zahlen in der Anzahlspalte automatisch rechtsbündig auszurichten, außerdem sollen ohne unser Zutun Währungssymbole in den Preisspalten entstehen. Eine ganze Spalte markieren Sie ganz leicht, wenn Sie vorsichtig mit der Maus über die *äußeren* Zellränder hinwegsegeln: Sobald der Mauszeiger ein kleiner schwarzer Pfeil wird (der nur in eine Richtung zeigt), klicken Sie. Sofort markiert OpenOffice die ganze Zeile bzw. die ganze Spalte. Kunststück, mehrere Spalten oder Zeilen zu markieren: Sie bleiben einfach auf dem Mausknopf und bewegen die Maus. Alle Zellen außer den Überschriftenzellen bekommen Sie markiert, indem Sie – egal ob mit Maus oder Tastatur – über die Zellengrenzen hinweg markieren. Dass dies gelungen ist, stellen Sie fest, wenn der ganze Zellkasten schwarz hinterlegt ist und nicht nur die Buchstaben. Markieren Sie in der Anzahlspalte alle Zellen außer der Titelzelle. Jetzt haben Sie verschiedene Möglichkeiten, zentrierte Formatierung zu erreichen: Sie können die Textausrichtung in der Formatiersymbolleiste auf *zentriert* stellen. Noch eleganter ist es aber, mit der rechten Maustaste auf den markierten Feldern zu klicken und aus dem Mausmenü ZAHLENFORMAT zu wählen. Stellen Sie dort vom standardmäßigen Format TEXT auf ZAHL (siehe Abbildung C-11). Bei den beiden Geldspalten auf der rechten Seite machen Sie das Gleiche, stellen die Zahlenformate aber auf WÄHRUNG.

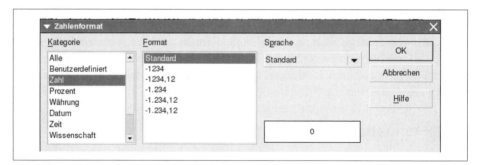

Abbildung C-11: Das Zahlenformat einer Zelle einstellen

 Wenn Sie Zahlen in die neu vorformatierten Zellen eintragen, springt die Formatierung häufig wieder auf den alten Wert zurück. Sie können dieses Fehlverhalten beheben, indem Sie mit der rechten Maustaste auf die Tabelle klicken und im Mausmenü den Menüpunkt ZAHLENERKENNUNG einschalten. Als Voreinstellung finden Sie die Zahlenerkennung in der Menüleiste unter EXTRAS → OPTIONEN → OPENOFFICE WRITER → TABELLE.

Formeln benutzen

Selbst pfiffige Kalkulationen können Sie direkt im Writer durchführen. Wie man berechnet, ist sehr ähnlich wie bei einer »echten« Tabellenkalkulation: Mit den Zelladressen. Stellen Sie den Cursor in die Zelle unterhalb von *G-Preis* (die Statuszeile berichtet Ihnen im rechten, sonst immer leeren Feld, dass diese Zelle *Tabelle1: D2* heißt), und drücken Sie die =-Taste. Sofort springt eine weitere Bearbeitungsleiste in Aktion, die Ihnen vermutlich bekannt vorkommen (siehe Abbildung C-12).

Anzahl	Artikel	E-Preis	G-Preis
2	Gummiboote	39,49	=<A2>*<C2>
3	Paar Taucherflossen	8,99	

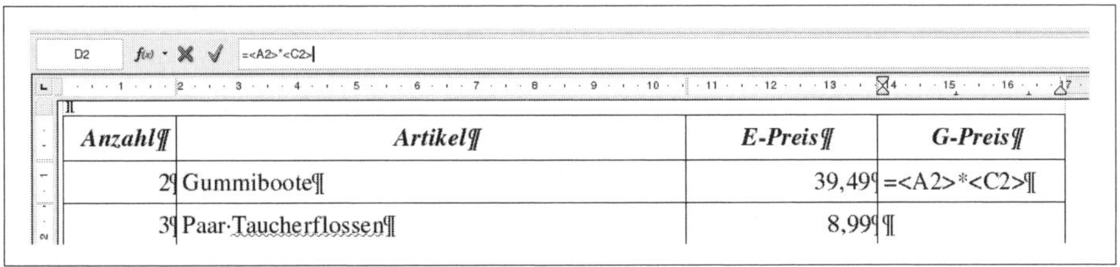

Abbildung C-12: Berechnungen durchführen in Writer-Tabellen

Klicken Sie nun zuerst in Feld A2, drücken Sie dann ein * für die Multiplikation, und klicken Sie schließlich in das Feld C2. Ein letzter Kilck auf den (manchmal) grünen Haken oder ein Druck auf die Return-Taste berechnet das Produkt aus den beiden Werten. Das ist genau wie bei einer Tabellenkalkulation. Ob Sie nun Gummiboote und Taucherflossen berechnen oder Dienstleistungen handwerklicher Art: Die Struktur einer Rechnung ist immer sehr ähnlich.

Ein kleines schwarzes Viereck an der rechten unteren Ecke der Tabellenzelle gibt es beim Writer leider nicht, um die Berechnungsformel bequem zu den Zellen nach unten kopieren zu können. Beim Writer markieren Sie die einzelne Zelle, indem Sie mit gedrückter Maustaste über die Zellengrenze hinweg- und danach wieder zurückfahren. Mit der Tastatur ist es ähnlich: Shift-Taste gedrückt halten und mit der Pfeiltaste den Cursor bewegen, so dass eine der benachbarten Zellen mitmarkiert wird, danach in die Ausgangszelle zurückbewegen. Danach kopieren Sie mit Strg-C, Strg-V den Zellinhalt in die Zielzellen. Dabei können Sie sogar mehrere Zielzellen gleichzeitig markieren und dann erst Strg-V drücken. Das ist eigentlich komfortabel genug.

Nun die Nettosumme unserer Badeutensilien: Stellen Sie den Cursor in die richtige Zelle unterhalb der Einzelgeldsummen und drücken Sie entweder F2 oder =. Der Schalter f(x) neben dem roten X (siehe Abbildung C-13) klappt auf Mausklick eine Liste mit den wichtigsten Funktionen der Tabellenrechnerei aus, die für den gehobenen Hausgebrauch mehr als ausreichen dürften. Die simple Summenformel lautet: `=sum<D2:D4>`; die können Sie natürlich entweder direkt eintippen oder auch aus der Liste auswählen und dann mit der Maus die betroffenen Zellen markieren. Wer das nicht kennt, hat noch nie eine Tabellenkalkulation gesehen.

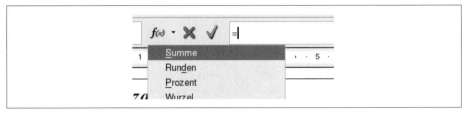

Abbildung C-13: Der Formelbutton auf der Berechnungsleiste

Kann der Writer Prozentrechnung? Natürlich kann er! Tragen Sie in die Zelle unterhalb des Nettowerts nun die Formel =D5*A5% ein. Sie bekommen dann einen Fehlerwert (eine 0), bis Sie den aktuellen Mehrwertsteuersatz in das Feld A5 eingetragen haben. Fehlt noch die Gesamtsumme in Feld D7: Das ist entweder =D5+D6 oder =sum<D5:D6>, ganz nach persönlichem Geschmack.

Schön sind sie noch nicht, unsere Geldwerte. Es fehlt das €-Zeichen. Markieren Sie jetzt die Zellen C2 bis D4, drücken die rechte Maustaste und wählen aus dem Zahlenformatdialog die Währung aus. Danach machen Sie mit den Zellen D5 bis D7 das Gleiche (siehe Abbildung C-14).

Anzahl¶	Artikel¶	E-Preis¶	G-Preis¶
2¶	Gummiboote¶	39,49·€¶	78,98·€¶
3¶	Paar·Taucherflossen¶	8,99·€¶	26,97·€¶
5¶	Schnorchel¶	5,89·€¶	29,45·€¶
¶	Netto-Summe¶	¶	135,40·€¶
16¶	%·MWSt¶	¶	21,66·€¶
¶	Gesamt-Summe¶	¶	157,06·€¶

Abbildung C-14: Die fertige Tabelle mit formatierten Geldwerten

Kleine kosmetische Korrekturen, aber recht hübsch: Markieren Sie nun die Zellen mit dem Nettowert, der Mehrwertsteuer und der Gesamtsumme jeweils nacheinander (nicht alle auf einmal!) mit ihrer Nachbarzelle und benutzen Sie dann aus der Tabellenleiste den Schalter ZELLEN VERBINDEN. Sie können die Gesamtsumme natürlich auch fett formatieren, ebenso das Wort, und die Zelle mit dem Wort noch rechtsbündig machen, damit es an die Zahl herankommt. Die Zellenbegrenzung unterhalb der Summe mit einer Doppellinie, dafür aber keine unterhalb des Worts »Gesamtsumme«? Warum nicht? Wenn Sie Zeit für sowas haben ...

 Versuchen Sie doch einmal, aus so einer selbstberechnenden Tabelle einen Textbaustein zu machen. Die Anleitung für die Textbausteine finden Sie auf Seite 197.

In diesem Anhang:
- Wo es schon funktioniert
- Dreh- und Angelpunkte
- Compiz einrichten

ANHANG D
Compiz

Wer hätte nicht gehört von den neuen Linux-Oberflächen mit dem sich drehenden Arbeitsflächenwürfel (siehe Abbildung D-1) und den »wobbelnden« Fenstern? Das ist natürlich eine schändliche Vergeudung von Rechnerleistung, die wir dereinst in der Hölle büßen müssen. Andererseits haben wir hier erstmals eine Serie pfiffiger Erweiterungen für die Arbeitsumgebung, wie Endanwender sie lieben: Sie sind völlig sinnlos, zeigen aber gleichzeitig, dass das oft gehörte Argument, Windows habe noch einen Vorsprung auf dem Desktop oder sei hübscher, Vergangenheit sind. Die wobbelnden Fenster werden unter Linux mit einem sogenannten *Composition Manager* erzeugt. Der gängige Composition Manager ist eine Entwicklung der Firma Novell, die den Namen *Compiz* trägt. Verschiedene Unstimmigkeiten führten in der Vergangenheit dazu, dass sich das Projekt *Beryl* von Compiz abspaltete, nur um im Laufe des Jahres 2007 wieder in ein gemeinsames Projekt namens *Compiz-Fusion* mit ihm zusammenzulaufen. Dieses Gebiet entwickelt sich immer noch sehr schnell und recht unvorhersehbar.

Anders als andere Projekte dieser Art tauscht Compiz den Fenstermanager aus. Das heißt, dass die Fensterdekorationen sich verändern, wenn Compiz läuft, und (bislang zumindest) sich auch die gewohnten Tastenkombinationen verändern können. Obwohl das Drehen und Wackeln von Fenstern sehr nach 3-D-Unterstützung klingt, braucht die Grafikkarte nicht unbedingt Hardwarebeschleunigung, um interessante Effekte zügig darstellen zu können. Flüssiger geht es natürlich voran, wo die Grafikkarte solche Unterstützung bekommt.

Wo es schon funktioniert

Die gute Nachricht zuerst: Bei den meisten großen Distributionen ist Compiz bzw. Beryl nur ein oder zwei Mausklicks entfernt. Bei SuSE, Mandriva und Fedora gibt es bei den Desktopeinstellungen Schalter, die DESKTOPEFFEKTE oder ähnlich lauten, und schon funktioniert nach einem Neustart der grafischen Oberfläche (abmelden

Abbildung D-1: Der Compiz-Würfel in Aktion

und wieder anmelden) alles, inklusive Wobbeln und Drehen. Bei manchen anderen Distributionen ist bisweilen ein wenig Nacharbeit erforderlich.

Dreh- und Angelpunkte

Hakeliger sind z.B. Ubuntu und ungezähmte Debians, obwohl es da inzwischen sehr gute Tutorials gibt, die den Einstieg erleichtern. Das Hauptproblem ist offenbar eine Reihe von Einstellungen, die sich alle in der Konfigurationsdatei des X-Servers befinden. Allerdings werden einige dieser Änderungen langsam nicht mehr benötigt werden, weil sich sowohl die X-Server als auch die Grafiktreiber selbst verändert haben. Lesen Sie die folgenden Zeilen also »mit einem Körnchen Salz«. Vielleicht funktioniert's auch einfach schon bei Ihrem Rechner, oder Sie probieren Schritt für Schritt aus, bis es funktioniert.

Eine sehr anschauliche Beschreibung, wie man Compiz unter Debian ans Laufen bekommt, gibt es auf der Seite *http://technowizah.com/2006/10/debian-how-to-aiglx-compiz.html*. Als Vorbedingung erklärt Autor Hugues Clouâtre (a.k.a. antidrugue), Direct Rendering sei zu aktivieren. Ob das System dies bereits unterstütze, könne man mit dem Kommando

```
glxinfo | grep direct
```

herausfinden. Die erwartete Ausgabe dieses Kommandos sei:

```
direct rendering: Yes.
```

Sollte glxinfo nicht funktionieren, müsse man das Paket *mesa-utils* installieren. Bei meiner Nvidia GeForce 7100 GS war es sehr hilfreich, den kommerziellen Treiber des Grafikkartenherstellers nachzuinstallieren. Dann wollte das System auch direkt rendern. Das ist aber anscheinend keine zwingende Eigenschaft der Grafikkartenunterstützung.

Auch ohne Direct Rendering empfiehlt Clouâtre, die Grafikkarte richtig zu konfigurieren und bei Bedarf die Anweisungen für die Nvidia- oder ATI-Treiber auf den Herstellerseiten zu konsultieren. Intel-Karten seien ebenfalls geeignet.

Compiz einrichten

Die notwendigen Änderungen in der Datei */etc/X11/xorg.conf* sind laut Clouâtre:

Im Abschnitt *Module* sollte

```
Load    "dbe"
```

an erster Stelle stehen. Meine Erfahrung ist, dass es auch dann funktioniert, wenn `Load "dbe"` an einer späteren Stelle der Liste steht.

Im Abschnitt *Device* müsse

```
Option    "XAANoOffscreenPixmaps"    "true"
```

an letzter Position stehen. Wenn es noch keinen Abschnitt *Extensions* gibt, müssen Sie einen erzeugen. Diesen Abschnitt sah ich meist am Ende der Datei:

```
Section    "Extensions"
    Option    "Composite"    "Enable"
EndSection
```

Wer eine Nvidia-Karte sein Eigen nennt, benötigt im Abschnitt *Screen* außerdem noch folgende zwei Zeilen:

```
Option    "AddARGBGLXVisuals"    "true"
DefaultDepth    24
```

Und im Device-Abschnitt:

```
Option    "AllowGLXWithComposite"    "true"
Option    "TripleBuffer"    "true"
```

Weitere Anweisungen, die Clouâtre bezüglich des AIGLX-Treibers erteilt, fand ich bei den neuesten Distributionen nicht mehr nötig; Clouâtre schreibt auf seinem Blog, dass diese Funktionalität bereits in die neuen X-Server eingebaut sei.

Sollte Compiz noch nicht installiert sein, müssen Sie es spätestens jetzt nachziehen: Bei Ubuntu heißt der Befehl `sudo apt-get install compiz`, Debian-Benutzer verwandeln sich zuerst mit `su -` in root und verzichten dann auf das `sudo` vor dem Befehl.

Schließlich muss Compiz in den Startvorgang der Arbeitsumgebung eingefügt werden. Bei GNOME ist das sehr einfach: Sie wechseln im Voreinstellungsmenü den Session-Manager (Sie können das Programm auch aus einem Terminal mit dem Befehl *gnome-session-properties* aufrufen). Fügen Sie einen Eintrag

```
compiz --replace --fast-filter
```

zu den Startprogrammen hinzu; bei neueren Versionen von GNOME führen Sie das Programm einfach aus und lassen den Session-Dialog alle laufenden Programme zum Session-Start hinzufügen.

Bei KDE ist es in gewisser Weise noch leichter: Sie erzeugen zuerst einen Starterbutton in Ihrem Desktopverzeichnis. Er soll *compiz.desktop* heißen und folgenden Inhalt haben:

```
[Desktop Entry]
Encoding=UTF-8
Exec=compiz --replace gconf & kde-window-decorator &
GenericName[en_US]=
StartupNotify=false
Terminal=false
TerminalOptions=
Type=Application
X-KDE-autostart-after=kdesktop
```

Wenn Compiz wie erwartet funktioniert, schieben Sie diese Datei nur in das Verzeichnis *~/.kde/Autostart/*, dann wird es beim nächsten Start von KDE automatisch ausgeführt.

Mein KDE war zunächst nicht davon zu überzeugen, dass die Fenster wieder Rahmen bekommen müssen, nachdem ich den Compiz-Button auf dem Desktop angeklickt hatte. Das Problem: Compiz tauscht den KDE-Fenstermanager kwin aus, wenn es sich selbst startet (compiz --replace). Da Compiz aber offenbar zunächst keine Ahnung hat, was es tun soll, bleiben – wobbeln oder nicht – die Fenster ohne Rahmen. Compiz kommt offenbar aus der GNOME-Ecke und möchte in seiner/n Konfigurationsdatei/en die passenden Einstellungen vorfinden. Hugues Clouâtre empfiehlt, bei seltsamen Vorkommnissen wie fehlenden Fensterrahmen die entsprechenden Einträge in der *gconf*-Datenbank einfach zu löschen (*simply erase the gconf entry of compiz : rm -r ~/.gconf/apps/compiz/*). Bei mir waren da aber gar keine Einträge, nicht einmal falsche. Die Lösung fand ich schließlich nach etlichem Suchen im Web auf Brice Goglins Blog (*http://bgoglin.livejournal.com/11253.html*). Goglin empfiehlt, mit dem Programm *gconftool* die korrekten Werte in die *gconf*-Datenbank zu schreiben. Der Befehl (alles in eine Zeile!)

```
gconftool --set /apps/compiz/general/allscreens/options/active_plugins \
--type list --list-type string \
'[gconf,png,svg,decoration,wobbly,fade,minimize,cube,rotate,zoom,scale,move,place,
switcher,screenshot,resize]'
```

sorgte dafür, dass eine Datei */home/dieter/.gconf/apps/compiz/general/allscreens/options/%gconf.xml* plus darüberliegende Verzeichnisstruktur erzeugt wurde und Compiz anschließend funktionierte.

Andererseits bekam ich Compiz auch auf Maschinen in Gang, für die es gar keine Hardwarebeschleunigung bzw. 3D-Unterstützung unter Linux gibt. Mit openSUSE auf einer schwachbrüstigen Celeron-Maschine, die mit einem alten Intel-Grafikchipsatz bestückt ist, bezahle ich das mit heftigem Rattern der Festplatte, aber funktionieren tut's.

Standardtastenkürzel der Module

Die meisten der Module funktionieren überall, wenn auch Debian leichte Probleme mit den Wasser- und Schnee-Plugins hatte, auch das Annotate-Modul fehlt bei verschiedenen Distros. Die folgende Liste stammt von der openSUSE-Webseite (*de.opensuse.org*, Suchbegriff compiz eingeben):

- Fenster wechseln = Alt + Tab (Alt + Umschalttaste + Tab schaltet in entgegengesetzter Reihenfolge)
- Alle Fenster übersichtlich darstellen = Pause oder den Mauszeiger in die Bildschirmecke oben rechts bewegen, das Anklicken eines Fensters holt es in den Vordergrund
- Würfelseite wechseln = Strg + Alt + Pfeil links/rechts
- Würfelseite wechseln, das aktivierte Fenster folgt = Strg + Umschalt + Alt + Pfeil links/rechts
- Würfel zum Filmstreifen aufklappen = Strg + Alt + Pfeil runter, dann können Sie den Streifen bei gehaltenem Strg + Alt mit den Pfeilen nach links und rechts verschieben
- Würfel mit der Maus drehen = Strg + Alt + linke Maustaste gedrückt halten
- Einmalig reinzoomen = Supertaste + Rechtsklick
- Manuell reinzoomen = Supertaste + Mausrad hoch
- Manuell rauszoomen = Supertaste + Mausrad runter
- Fenster bewegen = Alt + linke Maustaste gedrückt halten
- Fenstergröße verändern = Alt + mittlere Maustaste gedrückt halten
- Hervorholen des nächsttieferen Fensters = Alt + Mittelklick
- Zeitlupe = Umschalttaste + F10
- Wasser = Strg + Supertaste
- Regen = Strg + F9
- Schnee = Supertaste + F3 (nur wenn snow-Modul aktiviert ist)

- Notizen erstellen = Supertaste + Alt + linke Maustaste gedrückt halten (nur wenn annotate-Modul aktiviert ist)
- Notizen löschen = Supertaste + Alt + K
- Transparenz verändern = Alt + Mausrad hoch/runter
- Helligkeit eines Fensters verändern = Umschalt + Mausrad hoch/runter
- Farbigtiefe eines Fensters verändern = Strg + Mausrad hoch/runter
- Text im Browser markieren Strg + A

Konfiguration

Je nach Distribution und Reifegrad der Compiz-Version haben Sie verschiedene Konfigurationswerkzeuge zur Hand, bisweilen aber auch gar keine. Es funktionieren auch nicht alle Module bei allen Distributionen gleich gut, verschiedene Softwarepakete streiken sogar, wenn gleichzeitig Compiz läuft. Und während manche Distros offensichtlich gar kein Einstellungswerkzeug besitzen, schießen andere ein regelrechtes Feuerwerk ab. Die folgenden Namen von Konfigurationswerkzeugen habe ich ebenfalls der openSUSE-Webseite entnommen. Es gibt keine Garantie dafür, dass alle oder auch nur eines dieser Werkzeuge auf Ihrer Maschine zu finden sind.

ccsm

Der *CompizConfig Settings-Manager* ist eine Entwicklung des Compiz Fusion-Projekts, mit der sich alle Einstellungen von Compiz und seine Plugins verwalten lassen. Da diese Software kaum Abhängigkeiten von GNOME besitzt, kann sie gut arbeitsflächenübergreifend eingesetzt werden.

gnome-xgl-settings

Ein kleines Programm für das Kontrollzentrum von GNOME, das auch einzeln aufrufbar ist. Es soll im Paket *compiz-gnome* enthalten sein, aber nicht bei der Debian. Grundsätzlich soll es aber ermöglichen, bestimmte Compiz-Plugins ein- und auszuschalten, sowie das Verhalten dieser Plugins zu steuern. Da dieses Programm viele Abhängigkeiten zu GNOME hat, ist es für KDE-Nutzer nicht zu empfehlen.

gconf-editor

Die meisten Möglichkeiten, auf die Plugins Einfluss zu nehmen, stehen Ihnen mit dem *gconf*-Editor zur Verfügung, mit dem Sie die *gconf*-Datenbank direkt bearbeiten. Das ist aber kein Anfängerspielzeug. Die meisten Benutzer werden mit den Standardeinstellungen völlig zufrieden sein.

In diesem Anhang:
- Eine PCMCIA-Karte
- Spaß mit einem USB-WLAN-Stick

ANHANG E
WLAN-Treiber selbst übersetzen

Viele Treiber für die verschiedensten Geräte sind längst Teil der Kernel-Quellen, doch die für Funklan weitgehend nicht. Das mag verschiedene Gründe haben, doch einer der wichtigen ist ganz sicher, dass die meisten Hersteller die Spezifikationen für ihre Geräte nicht verraten wollen – aus Angst, andere könnten daraus ableiten, wie sie's machen. Das ist wiederum sehr schade, denn dann riskieren sie, dass solche Geräte von freien Entwicklern gehackt werden und dabei ein viel schlechterer Treiber entsteht, der die Möglichkeiten der Hardware nicht annähernd ausnutzt, und dass die ganze Linux-Welt glaubt, diese spezielle Hardware sei Murks. Es gab aber auch schon freie Linux-Treiber, die waren besser als die Originale für Windows. In jedem Fall geben die Hersteller die Treiberentwicklung aus der Hand, ohne ihre Firmengeheimnisse wirklich zu schützen, wenn sie Linux links liegen lassen. Große Anbieter wie Intel haben allerdings sehr wohl begriffen, dass auch das Geld von Linux-Leuten etwas wert ist.

In der Praxis bedeutet das, dass Sie bei allen Funklan-Karten, die nicht gerade eingebaute Intel Centrino-Netzwerkkarten (ipw2100, ipw2200 und höher) sind, erst einmal herausfinden müssen, was da verbaut wurde. Dann erst können Sie sich auf den Weg machen herauszufinden, ob es für diese Netzwerkhardware überhaupt einen Treiber gibt, und wie gut er ist. Für zwei Geräte (von vielen verschiedenen auf dem Markt) versuche ich hier, einen Lösungsansatz zu geben: eine PCMCIA-Karte von D-Link und einen USB-Stick von Hama. Die Auswahl ist willkürlich und soll keinerlei Vorliebe oder Empfehlung ausdrücken.

Die erste Frage, die sich stellt: Wird die Funklan-Karte bzw. der Stick denn überhaupt vom System wahrgenommen? Bei einer PCMCIA-Karte tun Sie gut daran, erst einmal die Karte in den PCMCIA-Schlitz zu stecken und dann den Rechner neu zu starten. Bei meiner Campus Linux-Installation wurde der Kartenmanager erstmals automatisch gestartet, als auch das erste Mal eine Karte im Schlitz steckte. Natürlich erkennen die Systeme so eine Karte auch im laufenden Betrieb selbstständig, aber beim ersten Mal müssten Sie den Kartenmanager von Hand starten, da ist der Neustart einfacher. Bei einem USB-Stick sollte die Hardware eigentlich im laufenden Betrieb erkannt werden, wenn Sie sie einstecken, aber auch dafür gibt es keine Garantie. Dann der Blick auf die Fakten: Mit dem Befehl *lspci* oder *lsusb* (im Fall des Sticks) können Sie abrufen, ob das System sie »sehen« kann. Das ist wichtig, denn wenn das Gerät nicht auftaucht, woran soll das System dann den Treiber binden?

Eine PCMCIA-Karte

Wie, Sie haben noch ein solches vorsintflutliches PCMCIA-Kärtchen und wollen es auch nicht wegwerfen, weil es doch so viel Geld gekostet hat damals, und auch noch gar nicht kaputt ist? Jetzt kommt Detektivarbeit: Herauszufinden, was da für ein WiFi-Chip in der Funklan-Karte verbaut wurde, ist gar nicht so einfach. Für die 600er-Serie von D-Link wurden z.B. nicht weniger als drei verschiedene Funkchips verlötet!

Ein Ausschnitt aus dem Befehl *lspci*, als eine D-Link AirPlus DWL-G650 WLAN-Karte in meinem Acer-Notebook mit Campus Linux eingesteckt war:

```
dieter@fennek:~$ lspci
00:00.0 Host bridge: Intel Corporation Mobile 915GM/PM/GMS/910GML Express Processor to DRAM Controller (rev 03)
...
06:01.0 CardBus bridge: Texas Instruments PCIxx21/x515 Cardbus Controller
06:03.0 Network controller: Intel Corporation PRO/Wireless 2200BG Network Connection (rev 05)
06:08.0 Ethernet controller: Broadcom Corporation BCM4401 100Base-T (rev 02)
07:00.0 Network controller: Texas Instruments ACX 111 54Mbps Wireless Interface
dieter@fennek:~$
```

Die letzten paar Zeilen zeigen, dass in meinem Notebook neben den eingebauten Intel 2200BG Centrino-Funkkärtchen und der Broadcom-Ethernetkarte auch eine CardBus Bridge erkannt wird; das ist der PCMCIA-Controller. In der allerletzten Zeile meldet sich die Karte: Oho, obwohl »D-Link« außen drauf steht, ist ein Texas Instruments drin, und zwar ein ACX 111. Das ändert die Situation, denn jetzt wissen wir, wonach wir suchen müssen.

Dabei können Google und andere Suchmaschinen helfen. Eine Suche nach meiner »d-link dwl-650+« führte mich praktisch direkt auf eine Forumsseite vom Hersteller D-Link; da beschreiben sie, wie man die Karte mit dem sogenannten *NDISWrapper* zum Laufen bekommt: indem man mit einer Zusatzsoftware den Windows-Treiber unter Linux einbindet. Brr! Das funktioniert für viele, trotz ebenfalls vieler massiver Beschwerden, die in unschönem Deutsch behaupten: »Es funzt nicht.« Im Linux-Wiki (*http://linuxwiki.de/LinuxWireless*) findet sich schließlich der gleiche Hinweis, den lspci schon lieferte: In dieser Karte befindet sich nicht der *Ralink* (dwl-630), nicht der *Atheros* (dwl-650, soll aber ebenfalls gut unter Linux funktionieren), sondern der *ACX*-Chipsatz. (Wundern Sie sich nicht, wenn Sie diese Begriffe zum ersten Mal in Ihrem Leben hören oder lesen. Man kann nicht in Allem drin stecken.) Wenige Google-Fundstellen weiter stieß ich auf Hauke Mehrtens Homepage, der sich offenbar schon seit einiger Zeit mit diesem Treiber befasst. Im exzellent verlinkten Bereich *http://www.hauke-m.de/w-lan/acx100-acx111/* fand ich schließlich nicht nur Treiber und Firmware für diese Karte, sondern auch noch eine narrensichere Schritt-für-Schritt-Anleitung, wie ich vom Quellcode zu einem lauffähigen Treiber kommen kann.

Es läuft auf wenige Tätigkeiten hinaus:

- Um einen Treiber zu bauen, brauchen Sie entweder die kompletten Linux-Quellen oder aber mindestens die sogenannten Kernel-Header. Bei Debian ist der Befehl zum Installieren dieser Header `apt-get install linux-headers`, aber auch die zu installierenden Pakete anderer Distributionen sind auf Mehrtens' Seite aufgelistet.

- Anschließend brauchen Sie die eigentliche Software: Das sind einerseits die Treiberquellen und andererseits eine oder mehrere Binärdateien, die sogenannte *Firmware*. Sie müssen beide herunterladen (Mehrtens schreibt hierzu sogar die passenden Befehle auf seine Seite und verlinkt diese Zeilen auch noch – das ist Luxus pur) und auspacken. Treiber und Firmware sind jeweils in einer gepackten Archivdatei (*.tbz* oder *.tgz*) enthalten. Zum Auspacken können Sie Ark oder File-Roller verwenden. Mehrtens' Anleitung bezieht sich auf die Befehlszeile, weil die Shell-Befehle bei jeder Distro gleich sind.

- Die binären Treiberinterna aus dem Firmware-Archiv müssen in ein Systemverzeichnis kopiert werden, wo sie auch gefunden werden. Bei den meisten Linux-Systemen ist das */lib/firmware* oder */usr/lib/firmware*. Weil diese Verzeichnisse schreibgeschützt sind, müssen Sie das als root tun.

- Noch ist der Treiber nicht kompiliert, das erledigen Sie direkt in dem Verzeichnis, das beim Auspacken des Treibers entstanden ist (oder wenn in einer README-Datei etwas anderes steht, eben in einem Unterverzeichnis davon). Üblicherweise geben Sie dazu zwei oder drei Befehle ein: *./configure*, *make* und *make install*. Das heißt, wenn nicht in einer README-Datei oder z.B. auf der Entwicklerwebseite etwas anderes steht. Hier sehen Sie schon, wie wichtig die READMEs unter Linux sind. Den Befehl *make* können Sie noch als normaler Benutzer ausführen, dieser übersetzt die Software in eine binäre Treiberdatei, die auf die Kernel-Version Ihres Linux-Systems passt. Der zweite auszuführende Befehl ist *make install*. Der führt dazu, dass die übersetzte Treiberdatei in das richtige Unterverzeichnis von */lib/modules/Kernelversion* hineinkopiert wird. Dazu benötigen Sie wieder root-Rechte.

Mehrtens zeigt auf seiner Seite Abwandlungen des einfachen *make*-Befehls, die *nur bei dieser Treibersoftware* passen. Als ich der Beschreibung millimetergenau folgte (ich kopierte die Befehle sogar mit der Maus aus der Webseite in die Shell hinein, um mich nicht versehentlich zu vertippen), kam ein perfekt laufender Treiber heraus. Was will man mehr?

In den letzten Zeilen der Webseite schildert Mehrtens, wie man den neu erzeugten Treiber in den Speicher lädt, ausprobieren können Sie die Karte dann genau wie im Kapitel 19, *Den Internetzugang einrichten*, auf Seite 719 geschildert. *iwconfig* zeigt an, ob die Karte schon funken kann. Einziger Unterschied bei der PCMCIA-Karte: Sie heißt nicht *eth1*, sondern *wlan0*. Die Kommandos zum Setzen der ESSID und der WEP-Schlüsselinformationen sind mit dieser Ausnahme genau gleich.

Um die Karte nach dem Booten automatisch wieder benutzen zu können, tragen Sie die Zeile

```
alias wlan0 acx
```

in die Datei */etc/modprobe.conf* ein. Acx ist der Name des Treibers, Sie verbinden hier den Namen des Treibers mit dem des Geräts. Mehrtens macht noch weitere Vorschläge, wie man die Karte aufsetzen bzw. mit Einträgen in eine Datei */etc/network/interfaces* (die es nur bei Debian/Ubuntu gibt) dauerhaft in Gang setzen kann.

Die gute Nachricht: Wenn Sie eine der anderen weit verbreiteten Distributionen haben, ist das vermutlich alles nicht nötig. Wenn Sie den Treiber übersetzt und erfolgreich geladen haben, können Sie in den grafischen Tools Ihrer Distribution (vor allem Mandriva und SuSE) alles festlegen, was die Distro zum Starten dieser Karte benötigt.

Wenn Ihnen das alles zu technisch ist und Sie schlicht keine Lust haben, all das zu tun, was ich hier schildere: Sie können auch ein vorinstalliertes Linux-Notebook beschaffen, bei dem die Netzwerkkarte schon funktioniert. Linux ist vermutlich kein reines Bastel-Betriebssystem mehr. Aber es wird vermutlich auch in Jahren noch nicht alles aus der Schachtel heraus funktionieren, und da bin ich für meinen Teil immer ganz froh, wenn man mit wenigen Handgriffen eine Karte zum Laufen bringen kann. Entscheiden Sie selbst.

Spaß mit einem USB-WLAN-Stick

Billig, billig: Für nur sechs Euro erstand ich einen geprüften gebrauchten USB-WLAN-Stick von HAMA. Das Problem ist hier genau das gleiche wie bei der D-Link PCMCIA-Karte: Was ist da drin? Statt sofort loszugoogeln, könnten Sie erst einmal mit *lsusb* nachgucken:

```
dieter@fennek:~$ lsusb
Bus 005 Device 004: ID 148f:2573 Ralink Technology, Corp.
Bus 005 Device 001: ID 0000:0000
Bus 003 Device 001: ID 0000:0000
...
```

Wer's ganz genau wissen will, der kann jetzt mit dem Befehl lsusb-v -d 148f:2573 nachsehen, da gibt's die Details:

```
root@fennek:~# lsusb -v -d 148f:2573

Bus 005 Device 004: ID 148f:2573 Ralink Technology, Corp.
Device Descriptor:
  bLength                 18
  bDescriptorType          1
  bcdUSB                2.00
  bDeviceClass             0 (Defined at Interface level)
  bDeviceSubClass          0
  bDeviceProtocol          0
  bMaxPacketSize0         64
  idVendor            0x148f Ralink Technology, Corp.
  idProduct           0x2573
  bcdDevice             0.01
  iManufacturer            1 Ralink
  iProduct                 2 802.11 bg WLAN
...
```

Die interessantesten Informationen stehen jetzt in den Zeilen *idVendor* und *idProduct*. Damit kann der sturmerprobte Linux-Fuchs nun im Google oder einer anderen Suchmaschine recherchieren: z.B. mit »ralink wireless linux« oder »linux 148f: 2573« oder so ähnlich. Relativ bald stößt man so auf Fundstellen wie *http://wiki. linuxquestions.org/wiki/Ralink_Wireless_Drivers* oder *http://rt2x00.serialmonkey. com/wiki/index.php?title=Downloads* – und glauben Sie nicht, ich hätte die vorher schon gekannt. Auf den LinuxQuestions schreiben Leidensgenossen, mit welchen Schwierigkeiten man zu kämpfen hat, und jemand weiß auch, dass die moderneren Treiber auf der Serialmonkey-Seite zu finden sind. Schließlich stellt sich heraus, dass die tagesaktuelle Version des Treibers von Serialmonkey (17. November 2007, das Kapitel entstand am 19. November) diejenige ist, die den Erfolg bringt. Diese Datei ist natürlich wieder ein *.tar.gz*; die musste ich herunterladen und auspacken:

```
tar xvzf rt73-cvs-daily.tar.gz
```

Dabei entstand ein Unterverzeichnis *rt73-cvs-2007111714*, in dem sich die Treiberquellen befinden. Man wechselt dort hinein und sieht sich um. Dort gibt es weder ein *configure*-Skript noch eine Datei *Makefile* (die Voraussetzung dafür, dass der Befehl *make* funktioniert), aber eine Datei *README*, die mich dazu auffordert, in ein Verzeichnis *Module* zu wechseln. Dort sollen dann die Befehle *make* und *make install* ausgeführt werden. Voraussetzungen sind die gleichen wie oben: Die Kernel-Header müssen installiert sein, dabei installieren sich meist automatisch weitere dazu. Auch das spätere Einbinden in die Konfigurationsdateien funktioniert im Wesentlichen genauso wie oben. Alle Kommandos zum Übersetzen und Laden des Treibers mit abschließendem Holen der IP-Adresse sahen an meinem Terminal so aus (bei der SuSE verwenden Sie statt *dhclient* den Befehl *dhcpcd wlan0*):

```
root@fennek:~# cd rt73-cvs-2007111714
root@fennek:~# less README
root@fennek:~# cd Module
root@fennek:~# make
root@fennek:~# make install
root@fennek:~# modprobe rt73
root@fennek:~# iwconfig
root@fennek:~# iwconfig wlan0 essid "Name der SID"
root@fennek:~# iwconfig wlan0 key <Schlüssel für den Access Point>
root@fennek:~# dhclient wlan0
```

Und schon bin ich drin.

Index

A

AAC 351
Abiword 257
Absatzformate 208
absolute und relative Bezüge (Calc) 217
ACLs 83
adept, Debian Paketverwaltung 524
Administrationstools, grafische,
    siehe Konfigurationswerkzeuge
Adressverwaltung 301, 305
Advanced Audio Coding 351
Aktion-Knopf (GNOME) 56
Alle Programme 102
alphabetisch sortieren (Calc) 230
Anaconda 37
anacron 439
Animationen (Impress) 255
Anmeldung 53
    auf der Konsole 62
    automatische 54, 725
    gdm (GNOME Display Manager) 54
    grafisch 53
    KDM (K Display Manager) 54
Anrufbeantworter unter Linux 411
apropos 401
apt 524
aptitude 524
Arbeitsflächen
    einstellen bei GNOME 161
    Umschalter 105, 144
    wechseln 97
Arbeitsoberflächen, *siehe*
    Fenstermanager 95

Arbeitsumgebungen 99
Arbeitsverzeichnis, aktuelles 69
at 439
audiocd:/-URL (Konqueror) 137
Audio-CD-Browser (KDE) 136
Audioformate 136
ausblenden (Spalten bei Calc) 220
Autokorrektur 196
automatische Anmeldung 54, 725
automatische Korrektur 195
automatische Wortergänzung 196
automatisches Öffnen von
    Dokumenten 128
Autopilot 223
.avi-Dateien 356

B

Balkendiagramme 226
Base 183, 234
.bashrc 382
Beamer 237
Befehle, Informationen zu 398
Befehlszeile 59
Benutzer 40
    andere 81, 83
    anlegen 40, 493
    bin 83
    daemon 83
    Eigentum 83
    /etc/passwd 496
    Gruppen 81, 83, 502
    Konto ändern 498
    löschen 500

    mit YaST2 verwalten 503
    Passwort 40, 495
    root 83
    sperren 499
    UIDs (Benutzer-IDs) 492
    wechseln 104, 387
Benutzeroberfläche 56, 95
    einrichten 113, 150
    Kontrollleiste 105
    mehrere Arbeitsflächen 97
Benutzerverwaltung 489
    grafisch 503
    mit Draktools 510
    mit Webmin 422, 512
    system-config-users 508
Beryl 98
bg 433
Bildbearbeitung (GIMP) 316
Bilderverwaltung 343
Bildschirm
    Auflösung 38
    Farben 112
    sperren 104
Bildschirmhintergrund
    bei GNOME 157
    bei KDE 116
Bildschirmschoner
    bei GNOME 160
    bei KDE 117
Bildvorschau (im Konqueror) 130
/bin 30
/boot 30
Bootdiskette 13
Bootloader 45
Brennersoftware 361
    K3b 363
Broadcom-Ethernetkarte 794
Browser *siehe* Webbrowser
burn:///-URL (GNOME) 169

C

C:-Laufwerk 70
Calc 183, 210
    Daten in Diagrammen darstellen 226
    Diagramme in Writer einbinden 228
    Dokumente formatieren und
       drucken 233
    Funktionsautopilot 223

    sortieren, mehrstufig 230
    Zellenformat festlegen 233
Campus Linux (Distribution) 253
cat 70, 378
cd 69, 381
cd.. 378
cda-Dateien 136
cdda 350
cddb-Server 348
CDE (Common Desktop Environment) 99
CD-Laufwerke 553
CD-ROMs einbinden 556
CDs
    abspielen 348
    Audio-CD-Browser (KDE) 136
    auswerfen 557
    brennen 169, 361
    GNOME 164
    rippen 367
cfdisk 559
CHAP (Challenged Handshake
       Protocol) 705
chmod 85
    777-Schreibweise 87
    ugo-Schreibweise 85
chown 89
chroot-Umgebung 463
CIFS 605
cifs-Dateisystem 613
Clamav 743
Common Internet File System 605
Compiler 518
Compiz 98, 787
computer:///-URL (bei GNOME) 152
Computersuchdienst 606
cp 70
cron 439
crontab 441
CSS-Verschlüsselung 353
CSV (Comma Separated Values) 210
CUPS (Common Unix Printing
       System) 458-480

D

daemon 492
Dateien
    anzeigen 378
    auflisten 69, 378

ausführen 83
Berechtigungen 78
bewegen 70
chown 89
durchsuchen 397
editieren 381
Eigentum 78, 82
Eigentümer ändern 89
erstellen 69
finden 392
Gruppe 78
Inhalt ausgeben 70
keine Endung 74
kopieren 70
kopieren mit scp 595
lesen 83
löschen 69
Magie 74
MIME-Typen 75, 128
suchen 104
Typen 75
umbenennen 70
versteckte 73
Zugriffsklassen 78
Zugriffsrechte 78
Zugriffsrechte ändern 85
Dateien und Verzeichnisse auflisten 69
Dateiendung 74
Dateiexport, The GIMP 319
Dateiexport bei Draw 250
Dateiformate
    Audiodateien 137
    beim GIMP 319
    Bilder 323
    Grafikformate 250
    OpenOffice 187
    Sound 356
Dateimanager
    grafische 61, 65-66, 75
    Konqueror 65, 105, 129
    Nautilus 66, 165
Dateinamen, erlaubte 75
Dateirechte 78
Dateisysteme
    Dateisystem-Resizer 48
    erstellen 11, 571
    extended (ext2 und ext3) 573, 577
    Journal führende 572
    reiserfs 573, 579
    Resizer 48

Dateisystem-Resizer 48
Dateitypen 75
Daten
    Bereiche definieren (Calc) 231
    in Diagrammen darstellen 226
Daten filtern (Calc) 229
dBase 210
Debian Packager 517
Debian-X-Server konfigurieren 43
Default-Gateway 660–661, 669
Defragmentierung 47
Deinstallieren von Software (mit rpm) 521
Desktop 56, 95
    3D-Animationen 98
    einrichten bei GNOME 150
    Kontrollleiste 105
    mehrere Arbeitsflächen 97
    Programm-Icons 110
    Themes 66
    wechseln 104
/dev/ttyS0 694
df 70
DHCP (Dynamic Host Configuration Protocol 587
Diagramme (Calc) 226
Dialer 659
Dial-on-Demand 691
Diashows erstellen 251
dif 210
Digikam 343
digiKam 343
Digital Rights Management 352
digitale Kameras 341
Disketten 570
    mtools 571
Diskettenlaufwerk einhängen 551
display 324
Display-Manager 54
Distributionen 4, 761
D-Link 793
DLL 519
DNS (Domain Name System) 588, 661
DNS-Proxy 673
DNS-Server 669
DNS-Server eintragen 588
Dokumentationsverzeichnis 30
Dokumente automatisch öffnen bei KDE 128
Domain Name Service 661
dpkg 517

dpkg-reconfigure 43
drahtlos ins Internet 793
Draktools 416
    Benutzerverwaltung 510
drakuser 510
Draw 183, 241-251
    Farbverlauf 248
    Gruppierung bearbeiten 248
    Übung 246
drives:/-URL (Konqueror) 137
DRM 352
Drucken
    aus Calc 234
    cancel 450
    CUPS 458
    Druckaufträge überwachen 449, 455
    Drucker einrichten 458, 484
    Drucker hinzufügen 462
    Drucker konfigurieren 474, 480
    Drucker löschen 477
    Druckeradministrator bei SUSE 463
    Druckmanager 450
    Druckserver 445
    Gnome Cups Manager 457
    Gnome Drucker Dialog 455
    JetDirect-Karten 465
    kprinter 452
    lp-Befehl 450
    lpq 449
    lprm 450
    mit lpr 449
    mit YaST einrichten 484
    printers.conf 468
    prinzipielle Schritte 443
    Treiber 466
    USB-Anschlüsse 465
    Welcher Drucker? 447
    xpp 453
Druckeradministrator (SUSE) 463
dselect 524
DSL 671
    Digital Subscriber Line 661, 666
    DSL-Modem 671
    PPPoE 666
Dual-Boot 45
dump 556
DVDs 354
    DVD-Player 354
    verschlüsselte 353
Dynamic Link Libraries 519

E

editieren 381
Editoren 382
    gedit 377
    kate 377
    kwrite 377
    Mousepad 384
    mousepad 377
    vi 765
Eigentum ändern 90
Emacs 384
entfernte Rechner, Zugriff mit SSH 590
Erscheinungsbild von KDE 115
/etc 30
/etc/cups/ 468
/etc/fstab 554
/etc/group 491, 502, 489
/etc/init.d/ 473
/etc/passwd 489, 491, 496
/etc/shadow 489, 496 f.
/etc/sysconfig 407
eth0 668
Evolution 304
Excel im Vergleich zu Calc 210
Excel-Dateien importieren 189
executable-Recht 84
exit 64, 387
Exportverzeichnis 91
ext2 572
ext3 34, 572

F

Farbverlauf (Draw) 248
fdisk 559
Fedora
    Firewall 750
    redhat-config 413
Fehlerumleitung 398
Feldadressen (Calc) 213
Fensterkuvert, Masse 774
Fensterleiste 106
Fenstermanager 56, 95
    GNOME 95
    IceWM 173
    KDE 95
    Lizenzmodelle 100
    Windowmaker 171
    XFce 175

Festplatten 559
    Dateisystem-Resizer 48
    eigene Windows-Platte 51
    formatieren 11
    Füllstand 70
    Füllstand prüfen 559
    partitionieren 11
    Werkzeuge 559
fg 433
Filme abspielen 354
find 392
Firefox 310
Firestarter 753
Firewalls 738
    Bücher 760
    eingebaute 745
    grafische Konfiguration 753
fish 650
fixieren (Spalten und Zeilen bei Calc) 219
Flash-Speicher 564
Floppys 570
Fluxbox 99
Folien erstellen 251
Folien sortieren (Impress) 256
Folienübergänge (Impress) 255
font:/-URL (Konqueror) 137
Fontwork Gallery 246
formatieren 563, 571
    Writer 200
Formatvorlagen 204
Formatvorlagen-Fenster 184
Formeln (bei Calc) 214
    mit dem Autopilot 223
Fotoalben 323, 326, 343
Fotos bearbeiten mit GIMP 320
Fotosoftware 341
Freigaben 605
    mit LinNeighborhood 635
fsck 577
Fully Qualified Domainname 670
Funklan 793
Funktionen (Calc), Autopilot 223

G

GDI-Drucker 447
gdm (GNOME Display Manager) 54
GECOS-Feld 495
gedit 384
General Public License 10

Geräte
    automatisch einbinden 549
    einbinden (mounten) 549
GID (GruppenID) 502
GIMP *siehe* The GIMP
GIMP ToolKit 100
Gliederungsfunktion (Calc) 221
Gnomba 623, 629
GNOME 54, 56, 142
    Datensicherung 169
    Druckaufträge 457
    Evolution 303
    Gnome-cd 348
    gnomesu 390
    gnome-Systemmonitor 429
    Hauptmenü 146
    Hilfebrowser Yelp 169
    Hilfefunktion 169
    Konfigurationseditor 157
    Kontrollzentrum 157
    Menüleiste 147
    Nautilus 165
    Oberfläche einrichten 150
    Panels 144
Gnome Print Manager 457
GNOME-Kontrollzentrum 157
gnomesu 390
gnome-Systemmonitor 429
GNOME-Terminal 169
GPL 10, 100
Grafiken
    aus Calc-Tabellen erstellen 226
    aus Draw exportieren 250
    Grafikformate 250
    in Writer-Dokumenten 778
    konvertieren 323
Grafikprogramme 315
    ImageMagick 323
    netpbm 325
Grafikverwaltung 326
grafische Umgebung beenden 58
grep 397
Grip 367
groupadd 503
groups 503
Groupware 306
GRUB (Grand Unified Bootloader) 30, 37
Gruppen 81
    Primary Group 79
    users 78

Gruppieren 248
Gruppierung, Calc 221
Gwenview 130, 326

H

Hama 793
Handouts (Impress) 256
Hardware konfigurieren 37
Hardware-Erkennung 348
Hardwareinformationen 348
Hauptgruppe 81
Hauptgruppe eines Benutzers 81
Heimatverzeichnis 30, 65, 71
    Exportverzeichnis 90
    schützen 90
Hilfe
    bei KDE 139
    finden 398
    unter GNOME 169
Hintergrundbild, für GNOME 157
Hintergrundprozesse 432
/home 30, 32, 65
hostname 593
hotplug 565
HOWTOs 402, 760
hqsql 235
hsql 236
hwinfo 348

I

IceWM 99, 173
Icons
    auf dem GNOME-Desktop 150, 154
    auf dem KDE-Desktop 123
id 498
ifconfig 589
ImageMagick 323
Impress 183, 251
    Animationen 255
Individualgruppen 81, 491
Informationen 398
Informationsquellen 759
Infotext-Dateien 401
inode 578
Installation 3
    Basissoftware 12
    Bootdiskette 13
    grafische Tools 524
    Hardware-Erkennung 12
    Schritte 11
Installationsmanager 516, 519
    dpkg 523
Installationspaket 517
Intel Centrino-Netzwerkkarten 793
Internet, Router 658
Internetadressen 587
Internetprovider 685
Internetsicherheit 727
    Bücher 760
    Firewalls 738
    Netzwerkdienste abschalten 729
Internetverbindung 691
    ADSL 661
    Asynchronous Digital Subscriber
        Line 661
    DHCP-Server 658
    DSL 661, 666, 671
    Fedora 712
    ISDN 665, 677
    Mandrake 702
    per Modem 663, 692
    per SSH 593
    SDSL 661
    SUSE 692
    Symmetrical Digital Subscriber Line 661
    überwachen 713
IP-Adressen 587
ip-Befehl 589
ipconfig 589
iptables 741
IPv6 668
ipw2100 793
ISDN 665, 677
    bei SUSE 678
    Kanalbündelung 682
    Provider wechseln 688

J

jobs 432
joe (Editor) 384

K

K3b 363
Kaffeine 354, 360

Kalbum 326
Kalender 301
    Evolution 303
Kartenleser 570
kate 384
KDE 54, 56, 101-140
    Aktionen 104
    beenden 104
    Benutzer wechseln 104
    Bildschirm sperren 104
    Dienste 136
    Digikam 344
    Druckerkonfiguration 480
    Eigenschaften 101
    Fenster verschieben 106
    Fensterleiste 106
    Hilfefunktion 139
    Hilfezentrum 108
    K3b 373
    Kalender 301
    kdesu 390
    Kjobviewer 456
    Klipper 107
    K-Menü 102
    Konqueror 105, 129, 311
    Kontrollleiste 101, 105, 109
    Kontrollzentrum 111
    kprinter 452
    Lesezeichen 104
    Maskottchen 102
    Pseudo-URLs 137
    Smb4K 623
    Start-Knopf 101-102
    Start-Menü 102
    System-Icon 128
    Systemprogramme 107
    Systemsprache einstellen 119
    Systemtray 107
    Systemüberwachung 429
    Tastenkombination ändern 119
    Themes 101
    Zwischenablage 107
KDE-Dienste 136
KDE-Hilfefunktion 139
KDE-Hilfezentrum 108
KDE-Kontrollzentrum 111
kdesu 390
KDM (K Display Manager) 54
kill 434
KInternet 685, 697

KjobViewer 456
Klänge
    bei KDE 120
    unter GNOME 163
    Verzeichnis für .wav-Dateien 123
Klein- und Großschreibung 75
Klipper 107
K-Menü 102
Kommandozeile, Befehle für Dateien 68
Konfigurationsdateien 30, 407
Konfigurationswerkzeuge
    Drak-Tools 416
    redhat-config 413
    Webmin 420
    YaST2 405
Konqueror 65, 105, 129, 311
    als Webbrowser 311
    auf Windows zugreifen 613
    Bildvorschau 130
    Fenster anordnen 131
    Navigationsbereich 134
    Tabbed Browsing 132
    Web-Tastenkürzel 138
    Zugriff auf Netzwerkfreigaben 629
    Zugriff aufs Windows-Netz 623
Konqui 101
Konsole 59
Kontact, Kalender 301
Kontrolleisten
    erstellen und anpassen 109
    Typen 109
Kontrollleiste 101, 105
Kontrollzentrum 521
Kontrollzentrum (GNOME) 157
Kontrollzentrum (KDE) 111
Konvertierung (GIMP) 323
kopieren, Text 194
kppp 702
kprinter 452
Kuickshow 130, 326
Kwallet 627

L

Laptops 763
Laufwerke
    aushängen 550
    Buchstaben für 71
    CD-ROMs 556
    einbinden 550

Lautstärkeregler 347
LCD-Standard 38
Leserecht 83
less 70, 379
LGPL 100
/lib 30
LILO (Linux Loader) 37
Liniendiagramme (Calc) 226
links 309
links, symbolische 91
LinNeighborhood 623, 635
Linux-Desktops 96
Lizenzmodelle 100
lo 668
locate 396
Logical Volume Manager 33
Login *siehe* Anmeldung
Login-Bildschirm 54
logout 64
lokale Formatierung, Nachteile 207
loopback-Schnittstelle 668
Low-Level-Formatierung 575
lppasswd 463
lpr 449
ls 54, 57-61, 63-64, 69-70, 75-76, 378
lspci-Befehl 794
lsusb-Befehl 796
LVM 33
lynx 309

M

magic 75
Mandrake/Mandriva
    Draktools 416
    Firewalls 750
    Software installieren 535
Manpages 399
mc-Editor 383
mcopy 571
mdel 571
mdir 571
Mehrbenutzersystem 77, 489
mformat 571
Microsoft-Formate importieren 187
MIME-Typen 75, 128
MIME-Zuordnungen 168
mkdir 69, 380
MMC-Karten 569
mmd 571

/mnt/cdrom 553
.mod-Dateien 356
Modem Lights 702
Modemlämpchen 702
Modems 692
    Mandrake 702
Modemverbindung 663
more 70, 379
mount 549-550
mounten 11
Mountpunkt 551
MP3 351
mp3-Dateien 356, 367
MPlayer 354, 360
.msi-Paket 519
mtools 571
Multimedia-Player 356
Multithreading 425
Musik-CDs 136, 169, 348
    brennen 361
    rippen 367
mv 70
MySpell 195

N

Namensauflösung 660
Nameserver 669
nano (Editor) 384
NAT 659
Nautilus 66, 165
    auf Windows zugreifen 613
    Blasen-Ansicht 72
    CDs brennen 169
    Zugriff auf Netzwerkfreigaben 629
    Zugriff aufs Windows-Netz 623
Navigationsbereich (Konqueror) 134
Navigator 199
    URL-Zeile 72
NDISWrapper 794
NetBIOS 605-606
netfilter 739
    Chains 740
    Policy 740
netpbm 325
netstat 732
Netware Core Protocol (NCP) 583
Network Address Translation 659
Network File Service 596
Network File Service-Protokoll (NFS) 583

Netzwerk
    lokale Einstellungen 670
    Protokolle 583
Netzwerkfreigaben 582, 596
    anbinden 596
    automatisches Einbinden 600
    erstellen 601
    im Konqueror 629
    mit LinNeighborhood 635
    Windows 605
Netzwerkhardware 793
Netzwerkressourcen 582
Netzwerksicherheit 727
    Bücher 760
    Firewall 738
    Netzwerkdienste abschalten 729
Netzwerkumgebung 606
NextStep 99
NFS (Network File Service) 583, 596
    auf Freigaben zugreifen 596
    Freigaben erstellen 601
nmap 732 f.

O

OASIS OpenDocument 188
Oberflächen, grafische 56, 95
    mehrere Arbeitsflächen 97
.odb-Dateien 236
Ogg-Vorbis 351
OpenDocument 188
OpenDocument-Format 180
OpenOffice.org 179 ff., 773
    Alternativen 257
    Calc 210 ff.
    Draw 241-251
    Druckformatvorlagen 185
    Formatvorlagen 184
    Fremdformate importieren 188
    Hilfefunktion 185
    Impress 251 ff.
    in Fremdformate exportieren 188
    installieren 773
    lokale Formatierung löschen 207
    Navigieren im Dokument 200
    Such-Funktion 204
    Symbolleisten 190
    Writer 191 ff.
OpenSource Software 10
OpenSSH 590

P

Packet Maintainer 518
Packman 528
PAGEFILE.SYS 28
Pager 106
Paketauswahl 35
Paketmanager 35, 516
Panels (GNOME)
    Auto-Verbergen 149
    neue Panels anlegen 148
    Programme einbauen 144
    Schubladen 147
PAP (Passwort Authentication Protocol) 704
Partition Magic 47
Partitionen
    anlegen 562
    anzeigen 560
    einbinden (mounten) 11
    empfohlene Größen 31
    Partition Magic 47
    prüfen 576
    root-Partition 29, 31
    Swap 31
    Swap-Partition 29
    verkleinern 46-47
    wieviele? 29
    Windows-Partition 45
partitionieren 560
passwd 489, 500
Passwörter 40, 726
    /etc/passwd 496, 500
    vergeben 495
PCMCIA-Karte 793
PDF
    aus Draw 251
    aus OpenOffice 181, 188
PDF-Dateien exportieren 241
pico (Editor) 384
PID-Dateien 436
ping 589
Pirut 521
PlanMaker 261
Point-to-Point-Protokoll (PPP) 664
portmapper 596, 598
Portscanner 732 f.
POSIX-ACLs 83
Postscript 444
Powerpoint 251

Powerpoint-Folien nach Impress
    importieren 252
PPD 485
PPD-Dateien 469
PPP over Ethernet 666
PPPoE 660, 666, 673
Präsentationen
    Animationen 255
    Layouts 253
    schreiben und sortieren 256
Primärgruppe 491
print:/-URL (Konqueror) 137
/proc/partitions 565
Programmbibliotheken 30
Programme
    Alle Programme 102
    als root oder anderer Benutzer
        ausführen 387
    auf den Desktop ziehen 110
    Büroprogramme 103
    im Startknopf 64
    in die Kontrollleiste ziehen 110
Prompt 60, 68
proprietär 351
Provider 685
Proxy-Einstellungen 312
Prozesse 425
    auflisten 427
    GNOME-Werkzeuge 429
    Hintergrundprozesse 432
    KDE-Werkzeuge 427
    Prozess-ID 434
    überwachen 436
    von der Kommandozeile verwalten 431
    zu bestimmten Zeiten starten 439
ps 436
Pseudo-URLs 137
    bei GNOME 152, 157
pstree 436
PTP-Kameras 343
Public Domain Software 10
Punkt-Dateien 73
pwd 381

Q

Qt 100
Quicktime Movie Format 351

R

Rahmen in Textdokumenten 774
rccups 473
Rechte (Datei-) 79
    ändern 90
    ausführen 83
    chown 89 f.
    lesen 83
    schreiben 82
Rechtschreibprüfung 195
RedHat Package Manager 517
reiserfs 34, 573
relative und absolute Bezüge (Calc) 217
Remote-Logins 590
resolv.conf 669
rm 69
rmdir 69, 380
Roaring Penguin 674
root 385, 726
    Bedeutungen 28
    per su und sux 387
rpc (Remote Procedure Call) 596
rpm 517, 520
rpmdrake 534

S

Samba 583, 605
    auf Windows-Maschinen zugreifen 605
    Windows-Freigaben erzeugen 605
Samba Web Administration Tool 639
sax2 43
/sbin 30
Schlüsselbund 628
Schubladen in GNOME-Panels 147
scp 595
search-Eintrag 670
Serienbriefassistent 240
Serienbriefe 234, 237
Serpentine 373
Server Message Block-Protokoll (SMB) 583
Server Message Blocks 605
sftp 649, 652
Shell 59 f.
Shorewall 752
Sicherheit 724
    Bücher 760
    Firewalls 738
    lokale Maßnahmen 724

Ports schließen 734
Webseiten zur 762
Sicherheitslücken 728
SMB 605
Smb4K 623
smbclient 612
smbfs-Dateisystem 613
SoftMaker Office 261
Software 515
   abfragen (dpkg) 524
   abfragen (rpm) 521
   Bezugsquellen 761
   deinstallieren (Mandriva)) 538
   deinstallieren (mit YaST) 531
   deinstallieren (rpm) 521
   installieren (mit rpmdrake) 534
   installieren (mit urpmi) 534
   installieren (mit YaST) 525
   installieren (mit yum) 538
   updaten (mit YOU) 532
   updaten (rpm) 521
Softwarepakete 35
sortieren (Calc-Daten) 229
Sounddateien 356
Soundkarten-Erkennung 348
Soundunterstützung
   GNOME 163
   KDE 120
Spalten ausblenden (Calc) 220
Spalten fixieren (Calc) 219
Splitter 661
SSH 590
   fish 649
   Key Fingerprint 595
   Verbindung aufbauen 593
Standard-Gateway 660 f.
StarOffice 180
Start-Button 56, 64
   (GNOME) 143
Starter-Icon erzeugen (GNOME) 154
Start-Knopf 102
Start-Knopf (GNOME), Programme
   hinzufügen 145
Startmenü 102
   Benutzer wechseln 104
startx 44
su und sux 388
sudo 392, 422
SUID-Bit 726

SUSE 697
   Internetverbindung per Modem 692
   ISDN einrichten 678
   Software installieren 525
   SUSEFirewall 746
   YaST 525
SUSE, Besonderheiten
   Druckeradministrator 463
   Mountbefehle für SMB 619
SUSEconfig 409
SuSEFirewall
   externe Zone 748
   interne Zone 749
SUSE-Handbücher 108
sux 387
Swap-Partition 29, 31
SWAT 639
symbolische Links 91
synaptic 524
Systemadministrationsbücher 759
system-config 413
system-config-users,
   Benutzerverwaltung 508
system-config-xfree86 43
Systemdateien 90
Systemnachrichten (bei KDE) 122
Systemtray 107

T

Tabellen
   Druckbereich festlegen 234
   formatieren und drucken 233
   sortieren 229
Tabellendokument erzeugen 211
Tabellenkalkulation 210
   PlanMaker 261
tarball 518
Tastaturkürzel
   bei Calc 211
   bei GNOME 162
   für KDE 119
   OpenOffice 192
TCP/IP 583
temporäre Dateien 30
Terminalprogramme 68
   GNOME-Terminal 68, 169
   Konsole 68
   xterm 68
Terminals 59

Terminverwaltung 301, 304
Text
　Formatierung (Writer) 200
　markieren 194
　Textbausteine 197
TextMaker 261
Textmarken 780
Textverarbeitung 190
　Abiword 257
　siehe auch Writer
　TextMaker 261
The GIMP 316
Themes 66, 101
　bei GNOME 158
Tilde 63
/tmp 30
Tortendiagramme (Calc) 226
Totem 354, 360
touch 69
Treiber 348, 793
Trolltech 100

U

Ubuntu
　alternate Installations-CD 16
　Benutzerverwaltung 511
　normale Installations-CD 16
Ubuntu, Besonderheiten,
　　Druckeradministrator 464
UID *siehe* Benutzer 492
Umgebungsvariablen 426
umount 550
Umschalten zwischen Arbeitsflächen 97
urpmi 521, 534
　　Mandriva Installationstool 535
USB-Kameras 342
USB-Stick 793
USB-Sticks 564
useradd 494
userdel 498, 500
Usergroups 404
usermod 498
users 78
/usr 30
/usr/lib/cups 468
/usr/share 30
/usr/share/cups/ 468
/usr/X11 30

V

/var 30
/var/cache/cups/ 468
/var/spool/cups/ 468
vektororientierte Programme 241
versteckte Dateien 73
Verzeichnisse
　auflisten 378
　erstellen 69
　für den Datenexport 91
　für Konfigurationsdateien 407
　für Serverdienste 439
　für Systemdienste 473
　für Systemklänge 123, 163
　löschen 69
　von CUPS ausgelesene 468
　wechseln 83
　Zugriffsrechte 83
Verzeichnissystem 30
VESA-Standard 38
Videos 354
vi-Editor 383, 765
virtuelles Dateisystem 71
Volumes, logische 33

W

w3m 309
wav 350
.wav-Dateien 356, 367
Webbrowser 309
　Firefox 310
　grafische 310
　Konqueror 311
　links 309
　textorientierte 309
Webforen 404
Webmin 420
　Benutzerverwaltung 512
Web-Tastenkürzel (Konqueror) 138
WENN()-Funktion (Calc) 225
whoami 387
WindowMaker 99, 171
Windowmanager 56
Windows Media Audio 351
Windows Media Video 351
Windows neben Linux 44
Windows-Dateien importieren 187
Windows-Netzwerkfreigaben 605

Windows-Partition 45
Windows-Rechner, Zugriff auf 607
WLAN 793
WMA 351
WMV 351
Word-Dateien importieren 189
Workshop Geschäftsbrief 773
Wortergänzung, automatisch 196
Writer 183, 191-209

X

X Window-System 95
XFce 99, 175
Xfdrake 43
Xine 354
xmms 356
X-Server 95, 104

Y

YaST 18
YaST (Yet Another Setup Tool) 37

YaST2 405-412, 525
   Benutzerverwaltung 503
   Drucker erstellen 484
   Festplattenwerkzeuge 560
   Module 410
Yellowdog Updater Modified (yum) 538
Yelp 169
YOU (YaST Online Update) 532
yum 521
yum (Yellowdog Updater Modified) 538

Z

Zeichenformate 208
Zeichenformatierungen entfernen 208
zeichnen mit Draw 241
Zeilen fixieren (Calc) 219
Zelladressen (Calc) 213
Zellen formatieren (Calc) 217
Zellen kopieren (Calc) 217
Zugriffsrechte 78, 85
Zwischenablage 107
zypper 521, 533

Über den Autor

Dieter Thalmayr lebt seit 1992 von EDV-Seminaren in der Erwachsenenbildung. Er ist ausgebildeter Tageszeitungsredakteur und wechselte thematisch von DTP (Desktop Publishing) und Textverarbeitung hin zu den Betriebssystemen. 1996 wurde er MCSE (Microsoft Certified Systems Engineer) und MCI (Microsoft Certified Instructor). Ab 1997 hielt er auch Seminare über Linux. 1999 warb ihn die SUSE AG als ersten festangestellten Linux-Trainer an. Seine Aufgabe war es, in München ein Schulungszentrum zu gründen, das er auch bis zu seinem Ausscheiden Ende 2001 leitete.

Zusammen mit Ex-SUSE Consultant Dieter Jäger gründete er 2003 die *magnum opus GmbH*, sein Hauptfeld als Geschäftsführer ist natürlich wieder das Training. Zuerst SCLT (SUSE Certified Linux Trainer), darf er sich mittlerweile Novell-CNI (Certified Novell Instructor) nennen. Er ist als Novell Certified Linux Engineer 10 (CLE10) und lpic Level 2 (Linux Professional Institute Certified) zertifiziert. Geplant sind auch weitere Zertifizierungen anderer Hersteller.

Neben seiner Trainertätigkeit schrieb Dieter Schulungsunterlagen zum Textverarbeitungsprogramm WordPerfect (eine davon war die offizielle Unterlage der WordPerfect Corp.) und für Linux-Seminare (Systemadministration, Applixware, Linux im heterogenen Netzwerk) bei SUSE. In seiner Funktion als Leiter des SUSE Schulungszentrums München entwickelte er auch einen großen Teil der damaligen Schulungs- und Trainer-Prüfungskonzepte mit. Neben diesem Buch über Linux bei O'Reilly veröffentlichte er inzwischen auch Multimedia-DVDs mit Linux-Schulungen über SUSE 10.1 und 10.3 bei Addison-Wesley.

Das Spektrum seiner Firma reicht auf dem Schulungssektor von einfachen Einsteiger-Seminaren (mit und ohne Bindung an eine bestimmte Distribution) bis hin zu speziellen Firmenschulungen und Workshops im Rechenzentrums- und Sicherheitsbereich. Was Magnum Opus schult, kann es auch in Projektarbeit umsetzen: vom Einrichten einfacher Linux-Dateiserver für Windows-Arbeitsplätze bis hin zu anspruchsvollen High-Availability- oder High-Performance-Cluster, oder auch Firewall-Installationen.

Kolophon

Das Design der Reihe *O'Reillys Basics* wurde von Hanna Dyer entworfen, das Coverlayout dieses Buchs hat Hanna Dyer in Zusammenarbeit mit Ellie Volckhausen gestaltet. Als Textschrift verwenden wir die Linotype Birka, die Überschriftenschrift ist die Adobe Myriad Condensed, und die Nichtproportionalschrift für Codes ist LucasFont's TheSansMono Condensed. Die in diesem Buch enthaltenen Abbildungen stammen von Michael Henri Oreal und Martin Profittlich und wurden mit Adobe Illustrator erzeugt.